Schwerpunkte Pflichtfach Michalski/J. Schmidt · BGB – Erbrecht

D1597597

Schwerpunkte

Eine systematische Darstellung der wichtigsten Rechtsgebiete anhand von Fällen
Begründet von Professor Dr. Harry Westermann †

BGB – Erbrecht

von

Dr. jur. Lutz Michalski †
vormals Professor an der Universität Bayreuth

und

Dr. jur. Jessica Schmidt, LL.M. (Nottingham)
Professorin an der Universität Bayreuth

5., völlig neu bearbeitete Auflage

C.F. Müller

Bibliografische Informationen der Deutschen Nationalbibliothek

Die Deutsche Nationalbibliothek verzeichnet diese Publikation in der Deutschen Nationalbibliografie; detaillierte bibliografische Daten sind im Internet über http://dnb.d-nb.de abrufbar.

ISBN 978-3-8114-4634-2

E-Mail: kundenservice@cfmueller.de
Telefon: +49 89 2183 7923
Telefax: +49 89 2183 7620

www.cfmueller.de

www.cfmueller-campus.de

© 2019 C.F. Müller GmbH, Waldhofer Straße 100, 69123 Heidelberg

Dieses Werk, einschließlich aller seiner Teile, ist urheberrechtlich geschützt. Jede Verwertung außerhalb der engen Grenzen des Urheberrechtsgesetzes ist ohne Zustimmung des Verlages unzulässig und strafbar. Dies gilt insbesondere für Vervielfältigungen, Übersetzungen, Mikroverfilmungen und die Einspeicherung und Verarbeitung in elektronischen Systemen.

Satz: preXtension, Grafrath
Druck: CPI books, Leck

Vorwort

Als Nachfolgerin von *Lutz Michalski* auf den Lehrstuhl Zivilrecht I an der Universität Bayreuth war es mir eine große Freude, das von ihm begründete Lehrbuch zum Erbrecht, das er über insgesamt vier Auflagen gepflegt hat, mit einer neuen 5. Auflage fortsetzen zu dürfen.

Das Erbrecht ist von erheblicher praktischer Relevanz: Nach einer Studie des Deutschen Instituts für Altersvorsorge (DIA) sind in Deutschland im Zeitraum von 2015 bis 2024 etwa 7,7 Millionen Erbfälle zu erwarten, bei denen insgesamt rund 3,1 Billionen Euro (!) vererbt werden. Erbrechtliche Fragestellungen werden darüber hinaus häufig auch im Kontext anderer Rechtsbereiche relevant, so etwa bei der gesellschaftsrechtlichen Nachfolgeplanung oder im steuerlichen Kontext. In der juristischen Ausbildung lässt sich Erbrecht zudem ganz hervorragend mit anderen Rechtsgebieten – etwa dem Sachen-, Familien-, Handels- oder Gesellschaftsrecht – kombinieren. All dies sind mehr als gute Gründe, das Erbrecht in der juristischen Ausbildung keinesfalls zu vernachlässigen oder hier gar „auf Lücke" zu setzen.

Ziel dieses Lehrbuchs ist es, nicht nur die unabdingbaren Grundkenntnisse des Erbrechts zu vermitteln, sondern auch die wichtigsten und prüfungsrelevantesten der vielen spannenden erbrechtlichen Problemfelder zu erläutern sowie Hintergründe und Zusammenhänge aufzuzeigen, die für ein fundiertes Verständnis unerlässlich sind.

Jedem Kapitel sind kleinere oder größere Fälle vorangestellt, die einerseits die Bedeutung und Relevanz des jeweiligen Themas aufzeigen, andererseits aber auch der Lernkontrolle dienen. Wesentliche Grundstrukturen werden zum besseren Verständnis durch Grafiken illustriert, für wichtige Ansprüche werden Prüfungsschemata bereitgestellt. Zudem wird die Relevanz der jeweiligen Ausführungen durch zwei Textebenen (Haupttext und „Kleingedrucktes") auch optisch hervorgehoben. Die für das systematisch-inhaltliche Verständnis wichtigen Zusammenhänge werden durch zahlreiche Querverweise (→) verdeutlicht. Literaturübersichten zu Beginn jedes Kapitels sowie die Angabe der wichtigsten Rechtsprechung und Literatur in den Fußnoten erleichtern den Zugriff auf weiterführende und vertiefende Materialien.

Das Buch baut zwar auf dem Grundgerüst der 4. Auflage des Werks von *Lutz Michalski* aus dem Jahr 2010 auf, wurde jedoch grundlegend überarbeitet, partiell neu strukturiert und aktualisiert. Rechtslage, Rechtsprechung und Literatur sind auf dem Stand vom 31.12.2018.

Mein Dank gilt meinem gesamten Lehrstuhlteam für die wertvolle Unterstützung bei Recherche, Fußnotenkontrolle und Korrekturlesen.

Kritik und Anregungen sind ausdrücklich erwünscht, am besten per E-Mail an:
jessica.schmidt@uni-bayreuth.de

Bayreuth, im Februar 2019 *Jessica Schmidt*

Inhaltsverzeichnis

	Rn	Seite
Vorwort		V
Abkürzungsverzeichnis		XXVII
Lern- und Literaturhinweise		XXXIII

Teil I
Überblick über das Erbrecht

	Rn	Seite
§ 1 Grundlagen des Erbrechts	1	1
I. Einführung	2	1
II. Verfassungsrechtliche Grundlagen des Erbrechts	6	3
III. Einfachgesetzliche Rechtsgrundlagen des Erbrechts außerhalb des 5. Buchs des BGB	8	4
1. Allgemeiner Teil des BGB	9	4
2. Schuldrecht	10	5
3. Sachenrecht	27	8
4. Familienrecht	31	8
5. HGB	46	11
6. Verfahrensrecht	47	11
7. Sonstige Gesetze	48	12
IV. Internationales Erbrecht	49	13
V. Grundbegriffe des Erbrechts	51	13
1. Erblasser und Erbfall	51	13
2. Erbe und Vermächtnisnehmer	53	13
3. Erbfähigkeit	55	14
4. Erbschaft, Nachlass und Nachlassverbindlichkeiten	59	15
5. Gesetzliche und gewillkürte Erbfolge, Pflichtteilsrecht	60	15

Teil II
Die gesetzliche Erbfolge

	Rn	Seite
§ 2 Das gesetzliche Erbrecht der Verwandten	65	17
I. Der Begriff der Verwandtschaft	66	17
II. Die Erbfolge nach Ordnungen (Parentelsystem)	70	18
III. Gesetzliche Erben der ersten Ordnung	72	20
IV. Gesetzliche Erben der zweiten Ordnung	77	22
V. Gesetzliche Erben der dritten Ordnung	82	24
VI. Gesetzliche Erben der vierten und fernerer Ordnungen	86	26
§ 3 Das gesetzliche Erbrecht des Ehegatten	88	27
I. Allgemeines	89	28

1. Der Ehegatte als gesetzlicher Erbe	89	28
2. Ausschluss des Ehegattenerbrechts bei Versterben des Erblassers während des Scheidungsverfahrens	90	28
3. Höhe des gesetzlichen Erbteils des Ehegatten	91	29
a) Faktor 1: Güterstand	92	29
b) Faktor 2: Weitere Verwandte als gesetzliche Erben	93	29
c) Beispiele	94	29
II. Erbrechtliche Auswirkungen der Zugewinngemeinschaft	95	30
1. Der Ehegatte als gesetzlicher Erbe	96	30
a) Erhöhung des gesetzlichen Erbteils des Ehegatten gem. § 1371 Abs. 1	96	30
b) Der Voraus des Ehegatten gem. § 1932	99	31
2. Der enterbte Ehegatte: Die sog. güterrechtliche Lösung	102	32
a) Zugewinnausgleichsanspruch	102	32
b) Kleiner Pflichtteil	104	33
3. Der durch Verfügung von Todes wegen bedachte Ehegatte	107	34
a) Option 1: Annahme der Erbschaft bzw. des Vermächtnisses	108	34
b) Option 2: Ausschlagung der Erbschaft bzw. des Vermächtnisses	109	34
4. Vor- und Nachteile einer taktischen Ausschlagung	110	35
5. Ausbildungsanspruch von Stiefabkömmlingen (§ 1371 Abs. 4)	111	35
III. Besonderheiten bei Gütertrennung	112	36
IV. Besonderheiten bei Gütergemeinschaft	113	36
§ 4 Das gesetzliche Erbrecht des Lebenspartners	118	38
§ 5 Das gesetzliche Erbrecht von nichtehelichen Kindern	119	39
§ 6 Das gesetzliche Erbrecht des Staates	120	40
I. Funktion und Rechtsnatur	121	40
II. Voraussetzungen	123	41
III. Die Feststellung des Fiskuserbrechts	124	41
IV. Erbberechtigter Fiskus	127	43
V. Inhalt und Besonderheiten des Fiskuserbrechts	128	43
VI. Das gesetzliche Erbrecht des Staates aus international-privatrechtlicher Perspektive	132	44

Teil III
Die gewillkürte Erbfolge

§ 7 Die Errichtung des Testaments und die Testamentsformen	137	45
I. Die Errichtung des Testaments	138	46
1. Der Grundsatz der Testierfreiheit	138	46
2. Testierfähigkeit	141	47
3. Persönliche Errichtung einer Verfügung von Todes wegen	146	48

a) Formelle Höchstpersönlichkeit, § 2064	146	48
b) Materielle Höchstpersönlichkeit, § 2065	147	49
II. Die Testamentsformen	158	52
1. Formzwang	158	52
2. Ordentliche und außerordentliche Testamentsformen	160	53
3. Die ordentlichen Testamentsformen	161	54
a) Das privatschriftliche Testament, § 2247	161	54
b) Das öffentliche Testament	169	58
4. Die außerordentlichen Testamentsformen	176	60
a) Zweck und Besonderheiten	176	60
b) Die außerordentlichen Testamentsformen im Einzelnen	178	61
§ 8 Widerruf eines Testaments	185	63
I. Allgemeines	186	64
II. Widerrufsarten	189	64
1. Widerrufstestament, § 2254	190	65
2. Spätere, mit dem früheren Testament im Widerspruch stehende Verfügung, § 2258	191	65
3. Widerruf durch Vernichtung oder Veränderungen der Testamentsurkunde, § 2255	194	66
a) Widerrufshandlung	195	67
b) Aufhebungsabsicht	200	68
c) Beweislast	201	69
4. Rücknahme des Testaments aus der amtlichen Verwahrung, § 2256	202	69
III. Beseitigung des Widerrufs	204	70
1. Widerruf des Widerrufs	204	70
2. Anfechtung des Widerrufs	207	70
§ 9 Das gemeinschaftliche Testament	211	72
I. Begriff, praktische Relevanz und Rechtsnatur	212	73
II. Arten	214	74
III. Errichtung	215	74
1. Errichtungsberechtigte: Ehegatten und Lebenspartner	215	74
2. Form der Errichtung	217	75
a) Allgemeines	217	75
b) Gemeinschaftliches öffentliches Testament	218	75
c) Gemeinschaftliches Nottestament	219	75
d) Gemeinschaftliches eigenhändiges Testament	220	76
3. Umdeutung	223	76
IV. Gegenseitige Erbeinsetzung (sog. Berliner Testament)	224	77
1. Gestaltungsoptionen	224	77
2. Vor- und Nachteile von Trennungs- und Einheitslösung	226	78
a) Rechtsstellung des überlebenden Ehegatten	226	78
b) Rechtsstellung des Dritten	227	79
c) Pflichtteil	228	79
d) Wiederverheiratungsklauseln	233	80
3. Vorrang der Auslegung und Auslegungsregeln	238	82

V. Wechselbezügliche Verfügungen	239	82
1. Begriff der wechselbezüglichen Verfügung	239	82
2. Feststellung der Wechselbezüglichkeit	242	82
3. Folgen der Wechselbezüglichkeit	246	84
a) Unwirksamkeit einer Verfügung	246	84
b) Widerruf	247	84
4. Umfang der Bindung	253	85
§ 10 Der Erbvertrag	261	87
I. Allgemeines	262	89
II. Arten von Erbverträgen	264	89
1. Einseitige, zweiseitige und mehrseitige Erbverträge	264	89
2. Erbverträge zugunsten der Beteiligten und zugunsten Dritter	265	90
3. Entgeltliche und unentgeltliche Erbverträge	266	90
III. Abschluss des Erbvertrags	267	90
IV. Inhalt: Vertragsmäßige und einseitige Verfügungen	271	91
V. Die Bindungswirkung vertragsmäßiger Verfügungen	275	93
1. Bedeutung und Umfang der Bindungswirkung vertragsmäßiger Verfügungen	275	93
a) Besonderheiten bei zwei- und mehrseitigen Erbverträgen	275	93
b) Konsequenzen für letztwillige Verfügungen, § 2289 Abs. 1	277	93
c) Konsequenzen für lebzeitige Rechtsgeschäfte	280	94
2. Ausnahmen von der Bindungswirkung	291	98
a) Änderungsvorbehalt	291	98
b) Zustimmung des Vertragspartners	292	98
c) Zustimmung des Bedachten	293	99
d) Beschränkung in guter Absicht	294	99
3. Aufhebung der Bindungswirkung	295	99
a) Aufhebung durch die Vertragsparteien	296	99
b) Aufhebung durch Rücktritt eines Vertragserblassers	303	101
c) Anfechtung	314	104
VI. Aufhebung einseitiger Verfügungen	315	104
§ 11 Die Auslegung von Verfügungen von Todes wegen	323	107
I. Allgemeines/Überblick	324	108
II. Die Auslegung von Testamenten	325	108
1. Erforschung des wirklichen Willens des Erblassers (§ 133)	325	108
2. Verhältnis von Auslegung und Anfechtung	326	108
3. Auslegung und Form	327	109
a) Die sog. Andeutungstheorie	327	109
b) Konsequenzen der Andeutungstheorie	329	110
4. Maßgeblicher Zeitpunkt	333	111
5. Berücksichtigungsfähige Umstände	334	111
6. Ergänzende Auslegung	335	112
7. Wohlwollende Auslegung (§ 2084)	340	114

8. Umdeutung (§ 140) 343 115
9. Wichtige Auslegungs- und Ergänzungsregeln 344 115
a) Zweifel über das Vorliegen einer Erbeinsetzung, § 2087 .... 345 115
b) Zweifel über die Person des Bedachten 347 116
c) Zweifel über die Höhe der Erbteile 363 120
d) Anwachsung 368 120
e) Auslegungsregeln für Bedingungen 369 120
III. Die Auslegung von Erbverträgen und gemeinschaftlichen Testamenten 374 122
1. Erbverträge 374 122
2. Gemeinschaftliche Testamente 377 122

§ 12 Die Anfechtung von Verfügungen von Todes wegen 384 124
I. Allgemeines 385 125
1. Zweck der Anfechtung 385 125
2. Verhältnis zum Allgemeinen Teil des BGB und zur Auslegung 387 126
a) Verhältnis zum Allgemeinen Teil des BGB 387 126
b) Verhältnis zur Auslegung 388 126
II. Die Anfechtung des Testaments 389 126
1. Anfechtungsgegenstand 389 126
2. Voraussetzungen der Anfechtung 390 127
a) Anfechtungsgründe 391 127
b) Anfechtungsberechtigte, § 2080 .... 410 133
c) Anfechtungserklärung und Anfechtungsgegner, §§ 143, 2081 .... 416 135
d) Anfechtungsfrist 418 135
e) Ausschluss der Anfechtung durch Bestätigung, § 144 .. 420 136
3. Wirkung der Anfechtung 423 137
III. Die Anfechtung des Erbvertrags 428 139
1. Überblick 428 139
2. Besonderheiten bei der Anfechtung erbvertraglicher Verfügungen 429 139
a) Anfechtungsberechtigte 429 139
b) Anfechtungsgründe 431 140
c) Anfechtungserklärung 433 140
d) Anfechtungsgegner 435 140
e) Anfechtungsfrist 437 141
f) Ausschluss der Anfechtung durch Bestätigung 439 141
g) Wirkung der Anfechtung 441 142
IV. Die Anfechtung des gemeinschaftlichen Testaments 445 143
1. Die Rechtslage im Überblick 445 143
2. Die Selbstanfechtung wechselbezüglicher Verfügungen durch den überlebenden Ehegatten analog §§ 2281 ff. 446 143
3. Die Anfechtung durch Dritte (inklusive des anderen Ehegatten) 447 143

§ 13 Die Unwirksamkeit von Verfügungen von Todes wegen 451 145
I. Allgemeines 452 146

II. Nichtigkeit aufgrund bewussten Abweichens von Wille und Erklärung	453	146
1. Testament	454	146
2. Erbvertrag und gemeinschaftliches Testament	457	147
III. Nichtigkeit wegen Formmangels	458	147
IV. Nichtigkeit wegen Gesetzesverstoßes (§ 134)	459	147
1. Allgemeines	459	147
2. Insb.: § 14 HeimG und entsprechende landesgesetzliche Regelungen	460	148
V. Nichtigkeit wegen Sittenwidrigkeit (§ 138)	464	149
1. Belohnung sittenwidrigen Verhaltens	465	150
2. Verfügungen von Todes wegen zulasten der Sozialhilfe	468	150
3. Sittenwidrige Bedingungen	470	151
a) Bedingungen, die eine Eheschließung oder Scheidung betreffen	471	152
b) Bedingungen, die den Glauben betreffen	474	153
c) Verwirkungsklauseln	475	153
d) Rechtsfolgen unwirksamer Bedingungen	476	153
VI. Teilnichtigkeit	477	154
VII. Unwirksamkeit aufgrund von Gegenstandslosigkeit	478	154
§ 14 Der Ausschluss von der Erbfolge	485	156
I. Enterbung	486	157
1. Begriff der Enterbung	486	157
2. Durchführung der Enterbung	487	158
3. Wirkung der Enterbung	491	159
II. Erbunwürdigkeit	494	160
1. Gründe für die Erbunwürdigkeit, § 2339	495	160
a) Allgemeines zu den Unwürdigkeitsgründen	495	160
b) Die Unwürdigkeitsgründe im Einzelnen	497	161
c) Ausnahmevorschrift des § 2339 Abs. 2	506	163
d) Ausschluss der Erbunwürdigkeit	508	164
2. Geltendmachung und Wirkung der Erbunwürdigkeit	511	165
a) Anfechtungsverfahren	511	165
b) Wirkung der Anfechtung	516	166
3. Unwürdigkeit bei Vermächtnis- und Pflichtteilsansprüchen, § 2345	520	167
III. Erbverzicht	523	168
1. Begriff, Rechtsnatur und Bedeutung	523	168
2. Gegenstand und Wirkungen des Erbverzichts	526	168
a) Gegenstand des Erbverzichts	526	168
b) Wirkungen des Erbverzichts	529	169
3. Vereinbarung des Erbverzichts	540	172
a) Vertragsbeteiligte	540	172
b) Form	541	172
c) Persönliche Anforderungen und Vertretung	543	173
d) Zeitlicher Rahmen	546	174
4. Beseitigung der Wirkung des Erbverzichts	548	174
a) Aufhebungsvertrag, § 2351	549	175

b) Anfechtung	551	175
5. Inhaltskontrolle von Erbverzichten	554	176
6. Kausalgeschäft zum Erbverzicht	555	177
a) Allgemeines	555	177
b) Arten des Kausalgeschäfts	557	177
c) Verknüpfung des Verpflichtungsgeschäfts mit dem Erbverzicht	559	178
d) Vereinbarung und Beseitigung der Wirkung des Kausalgeschäfts	563	179

Teil IV

Annahme und Ausschlagung der Erbschaft

§ 15 Annahme und Ausschlagung der Erbschaft	574	183
I. Grundlagen	575	183
II. Zeitpunkt für Annahme und Ausschlagung	581	185
III. Die Annahme	583	186
1. Allgemeines	583	186
2. Annahme durch Annahmeerklärung	585	186
3. Annahme durch Versäumung der Ausschlagungsfrist	587	187
IV. Die Ausschlagung	588	187
1. Ausschlagungsrecht und Umfang der Ausschlagung	588	187
2. Ausschlagungserklärung	590	188
3. Ausschlagungsfrist	593	189
4. Rechtsfolgen der Ausschlagung	597	189
5. Beweislastverteilung	598	190
V. Die Anfechtung von Annahme und Ausschlagung sowie der Anfechtung	599	190
1. Grundlagen	599	190
2. Anfechtungsgründe	600	190
3. Anfechtungsgegner	606	191
4. Anfechtungserklärung und Form der Anfechtung	607	192
5. Anfechtungsfrist	610	192
6. Rechtsfolgen der Anfechtung	611	192
7. Anfechtung der Anfechtung	612	193

Teil V

Die Mindestbeteiligung am Nachlass

§ 16 Pflichtteilsrecht	615	194
I. Grundlagen	616	196
II. Die Pflichtteilsberechtigten	621	198
1. Überblick	621	198
2. Die Abkömmlinge als Pflichtteilsberechtigte	623	198
3. Die Eltern als Pflichtteilsberechtigte	624	198
4. Der Ehegatte bzw. Lebenspartner als Pflichtteilsberechtigter	625	198

5. Ausschluss der Pflichtteilsberechtigung von Abkömmlingen und Eltern gem. § 2309	626	199
III. Die Berechnung des Pflichtteils	627	199
1. Die Pflichtteilsquote	627	199
2. Die relevante Erbquote	628	200
3. Der relevante Nachlasswert	629	200
4. Die konkrete Höhe des Pflichtteilsanspruchs	630	200
5. Konsequenzen der Besonderheiten der Zugewinngemeinschaft für das Pflichtteilsrecht der Abkömmlinge	631	201
IV. Pflichtteilslast	632	202
1. Pflichtteilslast im Außenverhältnis	632	202
2. Pflichtteilslast im Innenverhältnis	634	202
a) Die Kürzungsregelung des § 2318	635	202
b) Die weiteren Regelungen der §§ 2320-2322	639	204
c) Partielle Dispositivität, § 2324	641	205
V. Auskunfts- und Wertermittlungsanspruch des Pflichtteilsberechtigten	642	205
1. Auskunftsanspruch	642	205
2. Wertermittlungsanspruch	644	206
3. Anspruchsverpflichtete	645	206
4. Prozessuales	647	207
VI. Gewährleistung einer Mindestbeteiligung am Nachlass	648	207
1. Pflichtteilsrestanspruch (Zusatzpflichtteil), § 2305	649	208
2. Beschränkungen und Beschwerungen, § 2306	652	209
3. Pflichtteilsanspruch trotz Vermächtnis, § 2307	657	210
4. Sonderfall: Zuwendung von Erbteil und Vermächtnis an den Pflichtteilsberechtigten	660	211
5. Spezielles Anfechtungsrecht gem. § 2308	661	212
VII. Anrechnung und Ausgleichung	663	212
1. Anrechnung, § 2315	663	212
2. Ausgleichung unter Abkömmlingen, § 2316	668	214
a) Allgemeines	668	214
b) Voraussetzungen der Ausgleichung	669	214
c) Berechnung	672	215
3. Zusammentreffen von Anrechnung und Ausgleichung, § 2316 Abs. 4	678	218
VIII. Pflichtteilsergänzungsanspruch, §§ 2325 ff.	679	219
1. Grundlagen und Überblick	679	219
2. Anspruchsberechtigter und Anspruchsgegner	681	219
a) Anspruchsberechtigter	681	219
b) Anspruchsgegner	683	220
3. Schenkung	687	221
4. Maßgeblicher Wert der Schenkung	689	222
5. Zeitliche Grenzen	692	223
6. Berechnungsvorgang	696	225
7. Ausnahme für Pflicht- und Anstandsschenkungen, § 2330	697	225
8. Ergänzung über die Hälfte des gesetzlichen Erbteils, § 2326	698	226

9. Fallgestaltungen des Pflichtteilsergänzungsanspruchs im Überblick 699 226
10. Beschenkter Pflichtteilsberechtigter (sog. Eigengeschenke), § 2327 ..... 700 227
11. Anspruch gegen den Beschenkten, § 2329 ..... 705 228
a) Grundlagen und Rechtsnatur 705 228
b) Gläubiger und Schuldner 706 229
c) Voraussetzung: Erbe „nicht verpflichtet“ (Subsidiarität) 708 229
d) Sonderfall des pflichtteilsberechtigten Alleinerben 709 230
e) Anspruchsinhalt 710 230
f) Mehrere Beschenkte, § 2329 Abs. 3 ..... 712 231

IX. Ausschluss des Pflichtteilsrechts 715 232
1. Pflichtteilsentziehung, §§ 2333 ff. 715 232
2. Pflichtteilsunwürdigkeit, § 2345 Abs. 2 ..... 718 233
3. Pflichtteilsbeschränkung in guter Absicht, § 2338 ..... 719 234
4. Pflichtteilsverzicht 720 234

X. Geltendmachung des Pflichtteilsanspruchs 721 234
1. Entstehung, Fälligkeit, Stundung 721 234
2. Verjährung 723 235

Teil VI
Die vom Erblasser getroffenen Bestimmungen

§ 17 Erbeinsetzung und Ersatzerbschaft 727 239
I. Bestimmung des Erben 728 239
1. Begriff der Erbeinsetzung 728 239
2. Bedingte und befristete Erbeinsetzung 729 240
3. Erbeinsetzung nach Bruchteilen 730 240
4. Die Anwachsung 731 240
a) Ratio und Wesen 731 240
b) Voraussetzungen 732 240
c) Rechtsfolgen 736 241

II. Einsetzung von Ersatzerben 739 242

§ 18 Vor- und Nacherbschaft 746 244
I. Begriff der Vor- und Nacherbschaft 747 245

II. Anordnung der Vor- und Nacherbschaft 752 247
1. Allgemeines 752 247
2. Die gesetzlichen Auslegungsregeln der §§ 2101-2107 ..... 753 247
a) Noch nicht gezeugte natürliche Person bzw. noch nicht entstandene juristische Person als Erbe, § 2101 ..... 753 247
b) Anordnung der Herausgabe der Erbschaft, § 2103 ..... 754 248
c) Fehlende Bestimmung von Vor- oder Nacherbe, § 2104 f. 755 248
d) Nacherbfall, § 2106 ..... 756 248
e) Kinderloser Vorerbe, § 2107 ..... 757 248

III. Die Rechtsposition des Vorerben 758 249
1. Allgemeines 758 249

2. Verfügungsbeschränkungen des Vorerben	759	249
a) Verfügungsbeschränkungen betreffend Grundstücke etc. gem. § 2113 Abs. 1	760	249
b) Unentgeltliche Verfügungen, § 2113 Abs. 2	764	250
c) Schutz des gutgläubigen Erwerbs, § 2113 Abs. 3	768	251
d) Wirksamkeit der Verfügung gem. § 185	774	252
e) Vereinbarung zwischen Vor- und Nacherbe; „Freigabeerklärung“	776	253
f) Sonstiger Schutz des Nacherben	777	253
3. Ordnungsgemäße Verwaltung des Nachlasses	779	254
a) Grundregeln	779	254
b) Auskunfts- und Sicherungsrechte des Nacherben	780	254
c) Dingliche Surrogation, § 2111	781	255
d) Prozessführung	782	255
4. Der befreite Vorerbe	784	256
IV. Eintritt des Nacherbfalls	787	257
1. Allgemeine Wirkungen	787	257
2. Ansprüche des Nacherben gegen den Vorerben	789	258
3. Ansprüche des Vorerben gegen den Nacherben	792	258
4. Wiederaufleben erloschener Rechtsverhältnisse, § 2143	793	259
V. Die Rechtsposition des Nacherben	796	259
1. Entstehung des Anwartschaftsrechts	796	259
2. Verfügung über das Anwartschaftsrecht	797	260
3. Vererbung der Anwartschaft	798	260
a) Tod des Nacherben vor Eintritt des Erbfalls	798	260
b) Tod des Nacherben zwischen Erbfall und Nacherbfall	799	261
4. Ausschlagung	802	262
§ 19 Testamentsvollstreckung	807	263
I. Bedeutung und Rechtsnatur der Testamentsvollstreckung	808	264
1. Bedeutung der Testamentsvollstreckung	808	264
2. Rechtsnatur der Testamentsvollstreckung	809	265
II. Abgrenzung zu anderen Gestaltungsinstrumenten	810	265
1. Trans- und postmortale Vollmachten	811	266
2. Treuhandlösungen	816	267
III. Arten der Testamentsvollstreckung	817	267
IV. Voraussetzungen der Testamentsvollstreckung	822	268
1. Anordnung der Testamentsvollstreckung	822	268
2. Ernennung des Testamentsvollstreckers	823	269
a) Person des Testamentsvollstreckers	824	269
b) Ernennungsmodi	829	270
c) Gestaltungsoptionen	833	271
V. Dauer von Amt und Testamentsvollstreckung	835	272
1. Beginn	835	272
2. Ende	839	273
VI. Aufgaben und Rechte des Testamentsvollstreckers	842	274
1. Überblick	842	274
2. Inbesitznahme des Nachlasses	846	275
3. Verwaltung des Nachlasses	848	275

a) Begriff und Umfang der Verwaltung	848	275
b) Pflicht zur ordnungsgemäßen Verwaltung	851	276
c) Verwaltungsanordnungen des Erblassers	853	277
4. Verfügungen über Nachlassgegenstände	854	277
a) Grundsatz: unbeschränkte Verfügungsbefugnis, § 2205 S. 2 Alt. 2	854	277
b) Grenzen	855	277
5. Verpflichtungen	862	279
a) Überblick	862	279
b) Grundsatz: Kausale Beschränkung der Verpflichtungsbefugnis	864	280
c) Verbindlichkeit zur Verfügung über einen Nachlassgegenstand	866	280
d) Erweiterung durch den Erblasser	867	281
6. Freigabe von Nachlassgegenständen	868	281
7. Prozessführung und Zwangsvollstreckung	870	282
a) Aktivprozesse	871	282
b) Passivprozesse	873	282
c) Eigengläubiger des Erben	877	283
VII. Allgemeine Rechtsstellung des Erben während der Testamentsvollstreckung	878	284
1. Beschränkung der Verfügungsmacht, § 2211 Abs. 1	878	284
2. Schutz des gutgläubigen Erwerbs, § 2211 Abs. 2	880	284
VIII. Das Rechtsverhältnis zwischen Erbe und Testamentsvollstrecker	883	285
1. Allgemeines	883	285
2. Pflichten des Testamentsvollstreckers gegenüber dem Erben und Haftung	884	286
3. Ansprüche des Testamentsvollstreckers gegen den Erben	886	286
IX. Testamentsvollstreckung im Handels- und Gesellschaftsrecht	887	286
1. Abwicklungsvollstreckung	888	287
2. Dauervollstreckung	889	287
a) Anteile an Kapitalgesellschaften	889	287
b) Anteile an Personengesellschaften	890	287
c) Einzelkaufmännische Unternehmen	895	289
§ 20 Beschwerungen des Erben: Vermächtnis und Auflage	899	291
I. Das Vermächtnis	900	292
1. Begriff des Vermächtnisses	900	292
2. Beschwerter	902	293
3. Vermächtnisnehmer	905	294
a) Person des Vermächtnisnehmers	905	294
b) Bestimmung des Vermächtnisnehmers	906	294
c) Gestaltungsoptionen im Hinblick auf die Rechtsmacht des Vermächtnisnehmers	907	295
4. Gegenstand des Vermächtnisses	912	296
a) Allgemeines	912	296
b) Gestaltungsoptionen im Hinblick auf den Gegenstand des Vermächtnisses	913	297
5. Erwerb des Vermächtnisses	920	299

a) Anfall des Vermächtnisses	920	299
b) Fälligkeit des Vermächtnisses	925	300
c) Annahme und Ausschlagung	926	301
d) Nutzungen, Früchte und Verwendungsersatz	929	302
6. Die Haftung des Beschwerten	931	302
a) Die Haftung der Erben	931	302
b) Die Haftung von (Haupt-)Vermächtnisnehmern	933	303
7. Der Dreißigste, § 1969	934	304
II. Die Auflage	937	304
1. Allgemeines	937	304
2. Der Vollzug der Auflage	941	306
3. Unwirksamkeit und Unmöglichkeit der Auflage	946	307

Teil VII

Erbengemeinschaft und Erbenhaftung

§ 21 Erbengemeinschaft	951	309
I. Grundlagen	952	310
II. Gesamthandsgemeinschaft und Miterbenanteil	955	311
1. Die Miterbengemeinschaft als Gesamthandsgemeinschaft	955	311
a) Charakteristika der Gesamthand	955	311
b) Der Nachlass als Sondervermögen	956	311
c) Die Werterhaltung des Nachlasses: Surrogationsgrundsatz (§ 2041)	960	313
2. Der Miterbenanteil	965	315
a) Verfügung über den Miterbenanteil	966	315
b) Vorkaufsrecht der Miterben	973	317
III. Die Verwaltung des Nachlasses	980	319
1. Überblick	980	319
2. Außerordentliche Verwaltung	983	320
3. Ordnungsgemäße Verwaltung	986	322
a) Reichweite der ordnungsgemäßen Verwaltung	987	322
b) Entscheidung mit einfacher Stimmenmehrheit	990	322
c) Mitwirkungspflicht	991	323
d) Außenverhältnis	992	323
e) Verfügungen	993	323
4. Notmaßnahmen	996	325
5. Geltendmachung von Nachlassforderungen	999	326
6. Lasten und Nutzen der Verwaltung	1002	327
a) Recht zum Gebrauch der Nachlassgegenstände	1002	327
b) Früchte und Lasten des Nachlasses	1003	327
c) Aufwendungsersatz	1005	327
d) Auskunftspflicht der Miterben	1006	328
7. Zusammenfassende Übersicht zum Handeln für die Erbengemeinschaft	1007	328
IV. Auseinandersetzung	1008	328
1. Grundlagen und Überblick	1008	328
2. Auseinandersetzungsanspruch	1010	329
a) Anspruch auf sofortige Auseinandersetzung	1010	329

b) Ausschluss und Aufschub der Auseinandersetzung 1013 330
c) Teilauseinandersetzung 1018 331
3. Materielle Auseinandersetzungsregeln 1021 333
a) Auseinandersetzungsvereinbarung zwischen den Miterben 1022 333
b) Teilungsanordnungen des Erblassers 1023 333
c) Gesetzliche Auslegungsregeln 1028 334
4. Arten der Auseinandersetzung 1033 335
a) Testamentsvollstrecker 1033 335
b) Auseinandersetzungsvertrag 1034 336
c) Vereinigung aller Erbteile in einer Hand 1035 336
d) FamFG-Vermittlungsverfahren 1036 336
e) Auseinandersetzungsklage vor dem Prozessgericht (Erteilungsklage) 1039 337
V. Ausgleichung 1042 338
1. Allgemeines 1042 338
2. Auszugleichende Zuwendungen 1046 339
a) Ausgleichungspflichtiger Personenkreis 1046 339
b) Ausgleichungsberechtigter Personenkreis 1050 340
c) Ausgleichspflichtige Zuwendungen 1051 340
d) Wert der Zuwendung 1058 342
3. Ausgleich für besondere Leistungen, § 2057a 1059 342
4. Berechnung 1062 343
a) Ausgleichung von Zuwendungen 1062 343
b) Ausgleichung von besonderen Leistungen 1064 344
c) Berechnungsformel 1065 344
5. Auskunftsanspruch 1067 345

§ 22 Die Haftung der Erben 1071 346
I. Überblick 1072 347
1. Interessenlage 1073 347
2. Mögliche Haftungssysteme 1074 348
3. Das Haftungssystem des BGB 1075 348
a) Die vorläufig unbeschränkte Haftung 1075 348
b) Möglichkeiten der Haftungsbeschränkung 1076 349
c) Die endgültig unbeschränkte Haftung 1083 350
II. Die Nachlassverbindlichkeiten 1084 351
1. Überblick 1084 351
2. Die verschiedenen Arten von Nachlassverbindlichkeiten im Einzelnen 1085 351
a) Erblasserschulden 1085 351
b) Erbfallschulden 1088 352
c) Nachlasskosten- und Nachlassverwaltungsschulden 1089 353
d) Nachlasserbenschulden 1092 353
3. Besonderheiten bei Geschäftsverbindlichkeiten 1094 354
4. Eigenschulden des Erben (keine Nachlassverbindlichkeiten) 1095 354
III. Möglichkeiten der vorläufigen Haftungsbeschränkung 1097 355
1. Keine Haftung vor Annahme der Erbschaft 1097 355
2. Aufschiebende Einreden des endgültigen Erben 1101 356

a) Zweck der Schonungseinreden gem. §§ 2014, 2015	1101	356
b) Voraussetzungen der Schonungseinreden der §§ 2014, 2015	1102	356
c) Wirkungen der Schonungseinreden der §§ 2014, 2015	1106	357
d) Ggf. Pflicht zur Geltendmachung der Einreden	1110	358
IV. Gläubigeraufgebot und Inventarerrichtung	1111	359
1. Das Aufgebot der Nachlassgläubiger	1111	359
a) Zweck des Aufgebots	1111	359
b) Verfahren	1112	359
c) Vom Aufgebotsverfahren betroffene Gläubiger	1114	359
d) Wirkung des Ausschließungsbeschlusses: Ausschlusseinrede	1116	360
2. Die Verschweigungseinrede	1121	361
3. Die Inventarerrichtung	1122	361
a) Begriff und Bedeutung	1122	361
b) Möglichkeiten der Aufnahme des Inventars	1126	362
c) Die Inventarfrist	1131	363
d) Rechtswirkungen der Inventarerrichtung	1134	363
e) Inventaruntreue	1136	364
f) Eidesstattliche Versicherung betreffend die Vollständigkeit des Inventars	1137	364
V. Möglichkeiten der endgültigen Haftungsbeschränkung	1138	365
1. Nachlassverwaltung	1139	365
a) Antragsberechtigung	1140	365
b) Anordnung durch das Nachlassgericht	1142	366
c) Wirkungen der Nachlassverwaltung	1143	367
d) Haftung des Erben für die bisherige Verwaltung	1151	369
e) Rechtsstellung, Aufgaben und Haftung des Nachlassverwalters	1157	370
f) Ende der Nachlassverwaltung	1163	372
2. Nachlassinsolvenz	1166	373
a) Antragsberechtigung	1167	373
b) Eröffnungsgründe	1168	374
c) Eröffnung durch das Insolvenzgericht	1170	374
d) Insolvenzschuldner und Insolvenzmasse	1171	375
e) Wirkungen der Eröffnung des Nachlassinsolvenzverfahrens	1173	375
f) Ablauf des Nachlassinsolvenzverfahrens	1175	376
g) Insolvenzplan	1178	377
h) Ende des Nachlassinsolvenzverfahrens	1179	377
3. Vertragliche Haftungsbeschränkung	1183	378
4. Haftungsbeschränkung ohne Gütersonderung: Dürftigkeits- und Überschwerungseinrede	1184	378
a) Zweck der Einreden aus §§ 1990, 1992	1184	378
b) Voraussetzungen der Einreden aus §§ 1990, 1992	1185	378
c) Wirkungen der Einreden aus §§ 1990, 1992	1189	380
VI. Haftung von Miterben	1196	382
1. Mögliche Haftungssysteme und Interessenlage	1197	382
2. Haftung vor Annahme der Erbschaft	1198	382

3. Haftung zwischen Annahme der Erbschaft und Teilung des Nachlasses ... 1199 382
a) Gesamtschuld- und Gesamthandsklage ... 1199 382
b) Haftungsbeschränkung gegenüber der Gesamthandsklage ... 1204 384
c) Haftungsbeschränkung gegenüber der Gesamtschuldklage ... 1205 384
4. Haftung nach Teilung des Nachlasses ... 1211 385
5. Sonderfall: Die Haftung gegenüber einem Miterben als Nachlassgläubiger ... 1214 387
VII. Haftung von Vor- und Nacherben ... 1215 387
1. Haftung vor dem Nacherbfall ... 1215 387
2. Haftung nach dem Nacherbfall ... 1216 388
a) Haftung des Nacherben ... 1216 388
b) Haftung des Vorerben ... 1218 388

Teil VIII
Der Anspruch gegen den Erbschaftsbesitzer

§ 23 Der Erbschaftsanspruch ... 1230 392
I. Zweck und Rechtsnatur des Erbschaftsanspruchs ... 1231 392
II. Voraussetzungen des Erbschaftsanspruchs ... 1233 393
1. Überblick ... 1233 393
2. Anspruchsberechtigter: wahrer Erbe ... 1234 393
3. Anspruchsgegner: Erbschaftsbesitzer ... 1235 394
III. Umfang der Herausgabepflicht ... 1241 396
1. Herausgabe des ursprünglich Erlangten in natura ... 1241 396
2. Surrogate ... 1242 396
a) Mittelsurrogation ... 1243 396
b) Rechts- und Ersatzsurrogation ... 1248 397
c) Kettensurrogation ... 1249 398
d) Rechtsfolge ... 1250 398
e) Schutz gutgläubiger Dritter ... 1251 398
3. Nutzungen ... 1253 399
IV. Haftung des Erbschaftsbesitzers im Falle der Unmöglichkeit der Herausgabe ... 1254 399
1. Überblick ... 1254 399
2. Gutgläubiger, unverklagter Erbschaftsbesitzer: § 2021 ... 1255 399
3. Verklagter Erbschaftsbesitzer: § 2023 ... 1256 400
4. Bösgläubiger Erbschaftsbesitzer: § 2024 ... 1257 400
5. Deliktischer Erbschaftsbesitzer: § 2025 ... 1260 401
V. Verwendungsersatzanspruch des Erbschaftsbesitzers ... 1262 401
1. Überblick ... 1262 401
2. Gutgläubiger Erbschaftsbesitzer: § 2022 ... 1263 401
3. Verklagter und bösgläubiger Erbschaftsbesitzer: §§ 2023 Abs. 2, 2024 ... 1267 402
4. Deliktischer Erbschaftsbesitzer ... 1269 403
VI. Auskunftsansprüche des Erben ... 1270 403

VII. Verhältnis von Erbschaftsanspruch und Einzelansprüchen des Erben 1275 404

VIII. Verjährung und Ersitzung 1276 405

Teil IX
Legitimation im Kontext des Erbrechts

§ 24 Überblick über die Legitimations- und Publizitätsinstrumente im Kontext des Erbrechts 1280 407

§ 25 Erbschein 1281 408

I. Der Erbschein im Überblick 1282 409

II. Inhalt und Arten des Erbscheins 1283 409

1. Inhalt des Erbscheins 1283 409

a) Überblick 1283 409

b) Erblasser, Erbe(n) und Todeszeitpunkt 1284 410

c) Größe des Erbteils 1285 410

d) Beschränkungen 1286 410

2. Arten des Erbscheins 1287 411

III. Rechtswirkungen des Erbscheins 1288 412

1. Vermutung der Richtigkeit des Erbscheins, § 2365 ..... 1289 412

2. Öffentlicher Glaube des Erbscheins, §§ 2366, 2367 ..... 1293 413

a) Überblick 1293 413

b) Gutgläubiger Erwerb vom Erbscheinserben, § 2366 ..... 1294 413

c) Leistungen an den Erbscheinserben, § 2367 ..... 1309 418

IV. Erbscheinsverfahren 1314 419

1. Zuständigkeit 1314 419

2. Antrag 1315 419

3. Verfahren, Entscheidung und Rechtsbehelfe 1317 420

4. Einziehung, Kraftloserklärung und Herausgabe eines unrichtigen Erbscheins 1320 421

§ 26 Testamentsvollstreckerzeugnis 1328 423

§ 27 Europäisches Nachlasszeugnis 1334 424

I. Ratio und Grundkonzeption des Europäischen Nachlasszeugnisses (ENZ) 1335 425

II. Zuständigkeit und Verfahren 1338 426

1. Zuständigkeit 1338 426

2. Verfahren 1339 426

3. Berichtigung, Änderung, Widerruf, Aussetzung 1343 427

4. Rechtsbehelfe 1344 427

III. Inhalt des ENZ 1345 427

IV. Wirkungen des ENZ 1346 428

1. Beweis- und Vermutungswirkung 1347 428

2. Gutglaubenswirkung 1348 428

3. Legitimationswirkung 1353 429

§ 28 Legitimation und Publizität durch Register	1355	430
I. Handelsregister und spezielle gesellschaftsrechtliche Legitimationsinstrumente	1355	430
1. Handelsregister	1355	430
2. GmbH-Gesellschafterliste	1357	431
3. Aktienregister	1359	431
II. Grundbuch	1361	431

Teil X
Zuwendungen durch Rechtsgeschäfte unter Lebenden auf den Todesfall

§ 29 Das Schenkungsversprechen von Todes wegen	1363	433
I. Grundlagen	1364	433
1. Wesen der Schenkung von Todes wegen und Eckpunkte des Rechtsrahmens	1364	433
2. Abgrenzung zur aufschiebend befristeten Schenkung unter Lebenden	1368	435
3. Grafische Darstellung des Rechtsrahmens	1369	435
II. Vollzug der Schenkung i.S.d. § 2301 Abs. 2	1370	435
1. Grundsätze	1370	435
2. Anwendung der §§ 130 Abs. 2, 153	1375	437
3. Vollzug im Falle der Beteiligung einer Mittelsperson	1377	438
a) Vollzug im Falle der Einschaltung eines Stellvertreters	1378	438
b) Vollzug im Falle der Einschaltung eines Boten	1379	439
§ 30 Vertrag zugunsten Dritter auf den Todesfall	1384	441
I. Grundlagen und Bedeutung	1385	442
II. Die Rechtsverhältnisse zwischen den Beteiligten	1387	442
1. Überblick	1387	442
2. Deckungsverhältnis	1388	443
a) Rechtsnatur; Form	1388	443
b) Rechtsstellung von Versprechendem und Drittem	1389	443
3. Valutaverhältnis	1392	444

Teil XI
Unternehmensnachfolge

§ 31 Die Erbfolge in ein einzelkaufmännisches Unternehmen	1399	448
I. Vererblichkeit	1400	448
II. Sonderproblematik im Falle einer Erbengemeinschaft	1401	448
III. Haftung	1402	449
1. Erbrechtliche Haftung	1402	449
2. Handelsrechtliche Haftung	1403	449
a) Voraussetzungen der Haftung	1404	450
b) Ausschluss der Haftung	1407	450
c) Rechtsfolge	1408	451

§ 32 Die Erbfolge in Personengesellschaftsanteile 1410 451
I. Einführung 1411 452
II. Die unterschiedliche gesetzliche Ausgangslage bei den verschiedenen Personengesellschaftsformen 1412 452
1. GbR 1412 452
2. oHG 1413 453
3. KG 1414 453
III. Gestaltungsoptionen und Folgeprobleme 1415 453
1. Fortsetzungsklausel 1416 454
a) Inhalt und Anwendungsbereich 1416 454
b) Anwachsung und Abfindungsanspruch 1419 454
c) Ausschluss des Abfindungsanspruchs 1420 455
2. Eintrittsklausel 1423 456
3. Nachfolgeklausel 1427 457
a) Einfache Nachfolgeklausel 1428 457
b) Qualifizierte Nachfolgeklausel 1430 458
c) Sonderfall: fehlgeschlagene Nachfolgeklausel 1434 459
4. Rechtsgeschäftliche Nachfolgeklausel 1436 460
IV. Die Haftung der Erben und die Option des § 139 HGB 1438 461
1. Haftung der Erben 1438 461
2. Die Option des § 139 HGB 1439 461
3. § 139 HGB analog bei der GbR 1445 462
4. Grafische Zusammenfassung 1446 463

§ 33 Die Erbfolge in Kapitalgesellschaftsanteile 1449 464
I. Erbfolge in GmbH-Geschäftsanteile 1450 464
1. Vererblichkeit 1450 464
2. Erbengemeinschaft 1451 465
3. Statutarische Nachfolgeregelung 1455 466
II. Erbfolge in Aktien 1460 468
1. Vererblichkeit 1460 468
2. Erbengemeinschaft 1461 468
3. Statutarische Nachfolgeregelungen 1463 468

Teil XII
Erbfälle mit Auslandsbezug

§ 34 Internationales Erbrecht 1465 470
I. Bedeutung und Grundlagen 1466 473
II. Ziel und Anwendungsbereich der EuErbVO 1469 474
III. Erbstatut (lex successionis) 1476 475
1. Grundlagen und Systematik der Anknüpfungsregeln der EuErbVO im Überblick 1476 475
a) Systematik der Anknüpfungsregeln 1476 475
b) Universelle Geltung 1479 475
c) Eingeschränkte Beachtlichkeit des Renvoi 1480 476
2. Grundregeln 1481 476
a) Rechtswahl (Art. 22 EuErbVO) 1481 476

b) Objektive Anknüpfung (Art. 21 EuErbVO)	1485	477
c) Reichweite des Erbstatuts (Art. 23 EuErbVO)	1491	479
3. Sonderanknüpfungen und weitere Sonderregeln	1492	480
a) Sonderanknüpfungen für Verfügungen von Todes wegen (Art. 24-26 EuErbVO)	1492	480
b) Sonderanknüpfungen für das Formstatut (Art. 27, 28 EuErbVO)	1497	481
c) Sonstige Sonderanknüpfungen und Sonderregeln	1501	482
4. Regeln zu Fragen des allgemeinen Teils des IPR	1505	483
a) Anpassung dinglicher Rechte (Art. 31 EuErbVO)	1505	483
b) Ordre public-Vorbehalt (Art. 35 EuErbVO)	1508	484
c) Mehrrechtsstaaten (Art. 36-38 EuErbVO)	1509	484
IV. Internationales Erbverfahrensrecht	1510	485
1. Internationale Zuständigkeit in Erbsachen	1510	485
a) Überblick	1510	485
b) Grundregeln: Art. 4 und Art. 10 EuErbVO	1512	485
c) Durchbrechungen und Ausnahmen	1514	486
d) Ergänzende prozedurale Regelungen	1516	486
2. Anerkennung, Vollstreckbarkeit und Vollstreckung von Entscheidungen in Erbsachen	1517	487
3. Öffentliche Urkunden und gerichtliche Vergleiche in Erbsachen	1518	487
Sachverzeichnis		489

Abkürzungsverzeichnis

a.A.	anderer Ansicht
abl.	ablehnend(er)
ABlEU	Amtsblatt der Europäischen Union
Abs.	Absatz
abw.	abweichend
AcP	Archiv für die civilistische Praxis
a.E.	am Ende
a.F.	alte Fassung
AG	Amtsgericht
AK	Alternativkommentar
AnfG	Gesetz über die Anfechtung von Rechtshandlungen eines Schuldners außerhalb des Insolvenzverfahrens
Anm.	Anmerkung
ApoG	Apothekengesetz
arg.	Argument
Aufl.	Auflage
BayAGGVG	Bayerisches Gesetz zur Ausführung des Gerichtsverfassungsgesetzes und von Verfahrensgesetzen des Bundes
BayObLG	Bayerisches Oberstes Landesgericht
BayObLGZ	Entscheidungen des Bayerischen Obersten Landesgerichts in Zivilsachen
BB	Der Betriebs-Berater
BbgPBWoG	Brandenburgisches Pflege- und Betreuungswohngesetz
Bd.	Band
BeckOGK	beck-online. GROSSKOMMENTAR
BeckOK	Beck'scher Online-Kommentar
BeckRS	Rechtsprechungssammlung in Beck-Online
BegrRegE	Begründung zum Regierungsentwurf
BeurkG	Beurkundungsgesetz
BGB	Bürgerliches Gesetzbuch
BGBl.	Bundesgesetzblatt
BGH	Bundesgerichtshof
BGHZ	Entscheidungen des Bundesgerichtshofs in Zivilsachen
BNotO	Bundesnotarordnung
BremWoBeG	Bremisches Wohn- und Betreuungsgesetz
BT-Drs.	Bundestagsdrucksache
BVerfG	Bundesverfassungsgericht
ders.	derselbe
diff.	differenzierend
DNotZ	Deutsche Notar-Zeitschrift
DR	Deutsches Recht

ECLI	European Case Law Identifier
EGBGB	Einführungsgesetz zum Bürgerlichen Gesetzbuch
EGHGB	Einführungsgesetz zum Handelsgesetzbuch
EGMR	Europäischer Gerichtshof für Menschenrechte
EheschlRG	Eheschließungsrechtsgesetz
Einl.	Einleitung
EL	Ergänzungslieferung/Erblasser
EMRK	Europäische Menschenrechtskonvention
ENZ	Europäisches Nachlasszeugnis
EQG	Einrichtungenqualitätsgesetz
ErbGleichG	Erbrechtsgleichstellungsgesetz
ErbR	Zeitschrift für die gesamte erbrechtliche Praxis/Erbrecht
ErbStG	Erbschaftsteuer- und Schenkungsteuergesetz
ErbVerjRÄndG	Gesetz zur Änderung des Erb- und Verjährungsrechts
ErwG	Erwägungsgrund
EU	Europäische Union
EuErbVO	Verordnung (EU) Nr. 650/2012 des Europäischen Parlaments und des Rates vom 4. Juli 2012 über die Zuständigkeit, das anzuwendende Recht, die Anerkennung und Vollstreckung von Entscheidungen und die Annahme und Vollstreckung öffentlicher Urkunden in Erbsachen sowie zur Einführung eines Europäischen Nachlasszeugnisses, ABlEU v. 20.12.2012, L 351/1
EuErbVO-DVO	DurchführungsVO (EU) Nr. 1329/2014 der Kommission zur Festlegung der Formblätter nach Maßgabe der Verordnung (EU) Nr. 650/2012 des Europäischen Parlaments und des Rates über die Zuständigkeit, das anzuwendende Recht, die Anerkennung und Vollstreckung von Entscheidungen und die Annahme und Vollstreckung öffentlicher Urkunden in Erbsachen sowie zur Einführung eines Europäischen Nachlasszeugnisses v. 9. Dezember 2014, ABlEU v. 16.12.2014, L 359/30
EuInsVO 2015	Verordnung (EU) 2015/848 des Europäischen Parlaments und des Rates vom 20. Mai 2015 über Insolvenzverfahren (Neufassung), ABlEU v. 5.6.2015, L 141/19
EUGRCh	Charta der Grundrechte der Europäischen Union
EWiR	Entscheidungen zum Wirtschaftsrecht
ExRepHGesR	Examens-Repetitorium Handels- und Gesellschaftsrecht
FamFG	Gesetz über das Verfahren in Familiensachen und in den Angelegenheiten der freiwilligen Gerichtsbarkeit
FamRZ	Zeitschrift für das gesamte Familienrecht
FGG	Gesetz über die Angelegenheiten der freiwilligen Gerichtsbarkeit
Fn.	Fußnote
FPR	Familie Partnerschaft Recht
FRPrax	Praxis der Freiwilligen Gerichtsbarkeit
FuR	Familie und Recht
GastG	Gaststättengesetz
GBMaßnG	Gesetz über Maßnahmen auf dem Gebiete des Grundbuchwesens
GBO	Grundbuchordnung
GbR	Gesellschaft bürgerlichen Rechts
GBV	Verordnung zur Durchführung der Grundbuchordnung
gem.	gemäß

GesLV	Gesellschafterlistenverordnung
GG	Grundgesetz für die Bundesrepublik Deutschland
ggf.	gegebenenfalls
GPR	Zeitschrift für das Privatrecht der Europäischen Union
HGB	Handelsgesetzbuch
HGBP	Hessisches Gesetz über Betreuungs- und Pflegeleistungen
h.L.	herrschende Lehre
h.M.	herrschende Meinung
HmbWBG	Hamburgisches Wohn- und Betreuungsqualitätsgesetz
HöfeO	Höfeordnung
HRefG	Gesetz zur Neuregelung des Kaufmanns- und Firmenrechts und zur Änderung anderer handels- und gesellschaftsrechtlicher Vorschriften (Handelsrechtsreformgesetz – HRefG) v. 22.6.1998, BGBl. I, 1474
Hs.	Halbsatz
i.d.R.	in der Regel
i.d.S.	in diesem Sinne
i.E.	im Ergebnis
i.e.S.	im eigentlichen Sinne
i.H.v.	in Höhe von
insb.	insbesondere
InsO	Insolvenzordnung
IntErbRVG	Internationales Erbrechtsverfahrensgesetz
IPR	Internationales Privatrecht
IPRax	Praxis des Internationalen Privat- und Verfahrensrechts
i.S.d.	im Sinne des
i.S.v.	im Sinne von
i.V.m.	in Verbindung mit
i.w.S.	im weiteren Sinne
IZPR	Internationales Zivilprozessrecht
JA	Juristische Arbeitsblätter
JR	Juristische Rundschau
JURA	Juristische Ausbildung
JurionRS	Jurion Rechtsachen
JuS	Juristische Schulung
JW	Juristische Wochenschrift
JZ	JuristenZeitung
KG	Kammergericht (= OLG Berlin) bzw. Kommanditgesellschaft
KindRG	Kindschaftsrechtsreformgesetz
KO	Konkursordnung
KonsG	Konsulargesetz
LG	Landgericht
lit.	littera
LMK	beck-fachdienst Zivilrecht – LMK
LuftRG	Gesetz über Rechte an Luftfahrzeugen
LWTG	Landesgesetz über Wohnformen und Teilhabe (Rheinland-Pfalz)
LZ	Leipziger Zeitschrift für deutsches Recht

MAH	Münchener Anwaltshandbuch
MDR	Monatsschrift für Deutsches Recht
MHLS	Michalski/Heidinger/Leible/J. Schmidt, GmbHG
MittBayNot	Mitteilungen der Bayerischen Notarkammer
MittRhNotK	Mitteilungen der Rheinischen Notarkammer
Mot.	Motive zum BGB
MüKoAktG	Münchener Kommentar zum Aktiengesetz
MüKoBGB	Münchener Kommentar zum Bürgerlichen Gesetzbuch
MüKoGmbHG	Münchener Kommentar zum GmbHG
MüKoHGB	Münchener Kommentar zum Handelsgesetzbuch
MüKoVVG	Münchener Kommentar zum Versicherungsvertragsgesetz
m.w.N.	mit weiteren Nachweisen
NdsRpfl	Niedersächsische Rechtspflege
NEhelG	Gesetz über die rechtliche Stellung der nicht ehelichen Kinder
NJOZ	Neue Juristische Online-Zeitschrift
NJW	Neue Juristische Wochenschrift
NJW-RR	NJW-Rechtsprechungsreport
NJWE-FER	NJW-Entscheidungsdienst Familien- und Erbrecht
npoR	Zeitschrift für das Recht der Nonprofit Organisationen
NuWG	Niedersächsisches Gesetz über unterstützende Wohnformen
NZFam	Neue Zeitschrift für Familienrecht
NZG	Neue Zeitschrift für Gesellschaftsrecht
NZI	Neue Zeitschrift für Insolvenzrecht
OLG	Oberlandesgericht
OLGRspr	Die Rechtsprechung der Oberlandesgerichte auf dem Gebiete des Zivilrechts
OLGZ	Entscheidungen der Oberlandesgerichte in Zivilsachen
PdW	Prüfe dein Wissen
PflWoG	Pflege- und Wohnqualitätsgesetz
PrALR	Allgemeines Landrecht für die Preußischen Staaten
ProstG	Prostitutionsgesetz
Prot.	Protokolle zum Bürgerlichen Gesetzbuch
RabelsZ	Rabels Zeitschrift für ausländisches und internationales Privatrecht
RAnwG	Rechtsanwendungsgesetz (DDR)
RG	Reichsgericht
RGBl.	Reichsgesetzblatt
RGZ	Entscheidungen des Reichsgerichts in Zivilsachen
Rn.	Randnummer
RNotZ	Rheinische Notar-Zeitschrift
Rpfleger	Der Deutsche Rechtspfleger
RPflG	Rechtspflegergesetz
Rspr.	Rechtsprechung
SaarlWBPfQuG	Saarländisches Wohn-, Betreuungs- und Pflegequalitätsgesetz
SächsBeWoG	Sächsisches Betreuungs- und Wohnqualitätsgesetz
SbStG	Selbstbestimmungsstärkungsgesetz
SchiffsRG	Gesetz über Rechte an eingetragenen Schiffen und Schiffsbauwerken

SchlHA	Schleswig-Holsteinische Anzeigen
SchRegO	Schiffsregisterordnung
SchRegDV	Verordnung zur Durchführung der Schiffsregisterordnung
st. Rspr.	ständige Rechtsprechung
str.	streitig
TestG	Testamentsgesetz
ThürWTG	Thüringer Wohn- und Teilhabegesetz
UK	United Kingdom
u.U.	unter Umständen
VermG	Vermögensgesetz
VerschG	Verschollenheitsgesetz
VGR	Wissenschaftliche Vereinigung für Unternehmens- und Gesellschaftsrecht
VIZ	Zeitschrift für Vermögens- und Immobilienrecht
VO	Verordnung
Vorbem.	Vorbemerkungen
VVG	Gesetz über den Versicherungsvertrag
WTPG	Wohn-, Teilhabe- und Pflegegesetz
WTG	Wohnteilhabegesetz (Berlin) bzw. Wohn- und Teilhabegesetz (NRW, Sachsen-Anhalt)
WuB	Entscheidungssammlung zum Wirtschafts- und Bankrecht
WM	Wertpapier-Mitteilungen
ZErb	Zeitschrift für die Steuer- und Erbrechtspraxis
ZEV	Zeitschrift für Erbrecht und Vermögensnachfolge
ZfPW	Zeitschrift für die gesamte Privatrechtswissenschaft
ZGB	Zivilgesetzbuch der DDR
ZIP	Zeitschrift für Wirtschaftsrecht
ZPO	Zivilprozessordnung
zutr.	zutreffend
ZVglRWiss	Zeitschrift für Vergleichende Rechtswissenschaft

Folgende Abkürzungen werden im Text zur Kennzeichnung von Verwandtschaftsbeziehungen verwendet, sofern die Verwandtschaftsbeziehungen nicht im Einzelfall beschrieben sind:

EL	= Erblasser
K_1, K_2	= Kinder
S_1, S_2	= Söhne
T_1, T_2	= Töchter
E_1, E_2	= Enkelkinder
UE_1, UE_2	= Urenkel
V	= Vater
M	= Mutter
G_1, G_2	= Großeltern
U_1, U_2	= Urgroßeltern
B_1, B_2	= Brüder

S_1, S_2	= Schwestern
N_1, N_2	= Neffen/Nichten
St_1, St_2	= Stiefgeschwister
Tt_1, Tt_2	= Tanten
O_1, O_2	= Onkel
ne K_1	= nicht eheliches Kind
ne E_1	= nicht eheliches Enkelkind
X, Y	= Verwandter bzw. sonstige Person
+	= vor dem Erblasser verstorben (vorverstorben)

Paragrafen ohne Bezeichnung eines Gesetzes sind solche des BGB.

Lern- und Literaturhinweise

1. Lehrbücher und Handbücher zum Erbrecht

Brox, Hans/Walker, Wolf-Dietrich	Erbrecht, 28. Aufl., München 2018
Ebenroth, Carsten	Erbrecht, München 1992
Frank, Rainer/Helms, Tobias	Erbrecht, 7. Aufl., München 2017
Gursky, Karl-Heinz/Lettmaier, Saskia	Erbrecht, 7. Aufl., Heidelberg 2018
Harder, Manfred/Kroppenberg, Inge	Grundzüge des Erbrechts, 5. Aufl., Neuwied 2002
Kipp, Theodor/Coing, Helmut	Lehrbuch des Bürgerlichen Rechts, 5. Band, Erbrecht, 14. Bearbeitung, Tübingen 1990
Lange, Heinrich/Kuchinke, Kurt	Lehrbuch des Erbrechts, 5. Aufl., München 2001
Lange, Knut Werner	Erbrecht, 2. Aufl. 2017
Lange, Knut Werner/Tischer, Philipp	Familien- und Erbrecht, 4. Aufl., München 2017
Leipold, Dieter	Erbrecht, 21. Aufl., Tübingen 2016
Löhnig, Martin	Erbrecht, 3. Aufl., München 2016
Mayer, Jörg/Süß, Rembert/Tanck, Manuel/Bittler, Jan	Handbuch Pflichtteilsrecht, 4. Aufl., Bonn 2017
Olzen, Dirk/Looschelders, Dirk	Erbrecht, 5. Aufl., Berlin 2017
Schlitt, Gerhard/Müller, Gabriele	Handbuch Pflichtteilsrecht, 2. Aufl., München 2017
Schlüter, Wilfried/Röthel, Anne	Erbrecht, 17. Aufl., München 2015
Schmoeckel, Mathias	Erbrecht, 5. Aufl., München 2018

2. Kommentare zum BGB

BeckOK BGB	(herausgegeben von *Bamberger, Georg/Roth, Herbert/Hau, Wolfgang/Poseck, Roman*), 48. Edition, Stand: 1.11.2018
BeckOGK	(Gesamtherausgeber: *Gsell, Beate/Krüger, Wolfgang/Lorenz, Stephan/Reymann, Christoph*), Stand: 1.10.2018
Burandt, Wolfgang/Rojahn, Dieter	Erbrecht, 3. Aufl., München 2019
Dauner-Lieb, Barbara/Grziwotz, Herbert	Pflichtteilsrecht, 2. Aufl., Baden-Baden 2017
Erman	Bürgerliches Gesetzbuch, 15. Aufl., Köln 2017
Jauernig	Kurzkommentar zum BGB, 17. Aufl., München 2018

Münchener Anwaltshandbuch Erbrecht	(Herausgeber: *Scherer, Stephan*), 5. Aufl. 2018
Münchener Kommentar zum BGB	Band 10 (§§ 1922-2385), 7. Aufl., München 2017; Band 11 (IPR I), 7. Aufl., München 2018; Band 12 (IPR II), 7. Aufl., München 2018
Palandt,	Bürgerliches Gesetzbuch, 78. Aufl., München 2019
Prütting, Hanns/Wegen, Gerhard/Weinreich, Gerd	BGB Kommentar, 13. Aufl., Köln 2018
RGRK	Kommentar zum BGB, Band V, 1. Teil (§§ 1922-2146), 12. Aufl., Berlin 1974; Band V, 2. Teil (§§ 2147-2385), 12. Aufl., Berlin 1975.
Schulze, Reiner	Bürgerliches Gesetzbuch, 10. Aufl., Baden-Baden 2019
Soergel	Bürgerliches Gesetzbuch, Band 21 (§§ 1922-2063), 13. Aufl., Stuttgart 2002; Band 22 (§§ 2064-2273, §§ 1-35 BeurkG), 13. Aufl., Stuttgart 2003; Band 23 (§§ 2274-2385), 13. Aufl., Stuttgart 2002.
Staudinger	§§ 1922-1966, Neubearbeitung, Berlin 2017; §§ 1967-2063, Neubearbeitung, Berlin 2016; §§ 2064-2196, Neubearbeitung, Berlin 2013; §§ 2197-2228, Neubearbeitung, Berlin 2016; §§ 2229-2264, Neubearbeitung, Berlin 2018; §§ 2265-2302, Neubearbeitung, Berlin 2014; §§ 2303-2345, Neubearbeitung, Berlin 2015; §§ 2339-2385, Neubearbeitung, Berlin 2004

3. Fallsammlungen zum Erbrecht

Benner, Susanne A.	Klausurenkurs im Familien- und Erbrecht, 5. Aufl., Heidelberg 2017
Eidenmüller, Horst/Fries, Martin	Fälle zum Erbrecht, 6. Aufl., München 2017
Roth, Andreas	Familien- und Erbrecht mit ausgewählten Verfahrensfragen, 5. Aufl., Heidelberg 2010
Löhnig, Martin/Leiß, Martin	Fälle zum Erbrecht, 3. Aufl., München 2015
Schlüter, Wilfried	Prüfe dein Wissen, Erbrecht, 10. Aufl., München 2007

Teil I

Überblick über das Erbrecht

§ 1 Grundlagen des Erbrechts

Fall 1: E hat 2017 einen sog. Gewinnsparvertrag mit einer Bank abgeschlossen. Der Vertrag läuft über zehn Jahre mit einer Kündigungsfrist von drei Monaten. Jedes Mal, wenn der halbjährliche Sparbetrag vom Konto abgebucht wird, findet unter allen Sparern eine Verlosung statt. Der Gewinner erhält 10.000 € auf sein Konto überwiesen. 1

E stirbt am 26.12.2018. Testamentarische Alleinerbin ist seine Ehefrau N, die die Erbschaft sogleich annimmt. Am 2.1.2019 wird vom Konto des E der Sparbetrag abgebucht. Das Los gewinnt und auf dem Konto werden noch am selben Tag 10.000 € gutgeschrieben.

Der Sohn S macht gegenüber N seinen Pflichtteilsanspruch geltend. Er ist der Auffassung, dass der Lotteriegewinn in den Nachlass fällt und damit bei der Berechnung seines Pflichtteilsanspruchs zu berücksichtigen sei. N hingegen ist der Auffassung, dass der Lotteriegewinn allein ihr zusteht. Wer hat Recht? **Lösung: → Rn. 64**

Literatur: *Belling*, Einführung in das Recht der gesetzlichen Erbfolge, JURA 1986, 579; *Belling*, Einführung in das Recht der gewillkürten Erbfolge, JURA 1986, 625; *Muscheler*, Die Grundlagen des deutschen Erbrechts, JA 2004, 494; *Röthel*, 60 Jahre Grundrechte – und mehr als 100 Jahre BGB-Erbrecht, ErbR 2009, 266; *Röthel*, Grundbegriffe des Erbrechts, JURA 2014, 179; *Röthel,* Universalsukzession und Vonselbsterwerb (§ 1922), JURA 2018, 477.

I. Einführung

Mit dem Tod einer natürlichen Person (Erbfall) endet deren **Rechtsfähigkeit**. Dem Vermögen, welches aus Rechten und Pflichten gegenüber anderen Personen besteht, fehlt damit der Rechtsträger. Da der Verstorbene als **Rechtssubjekt** nicht mehr vorhanden ist, stellt sich die Frage, wie das Vermögen und die Schulden **(Nachlass)** auf ein existierendes Rechtssubjekt übergehen sollen **(Erbfolge)**, damit eine gewisse Kontinuität der Rechtspositionen und -beziehungen gewährleistet ist: Wer wird Erbe und welche rechtliche Stellung soll dieser Erbe haben? 2

Grundlegend für das deutsche Erbrecht ist zunächst die **Testierfreiheit**, eine Ausprägung der **Privatautonomie** (Art. 2 Abs. 1 GG, → Rn. 6 ff.). Unter Testierfreiheit wird üblicherweise verstanden, dass der Erblasser bis zu seinem Tode frei ist, die Erbfolge zu regeln. Zur Testierfreiheit gehört aber auch, dass der Erblasser sich durch die Form eines Erbvertrages oder durch wechselbezügliche Verfügungen (gemeinschaftliches Testament) bindend verpflichten kann. Es handelt sich in allen Fällen um eine **gewillkürte Erbfolge** (→ Rn. 137 ff.) durch besondere Willenserklärung. Zu beachten ist, dass der Erblasser, ähnlich wie im Sachenrecht, einem **Typenzwang** unterliegt, d.h. er ist auf bestimmte Formen beschränkt. Eine gesetzliche Beschränkung der Testierfreiheit ergibt sich aus dem **Pflichtteilsrecht** (→ Rn. 615 ff.). Wenn der Erblasser von seiner Testierfreiheit keinen Gebrauch macht, greift die **gesetzliche Erbfolge** ein, welche eine **Familienerbfolge** bzw. **Verwandtenerbfolge** ist (→ Rn. 65 ff.). Nur subsidiär besteht eine gesetzliche Erbfolge des Staates (→ Rn. 120 ff.).

3 Das deutsche Erbrecht beruht auf zwei grundlegenden Prinzipien: Universalsukzession und Vonselbsterwerb. **Universalsukzession (Gesamtrechtsnachfolge)** bedeutet, dass das gesamte Vermögen als Ganzes auf den oder die Erben übergeht. **Vonselbsterwerb** bedeutet, dass die Erbschaft dem Erben kraft Gesetzes anfällt (sog. Anfallprinzip); der Erbe kann die Erbschaft allerdings ggf. ausschlagen (→ Rn. 574 ff.). Zu einer Sondererbfolge (Singularsukzession) kommt es nur ausnahmsweise im Rahmen der Höfeordnungen[1] und in bestimmten Fällen im Gesellschaftsrecht (→ Rn. 1429, 1431).

Höfeordnungen existieren allerdings nicht in allen Bundesländern.[2] Es handelt sich um eine Sondererbfolge hinsichtlich einer land- oder forstwirtschaftlichen Besitzung mit einer zu ihrer Bewirtschaftung geeigneten Hofstelle.[3] Der sog. Anerbe bzw. Hoferbe ist insoweit Alleinerbe des Hofes (vgl. § 4 S. 1 HöfeO). Die weichenden Miterben sind abfindungsberechtigt (vgl. § 12 Abs. 1 HöfeO). S. ferner auch §§ 13-16 GrdstVG und § 2049.

Möglich sind aber immer Vermächtnisse (→ Rn. 900 ff.) und Teilungsanordnungen (→ Rn. 1023 ff.). Da sie jedoch nur rein schuldrechtlich wirken, sind dann zur konkreten Übertragung der Gegenstände jeweils noch entsprechende dingliche Rechtsgeschäfte erforderlich.

4 **Nicht vererblich** sind allerdings **höchstpersönliche Rechte**. Dazu gehören etwa der Nießbrauch (§ 1061 S. 1), das allgemeine Persönlichkeitsrecht sowie statusbezogene familienrechtliche Positionen (z.B. die Ehe oder die elterliche Sorge). Ebenso sind auch höchstpersönliche Pflichten (z.B. höchstpersönliche Dienstleistungspflichten, vgl. § 613) nicht vererblich. Vermögenswerte Bestandteile des allgemeinen Persönlichkeitsrechts (APR) bestehen aber nach dem Tod des Trägers fort, solange die ideellen Interessen noch geschützt sind; die Befugnisse gehen auf die Erben über und können von diesen entsprechend dem ausdrücklichen oder mutmaßlichen Willen des Verstorbenen ausgeübt werden[4]. **Vererblich** ist allerdings der **Nutzungsvertrag für ein soziales Netzwerk**; seinem Übergang auf die Erben im Wege der Gesamtrechtsnachfolge stehen weder das postmortale Persönlichkeitsrecht des Erblassers noch das Datenschutzrecht entgegen.[5]

---

1 S. BGH v. 5.3.1999 – BLw 18-98, ZEV 1999, 358.

2 In den Ländern Hamburg, Niedersachsen, Nordrhein-Westfalen und Schleswig-Holstein gilt die ehemalige HöfeO für die britische Zone als Bundesrecht fort. Die Länder Baden-Württemberg, Bremen, Hessen und Rheinland-Pfalz haben gem. Art. 64 EGBGB eigene landesgesetzliche Anerbenregelungen getroffen. Bayern, Berlin, Brandenburg, Mecklenburg-Vorpommern, Sachsen, Sachsen-Anhalt, Saarland und Thüringen kennen keine Sonderregelungen.

3 Ausf. dazu *Lange,* ErbR, 2. Aufl. 2017, § 97; MAH ErbR/*Ridder,* 5. Aufl. 2018, § 43.

4 BVerfG v. 22.8.2006 – 1 BvR 1168/04, NJW 2006, 3409 (Marlene Dietrich); BGH v. 1.12.1999 – I ZR 49/97, ZEV 2000, 323 und 326 m. Anm. *Klingelhöffer* (Marlene Dietrich); s. ferner auch BGH v. 5.10.2006 – I ZR 277/03, NJW 2007, 684 (Klaus Kinski); vgl. BGH v. 4.6.1974 – VI ZR 68/73, NJW 1974, 1371; BGH v. 20.3.1968 – I ZR 44/66, BGHZ 50, 133 (Mephisto) und BGH v. 26.11.1954 – I ZR 266/52, BGHZ 15, 249, 259 (Cosima Wagner).

5 BGH v. 12.7.2018 – III ZR 183/17, MDR 2018, 1002 („Facebook"). Dazu *Deutsch* ZEV 2018, 687 ff.; *Gloser* DNotZ 2018, 846 ff.; *Lieder/Berneith* FamRZ 2018, 1486 ff.; *Preuß* NJW 2018, 3146 ff.; *Pruns* ErbR 2018, 549 ff., 614 ff.; *Röthel* JURA 2019, 116; *Wellenhofer* JuS 2018, 1101 ff.; *Wüsthof* EuCML 2018, 205 ff. Instruktiv zum digitalen Nachlass allgemein: *Budzikiewicz* AcP 218 (2018) 559 ff.

Die Familien- bzw. Verwandtenerbfolge bestimmt sich im deutschen Erbrecht nach dem **Parentelsystem** (→ Rn. 70). Das Parentelsystem bedeutet, dass die Verwandten nach Ordnungen gegliedert werden und (nur) eine Person einer vorrangigen Ordnung alle anderen Personen nachrangiger Ordnungen von der Erbfolge ausschließt. Innerhalb der ermittelten Ordnung gilt dann das **Repräsentationsprinzip mit Eintrittsrecht**: Ein lebender Abkömmling schließt seine Abkömmlinge von der Erbfolge aus; sollte der Abkömmling jedoch ebenfalls verstorben (vorverstorben) sein, so treten (nur) seine Abkömmlinge an seine Stelle (wieder jeder Unterstamm mit einem Repräsentanten), und es findet unter diesen wieder eine Erbteilung statt. Im Ergebnis bedeutet dies eine **Erbfolge nach Stämmen**, nicht nach Köpfen. Neben die Verwandten tritt als gesetzlicher Erbe der **Ehegatte** bzw. Lebenspartner des Erblassers (→ Rn. 88 ff., 118). Wurden gesetzliche Erben enterbt, kann ihnen ein **Pflichtteilsrecht** zustehen (→ Rn. 615 ff.). 5

Das Gesetz kennt zwei Arten der Verfügung von Todes wegen: Das **Testament** (→ Rn. 137 ff.) und den **Erbvertrag** (→ Rn. 261 ff.). Eine besondere Form des Testaments ist das **gemeinschaftliche Testament**, das nur von Ehegatten errichtet werden kann (→ Rn. 211 ff.). Für Auslegung, Widerruf und Anfechtung letztwilliger Verfügungen gelten spezielle Regelungen (→ Rn. 185 ff., 247 ff., 295 ff., 323 ff., 384 ff.).

Der Erbe kann den Anfall der Erbschaft mit der **Ausschlagung** rückwirkend beseitigen (→ Rn. 574 ff.). Schlägt er nicht aus, haftet er **unbeschränkt, aber beschränkbar** (→ Rn. 1071 ff.). Instrumente zur Beschränkung der Erbenhaftung sind insb. die Nachlassverwaltung, die Nachlassinsolvenz sowie die Dürftigkeits- und die Überschwerungseinrede (→ Rn. 1138 ff.). Erben mehrere, so bilden die Miterben eine **Erbengemeinschaft**, die eine auf Auseinandersetzung gerichtete Gesamthandsgemeinschaft ist (→ Rn. 951 ff.).

II. Verfassungsrechtliche Grundlagen des Erbrechts

Gem. Art. 14 Abs. 1 S. 1 GG werden das Eigentum und das Erbrecht gewährleistet. Die Norm schützt sowohl das Rechtsinstitut des Erbrechts (**Institutsgarantie**) als auch das individuelle Erbrecht als Grundrecht (**Individualrecht**).[6] Bei Letzterem handelt es sich sowohl um das Recht zu erben als auch zu vererben. Inhalt und Schranken werden durch die Gesetze bestimmt (Art. 14 Abs. 1 S. 2 GG). Der Gesetzgeber muss dabei selbstverständlich den Grundsatz der Verhältnismäßigkeit und das Gleichheitsgebot beachten. Der Wesensgehalt des Erbrechts darf keinesfalls angetastet werden (Art. 19 Abs. 2 GG). 6

Die Erbrechtsgarantie des Grundgesetzes ergänzt die Eigentumsgarantie: Das Privateigentum geht mit dem Tod nicht unter, sondern hat Fortbestand im Wege der Rechtsnachfolge von Todes wegen. Zu den geschützten Kernelementen zählen die **Testier-** 7

6 Vgl. BVerfG v. 14.12.1994 – 1 BvR 720/90, BVerfGE 91, 346, 358; BVerfG v. 25.3.2009 – 1 BvR 909/08, ZEV 2009, 390 Rn. 14.

freiheit[7] (sie ist besonderer Ausdruck der an sich durch Art. 2 Abs. 1 GG geschützten Privatautonomie[8]), die Privaterbfolge[9] (auch: Privaterbrecht) sowie das gesetzliche Verwandten- bzw. Familienerbrecht einschließlich des Rechts der nahen Angehörigen auf einen angemessenen Anteil am Nachlass (Pflichtteil). In Bezug auf Letzteres ist die genaue Reichweite des Schutzes allerdings umstritten.[10] Nach der Rechtsprechung des BVerfG[11] ist aber jedenfalls die grundsätzlich unentziehbare und bedarfsunabhängige wirtschaftliche Mindestbeteiligung der Kinder des Erblassers an dessen Nachlass durch die Erbrechtsgarantie des Art. 14 Abs. 1 S. 1 i.V.m. Art. 6 Abs. 1 GG gewährleistet.

III. Einfachgesetzliche Rechtsgrundlagen des Erbrechts außerhalb des 5. Buchs des BGB

8 Das im 5. Buch des BGB (§§ 1922–2385) geregelte Erbrecht wird durch zahlreiche andere Normen (sowohl innerhalb als auch außerhalb des BGB) ergänzt, die an erbrechtliche Verhältnisse, nämlich den Erbfall bzw. die Stellung als Erbe anknüpfen.

In Teilbereichen ist die Landesgesetzgebung ermächtigt, von Bundesvorschriften abweichende Regelungen zu treffen (s. z.B. Art. 147 EGBGB, §§ 487–489 FamFG).[12] Nicht alle Bundesländer haben von den Ermächtigungen Gebrauch gemacht. Zu beachten sind auch die Höfeordnungen (Art. 64 EGBGB, → Rn. 3).

1. Allgemeiner Teil des BGB

9 Gem. § 38 S. 1 ist die Vereinsmitgliedschaft nicht vererblich. Nach **§ 130 Abs. 2** ist es auf die Wirksamkeit einer Willenserklärung ohne Einfluss, wenn der Erklärende nach der Abgabe stirbt. Folgerichtig kann also ein Vertrag auch dann noch zustande kommen, wenn der Antragende vor der Annahme stirbt, es sei denn, dass ein anderer Wille des Antragenden anzunehmen ist (**§ 153**). Bei der Vollmacht bestimmt sich im Falle des Todes des Bevollmächtigten oder des Vollmachtgebers nach dem Grundverhältnis, ob die Vollmacht erlischt (§ 168 S. 1). Nach § 185 Abs. 2 S. 1 Alt. 3 wird die Verfügung eines Nichtberechtigten wirksam, wenn er von dem Berechtigten beerbt wird (Konvaleszenz) und dieser für die Nachlassverbindlichkeiten unbeschränkt haftet.

---

7 Vgl. BVerfG v. 25.3.2009 – 1 BvR 909/08, ZEV 2009, 390 Rn. 15; BVerfG v. 30.10.2010 – 1 BvR 3196/09, NJW 2011, 366 Rn. 17.

8 Vgl. *Lange/Kuchinke*, ErbR, 5. Aufl. 2001, § 2 IV 2b und c.

9 BVerfG v. 16.10.1984 – 1 BvR 513/78, BVerfGE 67, 329, 340; BVerfG v. 28.10.1997 – 1 BvR 1644/94, NJW 1998, 743.

10 Zum Meinungsstand: Staudinger/*Otte*, 2017, Einl. ErbR Rn. 78 ff. m.w.N.

11 BVerfG v. 19.4.2005 – 1 BvR 1644/00, BVerfGE 112, 332.

12 S. z.B. Art. 35–39 BayAGGVG.

2. Schuldrecht

Gem. § 311b Abs. 4 S. 1 ist ein **Vertrag über den Nachlass eines noch lebenden Dritten** nichtig, ebenso über den Pflichtteil oder ein Vermächtnis aus dem Nachlass eines noch lebenden Dritten. Dies gilt aber gem. § 311b Abs. 5 S. 1 nicht, wenn der Vertrag unter künftigen gesetzlichen Erben über den gesetzlichen Erbteil oder den Pflichtteil eines von ihnen geschlossen wird. Allerdings bedarf ein solcher Vertrag gem. § 311b Abs. 5 S. 2 der notariellen Beurkundung.[13] 10

Nach § 331 Abs. 1 kann einem Dritten durch **Vertrag zugunsten Dritter** ohne Einhaltung erbrechtlicher Formvorschriften mit dem Tod des Versprechensempfängers ein schuldrechtlicher Anspruch zugewendet werden. Da eine solche Konstruktion in einem gewissen Spannungsverhältnis zu den erbrechtlichen Vorschriften steht, ist hier im Detail vieles streitig, näher → Rn. 1384 ff. 11

Gem. § 473 S. 1 ist das (schuldrechtliche) **Vorkaufsrecht** nicht übertragbar und geht nicht auf die Erben des Berechtigten über, sofern nicht ein anderes bestimmt ist. Ist das Recht auf eine bestimmte Zeit beschränkt, so ist es gem. § 473 S. 2 im Zweifel vererblich. Das Gleiche gilt für das dingliche Vorkaufsrecht gem. § 1098 Abs. 1 S. 1. 12

Die Schenkung eines **Rentenversprechens** erlischt gem. § 520 im Zweifel mit dem Tod des Schenkers. 13

Bei einem **Mietverhältnis über Wohnraum** sieht § 563 den Eintritt von Familienangehörigen und sonstigen Haushaltsangehörigen kraft Gesetzes im Wege der Sonderrechtsnachfolge[14] in das Mietverhältnis vor. Wenn der verstorbene Mieter mit seinem Ehegatten oder Lebenspartner in der Wohnung einen gemeinsamen Haushalt geführt hat, tritt allein dieser in das Mietverhältnis ein (§ 563 Abs. 1). Nur wenn der Ehegatte bzw. Lebenspartner nicht eintritt, treten Kinder, andere Familienangehörige und sonstige Personen, die mit dem Mieter einen auf Dauer angelegten gemeinsamen Haushalt führen[15], in das Mietverhältnis ein (§ 563 Abs. 2). Die Berechtigten haben jedoch ein Ablehnungsrecht: Wenn sie innerhalb eines Monats nach Kenntniserlangung vom Tod des Mieters erklären, dass sie das Mietverhältnis nicht fortsetzen wollen, gilt der Eintritt als nicht erfolgt (§ 563 Abs. 3 S. 1). Gem. § 563 Abs. 4 kann der Vermieter das Mietverhältnis innerhalb eines Monats, nachdem er von dem endgültigen Eintritt Kenntnis erlangt hat, unter Einhaltung der gesetzlichen Frist kündigen, wenn in der Person des Eintretenden ein wichtiger Grund vorliegt. Abweichende Vereinbarungen zum Nachteil des Mieters oder Eintrittsberechtigter sind unwirksam (§ 563 Abs. 5). 14

Wenn mehrere Personen i.S.d. § 563 gemeinsam Mieter sind, wird das Mietverhältnis gem. § 563a Abs. 1 beim Tod des Mieters mit den überlebenden Mietern fortgesetzt. Die überlebenden Mieter können das Mietverhältnis aber innerhalb eines Monats nach Kenntniserlangung unter Einhaltung der gesetzlichen Frist kündigen (§ 563a

13 Näher zum Ganzen *Dutta* ZfPW 2017, 34 ff.; *von Proff zu Irnich* ZEV 2013, 183 ff.; *Henssler* RNotZ 2010, 221 ff.

14 Vgl. BegrRegE MietRRefG, BT-Drs. 14/4553, S. 60.

15 Dies sind zwar primär (hetero- oder homosexuelle) nichteheliche Lebensgemeinschaften, aber ebenso z.B. auch das dauerhafte Zusammenleben alter Menschen als Alternative zum Alten- oder Pflegeheim, vgl. BegrRegE MietRRefG, BT-Drs. 14/4553, S. 61; MüKoBGB/*Häublein*, 7. Aufl. 2016, § 563 Rn. 14.

Abs. 2). Eine abweichende Vereinbarung zum Nachteil der Mieter ist unwirksam (§ 563a Abs. 3).

Für die bis zum Tod des Mieters entstandenen Verbindlichkeiten haften neben den Erben die Personen, die gem. § 563 in das Mietverhältnis eingetreten sind oder mit denen es gem. § 563a fortgesetzt wird, als Gesamtschuldner (§ 563b Abs. 1 S. 1). Im Verhältnis zu diesen Personen haftet der Erbe aber allein, soweit nicht ein anderes bestimmt ist (§ 563b Abs. 1 S. 2). Wenn der Mieter den Mietzins für einen nach seinem Tod liegenden Zeitraum im Voraus entrichtet hat, sind die Personen, die in das Mietverhältnis eingetreten sind oder mit denen es fortgesetzt wird, verpflichtet, dem Erben dasjenige herauszugeben, was sie infolge der Vorausentrichtung ersparen oder erlangen (§ 563b Abs. 2).

Wenn keine Personen i.S.d. § 563 in das Mietverhältnis eintreten oder es nicht mit ihnen nach § 563a fortgesetzt wird, so wird es gem. § 564 S. 1 mit dem Erben fortgesetzt. In diesem Fall sind sowohl der Erbe als auch der Vermieter berechtigt, das Mietverhältnis innerhalb eines Monats unter Einhaltung der gesetzlichen Frist zu kündigen[16], nachdem sie vom Tod des Mieters und davon Kenntnis erlangt haben, dass ein Eintritt in das Mietverhältnis oder dessen Fortsetzung nicht erfolgt ist (§ 564 S. 2).

15 Bei einem **Mietverhältnis über andere Sachen** als Wohnraum normiert § 580 für den Fall des Todes des Mieters ein außerordentliches Kündigungsrecht sowohl für den Erben als auch für den Vermieter.

16 Beim **Pachtvertrag** haben im Falle des Todes des Pächters zwar dessen Erben ein außerordentliches Kündigungsrecht gem. §§ 581 Abs. 2, 580; der Verpächter ist hingegen nicht zur außerordentlichen Kündigung berechtigt (vgl. § 584a Abs. 2).

17 Für **Landpachtverträge** gelten die mietrechtlichen Vorschriften zwar nicht (vgl. §§ 581 Abs. 2, 585). Im Falle des Todes des Pächters statuiert jedoch § 594d – korrespondierend mit § 580 – ein Sonderkündigungsrecht sowohl für die Erben des Pächters als auch für den Verpächter.

18 Bei der **Leihe** kann der Verleiher gem. § 605 Nr. 3 kündigen, wenn der Entleiher stirbt. Beim Tod des Verleihers kommt u.U. eine Kündigung durch die Erben gem. § 605 Nr. 1 in Betracht, falls der Gebrauch der Sache für sie (oder einzelne von ihnen) von Nutzen ist.[17]

19 Bei einem **Dienstverhältnis** führt der Tod des Dienstverpflichteten aufgrund des im Zweifel höchstpersönlichen Charakters der Dienstleistungspflicht (§ 613 S. 1) regelmäßig zur Beendigung des Dienstverhältnisses.[18] Der Tod des Dienstberechtigten führt hingegen grundsätzlich nicht zur Beendigung des Dienstverhältnisses.[19]

20 Entsprechendes gilt über § 630b beim **Behandlungsvertrag**. Für den Fall des Todes des Patienten bestimmt § 630g Abs. 3, dass die Rechte zur Einsichtnahme in die Pati-

16 Anders als früher ist – wie sich aus § 573d BGB ergibt – für die Kündigung seitens des Vermieters kein berechtigtes Interesse erforderlich, vgl. Erman/*Lützenkirchen*, 15. Aufl. 2017, § 564 Rn. 12; MüKoBGB/*Häublein*, 7. Aufl. 2016, § 564 Rn. 8.

17 Vgl. Staudinger/*Reuter*, 2013, § 605 Rn. 7.

18 Vgl. BeckOGK/*Sutschet* § 620 Rn. 302 m.w.N.

19 Vgl. BeckOGK/*Sutschet* § 620 Rn. 304 m.w.N.

entenakte seinen Erben zustehen, soweit es um die Wahrnehmung der vermögensrechtlichen Interessen geht, aber den nächsten Angehörigen, soweit diese immaterielle Interessen geltend machen.

Ein **Auftrag** bleibt im Falle des Todes des Auftraggebers im Zweifel bestehen (§ 672 S. 1). Wenn der Auftrag jedoch erlischt, so hat der Beauftragte, wenn mit dem Aufschub Gefahr verbunden ist, die Besorgung fortzusetzen, bis der Erbe oder der gesetzliche Vertreter des Auftraggebers anderweitig Fürsorge treffen kann (§ 672 S. 2). Im Falle des Todes des Beauftragten erlischt der Auftrag hingegen gem. § 673 S. 1 im Zweifel. Ist dies der Fall, so hat der Erbe des Beauftragten den Tod dem Auftraggeber unverzüglich anzuzeigen und, wenn mit dem Aufschub Gefahr verbunden ist, die Besorgung fortzusetzen, bis der Auftraggeber anderweitig Fürsorge treffen kann (§ 673 S. 2). **21**

Im Falle des Todes eines Gesellschafters einer **Gesellschaft bürgerlichen Rechts (GbR)** wird die Gesellschaft gem. § 727 Abs. 1 grundsätzlich aufgelöst. Der Gesellschaftsvertrag kann jedoch etwas anderes bestimmen (vgl. §§ 727 Abs. 1 a.E., 736 Abs. 1). Näher zum Ganzen → Rn. 1410 ff. **22**

Sofern die Teilhaber einer **Gemeinschaft** das Recht, die Aufhebung zu verlangen, auf Zeit ausgeschlossen haben, so tritt diese Vereinbarung gem. § 750 im Falle des Todes eines Teilhabers im Zweifel außer Kraft. **23**

Bei der **Bürgschaft** kann sich der Bürge im Falle des Todes des Hauptschuldners gem. § 768 Abs. 1 S. 2 nicht darauf berufen, dass der Erbe für die Verbindlichkeit nur beschränkt haftet. **24**

Eine **Anweisung** bleibt gem. § 791 im Falle des Todes eines Beteiligten im Interesse der Rechtssicherheit[20] bestehen. **25**

Im Falle der Tötung hat der Ersatzpflichtige gem. § 844 Abs. 1 demjenigen die **Kosten der Beerdigung** zu ersetzen, welchem die Verpflichtung obliegt, diese Kosten zu tragen (dies ist primär der Erbe, vgl. § 1968). Stand der Getötete zur Zeit der Verletzung zu einem Dritten in einem Verhältnis, vermöge dessen er diesem gegenüber kraft Gesetzes unterhaltspflichtig war oder unterhaltspflichtig werden konnte, und ist dem Dritten infolge der Tötung das Recht auf **Unterhalt** entzogen, so hat der Ersatzpflichtige dem Dritten durch Entrichtung einer Geldrente insoweit Schadensersatz zu leisten, als der Getötete während der mutmaßlichen Dauer seines Lebens zur Gewährung des Unterhalts verpflichtet gewesen wäre (§ 844 Abs. 2 S. 1). Die Ersatzpflicht tritt auch dann ein, wenn der Dritte zur Zeit der Verletzung gezeugt, aber noch nicht geboren war (§ 844 Abs. 2 S. 2). Ferner können Hinterbliebene, die zur Zeit der Verletzung zu dem Getöteten in einem besonderen persönlichen Näheverhältnis standen, vom Ersatzpflichtigen für das ihnen zugefügte seelische Leid eine angemessene Entschädigung in Geld verlangen (§ 844 Abs. 3, sog. **Hinterbliebenengeld**). **26**

§ 845 Var. 1 gewährt einen **Ersatzanspruch wegen entgangener Dienste**, wenn der Getötete kraft Gesetzes einem Dritten zur Leistung von Diensten in dessen Hauswesen oder Gewerbe verpflichtet war. Der Anwendungsbereich der Norm beschränkt

20 Vgl. MüKoBGB/*Habersack*, 7. Aufl. 2017, § 791 Rn. 1.

sich auf die wenig bedeutsame **Dienstleistungspflicht des Kindes** nach § 1619.[21] Nicht unter § 845 fällt hingegen die Führung des Haushalts durch den Ehegatten, da dieser damit keine Dienstleistungspflicht, sondern seine Unterhaltspflicht erfüllt.[22]

3. Sachenrecht

27 § 857 bestimmt, dass der **Besitz** auf den Erben übergeht. Die Vorschrift soll verhindern, dass die Sache durch den Erbfall besitzlos wird[23]; denn da der Besitz als tatsächliches Gewaltverhältnis als solcher kein Recht ist, geht er nicht schon im Wege der Universalsukzession gem. § 1922 auf den oder die Erben über.[24] Bedeutung hat die Vorschrift insb. deshalb, weil sie einen Gutglaubenserwerb ermöglicht (ein solcher wäre bei Besitzlosigkeit des Erben wegen § 935 nicht möglich).[25]

28 § 884 statuiert eine Ausnahme von der beschränkbaren Erbenhaftung: Bei einem durch eine **Vormerkung** gesicherten Anspruch kann sich der Erbe hierauf nicht berufen. Nach § 2016 stehen dem Erben auch die aufschiebenden Einreden der §§ 2014, 2015 nicht zu; ferner wird ein durch eine Vormerkung gesicherter Gläubiger vom Aufgebot nicht betroffen (§§ 1971 S. 2, 1974 Abs. 3, 2060 Nr. 2).[26]

29 Ein **Nießbrauch** erlischt gem. § 1061 S. 1 mit dem Tod des Nießbrauchers. Ebenso erlischt die **beschränkt persönliche Dienstbarkeit** mit dem Tod des Berechtigten (§ 1090 Abs. 2 i.V.m. § 1061 S. 1).

30 Bei der **Hypothek** kann sich der Eigentümer im Falle des Todes des persönlichen Schuldners nicht darauf berufen, dass der Erbe für die Schuld nur beschränkt haftet (§ 1137 Abs. 1 S. 2). Entsprechendes gilt beim **Pfandrecht** (§ 1211 Abs. 1 S. 2).

4. Familienrecht

31 Wenn ein **Verlöbnis** durch den Tod eines der Verlobten aufgelöst wird, ist im Zweifel anzunehmen, dass die Rückforderung von Verlobungsgeschenken ausgeschlossen ist (§ 1301 S. 2).

32 Gem. § 1318 Abs. 5 findet § 1931 (gesetzliches Erbrecht des Ehegatten) zugunsten eines Ehegatten, der die **Aufhebbarkeit der Ehe** bei der Eheschließung gekannt hat (Ausnahme: Verstoß gegen § 1303), keine Anwendung.

33 §§ 1319, 1320 regeln die **Wiederverheiratung nach Todeserklärung**.

34 Eine äußerst bedeutsame Vorschrift in Praxis und Lehre ist **§ 1371**. Sie ergänzt § 1931 für das Erbrecht des Ehegatten bei einer **Zugewinngemeinschaft** und enthält einen eigenen Anspruch für Abkömmlinge in Abs. 4 (→ Rn. 96 ff.).

---

21 Vgl. MüKoBGB/*Wagner*, 7. Aufl. 2017, § 845 Rn. 4.
22 Vgl. MüKoBGB/*Wagner*, 7. Aufl. 2017, § 845 Rn. 3.
23 Vgl. BeckOGK/*Götz* § 857 Rn. 1.
24 Vgl. BeckOGK/*Götz* § 857 Rn. 2.
25 Vgl. MüKoBGB/*Joost*, 7. Aufl. 2017, § 857 Rn. 1.
26 Vgl. Erman/*Artz*, 15. Aufl. 2017, § 884 Rn. 1.

Beim **Zugewinnausgleich** wird ein Vermögen, das ein Ehegatte nach Eintritt des Güterstandes von Todes wegen oder mit Rücksicht auf ein künftiges Erbrecht erwirbt, dem **Anfangsvermögen** hinzugerechnet, soweit es nicht den Umständen nach zu den Einkünften zu rechnen ist (§ 1374 Abs. 2).

Die §§ 1432, 1439, 1455 Nr. 1-3, 1461 regeln das Verhältnis zwischen **Gesamtgut** und Erbschaft, wenn der von einem Dritten erbende Ehegatte im Güterstand der **Gütergemeinschaft** lebt. Wird die Ehe durch den Tod eines Ehegatten aufgelöst, so gehört der Anteil des verstorbenen Ehegatten am Gesamtgut zum Nachlass; der verstorbene Ehegatte wird nach den allgemeinen Vorschriften beerbt (§ 1482). Durch Ehevertrag kann jedoch eine Fortsetzung der Gütergemeinschaft mit den gemeinschaftlichen Abkömmlingen vereinbart werden (§§ 1483 ff., → Rn. 114; s. auch §§ 1418 Abs. 2 Nr. 2 und 1477 Abs. 2 S. 2[27]). 35

Aus den §§ 1586 Abs. 1 Var. 3, 1586b ergibt sich die Bedeutung des Todes des Berechtigten oder Verpflichteten für die **Ehegattenunterhaltspflicht**. Mit dem Tod des Berechtigten erlischt gem. § 1586 Abs. 1 dessen Unterhaltsanspruch. Ansprüche auf Erfüllung oder Schadensersatz wegen Nichterfüllung für die Vergangenheit bleiben aber bestehen (§ 1586 Abs. 2 S. 1) und können also von den Erben geltend gemacht werden. Das Gleiche gilt für den Anspruch auf den zur Zeit des Todes fälligen Monatsbetrag (§ 1586 Abs. 2 S. 2). 36

Verstirbt der Verpflichtete, so geht die Unterhaltspflicht auf den Erben als Nachlassverbindlichkeit über (§ 1586b Abs. 1 S. 1). Der Erbe haftet jedoch nicht über einen Betrag hinaus, der dem Pflichtteil entspricht, welcher dem Berechtigten zustände, wenn die Ehe nicht geschieden worden wäre (§ 1586b Abs. 1 S. 3). Für die Berechnung des Pflichtteils bleiben Besonderheiten aufgrund des Güterstands, in dem die geschiedenen Ehegatten gelebt haben, außer Betracht (§ 1586b Abs. 2).

Die Auswirkungen des Todes eines Beteiligten für den **Versorgungsausgleich** zwischen geschiedenen Ehegatten sind in § 31 VersAusglG (auf den § 1587 verweist) geregelt: Ausgleichsansprüche nach der Scheidung gem. §§ 20-24 VersAusglG erlöschen mit dem Tod eines Ehegatten (§ 31 Abs. 3 S. 1 VersAusglG); Ansprüche auf Teilhabe an der Hinterbliebenenversorgung nach §§ 25, 26 VersAusglG bleiben jedoch unberührt (§ 31 Abs. 3 S. 2 VersAusglG). 37

Beim **Unterhaltsanspruch unter Verwandten** erlischt der Unterhaltsanspruch gem. § 1615 Abs. 1 mit dem Tod des Berechtigten oder Verpflichteten, soweit er nicht auf Erfüllung oder Schadensersatz wegen Nichterfüllung für die Vergangenheit oder auf solche im Voraus zu bewirkende Leistungen gerichtet ist, die zur Zeit des Todes des Berechtigten oder des Verpflichteten fällig sind. Im Falle des Todes des Berechtigten hat der Verpflichtete gem. § 1615 Abs. 2 die **Kosten der Beerdigung** zu tragen, soweit ihre Bezahlung nicht von dem Erben zu erlangen ist. 38

Wenn bei nicht miteinander verheirateten Eltern die **Mutter** infolge der Schwangerschaft oder Entbindung stirbt, so hat der Vater gem. § 1615m die Kosten der Beerdigung zu tragen, soweit ihre Bezahlung nicht von dem Erben der Mutter zu erlangen ist. Der Unterhaltsanspruch der werdenden Mutter nach § 1615l sowie der Anspruch 39

27 Dazu BGH v. 25.3.1998 – XII ZR 139/96, FamRZ 1998, 817.

auf Beerdigungskosten gem. § 1615m bestehen auch dann, wenn der Vater vor der Geburt des Kindes gestorben oder wenn das Kind tot geboren wird (§ 1615n S. 1).

40 Der durch das MHbeG v. 25.8.1998[28] eingeführte **§ 1629a** dient dem **Schutz des minderjährigen Erben**: Die Haftung für Verbindlichkeiten, die aufgrund eines während der Minderjährigkeit erfolgten Erwerbs von Todes wegen entstanden sind, beschränkt sich danach auf den Bestand des bei Eintritt der Volljährigkeit vorhandenen Vermögens des Kindes (§ 1629a Abs. 1 S. 1 Hs. 1 Alt. 3)[29]. Beruft sich der volljährig gewordene Erbe auf die Beschränkung der Haftung, so finden die für die Haftung des Erben geltenden Vorschriften der §§ 1990, 1991 (→ Rn. 1184 ff.) entsprechende Anwendung (§ 1629a Abs. 1 S. 2). Hat das volljährig gewordene Mitglied einer Erbengemeinschaft nicht binnen drei Monaten nach Eintritt der Volljährigkeit die Auseinandersetzung des Nachlasses verlangt, ist im Zweifel anzunehmen, dass die aus einem solchen Verhältnis herrührende Verbindlichkeit nach dem Eintritt der Volljährigkeit entstanden ist (§ 1629a Abs. 4 S. 1 Hs. 1); Entsprechendes gilt für den volljährig gewordenen Inhaber eines Handelsgeschäfts, der dieses nicht binnen drei Monaten nach Eintritt der Volljährigkeit einstellt (§ 1629a Abs. 4 S. 1 Hs. 2; s. auch § 27 HGB, → Rn. 1403 ff.). Unter den Voraussetzungen des § 1629a Abs. 4 S. 1 wird vermutet, dass das gegenwärtige Vermögen des volljährig Gewordenen bereits bei Eintritt der Volljährigkeit vorhanden war (§ 1629a Abs. 4 S. 2).

41 Gem. § 1638 Abs. 1 erstreckt sich die **Vermögenssorge** nicht auf das Vermögen, welches das Kind von Todes wegen erwirbt, wenn der Erblasser durch letztwillige Verfügung bestimmt hat, dass die Eltern das Vermögen nicht verwalten sollen. Was das Kind von Todes wegen erwirbt, haben die Eltern gem. § 1639 Abs. 1 nach den Anordnungen zu verwalten, die durch letztwillige Verfügung getroffen worden sind. Die Eltern müssen das ihrer Verwaltung unterliegende Vermögen, welches das Kind von Todes wegen erwirbt, verzeichnen und dem Familiengericht einreichen (§ 1640 Abs. 1 S. 1), wenn der Wert des Vermögenserwerbs 15.000 € übersteigt und der Erblasser durch letztwillige Verfügung keine abweichende Anordnung getroffen hat (§ 1640 Abs. 2). Gleiches gilt für Vermögen, welches das Kind sonst anlässlich eines Sterbefalls erwirbt (§ 1640 Abs. 1 S. 2).

42 Nach § 1643 Abs. 1 und 2 bedürfen die Eltern zu bestimmten Rechtsgeschäften für das Kind der **Genehmigung des Familiengerichts**. Gem. § 1643 Abs. 2 S. 1 gilt dies für die Ausschlagung einer Erbschaft oder eines Vermächtnisses sowie für den Verzicht auf einen Pflichtteil. Eine Ausnahme ergibt sich aus § 1643 Abs. 2 S. 2: Tritt der Anfall an das Kind erst infolge der Ausschlagung eines Elternteils ein, der das Kind allein oder gemeinsam mit dem anderen Elternteil vertritt, so ist die Genehmigung nur erforderlich, wenn das Kind neben dem Elternteil berufen war (→ Rn. 591). Ferner wird das Kind bei Rechtsgeschäften geschützt, durch die es zu einer Verfügung über eine angefallene Erbschaft oder den künftigen gesetzlichen Erb- oder Pflichtteil verpflichtet wird, sowie bei Verfügungen über den Anteil an einer Erbschaft (§ 1643 Abs. 1 i.V.m. § 1822 Nr. 1).

28 Gesetz zur Beschränkung der Haftung Minderjähriger (MHbeG) v. 25.8.1998, BGBl. I, 2487.

29 S. hierzu BVerfG v. 13.5.1986 – 1 BvR 1542/84, NJW 1986, 1859 und OLG Koblenz v. 17.7.1998 – 2 U 308/97, ZEV 1999, 359 m. Anm. *Christmann*.

Endet die **elterliche Sorge** durch den Tod des Kindes, so haben die Eltern die Geschäfte, die nicht ohne Gefahr aufgeschoben werden können, zu besorgen, bis der Erbe anderweitig Fürsorge treffen kann (§ 1698b). Wenn ein Elternteil stirbt und die elterliche Sorge beiden gemeinsam zustand, so steht sie fortan dem überlebenden Elternteil zu (§ 1680 Abs. 1). Stand einem Elternteil die elterliche Sorge gem. § 1626a Abs. 3 oder § 1671 allein zu, so hat das Familiengericht die elterliche Sorge dem überlebenden Elternteil zu übertragen, wenn dies dem Wohl des Kindes nicht widerspricht (§ 1680 Abs. 2). § 1680 Abs. 1 und 2 gelten entsprechend, wenn die elterliche Sorge eines Elternteils endet, weil er für tot erklärt wird oder seine Todeszeit nach dem VerschG festgestellt wird, § 1681 Abs. 1. **43**

Die Eltern können durch letztwillige Verfügung einen **Vormund benennen** (§ 1777 Abs. 1 und 3) oder bestimmte Personen davon ausschließen (§ 1782 i.V.m. § 1777). Ebenso können bestimmte Befreiungen des Vormunds angeordnet werden (§ 1856 i.V.m. § 1777). **44**

Ein Erblasser kann durch letztwillige Verfügung anordnen, wie das Vermögen zu verwalten ist, das ein **Mündel** von ihm von Todes wegen erwirbt (§ 1803). Er kann auch anordnen, dass ein **Pfleger** das Vermögen anstelle von Eltern oder Vormund verwalten soll (§ 1909 Abs. 1 S. 2, sog. Ergänzungspflegschaft). Die Person des Pflegers kann ebenfalls durch letztwillige Verfügung bestimmt werden (§ 1917 Abs. 1). Ferner können durch letztwillige Verfügung für den benannten Pfleger die in den §§ 1852-1854 bezeichneten Befreiungen angeordnet werden, (§ 1917 Abs. 2 S. 1). Bei der Abwesenheitspflegschaft hat das Betreuungsgericht die Pflegschaft aufzuheben, wenn ihm der Tod des Abwesenden bekannt wird (§ 1921 Abs. 2). **45**

5. HGB

§ 22 Abs. 1 Alt. 2 HGB regelt die Fortführung der Firma bei Erwerb von Todes wegen. **§ 27 HGB** normiert eine Haftung des Erben, der das ererbte Handelsgeschäft unter derselben Firma fortführt (→ Rn. 1403 ff.). Der Tod eines oHG-Gesellschafters oder Komplementärs einer KG führt gem. **§ 131 Abs. 3 S. 1 Nr. 1 HGB** (ggf. i.V.m. § 161 Abs. 2 HGB) grundsätzlich zum Ausscheiden dieses Gesellschafters; die Kommanditistenstellung ist hingegen gem. § 177 HGB vererblich (→ Rn. 1413 f.). Diese Regelungen sind jedoch nur dispositiv und die Kautelarpraxis macht durch Fortsetzungs-, Eintritts- und Nachfolgeklauseln von dem insoweit bestehenden Gestaltungsspielraum regen Gebrauch (→ Rn. 1415 ff.). **§ 139 HGB** (ggf. i.V.m. § 161 Abs. 2 HGB) eröffnet jedem Erben eines oHG-Gesellschafters bzw. Komplementärs, der aufgrund einer Nachfolgeklausel Gesellschafter geworden ist, die Option, in die Stellung eines Kommanditisten zu wechseln (→ Rn. 1439 ff.). **46**

6. Verfahrensrecht

Das Verfahren in **Nachlass- und Teilungssachen** ist in **§§ 342-373 FamFG** geregelt. **47**

Der **Gerichtsstand** ist in der ZPO geregelt: Klagen, welche die Feststellung des Erbrechts, Ansprüche des Erben gegen einen Erbschaftsbesitzer, Ansprüche aus Vermächtnissen oder sonstigen Verfügungen von Todes wegen, Pflichtteilsansprüche oder die Teilung der Erbschaft zum Gegenstand haben, können gem. § 27 Abs. 1 ZPO vor dem Gericht erhoben werden, bei dem der Erblasser zur Zeit seines Todes den allgemeinen Gerichtsstand gehabt hat. Wenn der Erblasser ein Deutscher ist und zur Zeit seines Todes im Inland keinen allgemeinen Gerichtsstand hatte, so können die Klagen vor dem Gericht erhoben werden, in dessen Bezirk der Erblasser seinen letzten inländischen Wohnsitz hatte (§ 27 Abs. 2 Hs. 1 ZPO); mangels eines solchen ist Gerichtsstand das AG Schöneberg in Berlin (§ 27 Abs. 2 Hs. 2 i.V.m. § 15 Abs. 1 S. 2 ZPO) In dem Gerichtsstand können gem. § 28 ZPO auch Klagen wegen anderer Nachlassverbindlichkeiten erhoben werden, solange sich der Nachlass noch ganz oder teilweise im Bezirk des Gerichts befindet oder die vorhandenen mehreren Erben noch als Gesamtschuldner haften.

§§ 27, 28 ZPO regelten über die örtliche Zuständigkeit hinaus traditionell auch die internationale Zuständigkeit.[30] Wenn der Erblasser am oder nach dem 17.8.2015 verstorben ist, bestimmt sich die internationale Zuständigkeit jedoch nach der **EuErbVO** (→ Rn. 1510 ff.).

Besondere Regelungen ergeben sich zusätzlich aus der InsO, so z.B. das **Nachlassinsolvenzverfahren** gem. §§ 315 ff. InsO.

7. Sonstige Gesetze

48 Gem. § 15 Abs. 1 **GmbHG** sind GmbH-Geschäftsanteile vererblich. Für Aktien fehlt zwar eine entsprechende gesetzliche Regelung; sie sind aber nach allgemeiner Meinung ebenfalls vererblich[31]. Näher zur Erbfolge in Kapitalgesellschaftsanteile → Rn. 1449 ff.

§ 77 **GenG** normiert die Vererblichkeit eines Genossenschaftsanteils.

Zur Bezugsberechtigung der Erben bei der Lebensversicherung enthält § 160 Abs. 2 **VVG** eine Regelung.[32]

§ 46 **GewO** enthält eine Regelung betreffend die Fortführung des Betriebs nach dem Tod des Gewerbetreibenden; s. ferner auch § 9 Abs. 1 S. 1 Nr. 2, 3, Abs. 1a **ApoG** und § 10 **GastG**.

Gem. § 5 **AnfG** kann ein Nachlassgläubiger eine Leistung anfechten, wenn der Erbe aus dem Nachlass Pflichtteilsansprüche, Vermächtnisse oder Auflagen erfüllt und der Nachlassgläubiger im Insolvenzverfahren über den Nachlass dem Empfänger der Leistung im Rang vorgehen oder gleichstehen würde. Nach § 15 Abs. 1 AnfG kann die Anfechtbarkeit gegenüber den Erben oder einen anderen Gesamtrechtsnachfolger des Anfechtungsgegners geltend gemacht werden.

30 Vgl. nur MüKoZPO/*Patzina*, 5. Aufl. 2016, § 27 Rn. 14, § 28 Rn. 7.
31 Vgl. nur Staudinger/*Kunz*, 2017, § 1922 Rn. 264.
32 Näher dazu Prölss/Martin/*Schneider*, VVG, 30. Aufl. 2018, § 160 Rn. 4 ff.

IV. Internationales Erbrecht

Für alle **Erbfälle**, die **am oder nach dem 17.8.2015** eintreten, bestimmt sich die *lex successionis* (Erbstatut) grundsätzlich nach der **EuErbVO**, sofern nicht vorrangige Staatsverträge eingreifen (vgl. Art. 75 Abs. 1 EuErbVO). Wenn und soweit weder ein Staatsvertrag noch die EuErbVO Anwendung finden, gelten gem. Art. 25 EGBGB die Art. 20-38 EuErbVO entsprechend. Näher → Rn. 1476 ff. 49

Bei Erbfällen, die zwischen dem 1.9.1986 und dem 16.8.2015 eintraten, unterlag die Rechtsnachfolge von Todes wegen – sofern keine vorrangigen Staatsverträge eingriffen – gem. Art. 25 Abs. 1 EGBGB a.F. dem Recht des Staates, dem der Erblasser im Zeitpunkt seines Todes angehörte; für im Inland belegenes unbewegliches Vermögen konnte der Erblasser jedoch gem. Art. 25 Abs. 2 EGBGB a.F. in einer Verfügung von Todes wegen deutsches Recht wählen. Zur Rechtslage vor dem 1.9.1986 s. Staudinger/*Dörner*, 2007, Art. 25 EGBGB Rn. 10 ff. m.w.N. 50

V. Grundbegriffe des Erbrechts

1. Erblasser und Erbfall

§ 1922 Abs. 1 definiert den **Erbfall** als Tod einer Person. Diese verstorbene Person ist der **Erblasser**. „Person" i.S.d. § 1922 Abs. 1 ist dabei nur eine **natürliche** Person.[33] Juristische Personen können nicht sterben und damit auch nicht beerbt werden; ihre Rechtspersönlichkeit endet vielmehr i.d.R. durch Löschung nach Auflösung und Abwicklung oder aufgrund einer Verschmelzung oder Aufspaltung.[34] 51

Wie der für das Erbrecht maßgebliche **Todeszeitpunkt** zu bestimmen ist, ist nicht gesetzlich geregelt. Entscheidend ist im Regelfall der Herz- und Kreislaufstillstand, bei künstlicher Aufrechterhaltung von Atmung und Kreislauf hingegen der sog. Gesamthirntod.[35] 52

2. Erbe und Vermächtnisnehmer

Erben sind nach der Legaldefinition in § 1922 Abs. 1 diejenigen Personen, auf die das Vermögen des Erblassers (= Erbschaft, → Rn. 59) mit dessen Tod als Ganzes übergeht. Die Erbschaft fällt dem Erben – anders als nach manchen anderen Rechtsordnungen[36] – kraft Gesetzes an (sog. **Anfallprinzip** bzw. **Vonselbsterwerb**).[37] Das Vermögen des Erblassers geht dabei als Ganzes im Wege der **Gesamtrechtsnachfolge** (**Universalsukzession**) auf den Erben über, d.h. es erfolgt ein automatischer und einheitlicher Übergang aller vererblichen Rechts- und Pflichtenstellungen (Rechts- 53

33 Vgl. nur Staudinger/*Kunz*, 2017, § 1922 Rn. 40.
34 Vgl. nur Erman/*Lieder*, 15. Aufl. 2017, § 1922 Rn. 1.
35 Vgl. MüKoBGB/*Leipold*, 7. Aufl. 2017, § 1922 Rn. 12 f.; Erman/*Lieder*, 15. Aufl. 2017, § 1922 Rn. 2; s. ferner auch OLG Frankfurt a.M. v. 11.7.1997 – 20 W 254/95, NJW 1997, 3099.
36 Näher Staudinger/*Otte*, 2017, § 1942 Rn. 1 ff. m.w.N.
37 Vgl. dazu BeckOGK/*J. Schmidt* Art. 23 EuErbVO Rn. 32 m.w.N.

bündel) sowie der daraus erwachsenden aktiven und passiven Ansprüche auf den Erben[38].

Beachte: Der Besitz als tatsächliches Gewaltverhältnis geht hingegen nicht im Wege der Gesamtrechtsnachfolge auf den Erben über. Allerdings bestimmt § 857 ausdrücklich, dass der Besitz auf den Erben übergeht, ohne dass dieser die einen entsprechenden Besitzwillen erfordernde tatsächliche Sachherrschaft über die Nachlassgegenstände zu erlangen braucht[39]. Nach h.M.[40] handelt es sich bei dem Erbenbesitz um einen besonderen, von tatsächlicher Sachherrschaft losgelösten Besitztatbestand, durch den das Gesetz alle Wirkungen des Besitzes des Erblassers auf den Erben überträgt.

54 Der **Vermächtnisnehmer** hat im Gegensatz zum Erben nur einen schuldrechtlichen Anspruch: Durch das Vermächtnis wird für den Bedachten das Recht begründet, von dem Beschwerten die Leistung des vermachten Gegenstandes zu fordern (§ 2174). Näher zum Vermächtnis → Rn. 900 ff.

3. Erbfähigkeit

55 Erbfähig ist, wer **rechtsfähig** ist. Erbfähig sind somit alle natürlichen[41] und juristischen[42] Personen, Personengesellschaften (insb. oHG und KG, aber auch die GbR)[43] sowie nichtrechtsfähige Vereine[44]. Tiere sind hingegen nicht erbfähig.[45] Geschäftsfähigkeit ist nicht erforderlich.

56 Erbe kann gem. § 1923 Abs. 1 grundsätzlich nur werden, wer zur Zeit des Erbfalls lebt (bzw. – bei juristischen Personen, Personengesellschaften und nichtrechtsfähigen Vereinen – existiert[46]). Nach § 1923 Abs. 2 ist aber auch das ungeborene Kind im Mutterleib (***nasciturus***) erbfähig, sofern es später lebend geboren wird; es wird dann rechtlich so behandelt, als wäre es schon vor dem Erbfall geboren worden.

Problematisch und umstritten sind insoweit vor dem Hintergrund der modernen Reproduktionsmedizin die Fälle einer Befruchtung außerhalb des Mutterleibs sowie der postmortalen Befruchtung.[47]

57 Eine weitere Ausnahmeregelung zu § 1923 Abs. 1 findet sich in § 84 für Zuwendungen an eine **Stiftung**, die erst nach dem Tode des Erblassers genehmigt wird.[48]

58 Wer vor dem Erblasser verstorben ist, kann diesen nicht mehr beerben. Lässt sich nicht mehr feststellen, in welcher Reihenfolge mehrere Personen verstorben sind

38 Vgl. Staudinger/*Kunz*, 2017, § 1922 Rn. 13; *Röthel* JURA 2018, 477 ff.
39 Vgl. MüKoBGB/*Joost*, 7. Aufl. 2017, § 857 Rn. 7.
40 Vgl. Staudinger/*Gutzeit*, 2012, § 857 Rn. 3 m.w.N.
41 Vgl. nur Staudinger/*Otte*, 2017, § 1923 Rn. 1 ff.
42 Vgl. nur Staudinger/*Otte*, 2017, § 1923 Rn. 28.
43 MüKoBGB/*Leipold*, 7. Aufl. 2017, § 1923 Rn. 37; Staudinger/*Otte*, 2017, § 1923 Rn. 29.
44 MüKoBGB/*Leipold*, 7. Aufl. 2017, § 1923 Rn. 38; Erman/*Lieder*, 15. Aufl. 2017, § 1923 Rn. 1; Staudinger/*Otte*, 2017, § 1923 Rn. 31.
45 BayObLG v. 22.4.1988 – 1 Z 64/87, NJW 1988, 2742; MüKoBGB/*Leipold*, 7. Aufl. 2017, § 1923 Rn. 2; *Roth* NJW-Spezial 2011, 551.
46 Vgl. MüKoBGB/*Leipold*, 7. Aufl. 2017, § 1923 Rn. 33.
47 Dazu MüKoBGB/*Leipold*, 7. Aufl. 2017, § 1923 Rn. 19 ff.; Erman/*Lieder*, 15. Aufl. 2017, § 1923 Rn. 3; Staudinger/*Otte*, 2017, § 1923 Rn. 24 ff. (jeweils m.w.N.).
48 Beispiel: OLG München v. 8.4.2009 – 31 Wx 121/08, ZEV 2009, 512.

(z.B. bei einem Unfall oder Flugzeugabsturz), so wird gem. § 11 VerschG vermutet, dass alle gleichzeitig verstorben sind (sog. **Kommorientenvermutung**). Konsequenz ist, dass dann keiner der Verstorbenen Erbe des anderen (bzw. der anderen) wird. Dies kann gerade bei einem verstorbenen Ehepaar enorme Folgen für die Verteilung der Vermögen des Ehepaares haben.[49]

4. Erbschaft, Nachlass und Nachlassverbindlichkeiten

Die **Erbschaft** ist nach der Legaldefinition des § 1922 Abs. 1 das Vermögen des Erblassers. Somit gehören zur Erbschaft **alle vermögenswerten Rechtspositionen**.[50] Immaterielle Rechte sind hingegen grundsätzlich nicht vererblich, sondern erlöschen mit dem Tod des Erblassers.[51] **59**

Nach h.M. gehören zum Vermögen des Erblassers auch die **Verbindlichkeiten**.[52] Der Streit hat allerdings keine praktische Bedeutung, weil sich jedenfalls aus § 1967 ergibt, dass der Erbe auch für die Passiva (Nachlassverbindlichkeiten) haftet. Sind mehrere Erben vorhanden, so haften sie gem. § 2058 als Gesamtschuldner. Näher zur Erbenhaftung → Rn. 1071 ff.

Nachlass ist lediglich eine andere Bezeichnung für Erbschaft. Der Begriff „Erbschaft" fokussiert mehr auf den Erben als Rechtsnachfolger, während der Begriff „Nachlass" eher dann verwendet wird, wenn vor allem das Aktivvermögen des Erblassers gemeint ist.[53]

5. Gesetzliche und gewillkürte Erbfolge, Pflichtteilsrecht

Zu differenzieren ist zwischen gesetzlicher und gewillkürter Erbfolge. Bei der **gesetzlichen Erbfolge** bestimmt unmittelbar das Gesetz in den §§ 1924 ff., wer Erbe wird. Mögliche gesetzliche Erben sind die Verwandten (§§ 1924-1930), der Ehegatte (§ 1931), der Lebenspartner (§ 10 LPartG) und subsidiär der Staat (§ 1936). Die Erbfolge kann aber auch auf einer Verfügung von Todes wegen (→ Rn. 62) beruhen (sog. **gewillkürte Erbfolge**). **60**

Die **gesetzliche Erbfolge** ist gegenüber der gewillkürten Erbfolge **subsidiär** (vgl. § 1937): Sie tritt nur ein, wenn und soweit der Erblasser keine Verfügung von Todes wegen getroffen hat, d.h. nur wenn der Erblasser entweder gar keine Verfügung von Todes wegen getroffen hat oder soweit er die Erbfolge darin nicht vollständig geregelt hat. **61**

49 Beispiel: BayObLG v. 22.3.1995 – 2 Z 2, 10, 52-54/55, BayObLGZ 1955, 63.

50 Vgl. OLG Jena v. 10.9.2008 – 9 W 395/08, ZEV 2009, 33; Erman/*Lieder*, 15. Aufl. 2017, § 1922 Rn. 6. Dazu gehören auch die vermögensrechtlichen Bestandteile des Allgemeinen Persönlichkeitsrechts: BGH v. 1.12.1999 – I ZR 49/97, ZEV 2000, 323; BVerfG v. 22.8.2006 – 1 BvR 1168/04, NJW 2006, 3409 (Marlene Dietrich).

51 Vgl. MüKoBGB/*Leipold*, 7. Aufl. 2017, § 1922 Rn. 19.

52 Vgl. BGH v. 8.6.1988 – IVa ZR 57/87, NJW 1988, 2729; Erman/*Lieder*, 15. Aufl. 2017, § 1922 Rn. 6 m.w.N. (auch zur Gegenansicht).

53 Vgl. *Röthel* JURA 2014, 179.

62 **Verfügungen von Todes** wegen können entweder vertragliche Verfügungen (**Erbvertrag**, § 1941, → Rn. 261 ff.) oder Verfügungen durch einseitiges Rechtsgeschäft (**Testament** = sog. „letztwillige Verfügung“, § 1937, → Rn. 137 ff.) sein. Sie unterscheiden sich vor allem in ihrer Bindungswirkung für den künftigen Erblasser. Vertragsmäßige Verfügungen in einem Erbvertrag sind grundsätzlich bindend (→ Rn. 275 ff.). Das Testament ist dagegen grundsätzlich jederzeit frei widerruflich (§ 2253, → Rn. 185 ff.); relevant ist nur der zeitlich letzte testamentarische Wille des Erblassers. Eine Art Zwischenform ist das **gemeinschaftliche Testament von Ehegatten** (§ 2265) oder Lebenspartnern (§ 10 Abs. 4 S. 1 LPartG i.V.m. § 2265) (→ Rn. 211 ff.). Es enthält einseitige Verfügungen beider Ehegatten. Haben die Ehegatten jedoch Verfügungen getroffen, von denen anzunehmen ist, dass die Verfügung des einen nicht ohne die Verfügung des anderen erfolgt wäre (sog. wechselseitige Verfügungen), so hat die Nichtigkeit oder der Widerruf der einen Verfügung die Unwirksamkeit der anderen zur Folge (§ 2270 Abs. 1). Nach dem Tod des erstverstorbenen Ehegatten oder Lebenspartners sind wechselbezügliche Verfügungen für den überlebenden Teil grundsätzlich bindend (§ 2271 Abs. 2 S. 1, ggf. i.V.m. § 10 Abs. 4 S. 2 LPartG).

63 Da der Erblasser die Erbfolge durch Verfügung von Todes wegen grundsätzlich völlig frei regeln kann, steht es ihm frei, auch seinen Ehepartner und nahe Verwandte von der Erbfolge auszuschließen. Um in diesem Bereich Härten auszugleichen, bestimmt das Gesetz, dass Abkömmlinge, der Ehegatte und die Eltern des Erblassers ein **Pflichtteilsrecht** in Höhe des halben Wertes ihres gesetzlichen Erbteils haben, sofern sie durch Verfügung von Todes wegen von der gesetzlichen Erbfolge ausgeschlossen sind und ohne letztwillige Verfügung gesetzliche Erben gewesen wären (§ 2303). Entsprechendes gilt für Lebenspartner (§ 10 Abs. 6 LPartG i.V.m. § 2303). Pflichtteilsberechtigte sind keine Erben; sie haben vielmehr nur einen schuldrechtlichen Anspruch in Geld gegen die Erben. Näher → Rn. 615 ff.

64 **Lösung Fall 1**[54] **(→ Rn. 1):** Anders als beim noch vom Erblasser selbst bezahlten Lotterielos ist das Los und damit auch der Gewinn im vorliegenden Fall nicht Bestandteil des Nachlasses. Zwar ging der Gewinnsparvertrag im Rahmen der Universalsukzession auf N über und ist somit ein Nachlassbestandteil; aber dieser verkörpert selbst noch nicht das Los, welches hier zum Gewinn führte. Das Los entsteht quasi bei jedem Abbuchungsvorgang neu. Da die zum Gewinn führende Abbuchung erst nach dem Tod des E stattfand, ist also die im Los verkörperte Gewinnchance nicht untrennbar mit dem Gewinnsparvertrag verbunden. Schließlich hätte N den Gewinnsparvertrag auch kündigen können. Die 10.000 € sind folglich bei der Berechnung des Pflichtteilsanspruchs des S nicht zu berücksichtigen.

54 Nach AG Pirmasens v. 20.5.1998 – 1 C 26-98, NJW-RR 1998, 1463.

Teil II

Die gesetzliche Erbfolge

§ 2 Das gesetzliche Erbrecht der Verwandten

Literatur: *Belling*, Einführung in das Recht der gesetzlichen Erbfolge, JURA 1986, 579; *Klein/Niehues/Siegel*, Gesetzliche Erbfolge, DVP 2007, 61; *Olzen*, Die gesetzliche Erbfolge, JURA 1998, 135; *Röthel,* Die gesetzliche Erbfolge (Teil 1): Das Erbrecht der Verwandten, JURA 2018, 677.

Das gesetzliche Erbrecht der Verwandten ist in den §§ 1924-1930 geregelt. Schwägerschaft (§ 1590) begründet keine Stellung als gesetzlicher Erbe. Das deutsche gesetzliche Erbrecht ist rechtshistorisch gesehen in erster Linie ein Verwandtenerbrecht. Die „Sippe“ ist der Bezugspunkt für die Weitergabe des Vermögens. Das Erbrecht des „nur“ angeheirateten Ehegatten ist quasi ein „Fremdkörper“ im deutschen Erbrecht. **65**

I. Der Begriff der Verwandtschaft

Der Begriff der Verwandtschaft ist in § 1589 legaldefiniert: Miteinander verwandt **66** sind Personen, die voneinander abstammen (sog. Verwandtschaft in **gerader Linie**, S. 1) oder die von derselben dritten Person (sog. Verwandtschaft in der **Seitenlinie**, S. 2) abstammen. In gerader Linie sind z.B. Mutter/Kind oder Großvater/Enkel verwandt. In der Seitenlinie sind z.B. Geschwister (Abstammung von derselben Mutter und/oder demselben Vater), Cousin/Cousine (dieselbe Großmutter und/oder derselbe Großvater) oder Onkel/Neffe bzw. Tante/Nichte (dieselbe Großmutter und/oder derselbe Großvater). Der Grad der Verwandtschaft bestimmt sich dabei nach der Zahl der sie vermittelnden[1] Geburten (§ 1589 S. 3); ob die Geburt ehelich oder nicht ehelich war, ist insofern irrelevant[2].

Beispiel: Marta Müller hat einen Bruder Otto und eine Tochter Nina. Nina ist also die Nichte von Onkel Otto. Beide sind in der Seitenlinie miteinander verwandt, da sie beide von einer dritten Person, der Mutter von Otto und Marta, Ninas Großmutter, abstammen. Die Verwandtschaft ist dabei dritten Grades, weil sie von drei Geburten vermittelt wird (Geburten von 1. Nina durch Marta, 2. Marta durch Ninas Großmutter und 3. Otto durch Ninas Großmutter).

Grundsätzlich bestimmt sich die Verwandtschaft also nach der genetischen Abstam- **67** mung (sog. Blutsverwandtschaft).[3] Die Regelungen des Familienrechts strahlen aber in das Erbrecht aus, sodass familienrechtliche Fiktionen zu einer Erbenstellung führen können, wo in Wirklichkeit keine genetische Abstammung vorhanden ist.

1 Vgl. BeckOK/*Hahn* § 1589 Rn. 4.
2 D.h. die Geburt der die Verwandtschaft herstellenden Person wird nicht mitgerechnet, vgl. MüKoBGB/ *Wellenhofer*, 7. Aufl. 2017, § 1589 Rn. 13.
3 Statt aller BeckOGK/*Haßfurter* § 1589 Rn. 5 m.w.N.

Gem. § 1592 Nr. 1 ist ein Mann Vater eines Kindes (und das Kind damit gem. § 1924 Abs. 1 sein gesetzlicher Erbe, → Rn. 70), wenn er zum Zeitpunkt der Geburt mit der Mutter des Kindes verheiratet war. Nur und erst dann, wenn aufgrund einer Vaterschaftsanfechtung rechtskräftig festgestellt ist, dass der Mann nicht der Vater ist (§ 1600d), gilt § 1592 Nr. 1 nicht mehr (§ 1599 Abs. 1) mit der Folge, dass das Kind nicht mehr zum Kreis der gesetzlichen Erben des Vaters gehört (sofern es nicht aus einem anderen Berufungsgrund erbberechtigt ist).

68 Erbrechtliche Konsequenzen hat auch die **Annahme als Kind** (früher Adoption genannt). Dadurch erlangt das angenommene Kind (Adoptivkind) die rechtliche Stellung eines Kindes des Annehmenden (§ 1754 Abs. 2). Wenn ein Ehepaar gemeinsam ein Kind annimmt oder ein Ehegatte ein Kind des anderen Ehegatten annimmt, erlangt das Kind die Stellung eines gemeinschaftlichen Kindes der Ehegatten (§ 1754 Abs. 1).

Gem. § 1755 begründet die Annahme eines Minderjährigen volle verwandtschaftliche Beziehungen auch mit den Verwandten des Annehmenden, während zugleich das Verwandtschaftsverhältnis mit der bisherigen Familie erlischt. Es gilt der **Grundsatz der Volladoption** (§ 1756 enthält allerdings Ausnahmen für die Verwandten- und Stiefkindadoption): Erbrechtlich bedeutet dies, dass das angenommene Kind nun zu den gesetzlichen Erben des Annehmenden und seiner Verwandten gehört, welche umgekehrt nun gesetzliche Erben des angenommenen Kindes sind. Im Verhältnis zu der bisherigen Familie erlischt mit der Verwandtschaftsbeziehung auch die wechselseitige Stellung als gesetzliche Erben.

69 Bei der **Adoption eines Volljährigen** wird hingegen lediglich eine verwandtschaftliche Beziehung zwischen dem Adoptivelternteil und dem Adoptivkind begründet (§§ 1767 Abs. 2 S. 1, 1754 Abs. 2). Im Übrigen bleibt die verwandtschaftliche Stellung des Adoptivkindes unverändert: Das Verwandtschaftsverhältnis mit den bisherigen Verwandten besteht fort (§ 1770 Abs. 2) und es wird kein Verwandtschaftsverhältnis mit den Verwandten des Adoptivelternteils begründet (§ 1770 Abs. 1 S. 1; Ausnahmen: § 1772). Auch hier **folgt das Erbrecht dem Familienrecht**, sodass nur Adoptivkind und Adoptivelternteil durch die Adoption wechselseitig gesetzliche Erben werden, während alle anderen gesetzlichen erbrechtlichen Verhältnisse im Übrigen nicht berührt werden.[4]

II. Die Erbfolge nach Ordnungen (Parentelsystem)

70 Das gesetzliche Erbrecht der Verwandten bestimmt sich nach dem **Parentelsystem**: Die Verwandten werden nach ihrer Abstammung von bestimmten Vorfahren (*parentes*) in Ordnungen eingeteilt. Solange beim Tode des Erblassers noch ein Verwandter einer vorrangigen Ordnung lebt, sind die Verwandten nachrangiger Ordnungen von der Erbschaft ausgeschlossen (§ 1930).

4 Beispiel: OLG Düsseldorf v. 27.10.2016 – I-3 Wx 294/15, ZEV 2017, 91.

Ordnung	Relevante Norm	Erfasste Verwandte	Beispiele
1. Ordnung	§ 1924 Abs. 1	Abkömmlinge des Erblassers	Sohn, Tochter, Enkel, Urenkel
2. Ordnung	§ 1925 Abs. 1	Eltern des Erblassers und deren Abkömmlinge	Vater, Mutter, Geschwister, Nichte, Neffe
3. Ordnung	§ 1926 Abs. 1	Großeltern des Erblassers und deren Abkömmlinge	Großvater, Großmutter, Onkel, Tante, Base
4. Ordnung	§ 1928 Abs. 1	Urgroßeltern des Erblassers und deren Abkömmlinge	Urgroßvater, Urgroßmutter, Großtante, Großonkel
5. Ordnung	§ 1929 Abs. 1	entferntere Voreltern des Erblassers und deren Abkömmlinge	Ururgroßvater, Ururgroßmutter, etc.

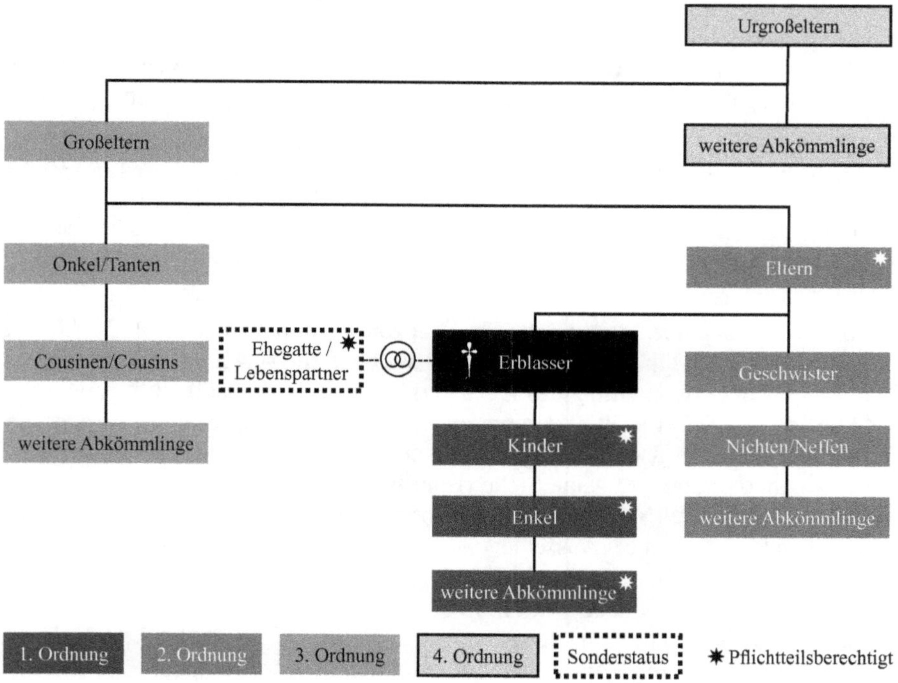

Innerhalb der ersten drei Ordnungen hat sich der Gesetzgeber für ein reines **Parentelsystem (Stammes- und Liniensystem)** entschieden, d.h. die Erben werden durch das System der Erbfolge nach Stämmen und Linien ausgewählt. Dadurch soll gewährleistet werden, dass das Vermögen des Erblassers möglichst an die jüngere Generation weitergeleitet wird.[5] 71

5 Erman/*Lieder*, 15. Aufl. 2017, Vorbem. vor § 1924 Rn. 5.

So schließt ein Enkel des Erblassers (Erbe 1. Ordnung) die Eltern des Erblassers (Erben 2. Ordnung) von der Erbschaft aus (§ 1930), obwohl der Verwandtschaftsgrad des Enkels (2. Grad) entfernter ist als der der Eltern (1. Grad).

Ab der vierten Ordnung wird der Erbe hingegen nach dem sog. **Gradualsystem** bestimmt, d.h. es erbt der nächste Verwandte. Dadurch soll eine zu starke Zersplitterung des Nachlasses verhindert werden.[6]

III. Gesetzliche Erben der ersten Ordnung

72 Ist ein einziger Erbe der ersten Ordnung vorhanden, so schließt dieser alle Verwandten entfernterer Ordnungen von der Erbschaft aus. Untereinander werden die Erben und die Quote ihres Erbteils nach Stämmen ermittelt (**Erbfolge nach Stämmen**, § 1924 Abs. 3). Einen Stamm bilden jeweils diejenigen Abkömmlinge des Erblassers, die durch ein und denselben Abkömmling (Stammelternteil) mit dem Erblasser verwandt sind. Mit anderen Worten: Jedes Kind des Erblassers bildet mit seinen Abkömmlingen einen eigenen Stamm. Alle beim Tode des Erblassers noch existierenden Stämme erben zu gleichen Teilen, da alle Kinder des Erblassers zu gleichen Teilen als Erben berufen sind (§ 1924 Abs. 4). Ein Stamm hört erst dann auf zu existieren, wenn kein einziger Abkömmling des Stammes mehr lebt.

In bestimmten Konstellationen, etwa im Falle einer (erlaubten) Ehe unter Verwandten oder der Adoption eines Verwandten, ist es denkbar, dass ein Erbe gleichzeitig mehreren Stämmen angehört. Er erhält dann gem. § 1927 in jedem der Stämme den ihm zufallenden Erbteil jeweils als besonderen Erbteil, d.h. dass die Erbteile nicht einen einheitlichen Erbteil bilden, sondern rechtlich eigenständig sind.

73 Innerhalb eines Stammes gelten dabei das **Repräsentationsprinzip** (§ 1924 Abs. 2) und das **Eintrittsprinzip** (§ 1924 Abs. 3). Nach dem Repräsentationsprinzip schließt ein noch lebender Abkömmling des Erblassers seine eigenen Abkömmlinge von der Erbfolge aus (§ 1924 Abs. 2) – er repräsentiert insoweit seinen Stamm. Ist aber ein Abkömmling des Erblassers vor diesem verstorben, so treten die Kinder des vorverstorbenen Abkömmlings an seine Stelle (Eintrittsrecht, § 1924 Abs. 3). Ebenso verhält es sich, wenn der Abkömmling zwar nicht vorverstorben, aber erbrechtlich nicht mehr vorhanden ist, etwa bei Ausschlagung (§ 1953), Erbunwürdigkeit (§ 2344), Enterbung (§ 1938) oder bei Erbverzicht (§§ 2346, 2349).[7] Im Verhältnis der Kinder zu ihren Abkömmlingen gilt dabei wiederum das Repräsentationsprinzip. Hieraus folgt, dass die Erbschaft nach der Zahl der Stämme – und eben nicht nach der Zahl der Köpfe – verteilt wird. Innerhalb eines Stammes wird dann wieder nach der Zahl der Unterstämme verteilt.

Hinweis: In einer Klausur sollten Sie immer zunächst eine Skizze erstellen, um einen Überblick über die Verwandtschaftsbeziehungen zu erhalten!

6 Erman/*Lieder*, 15. Aufl. 2017, Vorbem. vor § 1924 Rn. 7.
7 Vgl. MüKoBGB/*Leipold*, 7. Aufl. 2017, § 1924 Rn. 33.

Beispiel 1: Gesetzliche Erben der ersten Ordnung I 74

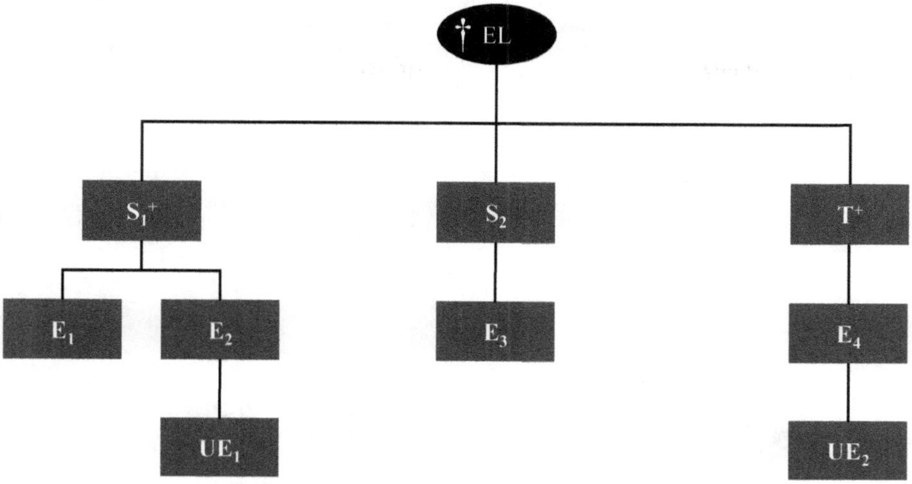

Hinterlässt der Erblasser (EL) einen Sohn (S_2) sowie vier Enkel (E_1, E_2, E_3, E_4) und zwei Urenkel (UE_1, UE_2), dann erben diese Abkömmlinge des Erblassers keinesfalls zu gleichen Teilen. Vielmehr bildet jedes Kind des Erblassers (S_1, S_2, T) zusammen mit seinen jeweiligen Abkömmlingen einen Stamm (Erbfolge nach Stämmen). Einen Stamm bildet also der vorverstorbene S_1 mit E_1, E_2 und UE_1, einen weiteren Stamm bildet S_2 mit E_3, einen dritten Stamm bildet die vorverstorbene T mit E_4 und UE_2. Jeder Stamm erbt gem. § 1924 Abs. 4 zu gleichen Teilen. Wären S_1 und T nicht vor dem Erblasser verstorben, wären S_1, S_2 und T jeweils Erben zu $1/3$. Da S_1 und T aber vor dem Erblasser verstorben sind, sinkt ihr Erbteil quasi in ihrem Stamm nach unten. Ihre jeweiligen Abkömmlinge treten an ihre Stelle (Eintrittsrecht, § 1924 Abs. 3). An die Stelle von T tritt E_4, der den Erbteil von T erhält ($1/3$); an die Stelle von S_1 treten E_1 und E_2. Der Erbteil von S_1 ($1/3$) wird zwischen E_1 und E_2 geteilt, sodass beide einen Erbteil von $1/6$ erhalten. E_3, UE_1 und UE_2 gehen leer aus. E_3 wird durch S_2 von der Erbfolge ausgeschlossen, UE_1 durch E_2, UE_2 durch E_4, da S_2, E_2 und E_4 insoweit ihren Stamm repräsentieren (Repräsentationsprinzip, § 1924 Abs. 2). Im Ergebnis erben also S_2 und E_4 zu jeweils $1/3$ und E_1 und E_2 zu jeweils $1/6$.

Beispiel 2: Gesetzliche Erben der ersten Ordnung II 75

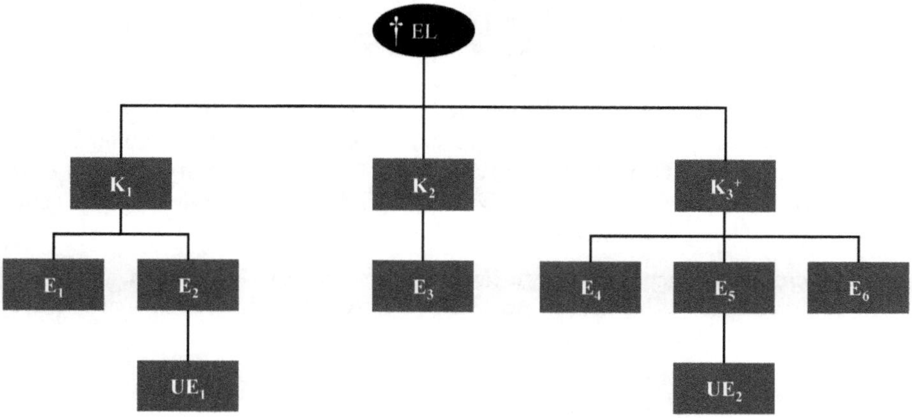

EL hinterlässt drei Stämme, auf die jeweils der gleiche Erbteil entfällt (§ 1924 Abs. 4). Die Stämme K_1 und K_2 werden von den noch lebenden Kindern K_1 und K_2 repräsentiert, d.h. E_1, E_2, E_3 und UE_1 gehen leer aus (§ 1924 Abs. 2). An die Stelle des verstorbenen Kindes K_3 treten dessen Abkömmlinge E_4, E_5 und E_6 zu gleichen Teilen (§ 1924 Abs. 3 und 4), wobei E_5 seinen Abkömmling UE_2 von der gesetzlichen Erbfolge ausschließt (§ 1924 Abs. 2).
Ergebnis: K_1, K_2 = je $\frac{1}{3}$; E_4, E_5, E_6 = je $\frac{1}{9}$.

76 **Beispiel 3: Gesetzliche Erben der ersten Ordnung III**

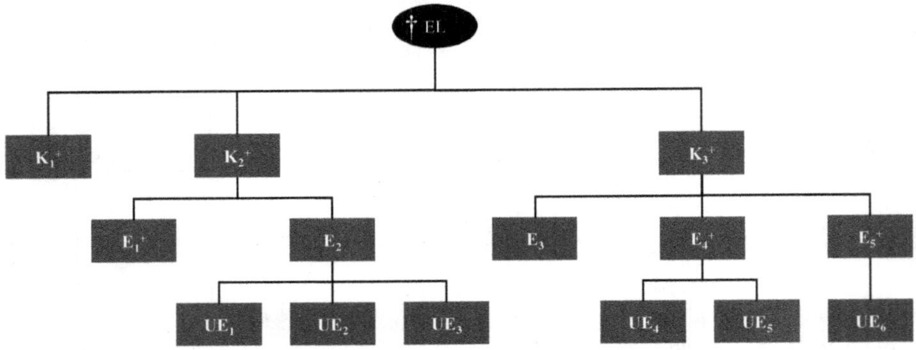

EL hinterlässt noch zwei bestehende Stämme (K_2, K_3); der Stamm K_1 ist vorher „abgestorben". Die Erbschaft geht also je zu $\frac{1}{2}$ auf die Stämme K_2 und K_3 über (§ 1924 Abs. 4; kein Eintrittsrecht mehr für Stamm K_1). An die Stelle von K_2 tritt allein dessen noch lebender Abkömmling E_2 (§ 1924 Abs. 3). UE_1, UE_2 und UE_3 sind nach dem Repräsentationsprinzip von der Erbfolge ausgeschlossen (§ 1924 Abs. 2). Der auf den Stamm K_3 entfallende Erbteil ($\frac{1}{2}$) geht zu gleichen Teilen auf die Unterstämme E_3, E_4 und E_5 über (§ 1924 Abs. 4). An die Stelle des vorverstorbenen E_4 treten dessen Abkömmlinge UE_4 und UE_5 wiederum zu gleichen Teilen (§ 1924 Abs. 3 und 4), an die Stelle von E_5 tritt UE_6 (§ 1924 Abs. 3).
Ergebnis: $E_2 = \frac{1}{2}$; $E_3 = \frac{1}{6}$; UE_4, UE_5 = je $\frac{1}{12}$; $UE_6 = \frac{1}{6}$.

IV. Gesetzliche Erben der zweiten Ordnung

77 Gesetzliche Erben der zweiten Ordnung sind gem. § 1925 Abs. 1 die Eltern des Erblassers und deren Abkömmlinge. Leben beide Eltern beim Tode des Erblassers, dann erben sie allein und zu gleichen Teilen (§ 1925 Abs. 2). Ist hingegen ein Elternteil im Zeitpunkt des Todes des Erblassers bereits verstorben, geht dessen Hälfte gem. § 1925 Abs. 3 S. 1 auf seine Abkömmlinge über (Eintrittsrecht). Gleiches gilt, wenn der Vater oder die Mutter enterbt oder aus anderen Gründen (Ausschlagung, Erbverzicht, Erbunwürdigkeit) nicht Erbe geworden ist. Dies wird als **Erbrecht nach Linien** bezeichnet, da zwischen den jeweils zur väterlichen bzw. mütterlichen Linie gehörenden Verwandten der zweiten Ordnung unterschieden wird.

Relevant wird diese Trennung bei Halbgeschwistern, da sie nur dann erben, wenn ihr Elternteil verstorben ist, während es bei Geschwistern nicht darauf ankommt, welcher Elternteil verstorben ist, da die Geschwister Abkömmlinge beider Elternteile sind.[8]

8 Vgl. Staudinger/*Werner*, 2017, § 1925 Rn. 14.

Hinsichtlich der Abkömmlinge eines vorverstorbenen Elternteils gelten dabei die Regeln für die Erben erster Ordnung entsprechend (§ 1925 Abs. 3 S. 1). Der auf den vorverstorbenen Elternteil entfallende Erbteil wird also unter dessen Abkömmlingen so aufgeteilt, als wäre der vorverstorbene Elternteil der Erblasser. Hat der weggefallene Elternteil keine Abkömmlinge, erbt der andere allein (§ 1925 Abs. 3 S. 2). **78**

Der überlebende Teil eines kinderlosen Ehepaares ist häufig überrascht, wenn er erfährt, dass die Geschwister miterben, wenn die Eltern vorverstorben sind. Dass sich der überlebende Ehegatte mit den Geschwistern des Verstorbenen auseinandersetzt, ist häufig unerwünscht und lässt sich nur durch Verfügung von Todes wegen vermeiden.

Beispiel 4: Gesetzliche Erben der zweiten Ordnung I **79**

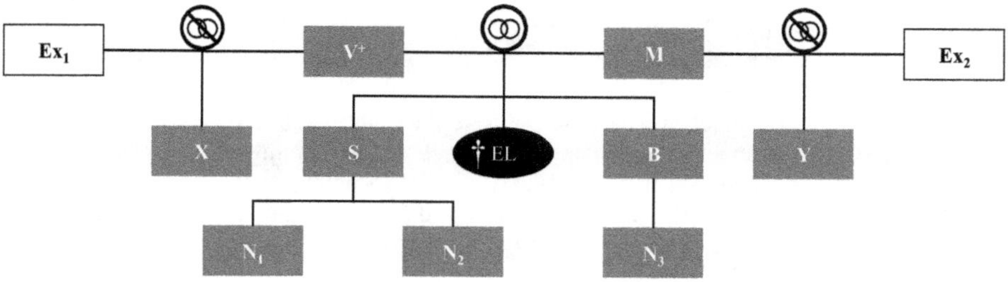

EL hat keine Abkömmlinge hinterlassen, sodass die Verwandten der zweiten Ordnung erbberechtigt sind (§§ 1925 Abs. 1, 1930). Die auf den vorverstorbenen Vater V entfallende Hälfte wird unter seinen Abkömmlingen S, B und X (= Sohn von V aus erster Ehe mit Ex_1) zu je $1/6$ (§ 1924 Abs. 4) aufgeteilt. Y (= Tochter von M aus erster Ehe mit Ex_2) erhält nichts, da sie nur Abkömmling der Mutter M ist, die ihr vorgeht, weil sie beim Erbfall noch lebt (§ 1925 Abs. 2). S schließt ihre Abkömmlinge N_1 und N_2, B seinen Abkömmling N_3 von der Erbfolge aus (Repräsentationsprinzip). Ergebnis: X, S, B = je $1/6$; M = $1/2$.

Beispiel 5: Gesetzliche Erben der zweiten Ordnung II **80**

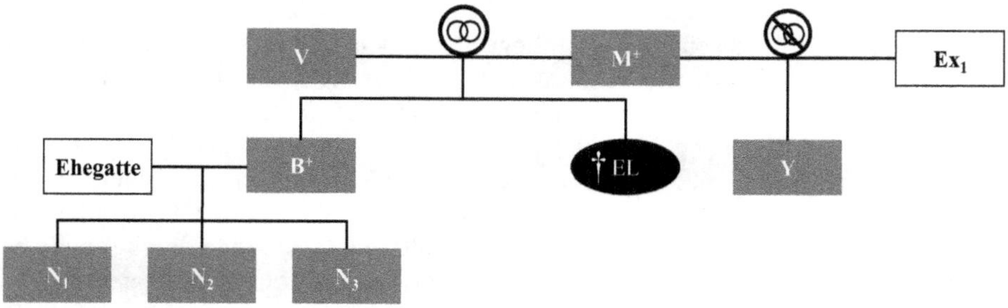

Da EL keine Abkömmlinge hinterlassen hat, kommen die Verwandten der zweiten Ordnung zum Zuge (§§ 1925 Abs. 1, 1930). Die Erbschaft entfällt zu gleichen Teilen auf die väterliche und die mütterliche Linie (§ 1925 Abs. 2). Da M vorverstorben ist, treten an ihre Stelle an sich ihre Abkömmlinge, also B, aber auch Y (= Kind der M aus erster Ehe mit Ex_1), und zwar zu gleichen Teilen (§§ 1925 Abs. 3 S. 1, 1924 Abs. 4). Da B aber ebenfalls vorverstorben ist, treten an seine Stelle seine Abkömmlinge N_1, N_2, N_3, und zwar wiederum zu gleichen Teilen (§§ 1925 Abs. 3 S. 1, 1924 Abs. 3 und 4). Ergebnis: V = $1/2$; Y = $1/4$; N_1, N_2, N_3 = je $1/12$.

81 **Beispiel 6: Gesetzliche Erben der zweiten Ordnung III**

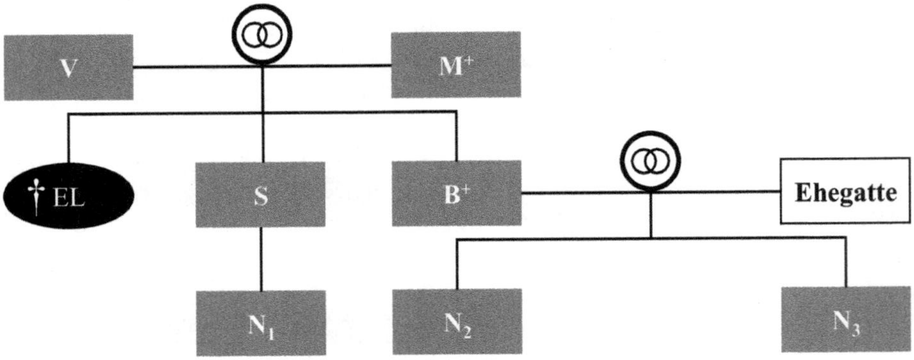

Die Erbschaft geht zu gleichen Teilen in die väterliche und die mütterliche Linie (§ 1925 Abs. 2). Da M vorverstorben ist, treten an ihre Stelle ihre Abkömmlinge, also an sich B und S (§ 1925 Abs. 3 S. 1); während S noch lebt und daher ihren Stamm repräsentiert (N_1 erhält also nichts, §§ 1925 Abs. 3 S. 1, 1924 Abs. 2), treten N_2 und N_3 zu gleichen Teilen an die Stelle des vorverstorbenen B (§§ 1925 Abs. 3 S. 1, 1924 Abs. 3 und 4).
Ergebnis: V = $\frac{1}{2}$; S = $\frac{1}{4}$; N_2, N_3 = je $\frac{1}{8}$.

V. Gesetzliche Erben der dritten Ordnung

82 Gesetzliche Erben der dritten Ordnung sind gem. § 1926 Abs. 1 die Großeltern des Erblassers und deren Abkömmlinge. Leben beim Tode des Erblassers noch sämtliche Großeltern, erben diese allein und zu gleichen Teilen, also zu je $\frac{1}{4}$ (§ 1926 Abs. 2). Auch hier gelten Repräsentationsprinzip und Eintrittsrecht. Ist also ein Großelternteil vorverstorben, fällt der Erbteil gem. § 1926 Abs. 3 S. 1 an seine Abkömmlinge (ein etwaiger Ehegatte des Erblassers wäre vorab gem. § 1931 Abs. 1 S. 2 zu berücksichtigen, → Rn. 88 ff.) Sind keine Abkömmlinge vorhanden, fällt dieser Anteil dem anderen Teil desselben Großelternpaares zu. Lebt auch dieser nicht mehr, erben dessen Abkömmlinge (Halbgeschwister!) beide Anteile (§ 1926 Abs. 3 S. 2). Wie bei den Erben der zweiten Ordnung wird nämlich auch in der dritten Ordnung nach Linien differenziert. Erst wenn eine Linie ganz ausgestorben ist, wechselt der Erbteil auf die andere Linie über. Zunächst erben dann die Großeltern der anderen Linie allein zu gleichen Teilen, wobei ein vorverstorbener Großelternteil wiederum durch seine Abkömmlinge ersetzt wird (§ 1926 Abs. 4). Dabei folgt die Erbfolge stets denselben Regeln: Im Übrigen gelten auch hier die Vorschriften für die Erbfolge in der ersten Ordnung (§ 1926 Abs. 5).

Beispiel 7: Gesetzliche Erben der dritten Ordnung I 83

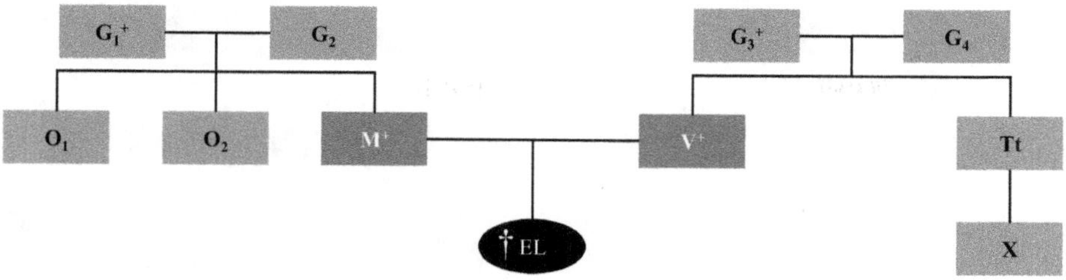

Es sind keine Erben der ersten und zweiten Ordnung vorhanden. Damit erben die Großeltern als Erben der dritten Ordnung grundsätzlich allein und zu gleichen Teilen (§§ 1926 Abs. 1 und 2, 1930). Die Quote der vorverstorbenen Großmutter mütterlicherseits G_1 in Höhe von $\frac{1}{4}$ gelangt je zur Hälfte an die beiden Onkel des Erblassers O_1 und O_2 (Eintrittsrecht). Diese erben also je zu $\frac{1}{8}$. Das auf den Großvater väterlicherseits G_3 entfallende Viertel geht an die Tante Tt des Erblassers, die ihren Abkömmling X nach dem Repräsentationsprinzip von der Erbfolge ausschließt. Ergebnis: G_2, G_4 = je $\frac{1}{4}$; Tt = $\frac{1}{4}$; O_1, O_2 = je $\frac{1}{8}$.

Beispiel 8: Gesetzliche Erben der dritten Ordnung II 84

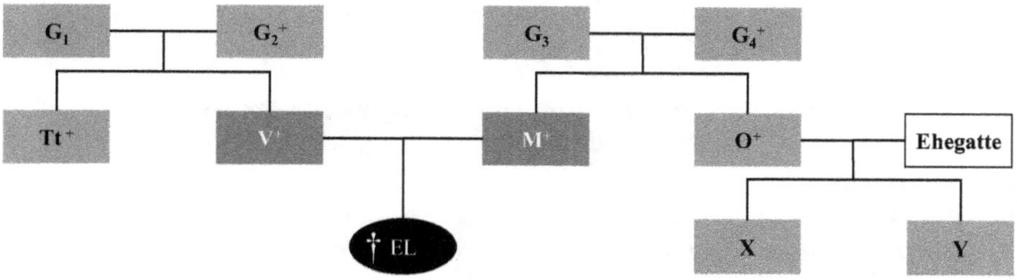

Da EL weder Erben der ersten noch der zweiten Ordnung hinterlassen hat, kommen die Verwandten der dritten Ordnung zum Zuge (§§ 1926 Abs. 1, 1930). Die Erbschaft geht zu gleichen Teilen in die väterliche und die mütterliche Linie und verteilt sich dabei grundsätzlich gleichmäßig auf die vier Großelternteile. Da die Großmutter väterlicherseits G_2 aber vorverstorben ist und keine Abkömmlinge hinterlässt (Tt ist ebenfalls vorverstorben), geht ihr Anteil auf G_1 über (§ 1926 Abs. 3 S. 2). Der Anteil des vorverstorbenen Großvaters mütterlicherseits G_4 geht dagegen nicht auf G_3 über, sondern – im Wege des Eintrittsrechts – zu gleichen Teilen auf X und Y (§§ 1926 Abs. 3 S. 1 und Abs. 5, 1924 Abs. 3 und Abs. 4).
Ergebnis: $G_1 = \frac{1}{2}$; $G_3 = \frac{1}{4}$; X, Y = je $\frac{1}{8}$.

85 **Beispiel 9: Gesetzliche Erben der dritten Ordnung III**

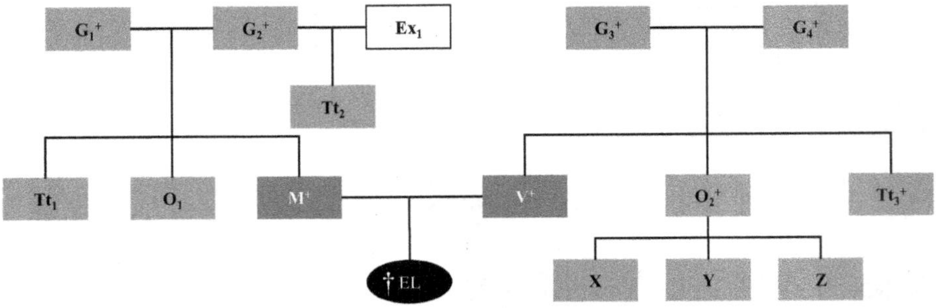

Die Erbschaft geht zu gleichen Teilen in die väterliche und die mütterliche Linie. Der Anteil der vorverstorbenen Großmutter G_1 (1/4) geht zu gleichen Teilen (je 1/8) an ihre Kinder Tt_1 und O_1 (§§ 1926 Abs. 3 S. 1 und Abs. 5, 1924 Abs. 4). An die Stelle des vorverstorbenen Großvaters G_2 treten dagegen nicht nur Tt_1 und O_1, sondern auch noch Tt_2 (= Kind des G_2 aus erster Ehe mit Ex_1). Alle erben zu gleichen Teilen, also diesbezüglich zu je 1/12 (§§ 1926 Abs. 3 S. 1 und Abs. 5, 1924 Abs. 4). An die Stelle der vorverstorbenen G_3 und G_4 (1/4 + 1/4) treten jeweils deren Abkömmlinge X, Y, Z zu gleichen Teilen (§§ 1926 Abs. 3 S. 1 und Abs. 5, 1924 Abs. 3 und 4). Ergebnis: Tt_1, O_1 = 1/8 + 1/12 = je 5/24; Tt_2 = 1/12; X, Y, Z = 1/12 + 1/12 = je 1/6.

VI. Gesetzliche Erben der vierten und fernerer Ordnungen

86 Erben der vierten Ordnung sind gem. § 1928 Abs. 1 die Urgroßeltern des Erblassers und ihre Abkömmlinge. Erben der fünften und fernerer Ordnungen sind gem. § 1929 Abs. 1 die jeweiligen entfernteren Voreltern des Erblassers. Hier verlässt die Regelung das gewohnte Muster: Ab der vierten Ordnung wird die Erbfolge nicht mehr nach Stämmen und Linien, sondern nach dem **Gradualsystem** bestimmt (§§ 1928 Abs. 2 und 3, 1929 Abs. 2): Die Verwandten näheren Grades schließen die Verwandten entfernteren Grades von der Erbfolge aus (§ 1928 Abs. 3). Repräsentationsprinzip und Eintrittsrecht gelten hier nicht, denn beide Prinzipien sind Elemente des Erbrechts nach Stämmen. Angehörige, die im selben Grade mit dem Erblasser verwandt sind, erben zu gleichen Teilen. Es erfolgt also eine Aufteilung der Erbschaft nach Köpfen. So erben noch lebende Urgroßeltern allein und zu gleichen Teilen, ohne dass es auf die Zugehörigkeit zu bestimmten Linien ankommt (§ 1928 Abs. 2).

Beispiel 10: Gesetzliche Erben der vierten Ordnung 87

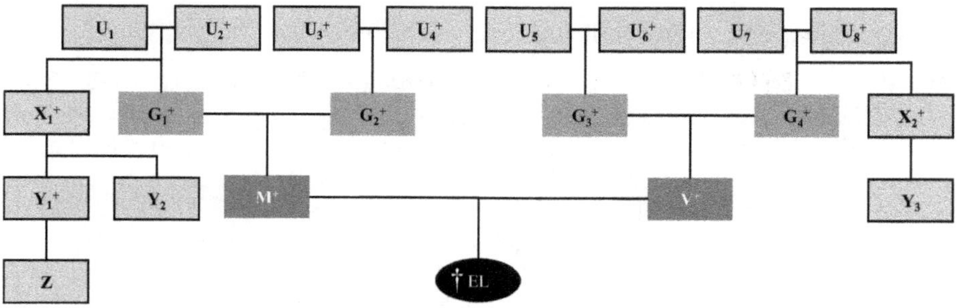

Da nur noch Erben der vierten und fernerer Ordnungen vorhanden sind, werden die Erben nach dem Gradualsystem bestimmt, wobei eine Verteilung nach Köpfen erfolgt. Leben im Zeitpunkt des Todes des Erblassers nur noch U_1, U_5 und U_7, so erben sie allein zu je ⅓, die Abkömmlinge Y_2, Y_3 und Z gehen leer aus (§ 1928 Abs. 2). Eine Differenzierung nach Linien findet nicht statt. Sind auch U_1, U_5 und U_7 vorverstorben, erben Y_2 und Y_3 je zu ½, denn beide sind mit dem Erblasser im 5. Grade verwandt (Zahl der vermittelnden Geburten) (§§ 1928 Abs. 3, 1589 Abs. 1 S. 3). Schlägt Y_2 die Erbschaft aus, erbt Y_3 alleine, da Z mit dem Erblasser nur im 6. Grade verwandt ist.

§ 3 Das gesetzliche Erbrecht des Ehegatten

Fall 2: Das Ehepaar Bruno und Berta Boldt, das im gesetzlichen Güterstand der Zugewinngemeinschaft lebt, verunglückt in den Alpen bei einer Bergtour. Im Krankenhaus verstirbt zunächst Berta, wenige Stunden nach ihr auch Bruno. Beide hinterlassen die gemeinsamen Kinder Klaus und Karen und die Tochter Thea aus Bertas erster Ehe. Jeder Ehegatte hatte für sich ein Bankkonto angelegt, auf dem sich jeweils 120.000 € befinden. Die übrigen zur Erbschaft gehörenden Gegenstände sind praktisch wertlos. **Lösung: → Rn. 115** 88

Fall 3: Gleicher Sachverhalt, nur Bruno stirbt zuerst. **Lösung: → Rn. 116**

Fall 4: Beide werden in den Alpen tot aufgefunden. Es lässt sich nicht mehr feststellen, wer zuerst verstorben ist. **Lösung: → Rn. 117**

Literatur: *Coester*, Die rechtliche Stellung des überlebenden Ehegatten, JURA 2010, 105; *Falkner*, Der Umfang des Ehegattenerbrechts, JA 2013, 824; *Herrler,* Ehegattenerb- und -pflichtteilsrecht: „Kleiner" oder „großer" Pflichtteil?, JA 2008, 450; *Kellermann*, Die Auswirkung einer Scheidung auf das Ehegattenerbrecht, JuS 2004, 1071; *Lorenz/Eichhorn,* Das gesetzliche Erbrecht des überlebenden Ehegatten bzw. Lebenspartners, JuS 2015, 781.

I. Allgemeines

1. Der Ehegatte als gesetzlicher Erbe

89 Falls der Erblasser verheiratet ist, ist sein **Ehegatte gem. § 1931 gesetzlicher Erbe**, wenn er den Erblasser überlebt. Hinsichtlich des Ehegattenerbrechts ist dabei maßgebend, ob die Ehe im Zeitpunkt des Todes des Erblassers Bestand hatte. Ist die Ehe vor dem Tode des Erblassers rechtskräftig geschieden worden (§ 1564), dann besteht keine Ehe mehr, sodass das Ehegattenerbrecht nicht zur Anwendung kommt. Gleiches gilt für ein rechtskräftiges Urteil, durch das die Ehe aufgehoben wurde (§ 1313).

2. Ausschluss des Ehegattenerbrechts bei Versterben des Erblassers während des Scheidungsverfahrens

90 Das Erbrecht des überlebenden Ehegatten ist jedoch **gem. § 1933 S. 1 ausgeschlossen**, wenn zum Zeitpunkt des Todes des Erblassers die Voraussetzungen für die Scheidung der Ehe (vgl. §§ 1565–1568) gegeben waren und der **Erblasser** die **Scheidung beantragt** oder ihr **zugestimmt** hatte.

Das Gleiche gilt gem. § 1933 S. 2, wenn der Erblasser berechtigt war, die Aufhebung der Ehe zu beantragen, und den Antrag gestellt hatte (in diesen Fällen ist der Ehegatte gem. § 1933 S. 3 nach Maßgabe der §§ 1569–1586b unterhaltsberechtigt).

Abzustellen ist dabei nach Rspr.[1] und h.L.[2] auf die Rechtshängigkeit (nicht Anhängigkeit) des Scheidungsantrags (§§ 113 Abs. 5 Nr. 2-4, Abs. 1 S. 2, 124 S. 2 FamFG i.V.m. §§ 253 Abs. 1, 261 Abs. 1 ZPO). Denn erst mit Zustellung des Scheidungsantrags hat der andere Ehegatte gesicherte Kenntnis und kann nun wegen der erbrechtlichen Konsequenzen entsprechend reagieren, z.B. durch Errichtung oder Änderung seines Testaments. § 1933 gilt auch, wenn der überlebende Teil die Scheidung beantragt und der Erblasser dieser zugestimmt hat. Hat hingegen der überlebende Teil die Scheidung beantragt, während sich der Erblasser bis zu seinem Tod der Scheidung widersetzte, findet § 1933 keine Anwendung, d.h. das gesetzliche Erbrecht des überlebenden Ehegatten bleibt erhalten.[3] Die einseitige Rücknahme des Scheidungsantrags oder der Zustimmungserklärung nach dem Tod des Erblassers lässt das nach § 1933 weggefallene Erbrecht hingegen nicht wieder aufleben.[4]

Dies bedeutet also für das streitige Scheidungsverfahren: Stirbt der Ehegatte, der den Scheidungsantrag gestellt hat, so verliert der Antragsgegner sein gesetzliches Erbrecht. Verstirbt dagegen der Antragsgegner, so steht dem Antragsteller ein gesetzliches Ehegattenerbrecht zu, obwohl er als Antragsteller den Willen zur Eheauflösung hatte.[5]

---

1 BGH v. 6.6.1990 – IV ZR 88/89, BGHZ 111, 329.
2 MüKoBGB/*Leipold*, 7. Aufl. 2017, § 1933 Rn. 5 m.w.N.
3 Staudinger/*Werner*, 2017, § 1933 Rn. 9.
4 Vgl. OLG Naumburg v. 30.3.2015 – 2 Wx 55/14, NJW-RR 2015, 1100; OLG Frankfurt a.M. v. 11.7.1997 – 20 W 254/95, NJW 1997, 3099.
5 Vgl. Staudinger/*Werner*, 2017, § 1933 Rn. 3; *Lenz* NJW-Spezial 2014, 4 f. In der Literatur wird deshalb teilweise bezweifelt, ob die Regelung verfassungsgemäß ist, vgl. zur Problematik MüKoBGB/*Leipold*, 7. Aufl. 2017, § 1933 Rn. 3; Staudinger/*Werner*, 2017, § 1933 Rn. 3 (jeweils m.w.N.).

3. Höhe des gesetzlichen Erbteils des Ehegatten

Der gesetzliche Erbteil des Ehegatten fällt nicht an dessen Abkömmlinge (kein Eintrittsrecht), wenn der Ehegatte vorverstorben ist.[6] Die Höhe des Erbteils des (überlebenden) Ehegatten hängt von zwei Faktoren ab: Zum einen davon, in welchem Güterstand der Ehegatte mit dem Erblasser gelebt hat (→ Rn. 92, 95 ff.), zum anderen davon, welcher Ordnung die neben dem Ehegatten als gesetzliche Erben berufenen Verwandten angehören (→ Rn. 93 ff.). 91

a) Faktor 1: Güterstand

Der Güterstand hat einen ganz erheblichen Einfluss auf das gesetzliche Erbrecht des überlebenden Ehegatten. Wenn die Ehegatten im Güterstand der Zugewinngemeinschaft (→ Rn. 95 ff.) oder der Gütertrennung (→ Rn. 112) gelebt haben, kann dies zu einer Erhöhung des Ehegattenerbteils führen. 92

b) Faktor 2: Weitere Verwandte als gesetzliche Erben

Das gesetzliche Erbrecht des Ehegatten und der Verwandten beruhen zwar gleichermaßen auf dem Prinzip der Familienerbfolge, stehen aber in einem starken Spannungsverhältnis zueinander.[7] Der Gesetzgeber hat insofern der engen persönlichen Verbundenheit in der Ehe den Vorrang vor der Verwandtschaft eingeräumt, als der Erbteil des Ehegatten umso größer wird, je entfernter die mit ihm erbenden Verwandten sind:[8] 93

Weitere existierende Verwandte	Gesetzlicher Erbteil des Ehegatten
1. Ordnung	ein Viertel (§ 1931 Abs. 1 S. 1 Hs. 1); beachte bei Gütertrennung aber § 1931 Abs. 4!
2. Ordnung	Hälfte (§ 1931 Abs. 1 S. 1 Hs. 2 Alt. 1)
Großeltern des Erblassers	Hälfte (§ 1931 Abs. 1 S. 1 Hs. 2 Alt. 2); soweit auch Abkömmlinge von Großeltern vorhanden sind, erhält der Ehegatte zudem auch deren Anteile (§ 1931 Abs. 1 S. 2)
4. und fernere Ordnungen	Ehegatte = Alleinerbe (§ 1931 Abs. 2)

c) Beispiele

Die Beispiele gehen davon aus, dass Gütertrennung vereinbart war. 94

Beispiel 1: Neben sämtlichen lebenden (vier) Großeltern beträgt der Ehegattenerbteil gem. § 1931 Abs. 1 S. 1 Hs. 2 Alt. 2 die Hälfte. Die andere Hälfte fällt gem. § 1926 Abs. 2 zu je ⅛ an die Großeltern.

Beispiel 2: Es leben keine Großeltern mehr. In diesem Fall ist der überlebende Ehegatte gem. § 1931 Abs. 2 Alleinerbe. Ob Abkömmlinge von Großeltern existieren, spielt dann keine Rolle.[9]

6 Vgl. BeckOGK/*Tegelkamp* § 1931 Rn. 18.
7 Vgl. MüKoBGB/*Leipold,* 7. Aufl. 2017, § 1931 Rn. 2.
8 Vgl. *Lange,* ErbR, 2. Aufl. 2017, § 2 Rn. 67.
9 Vgl. BeckOGK/*Tegelkamp* § 1931 Rn. 76.

Beispiel 3: Es leben drei Großeltern und der vorverstorbene Großvater mütterlicherseits hat eine Tochter (also die Tante des Erblassers). Der Ehegatte erhält dann neben seiner Erbquote von $1/2$ (§ 1931 Abs. 1 S. 1 Hs. 2 Alt. 2) auch den Erbteil von $1/8$ des vorverstorbenen Großvaters (§ 1931 Abs. 1 S. 2). Leben keine Abkömmlinge des Großvaters mehr, dann fällt der Erbteil von $1/8$ an die Großmutter mütterlicherseits, denn § 1931 Abs. 1 S. 2 ist jetzt nicht mehr anwendbar (§ 1926 Abs. 3 S. 2).

Beispiel 4: Sind Großvater und Großmutter mütterlicherseits vorverstorben, ohne Abkömmlinge zu hinterlassen, so erhält gem. § 1926 Abs. 4 das andere noch lebende Großelternpaar deren Anteil.

Beispiel 5: Lebt nur noch die Großmutter väterlicherseits, so geht bei einem vorhandenen Abkömmling des Großvaters väterlicherseits dessen Anteil von $1/8$ auf den Ehegatten über (§ 1931 Abs. 1 S. 2). Leben keine Abkömmlinge der Großeltern mütterlicherseits, so fällt deren Anteil von $2/8$ zu $1/8$ auf die Großmutter und zu $1/8$ auf den Ehegatten (§ 1931 Abs. 1 S. 2); damit hat die Großmutter insgesamt $1/4$, der Ehegatte $3/4$.

Die Lösungen zeigen, dass es an einer gewissen Folgerichtigkeit mangelt: Das Gesetz bevorzugt den Ehegatten vor Abkömmlingen von vorverstorbenen Großeltern (§ 1931 Abs. 1 S. 2). Abkömmlinge vorverstorbener Großeltern werden wiederum vor noch lebenden Großeltern bevorzugt (§ 1926 Abs. 3 S. 2 und Abs. 4). Also müsste eigentlich der Ehegatte auch Vorrang vor noch lebenden Großeltern haben, sodass er auch die Anteile von den Großeltern bekommen müsste, die keine lebenden Abkömmlinge haben. Die Lösung des Gesetzes ist aber die Konsequenz aus dem Grundsatz, dass der Ehegatte allein die Abkömmlinge, nicht aber die Großeltern von ihrem gesetzlichen Erbrecht ausschließt.

II. Erbrechtliche Auswirkungen der Zugewinngemeinschaft

95 Sofern die Ehegatten nicht durch Ehevertrag etwas anderes vereinbaren, leben sie gem. § 1363 Abs. 1 im Güterstand der **Zugewinngemeinschaft**. Der Begriff der „Zugewinngemeinschaft“ ist irreführend, da es sich gerade nicht um eine Vermögensgemeinschaft handelt, sondern die Vermögensmassen der Ehegatten getrennt bleiben. Jeder Ehegatte bleibt während der Ehe grundsätzlich Herr seiner eigenen Vermögenssphäre; erst bei Auflösung der Ehe wird die Zugewinndifferenz halbiert und in Geld ausgeglichen. Passender wäre daher eigentlich der Begriff „Gütertrennung mit Ausgleich des Zugewinns“[10].

1. Der Ehegatte als gesetzlicher Erbe

a) Erhöhung des gesetzlichen Erbteils des Ehegatten gem. § 1371 Abs. 1

96 Wenn die Ehegatten im Güterstand der Zugewinngemeinschaft gelebt haben, erhält der überlebende Ehegatte neben seinem gesetzlichen Erbteil gem. §§ 1371 Abs. 1, 1931 Abs. 3 ein weiteres Viertel als **pauschalierten Zugewinnausgleich**. Diese Regelung gilt unabhängig davon, ob tatsächlich ein Zugewinn erzielt wurde (vgl. § 1371 Abs. 1 Hs. 2), sog. **erbrechtliche Lösung**.

10 So noch § 1363 i.d.F. des RegE zum Familienrechtsgesetz, BT-Drs. I/3802, S. 8. Vgl. dazu auch Staudinger/*Thiele*, 2017, § 1363 Rn. 1.

Nicht ganz unproblematisch ist die Berücksichtigung des pauschalen Zugewinnausgleichs, wenn der **Ehegatte mit Großeltern und Abkömmlingen von Großeltern zusammentrifft**. Einer Ansicht nach wird der Erbteil zunächst nach § 1931 Abs. 1 berechnet und dann um ein Viertel erhöht.[11] Dies hätte zur Folge, dass der überlebende Ehegatte Alleinerbe wäre. Dies kann indes nicht richtig sein, denn dadurch würden die Großeltern völlig von der Erbfolge ausgeschlossen. Nach h.M.[12] ist dem Grunderbteil des Ehegatten (Hälfte gem. § 1931 Abs. 1 S. 1 Hs. 2 Alt. 2) zunächst das Viertel gem. § 1371 Abs. 1 zuzuschlagen, sodass der überlebende Ehegatte $\frac{3}{4}$ erbt; das restliche Viertel geht grundsätzlich an die Großeltern, ein Teil davon fällt aber ggf. zurück an den Ehegatten. **97**

Beispiel: Neben seiner Ehegattin F hinterlässt der Erblasser seine Großeltern väterlicherseits und seine Großmutter mütterlicherseits; der Großvater mütterlicherseits ist vorverstorben, es lebt jedoch seine Tochter T.

F erhält $\frac{1}{2}$ gem. § 1931 Abs. 1 S. 1 Hs. 2 Alt. 2 plus $\frac{1}{4}$ pauschalierten Zugewinnausgleich gem. § 1371 Abs. 1. Von dem restlichen Viertel wächst der F gem. § 1931 Abs. 1 S. 2 $\frac{1}{16}$ zu. F erhält damit insgesamt $\frac{13}{16}$.

Ist der überlebende **Ehegatte zugleich** auch ein **erbberechtigter Verwandter**, so erbt er gem. § 1934 S. 1 auch als Verwandter. Es handelt sich insofern um zwei separate Erbteile (§ 1934 S. 2). Möglich ist dies nur, wenn der Ehegatte zugleich Verwandter 2. Ordnung ist, d.h. z.B. Ehen mit Onkel/Tante oder Großonkel/Großtante.[13] **98**

b) Der Voraus des Ehegatten gem. § 1932

Wenn der Ehegatte gesetzlicher Erbe wird, steht ihm gem. § 1932 Abs. 1 als sog. Voraus ein Anspruch auf die zum ehelichen Haushalt gehörenden Gegenstände und die Hochzeitsgeschenke zu. Dadurch soll ihm die Fortsetzung des Haushalts in der bisherigen Weise ermöglicht werden.[14] Der Rechtsnatur nach handelt es sich um ein **gesetzliches Vermächtnis** (vgl. § 1932 Abs. 2). Es findet daher auch keine Anrechnung auf die Erbquote statt.[15] **99**

Der Begriff der **zum ehelichen Haushalt gehörenden Gegenstände** ist grundsätzlich weit zu verstehen und umfasst nicht nur den gewöhnlichen Hausrat (wie z.B. Möbel, Geschirr und Elektrogeräte), sondern auch etwa wertvolle Bilder.[16] Entscheidend ist der funktionelle Bezug der Gegenstände zum ehelichen Haushalt.[17] Daran fehlt es bei Gegenständen, die dem persönlichen Gebrauch (z.B. Kleidung, Schmuck, Kosmetika) oder spezifischen beruflichen, wissenschaftlichen, künstlerischen oder hobbymäßigen Interessen (z.B. Fachliteratur, Kunstsammlung, Angelausrüstung) eines **100**

11 So etwa *Brox/Walker*, ErbR, 28. Aufl. 2018, § 5 Rn. 11; Jauernig/*Stürner*, 17. Aufl. 2018, § 1931 Rn. 4.
12 BeckOGK/*Kuhn* § 1371 Rn. 46.1; MüKoBGB/*Leipold*, 7. Aufl. 2017, § 1931 Rn. 33; Erman/*Lieder*, 15. Aufl. 2017, § 1931 Rn. 25; Staudinger/*Werner*, 2017, § 1931 Rn. 37.
13 Vgl. MüKoBGB/*Leipold*, 7. Aufl. 2017, § 1934 Rn. 1 f.
14 Vgl. Mot. V, S. 372 f.; Staudinger/*Werner*, 2017, § 1932 Rn. 1.
15 Vgl. BeckOGK/*Tegelkamp* § 1932 Rn. 37.
16 Vgl. Staudinger/*Werner*, 2017, § 1932 Rn. 15.
17 Vgl. BeckOGK/*Tegelkamp* § 1932 Rn. 22.

Ehegatten dienen.[18] Einen Pkw wird man jedenfalls dann als Haushaltsgegenstand ansehen müssen, wenn er neben beruflichen auch ehelichen/familiären Zwecken dient.[19] Nach dem Normzweck sind zudem nicht nur Sachen, sondern auch Rechte erfasst (z.B. Anwartschaftsrecht an unter Eigentumsvorbehalt erworbenen Sachen, Schadensersatzansprüche wegen Zerstörung einer Sache).[20] Ausdrücklich ausgenommen sind jedoch Gegenstände, die Zubehör (§ 97) eines Grundstücks sind (insoweit wertet der Gesetzgeber die wirtschaftliche Einheit des Grundstücks als vorrangig). Weiterhin gehören zum Voraus die **Hochzeitsgeschenke** (selbst wenn sie keinen funktionellen Bezug zum Haushalt haben oder Grundstückszubehör sind).[21] Da Hochzeitsgeschenke aber im Zweifel im gemeinschaftlichen Eigentum beider Ehegatten stehen, richtet sich der Anspruch regelmäßig nur auf Verschaffung der ideellen Eigentumshälfte des Erblassers.[22]

101 **Eingeschränkt** ist der Voraus gem. § 1932 Abs. 1 S. 2 **neben Abkömmlingen** des Erblassers: Hier gebührt der Voraus dem Ehegatten nur insoweit, als er die betreffenden Gegenstände zur Führung eines angemessenen Haushalts benötigt.

2. Der enterbte Ehegatte: Die sog. güterrechtliche Lösung

a) Zugewinnausgleichsanspruch

102 Wurde der überlebende Ehegatte durch Verfügung von Todes wegen von der Erbfolge ausgeschlossen und wurde ihm auch kein Vermächtnis zugewendet, so kann der (pauschalierte) Zugewinnausgleich nicht durch die Erhöhung des gesetzlichen Erbteils erfolgen (vgl. § 1371 Abs. 2). Der enterbte Ehegatte hat stattdessen einen Anspruch gegen die Erben (§ 1967) auf Ausgleich des tatsächlich erzielten Zugewinns nach den §§ 1373–1383, 1390 (sog. **güterrechtliche Lösung**).

Die Berechnung erfolgt wie bei der Beendigung der Ehe durch Scheidung (§ 1372). Für jeden Ehegatten ist die Differenz zwischen seinem Endvermögen (= Vermögen bei Beendigung des Güterstandes, also hier bei Tod des Erblassers, § 1375) und seinem Anfangsvermögen (Vermögen bei Beginn des Güterstandes, also i.d.R. bei Eheschließung, § 1374) zu ermitteln. Der Differenzbetrag ist der Zugewinn, der während der Ehe erzielt wurde. Wenn der Erblasser einen höheren Zugewinn erzielt hat als der überlebende Ehegatte, so besteht gem. §§ 1371 Abs. 2, 1378 Abs. 1 ein Ausgleichsanspruch des überlebenden Ehegatten in Höhe der Hälfte des diesbezüglichen Überschusses.

Beispiel: Erblasser M hat seinen Sohn S testamentarisch als Alleinerben eingesetzt. M und F verfügten bei Eheschließung jeweils über ein Vermögen von 1.000 €. Im Zeitpunkt des Todes von M verfügte dieser über ein Vermögen von 200.000 €, F hatte lediglich ein Vermögen von 10.000 €. M hat somit einen Zugewinn von 199.000 € erzielt, F von 9.000 €. F hat folglich gegen M einen Ausgleichsanspruch gem. §§ 1371 Abs. 2, 1378 Abs. 1 auf 95.000 €.

---

18 Vgl. BeckOGK/*Tegelkamp* § 1932 Rn. 24 f.
19 Vgl. AG Erfurt v. 30.11.2001 – 28 C 765/00, FamRZ 2002, 849; zu § 1361a: OLG Frankfurt v. 25.2.2015 – 2 UF 356/14.
20 Vgl. BeckOGK/*Tegelkamp* § 1932 Rn. 28 f.
21 Vgl. MüKoBGB/*Leipold,* 7. Aufl. 2017, § 1932 Rn. 14.
22 Vgl. MüKoBGB/*Leipold,* 7. Aufl. 2017, § 1932 Rn. 14.

Hat dagegen der überlebende Ehegatte den höheren Zugewinn erzielt, wird überhaupt kein Zugewinnausgleich durchgeführt (d.h. die Erben des vorverstorbenen Ehegatten können keinen Ausgleichsanspruch geltend machen).[23] **103**

Ein Anspruch auf Zugewinnausgleich kann nur in der Person des Ehegatten selbst entstehen, §§ 1371 Abs. 1 und 2, 1378 Abs. 3 S. 1. Daher muss ein Ehegatte die Beendigung der Zugewinngemeinschaft erlebt haben, um einen Ausgleichsanspruch erwerben und dann vererben zu können, § 1922 Abs. 1. Die §§ 1372 ff. betreffen nur die Regelung unter Lebenden.[24] Beim Todesfall vor oder gleichzeitig mit dem anderen Ehegatten entsteht somit kein Ausgleichsanspruch. Die Begünstigung des überlebenden Ehegatten bzw. der Erben des Ehegatten mit dem höheren Zugewinn bei gleichzeitigem Tod der Ehegatten war vom Gesetzgeber beabsichtigt.

b) Kleiner Pflichtteil

Neben dem güterrechtlichen Ausgleichsanspruch kann der enterbte Ehegatte seinen Pflichtteil geltend machen (vgl. § 1371 Abs. 2 Hs. 2). Gem. § 2303 Abs. 2 steht ihm gegen die Erben ein Anspruch in Geld in Höhe der Hälfte des Wertes seines gesetzlichen Erbteils zu. Für die Berechnung ist gem. § 1371 Abs. 2 Hs. 2 vom nicht erhöhten gesetzlichen Erbteil auszugehen, wie er aus § 1931 Abs. 1 und 2 folgt (sog. **kleiner Pflichtteil**). Sind Abkömmlinge des Erblassers als Erben berufen, beträgt der Pflichtteil des enterbten Ehegatten demnach $1/8$ des Nachlasswertes, da der nicht erhöhte gesetzliche Erbteil in diesem Fall $1/4$ ist (§ 1931 Abs. 1 S. 1 Hs. 1). Die Geltendmachung des kleinen Pflichtteils ist im Gesetz eindeutig geregelt und steht dem enterbten Ehegatten in jedem Fall zu. **104**

Umstritten ist hingegen, ob der enterbte Ehegatte stattdessen auch die Option hat, den sog. **großen Pflichtteil** zu verlangen. Hintergrund ist, dass man die Formulierung „bestimmt sich in diesem Falle" verschieden interpretieren kann. Nach der sog. **„Wahltheorie"**[25] bedeutet dies, dass der kleine Pflichtteil nur dann zu gewähren ist, wenn der Ehegatte den Zugewinnausgleich auch tatsächlich verlangt (nicht schon dann, wenn er ihn nur verlangen *kann*). Der Ehegatte habe somit die Wahl, ob er (1) den Zugewinnausgleich verlangt – und dann zusätzlich nur den kleinen Pflichtteil erhält –, oder ob er (2) den Zugewinnausgleich nicht verlangt und dann den sog. großen Pflichtteil erhält (= Hälfte des Wertes des nach § 1371 Abs. 1 erhöhten gesetzlichen Erbteils). **105**

Wenn Abkömmlinge des Erblassers vorhanden sind, hätte der Ehegatte also die Wahl zwischen: (1) Zugewinnausgleich plus „kleiner Pflichtteil" (= Hälfte von $1/4 = 1/8$, §§ 1371 Abs. 2 Hs. 2, 1931 Abs. 1 S. 1 Hs. 1, 2303 Abs. 2), oder (2) kein Zugewinnausgleich, aber dafür „großer Pflichtteil" (= Hälfte von $1/2 = 1/4$, §§ 1371 Abs. 1, 1931 Abs. 1 S. 1 Hs. 1, 2303 Abs. 2). Der Ehegatte könnte also ggf. ausrechnen, welche Lösung für ihn finanziell günstiger wäre und dementsprechend sein Wahlrecht ausüben.

---

23 Vgl. BGH v. 28.6.1978 – IV ZR 47/77, BGH NJW 1978, 1855, 1856; BGH v. 2.12.1981 – IVb ZR 553/80, NJW 1982, 1099, 1100.

24 BGH v. 28.6.1978 – IV ZR 47/77, BGHZ 72, 85, 87.

25 Grundlegend: *Lange*, NJW 1957, 1381; *ders.*, NJW 1958, 288.

106 Ein derartiges Wahlrecht wird jedoch von der Rspr.[26] und h.L.[27] zu Recht abgelehnt. Die Formulierung „in diesem Falle" in § 1371 Abs. 2 bezieht sich richtigerweise auf den gesamten ersten Halbsatz, d.h. den Fall, dass der Ehegatte nicht Erbe oder Vermächtnisnehmer wird. Der Gesetzgeber hat bewusst darauf verzichtet, den pauschalierten Zugewinnausgleich nach § 1371 Abs. 1 zwingend vorzuschreiben. Dem Erblasser würde sonst die Möglichkeit genommen, seinen Ehegatten auf den tatsächlichen Zugewinn zu verweisen. Der tatsächliche Zugewinn ist aber genau der Betrag, der dem Ehegatten auch im Fall der Scheidung zusteht und eine eventuelle ungleiche Vermögensentwicklung bei den Ehegatten während der Ehe ausgleicht: Mehr kann der überlebende Ehegatte redlicherweise auch im Fall der Enterbung nicht für sich beanspruchen. Folglich ist der enterbte Ehegatte stets auf den kleinen Pflichtteil beschränkt (sog. **Einheitstheorie**); daneben besteht ggf. ein Zugewinnausgleichsanspruch.

3. Der durch Verfügung von Todes wegen bedachte Ehegatte

107 Wenn der Ehegatte durch eine Verfügung von Todes wegen (Testament oder Erbvertrag) **als Erbe oder Vermächtnisnehmer bedacht** worden ist, so hat er keinen Anspruch auf den pauschalierten Zugewinnausgleich gem. § 1371 Abs. 1. Das Gesetz eröffnet ihm jedoch zwei Optionen (dazu auch noch → Rn. 631):

a) Option 1: Annahme der Erbschaft bzw. des Vermächtnisses

108 Entscheidet sich der überlebende Ehegatte, die Erbschaft oder das Vermächtnis **anzunehmen**, so hat er daneben – je nach Wert des Zugewandten – ggf. einen Zusatzpflichtteilsanspruch gem. § 2305 (Erbeinsetzung, → Rn. 649 ff.) bzw. § 2307 Abs. 1 S. 2 (Vermächtnis, → Rn. 657 ff.). Bezugsgröße für die Berechnung des Zusatzpflichtteils ist dabei die Hälfte des nach § 1371 erhöhten gesetzlichen Erbteils (**großer Pflichtteil**), da in diesen Fällen ja überhaupt kein Zugewinnausgleich durchgeführt wird.[28]

Diese Lösung ist nicht ganz unproblematisch, da bereits jede auch noch so geringfügige Zuwendung die Tür zum großen Pflichtteil öffnet, sodass ein gewisses Spannungsverhältnis zu den Fällen völliger Enterbung besteht, in denen der große Pflichtteil kategorisch ausgeschlossen ist. Der entscheidende Unterschied besteht aber darin, dass es der Erblasser in der Hand hat, seinem Ehegatten überhaupt nichts zuzuwenden und ihn damit auf den Ausgleich des tatsächlichen Zugewinns zu verweisen. Der Erblasserwille rechtfertigt damit die Ungleichbehandlung.

b) Option 2: Ausschlagung der Erbschaft bzw. des Vermächtnisses

109 Entscheidet sich der überlebende Ehegatte dafür, den Erbteil oder das Vermächtnis auszuschlagen (vgl. § 1942 Abs. 1 bzw. § 2180, → Rn. 574 ff., 926 ff.), so gilt der Anfall der Erbschaft bzw. des Vermächtnisses als nicht erfolgt (§ 1953 Abs. 1, ggf. i.V.m. § 2180 Abs. 3,

---

26 BGH v. 25.6.1964 – III ZR 90/63, NJW 1964, 2404; BGH v. 17.3.1982 – IVa ZR 27/81, NJW 1982, 2497.

27 Erman/*Budzikiewicz*, 15. Aufl. 2017, § 1371 Rn. 10; MüKoBGB/*Koch*, 7. Aufl. 2017, § 1371 Rn. 35; BeckOGK/*Kuhn* § 1371 Rn. 100; MüKoBGB/*Lange*, 7. Aufl. 2017, § 2304 Rn. 11.

28 Vgl. MüKoBGB/*Lange*, 7. Aufl. 2017, § 2305 Rn. 19.

→ Rn. 597, 928). Der überlebende Ehegatte ist folglich nicht Erbe bzw. Vermächtnisnehmer geworden. Aufgrund der Ausschlagung hätte er eigentlich grundsätzlich auch keinen Pflichtteilsanspruch (→ Rn. 597, 622). **§ 1371 Abs. 3** macht allerdings eine Ausnahme von diesem pflichtteilsrechtlichen Grundsatz: Wenn der Ehegatte die Erbschaft ausschlägt, so kann er trotzdem den Pflichtteil verlangen. **§ 2307 Abs. 1 S. 1** sieht eine entsprechende Regelung für den Fall vor, dass der Ehegatte ein ihm zugewendetes Vermächtnis ausschlägt (→ Rn. 657 ff.).Wie im Fall der Enterbung (→ Rn. 104 ff.) kann der Ehegatte aber auch hier nicht den großen Pflichtteil wählen, sondern wird zwingend auf den kleinen Pflichtteil verwiesen.[29] Durch §§ 1371 Abs. 3, 2307 Abs. 1 S. 1 wird ihm also die Option eröffnet, auszuschlagen und dann Anspruch auf den **Zugewinnausgleich plus den kleinen Pflichtteil** zu haben.

4. Vor- und Nachteile einer taktischen Ausschlagung

Wenn ein Ehegatte gesetzlicher oder gewillkürter Erbe des anderen Ehegatten wird, **110** stellt sich für ihn somit immer die Frage, ob es ratsam ist, das Erbe aus taktischen Gründen auszuschlagen. Finanziell wird die Ausschlagung immer dann interessant sein, wenn der Anteil des Zugewinns am Gesamtnachlass des Erblassers besonders hoch ausfällt.[30] Zu beachten ist allerdings, dass der Ehegatte mit der Ausschlagung seine dingliche Berechtigung am Nachlass verliert; andererseits braucht er sich dann aber auch nicht mit den Miterben auseinandersetzen (§§ 2032 ff.; zur Erbengemeinschaft → Rn. 951 ff.) und haftet auch nicht für die Nachlassverbindlichkeiten (§§ 2058 ff., → Rn. 1196 ff.).[31] Daneben ist aber noch eine **Vielzahl weiterer Faktoren** zu bedenken, wie z.B. die Notwendigkeit, die Entscheidung innerhalb der kurzen Ausschlagungsfrist von 6 Wochen (§ 1944 Abs. 1, → Rn. 593 ff.) treffen zu müssen, etwaige Unsicherheiten und Schwierigkeiten bei der Berechnung von Nachlasswert und Zugewinnausgleichsforderung, etwaige Probleme bei der prozessualen Durchsetzung von Zugewinnausgleichs- und Pflichtteilsforderungen, steuerrechtliche Erwägungen etc.[32]

5. Ausbildungsanspruch von Stiefabkömmlingen (§ 1371 Abs. 4)

Gem. § 1371 Abs. 4 haben sog. Stiefabkömmlinge des Erblassers gegen den überle- **111** benden Ehegatten, der gesetzlicher Erbe ist, einen Anspruch auf Gewährung der Mittel zu einer angemessenen Ausbildung, wenn und soweit sie dessen bedürfen. Die Norm bezieht sich zwar ihrem Wortlaut nach nur auf den Fall, dass der überlebende Ehegatte **gesetzlicher Erbe** ist (denn nur dann gilt § 1371 Abs. 1). Ebenso passt der Normzweck (Ausgleich für die Verstärkung des Ehegattenerbrechts gem. § 1371 Abs. 1[33]) nur dann, wenn die Stiefabkömmlinge gesetzliche Erben sind. Die h.M. stellt jedoch jeweils zu Recht die Fälle gleich, dass der überlebende Ehegatte bzw. die Stiefabkömmlinge auf den gesetzlichen Erbteil eingesetzt sind oder die Einsetzung der gesetzlichen Erben ohne nähere Bezeichnung erfolgt (§ 2066, → Rn. 348).[34]

29 Vgl. nur Erman/*Budzikiewicz*, 15. Aufl. 2017, § 1371 Rn. 14.
30 Vgl. *Horn*, NZFam 2016, 539, 542; *Kössinger* in: Nieder/Kössinger, Handbuch der Testamentsgestaltung, 5. Aufl. 2015, § 1 Rn. 29 ff.; *Lange*, ErbR, 2. Aufl. 2017, § 22 Rn. 78.
31 Vgl. nur BeckOGK/*Kuhn* § 1371 Rn. 142.
32 Ausf. *Horn*, NZFam 2016, 538 ff.; *Keim*, MittBayNot 2014, 303 ff.
33 Vgl. MüKoBGB/*Koch*, 7. Aufl. 2017, § 1371 Rn. 52.
34 Vgl. nur BeckOGK/*Kuhn* § 1371 Rn. 169 f.

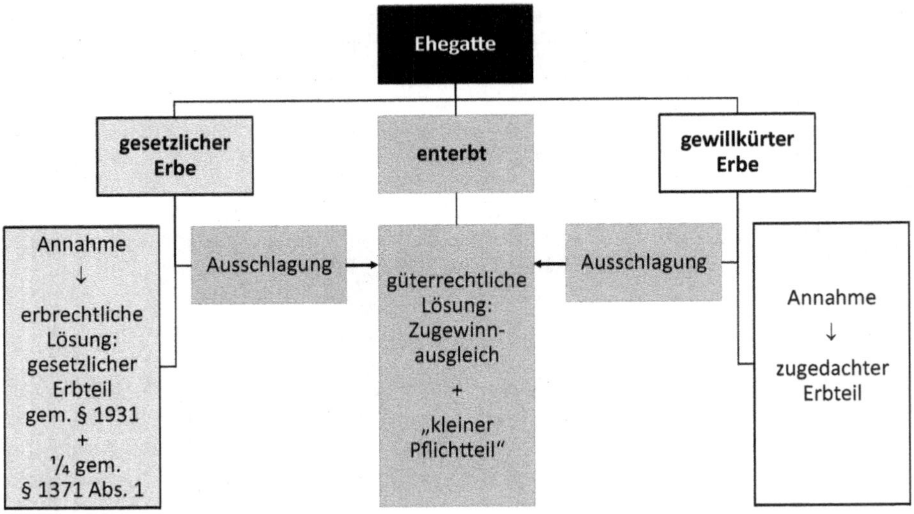

III. Besonderheiten bei Gütertrennung

112 Haben die Ehegatten den Güterstand der Gütertrennung vereinbart (§ 1414), so bleiben ihre jeweiligen Vermögen getrennt. Der auf den erbrechtlichen Ausgleich des Zugewinns abzielende § 1371 ist somit nicht anwendbar. Vielmehr erhält der überlebende Ehegatte nur seinen gesetzlichen Erbteil gem. **§ 1931**. Dessen **Abs. 4** statuiert allerdings für den Fall der Gütertrennung eine Sonderregelung: Wenn der Ehegatte neben einem oder zwei Kindern als Erblasser berufen ist, so erben der Ehegatte und jedes Kind zu gleichen Teilen (Hs. 1); Gleiches gilt, wenn an die Stelle eines vorverstorbenen Kindes dessen Abkömmlinge treten (Hs. 2 i.V.m. § 1924 Abs. 3). Der Ehegatte erbt also neben einem erbberechtigten Kind ½, neben zwei erbberechtigten Kindern ⅓. Dadurch soll verhindert werden, dass der Ehegatte, der typischerweise durch seine Mitarbeit den Wert des Nachlasses erhöht hat, einen geringeren gesetzlichen Erbteil erhält als ein Kind des Erblassers.[35]

Soweit Abs. 4 nicht eingreift, verbleibt es auch bei der Gütertrennung bei den allgemeinen Regelungen in § 1931 Abs. 1 und 2.[36]

IV. Besonderheiten bei Gütergemeinschaft

113 Haben die Ehegatten den Güterstand der Gütergemeinschaft vereinbart (§§ 1415 ff.), so verschmelzen im Regelfall ihre jeweiligen Vermögen zu einer Einheit. Es entsteht das gesamthänderisch gebundene Gesamtgut (§ 1416). Jeder Ehegatte hat einen ideel-

35 Vgl. Erman/*Lieder*, 15. Aufl. 2017, § 1931 Rn. 14.
36 Vgl. MüKoBGB/*Leipold*, 7. Aufl. 2017, § 1931 Rn. 45.

len hälftigen Anteil. Bei Beendigung der Gütergemeinschaft findet eine Vermögensauseinandersetzung statt (§§ 1471 ff.). Vom Gesamtgut zu unterscheiden sind das Sondergut und das Vorbehaltsgut: Das Sondergut umfasst solche Gegenstände, die nicht durch Rechtsgeschäft übertragen werden können (§ 1417 Abs. 2); das Vorbehaltsgut ergibt sich aus § 1418 Abs. 2. Das Sondergut wird für Rechnung des Gesamtgutes verwaltet, das Vorbehaltsgut für eigene Rechnung.

Der überlebende Ehegatte hat nach dem Erbfall zunächst seinen güterrechtlichen Auseinandersetzungsanspruch (§ 1471 Abs. 1). Zusätzlich beerbt er seinen Ehegatten gem. § 1931 Abs. 1 und 2 (§ 1482 S. 2). Der Nachlass besteht aus dem Gesamthandsanteil des Erblassers am Gesamtgut (§ 1482 S. 1), seinem Vorbehaltsgut und seinem Sondergut, soweit Letzteres vererblich ist.

Bis zur Auseinandersetzung gelten gem. § 1471 Abs. 2 für das Gesamtgut die Vorschriften des § 1419. Der Ehegatte ist daher sowohl mit seinem ursprünglichen Anteil von ½ als auch mit dem ererbten Anteil am Gesamtgut beteiligt. Der restliche Anteil am Gesamtgut steht den anderen Erben zu.

Gem. § 1483 Abs. 1 können die Ehegatten durch Ehevertrag vereinbaren, dass die Gütergemeinschaft nach dem Tod eines Ehegatten zwischen dem überlebenden Ehegatten und den gemeinschaftlichen Abkömmlingen fortgesetzt wird. In einem solchen Fall einer **fortgesetzten Gütergemeinschaft** gehört der Anteil des Erblassers am Gesamtgut nicht zum Nachlass. Dieser besteht dann nur aus Vorbehaltsgut und Sondergut und wird nach den allgemeinen Vorschriften vererbt. Der überlebende Ehegatte kann die Fortsetzung der Gütergemeinschaft aber ablehnen (§ 1484 Abs. 1). 114

Lösung der Ausgangsfälle

Fall 2 (→ Rn. 88): Bei Bertas Tod erbt Bruno zu ¼, da Erben der ersten Ordnung vorhanden sind (§ 1931 Abs. 1 S. 1 Hs. 1). Hinzu kommt ¼ als pauschalierter Zugewinnausgleich (§§ 1931 Abs. 3, 1371 Abs. 1). Insgesamt erbt Bruno also ½ von 120.000 €, d.h. 60.000 €. Klaus, Karen und Thea erben zu je ⅙, also je 20.000 € (§ 1924 Abs. 1, 4). 115

Bei Brunos Tod erben Klaus und Karen zu je ½, also je 90.000 € (§ 1924 Abs. 1, 4). Thea ist nicht gesetzlicher Erbe, da sie mit Bruno nicht verwandt ist.

Karen und Klaus erhalten also am Ende je 110.000 €, während T nur 20.000 € erbt.

Fall 3 (→ Rn. 88): Berta erbt bei Brunos Tod ¼ gem. § 1931 Abs. 1 S. 1 Hs. 1 sowie ¼ gem. §§ 1931 Abs. 3, 1371 Abs. 1, also insgesamt ½, d.h. 60.000 €. Karen und Klaus erben je zu ¼ (§ 1924 Abs. 1, 4), also je 30.000 €. 116

Bei Bertas Tod erben Karen, Klaus und Thea deren Vermögen (120.000 € eigenes + 60.000 € Erbe von Bruno = 180.000 €) zu je ⅓ (§ 1924 Abs. 1, 4), also je 60.000 €.

Am Ende erhalten Karen und Klaus also je 90.000 €, während Thea 60.000 € erhält.

Fall 4 (→ Rn. 88): Gem. § 11 VerschG wird vermutet, dass beide gleichzeitig verstorben sind. Damit kann keiner den anderen beerben. Folglich sind gesetzliche Erben des Bruno Karen und Klaus zu je ½. Beide erben also je 60.000 €. Gesetzliche Erben der Berta sind Karen, Klaus und Thea zu je ⅓, d.h. jeder erhält 40.000 €. Im Ergebnis erhalten also Karen und Klaus je 100.000 €, während Thea 40.000 € erhält. 117

§ 4 Das gesetzliche Erbrecht des Lebenspartners

Literatur: *Finger*, Lebenspartnerschaft und Wohnung, WuM 2000, 462; *Grziwotz*, Erbrechtliche Gestaltungen bei gleichgeschlechtlichen Paaren, ZEV 2002, 55; *Kaiser*, Pflichtteilsrecht der eingetragenen Lebenspartner, FPR 2005, 286; *Kamps*, Eingetragene Lebenspartnerschaften, ErbStB 2005, 68; *Muscheler,* Die Eingetragene Lebenspartnerschaft nach deutschem Recht, JURA 2004, 217; *Schwab*, Eingetragene Lebenspartnerschaft – Ein Überblick, FamRZ 2001, 385.

118 Aufgrund des LPartG[1] konnten gleichgeschlechtliche Paare seit dem 1.8.2001 eine eingetragene Lebenspartnerschaft eingehen. Nach Einführung der „Ehe für alle" durch Gesetz v. 20.7.2017[2] können jedoch seit dem 1.10.2017 keine neuen eingetragenen Lebenspartnerschaften mehr begründet werden. Bereits bestehende eingetragene Lebenspartnerschaften bleiben indes unberührt: § 20a LPartG ermöglicht zwar die Umwandlung in eine Ehe; sofern die Partner hiervon keinen Gebrauch machen, besteht die eingetragene Lebenspartnerschaft jedoch fort.[3]

Die erbrechtlichen Regelungen des LPartG werden daher nur noch für diese „Altfälle" relevant und entsprechen im Übrigen denjenigen für Ehegatten:

Gesetzliches Erbrecht neben Verwandten	Ehegatte	Lebenspartner
1. Ordnung	ein Viertel	
	§ 1931 Abs. 1 S. 1 Hs. 1	§ 10 Abs. 1 S. 1 Hs. 1 LPartG
2. Ordnung	Hälfte	
	§ 1931 Abs. 1 S. 1 Hs. 2 Alt. 1	§ 10 Abs. 1 S. 1 Hs. 2 Alt. 1 LPartG
Großeltern des EL	Hälfte; soweit auch Abkömmlinge von Großeltern vorhanden sind, erhält der Ehegatte/Lebenspartner zudem auch deren Anteile	
	§ 1931 Abs. 1 S. 1 Hs. 2 Alt. 2, S. 2	§ 10 Abs. 1 S. 1 Hs. 2 Alt. 2, S. 2 LPartG
4. und fernere Ordnungen	Alleinerbe	
	§ 1931 Abs. 2	§ 10 Abs. 2 S. 1 LPartG
Ausschluss während Scheidungs-/Aufhebungsverfahren	§ 1933	§ 10 Abs. 3 LPartG

1 Gesetz über die Eingetragene Lebenspartnerschaft (Lebenspartnerschaftsgesetz – LPartG) v. 16.2.2001, BGBl. I, 266. Dazu *Dethloff* NJW 2001, 2598 ff.; *Muscheler* JURA 2004, 217 ff.; *Schwab* FamRZ 2001, 385 ff.

2 Gesetz zur Einführung des Rechts auf Eheschließung für Personen gleichen Geschlechts v. 20.7.2017, BGBl. I, 2787. Dazu *Engelhardt* NZFam 2017, 1042 ff.; *Kiehnle/Binder* NZFam 2017, 742 ff.; *Löhnig* NZFam 2017, 977 ff.; *Mankowski* IPRax 2017, 541 ff.; *Schwab* FamRZ 2017, 1284 ff.

3 Vgl. BegrRegE BT-Drs. 18/6665, S. 9.

Gesetzliches Erbrecht neben Verwandten	Ehegatte	Lebenspartner
Zugewinngemeinschaft		
Erhöhung des gesetzlichen Erbteils um $^1/_4$	§ 1371 Abs. 1	§ 6 S. 2 LPartG i.V.m. § 1371 Abs. 1
Voraus	§ 1932	§ 10 Abs. 1 S. 3-5 LPartG
Güterrechtliche Lösung (Zugewinnausgleichsanspruch + kleiner Pflichtteil)	§ 1371 Abs. 2	§ 6 S. 2 LPartG i.V.m. § 1371 Abs. 2
Sonderregelung zur Ausschlagung	§ 1371 Abs. 3	§ 6 S. 2 LPartG i.V.m. § 1371 Abs. 3
Ausbildungsanspruch der Stiefkinder	§ 1371 Abs. 4	§ 6 S. 2 LPartG i.V.m. § 1371 Abs. 4
Gütertrennung	§ 1931 Abs. 4	§ 10 Abs. 2 S. 2 LPartG
Gütergemeinschaft	§§ 1471 ff.	§ 7 S. 2 LPartG i.V.m. §§ 1471 ff.

§ 5 Das gesetzliche Erbrecht von nichtehelichen Kindern

Literatur: *Dutta,* Die rückwirkende Gleichstellung der vor dem 1. Juli 1949 geborenen Nichtehelichen im Erbrecht: Der deutsche Gesetzgeber zwischen Skylla und Charybdis, ZfPW 2018, 129; *Leipold*, Neue Erbchancen für „alte" nichteheliche Kinder: der Europäische Gerichtshof für Menschenrechte und der BGH beseitigen die Diskriminierung, ZEV 2017, 489; *Lieder/Berneith,* Zum Erbrecht vor dem 1. Juli 1949 geborener nichtehelicher Kinder: Teleologische Erweiterung von Art 5 S. 2 ZwErbGleichG, FamRZ 2017, 1623; *Weber,* Das Erbrecht von vor dem 1.7.1949 geborenen nichtehelichen Kindern – Relaunch 2017, NotBZ 2018, 32

Bei allen **ab dem 1.4.1998** eingetretenen Erbfällen bestehen aufgrund des ErbGleichG[1] **keine erbrechtlichen Unterschiede** mehr zwischen ehelichen und nichtehelichen Kindern. **119**

Allerdings blieb es für vor dem 1.7.1949 geborene nichteheliche Kinder zunächst beim generellen Ausschluss des Erbrechts. Sie wurden erst nach einer Entscheidung des EGMR[2] durch das ZwErbGleichG[3] erbrechtlich gleichgestellt – allerdings nur für Erbfälle, die sich ab dem 28.5.2009 ereigneten. Nachdem der EGMR dies – anders als

1 Gesetz zur erbrechtlichen Gleichstellung nicht ehelicher Kinder (Erbrechtsgleichstellungsgesetz – ErbGleichG) v. 16.12.1997, BGBl. I, 2968.
2 EGMR v. 28.5.2009 – 3545/04, ZEV 2009, 510.
3 Zweites Gesetz zur erbrechtlichen Gleichstellung nichtehelicher Kinder, zur Änderung der Zivilprozessordnung und der Abgabenordnung v. 12.4.2011, BGBl. I, 615.

zuvor BGH[4] und BVerfG[5] – in ähnlich gelagerten Fällen als Verletzung von Art. 14 EMRK (Diskriminierungsverbot) i.V.m. Art. 8 EMRK (Familienleben) qualifiziert hatte[6], entschied der BGH jedoch mit Beschluss v. 12.7.2017[7], dass in bestimmten Fällen eine teleologische Erweiterung von Art. 5 S. 2 ZwErbGleichG dahin geboten ist, dass die betreffenden Kinder ehelichen Kindern gleichgestellt werden.

§ 6 Das gesetzliche Erbrecht des Staates

120 **Fall 5:** Der unglückselige A hat sich durch schlechte Geschäfte hoffnungslos überschuldet. Bevor er sich das Leben nimmt, setzt er ein Testament auf, in welchem er seine Frau und seine Kinder enterbt, um sicherzugehen, dass die Schulden der Familie nicht zur Last fallen. An wen können sich die Nachlassgläubiger halten? **Lösung → Rn. 134**

Fall 6: Verwandte des Erblassers B werden Gerüchten zufolge irgendwo in den USA oder Brasilien vermutet. Zu welchem Zeitpunkt können die Nachlassgläubiger gegen wen Rechte geltend machen? **Lösung → Rn. 135**

Fall 7: Der Erblasser C hatte in seinem Testament erklärt, dass sein einziger Sohn S bis auf die Briefmarkensammlung sein Erbe sein soll. Die Briefmarkensammlung hat einen Wert von 30.000 €, was etwa 40 % des Wertes des gesamten Nachlasses ausmacht. Andere gesetzliche Erben als S sind beim Tod des C nicht vorhanden bzw. nicht zu ermitteln. Wer erbt die Briefmarkensammlung? **Lösung → Rn. 136**

Literatur: *Bostelmeyer*, Zur Notwendigkeit der Erbenermittlung vor Feststellung des Erbrechts des Fiskus, Rpfleger 2004, 569; *Bungert*, Ausländisches Fiskuserbrecht vor deutschen Gerichten, MDR 1991, 713; *Firsching*, Das Anfallsrecht des Fiskus bei erblosem Nachlass, IPRax 1986, 25; *Frohn*, Feststellung des Fiskalerbrechts und Erbenaufgebot, Rpfleger 1986, 37; *Gergen*, Die gesetzliche Erbfolge einschließlich des gesetzlichen Erbrecht des Staates und seine Bezüge zum Römischen Recht, ZErb 2008, 371; *Holl*, Das Erbrecht des Staates, Rpfleger 2008, 285; *Lorenz*, Staatserbrecht bei deutsch-österreichischen Erbfällen, Rpfleger 1993, 433; *Meyer*, Fiskuserbrecht und Erbenermittlung: Probleme des „erbenlosen Nachlasses", ZEV 2010, 445; *Streck*, Ein unwilliger Erbe: Der Fiskus, AG 2014, 155.

I. Funktion und Rechtsnatur

121 § 1936 statuiert ein **subsidiäres gesetzliches Erbrecht des Staates**[1]**:** Der Staat ist als gesetzlicher (Zwangs-)Erbe letzter Ordnung berufen, wenn kein Verwandter, Ehegat-

4 BGH v. 26.10.2011 – IV ZR 150/10, NJW 2012, 231.
5 BVerfG v. 18.3.2013 – 1 BvR 2436/11, 1 BvR 3155/11, NJW 2013, 2103.
6 EGMR v. 9.2.2017 – 29762/10, FamRZ 2017, 656.
7 BGH v. 12.7.2017 – IV ZB 6/15, ZEV 2017, 510. Dazu *Adamus* jurisPR-FamR 7/2018, Anm. 8; *Dutta* ZfPW 2018, 129 ff.; *Leipold* ZEV 2017, 489 ff.; *Lieder/Berneith* FamRZ 2017, 1623 f.; *Weber* NotBZ 2018, 32 ff.

1 BGH v. 14.10.2015 – IV ZR 438/14, NJW 2016, 156 Rn. 9.

te oder Lebenspartner vorhanden ist. Sinn und Zweck ist es, herrenlose Nachlässe zu vermeiden und eine ordnungsgemäße Nachlassabwicklung zu sichern.[2]

Es handelt sich dabei nicht um ein hoheitliches Aneignungsrecht (*bona vacantia*), wie es viele andere Staaten kennen[3], sondern um ein wirkliches **privates Erbrecht** (Staat als *ultimus heres*)[4]. Zu den internationalprivatrechtlichen Konsequenzen und zum Aneignungsrecht nach § 32 IntErbRVG → Rn. 132 f., 1504. **122**

II. Voraussetzungen

Der Staat wird gem. § 1936 S. 1 nur dann Erbe, wenn zur Zeit des Erbfalls **kein Verwandter, Ehegatte oder Lebenspartner** des Erblassers **vorhanden** ist. „Vorhanden" i.d.S. ist ein Verwandter/Ehegatte/Lebenspartner nur dann, wenn er erbfähig und erbberechtigt ist.[5] Ein Verwandter/Ehegatte/Lebenspartner ist somit nicht nur dann nicht vorhanden, wenn er tatsächlich nicht (mehr) existiert, sondern auch, wenn er enterbt wurde (§ 1938, → Rn. 488), die Erbschaft ausgeschlagen hat (§ 1953 Abs. 1, → Rn. 597), erbunwürdig ist (§ 2344 Abs. 1, → Rn. 494 ff.), auf die Erbschaft verzichtet hat (§ 2346 Abs. 1 S. 2, → Rn. 523 ff.). **123**

Der Staat als gesetzlicher Erbe kann hingegen nicht enterbt werden (*argumentum e contrario e* § 1938).[6] Er kann aber durch Verfügung von Todes wegen als gewillkürter Erbe eingesetzt werden.

Theoretisch ist es zwar kaum vorstellbar, dass überhaupt keine noch so entfernten Verwandten des Erblassers mehr vorhanden sind. In der Praxis ergibt sich aber häufig das Problem, dass sehr entfernte Verwandte schlicht nicht vom Erbfall und/oder ihrer Verwandtschaft erfahren.

III. Die Feststellung des Fiskuserbrechts

Um im Interesse etwaiger unbekannter Erben zu verhindern, dass der Staat das Erbe voreilig ergreift[7], darf der Staat erst nach Durchführung eines **gerichtlichen Feststellungsverfahrens** über den Nachlass verfügen. Durch dieses in §§ 1964, 1965 geregelte Feststellungsverfahren wird aber zugleich auch die mit der Ermittlung etwaiger Erben verbundene Schwebezeit angemessen begrenzt.[8] Sofern der Fiskus als gesetzlicher Erbe in Betracht kommt, erlegt § 1964 dem **Nachlassgericht** (= Amtsgericht, § 23a Abs. 1 S. 1 Nr. 2, Abs. 2 Nr. 2 GVG i.V.m. § 342 Abs. 1 Nr. 4 FamFG) eine **Erbenermittlungspflicht** auf.[9] Das Erbrecht des Staates darf nur festgestellt werden, **124**

2 Vgl. nur Staudinger/*Werner*, 2017, § 1936 Rn. 3.
3 Vgl. dazu BeckOGK/*J. Schmidt* Art. 33 EuErbVO Rn. 3 m.w.N.
4 BGH v. 14.10.2015 – IV ZR 438/14, NJW 2016, 157; Erman/*Lieder*, 15. Aufl. 2017, § 1936 Rn. 2.
5 Vgl. nur BeckOGK/*Tegelkamp* § 1936 Rn. 7.
6 Vgl. nur BeckOGK/*Tegelkamp* § 1936 Rn. 20 m.w.N.
7 Vgl. Mot. V, 556; Erman/*J. Schmidt*, 15. Aufl. 2017, § 1964 Rn. 1.
8 Vgl. Mot. V, 556; Erman/*J. Schmidt*, 15. Aufl. 2017, § 1964 Rn. 1.
9 Vgl. Mot. V, 556; Erman/*J. Schmidt*, 15. Aufl. 2017, § 1964 Rn. 1.

wenn nicht innerhalb einer angemessenen Frist ein Erbe ermittelt wird.[10] Die Erbenermittlung erfolgt von Amts wegen (§ 26 FamFG).[11] Gem. § 1965 Abs. 1 S. 1 muss eine **öffentliche Aufforderung** zur Anmeldung der Erbrechte unter Bestimmung einer Anmeldefrist erfolgen. Bezüglich Art der Bekanntmachung und Dauer der Anmeldefrist gelten gem. § 1965 Abs. 1 S. 1 Hs. 2 die Vorschriften über das Aufgebotsverfahren (§§ 433 ff. FamFG) entsprechend[12]; die öffentliche Bekanntmachung erfolgt somit nach § 435 FamFG und die Anmeldefrist muss mindestens 6 Wochen betragen (§ 437 FamFG). Die Aufforderung ist allerdings gem. § 1965 Abs. 1 S. 2 entbehrlich, wenn die Kosten dem Bestand des Nachlasses gegenüber unverhältnismäßig groß sind. Wenn innerhalb der Anmeldefrist[13] ein Erbrecht angezeigt wird, beginnt mit Ablauf der Anmeldefrist eine dreimonatige Wartefrist, innerhalb derer dem Nachlassgericht nachgewiesen werden muss, dass das angemeldete Erbrecht besteht oder gegenüber dem Fiskus im Wege der Klage geltend gemacht wird; geschieht dies nicht, so bleiben die entsprechenden Erbrechte unberücksichtigt (§ 1965 Abs. 2 S. 1). Dies bedeutet aber nicht, dass das Erbrecht erlischt, sondern nur, dass das Nachlassgericht es im Verfahren zur Feststellung des Fiskuserbrechts nicht mehr berücksichtigt.

125 Die **Feststellung** des Fiskuserbrechts erfolgt durch **Beschluss des Nachlassgerichts** (§ 1964 Abs. 1 BGB). Der Feststellungsbeschluss hat aber keine rechtsgestaltende Wirkung, sondern begründet nur die **widerlegliche Vermutung**, dass der Staat gesetzlicher Erbe ist.[14] Der Beweis des Gegenteils kann sowohl im normalen Zivilprozess als auch im Erbscheinsverfahren geführt werden; zudem kann der Beschluss jederzeit aufgehoben werden (§ 48 FamFG).[15]

126 Erst **nach dem Feststellungsbeschluss** ist der Nachlass dem Fiskus auszuhändigen.[16] Vorher können die Nachlassgläubiger auch noch keine Rechte gegen den Fiskus geltend machen (§ 1966). Im Gegensatz zu einem Erbschein (vgl. §§ 2366, 2367, → Rn. 1293 ff.) oder einem Europäischen Nachlasszeugnis (ENZ) (vgl. Art. 69 Abs. 3, 4 EuErbVO, → Rn. 1346 ff.) begründet der Feststellungsbeschluss keine Verkehrsschutzwirkungen (d.h. er ermöglicht insb. keinen gutgläubigen Erwerb); der Staat kann sich jedoch einen Erbschein oder ein ENZ erteilen lassen.[17] Ein Erbschein oder ENZ ist zudem auch für die Eintragung ins Grundbuch erforderlich, da der Feststellungsbeschluss hierfür ebenfalls nicht ausreicht.[18]

10 Näher Erman/*J. Schmidt*, 15. Aufl. 2017, § 1964 Rn. 2.
11 Vgl. Erman/*J. Schmidt*, 15. Aufl. 2017, § 1964 Rn. 5 m.w.N.
12 Vgl. Mot. V, 556; Erman/*J. Schmidt*, 15. Aufl. 2017, § 1964 Rn. 1.
13 Oder zumindest noch vor Erlass des Feststellungsbeschlusses, vgl. Erman/*J. Schmidt*, 15. Aufl. 2017, § 1965 Rn. 3 m.w.N.
14 Vgl. Mot. V, 555 f.; BGH v. 23.11.2011 – IV ZB 15/11, NJW 2012, 453 Rn. 8; Erman/*J. Schmidt*, 15. Aufl. 2017, § 1964 Rn. 4 m.w.N.
15 Vgl. BGH v. 23.11.2011 – IV ZB 15/11, NJW 2012, 453 Rn. 8; Erman/*J. Schmidt*, 15. Aufl. 2017, § 1964 Rn. 4 m.w.N.
16 Vgl. Erman/*J. Schmidt*, 15. Aufl. 2017, § 1964 Rn. 4 m.w.N.
17 Vgl. Erman/*J. Schmidt*, 15. Aufl. 2017, § 1964 Rn. 4 m.w.N.
18 Vgl. Erman/*J. Schmidt*, 15. Aufl. 2017, § 1964 Rn. 4 m.w.N.

IV. Erbberechtigter Fiskus

Gesetzlicher Erbe ist gem. § 1936 S. 1 **primär** das **Bundesland**[19], in dem der Erblasser zur Zeit des Erbfalls seinen letzten Wohnsitz (oder, wenn ein solcher nicht feststellbar ist, seinen gewöhnlichen Aufenthalt) hatte; im Übrigen erbt der Bund (S. 2). **127**

V. Inhalt und Besonderheiten des Fiskuserbrechts

Das gesetzliche Erbrecht des Staates gem. § 1936 hat zwar prinzipiell privatrechtlichen Charakter (→ Rn. 122), d.h. es finden **grundsätzlich** die **allgemeinen Regeln** Anwendung.[20] Gem. § 1922 geht das gesamte Vermögen des Erblassers im Wege der Universalsukzession auf den Staat über und der Staat haftet gem. § 1967 für die Nachlassverbindlichkeiten[21]; zudem ist er gem. § 857 Erbschaftsbesitzer[22]. **128**

Da der Staat indes gesetzlicher **Zwangserbe** ist, gelten gleichwohl einige Besonderheiten. Insb. hat der Staat konsequenterweise kein Ausschlagungsrecht (§ 1942 Abs. 2), kann nicht auf das Erbe verzichten (*argumentum e contrario e* § 2346 Abs. 1 S. 1)[23], enterbt werden (*argumentum e contrario e* § 1938)[24] oder für erbunwürdig erklärt werden[25]. Zudem kann der Staat nicht gesetzlicher Nacherbe (§ 2104 S. 2, → Rn. 755) oder gesetzlicher Vermächtnisnehmer sein (§ 2149 S. 2). **129**

Der Staat haftet zwar grundsätzlich wie jeder andere Erbe gem. § 1967 für sämtliche Nachlassverbindlichkeiten (→ Rn. 1071 ff.), wobei ihm auch die allgemeinen Möglichkeiten einer Haftungsbeschränkung (→ Rn. 1097 ff., 1138 ff.) offenstehen.[26] Allerdings gelten für den Staat dabei eine Reihe von **Haftungsprivilegierungen**: Wenn der Staat als gesetzlicher Erbe verurteilt wird, kann er die beschränkte Haftung – anders als „normale" Erben (vgl. § 780 Abs. 1 ZPO, → Rn. 1195) – ohne Vorbehalt im Urteil geltend machen (§ 780 Abs. 2 ZPO). Zudem unterliegt der Staat gem. § 2011 S. 1 keiner Inventarpflicht, so dass es auch nicht zu einer Inventarversäumung mit unbeschränkter Haftung (vgl. § 1994 Abs. 1 S. 2, → Rn. 1124, 1131 ff.) kommen kann. Der Fiskus ist jedoch gem. § 2011 S. 2 verpflichtet, den Nachlassgläubigern Auskunft über den Bestand des Nachlasses zu geben. **130**

Wenn in einem Gesellschaftsvertrag einer Personengesellschaft für den Fall des Todes eines Gesellschafters die Fortsetzung mit den Erben vorgesehen ist (sog. **einfache Nachfolgeklausel**, → Rn. 1427 ff.), so ist eine solche Regelung nach h.M. regelmäßig dahin auszulegen, dass der Staat als gesetzlicher Erbe davon nicht erfasst sein soll.[27] **131**

---

19 Art. 138 EGBGB sieht zwar vor, dass Landesrecht bestimmen kann, dass an Stelle des Fiskus eine Körperschaft, Stiftung oder Anstalt des öffentlichen Rechts gesetzlicher Erbe wird; diese Vorschrift hat jedoch heute keine praktische Relevanz mehr, vgl. Staudinger/*Mayer*, 2013, Art. 138 EGBGB Rn. 9 ff.
20 Vgl. Staudinger/*Werner*, 2017, § 1936 Rn. 11.
21 Vgl. *Lange*, ErbR, 2. Aufl. 2017, § 25 Rn. 109.
22 Vgl. Staudinger/*Werner*, 2017, § 1936 Rn. 11.
23 Vgl. BeckOGK/*Tegelkamp* § 1936 Rn. 19 m.w.N.
24 Vgl. BeckOGK/*Tegelkamp* § 1936 Rn. 20 m.w.N.
25 Vgl. BeckOGK/*Tegelkamp* § 1936 Rn. 21 m.w.N.
26 Vgl. nur MüKoBGB/*Leipold*, 7. Aufl. 2017, § 1936 Rn. 24.
27 Vgl. Erman/*Lieder*, 15. Aufl. 2017, § 1936 Rn. 4; MüKoBGB/*Leipold*, 7. Aufl. 2017, § 1936 Rn. 22; Staudinger/*Werner*, 2017, § 1936 Rn. 12.

VI. Das gesetzliche Erbrecht des Staates aus internationalprivatrechtlicher Perspektive

132 Da es sich beim gesetzlichen Erbrecht des Staates gem. **§ 1936** um ein privatrechtliches Erbrecht handelt (→ Rn. 122), ist die Vorschrift **nur** dann anwendbar, **wenn** das anwendbare Erbrecht (sog. Erbstatut bzw. *lex successionis*) **deutsches Recht** ist.[28] Zur Bestimmung der *lex successionis* → Rn. 1476 ff.; zur Sonderregel des Art. 33 EuErbVO → Rn. 1504.

133 Wenn ***lex successionis*** **ausländisches Recht** ist und dieses Recht ebenfalls ein privatrechtliches Erbrecht des Staates vorsieht (sog. „Erbenstaat“), so erbt der betreffende Staat auf dieser Grundlage.[29] Wenn das ausländische Recht hingegen kein privatrechtliches Erbrecht des Staates vorsieht, sondern ein Aneignungsrecht des Staats („Aneignungsstaat“), so besteht in Bezug auf Nachlassvermögen, das in dem betreffenden Staat belegen ist, ein Aneignungsrecht dieses Staates; für Nachlassvermögen, das in Deutschland belegen ist, besteht hingegen ein Aneignungsrecht gem. **§ 32 IntErbRVG**.[30]

Lösung der Ausgangsfälle

134 **Fall 5 (→ Rn. 120):** A hat seine Ehefrau und Kinder testamentarisch enterbt (§ 1938). Da er keine positive Verfügung getroffen hat, tritt dennoch die gesetzliche Erbfolge ein. Gesetzliche Erben sind dann die Erben zweiter Ordnung, also die Eltern des A und deren Abkömmlinge (§ 1925). Sind die Eltern des A vorverstorben und schlagen deren Abkömmlinge (die Geschwister des A) die Erbschaft aufgrund der Überschuldung aus, so erbt der Fiskus gem. § 1936. Sind Verwandte noch höherer Ordnungen vorhanden, so müssen auch diese ausschlagen.

135 **Fall 6 (→ Rn. 120):** Die Nachlassgläubiger müssen zunächst das Verfahren zur Ermittlung von Verwandten gem. § 1965 bis zum Beschluss des Nachlassgerichts gem. § 1964 Abs. 1 abwarten. Erst dann können die Nachlassgläubiger gegen den Fiskus als gesetzlichen Erben ein Recht geltend machen (§ 1966).

136 **Fall 7 (→ Rn. 120):** Es ist zwar ein Erbe eingesetzt, aber ein Teil des Nachlasses ist ausgenommen. Nach § 2149 S. 1 gilt der Gegenstand als den gesetzlichen Erben vermacht, wenn der Erblasser bestimmt hat, dass dem eingesetzten Erben der Gegenstand nicht zufallen soll. Allerdings gehört der Fiskus gem. § 2149 S. 2 gerade nicht zu den gesetzlichen Erben i.S.d. Norm, sodass letztlich doch S die Briefmarkensammlung erhält.

---

28 Vgl. *Lange,* ErbR, 2. Aufl. 2017, § 25 Rn. 113; MüKoBGB/*Leipold*, 7. Aufl. 2017, § 1936 Rn. 4.

29 Vgl. BeckOGK/*J. Schmidt* Art. 33 EuErbVO Rn. 29.

30 Vgl. BeckOGK/*J. Schmidt* Art. 33 EuErbVO Rn. 29. Näher zu § 32 IntErbRVG: BeckOGK/*J. Schmidt* Art. 33 EuErbVO Rn. 29 ff. m.w.N.

Teil III

Die gewillkürte Erbfolge

§ 7 Die Errichtung des Testaments und die Testamentsformen

Fall 8: Renate Rosenberger ist bereits seit Jahren als Schlagersängerin unter dem Künstlernamen „Rosarot" erfolgreich. Im Januar 2018 macht sie zum ersten Mal eine Transatlantikkreuzfahrt. Bereits am ersten Tag wird sie so stark seekrank, dass sie schon „ihr Ende nahen" sieht und deshalb ein Testament errichten will. Da sie in ihrer Kabine nichts anderes findet, schreibt sie mit einem rosafarbenen Glitterstift, mit dem sie sonst ihre Autogramme unterschreibt, auf die Rückseite eines Flyers mit dem Menü für das Abendessen: „Hiermit vererbe ich all mein Vermögen meiner Tochter Rosa". Anschließend packt sie den Flyer in einen rosafarbenen Briefumschlag, in dem ein Fan ihr einen Liebesbrief geschickt hatte, streicht die Adressdaten durch, klebt den Umschlag zu und schreibt darauf „Testament" und unterzeichnet darunter mit „Rosarot". Zwei Tage später geht es ihr zwar glücklicherweise wieder so gut, dass sie an Deck gehen kann. Allerdings fällt sie unglücklicherweise über Bord und verstirbt. In ihrer Kabine wird der rosafarbene Umschlag gefunden. Handelt es sich dabei um ein formgültiges Testament? **Lösung: → Rn. 183** 137

Fall 9: Elton (E) hat am Tag vor seinem Tod im Krankenhaus vor dem Bürgermeister in Gegenwart zweier Zeugen ein Nottestament errichtet. Über die Errichtung liegt eine Niederschrift vor, die während des Errichtungsaktes vom Bürgermeister auf Band gesprochen, nach dem Tod des E schriftlich niedergelegt und vom Bürgermeister und den zwei Zeugen unterschrieben wurde. Ausweislich der Niederschrift, die den Errichtungsakt zutreffend wiedergibt, hat ein im Krankenhaus tätiger Arzt dem Bürgermeister bestätigt, dass mit dem baldigen Ableben des E zu rechnen sei und die Beiziehung eines Notars die Gefahr in sich berge, dass das Testament nicht mehr errichtet werden könne. Daraufhin leitete der Bürgermeister die für die Errichtung notwendigen Förmlichkeiten in die Wege. E hat zunächst mündlich seinen letzten Willen erklärt und dem Bürgermeister sodann ein als Testament bezeichnetes, maschinengeschriebenes offenes Schriftstück übergeben, in dem dieser Wille festgehalten ist. Dieses Schriftstück ist dem E vorgelesen und von ihm unterzeichnet worden. Danach hat es der Bürgermeister mit Orts- und Datumsangabe versehen und er und die beiden Zeugen haben unterzeichnet. Ist das Testament formgültig? **Lösung: → Rn. 184**

Literatur: *Belling*, Einführung in das Recht der gewillkürten Erbfolge, JURA 1986, 625; *Brox*, Zweckmäßige Gestaltung der Erbfolge im Unternehmen, JA 1980, 561; *Burkart*, Das eigenhändige Testament nach § 2247 BGB – Seine Problematik und seine Zukunft, FS von Lübtow, 1991, 253; *Grundmann*, Zu Formfreiheit und Formzwang bei privatschriftlichen Testamenten, AcP 87 (1987) 429; *Hülsmann/Baldamus*, Ärztliche Schweigepflicht vs. Informationsinteresse der Erben, ZEV 1999, 91; *Imgrund/Reese*, Grundfälle zur gewillkürten Erbfolge, JURA 2006, 565; *Langenfeld*, Einführung in die Vertragsgestaltung, JuS 1998, 521; *Mayer*, Sachgerechte Testamentsgestaltung, JA 1995, 789; *Otte*, Stellvertretungsverbot und Bestimmung des Testamentsinhalts durch Dritte - §§ 2064, 2065 BGB und deren Ausnahmen, Hereditare 4 (2014) 23; *Rossak*, Folgen des verfassungswidrigen Ausschlusses Mehrfachbehinderter von jeglicher Testiermöglichkeit für die notarielle Praxis, ZEV 1999, 254; *Röthel*, Testamentsformen, JURA 2014, 475; *Röthel*, Testierfähigkeit und Testiermacht, AcP 210 (2010) 32; *Schmidt/Schmidt*, Die Nottestamente – Bürgermeister-Testament und Drei-Zeugen-Testament, JuS 1996, 598; *Schreiber*, Die Testierfähigkeit und ihre Schranken, JURA 2011, 19; *Schreiber*, Verfügungen von Todes wegen, JURA 1996, 360 und 409; *Strothmann*, Privatautonome Gestaltungsfreiheit im Recht der Verfügungen von Todes wegen, JURA 1982, 349; *Wagner*, Erbeinsetzung unter einer Potestativbedingung und § 2065 BGB, ZEV 1998, 255.

I. Die Errichtung des Testaments

1. Der Grundsatz der Testierfreiheit

138 Die Testierfreiheit ist das Recht einer natürlichen Person, grundsätzlich durch Verfügung von Todes wegen frei bestimmen zu können, an welche Person(en) mit dem Erbfall ihr Vermögen fallen soll.

Die Testierfreiheit ist nach der übereinstimmenden Rechtsprechung von BVerfG[1] und BGH[2] Bestandteil der **Erbrechtsgarantie des Art. 14 Abs. 1 S. 1 GG**. Die Verfassung garantiert jedoch keine grenzenlose (Testier-)Freiheit. Bereits das Grundgesetz zieht der Testierfreiheit nach h.M.[3] durch die Gewährleistung des Familienerbrechts (Art. 14 Abs. 1 S. 1 i.V.m. Art. 6 Abs. 1 GG) Schranken. Der konkrete Inhalt und die Schranken der Testierfreiheit werden durch die Gesetze bestimmt, Art. 14 Abs. 1 S. 2 GG.

139 Der Grundsatz der Testierfreiheit wird im BGB zwar nicht ausdrücklich genannt, aber in §§ 1937 ff. vorausgesetzt. Die Testierfreiheit ermöglicht dem Erblasser, die generelle Regelung des gesetzlichen Erbrechts an die Besonderheiten des einzelnen Falles anzupassen. Die **Grenzen der Testierfreiheit** ergeben sich zum einen aus den allgemeinen Regelungen der §§ 134, 138 (→ Rn. 459 ff.), zum anderen aus den erbrechtlichen Regelungen des Pflichtteilsrechts[4] (→ Rn. 615 ff.). Darüber hinaus schränkt Art. 22 EuErbVO die Rechtswahl im Erbrecht ein (→ Rn. 1481 ff.).

140 Der **Schutz der Testierfreiheit** wird im BGB durch ein Spektrum verschiedener Regelungen gewährleistet. Erstens ist die Testierfreiheit als unverzichtbares Recht ausgestaltet; entgegenstehende vertragliche Verpflichtungen sind gem. § 2302 nichtig. Daher kann auch nicht auf das Recht zur Aufhebung (§§ 2290 ff.) oder zum Rücktritt (§§ 2294 f.) vom Erbvertrag verzichtet werden (→ Rn. 295 ff.). Zweitens wird die Testierfreiheit durch den Grundsatz der Höchstpersönlichkeit der Testamentserrich-

1 BVerfG v. 3.11.1981 – 1 BvL 11/77 und 85/78, 1 BvR 47/81, BVerfGE 58, 377, 398; BVerfG v. 16.10.1984 – 1 BvR 513/78, BVerfGE 67, 329, 341; BVerfG v. 22.6.1995 – 2 BvR 552/91, BVerfGE 93, 165, 174; BVerfG v. 25.3.2009 – 1 BvR 909/08, ZEV 2009, 390 Rn. 14; BVerfG v. 30.10.2010 – 1 BvR 3196/09, NJW 2011, 366 Rn. 17.

2 BGH v. 18.1.1989 – IVa ZR 296/87, NJW 1989, 2054, 2055; BGH v. 21.3.1990 – IV ZR 169/89, BGHZ 111, 36, 39; BGH v. 5.6.1992 – BLw 7/91, BGHZ 118, 361, 365; BGH v. 16.3.2017 – I ZB 50/16, NJW 2017, 2115 Rn. 27.

3 Vorausgesetzt in BVerfG v. 22.6.1995 – 2 BvR 552/91, BVerfGE 93, 165, 174 f.; noch offengelassen in BVerfG v. 16.10.1984 – 1 BvR 513/78, BVerfGE 67, 329, 341 und BVerfG v. 14.12.1994 – 1 BvR 720/90, BVerfGE 91, 346, 359; Maunz-Dürig/*Papier/Shirvani*, 84. EL 2018, Art. 14 Rn. 414.

4 Zur Verfassungsmäßigkeit des geltenden Pflichtteilsrechts: BVerfG v. 19.4.2005 – 1 BvR 1644/00 u. 1 BvR 188/03, NJW 2005, 1561 Rn. 74 ff.

tung (§§ 2064 f.) geschützt (→ Rn. 146 ff.). Drittens wird gewährleistet, dass der Erblasser sich ggf. wieder umentscheiden kann: einseitige Verfügungen von Todes wegen sind jederzeit frei widerruflich (§ 2253, → Rn. 185 ff.); bindende vertragliche Verfügungen können in bestimmten Fällen angefochten werden (§ 2281, → Rn. 428 ff.). Viertens dienen auch die Regelungen über die Erbunwürdigkeit (§ 2339 Abs. 1, → Rn. 494 ff.) der Sicherung des Erblasserwillens.

2. Testierfähigkeit

Testierfähigkeit ist – als besondere Ausprägung der Geschäftsfähigkeit – die Fähigkeit, ein Testament rechtswirksam zu errichten, abzuändern oder aufzuheben.[5] § 2229 enthält hinsichtlich der Testierfähigkeit Sonderregelungen gegenüber den allgemeinen Vorschriften über die Geschäftsfähigkeit (§§ 104 ff.). Übereinstimmung besteht insoweit, als jeder Geschäftsfähige auch testierfähig und jeder Geschäftsunfähige auch testierunfähig ist. **141**

Unterschiede bestehen jedoch im Hinblick auf beschränkt Geschäftsfähige. Ein **Minderjähriger, der das 16. Lebensjahr vollendet hat**, ist testierfähig (§ 2229 Abs. 1), ohne dass er der Zustimmung seiner Erziehungsberechtigten bedarf (§ 2229 Abs. 2). Aufgrund des abgesenkten Alterserfordernisses gegenüber der allgemeinen Geschäftsfähigkeit hat es der Gesetzgeber jedoch für erforderlich gehalten, dem noch nicht volljährigen Testierfähigen nur die Testamentsformen zur Verfügung zu stellen, bei denen ein neutraler Amtsträger beratend zur Seite steht. Daher kann der Minderjährige kein eigenhändiges privatschriftliches Testament gem. § 2247 errichten (§ 2247 Abs. 4) und ein öffentliches nur mündlich oder durch Übergabe einer offenen Schrift (§ 2233 Abs. 1). Ein gleichwohl errichtetes ungültiges eigenhändiges Testament wird mit Erreichen der Volljährigkeit weder automatisch wirksam noch genügt eine formlose Bestätigung den Anforderungen des § 141; der Volljährige muss das Testament vielmehr in den hierfür vorgesehenen Formen neu errichten.[6] **142**

Ein **Volljähriger**, der wegen krankhafter Störung der Geistestätigkeit, wegen Geistesschwäche oder wegen einer Bewusstseinsstörung nicht in der Lage ist, die Bedeutung einer von ihm abgegebenen Willenserklärung einzusehen und nach dieser Einsicht zu handeln, ist gem. § 2229 Abs. 4 testierunfähig (diese Regelung entspricht §§ 104 Nr. 2, 105 Abs. 2). **143**

Im Unterschied zur allgemeinen Geschäftsfähigkeit, die sich auf einen bestimmten gegenständlich abgegrenzten Kreis von Angelegenheiten beschränken kann, gibt es **keine partielle Testierfähigkeit**[7]. Testierfähig ist der Erblasser nicht schon dann, wenn er eine allgemeine Vorstellung von der Tatsache der Errichtung des Testaments und von dem Inhalt seiner letztwilligen Anordnungen hatte, sondern nur, wenn er in der Lage ist, sich über die Tragweite dieser Anordnungen und ihre Auswirkungen auf die persönlichen und wirtschaftlichen Verhältnisse der Betroffenen sowie über die

5 Vgl. Staudinger/*Baumann*, 2018, § 2229 Rn. 12 f.; MüKoBGB/*Hagena*, 7. Aufl. 2017, § 2229 Rn. 2.
6 Vgl. Staudinger/*Baumann*, 2018, § 2233 Rn. 12; BeckOGK/*Grziwotz* § 2233 Rn. 14.
7 BayObLG v. 31.1.1991 – 1a Z 37/90, NJW 1992, 248 unter Aufgabe der Rechtsprechung aus BayObLG v. 22.10.1984 – 1 Z 53/84, FamRZ 1985, 539; s. auch BayObLG v. 21.7.1999 – 1 Z BR 122/98, NJW-RR 2000, 6; BeckOGK/*Grziwotz* § 2229 Rn. 5 m.w.N.

Gründe, die für oder gegen ihre sittliche Berechtigung sprechen, ein Urteil zu bilden und nach diesem Urteil frei von Einflüssen Dritter zu handeln.[8] Maßgeblich ist dabei der Zustand bei Errichtung des Testaments.[9]

Die Beweislast für die Testierunfähigkeit trägt grundsätzlich derjenige, der sich auf die Nichtigkeit des Testaments beruft.[10] Ist allerdings Testierunfähigkeit vor und nach Testamentserrichtung gegeben, so spricht der Beweis des ersten Anscheins für Testierunfähigkeit auch im Zeitpunkt der Testamentserrichtung.[11] Dann muss der durch das Testament Begünstigte Umstände darlegen und beweisen, durch die der Beweis des ersten Anscheins erschüttert wird; dazu genügt der Nachweis einer ernsthaften Möglichkeit eines sog. „lichten Intervalls" bei Errichtung des Testaments.[12]

144 Die Wirksamkeit eines **gemeinschaftlichen Testaments** setzt die Testierfähigkeit beider Eheleute voraus.[13] Ist einer der Ehegatten testierunfähig, sind die wechselbezüglichen Verfügungen unwirksam.[14] Die Verfügungen des anderen können jedoch ggf. je nach Lage des Einzelfalles ganz oder teilweise als einseitige aufrechterhalten werden.[15]

145 § 2229 gilt nur für Testamente; für **Erbverträge** gilt die spezielle Regelung des § 2275 (→ Rn. 268).

3. Persönliche Errichtung einer Verfügung von Todes wegen

a) Formelle Höchstpersönlichkeit, § 2064

146 Gem. § 2064 muss der Erblasser sein Testament persönlich errichten (sog. formelle Höchstpersönlichkeit). Er kann daher **weder** durch einen **Stellvertreter** (auch nicht durch den gesetzlichen Vertreter) **noch** durch einen **Boten** verfügen.[16] Eine dennoch auf diese Weise errichtete Verfügung von Todes wegen ist – da auch keine Genehmigungsmöglichkeit für den Erblasser besteht – gem. § 134 nichtig.[17] Der Gesetzgeber wollte durch diese Regelung einerseits verhindern, dass der Erblasser die sittliche Verantwortung für die Ausgestaltung der Erbfolge von sich abwälzen kann; zum anderen sah er die Gefahr, dass der Wille des Erblassers im Falle einer Vertretung oder Botenschaft nicht unverfälscht zum Ausdruck kommen könnte.[18] Das Gebot der

8 BGH v. 29.1.1958 – IV ZR 251/57, FamRZ 1958, 127, 128; BayObLG v. 6.11.1995 – 1Z BR 56/95, BayObLGZ 1995, 383; OLG Frankfurt a.M. v. 22.12.1997 – 20 W 264-95, NJW-RR 1998, 870; OLG Hamm v. 12.12.2013 – 10 W 180/12, BeckRS 2016, 01336 m.w.N.

9 Vgl. nur Staudinger/*Baumann*, 2018, § 2229 Rn. 52 m.w.N. Vgl. auch BGH v. 1.7.1959 – V ZR 169/58, NJW 1959, 1822.

10 BGH v. 29.1.1958 – IV ZR 251/57, FamRZ 1958, 127; BGH v. 23.11.2011 – IV ZR 49/11, ZEV 2012, 100 Rn. 21; BayObLG v. 12.9.1995 – 1Z BR 59/95, NJW 1995, 3260; BayObLG v. 3.8.1989 – 1 a Z 56/88, BayObLGZ 1989, 327.

11 BGH v. 23.11.2011 – IV ZR 49/11, ZEV 2012, 100 Rn. 21; BayObLG v. 22.11.2001 – 1Z BR 38/01, BeckRS 2001, 16025 Rn. 29 ff.

12 BGH v. 23.11.2011 – IV ZR 49/11, ZEV 2012, 100 Rn. 21.

13 BayObLG v. 2.2.1996 – 1Z BR 146/95, NJW-FER 1996, 44.

14 BayObLG v. 2.2.1996 – 1Z BR 146/95, NJW-FER 1996, 44.

15 BayObLG v. 2.2.1996 – 1Z BR 146/95, NJW-FER 1996, 44.

16 Vgl. Mot. V, 246 f.; BGH v. 18.11.1954 – IV ZR 152/54, BGHZ 15, 199, 200.

17 Vgl. MüKoBGB/*Leipold*, 7. Aufl. 2017, § 2064 Rn. 8.

18 Vgl. Prot. V, 16.

Höchstpersönlichkeit steht jedoch einer Hilfe, insb. einer Beratung durch Dritte nicht entgegen, sofern nur die Verfügung selbst durch den Erblasser erfolgt.[19]

b) Materielle Höchstpersönlichkeit, § 2065

aa) Grundsatz der vollständigen Willensbildung. § 2065 verlangt darüber hinaus, dass der Erblasser seinen Willen vollständig selbst bildet (sog. **materielle Höchstpersönlichkeit**): Er darf weder die Entscheidung über die Geltung der Verfügung (→ Rn. 150) noch die Bestimmung des Zuwendungsempfängers oder des Zuwendungsgegenstandes (→ Rn. 152) auf andere Personen übertragen. Dadurch soll sichergestellt werden, dass der Erblasser allein vor seinem Gewissen die Verantwortung dafür übernehmen muss, wenn er die Erbfolge anders regelt, als das Gesetz sie vorgesehen hat.[20] **147**

bb) Verhältnis zur Auslegung. Sowohl die erläuternde als auch die ergänzende **Auslegung** haben Vorrang vor § 2065.[21] Ob der Erblasser seinen Willen vollständig gebildet und erklärt hat, kann erst festgestellt werden, nachdem scheinbar unklare oder unvollständige Anordnungen ausgelegt wurden. Zugleich markiert § 2065 jedoch auch eine Grenze für die Auslegung: Diese darf nicht dazu führen, eine im Testament nicht enthaltene Erbenbestimmung nur aus Umständen außerhalb des Testaments zu entnehmen.[22] **148**

cc) Abgrenzung zu den zulässigen Bedingungen. Verfügungen von Todes wegen können unter einer aufschiebenden oder auflösenden **Bedingung** getroffen werden (§§ 2074, 2075, → Rn. 369 ff.). Dabei können grundsätzlich sowohl die Geltung der Verfügung (sog. Verwirkungsklausel[23]) als auch die Person des Zuwendungsempfängers oder der Zuwendungsgegenstand durch eine Bedingung beeinflusst werden.[24] Wegen § 2065 darf die Bedingung jedoch nicht auf eine Vertretung im Willen hinauslaufen, d.h. der Erblasser muss selbst für den Fall des Eintritts oder Nichteintritts der Bedingung einen bestimmten, die Gültigkeit der Verfügung, die Person des Bedachten oder den Zuwendungsgegenstand betreffenden Willen gehabt haben.[25] **149**

dd) Die Bestimmung über die Geltung der Verfügung, § 2065 Abs. 1. Gem. § 2065 Abs. 1 darf die Geltung der Verfügung **weder positiv noch negativ vom Willen eines Dritten abhängig** gemacht werden. Nichtig ist daher eine Verfügung, deren Geltung an die Zustimmung eines anderen oder das Ausbleiben eines Widerspruchs binnen einer bestimmten Frist geknüpft ist.[26] Ebenso wenig kann ein anderer zum Widerruf oder zu Änderungen ermächtigt werden.[27] Ein „anderer" i.S.d. § 2065 ist jede **150**

19 Vgl. BeckOGK/*Gomille* § 2064 Rn. 11.
20 BGH v. 18.11.1954 – IV ZR 152/54, NJW 1955, 100; vgl. auch bereits RG v. 6.2.1939 – IV 188/38, RGZ 159, 296, 299.
21 Vgl. nur MüKoBGB/*Leipold*, 7. Aufl. 2017, § 2065 Rn. 7.
22 BayObLG v. 16.10.1980 – 1 Z 52/80, FamRZ 1981, 402, 403; OLG Köln v. 1.4.1981 – 2 Wx 13/81, Rpfleger 1981, 357.
23 Beispiel: BGH v. 24.6.2009 – IV ZR 202/07, ZEV 2009, 459.
24 Vgl. nur MüKoBGB/*Leipold*, 7. Aufl. 2017, § 2065 Rn. 12.
25 Vgl. nur MüKoBGB/*Leipold*, 7. Aufl. 2017, § 2065 Rn. 12 m.w.N.
26 Vgl. BeckOGK/*Gomille* § 2065 Rn. 15; MüKoBGB/*Leipold*, 7. Aufl. 2017, § 2065 Rn. 16.
27 RG v. 4.3.1912 – IV 428/11, RGZ 79, 32, 33.

Person mit Ausnahme des Erblassers.[28] Teilweise wird auch der Bedachte nicht als anderer angesehen, da er es aufgrund der Ausschlagungsmöglichkeit ohnehin in der Hand hätte, ob der Wille des Erblassers sich verwirklicht.[29] Dem ist jedoch nicht zuzustimmen, da dem Bedachten neben der Ausschlagung vom Gesetz gerade keine weiteren Bestimmungsmöglichkeiten eingeräumt werden.[30]

151 Umstritten ist die Möglichkeit der **bedingten Nacherbeneinsetzung** (allgemein zur Vor- und Nacherbschaft → Rn. 746 ff.). Nach h.M. ist es zulässig, dass der Erblasser einen Nacherben unter der Bedingung einsetzt, dass der Vorerbe nicht anderweitig von Todes wegen über den Nachlass verfügt.[31] Denn dann handelt es sich um eine zulässige Potestativbedingung, weil der Vorerbe nicht über den Nachlass des Erblassers an dessen Stelle verfügt (was wegen § 2065 unzulässig wäre), sondern nur über sein eigenes Vermögen. Zulässig ist auch die Ermächtigung, den Nacherben nach sachlichen Kriterien aus einem bestimmten Personenkreis auszuwählen.[32]

152 **ee) Die Bestimmung des Zuwendungsempfängers und des Zuwendungsgegenstandes, § 2065 Abs. 2.** **Zuwendung** i.S.d. § 2065 Abs. 2 ist jeder Vermögensvorteil, den der Erblasser einem anderen durch Verfügung von Todes wegen verschaffen will.[33] § 2065 Abs. 2 gilt daher nicht nur für die Erbeinsetzung (→ Rn. 728 ff.), sondern auch für Vermächtnisse (→ Rn. 900 ff.) und Teilungsanordnungen (→ Rn. 1023 ff.) und über § 2192 auch für Auflagen (→ Rn. 937 ff.).[34] Soweit es sich nicht um eine Erbeinsetzung handelt, sind allerdings die weitreichenden Ausnahmen (→ Rn. 156) zu beachten.

153 Nach dem Sinn und Zweck von § 2065 Abs. 2 muss der Erblasser selbst die **Person des Bedachten** festlegen. Daher kann der Erblasser die Ermittlung des Bedachten nach heute ganz h.M. auch **nicht** von einem **Losentscheid** abhängig machen.[35] Wie der Erblasser die Person des Bedachten bezeichnet, bleibt ihm überlassen; er kann z.B. auch einen Spitz- oder Kosenamen verwenden (z.B. „mein Goldschatz", „Hans Solo" [für seinen Freund Hans, der ein großer Fan von „Star Wars" ist]).[36] Der Bedachte muss aber anhand objektiver Kriterien in dem Testament so genau beschrieben sein, dass seine Identität für jeden Dritten zumindest durch Auslegung eindeutig zu ermitteln ist.[37]

---

28 Vgl. MüKoBGB/*Leipold*, 7. Aufl. 2017, § 2065 Rn. 16.

29 So *Brox/Walker*, ErbR, 28. Aufl. 2018, § 9 Rn. 8; *Schlüter/Röthel*, ErbR, 17. Aufl. 2015, § 16 Rn. 14; offen gelassen in OLG Zweibrücken v. 4.7.1988 – 3 W 29/88, OLGZ 1989, 268.

30 Wie hier BeckOGK/*Gomille* § 2065 Rn. 17 f.; MüKoBGB/*Leipold*, 7. Aufl. 2017, § 2065 Rn. 17; Erman/*M. Schmidt*, 15. Aufl. 2017, § 2065 Rn. 5.

31 RG v. 16.4.1919 – IV 58/19, RGZ 95, 278, 280; BGH v. 26.4.1951 – IV ZR 4/50, NJW 1951, 959; OLG Hamm v. 22.5.2014 – I-15 W 102/13, NJW-RR 2014, 1288, 1289; OLG München v. 27.1.2016 – 31 Wx 168/15, ZEV 2016, 390 Rn. 14; MüKoBGB/*Leipold*, 7. Aufl. 2017, § 2065 Rn. 18 m.w.N.

32 Vgl. MüKoBGB/*Leipold*, 7. Aufl. 2017, § 2065 Rn. 20, 33 ff.

33 Vgl. MüKoBGB/*Leipold*, 7. Aufl. 2017, § 2065 Rn. 26.

34 Vgl. MüKoBGB/*Leipold*, 7. Aufl. 2017, § 2065 Rn. 26.

35 Vgl. MüKoBGB/*Leipold*, 7. Aufl. 2017, § 2065 Rn. 28.

36 Vgl. BeckOGK/*Gomille* § 2065 Rn. 39; MüKoBGB/*Leipold*, 7. Aufl. 2017, § 2065 Rn. 27; Staudinger/*Otte*, 2013, § 2065 Rn. 5; anders jedoch noch RG v. 18.3.1937 – IV 250/36, SeuffA 91, Nr. 106 = DNotZ 1937, 509 (LS).

37 Vgl. BGH v. 14.7.1965 – V BLw 11/65, NJW 1965, 2201; OLG Köln v. 14.11.2016 – 2 Wx 536/16, NJW-RR 2017, 648 Rn. 17; OLG Frankfurt v. 4.7.2017 – 20 W 343/15, FamRZ 2018, 537 Rn. 27; BeckOGK/*Gomille* § 2065 Rn. 31 m.w.N.

Problematisch ist, inwieweit **Konkretisierungsentscheidungen durch Dritte** getroffen werden können. Hierfür besteht insb. im Bereich der Unternehmensnachfolge ein sachliches Bedürfnis, weil der Erblasser bei Errichtung der Verfügung häufig nicht absehen kann, wer beim Erbfall der Geeignetste für die Übernahme sein wird. Allerdings ist unstreitig, dass der Erblasser die Auswahl des Erben nicht schlicht dem freien Ermessen eines Dritten überlassen kann, denn diese wäre mit § 2065 Abs. 2 evident unvereinbar.[38] **154**

Das **RG** hatte in der berühmten „Ritterguts-Entscheidung“ aus dem Jahr 1939 judiziert, dass der Erblasser sich damit begnügen könne, einen eng begrenzten Kreis von Personen zu bezeichnen, aus dem der Erbe nach bestimmten sachlichen Gesichtspunkten, z.B. seiner Eignung für eine besondere Aufgabe, durch einen Dritten bindend ausgewählt werden soll, sofern nur der Personenkreis so eng begrenzt ist, dass **für eine Willkür des Dritten kein Raum** bleibt, sondern die Entscheidung auf sein Urteil über das Vorliegen jener Voraussetzungen abgestellt ist, mag dieses auch ein reines Werturteil darstellen oder ein solches einschließen. Danach dürfte der Erblasser dem Dritten also durchaus einen gewissen Ermessens- oder Beurteilungsspielraum einräumen.[39]

Der **BGH** hat allerdings in einer Entscheidung aus dem Jahr 1954 formuliert, dass die vom Erblasser zu machenden Angaben so bestimmt sein müssten, dass dadurch die zu treffende Bezeichnung für diejenigen Personen, die die erforderliche Sachkunde besitzen, **objektiv bestimmt** ist.[40] In einer späteren Entscheidungen aus dem Jahr 1965 hat er dann jedoch die Formel des Reichsgerichts übernommen.[41]

Wie sich diese beiden Entscheidungen zueinander verhalten und welcher der Vorrang zukommt, wird in der Literatur unterschiedlich beurteilt.[42] Die neuere obergerichtliche Rechtsprechung neigt eher dazu, im Einklang mit der letztgenannten BGH-Entscheidung der Linie des Reichsgerichts zu folgen.[43] Auf dieser Position steht auch die wohl h.L.[44] In der Tat überzeugen die strengen Vorgaben in der BGH-Entscheidung aus dem Jahr 1954 schon deshalb nicht, weil dann die Einschaltung eines Dritten letztlich sinnentleert würde, da die Person des Zuwendungsempfängers schon anhand der vom Erblasser festgelegten objektiven Kriterien bestimmt wäre.[45] Im Übrigen verlangt auch das Telos des § 2065 keine derart strengen Anforderungen: Wenn **für eine Willkür des Dritten kein Raum** bleibt, ist der Sinn und Zweck der Regelung – die Gewährleistung der Willensherrschaft des Erblassers – erfüllt.[46]

---

38 Unstreitig, vgl. nur KG v. 7.9.1953 – I W 2508/53, JR 1953, 422; OLG Celle v. 22.2.1965 – 10 Wx 16/64, MDR 1965, 578; *Brox/Walker*, ErbR, 28. Aufl. 2018, § 9 Rn. 9; MüKoBGB/*Leipold*, 7. Aufl. 2017, § 2065 Rn. 33.

39 RG v. 6.2.1939 – IV 188/38, RGZ 159, 296, 299.

40 BGH v. 18.11.1954 – IV ZR 152/54, NJW 1955, 100, 101.

41 BGH v. 14.7.1965 – V BLw 11/65, NJW 1965, 2201.

42 Vgl. dazu den Überblick bei BeckOGK/*Gomille* § 2065 Rn. 50.

43 Vgl. OLG Köln v. 14.11.2016 – 2 Wx 536/16, NJW-RR 2017, 648.

44 Vgl. etwa *Brox/Walker*, ErbR, 28. Aufl. 2018, § 9 Rn. 9; *Lange*, ErbR, 2. Aufl. 2017, § 27 Rn. 20; MüKoBGB/*Leipold*, 7. Aufl. 2017, § 2065 Rn. 36; *Otte* Hereditare 4 (2014) 23, 30 f.

45 Vgl. *Brox/Walker*, ErbR, 28. Aufl. 2018, § 9 Rn. 9; *Otte* Hereditare 4 (2014) 23, 30.

46 Vgl. *Lange*, ErbR, 2. Aufl. 2017, § 27 Rn. 20.

155 **Beispiele aus der Rechtsprechung:** Die Bestimmung des Erben kann nicht dem Belieben eines mit dem Projekt befassten Dritten überlassen bleiben.[47] Unwirksam ist auch eine letztwillige Verfügung, wonach diejenigen Personen erbberechtigt sein sollen, die die tätowierten Hautpartien des Erblassers abziehen, konservieren und auf einen Rahmen spannen (lassen)[48] oder die Anordnung, dass „derjenige, der den zuletzt verstorbenen Ehegatten begleitet und gepflegt hat" Alleinerbe sein solle[49]. Für zulässig erachtet wurde hingegen die Erbeinsetzung einer (noch zu errichtenden) rechtsfähigen Stiftung.[50]

156 Im Gesetz finden sich allerdings auch weitreichende **Ausnahmen von § 2065 Abs. 2.** Gem. § 2151 kann der Erblasser mehrere Personen derart mit einem **Vermächtnis** bedenken, dass der Beschwerte oder ein Dritter bestimmt, wer von den Bedachten das Vermächtnis erhalten soll. Bei einem **Zweckvermächtnis** (§ 2156, → Rn. 918) kann die Bestimmung der Leistung dem billigen Ermessen des Beschwerten oder eines Dritten (nicht jedoch des Bedachten[51]) überlassen werden. Bei einer **Auflage**, deren Zweck der Erblasser bestimmt hat, kann die Bestimmung des Begünstigten dem Beschwerten oder einem Dritten überlassen werden (§ 2193). Wenn der Erblasser Testamentsvollstreckung anordnet, kann er die Bestimmung der Person des Testamentsvollstreckers einem Dritten (§ 2198) oder dem Nachlassgericht (§ 2200) überlassen (→ Rn. 829 ff.). Eine weitere Ausnahme enthält § 2048 S. 2, wonach der Erblasser anordnen kann, dass die **Auseinandersetzung** unter Miterben nach dem billigen Ermessen eines Dritten erfolgen soll (→ Rn. 1024).

157 **ff) Rechtsfolgen eines Verstoßes. Rechtsfolge** eines Verstoßes gegen § 2065 ist die Nichtigkeit der Verfügung.[52] Eine Umdeutung wird nur in Ausnahmefällen in Betracht kommen, etwa wenn der Erblasser mit der Erbeinsetzung einen bestimmten Zweck verfolgt hat und bei Kenntnis von der Nichtigkeit ein Zweckvermächtnis angeordnet haben würde.[53] Ob die Teilnichtigkeit zur Gesamtnichtigkeit des Testaments führt, ist nach § 2085 (→ Rn. 477) zu beurteilen.

II. Die Testamentsformen

1. Formzwang

158 Die Errichtung von Testamenten ist nur in den gesetzlich festgelegten Formen möglich **(Formzwang)**. Die Vorschriften über die Formen, in denen Verfügungen von Todes wegen getroffen werden können, verfolgen verschiedene Zwecke: Sie dienen vor allem dazu, den wirklichen Willen des Erblassers zur Geltung kommen zu lassen,

47 BayObLG v. 28.1.1998 – 1Z BR 162/97, BayObLGZ 1998, 22.

48 KG v. 24.2.1998 – 1 W 364/98 u.a., ZEV 1998, 260 und 433.

49 Vgl. etwa BayObLG v. 16.7.1998 – 1Z BR 75/98, BayObLGZ 1998, 160, 163; BayObLG v. 2.2.2004 – 1Z BR 43/03, NJW-RR 2004, 1376, 1377; OLG Köln v. 14.11.2016 – 2 Wx 536/16, NJW-RR 2017, 648 Rn. 17; OLG München v. 4.7.2017 – 31 Wx 211/15, ZEV 2017, 634 Rn. 59.

50 OLG München v. 4.7.2017 – 31 Wx 211/15, ZEV 2017, 634.

51 BGH v. 24.4.1991 – IV ZR 156/90, NJW 1991, 1885, 1886 = DNotZ 1992, 509 m. Anm. *Kanzleiter*; BeckOGK/*Hölscher* § 2156 Rn. 10; Erman/*Nobis*, 15. Aufl. 2017, § 2156 Rn. 1.

52 Vgl. OLG München v. 22.5.2013 – 31 Wx 55/13, ZEV 2013, 617, 618; BeckOGK/*Gomille* § 2065 Rn. 6 m.w.N.

53 Vgl. dazu näher BeckOGK/*Gomille* § 2065 Rn. 8 f. m.w.N.

möglichst die Selbstständigkeit dieses Willens zu verbürgen und die Echtheit seiner Erklärung sicherzustellen; zudem sollen sie dazu beitragen, verantwortliches Testieren zu fördern und Streitigkeiten über den Inhalt letztwilliger Verfügungen zu vermeiden.[54] Der Formzwang hat somit eine Beweis- und eine Warnfunktion. Fehlt dem Testament die notwendige Form, so ist es nach § 125 S. 1 nichtig.[55]

Die Wirksamkeit eines Testaments bleibt aber bestehen, wenn es ohne den Willen des Erblassers vernichtet worden[56], verloren gegangen oder sonst nicht auffindbar ist.[57] Es muss jedoch der **Beweis der formgültigen Errichtung und des genauen Inhalts** erbracht werden; daran sind strenge Anforderungen zu stellen.[58] Mögliche Beweismittel sind insb. (nicht formgerechte) Durchschriften, Ablichtungen oder Fotokopien des verloren gegangenen Testaments;[59] es können aber auch bloße Zeugenaussagen ausreichen[60]. Allerdings kann es ggf. zu einer Umkehr der Beweislast kommen, wenn jemand ein Testament vernichtet oder unterdrückt hat, um die Aufklärung über dessen Inhalt zu erschweren oder unmöglich zu machen.[61] Ist das Vorhandensein eines formgültigen aber unauffindbaren Testaments bewiesen, dann ist die Rechtslage keine andere als wenn das Testament in Urschrift vorgelegt worden wäre.[62] **159**

Es besteht auch keine Vermutung dafür, dass ein nicht aufgefundenes Originaltestament durch den Erblasser vernichtet worden ist.[63] Wer sich auf den Widerruf durch Vernichtung des Testaments (§ 2255, → Rn. 194 ff.) beruft, muss den Widerruf bzw. die als Widerruf zu wertenden Handlungen des Erblassers nach den allgemeinen Regeln beweisen; hier sind die Anforderungen aber weniger streng.[64]

2. Ordentliche und außerordentliche Testamentsformen

Das Gesetz unterscheidet zwischen **ordentlichen Testamentsformen**, deren sich der Erblasser in jedem Fall bedienen kann, und **außerordentlichen Testamentsformen**, **160**

54 Vgl. BGH v. 9.4.1981 – IVa ZB 4/80, BGHZ 80, 242, 246; BGH v. 9.4.1981 – IVa ZB 6/80, BGHZ 80, 246, 251.

55 Vgl. BGH v. 9.4.1981 – IVa ZB 4/80, BGHZ 80, 242, 246; BGH v. 9.4.1981 – IVa ZB 6/80, BGHZ 80, 246, 251.

56 RG v. 3.1.1921 – IV 469/20, RGZ 101, 197.

57 Vgl. BGH v. 10.5.1951 – IV ZR 12/50, NJW 1951, 559; BayObLG v. 26.2.1985 – 1 Z 91/84, FamRZ 1985, 839, 840; OLG München v. 4.7.2017 – 31 Wx 211/15, ZEV 2017, 634 Rn. 33. Wenn der Erblasser ein verloren gegangenes Testament nicht mehr gelten lassen will, so kann er es nicht dadurch widerrufen, dass er formlos den Verlust billigt (BGH v. 10.5.1951 – IV ZR 12/50, NJW 1951, 559).

58 Vgl. OLG München v. 4.7.2017 – 31 Wx 211/15, ZEV 2017, 634 Rn. 33; MüKoBGB/*Hagena*, 7. Aufl. 2017, § 2255 Rn. 16.

59 BayObLG v. 26.2.1985 – 1 Z 91/84, FamRZ 1985, 839, 840; OLG München v. 4.7.2017 – 31 Wx 211/15, ZEV 2017, 634 Rn. 33; s. auch OLG Karlsruhe v. 8.10.2015 – 11 Wx 78/14, ZErb 2016, 18 Rn. 12 ff.

60 BayObLG v. 15.5.1990 – 1a Z 15/90, FamRZ 1990, 1162, 1164.

61 Vgl. OLG Hamm v. 24.1.1967 – 15 W 45/66, OLGZ 1967, 74, 79; BayObLG v. 21.2.2005 – 1Z BR 101/04, FamRZ 2005, 1866 Rn. 31; Erman/*S. Kappler/T. Kappler*, 15. Aufl. 2017, § 2255 Rn. 8.

62 Vgl. OLG Karlsruhe v. 8.10.2015 – 11 Wx 78/14, ZErb 2016, 18 Rn. 14; MüKoBGB/*Hagena*, 7. Aufl. 2017, § 2255 Rn. 16.

63 Vgl. OLG Celle v. 1.2.1962 – 10 Wx 30 und 32/61, MDR 1962, 410; OLG München v. 4.7.2017 – 31 Wx 211/15, ZEV 2017, 634 Rn. 41.

64 Vgl. OLG Hamm v. 8.7.1974 – 15 Wx 42/74, NJW 1974, 1827, 1828; MüKoBGB/*Hagena*, 7. Aufl. 2017, § 2255 Rn. 16 m.w.N.

die ihm nur in besonderen Situationen zur Verfügung stehen. Ordentliche Testamentsformen sind gem. § 2231 das Testament zur Niederschrift eines Notars (sog. öffentliches Testament) und das eigenhändige Testament (auch privatschriftliches Testament genannt). Die ordentlichen Testamentsformen sind gleichwertig, d.h. ein öffentliches Testament kann durch ein späteres privatschriftliches Testament widerrufen werden (→ Rn. 189).

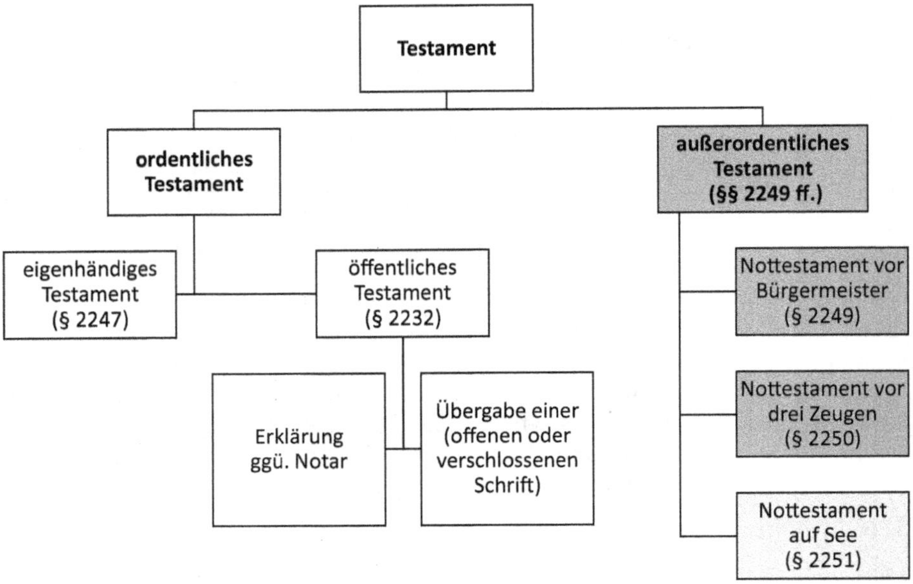

3. Die ordentlichen Testamentsformen

a) Das privatschriftliche Testament, § 2247

161 **aa) Vor- und Nachteile.** Das eigenhändige Testament ist für den Erblasser relativ **einfach und kostengünstig**: Er kann es schnell und an nahezu jedem Ort errichten. Die Hilfe anderer Personen (insb. eines Notars) wird nicht benötigt. Außerdem entstehen dem Erblasser keine Kosten, da auch eine amtliche Verwahrung nicht vorgeschrieben ist (vgl. § 2248). Andererseits steigen die **Risiken** der Fälschung, unbefugten Vernichtung oder der Unauffindbarkeit im Todesfall. Der Verzicht auf eine rechtskundige Beratung birgt darüber hinaus die Gefahr, dass Unklarheiten über den Inhalt der letztwilligen Verfügung entstehen.

Wer ein Testament, das nicht in besondere amtliche Verwahrung gebracht ist, im Besitz hat, ist nach § 2259 Abs. 1 verpflichtet, es unverzüglich, nachdem er von dem Tod des Erblassers Kenntnis erlangt hat, an das Nachlassgericht abzuliefern. Im Falle der Verletzung der Aufklärungspflicht sind alle Nachlassbeteiligten nach § 823 Abs. 2 i.V.m. § 2259 Abs. 1 zum Schadensersatz berechtigt.[65]

65 OLG Brandenburg v. 12.3.2008 – 13 U 123/07, ZEV 2008, 287.

bb) Eigenhändige Niederschrift. Nach § 2247 Abs. 1 ist das Testament durch eine eigenhändig geschriebene und unterschriebene Erklärung zu errichten. Es genügt also gerade nicht die einfache Schriftform i.S.d. § 126 Abs. 1, sondern das Testament muss insgesamt **eigenhändig geschrieben** sein. Dadurch soll die Nachprüfung der Echtheit des Testaments anhand der individuellen Schriftzüge ermöglicht werden.[66] Eine mittels einer Maschine (Schreibmaschine, Computer, etc.) hergestellte Niederschrift genügt daher gerade nicht.[67] Sind einzelne Passagen mechanisch geschrieben, so sind diese Teile gem. § 125 S. 1 formnichtig; die übrigen Verfügungen bleiben jedoch gem. § 2085 (→ Rn. 477) wirksam, es sei denn, dass der Erblasser diese ohne die unwirksamen Teile nicht getroffen haben würde.[68] An einer eigenhändigen Niederschrift fehlt es ferner auch, wenn der Erblasser lediglich ein Pfeildiagramm zeichnet.[69] Die Bezugnahme auf Schriftstücke, die der Testamentsform nicht genügen (sog. *testamentum mysticum*) ist grundsätzlich nicht zulässig[70]; etwas anderes gilt nur, soweit die Bezugnahme lediglich der Erläuterung dient[71]. Eine Unterstützung durch Dritte beim Schreiben ist zulässig, solange der Erblasser das Testament errichten wollte und der Schreibvorgang von seinem Willen abhängig blieb.[72] Das eigenhändige Testament muss nicht „in einem Stück" errichtet werden; zwischen der Niederschrift einzelner Teile kann ein längerer Zeitraum liegen.[73] Zudem kann sich der Erblasser jeder beliebigen Sprache (inkl. sog. „toter" Sprachen wie Latein oder Altgriechisch) bedienen.[74] Irrelevant ist auch das Schreibmaterial[75]; als wirksam angesehen wurden z.B. Testament auf Schiefertafel mit Schieferstift[76], mittels einer Blaupause[77], auf einem Briefumschlag[78] oder auf einem Grundbuchauszug[79]. 162

66 Vgl. BGH v. 3.2.1967 – III ZB 14/66, NJW 1967, 1124, 1125; OLG Köln v. 14.2.2014 – 2 Wx 299/13, NJW-RR 2014, 1035.
67 Vgl. nur BeckOGK/*Grziwotz* § 2247 Rn. 27.
68 Vgl. BayObLG v. 14.1.1986 – 1 Z 92/85, FamRZ 1986, 726, 727; OLG Zweibrücken v. 17.4.2003 – 3 W 48/03, NJW-RR 2003, 872. S. ferner auch (für den Fall einer teilweise von der Lebensgefährtin des Erblassers geschriebenen Urkunde): OLG Stuttgart v. 21.10.2014 – 8 W 387/14, ZEV 205, 220.
69 Vgl. OLG Frankfurt v. 11.2.2013 – 20 W 542/11, ZEV 2013, 334.
70 Vgl. BGH v. 29.5.1980 – IVa ZR 26/80, Rpfleger 1980, 337; OLG München v. 25.9.2008 – 31 Wx 42/08, ZEV 2008, 596, 597; OLG Köln v. 6.10.2014 – 2 Wx 249/14, FGPrax 2015, 85, 86; OLG Hamburg 18.3.2015 – 2 W 5/15, ZEV 2016, 32 Rn. 17 f.
71 Vgl. OLG Köln v. 6.10.2014 – 2 Wx 249/14, FGPrax 2015, 85, 86; OLG Hamburg 18.3.2015 – 2 W 5/15, ZEV 2016, 32 Rn. 17.
72 Vgl. BGH v. 12.3.1981 – IVa ZR 111/80, NJW 1981, 1900, 1901; OLG Hamm v. 2.10.2012 – 15 W 231/12, ZEV 2013, 42, 43. Nicht ausreichend ist es daher, wenn die Hand des Erblassers derart geführt wird, dass die Schriftzüge von einem Dritten geformt werden, OLG Hamm v. 11.9.2001 – 15 W 224/01, ZEV 2002, 108; OLG Hamm v. 2.10.2012 – 15 W 231/12, ZEV 2013, 42, 43.
73 Vgl. BayObLG v. 24.2.1999 – 1Z BR 100/98, NJWE-FER 1999, 156; s. ferner auch BGH v. 20.3.1974 – IV ZR 133/73, NJW 1974, 1083, 1084.
74 Vgl. Staudinger/*Baumann*, 2018, § 2247 Rn. 28; MüKoBGB/*Hagena*, 7. Aufl. 2017, § 2247 Rn. 12; vgl. ferner auch KG v. 29.5.1901 – 1 U 381/01, KGJ 22, 49 (polnisches Testament); OLG Zweibrücken v. 28.10.1991 – 3 W 34/91, NJW-RR 1992, 587 (englisches Testament).
75 Vgl. näher Staudinger/*Baumann*, 2018, § 2247 Rn. 26 f.
76 Vgl. RG v. 17.2.1910 – IV 241/09, JW 1910, 291.
77 Vgl. BGH v. 3.2.1967 – III ZB 14/66, NJW 1967, 1124.
78 Vgl. BayObLG v. 11.6.1991 – 1 Z 31/91, FamRZ 1992, 226.
79 Vgl. OLG Naumburg v. 28.3.2002 – 11 U 229/01, FamRZ 2003, 407.

163 cc) **Unterschrift.** Die gem. § 2247 Abs. 1 ebenfalls zwingend erforderliche eigenhändige Unterschrift hat – wie sich aus § 2247 Abs. 3 S. 2 ergibt – drei Funktionen: Erstens soll sie eine einwandfreie Feststellung der Urheberschaft ermöglichen (**Identitätsfunktion**).[80] Zweitens soll sie die **Ernstlichkeit der Erklärung** gewährleisten.[81] Drittens hat die Unterschrift **Abschlussfunktion**:[82] Sie zeigt daher außerdem an, dass es sich um eine vollständige letztwillige Verfügung handelt und soll vor Verfälschungen durch Nachträge schützen.

164 Gem. § 2247 Abs. 3 S. 1 „soll" der Erblasser mit **Vor- und Zunamen** unterschreiben. Gem. § 2247 Abs. 3 S. 2 kann er aber auch in **anderer Weise** unterschreiben, wenn dies zur Feststellung seiner Urheberschaft und der Ernstlichkeit seiner Erklärung ausreichend ist. Dementsprechend genügt unstreitig auch eine Unterzeichnung mit einem Künstlernamen, Pseudonym, Spitz- oder Kosenamen[83]; ebenso genügt auch eine Unterzeichnung durch Angabe des Verwandtschaftsverhältnisses (z.B. „Eure Mutter"[84])[85]. Umstritten ist, ob auch eine Unterzeichnung mit den Initialen genügt. Dies wird teilweise abgelehnt, weil die Person dadurch nicht hinreichend erkennbar würde.[86] Mit Blick auf das Ziel, dem wirklichen Erblasserwillen zur Geltung zu verhelfen, ist es jedoch überzeugender, die Verwendung von Initialen zumindest dann genügen zu lassen, wenn der Erblasser schon vorher regelmäßig so unterzeichnet hat und sich die Urheberschaft eindeutig klären lässt.[87]

165 Aus dem Begriff selbst folgt, dass die Unterschrift grundsätzlich unterhalb des Textes stehen muss. Dies ist aber nicht zwingend. Entscheidend ist, dass die Unterschrift den Urkundentext räumlich abschließt, um ihn damit vor nachträglichen Ergänzungen oder Zusätzen zu sichern[88] (sog. **Abschlussfunktion**, → Rn. 163). Wenn unter dem Text nicht mehr genügend Raum vorhanden ist, kann die Unterschrift daher formwirksam auch quer zum bzw. neben dem Text[89], oberhalb des Textes[90] oder (mit Hinweis auf die Vorderseite) auf der Rückseite[91] geleistet werden.

---

80 Vgl. RG v. 11.7.1932 – IV 80/32, RGZ 137, 213, 216; Staudinger/*Baumann*, 2018, § 2247 Rn. 94.

81 Vgl. OLG Köln v. 14.2.2014 – 2 Wx 299/13, NJW-RR 2014, 1035, 1036; Staudinger/*Baumann*, 2018, § 2247 Rn. 94.

82 Vgl. RG v. 7.2.1925 – IV 485/24, RGZ 110, 166, 168 f.; OLG Braunschweig v. 8.2.2011 – 7 W 82/10, ZEV 2012, 40, 41; OLG Rostock v. 25.9.2013. – 3 W 30/13, NJOZ 2015, 9, 10; Staudinger/*Baumann*, 2018, § 2247 Rn. 94.

83 Vgl. MüKoBGB/*Hagena*, 7. Aufl. 2017, § 2247 Rn. 26 m.w.N.

84 Vgl. BayObLG v. 10.3.2003 – 1Z BR 95/02, ZEV 2003, 331.

85 Vgl. MüKoBGB/*Hagena*, 7. Aufl. 2017, § 2247 Rn. 26 m.w.N.

86 Vgl. *Kipp/Coing*, ErbR, 14. Aufl. 1990, § 26 I 2 a; RGRK/*Kregel*, 12. Aufl. 1975, § 2247 Rn. 17; amtliche Begründung zum TG in DJ 1938, S. 1254, 1257. Soweit sich Vertreter dieser Ansicht teilweise auf BGH v. 13.7.1967 – I a ZB 1/67, NJW 1967, 2310 berufen, vermag dies nicht zu überzeugen, denn dort ging es um die Unterzeichnung eines Schriftsatzes und nicht um die Unterzeichnung eines Testaments, für das es die Sonderregelung in § 2247 Abs. 3 gibt.

87 Vgl. BayObLGZ v. 5.3.1930 – III Nr. 28/1930, LZ 1930, 1115; BayObLGZ v. 28.6.1979 – 1 Z 40/79, BayObLGZ 1979, 203, 205; OLG Celle v. 21.12.1976 – 10 Wx 21/76, NJW 1977, 1690; LG Kassel v. 2.11.2009 – 3 T 755/08, BeckRS 2010, 02683; *Brox/Walker*, ErbR, 28. Aufl. 2018, § 11 Rn. 5; MüKoBGB/*Hagena*, 7. Aufl. 2017, § 2247 Rn. 29; *Lange*, ErbR, 2. Aufl. 2017, § 14 Rn. 24; *Schlüter/Röthel*, ErbR, 17. Aufl. 2015, § 17 Rn. 25.

88 Vgl. OLG Düsseldorf v. 13.6.2013 – I-3 Wx 246/12, ZEV 2013, 552, 553; OLG Köln v. 14.2.2014 – 2 Wx 299/13, NJW-RR 2014, 1035, 1036; OLG Hamburg v. 8.10.2013 – 2 W 80/13, FamRZ 2014, 2029.

89 Vgl. OLG Köln v. 5.11.1999 – 2 Wx 37/99, FGPrax 2000, 116.

90 Vgl. OLG Celle v. 24.6.1996 – 22 W 18/96, NJW 1996, 2938.

91 Vgl. OLG Karlsruhe v. 18.8.2011 – 11 Wx 46/10, FamRZ 2012, 400.

Problematisch sind in diesem Kontext Fälle, in denen der Erblasser nach erfolgter Unterschrift weitere Zusätze anbringt (sog. **Postskripta**). Diese sind jedenfalls dann wirksam, wenn sie keine neue Verfügung beinhalten, sondern lediglich der Erläuterung, Ergänzung oder Klarstellung des bisherigen Inhalts dienen.[92] Postskripta, die eine neue Verfügung beinhalten, sind hingegen nur dann wirksam, wenn sie nach dem feststellbaren Willen des Erblassers von der Unterschrift gedeckt sein sollen und das äußere Erscheinungsbild der Urkunde nicht entgegensteht; andernfalls müssen sie nochmals gesondert unterzeichnet werden.[93] **166**

In der Praxis kommt es immer wieder vor, dass nicht das Testament selbst, sondern der **Umschlag**, in dem sich das Testament befand, unterschrieben wurde. Nach der Rechtsprechung genügt dies der Form des § 2247 Abs. 1 dann, wenn der Unterschrift auf dem Umschlag keine eigenständige Bedeutung zukommt und sie mit dem Text der einliegenden Erklärung in einem so engen Zusammenhang steht, dass sie sich nach dem Willen des Erblassers als äußere Fortsetzung und Abschluss der in der Urkunde verkörperten Erklärung darstellt.[94] Ferner muss der Umschlag verschlossen sein[95]. **167**

dd) Orts- und Zeitangabe. Gem. § 2247 Abs. 2 **„soll"** das Testament zwar eine Orts- und Zeitangabe enthalten; dies ist aber für die Formwirksamkeit nicht zwingend erforderlich. Diese Angaben müssen daher auch nicht eigenhändig erfolgen.[96] Wenn der Erblasser Zeit und/oder Ort der Errichtung nicht angibt, läuft er allerdings Gefahr, dass das Testament nicht beachtet werden kann. Denn § 2247 Abs. 5 bestimmt, dass sich in den Fällen, in denen sich aus dem Fehlen von Orts- und/oder Zeitangabe Zweifel an der Gültigkeit des Testaments ergeben, dieses nur dann als gültig angesehen werden kann, wenn sich die Zeit und/oder Ort der Errichtung anderweitig feststellen lassen. Relevant wird dies insb. dann, wenn zwei sich widersprechende Testament ohne Zeitangabe vorliegen und sich die zeitliche Reihenfolge nicht anderweitig feststellen lässt: Da ein älteres Testament durch ein neueres Testament widerrufen werden kann (→ Rn. 189 ff.), heben sich die beiden Testamente insoweit gegenseitig auf, als sie einander widersprechen.[97] **168**

---

92 Vgl. Staudinger/*Baumann*, 2018, § 2247 Rn. 60; *Lange*, ErbR, 2. Aufl. 2017, § 14 Rn. 28.

93 BGH v. 20.3.1974 – IV ZR 133/73, NJW 1974, 1083, 1084; KG v. 28.3.2017 – 6 W 97/16, ErbR 2017, 626.

94 Vgl. RG v. 7.2.1925 – IV 485/24, RGZ 110, 166, 168 f.; BayObLG v. 26.11.1993 – 1Z BR 84/93, ZEV 1994, 40; BayObLG v. 12.8.2002 – 1Z BR 66/02, ZEV 2003, 26; OLG Brandenburg v. 8.2.2011 – 7 W 82/10, ZEV 2012, 40, 41; OLG Rostock v. 25.9.2013 – 3 W 30/13, NJOZ 2015, 9, 10.

95 Vgl. OLG Hamm v. 14.3.1986 – 15 W 423/85, OLGZ 1986, 292; OLG München v. 31.8.2011 – 31 Wx 179/10, FGPrax 2011, 305, 306; OLG Rostock v. 25.9.2013 – 3 W 30/13, NJOZ 2015, 9, 10; MüKoBGB/*Hagena*, 7. Aufl. 2017, § 2247 Rn. 31; *Lange*, ErbR, 2. Aufl. 2017, § 14 Rn. 26; a.A.: BayObLG v. 27.5.1986 – 1 Z 7/86, Rpfleger 1986, 294.

96 OLG Köln v. 13.2.1998 – 13 W 72/97, ZEV 1998, 435; OLG Naumburg v. 28.3.2002 – 11 U 229/01, FamRZ 2003, 407; a.A. noch LG Bonn v. 25.6.1997 – 9 O 175/97, NJWE-FER 1998, 277.

97 Vgl. BayObLG v. 10.8.1990 – 1a Z 84/88, FamRZ 1991, 237; KG v. 6.11.1990 – 1 W 2992/90, OLGZ 1999, 144; MüKoBGB/*Hagena*, 7. Aufl. 2017, § 2258 Rn. 8.

b) Das öffentliche Testament

169 **aa) Vor- und Nachteile.** Ein öffentliches Testament hat zum einen **Vorteile** für den Erblasser: Aufgrund der Rechtsberatung durch den Notar wird es ihm erleichtert, seinen Willen in gültige Verfügungen von Todes wegen umzusetzen. Vor Fälschungen ist er weitgehend geschützt, da das öffentliche Testament in amtliche Verwahrung beim Amtsgericht gebracht werden soll (§ 34 BeurkG, §§ 346, 347 FamFG). Zudem besteht eine Mitteilungspflicht des Notars an das zentrale Testamentsregister (§ 78d Abs. 1, 2 BNotO, § 34a Abs. 1 BeurkG); die dortige Registrierung erleichtert die Auffindbarkeit der Verfügung nach dem Todesfall. Von der Rechtsklarheit profitieren auch die Erben: Zweifel, ob überhaupt ein Testament vorliegt und ob es echt ist, können vermieden werden; Auslegungsfragen sollten nicht auftreten. Ein **Nachteil** sind allerdings die für den Erblasser entstehenden Kosten: Die Notarkosten hängen von der Höhe des Vermögens, über das verfügt wird, ab (§§ 34, 102 GNotKG); hinzu kommen die Kosten für die amtliche Verwahrung (75 €, Nr. 12100 KV-GNotKG) und für die Eröffnung des Testaments (§ 348 FamFG; 100 €, Nr. 12101 KV-GNotKG). Auf der anderen Seite kann ein öffentliches Testament aber auch Kosten sparen, weil für die Umschreibung im Grundbuch anstelle eines Erbscheins (→ Rn. 1281 ff.) oder Europäischen Nachlasszeugnisses (→ Rn. 1334 ff.) auch ein öffentliches Testament zusammen mit der Niederschrift über die Eröffnung vorgelegt werden kann (§ 35 Abs. 1 S. 2 GBO).

170 **bb) Die Errichtungsmöglichkeiten des § 2232.** Ein öffentliches Testament kann gem. § 2232 in **zwei verschiedenen Formen** errichtet werden: durch Erklärung gegenüber dem Notar (→ Rn. 171) oder durch Übergabe einer (offenen oder verschlossenen) Schrift (→ Rn. 172). Die beiden Formen können auch miteinander verbunden werden.[98] Im Ausland kann ein öffentliches Testament auch durch Niederschrift eines Konsularbeamten errichtet werden; Konsularbeamte sollen Testamente aber nur beurkunden, wenn der Erblasser Deutscher ist (§ 11 Abs. 1 S. 1 KonsG).

171 Zum einen kann der Erblasser dem Notar seinen letzten Willen **erklären** (§ 2232 S. 1 Alt. 1). Die Erklärung kann mündlich erfolgen, aber auch in jeder anderen nonverbalen Form (z.B. Gebärden, Zeichen, Kopfnicken).[99] Ebenso ist es zulässig, dass der Erblasser auf Fragen und Vorschläge des Notars schriftlich antwortet (wenn der Erblasser allerdings lediglich eine schriftlich ausformulierte Erklärung übergibt, liegt ein Fall von § 2232 S. 1 Alt. 2, S. 2 vor).[100] In der Praxis wird meist so verfahren, dass der Notar den Erblasser zunächst berät, dann einen Entwurf erstellt, diesen dem Erblasser vorliest und mit ihm bespricht und der Erblasser die Richtigkeit der einzelnen Verfügungen bestätigt; hierzu genügt schon ein verständliches „Ja“ am Schluss.[101]

172 Zum anderen kann die öffentliche Testamentserrichtung durch **Übergabe einer offenen oder verschlossenen Schrift** erfolgen. Die **Schrift** kann aus beliebigem Material

98 Vgl. Staudinger/*Baumann*, 2018, § 2232 Rn. 53.
99 Vgl. MüKoBGB/*Hagena*, 7. Aufl. 2017, § 2232 Rn. 5 ff. m.w.N.
100 Vgl. MüKoBGB/*Hagena*, 7. Aufl. 2017, § 2232 Rn. 5 m.w.N.
101 Vgl. zur Zulässigkeit: RG v. 16.10.1939 – IV 10/39, RGZ 161, 378, 380; BGH v. 4.4.1962 – V ZR 110/60, BGHZ 37, 79, 84; OLG Hamm v. 11.10.2012 – I-15 W 265/11, FGPrax 2013, 70, 71.

bestehen (z.B. Papier, Pergament, Holz, Metall).[102] Der Erblasser braucht sie nicht eigenhändig zu schreiben (vgl. § 2232 S. 2 Hs. 2), sondern kann sie auch mit der Schreibmaschine schreiben, eine elektronische Fassung ausdrucken[103] oder die Schrift von einem Dritten erstellen lassen[104]. Mit Blick auf die Wertung des § 2065 Abs. 2 (→ Rn. 152 ff.) muss er aber jedenfalls Kenntnis vom Inhalt der Schrift haben.[105] Die **Übergabe** muss nicht zwingend „von Hand zu Hand" erfolgen, sondern entscheidend ist, dass die Schrift mit dem Willen des Erblassers in den Besitz des Notars gelangt.[106] Die Schrift kann **offen oder verschlossen** übergeben werden (§ 2232 S. 2 Hs. 1). Bei einer offenen Schrift soll der Notar gem. § 30 S. 4 BeurkG vom Inhalt Kenntnis nehmen. Eine verschlossene Schrift darf der Notar hingegen ohne Zustimmung des Erblassers nicht öffnen; sie wird erst bei der Testamentseröffnung (§ 348 Abs. 1 FamFG) geöffnet.[107]

cc) Notarielles Verfahren. Die Einzelheiten des Verfahrens vor dem Notar ergeben **173**
sich aus dem **BeurkG**. So muss z.B. bei der Errichtung eines Testaments durch mündliche Erklärung die Niederschrift in Gegenwart des Notars dem Erblasser vorgelesen, von ihm genehmigt und eigenhändig unterschrieben werden (§ 13 Abs. 1 S. 1 BeurkG). Bedeutsam sind vor allem die notariellen Prüfungs- und Belehrungspflichten: Der Notar soll den Willen des Erblassers erforschen, den Sachverhalt klären, den Erblasser über die rechtliche Tragweite des Testaments belehren und seine Erklärungen klar und unzweideutig in der Niederschrift wiedergeben (§ 17 Abs. 1 S. 1 BeurkG); im Falle von Zweifeln, ob das Testament dem Gesetz oder dem wahren Willen des Erblassers entspricht, soll er die Bedenken mit ihm erörtern (§ 17 Abs. 2 S. 1 BeurkG).

dd) Sonderfälle der Errichtung (§ 2233). **Minderjährigen** Testierfähigen ist die **174**
Übergabe einer verschlossenen Schrift – ebenso wie die Errichtung eines eigenhändigen Testaments (vgl. § 2247 Abs. 4 Alt. 1, → Rn. 142) – verwehrt (§ 2233 Abs. 1). Dadurch wird gewährleistet, dass der Minderjährige stets eine Beratung durch den Notar erhält.[108]

Leseunfähige Erblasser können ein öffentliches Testament nur durch Erklärung gegenüber dem Notar errichten (§ 2233 Abs. 2). Leseunfähig ist der Erblasser, wenn er nicht in der Lage ist, die Schriftzeichen optisch wahrzunehmen und/oder den Schrifttext inhaltlich zu verstehen.[109]

---

102 Vgl. BeckOGK/*Grziwotz* § 2232 Rn. 32; MüKoBGB/*Hagena*, 7. Aufl. 2017, § 2232 Rn. 19.
103 Vgl. BeckOGK/*Grziwotz* § 2232 Rn. 32; Staudinger/*Baumann*, 2018, § 2232 Rn. 44.
104 Vgl. Staudinger/*Baumann*, 2018, § 2232 Rn. 44.
105 Vgl. Staudinger/*Baumann*, 2018, § 2232 Rn. 44; *Brox/Walker*, ErbR, 28. Aufl. 2018, § 10 Rn. 4; MüKoBGB/*Hagena*, 7. Aufl. 2017, § 2232 Rn. 30; *Lange*, ErbR, 2. Aufl. 2017, § 14 Rn. 45; Palandt/*Weidlich*, 78. Aufl. 2019, § 2232 Rn. 3; a.A. Reimann/Bengel/Mayer/*Voit*, Testament und Erbvertrag, 2015, § 2232 Rn. 18.
106 Vgl. RG v. 3.2.1936 – IV 139/35, RGZ 150, 189, 191 f.; Staudinger/*Baumann*, 2018, § 2232 Rn. 43; BeckOGK/*Grziwotz* § 2232 Rn. 34.
107 Vgl. BeckOGK/*Grziwotz* § 2232 Rn. 40; MüKoBGB/*Hagena*, 7. Aufl. 2017, § 2232 Rn. 29.
108 Vgl. MüKoBGB/*Hagena*, 7. Aufl. 2017, § 2233 Rn. 1; *Lange*, ErbR, 2. Aufl. 2017, § 14 Rn. 52.
109 Vgl. BayObLG v. 27.06.1997 – 1Z BR 240/96, NJW-RR 1997, 1438; Staudinger/*Baumann*, 2018, § 2233 Rn. 15; *Lange*, ErbR, 2. Aufl. 2017, § 14 Rn. 54.

Erblasser mit sonstigen Behinderungen können sowohl ein eigenhändiges als auch ein öffentliches Testament uneingeschränkt errichten.[110] Ihren besonderen Bedürfnissen wird durch Sonderregelungen im BeurkG Rechnung getragen (vgl. §§ 22-26 BeurkG).

175 ee) **Rechtsfolgen von Formverstößen.** Ein Verstoß gegen die Formvorgaben des § 2232 führt gem. § 125 S. 1 zur **Nichtigkeit** des öffentlichen Testaments.[111] Eine übergebene Schrift kann jedoch als privatschriftliches Testament wirksam bleiben, sofern sie den Anforderungen des § 2247 entspricht.[112] Pflichtverletzungen des Notars können eine **Haftung** gem. §§ 19, 39 Abs. 4, 46, 57 Abs. 1 BNotO begründen.[113] Der vom Erblasser in Aussicht genommene Testamentserbe muss sich jedoch ein Mitverschulden des Erblassers an der Formunwirksamkeit zurechnen lassen.[114]

4. Die außerordentlichen Testamentsformen

a) Zweck und Besonderheiten

176 Neben den ordentlichen Testamentsformen hat das BGB in den §§ 2249–2251 für Sonderfälle drei außerordentliche Testamentsformen vorgesehen: Das Nottestament vor dem Bürgermeister (§ 2249, → Rn. 178 f.), das Dreizeugentestament (§ 2250, → Rn. 180 f.) und das Seetestament (§ 2251, → Rn. 182). Ihre Aufnahme erklärt sich **historisch** daraus, dass in den ursprünglichen Entwürfen für das BGB als ordentliches Testament nur das öffentliche Testament vorgesehen war[115] und man deshalb ein Bedürfnis dafür sah, einen **Ersatz für Fälle** zu schaffen, in denen die **Mitwirkung eines Notars nicht zu erlangen** war[116]. Nachdem dann schließlich doch das eigenhändige Testament zugelassen wurde, war die praktische Bedeutung der Nottestamente von Anfang an gering. Ob für sie heute überhaupt noch ein rechtspolitisches Bedürfnis besteht, wird verbreitet bezweifelt; denn mit den heutigen modernen Verkehrs- und Kommunikationsmitteln sind Notare nahezu immer schnell und einfach erreichbar.[117]

177 Mit Blick auf den Ausnahmecharakter der außerordentlichen Testamentsformen hat der Gesetzgeber ihre **Gültigkeitsdauer beschränkt**: Gem. § 2252 Abs. 1 gelten sie als nicht errichtet, wenn seit der Errichtung drei Monate verstrichen sind und der Erblasser noch lebt. Beginn und Lauf der Frist sind jedoch gehemmt, solange der Erblasser außerstande ist, ein Testament vor dem Notar zu errichten (§ 2252 Abs. 2). Wenn der Erblasser die Sondersituation überlebt, wird ihm so eine angemessene Frist eingeräumt, um ein wirksames ordentliches Testament zu errichten.[118]

---

110 Vgl. *Lange,* ErbR, 2. Aufl. 2017, § 14 Rn. 57.

111 Vgl. Staudinger/*Baumann*, 2018, § 2232 Rn. 57; MüKoBGB/*Hagena,* 7. Aufl. 2017, § 2232 Rn. 128; Erman/*S. Kappler/T. Kappler,* 15. Aufl. 2017, § 2232 Rn. 6.

112 Vgl. MüKoBGB/*Hagena,* 7. Aufl. 2017, § 2232 Rn. 128; Erman/*S. Kappler/T. Kappler,* 15. Aufl. 2017, § 2232 Rn. 6.

113 Vgl. MüKoBGB/*Hagena*, 7. Aufl. 2017, § 2232 Rn. 128.

114 BGH v. 13.5.1997 – IX ZR 123/96, NJW 1997, 2327, 2328 = DNotZ 1997, 791 m. Anm. *Preuß* = JR 1998, 155 m. Anm. *Bader*; BGH v. 30.4.2014 – III ZR 342/13, ZEV 2014, 378.

115 Ausf. zur Geschichte des eigenhändigen Testaments: *Hosemann* RNotZ 2010, 520 ff.

116 Vgl. Mot. V, 281.

117 Vgl. Staudinger/*Baumann*, 2018, § 2249 Rn. 9d, § 2251 Rn. 3; *Lange*, ErbR, 2. Aufl. 2017, § 15 Rn. 58.

118 Vgl. Mot. V, 282 f.

b) Die außerordentlichen Testamentsformen im Einzelnen

aa) Das Nottestament vor dem Bürgermeister (§ 2249). Ein Nottestament vor dem Bürgermeister kann erstens errichtet werden, wenn die Gefahr besteht, dass der Erblasser verstirbt, bevor die Errichtung eines Testaments vor einem Notar möglich ist (**Gefahr vorzeitigen Ablebens**, § 2249 Abs. 1 S. 1). Maßgebend ist, dass diese Besorgnis subjektiv beim Bürgermeister vorliegt.[119] Fehlt es hieran, ist das Testament aber gleichwohl wirksam, wenn sich später herausstellt, dass die Gefahr tatsächlich objektiv bestand (vgl. § 2249 Abs. 2 S. 2).[120] Der Besorgnis des vorzeitigen Ablebens gleichgestellt ist die Besorgnis einer bis zum Tod des Erblasser fortdauernden Testierunfähigkeit.[121] Zweitens kann ein Nottestament vor dem Bürgermeister auch errichtet werden, wenn sich der Erblasser an einem Orte aufhält, der infolge außerordentlicher Umstände dergestalt abgesperrt ist, dass die Errichtung eines Testaments vor einem Notar nicht möglich oder erheblich erschwert ist (sog. **Absperrungstestament**, § 2250 Abs. 1). Der Grund der Absperrung ist irrelevant; in Betracht kommen neben Naturereignissen (z.B. Erdrutsch, Lawine, Hochwasser) etwa auch Quarantänen, Kriege, Streiks, Fahrverbote etc.[122] 178

Der **Bürgermeister** muss zur Beurkundung **zwei Zeugen** zuziehen (§ 2249 Abs. 1 S. 2). Die Einzelheiten der Errichtung ergeben sich aus § 2249 i.V.m. dem BeurkG; insb. muss auch noch zu Lebzeiten des Erblassers[123] eine Niederschrift angefertigt werden (§ 2249 Abs. 1 S. 1, 4 i.V.m. § 8 BeurkG). Die Auswirkungen von etwaigen Formverstößen werden durch § 2249 Abs. 6 abgemildert: Wenn mit Sicherheit anzunehmen ist, dass das Testament eine zuverlässige Wiedergabe der Erklärung des Erblassers enthält, ist die Beurkundung trotz Formverstoß wirksam. 179

bb) Das Dreizeugentestament (§ 2250). Ein Dreizeugentestament kann errichtet werden, wenn der Erblasser sich entweder (1) an einem abgesperrten Ort aufhält (sog. **Absperrungstestament**, § 2250 Abs. 1, → Rn. 178) oder (2) in so naher Todesgefahr befindet, dass voraussichtlich auch die Errichtung eines Nottestaments vor dem Bürgermeister nicht mehr möglich ist (sog. **Notlagentestament**, § 2250 Abs. 2). Diese Notsituation muss dabei entweder objektiv vorliegen oder subjektiv nach der Überzeugung aller drei Testamentszeugen bestehen.[124] Dass der Erblasser wegen einer fortgeschrittenen unheilbaren Erkrankung nur noch kurze Zeit zu leben hat, genügt hingegen für sich allein noch nicht, solange keine der genannten Notsituationen vorliegt.[125] 180

---

119 Vgl. RG v. 6.3.1943 – VII (VIII) 125/43, RGZ 171, 27, 29; BGH v. 15.11.1951 – IV ZR 66/51, NJW 1952, 181, 182; MüKoBGB/*Hagena*, 7. Aufl. 2017, § 2249 Rn. 2.

120 Vgl. RG v. 6.3.1943 – VII (VIII) 125/43, RGZ 171, 27, 29; BGH v. 15.11.1951 – IV ZR 66/51, NJW 1952, 181, 182; MüKoBGB/*Hagena*, 7. Aufl. 2017, § 2249 Rn. 2.

121 Vgl. BGH v. 15.11.1951 – IV ZR 66/51, NJW 1952, 181; OLG München v. 12.5.20015 – 31 Wx 81/15, NJW-RR 2015, 1034 Rn. 30.

122 Vgl. BeckOGK/*Grziwotz* § 2250 Rn. 3.

123 Vgl. BayObLG v. 8.12.1995 – 1Z BR 80/95, NJW-RR 1996, 711, 712; MüKoBGB/*Hagena*, 7. Aufl. 2017, § 2249 Rn. 23.

124 Vgl. BGH v. 15.11.1951 – IV ZR 66/51, NJW 1952, 181; OLG München v. 12.5.20015 – 31 Wx 81/15, NJW-RR 2015, 1034 Rn. 30.

125 Vgl. KG v. 29.12.2015 – 6 W 93/15, FamRZ 2016, 1966 Rn. 28; OLG Düsseldorf v. 3.3.2017 – I-3 Wx 269/16, NJW-RR 2017, 905 Rn. 26. S. ferner auch OLG Bremen v. 5.1.2016 – 5 W 25/15, FamRZ 2016, 1968 (wenn der Erblasser sich nicht in unmittelbarer Todesgefahr befindet, kann in einer Großstadt mit über 160 Notaren auch ein halber Tag abgewartet werden).

181 Das Dreizeugentestament wird durch **mündliche Erklärung vor drei Zeugen** errichtet; hierüber muss eine Niederschrift aufgenommen werden (§ 2250 Abs. 3 S. 1). Der Erblasser und die Zeugen müssen der Sprache der Niederschrift hinreichend kundig sein (§ 2250 Abs. 3 S. 4); andernfalls ist das Testament nichtig.[126] Im Übrigen sind die Rechtsfolgen von Formverstößen auch hier gem. § 2250 Abs. 3 S. 2 Hs. 2 i.V.m. § 2249 Abs. 6 abgemildert. So ist insb. auch eine „Oberschrift" der Zeugen i.d.R. als unbeachtlicher Formfehler anzusehen.[127] Die Mitwirkung einer gem. §§ 6, 7, 27 BeurkG ausgeschlossenen Person stellt hingegen grundsätzlich keinen gem. §§ 2250 Abs. 3, 2249 Abs. 6 unbeachtlichen Formmangel dar, sondern führt zur Unwirksamkeit.[128] Etwas anderes gilt nur dann, wenn mindestens drei weitere Zeugen beteiligt waren, deren Mitwirkung keinen Bedenken unterlag.[129]

182 **cc) Das Seetestament (§ 2251).** Anders als beim Bürgermeister- und Dreizeugentestament ist für das Seetestament keine besondere Notsituation erforderlich, sondern es kann von jedem errichtet werden, der sich während einer Seereise an Bord eines deutschen Schiffes außerhalb eines inländischen Hafens befindet (§ 2251). Die Errichtung erfolgt durch mündliche Erklärung vor drei Zeugen gem. § 2251 i.V.m. § 2250 Abs. 3 (→ Rn. 181).

Lösung der Ausgangsfälle

183 **Fall 8 (→ Rn. 137):** Da sich Renate Rosenberger auf einer Seereise befand, könnte man zunächst an ein Seetestament (§ 2251) denken. Allerdings scheidet ein solches schon deshalb aus, weil es vor drei Zeugen errichtet werden muss und Renate Rosenberger sich allein in ihrer Kabine befand, als sie das Dokument abfasste. Es könnte aber ein wirksames eigenhändiges Testament gem. § 2247 vorliegen. Renate Rosenberger hat eigenhändig auf die Rückseite des Flyers geschrieben. Dass es sich um die Rückseite eines Flyers handelte und der Text mit einem rosafarbenen Glitterstift geschrieben wurde, ist unschädlich, denn das Schreibmaterial ist irrelevant (→ Rn. 162). Fraglich ist jedoch, ob eine formwirksame Unterschrift vorliegt. Die Unterzeichnung auf dem verschlossenen Briefumschlag genügt hier jedoch, denn der Unterschrift kommt keine eigenständige Bedeutung zu und sie steht – insb. auch aufgrund der Aufschrift „Testament" – in so engem Zusammenhang mit der einliegenden Erklärung, dass sie sich nach dem Willen der Renate Rosenberger als äußere Fortsetzung und Abschluss der in der einliegenden Urkunde verkörperten Erklärung darstellt (→ Rn. 167). Dass die Unterschrift mit dem Künstlernamen „Rosarot" erfolgt, ist irrelevant; da Renate Rosenberger diesen Künstlernamen seit Jahren benutzte, reicht dies i.S.v. § 2247 Abs. 3 S. 2 zur Feststellung ihrer Urheberschaft und der Ernstlichkeit ihrer Erklärung aus (→ Rn. 164). Schließlich führt auch das Fehlen von Ort- und Zeitangabe nicht zur Formunwirksamkeit, denn bei § 2247 Abs. 2 handelt es sich lediglich um eine Soll-Vorschrift. Im Übrigen: Selbst wenn später z.B. im Haus der Renate Rosenberger noch ein anderes Testament aufgefunden werden sollte, würden sich aus dem Fehlen von Zeit- und Ortsangabe keine Zweifel an der Gültigkeit des in der Kabine errichteten Testaments ergeben, weil die Erblasserin ja auf die Rückseite eines Flyers mit dem Menü für das Abendessen des Einschif-

126 Vgl. OLG Frankfurt v 12.12.2013 – 20 W 281/12, ErbR 2015, 50 Rn. 21.
127 Vgl. BayObLG v. 26.10.1990 – 1a Z 19/90, NJW 1991, 928 = JuS 1991, 603 m. zust. Anm. *Hohloch*.
128 Vgl. BayObLG v. 1.6.1995 – 1Z BR 162/94, NJW-RR 1996, 9; OLG Köln v. 5.7.2017 – 2 Wx 86/17, FamRZ 2018, 393 Rn. 16.
129 Vgl. BGH v. 18.9.1991 – IV ZB 14/90, BGHZ 115, 169, 176 f. = JA 1992, 154 m. Anm. *Kemper*; s. ferner auch OLG München v. 12.5.2015 – 31 Wx 81/15, NJW-RR 2015, 1034 Rn. 40.

fungstages schrieb. Es handelt sich folglich um ein wirksames eigenhändiges Testament i.S.d. § 2247.

Fall 9[130] **(→ Rn. 137):** Der Bürgermeister hat konkludent durch das Einleiten der weiteren Förmlichkeiten erklärt, dass er subjektiv die Besorgnis eines vorzeitigen Ablebens des Erblassers für gerechtfertigt hielt. Ein Bürgermeistertestament kann dadurch errichtet werden, dass der Erblasser seinen letzten Willen mündlich erklärt und diese Erklärung in eine Niederschrift aufgenommen wird, § 2249 Abs. 1 i.V.m. § 2232 S. 1 Alt. 1. Der Erblasser hat seinen Willen mündlich erklärt. Weitere zwingende Voraussetzung für die Gültigkeit des Nottestaments ist jedoch eine Niederschrift (§ 2249 Abs. 1 S. 1, 4 i.V.m. § 8 BeurkG), die noch zu Lebzeiten des Erblassers angefertigt werden muss. Diesen Anforderungen genügt die aufgrund der Bandaufzeichnung vom Bürgermeister angefertigte Niederschrift nicht, da sie erst nach dem Tod des Erblassers hergestellt wurde. Als Niederschrift kommt jedoch das vom Erblasser übergebene Schriftstück in Betracht. Aus der Bezeichnung der Urkunde als Testament, dem Versehen mit Orts- und Datumsangabe und der Unterzeichnung durch Erblasser, Bürgermeister und die zwei Zeugen ergibt sich, dass alle die authentische Wiedergabe der vom Erblasser abgegebenen Erklärung bestätigen wollten. Die Mängel der Niederschrift (vgl. § 2249 Abs. 2 S. 1; §§ 9 Abs. 1 Nr. 1, 10 Abs. 1, 13 Abs. 1 S. 2, 28 BeurkG) sind – soweit es sich nicht ohnehin nur um Sollvorschriften handelt – nach § 2249 Abs. 6 unbeachtlich. Somit liegt ein formwirksames Bürgermeistertestament vor. 184

§ 8 Widerruf eines Testaments

Fall 10: Der Erblasser klebt ein zunächst von ihm in Widerrufsabsicht zerrissenes eigenhändiges Testament wieder zusammen. Ist das Testament gültig? **Lösung: → Rn. 208** 185

Fall 11: Der Erblasser streicht zunächst einzelne Verfügungen in einem Testament durch, wiederholt sie jedoch in einer weiteren – allerdings nicht unterschriebenen – Urkunde. Sind die Verfügungen wirksam? **Lösung: → Rn. 209**

Fall 12: E, deren Ehemann M schon vor 1990 verstorben war, hatte einen Sohn S und eine Tochter T. Am 1.2.2010 verfasste E ein formgültiges eigenhändiges Testament, in dem sie ihren Sohn S als Alleinerben einsetzte. Am 1.3.2018 schrieb sie auf eine Abschrift dieses Testaments „Das mache ich hiermit rückgängig. Bayreuth, 1.3.2018" und unterschrieb anschließend. In der Folgezeit ging es E gesundheitlich immer schlechter. Am 29.12.2018 wurde sie ins Krankenhaus eingeliefert. Am 30.12.2018 bat sie ihre Tochter T, ihrer Haushälterin H zu sagen, diese möge „das andere Testament" vernichten. Als T nachfragte, welches „andere Testament" die E denn meinte, erwidert E „das wo ich draufgeschrieben habe". T erzählte dies dann zwar noch am selben Abend der H. Diese war sich jedoch nicht wirklich sicher, was sie nun tun sollte, durchsuchte erst einmal das ganze Haus nach dem „anderen Testament", fand aber nichts. Am 31.12.2018 verstarb E. Am 1.1.2019 fand H beim nochmaligen Suchen auf dem Dachboden doch noch die Testamentsabschrift mit dem Vermerk der E vom 1.3.2018 und verbrannte diese. Ist S Alleinerbe geworben? **Lösung: → Rn. 210**

130 Nach BayObLG v. 8.12.1995 – 1Z BR 80/95, NJW-RR 1996, 711.

Literatur: *Hellfeier,* Die Neuerrichtung eines durch schlüssige Handlung nach § 2255 S. 1 BGB widerrufenen Testaments, ZEV 2003, 1; *Helms,* Der Widerruf und die Anfechtung wechselbezüglicher Verfügungen bei Geschäfts- und Testierunfähigkeit, DNotZ 2003, 104; *Hohmann,* Zum Widerruf durch Einwirkung auf die Testamentsurkunde, ZEV 1996, 271; *Klunzinger*, Die Maßgeblichkeit des Erblasserwillens beim Widerruf des Widerrufs, DNotZ 1974, 278; *von Lübtow*, Zur Lehre vom Widerruf des Testaments, NJW 1968, 1849; *Merle*, Zur Rückgabe eines öffentlichen Testaments aus der amtlichen Verwahrung, AcP 171 (1971) 486; *Stodolkowitz*, Fortgeschrittenenklausur – Zivilrecht: Erbrecht – Auslegung, Widerruf und Anfechtung von Testamenten, JuS 2009, 826.

I. Allgemeines

186 Gem. § 2253 kann der Erblasser ein **Testament** sowie einzelne in einem Testament enthaltene Verfügungen **jederzeit widerrufen**. Er ist also an ein Testament – anders als an vertragsmäßige Verfügungen in einem einen Erbvertrag (→ Rn. 275 ff.) und teilweise auch an wechselbezügliche Verfügungen in einem gemeinschaftlichen Testament (→ Rn. 247 ff.) – zu Lebzeiten nicht gebunden. Dies ist letztlich ein weiterer Aspekt der Testierfreiheit.[1]

187 **Schützenswerte Interessen** der bisher im Testament **Bedachten** stehen dem Widerruf **nicht** entgegen. Das Testament wird erst im Zeitpunkt des Todes wirksam. Bis zu diesem Zeitpunkt erwirbt der jeweils Bedachte keine Rechte, insb. auch kein Anwartschaftsrecht.[2] Dies gilt auch dann, wenn der Erblasser seine Verfügung dem Bedachten mitgeteilt hat. Denn der Erblasser könnte selbst durch einen Vertrag nicht auf das Widerrufsrecht verzichten (§ 2302). Allenfalls in extrem gelagerten Ausnahmefällen kann eine Haftung aus § 826 in Betracht kommen.[3]

188 Da auch der Widerruf eine letztwillige Verfügung ist, kann nur ein Testierfähiger sein Testament widerrufen.[4] Eine besondere **Widerrufsfähigkeit** gibt es hingegen nicht mehr. § 2353 Abs. 2 a.F., der Erleichterungen für den Widerruf durch Entmündigte vorsah, ist mit der Abschaffung des Rechtsinstituts der Entmündigung gegenstandslos geworden. Ein Betreuter (§§ 1896 ff.) kann sein Testament jederzeit widerrufen, sofern er nicht testierunfähig (§ 2229 Abs. 4) ist.[5]

II. Widerrufsarten

189 Ein Testament kann nur auf **vier Arten** widerrufen werden (***numerus clausus***)[6]: durch ein Widerrufstestament (§ 2254, → Rn. 190), durch eine spätere, mit dem früheren Testament in Widerspruch stehende Verfügung (§ 2258, → Rn. 191 ff.), durch Vernichtung oder Veränderungen der Testamentsurkunde (§ 2255, → Rn. 194) und

1 Vgl. BeckOGK/*Grziwotz* § 2253 Rn. 1; *Lange*, ErbR, 2. Aufl. 2017, § 32 Rn. 1.
2 Vgl. MüKoBGB/*Leipold*, 7. Aufl. 2017, § 1922 Rn. 163; s. ferner auch BGH v. 14.12.1995 – IX ZR 242/94, NJW 1996, 1062, 1063; Staudinger/*Kunz*, 2017, § 1922 Rn. 108.
3 Vgl. Staudinger/*Oechsler*, 2018, § 826 Rn. 469.
4 Vgl. OLG Hamm v. 6.10.1988 – 15 W 354/88, Rpfleger 1989, 23; BeckOGK/*Grziwotz* § 2253 Rn. 1.
5 Vgl. MüKoBGB/*Hagena*, 7. Aufl. 2017, § 1953 Rn. 7; Staudiner/*Baumann*, 2018, § 2253 Rn. 15.
6 Vgl. RG v. 11.5.1922 – IV 331/21, RGZ 104, 320, 323; BeckOGK/*Grziwotz* § 2253 Rn. 13 m.w.N.

beim öffentlichen Testament durch Rücknahme aus der amtlichen Verwahrung (§ 2256, → Rn. 202 f.). Die bloße Billigung des Verlusts der Testamentsurkunde[7] oder die bloße Äußerung des Erblassers, dass er davon ausgehe, dass das Testament unwirksam geworden sei[8], bewirken hingegen keinen wirksamen Widerruf. Andererseits ist es jedoch aufgrund der Gleichwertigkeit aller Testamentsformen irrelevant, welche Form das zu widerrufende Testament hat (eigenhändiges oder öffentliches, ordentliches oder außerordentliches): Jedes Testament kann grundsätzlich in jeder der vier genannten Formen widerrufen werden.[9] Einzige Ausnahme ist der Widerruf durch Rücknahme aus amtlicher Verwahrung (§ 2256); er ist auf öffentliche Testamente beschränkt (→ Rn. 202).

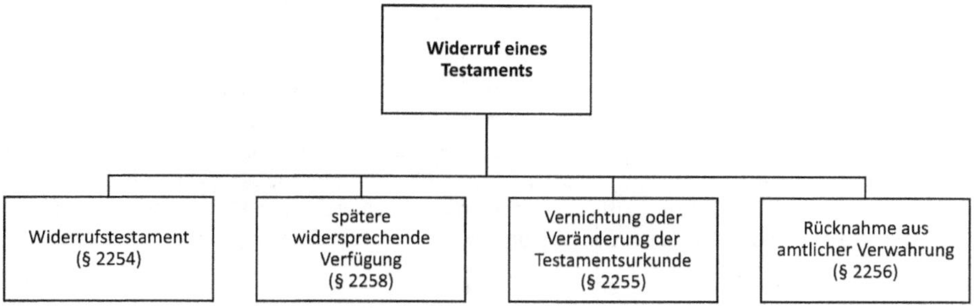

1. Widerrufstestament, § 2254

Erstens kann der Widerruf gem. § 2254 durch ein **reines Widerrufstestament** erfolgen, das sich auf den Widerruf eines Testaments oder darin enthaltener Regelungen beschränkt. Da es sich um ein Testament handelt, muss es allen gesetzlichen Anforderungen der gewählten Testamentsform entsprechen.[10] Der Widerruf braucht nicht ausdrücklich erklärt werden („hiermit widerrufe ich"), sondern es genügt, wenn die Widerrufsabsicht dem Testament im Wege der Auslegung entnommen werden kann[11] (Bsp.: handschriftlicher und unterschriebener Zusatz auf einer maschinengeschriebenen Testamentsabschrift, der erst in Verbindung mit dieser einen vollverständlichen Sinn erhält[12]). **190**

2. Spätere, mit dem früheren Testament im Widerspruch stehende Verfügung, § 2258

Wenn mehrere Testamente eines Erblassers vorhanden sind, so ist zu prüfen, ob diese in ihrer Gesamtheit den Willen des Erblassers repräsentieren oder ob eine spätere Verfügung mit einer früheren in Widerspruch steht. Wenn und soweit ein solcher Wi- **191**

7 Vgl. BGH v. 10.5.1951 – IV ZR 12/50, NJW 1951, 559.
8 Vgl. RG v. 11.5.1922 – IV 331/21, RGZ 104, 320, 323.
9 Vgl. nur MüKoBGB/*Hagena*, 7. Aufl. 2017, § 2253 Rn. 3.
10 Vgl. BeckOGK/*Grziwotz* § 2254 Rn. 5; *Lange*, ErbR, 2. Aufl. 2017, § 32 Rn. 10.
11 Vgl. BGH v. 8.7.1981 – IVa ZR 188/80, NJW 1981, 2745; BayObLG v. 24.1.2003 – 1Z BR 14/02, NJW-RR 2003, 659, 660; OLG Köln v. 8.2.2006 – 2 Wx 49/05, NJOZ 2006, 2152, 2153.
12 Vgl. BGH v. 25.10.1965 – III ZR 47/64, NJW 1966, 201.

derspruch besteht, wird die frühere Verfügung gem. **§ 2258 Abs. 1** durch die spätere aufgehoben. Anders als beim Widerrufstestament gem. § 2254 tritt die Aufhebung gem. § 2258 Abs. 1 **kraft Gesetzes** ein; es bedarf hierfür weder eines Widerrufswillens noch der Kenntnis des Erblassers von der früheren Verfügung.[13]

192 Die **Aufhebungswirkung** reicht nach dem klaren Wortlaut von § 2258 Abs. 1 **nur soweit**, wie sich die Verfügungen widersprechen. Ein **Widerspruch** liegt zum einen vor, wenn mehrere letztwillige Verfügungen sachlich nicht miteinander vereinbar sind, die getroffenen Anordnungen sich also gegenseitig ausschließen.[14] Doch selbst wenn die einzelnen testamentarischen Anordnungen sachlich miteinander in Einklang stehen, liegt ein Widerspruch dann vor, wenn nach dem Willen des Erblassers die spätere Verfügung allein und ausschließlich gelten soll, weil er seine Erbfolge damit abschließend regeln wollte.[15]

Beispiel: Wenn zunächst A als Alleinerbe eingesetzt wurde und in einem späteren Testament B zu ⅔ als Erbe eingesetzt wurde, so liegt hinsichtlich des verbleibenden ⅓ an sich kein Widerspruch vor, sodass A Erbe zu ⅓ wird. Allerdings kann sich ggf. im Wege der Auslegung ergeben, dass A gerade nicht mehr Erbe werden, sondern im Übrigen die gesetzliche Erbfolge gelten sollte. Vor der Überprüfung, ob ein Widerspruch zu einer früheren Verfügung besteht, ist das spätere Testament daher nach den allgemeinen Regeln auszulegen (→ Rn. 323 ff.).

193 Wenn das **spätere Testament gem. §§ 2254-2256 widerrufen** wird, etabliert **§ 2258 Abs. 2** die widerlegbare Auslegungsvermutung[16], dass das frühere Testament im Zweifel wirksam sein soll, wie wenn es nicht aufgehoben worden wäre. Wird das spätere Testament hingegen nicht widerrufen, sondern aus anderen Gründen gegenstandslos (z.B. wegen des Vorversterbens des Bedachten), so bleibt das frühere Testament gem. § 2258 Abs. 1 aufgehoben und damit unwirksam.[17]

3. Widerruf durch Vernichtung oder Veränderungen der Testamentsurkunde, § 2255

194 Gem. **§ 2255 S. 1** kann ein Testament durch Vernichtung oder Veränderungen an der Testamentsurkunde widerrufen werden. Um den Erblasser vor unüberlegten und übereilten Widerrufen abzuhalten[18] und Rechtssicherheit zu gewährleisten[19], ist allerdings erforderlich, dass der Erblasser die Testamentsurkunde vernichtet oder an ihr Veränderungen vornimmt, durch die der Wille, eine schriftliche Willenserklärung aufzuheben, ausgedrückt zu werden pflegt (Widerrufshandlung, → Rn. 195 ff.) und dass der Erblasser dabei in Aufhebungsabsicht handelt (→ Rn. 200). Der Widerruf

13 Vgl. BGH v. 8.7.1981 – IVa ZR 177/80, NJW 1981, 2745; OLG Düsseldorf v. 19.2.2016 – I-3 Wx 40/14, FGPrax 2016, 176, 180.
14 Vgl. BGH v. 8.7.1981 – IVa ZR 177/80, NJW 1981, 2745 f.; OLG Düsseldorf v. 19.2.2016 – I-3 Wx 40/14, FGPrax 2016, 176, 180.
15 Vgl. BGH v. 8.7.1981 – IVa ZR 177/80, NJW 1981, 2746; OLG Düsseldorf v. 19.2.2016 – I-3 Wx 40/14, FGPrax 2016, 176, 180.
16 Vgl. MüKoBGB/*Hagena*, 7. Aufl. 2017, § 2258 Rn. 9.
17 Vgl. BayObLG v. 30.11.1995 – 1Z BR 86/95, MittBayNot 1996, 116; BeckOGK/*Grziwotz* § 2258 Rn. 19.
18 Vgl. BGH v. 10.5.1951 – IV ZR 12/50, NJW 1951, 559; Staudinger/*Baumann*, 2018, § 2255 Rn. 3; MüKoBGB/*Hagena*, 7. Aufl. 2017, § 2255 Rn. 1.
19 Vgl. BeckOGK/*Grziwotz* § 2255 Rn. 1.

gem. § 2255 S. 1 ist somit dogmatisch ein **Widerruf durch konkludentes Handeln**[20], sodass Testierfähigkeit erforderlich ist[21]. Obgleich auch § 2255 für alle Testamentsformen gilt, wird ein Widerruf durch Vernichtung oder Veränderung der Testamentsurkunde typischerweise nur bei eigenhändigen Testamenten relevant, da sich öffentliche Testamente in amtlicher Verwahrung befinden sollten und die Rücknahme aus derselben regelmäßig schon zum Widerruf gem. § 2256 (→ Rn. 202 f.) führt.[22]

a) Widerrufshandlung

Vernichtung bedeutet die vollständige körperliche Zerstörung der Testamentsurkunde, z.B. durch Verbrennen oder Zerreißen[23] (als ausreichend angesehen wurden dabei auch tiefe, von zwei Seiten erfolgte Einrisse der Testamentsurkunde[24]). Die bloße Vernichtung einer Kopie oder Abschrift genügt nicht.[25] 195

Mit **Veränderung** ist eine körperliche Veränderung der Testamentsurkunde gemeint, ohne dass diese dabei völlig zerstört wird.[26] Beispiele sind Durchstreichen[27], Ausradieren, Schwärzungen oder Ausschneidungen[28] von Textteilen oder das Zerknittern zu einem Knäuel[29].[30] 196

Umstritten ist die Wirksamkeit von **Ungültigkeitsvermerken** (z.B. „ungültig", „annulliert"). Einer Ansicht nach stellen sie nur dann einen wirksamen Widerruf dar, wenn die Form des § 2254 eingehalten wird; dies wird damit begründet, dass es sich nicht um eine Widerrufshandlung, sondern eine Widerrufserklärung handele.[31] Die ganz h.M. sieht derartige Vermerke indes zu Recht auch ohne Unterschrift des Erblassers als wirksam an.[32] Denn § 2255 verlangt gerade nicht die Einhaltung der Testamentsform; entscheidend ist nach dem Wortlaut vielmehr eine Handlung, durch die der Aufhebungswille „ausgedrückt zu werden pflegt" und genau dies ist bei derartigen Ungültigkeitsvermerken der Fall. 197

Ähnliches gilt für den gleichfalls **umstrittenen** Fall, dass der Erblasser die unversehrte Testamentsurkunde in den **Papierkorb** wirft. Große Teile der Literatur wollen dies nicht ausreichen lassen, weil der Erblasser die Testamentsurkunde jederzeit unbe- 198

20 Vgl. BeckOGK/*Grziwotz* § 2255 Rn. 1; *Lange,* ErbR, 2. Aufl. 2017, § 32 Rn. 15.
21 Vgl. OLG Düsseldorf v. 30.4.2014 – I-3 Wx 141/13, RNotZ 2014, 445, 449; MüKoBGB/*Hagena,* 7. Aufl. 2017, § 2255 Rn. 3; *Lange,* ErbR, 2. Aufl. 2017, § 32 Rn. 15.
22 Vgl. nur Staudinger/*Baumann,* 2018, § 2255 Rn. 7; BeckOGK/*Grziwotz* § 2255 Rn. 2. Ein Widerruf gem. § 2255 kommt jedoch z.B. in Betracht, wenn das öffentliche Testament noch nicht in amtliche Verwahrung genommen wurde, der Notar es dem Erblasser nach mehreren von diesem unbeantworteten Fragen zurückschickt und der Erblasser es dann vernichtet (vgl. BGH v. 16.9.1959 – V ZR 20/59, NJW 1959, 2113).
23 Vgl. BeckOGK/*Grziwotz* § 2255 Rn. 1; *Lange,* ErbR, 2. Aufl. 2017, § 32 Rn. 12.
24 Vgl. BayObLG v. 18.3.1996 – 1 ZBR 67/95, FamRZ 1996, 1110, 1111.
25 Vgl. KG v. 6.1.1995 – 1 W 7563/93, NJW-RR 1995, 1099.
26 Vgl. BeckOGK/*Grziwotz* § 2255 Rn. 5; *Lange,* ErbR, 2. Aufl. 2017, § 32 Rn. 13.
27 Vgl. OLG Düsseldorf v. 29.9.2017 – I-3 Wx 63/16, FamRZ 2018, 712 Rn. 27.
28 Vgl. OLG Hamm v. 14.8.2007 – 15 W 331/06, FGPrax 2008, 32, 33.
29 Vgl. BayObLG v. 20.3.1980 – 1 Z 18/80, BayObLGZ 1980, 95, 97.
30 Vgl. BeckOGK/*Grziwotz* § 2255 Rn. 5.
31 Vgl. *Lange/Kuchinke,* ErbR, 5. Aufl. 2001, § 23 II 1 e.
32 Vgl. RG v. 23.3.1911 – IV 268/10, JW 1911, 545; KG v. 31.1.1957 – 1 W 2539/56, NJW 1957, 1364; *Leipold,* ErbR, 21. Aufl. 2016, Rn. 336; *Brox/Walker,* ErbR, 28. Aufl. 2018, § 13 Rn. 3; Palandt/*Weidlich,* 78. Aufl. 2019, § 2255 Rn. 6 m.w.N.

schädigt wieder aus dem Papierkorb entnehmen könne und es somit an einer Veränderung fehle.[33] Andere bejahen eine wirksame Widerrufshandlung jedenfalls dann, wenn sich in dem Abfallbehälter Stoffe oder Flüssigkeiten befinden, die eine Veränderung der Testamentsurkunde herbeiführen.[34] Nach allgemeiner Lebenserfahrung bezweckt das Wegwerfen in den Papierkorb indes gerade die Vernichtung des Schriftstücks; es handelt sich somit zutr. Ansicht nach ebenfalls um eine Handlung, durch die der Aufhebungswille „ausgedrückt zu werden pflegt" i.S.d. § 2255 S. 1.[35]

199 Die Vernichtung bzw. Veränderung muss **durch den Erblasser** höchstpersönlich erfolgt sein. Eine zufällige Vernichtung bzw. Veränderung (z.B. Krieg, Brand, Hochwasser) erfüllt den Tatbestand des § 2255 S. 1 nicht.[36] Ebenso wenig genügt eine Vernichtung oder Veränderung durch einen Dritten (vgl. §§ 2064 f.).[37] Der Erblasser kann sich jedoch einer anderen Person bedienen, die als unselbstständiges, nicht mit eigenem Entscheidungsspielraum ausgestattetes „Werkzeug" in seinem Auftrag und mit seinem Willen die Handlungen vornimmt.[38] Sofern eine solche „Willensbeherrschung" vorliegt, ist es irrelevant, ob der Erblasser bei der tatsächlichen Vernichtung/Veränderung der Testamentsurkunde durch den Dritten persönlich anwesend ist.[39] Wie jeder Widerruf muss die Ausführungshandlung aber jedenfalls noch zu Lebzeiten des Erblassers erfolgen.[40] Nicht möglich ist auch eine nachträgliche Genehmigung einer durch einen Dritten autonom vorgenommenen Vernichtung/Veränderung; denn § 185 ist auf tatsächliche Handlungen nicht anwendbar.[41]

b) Aufhebungsabsicht

200 Der Erblasser muss in **Aufhebungsabsicht** gehandelt haben. Wenn feststeht, dass der Erblasser die Testamentsurkunde verändert oder vernichtet hat, so wird die Aufhebungsabsicht vom Gesetz allerdings widerleglich (§ 292 ZPO)[42] vermutet (§ 2255 S. 2). Die Vermutung des Aufhebungswillens kann z.B. als widerlegt angesehen werden, wenn der Erblasser in einem Testament Verfügungen durchgestrichen hat und feststeht, dass die Streichungen lediglich der Vorbereitung eines neuen Testaments dienten, in dem inhaltlich gleiche Verfügungen wieder getroffen werden sollten.[43]

---

33 Vgl. *Brox/Walker*, ErbR, 28. Aufl. 2018, § 13 Rn. 3; MüKoBGB/*Hagena*, 7. Aufl. 2017, § 2255 Rn. 6.

34 Vgl. Staudinger/*Baumann*, 2018, § 2255 Rn. 15.

35 Vgl. BeckOGK/*Grziwotz* § 2255 Rn. 6; Erman/*S. Kappler/T. Kappler*, 15. Aufl. 2017, § 2255 Rn. 3.

36 Vgl. BGH v. 10.5.1951 – IV ZR 12/50, NJW 1951, 559; *Lange*, ErbR, 2. Aufl. 2017, § 32 Rn. 16.

37 Vgl. OLG Düsseldorf v. 30.4.2014 – I-3 Wx 141/13, RNotZ 2014, 445, 446; BeckOGK/*Grziwotz* § 2255 Rn. 6; *Lange*, ErbR, 2. Aufl. 2017, § 32 Rn. 14.

38 Vgl. OLG München v. 11.4.2011 – 31 Wx 33/11, NJW-RR 2011, 945; OLG Düsseldorf v. 30.4.2014 – I-3 Wx 141/13, RNotZ 2014, 445, 446; MüKoBGB/*Hagena*, 7. Aufl. 2017, § 2255 Rn. 13 m.w.N.

39 Vgl. BayObLG v. 10.2.1992 – 1 Z 57/91, FamRZ 1992, 1350; OLG München v. 11.4.2011 – 31 Wx 33/11, NJW-RR 2011, 945; BeckOGK/*Grziwotz* § 2255 Rn. 8; Erman/*S. Kappler/T. Kappler*, 15. Aufl. 2017, § 2255 Rn. 5; a.A. Staudinger/*Baumann*, 2018, § 2255 Rn. 22.

40 Vgl. OLG München v. 11.4.2011 – 31 Wx 33/11, NJW-RR 2011, 945; MüKoBGB/*Hagena*, 7. Aufl. 2017, § 2255 Rn. 13.

41 Vgl. BGH v. 10.5.1951 – IV ZR 12/50, NJW 1951, 559; Staudinger/*Baumann*, 2018, § 2255 Rn. 24; MüKoBGB/*Hagena*, 7. Aufl. 2017, § 2255 Rn. 13; *Lange*, ErbR, 2. Aufl. 2017, § 32 Rn. 15.

42 Vgl. BayObLG v. 7.7.1997 – 1Z BR 118/97, BayObLGZ 1997, 209, 211; OLG Düsseldorf v. 29.9.2017 – I-3 Wx 63/16, FamRZ 2018, 712 Rn. 34.

43 Vgl. BayObLG v. 7.7.1997 – 1Z BR 118/97, BayObLGZ 1997, 209, 211 f.; OLG Düsseldorf v. 29.9.2017 – I-3 Wx 63/16, FamRZ 2018, 712 Rn. 34 ff.

Gleiches gilt, wenn feststeht, dass der Erblasser das Testament nur versehentlich vernichtet hat (z.B. weil ihm nicht klar war, dass es sich bei dem Dokument um ein Testament handelte[44] oder weil es zwischen einen Stapel anderer Dokumente geraten war[45]).

c) Beweislast

Wenn das Testament unauffindbar ist oder zerstört bzw. mit Veränderungen aufgefunden wird, so spricht keine Vermutung dafür, dass dies durch den Erblasser erfolgte.[46] Im Prozess verteilt sich daher die **Beweislast** nach der allgemeinen Regel, dass derjenige, der aus einem Umstand Rechte herleitet, diese auch beweisen muss. Inhalt und Formgültigkeit des Testaments muss somit der testamentarische Erbe beweisen.[47] Den Widerruf hingegen muss derjenige beweisen, der sich auf die Unwirksamkeit des Testaments beruft.[48] **201**

4. Rücknahme des Testaments aus der amtlichen Verwahrung, § 2256

Die Rücknahme eines **öffentlichen Testaments** aus der amtlichen Verwahrung **gilt** gem. § 2256 Abs. 1 S. 1 **als Widerruf**. Diese Widerrufsfiktion ist Konsequenz des – nach der Rückgabe nicht mehr gewährleisteten – Schutzes vor Verfälschungen.[49] Ein in amtliche Verwahrung gegebenes privatschriftliches Testament (vgl. § 2248) kann der Erblasser hingegen jederzeit herausverlangen, ohne dass dadurch das Testament unwirksam würde (§ 2256 Abs. 3). **202**

Aufgrund der Widerrufswirkung stellt die Rücknahme eines öffentlichen Testaments eine **Verfügung von Todes wegen** dar.[50] Daher ist die Testierfähigkeit des Erblassers erforderlich.[51] Die Widerrufswirkung tritt auch dann ein, wenn der Erblasser keinen Widerrufswillen hatte.[52] Dies wird aufgrund der Belehrungspflicht des § 2256 Abs. 1 S. 2 über die Folgen der Rückgabe jedoch nur selten vorkommen. Im Einzelfall kann allerdings eine Anfechtung des Widerrufs wegen Drohung[53] sowie in speziell gelagerten Ausnahmefällen ggf. auch wegen Irrtums[54] erfolgen. Selbst wenn das öffentli- **203**

---

44 Vgl. AG Neumünster v. 13.12.65 – 3b LwH 43/65, SchlHA 66, 83.

45 Vgl. BeckOGK/*Grziwotz* § 2255 Rn. 10.

46 Vgl. BayObLG v. 21.7.1992 – 1Z BR 58/92, FamRZ 1993, 117; BayObLG v. 21.2.2005 – 1Z BR 101/04, FamRZ 2005, 1866 Rn. 31; LG Duisburg v. 2.8.2005 – 7 T 49/05, RNotZ 2005, 549, 550.

47 Vgl. OLG Koblenz v. 18.12.2015 – 1 W 622/15, FamRZ 2016, 1487 Rn. 9; BeckOGK/*Grziwotz* § 2255 Rn. 14; MüKoBGB/*Hagena*, 7. Aufl. 2017, § 2055 Rn. 16 m.w.N.

48 Vgl. OLG Koblenz v. 18.12.2015 – 1 W 622/15, FamRZ 2016, 1487 Rn. 9; BeckOGK/*Grziwotz* § 2255 Rn. 14; MüKoBGB/*Hagena*, 7. Aufl. 2017, § 2055 Rn. 16 m.w.N.

49 Vgl. MüKoBGB/*Hagena*, 7. Aufl. 2017, § 2256 Rn. 1, 9.

50 Vgl. BGH v. 30.1.1957 – V ZR 186/55, BGHZ 23, 207, 211; BayObLG v. 9.3.2005 – 1Z BR 108/04, FamRZ 2006, 294; OLG München v. 11.5.2005 – 31 Wx 19/05, ZEV 2005, 482; OLG Köln v. 12.7.2013 – 2 Wx 177/13, NJW-RR 2013, 1421.

51 Vgl. BayObLG v. 9.3.2005 – 1Z BR 108/04, FamRZ 2006, 294; OLG Köln v. 12.7.2013 – 2 Wx 177/13, NJW-RR 2013, 1421.

52 Vgl. BayObLG v. 15.12.2004 – 1Z BR 103/04, FGPrax 2005, 72.

53 Vgl. *Lange*, ErbR, 2. Aufl. 2017, § 32 Rn. 27.

54 Vgl. OLG Düsseldorf v. 23.12.2015 – I-3 Wx 285/14, FGPrax 2016, 130; krit. dazu jedoch BeckOGK/*Grziwotz* § 2255 Rn. 20; *Lange*, ErbR, 2. Aufl. 2017, § 32 Rn. 27; *Musielak* ZEV 2016, 353, 356 f.

che Testament zugleich der Form des § 2247 entspricht, bleibt es nach der Rücknahme nicht als privatschriftliches bestehen.[55]

III. Beseitigung des Widerrufs

1. Widerruf des Widerrufs

204 Als weiteres Element der Testierfreiheit[56] eröffnet das Gesetz dem Erblasser in **§ 2257** die Möglichkeit, ein **Widerrufstestament gem. § 2254** (→ Rn. 190) seinerseits jederzeit zu widerrufen. Im Zweifel (d.h. soweit kein gegenteiliger Wille des Erblassers feststellbar ist) gilt dann wieder die ursprüngliche Verfügung. Der Widerruf kann uneingeschränkt durch Widerrufstestament (§ 2254), Vernichtung oder Veränderung des aufzuhebenden Widerrufstestaments (§ 2255) oder durch Rücknahme eines öffentlichen Widerrufstestaments aus amtlicher Verwahrung (§ 2256) geschehen.[57]

205 Zum gleichen Ergebnis führt die Regelung des **§ 2258 Abs. 2** für den Widerruf einer späteren abweichenden Verfügung: Wird der erste Widerruf widerrufen, so ist im Zweifel das frühere Testament in gleicher Weise wirksam, wie wenn es nicht aufgehoben worden wäre.[58]

206 Ein **gem. § 2255 oder § 2256 erfolgter Widerruf** kann hingegen **nicht widerrufen** werden, da es sich in diesen beiden Konstellationen nicht um einen Widerruf kraft Testaments handelt.[59] Hier bleibt dem Erblasser nur die Errichtung eines neuen Testaments.[60] Dies bedeutet insb. auch, dass ein gem. § 2255 durch Zerreißen eines Testaments erfolgter Widerruf nicht durch erneutes Zusammenkleben widerrufen werden kann.[61]

2. Anfechtung des Widerrufs

207 Die Anfechtung ist dagegen **bei jeder Art des Widerrufs möglich**, denn anfechtbar sind nicht nur Testamente, sondern jegliche letztwillige Verfügung.[62] Dass eine Anfechtung (anders als ein Widerruf) insb. auch bei den Widerrufsformen der §§ 2255,

---

55 Vgl. Palandt/*Weidlich*, 78. Aufl. 2019, § 2256 Rn. 1; *Kipp/Coing*, ErbR, 14. Aufl. 1990, § 31 II 3 Fn. 18; *Schlüter/Röthel*, ErbR, 17. Aufl. 2015, § 18 Rn. 15.

56 Vgl. Staudinger/*Baumann*, 2018, § 2257 Rn. 2; *Lange*, ErbR, 2. Aufl. 2017, § 32 Rn. 27.

57 Vgl. MüKoBGB/*Hagena*, 7. Aufl. 2017, § 2257 Rn. 3; *Lange*, ErbR, 2. Aufl. 2017, § 32 Rn. 27.

58 Vgl. auch *Schlüter/Röthel*, ErbR, 17. Aufl. 2015, § 18 Rn. 17.

59 Vgl. Staudinger/*Baumann*, 2018, § 2257 Rn. 3; MüKoBGB/*Hagena*, 7. Aufl. 2017, § 2257 Rn. 3; *Lange*, ErbR, 2. Aufl. 2017, § 32 Rn. 30; Palandt/*Weidlich*, 78. Aufl. 2019, § 2257 Rn. 2; in Bezug auf § 2256 auch: BayObLG v. 13.2.1973 – 1 Z 108/72, BayObLGZ 1973, 35, 36 f.; BayObLG v. 6.7.1990 – 1a Z 30/90, NJW-RR 1990, 1481, 1482; OLG Düsseldorf v. 23.12.2015 – I-3 Wx 285/14, FGPrax 2016, 130.

60 Vgl. MüKoBGB/*Hagena*, 7. Aufl. 2017, § 2257 Rn. 3; *Hellfeier*, ZEV 2003, 1, 3; *Lange*, ErbR, 2. Aufl. 2017, § 32 Rn. 30.

61 Vgl. BayObLG v. 21.2.1996 – 1Z BR 35/96, NJW-RR 1996, 1094, 1095. Dazu *Hohloch*, JuS 1997, 172; *Hohmann*, ZEV 1996, 271 f.

62 Vgl. Erman/*M. Schmidt*, 15. Aufl. 2017, § 2078 Rn. 4; vgl. für den Fall des Widerrufs gem. § 2256 auch OLG Düsseldorf v. 23.12.2015 – I-3 Wx 285/14, FGPrax 2016, 130 f.; vgl. für den Fall des Widerrufs gem. § 2255 auch RG v. 21.3.1921 – IV 486/20, RGZ 102, 69, 70.

2256 möglich ist, ist auch sachlich gerechtfertigt: Für einen Widerruf besteht hier kein zwingendes Bedürfnis, weil der Erblasser ja neu testieren kann; wenn sich hingegen erst nach dem Tod des Erblassers herausstellt, dass sich dieser beim Widerruf im Irrtum befand, so besteht ein legitimes Bedürfnis nach der Eröffnung einer Anfechtungsmöglichkeit.[63]

Lösung der Ausgangsfälle

Fall 10 (→ Rn. 185): Das Zerreißen des Testaments ist ein Widerruf gem. § 2255 S. 1. Durch das erneute Zusammenkleben des Testaments könnte der Erblasser den Widerruf widerrufen haben. Ein Widerruf gem. § 2255 S. 1 ist jedoch nicht widerruflich (→ Rn. 206). 208

Fall 11 (→ Rn. 185): Das Durchstreichen einzelner Verfügungen ist im Regelfall als Widerruf i.S.d. § 2255 S. 1 anzusehen (→ Rn. 196). Ein Widerruf des Widerrufs ist dann nicht mehr möglich (→ Rn. 206). Hier liegt jedoch schon kein Widerruf der Verfügungen vor, da durch das Vorhandensein der wiederholten Ausführungen in der zweiten Urkunde die Vermutung des § 2255 S. 1 widerlegt ist. Die Streichungen dokumentieren nicht einen Aufhebungswillen, sondern dienen nur der Vorbereitung eines neuen Testaments (→ Rn. 200).[64] 209

Fall 12 (→ Rn. 185): S könnte aufgrund des Testaments vom 1.2.2010 Alleinerbe der E geworden sein. Dieses Testament könnte die E jedoch am 1.3.2018 durch ein Widerrufstestament gem. § 2254 wirksam widerrufen haben. Der Widerruf muss dabei nicht ausdrücklich erklärt werden, sondern kann sich auch konkludent ergeben, wenn die Widerrufsabsicht dem Testament im Wege der Auslegung entnommen werden kann (→ Rn. 190). Dies war hier der Fall, denn aus dem mit Orts- und Zeitangabe versehenen und unterschriebenen Vermerk „Das mache ich hiermit rückgängig" auf der Abschrift ergab sich klar die Widerrufsabsicht (vgl. → Rn. 190). 210

Dieser Widerruf könnte jedoch wiederum selbst widerrufen worden sein. In Betracht käme ein Widerruf durch Vernichtung der Testamentsurkunde gem. § 2255 mit der Folge, dass dann im Zweifel das Testament vom 1.2.2010 (in dem S zum Alleinerben eingesetzt wurde) wieder wirksam würde. Problematisch ist insofern zunächst, dass das Verbrennen (= Vernichtung) nicht durch E selbst, sondern durch H erfolgte. Der Erblasser muss die Vernichtungs-/Veränderungshandlung zwar prinzipiell höchstpersönlich vornehmen; er kann sich jedoch einer anderen Person bedienen, die als unselbstständiges, nicht mit eigenem Entscheidungsspielraum ausgestattetes „Werkzeug" in seinem Auftrag und mit seinem Willen die Handlungen vornimmt (→ Rn. 199). Sofern eine solche „Willensbeherrschung" vorliegt, ist es irrelevant, ob der Erblasser bei der tatsächlichen Vernichtung/Veränderung der Testamentsurkunde durch den Dritten persönlich anwesend ist (→ Rn. 199). Problematisch ist hier indes schon, ob tatsächlich eine derartige „Willensbeherrschung" vorlag. Denn E hatte H nicht selbst mit der Vernichtung beauftragt, sondern ihr dies nur durch T übermitteln lassen; zudem war zunächst unklar, welches Dokument überhaupt gemeint war; von einer Weisung der E an einen als bloßes Werkzeug eingesetzten Dritten ohne jeglichen Entschluss- und Handlungsspielraum kann bei einem solchem Ablauf schwerlich gesprochen werden.[65] Dies kann jedoch letztlich dahingestellt bleiben, da die Vernichtung jedenfalls nicht mehr zu Lebzeiten der E erfolgte und schon deshalb keinen wirksamen Widerruf darstellen konnte (→ Rn. 199). Das Widerrufstestament vom 1.3.2018 wurde somit nicht wirksam widerrufen.

63 Vgl. RG v. 21.3.1921 – IV 486/20, RGZ 102, 69, 70.
64 Nach BayObLG v. 7.7.1997 – 1Z BR 118/97, NJW-RR 1997, 1302 = JuS 1998, 178 m. Anm. *Hohloch*.
65 Vgl. OLG München v. 11.4.2011 – 31 Wx 33/11, NJW-RR 2011, 945.

Folglich bleibt es dabei, dass das Testament v. 1.2.2010 wirksam widerrufen wurde, sodass mangels gültiger Verfügung von Todes wegen die gesetzliche Erbfolge eingreift, d.h. T und S werden Erben zu je ½ (§ 1924 Abs. 1, 4).

§ 9 Das gemeinschaftliche Testament

211 **Fall 13:** Die Ehegatten A und B haben ein gemeinschaftliches Testament aufgesetzt, in dem sie sich gegenseitig zu Erben einsetzen und bestimmen, dass nach dem Tod des Überlebenden die Kinder C und D den Nachlass bekommen sollen. Nach dem Tod des A und vor dem Tod der B stirbt das Kind C. Was erben dessen Ehefrau E und seine zwei Kinder K und L und wovon hängt das ab? **Lösung: → Rn. 257**

Fall 14: Die Ehegatten S und T haben in einem gemeinschaftlichen Testament bestimmt, dass, wenn eines der Kinder nach dem Tod des erstverstorbenen Ehegatten seinen Pflichtteil verlangt, es auch nach dem Tod des Überlebenden nur den Pflichtteil verlangen kann. Warum? **Lösung: → Rn. 258**

Fall 15: Die kinderlosen Ehegatten X und Y haben sich in einem gemeinschaftlichen Testament gegenseitig als Erben eingesetzt. Später setzt die Ehefrau Y in einem privatschriftlichen Testament ihre Nichte N zur Alleinerbin ein. Bei einem Autounfall kommen beide Eheleute ums Leben, wobei nicht feststellbar ist, ob einer den anderen kurz überlebte. Ist die Nichte der Y Alleinerbin geworden? **Lösung: → Rn. 259**

Fall 16: F und M heirateten 1981. Am 21.5.1991 errichteten sie ein gemeinschaftliches Testament, indem sie sich gegenseitig zu Alleinerben und ihre beiden gemeinsamen Kinder U und V sowie Tochter W der F aus erster Ehe zu Schlusserben einsetzten. 2003 wurde die Ehe geschieden. Ab 2011 lebten die Eheleute jedoch wieder zusammen, 2015 heirateten sie erneut. 2016 adoptierte M die W im Wege der Erwachsenenadoption. 2018 verstarb M. Nun fragen sich U, V und W, ob das Testament aus dem Jahr 1978 wirksam ist. **Lösung: → Rn. 260**

Literatur: *Baumann*, Zur Bindungswirkung wechselbezüglicher Verfügungen bei gem.§ 2069 ermittelten Ersatzerben, ZEV 1994, 351; *Coester*, Die rechtliche Stellung des überlebenden Ehegatten, JURA 2010, 105; *Czubayko*, Der Tod im Scheidungsverfahren, ZEV 2009, 551; *Giesen*, Der „doppelte" Pflichtteil beim Berliner Testament, ErbR 2018, 13; *Gockel*, Das gemeinschaftliche Testament und die Grenzen der Bindung, ZErb 2012, 72; *Grunsky*, Kein Widerruf wechselbezüglicher letztwilliger Verfügungen bei Testierunfähigkeit des anderen Ehegatten, ErbR 2013, 98; *Jünemann*, Rechtsstellung und Bindung des überlebenden Ehegatten bei vereinbarter Wiederverheiratungsklausel im gemeinschaftlichen Testament, ZEV 2000, 81; *Kellermann*, Die Auswirkung einer Scheidung auf das Ehegattenerbrecht, JuS 2004, 1071; *Kollmeyer*, Umdeutung unwirksamer Verfügungen in gemeinschaftlichen Testamenten, NJW 2018, 662; *Köster*, Das Schicksal des gemeinschaftlichen Testaments nach Auflösung der Ehe: Probleme des § 2268 BGB, JuS 2005, 407; *Langenfeld*, Das Ehegattentestament, FamRZ 1993, 1266; *Olzen*, Letztwillige Verfügungen unter Ehegatten, JuS 2005, 673; *Röthel*, Nachweis des Erbrechts auch durch eigenhändiges gemeinschaftliches Testament, JURA 2016, 1335; *Rudy*, Zur nachträglichen Ergänzung in einem Ehegattentestament, ErbR 2010, 58; *Schneider*, Wie ist der Rücktritt vom Erbvertrag, wie der Widerruf eines gemeinschaftlichen Testaments zu erklären? ZEV 1996, 220; *Schuhmann*, Ist das sog. Berliner Testament wirklich „out"? ErbR 2010, 4; *Seitz/Wobst*, Die Grenzen der Bindungswirkung gemeinschaftlicher Testamente, JuS 2015, 494; *Tanck*, Zur Sittenwidrigkeit von Wiederverheiratungsklausel in gemeinschaftlichen Verfügungen von Todes wegen (Berliner Testament), ZErb 2015, 297; *Tiedtke*, Zur Bindung des überlebenden Ehegatten an das gemeinschaftliche Testament bei Ausschlagung der Erbschaft als eingesetzter, aber Annahme als gesetzlicher Erbe, FamRZ 1991, 1259; *Vollmer*, Gemeinschaftliches Testament und Erbvertrag bei nachträglicher Geschäftsunfähigkeit – Lösungswege bei bindenden Verfügungen, ZErb 2007, 235; *Wellenhofer*, Gemeinschaftliches Ehegattentestament, JuS 2012, 649; *Zacher-Röder*, Wirksamkeit eines Nachtrags bei einem gemeinschaftlichen Testament nach § 2267 BGB; *Zimmer*, Der Widerruf wechselbezüglicher Verfügungen bei Geschäftsunfähigkeit des Widerrufsgegners, ZEV 2007, 159; *ders.*, Erbrecht – Wechselbezügliche Verfügungen beim gemeinschaftlichen Testament, NJW 2009, 2364.

I. Begriff, praktische Relevanz und Rechtsnatur

Ehegatten (§ 2265) und Lebenspartner (§ 10 Abs. 4 S. 1 LPartG) sind erbrechtlich insofern privilegiert, als sie miteinander ein gemeinschaftliches Testament errichten können. In der **Praxis** wird hiervon **sehr häufig** Gebrauch gemacht, denn es ermöglicht den Ehegatten/Lebenspartnern eine gemeinsame Nachlassplanung, ist hinsichtlich der Form privilegiert (→ Rn. 217 ff.) und hat zudem – bei sog. wechselbezüglichen Verfügungen – eine beschränkte Bindungswirkung (→ Rn. 246 ff.).[1] Am beliebtesten ist die Sonderform des sog. Berliner Testaments (→ Rn. 224).[2] **212**

Der **Begriff** und die **Rechtsnatur** des gemeinschaftlichen Testaments sind seit jeher umstritten.[3] Einigkeit besteht aber jedenfalls insoweit, dass es sich nicht um einen Vertrag, sondern um eine **spezielle Form des Testaments** handelt.[4] Allgemeiner Konsens ist ferner, dass **beide** Ehegatten/Lebenspartner jeweils mindestens **eine letztwillige Verfügung** treffen müssen (diese müssen aber nicht notwendig wechselbezüglich sein).[5] Umstritten ist jedoch, welche Anforderungen an die „Gemeinschaftlichkeit" zu stellen sind. Nach der früher herrschenden objektiven Theorie bestand das Wesen des gemeinschaftlichen Testaments darin, dass die letztwilligen Verfügungen mehrerer Personen in einer einzigen Urkunde errichtet werden.[6] Diese Auffassung wird jedoch heute allgemein als zu formalistisch abgelehnt. Nach der heute ganz herrschenden **subjektiven Theorie** ist maßgebliches Kriterium vielmehr der **Wille** der Ehegatten/Lebenspartner, **gemeinsam zu testieren**. Streitig ist jedoch, ob dieser gemeinsame Wille in den Verfügungen irgendwie zum Ausdruck gekommen sein muss. Die streng subjektive Ansicht verneint dies und erachtet es stattdessen für ausreichend, dass die „Gemeinschaftlichkeit" sich aus außertestamentarischen Umständen herleiten lässt.[7] Die herrschende vermittelnde Ansicht fordert hingegen auf der **213**

1 Vgl. *Brox/Walker*, ErbR, 28. Aufl. 2018, § 15 Rn. 5; *Lange*, ErbR, 2. Aufl. 2017, § 16 Rn. 68.
2 Vgl. *Lange*, ErbR, 2. Aufl. 2017, § 16 Rn. 68; MüKoBGB/*Musielak*, 7. Aufl. 2017, Vorbem. §§ 2265 ff. Rn. 19.
3 Überblick zu Entwicklung und Streitstand bei BeckOGK/*Braun* § 2265 Rn. 5 ff.; Staudinger/*Kanzleiter*, 2014, Vorbem. zu §§ 2265 ff. Rn. 11 ff. (jeweils m.w.N.).
4 Vgl. BeckOGK/*Braun* § 2265 Rn. 5; Staudinger/*Kanzleiter*, 2014, Vorbem. zu §§ 2265 ff. Rn. 12.
5 Vgl. BeckOGK/*Braun* § 2265 Rn. 6; Staudinger/*Kanzleiter*, 2014, Vorbem. zu §§ 2265 ff. Rn. 13.
6 So grundlegend RG v. 18.11.1909 – IV 265/08, RGZ 72, 204, 205.
7 Vgl. *Brox/Walker*, ErbR, 28. Aufl. 2018, § 15 Rn. 1, § 16 Rn. 4; Staudinger/*Kanzleiter*, 2014, Vorbem. zu §§ 2265 ff. Rn. 19.

Basis der Andeutungstheorie (→ Rn. 327 f.), dass der Wille der Ehegatten, gemeinsam zu testieren, sich **zumindest andeutungsweise in der Testamentsurkunde manifestiert** hat (sog. Errichtungszusammenhang).[8]

II. Arten

214 In Bezug auf Inhalt und Verhältnis der getroffenen letztwilligen Verfügungen zueinander ist zwischen **drei Arten** gemeinschaftlicher Testamente zu differenzieren:[9]

- Beim **nur äußerlich gemeinschaftlichen Testament** (*testamentum mere simultaneum*) sind die letztwilligen Verfügungen beider Ehegatten/Lebenspartner nur äußerlich in einer Urkunde zusammengefasst, stehen aber inhaltlich in keiner Beziehung zueinander.

  Beispiel: Jeder Ehegatte setzt seine Kinder aus seiner jeweiligen früheren Ehe zu Erben ein.

- Das **gegenseitige gemeinschaftliche Testament** (*testamentum reciprocum*) ist dadurch charakterisiert, dass ein inhaltlicher Zusammenhang zwischen den letztwilligen Verfügungen der Ehegatten/Lebenspartner besteht, z.B. indem diese sich gegenseitig zu Erben einsetzen oder sonst bedenken.

  Beispiel: Der reiche ältere Ehemann und die kaum Vermögen besitzende junge Ehefrau setzen sich gegenseitig als Alleinerben ein. Der Ehemann hätte die Ehefrau aber auch dann als Erbin eingesetzt, wenn sie ihn nicht bedacht hätte.

- Ein **wechselbezügliches gemeinschaftliches Testament** (*testamentum correspectivum*) ist dadurch gekennzeichnet, dass es mindestens eine sog. wechselseitige Verfügung (→ Rn. 239 ff.) enthält, d.h. eine Verfügung, von der anzunehmen ist, dass sie nicht ohne eine bestimmte Verfügung des anderen getroffen worden wäre (vgl. § 2270 Abs. 1).

  Beispiel: Die Ehegatten setzen sich gegenseitig zu Alleinerben ein und bestimmen, dass Erben des Längerlebenden die gemeinsamen Kinder sein sollen (vgl. die Auslegungsregel des § 2270 Abs. 2 → Rn. 243 ff.).

III. Errichtung

1. Errichtungsberechtigte: Ehegatten und Lebenspartner

215 Ein gemeinschaftliches Testament kann **nur durch Ehegatten (§ 2265) und Lebenspartnern (§ 10 Abs. 4 S. 1 LPartG)** errichtet werden. Voraussetzung ist also, dass zum **Zeitpunkt der Errichtung** eine Ehe oder Lebenspartnerschaft bestand, die nicht

8 Vgl. BGH v. 12.3.1953 – IV ZR 131/52, NJW 1953, 698, 699; OLG Braunschweig v. 13.3.2006 – 2 W 121/05, ZEV 2007, 178; OLG München v. 1.12.2011 – 31 Wx 249/10, ZEV 2012, 153; OLG Düsseldorf v. 3.1.2017 – I-3 Wx 55/16, FGPrax 2017, 282 Rn. 18; BeckOGK/*Braun* § 2265 Rn. 19; *Lange*, ErbR, 2. Aufl. 2017, § 16 Rn. 72; MüKoBGB/*Musielak*, 7. Aufl. 2017, Vorbem. §§ 2265 ff. Rn. 11.

9 Vgl. *Brox/Walker*, ErbR, 28. Aufl. 2018, § 15 Rn. 11; Staudinger/*Kanzleiter*, 2014, Vorbem. zu §§ 2265 ff. Rn. 36; *Lange*, ErbR, 2. Aufl. 2017, § 16 Rn. 77 ff.; MüKoBGB/*Musielak*, 7. Aufl. 2017, Vorbem. §§ 2265 ff. Rn. 13 ff.

rechtskräftig für nichtig erklärt, geschieden oder aufgehoben worden ist.[10] Ein von nicht miteinander verheirateten bzw. verpartnerten Personen errichtetes gemeinschaftliches Testament bleibt selbst dann nichtig, wenn sie später heiraten[11].[12]

Für den Fall, dass die zum Zeitpunkt der Errichtung des gemeinschaftlichen Testaments bestehende Ehe bzw. Lebenspartnerschaft **später wegfällt**, gilt die Sonderregelung des **§ 2268**. Nach dessen Abs. 1 ist ein gemeinschaftliches Testament in den Fällen des § 2077 (→ Rn. 373) – also insb. bei späterer Scheidung der Ehe bzw. Aufhebung der Lebenspartnerschaft – seinem ganzen Inhalt nach unwirksam. Nach Abs. 2 bleibt das gemeinschaftliche Testament allerdings ausnahmsweise insoweit wirksam, als anzunehmen ist, dass die Verfügungen auch für diesen Fall getroffen worden wären.[13] **216**

2. Form der Errichtung

a) Allgemeines

Ein gemeinschaftliches Testament kann grundsätzlich **in jeder zulässigen Testamentsform** (→ Rn. 158 ff.) errichtet werden; dabei können die Ehegatten/Lebenspartner auch jeweils eine unterschiedliche Testamentsform verwenden.[14] Für gemeinschaftliche eigenhändige Testamente (→ Rn. 220 ff.) und gemeinschaftliche Nottestamente (→ Rn. 219) sieht das Gesetz aber besondere Privilegierungen vor. **217**

b) Gemeinschaftliches öffentliches Testament

Für das gemeinschaftliche öffentliche Testament gelten die allgemeinen Vorschriften der **§§ 2231 Nr. 1, 2232, 2233 Abs. 2** (→ Rn. 169 ff.).[15] Dabei ist es auch zulässig, dass jeder Ehegatte/Lebenspartner eine andere Variante wählt (z.B. einer eine Erklärung gegenüber dem Notar abgibt und der andere eine Schrift übergibt); Voraussetzung ist allerdings, dass jeder der beiden die Verfügungen des anderen kennt.[16] **218**

c) Gemeinschaftliches Nottestament

Für gemeinschaftliche Nottestamente (§§ 2249-2251) enthält **§ 2266** insofern eine Erleichterung, als sie schon dann errichtet werden können, wenn die Voraussetzungen der §§ 2249, 2250 (→ Rn. 178 ff.) nur bei einem Ehegatten vorliegen (d.h. es genügt z.B., wenn nur bei einem Ehegatten die Gefahr vorzeitigen Ablebens besteht). **219**

---

10 Vgl. *Brox/Walker*, ErbR, 28. Aufl. 2018, § 15 Rn. 5.

11 Bzw. – solange dies möglich war (→ Rn. 118) – eine eingetragene Lebenspartnerschaft begründeten.

12 Vgl. Staudinger/*Kanzleiter*, 2014, § 2265 Rn. 2; *Lange*, ErbR, 2. Aufl. 2017, § 16 Rn. 90; MüKoBGB/*Musielak*, 7. Aufl. 2017, § 2265 Rn. 2; a.A. *Wacke*, FamRZ 2001, 1198.

13 Anschaulicher Beispielsfall aus der Praxis: OLG Düsseldorf v. 10.3.2017 – I-3 Wx 186/16, FamRZ 2017, 1790 (Geltung eines gemeinschaftlichen Testaments nach Scheidung und erneuter Heirat der Testierenden).

14 Vgl. nur Staudinger/*Kanzleiter*, 2014, § 2267 Rn. 3.

15 Vgl. Staudinger/*Kanzleiter*, 2014, § 2267 Rn. 5; *Lange*, ErbR, 2. Aufl. 2017, § 16 Rn. 82.

16 Vgl. Staudinger/*Kanzleiter*, 2014, § 2267 Rn. 5; MüKoBGB/*Musielak*, 7. Aufl. 2017, § 2267 Rn. 4.

d) Gemeinschaftliches eigenhändiges Testament

220 Für gemeinschaftliche eigenhändige Testamente sieht **§ 2267** eine spezielle **Formprivilegierung** vor (→ Rn. 221); alternativ kann es aber auch in der allgemeinen Form des **§ 2247** errichtet werden (→ Rn. 222).[17]

221 Nach **§ 2267 S. 1** genügt es, wenn einer der Ehegatten/Lebenspartner das Testament in der vorgeschriebenen Form errichtet und der andere die gemeinschaftliche Erklärung mitunterzeichnet. Der Mitunterzeichnende soll dabei Zeit und Ort seiner Unterschrift angeben (S. 2); das Fehlen dieser Angaben führt aber nicht zur Unwirksamkeit (§ 2247 Abs. 5 analog).[18] Zulässig ist auch die abwechselnde Niederschrift und deren gemeinsame Unterzeichnung, sofern sämtliche Verfügungen von den Unterschriften beider Ehegatten gedeckt sind.[19] Nicht zulässig ist es hingegen, dass ein Ehegatte vorab „blanko" unterzeichnet.[20]

222 In der Form des **§ 2247** (→ Rn. 161 ff.) ist ein gemeinschaftliches Testament in drei Varianten denkbar[21]: (1) zwei eigenhändig geschriebene und unterschriebene textidentische Testamente, (2) zwei eigenhändig geschriebene und unterschriebene letztwillige Verfügungen auf einem Blatt[22], oder (3) zwei eigenhändig geschriebene und unterschriebene separate, aber aufeinander bezogene Testamente[23].

3. Umdeutung

223 Eine als gemeinschaftliches Testament unwirksame letztwillige Verfügung kann u.U. im Wege der **Umdeutung (§ 140)** als Einzeltestament oder Erbvertrag aufrechterhalten werden.[24] Voraussetzung dafür ist, dass die betreffende Verfügung den Formerfordernissen eines Einzeltestaments bzw. Erbvertrags entspricht und anzunehmen ist, dass der Erblasser in Kenntnis der Nichtigkeit als gemeinschaftliches Testament einen Erbvertrag bzw. ein Einzeltestament errichtet hätte. Entgegen einer teilweise vertretenen Ansicht[25] kommt eine Umdeutung grundsätzlich auch bei wechselbezüglichen Verfügungen in Betracht; die Auslegungsregel des § 2270 Abs. 1 steht dem nicht entgegen, da sie nur dispositiver Natur ist.[26]

---

17 Vgl. *Brox/Walker*, ErbR, 28. Aufl. 2018, § 15 Rn. 2; Staudinger/*Kanzleiter*, 2014, § 2267 Rn. 11 f.; MüKoBGB/*Musielak*, 7. Aufl. 2017, § 2267 Rn. 17; *Lange*, ErbR, 2. Aufl. 2017, § 16 Rn. 84.

18 Vgl. OLG Düsseldorf v. 3.1.2017 – I-3 Wx 55/16, FGPrax 2017, 128 Rn. 17; Staudinger/*Kanzleiter*, 2014, § 2267 Rn. 15.

19 Vgl. LG München I v. 29.7.1996 – 16 T 7591/96, FamRZ 1998, 1391; BeckOGK/*Braun* § 2267 Rn. 9; Staudinger/*Kanzleiter*, 2014, § 2267 Rn. 15; *Lange*, ErbR, 2. Aufl. 2017, § 16 Rn. 84; a.A. MüKoBGB/*Musielak*, 7. Aufl. 2017, § 2267 Rn. 22.

20 Vgl. OLG Hamm v. 19.10.1992 – 15 W 235/92, NJW-RR 1993, 269.

21 Vgl. BeckOGK/*Braun* § 2267 Rn. 40 ff.

22 Beispiel: LG Mainz v. 4.5.2000 – 8 T 304/99, MittRhNotK 2000, 347, 348.

23 Vgl. BGH v. 12.3.1953 – IV ZR 131/52, NJW 1953, 698 f.; OLG Zweibrücken v. 17.7.2000 – 3 W 82/02, ZEV 2002, 414.

24 Vgl. dazu BeckOGK/*Braun* § 2267 Rn. 71 f.; *Lange*, ErbR, 2. Aufl. 2017, § 16 Rn. 87 ff. (jeweils m.w.N.).

25 Vgl. KG v. 5.12.1968 – 1 W 4146/68, NJW 1969, 798; OLG Düsseldorf v. 9.12.1996 – 3 Wx 335/96, FamRZ 1997, 518; OLG Hamm v. 25.4.1996 – 15 W 379/95, NJW-RR 1996, 1290; s. ferner (allerdings weiter diff.) *Kollmeyer* NJW 2018, 662 ff.

26 Vgl. OLG München v. 23.7.2014 – 31 Wx 204/14, NJW-RR 2014, 1354, 1355; OLG Düsseldorf v. 19.2.2016 – I-3 Wx 40/14, FGPrax 2016, 176, 177 f.; BeckOGK/*Braun* § 2265 Rn. 68; Staudinger/*Kanzleiter*, 2014, § 2265 Rn. 10 f.

IV. Gegenseitige Erbeinsetzung (sog. Berliner Testament)

1. Gestaltungsoptionen

Wenn Ehegatten[27] ein gemeinschaftliches Testament errichten, wollen sie häufig, dass zunächst der Längerlebende den zuerst Versterbenden beerbt und das Vermögen anschließend den gemeinsamen Kindern oder einem anderen nahestehenden Dritten zufällt. Um dieses Ergebnis zu erreichen, sind grundsätzlich zwei Konstruktionen denkbar:[28] **224**

- Bei der **Trennungslösung** setzt jeder Ehegatte den anderen als Vorerben und den Dritten als Nacherben (§ 2100) sowie für den Fall, dass der andere Ehegatte zuerst sterben sollte, als Ersatzerben (§§ 2096, 2102 Abs. 2) ein. Wenn der eine Ehegatte stirbt, wird der andere Vorerbe und der Dritte Nacherbe. Mit dem Tod des längerlebenden Ehegatten tritt der Nacherbfall ein; der Dritte erhält dann den Nachlass des zuerst versterbenden Ehegatten als Vorerbe und den Nachlass des letztversterbenden Ehegatten als Vollerbe. Die Vermögensmassen bleiben also getrennt. (Zu Vor- und Nacherbschaft ausf. → Rn. 746 ff.; zum Ersatzerben → Rn. 739 ff.)

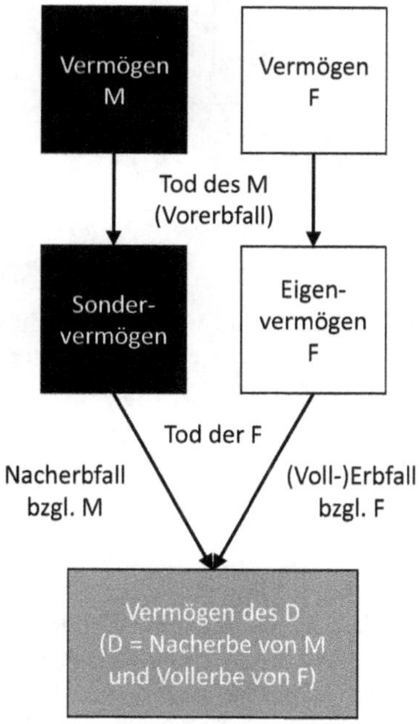

- Bei der **Einheitslösung** setzt jeder Ehegatte den anderen als Vollerben ein und den Dritten als Schlusserben des Längerlebenden. Wenn der eine Ehegatte stirbt,

27 Die nachfolgenden Ausführungen gelten – soweit nicht anders vermerkt – entsprechend auch für gemeinschaftliche Testamente von Lebenspartnern (vgl. auch § 10 Abs. 4 S. 2 LPartG).

28 Vgl. BeckOGK/*Braun* § 2269 Rn. 6 ff.; *Brox/Walker*, ErbR, 28. Aufl. 2018, § 15 Rn. 12; *Lange*, ErbR, 2. Aufl. 2017, § 16 Rn. 95 ff.; MüKoBGB/*Musielak*, 7. Aufl. 2017, § 2269 Rn. 1 ff.; *Schlüter/Röthel*, ErbR, 17. Aufl. 2015, § 22 Rn. 41 f.

wird der andere also dessen Vollerbe, das Vermögen beider verschmilzt zu einer Einheit. Verstirbt dann auch der längerlebende Ehegatte, so erbt der Dritte dieses einheitliche Vermögen als Voll- und Schlusserbe. Man bezeichnet diese Konstruktion auch als **Berliner Testament**.[29]

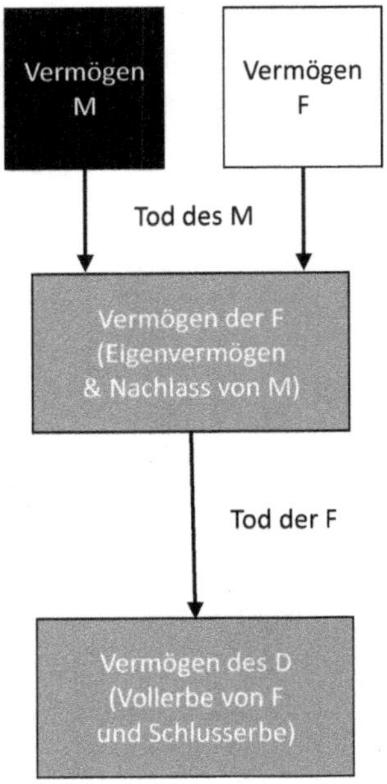

225 Daneben kommt noch ein sog. **Nießbrauchsvermächtnis** in Betracht: Hier setzt jeder Ehegatte den Dritten als Vollerben ein und belastet diese Erbschaft mit einem Nießbrauchsvermächtnis (§ 1089 i.V.m. §§ 1085 ff., §§ 2147 ff., → Rn. 912) zugunsten des anderen Ehegatten.[30]

2. Vor- und Nachteile von Trennungs- und Einheitslösung

a) Rechtsstellung des überlebenden Ehegatten

226 Bei der **Trennungslösung** wird der überlebende Ehegatte nur **Vorerbe** des Erstversterbenden und unterliegt somit – je nach Ausgestaltung der Vorerbschaft (→ Rn. 758 ff.) – mehr oder weniger starken Verfügungsbeschränkungen. Bei der **Einheitslösung** hingegen wird der überlebende Ehegatte **Vollerbe** des Erstversterben und kann somit grundsätzlich völlig frei über das zur Einheit verschmolzene Vermögen verfügen; sofern die Schlusserbeneinsetzung wechselbezüglich ist, sind allerdings die erbrechtlichen Restriktionen im Falle solcher wechselbezüglicher Verfügungen (→ Rn. 246) zu beachten.

29 Vgl. *Lange,* ErbR, § 16 Rn. 108; MüKoBGB/*Musielak,* 7. Aufl. 2017, § 2269 Rn. 11.
30 Vgl. BeckOGK/*Braun* § 2269 Rn. 9; MüKoBGB/*Musielak,* 7. Aufl. 2017, § 2269 Rn. 4.

b) Rechtsstellung des Dritten

Bei der **Trennungslösung** wird der Dritte mit dem Tod des Erstversterbenden (= Vorerbfall) dessen Nacherbe; als solchem steht ihm ein **Anwartschaftsrecht** zu (→ Rn. 796 ff.). Bei der **Einheitslösung** hat er hingegen bis zum Tod des Letztversterbenden **keine gesicherte Rechtsposition**. 227

c) Pflichtteil

aa) Pflichtteil bei der Trennungslösung. Wenn der Dritte (wie z.B. ein gemeinsames Kind) gem. § 2303 pflichtteilsberechtigt ist (→ Rn. 621 ff.), so kann er bei der Trennungslösung nach dem Tod des Erstversterbenden **nur** dann den **Pflichtteil** verlangen, wenn er die Nacherbschaft **ausschlägt** (vgl. § 2306, → Rn. 652 ff.). 228

bb) Pflichtteil bei der Einheitslösung. Anders bei der Einheitslösung: Hier ist der pflichtteilsberechtigte Dritte durch Verfügung von Todes wegen von der Erbfolge nach dem Erstversterbenden ausgeschlossen und kann deshalb den Pflichtteil verlangen, **ohne ausschlagen** zu müssen. Nach dem Schlusserbfall wird er dann aber gleichwohl Vollerbe des Letztversterbenden und könnte somit letztlich doppelt vom Nachlass des Erstversterbenden profitieren. 229

Um dieses typischerweise als unfair empfundene Ergebnis zu korrigieren, wird in der Praxis häufig eine sog. **Pflichtteilsstrafklausel** (Verwirkungsklausel)[31] aufgenommen. Darunter versteht man eine Klausel, nach welcher der Dritte sein Erbrecht verlieren soll, wenn er nach dem ersten Erbfall den Pflichtteil verlangt.[32] Letztlich wird die Schlusserbschaft damit unter eine auflösende Bedingung i.S.v. § 2075 gestellt.[33] Wegen des Strafcharakters einer solchen Klausel verlangt die h.M. als Voraussetzung für ihr Eingreifen jedoch ein subjektives Element; hierfür reicht allerdings schon ein bewusster Ungehorsam, d.h. dass der Pflichtteilsberechtigte den Pflichtteil ernsthaft und in Kenntnis der Klausel fordert.[34] 230

Durch eine solche Klausel lässt sich allerdings nicht verhindern, dass der Dritte wirtschaftlich einen „doppelten Pflichtteil" – einmal nach dem Tod des Erstversterbenden und einmal nach dem Letztversterbenden (zu dessen Vermögen der Nachlass des Erstversterbenden gehört) erhält.[35] Eine wirtschaftliche Gleichstellung der Abkömmling, die ihren Pflichtteil verlangen, mit den anderen lässt sich nur durch eine sog. **Jastrow'sche Klausel** erreichen: Für den Fall, dass einer von mehreren Pflichtteilsberechtigten seinen Pflichtteil verlangt, werden den anderen entsprechende Geldvermächtnisse (in Höhe des Pflicht- oder Erbteils) als Vorausvermächtnisse (→ Rn. 911) 231

---

31 S. zu Verwirkungsklauseln auch noch → Rn. 475.

32 Vgl. BGH v. 2.6.2016 – V ZB 3/14, ZEV 2016, 635 Rn. 8; MüKoBGB/*Musielak*, 7. Aufl. 2017, § 2269 Rn. 65.

33 Vgl. BGH v. 2.6.2016 – V ZB 3/14, ZEV 2016, 635 Rn. 10; MüKoBGB/*Musielak*, 7. Aufl. 2017, § 2269 Rn. 65.

34 Vgl. BayObLG v. 20.3.1990 – 1a Z 65/88, NJW-RR 1990, 969, 970; KG v. 9.9.1997 – 1 W 678/96, FamRZ 1998, 124, 127; OLG München v. 29.3.2006 – 31 Wx 7/06, FGPrax 2006, 123, 125; Staudinger/*Kanzleiter*, 2014, § 2269 Rn. 58a; *Lange*, ErbR, 2. Aufl. 2017, § 16 Rn. 101; MüKoBGB/*Musielak*, 7. Aufl. 2017, § 2269 Rn. 65.

35 Vgl. *Brox/Walker*, ErbR, 28. Aufl. 2018, § 15 Rn. 13; *Mayer* MittBayNot 1996, 80, 81.

aus dem Vermögen des erstversterbenden Ehegatten ausgesetzt, die aber erst mit dem Tod des Längerlebenden fällig werden.[36]

232 Gänzlich verhindern lässt sich die Geltendmachung von Pflichtteilsansprüche allerdings nur durch den Abschluss eines **Erbvertrags**, in dem die Abkömmlinge auf ihren Pflichtteil verzichten.[37]

d) Wiederverheiratungsklauseln

233 **aa) Zweck und Gestaltungsoptionen.** Um zu verhindern, dass das Vermögen im Falle der Wiederheirat des überlebenden Ehegatten in seine neue Familie abwandert, werden häufig sog. Wiederverheiratungsklauseln aufgenommen.[38] Darunter versteht man die Anordnung, dass der überlebende Ehegatte im Falle seiner **Wiederheirat** den Nachlass des Erstverstorbenen ganz oder teilweise den als Erben eingesetzten Dritten (regelmäßig den Kindern des Erstverstorbenen) herauszugeben hat.[39] In Betracht kommen im Wesentlichen folgende drei Gestaltungsvarianten für den Fall der Wiederheirat:[40] (i) der überlebende Ehegatte muss den Nachlass des Erstverstorbenen an die gemeinsamen Abkömmlinge herausgeben; (ii) der überlebende Ehegatte muss sich nach den Regeln der gesetzlichen Erbfolge mit den Abkömmlingen auseinandersetzen, (iii) den Abkömmlingen wird ein Vermächtnis ausgesetzt.

234 **bb) Konsequenzen bei der Trennungslösung.** Bei der Trennungslösung bewirkt die Wiederverheiratungsklausel letztlich nur die **Erweiterung der Bedingung** für den Eintritt des **Nacherbfalls**: dieser tritt nicht mehr nur im Falle des Todes des Überlebenden ein, sondern auch im Falle seiner **Wiederheirat**.[41] Eine solche „alles oder nichts"-Lösung wird indes vielfach als nicht angemessen empfunden. Deshalb kann z.B. auch angeordnet werden, dass der Eintritt der Nacherbfolge im Falle der Wiederverheiratung auf einen Bruchteil (z.B. den gesetzlichen Erbteil) beschränkt ist und der Ehegatte im Übrigen Vollerbe wird.[42]

235 **cc) Konsequenzen bei der Einheitslösung.** Im Falle der Einheitslösung bewirkt eine Wiederverheiratungsklausel nach h.M.[43], dass der überlebende Ehegatte **auflö-**

36 Vgl. grundlegend *Jastrow* DNotZ 1904, 424; s. weiter *Emrich* ErbR 2018, 13, 14; *Mayer* ZEV 1995, 136 ff.; *Wenckstern* RabelsZ 82 (2018) 299, 307 ff.; MüKoBGB/*Musielak*, 7. Aufl. 2017, § 2269 Rn. 67 m.w.N.

37 Vgl. MüKoBGB/*Musielak*, 7. Aufl. 2017, § 2269 Rn. 67.

38 Ausf. zu Zweck und Gestaltungsoptionen von Wiederverheiratungsklauseln *Völzmann* RNotZ 2012, 1 ff.

39 Vgl. MüKoBGB/*Musielak*, 7. Aufl. 2017, § 2269 Rn. 47 m.w.N.

40 Vgl. Staudinger/*Kanzleiter* § 2269 Rn. 40 m.w.N.

41 Vgl. MüKoBGB/*Musielak*, 7. Aufl. 2017, § 2269 Rn. 49; *Völzmann* RNotZ 2012, 1, 6.

42 Vgl. *Kössinger* in: Nieder/Kössinger, Handbuch der Testamentsgestaltung, 5. Aufl. 2017, § 14 Rn. 117; *Lange*, ErbR, 2. Aufl. 2017, § 16 Rn. 117; *Völzmann* RNotZ 2012, 1, 6.

43 Vgl. RG v. 25.11.1937 – IV B 34/37, RGZ 156, 172, 180 ff.; BGH v. 6.11.1985 – IVa ZB 5/85, NJW 1988, 59, 60; OLG Zweibrücken v. 14.3.2011 – 3 W 150/10, ZEV 2011, 661; OLG Celle v. 4.10.2012 – 6 W 180/12, ZEV 2013, 40, 41; OLG Köln v. 10.11.2016 – 2 Wx 534/16, ZEV 2017, 96 Rn. 7; OLG Düsseldorf v. 9.2.2017 – I-3 Wx 279/16, FamRZ 2017, 1428 Rn. 21; *Brox/Walker*, ErbR, 28. Aufl. 2018, § 15 Rn. 16; Staudinger/*Kanzleiter*, 2014, § 2269 Rn. 42; Erman/*S. Kappler/T. Kappler*, 15. Aufl. 2017, § 2269 Rn. 14; *Lange*, ErbR, 2. Aufl. 2017, § 16 Rn. 118; abw. jedoch (auflösend bedingte Vorerbschaft i.V.m. aufschiebend bedingter Vollerbschaft, wobei die Bedingung die Nichtheirat ist): *Jünemann* ZEV 2000, 81, 84; *Leipold*, ErbR, 21. Aufl. 2016, Rn. 480; MüKoBGB/*Musielak*, 7. Aufl. 2017, § 2269 Rn. 54 ff.; *Völzmann* RNotZ 2012, 1, 10.

send bedingter Vollerbe und zugleich **aufschiebend bedingter Vorerbe** wird. Der Wiederheirat kommt somit eine doppelte Bedeutung zu: Sie ist zum einen auflösende Bedingung (§ 158 Abs. 2) der Vollerbschaft, zum anderen aufschiebende Bedingung (§ 158 Abs. 1) für den Eintritt der Vorerbschaft. Als aufschiebend bedingter Vorerbe unterliegt der überlebende Ehegatte nach h.M. den Beschränkungen der §§ 2113 ff. (→ Rn. 759 ff.).[44] Ob und inwieweit er ggf. von diesen Beschränkungen befreit ist, ist eine Frage der Testamentsauslegung (→ Rn. 323 ff.).[45] Insofern empfiehlt sich für die Praxis, dies ggf. klar zu regeln.

dd) Konsequenzen für die Verfügungsfreiheit des überlebenden Ehegatten. Eine Wiederverheiratungsklausel hat schließlich auch Bedeutung für die Verfügungsfreiheit des überlebenden Ehegatten. Sowohl bei der Trennungs- als auch bei der Einheitslösung tritt mit der Wiederheirat die Bedingung für den Nacherbfall ein, d.h. es steht fest, dass der überlebende Ehegatte (insgesamt oder ggf. auch nur teilweise) nur Vorerbe war. Nach h.M. erlangt er deshalb mit der Wiederheirat – quasi als Kompensation für den Verlust seiner Beteiligung am Nachlass des Erstversterbenden – insoweit seine **Verfügungsfreiheit zurück** und kann wieder völlig frei testieren.[46] Seine im gemeinschaftlichen Testament getroffenen letztwilligen Verfügungen treten allerdings nach h.M. im Zweifel nicht automatisch außer Kraft, sondern bleiben bestehen, bis er sie widerruft.[47] 236

ee) Sonderproblem: Sittenwidrigkeit. Seit der sog. „Hohenzollern-Entscheidung" des BVerfG[48] wird sehr kontrovers diskutiert, ob und unter welchen Umständen Wiederverheiratungsklauseln ggf. sittenwidrig sind, weil sie die durch Art. 6 Abs. 1 GG geschützte Eheschließungsfreiheit des Längerlebenden unzulässig beeinträchtigen. Im Einzelnen ist hier vieles streitig.[49] Letztlich bedarf es insofern wohl einer Gesamtwürdigung der objektiven Wirkung der Klausel und der subjektiven Zwecksetzung sowie der sonstigen Situation.[50] 237

---

44 Vgl. OLG Celle v. 4.10.2012 – 6 W 180/12, ZEV 2013, 40, 41; OLG Köln v. 10.11.2016 – 2 Wx 534/16, ZEV 2017, 96 Rn. 7; BeckOGK/*Braun* § 2269 Rn. 57.9; Staudinger/*Kanzleiter,* 2014, § 2269 Rn. 43; *Lange,* ErbR, 2. Aufl. 2017, § 16 Rn. 118.

45 Vgl. OLG Celle v. 4.10.2012 – 6 W 180/12, ZEV 2013, 40, 41; OLG Köln v. 10.11.2016 – 2 Wx 534/16, ZEV 2017, 96 Rn. 7; BeckOGK/*Braun* § 2269 Rn. 57.9; Staudinger/*Kanzleiter,* 2014, § 2269 Rn. 44; *Lange,* ErbR, 2. Aufl. 2017, § 16 Rn. 118. Vgl. ferner auch BGH v. 18.1.1961 – V ZR 83/59, FamRZ 1961, 275, 277.

46 Vgl. OLG Zweibrücken v. 14.11.2012 – 1 U 195/11, ZEV 2013, 395; KG v. 4.12.2015 – 6 W 87/15, FamRZ 2016, 1309 Rn. 11; Staudinger/*Kanzleiter,* 2014, § 2269 Rn. 49; Erman/*S. Kappler/T. Kappler,* 15. Aufl. 2017, § 2269 Rn. 16; MüKoBGB/*Musielak,* 7. Aufl. 2017, § 2269 Rn. 62 m.w.N.

47 Vgl. dazu näher und mit Überblick zum Streitstand Staudinger/*Kanzleiter*, 2014, § 2269 Rn. 50 m.w.N.

48 Vgl. BVerfG v. 22.3.2004 – 1 BvR 2248/01, NJW 2004, 2008.

49 Vgl. zum Ganzen BeckOGK/*Braun* § 2269 Rn. 57.1 ff.; *Keim,* FamRZ 2017, 502, 507; MüKoBGB/*Musielak,* 7. Aufl. 2017, § 2269 Rn. 47; *Tanck,* ZErb 2015, 297 ff. (jeweils m.w.N.).

50 Vgl. BeckOGK/*Braun* § 2269 Rn. 57.2. Das OLG Zweibrücken in einem Urteil v. 15.10.2014 (5 U 19/13, DNotZ 2015, 691) die Sittenwidrigkeit einer Wiederverheiratungsklausel angenommen, die den überlebenden Ehegatten für den Fall der Wiederverheiratung mit einem Vermächtnis zugunsten der Abkömmlinge des Erstversterbenden i.H.d. Werts des Nachlasses des Erstversterbenden belastete; allerdings gelangte es dann im Wege der ergänzenden Testamentsauslegung (→ Rn. 335 ff.) zu dem Ergebnis, dass der Vermächtnisanspruch nur in der Höhe bestehe, die dem überlebenden Ehegatten den Nachlasswert i.H.d. Pflichtteils belasse.

3. Vorrang der Auslegung und Auslegungsregeln

238 Ob im konkreten Fall die Einheits- oder Trennungslösung gewollt ist, ist im Wege der **Auslegung** des gemeinschaftlichen Testaments (→ Rn. 377 ff.) zu ermitteln. Nur dann, wenn die Auslegung zu keinem eindeutigen Ergebnis führt, greift die **Auslegungsregel des § 2269 Abs. 1**[51]: Danach gilt im Zweifel das Einheitsprinzip. Entsprechendes gilt für die ergänzende Auslegungsregel des § 2269 Abs. 2, wonach ein erst nach dem Tode des Überlebenden zu erfüllendes Vermächtnis im Zweifel erst mit dem Tod des Überlebenden anfallen soll.

V. Wechselbezügliche Verfügungen

1. Begriff der wechselbezüglichen Verfügung

239 Wechselbezüglich (korrespektiv) sind gem. **§ 2270 Abs. 1** Verfügungen, von denen anzunehmen ist, dass die Verfügung des einen Ehegatten nicht ohne die Verfügung des anderen Ehegatten getroffen sein würde. Die Verfügungen müssen nach dem Willen der Eheleute so eng miteinander verbunden sein, dass sie nach dem beiderseitigen Willen **„miteinander stehen und fallen“** sollen.[52]

240 Wechselbezügliche Verfügungen können gem. **§ 2270 Abs. 3** nur sein: **Erbeinsetzungen** (→ Rn. 728 ff.), **Vermächtnisse** (→ Rn. 900 ff.), **Auflagen** (→ Rn. 937 ff.) und **Rechtswahlerklärungen** (→ Rn. 1481 ff., 1493, 1496).

241 Ihrem Wortlaut nach erfassen §§ 2270, 2271 nur den Fall der gegenseitigen Abhängigkeit. Nach zutr. h.M. ist es aber auch möglich und zulässig, dass nur die Verfügung des einen Ehegatten von der des anderen abhängig ist, aber nicht umgekehrt; im Fall einer sog. **einseitigen Wechselbezüglichkeit** gelten §§ 2270, 2271 analog.[53]

2. Feststellung der Wechselbezüglichkeit

242 Ob Wechselbezüglichkeit vorliegt, ist nach **allgemeinen Auslegungsgrundsätzen** (→ Rn. 377 ff.) für jede Verfügung gesondert zu ermitteln, wobei der übereinstimmende Wille der Ehegatten zum Zeitpunkt der Testamentserrichtung maßgeblich ist.[54]

---

51 Vgl. BGH v. 15.12.1956 – IV ZR 101/56, NJW 1957, 422, 423; BGH v. 8.11.1972 – IV ZR 123/70, WM 1973, 41; BayObLG v. 8.10.1991 – 1 Z 34/91, NJW-RR 1992, 200, 201; OLG Köln v. 1.4.2014 – 3 U 165/13, BeckRS 2014, 08904; BeckOGK/*Braun* § 2269 Rn. 32; Staudinger/*Kanzleiter,* 2014, § 2269 Rn. 26; MüKoBGB/*Musielak,* 7. Aufl. 2017, § 2269 Rn. 6.

52 Vgl. Prot. V, 451; BGH v. 16.1.2002 – IV ZB 20/01, NJW 2002, 1126, 1127; BGH v. 25.5.2016 – IV ZR 205/15, NJW 2016, 2566 Rn. 21.

53 Vgl. BeckOGK/*Braun* § 2270 Rn. 16; Staudinger/*Kanzleiter,* 2014, § 2270 Rn. 5; MüKoBGB/*Musielak,* 7. Aufl. 2017, § 2270 Rn. 3 m.w.N.

54 Vgl. BGH v. 16.6.1987 – IVa ZR 74/86, NJW-RR 1987, 1410; OLG Düsseldorf v. 11.9.2014 – I-3 Wx 128/13, ZEV 2015, 222, 223; OLG München v. 8.11.2016 – 31 Wx 224/16, DNotZ 2017, 215 Rn. 11.

Nur dann, wenn der Wille der Ehegatten im Wege der Auslegung nicht zuverlässig festgestellt werden kann, ist die **Auslegungsregel des § 2270 Abs. 2** heranzuziehen.[55] Danach ist Wechselbezüglichkeit im Zweifel in zwei Fallkonstellationen anzunehmen: (i) wenn sich die Eheleute gegenseitig bedacht haben, oder (ii) wenn der eine Ehegatte vom anderen durch eine Verfügung eine Zuwendung bekommen hat und er dafür – quasi als Gegenleistung – eine Verfügung zugunsten einer Person trifft, die mit dem anderen Ehegatten verwandt ist oder ihm sonst nahe steht. Beide Fallkonstellationen könne auch miteinander verbunden werden[56], z.B. indem die Ehegatten sich gegenseitig bedenken und zusätzlich bestimmen, dass ein mit beiden verwandter oder beiden nahestehender Dritter Erbe des Letztversterbenden werden soll. Der Begriff „verwandt" ist i.S.d. Legaldefinition des § 1589 zu verstehen.[57] Wer eine „sonst nahestehende Person" ist, ist anhand der konkreten Umstände des Einzelfalls zu bestimmen[58], wobei ein strenger Maßstab angelegt werden muss, um die Vermutung nicht zur gesetzlichen Regel werden zu lassen[59]. Umstritten ist, ob auch juristische Personen bzw. Personengesellschaften „nahestehende Personen" sein können[60]; zumindest für den Fall einer von den Eheleuten von Todes wegen errichteten Stiftung, mit der diese ihr Lebenswerk fortgesetzt wissen wollen, wird man dies jedoch bejahen müssen[61]. 243

Beispiel 1: Die Eheleute X und Y setzen sich in ihrem gemeinschaftlichen Testament gegenseitig als Alleinerben und als Schlusserben die gemeinsamen Kinder ein. Die gegenseitige Einsetzung zum Alleinerben ist gem. § 2270 Abs. 2 Alt. 2 im Zweifel wechselbezüglich. Die Einsetzung der gemeinsamen Kinder als Schlusserben steht dagegen regelmäßig nicht im Verhältnis der Wechselbezüglichkeit zueinander, da nach der allgemeinen Lebenserfahrung nicht anzunehmen ist, dass ein Ehegatte die gemeinsamen Kinder nur deshalb testamentarisch bedenkt, weil es auch der andere tut.[62] 244

Beispiel 2: M und F setzen sich in ihrem gemeinschaftlichen Testament gegenseitig als Alleinerben und die Schwester Z von F als Schlusserbin ein. Sofern die Auslegung des Testaments zu keinem eindeutigen Ergebnis führt, ist gem. § 2270 Abs. 2 im Zweifel anzunehmen, dass die Erbeinsetzung der Z als Schlusserbin zwar wechselbezüglich zur Erbeinsetzung des M, aber nicht zur Erbeinsetzung der F ist (denn ein Verwandtschaftsverhältnis besteht nur zwischen F und Z). Je nach den Umständen des Einzelfalls könnte Z allenfalls eine „sonst nahestehende Person" des M sein; hierfür genügt die bloße Schwägerschaft jedoch grundsätzlich nicht[63]. 245

---

55 Vgl. BGH v. 16.6.1987 – IVa ZR 74/86, NJW-RR 1987, 1410, 1411; OLG Düsseldorf v. 11.9.2014 – I-3 Wx 128/13, ZEV 2015, 222, 223; OLG München v. 8.11.2016 – 31 Wx 224/16, DNotZ 2017, 215 Rn. 12.

56 Vgl. BeckOGK/*Braun* § 2270 Rn. 64; MüKoBGB/*Musielak*, 7. Aufl. 2017, § 2270 Rn. 12.

57 Vgl. BeckOGK/*Braun* § 2270 Rn. 57; MüKoBGB/*Musielak*, 7. Aufl. 2017, § 2270 Rn. 13.

58 Vgl. BayObLG v. 13.12.1982 – 1 Z 98/82, BayObLGZ 1982, 474, 478; OLG Koblenz v. 13.12.2006 – 2 U 80/06, NJW-RR 2007, 1599, 1600; BeckOGK/*Braun* § 2270 Rn. 61; MüKoBGB/*Musielak*, 7. Aufl. 2017, § 2270 Rn. 13.

59 Vgl. BayObLG v. 13.12.1982 – 1 Z 98/82, BayObLGZ 1982, 474, 478; OLG Hamm v. 10.12.2009 – 15 Wx 344/08, FGPrax 2010, 136, 137; OLG Koblenz v. 13.12.2006 – 2 U 80/06, NJW-RR 2007, 1599, 1600; OLG Hamm v. 6.10.2014 – 10 W 194/13, BeckRS 2016, 01420; BeckOGK/*Braun* § 2270 Rn. 61; MüKoBGB/*Musielak*, 7. Aufl. 2017, § 2270 Rn. 13.

60 Vgl. zur Problematik etwa BeckOGK/*Braun* § 2270 Rn. 62 m.w.N.

61 Vgl. OLG München v. 1.10.1999 – 23 W 1996/99, ZEV 2000, 104; *Lange*, ErbR, 2. Aufl. 2017, § 16 Rn. 132.

62 Vgl. BeckOGK/*Braun* § 2270 Rn. 63; MüKoBGB/*Musielak*, 7. Aufl. 2017, § 2270 Rn. 13.

63 Vgl. BGH v. 16.1.2002 – IV ZB 20/01, NJW 2002, 1126; OLG Frankfurt v. 4.5.2012 – 8 U 62/11, ZEV 2012, 265, 267.

3. Folgen der Wechselbezüglichkeit

a) Unwirksamkeit einer Verfügung

246 Relevanz hat die Wechselbezüglichkeit zunächst im Falle der Nichtigkeit oder des Widerrufs einer Verfügung: Gem. **§ 2270 Abs. 1** ist dann kraft Gesetzes auch die **korrespondierende Verfügung des anderen Ehegatten unwirksam**. Die Ursache der Nichtigkeit (z.B. Formfehler, Testierunfähigkeit, Anfechtung) ist dabei irrelevant.[64]

b) Widerruf

247 Weiterhin hat die Wechselbezüglichkeit zur Folge, dass das **Recht zum Widerruf eingeschränkt** ist: Zu Lebzeiten des anderen Ehegatten bedarf er einer speziellen Form (→ Rn. 248 f.), nach dessen Tod ist er gänzlich ausgeschlossen (→ Rn. 250 ff.).

248 **aa) Zu Lebzeiten des anderen Ehegatten.** Zu Lebzeiten des anderen Ehegatten kann ein Ehegatte eine wechselbezügliche Verfügung zwar grundsätzlich frei widerrufen, der Widerruf bedarf jedoch gem. **§ 2271 Abs. 1 S. 1** der für den Rücktritt vom Erbvertrag geltenden **Form des § 2296**, d.h. er muss durch eine persönliche notariell beurkundete Erklärung gegenüber dem anderen Ehegatten erfolgen. Dadurch soll verhindert werden, dass ein Ehegatte seine Verfügung heimlich widerruft.[65] Mit dem wirksamen Widerruf erlischt gem. § 2270 Abs. 1 auch die wechselbezügliche Verfügung des anderen Ehegatten.

249 Die Ehegatten können ihre wechselbezüglichen Verfügungen aber selbstverständlich auch **gemeinsam widerrufen**.[66] Dabei sind grundsätzlich sämtliche Widerrufsformen zulässig, die auch bei einem „normalen" Testament zulässig sind, nur müssen eben – um „Heimlichkeiten" zu verhindern – beide Ehegatten gemeinschaftlich handeln. Möglich sind somit: ein gemeinschaftliches Widerrufstestament (§ 2254), eine widersprechende Verfügung in einem gemeinschaftlichen Testament (§ 2258) oder Erbvertrag (§ 2289), durch gemeinschaftliche Vernichtung oder Veränderung gem. § 2255 oder durch gemeinschaftliche Rücknahme aus der amtlichen Verwahrung (§§ 2272, 2256).[67]

Die formlose Zustimmung zu einer neuen (einseitigen) Verfügung von Todes wegen des anderen Ehegatten[68] bzw. die nachträgliche Zustimmung zur Vernichtung des gemeinschaftlichen Testaments[69] ist nicht ausreichend. Eine notariell beurkundete Zustimmungserklärung reicht nur aus, wenn Vermächtnisse oder Auflagen aufgehoben werden (*argumentume* § 2291).[70] Ein

---

64 Vgl. Erman/*S. Kappler/T. Kappler*, 15. Aufl. 2017, § 2270 Rn. 8; *Lange*, ErbR, 2. Aufl. 2017, § 16 Rn. 133.
65 Vgl. BGH v. 13.7.1959 – V ZB 4/59, NJW 1959, 1730, 1731; BeckOGK/*Braun* § 2271 Rn. 17; Erman/*S. Kappler/T. Kappler*, 15. Aufl. 2017, § 2271 Rn. 3.
66 Vgl. BeckOGK/*Braun* § 2271 Rn. 17; MüKoBGB/*Musielak*, 7. Aufl. 2017, § 2271 Rn. 5.
67 Vgl. BeckOGK/*Braun* § 2271 Rn. 18 ff. m.w.N.
68 Vgl. OLG Karlsruhe v. 8.7.1998 – 6 U 138/96, NJWE-FER 1999, 14; MüKoBGB/*Musielak*, 7. Aufl. 2017, § 2271 Rn. 5 m.w.N.
69 Vgl. Palandt/*Weidlich*, 78. Aufl. 2019, § 2255 Rn. 13; MüKoBGB/*Musielak*, 7. Aufl. 2017, § 2271 Rn. 13; a.A.: *R. Schmidt* MDR 1951, 321, 325, der der Gegenansicht „unerträglichen Formalismus" vorhält.
70 Vgl. MüKoBGB/*Musielak*, 7. Aufl. 2017, § 2271 Rn. 5.

später errichtetes einfaches Testament hat aber dann Vorrang vor dem gemeinschaftlichen Testament, wenn es den überlebenden Ehegatten lediglich rechtlich besser stellt, da der Schutzzweck des § 2271 Abs. 1 in einem solchen Fall nicht berührt ist[71].

bb) Nach dem Tod des anderen Ehegatten. Mit dem Tod des anderen Ehegatten **erlischt das Recht zum Widerruf** (§ 2271 Abs. 2 S. 1 Hs. 1). Dahinter steht wiederum der Gedanke, dass das Vertrauen des anderen Ehegatten in die Rechtsbeständigkeit der wechselbezüglichen Verfügung geschützt werden soll: Genauso wenig wie ein „heimlicher" Widerruf hinter seinem Rücken zu Lebzeiten soll auch ein nachträglicher Widerruf nach seinem Tod zulässig sein.[72] 250

Der überlebende Ehegatte hat jedoch gem. § 2271 Abs. 2 S. 1 Hs. 2 ein **Recht zur Aufhebung** seiner wechselbezüglichen Verfügung, wenn er das ihm Zugewendete ausschlägt. Denn dann kann dem Überlebenden kein widersprüchliches Verhalten mehr vorgeworfen werden; wenn er selbst nichts erhält, muss er auch nicht mehr gebunden bleiben.[73] Ein Teil der Literatur will § 2271 Abs. 2 S. 1 Hs. 2 analog anwenden, wenn ein Dritter durch den verstorbenen Ehegatten bedacht wurde und dieser Dritte ausschlägt.[74] Dies vermag jedoch nicht zu überzeugen, denn der dem § 2271 Abs. 2 S. 1 Hs. 2 zugrunde liegende Gedanke des Verbots widersprüchlichen Verhaltens greift im Falle der Begünstigung eines Dritten gerade nicht.[75] 251

Den Ehegatten steht es jedoch frei, dem Überlebenden durch die Aufnahme eines sog. **Änderungsvorbehalts** die Möglichkeit zu eröffnen, seine wechselseitigen Verfügungen generell oder unter bestimmten Bedingungen zu ändern oder aufzuheben; ggf. kann sich dem Testament ein solcher Änderungsvorbehalt auch im Wege der ergänzenden Vertragsauslegung entnehmen lassen.[76] 252

4. Umfang der Bindung

Wenn der überlebende Ehegatte die Zuwendung angenommen hat, ist er an seine wechselbezügliche Verfügung gebunden und insoweit in seiner Testierfreiheit eingeschränkt. Jede **beeinträchtigende letztwillige Verfügung**, die den wechselbezüglichen Anordnungen widerspricht, ist **unwirksam.**[77] Sie ist allerdings nicht endgültig nichtig; wenn die wechselbezügliche Verfügung später aus irgendwelchen Gründen unwirksam oder gegenstandslos wird (z.B. durch Wegfall des Bedachten[78]), wird sie voll wirksam.[79] 253

---

71 Vgl. BGH v. 13.7.1959 – V ZB 4/59, NJW 1959, 1730, 1731; BeckOGK/*Braun* § 2271 Rn. 10; s. auch OLG Hamm v. 24.1.1967 – 15 W 45/66, OLGZ 1967, 74, 77 für den Fall der Wiederholung der wechselbezüglichen Verfügungen.

72 Vgl. auch BeckOGK/*Braun* § 2271 Rn. 3; *Brox/Walker*, ErbR, 28. Aufl. 2018, § 15 Rn. 19.

73 Vgl. BeckOGK/*Braun* § 2271 Rn. 71.

74 Vgl. *Pfeiffer* FamRZ 1993, 1266, 1280 m.w.N.

75 Vgl. BeckOGK/*Braun* § 2271 Rn. 78; MüKoBGB/*Musielak*, 7. Aufl. 2017, § 2271 Rn. 23; s. ferner auch *Brox/Walker*, ErbR, 28. Aufl. 2018, § 15 Rn. 19.

76 Näher zum Ganzen MüKoBGB/*Musielak*, 7. Aufl. 2017, § 2271 Rn. 31 ff. m.w.N.

77 Vgl. nur *Brox/Walker*, ErbR, 28. Aufl. 2018, § 15 Rn. 20; Staudinger/*Kanzleiter*, 2014, § 2271 Rn. 33 m.w.N.

78 Beispiel → Rn. 478.

79 Vgl. MüKoBGB/*Musielak*, 7. Aufl. 2017, § 2271 Rn. 16 m.w.N.

254 Darüber hinaus statuiert das Gesetz in bestimmten Fällen aus übergeordneten Gründen **Ausnahmen** von der Bindung:

- Der Überlebende ist zur Aufhebung seiner Verfügung berechtigt, wenn der **Bedachte** sich einer **Verfehlung** schuldig gemacht hat, die zur Pflichtteilsentziehung berechtigt (§§ 2271 Abs. 2 S. 2, 2294, 2336, → Rn. 715 ff.).
- Wenn der Bedachte ein pflichtteilsberechtigter Abkömmling ist, sind **Beschränkungen in guter Absicht** nach § 2338 (→ Rn. 719) zulässig (§§ 2271 Abs. 3, 2289 Abs. 2).

255 Nach ganz h.M. ist der überlebende Ehegatte darüber hinaus berechtigt, bindend gewordene wechselbezügliche Verfügungen **gem. §§ 2281 ff. analog** (→ Rn. 445 ff.) **anzufechten.**[80]

256 Im Hinblick auf **Verfügungen unter Lebenden** ist der überlebende Ehegatte hingegen zwar grundsätzlich völlig frei.[81] Nach ganz h.M. sind allerdings aufgrund der vergleichbaren Interessenlage mit der erbvertraglichen Bindung die **§§ 2287, 2288** (→ Rn. 282 ff.) **analog** anzuwenden.[82]

Lösung der Ausgangsfälle

257 **Fall 13 (→ Rn. 211):** Es kommt darauf an, ob die Trennungs- oder Einheitslösung gilt (→ Rn. 224 ff.). Bei der Trennungslösung geht die Anwartschaft grundsätzlich auf die Erben des Nacherben C über (§ 2108 Abs. 2 S. 1), sodass bei gesetzlicher Erbfolge die Ehefrau F und Kinder K und L des C in die Nacherbenposition einrücken. Bei der Einheitslösung erhält die Ehefrau E des verstorbenen Kindes C nichts. Nur dessen Kinder K und L können, wenn sie ihre Großmutter B überleben, gem. § 2068, 1924 Abs. 3 in den Genuss des Nachlasses kommen.

258 **Fall 14 (→ Rn. 211):** Hier handelt es sich um eine sog. Pflichtteilsstrafklausel, dazu näher → Rn. 230 ff.

259 **Fall 15 (→ Rn. 211):** Das gemeinschaftliche Testament entfaltet keine Wirkung, da nach § 11 VerschG die Vermutung des gleichzeitigen Todes beider Ehegatten besteht (sog. Kommorientenvermutung, → Rn. 58). Die gegenseitige Erbeinsetzung ist dann gegenstandslos.[83] Das spätere Testament der Y ist daher auch ohne Widerruf wirksam, da es den anderen Teil nicht beeinträchtigt. Die Nichte N der Y ist somit Alleinerbin des Nachlasses der Y.

---

80 Vgl. RG v. 11.11.1935 – IV 160/35, RGZ 149, 200, 201 f.; BGH v. 3.11.1969 – III ZR 52/67, FamRZ 1970, 79, 80; BGH v. 25.5.2016 – IV ZR 205/15, NJW 2016, 2566 Rn. 17; BeckOGK/*Braun* § 2271 Rn. 125; Staudinger/*Kanzleiter*, 2014, § 2271 Rn. 69; MüKoBGB/*Musielak*, 7. Aufl. 2017, § 2271 Rn. 36 m.w.N.

81 Vgl. nur *Brox/Walker*, ErbR, 28. Aufl. 2018, § 15 Rn. 20; Staudinger/*Kanzleiter*, 2014, § 2271 Rn. 86.

82 Vgl. BGH v. 26.11.1975 – IV ZR 138/74, NJW 1976, 749, 751; BGH v. 26.10.2011 – IV ZR 72/11, ZEV 2012, 37 Rn. 7; BGH v. 20.11.2013 – IV ZR 54/13, NJW 2014, 782 Rn. 11; BGH v. 28.9.2016 – IV ZR 513/15, NJW 2017, 329 Rn. 7; BeckOGK/*Braun* § 2271 Rn. 121; Staudinger/*Kanzleiter*, 2014, § 2271 Rn. 86; MüKoBGB/*Musielak*, 7. Aufl. 2017, § 2271 Rn. 47.

83 Sehr instruktiv: RG v. 11.11.1935 – IV 160/35, RGZ 149, 200.

Fall 16 (→ Rn. 211)[84] **:** Hier könnte das gemeinschaftliche Testament vom 21.5.1991 gem. § 2268 Abs. 1 i.V.m. § 2077 Abs. 1 S. 1 unwirksam sein. Danach ist ein gemeinschaftliches Testament im Falle der späteren Scheidung der Ehe seinem ganzen Inhalt nach unwirksam. Nach § 2268 Abs. 2 bleibt es allerdings ausnahmsweise insoweit wirksam, als anzunehmen ist, dass die Verfügungen auch für diesen Fall getroffen worden wären. Hier ist aufgrund der Gesamtumstände davon auszugehen, dass das gemeinschaftliche Testament vom 21.5.1991 nach dem hypothetischen Willen der Ehegatten weitergelten sollte. Als Indizien hierfür sah das OLG Düsseldorf in dem zugrunde liegenden Fall insb. an, dass die Ehegatten vor ihrer zweiten Heirat rund vier Jahre zusammenlebten, die Heirat ohne erkennbaren „drängenden Anlass" erfolgte, zwischen dieser Heirat und dem Tod des M nochmals ca. 3 Jahre lagen, keiner der beiden Eheleute in der Zeit zwischen Scheidung und Wiederheirat anderweitig verfügt hat, der Fortgeltungswille im Familienkreis bekundet wurde und M die Tochter W der F aus erster Ehe adoptiert hatte. 260

§ 10 Der Erbvertrag

Fall 17: M und F sind verheiratet. Sie setzen sich in einem Erbvertrag gegenseitig als Alleinerben ein und den Sohn S als Schlusserben sowie dessen Kinder A und B als Ersatzerben. Die Tochter T wird in dem Erbvertrag mit einem Vermächtnis bedacht. Nach dem Tod des M bekommt F Bedenken und setzt ein Testament auf, in dem S und T zu gleichen Teilen als ihre Erben eingesetzt sind. Das Testament wird vor dem Notar errichtet und S stimmt dem Testament in notariell beglaubigter Form zu. Wie ist die Rechtslage nach dem Tod der F? **Lösung: → Rn. 318** 261

Fall 18: C und D lebten in nichtehelicher Lebensgemeinschaft und hatten zu Beginn einen Erbvertrag abgeschlossen, in welchem sie sich gegenseitig zu Erben einsetzten. Nach 10 Jahren war das Zusammenleben zerrüttet. Der kinderlose C heiratete seine alte Jugendliebe, die vermögende E. An diese übereignete er 1 Monat nach der Hochzeit schenkweise die Ehewohnung, da er der D die Erbschaft nicht mehr gönnte. 2 Wochen später stirbt C plötzlich bei einem Autounfall. Die Wohnung hat einen Wert von 600.000 €. E hat beim Tod des C einen Pflichtteilsanspruch in Höhe von 400.000 €. Wie ist die Rechtslage? **Lösung: → Rn. 319**

Fall 19: M und F leben in nichtehelicher Lebensgemeinschaft. M hat einen volljährigen Sohn S und F eine volljährige Tochter T, jeweils aus einer früheren (inzwischen geschiedenen) Ehe, die mit ihnen zusammenleben. In einem Erbvertrag zwischen M, F, T und S setzen sich M und F jeweils als Vorerben und die Kinder gemeinsam als Nacherben sowie Schlusserben des Letztversterbenden ein. Der Sohn des M verstirbt bei einem Verkehrsunfall, sein Vater wenig später aufgrund des Schocks. Die Familie des M ist der Meinung, dass gesetzliche Erbfolge eingetreten ist. F beantragt hingegen einen Erbschein, der sie als Vorerbin und T als Nacherbin ausweist. Wie ist die Rechtslage? **Lösung: → Rn. 320**

84 Nach OLG Düsseldorf v. 10.3.2017 – I-3 Wx 186/16, FamRZ 2017, 1790.

Fall 20: X und Y setzen sich in einem Ehe- und Erbvertrag gegenseitig als Erben ein; außerdem setzen sie den Sohn V einer Cousine der Y als Schlusserben und dessen Ehefrau W als Ersatzschlusserbin ein. X kannte V und W nur flüchtig. Nach dem Tod des X setzte Y zugunsten von Freundinnen und Verwandten zahlreiche Vermächtnisse aus. Als F starb, war V vorverstorben. Wie ist die Rechtslage? **Lösung: → Rn. 321**

Fall 21: Der Witwer W schloss 1990 mit seinem Neffen N einen Erbvertrag, indem er N zum Alleinerben einsetzte. Zugleich verpflichtete er sich, sein Hausgrundstück ohne Zustimmung des N weder zu veräußern noch zu belasten. N verpflichtete sich seinerseits, den W „in kranken und alten Tagen zu hegen und zu pflegen, ohne dass dafür Geldmittel von mir oder meinen Rechtsnachfolgern aufzuwenden sind". N zog daraufhin in eine Wohnung im Haus des W ein, aus der er jedoch 2003 wieder auszog. Als W 2009 pflegebedürftig wurde, forderte er N schriftlich unter Hinweis auf den Erbvertrag auf, ihn zu pflegen. Dies geschah jedoch nicht. 2017 zog W in ein Alten- und Pflegeheim. Im Januar 2018 erklärte er den Rücktritt vom Erbvertrag, weil er seit 2009 pflegebedürftig sei und N ihn nicht gepflegt habe. Anschließend klagt er auf Feststellung der Unwirksamkeit des Erbvertrags. Ist die Klage begründet? **Lösung: → Rn. 322**

Literatur: *Buchholz*, Zur bindenden Wirkung des Erbvertrags, FamRZ 1987, 440; *Grziwotz*, Der Erbvertrag nicht ehelicher Partner, ZEV 1994, 299; *Hohmann*, Die Sicherung des Vertragserben vor lebzeitigen Verfügungen des Erblassers, ZEV 1999, 133; *Horn*, Prüfung der Wirksamkeit von Testamenten und Erbverträgen, NJW 2017, 2392; *Hülsmeier*, Der Vorbehalt abweichender Verfügungen von Todes wegen beim Erbvertrag, NJW 1986, 3115; *Kanzleiter*, Die Beeinträchtigung des durch Erbvertrag bindend eingesetzten Erben durch die einvernehmliche Aufhebung eines Pflichtteilsverzichts, DNotZ 2009, 86; *Keim*, Änderungsvorbehalte in Ehegattenerbverträgen, NJW 2009, 818; *ders.*, Der Wegfall des vertragsmäßig eingesetzten Erben und seine Auswirkung auf beeinträchtigende Verfügungen von Todes wegen des Erblassers, ZEV 1999, 413; *ders.*, Die Aufhebung von Erbverträgen durch Rücknahme aus amtlicher oder notarieller Verwahrung, ZEV 2003, 55; *ders.*, Die Überwindung der erbvertraglichen Bindung beim mehrseitigen Erbvertrag, RNotZ 2012, 496; *Keller*, Aufhebung, Änderung und Ergänzung eines Erbvertrags durch die Vertragspartner, ZEV 2004, 93; *Kirchner*, Pflicht zur Begründung des Rücktritts vom Erbvertrag, MittBayNot 1996, 19; *Kohler*, Erblasserfreiheit oder Vertragserbenschutz und § 826, FamRZ 1990, 464; *Mayer*, Der Änderungsvorbehalt beim Erbvertrag, DNotZ 1990, 755; *ders.*, Der entgeltliche Erbvertrag – Wer erben will, soll auch gelten –, DNotZ 2012, 89; *Musielak*, Zur Bindung an den Erbvertrag und zu den rechtlichen Möglichkeiten einseitiger Änderungen, ZEV 2007, 245; *Nolting*, Der Erbvertrag, JA 1993, 129; *Paal*, Übungsklausur – Bürgerliches Recht: Drei Hochzeiten und ein Erbfall, JuS 2006, 236; *Röthel*, Der Erbvertrag. Einige Grundlagen, JURA 2014, 781; *Schindler*, Beeinträchtigende Schenkungen gem. § 2287 BGB aus forensischer Sicht, ErbR 2015, 526; *Schmitz*, Die Verteilung der Beweislast in den Fällen des § 2287 BGB, ErbR 2010, 45; *Schmucker*, Die Bindung beim gemeinschaftlichen Testament und Erbvertrag, ZNotP 2006, 414; *Tanck*, Die Absicherung der Unternehmensnachfolge als lebzeitiges Eigeninteresse i.S.v. § 2287 BGB, ZErb 2015, 220; *Weiler*, Änderungsvorbehalt und Vertragsmäßigkeit der erbvertraglichen Verfügung, DNotZ 1994, 427; *Weirich*, Das Rücknahmeverbot beim Erbvertrag, DNotZ 1997, 7.

I. Allgemeines

Die zweite Art der **Verfügung von Todes** wegen – neben dem Testament – ist der Erbvertrag. Er ist jedoch zugleich ein echter **Vertrag**, hat also **Doppelnatur.**[1] Eben diese vertragliche Bindungswirkung stellt einen grundlegenden Unterschied zwischen Erbvertrag und Testament dar und macht das Charakteristische des Erbvertrags als erbrechtliches Gestaltungsinstrument aus: Einseitige Testamente sind generell frei widerruflich (→ Rn. 186 ff.), beim gemeinschaftlichen Testament besteht erst nach dem Tod eines Ehegatten und auch nur in Bezug auf wechselbezügliche Verfügungen eine Bindungswirkung (→ Rn. 250 ff.). **262**

In der **Praxis** werden Erbverträge meist von Ehegatten abgeschlossen[2], denen die durch ein gemeinschaftliches Testament vermittelte Bindungswirkung nicht genügt. Häufig werden auch Ehe- und Erbvertrag miteinander kombiniert[3], um die emotionale Verbundenheit durch die Ehe auch rechtlich umfassend zu fundamentieren. Erbverträge sind aber gerade nicht nur Ehegatten vorbehalten und werden daher häufig auch zwischen anderen nahestehenden Personen abgeschlossen (z.B. Geschwister, „Erbtante", nichteheliche Lebensgemeinschaften).[4] Ein weiterer Anwendungsfall sind sog. entlohnende Erbverträge, bei denen der Erblasser das Entgelt für die Gegenleistung (z.B. lebzeitige Pflege oder Sicherung der Unternehmensnachfolge) erst nach seinem Tode durch eine Erbeinsetzung (→ Rn. 728 ff.) oder ein Vermächtnis (→ Rn. 900 ff.) erbringt.[5] **263**

II. Arten von Erbverträgen

1. Einseitige, zweiseitige und mehrseitige Erbverträge

Je nachdem, **wie viele** der Beteiligten als **Erblasser** fungieren, kann man zwischen einseitigen, zweiseitigen und mehrseitigen Erbverträgen differenzieren. **Einseitige** Erbverträge sind solche, in denen nur ein Vertragspartner (mindestens) eine vertragsmäßige Verfügung (→ Rn. 272) trifft. Der andere Teil nimmt lediglich die Erklärung an und führt damit die Bindungswirkung herbei – und zwar auch dann, wenn nicht er, sondern ein Dritter Begünstigter ist (→ Rn. 265). In einem **zweiseitigen** (oder auch: gemeinschaftlichen) Erbvertrag treffen beide Vertragsparteien vertragsmäßige Verfügungen von Todes wegen. Dabei können sie sich entweder gegenseitig bedenken (dann spricht man von einem gegenseitigen bzw. reziproken Erbvertrag) oder sie können einem Dritten etwas zuwenden (→ Rn. 265). Möglich ist aber auch ein sog. **mehrseitiger Erbvertrag**, bei dem drei oder mehr Personen vertragsmäßige Verfügungen von Todes wegen treffen.[6] **264**

---

1 Vgl. Staudinger/*Kanzleiter,* 2014, Einl. zu §§ 2274 ff. Rn. 3; *Lange,* ErbR, 2. Aufl. 2017, § 17 Rn. 143.
2 Vgl. Staudinger/*Kanzleiter,* 2014, Einl. zu §§ 2274 ff. Rn. 25 f.; *Röthel* JURA 2014, 781, 784 f.
3 Vgl. dazu BeckOGK/*Röhl* § 2274 Rn. 38 ff.
4 Vgl. Staudinger/*Kanzleiter,* 2014, Einl. zu §§ 2274 ff. Rn. 25 f.; *Röthel* JURA 2014, 781, 783 f.
5 Vgl. Staudinger/*Kanzleiter,* 2014, Einl. zu §§ 2274 ff. Rn. 28; *Röthel* JURA 2014, 781, 784.
6 Vgl. schon RG v. 9.11.1907 – V 73/07, RGZ 67, 65.

2. Erbverträge zugunsten der Beteiligten und zugunsten Dritter

265 Wie bereits angesprochen, können die Beteiligten eines Erbvertrags sowohl einander als auch einem Dritten etwas zuwenden (vgl. auch § 1941 Abs. 2). Im letzteren Fall spricht man von einem „**Erbvertrag zugunsten Dritter**". Dabei handelt es sich jedoch nicht um einen Vertrag i.S.d. §§ 328 ff., weil die Beteiligten durch den Erbvertrag keine schuld-, sondern nur erbrechtliche Verpflichtungen begründen und für den Dritten kein eigenes Forderungsrecht begründet wird.[7]

3. Entgeltliche und unentgeltliche Erbverträge

266 Der Erbvertrag an sich ist ein abstraktes und unentgeltliches Rechtsgeschäft von Todes wegen.[8] Er kann jedoch mit einem anderen (schuldrechtlichen) Vertrag verbunden werden, in dem der Vertragspartner sich mit dem Rücksicht auf die im Erbvertrag getroffenen Verfügungen zu einer Leistung an den Erblasser verpflichtet (vgl. auch § 2295); dann spricht man von einem sog. „**entgeltlichen Erbvertrag**".[9] Dieser Begriff sollte aber nicht darüber hinwegtäuschen, dass es sich – trotz Verbindung in einer Urkunde – um zwei separate Verträge handelt, die lediglich in einem besonderen inneren Zusammenhang stehen.[10] Bei dieser Kombination eines Erbvertrags mit einem Leistungsvertrag ergeben sich Probleme, wenn die „Gegenleistung" nicht oder schlecht erfüllt wird, aufgehoben wird bzw. anderweitig wegfällt oder nicht wirksam entstanden ist.

III. Abschluss des Erbvertrags

267 Ebenso wie ein Testament (→ Rn. 146) muss auch ein Erbvertrag vom **Erblasser höchstpersönlich** errichtet werden; eine Stellvertretung ist ausgeschlossen (§ 2274). Sofern eine Vertragspartei des Erbvertrags keine letztwilligen Verfügungen trifft, kann sie sich hingegen vertreten lassen.[11]

268 Da es sich um einen echten Vertrag handelt (→ Rn. 262), muss der **Erblasser** gem. § 2275 nicht nur testierfähig, sondern **unbeschränkt geschäftsfähig** sein. Früher konnten auch beschränkt geschäftsfähige Ehegatten und Verlobte mit Zustimmung des gesetzlichen Vertreters und ggf. des Familiengerichts miteinander einen Erbvertrag schließen (§ 2275 Abs. 2 und 3 a.F.); diese Ausnahme wurde jedoch durch das KiEheBekG[12] m.W.v. 22.7.2017 ersatzlos gestrichen. Sofern eine Vertragspartei des Erbvertrags keine letztwilligen Verfügungen trifft, gelten für sie hingegen die allgemeinen Regeln der §§ 104 ff.; somit bedarf ein beschränkt Geschäftsfähiger, der lediglich die vertragsmäßigen Erklärungen des Erblassers annimmt, nicht der Zustimmung des gesetzlichen Vertreters, da es sich für ihn insoweit um ein lediglich rechtlich vorteilhaftes Geschäft i.S.d. § 107 handelt.[13]

---

7 Vgl. RG v. 3.2.1916 – IV 295/15, LZ 1916, 1032; BeckOGK/*Röhl* § 2274 Rn. 26.
8 Vgl. Staudinger/*Kanzleiter*, 2014, Einl. zu §§ 2274 ff. Rn. 3.
9 Vgl. MüKoBGB/*Musielak* Vorbem. zu §§ 2274 ff. Rn. 27 m.w.N.
10 Vgl. LG Köln v. 5.7.1987 – 13 S 171/77, DNotZ 1978, 685.
11 Vgl. Mot. V, 314; MüKoBGB/*Musielak* Vorbem. zu §§ 2274 ff. Rn. 2.
12 Gesetz zur Bekämpfung von Kinderehen v. 17.7.2017, BGBl. I, 2249.
13 Vgl. BeckOGK/*Röhl* § 2275 Rn. 18; *Schlüter/Röthel*, ErbR, 17. Aufl. 2015, § 23 Rn. 6.

Ein Erbvertrag kann gem. § 2276 Abs. 1 S. 1 nur zur **Niederschrift eines Notars** bei **gleichzeitiger Anwesenheit beider Teile** abgeschlossen werden. Die Errichtung erfolgt gem. § 2276 Abs. 1 S. 2 Hs. 1 in den Formen eines öffentlichen Testaments, d.h. durch mündliche Erklärung oder Übergabe einer offenen oder verschlossenen Schrift; gem. Hs. 2 ist insoweit jeder Vertragsschließende als Erblasser zu behandeln. Dies bedeutet z.B., dass ein Analphabet keine Schrift übergeben, sondern eine Erklärung gegenüber dem Notar abgeben muss (vgl. § 2233 Abs. 2, → Rn. 174), selbst wenn er selbst keine Verfügung von Todes wegen trifft, sondern nur die vertragsmäßigen Erklärungen des Erblassers entgegennimmt. Für einen Erbvertrag zwischen Ehegatten, der mit einem Ehevertrag in derselben Urkunde verbunden wird, „genügt" gem. § 2276 Abs. 2 die für den Ehevertrag vorgeschriebene Form; diese Vorschrift hat heute jedoch keine große praktische Bedeutung mehr, weil die „Formerleichterung" letztlich nur noch in der Befreiung von der Anwendung §§ 28-34 BeurkG besteht.[14] Die notarielle Beurkundung kann gem. § 127a durch einen gerichtlichen Vergleich ersetzt werden. **269**

Gem. § 34 Abs. 1 und 2 BeurkG hat der Notar grundsätzlich zu veranlassen, dass der Erbvertrag in **amtliche Verwahrung** gebracht wird (vgl. dazu §§ 346, 347 FamFG). Die Vertragsschließenden können die besondere amtliche Verwahrung jedoch ausschließen (§ 34 Abs. 2 Hs. 2 BeurkG); dann bleibt die Urkunde in der Verwahrung des Notars (§ 34 Abs. 3 BeurkG). **270**

IV. Inhalt: Vertragsmäßige und einseitige Verfügungen

Im Hinblick auf den Inhalt des Erbvertrags ist zwischen **vertragsmäßigen Verfügungen** (→ Rn. 272) und **einseitigen Verfügungen** (→ Rn. 273) zu differenzieren. Damit überhaupt ein Erbvertrag vorliegt, muss mindestens eine Person als Erblasser eine vertragsmäßige Verfügung treffen.[15] Bedeutung hat die Differenzierung aber vor allem auch deshalb, weil nur vertragsmäßige Verfügungen der speziellen Bindungswirkung des Erbvertrags (→ Rn. 275 ff.) unterliegen. Bei einseitigen Verfügungen liegt hingegen nur eine „formale Vereinigung von Erbeinsetzungsvertrag und letztwilliger Verfügung"[16] vor. **271**

Gem. § 1941 Abs. 1 kann ein Erblasser in einem Erbvertrag folgende **vertragsmäßige Verfügungen** treffen: **Erbeinsetzungen** (→ Rn. 728 ff.), **Vermächtnisse** (→ Rn. 900 ff.), **Auflagen** (→ Rn. 937 ff.) und **Rechtswahlerklärungen** (→ Rn. 1481 ff., 1493, 1496). § 2278 Abs. 1 stellt klar, dass dabei jeder Vertragsschließende als Erblasser solche vertragsmäßigen Verfügungen treffen kann. Wie bereits dargelegt, ist es jedoch nicht zwingend erforderlich, dass jeder Vertragsschlie- **272**

---

14 Historischer Hintergrund des § 2276 Abs. 2 ist, dass § 2233 ursprünglich die Zuziehung von Überwachungspersonen vorschrieb (bis 1953 generell, danach nur noch bei Beteiligung Tauber, Blinder oder Stummer); dies wurde jedoch durch das BeurkG m.W.v. 1.1.1970 abgeschafft. Vgl. zum Ganzen BeckOGK/*Röhl* § 2276 Rn. 17 ff.; Staudinger/*Baumann*, 2018, § 2333 Rn. 1 ff.; Staudinger/*Kanzleiter*, 2014, § 2276 Rn. 7 ff.

15 Vgl. Staudinger/*Kanzleiter*, 2014, § 2278 Rn. 3.

16 Vgl. Mot. V, 347.

ßende eine vertragsmäßige Verfügung trifft, sondern es gibt auch den einseitigen Erbvertrag (→ Rn. 264).

273 Neben vertragsmäßigen Verfügungen kann jeder Vertragsschließende in einem Erbvertrag gem. § 2299 Abs. 1 aber als **einseitige Verfügung** auch jede andere Verfügung treffen, die durch Testament getroffen werden kann. Als einseitige Verfügung kommen somit neben Erbeinsetzungen, Vermächtnissen, Auflagen und Rechtswahlerklärungen z.B. auch in Betracht: Ausschluss von der gesetzlichen Erbfolge (§ 1938, → Rn. 488), Entziehung des Pflichtteils (§ 2336, → Rn. 715 ff.), Widerruf einer letztwilligen Verfügung (→ Rn. 186 ff.), Ernennung eines Testamentsvollstreckers (§§ 2197 ff., → Rn. 823 ff.), Benennung eines Vormunds oder Pflegers (§ 1777 Abs. 3, §§ 1915 ff.).[17]

274 Unproblematisch ist die **Abgrenzung** von einseitigen und vertragsmäßigen Verfügungen bei all denjenigen letztwilligen Verfügungen, die überhaupt nur einseitig getroffen werden können. Erbeinsetzungen, Vermächtnisse, Auflagen und Rechtswahlerklärungen können hingegen prinzipiell sowohl als vertragsmäßige als auch als einseitige Verfügungen getroffen werden. Soweit der Erbvertrag diesbezüglich keine ausdrückliche Aussage trifft, ist daher im Wege der **Auslegung (§§ 133, 157)** für jede Verfügung gesondert zu ermitteln, ob sie als vertragsmäßig gewollt ist[18] (zu den Besonderheiten der Auslegung von Erbverträgen → Rn. 374 ff.). Dies wird z.B. regelmäßig dann der Fall sein, wenn es sich um eine Zuwendung an einen Vertragsbeteiligten handelt[19] oder wenn Ehegatten ihre gemeinsamen Kinder als Erben einsetzen[20]. Hingegen werden Verfügungen zugunsten eigener Verwandter nur eines Vertragsbeteiligten oftmals nur einseitig sein.[21]

17 Vgl. OLG München v. 3.11.2014 – 31 Wx 280/14, FGPrax 2015, 88.

18 Vgl. BGH v. 8.1.1958 – IV ZR 219/57, NJW 1958, 498; BGH v. 12.10.1960 – V ZR 65/59, NJW 1961, 120; OLG Hamm v. 28.6.2004 – 15 W 213/04, NJW-RR 2015, 450; OLG Düsseldorf v. 6.12.2011 – 3 Wx 261/11, NJW-RR 2012, 391, 392; OLG München v. 3.11.2014 – 31 Wx 280/14, FGPrax 2015, 88; Staudinger/*Kanzleiter*, 2014, § 2299 Rn. 7; MüKoBGB/*Musielak*, 7. Aufl. 2017, § 2278 Rn. 3; BeckOGK/*Röhl* § 2278 Rn. 13.

19 Vgl. BGH v. 8.1.1958 – IV ZR 219/57, NJW 1958, 498; BGH v. 12.10.1960 – V ZR 65/59, NJW 1961, 120; BGH v. 8.2.1989 – IVa ZR 98/87, NJW 1989, 2885; OLG Hamm v. 28.6.2004 – 15 W 213/04, NJW-RR 2015, 450, 451; OLG München v. 3.11.2014 – 31 Wx 280/14, FGPrax 2015, 88; MüKoBGB/*Musielak*, 7. Aufl. 2017, § 2278 Rn. 4 m.w.N.

20 Vgl. BGH v. 18.12.1969 – III ZR 51/67, WM 1970, 482, 483; BayObLG v. 7.10.1994 – 2 Z BR 84/94, MittBayNot 1995, 58, 59; OLG Saarbrücken v. 6.1.1994 – 5 W 119/93, NJW-RR 1994, 844, 846; MüKoBGB/*Musielak*, 7. Aufl. 2017, § 2278 Rn. 5 m.w.N.

21 Vgl. BGH v. 12.10.1960 – V ZR 65/59, NJW 1961, 120; MüKoBGB/*Musielak*, 7. Aufl. 2017, § 2278 Rn. 5 m.w.N.; im Einzelfall kann dies aber durchaus anders sein, vgl. das Beispiel OLG München v. 3.11.2014 – 31 Wx 280/14, FGPrax 2015, 88 (vertragsmäßige Verfügung bei Erbeinsetzung eines Kindes des einen Vertragspartners, das mehrere Jahre im gemeinsamen Haushalt gelebt und dem vorverstorbenen Vertragspartner besonders nahe gestanden hatte).

V. Die Bindungswirkung vertragsmäßiger Verfügungen

1. Bedeutung und Umfang der Bindungswirkung vertragsmäßiger Verfügungen

a) Besonderheiten bei zwei- und mehrseitigen Erbverträgen

Bei zwei- und mehrseitigen Erbverträgen, bei denen mehrere Parteien vertragsmäßige Verfügungen treffen (→ Rn. 264), wollen die Beteiligten den Bestand des Erbvertrags regelmäßig nur dann, wenn sämtliche von ihnen getroffenen vertragsmäßigen Verfügungen wirksam sind.[22] Dem tragen die Auslegungsregeln[23] in § 2298 (die entsprechend auch für mehrseitige Erbverträge gelten[24]) Rechnung. Gem. **§ 2298 Abs. 1** hat die **Nichtigkeit einer vertragsmäßigen Verfügung** die **Unwirksamkeit des gesamten Vertrags** zur Folge, sofern kein anderer Wille der Vertragsparteien anzunehmen ist (vgl. § 2298 Abs. 3). Der ursprünglichen Nichtigkeit steht die wirksame Anfechtung des Erbvertrags sowie die Unwirksamkeit nach den §§ 2279 Abs. 2, 2077 (→ Rn. 373) gleich.[25] **275**

§ 2298 Abs. 1 erfasst jedoch nicht (auch nicht analog) den Fall, dass eine vertragsmäßige Verfügung nachträglich gegenstandslos wird (z.B. durch Vorversterben des Bedachten, Erbunwürdigkeit oder Erbverzicht); hier beurteilt sich die Frage, ob auch die anderen vertragsmäßigen Verfügungen gegenstandslos werden, vielmehr nach § 2085 (→ Rn. 477).[26]

Gem. § 2298 Abs. 2 S. 1, Abs. 3 hat ferner auch die Ausübung eines vertraglich vorbehaltenen **Rücktrittsrechts** (→ Rn. 306 ff.) im Zweifel zur Folge, dass der **ganze Vertrag aufgehoben** wird. **276**

b) Konsequenzen für letztwillige Verfügungen, § 2289 Abs. 1

Die erbvertragliche Bindungswirkung vertragsmäßiger Verfügungen entfaltet gem. **§ 2289 Abs. 1** Wirkungen sowohl für frühere als auch für spätere letztwillige Verfügungen: **Frühere letztwillige Verfügungen** werden **aufgehoben** (S. 1), **spätere letztwillige Verfügungen** sind **unwirksam** (S. 2) – allerdings jeweils nur, **soweit** sie das Recht des vertragsmäßig Bedachten **beeinträchtigen** würden (→ Rn. 278). **277**

Eine **Beeinträchtigung** i.S.v. § 2289 liegt vor, wenn die frühere oder spätere letztwillige Verfügung den Bedachten in seiner im Erbvertrag nach Inhalt und Umfang von den Parteien formulierten **Rechtsstellung** beeinträchtigen würde, weil sie die vertragsmäßige Zuwendung **mindern, beschränken, belasten oder gegenstandslos** machen würde.[27] Auf bloß wirtschaftliche Aspekte darf dabei nicht abgestellt werden, denn dies wäre mit dem Wesen des Erbvertrags unvereinbar.[28] Maßgeblicher Zeit- **278**

22 Vgl. Mot. V, 345.
23 Vgl. Staudinger/*Kanzleiter*, 2014, § 2298 Rn. 23.
24 Vgl. Erman/*S. Kappler/T. Kappler*, 15. Aufl. 2017, § 2298 Rn. 1; BeckOGK/*Müller* § 2298 Rn. 6.
25 Vgl. Erman/*S. Kappler/T. Kappler*, 15. Aufl. 2017, § 2298 Rn. 2; MüKoBGB/*Musielak*, 7. Aufl. 2017, § 2298 Rn. 3.
26 Vgl. MüKoBGB/*Musielak*, 7. Aufl. 2017, § 2298 Rn. 3; BeckOGK/*Müller* § 2298 Rn. 18.
27 Vgl. BGH v. 6.4.2011 – IV ZR 232/09, NJW 2011, 1733 Rn. 18, 29; OLG Frankfurt v. 22.8.2017 – 8 U 39/17, BeckRS 2017, 130667 Rn. 43 f.; Staudinger/*Kanzleiter*, 2014, § 2289 Rn. 2; MüKoBGB/*Musielak*, 7. Aufl. 2017, § 2289 Rn. 10.
28 Vgl. BGH v. 8.1.1958 – IV ZR 219/57, NJW 1958, 498, 499; BGH v. 6.4.2011 – IV ZR 232/09, NJW 2011, 1733 Rn. 18; OLG Frankfurt v. 22.8.2017 – 8 U 39/17, FamRZ 2018, 641 Rn. 43; Staudinger/*Kanzleiter*, 2014, § 2289 Rn. 2.

punkt ist dabei derjenige des Erbfalls; vorher hat der Bedachte noch kein Recht, das beeinträchtigt werden könnte.[29]

Beispiele: Eine Beeinträchtigung i.S.d. § 2289 Abs. 1 S. 2 liegt z.B. vor bei Bestimmung eines anderen Erben[30], Herabstufung zum Vorerben[31], Anordnung einer Auflage oder eines Vermächtnisses[32], Einsetzung eines Testamentsvollstreckers[33]; nicht jedoch die bloße Auswechslung der Person des Testamentsvollstreckers[34].

279 Vertragsmäßige Verfügungen entfalten zudem nur dann die Wirkungen des § 2289 Abs. 1, wenn der **Erbvertrag** im Zeitpunkt des Erbfalls (noch) wirksam ist; sie treten daher nicht ein, wenn der Erbvertrag durch Anfechtung, Aufhebung oder Rücktritt weggefallen oder aus anderen Gründen nichtig ist.[35] Dies gilt grundsätzlich auch bei Wegfall des Bedachten (z.B. durch Erbverzicht, Erbunwürdigkeit, Ausschlagung oder Tod), es sei denn, dass dem Erbvertrag auch für diese Fälle ein Aufhebungswille zu entnehmen ist.[36]

c) Konsequenzen für lebzeitige Rechtsgeschäfte

280 **aa) Grundsatz: Lebzeitige Verfügungsfreiheit.** § 2286 stellt klar, dass das Recht des Erblassers, über sein Vermögen durch Rechtsgeschäft unter Lebenden zu verfügen, durch den Erbvertrag **nicht beschränkt** wird. Der im Erbvertrag Bedachte erlangt vor Eintritt des Erbfalls weder einen künftigen Anspruch noch ein Anwartschaftsrecht, sondern lediglich eine tatsächliche Aussicht.[37] Deshalb kann z.B. ein auf einem Erbvertrag beruhendes Grundstücksvermächtnis nicht durch eine Auflassungsvormerkung gesichert werden.[38]

281 Es bleibt den Vertragsparteien aber unbenommen, zusätzlich einen schuldrechtlichen Vertrag abzuschließen, der es dem Vertragserblasser verbietet, über bestimmte Gegenstände zu verfügen (sog. **Verfügungsunterlassungsvertrag**). Ein solcher Vertrag entfaltet indes keine dinglichen Wirkungen (§ 137 S. 1). Seine Verletzung begründet jedoch Unterlassungs- bzw. Schadensersatzansprüche gegen den Erblasser.[39] Ansprüche gegen Dritte bestehen nur, wenn auch diese sich selbst in einer solchen Weise vertraglich verpflichtet haben.[40] Wenn der Erwerber den Erblasser zum Bruch des Verfügungsunterlassungsvertrags verleitet, so kann die Verfügung allerdings nach § 138 Abs. 1 nichtig sein.[41]

29 Vgl. Staudinger/*Kanzleiter*, 2014, § 2289 Rn. 2; BeckOGK/*Müller* § 2289 Rn. 43.
30 Vgl. OLG München v. 3.11.2014 – 31 Wx 280/14, FGPrax 2015, 88.
31 Vgl. OLG Düsseldorf v. 6.12.2011 – 3 Wx 261/11, NJW-RR 2012, 391, 392.
32 Vgl. OLG Frankfurt v. 22.8.2017 – 8 U 39/17, FamRZ 2018, 641.
33 Vgl. BGH v. 14.2.1962 – V ZR 92/60, NJW 1962, 912; OLG München v. 3.6.2008 – 34 Wx 29/08, MittBayNot 2009, 54.
34 Vgl. BGH v. 6.4.2011 – IV ZR 232/09, NJW 2011, 1733 Rn. 33 ff.
35 Vgl. nur Staudinger/*Kanzleiter*, 2014, § 2289 Rn. 4.
36 Vgl. OLG Zweibrücken v. 4.3.1999 – 3 W 29/99, NJW-FER 1999, 155; Staudinger/*Kanzleiter*, 2014, § 2289 Rn. 4; BeckOGK/*Müller* § 2289 Rn. 26 f.
37 Vgl. BGH v. 19.1.1954 – V ZB 28/53, NJW 1954, 633, 634; BeckOGK/*Müller* § 2286 Rn. 21.
38 Vgl. BGH v. 19.1.1954 – V ZB 28/53, NJW 1954, 633, 634 f.
39 Vgl. MüKoBGB/*Musielak*, 7. Aufl. 2017, § 2286 Rn. 13; BeckOGK/*Müller* § 2286 Rn. 33.
40 Vgl. OLG Köln v. 14.9.1995 – 2 W 125/95, NJW-RR 1996, 327; BeckOGK/*Müller* § 2286 Rn. 33.
41 Vgl. BGH v. 30.4.1991 – IV ZR 104/90, NJW 1991, 1952.

bb) Schutz vor Missbrauch

(1) Allgemeines. Die grundsätzliche lebzeitige Verfügungsfreiheit des Erblassers steht allerdings in einem gewissen Spannungsfeld zur erbvertraglichen Bindungswirkung gem. § 2289 Abs. 1 S. 2 (→ Rn. 277 ff.). Der Erblasser könnte versucht sein, Nachlassgegenstände schon zu Lebzeiten zu verschenken oder sonst zu veräußern oder gar zu beschädigen oder zu zerstören, um sie so dem vertragsmäßigen Erben oder Vermächtnisnehmer zu entziehen. Der Gesetzgeber hat diesen Konflikt dadurch gelöst, dass er in **§§ 2287, 2288** zumindest einen partiellen Missbrauchsschutz statuiert hat. Nach heute ganz h.M. handelt es sich dabei um eine **abschließende Regelung des Umgehungsschutzes.**[42] Die Rspr. zur sog. Aushöhlungsnichtigkeit[43] wurde vom BGH bereits 1972 ausdrücklich aufgegeben.[44] Ferner ist § 2287 auch *lex specialis* gegenüber § 826, selbst im Falle eines kollusiven Zusammenwirkens von Erblasser und Drittem.[45] 282

(2) Beeinträchtigung des Vertragserben durch Schenkungen (§ 2287 BGB). Wenn der Erblasser eine Schenkung in der Absicht macht, den **Vertragserben** zu beeinträchtigen, so hat dieser gem. **§ 2287 Abs. 1** nach dem Erbfall einen **Bereicherungsanspruch** gegen den Beschenkten. 283

Anspruch des Vertragserben gegen den Beschenkten gem. § 2287 Abs. 1

1. Schenkung i.S.d. § 516
2. Objektive Beeinträchtigung des Vertragserben
3. Beeinträchtigungsabsicht, d.h. kein lebzeitiges Eigeninteresse
4. Rechtsfolge:
   - grundsätzlich Herausgabe des geschenkten Gegenstands gem. §§ 818 ff.
   - bei unentgeltlicher Zuwendung an einen Dritten: § 822 (analog)

Der Begriff der **Schenkung** ist ebenso wie in § 516 zu verstehen.[46] Erfasst sind auch Pflicht- und Anstandsschenkungen, gemischte Schenkungen, verschleierte Schenkungen, Schenkungen unter Auflage sowie Schenkungen auf den Todesfall.[47] Nach zutr. h.M. sind darüber hinaus auch sog. ehebedingte oder unbenannte Zuwendungen unter Ehegatten oder Lebenspartnern erfasst.[48] 284

42 Vgl. BGH v. 5.7.1972 – IV ZR 125/70, NJW 1973, 240; *Schlüter/Röthel*, ErbR, 17. Aufl. 2015, § 23 Rn. 24.

43 Grundlegend: BGH v. 26.2.1958 – V ZR 127/56, DNotZ 1958, 654; BGH v. 17.11.1959 – V ZR 18/59, NJW 1960, 524. Danach sollte eine Umgehung des Gesetzes vorliegen, wenn eine unzulässige Verfügung von Todes wegen auf dem Umweg über ein Rechtsgeschäft unter Lebenden Wirksamkeit erlangen sollte; in diesem Fall sollte das Rechtsgeschäft unter Lebenden gem. § 134 BGB nichtig sein.

44 Vgl. BGH v. 5.7.1972 – IV ZR 125/70, NJW 1973, 240.

45 Vgl. BGH v. 30.4.1991 – IV ZR 104/90, NJW 1991, 1952.

46 Vgl. BGH v. 23.9.1981 – IVa ZR 185/80, NJW 1982, 43, 44; BGH v. 28.9.2016 – IV ZR 513/15, NJW 2017, 329 Rn. 8.

47 Vgl. BeckOGK/*Müller* § 2287 Rn. 19 ff. m.w.N.

48 Vgl. BGH v. 27.11.1991 – IV ZR 164/90, NJW 1992, 564; BGH v. 11.7.2007 – IV ZR 218/06, ZEV 2008, 192; *Brox/Walker*, ErbR, 28. Aufl. 2018, § 14 Rn. 16; Staudinger/*Kanzleiter*, 2014, § 2287 Rn. 4; *Lange*, ErbR, 2. Aufl. 2017, § 44 Rn. 74.

285 Als ungeschriebenes Tatbestandsmerkmal setzt § 2287 BGB mit Blick auf das Telos der Norm weiterhin voraus, dass durch die Schenkung eine **objektive Beeinträchtigung des Vertragserben** erfolgt ist.[49] Denn der Schutzbereich der Norm kann nicht weiter reichen, als die vertragliche Bindung, die der Erblasser mit dem Erbvertrag eingegangen ist.[50] Folglich fehlt es an einer objektiven Beeinträchtigung, wenn der Erblasser dem Beschenkten den verschenkten Gegenstand durch Verfügung von Todes wegen hätte zukommen lassen können, ohne die erbvertraglichen Bindungen zu verletzen.[51] Dies ist z.B. der Fall, wenn der Erblasser die lebzeitige Schenkung aufgrund einer Vorbehaltsklausel als Vermächtnis hätte anordnen dürfen[52] oder wenn die Schenkung an einen Pflichtteilsberechtigten erfolgt, soweit sie zur Deckung des Pflichtteils geeignet ist (ein Anspruch aus § 2287 besteht dann ggf. nur noch insoweit, als die Schenkung den Pflichtteil übersteigt)[53]. Ferner fehlt es an einer objektiven Beeinträchtigung, wenn der Erblasser den Erbvertrag anfechten könnte und die Schenkung noch vor Ablauf der Anfechtungsfrist erfolgt (selbst wenn letztlich nicht angefochten wird).[54]

286 Ferner muss der Erblasser subjektiv in der Absicht gehandelt habe, den Vertragserben zu beeinträchtigten (**Beeinträchtigungsabsicht**). An dem hierfür erforderlichen Missbrauch der lebzeitigen Verfügungsbefugnis **fehlt** es jedoch, wenn der Erblasser ein **lebzeitiges Eigeninteresse** an der von ihm vorgenommenen Schenkung hatte.[55] Ein lebzeitiges Eigeninteresse ist anzunehmen, wenn die Verfügung nach dem Urteil eines objektiven Beobachters in Anbetracht der gegebenen Umstände auch unter Berücksichtigung der erbvertraglichen Bindung als billigenswert und gerechtfertigt erscheint; maßgeblich sind insoweit die Umstände des jeweiligen Einzelfalls.[56] Ein solches Interesse kommt etwa dann in Betracht, wenn es dem Erblasser im Alter um seine Versorgung und ggf. Pflege geht[57]; wenn er in Erfüllung einer sittlichen Verpflichtung handelt, z.B. wenn er mit dem Geschenk einer Person, die ihm in besonderem Maße geholfen hat, danken will[58]; oder wenn er damit den Bestand und die Fortfüh-

49 Vgl. BGH v. 23.9.1981 – IVa ZR 185/80, NJW 1982, 43, 44; BGH v. 12.10.1988 – IVa ZR 166/87, NJW-RR 1989, 259, 260; BGH v. 27.11.1991 – IV ZR 164/90, NJW 1992, 564, 566; BGH v. 25.1.2006 – IV ZR 153/04, ZEV 2006, 312; OLG Düsseldorf v. 20.4.2012 – 7 U 184/10, ZEV 2013, 392, 394; *Lange*, ErbR, 2. Aufl. 2017, § 44 Rn. 77.

50 Vgl. BGH v. 23.9.1981 – IVa ZR 185/80, NJW 1982, 43, 44; BGH v. 11.6.1986 – IVa ZR 248/84, WM 1986, 1221, 1222; *Lange*, ErbR, 2. Aufl. 2017, § 44 Rn. 77.

51 Vgl. BGH v. 23.9.1981 – IVa ZR 185/80, NJW 1982, 43, 44; BGH v. 11.6.1986 – IVa ZR 248/84, WM 1986, 1221, 1222; *Lange*, ErbR, 2. Aufl. 2017, § 44 Rn. 77.

52 Vgl. BGH v. 11.6.1986 – IVa ZR 248/84, WM 1986, 1221, 1222.

53 Vgl. BGH v. 28.9.1983 – IVa ZR 168/82, NJW 1984, 121, 122; BGH v. 29.6.2005 – IV ZR 56/04, ZEV 2005, 479, 480; OLG Düsseldorf v. 20.4.2012 – 7 U 184/10, ZEV 2013, 392, 394.

54 Vgl. BGH v. 3.5.2006 – IV ZR 72/05, ZEV 2006, 505 Rn. 6 f.; BeckOGK/*Müller* § 2287 Rn. 52; MüKoBGB/*Musielak*, 7. Aufl. 2017, § 2287 Rn. 10; *Schindler* ErbR 2015, 526, 530.

55 Vgl. BGH v. 26.10.2011 – IV ZR 72/11, ZEV 2012, 37 Rn. 11; BGH v. 28.9.2016 – IV ZR 513/15, NJW 2017, 329 Rn. 13.

56 Vgl. BGH v. 26.10.2011 – IV ZR 72/11, ZEV 2012, 37 Rn. 11; BGH v. 28.9.2016 – IV ZR 513/15, NJW 2017, 329 Rn. 13.

57 Vgl. BGH v. 26.10.2011 – IV ZR 72/11, ZEV 2012, 37 Rn. 11; BGH v. 28.9.2016 – IV ZR 513/15, NJW 2017, 329 Rn. 13.

58 Vgl. BGH v. 27.1.1982 – IVa ZR 240/80, NJW 1982, 1100, 1101 f.; BGH v. 28.9.2016 – IV ZR 513/15, NJW 2017, 329 Rn. 13.

rung seines Unternehmens sichern will[59]. Im Prozess muss der Vertragserbe darlegen und beweisen, dass kein lebzeitiges Eigeninteresse vorlag.[60]

Wenn die Voraussetzungen des § 2287 Abs. 1 vorliegen, hat der Vertragserbe gegen den Beschenkten einen Anspruch auf Herausgabe des Geschenks nach den Vorschriften über die Herausgabe einer ungerechtfertigten Bereicherung. Es handelt sich um eine **Rechtsfolgenverweisung auf §§ 818 ff.**[61] Der Anspruch geht somit grundsätzlich auf Herausgabe in natura (§ 818 Abs. 1); soweit dies nicht möglich ist, auf Wertersatz (§ 818 Abs. 2). Maßgeblich ist insoweit der Wert zur Zeit der Zuwendung unter Berücksichtigung des Kaufkraftschwunds.[62] Der Beschenkte kann sich gem. § 818 Abs. 3 auf den Wegfall der Bereicherung berufen, sofern er nicht gem. §§ 818 Abs. 4, 819 Abs. 1 verschärft haftet. Kenntnis i.S.d. § 819 liegt nach h.M. bereits dann vor, wenn der Beschenkte Kenntnis von Tatsachen hat, aus denen nach der Lebenserfahrung auf eine Beeinträchtigungsabsicht zu schließen ist.[63] **287**

Wenn der Beschenkte den Gegenstand unentgeltlich einem Dritten zugewendet hat, so kann der Vertragserbe gem. **§ 822** von diesem die Herausgabe verlangen[64]; wenngleich die Vorschrift vielfach als eigenständiger Anspruch eingeordnet wird[65], so hat der BGH doch überzeugend dargelegt, dass sie unter Wertungsgesichtspunkten im Rahmen des § 2287 zumindest entsprechend heranzuziehen ist, weil der unentgeltliche Erwerb des Dritten weniger schutzwürdig ist als das Interesse des Vertragserben, die Erbschaft ungeschmälert von beeinträchtigenden Schenkungen zu erhalten[66]. **288**

Der Anspruch aus § 2287 Abs. 1 stellt einen **persönlichen Anspruch des Vertragserben** dar und fällt nicht in den Nachlass.[67] Er verjährt in drei Jahren (§ 195) ab dem Erbfall (§ 2287 Abs. 2). Sind mehrere Erben vertraglich berufen, so ist bei Teilbarkeit des Geschenks jeder in Höhe seiner Erbquote berechtigt (§§ 741 ff., 420), bei Unteilbarkeit sind sie Gesamtgläubiger (§ 432).[68] Wenn der Vertragserbe die Voraussetzungen für das Bestehen eines Anspruchs aus § 2287 hinreichend dargetan hat („greifbare Anhaltspunkte"), hat er gem. § 242 einen Anspruch auf Auskunftserteilung gegen den Beschenkten.[69] **289**

(3) Beeinträchtigung des Vermächtnisnehmers (§ 2288 BGB). Für den **Schutz des vertragsmäßigen Vermächtnisnehmers** findet sich eine korrespondierende Rege- **290**

59 Vgl. BGH v. 26.2.1986 – IVa ZR 87/84, NJW 1986, 1755, 1756 f.; OLG Oldenburg v. 5.10.2010 – 12 U 51/10, BeckRS 2011, 23182; BeckOGK/*Müller* § 2287 Rn. 75; *Tanck* ZErb 2015, 220, 223.
60 Vgl. BGH v. 26.10.2011 – IV ZR 72/11, ZEV 2012, 37 Rn. 11; BGH v. 28.9.2016 – IV ZR 513/15, NJW 2017, 329 Rn. 13.
61 Vgl. BGH v. 20.11.2013 – IV ZR 54/13, NJW 2014, 782 Rn. 16; MüKoBGB/*Musielak*, 7. Aufl. 2017, § 2287 Rn. 21.
62 Vgl. OLG München v. 4.12.2014 – 8 U 2900/14, FamRZ 2015, 1531 Rn. 45; MüKoBGB/*Musielak*, 7. Aufl. 2017, § 2287 Rn. 21 m.w.N.
63 Vgl. BGH v. 26.10.2011 – IV ZR 72/11, ZEV 2012, 37 Rn. 11; BGH v. 28.9.2016 – IV ZR 513/15, NJW 2017, 329 Rn. 13.
64 Vgl. BGH v. 20.11.2013 – IV ZR 54/13, NJW 2014, 782 Rn. 17 ff.
65 Vgl. zum Streitstand MüKoBGB/*Schwab*, 7. Aufl. 2017, § 822 Rn. 2 ff. m.w.N.
66 Vgl. BGH v. 20.11.2013 – IV ZR 54/13, NJW 2014, 782 Rn. 18.
67 Vgl. BGH v. 26.10.2011 – IV ZR 72/11, ZEV 2012, 37 Rn. 15 m.w.N.
68 Vgl. BeckOGK/*Müller* § 2287 Rn. 88; MüKoBGB/*Musielak*, 7. Aufl. 2017, § 2287 Rn. 20.
69 Vgl. BGH v. 26.2.1986 – IVa ZR 87/84, NJW 1986, 1755.

lung in § **2288**. Abs. 1 regelt die Fälle der Zerstörung, Beiseiteschaffung oder Beschädigung des Vermächtnisgegenstands durch den Erblasser; hier hat der Vermächtnisnehmer einen Wertersatzanspruch gegen den Erben. Abs. 2 regelt die Fälle der Veräußerung oder Belastung des Vermächtnisgegenstands durch den Erblasser; hier ist der Erbe verpflichtet, den Gegenstand zu verschaffen oder die Belastung zu beseitigen (S. 1); wenn die Veräußerung/Belastung schenkweise erfolgte, hat der Vermächtnisnehmer einen Anspruch aus § 2287 gegen den Beschenkten, soweit er vom Erben keinen Ersatz erlangen kann. Voraussetzung ist aber auch hier stets eine Beeinträchtigungsabsicht des Erblassers. Der Begriff ist grundsätzlich ebenso wie in § 2287 (→ Rn. 285) zu verstehen.[70] Ein lebzeitiges Eigeninteresse kann im Hinblick auf das erbvertragliche Vermächtnis jedoch nur dann bejaht werden, wenn sich das Interesse des Erblassers gerade auf die Veräußerung des Vermächtnisgegenstandes richtete und der erstrebte Zweck nicht durch andere wirtschaftliche Maßnahmen zu erreichen gewesen wäre.[71]

2. Ausnahmen von der Bindungswirkung

a) Änderungsvorbehalt

291 Als Ausfluss der Vertragsfreiheit kann sich ein Erblasser im Erbvertrag grundsätzlich das Recht vorbehalten, eine vertragsmäßige Verfügung durch spätere Verfügung von Todes wegen abändern zu dürfen (sog. **Änderungsvorbehalt**).[72] Die genauen Grenzen der Zulässigkeit solcher Änderungsvorbehalte sind im Detail umstritten.[73] Konsens besteht aber jedenfalls, dass ein sog. Totalvorbehalt, der alle an sich vertragsmäßigen Verfügungen erfasst, unzulässig ist, denn dann wäre der Erbvertrag „seines Wesens entkleidet".[74]

b) Zustimmung des Vertragspartners

292 Eine formlose Zustimmung des Vertragspartners genügt nicht, um den Erblasser von der Bindungswirkung zu befreien[75]; vielmehr bedarf es hierfür eines **Aufhebungs- bzw. Änderungsvertrags gem. § 2290**[76].

---

70 Vgl. BeckOGK/*Müller* § 2288 Rn. 26; MüKoBGB/*Musielak*, 7. Aufl. 2017, § 2288 Rn. 4.

71 Vgl. BGH v. 23.11.1983 – IVa 230/81, NJW 1984, 731, 732; BGH v. 17.12.1997 – IV ZR 138/96, NJW-RR 1998, 577, 578; OLG Celle v. 14.1.2010 – 6 U 114/09, ZEV 2010, 409, 410.

72 Vgl. bereits Mot. V, 332; vgl. weiter Staudinger/*Kanzleiter*, 2014, § 2289 Rn. 17; BeckOGK/*Müller* § 2289 Rn. 82; MüKoBGB/*Musielak*, 7. Aufl. 2017, § 2278 Rn. 14 m.w.N.

73 Vgl. näher BeckOGK/*Müller* § 2289 Rn. 82 ff.; MüKoBGB/*Musielak*, 7. Aufl. 2017, § 2278 Rn. 15 ff. m.w.N.

74 Vgl. BGH v. 8.1.1958 – IV ZR 219/57, NJW 1958, 498 ff.; OLG München v. 18.9.2008 – 31 Wx 8/08, FGPrax 2008, 254, 256; BeckOGK/*Müller* § 2289 Rn. 83.

75 Vgl. BGH v. 12.7.1989 – IVa ZR 174/88, NJW 1989, 2618, 2619; OLG Düsseldorf v. 21.4.2017 – I-7 U 12/16, ZEV 2017, 645 Rn. 26; *Brox/Walker*, ErbR, 28. Aufl. 2018, § 14 Rn. 20; Staudinger/*Kanzleiter*, 2014, § 2289 Rn. 19; BeckOGK/*Müller* § 2289 Rn. 80; MüKoBGB/*Musielak*, 7. Aufl. 2017, § 2289 Rn. 18.

76 Vgl. BayObLG v. 28.10.1974 – 1 Z 47/74, BayObLGZ 1974, 401, 404 f.; *Brox/Walker*, ErbR, 28. Aufl. 2018, § 14 Rn. 20; *Keller* ZEV 2004, 93, 98; BeckOGK/*Müller* § 2289 Rn. 80; MüKoBGB/*Musielak*, 7. Aufl. 2017, § 2289 Rn. 18.

c) Zustimmung des Bedachten

Ebenso wenig genügt die formlose Zustimmung des Bedachten.[77] Er muss vielmehr ggf. einen **Erbverzichtsvertrag gem. § 2352 S. 2 und 3 i.V.m. § 2348** (→ Rn. 523 ff.) schließen.[78] Nach dem Erbfall kann er ggf. ausschlagen (§§ 1944 ff., 2180).[79] In Ausnahmefällen kann eine formlose Zustimmung jedoch den Arglisteinwand (§ 242) begründen.[80] **293**

d) Beschränkung in guter Absicht

Wenn der Bedachte ein pflichtteilsberechtigter Abkömmling des Erblasser ist, so kann der Erblasser gem. **§ 2289 Abs. 2** durch eine spätere letztwillige Verfügung unter den Voraussetzungen des § 2338 die dort genannten Anordnungen treffen (sog. Beschränkung in guter Absicht, → Rn. 719). **294**

3. Aufhebung der Bindungswirkung

Die Bindungswirkung eines Erbvertrags kann durch Aufhebung (→ Rn. 296 ff.), Rücktritt (→ Rn. 303 ff.) oder Anfechtung (→ Rn. 314, 428 ff.) beseitigt werden. **295**

a) Aufhebung durch die Vertragsparteien

aa) Aufhebungsvertrag, § 2290. Gem. § 2290 Abs. 1 S. 1 kann ein Erbvertrag (oder auch nur eine einzelne vertragsmäßige Verfügung) von den Vertragsschließenden[81] durch einen Aufhebungsvertrag aufgehoben werden. Als *actus contrarius* bedarf der Aufhebungsvertrag gem. § 2290 Abs. 4 der in **§ 2276** für den Erbvertrag vorgeschriebenen **Form** (→ Rn. 269). Wenn die Vertragsparteien einen neuen, widersprechenden Erbvertrag schließen, so liegt darin eine konkludente Aufhebung (§ 2258 Abs. 1 analog).[82] Ein Aufhebungsvertrag kann nur geschlossen werden, solange alle Erblasser des Erbvertrags noch leben (§ 2290 Abs. 1 S. 2). Wenn nicht alle vertragsmäßigen Verfügungen aufgehoben werden, sind die Konsequenzen für ein- **296**

---

77 Vgl. BGH v. 12.7.1989 – IVa ZR 174/88, NJW 1989, 2618, 2619; OLG Düsseldorf v. 21.4.2017 – I-7 U 12/16, ZEV 2017, 645 Rn. 26; *Brox/Walker,* ErbR, 28. Aufl. 2018, § 14 Rn. 20; Staudinger/*Kanzleiter*, 2014, § 2289 Rn. 19; BeckOGK/*Müller* § 2289 Rn. 80; MüKoBGB/*Musielak*, 7. Aufl. 2017, § 2289 Rn. 18; a.A. jedoch noch RG v. 1.12.1931 – III 35/31, RGZ 134, 325, 327.

78 Vgl. *Brox/Walker,* ErbR, 28. Aufl. 2018, § 14 Rn. 20; Staudinger/*Kanzleiter*, 2014, § 2289 Rn. 19; BeckOGK/*Müller* § 2289 Rn. 80; MüKoBGB/*Musielak*, 7. Aufl. 2017, § 2289 Rn. 18.

79 Vgl. *Brox/Walker,* ErbR, 28. Aufl. 2018, § 14 Rn. 20; MüKoBGB/*Musielak*, 7. Aufl. 2017, § 2289 Rn. 18.

80 Vgl. BGH v. 28.4.1958 – III ZR 98/56, MDR 1958, 490 (Mitwirkung beim Abschluss des Erbvertrags und Billigung der Bestimmung des Erblassers); OLG Düsseldorf v. 21.4.2017 – I-7 U 12/16, ZEV 2017, 645 Rn. 26 ff. (privatschriftliche Zustimmung zum Vermächtnis und jahrezehntelange Zahlung der vermachten Leibrente ohne Einwendungen gegen den Grund des Anspruchs zu erheben); Staudinger/*Kanzleiter*, 2014, § 2289 Rn. 19; BeckOGK/*Müller* § 2289 Rn. 79.

81 Wenn bei einem mehrseitigen Erbvertrag nicht alle Vertragsschließenden an der Aufhebung mitwirken, liegt kein wirksamer Aufhebungsvertrag vor; die Vereinbarung kann jedoch ggf. in einen Zuwendungsverzichtsvertrag mit dem Bedachten umgedeutet werden, vgl. OLG Hamm v. 2.12.2011 – I-15 W 603/10, FGPrax 2012, 69.

82 Vgl. BayObLG v. 25.2.1993 – 1Z BR 67/92, FamRZ 1994, 190, 191. Ebenso i.E. auch MüKoBGB/*Musielak*, 7. Aufl. 2017, Rn. 7 m.w.N. (allerdings auf anderem dogmatischem Weg, nämlich indem der neue Erbvertrag zugleich als Aufhebungsvertrag eingeordnet wird).

seitige Verfügungen nach § 2085 (→ Rn. 477) zu beurteilen[83] (bei Aufhebung des gesamten Erbvertrags gilt aber § 2299 Abs. 3, → Rn. 317).

297 Wer im Erbvertrag als **Erblasser** fungierte, kann den Aufhebungsvertrag nur **persönlich** schließen (§ 2290 Abs. 2). Ein Vertragsschließender, der nicht als Erblasser fungierte, kann sich hingegen beim Abschluss des Aufhebungsvertrags vertreten lassen (*argumentum e contrario e* § 2290 Abs. 2). Wenn für ihn ein Betreuer bestellt und die Aufhebung vom Aufgabenkreis des Betreuers umfasst ist, ist gem. § 2290 Abs. 3 die Genehmigung des Betreuungsgerichts erforderlich.

298 Ein Aufhebungsvertrag kann wiederum selbst durch einen Aufhebungsvertrag **aufgehoben** werden; dann gelten wieder die ursprünglichen erbvertraglichen Verfügungen.[84] Ferner kommt eine **Anfechtung** in Betracht, wobei allerdings streitig ist, ob insoweit die §§ 2078 ff., 2281 ff. oder die §§ 119 ff. gelten. Da es sich beim Aufhebungsvertrag um den *actus contrarius* zum Erbvertrag handelt, erscheint es konsequent, auch die erbrechtlichen Vorschriften der §§ 2281, 2078 ff. anzuwenden; ein Rekurs auf §§ 119 ff. kommt nur für den Fall in Betracht, dass ein nicht vertragsmäßig Verfügender nicht zum Kreis der nach § 2080 Anfechtungsberechtigten gehört.[85]

Die Aufhebung unterfällt hingegen aufgrund ihrer höchstpersönlichen Natur nicht der Insolvenzanfechtung.[86]

299 **bb) Gemeinschaftliches Aufhebungstestament, § 2292.** Für **Ehegatten** statuiert § 2292 eine Formerleichterung (die gem. § 10 Abs. 4 S. 1 LPartG auch für Lebenspartner gilt): Danach genügt zur Aufhebung eines zwischen ihnen geschlossenen Erbvertrags ein gemeinschaftliches Testament. Den Wortlaut des § 2292 könnte man zwar so verstehen, dass die Vertragsparteien schon bei Abschluss des Erbvertrags miteinander verheiratet gewesen sein mussten; nach Sinn und Zweck der Vorschrift genügt es jedoch, wenn sie erst nach Abschluss des Erbvertrags eine Ehe bzw. eine Lebenspartnerschaft eingegangen sind und diese im Zeitpunkt des gemeinschaftlichen Aufhebungstestaments wirksam besteht.[87]

300 Um das gemeinschaftliche Aufhebungstestament zu **beseitigen** und den ursprünglichen Erbvertrag wiederaufleben zu lassen, genügt ein einseitiger Widerruf nicht[88]; vielmehr bedarf es hierfür einer gleichwertigen Rechtshandlung in Form eines Erbvertrags, Aufhebungsvertrags gem. § 2290, Aufhebungstestaments mit Zustimmung des anderen gem. § 2291 oder eines neuen gemeinschaftlichen Aufhebungstestaments gem. § 2292.[89]

---

83 Vgl. Staudinger/*Kanzleiter*, 2014, § 2299 Rn. 11; MüKoBGB/*Leipold*, 7. Aufl. 2017, § 2085 Rn. 15.

84 Vgl. BeckOGK/*Müller* § 2290 Rn. 37 m.w.N.

85 Vgl. Staudinger/*Kanzleiter*, 2014, § 2290 Rn. 20; MüKoBGB/*Musielak*, 7. Aufl. 2017, § 2290 Rn. 9 m.w.N.; a.A. (nur §§ 119 ff) etwa *Brox/Walker*, ErbR, 28. Aufl. 2018, § 17 Rn. 21.

86 Vgl. BGH v. 20.12.2012 – IX ZR 56/12, NJW 2013, 692.

87 Vgl. OLG Köln v. 12.6.1973 – 2 W x 69/72, FamRZ 1974, 51; Staudinger/*Kanzleiter*, 2014, § 2292 Rn. 2; Palandt/*Weidlich*, 78. Aufl. 2019, § 2292 Rn. 1.

88 So aber MüKoBGB/*Musielak*, 7. Aufl. 2017, § 2292 Rn. 6.

89 Vgl. Erman/*S. Kappler/T. Kappler*, 15. Aufl. 2017, § 2292 Rn. 5; Staudinger/*Kanzleiter*, 2014, § 2292 Rn. 10.

cc) Aufhebungstestament mit Zustimmung des anderen, § 2291. Gem. § 2291 Abs. 1 kann eine vertragsmäßige Verfügung, durch die ein Vermächtnis oder eine Auflage angeordnet ist, von dem Erblasser durch **Testament** aufgehoben werden, wenn der andere **Vertragschließende** dem **zustimmt**. Die Zustimmungserklärung bedarf der notariellen Beurkundung und ist unwiderruflich (§ 2291 Abs. 2). Ein Wiederaufleben des Erbvertrags ist nach Erteilung der Zustimmung nur mit (erneuter) Zustimmung des Vertragsgegners gem. § 2291 Abs. 2 zu einem Widerrufstestament möglich.[90] 301

dd) Aufhebung durch Rücknahme aus amtlicher oder notarieller Verwahrung, § 2300 Abs. 2. Nach § 2300 Abs. 2 S. 1 und 2 kann ein Erbvertrag aus der amtlichen oder notariellen Verfügung zurückgenommen und an alle Vertragsschließenden gemeinschaftlich zurückgegeben werden; damit gilt er gem. §§ 2300 Abs. 2 S. 3, 2256 Abs. 1 als **widerrufen**. Dies gilt allerdings nur für Erbverträge, die ausschließlich Verfügungen von Todes wegen enthalten (sog. isolierte Erbverträge). 302

b) Aufhebung durch Rücktritt eines Vertragserblassers

Die **§§ 2293 ff.** enthalten Sondervorschriften für den Rücktritt eines Vertragserblassers vom Erbvertrag; §§ 346 ff. sind insoweit nicht anwendbar[91]. Voraussetzung für einen wirksamen Rücktritt ist eine Rücktrittserklärung (→ Rn. 304 f.) und das Bestehen eines Rücktrittsrechts (→ Rn. 306 ff.). 303

Sofern im Zusammenhang mit der Erbvertrag ein schuldrechtlicher Vertrag geschlossen wurde, in dem sich der Vertragspartner z.B. zu einer Gegenleistung für die vertragsmäßige Zuwendung verpflichtet, so gelten insoweit die allgemeinen schuldrechtlichen Rücktrittsvorschriften; insb. kann darin ggf. auch ein vertragliches Rücktrittsrecht des Vertragspartners für den Fall des Rücktritts des Erblassers vom Erbvertrag vorgesehen werden.[92]

aa) Rücktrittserklärung. Der Rücktritt muss gem. **§ 2296** persönlich durch Erklärung gegenüber dem/den anderen Vertragsschließenden erfolgen und bedarf der notariellen Beurkundung. Dem/den Vertragspartner(n) muss die Urschrift oder eine Ausfertigung der notariellen Urkunde zugehen; eine beglaubigte Abschrift genügt nicht.[93] Aufgrund des Erfordernisses der höchstpersönlichen Erklärung (§ 2296 Abs. 1) kann ein geschäftsunfähig gewordener Erblasser nicht vom Erbvertrag zurücktreten.[94] 304

Wenn der andere Vertragsschließende vorverstorben ist, kann der Erblasser eine vertragsmäßige Verfügung – sofern er zum Rücktritt (noch) berechtigt ist (vgl. § 2298 Abs. 2 S. 2, → Rn. 308) – gem. **§ 2297 S. 1** durch Testament aufheben. Im Falle eines Rücktritts gem. § 2294 wegen Verfehlung des Bedachten (→ Rn. 309) gelten gem. § 2297 S. 2 die § 2336 Abs. 2 und 3, d.h. der Grund für die Entziehung muss zur Zeit der Testamentserrichtung bestehen und im Testament angegeben werden. 305

90 Vgl. Erman/*S. Kappler/T. Kappler*, 15. Aufl. 2017, § 2291 Rn. 3; BeckOGK/*Müller* § 2291 Rn. 24; Palandt/Weidlich, 78. Aufl. 2019, § 2291 Rn. 3; a.A. MüKoBGB/*Musielak*, 7. Aufl. 2017, § 2291 Rn. 6.
91 Vgl. nur Staudinger/*Kanzleiter*, 2014, § 2293 Rn. 6.
92 Vgl. *Brox/Walker*, ErbR, 28. Aufl. 2018, § 14 Rn. 25; Staudinger/*Kanzleiter*, 2014, § 2293 Rn. 14.
93 Vgl. BGH v. 28.9.1959 – III ZR 112/58, NJW 1960, 33; BGH v. 14.12.1961 – V ZB 20/61, NJW 1962, 736.
94 Vgl. BayObLG v. 29.1.1996 – 1Z BR 114/95, NJW-FER 1996, 62.

306 **bb) Rücktrittsrecht.** Ein Rücktrittsrecht des Erblassers kann sich aus dem Erbvertrag ergeben (→ Rn. 307 f.) oder kraft Gesetzes bestehen (→ Rn. 309 ff.).

307 **(1) Vertragliches Rücktrittsrecht, § 2293.** **§ 2293** stellt klar, dass sich jeder Vertragserblasser im Erbvertrag ein (vertragliches) Rücktrittsrecht vorbehalten kann. Der **Rücktrittsvorbehalt** ist streng zu trennen vom sog. Änderungsvorbehalt, der es erlaubt, vom Erbvertrag abweichende letztwillige Verfügungen zu errichten und damit im Umfang des Vorbehalts von vornherein keine Bindung erzeugt (→ Rn. 291). Ein Rücktrittsvorbehalt kann sich auf alle oder auch nur auf einzelne vertragsmäßige Verfügungen beziehen; er kann zudem auch bedingt oder befristet ausgestaltet sein.[95] Im Einzelfall kann die Abgrenzung zum auflösend bedingt geschlossenen Erbvertrag (§ 158 Abs. 2) schwierig sein, so z.B. bei Wiederverheiratungsklauseln.[96]

308 Bei zwei- und mehrseitigen[97] Erbverträgen **erlischt** der Rücktrittsvorbehalt gem. § 2298 Abs. 2 S. 2, Abs. 3 im Zweifel **mit dem Tode des anderen Vertragsschließenden**. Sofern sich kein gegenteiliger Wille der Vertragsparteien anzunehmen ist[98], können die vertragsmäßigen Verfügungen dann aber gem. § 2298 Abs. 2 S. 3 trotzdem noch durch Testament aufgehoben werden, wenn der Überlebende das ihm durch Vertrag Zugewendete **ausschlägt** (denn dann setzt er sich nicht mehr dem Vorwurf widersprüchlichen Verhaltens aus). Erforderlich ist nach dem Telos der Norm die Ausschlagung aller ihm zugedachten vertragsmäßigen Verfügung (Zuwendungen aus einseitigen Verfügungen brauchen hingegen nicht ausgeschlagen zu werden).[99]

(2) Gesetzliches Rücktrittsrecht bei Verfehlungen des Bedachten gem. § 2294.

309 Gem. § 2294 kann der Erblasser von einer vertragsmäßigen Verfügung zurücktreten, wenn sich der **Bedachte** einer **Verfehlung** schuldig macht, die den Erblasser zur Entziehung des Pflichtteils berechtigt oder zu der Entziehung berechtigen würde, wenn der Bedachte ein Abkömmling des Erblassers wäre. Der zur Pflichtteilsentziehung berechtigende Tatbestand (→ Rn. 715 ff.) muss nach Vertragsschluss erfüllt worden sein.[100] Frühere tatbestandsmäßige Verfehlungen, die dem Erblasser unbekannt waren, können aber ggf. ein Anfechtungsrecht gem. § 2281 i.V.m. § 2078 begründen.[101]

(3) Gesetzliches Rücktrittsrecht bei Aufhebung einer Gegenverpflichtung gem.

310 **§ 2295.** Aus § 2295 ergibt sich ein Rücktrittsrecht, wenn die vertragsmäßige Verfügung mit Rücksicht auf eine rechtsgeschäftliche Verpflichtung des Bedachten, dem Erblasser für dessen Lebenszeit wiederkehrende Leistungen zu entrichten, insb. Unterhalt zu gewähren (sog. **Verpfründungsvertrag**) getroffen ist und die Verpflichtung vor dem Tode des Erblassers aufgehoben wird.

95 Vgl. Staudinger/*Kanzleiter*, 2014, § 2293 Rn. 7; MüKoBGB/*Musielak*, 7. Aufl. 2017, § 2293 Rn. 2.

96 Vgl. MüKoBGB/*Musielak*, 7. Aufl. 2017, § 2293 Rn. 3 und OLG Karlsruhe v. 13.4.1961 – 5 W 200/60, NJW 1961, 1410.

97 Vgl. zur Geltung des § 2298 auch für mehrseitige Erbverträge: Erman/*S. Kappler/T. Kappler*, 15. Aufl. 2017, § 2298 Rn. 1; BeckOGK/*Müller* § 2298 Rn. 6.

98 Die Nichterwähnung von S. 3 in Abs. 3 ist ein Redaktionsversehen, vgl. Staudinger/*Kanzleiter*, 2014, § 2298 Rn. 4, 18 und 21; Erman/*S. Kappler/T. Kappler*, 15. Aufl. 2017, § 2298 Rn. 5.

99 Vgl. BeckOGK/*Müller* § 2298 Rn. 26; MüKoBGB/*Musielak*, 7. Aufl. 2017, § 2298 Rn. 6.

100 Vgl. BeckOGK/*Müller* § 2294 Rn. 6; MüKoBGB/*Musielak*, 7. Aufl. 2017, § 2294 Rn. 3.

101 Vgl. BeckOGK/*Müller* § 2294 Rn. 6; MüKoBGB/*Musielak*, 7. Aufl. 2017, § 2294 Rn. 3.

Zwischen der erbvertraglichen Zuwendung des Erblassers und der schuldrechtlichen Verpflichtung des Bedachten muss ein **innerer Zusammenhang** bestehen; die Verpflichtung des Bedachten muss den oder zumindest einen Beweggrund für die vertragsmäßige Verfügung des Erblassers darstellen und die Vertragsteile müssen sich über die Zweckgebundenheit einig sein.[102] **311**

„Aufhebung" der Verpflichtung i.S.d. § 2295 ist jede (auch einseitige) Beendigung gleich aus welchem Rechtsgrund.[103] Erfasst sind z.B.: Ausübung eines Rücktrittsrechts, Kündigung[104], Eintritt einer auflösenden Bedingungen, Aufhebungsvertrag oder nachträgliche Unmöglichkeit[105].[106] Nicht anwendbar ist § 2295 hingegen, wenn das Rechtsgeschäft, durch das die Verpflichtung begründet werden sollte, von vornherein nichtig gewesen ist oder durch Anfechtung rückwirkend (*ex tunc*) nichtig wird (§ 142 Abs. 1).[107] **312**

cc) Wirkungen des Rücktritts. Durch den Rücktritt werden die von ihm erfassten vertragsmäßigen Verfügungen unwirksam. Hinsichtlich der weiteren Wirkungen des Rücktritts ist zu differenzieren: **313**

- Beim **zwei- oder mehrseitigen Erbvertrag** wird der Erbvertrag insgesamt aufgehoben, wenn der Erblasser von einem vertraglich vorbehaltenen Rücktrittsrecht (§ 2293, → Rn. 307)[108] Gebrauch macht, sofern kein anderer Wille der Vertragsschließenden anzunehmen ist (§ 2298 Abs. 2 S. 1, Abs. 3, → Rn. 308).
- Im Übrigen bestimmt sich das Schicksal nicht unmittelbar vom Rücktritt erfasster **vertragsmäßiger Verfügungen** gem. § 2279 Abs. 1 nach **§ 2085** (→ Rn. 477).[109]
- **Einseitige Verfügungen** treten im Falle der Aufhebung des gesamten Erbvertrags außer Kraft, sofern nicht ein anderer Wille der Vertragsschließenden anzunehmen ist (§ 2299 Abs. 3, → Rn. 317). Im Übrigen gilt auch für einseitige Verfügungen gem. § 2279 Abs. 1 die Vorschrift des § 2085 (→ Rn. 477).
- Im Falle des Rücktritts gem. **§ 2295** (→ Rn. 310 ff.) hat der Bedachte einen Anspruch auf Rückgabe des Geleisteten aus § 812 Abs. 1 S. 2 Alt. 2.[110]

102 Vgl. OLG München v. 16.4.2009 – 31 Wx 90/08, ZEV 2009, 345, 346; Staudinger/*Kanzleiter*, 2014, § 2295 Rn. 3; BeckOGK/*Müller* § 2295 Rn. 8.

103 Vgl. BeckOGK/*Müller* § 2295 Rn. 11; Soergel/*Wolf*, 13. Aufl. 2002, § 2295 Rn. 3 mit Verweis auf die Protokolle.

104 Vgl. OLG Karlsruhe v. 22.1.1997 – 13 U 9/95, NJW-RR 1997, 708, 709; LG Köln 5.7.1978 – 13 S 171/77, DNotZ 1978, 685.

105 Vgl. BGH v. 5.10.2010 – IV ZR 30/10, NJW 2011, 224 Rn. 12; BGH v. 19.12.2012 – IV ZR 207/12, ZEV 2013, 330 Rn. 6.

106 Vgl. BeckOGK/*Müller* § 2295 Rn. 11; MüKoBGB/*Musielak*, 7. Aufl. 2017, § 2295 Rn. 4.

107 Vgl. Staudinger/*Kanzleiter*, 2014, § 2295 Rn. 6; Erman/*S. Kappler/T. Kappler*, 15. Aufl. 2017, § 2295 Rn. 5; MüKoBGB/*Musielak*, 7. Aufl. 2017, § 2295 Rn. 6; a.A.: Palandt/*Weidlich*, 78. Aufl. 2019, § 2295 Rn. 2; Soergel/*Wolf*, 13. Aufl. 2002, § 2295 Rn. 3.

108 Nach h.M. gilt § 2298 Abs. 2 S. 1 entsprechend seinem Wortlaut nur für den vertraglich vorbehaltenen Rücktritt und ist nicht auch in den Fällen der §§ 2294, 2295 anwendbar, vgl. BeckOGK/*Müller* § 2293 Rn. 20; MüKoBGB/*Musielak*, § 2298 Rn. 4 m.w.N.

109 Vgl. BeckOGK/*Müller* § 2293 Rn. 38, § 2294 Rn. 21, § 2295 Rn. 22 m.w.N.

110 Vgl. Staudinger/*Kanzleiter*, 2014, § 2295 Rn. 13; BeckOGK/*Müller* § 2295 Rn. 23; vgl. ferner auch OLG München v. 16.4.2009 – 31 Wx 90/08, ZEV 2009, 345, 347.

c) Anfechtung

314 Gem. § 2281 hat der Erblasser ferner die Möglichkeit, den Erbvertrag anzufechten (näher → Rn. 428 ff.). Dies hat insb. dann Bedeutung, wenn die Art der schuldvertraglichen Verpflichtung nicht unter § 2295 fällt oder § 2295 nicht anwendbar ist, weil der Leistungsvertrag von Anfang an nichtig war und sich dies nicht unmittelbar auf die Wirksamkeit des Erbvertrags auswirkt (→ Rn. 312).

VI. Aufhebung einseitiger Verfügungen

315 Für einseitige Verfügungen gilt gem. **§ 2299 Abs. 2 S. 1** das Gleiche, wie wenn sie durch Testament getroffen worden wäre, d.h. sie können gem. § 2253 **jederzeit widerrufen** werden (wobei allerdings nur ein Widerruf gem. §§ 2254, 2258 in Betracht kommt)[111].

316 Darüber hinaus können sie gem. **§ 2299 Abs. 2 S. 2** auch in einem **Aufhebungsvertrag**, durch den eine vertragsmäßige Verfügung aufgehoben wird (→ Rn. 296 ff.), mit aufgehoben werden.

317 Sofern kein anderer Wille des Erblassers anzunehmen ist, treten einseitige Verfügungen zudem gem. **§ 2299 Abs. 3** außer Kraft, wenn der Erblasser vom gesamten Erbvertrag zurücktritt (§§ 2293 ff., → Rn. 303) oder der Erbvertrag durch Aufhebungsvertrag insgesamt aufgehoben wird, ohne dass die einseitige Verfügung ausdrücklich erwähnt wird (sonst gilt § 2299 Abs. 2 S. 2, → Rn. 316)[112]. Dasselbe gilt im Falle einer Aufhebung des Erbvertrags durch gemeinschaftliches Testament gem. § 2292 (→ Rn. 299 f.).[113] Wenn die Auslegungsregel des § 2299 Abs. 3 nicht eingreift, bestimmt sich das Schicksal einseitiger Verfügungen gem. § 2279 Abs. 1 nach § 2085 (→ Rn. 477).[114]

Lösung der Ausgangsfälle

318 **Fall 17 (→ Rn. 261):** Das notarielle Testament der F könnte gem. § 2289 Abs. 1 S. 1 unwirksam sein. Dies wäre der Fall, wenn es das Recht eines vertragsmäßig Bedachten beeinträchtigen würde. Die in dem Erbvertrag getroffenen Verfügungen von M und F sind vertragsmäßig (→ Rn. 271 ff.).

Durch das notarielle Testament der F würde das Recht des vertragsmäßig bedachten S beeinträchtigt, da seine Alleinerbenstellung zugunsten der T auf eine Miterbenstellung reduziert würde. Fraglich ist aber, wie es sich auswirkt, dass S dieser Verfügung in notariell beglaubigter Form zugestimmt hat. Darin ist ein Erbverzicht gem. §§ 2352 S. 2, 2348 zu sehen. Mit dem wirksamen Erbverzicht hat S auf seine Alleinerbenstellung aus dem Erbvertrag verzichtet.

---

111 Vgl. BeckOGK/*Müller* § 2299 Rn. 9. § 2255 BGB scheidet grundsätzlich aus, weil sich der Erbvertrag in besonderer amtlicher Verwahrung oder Verwahrung des Notars befindet (vgl. § 34 BeurkG, → Rn. 169); zur Rücknahme aus amtlicher Verwahrung → Rn. 202 f.

112 Vgl. BeckOGK/*Müller* § 2299 Rn. 12.

113 Vgl. Staudinger/*Kanzleiter*, 2014, § 2299 Rn. 11; MüKoBGB/*Musielak*, 7. Aufl. 2017, § 2299 Rn. 6.

114 Vgl. BeckOGK/*Müller* § 2299 Rn. 13; Staudinger/*Kanzleiter*, 2014, § 2299 Rn. 11; MüKoBGB/*Musielak*, 7. Aufl. 2017, § 2299 Rn. 6.

Das notarielle Testament der F ist aber auch dann unwirksam, wenn und soweit es die Rechte anderer vertragsmäßig Bedachter beeinträchtigt. In Betracht kommt eine sich aus dem Erbvertrag ergebende Miterbengemeinschaft aus A und B, deren Recht durch die Einsetzung von S und T beeinträchtigt werden könnte. Gem. § 2096 ist der Ersatzerbe für den Fall eingesetzt, dass der Erbe vor oder nach dem Eintritt des Erbfalls wegfällt. S ist durch den Erbverzicht vor Eintritt des Erbfalls weggefallen (§ 2346 Abs. 1 S. 2). Daher sind A und B die Erben der F. Ihre vertragsmäßigen Rechte werden durch die Alleinerbeinsetzung der T beeinträchtigt. Daher ist das notarielle Testament gem. § 2289 Abs. 1 S. 2 unwirksam.

T steht daher nur das Vermächtnis aus dem Erbvertrag zu.

Fall 18 (→ Rn. 261): D ist aufgrund des Erbvertrags Alleinerbin des C geworden. Die Übereignung der Wohnung an E bleibt davon unberührt, da der Erbvertrag Rechtsgeschäfte unter Lebenden grundsätzlich nicht einschränkt (§ 2286). 319

Allerdings könnte D gegen E einen Anspruch auf Herausgabe von Eigentum und Besitz an der Wohnung gem. § 2287 i.V.m. § 818 Abs. 1 haben. Die schenkweise Übereignung der Wohnung durch C an E war eine Schenkung i.S.d. § 516 und damit auch i.S.d. § 2287 Abs. 1 (→ Rn. 284). Durch diese Schenkung müsste eine objektive Beeinträchtigung der Vertragserbin D erfolgt sein. Daran würde es fehlen, wenn C der E die Wohnung auch durch eine Verfügung von Todes wegen hätte zukommen lassen können, ohne die erbvertraglichen Bindungen zu verletzen (→ Rn. 285). Hier war die E i.H.v. 400.000 € pflichtteilsberechtigt, sodass eine objektive Beeinträchtigung der C schon deshalb nur noch i.H.v. 200.000 € vorliegt. Darüber hinaus könnte eine objektive Beeinträchtigung der C sogar gänzlich entfallen, wenn D zur Anfechtung des Erbvertrags berechtigt war und die Schenkung innerhalb der Anfechtungsfrist erfolgte (→ Rn. 285). D wäre gem. §§ 2281 Abs. 1, 2079 zur Anfechtung des Erbvertrags berechtigt gewesen, weil er darin E – die aufgrund der Heirat erst nach der Errichtung des Erbvertrags pflichtteilsberechtigt wurde – übergangen hat. Die Schenkung erfolgte auch innerhalb der Anfechtungsfrist des § 2082 (die Jahresfrist lief erst ab der Heirat). Folglich fehlt es insgesamt an einer objektiven Beeinträchtigung der D. Diese hat daher gegen E keinen Anspruch aus § 2287 Abs. 1 i.V.m. § 818 Abs. 1.

E hat gegen D einen Anspruch auf Zahlung ihres Pflichtteils i.H.v. 400.000 € gem. § 2303 (es erfolgt keine Anrechnung gem. § 2315, → Rn. 663 ff.).

Fall 19 (→ Rn. 261): Alle Verfügungen sind vertragsmäßig, da auch S und T Vertragspartner sind (sog. mehrseitiger Erbvertrag). Durch das Vorversterben des S ist dessen Einsetzung durch M und F gegenstandslos geworden. Fraglich ist, wie sich dies auf die übrigen Verfügungen auswirkt. Der Fall, dass eine Verfügung nachträglich gegenstandslos wird, wird von § 2298 Abs. 1 nicht (auch nicht analog) erfasst; maßgeblich ist insoweit vielmehr gem. § 2279 Abs. 1 die Vorschrift des § 2085 (→ Rn. 275). Danach wird die Wirksamkeit der anderen Verfügungen nicht berührt, es sei denn, dass der Nachweis erbracht wird, dass die Verfügungen nur als Einheit, also die eine nicht ohne die andere gewollt war. Die Familie des M muss daher nachweisen, dass M, ohne zugunsten von S zu verfügen, nicht auch zugunsten von F und T verfügt hätte. Dies ist zunächst zweifelhaft, da M zumindest auch deshalb zugunsten von F und T verfügte, weil F ihn ebenfalls zum Vorerben einsetzte. Er hat F aber deshalb nur zur Vorerbin eingesetzt, damit sein Sohn S (zumindest auch neben T) als Nacherbe noch in den Genuss des Vermögens kommt. Zudem M hat auch nur deshalb zugunsten von T verfügt, weil F zugunsten von S verfügte. Die Verfügungen waren daher nur als Einheit gewollt. Damit sind alle vertragsmäßigen Verfügungen unwirksam. Somit liegt kein Erbvertrag mehr vor, folglich tritt die gesetzliche Erbfolge ein. F hat danach keinen Anspruch auf Erteilung des von ihr begehrten Erbscheins. 320

321 **Fall 20 (→ Rn. 261):** Die Vermächtnisse könnten gem. § 2289 Abs. 1 S. 2 unwirksam sein, wenn sie ein Recht der W aus einem wirksamen Erbvertrag beeinträchtigen würden.

Dies setzt zunächst voraus, dass überhaupt ein wirksamer Erbvertrag vorlag. Ein solcher ist nur dann gegeben, wenn zumindest eine vertragsmäßige Verfügung vorliegt (vgl. § 2278 Abs. 1, → Rn. 271). Ob eine Verfügung vertragsmäßig ist, ist eine Frage der Auslegung (→ Rn. 274). Die gegenseitige Einsetzung der Vertragspartner ist regelmäßig vertragsmäßig (→ Rn. 274). Damit liegt ein Erbvertrag vor.

Fraglich ist jedoch, ob auch die Erbeinsetzung von V und W eine vertragsmäßige Verfügung war. Der Vertragspartner (hier: X) muss an der Zuwendung an den Dritten ein eigenes Interesse haben. Dies ist regelmäßig dann gegeben, wenn der Vertragspartner mit dem Dritten verwandt ist oder ihm sonst nahesteht. Die Tatsache, dass der vorgesehene Schlusserbe nur mit Y verwandt war, spricht daher gegen eine vertragsmäßige Verfügung der Y. Mit der Einsetzung der W als Ersatzerbin wollte sich F gegenüber X ebenfalls nicht vertraglich binden. Es handelt sich somit nicht um eine vertragsmäßige Verfügung, sondern nur um eine einseitige Verfügung, sodass § 2289 Abs. 1 S. 2 nicht eingreift.

W ist daher als Schlusserbin der F wirksam durch die ausgesetzten Vermächtnisse belastet (§§ 2299 Abs. 2, 2258 Abs. 1, 2147).

322 **Fall 21**[115] **(→ Rn. 261):** W und N haben 1990 einen sog. entgeltlichen Erbvertrag und einen korrespondierenden Verpfründungsvertrag abgeschlossen (→ Rn. 310). Die Erbringung der Pflegeleistungen durch N war jedoch nicht als aufschiebende Bedingung (§ 158 Abs. 1) vereinbart, sodass der Erbvertrag nicht schon deshalb unwirksam war.

W könnte jedoch wirksam vom Erbvertrag zurückgetreten sein. Eine wirksame Rücktrittserklärung i.S.d. § 2296 liegt laut Sachverhalt vor. Ein Rücktrittsrecht des W könnte sich aus § 2295 ergeben. Dies setzt voraus, dass die Erbeinsetzung des N mit Rücksicht auf eine rechtsgeschäftliche Verpflichtung des N, W während dessen Lebenszeit wiederkehrende Leistungen zu entrichten, getroffen wurde und diese Verpflichtung vor dem Tod des W aufgehoben wurde. Zwischen der Erbeinsetzung des N und dessen Verpflichtung zu Pflegeleistungen bestand ein innerer Zusammenhang i.S.d. § 2295; die Verpflichtung des N war der maßgebliche Beweggrund für W, diesen zum Erben einzusetzen und beide waren sich darüber einig. Eine „Aufhebung" i.S.d. § 2295 liegt auch dann vor, wenn die Verpflichtung nachträglich unmöglich wird (§ 275 Abs. 1) (→ Rn. 312). Dies war hier der Fall, weil die Erbringung von häuslichen Pflegeleistungen durch N nicht mehr möglich war, nachdem W ins Alten- und Pflegeheim gezogen war. W war mithin gem. § 2295 zum Rücktritt berechtigt. Der Erbvertrag war folglich unwirksam, sodass die Feststellungsklage begründet ist.

115 Nach BGH v. 5.10.2010 – IV ZR 30/10, NJW 2011, 224 und BGH v. 19.12.2012 – IV ZR 207/12, ZEV 2013, 330.

§ 11 Die Auslegung von Verfügungen von Todes wegen

Fall 22: Die E hinterlässt einen Miteigentumsanteil zu $^1/_5$ an einem Grundstück, Bankguthaben i.H.v. 32.000 € sowie verschiedene Bilder ohne größeren Wert. Sie war mit M verheiratet und hatte eine Schwester S. In ihrer eigenhändig geschriebenen und unterschriebenen letztwilligen Verfügung heißt es auszugsweise: **323**

„Lieber M, Du weißt ja am besten, dass ich leider nichts zu vererben habe. Keine Lebensversicherung, keine großen Summen Geld. Nur ein paar Bilder. Trotzdem bitte ich dich, mir ein paar Wünsche nach meinem Tod zu erfüllen. X_1 soll sich ein Bild von früher aussuchen. Ebenso X_2, X_3, und X_4. Die meisten Bilder sollst jedoch du behalten …“

M ist der Auffassung, dass er aufgrund der letztwilligen Verfügung zum Alleinerben berufen sei. Zu Recht? **Lösung: → Rn. 381**

Fall 23: Die E und ihr Ehemann M haben ein eigenhändiges gemeinschaftliches Testament errichtet und es als „Unser Testament“ bezeichnet, in dem sie ihre gemeinsamen Kinder je zur Hälfte als Erben eingesetzt haben. Dabei hatten sie vergessen, die im Entwurf enthaltene gegenseitige Alleinerbeneinsetzung und die Einsetzung der Kinder als Erben des zuletzt Versterbenden (Berliner Testament) in das gemeinschaftliche Testament mit aufzunehmen. Ist M Alleinerbe? **Lösung: → Rn. 382**

Fall 24: Die 50-jährige E setzte in ihrem 2001 errichteten Testament ihre neun Jahre jüngere Cousine C als Alleinerbin ein. Außerdem sah das Testament Vermächtnisse zugunsten ihrer beiden anderen Cousinen mütterlicherseits vor, die wertmäßig jeweils ca. $^1/_3$ des Vermögens der E ausmachten. Die väterliche Seite wurde im Testament nicht bedacht. Als E stirbt, war C bereits vorverstorben. C's Tochter T beantragt einen Erbschein als Alleinerbin mit der Begründung, dass sie Ersatzerbin ihrer vorverstorbenen Mutter geworden sei. Zu Recht? **Lösung: → Rn. 383**

Literatur: *Brox*, Der Bundesgerichtshof und die Andeutungstheorie, JA 1984, 549; *Dietz*, Zur Auslegung eines Testaments, ZEV 2009, 241; *Dressler*, Der erbrechtliche Auslegungsvertrag – Gestaltungshilfe bei einvernehmlichen Nachlassregelungen, ZEV 1999, 289; *Eidenfeld*, Auslegungsprobleme bei Wünschen des Erblassers: Erbenbindung oder moralischer Appell? ZEV 2004, 141; *Foerste*, Die Form des Testaments als Grenze seiner Auslegung, DNotZ 1993, 84; *Gerhards*, Ergänzende Testamentsauslegung und Formvorschriften („Andeutungstheorie“), JuS 1994, 642; *Litzenburger*, Auslegung und Gestaltung erbrechtlicher Zuwendungen an Schwiegerkinder, ZEV 2003, 385; *Mayer*, Auslegungsgrundsätze und Urkundsgestaltung im Erbrecht, DNotZ 1998, 772; *Musielak*, Zur ergänzenden Testamentsauslegung, ZEV 2009, 249; *Petersen*, Die Auslegung von letztwilligen Verfügungen, JURA 2005, 597; *Smid*, Probleme bei der Auslegung letztwilliger Verfügungen, JuS 1987, 283; *Wellenhofer*, Ergänzende Testamentsauslegung bei unvorhergesehenem Vermögenserwerb, JuS 2018, 74; *Wolf/Gangel*, Der nicht formgerecht erklärte Erblasserwille und die Auslegungsfähigkeit eindeutiger testamentarischer Verfügungen, JuS 1983, 663.

I. Allgemeines/Überblick

324 Ebenso wie andere Willenserklärungen sind auch Verfügungen von Todes wegen häufig auslegungsbedürftig. Dabei gelten jedoch aufgrund der speziellen Charakteristika einige **Besonderheiten**, wobei zwischen Testamenten einerseits und gemeinschaftlichen Testamenten sowie Erbverträgen andererseits zu differenzieren ist: Beim Testament als nicht empfangsbedürftiger Willenserklärung geht es allein darum, den wirklichen Willen des Erblassers zu erforschen (§ 133, → Rn. 325 ff.), bei gemeinschaftlichen Testamenten und Erbverträgen gelten hingegen grundsätzlich die allgemeinen Regeln für die Auslegung von Verträgen (§§ 133, 157, → Rn. 374 ff.). Darüber hinaus enthält das Gesetz eine ganze Reihe spezieller Auslegungsregeln für Fällen, in denen die Auslegung nach den allgemeinen Regeln nicht zu einem eindeutigen Ergebnis führt (→ Rn. 344 ff.).

II. Die Auslegung von Testamenten

1. Erforschung des wirklichen Willens des Erblassers (§ 133)

325 Ziel der Auslegung eines Testaments ist die Ermittlung des **wirklichen Willens des Erblassers (§ 133)**.[1] Der sog. „objektive Empfängerhorizont" ist hingegen nicht zu berücksichtigen, da das Testament keine empfangsbedürftige Willenserklärung ist; daher ist auch **§ 157** auf die Auslegung eines Testaments **nicht anwendbar**.[2] Irrelevant ist auch ein etwaiger „Horizont des von der Verfügung Betroffenen", da es beim Testament aufgrund der freien Widerruflichkeit (→ Rn. 186 ff.) keinen Vertrauensschutz gibt.[3]

2. Verhältnis von Auslegung und Anfechtung

326 Die **Auslegung** hat **Vorrang** vor der Anfechtung, weil sie dem Willen des Erblassers zur Wirksamkeit verhilft, während die Anfechtung die Verfügung von Todes wegen vernichtet[4] (die Anfechtung kassiert nur, aber sie reformiert nicht[5]). Dieses Ergebnis wird durch die Anforderungen, die § 2078 an die Anfechtbarkeit stellt (→ Rn. 390 ff.), bestätigt: Denn ob Wille und Erklärung auseinanderfallen oder ob ein Motivirrtum vorliegt, kann erst festgestellt werden, wenn durch Auslegung der rechtliche Inhalt der Erklärung ermittelt wurde.[6]

---

1 Vgl. BGH v. 24.6.2009 – IV ZR 202/07, NJW-RR 2009, 1455 Rn. 23; BeckOGK/*Gierl* § 2084 Rn. 10; *Lange*, ErbR, 2. Aufl. 2017, § 35 Rn. 12.

2 Vgl. BeckOGK/*Gierl* § 2084 Rn. 10; Staudinger/*Otte*, 2013, Vorbem. zu §§ 2064-2086 Rn. 24; *Schlüter/Röthel*, ErbR, 17. Aufl. 2015, § 19 Rn. 5.

3 Vgl. Staudinger/*Otte*, 2013, Vorbem. zu §§ 2064-2086 Rn. 24.

4 Vgl. BGH v. 23.4.1951 – IV ZR 17/51, LM Nr. 1 zu § 2100; BayObLG v. 27.6.1997 – 1Z BR 240/96, BayObLGZ 1997, 197, 201 m.w.N.

5 Vgl. *Siber*, Auslegung und Anfechtung der Verfügung von Todes wegen, in: Schreiber (Hrsg.), Die Reichsgerichtspraxis im deutschen Rechtsleben, 1929, III, S. 349, 378.

6 Vgl. MüKoBGB/*Leipold*, 7. Aufl. 2017, § 2078 Rn. 11; Staudinger/*Otte*, 2013, § 2078 Rn. 6.

3. Auslegung und Form

a) Die sog. Andeutungstheorie

Nach ständiger Rechtsprechung findet die Auslegung darin ihre Grenze, dass der **Wille des Erblassers im Testament selbst eine hinreichende Stütze** gefunden haben muss (sog. **Andeutungstheorie**).[7] **327**

In der Literatur stößt die Andeutungstheorie allerdings teilweise auf **Kritik**.[8] Ihr wird entgegengehalten, dass sie die gesetzlichen Formvorschriften überspanne.[9] Der Schutz vor Übereilung werde schon dadurch erreicht, dass der Erblasser das Testament niedergeschrieben und in dem Sinne verstanden hat, den er ihm beilegen wollte.[10] Die Andeutungstheorie führe außerdem zu Zufälligkeiten und Rechtsunsicherheit, weil sie von der unkalkulierbaren Entscheidungen des Richters abhängt, ob die geforderte Andeutung im Testament zu finden ist.[11] Der weitschweifende Erblasser wird daher zu Unrecht gegenüber dem knapp formulierenden bevorzugt.[12]

Trotz dieser Kritik ist im Grundsatz **an der Andeutungstheorie festzuhalten**. Nur der erklärte Wille ist hinreichend verfestigt und so aus dem Stadium der Willensbildung herausgetreten, dass er Rechtsfolgen herbeizuführen vermag. Außerdem würde eine Auslegung, die den Erblasserwillen zum alleinigen Maßstab nehmen würde, die gesetzlichen Formerfordernisse für Testamente außer Acht lassen. Die Form soll insb. den Erblasser dazu veranlassen, sich selbst darüber klar zu werden, welchen Inhalt seine Verfügung von Todes wegen haben soll.[13] Für die angeblichen Rechtsunsicherheiten und Wortklaubereien haben die Kritiker keine wirklich treffenden Beispiele aus der Rechtspraxis vorweisen können. Zudem lassen sich auch die Fälle der sog. *falsa demonstratio* mit der Andeutungstheorie angemessen lösen (→ Rn. 329 f.).

Schließlich besteht auch kein wirklicher Widerspruch zwischen der Andeutungstheorie und der Zulässigkeit der sog. ergänzenden Auslegung (→ Rn. 335 ff.): Bei der ergänzenden Auslegung muss eben gerade nicht das Ergebnis der Lückenschließung selbst in der Urkunde enthalten sein, sondern die Anknüpfungspunkte für die vorzunehmende Auslegung in Bezug auf den „hypothetischen Willen" der Erblassers.[14]

In der **Praxis** spielt die Andeutungstheorie eine wichtige Rolle.[15] Ohne sie müsste über jede Parteibehauptung bezüglich eines angeblichen Erblasserwillens Beweis erhoben werden. Da die Beweiswürdigung nicht in jedem Fall verfälschende Behaup- **328**

---

7 Vgl. BGH v. 8.12.1982 – IVa ZR 94/81, NJW 1983, 672, 673; BGH v. 15.7.1997 – IV ZR 356/96, NJW-FER 1997, 252; BGH v. 26.9.2001 – IV ZR 298/98, NJW-RR 2002, 292; OLG München v. 8.5.2014 – 14 O 2954/13, FamRZ 2015, 2085 Rn. 24. Vgl. auch bereits RG v. 3.4.1939 – IV 165/38, RGZ 160, 109, 111 („für die … Willenserklärung irgendeinen Anhalt bieten muss").

8 Vgl. *Brox* JA 1984, 549 ff.; *Brox/Walker*, ErbR, 28. Aufl. 2018, § 16 Rn. 4; *Häsemeyer* AcP 188 (1988) 381, 427 f.; *Smid* JuS 1987, 283, 286; *Petersen* JURA 2005, 597, 599.

9 Vgl. *Brox* JA 1984, 549; *Brox/Walker*, ErbR, 28. Aufl. 2018, § 16 Rn. 4.

10 Vgl. *Brox/Walker*, ErbR, 28. Aufl. 2018, § 16 Rn. 4.

11 Vgl. *Petersen* JURA 2005, 597, 599 („Kaffeesatzleserei"); *Smid* JuS 1987, 283, 286.

12 Vgl. *Brox/Walker*, ErbR, 28. Aufl. 2018, § 16 Rn. 4.

13 Vgl. BGH v. 9.4.1981 – IVa ZB 4/80, NJW 1981, 1737, 1738.

14 Vgl. OLG Köln v. 10.11.2008 – 2 Wx 38/08, ZEV 2009, 241, 242; BeckOGK/*Gierl* § 2084 Rn. 80 m.w.N.

15 Vgl. dazu auch Staudinger/*Otte*, 2013, Vorbem. zu §§ 2064-2086 Rn. 38 ff.

tungen als solche entlarven wird, bietet nur die Andeutungstheorie einen ausreichenden Schutz des erklärten Erblasserwillens. Für sie sprechen außerdem prozessökonomische Gründe: Der Richter muss nicht zunächst umfänglich bezüglich des Erblasserwillens Beweis erheben und sodann prüfen, ob dieser formgültig erklärt wurde.

b) Konsequenzen der Andeutungstheorie

329 Bei Falschbezeichnungen ist zwischen bewussten und unbewussten Falschbezeichnungen zu unterscheiden. Die **bewusste Falschbezeichnung** ist aus der Sicht des Erblassers der zutreffende Ausdruck des Gemeinten (*falsa demonstratio non nocet*).[16]

Schulbeispiel ist der Erblasser, der seinen Weinvorrat als „Bibliothek" zu bezeichnen pflegt und ihn unter dieser Bezeichnung auch vermacht. Aufgrund des besonderen Sprachgebrauchs des Erblassers – und nicht nur, weil er innerlich den Weinvorrat vermachen wollte – ist der Weinvorrat zumindest im Testament angedeutet.[17]

330 Die **unbewusste Falschbezeichnung**, die auf einem Erklärungs- oder Inhaltsirrtum beruht, kann auch dem Problemkreis der **irrtümlichen Verfügungen** zugeordnet werden. Die Verfügung gilt dann mit ihrem objektiv eindeutigen Gehalt und kann nicht durch Auslegung dem eigentlichen Willen des Erblassers angepasst werden; hier hilft ggf. nur die Anfechtung (→ Rn. 384 ff.).[18]

331 **Unterbliebene Verfügungen** – sei es aufgrund der Zerstreutheit des Erblassers oder aufgrund eines Motivirrtums – können nicht durch Auslegung ersetzt werden. Vermacht der Erblasser lediglich die Flurstücke 31 und 32 gesondert und vergisst das Flurstück 30, so kann das Vermächtnis nicht im Wege der Auslegung auf das letztere Flurstück erstreckt werden. Zwar hat der BGH einen ähnlichen, sich jedoch auf einen Vertragsschluss beziehenden Fall als unschädliche Falschbezeichnung gewertet.[19] Dieses Ergebnis lässt sich zwar mit den Anforderungen aus Treu und Glauben (§ 157) begründen; § 157 ist jedoch auf die Auslegung von Testamenten gerade nicht anwendbar (→ Rn. 325). Das Ziel des Erblassers kann auch hier allenfalls durch eine Anfechtung erreicht werden.[20]

332 Der Auslegung zugänglich sind auch scheinbar **eindeutige Erklärungen**.[21] Ein eindeutiger Wortlaut ist nicht die Grenze, sondern das Ergebnis der Auslegung. Der Wortlaut hat jedoch die Vermutung, den Willen des Erblassers wiederzugeben, für sich, sodass an eine abweichende Auslegung strenge Beweisanforderungen zu stellen sind. Häufig sind Fälle, in denen der Erblasser einen Begriff gebraucht, dem in der Fachsprache eine feste Bedeutung zukommt, der in der Alltagssprache jedoch unscharf verwendet wird.

---

16 Vgl. RG v. 11.3.1909 – IV 304/08, RGZ 70, 391, 393 f.

17 Vgl. nur Staudinger/*Otte*, 2013, Vorbem. zu §§ 2064-2086 Rn. 34; a.A. jedoch *Brox/Walker*, ErbR, 28. Aufl. 2018, § 16 Rn. 4, der das Ergebnis nur durch eine freie Auslegung für erreichbar hält.

18 Vgl. nur Staudinger/*Otte*, 2013, Vorbem. zu §§ 2064-2086 Rn. 45 m.w.N.

19 BGH v. 25.3.1983 – V ZR 268/81, BGHZ 87, 150 = JR 1984, 13 m. Anm. *Köhler*.

20 Vgl. nur Staudinger/*Otte*, 2013, Vorbem. zu §§ 2064-2086 Rn. 44.

21 BGH v. 8.12.1982 – IVa ZR 94/81, NJW 1983, 672, 673; OLG Jena v. 4.5.2017 – 6 W 102/15, ErbR 2017, 670 Rn. 27.

So kann **z.B.** bei der testamentarischen Anordnung einer Vor- und Nacherbschaft in der Bezeichnung des Vorerben als „Alleinerben" die Andeutung eines Willens gesehen werden, den Vorerben von den Verfügungsbeschränkungen der §§ 2113 ff. (→ Rn. 759 ff.) zu befreien.[22]

4. Maßgeblicher Zeitpunkt

Maßgebend für die Auslegung ist nur der bei der **Errichtung des Testaments** vorhanden gewesene Wille des Erblassers.[23] Später eintretende Umstände können nur Bedeutung erlangen, soweit sie Rückschlüsse auf den Willen des Erblassers im Zeitpunkt der Testamentserrichtung zulassen.[24] Andernfalls würden die Formanforderungen für Testamente bzw. Widerrufe umgangen werden. **333**

5. Berücksichtigungsfähige Umstände

Auszugehen ist vom **Wortlaut** der Erklärung.[25] Man darf sich jedoch nicht auf eine Analyse des Wortlauts beschränken, muss diesen gleichsam „hinterfragen", um festzustellen, was der Erblasser tatsächlich gewollt hat.[26] Zur Ermittlung des Erblasserwillens sind auch alle zugänglichen **Umständen außerhalb der Testamentsurkunde** auszuwerten, die zur Ermittlung des Erblasserwillens beitragen können.[27] **334**

Zu berücksichtigen ist der **Textzusammenhang**, der sich sowohl aus dem Sinnzusammenhang der einzelnen Sätze als auch aus seiner (grafischen) Anordnung ergeben kann.[28] Die **Testamentsform** spielt insoweit eine Rolle, als beim eigenhändigen Testament die Begriffe in der Regel alltagssprachlich, beim öffentlichen hingegen fachsprachlich gebraucht werden.[29]

Herangezogen werden können auch **andere frühere Erklärungen** des Erblassers.[30] Wenn mehrere Testament vorliegen, die sich nach dem Willen des Erblassers ergänzen sollen, so bilden die Testamente in ihrer Gesamtheit die Erklärung des Erblasserwillens; zur Ermittlung des Inhalts jeder einzelnen Verfügung sind daher sämtliche Testamente heranzuziehen.[31] Unproblematisch ist die Heranziehung früherer Erklärungen auch, wenn durch die spätere Verfügung nur eine frühere ergänzt oder präzisiert wird.[32] Formnichtige oder widerrufene frühere Verfügungen sind nur zu berück-

22 Vgl. OLG Düsseldorf v. 8.10.1997 – 3 Wx 386/97, ZEV 1998, 229.

23 Vgl. BGH v. 22.3.1971 – IV ZR 134/70, WM 1972, 780; BGH v. 17.7.2012 – IV ZB 23/11, ZEV 2013, 36 Rn. 14; OLG Hamburg v. 1.7.2015 – 2 W 19/15, NJW-RR 2015, 1419 Rn. 27.

24 Vgl. BGH v. 17.7.2012 – IV ZB 23/11, ZEV 2013, 36 Rn. 14; OLG Hamburg v. 1.7.2015 – 2 W 19/15, NJW-RR 2015, 1419 Rn. 27; OLG München v. 24.1.2017 – 31 Wx 234/16, ZEV 2017, 424 Rn. 9.

25 Vgl. OLG Hamm v. 14.3.2014 – I-15 W 136/13, NJW-RR 2014, 781; OLG Karlsruhe v. 27.6.2017 – 11 W 32/17, BeckRS 2017, 132089 Rn. 19.

26 Vgl. BGH v. 7.10.1992 – IV ZR 160/91, NJW 1993, 256; OLG Karlsruhe v. 27.6.2017 – 11 W 32/17, BeckRS 2017, 132089 Rn. 19.

27 Vgl. BGH v. 7.10.1992 – IV ZR 160/91, NJW 1993, 256; OLG Karlsruhe v. 27.6.2017 – 11 W 32/17, BeckRS 2017, 132089 Rn. 19.

28 Vgl. BeckOGK/*Gierl* § 2084 Rn. 35 f.; Staudinger/*Otte*, 2013, Vorbem. zu §§ 2064-2086 Rn. 61 f.

29 Vgl. BeckOGK/*Gierl* § 2084 Rn. 37 f.; Staudinger/*Otte*, 2013, Vorbem. zu §§ 2064-2086 Rn. 63.

30 Vgl. BeckOGK/*Gierl* § 2084 Rn. 40, 42 ff.; Staudinger/*Otte*, 2013, Vorbem. zu §§ 2064-2086 Rn. 64.

31 Vgl. BayObLG v. 21.5.1996 – 1Z BR 49/96, FamRZ 1997, 247, 248; BayObLG v. 13.6.1996 – 1Z BR 132/95, FamRZ 1997, 251, 252; BayObLG v. 31.1.1997 – 1Z BR 180/95, BayObLGZ 1997, 59, 64.

32 Vgl. Staudinger/*Otte*, 2013, Vorbem. zu §§ 2064-2086 Rn. 64.

sichtigen, wenn sie den in der späteren Verfügung angedeuteten Willen verdeutlichen[33]; nicht jedoch, um die spätere Verfügung durch eine weitere Anordnung zu ergänzen[34]. Zur Auslegung herangezogen werden können ferner grundsätzlich auch bloße Entwürfe; hier ist allerdings stets zu berücksichtigen, dass Textunterschiede auch ein Hinweis auf eine Willensänderung sein können.[35]

6. Ergänzende Auslegung

335 Im Zeitraum zwischen der Errichtung des Testaments und dem Erbfall ergeben sich häufig Veränderungen, die der Erblasser nicht vorausgesehen hat. Konsequenz ist, dass im Zeitpunkt des Erbfalls keine Regelung vorhanden ist, die diesen veränderten Umständen Rechnung trägt. Zur **Schließung** solcher **Lücken** im Testament dient die sog. **ergänzende Auslegung.**[36] Ein vorschneller Rückgriff auf das gesetzliche Erbrecht würde in diesen Fällen der grundsätzlichen Entscheidung des BGB für den Vorrang der privatautonom gestalteten Erbregelung zuwiderlaufen. Für eine ergänzende Auslegung besteht daher jedenfalls in den Fällen ein Bedürfnis, in denen der Erblasser es nicht in der Hand hatte, nachträgliche Lücken durch neue letztwillige Verfügungen zu schließen.

336 Die Zulässigkeit der ergänzenden Testamentsauslegung ist heute allgemein anerkannt.[37] Zwar findet sich im BGB keine ausdrückliche **Rechtsgrundlage**, jedoch lässt sie sich auf den Sinn und Zweck des § 2084 stützen, möglichst der testamentarischen Regelung zur Wirksamkeit zu verhelfen.[38] Zudem finden sich im BGB eine Reihe von Bestimmungen, in denen nachträglich entstandene Lücken des Testaments durch zusätzliche Verfügungsinhalte geschlossen werden können (z.B. § 2069, 2169 Abs. 3 oder § 2173, → Rn. 351 ff., 913 f.); diese waren vom Gesetzgeber nicht als Ausnahmen gedacht, sondern sind Ausdruck eines allgemeinen Grundgedankens.[39]

337 **Voraussetzung** für die ergänzende Testamentsauslegung ist zunächst eine **planwidrige Lücke.**[40] Eine solche liegt vor, wenn ein bestimmter, tatsächlich eingetretener Fall vom Erblasser nicht bedacht und deshalb nicht geregelt wurde, aber geregelt worden wäre, wenn ihn der Erblasser bedacht hätte.[41] Maßgeblich ist insoweit eine wertende Gesamtbetrachtung aller Umstände bei Testamentserrichtung.[42] Wenn der

33 Vgl. BGH v. 29.5.1980 – IVa ZR 26/80, JR 1981, 23, 24; BeckOGK/*Gierl* § 2084 Rn. 44; Staudinger/*Otte*, 2013, Vorbem. zu §§ 2064-2086 Rn. 66.

34 Vgl. BeckOGK/*Gierl* § 2084 Rn. 44; Staudinger/*Otte*, 2013, Vorbem. zu §§ 2064-2086 Rn. 66.

35 Vgl. RG v. 30.6.1913 – IV 168/13, JW 1913, 991; BayObLG v. 12.3.1981 – 1 Z 3/81, BayObLGZ 1981, 79, 86 f.; MüKoBGB/*Leipold*, 7. Aufl. 2017, § 2084 Rn. 31.

36 Vgl. BeckOGK/*Gierl* § 2084 Rn. 78; MüKoBGB/*Leipold*, 7. Aufl. 2017, § 2084 Rn. 80.

37 Vgl. bereits RG v. 22.4.1920 – IV B 2/20, RGZ 99, 82, 84 ff.; BeckOGK/*Gierl* § 2084 Rn. 79; Staudinger/*Otte*, 2013, Vorbem. zu §§ 2064-2086 Rn. 80.

38 Vgl. MüKoBGB/*Leipold*, 7. Aufl. 2017, § 2084 Rn. 83.

39 Vgl. MüKoBGB/*Leipold*, 7. Aufl. 2017, § 2084 Rn. 83; zur Entstehungsgeschichte des § 2069 vgl. RG v. 22.4.1920 – IV B 2/20, RGZ 99, 82, 84.

40 Vgl. BGH v. 12.7.2017 – IV ZB 15/16, ZEV 2017, 629 Rn. 14; BeckOGK/*Gierl* § 2084 Rn. 83; MüKoBGB/*Leipold*, 7. Aufl. 2017, § 2084 Rn. 84.

41 Vgl. BGH v. 28.6.1963 – V ZR 15/62, LM Nr. 4 zu § 2033 Rn. 28; BGH v. 12.7.2017 – IV ZB 15/16, ZEV 2017, 629 Rn. 14.

42 Vgl. BGH v. 12.7.2017 – IV ZB 15/16, ZEV 2017, 629 Rn. 14; MüKoBGB/*Leipold*, 7. Aufl. 2017, § 2084 Rn. 84.

Erblasser dagegen bewusst Lücken gelassen (z.B. bewusst nur über einen Teil seines Vermögens verfügt hat[43] oder bewusst keinen Ersatzerben eingesetzt hat[44]), ist eine ergänzende Auslegung weder zulässig noch geboten, sondern würde vielmehr dem Ziel, dem wirklichen Willen des Erblassers zur Geltung zu verhelfen, zuwiderlaufen.

Liegt eine planwidrige Regelungslücke vor, so ist zu prüfen, ob ein **hypothetischer Wille des Erblassers** ermittelt werden kann, anhand dessen die vorhandene Lücke geschlossen werden könnte.[45] Maßgeblich ist nicht der mutmaßliche wirkliche Wille des Erblassers, sondern vielmehr der Wille, den er vermutlich gehabt hätte, wenn er die planwidrige Unvollkommenheit der letztwilligen Verfügung im **Zeitpunkt ihrer Errichtung** erkannt hätte.[46] Spätere (reale) Äußerungen des Erblassers können nur herangezogen werden, soweit sich aus ihnen Rückschlüsse auf den Willen im Zeitpunkt der Testamentserrichtung ziehen lassen; andernfalls würden durch die ergänzende Auslegung die Formvorschriften des Widerrufs umgangen werden.[47] Grenzen für die ergänzende Testamentsauslegung ergeben sich zudem aus den gesetzlichen Formerfordernissen und den allgemeinen Grundsätzen der Andeutungstheorie: Durch die ergänzende Auslegung darf kein Wille in das Testament hingetragen werden, der darin nicht wenigstens **andeutungsweise ausgedrückt** ist.[48] Lässt sich nach diesen Grundsätzen kein hypothetischer Wille des Erblassers feststellen, so muss es trotz vorhandener Regelungslücke beim bisherigen Auslegungsergebnis bleiben.[49] 338

Insb. ist es auch nicht möglich, das Rechtsinstitut der Störung der Geschäftsgrundlage (§ 313) heranzuziehen; denn dieses wurde für schuldrechtliche Austauschverträge entwickelt und ist daher auf eine unentgeltliche erbrechtliche Zuwendung nicht anwendbar.[50]

Typische Fälle, in denen eine ergänzende Auslegung in Betracht kommt, sind[51]: Vorversterben einer bedachten natürlichen Person[52], Erlöschen oder Insolvenz einer bedachten juristischen Person[53], Hinzutreten weiterer Personen[54], Veränderungen hinsichtlich des vermachten Gegen- 339

43 Vgl. OLG München v. 14.6.2010 – 31 Wx 151/09, FGPrax 2010, 244, 245.
44 Vgl. OLG Düsseldorf v. 30.7.2012 – 3 Wx 247/11, ZEV 2012, 662, 664.
45 Vgl. BGH v. 12.7.2017 – IV ZB 15/16, ZEV 2017, 629 Rn. 23.
46 Vgl. RG v. 2.11.1933 – IV B 43/33, RGZ 142, 171, 175; BGH v. 12.7.2017 – IV ZB 15/16, ZEV 2017, 629 Rn. 24.
47 Vgl. OLG München v. 13.6.2013 – 31 Wx 267/12, FGPrax 2013, 177, 178; BeckOGK/*Gierl* § 2084 Rn. 101; MüKoBGB/*Musielak*, 7. Aufl. 2017, § 2084 Rn. 102 m.w.N.
48 Vgl. OLG Hamm v. 3.7.1997 – 15 W 94/97, FamRZ 1998, 121, 123; OLG Frankfurt v. 4.7.2017 – 20 W 343/15, FGPrax 2017, 270, 272; OLG München v. OLG München v. 4.7.2017 – 31 Wx 211/15, ZEV 2017, 634 Rn. 25; s. ferner auch BGH v. 12.7.2017 – IV ZB 15/16, ZEV 2017, 629 Rn. 24.
49 Vgl. OLG München v. 13.6.2013 – 31 Wx 267/12, FGPrax 2013, 177, 179; BGH v. 12.7.2017 – IV ZB 15/16, ZEV 2017, 629 Rn. 24.
50 Vgl. BGH v. 25.11.1992 – IV ZR 147/91, NJW 1993, 850; OLG Düsseldorf v. 29.3.1996 – 7 U 45/95, FamRZ 1996, 1302, 1303 = ZEV 1996, 466 m. Anm. *Medicus*; MüKoBGB/*Leipold*, 7. Auf. 2017, § 2084 Rn. 86; *Petersen* JURA 2005, 597, 599.
51 Umfassende Kasuistik bei BeckOGK/*Gierl* § 2084 Rn. 108 ff.; MüKoBGB/*Leipold* § 2084 Rn. 108 (jeweils m.w.N.).
52 Vgl. OLG München v. 13.6.2013 – 31 Wx 267/12, FGPrax 2013, 177 (Vorversterben des als Schlusserben eingesetzten Sohns).
53 Vgl. OLG Düsseldorf v. 12.1.2017 – I-3 Wx 257/16, FGPrax 2017, 84 (neuer Träger des Tierheims als Alleinerbe anstelle des inzwischen insolventen Vereins, der das Tierheim zuvor betrieben hatte).
54 Vgl. BayObLG v. 25.4.1991 – 1a Z 72/90, NJW-RR 1991, 1094 (Geburt eines weiteren Enkelkindes des Erblassers).

standes[55], Veränderungen in der Vermögenssituation des Erblassers (z.B. unerwarteter Vermögenserwerb[56]), Änderung der Rechtslage[57] oder inflationäre Geldentwertung[58].

7. Wohlwollende Auslegung (§ 2084)

340 Wenn der Inhalt einer letztwilligen Verfügung verschiedene Auslegungen zulässt, so ist gem. § 2084 im Zweifel diejenige Auslegung vorzuziehen, bei welcher die Verfügung Erfolg haben kann (sog. wohlwollende Auslegung – *benigna interpretatio*). Zweck der Vorschrift ist es, dem **Testierwillen** des Erblassers soweit wie möglich **zur rechtlichen Geltung zu verhelfen**.[59] Mit „Erfolg" ist deshalb nicht etwa schlicht die Rechtswirksamkeit der Verfügung gemeint, sondern die rechtswirksame Erreichung des vom Erblasser gewollten Ziels der Verfügung.[60] Bei diesem Verständnis erscheint § 2084 nicht als Gegensatz, sondern als besondere Ausprägung von § 133.[61]

341 Neben der gewöhnlichen (erläuternden) Auslegung (→ Rn. 325 ff.), und der ergänzenden Auslegung (→ Rn. 335 ff.) sowie der Umdeutung (→ Rn. 343) verbleibt für die Vorschrift des § 2084 nur noch ein eingeschränkter **Anwendungsbereich**. Erfasst sind nur die Fälle, in denen ein gültiges Testament vorliegt und die Auslegung zu keinem eindeutigen Ergebnis führt.[62] Ist der Wille des Erblassers hingegen gerade auf den zur Unwirksamkeit führenden Inhalt gerichtet, kommt nur eine Umdeutung in Betracht.[63] Kein Raum für § 2084 ist im Hinblick auf die Beurteilung, ob überhaupt eine Willenserklärung des Erblassers vorliegt oder ob es sich um einen bloßen Entwurf handelt.[64] Ebenso wenig ist § 2084 anwendbar, wenn Zweifel in Bezug auf die Einhaltung der Formerfordernisse bestehen (z.B. bezüglich der Frage, ob Text und/oder Unterschrift eigenhändig vom Erblasser geschrieben wurden).[65]

342 **§ 2084** ist allerdings **analog** anwendbar, wenn es um die Frage geht, ob eine Verfügung von Todes wegen oder ein Rechtsgeschäft unter Lebenden vorliegt; wenn die Erklärung nur bei einer dieser Deutungen rechtlichen Erfolg haben kann, ist dieser der Vorzug zu geben.[66]

---

55 Vgl. OLG München v. 26.7.2006 – 32 Wx 88/06, ZEV 2006, 456 (neues Wohnhaus in Deutschland statt früheres Wohnhaus in den USA als Vermächtnis, wenn zwischenzeitlich der Lebensmittelpunkt nach Deutschland verlegt wurde).

56 Vgl. BGH v. 12.7.2017 – IV ZB 15/16, ZEV 2017, 629 Rn. 24 m.w.N.

57 Z.B. aufgrund der Einführung des Erbrechts nichtehelicher Kinder, vgl. BGH v. 13.12.1978 – IV ZR 56/77, NJW 1979, 917, 918; BeckOGK/*Gierl* § 2084 Rn. 121.

58 Vgl. BGH v. 20.10.1952 – IV ZR 99/52, LM Nr. 7 zu § 242 (A) = BeckRS 1952, 31384660 (inflationäre Geldentwertung bei Vermächtnis).

59 Vgl. BGH v. 20.3.1952 – IV ZR 153/51 – IV ZR 153/51, LM Nr. 3 zu § 2084 = BeckRS 152, 31374966; BGH v. MüKoBGB/*Leipold*, 7. Aufl. 2017, § 2084 Rn. 59.

60 Vgl. MüKoBGB/*Leipold*, 7. Aufl. 2017, § 2084 Rn. 61.

61 Vgl. MüKoBGB/*Leipold*, 7. Aufl. 2017, § 2084 Rn. 62.

62 Vgl. *Brox/Walker*, ErbR, 28. Aufl. 2018, § 16 Rn. 9.

63 Vgl. MüKoBGB/*Leipold*, 7. Aufl. 2017, § 2084 Rn. 64.

64 Vgl. BGH v. 8.6.1965 – V ZR 78/63, JZ 1965, 618; BeckOGK/*Gierl* § 2084 Rn. 124; MüKoBGB/*Leipold*, 7. Aufl. 2017, § 2084 Rn. 74.

65 Vgl. BayObLG v. 4.3.1983 – 1 Z 127/82, BeckRS 2010, 08741; BeckOGK/*Gierl* § 2084 Rn. 126; MüKoBGB/*Leipold*, 7. Aufl. 2017, § 2084 Rn. 79.

66 Vgl. BGH v. 1.6.1983 – IVa ZR 35/82, NJW 1984, 46; BeckOGK/*Gierl* § 2084 Rn. 125; MüKoBGB/*Leipold*, 7. Aufl. 2017, § 2084 Rn. 75.

8. Umdeutung (§ 140)

Nach heute allgemeiner Meinung können auch Verfügungen von Todes wegen gem. § 140 umgedeutet werden.[67] Im Gegensatz zur Auslegung wird hier der Wille des Erblassers nicht gedeutet oder ergänzt, sondern korrigiert.[68] Voraussetzung für die Umdeutung einer nichtigen Verfügung von Todes wegen in ein **anderes Rechtsgeschäft** ist, dass dessen **Wirksamkeitsvoraussetzungen gegeben** sind und ein entsprechender **hypothetischer Wille des Erblassers** angenommen werden kann. Relevanz hat die Umdeutung vor allem bei formunwirksamen letztwilligen Verfügungen. **343**

Beispiele: Eine als gemeinschaftliches Testament gedachte letztwillige Verfügung, die mangels Unterschrift[69] oder Testierfähigkeit[70] eines Ehegattens unwirksam ist, kann in ein Einzeltestament des anderen umgedeutet werden (dies gilt richtiger Ansicht nach auch im Falle wechselbezüglicher Verfügungen, → Rn. 223). Eine in einem zweiseitigen Erbvertrag aufgrund der Geschäftsunfähigkeit des einen Teils unwirksame Verfügung kann in eine testamentarische Verfügung umgedeutet werden[71]. Die (wegen § 2302) unwirksame Verpflichtung, ein Testament zu errichten, die in einem notariellen Vertrag enthalten ist, kann in einen (bedingten) Erbvertrag umgedeutet werden[72]. Ein formungültiges Schenkungsversprechen unter Lebenden kann in ein Vermächtnis in Form eines eigenhändigen Testaments umgedeutet werden[73].

9. Wichtige Auslegungs- und Ergänzungsregeln

Die gesetzlichen **Auslegungsregeln** sollen eine Hilfestellung bei der Ermittlung der wirklichen Bedeutung einer in einem Testament enthaltenen Erklärung des Erblassers geben. Die Regeln entsprechen allgemein anerkannten Erfahrungssätzen und sind nur dann anzuwenden, wenn der Wille des Erblassers durch Auslegung nicht ermittelt werden kann. Von den Auslegungsregeln sind die **Ergänzungsregeln** zu unterscheiden. Letztere greifen bei einer fehlenden oder lückenhaften Regelung durch den Erblasser ein, die auch nicht durch ergänzende Auslegung geschlossen werden kann. Ihre Anwendung führt für den Fall des Versagens einer Auslegungsregel zu einer vom Erblasserwillen weitgehend autonomen Gestaltungsentscheidung des Gesetzgebers. Von den zahlreichen über das gesamte 5. Buch des BGB verstreuten Regeln können hier nur die wichtigsten erläutert werden. Im konkreten Anwendungsfall müssen die Regelungen im Einzelnen geprüft werden. **344**

a) Zweifel über das Vorliegen einer Erbeinsetzung, § 2087

Im allgemeinen Sprachgebrauch werden die Ausdrücke „vererben" und „vermachen" häufig nicht im juristisch-technischen Sinne verwandt. Entscheidend für die Frage, ob eine **Erbeinsetzung** (→ Rn. 728 ff.) **oder** ein **Vermächtnis** (→ Rn. 900 ff.) vorliegt, **345**

67 Vgl. BGH v. 30.11.1977 – IV ZR 165/76, NJW 1978, 423; OLG München v. 27.1.2016 – 31 Wx 168/15, NJW-RR 2016, 976 Rn. 13 ff.; OLG Düsseldorf v. 19.2.2016 – I-3 Wx 40/14, FGPrax 2016, 176 Rn. 20; MüKoBGB/*Leipold*, 7. Aufl. 2017, § 2084 Rn. 130.
68 Vgl. MüKoBGB/*Leipold*, 7. Aufl. 2017, § 2084 Rn. 131.
69 Vgl. OLG München v. 23.4.2014 – 31 Wx 22/14, FGPrax 2014, 168 m.w.N.
70 Vgl. OLG Düsseldorf v. 19.2.2016 – I-3 Wx 40/14, FGPrax 2016, 176, 177 f.
71 Vgl. BayObLG v. 17.2.1995 – 1 Z BR 3/95, FamRZ 1995, 1449.
72 Vgl. OLG Hamm v. 12.3.1996 – 10 U 151/95, FamRZ 1997, 581.
73 Vgl. KG v. 26.5.2009 – 1 W 61/08, Rpfleger 2009, 507.

ist jedoch nach allgemeinen Grundsätzen nicht der Wortlaut, sondern der im Wege der Auslegung zu ermittelnde wirkliche Wille des Erblassers (§ 133, → Rn. 325, 334). Für den Fall, dass die Auslegung zu keinem eindeutigen Ergebnis führt[74], stellt § 2087 zwei Auslegungsregeln auf: Nach Abs. 1 ist im Falle der Zuwendung des gesamten Vermögens oder eines Bruchteils davon im Zweifel eine Erbeinsetzung anzunehmen; wenn dem Bedachten hingegen nur einzelne Gegenstände zugewendet werden, so ist gem. Abs. 2 im Zweifel von einem Vermächtnis (→ Rn. 900 ff.) auszugehen.

346 Speziell im Falle der Zuwendung **einzelner Vermögensgegenstände** kann es aber durchaus sein, dass sich bereits im Wege der Auslegung ergibt, dass der Erblasser **gleichwohl** eine **Erbeinsetzung** wollte (und somit § 2087 Abs. 2 erst gar nicht zur Anwendung gelangt). Dies ist insb. in folgenden Konstellationen der Fall:[75]

- wenn der Erblasser sein Vermögen vollständig den einzelnen Vermögensgegenständen nach verteilt hat;
- wenn er dem Bedachten einen Gegenstand oder Gegenstände zugewendet hat, die nach seiner Vorstellung das Hauptvermögen bilden (z.B. ein Hausgrundstück);
- wenn nur Vermächtnisnehmer vorhanden wären und nicht anzunehmen ist, dass der Erblasser überhaupt keine Erben berufen und seine Verwandten oder seinen Ehegatten als gesetzliche Erben ausschließen wollte.

b) Zweifel über die Person des Bedachten

347 **aa) Allgemeines.** Die **§§ 2066–2073** enthalten Auslegungs- und Ergänzungsregeln für den Fall, dass Zweifel hinsichtlich der Person des Bedachten bestehen. Ihr gemeinsamer Grundgedanke ist, dass die Auslegung letztwilliger Verfügungen sich im Zweifel an der gesetzlichen Erbfolge orientieren soll.[76]

348 **bb) Gesetzliche Erben.** Setzt der Erblasser nur seine „gesetzlichen Erben“ ein, so sind gem. § 2066 S. 1 diejenigen im Verhältnis der gesetzlichen Erbteile bedacht, die im Zeitpunkt des Erbfalls die **gesetzlichen Erben** wären. Entsprechendes gilt bei ähnlichen Formulierungen, wie z.B. „rechtmäßige Erben“ oder schlicht „Erben“.[77]

349 **cc) Verwandte.** Nach § 2067 S. 1 sind bei einer Einsetzung der „(nächsten) Verwandten“ im Zweifel diejenigen Verwandten bedacht, die zur Zeit des Erbfalls **gesetzliche Erben** wären; auch hier im Verhältnis ihrer gesetzlichen Erbteile. „Verwandte“ bezieht sich insoweit grundsätzlich nur auf Verwandte i.S.d. Gesetzes (§ 1589), d.h. nicht auf Ehegatten.[78] Anders hingegen, wenn der Erblasser den Begriff „Familie“ verwendet; hierzu gehört dann regelmäßig auch der Ehegatte.[79] Im Übrigen gilt auch hier – wie allgemein – der Vorrang der individuellen Auslegung; die Ausle-

74 Vgl. BGH v. 22.3.1971 – IV ZR 134/70, WM 1972, 780 Rn. 40; BGH v. 12.7.2017 – IV ZB 15/16, NJW-RR 2017, 1035 Rn. 29; BayObLG v. 19.3.1998 – 1Z BR 82/97, NJW-RR 1998, 1230.
75 Vgl. BGH v. 12.7.2017 – IV ZB 15/16, NJW-RR 2017, 1035 Rn. 29.
76 Vgl. Staudinger/*Otte*, 2013, § 2066 Rn. 2.
77 Vgl. MüKoBGB/*Leipold*, 7. Aufl. 2017, § 2066 Rn. 3; Staudinger/*Otte*, 2013, § 2066 Rn. 3 m.w.N.
78 Vgl. *Lange*, ErbR, 2. Aufl. 2017, § 35 Rn. 45; Staudinger/*Otte*, 2013, § 2066 Rn. 1.
79 Vgl. *Lange*, ErbR, 2. Aufl. 2017, § 35 Rn. 45; Staudinger/*Otte*, 2013, § 2066 Rn. 4.

gungsregel des § 2067 S. 1 greift nur, wenn diese zu keinem eindeutigen Ergebnis führt.[80]

dd) Kinder. § 2068 enthält eine Regelung für den Fall, dass der Erblasser seine „Kinder“ bedacht hat und eines dieser Kinder vor Testamentserrichtung verstorben ist. Dann soll im Zweifel eine Erbfolge nach Stämmen (wie bei § 1924 Abs. 3) erfolgen, die Abkömmlinge des vorverstorbenen Kindes sollen also an dessen Stelle treten. Kind i.S.d. § 2068 ist auch ein Adoptivkind[81] (§ 1754 Abs. 1) und ein nichteheliches Kind[82]. Bei Wegfall des Kindes wegen Erbverzicht gilt hingegen nicht § 2068, sondern § 2349.[83] 350

ee) Abkömmlinge des Erblassers. Bei nachträglichem **Wegfall eines** zum Erben eingesetzten **Abkömmlings** sind gem. **§ 2069 im Zweifel dessen Abkömmlinge** insoweit als Ersatzerben bedacht, als sie bei der gesetzlichen Erbfolge (nach dem Erblasser) nachrücken würden. Es handelt sich um eine Regel der ergänzenden Testamentsauslegung, da nicht eine Mehrdeutigkeit des Testaments zu beheben ist, sondern eine später entstandene Lücke geschlossen wird.[84] 351

(1) Abkömmling. Abkömmling meint neben den Kindern i.S.v. § 2068 auch die Enkel, Urenkel usw. des Erblassers.[85] Ungeachtet des Wortlauts („einen seiner ...“) gilt § 2069 auch dann, wenn der Erblasser nur einen Abkömmling hatte.[86] Wenn andere nahestehende Personen (z.B. nahe Verwandte, Ehegatten, Stiefkinder) wegfallen, wird eine analoge Anwendung von § 2069 allgemein abgelehnt[87]; allerdings kann in solchen Fällen ggf. eine ergänzende Auslegung zu dem Ergebnis führen, dass die Abkömmlinge des Weggefallenen Ersatzerben sein sollen[88]. 352

(2) Wegfall. Unter **Wegfall** ist ein Ereignis zu verstehen, das den Anfall der Zuwendung bei dem ursprünglich Bedachten verhindert, ohne zugleich die Verfügung als solche unwirksam zu machen.[89] Nach dem Wortlaut muss der Wegfall *nach* der Errichtung der Verfügung von Todes wegen erfolgt sein. Die Vorschrift ist jedoch analog anzuwenden, wenn der Wegfall dem Erblasser im Zeitpunkt der Errichtung der Verfügung nicht bekannt war.[90] 353

---

80 Vgl. BeckOGK/*Gomille* § 2067 Rn. 4.
81 Vgl. BayObLG v. 30.10.1984 – 1 Z 75/84, FamRZ 1985, 426; BeckOGK/*Gomille* § 2067 Rn. 12.
82 Vgl. BeckOGK/*Gomille* § 2067 Rn. 12; MüKoBGB/*Leipold*, 7. Aufl. 2017, § 2068 Rn. 3.
83 Vgl. MüKoBGB/*Leipold*, 7. Aufl. 2017, § 2068 Rn. 2.
84 Vgl. RG v. 22.4.1920 – IV B 2/20, RGZ 99, 82, 85 f.; MüKoBGB/*Leipold*, 7. Aufl. 2017, § 2069 Rn. 1.
85 Vgl. BeckOGK/*Gomille* § 2069 Rn. 6; Palandt/*Weidlich*, 78. Aufl. 2019, § 2069 Rn. 3.
86 Vgl. BayObLG v. 3.12.1971 – 1 Z 92/71, BayObLGZ 1971, 386; MüKoBGB/*Leipold*, 7. Aufl. 2017, § 2069 Rn. 6.
87 Vgl. OLG München v. 26.4.2017 – 31 Wx 378/16, FamRZ 2017, 1972 Rn. 10; OLG Düsseldorf v. 8.11.2017 – I-3 Wx 295/16, ZEV 2018, 140 Rn. 14; BeckOGK/*Gomille* § 2069 Rn. 8 f, 50 m.w.N.
88 Vgl. OLG München v. 26.4.2017 – 31 Wx 378/16, FamRZ 2017, 1972 Rn. 10 f.; OLG Düsseldorf v. 8.11.2017 – I-3 Wx 295/16, ZEV 2018, 140 Rn. 15; BeckOGK/*Gomille* § 2069 Rn. 51.
89 Vgl. BeckOGK/*Gomille* § 2069 Rn. 14.
90 Vgl. MüKoBGB/*Leipold*, 7. Aufl. 2017, § 2069 Rn. 8; Staudinger/*Otte*, 2013, § 2069 Rn. 5.

354 Der häufigste Wegfallgrund ist der **Tod** des Bedachten.[91] Unproblematisch unter § 2069 fällt auch die Erbunwürdigerklärung (§ 2344, → Rn. 494 ff.) eines Bedachten.[92]

355 Ein **Zuwendungsverzicht** eines Abkömmlings gem. § 2352 (→ Rn. 523 ff.) stellt zwar an sich ebenfalls einen Wegfall dar. Allerdings ist im Wege der Auslegung zu ermitteln, ob der Zuwendungsverzicht des Abkömmlings sich nicht auch auf dessen Abkömmlinge erstreckt; sofern die Auslegung zu keinem eindeutigen Ergebnis führt, ist dies gem. §§ 2352 S. 3, 2349 im Zweifel anzunehmen.

356 Im Falle der **Ausschlagung** (→ Rn. 588 ff.) eines Abkömmling liegt grundsätzlich ebenfalls ein Wegfall vor, weil der Ausschlagende gem. § 1953 Abs. 2 rückwirkend auf den Zeitpunkt des Erbfalls als verstorben zu betrachten ist (→ Rn. 597). Umstritten ist allerdings, ob § 2069 auch dann gilt, wenn der Ausschlagende seinen Pflichtteil verlangt.[93] Denn dann würde der Stamm letztlich doppelt begünstigt: einmal durch den Pflichtteil und einmal durch den Anfall der Erbschaft an den/die Abkömmling(e) des Ausschlagenden. Letztlich faire Ergebnisse lassen sich hier aber zumindest dann erreichen, wenn der Ersatzberufene gem. § 2320 die Pflichtteilslast trägt.[94] Wenn jedoch ein pflichtteilsberechtigter Nacherbe ausschlägt, entlastet § 2320 den Vorerben nicht; hier ist der Wille des Erblassers im Einzelfall zu klären (→ Rn. 639).[95]

357 **Kein Wegfall** i.S.d. § 2069 ist hingegen die **Anfechtung** der letztwilligen Verfügung, denn diese führt zu deren Nichtigkeit *ex tunc* (§ 142 Abs. 1, → Rn. 423).[96] Ebenso wenig stellt der **Verzicht auf das gesetzliche Erbrecht** (→ Rn. 523 ff.) einen Wegfall des Bedachten i.S.v. § 2069 dar, denn dadurch wird nur die gesetzliche Erbfolge berührt, die aber hier von der (ergänzend auszulegenden) gewillkürten Erbfolge verdrängt wird.[97] Kein Wegfall i.S.v. § 2069 ist ferner der Verstoß eines Abkömmlings gegen eine **Verwirkungsklausel** (→ Rn. 149), denn mit Eintritt der auflösenden Bedingung (§ 158 Abs. 2) wird die Verfügung unwirksam, sodass § 2069 schon deshalb nicht anwendbar ist.[98]

358 Wenn ein eingesetzter **Nacherbe** (zur Vor- und Nacherbschaft → Rn. 746 ff.) wegfällt, ist zu differenzieren: Fällt er vor dem Erbfall oder mit Rückwirkung auf den Erbfall weg, hat er die Nacherbenanwartschaft nie erworben; somit treten im Zweifel die Ersatzberufenen gem. § 2069 an seine Stelle.[99] Fällt der Nacherbe hingegen zwischen Erbfall und Nacherbfall weg, so hat/haben sein(e) Abkömmling(e) bereits ein Nacherbenanwartschaftsrecht erlangt, welches gem. § 2108 Abs. 2 S. 1 vererblich ist,

91 Vgl. nur MüKoBGB/*Leipold*, 7. Aufl. 2017, § 2069 Rn. 9.
92 Vgl. RG v. 3.3.1919 – IV 422/18, RGZ 95, 97, 98; Staudinger/*Otte*, 2013, § 2069 Rn. 7.
93 Vgl. zum Ganzen: MüKoBGB/*Leipold*, 7. Aufl. 2017, § 2069 Rn. 12 ff.; Staudinger/*Otte*, 2013, § 2069 Rn. 9 ff. (jeweils m.w.N.).
94 Vgl. MüKoBGB/*Leipold*, 7. Aufl. 2017, § 2069 Rn. 13.
95 Vgl. MüKoBGB/*Leipold*, 7. Aufl. 2017, § 2069 Rn. 14.
96 Vgl. BeckOGK/*Gomille* § 2069 Rn. 34; Palandt/*Weidlich*, 78. Aufl. 2019, § 2069 Rn. 5; a.A. Staudinger/*Otte*, 2013, § 2069 Rn. 18.
97 Vgl. BeckOGK/*Gomille* § 2069 Rn. 23.
98 Vgl. MüKoBGB/*Leipold*, 7. Aufl. 2017, § 2069 Rn. 18; Staudinger/*Otte*, 2013, § 2069 Rn. 17.
99 Vgl. OLG Celle v. 5.11.2012 – 6 W 197/12, MittBayNot 2013, 315, 316; MüKoBGB/*Leipold*, 7. Aufl. 2017, § 2069 Rn. 30.

sofern nicht ein anderer Wille des Erblassers anzunehmen ist; diese Regelung genießt zwar grundsätzlich Vorrang vor § 2069, die Möglichkeit eines entgegenstehenden Erblasserwillens ist jedoch sorgfältig zu prüfen (→ Rn. 796 ff.).

ff) Abkömmlinge eines Dritten. Wenn der Erblasser die Abkömmlinge eines Dritten ohne nähere Bestimmung bedacht hat, so ist gem. **§ 2070 Alt. 1** im Zweifel anzunehmen, dass diejenigen Abkömmlinge nicht bedacht sind, welche zur Zeit des Erbfalls noch nicht gezeugt sind. Diese Auslegungsregel ist vor dem Hintergrund zu sehen, dass ein beim Erbfall nicht Gezeugter nur als Nacherbe eingesetzt werden kann (§§ 1923 Abs. 2, 2101 Abs. 1); der Nacherbfall tritt dann mit der Geburt ein, Vorerben sind bis dahin die gesetzlichen Erben (§§ 2106 Abs. 2 S. 1, 2105 Abs. 2) (→ Rn. 753, 755 f.). Im Zweifel hat der Erblasser eine so komplizierte Regelung nicht gewollt, wenn er pauschal die Abkömmlinge eines Dritten einsetzt. 359

Das Gleiche gilt, wenn die Zuwendung unter einer aufschiebenden Bedingung oder unter Bestimmung eines Anfangstermins gemacht ist und die Bedingung oder der Termin erst nach dem Erbfall eintritt, für die Abkömmlinge, die zur Zeit des Eintritts der Bedingung oder des Termins noch nicht gezeugt sind (§ 2070 Alt. 2).

gg) Personengruppe. Hat der Erblasser ohne nähere Bestimmung eine Klasse von Personen oder Personen bedacht, die zu ihm in einem Dienst- oder Geschäftsverhältnis stehen, so ist gem. **§ 2071** im Zweifel anzunehmen, dass diejenigen bedacht sind, welche zur Zeit des Erbfalls der bezeichneten Klasse angehören oder in dem bezeichneten Verhältnis stehen. Die Gruppe muss so eindeutig bezeichnet sein, dass ihre Angehörigen zweifelsfrei feststehen.[100] Schulbeispiele wären etwa Zuwendungen an „meine Patenkinder", „die Mitglieder meines Streichquartetts" oder „meine Putzkräfte". 360

hh) Mehrdeutige Bezeichnung. Wenn der Erblasser den Bedachten in einer Weise bezeichnet, die auf mehrere Personen passt und sich nicht ermitteln lässt, wer von ihnen bedacht werden sollte, so gelten sie gem. § 2073 als zu gleichen Teilen bedacht. 361

Beispiel: Zuwendung an den „Tierschutzverein in C.", wo es zwei Tierschutzvereine gab[101]; Erbeinsetzung „meines Enkels Kevin", wenn der Erblasser zwei Enkel dieses Namens hatte und sich auch nicht ermitteln lässt, dass er einen von beiden besonders mochte.

ii) Sonderfall: die Armen. Einen Sonderfall stellt **§ 2072** dar: Hat der Erblasser **die Armen** ohne nähere Bestimmung bedacht, so ist im Zweifel anzunehmen, dass die öffentliche Armenkasse der Gemeinde (der örtliche Träger der Sozialhilfe[102]), in deren Bezirk er seinen letzten Wohnsitz gehabt hat, unter der Auflage bedacht ist, das Zugewendete unter Armen zu verteilen. Eine **analoge Anwendung von § 2072** kommt in Betracht, wenn der Erblasser eine Zuwendung zu einem der Sozialhilfe ähnlichen karitativen Zweck angeordnet hat[103], z.B. wenn er „einem Heim für körperbehinderte Kinder in München" ein Hausgrundstück zugewandt hat[104]. 362

100 Vgl. MüKoBGB/*Leipold*, 7. Aufl. 2017, § 2071 Rn. 2.
101 Vgl. OLG Celle v. 13.12.2002 – 6 W 143/02, NJW-RR 2003, 368.
102 Vgl. MüKoBGB/*Leipold*, 7. Aufl. 2017, § 2072 Rn. 3.
103 Vgl. BayObLG v. 19.4.2000 – 1Z BR 130/99, ZEV 2001, 22, 24; OLG Frankfurt v. 4.7.2017 – 20 W 343/15, FGPrax 2017, 270, 272; MüKoBGB/*Leipold*, 7. Aufl. 2017, § 2072 Rn. 7.
104 Vgl. BayObLG v. 19.4.2000 – 1Z BR 130/99, ZEV 2001, 22.

c) Zweifel über die Höhe der Erbteile

363 **§§ 2088-2093** enthalten Auslegungs- und Ergänzungsregeln für Fälle, in denen Zweifel über die Höhe der Erbteile bestehen.

364 Hat der Erblasser nicht über seinen gesamten Nachlass verfügt, so tritt gem. § **2088** im Übrigen gesetzliche Erbfolge ein. Hierbei handelt es sich jedoch lediglich um eine Ergänzungsregel, d.h. ein abweichender Wille des Erblassers hat Vorrang.[105] Testamentarische und gesetzliche Erben bilden eine Miterbengemeinschaft (§ 2032 Abs. 1).

365 Sollen die eingesetzten Personen nach dem Willen des Erblassers die alleinigen Erben sein, so werden die Bruchteile, wenn sie das Ganze nicht erschöpfen, verhältnismäßig erhöht (**§ 2089**) bzw., wenn sie das Ganze übersteigen, verhältnismäßig gemindert (**§ 2090**).

366 Wenn zwar klar ist, wer Erbe werden sollen, aber die Höhe der jeweiligen Erbteile unbestimmt ist, so erben die eingesetzten Personen zu gleichen Teilen (**§ 2091**) bzw. den freigebliebenen Teil zu gleichen Teilen (**§ 2092 Abs. 1**). Wie schon der Verweis auf die §§ 2066 ff. zeigt, ist jedoch zuvor durch Auslegung zu ermitteln, ob nicht die Erben auf verschieden große Bruchteile eingesetzt sind.[106]

367 Der Erblasser kann mehrere Erben auch auf einen **gemeinschaftlichen Erbteil** einsetzen (**§ 2093**). Ob dies der Fall ist, ist durch Auslegung zu ermitteln.[107] Maßgeblich ist insoweit insb., ob zwischen den als gemeinschaftlichen Erben zusammengefassten Personen eine persönliche oder sachliche Beziehung besteht.[108] Die bloße Bezeichnung „die Eheleute X" ist für sich allein noch kein ausreichendes Indiz für die Einsetzung auf einen gemeinschaftlichen Erbteil.[109] In Ansehung des gemeinschaftlichen Erbteils finden gem. § 2093 die §§ 2089–2092 entsprechende Anwendung.

d) Anwachsung

368 Hat der Erblasser durch Einsetzung mehrerer Erben die gesetzliche Erbfolge völlig ausgeschlossen, entspricht es i.d.R. nicht seinem Willen, beim Wegfall eines der Erben im Übrigen gesetzliche Erbfolge eintreten zu lassen. **§ 2094** übernimmt daher mit der **Anwachsung** das Prinzip der Erbteilserhöhung (§ 1935) aus dem gesetzlichen Erbrecht. Dazu näher → Rn. 731 ff.

e) Auslegungsregeln für Bedingungen

369 Ebenso wie prinzipiell jedes Rechtsgeschäft können auch letztwillige Verfügungen unter eine **aufschiebende oder auflösende Bedingung** gestellt werden; dies wird im

105 Vgl. BeckOGK/*Gierl* § 2088 Rn. 21.

106 Vgl. BGH v. 6.12.1989 – IVa ZR 59/88, NJW-RR 1990, 391, 392; BayObLG v. 27.4.1999 – 1Z BR 145/98, NJW-RR 1999, 1311, 1312.

107 Vgl. OLG Düsseldorf v. 16.6.2014 – I-3 Wx 256/13, ZEV 2015, 17, 19; BeckOGK/*Gierl* § 2093 Rn. 7.

108 Vgl. OLG Düsseldorf v. 16.6.2014 – I-3 Wx 256/13, ZEV 2015, 17, 19; BeckOGK/*Gierl* § 2093 Rn. 10.

109 Vgl. BayObLG v. 27.4.1999 – 1Z BR 145/98, NJW-RR 1999, 1311, 1312.

BGB zwar nicht explizit geregelt, aber **in den §§ 2074 ff. vorausgesetzt**. Diese Vorschriften enthalten eine Reihe von Auslegungsregeln für die Wirkungen solcher Bedingungen.

Hat der Erblasser eine letztwillige Zuwendung unter einer **aufschiebenden Bedingung** gemacht, so ist gem. **§ 2074** im Zweifel anzunehmen, dass die Zuwendung nur gelten soll, wenn der Bedachte den Bedingungseintritt erlebt. Die echte Bedingung ist dabei vom bloßen Anlass der Testamentserrichtung, von unverbindlichen Wünschen und von der Auflage gem. § 1940 (→ Rn. 937 ff.) abzugrenzen. Eine echte Bedingung liegt nur dann vor, wenn der Wille des Erblasser erkennbar darauf gerichtet ist, die Wirksamkeit der Verfügung an den Eintritt eines für ungewiss gehaltenen Umstands zu knüpfen.[110] Für eine Befristung gilt nicht § 2074, sondern § 163.[111] **370**

Beispiele: Die Formulierung „Dies Testament gilt nur bei einem Unfall oder sollte ich nicht aus Russland wiederkommen" stellt eine echte Bedingung dar.[112] Wenn in Form eines Konditionalsatzes auf die Umstände der Testamentserrichtung Bezug genommen wird („sollte mir bei der Gallenoperation etwas zustoßen"), so stellt dies regelmäßig nur einen Hinweis auf den Anlass (Motiv) der Testamentserrichtung dar.[113]

Wird eine Zuwendung unter der Bedingung eines Tuns oder Unterlassens des Bedachten von unbegrenzter Dauer gemacht, so käme der Bedachte nie in den Genuss der Zuwendung, wenn man eine aufschiebende Bedingung annehmen würde; denn dann stünde erst im Zeitpunkt seines eigenen Todes fest, dass die Bedingung erfüllt ist. **§ 2075** stellt deshalb die Auslegungsregel auf, dass eine solche Bedingung als **auflösende Bedingung** zu verstehen ist.[114] **371**

Beispiel: Eine als „Vereinbarung" überschriebene Erbeinsetzung bei gleichzeitiger Übernahme einer Pflegeverpflichtung ist, wenn es an einem festen Bindungswillen des Erblassers fehlt, als auflösend bedingte Erbeinsetzung und nicht als Erbvertrag auszulegen.[115]

Ist der Eintritt einer Bedingung von der Mitwirkung des Bedachten abhängig, so gilt auch für letztwillige Verfügungen § 162.[116] Diese allgemeine Vorschrift wird durch die Auslegungsregel des **§ 2076** ergänzt, die den Eintritt einer aufschiebenden **Bedingung zum Vorteil eines Dritten** fingiert, wenn dieser die zum Eintritt der Bedingung erforderliche Mitwirkungshandlung unterlässt. **372**

§ 2077 betrifft den Fall, dass der Erblasser seinen Ehegatten[117] oder Verlobten bedacht hat und die **Ehe** bzw. das **Verlöbnis** vor dem Tod des Erblassers **aufgelöst** wird. In diesem Fall ist die letztwillige Verfügung zugunsten des Ehegatten (Abs. 1) bzw. Verlobten (Abs. 2) unwirksam, sofern nicht anzunehmen ist, dass der Erblasser **373**

---

110 Vgl. OLG München v. 15.5.2012 – 31 Wx 244/11, NJW 2012, 2818, 2819; OLG Schleswig v. 6.7.2015 – 3 Wx 38/15, FamRZ 2016, 664 Rn. 21; Staudinger/*Otte*, 2013, § 2074 Rn. 12.

111 Vgl. Staudinger/*Otte*, 2013, § 2074 Rn. 10.

112 Vgl. OLG Schleswig v. 6.7.2015 – 3 Wx 38/15, FamRZ 2016, 664 Rn. 21 f.

113 Vgl. OLG München v. 15.5.2012 – 31 Wx 244/11, NJW 2012, 2818, 2819.

114 Vgl. MüKoBGB/*Leipold,* 7. Aufl. 2017, § 2075 Rn. 1.

115 Vgl. BayObLG v. 28.1.1998 – 1Z BR 162/97 und 1Z BR 176/97, NJW-RR 1998, 729 = JuS 1998, 1163 f. m. Anm. *Hohloch.*

116 Vgl. OLG Hamm v. 19.9.1967 – 15 W 397/67, OLGZ 1968, 80, 85; MüKoBGB/*Leipold*, 7. Aufl. 2017, § 2076 Rn. 1.

117 Gem. § 10 Abs. 5 LPartG gilt die Vorschrift entsprechend für Lebenspartner.

sie auch für diesen Fall getroffen haben würde (Abs. 3). Das Bestehenbleiben der Ehe bzw. des Verlöbnisses wird also quasi zur auflösenden Bedingung der Verfügung gemacht. Zu § 2077 auch noch → Rn. 391.

III. Die Auslegung von Erbverträgen und gemeinschaftlichen Testamenten

1. Erbverträge

374 Bei der Auslegung von Erbverträgen ist zwischen vertragsmäßigen (→ Rn. 272) und einseitigen (→ Rn. 273) Verfügungen zu **differenzieren**.

375 Für die Auslegung **vertragsmäßiger Verfügungen** gelten die allgemeinen Regeln über die Auslegung von Verträgen; maßgeblich ist der erklärte übereinstimmende Wille der Vertragsparteien (§§ 133, 157).[118] Selbst bei einseitigen Erbverträgen kommt es aufgrund des Vertragscharakters nicht allein auf den Willen des Erblassers an, sondern auf den objektiven Empfängerhorizont.[119] Gem. § 2279 Abs. 1 gelten jedoch auch die gesetzlichen Auslegungsregeln für Testamente entsprechend. § 2280 ergänzt zudem eine spezielle Auslegungsregel für Erbverträge, in denen sich Ehegatten oder Lebenspartner gegenseitig als Erben einsetzen; hier gilt § 2269 (→ Rn. 238) entsprechend.

376 Für **einseitige Verfügungen** gelten hingegen ausschließlich die Grundsätze und Regeln für die Auslegung von Testamenten, inkl. der gesetzlichen Auslegungsregeln (vgl. § 2299 Abs. 2 S. 1).[120]

2. Gemeinschaftliche Testamente

377 Ähnlich ist bei der Auslegung gemeinschaftlicher Testamente zwischen wechselbezüglichen (→ Rn. 239 ff.) und nicht wechselbezüglichen Verfügungen zu **differenzieren**.

378 **Wechselbezügliche Verfügungen** haben zwar keinen Vertragscharakter, aber aufgrund der gegenseitigen Abhängigkeit und der Bindungswirkung nach dem Tod des ersten Ehegatten ist die Interessenlage hier derjenigen beim Erbvertrag vergleichbar; daher gelten insoweit die Regeln für die Auslegung von vertragsmäßigen Verfügungen in Erbverträgen (→ Rn. 375) entsprechend.[121]

---

118 Vgl. BGH v. 8.2.1989 – IVa ZR 98/87, BGH NJW 1989, 2885; OLG Hamm v. 15.10.1964 – W 216/64, FamRZ 1965, 78; BayObLG v. 30.10.1989 – 1a Z 19/88, NJW-RR 1990, 200; OLG München v. 6.7.2006 – 31 Wx 35/06, ZEV 2007, 93, 94; OLG Düsseldorf v. 6.12.2011 – 3 Wx 261/11, NJW-RR 2012, 391, 392; Staudinger/*Kanzleiter*, 2014, Einl. zu §§ 2274 ff. Rn. 30; *Lange*, ErbR, 2. Aufl. 2017, § 35 Rn. 31; MüKoBGB/*Musielak*, 7. Aufl. 2017, Vorbem. zu §§ 2274 ff. Rn. 31.

119 Vgl. BayObLG v. 22.7.1996 – 1Z BR 76/96, FamRZ 1997, 123; OLG Düsseldorf v. 6.12.2011 – 3 Wx 261/11, NJW-RR 2012, 391, 392; MüKoBGB/*Musielak*, 7. Aufl. 2017, Vorbem. zu §§ 2274 ff. Rn. 31.

120 Vgl. Staudinger/*Kanzleiter*, 2014, Einl. zu §§ 2274 ff. Rn. 30; MüKoBGB/*Musielak*, 7. Aufl. 2017, Vorbem. zu §§ 2274 ff. Rn. 31.

121 Vgl. BGH v. 7.10.1992 – IV ZR 160/91, NJW 1993, 256; BGH v. 10.12.2014 – IV ZR 31/14, ZEV 2015, 343 Rn. 12 f.; OLG Bamberg v. 6.11.2015 – 4 W 105/15, ZEV 2016, 397 Rn. 17; Staudinger/*Kanzleiter*, 2014, Vorbem. zu §§ 2265 ff. Rn. 47; *Lange*, ErbR, 2. Aufl. 2017, § 35 Rn. 31; MüKoBGB/*Leipold*, 7. Aufl. 2017, § 2084 Rn. 58.

Für **nicht wechselbezügliche Verfügungen** gelten hingegen die gleichen Rechtsgrundsätze und gesetzlichen Auslegungsregeln wie für Einzeltestamente.[122] **379**

Besondere praktische Bedeutung hat die Frage, ob Verfügungen von Ehegatten, die **380** diese für den Fall ihres **gleichzeitigen Versterbens** oder mit vergleichbaren Formulierungen getroffen haben, so auszulegen sind, dass sie auch für den Fall des echten **Nacheinanderversterbens** (also nicht der Tod durch dasselbe Ereignis oder innerhalb einer sehr kurzen Zeitspanne) gelten. Entscheidend ist, ob die Eheleute durch die von ihnen verwendete Formulierung eine vollständige und abschließende Regelung der erbrechtlichen Nachfolge in ihr Vermögen auch für den Tod des Längerlebenden treffen wollten oder ob diese Regelung offen bleiben sollte.[123] Nach der neueren Rechtsprechung werden Formulierungen wie „bei gleichzeitigem Ableben" oder „im Falle gleichzeitigen Versterbens" so ausgelegt, dass sie auch noch Fallgestaltungen betreffen, in denen von einem „gleichzeitigen Tod" nur im weiteren Sinne die Rede sein kann, in denen aber im Hinblick auf den Sinn einer derartigen Regelung praktisch kein Unterschied zum gleichzeitigen Tod der Ehegatten im engeren Sinne besteht; sie gelten aber grundsätzlich nicht für den Fall, dass die Ehegatten nacheinander in erheblichem zeitlichem Abstand versterben.[124] Allerdings kann sich im Rahmen der Auslegung im Einzelfall ausnahmsweise auch ein anderer Wille der Ehegatten ergeben.[125]

Lösung der Ausgangsfälle

Fall 22 (→ Rn. 323): Der Erblasserwille ist nur dann formgültig erklärt, wenn er im Wort- **381** laut des Testaments irgendwie, wenn auch nur versteckt oder andeutungsweise, zum Ausdruck kommt (sog. Andeutungstheorie, → Rn. 327). Dem Testament müsste daher der Wille, den M zum Alleinerben einzusetzen, wenigstens andeutungsweise zu entnehmen sein. Eine testamentarische Erbeinsetzung setzt voraus, dass eine Erklärung vorliegt, dass eine bestimmte Person Erbe sein soll (§ 1937). Wird die Person nicht ausdrücklich als Erbe bezeichnet, so findet der entsprechende Wille seinen Niederschlag in aller Regel darin, dass dem Berufenen der Nachlass ganz oder teilweise zugewandt wird. M wird nicht ausdrücklich als Erbe bezeichnet. Die Erwähnung, dass die E „keine großen Summen Geld zu vererben habe", genügt nicht als Anhalt für eine Alleinerbeneinsetzung. Ebenso ist die Anordnung, dass M die meisten Bilder „behalten" solle, bei einer Wertung eher als Teilungsanordnung (→ Rn. 1023 ff.) oder Vorausvermächtnis (→ Rn. 911), denn als Erbeinsetzung anzusehen.[126]

Fall 23[127] (→ Rn. 323): Die Erbeinsetzung des M zum Alleinerben müsste im Testament **382** wenigstens angedeutet sein (sog. Andeutungstheorie, → Rn. 327). Hierfür genügt die einlei-

---

122 Vgl. BeckOGK/*Braun* § 2265 Rn. 80; Staudinger/*Kanzleiter*, 2014, Vorbem. zu §§ 2265 ff. Rn. 47.

123 Vgl. BayObLG v. 27.6.1997 – 1Z BR 61/97, FamRZ 1997, 1571, 1572.

124 Vgl. OLG München v. 14.10.2010 – 31 Wx 84/10, ZEV 2011, 31, 33; OLG München v. 24.10.2013 – 31 Wx 139/13, FGPrax 2014, 33, 34; OLG Düsseldorf v. 12.7.2017 – I-3 Wx 91/16, ErbR 2017, 674 Rn. 12.

125 Vgl. OLG München v. 14.10.2010 – 31 Wx 84/10, ZEV 2011, 31, 33; OLG München v. 24.10.2013 – 31 Wx 139/13, FGPrax 2014, 33, 34; OLG Düsseldorf v. 12.7.2017 – I-3 Wx 91/16, ErbR 2017, 674 Rn. 12.

126 Vgl. OLG Oldenburg v. 07.07.1998 – 5 U 42/98, FamRZ 1999, 532.

127 Nach BGH v. 9.4.1981 – IVa ZB 4/80, NJW 1981, 1737).

tende Bezeichnung „Unser Testament“ nicht, da eine solche Bezeichnung nicht nur für das Berliner Testament, sondern für alle gemeinschaftlichen Testamente naheliegend ist. Die Tatsache, dass es sich um ein gemeinschaftliches Testament handelt und sich in einem solchen üblicherweise auch die Eheleute gegenseitig selbst bedenken, genügt ebenfalls nicht als Anhaltspunkt. Mithin ist M nicht Alleinerbe.

383 **Fall 24**[128] **(→ Rn. 323):** T ist im Testament der E nicht ausdrücklich als Ersatzerbin eingesetzt. Die Auslegungsregel des § 2069 (wonach im Falle des Wegfalls eines Abkömmlings im Zweifel dessen Abkömmlinge bedacht sind, → Rn. 351 ff.) kann hier nicht angewendet werden, weil kein Abkömmling, sondern eine Cousine als Alleinerbin eingesetzt war. Eine analoge Anwendung des § 2069 auf andere nahestehende Personen als Abkömmlinge wird allgemein abgelehnt (→ Rn. 352).

Allerdings könnte sich hier im Wege der ergänzenden Auslegung des Testaments ergeben, dass T Ersatzerbin sein sollte. Voraussetzung für die ergänzende Testamentsauslegung ist zunächst eine planwidrige Lücke (→ Rn. 337). Hier hatte E in ihrem Testament keine Anordnung für den Fall getroffen, dass C vor ihr versterben sollte; da C im Zeitpunkt der Errichtung des Testaments nur 41 Jahre alt und zudem neun Jahre jünger als E war, ist es auch nicht fernliegend anzunehmen, dass E nicht in Erwägung gezogen hatte, dass C vor ihr sterben könnte. Es liegt somit eine planwidrige Lücke vor. Zu prüfen ist daher, was E gewollt hätte, wenn sie bei Errichtung des Testaments das Vorversterben ihrer Cousine C bedacht hätte. Hier hatte E jede ihrer drei Cousinen mütterlicherseits jeweils mit ⅓ ihres Vermögens bedacht (wenn auch die C als Erbin, die anderen beiden als Vermächtnisnehmerinnen), die väterliche Seite hatte sie hingegen gar nicht bedacht. Wenn die Verwandten wie bei der gesetzlichen Erbfolge gleichmäßig bedacht werden, so ist dies ein starkes Indiz dafür, dass weniger die Personen als solche als die jeweiligen Stämme bedacht werden sollen.[129] Es ist daher anzunehmen, dass E die T als Ersatzerbin benannt haben würde, wenn sie den Umstand eines möglichen Vorversterbens der C bedacht hätte.

T ist somit ein Erbschein als Alleinerbin zu erteilen.

§ 12 Die Anfechtung von Verfügungen von Todes wegen

384 **Fall 25:** Der Erblasser E ist plötzlich ein Pflegefall. Seine Ehefrau F droht, dass sie ihn nicht pflegen werde, wenn er sie nicht zur Alleinerbin einsetzt. E setzt daraufhin ein entsprechendes Testament auf. Er hinterlässt neben F zwei Kinder aus einer früheren Ehe. Wie ist die Rechtslage? **Lösung: → Rn. 449**

Fall 26: E setzt seine Frau F kurz nach der Heirat 1993 in einem privatschriftlichen Testament als Alleinerbin ein. 1995 wird das gemeinsame Kind K geboren. Kurz darauf kommt E bei einem Autounfall ums Leben. Wie ist die Rechtslage? **Lösung: → Rn. 450**

128 Nach OLG München v. 26.4.2017 – 31 Wx 378/16, FamRZ 2017, 1972.
129 Vgl. OLG München v. 26.4.2017 – 31 Wx 378/16, FamRZ 2017, 1972 Rn. 18.

Literatur: *Bengel*, Zum Verzicht des Erblassers auf Anfechtungen bei Verfügungen von Todes wegen, DNotZ 1984, 132; *ders.*, Beziehungstestamente, ErbR 2009, 236; *Gottwald*, Fristen im Erbrecht: Anfechtungsfristen, ZEV 2006, 489; *Heyers*, Willensäußerung und Willensentäußerung als Formsubstrate – am Beispiel der Anfechtung von Erbverträgen durch Erblasser, JURA 2014, 11; *Leipold*, Der vergessliche Erblasser und die Anfechtung, ZEV 1995, 99; *Mankowski*, Selbstanfechtungsrecht des Erblassers beim Erbvertrag und Schadensersatzpflicht nach § 122 BGB, ZEV 1998, 46; *Reinicke*, Die Wirkungen der Testamentsanfechtung durch den übergangenen Pflichtteilsberechtigten, NJW 1971, 1961; *Röthel*, Die Anfechtung im Erbrecht, JURA 2017, 1183; *Schindler*, Zur Abfindung für einen Erbteilsverzicht, ZEV 2009, 80; *dies.*, Maßgebliche Frist für die Anfechtung von Ausschlagungserklärungen, JURA 2015, 106; *Schubert/Czub*, Die Anfechtung letztwilliger Verfügungen, JA 1980, 257 und 334; *Schreiber*, Die Anfechtung einer Verfügung von Todes wegen, JURA 2009, 507; *Tiedtke*, Die Auswirkungen der Anfechtung des Testaments durch den übergangenen Pflichtteilsberechtigten, JZ 1988, 649; *Veit*, Die Anfechtung von Erbverträgen durch den Erblasser, NJW 1993, 1553.

I. Allgemeines

1. Zweck der Anfechtung

Die Anfechtung nach dem Allgemeinen Teil des BGB hat den Zweck, die Willens- 385
freiheit des Erklärenden zu schützen. Die **Anfechtung des** (nicht gemeinschaftlichen) **Testaments** erfolgt dagegen nicht durch den Erblasser selbst; denn dieser kann sein Testament jederzeit frei widerrufen (§ 2253) bzw. neu testieren (§ 2258), da er keiner Bindung unterliegt. Die Anfechtung kann daher nur durch Dritte nach Eintritt des Erbfalls erfolgen. Zweck der Anfechtung nach dem Erbfall ist beim Einzeltestament daher nicht der Schutz der individuellen Willensfreiheit, sondern der **Schutz der Interessen der Anfechtungsberechtigten**, die fehlerhafte Willenserklärung des Erblassers nicht gegen sich gelten lassen zu müssen.[1]

Mittelbar wird dadurch auch die Willensfreiheit des Erblassers geschützt: Denn schon die Existenz des Rechtsinstituts der Anfechtung führt dazu, dass arglistige Täuschungen, Drohungen und sonstige Beeinflussungen, die beim Erblasser einen Motivirrtum erzeugen sollen, wenig aussichtsreich erscheinen.[2]

Der Zweck der **Anfechtung eines Erbvertrages (§ 2281 Abs. 1) oder gemein-** 386
schaftlichen Testaments durch den Erblasser stimmt hingegen mit dem Zweck der Anfechtung nach dem Allgemeinen Teil des BGB überein: Durch die Wirkung der Anfechtung entfällt (mit Einschränkungen) die Bindungswirkung der vertragsmäßigen bzw. wechselbezüglichen Verfügungen und der Erblasser wird in die Lage versetzt, neu testieren zu können; daher dient die Anfechtung in diesem Fall dem **Schutz der Willensfreiheit des Erblassers.**[3] Dritte (§ 2080), die nach dem Erbfall einen Erbvertrag oder ein gemeinschaftliches Testament anfechten, können dies gem. § 2285 (analog) nur, wenn das Anfechtungsrecht des Erblassers zur Zeit des Erbfalls noch nicht erloschen war (→ Rn. 430, 448). Ihr Anfechtungsrecht ist also letztlich ab-

1 Vgl. *Lange*, ErbR, 2. Aufl. 2017, § 36 Rn. 70; MüKoBGB/*Leipold*, 7. Aufl. 2017, § 2078 Rn. 1; *Röthel* JURA 2017, 1183.
2 Vgl. MüKoBGB/*Leipold*, 7. Aufl. 2017, § 2078 Rn. 3.
3 Vgl. MüKoBGB/*Leipold*, 7. Aufl. 2017, § 2078 Rn. 7; *Röthel* JURA 2017, 1183, 1184.

hängig vom Anfechtungsrecht des Erblassers: wenn er die Anfechtungsfrist hat verstreichen lassen, müssen sie die fehlerhafte Willenserklärung gegen sich gelten lassen. Darin manifestiert sich nochmals der Zweck der Anfechtung, die Willensfreiheit des Erblassers zu schützen.

2. Verhältnis zum Allgemeinen Teil des BGB und zur Auslegung

a) Verhältnis zum Allgemeinen Teil des BGB

387 Die **Anfechtungsregeln des Erbrechts** haben als ***leges speciales*** Vorrang vor den Vorschriften des Allgemeinen Teils.[4] Sie enthalten jedoch **keine vollständige Sonderregelung**, sodass jeweils im Einzelfall zu prüfen ist, inwieweit die allgemeinen Normen ergänzend anwendbar sind. Die Regelung der Anfechtungsgründe in den §§ 2078, 2079 ist abschließend; ein Rückgriff auf die §§ 119, 120, 123 ist daher unzulässig (→ Rn. 391 ff.).[5] Die Anfechtungsberechtigung ergibt sich ebenfalls ausschließlich aus den erbrechtlichen Vorschriften – für Testamente aus § 2080, für Erbverträge aus den §§ 2281, 2285, 2080 (→ Rn. 410 ff., 429 f.; 446 ff.).[6] Schließlich gelten auch für die Anfechtungsfrist allein die erbrechtlichen Regelungen der § 2082 bzw. 2283 (→ Rn. 418 f., 437 f.).[7] Die Anfechtungserklärung ist hingegen nur für die wichtigsten Fälle in den §§ 2081, 2281 Abs. 2, 2282 geregelt; daneben ist § 143 anwendbar (→ Rn. 416 f., 433 f.).[8] Die Wirkung der Anfechtung ergibt sich – mangels erbrechtlicher Spezialregelung – aus § 142 Abs. 1 (→ Rn. 423 ff., 441 f.).[9]

b) Verhältnis zur Auslegung

388 Eine Anfechtung kommt nur in Betracht, wenn Wille (bzw. Motive) und Erklärung auseinanderfallen. Die Bedeutung der Erklärung steht jedoch erst nach der Auslegung fest. Die **Auslegung** (auch die ergänzende) hat daher **Vorrang** gegenüber der Anfechtung (→ Rn. 326).

II. Die Anfechtung des Testaments

1. Anfechtungsgegenstand

389 Gegenstand der Anfechtung ist nicht etwa das gesamte Testament, sondern nur eine, mehrere (bzw. ggf. auch sämtliche) darin enthaltene(n) **letztwillige Verfügung(en)** bezüglich derer ein Anfechtungsgrund besteht.[10]

---

4 Vgl. *Lange*, ErbR, 2. Aufl. 2017, § 36 Rn. 70.
5 Vgl. *Lange*, ErbR, 2. Aufl. 2017, § 36 Rn. 78; MüKoBGB/*Leipold*, 7. Aufl. 2017, § 2078 Rn. 13.
6 Vgl. MüKoBGB/*Leipold*, 7. Aufl. 2017, § 2078 Rn. 14.
7 Vgl. MüKoBGB/*Leipold*, 7. Aufl. 2017, § 2078 Rn. 15.
8 Vgl. MüKoBGB/*Leipold*, 7. Aufl. 2017, § 2078 Rn. 15.
9 Vgl. MüKoBGB/*Leipold*, 7. Aufl. 2017, § 2078 Rn. 16.
10 Vgl. RG v. 11.3.1909 – IV 304/08, RGZ 70, 391, 394; BGH v. 8.5.1985 – IVa ZR 230/83, NJW 1985, 2025; BayObLG v. 4.1.2006 – 1Z BR 97/03, ZEV 2006, 209, 211; *Lange*, ErbR, 2. Aufl. 2017, § 36 Rn. 73; MüKoBGB/*Leipold*, 7. Aufl. 2017, § 2078 Rn. 17.

2. Voraussetzungen der Anfechtung

Voraussetzungen der erbrechtlichen Anfechtung 390

1. Anfechtungsgrund
   a) Inhaltsirrtum, § 2078 Abs. 1 Alt. 1
   b) Erklärungsirrtum, § 2078 Abs. 1 Alt. 2
   c) Motivirrtum, § 2078 Abs. 2 Alt. 1
   d) Widerrechtliche Drohung, § 2078 Abs. 2 Alt. 2
   e) Übergehung eines Pflichtteilsberechtigten, § 2079
2. Anfechtungsberechtigung, § 2080
3. Anfechtungserklärung, §§ 143, 2081
4. Anfechtungsfrist, § 2082
5. Keine Bestätigung, § 144

a) Anfechtungsgründe

aa) Überblick. Die Gründe für die Anfechtung von Testamenten umfassen zum einen die schon aus dem Allgemeinen Teil des BGB bekannten Gründe des **Erklärungs- und Inhaltsirrtums** (§ 2078 Abs. 1, → Rn. 392 ff.) sowie der widerrechtlichen **Drohung** (§ 2078 Abs. 2 Alt. 2, → Rn. 403). Die Irrtumsarten des § 2078 Abs. 1 stimmen wörtlich mit den in § 119 Abs. 1 geregelten Fällen überein. Die Formulierung zur Erheblichkeit des Irrtums weicht jedoch von § 119 Abs. 1 ab (→ Rn. 409). 391

Mit den in § 2078 Abs. 2 Alt. 1 und § 2079 als Anfechtungsgründe erfassten **Motivirrtümern** (→ Rn. 394 ff.) geht die erbrechtliche Anfechtung jedoch erheblich über den Anwendungsbereich von § 119 Abs. 2 und § 123 Abs. 1 Alt. 1 hinaus.

Ein weiterer besonderer Irrtum ist in § 2077 (→ Rn. 373) geregelt: Er betrifft den Irrtum über den Bestand der Ehe bzw. des Verlöbnisses. Der Gesetzgeber ging hier pauschal davon aus, dass die Verfügungen, durch die der andere bedacht wird, nicht für den Fall der Auflösung der Ehe bzw. des Verlöbnisses gelten sollen. Rechtsfolge ist hier – und das ist die Besonderheit, wodurch sich § 2077 von den Anfechtungsgründen absetzt – dass die Verfügungen zugunsten der Ehegatten oder Verlobten nicht anfechtbar werden, sondern einfach nichtig sind (→ Rn. 373).

bb) Inhaltsirrtum, § 2078 Abs. 1 Alt. 1. Ein **Inhaltsirrtum** liegt vor, wenn sich der Erklärende über die Bedeutung (Inhalt) der Willenserklärung irrt. Der Erklärende benutzt ein Erklärungszeichen, das er auch benutzen will, irrt sich aber über Sinn und Bedeutung dieses Zeichens.[11] Verbindet der Erblasser mit einem von ihm im Testament gebrauchten Begriff eine falsche Bedeutung, kommt die Anfechtung aber nur in Betracht, wenn sich durch Auslegung nicht ermitteln lässt, was er mit dem Begriff gemeint hat. Ein Irrtum des Erblassers hinsichtlich der Rechtsfolgen seiner Erklärung ist jedoch nur dann ein beachtlicher Inhaltsirrtum, wenn sich der Irrtum auf die wesentlichen Rechtsfolgen bezieht.[12] 392

11 Vgl. zu § 119 Abs. 1 Alt. 1: Erman/*Arnold*, BGB, 15. Aufl. 2017, § 119 Rn. 23.
12 Vgl. *Lange*, ErbR, 2. Aufl. 2017, § 36 Rn. 78; MüKoBGB/*Leipold*, 7. Aufl. 2017, § 2078 Rn. 24.

Beispiele: Rücknahme eines notariellen Testaments aus der amtlichen Verwahrung in Unkenntnis davon, dass hierin ein Widerruf liegt[13]; Errichtung eines Erbvertrages in der Annahme, nur frei widerrufliche Erklärungen abzugeben[14]; Irrtum, dass es sich bei einem „Ersatzerben" um einen Nacherben handele[15].

393 **cc) Erklärungsirrtum, § 2078 Abs. 1 Alt. 2.** Ein **Erklärungsirrtum (Irrtum im Erklärungsakt)** liegt vor, wenn der Erklärende ein Erklärungszeichen benutzt, das er gar nicht benutzen will.[16] Hauptfälle sind Verschreiben und Versprechen, wobei Letzteres nur im Rahmen der Testamentserrichtung nach § 2232 S. 1 Alt. 1 oder nach den §§ 2250 f. vorkommen kann. Ein Erklärungsirrtum liegt auch vor, wenn der Erblasser falsche Vorstellungen vom Wortlaut der dem Notar übergebenen Schrift (§ 2232 S. 1 Alt. 2) oder des nur mitunterzeichneten (§ 2267 S. 1) gemeinschaftlichen Testaments hat. Einen Erklärungsirrtum nach dem Erbfall zu beweisen, ist allerdings naturgemäß schwierig.

Beispiele: Der Erblasser verspricht sich bei der mündlichen Erklärung vor dem Notar; er vergreift sich bei der Übergabe seiner Schrift an den Notar; er verschreibt sich bei der Errichtung seines eigenhändigen Testaments.

394 **dd) Motivirrtum, § 2078 Abs. 2 Alt. 1.** Anders als nach den Regelungen des Allgemeinen Teils des BGB, der den Motivirrtum nur im Ausnahmefall des § 119 Abs. 2 sowie bei arglistiger Täuschung in § 123 Abs. 1 Alt. 1 anerkennt, ist **nach § 2078 Abs. 2 Alt. 1 jeder Motivirrtum (Irrtum im Beweggrund)** beachtlich. Deshalb existiert im Erbrecht auch gerade keine spezielle Regelung für die arglistige Täuschung, da auch sie zu einem Motivirrtum führt.[17] Die erweiterte Anfechtungsmöglichkeit eines Testaments resultiert aus der besonderen Interessenlage der Beteiligten: Dem Anfechtungsrecht steht kein schutzwürdiges Vertrauen anderer Personen entgegen, da diese ohnehin jederzeit mit einem Widerruf rechnen mussten.

395 **(1) Objektiver Tatbestand.** Auf welche **Art von Umständen** sich der Irrtum bezieht, ist irrelevant: Er kann sich z.B. auf den Erblasser, andere Personen, Gegenstände oder auch auf rechtliche, wirtschaftliche oder politische Verhältnisse beziehen.[18] Es muss sich jedoch stets um einen außerhalb der Verfügung liegenden Umstand handeln.[19]

---

13 Vgl. KG v. 1.8.1940 – 1 Wx 369/40, DNotZ 1941, 28, 29 f.; BayObLG v. 9.3.2005 – 1Z BR 108/04, ZEV 2005, 480, 481.

14 Vgl. OLG Hamm (15. ZS) v. 25.4.1966 – 15 W 61/65, OLGZ 1966, 497, 498; BayObLG v. 23.4.1997 – 1 Z BR 104/96, FamRZ 1997, 1430, 1432; OLG Frankfurt a.M. v. 6.6.1997 – 20 W 606/94, FamRZ 1998, 194.

15 Vgl. OLG Frankfurt a.M. v. 6.6.1997 – 20 W 606/94, FamRZ 1998, 194.

16 Vgl. zu § 119 Abs. 1 Alt. 2: Erman/*Arnold*, BGB, 15. Aufl. 2017, § 119 Rn. 22.

17 Vgl. *Lange*, ErbR, 2. Aufl. 2017, § 36 Rn. 80; MüKoBGB/*Leipold*, 7. Aufl. 2017, § 2078 Rn. 37; Staudinger/*Otte*, 2013, § 2078 Rn. 13.

18 Vgl. OLG München v. 24.1.2017 – 31 Wx 234/16, ZEV 2017, 424 Rn. 7; *Lange*, ErbR, 2. Aufl. 2017, § 36 Rn. 83; MüKoBGB/*Leipold*, 7. Aufl. 2017, § 2078 Rn. 40; Staudinger/*Otte*, 2013, § 2078 Rn. 14.

19 Vgl. OLG München v. 24.1.2017 – 31 Wx 234/16, ZEV 2017, 424 Rn. 7; *Lange*, ErbR, 2. Aufl. 2017, § 36 Rn. 83; Staudinger/*Otte*, 2013, § 2078 Rn. 14.

Der Irrtum kann sich auf **vergangene, gegenwärtige oder zukünftige Umstände** beziehen.[20] Die Berücksichtigung auch künftiger Umstände ergibt sich bereits aus dem Wortlaut des § 2078 Abs. 2 Alt. 1 („Erwartung“) und wird durch die Entstehungsgeschichte bestätigt[21]. **396**

Umstritten ist, ob auch Umstände, die erst **nach dem Zeitpunkt des Erbfalls** eingetreten sind, einen relevanten Motivirrtum begründen können. In der Literatur und von einigen Gerichten wird teilweise die Position vertreten, dass dies aus Gründen der Rechtssicherheit und des Vertrauensschutzes prinzipiell abzulehnen sei; eine Ausnahme komme nur bei gänzlich unvorhersehbaren und daher in keiner Weise einzukalkulierenden Veränderungen, die der Verfügung nach der Willensrichtung des Erblassers jegliche Rechtfertigung nehmen, in Betracht.[22] Der BGH hat die Frage in einer Entscheidung aus dem Jahr 1987 offengelassen.[23] Letztlich sprechen jedoch die überzeugenderen Argumente dafür, dass auch erst nach dem Zeitpunkt des Erbfalls eingetretene Umstände einen Motivirrtum begründen können.[24] § 2078 Abs. 2 Alt. 1 lässt sich insofern keine zeitliche Grenze entnehmen.[25] Den legitimen Bedürfnissen nach Rechtssicherheit und Vertrauensschutz kann durch eine genaue Prüfung der Erheblichkeit des Irrtums (Kausalität, → Rn. 409) hinreichend Rechnung getragen werden.[26] Wenn der Erblasser aber tatsächlich einem erheblichen und kausalen Irrtum über einen erst nach dem Erbfall eingetretenen Umstand unterlag, wäre es nicht gerechtfertigt, die Anfechtung nur deshalb zu versagen, weil dieser Umstand erst nach dem Erbfall eintrat; auch nach dem Erbfall gibt es kein schutzwürdiges Vertrauen auf eine nicht irrtumsfrei zustande gekommene Verfügung[27]. **397**

Die Umstände, deren Eintritt oder Nichteintritt der Erblasser erwartet hatte, müssen grundsätzlich nicht von seinem Willen unabhängig sein; § 2078 Abs. 2 Alt. 1 greift vielmehr grundsätzlich auch dann, wenn er sie **willentlich herbeigeführt** hat.[28] Der Anfechtungsgrund darf vom Erblasser jedoch **nicht treuwidrig** herbeigeführt worden **398**

20 Vgl. OLG Köln v. 22.2.2016 – 2 Wx 12/16, BeckRS 2016, 04571 Rn. 42; OLG München v. 24.1.2017 – 31 Wx 234/16, ZEV 2017, 424 Rn. 7; *Lange*, ErbR, 2. Aufl. 2017, § 36 Rn. 83; MüKoBGB/*Leipold*, 7. Aufl. 2017, § 2078 Rn. 41.

21 Vgl. Mot. V, 49. Der Änderungsantrag, nur vergangene und gegenwärtige Umstände zuzulassen, wurde mehrheitlich abgelehnt, vgl. Prot. V, 51.

22 Vgl. OLG Köln v. 22.2.2016 – 2 Wx 12/16, BeckRS 2016, 04571 Rn. 43; MüKoBGB/*Leipold*, 7. Aufl. 2017, § 2078 Rn. 42; s. ferner auch Erman/*M. Schmidt*, 15. Aufl. 2017, § 2078 Rn. 9 sowie *Grunewald*, NJW 1991, 1208, 1211 f.

23 Vgl. BGH v. 27.5.1987 – IVa ZR 30/86, NJW-RR 1987, 1412, 1413.

24 Vgl. RG v. 4.2.1915 – IV 419/14, RGZ 86, 206, 210; OLG München v. 13.1.1981 – 17 U 3742/80, NJW 1983, 2577, 2578; OLG Frankfurt v. 22.1.1993 – 20 W 408/91, FamRZ 1993, 613; OLG Köln v. 3.11.2003 – 2 Wx 26/03, FGPrax 2004, 78, 79; BeckOGK/*Harke* § 2078 Rn. 30; *Lange*, ErbR, 2. Aufl. 2017, § 36 Rn. 84; Staudinger/*Otte*, 2013, § 2078 Rn. 17; *Röthel* JURA 2017, 1183, 1186; *Schlüter/Röthel*, ErbR, 17. Aufl. 2015, § 21 Rn. 14; Jauernig/*Stürner*, 17. Aufl. 2018, § 2078 Rn. 4.

25 Vgl. *Lange*, ErbR, 2. Aufl. 2017, § 36 Rn. 84; Staudinger/*Otte*, 2013, § 2078 Rn. 17.

26 Vgl. BeckOGK/*Harke* § 2078 Rn. 30; *Lange*, ErbR, 2. Aufl. 2017, § 36 Rn. 84; Staudinger/*Otte*, 2013, § 2078 Rn. 17.

27 Vgl. *Röthel* JURA 2017, 1183, 1186; *Schlüter/Röthel*, ErbR, 17. Aufl. 2015, § 21 Rn. 14.

28 Vgl. RG v. 22.6.1935 – IV B 36/35, RGZ 148, 218, 222 f. (unter ausdrücklicher Aufgabe der früheren entgegengesetzten Rechtsprechung); BeckOGK/*Harke* § 2078 Rn. 29; *Lange*, ErbR, 2. Aufl. 2017, § 36 Rn. 85; Staudinger/*Otte*, 2013, § 2078 Rn. 16.

sein.[29] Hiergegen kann nicht eingewandt werden, dass die Anfechtung jedenfalls eines Testaments auch bei einem Verstoß des Erblassers gegen Treu und Glauben möglich sein muss, weil er das Testament auch jederzeit hätte widerrufen können.[30] Denn es stellt einen Unterschied dar, ob der Erblasser selbst widerruft oder die Verfügung nach seinem Tod durch Dritte beseitigt wird.[31]

399 **(2) Subjektiver Tatbestand. Subjektiv** liegt ein Motivirrtum jedenfalls dann vor, wenn der Erblasser durch **eine irrige positive Vorstellung** eines Umstandes zur Verfügung bestimmt worden ist.[32]

400 Fraglich ist jedoch, wie die Fälle zu behandeln sind, in denen sich der Erblasser keine Gedanken über einen für die Anfechtung erheblichen Umstand gemacht hat. Der Wortlaut und die Entstehungsgeschichte sprechen gegen eine Berücksichtigung sog. **unbewusster Vorstellungen.**[33] Die **h.L.** plädiert jedoch gleichwohl für eine **Gleichsetzung von Nichtwissen und Irrtum.**[34] Es dürfe keinen Unterschied machen, ob der Erblasser durch seine Formulierung zu erkennen gegeben hat, dass er die Vorstellung von künftigen stabilen Verhältnissen hatte oder ob ihm die Vorstellung künftiger Änderungen fehlte.[35] Ferner sei zu berücksichtigen, dass die Anfechtung – vor allem beim Erbvertrag – auch die Fälle erfassen müsse, die für schuldrechtliche Verträge durch das Rechtsinstitut der Störung der Geschäftsgrundlage gelöst würden.[36] Im Übrigen erfolge eine hinreichende Einschränkung der Anfechtung auf der Stufe der Kausalitätsprüfung (→ Rn. 409).[37] Die **Rechtsprechung** schwankte zunächst.[38] Heute nimmt sie eine vermittelnde Position ein: Sie vermeidet den widersprüchlichen Begriff der „unbewussten Vorstellung" und lässt nunmehr **selbstverständliche Vorstellungen** genügen; dies sind Vorstellungen von Umständen, die der Erblasser zwar nicht konkret in seinem Bewusstsein hatte, die er aber jederzeit hätte abrufen und in sein Bewusstsein holen können.[39] Die Ergebnisse der beiden Auffassungen dürften selten differieren. Vorzugswürdig ist dennoch die Auffassung der Rechtsprechung, da sie mit dem Wortlaut des Gesetzes in Einklang zu bringen ist; die h.L. wendet hingegen der Sache nach § 2078 Abs. 2 Alt. 1 analog an, obwohl die Voraussetzungen für eine Analogie aufgrund der Entstehungsgeschichte gerade nicht vorliegen.

---

29 Vgl. BGH v. 29.11.1951 – IV ZR 71/51, BGHZ 4, 91, 96; BGH v. 18.6.1973 – IV ZR 121/70, FamRZ 1973, 539, 541; MüKoBGB/*Leipold*, 7. Aufl. 2017, § 2078 Rn. 44.

30 So aber Staudinger/*Otte*, 2013, § 2078 Rn. 16; krit. etwa auch *Lange*, ErbR, 2. Aufl. 2017, § 36 Rn. 85.

31 Vgl. Soergel/*Loritz*, 13. Aufl. 2003, § 2078 Rn. 16.

32 Vgl. *Lange*, ErbR, 2. Aufl. 2017, § 36 Rn. 87; Staudinger/*Otte*, 2013, § 2078 Rn. 18.

33 Vgl. Prot. V, 51 f.; zur Problematik des Begriffs s. BGH v. 27.5.1987 – IVa ZR 30/86, NJW-RR 1987, 1412, 1413.

34 Vgl. *Brox*/Walker, ErbR, 28. Aufl. 2018, § 17 Rn. 4; Kipp/*Coing*, ErbR, 14. Aufl. 1990, § 24 II 2 b; *Lange/Kuchinke*, ErbR, 5. Aufl. 2001, § 36 III 2c (hypothetische Vorstellungen); MüKoBGB/*Leipold*, 7. Aufl. 2017, § 2078 Rn. 36; Staudinger/*Otte*, 2013, § 2078 Rn. 24.

35 Vgl. Staudinger/*Otte*, 2013, § 2078 Rn. 19.

36 Vgl. MüKoBGB/*Leipold*, 7. Aufl. 2017, § 2078 Rn. 29.

37 Vgl. MüKoBGB/*Leipold*, 7. Aufl. 2017, § 2078 Rn. 36.

38 Vgl. dazu MüKoBGB/*Leipold*, 7. Aufl. 2017, § 2078 Rn. 30 f. m.w.N.

39 Vgl. BGH v. 27.5.1987 – IVa ZR 30/86, NJW-RR 1987, 1412 f.; BayObLG v. 14.8.2002 – 1Z BR 58/02, NJOZ 2002, 2399, 2401; OLG Koblenz v. 29.1.2015 – 3 U 813/14, RNotZ 2015, 365, 368; OLG München v. 24.1.2017 – 31 Wx 234/16, ZEV 2017, 424 Rn. 7.

Anders als bei der Auslegung bedarf es bei der Anfechtung für die Berücksichtigung der Vorstellungen des Erblassers **keiner Andeutung** im Testament.[40] Eine dahingehende Vorschrift des ersten Entwurfs des BGB wurde von der zweiten Kommission verworfen.[41] Eine entsprechende Andeutung im Testament erleichtert jedoch den Beweis für das Vorliegen eines Motivirrtums, so dass die Nichterwähnung einer bestimmten Erwartung ein Indiz dafür ist, dass diese Vorstellung bei der Motivation des Erklärenden keine entscheidende Rolle gespielt hat.[42] 401

(3) Beispiele.

Relevante Irrtümer: Enttäuschte Erwartung künftigen Wohlverhaltens des Bedachten gegenüber dem Erblasser[43]; irrige Erwartung, der Erbe werde ein bürgerliches Leben führen, dieser tritt tatsächlich jedoch einer Sekte bei und wendet dieser Teile des Nachlasses zu[44]; Irrtum über die Dauerhaftigkeit des Streits zwischen dem Erblasser und seinem Sohn[45]; irrige Annahme, nicht mehr verheiratet zu sein[46]; Irrtum über die wirtschaftlichen Verhältnisse der Bedachten[47]. 402

ee) Widerrechtliche Drohung, § 2078 Abs. 2 Alt. 2. Die Voraussetzungen der Widerrechtlichkeit der Drohung entsprechen denen des § 123 Abs. 1 Alt. 2 (vgl. ferner auch § 2339 Abs. 1 Nr. 3, → Rn. 501).[48] Die Drohung ist daher auch im Rahmen des § 2078 Abs. 2 Alt. 2 widerrechtlich, wenn entweder das Mittel (das angedrohte Übel), der Zweck (der angestrebte Erfolg) oder die Mittel-Zweck-Relation rechtswidrig ist.[49] Ob die Drohung vom Bedachten selbst oder von einem unbeteiligten Dritten ausgeht, ist irrelevant.[50] 403

Beispiele: Eine **Drohung** i.S.d. § 2078 Abs. 2 Alt. 2 liegt etwa vor, wenn die Haushälterin ihr Kündigungsrecht dazu benutzt, den schwerkranken Erblasser zu veranlassen, sie letztwillig zu bedenken[51] oder wenn der Ehegatte des Erblassers ankündigt, sich das Leben zu nehmen, wenn der Erblasser das gemeinschaftliche Testament nicht unterschreibt[52]. **Keine** relevante **Drohung** liegt hingegen vor, wenn dem Erblasser vorgehalten wird, dass er sonst „nicht in den Himmel" komme; denn hier fehlt es an der Beherrschung des angekündigten Übels.[53] Ebenso wenig stellen fortgesetztes aufdringliches Bitten[54] oder reines Widersprechen[55] eine Drohung dar.

40 Vgl. BGH v. 14.1.1965 – III ZR 131/63, NJW 1965, 584; MüKoBGB/*Leipold*, 7. Aufl. 2017, § 2078 Rn. 38; Staudinger/*Otte*, 2013, § 2078 Rn. 25.

41 Prot. V, 51.

42 Vgl. OLG München v. 27.7.2007 – 31 Wx 51/07, ZEV 2007, 530, 531 (Erwartung lebenslanger Pflege). S. auch OLG München v. 18.9.2008 – 31 Wx 8/08, FGPrax 2008, 254, 258, wonach an den Beweis des Beweggrundes (und der Kausalität des Irrtums, → Rn. 409) strenge Anforderungen zu stellen sind, um ein Ausufern der Anfechtung wegen Motivirrtums zu verhindern.

43 Vgl. BGH v. 29.11.1951 – IV ZR 71/51, BGHZ 4, 91 ff.

44 Vgl. OLG München v. 13.1.1981 – 17 U 3742/80, NJW 1983, 2577, 2578.

45 Vgl. OLG Köln v. 28.5.1990 – 2 Wx 6/90, FamRZ 1990, 1038, 1040.

46 Vgl. OLG München v. 7.5.2008 – 31 Wx 12/08, NJW-RR 2008, 1112.

47 Vgl. RG v. 15.10.1943 – VI 73/43, RGZ 172, 83, 84.

48 Vgl. MüKoBGB/*Leipold*, 7. Aufl. 2017, § 2078 Rn. 54.

49 Vgl. KG v. 7.9.1999 – 1 W 4291/98, NJW 2001, 903, 905; Palandt/*Weidlich*, 78. Aufl. 2019, § 2078 Rn. 8.

50 Vgl. BeckOGK/*Harke* § 2078 Rn. 36; MüKoBGB/*Leipold*, 7. Aufl. 2017, § 2078 Rn. 56.

51 Vgl. RG JW 1902, 286.

52 Vgl. BGH v. 3.5.2006 – IV ZR 72/05, ZEV 2006, 505 Rn. 5 ff.

53 Vgl. KG v. 7.9.1999 – 1 W 4291/98, NJW 2001, 903, 905.

54 Vgl. RG Recht 1910 Nr. 1395.

55 Vgl. BGH BWNotZ 1965, 348.

404 **ff) Übergehung eines Pflichtteilsberechtigten, § 2079.** Gem. § 2079 S. 1 kann eine letztwillige Verfügung angefochten werden, wenn der Erblasser einen zur Zeit des Erbfalls vorhandenen Pflichtteilsberechtigten übergangen hat, dessen Vorhandensein ihm bei der Errichtung der Verfügung nicht bekannt war oder der erst nach der Errichtung geboren oder pflichtteilsberechtigt geworden ist. Bei diesem Tatbestand handelt sich um einen gesetzlich geregelten **Sonderfall des Motivirrtums.**[56] Im Unterschied zu § 2078 Abs. 2 Alt. 1 muss die Erheblichkeit (Kausalität) des Irrtums bzw. der fehlenden Vorstellung nicht konkret festgestellt werden; § 2079 basiert vielmehr auf der Erwägung, dass es der Verfügung schon allein wegen der Unkenntnis des Pflichtteilsrechts und der Übergehung des Pflichtteilsberechtigten an einer tragfähigen Motivation fehlt.[57]

405 Voraussetzung ist zunächst, dass **zum Zeitpunkt des Erbfalls** ein **Pflichtteilsberechtigter** vorhanden war. Pflichtteilsberechtigt können nur Abkömmlinge (gem. § 1923 Abs. 2 auch ein *nasciturus*), Ehegatten, eingetragene Lebenspartner oder Eltern sein (vgl. § 2303, § 10 Abs. 6 LPartG, → Rn. 623).

406 Unstreitig **übergangen** ist ein Pflichtteilsberechtigter, wenn er **weder** (sei es auch mit einer noch so kleinen Zuwendung[58]) **bedacht noch bewusst von der Erbfolge ausgeschlossen** wurde.[59] Wer enterbt ist, ist somit nicht übergangen.[60] Umstritten ist jedoch, ob „übergangen" auch Personen sind, denen der Erblasser in Unkenntnis ihrer (späteren) Pflichtteilsberechtigung eine **hinter ihrem gesetzlichen Erbteil zurückbleibende Zuwendung** gemacht hat. Die Rechtsprechung lehnt eine Anwendung des § 2079 in diesen Fällen ab[61]. Der Pflichtteilsberechtigte kann zwar immer noch nach § 2078 Abs. 2 Alt. 1 anfechten, muss dann aber die Erheblichkeit der Unkenntnis des Erblassers im Einzelfall beweisen (→ Rn. 409).[62] In der Literatur wird hingegen mit guten Gründen verbreitet dafür plädiert, § 2079 auch in diesen Fällen anzuwenden; denn der Betreffende wird schließlich „als Pflichtteilsberechtigter übergangen".[63] Ihn in solchen Konstellationen auf § 2078 Abs. 2 Alt. 1 mit den erhöhten beweisrechtlichen Anforderungen zu verweisen, erscheint nicht gerechtfertigt.

407 Gem. § 2079 S. 2 ist das Anfechtungsrecht allerdings von vornherein **ausgeschlossen**, wenn der Erblasser auch bei Kenntnis der Sachlage zum Nachteil des Pflichtteilsberechtigten verfügt hätte. Deshalb kann auf das Anfechtungsrecht bereits im Testament (bzw. Erbvertrag) verzichtet werden.[64] Enthält die letztwillige Verfügung keine Verzichts- bzw. Ausschlussklausel, ist auf den hypothetischen Willen bei Er-

---

56 Vgl. Mot. V, 50; RG v. 8.2.1934 – IV 357/33, RGZ 143, 350, 352; Staudinger/*Otte*, 2013, § 2079 Rn. 1.

57 Vgl. *Lange*, ErbR, 2. Aufl. 2017, § 36 Rn. 92; MüKoBGB/*Leipold*, 7. Aufl. 2017, § 2079 Rn. 1.

58 Vgl. MüKoBGB/*Leipold*, 7. Aufl. 2017, § 2079 Rn. 5; Staudinger/*Otte*, 2013, § 2079 Rn. 8.

59 Vgl. RG v. 6.10.1904 – IV 97/04, RGZ 59, 60, 62; KG v. 24.5.2017 – 6 W 100/16, FamRZ 2017, 1786, 1789; Staudinger/*Otte*, 2013, § 2079 Rn. 9.

60 Vgl. Staudinger/*Otte*, 2013, § 2079 Rn. 8.

61 Vgl. RG v. 22.6.1935 – IV B 36/35, RGZ 148, 218, 223; BayObLG v. 21.12.1993 – 1Z BR 49/93, BayObLGZ 1993, 389; OLG Karlsruhe v. 5.8.1994 – 15 U 38/94, ZEV 1995, 454, 456.

62 Vgl. auch Staudinger/*Otte*, 2013, § 2079 Rn. 10 m.w.N.

63 Vgl. *Brox*/Walker, ErbR, 28. Aufl. 2018, § 17 Rn. 4; *Lange*, ErbR, 2. Aufl. 2017, § 36 Rn. 96; MüKoBGB/*Leipold*, 7. Aufl. 2017, § 2079 Rn. 6 m.w.N.

64 Vgl. BGH v. 10.1.1983 – VIII ZR 231/81, NJW 1983, 2247, 2249; OLG Celle v. 29.11.1962 – 10 U 197/61, NJW 1963, 353; MüKoBGB/*Leipold*, 7. Aufl. 2017, § 2079 Rn. 20.

richtung der letztwilligen Verfügung abzustellen.[65] Allein aus der Tatsache, dass der Erblasser nach Erkennen der geänderten Sachlage sein Testament nicht ändert, kann allerdings kein Rückschluss auf den Willen bei Testamentserrichtung erfolgen[66]; die sog. geflissentliche (absichtliche) Nichtänderung ist allenfalls ein Indiz[67].

gg) Kausalität. Im Fall des **§ 2079** wird kraft Gesetzes **vermutet**, dass der Irrtum kausal war (→ Rn. 404). 408

In den Fällen des **§ 2078** muss festgestellt werden, dass der Irrtum bzw. die Drohung **erheblich (kausal)** waren: Es muss anzunehmen sein, dass der Erblasser die Erklärung bei Kenntnis der Sachlage nicht abgegeben hätte bzw. durch die Drohung zu der Verfügung bestimmt worden ist (§ 2078 Abs. 1, Abs. 2 jeweils a.E.). Ein erst nach der Errichtung des Testaments entstandener Irrtum kann daher nicht ursächlich gewesen sein.[68] Wenn der Erblasser das Testament nicht geändert hat, nachdem er vom Irrtum Kenntnis erlangt hat, spricht dies – jedenfalls dann, wenn der Erblasser die Abänderung nicht aus Nachlässigkeit oder wegen objektiver Verhinderung unterlassen hat – für die Nichterheblichkeit des Irrtums.[69] Das weitergehende Erfordernis des § 119 Abs. 1 („bei verständiger Würdigung des Falles") hat der Gesetzgeber bewusst weggelassen. Es kommt somit nur auf die subjektive Denk- und Anschauungsweise des Erblassers und nicht darauf an, ob auch ein „vernünftiger" Erblasser sich durch den Irrtum hätte beeinflussen lassen.[70] Der Erblasser darf also auch unverständig würdigen und sich somit durch Eigensinn, Launen und törichte Anschauungen leiten lassen. Die Darlegungs- und Beweislast für die Kausalität trägt derjenige, der sich darauf beruft.[71] 409

b) Anfechtungsberechtigte, § 2080

Der **Erblasser** selbst ist hinsichtlich seines Testaments **nicht** anfechtungsberechtigt; hierfür besteht auch keine Notwendigkeit, da er das Testament jederzeit widerrufen kann (§§ 2253–2258, → Rn. 186 ff.).[72] Anders jedoch beim gemeinschaftlichen Testament, → Rn. 247 ff. 410

Nach der in **§ 2080 Abs. 1** normierten **Grundregel** ist derjenige anfechtungsberechtigt, dem die Aufhebung der letztwilligen Verfügung unmittelbar zustattenkommen würde. Durch das Kriterium der Unmittelbarkeit wird der Kreis der Anfechtungsberechtigten im Vergleich zu § 2341 (→ Rn. 512) eingeschränkt.[73] Voraussetzung für 411

---

65 Vgl. BayObLG v. 17.5.2000 – 1Z BR 189/99, NJWE-FER 2000, 237, 238; KG v. 24.5.2017 – 6 W 100/16, FamRZ 2017, 1786, 1789.

66 Soergel/*Loritz*, 13. Aufl. 2003, § 2079 Rn. 8.

67 Vgl. RG v. 16.10.1911 – IV 594/10, RGZ 77, 165, 170; BayObLG v. 7.6.1994 – 1Z BR 69/93, FamRZ 1995, 246; Staudinger/*Otte*, 2013, § 2079 Rn. 21.

68 Vgl. BGH v. 30.11.1964 – III ZR 82/63, BGHZ 42, 327, 332.

69 Vgl. BayObLG v. 3.10.1989 –1 A Z 23/89, FamRZ 1990, 211, 213; OLG Köln v. 28.5.1990 – 2 Wx 6/90, FamRZ 1990, 1038, 1040.

70 Vgl. BGH v. 29.11.1951 – IV ZR 71/51, NJW 1952, 419, 420.

71 Vgl. OLG München v. 24.1.2017 – 31 Wx 234/16, ZEV 2017, 424 Rn. 7; BeckOGK/*Harke* § 2078 Rn. 56; *Lange*, ErbR, 2. Aufl. 2017, § 36 Rn. 100; Staudinger/*Otte*, 2013, § 2078 Rn. 45.

72 Vgl. MüKoBGB/*Leipold* § 2080 Rn. 2; Staudinger/*Otte*, 2013, § 2080 Rn. 1.

73 Vgl. MüKoBGB/*Leipold*, 7. Aufl. 2017, § 2080 Rn. 4.

die Anfechtungsberechtigung ist also, dass die Aufhebung der Verfügung dem Betreffenden einen **unmittelbaren rechtlichen Vorteil** bringen würde.[74] Der Vorteil kann dabei in einem Erbrecht, im Erwerb eines Anspruchs oder Gestaltungsrechts oder dem Wegfall einer Beschwerung (z.B. Vermächtnis) oder Beschränkung (z.B. Testamentsvollstreckung) bestehen.[75] Nicht ausreichend ist hingegen, wenn der Betreffende durch die Aufhebung der Verfügung nur eine Erwerbsaussicht erlangt bzw. seine Erwerbsaussichten vergrößert (z.B. weil nach erfolgter Anfechtung eine Person weniger „im Weg“ stünde).[76]

Beispiele: Zur Anfechtung einer Erbeinsetzung ist derjenige berechtigt, der ohne die Verfügung gesetzlicher Erbe oder aufgrund eines früheren Testaments Erbe wäre[77]; zur Anfechtung eines Vermächtnisses ist der damit Beschwerte (i.d.R. der Erbe) berechtigt[78]. Der Ausschlagende ist auch anfechtungsberechtigt, wenn er dadurch das Recht erwirbt, seine eigene Ausschlagungserklärung anzufechten.[79]

412 Die Grundregel des § 2080 Abs. 1 wird jedoch für bestimmte Konstellationen eingeschränkt. Wenn sich der Irrtum i.S.d. § 2078 nur auf Eigenschaften oder das Verhalten einer bestimmten Person bezog, so sind gem. **§ 2080 Abs. 2** alle anderen Personen von der Anfechtung ausgeschlossen; die Anfechtung soll auf die **vom Irrtum betroffenen Personen** beschränkt sein[80]. Dritte sollen bei einer solchen Lage keinen Vorteil ziehen können, wenn die Person – sofern nach Abs. 1 anfechtungsberechtigt – es bei der Gültigkeit der Verfügung belassen will oder falls sie (weil vorverstorben) nicht mehr anfechten kann[81]. In bestimmten Fällen können aber aufgrund einer teleologischen Reduktion die Ersatzerben des Vorverstorbenen anfechtungsberechtigt sein.[82]

413 Im Falle der Übergehung eines **Pflichtteilsberechtigten** (§ 2079) ist gem. **§ 2080 Abs. 3** nur dieser anfechtungsberechtigt.

414 Sofern die Aufhebung der Verfügung **mehreren Personen** einen unmittelbaren rechtlichen Vorteil bringen würde, ist jede einzelne unabhängig von den anderen **anfechtungsberechtigt**.[83] Die von einem wirksam erklärte Anfechtung wirkt aber absolut gegenüber allen (→ Rn. 425).

415 Das Anfechtungsrecht ist **nicht** isoliert unter Lebenden **übertragbar**.[84] Wenn ein Anfechtungsberechtigter nach Erlangung des Anfechtungsrechts verstirbt, ist das Anfechtungsrecht jedoch vererblich.[85]

---

74 Vgl. BGH v. 8.5.1985 – IVa ZR 230/83, NJW 1985, 2025, 2026; OLG Hamm v. 28.10.2014 – I-5 W 14/14; NJW-RR 2015, 524, 526; *Lange*, ErbR, 2. Aufl. 2017; § 36 Rn. 109; Staudinger/*Otte*, 2013, § 2080 Rn. 1.

75 Vgl. MüKoBGB/*Leipold*, 7. Aufl. 2017, § 2080 Rn. 5 m.w.N.

76 Vgl. Staudinger/*Otte*, 2013, § 2080 Rn. 2.

77 Vgl. BeckOGK/*Harke* § 2080 Rn. 9; MüKoBGB/*Leipold*, 7. Aufl. 2017, § 2080 Rn. 5 m.w.N.

78 Vgl. BeckOGK/*Harke* § 2080 Rn. 10.

79 Vgl. BGH v. 26.9.1990 – IV ZR 131/89, BGHZ 112, 229, 238.

80 Vgl. Mot. V, 56. Beispiel bei Staudinger/*Otte*, 2013, § 2080 Rn. 13.

81 Vgl. MüKoBGB/*Leipold*, 7. Aufl. 2017, § 2080 Rn. 8.

82 Vgl. BeckOGK/*Harke* § 2080 Rn. 15; Soergel/*Loritz*, 13. Aufl. 2003, § 2080 Rn. 15.

83 Vgl. Mot. V, 57; BGH v. 8.5.1985 – IVa ZR 230/83, NJW 1985, 2025, 2026; Staudinger/*Otte*, 2013, § 2080 Rn. 17.

84 Vgl. MüKoBGB/*Leipold*, 7. Aufl. 2017, § 2080 Rn. 15; Staudinger/*Otte*, 2013, § 2080 Rn. 19.

85 Vgl. OLG Brandenburg v. 20.8.1998 – 10 Wx 5/97, FamRZ 1999, 1461, 1463; MüKoBGB/*Leipold*, 7. Aufl. 2017, § 2080 Rn. 16; Staudinger/*Otte*, 2013, § 2080 Rn. 18.

c) Anfechtungserklärung und Anfechtungsgegner, §§ 143, 2081

In Bezug auf den Empfänger der Anfechtungserklärung normiert **§ 2081** eine signifikante Abweichung gegenüber der allgemeinen Regel des § 143 Abs. 4 S. 1: Nach § 2081 ist die Anfechtungserklärung im Interesse der Rechtssicherheit und des Anfechtenden[86] in den meisten Fällen gegenüber dem **Nachlassgericht** abzugeben. Gegenüber dem Nachlassgericht anzufechten sind danach: Erbeinsetzung (→ Rn. 728 ff.), Enterbung (→ Rn. 486 ff.), Ernennung eines Testamentsvollstreckers (→ Rn. 823 ff.) sowie die Aufhebung solcher Verfügungen (§ 2081 Abs. 1); ferner gem. § 2081 Abs. 3 Verfügungen, durch die kein Recht für einen anderen begründet wird, wie z.B. Auflagen (§ 1940, → Rn. 937 ff.) oder Pflichtteilsentziehung und Pflichtteilsbeschränkung (§§ 2336, 2338 → Rn. 715 ff.). Das Nachlassgericht nimmt die Anfechtungserklärung jedoch nur entgegen; es prüft nicht, ob die Anfechtung begründet ist.[87] Gem. § 2081 Abs. 2 S. 1 teilt das Nachlassgericht die Anfechtung demjenigen mit, welchem die angefochtene Verfügung unmittelbar zustattenkommt. Sofern die spezielle Regelung des § 2081 nicht eingreift, verbleibt es bei der allgemeinen Regelung des **§ 143 Abs. 4 S. 1**, d.h. die Anfechtung hat gegenüber dem durch die Verfügung **Begünstigten** zu erfolgen.[88] Ein Vermächtnis ist daher durch Erklärung gegenüber dem Vermächtnisnehmer, der Widerruf eines Vermächtnisses durch Erklärung gegenüber dem Beschwerten anzufechten.[89] Zur Anfechtung wegen Erbunwürdigkeit → Rn. 511 ff. 416

Im Hinblick auf die **inhaltlichen Anforderungen** gilt im Wesentlichen das Gleiche wie im Rahmen des § 143. Es muss nicht die Formulierung „Anfechtung“ oder „anfechten“ verwendet werden, sondern es genügt, wenn unzweideutig erkennbar ist, dass eine bestimmte Verfügung aufgrund eines Mangels des Erblasserwillens nicht bestehen bleiben soll.[90] Nach der Rechtsprechung muss der Erklärende aber keinen Anfechtungsgrund angeben.[91] In der Literatur hat sich jedoch inzwischen zu Recht weitgehend die Auffassung durchgesetzt, dass die Nennung des Anfechtungsgrundes im Hinblick auf die berechtigten Interessen der Betroffenen nur dann entbehrlich ist, wenn sich der Anfechtungsgrund klar aus den Umständen ergibt.[92] 417

d) Anfechtungsfrist

Für die Anfechtung von Testamenten gilt gem. **§ 2082 Abs. 1** (abweichend von den §§ 121, 124) eine einheitliche Anfechtungsfrist von **einem Jahr**. Aus dem Wortlaut ergibt sich, dass es sich um eine von Amts wegen zu beachtende Ausschlussfrist und 418

86 Vgl. Prot. V, 67; BGH v. 6.7.1977 – IV ZB 63/5, FamRZ 1977, 786; MüKoBGB/*Leipold*, 7. Aufl. 2017, § 2081 Rn. 1.
87 Vgl. BayObLG v. 10.3.1997 – 1Z BR 55/97, FamRZ 1997, 1179; BeckOGK/*Harke* § 2081 Rn. 14.
88 Vgl. BeckOGK/*Harke* § 2081 Rn. 15; MüKoBGB/*Leipold*, 7. Aufl. 2017, § 2080 Rn. 13.
89 Vgl. BeckOGK/*Harke* § 2081 Rn. 15; MüKoBGB/*Leipold*, 7. Aufl. 2017, § 2080 Rn. 13.
90 Vgl. BayObLG v. 11.6.1991 –1 Z 31/91, FamRZ 1992, 226; OLG Brandenburg v. 20.8.1998 – 10 Wx 5/97, FamRZ 1999, 1461, 1464; OLG München v. 11.5.2005 – 31 Wx 19/05, ZEV 2005, 482, 483.
91 Vgl. BayObLG v. 11.6.1991 – 1 Z 31/91, FamRZ 1992, 226; OLG München v. 11.5.2005 – 31 Wx 19/05, ZEV 2005, 482, 483.
92 Vgl. BeckOGK/*Harke* § 2081 Rn. 7; MüKoBGB/*Leipold*, 7. Aufl. 2017, § 2081 Rn. 18; Staudinger/*Otte*, 2013, § 2081 Rn. 12.

nicht um eine Verjährungsfrist handelt.[93] Fristbeginn ist der Zeitpunkt, in dem der Anfechtungsberechtigte von dem **Anfechtungsgrund Kenntnis** erlangt (§ 2082 Abs. 2 S. 1). Da das Anfechtungsrecht erst mit dem Erbfall entsteht, kann die Anfechtungsfrist jedoch frühestens in diesem Zeitpunkt zu laufen beginnen.[94] Kenntnis des Anfechtungsgrundes liegt vor, wenn der Anfechtungsberechtigte zuverlässige Kenntnis von den konkreten Tatsachen hat, die sein Anfechtungsrecht begründen.[95] Ein Rechtsirrtum ist nur dann beachtlich, wenn er die Unkenntnis einer die Anfechtung begründenden Tatsache zur Folge hat, nicht hingegen, wenn es sich nur um eine rechtsirrtümliche Beurteilung des Anfechtungstatbestandes selbst, also um einen reinen Rechtsirrtum handelt.[96] Gem. § 2082 Abs. 3 ist die Anfechtung aber in jedem Fall mit Ablauf von **30 Jahren** nach dem Erbfall ausgeschlossen. Gem. § 2082 Abs. 2 S. 2 sind die §§ 206, 210, 211 betreffend die Hemmung der Verjährung entsprechend anwendbar.

419 Selbst wenn die Anfechtung nach § 2082 wegen Verfristung ausgeschlossen ist, gewährt § 2083 dem Anfechtungsberechtigten ein **Leistungsverweigerungsrecht** gegenüber Verpflichtungen aus Vermächtnissen und Auflagen. Dieses Leistungsverweigerungsrecht besteht aber nicht, wenn dem Beschwerten gem. § 2285 kein Anfechtungsrecht zustand (→ Rn. 438).[97]

e) Ausschluss der Anfechtung durch Bestätigung, § 144

420 Die erbrechtlichen Anfechtungsregeln für Testamente enthalten keine gesonderte Bestimmung über die Bestätigung, sodass sich die **Frage der Anwendbarkeit von § 144** stellt. Insoweit ist zwischen einer Bestätigung durch den Erblasser (→ Rn. 421) und durch den Anfechtungsberechtigten (→ Rn. 422) zu differenzieren:

421 In der Literatur wird von einer Reihe von Autoren vertreten, dass der **Erblasser** gem. § 144 Abs. 1 formlos bestätigen könne.[98] Dagegen spricht jedoch, dass der Erblasser selbst schon gar nicht anfechtungsberechtigt ist; es überzeugt daher, dass die Rechtsprechung ihm im Einklang mit anderen Teilen des Schrifttums die Möglichkeit einer **Bestätigung versagt**.[99] Eine „Bestätigung" durch den Erblasser kann jedoch ein Indiz für die fehlende Kausalität des Anfechtungsgrundes für die letztwillige Verfügung des Erblassers sein.[100]

---

93 Vgl. BeckOGK/*Harke* § 2082 Rn. 4; Staudinger/*Otte*, 2013, § 2082 Rn. 2.

94 Vgl. OLG München v. 11.5.2005 – 31 Wx 19/05, ZEV 2005, 482, 483; *Lange,* ErbR, 2. Aufl. 2017, § 36 Rn. 126.

95 Vgl. MüKoBGB/*Leipold*, 7. Aufl. 2017, § 2082 Rn. 3; Erman/*M. Schmidt*, 15. Aufl. 2017, § 2082 Rn. 1.

96 Vgl. BGH v. 3.11.1969 – III ZR 52/67, FamRZ 1970, 79, 81; BayObLG v. 30.3.1990 –1 a Z 14/90, FamRZ 1990, 1159, 1160; OLG Köln v. 21.7.2010 – 2 Wx 81/10, FGPrax 2010, 241, 242 f.; krit. Staudinger/*Otte*, 2013, § 2082 Rn. 9 f.

97 Vgl. BGH v. 8.2.1989 – IVa ZR 98/87, NJW 1989, 2885.

98 Vgl. BeckOGK/*Harke* § 2078 Rn. 52; MüKoBGB/*Leible,* 7. Aufl. 2017, § 2078 Rn. 63 f.; Staudinger/*Otte*, 2013, § 2080 Rn. 24 ff.

99 Vgl. OLG Hamm v. 8.12.1993 – 15 W 294/93, NJW-RR 1994, 462, 464; BayObLG v. 7.6.1994 – 1Z BR 69/93, FamRZ 1995, 246, 248; *Brox*/Walker, ErbR, 28. Aufl. 2018, § 17 Rn. 12; *Lange,* ErbR, 2. Aufl. 2017, § 36 Rn. 102.

100 Vgl. RG v. 16.10.1911 – IV 594/10, RGZ 77, 165, 170; OLG Celle v. 23.6.2003 – T W 45/03, ZEV 2003, 328, 329; *Brox*/Walker, ErbR, 28. Aufl. 2018, § 17 Rn. 12; *Lange,* ErbR, 2. Aufl. 2017, § 36 Rn. 102.

422 Ein gem. § 2280 **Anfechtungsberechtigter** kann hingegen nach ganz h.M. **analog § 144** bestätigen und verliert damit sein Anfechtungsrecht.[101] Er bestätigt damit zwar die Erklärung eines Dritten; da er jedoch durch Ausübung oder Nichtausübung seines Anfechtungsrechts ohnehin über dessen Bestand entscheiden kann, ist es nur konsequent, ihm auch die Möglichkeit einer Bestätigung analog § 144 zu eröffnen.[102]

3. Wirkung der Anfechtung

423 Hinsichtlich der Wirkung der Anfechtung gilt mangels spezieller erbrechtlicher Vorschriften **§ 142 Abs. 1**, d.h. die **angefochtene Verfügung** ist ***ex tunc* nichtig**. Es wird jedoch nicht etwa automatisch eine dem „eigentlichen" Willen des Erblassers entsprechende Verfügung geschaffen: Die Anfechtung kassiert nur, aber sie reformiert nicht[103].

424 Wenn nur **eine von mehreren Verfügungen** in einem Testament wirksam angefochten wird, so ist zunächst einmal nur diese gem. § 142 Abs. 1 *ex tunc* nichtig. Entsprechendes gilt, wenn eine Verfügung nur teilweise wirksam angefochten worden ist[104] (z.B. wenn mehrere Personen unter einer Sammelbezeichnung eingesetzt wurden, der Erblasser aber tatsächlich nicht alle davon erfassen wollte[105]). Ob die anderen Verfügungen (bzw. der Rest der teilweise angefochtenen Verfügung) wirksam bleibt, bestimmt sich nach **§ 2085** (→ Rn. 477).[106]

425 Für den Fall, dass nur **einer von mehreren Anfechtungsberechtigten** anficht, wird im Schrifttum teilweise angenommen, dass jedenfalls inhaltlich teilbare Verfügungen nur insoweit wegfallen, als ihre Vernichtung dem Betreffenden zustattenkommt[107]. BGH und h.L. vertreten hingegen zu Recht die Auffassung, dass die von einem Anfechtungsberechtigten erklärte Anfechtung **absolut gegenüber allen** wirkt.[108] Dies war schon im Rahmen der Beratungen zum BGB als selbstverständlich angesehen worden[109] und kommt auch im Wortlaut des § 2078 zum Ausdruck (denn danach greift die Anfechtung, „soweit" die Verfügung vom Willensmangel des Erblassers betroffen ist und nicht nur, „soweit der Anfechtungsberechtigte durch die Verfügung benachteiligt wird"). Zudem dient die Anfechtung gerade nicht nur den Interessen des Anfechtungsberechtigten, sondern auch denen des Erblassers: Seinem Interesse an

101 Vgl. OLG München v. 11.5.2005 – 31 Wx 19/05, ZEV 2005, 482, 483; *Brox*/Walker, ErbR, 28. Aufl. 2018, § 17 Rn. 12; *Lange*, ErbR, 2. Aufl. 2017, § 36 Rn. 104; MüKoBGB/*Leipold*, 7. Aufl. 2017, § 2078 Rn. 65.

102 Vgl. MüKoBGB/*Leipold*, 7. Aufl. 2017, § 2078 Rn. 65.

103 Vgl. i.d.S. prägnant bereits *Siber*, Auslegung und Anfechtung der Verfügung von Todes wegen, in: Schreiber (Hrsg.), Die Reichsgerichtspraxis im deutschen Rechtsleben, 1929, III, S. 349, 378.

104 Vgl. zur Zulässigkeit der teilweisen Anfechtung bereits RG v. 11.3.1909 – IV 304/08, RGZ 70, 391, 394 f.; näher und m.w.N.: BeckOGK/*Harke* § 2078 Rn. 50; Staudinger/*Otte*, 2013, § 2078 Rn. 42.

105 Vgl. RG v. 11.3.1909 – IV 304/08, RGZ 70, 391, 394 f.

106 Vgl. RG v. 22.6.1935 – IV B 36/35, RGZ 148, 218, 225; BGH v. 8.5.1985 – IVa ZR 230/83, NJW 1985, 2025, 2026; MüKoBGB/*Leipold*, 7. Aufl. 2017, § 2078 Rn. 61, 71; *Lange*, ErbR, 2. Aufl. 2017, § 36 Rn. 105.

107 Vgl. MüKoBGB/*Leipold*, 7. Aufl. 2017, § 2080 Rn. 13.

108 Vgl. BGH v. 8.5.1985 – IVa ZR 230/83, NJW 1985, 2025, 2026; BeckOGK/*Harke* § 2080 Rn. 16; *Lange*, ErbR, 2. Aufl. 2017, § 36 Rn. 105; Staudinger/*Otte*, 2013, § 2080 Rn. 2; Erman/*M. Schmidt*, 15. Aufl. 2017, § 2080 Rn. 2.

109 Vgl. Mot. V, 57.

einer „absoluten“ Korrektur seiner Verfügung und an dessen quasi treuhänderische Wahrnehmung durch einen Anfechtungsberechtigten kommt höheres Gewicht zu als dem Interesse eines Anfechtungsberechtigten, der es (partiell) bei der anfechtbaren Verfügung belassen will.[110]

426 **Umstritten** ist der **Umfang der Wirkung der Anfechtung nach § 2079.** Nach der wohl h.M. soll die Anfechtung hier grundsätzlich zu einer Vernichtung des gesamten Testaments führen.[111] Nach anderer Ansicht soll die Anfechtung hingegen nur soweit reichen, wie es erforderlich ist, um dem anfechtungsberechtigten Pflichtteilsberechtigten zu seinem gesetzlichen Erbteil zu verhelfen.[112] Eine dritte Auffassung will danach differenzieren, ob der Erblasser selbst oder ein Dritter nach dem Erbfall anficht: Im ersteren Fall soll – vorbehaltlich § 2079 S. 2 – Gesamtnichtigkeit anzunehmen sein, da der Erblasser seine Testierfreiheit insgesamt zurückerhalten will; im letzteren Fall soll sich die Aufrechterhaltung letztwilliger Verfügungen nach § 2085 richten.[113] Jedenfalls die letztgenannte Differenzierung findet indes im Gesetz keinerlei Anhaltspunkte. Ein ganz wesentliches Argument für die zweite Ansicht ist der Sinn und Zweck des § 2079, den übergangenen pflichtteilsberechtigten Erben zu schützen: Mit Blick darauf erscheint es nur konsequent, die Wirkung der Anfechtung **nur soweit** reichen zu lassen, wie es erforderlich ist, um dem anfechtenden **Pflichtteilsberechtigten zu seinem gesetzlichen Erbteil zu verhelfen.**[114] Ob die Einsetzung der übrigen Erben (freilich entsprechend proportional gekürzt) wirksam bleibt, bestimmt sich nach § 2085 (→ Rn. 477).[115]

427 **§ 2078 Abs. 3** bestimmt explizit, dass **kein Anspruch auf Ersatz des Vertrauensschadens gem. § 122** besteht. Dies gilt auch in den Fällen des § 2079, denn dieser Tatbestand ist letztlich nur ein Sonderfall des Motivirrtums (→ Rn. 404). Grund ist, dass es von vornherein an einem schutzwürdigen Interesse/Vertrauen fehlt, weil es dem Erblasser freisteht, seine letztwillige Verfügung jederzeit zu widerrufen (→ Rn. 186 ff.).[116]

---

110 Vgl. BGH v. 8.5.1985 – IVa ZR 230/83, NJW 1985, 2025, 2026.

111 Vgl. RG v. 6.10.1904 – IV 97/04, RGZ 59, 60, 64; BayObLG v. 22.4.1971 – 1 Z 108/70, BayObLGZ 1971, 147, 152; OLG Frankfurt a.M. v. 20.1.1995 – 20 W 21/95, FamRZ 1995, 1522; OLG Schleswig v. 7.2.2015 – 3 Wx 108/15, NJW 2016, 1831 Rn. 25; *Kipp/Coing*, ErbR, 14. Aufl. 1990, § 24 III 1 b; Palandt/*Weidlich*, 79. Aufl. 2019, § 2079 Rn. 6.

112 Vgl. OLG Köln v. 13.4.1956 – 8 W 16/56, NJW 1956, 1522; vgl. LG Darmstadt v. 20.11.1987 – 5 T 1117/87, JZ 1988, 671, 672; *Kanzleiter* DNotZ 2016, 745, 746 f.; *Lange*, ErbR, 2. Aufl. 2017, § 36 Rn. 106; Soergel/*Loritz*, 13. Aufl. 2003, § 2079 Rn. 9; vgl. ferner auch Staudinger/*Otte*, 2013, § 2079 Rn. 14 ff., der zwar nicht die Nichtigkeit des Testaments, aber die aller Erbeinsetzungen und solcher Vermächtnisse befürwortet, die auch den anfechtenden Pflichtteilsberechtigten beschweren würden.

113 Vgl. MüKoBGB/*Leipold*, 7. Aufl. 2017, 2079 Rn. 26 ff.

114 Vgl. *Lange*, ErbR, 2. Aufl. 2017, § 36 Rn. 106.

115 Vgl. *Lange*, ErbR, 2. Aufl. 2017, § 36 Rn. 106; für den Fall einer Anfechtung nach dem Erbfall durch Anfechtungsberechtigte i.S.d. § 2080 auch MüKoBGB/*Leipold*, 7. Aufl. 2017, 2079 Rn. 27.

116 Vgl. BeckOGK/*Harke* § 2078 Rn. 51.

III. Die Anfechtung des Erbvertrags

1. Überblick

Beim Erbvertrag räumen die **§§ 2281 ff.** dem **Erblasser** ein **(Selbst-)Anfechtungs- recht** bezüglich der **vertragsmäßigen Verfügungen** ein. Denn da er diese – anders als Verfügungen in einem Testament (→ Rn. 186 ff.) – aufgrund der erbvertraglichen Bindungswirkung nicht einfach widerrufen kann, bestünde für ihn sonst keine Möglichkeit, sich von einer fehlerhaften Willenserklärung zu lösen.[117] Für einseitige Verfügungen bedurfte es hingegen eines solchen Anfechtungsrechts nicht; diese kann der Erblasser gem. § 2299 Abs. 2 S. 1 i.V.m. § 2253 jederzeit widerrufen (→ Rn. 315). Für die Anfechtung erbvertraglicher Verfügungen durch Dritte (egal ob Vertragspartner des Erblassers oder sonstige Dritte[118]) gelten gem. § 2299 Abs. 2 S. 2 die §§ 2078 ff. Der Vertragspartner kann zudem ggf. seine eigenen Erklärungen, die keine Verfügungen von Todes wegen sind, gem. §§ 119 ff. anfechten.[119] 428

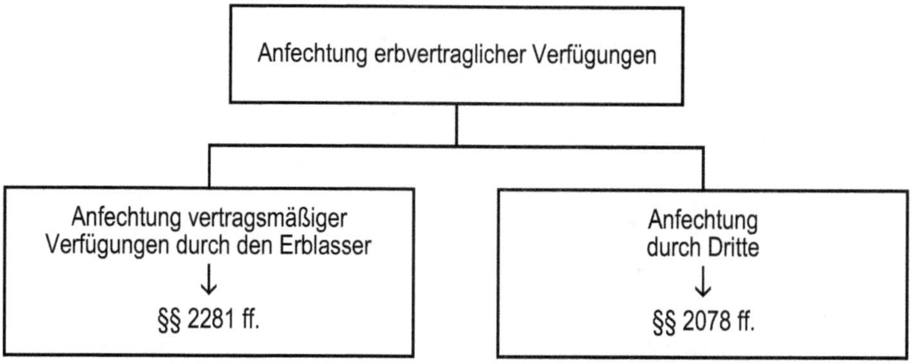

2. Besonderheiten bei der Anfechtung erbvertraglicher Verfügungen

a) Anfechtungsberechtigte

Im Hinblick auf die Anfechtung **einseitiger Verfügungen** durch Dritte gelten die allgemeinen Regeln des **§ 2080** (→ Rn. 410 ff.). 429

Bei **vertragsmäßigen Verfügungen** ist zum einen der **Erblasser** anfechtungsberechtigt (§ 2281 Abs. 1). Ebenso wie beim Testament sind aber auch **Dritte** anfechtungsberechtigt (vgl. „auch" in § 2281 Abs. 1 Hs. 1), sofern die Voraussetzungen des § 2080 (→ Rn. 411 ff.) erfüllt sind. Das Anfechtungsrecht Dritter ist jedoch von demjenigen des Erblassers abhängig: Gem. **§ 2285** können sie nicht mehr anfechten, wenn das Anfechtungsrecht des Erblassers zur Zeit des Erbfalls erloschen ist (→ Rn. 438). 430

117 Vgl. Mot. V, 323; BGH v. 3.11.1969 – III ZR 52/67, NJW 1970, 279, 280; MüKoBGB/*Musielak*, 7. Aufl. 2017, § 2281 Rn. 1; BeckOGK/*Röhl* § 2281 Rn. 2 f.

118 Vgl. Staudinger/*Kanzleiter*, 2014, § 2281 Rn. 6 ff.; BeckOGK/*Röhl* § 2281 Rn. 12 ff.

119 Vgl. *Brox*/Walker, ErbR, 28. Aufl. 2018, § 17 Rn. 15; Erman/*S. Kappler/T. Kappler*, 15. Aufl. 2017, § 2281 Rn. 2; BeckOGK/*Röhl* § 2281 Rn. 12 ff.

b) Anfechtungsgründe

431 Hinsichtlich der Anfechtungsgründe verweist § 2281 Abs. 1 Hs. 1 auf die **§§ 2078, 2079**. Erbvertragliche Verfügungen können also grundsätzlich aus denselben Gründen (Inhaltsirrtum, Erklärungsirrtum, Motivirrtum, Drohung, Übergehung eines Pflichtteilsberechtigten, → Rn. 391 ff.) angefochten werden wie Verfügungen in einem Testament. Durch die Anerkennung jedes einseitigen Motivirrtums als Anfechtungsgrund wird dem Willen des Erblassers ein höherer Stellenwert als dem Vertrauen des anderen Vertragschließenden auf den Bestand des Vertrags eingeräumt.[120]

432 Einer Modifikation bedurfte allerdings die Anfechtung wegen der Übergehung eines Pflichtteilsberechtigten. Würde nur § 2079 unverändert gelten, so bliebe die Wirkung einer Anfechtung des Erblassers so lange in der Schwebe, bis feststünde, ob der übergangene Pflichtteilsberechtigte den Erbfall erlebt.[121] Gem. **§ 2281 Abs. 1 Hs. 2** ist daher im Falle einer Anfechtung vertragsmäßiger Verfügungen durch den Erblasser gem. **§ 2079** darauf abzustellen, ob der Pflichtteilsberechtigte im Zeitpunkt der Anfechtung (noch) lebte. Dadurch wird der Erblasser, der von der Existenz eines Pflichtteilsberechtigten erfährt, in die Lage versetzt, den Erbvertrag noch zu seinen Lebzeiten zu beseitigen und neu zu verfügen.[122] Da das Gesetz den maßgeblichen Zeitpunkt generell auf denjenigen der Anfechtung vorverlegt, bleibt die Anfechtung selbst dann wirksam, wenn der Pflichtteilsberechtigte oder sein Pflichtteilsrecht vor dem Erbfall wegfällt.[123]

c) Anfechtungserklärung

433 Für die Anfechtungserklärung **Dritter** gilt dasselbe wie für die Erklärung der Anfechtung von Testamenten (→ Rn. 416 f.).

434 Für die Anfechtungserklärung des **Erblassers** enthalten die **§§ 2281, 2282** Spezialregelungen. Der Erblasser muss die Anfechtungserklärung **höchstpersönlich** abgeben; eine Stellvertretung ist – anders als bei der Anfechtung nach den §§ 119 ff. – ausgeschlossen (§ 2282 Abs. 1). Für einen geschäftsunfähigen Erblasser kann der Betreuer mit Genehmigung des Betreuungsgerichts anfechten (§ 2282 Abs. 2). Die Anfechtungserklärung bedarf gem. § 2282 Abs. 3 der **notariellen Beurkundung**.

d) Anfechtungsgegner

435 Für die Anfechtungserklärung **Dritter** gilt dasselbe wie für die Erklärung der Anfechtung von Testamenten (→ Rn. 416).

436 Hinsichtlich der Anfechtungserklärung durch den **Erblasser** ist zu differenzieren: Solange der **Vertragspartner** noch **lebt**, ist die Erklärung gem. **§ 143 Abs. 2** ihm gegenüber abzugeben.[124] Mit dem **Tod des Vertragspartners** werden vertragsmäßige

120 Vgl. Mot. V, 323.
121 Vgl. Mot. V, 323; BeckOGK/*Röhl* § 2281 Rn. 32.
122 Vgl. BGH v. 3.11.1969 – III ZR 52/67, NJW 1970, 279, 280; Staudinger/*Kanzleiter*, 2014, § 2281 Rn. 17; MüKoBGB/*Musielak*, 7. Aufl. 2017, § 2281 Rn. 12.
123 Vgl. BGH v. 3.11.1969 – III ZR 52/67, NJW 1970, 279, 280.
124 Vgl. Staudinger/*Kanzleiter*, 2014, § 2281 Rn. 22; MüKoBGB/*Musielak*, 7. Aufl. 2017, § 2221 Rn. 22; *Rohlfing/Mittenzwei* ZEV 2003, 49, 51.

Verfügungen des Erblassers zu dessen Gunsten automatisch gegenstandslos, sodass insofern auch keine Anfechtung mehr in Betracht kommt.[125] Im Falle der Anfechtung vertragsmäßiger Verfügungen des Erblassers **zugunsten eines Dritten** ist die Erklärung gem. § 2281 Abs. 2 dem Nachlassgericht gegenüber abzugeben.

e) Anfechtungsfrist

Der **Erblasser** kann gem. **§ 2283 Abs. 1** nur binnen eines Jahres anfechten. Die Frist beginnt gem. § 2283 Abs. 2 S. 1 im Falle der Anfechtung wegen Drohung mit Beendigung der Zwangslage, im Übrigen mit Kenntnis des Anfechtungsgrundes. § 2283 Abs. 3 trifft eine Sonderregelung für den Fall, dass die Geschäftsunfähigkeit des Erblassers wegfällt. **437**

Die Anfechtungsfrist für die Anfechtung durch **Dritte** bestimmt sich nach **§ 2082** (→ Rn. 418). Zu beachten ist darüber hinaus jedoch, dass **§ 2285** das Anfechtungsrecht Dritter von demjenigen des Erblassers abhängig macht: Gem. § 2285 können sie nicht mehr anfechten, wenn das Anfechtungsrecht des Erblassers zur Zeit des Erbfalls erloschen ist (→ Rn. 430). Dies ist der Fall, wenn der Erblasser die Anfechtungsfrist versäumt (§ 2283, → Rn. 437), den Erbvertrag bestätigt (§ 2284, → Rn. 440) oder auf das Anfechtungsrecht verzichtet hat; würde der Dritte in diesen Fällen trotzdem nach dem Tod des Erblassers noch anfechten können, würde dessen – letztlich maßgeblicher – Wille unterlaufen.[126] Entsprechendes gilt, wenn der Erblasser den Anfechtungsgrund rechtsmissbräuchlich herbeigeführt hat; auch dann kann dem Dritten kein Anfechtungsrecht zustehen.[127] Bestand hingegen im Zeitpunkt des Erbfalls das Anfechtungsrecht des Erblassers noch, so findet keine Verkürzung der Frist des § 2082 um die für den Erblasser bereits abgelaufene Zeit statt; denn das Anfechtungsrecht steht ihnen nicht etwa als Rechtsnachfolger des Erblassers, sondern als eigenes Recht (das im Zeitpunkt des Erbfalls neu entsteht) zu.[128] **438**

f) Ausschluss der Anfechtung durch Bestätigung

Für die Bestätigung eines anfechtungsberechtigten **Dritten** gilt dasselbe wie für die Bestätigung der Anfechtung von Testamenten (→ Rn. 422). **439**

Gem. **§ 2284** können vertragsmäßige Verfügungen aber auch durch den **Erblasser** bestätigt werden; die Bestätigung muss jedoch **höchstpersönlich** erfolgen. Sie bedarf keiner speziellen Form (vgl. § 144 Abs. 2), insb. auch nicht der Form des § 2276.[129] **440**

---

125 Vgl. Staudinger/*Kanzleiter*, 2014, § 2281 Rn. 26; MüKoBGB/*Musielak*, 7. Aufl. 2017, § 2221 Rn. 22.

126 Vgl. RGZ v. 16.10.1911 – IV 5974/10, RGZ 77, 165, 170; MüKoBGB/*Musielak*, 7. Aufl. 2017, § 2281 Rn. 1; BeckOGK/*Röhl* § 2281 Rn. 8.

127 Vgl. MüKoBGB/*Musielak*, 7. Aufl. 2017, § 2281 Rn. 15; Palandt/*Weidlich*, 78. Aufl. 2019, § 2281 Rn. 2.

128 Vgl. Mot. V, 325; Staudinger/*Kanzleiter*, 2014, § 2285 Rn. 4; MüKoBGB/*Musielak*, 7. Aufl. 2017, § 2285 Rn. 3.

129 Vgl. BayObLG v. 12.3.1954 – 2 Z 245/53, NJW 1954, 1039; Staudinger/*Kanzleiter*, 2014, § 2284 Rn. 6; BeckOGK/*Röhl* § 2284 Rn. 11; *Veit*, NJW 1993, 1553, 1557; a.A. *Bengel* DNotZ 1984, 132, 134 ff.

g) Wirkung der Anfechtung

441 **aa) Nichtigkeit der angefochtenen Verfügung und Konsequenzen für die übrigen Verfügungen.** Die Anfechtung führt gem. **§ 142 Abs. 1** zur Nichtigkeit der angefochtenen Verfügung *ex tunc*.[130]

442 Hinsichtlich der **Auswirkungen auf die übrigen Verfügungen** ist zu differenzieren: Im Falle einseitiger Verfügungen bleiben die übrigen Verfügungen gem. §§ 2299 Abs. 2 S. 1, 2085 im Zweifel wirksam (→ Rn. 477).[131] Im Falle vertragsmäßiger Verfügungen kommt es darauf an, ob ein einseitiger oder ein zwei- bzw. mehrseitiger Erbvertrag vorliegt: Beim einseitigen Erbvertrag bleiben die übrigen Verfügungen wirksam, sofern kein abweichender Wille des Erblassers feststellbar ist (§§ 2279 Abs. 1, 2085); bei zwei- bzw. mehrseitigen Erbverträgen ist i.d.R. der gesamte Vertrag unwirksam, es sei denn, es lag ein abweichender Wille der Vertragsparteien vor (§ 2298 Abs. 1, 3, → Rn. 275).[132] Vgl. ferner zum Sonderfall der Anfechtung wegen Übergehen eines Pflichtteilsberechtigten gem. § 2079 bereits → Rn. 426.

443 **bb) Schadensersatzpflicht?** Im Falle der Anfechtung durch einen **Dritten** besteht gem. § 2078 Abs. 3 kein Anspruch auf Ersatz des Vertrauensschadens (→ Rn. 427).

444 **Umstritten** ist hingegen, ob den **anfechtenden Erblasser** eine Schadensersatzpflicht trifft. In diesem Kontext wird verbreitet vertreten, dass § 2078 Abs. 3 insoweit nicht anwendbar sei, weil er auf dem Gedanken beruhe, dass es unbillig wäre, den anfechtenden Dritten für die Folgen des Irrtums des Erblassers haften zu lassen; dies sei im Falle der Selbstanfechtung durch den Erblasser jedoch gerade anders.[133] Innerhalb dieser Auffassung ist dann jedoch umstritten, ob der Erblasser gem. § 122 auf Ersatz des Vertrauensschadens haftet[134] oder nur für den Ersatz der beim Vertragsschluss verursachten Kosten und Aufwendungen[135]. Bedenkt man allerdings, dass der erbvertraglich Bedachte kein Anwartschaftsrecht erwirbt und auch nicht darauf vertrauen darf, dass er etwas aus dem Nachlass erhält, so erscheint es nicht gerechtfertigt, dem anfechtenden Erblasser eine Schadensersatzpflicht aufzuerlegen[136]; vielmehr ist auch in diesem Fall über die Verweisung in § 2279 Abs. 1 der Ausschlusstatbestand des § 2078 Abs. 3 anzuwenden[137]. In Betracht kommt aber ggf. eine Haftung des Erblassers aus §§ 280 Abs. 1, 311 Abs. 2, 241 Abs. 2 (c.i.c.) auf Ersatz der Vertragsschlusskosten.[138]

---

130 Vgl. BeckOGK/*Röhl* § 2281 Rn. 67; MüKoBGB/*Musielak*, 7. Aufl. 2017, § 2281 Rn. 18.

131 Vgl. MüKoBGB/*Musielak*, 7. Aufl. 2017, § 2281 Rn. 19.

132 Vgl. MüKoBGB/*Musielak*, 7. Aufl. 2017, § 2281 Rn. 19.

133 Vgl. Staudinger/*Kanzleiter*, 2014, § 2281 Rn. 37; Erman/*S. Kappler/T. Kappler*, 15. Aufl. 2017, § 2281 Rn. 8; *Mankowski* ZEV 1998, 46, 48; BeckOGK/*Röhl* § 2281 Rn. 69.

134 Vgl. Staudinger/*Kanzleiter*, 2014, § 2281 Rn. 37; Erman/*S. Kappler/T. Kappler*, 15. Aufl. 2017, § 2281 Rn. 8; *Mankowski* ZEV 1998, 46, 48 f.

135 Vgl. Soergel/*Wolf* § 2281 Rn. 6.

136 Vgl. OLG München v. 5.6.1997 – 19 U 5421/96, NJW 1997, 2331; MüKoBGB/*Musielak*, 7. Aufl. 2017, § 2281 Rn. 21; *Lange/Kuchinke*, ErbR, 5. Aufl. 2001, § 25 IX 4; *Röthel* JURA 2017, 1183, 1190.

137 Vgl. OLG München v. 5.6.1997 – 19 U 5421/96, NJW 1997, 2331; *Lange*, ErbR, 2. Aufl. 2017, § 36 Rn. 148; *Lange/Kuchinke*, ErbR, 5. Aufl. 2001, § 25 IX 4; *Leipold*, ErbR, 21. Aufl. 2016, Rn. 518; MüKoBGB/*Musielak*, 7. Aufl. 2017, § 2281 Rn. 21; *Röthel* JURA 2017, 1183, 1190; a.A. (§ 122 anwendbar) *Brox*/Walker, ErbR, 28. Aufl. 2018, § 22 Rn. 13.

138 Vgl. *Lange*, ErbR, 2. Aufl. 2017, § 36 Rn. 148; *Lange/Kuchinke*, ErbR, 5. Aufl. 2001, § 25 IX 4.

IV. Die Anfechtung des gemeinschaftlichen Testaments

1. Die Rechtslage im Überblick

Für das gemeinschaftliche Testament enthält das BGB keine speziellen Anfechtungsregeln. Hintergrund ist, dass das gemeinschaftliche Testament im Gesetzgebungsverfahren erst relativ spät ins BGB aufgenommen wurde und die Regelung deshalb Lücken aufweist.[139] Mangels spezieller Regelung gelten damit auch für die Anfechtung gemeinschaftlicher Testamente im Grundsatz die **§§ 2078 ff.** Im Falle wechselbezüglicher Verfügungen (→ Rn. 239 ff.) besteht allerdings aufgrund der mit ihnen verbundenen Bindungswirkung ein Bedürfnis dafür, auch dem überlebenden Ehegatten ein Anfechtungsrecht einzuräumen. Nach der Rechtsprechung und h.L. hat der **überlebende Ehegatte** deshalb aufgrund der vergleichbaren Interessenlage ein **Selbstanfechtungsrecht** hinsichtlich seiner **wechselbezüglichen Verfügungen** gem. **§§ 2281 ff. analog.**[140] **445**

Ein Bedürfnis für ein solches Selbstanfechtungsrecht eines Ehegatten analog §§ 2281 ff. besteht allerdings auch nur nach dem Tod des anderen Ehegatten und in Bezug auf wechselbezüglichen Verfügungen. Solange beide Ehegatten noch leben, können wechselbezügliche Verfügungen gem. § 2271 Abs. 1 S. 1 frei widerrufen werden (→ Rn. 248). Nicht wechselbezügliche Verfügungen sind ohnehin jederzeit frei widerrufbar (§ 2253, → Rn. 186 ff.).

2. Die Selbstanfechtung wechselbezüglicher Verfügungen durch den überlebenden Ehegatten analog §§ 2281 ff.

Für Form und Frist der Anfechtung gelten die **§§ 2282 f. analog.**[141] Die Anfechtungsfrist des § 2083 beginnt allerdings frühestens mit dem Tod des zuerst versterbenden Ehegatten.[142] Die infolge der Anfechtung eintretende Nichtigkeit der angefochtenen wechselbezüglichen Verfügung (§ 142 Abs. 1) führt **grundsätzlich** zur **Nichtigkeit aller wechselbezüglichen Verfügungen (§ 2270 Abs. 1,** → Rn. 246).[143] **446**

3. Die Anfechtung durch Dritte (inklusive des anderen Ehegatten)

Will der überlebende Ehegatte die wechselbezüglichen oder einseitigen Verfügungen des verstorbenen Ehegatten anfechten, so gelten die allgemeinen Vorschriften der **447**

---

139 Vgl. RG v. 16.10.1911 – IV 594/10, RGZ 77, 165, 167; Staudinger/*Kanzleiter*, 2014, Vorbem. zu §§ 2265 ff. Rn. 3 f.

140 Grundlegend: RG v. 16.10.1911 – IV 594/10, RGZ 77, 165, 167. Vgl. weiter BGH v. 4.7.1962 – V ZR 206/60, NJW 1962, 1913; BGH v. 25.5.2016 – IV ZR 205/15, NJW 2016, 2566 Rn. 17; BeckOGK/*Braun* § 2271 Rn. 125; *Lange*, ErbR, 2. Aufl. 2017, § 36 Rn. 131; Staudinger/*Kanzleiter*, 2014, § 2271 Rn. 69; MüKoBGB/*Musielak*, 7. Aufl. 2017, § 2271 Rn. 36.

141 Vgl. *Lange*, ErbR, 2. Aufl. 2017, § 36 Rn. 132; MüKoBGB/*Musielak*, 7. Aufl. 2017, § 2271 Rn. 40.

142 Vgl. OLG Düsseldorf v. 31.10.20016 – I-3 Wx 154/06, FamRZ 2007, 1272, 1273; *Lange*, ErbR, 2. Aufl. 2017, § 36 Rn. 132; MüKoBGB/*Musielak*, 7. Aufl. 2017, § 2271 Rn. 40.

143 Vgl. OLG München v. 24.7.2017 – 31 Wx 335/16, ZEV 2017, 541 f.; BeckOGK/*Braun* § 2271 Rn. 139; *Lange*, ErbR, 2. Aufl. 2017, § 36 Rn. 132.

§§ 2078 ff. [144] Gleiches gilt für die Anfechtung einseitiger oder wechselbezüglicher Verfügungen durch Dritte (egal, ob nach dem ersten oder nach dem zweiten Erbfall).[145]

448 Im Falle der Anfechtung **wechselbezüglicher Verfügungen des überlebenden Ehegatten** durch Dritte gilt **§ 2285 analog.**[146] Die Anfechtung wechselbezüglicher Verfügungen des erstversterbenden Ehegatten durch einen Dritten ist hingegen nicht analog § 2085 (→ Rn. 477) beschränkt.[147] Denn dem erstversterbenden Ehegatten steht selbst kein Anfechtungsrecht, sondern nur ein Widerrufsrecht hinsichtlich seiner wechselbezüglichen Verfügungen zu[148]; zudem fehlt es hier auch an der für eine Analogie vergleichbaren Interessenlage.[149]

Lösung der Ausgangsfälle

449 **Fall 25 (→ Rn. 384):** Das Testament ist zunächst gültig, da kein Nichtigkeitsgrund vorliegt. Die Kinder des E können das Testament aber gem. § 2078 Abs. 2 Alt. 2 anfechten, da E widerrechtlich durch Drohung zur Errichtung des Testaments bestimmt worden ist. Ferner können die Kinder gem. § 2340 Abs. 1 auch den Erbschaftserwerb anfechten, da die F gem. § 2339 Abs. 1 Nr. 3 erbunwürdig ist.

450 **Fall 26 (→ Rn. 384):** Aufgrund des Testaments ist F Alleinerbin des E. Damit ist K von der Erbfolge ausgeschlossen. Eine letztwillige Verfügung kann aber angefochten werden, wenn der Erblasser einen zur Zeit des Erbfalls vorhandenen Pflichtteilsberechtigten übergangen hat, der erst nach der Errichtung der letztwilligen Verfügung geboren worden ist (§ 2079 S. 1 Alt. 2). Dies ist hier der Fall. Die Anfechtung ist zwar ausgeschlossen, soweit anzunehmen ist, dass der Erblasser auch bei Kenntnis der Sachlage die Verfügung getroffen haben würde; dies ist vorliegend indes nicht anzunehmen. Das Anfechtungsrecht steht somit gem. § 2080 Abs. 3 (allein) K zu.

Gem. § 2082 Abs. 1 kann die Anfechtung grundsätzlich nur binnen Jahresfrist erfolgen. Fristbeginn ist gem. § 2082 Abs. 2 S. 1 der Zeitpunkt, in welchem der Anfechtungsberechtigte von dem Anfechtungsgrund Kenntnis erlangt. K ist jedoch minderjährig. Seine Mutter F ist seine gesetzliche Vertreterin (§§ 1626 Abs. 1, 1629 Abs. 1 S. 3, 1680 Abs. 1). Kommt es somit auf ihre Kenntnis an (vgl. § 166 Abs. 1), liegt der Fristbeginn mit der Testamentseröffnung vor. Problematisch ist aber hier, dass F als Alleinerbin in einem Interessenkonflikt steht, da die Anfechtung zwar gegenüber dem Nachlassgericht zu erklären ist, sich aber materiell gegen sie richten würde. Gem. § 2082 Abs. 2 S. 2 i.V.m. § 210 Abs. 1 läuft die Frist erst sechs Monate nach der Volljährigkeit von K ab, wenn K ohne gesetzlichen Vertreter ist. Nach Sinn und Zweck der Norm ist K aufgrund des Interessenkonflikts, in dem sich sein gesetzlicher Vertreter befindet, hinsichtlich der Anfechtung des Testaments als Minder-

144 Vgl. Staudinger/*Kanzleiter*, 2014, § 2271 Rn. 69; MüKoBGB/*Musielak*, 7. Aufl. 2017, § 2271 Rn. 41.
145 Vgl. Staudinger/*Kanzleiter*, 2014, § 2271 Rn. 66; MüKoBGB/*Musielak*, 7. Aufl. 2017, § 2271 Rn. 42.
146 Vgl. BGH v. 25.5.2016 – IV ZR 205/15, NJW 2016, 2566 Rn. 17; OLG Stuttgart v. 19.3.2015 – 19 U 134/14, ZEV 2015, 476 Rn. 48; BeckOGK/*Braun* § 2271 Rn. 146; *Lange*, ErbR, 2. Aufl. 2017, § 36 Rn. 133; MüKoBGB/*Musielak*, 7. Aufl. 2017, § 2271 Rn. 43 m.w.N.
147 Vgl. BGH v. 25.5.2016 – IV ZR 205/15, NJW 2016, 2566 Rn. 12 ff.; BeckOGK/*Braun* § 2271 Rn. 146; *Lange*, ErbR, 2. Aufl. 2017, § 36 Rn. 133; MüKoBGB/*Musielak*, 7. Aufl. 2017, § 2271 Rn. 43 m.w.N.
148 Vgl. BGH v. 25.5.2016 – IV ZR 205/15, NJW 2016, 2566 Rn. 15 m.w.N.
149 Vgl. BGH v. 25.5.2016 – IV ZR 205/15, NJW 2016, 2566 Rn. 16 ff. m.w.N.

jähriger ohne gesetzlichen Vertreter anzusehen (Rechtsgedanke des § 181).[150] Daher ist K innerhalb von sechs Monaten nach Erreichen der Volljährigkeit selbst zur Anfechtung des Testaments berechtigt.

Streitig ist, ob die Anfechtung die Nichtigkeit des gesamten Testaments bewirkt oder ob ihre Wirkung nur soweit reicht, wie es erforderlich ist, um dem anfechtenden Pflichtteilsberechtigten zu seinem gesetzlichen Erbteil zu verhelfen (→ Rn. 426). F würde hier zwar nach beiden Auffassungen 50 % erhalten; den Voraus gem. § 1932 Abs. 1 S. 2 würde sie jedoch nur als gesetzliche Erbin bekommen. Gleichwohl sprechen die überzeugenderen Argumente für die letztgenannte Ansicht (→ Rn. 426).

§ 13 Die Unwirksamkeit von Verfügungen von Todes wegen

Fall 27: Die 90-jährige A wurde am 1.2.2018 in ein Alten- und Pflegeheim in Hannover aufgenommen. Am 1.3.2018 errichtet sie ein eigenhändig geschriebenes und unterschriebenes Testament, in dem sie den Trägerverein des Alten- und Pflegeheims zum Alleinerben einsetzt. Das Testament bringt sie anschließend dem Heimleiter (der jedoch nicht zur rechtsgeschäftlichen Vertretung des Heimträgers berechtigt ist). Ist das Testament wirksam? **Lösung: → Rn. 484** 451

Literatur: *Goebel*, Eheschließungsfreiheit und erbrechtliche Potestativbedingungen, FamRZ 1997, 656; *Golpayegani/Boger*, Aktuelle Gestaltungsempfehlungen zum Behindertentestament, ZEV 2005, 377; *Grziwotz*, Von Geliebtentestamenten und leichtfertigen Verzichten – Richterliche Kontrolle erbrechtlich relevanter Urkunden, DNotZ 2016, 732; *Hartmann*, Das sog. Behindertentestament: Vor- und Nacherbschaftskonstruktion oder Vermächtnisvariante? ZEV 2001, 89; *Horn*, Prüfung der Wirksamkeit von Testamenten und Erbverträgen, NJW 2017, 2392; *Keim*, Der Wegfall des vertragsmäßig eingesetzten Erben und seine Auswirkungen auf beeinträchtigende Verfügungen von Todes wegen des Erblassers, ZEV 1999, 413; *Keim*, Bedingungen in Verfügungen von Todes wegen und ihre Tücken für die Nachwelt, FamRZ 2017, 502; *Krampe*, Testamentsgestaltung zu Gunsten eines Sozialhilfeempfängers, AcP 191 (1991) 526; *Litzenbürger*, Das Bedürftigkeitstestament – Erbfolgegestaltung zu Gunsten von Langzeitarbeitslosen (Hartz-IV-Empfängern), ZEV 2009, 278; *van de Loo*, Die letztwillige Verfügung von Eltern behinderter Kinder, NJW 1990, 2852; *Niemann*, Testierverbot in Pflegefällen, ZEV 1998, 419; *Otte*, Die Bedeutung der „Hohenzollern"-Entscheidung des BVerfG für die Testierfreiheit, ZEV 2004, 393; *Otte*, Die Nichtigkeit letztwilliger Verfügungen wegen Gesetzes- oder Sittenwidrigkeit, JA 1985, 192; *Paal*, Sittenwidrigkeit im Erbrecht, JZ 2005, 436; *Pieroth*, Grundgesetzliche Testierfreiheit, sozialhilferechtliches Nachrangprinzip und das sog. Behindertentestament, NJW 1993, 173; *Rossak*, Neuere zivilrechtliche Probleme zu Vorschriften des Heimgesetzes und deren erweiterte Anwendung, MittBayNot 1998, 407; *Sasse*, Nichtigkeit letztwilliger Verfügungen gem. § 138 BGB, JA 1996, 160; *Scheuren-Brandes*, Wiederverheiratungsklauseln nach der Hohenzollern-Entscheidung – Handlungsbedarf für die Gestaltungspraxis? ZEV 2005, 185; *Schnabel/Hamelmann*, Das Ende der Sittenwidrigkeit sog. Geliebtentestamente, JURA 2009, 161; *Stein*, Das Behindertentestament, ErbStB 2007, 114; *Suy-*

150 Vgl. BGH v. 21.12.1970 – II ZR 258/67, NJW 1971, 1268, 1270.

ter, Neue Probleme bei der Testamentsgestaltung im Hinblick auf § 14 HeimG, ZEV 2003, 104; *Tanck*, Zur Sittenwidrigkeit von Wiederverheiratungsklausel in gemeinschaftlichen Verfügungen von Todes wegen (Berliner Testament), ZErb 2015, 297; *Wellenhofer*, Zur Auslegung einer Pflichtteilsstrafklausel, JuS 2008, 841; *Wietek*, Verfügungen von Todes wegen zu Gunsten behinderter Menschen, 1996.

I. Allgemeines

452 Der Begriff der **Unwirksamkeit** ist hier als Oberbegriff zu verstehen. Unwirksamkeit liegt vor, wenn die Verfügung von Todes wegen keine rechtlichen Wirkungen entfaltet. Unterfälle sind die **Nichtigkeit** sowie die **Gegenstandslosigkeit** einer Verfügung von Todes wegen. Die Nichtigkeit kann sich insb. aus folgenden Gründen ergeben: §§ 116-118 (bewusstes Abweichen von Wille und Erklärung, → Rn. 453 ff.), Formmangel (§ 125 S. 1, → Rn. 458), Verstoß gegen ein gesetzliches Verbot (§ 134, → Rn. 459 ff.), Sittenwidrigkeit (§ 138, → Rn. 464 ff.), Anfechtung (§ 142 Abs. 1, → Rn. 423 ff., 441 f.). Ein Fall der Gegenstandslosigkeit liegt hingegen vor, wenn die Verfügung zwar rechtlich vorhanden ist, aber in der Realität nicht umgesetzt werden kann (→ Rn. 478 ff.).

Kein Fall der Unwirksamkeit liegt vor, wenn eine einmal wirksam in die Welt gesetzte Verfügung durch **Widerruf** wieder aus der Welt geschafft wird. Eine solche Verfügung ist weder nichtig noch gegenstandslos (unmöglich); vielmehr ist sie überhaupt nicht existent, wenn der Widerruf wirksam war.

II. Nichtigkeit aufgrund bewussten Abweichens von Wille und Erklärung

453 In den in **§§ 116-118** geregelten Fällen liegt ein bewusstes Abweichen von Wille und Erklärung vor. Da keine erbrechtlichen Sondervorschriften bestehen, sind die Regelungen grundsätzlich auch auf Verfügungen von Todes wegen anzuwenden.

1. Testament

454 Bei einem Testament sind jedoch **§ 116 S. 2 (geheimer Vorbehalt) und § 117 (Scheingeschäft) nicht anwendbar**, da es sich nicht um eine empfangsbedürftige Willenserklärung handelt.[1]

455 **Umstritten** ist die Anwendbarkeit von **§ 116 S. 1**, wonach eine Willenserklärung nicht deshalb nichtig ist, weil sich der Erklärende insgeheim vorbehält, das Erklärte nicht zu wollen. Eine Mindermeinung will § 116 S. 1 nicht anwenden, weil er auf Vertrauensschutzgesichtspunkte zurückzuführen sei.[2] Dem steht jedoch die Entste-

1 Vgl. RG v. 11.5.1992 – IV 331/21, RGZ 104, 320, 322; BayObLG v. 12.5.1976 – 1 Z 109/75, FamRZ 1977, 347, 348; OLG Frankfurt v. 8.2.1993 – 27 U 124/91, OLGZ 1993, 461, 466 f.; MüKoBGB/*Leipold*, 7. Aufl. 2017, Vor § 2064 Rn. 8 m.w.N.

2 Vgl. *Brox/Walker*, ErbR, 28. Aufl. 2018, § 18 Rn. 3; *Lange/Kuchinke*, ErbR, 5. Aufl. 2001, § 35 I 1 b.

hungsgeschichte entgegen: Die zunächst vorgesehene erbrechtliche Spezialnorm, die die Anwendbarkeit des § 116 S. 1 ausgeschlossen hatte, wurde im Gesetzgebungsverfahren wieder gestrichen.[3] Zudem führt die Anwendbarkeit des § 116 S. 1 zu einer verantwortungsvolleren Testierpraxis. Darüber hinaus besteht ein Bedürfnis, Testamente vor der Behauptung zu schützen, dass ihr Inhalt nicht gewollt sei.[4] Die h.M.[5] wendet § 116 S. 1 daher zu Recht auch beim Testament an.

Unstreitig **anwendbar** ist hingegen **§ 118 (sog. Scherzerklärung)**. Eine Schadensersatzpflicht gem. § 122 besteht jedoch nicht; § 2078 Abs. 3 ist zwar unmittelbar nur in Irrtumsfällen anwendbar, die Interessenlage ist jedoch angesichts des fehlenden Vertrauensschutzes bei Testamenten vergleichbar, sodass § 2078 Abs. 3 analog heranzuziehen ist.[6] **456**

2. Erbvertrag und gemeinschaftliches Testament

Beim **Erbvertrag** und beim **gemeinschaftlichen Testament** sind die §§ 116–118 hingegen auf vertragliche bzw. wechselbezügliche Verfügungen in vollem Umfang anzuwenden. **457**

III. Nichtigkeit wegen Formmangels

Wenn eine Verfügung von Todes wegen gegen zwingende gesetzliche Formvorschriften verstößt, so ist sie gem. **§ 125 S. 1** nichtig. In besonders gelagerten Ausnahmefällen kann die Berufung auf den Formmangel jedoch gegen Treu und Glauben (§ 242) verstoßen.[7] Ganz generell kommt im Übrigen bei Formmängeln ggf. eine **Umdeutung** in Betracht (→ Rn. 223, 343). **458**

IV. Nichtigkeit wegen Gesetzesverstoßes (§ 134)

1. Allgemeines

Eine Verfügung von Todes wegen, die gegen ein gesetzliches Verbot verstößt, ist nach **§ 134** nichtig, wenn sich nicht aus dem Gesetz etwas anderes ergibt. Insofern bedarf es einer normbezogenen Abwägung, ob es mit Sinn und Zweck des Verbots vereinbar oder unvereinbar ist, die durch das Rechtsgeschäft getroffene Regelung bestehen zu lassen.[8] **459**

---

3 Vgl. Prot. V, S. 47 f.

4 Vgl. Staudinger/*Otte*, 2013, Vorbem. zu §§ 2064-2086 Rn. 15.

5 Vgl. RG v. 22.6.1935 – IV B 36/35, RGZ 148, 218, 222; BayObLG v. 12.5.1976 – 1 Z 109/75, FamRZ 1977, 347, 348; OLG Frankfurt v. 8.2.1993 – 27 U 124/91, OLGZ 1993, 461, 466; *Lange*, ErbR, 2. Aufl. 2017, § 12 Rn. 34; MüKoBGB/*Leipold*, 7. Aufl. 2017, Vor § 2064 Rn. 8; Staudinger/*Otte*, 2013, Vorbem. zu §§ 2064-2086 Rn. 12 ff.

6 Vgl. *Lange*, ErbR, 2. Aufl. 2017, § 12 Rn. 34; Staudinger/*Otte*, 2013, Vorbem. zu §§ 2064-2086 Rn. 18.

7 Vgl. BGH v. 5.2.1957 – V BLw 37/56, NJW 1957, 787 (für den Sonderfall der Hoferbfolge).

8 Vgl. BGH v. 25.9.2014 – IX ZR 25/14, NJW 2014, 3568 Rn. 14; BGH v. 10.3.2016 – I ZB 99/14, NJW-RR 2016, 892 Rn. 19.

Erbrechtliche Vorschriften, die die Formfreiheit (§§ 2231 ff.) oder die inhaltliche Gestaltung der Verfügung von Todes wegen beschränken (z.B. §§ 2220, 2044 Abs. 2, 2109, 2162, 2210) sind daher keine Verbotsgesetze i.S.d. § 134; die Konsequenzen eines Verstoßes gegen diese Normen ergeben sich vielmehr aus § 125 S. 1 bzw. der Vorschrift selbst.

Verbotsgesetze i.S.d. § 134 können sich aber z.B. aus dem Strafrecht ergeben (z.B. §§ 129 ff., 140 StGB).

2. Insb.: § 14 HeimG und entsprechende landesgesetzliche Regelungen

460 Den in der Praxis wohl bedeutsamsten Fall eines gesetzlichen Verbots i.S.d. § 134 enthält **§ 14 HeimG**[9] **bzw. die entsprechenden landesgesetzlichen Regelungen**[10]. Nach § 14 Abs. 1 HeimG ist es dem Träger[11] eines Heims[12] untersagt, sich von oder zugunsten von Bewohnern Geld oder geldwerte Leistungen über das vereinbarte Entgelt hinaus versprechen oder gewähren zu lassen. Gem. § 14 Abs. 5 S. 1 HeimG ist es dem Leiter, den Beschäftigten oder sonstigen Mitarbeitern des Heims untersagt, sich von oder zugunsten von Bewohnern neben der vom Träger erbrachten Vergütung Geld oder geldwerte Leistungen für die Erfüllung der Pflichten aus dem Heimvertrag versprechen oder gewähren zu lassen[13] (ausgenommen sind gem. S. 2 jedoch geringwertige Aufmerksamkeiten.) Gem. § 14 Abs. 6 HeimG kann die zuständige Behörde in Einzelfällen Ausnahmen von diesen Verboten zulassen, soweit der Schutz der Bewohnerinnen und Bewohner die Aufrechterhaltung der Verbote nicht erfordert und die Leistungen noch nicht versprochen oder gewährt worden sind.

461 Das Verbot betrifft auch Verfügungen von Todes wegen, durch die der Erblasser eine der genannten Personen bedenkt.[14] Für den **Erbvertrag** entspricht dies der allgemeinen Ansicht.

462 Umstritten ist hingegen die Anwendbarkeit auf **Testamente**. Ein Teil der Literatur lehnt dies ab, weil der Wortlaut auf testamentarische Verfügungen nicht passe; die Vorschrift gleichwohl auf Testamente anwenden zu wollen, würde einen unverhält-

---

9 Zur Verfassungsmäßigkeit s. BVerfG v. 3.7.1998 – 1 BvR 434/98, FamRZ 1998, 1498 = ZEV 1998, 312.

10 Baden-Württemberg: § 16 WTPG; Bayern: Art. 8 PflWoG; Berlin: § 12 WTG; Brandenburg: § 14 BbgPBWoG; Bremen: § 24 BremWoBeG; Hamburg: § 5a HmbWBG; Hessen: § 6 HGBP; Mecklenburg-Vorpommern: § 6 EQG; Nordrhein-Westfalen: § 7 WTG; Rheinland-Pfalz: § 11 LWTG; Saarland: § 8 SaarlWBPfQuG; Sachsen: § 7 SächsBeWoG; Sachsen-Anhalt: § 15 WTG; Schleswig-Holstein: § 28 SbStG; Thüringen: § 12 ThürWTG. In Niedersachsen gilt hingegen gem. § 2 Abs. 1 S. 3 NuWG weiterhin § 14 HeimG.

11 Zur analogen Anwendung auf Gesellschafter oder Geschäftsführer der GmbH, die das Heim betreibt, bzw. deren Ehefrauen s. BayObLG v. 9.2.2000 – 1Z BR 149/99, ZEV 2000, 283; OLG Frankfurt a.M. v. 29.1.2001 – 20 W 71/99, ZEV 2001, 364; *Suyter* ZEV 2003, 104.

12 Zum Heimbegriff s. BayObLG v. 19.2.1999 – 1Z BR 176/98, ZEV 1999, 406 = NJW-RR 1999, 1454; zu ausländischen Heimträgern s. OLG Oldenburg v. 19.2.1999 – 5 W 29/99, ZEV 1999, 502; s. auch BayObLG v. 28.1.1998 – 1Z BR 162/97, MittBayNot 1998, 451, 452 = ZEV 1998, 234 bei Aufnahme in den Privathaushalt und LG Bonn v. 13.4.1999 – 4 T 72/99, MDR 1999, 809 = NJW 1999, 2977.

13 S. auch BayObLG v. 13.9.2000 – 1Z BR 68/00, ZEV 2001, 121; OLG Düsseldorf v. 18.7.1997 – 3 Wx 250/97, ZEV 1998, 34 m. Anm. *Rossak*.

14 Für einen Grenzfall s. BayObLG v. 28.1.1998 – 1Z BR 162/97 und 1Z BR 176/97, NJW-RR 1998, 729; zur Frage mittelbarer Begünstigung durch Auflage s. BayObLG v. 22.2.2000 – 1Z BR 147/99, ZEV 2000, 284.

nismäßigen Eingriff in die verfassungsrechtlich geschützte Testierfreiheit darstellen.[15] Rechtsprechung und h.L. gehen jedoch zu Recht davon aus, dass ein „Gewährenlassen" auch dann vorliegt, wenn eine Leistung in einem **Testament** verfügt wird und das Testament im Einverständnis mit dem Bedachten errichtet wurde oder es ihm zu Lebzeiten des Erblassers bekannt war; nicht dem Verbot des § 14 HeimG unterfällt hingegen ein sog. „stilles" Testament, von dem der Heimträger erst nach dem Tod des Erblassers erfährt.[16] Diese Auslegung steht im Einklang mit dem Sinn und Zweck des § 14 HeimG: Durch die Regelung soll von vornherein verhindert werden, dass der Heimträger mit Rücksicht auf empfangene oder versprochene Zuwendungen einzelne Bewohner bevorzugt behandelt oder benachteiligt oder im Hinblick auf solche Zuwendungen ein Interesse am baldigen Tod des Heimbewohners erlangt.[17] Die bloße Widerrufsmöglichkeit genügt für den Heimbewohner nicht, da er für den Fall des Widerrufs mit Nachteilen rechnen muss.[18] Die Regelung ist im Übrigen auch verhältnismäßig, denn nach § 14 Abs. 6 HeimG besteht in verfassungskonformer Auslegung ein Anspruch auf Erteilung einer Ausnahmegenehmigung, soweit die mit dem Verbot verfolgten Zwecke im Einzelfall nicht eingreifen.[19]

Ein testierfähiger **Betreuter** (§ 2229 Abs. 4) kann hingegen ein Kind des Betreuers als Testamentserben einsetzen; in diesem Fall ist weder § 14 HeimG entsprechend anwendbar noch ist eine Sittenwidrigkeit i.S.v. § 138 Abs. 1 durch das bloße Vorhandensein eines Betreuungsverhältnisses zu bejahen.[20] **463**

V. Nichtigkeit wegen Sittenwidrigkeit (§ 138)

Ungeachtet des im Ausgangspunkt geltenden Grundsatzes der Testierfreiheit **464**
(→ Rn. 2, 7) gilt auch für Verfügungen von Todes wegen die allgemeine Schranke des § 138 Abs. 1 BGB: Wenn sie gegen die guten Sitten verstoßen, sind sie nichtig.[21] Der Begriff der guten Sitten ist ein wertausfüllungsbedürftiger Begriff.[22] Maßgeblich ist nach st. Rspr. das „Rechts- und Anstandsgefühl aller billig und gerecht Denkenden".[23] Dabei kommt es i.d.R. auf den Zeitpunkt der Vornahme des Rechtsgeschäfts an.[24] In der Praxis haben sich verschiedene Fallgruppen gebildet, die im Folgenden erörtert werden (zur Sittenwidrigkeit eines Erbverzichts → Rn. 554).

---

15 Vgl. *Brox*, FS Benda, 1995, S. 17, 21 ff.; *Münzel*, NJW 1997, 112 f.

16 Vgl. BGH v. 26.10.2011 – IV ZB 33/10, NJW 2012, 155 Rn. 15 ff.; OLG Stuttgart v. 21.3.2013 – 8 W 253/11, MittBayNot 2014, 353, 354 f.; OLG Frankfurt v.12.5.2015 – 21 W 67/14, NJW 2015, 2351 Rn. 14; s. auch BayObLG v. 13.9.2000 – 1Z BR 68/00, ZEV 2001, 121 und KG v. 14.5.1998 – 1 W 3540/97, ZEV 1998, 437 zur Zurechnung von Kenntnis.

17 Vgl. BVerfG v. 3.7.1998 – 1 BvR 343/98, NJW 1998, 2964; BVerwG v. 18.12.1987 – 7 C 57.85, BVerwGE 78, 357, 360; BGH v. 26.10.2011 – IV ZB 33/10, NJW 2012, 155 Rn. 20.

18 Vgl. BayObLG v. 24.11.1992 – 1Z BR 73/92, BayObLGZ 1992, 344, 350.

19 Vgl. BVerfG v. 3.7.1998 – 1 BvR 343/98, NJW 1998, 2964, 2965.

20 Vgl. BayObLG v. 18.12.1997 – 1Z BR 73/97, NJW 1998, 2369 = JuS 1998, 953 f. m. Anm. *Hohloch*.

21 Vgl. nur BGH v. 2.12.1998 – IV ZB 19/97, NJW 1999, 566, 568; OLG Düsseldorf v. 20.6.1997 – 7 U 152/96, FamRZ 1997, 1506; Staudinger/*Sack/Fischinger*, 2017, § 138 Rn. 686.

22 Vgl. *Brox/Walker*, BGB-AT, 42. Aufl. 2018, § 14 Rn. 11.

23 St. Rspr. seit RG v. 11.4.1901 – IV 65/01, RGZ 48, 114, 124; vgl. aus jüngerer Zeit etwa BGH v. 3.12.2013 – XI ZR 295/12, NJW 2014, 1098 Rn. 23; BGH v. 20.7.2017 – IX ZR 310/14, NJW 2017, 2613 Rn. 16.

24 Vgl. *Brox/Walker*, BGB-AT, 42. Aufl. 2018, § 14 Rn. 14.

1. Belohnung sittenwidrigen Verhaltens

465 Der Großteil der Fälle einer Belohnung sittenwidrigen Verhaltens unterfällt bereits strafrechtlichen Verbotsgesetzen (z.B. §§ 108b, 140, 333, 334 StGB), sodass es eines Rückgriffs auf § 138 Abs. 1 BGB gar nicht mehr bedarf. In Rechtsprechung und Literatur werden daher in dieser Fallgruppe nahezu ausschließlich sog. **Geliebtentestamente** diskutiert, also Testamente, in denen der/die Erblasser seine(n) Geliebte(n) zum (Allein)Erben einsetzt.

466 Im Anschluss an das RG[25] vertrat der **BGH**[26] in st. Rspr. die Auffassung, dass eine solche Zuwendung **sittenwidrig** ist, wenn sie den ausschließlichen Zweck hat, Geschlechtsverkehr zu entlohnen oder den Empfänger durch die Aussicht auf den künftigen Erwerb zum Geschlechtsverkehr zu motivieren (**„Hergabe für die Hingabe"**). Dabei wurde die Beweislast für das Vorliegen „achtenswerter" Motive anfangs sogar den Geliebten aufgebürdet; erst 1970 schwenkte der BGH um und entschied, dass die Sittenwidrigkeit nach allgemeinen Grundsätzen der Beweislastverteilung von demjenigen zu beweisen ist, der sich auf die Nichtigkeit der Verfügung beruft.[27] In der Praxis wird dieser Beweis indes nur schwer zu führen sein, da sich insb. längere Beziehungen typischerweise nicht im Sexuellen erschöpfen.

467 Unabhängig davon erscheint diese Judikatur vor dem Hintergrund der gewandelten Moralvorstellungen und der neueren legislatorischen Entwicklungen ohnehin **überholt**: Nachdem der Gesetzgeber mit § 1 ProstG inzwischen sogar die Rechtsverbindlichkeit der Vereinbarung über die Entlohnung einer Prostituierten statuiert hat, erschiene es geradezu paradox, eine letztwillige Verfügung zugunsten eines/r Geliebten per se als sittenwidrig qualifizieren zu wollen.[28] Sittenwidrigkeit wird man heute vielmehr nur noch bei Vorliegen ganz besonderer Umstände annehmen können. Im Regelfall dürften Ehepartner und Kinder indes schon durch das Pflichtteilsrecht als hinreichend geschützt anzusehen sein.

So hat etwa das OLG Düsseldorf 2008 die Sittenwidrigkeit in einem Fall verneint, in dem die Einsetzung der langjährigen Geliebten als Alleinerbin dazu führte, dass diese gemeinsam mit der Ehefrau Miteigentum am Familienheim und einem Miethaus hatte.[29]

2. Verfügungen von Todes wegen zulasten der Sozialhilfe

468 Umstritten ist hingegen die Wirksamkeit von sog. **Behindertentestamenten** (besser: Verfügungen von Todes wegen zugunsten behinderter Menschen bzw. zulasten der

25 Vgl. RG v. 16.5.1941 – VII 143/40, RGZ 166, 395, 399.
26 Vgl. BGH v. 15.6.1955 – IV ZR 80/55, FamRZ 1963, 287, 288; BGH v. 8.1.1964 – V ZR 5/62, NJW 1964, 764 f.; BGH v. 26.2.1968 – III ZR 38/65, NJW 1968, 932, 934, 936; BGH v. 17.3.1969 – III ZR 188/65, NJW 1969, 1343, 1346 f.; BGH v. 31.3.1970 – III ZB 23/68, NJW 1970, 1273 ff.; BGH v. 10.11.1982 – IVa ZR 83/81, NJW 1983, 674, 675 f.; BGH v. 7.12.1983 – IVa ZR 160/82, NJW 1984, 797 f.; BGH v. 12.1.1984 – III ZR 69/83, NJW 1984, 2150 f.; BGH v. 28.9.1990 – V ZR 109/89, NJW 1991, 830, 831.
27 Vgl. BGH v. 31.3.1970 – III ZB 23/68, NJW 1970, 1273, 1276.
28 Vgl. auch *Armbrüster* NJW 2002, 2764, 2765; *Paal* JZ 2005, 436, 437; Staudinger/*Otte*, 2013, Vorbem. zu §§ 2064-2086 Rn. 147; Staudinger/*Sack/Fischinger*, 2017, § 138 Rn. 693; *Schnabel/Hamelmann* JURA 2009, 161 ff.
29 OLG Düsseldorf v. 22.8.2008 – I-3 Wx 100/08, FGPrax 2009, 25.

Allgemeinheit). Eltern behinderter Kinder versuchen die Kosten der – nach ihrem Tod i.d.R. notwendigen – Heimunterbringung des Kindes auf die Allgemeinheit abzuwälzen, indem sie das Familienvermögen vor dem Übergang auf den Sozialhilfeträger schützen; gleichzeitig soll das Kind nicht leer ausgehen, jedoch nur solche Zuwendungen erhalten, die seinen Lebensstandard erhöhen, aber nicht zu einem Übergang bzw. einer Anrechnung nach dem SGB XII führen. Diese Ziele versucht man (meistens) durch eine Kombination von Vor- und Nacherbfolge mit einer Dauertestamentsvollstreckung zu erreichen.[30] Dem Behinderten muss wegen § 2306 Abs. 1 Hs. 1 (→ Rn. 652 ff.) ein Erbteil zugewandt werden, der geringfügig über dem Pflichtteil liegt. Als Nacherben (zur Vor- und Nacherbschaft → Rn. 746 ff.) werden dann die Abkömmlinge des Behinderten oder sonstige Verwandte eingesetzt. Der Nacherbfall tritt mit dem Tod des Behinderten ein. Zusätzlich wird für den auf den Behinderten entfallenden Erbteil Dauertestamentsvollstreckung bis zum Versterben des Behinderten angeordnet (§§ 2209 f., → Rn. 818) und mit einer Verwaltungsanordnung nach § 2216 Abs. 2 (→ Rn. 853) kombiniert, dem Behinderten nur solche Zuwendungen zu machen, die nach § 90 SGB XII geschützt sind.

Ungeachtet vereinzelter kritischer Stimmen in der Literatur[31] hält die Rechtsprechung **469**
überzeugend daran fest, dass eine solche Gestaltung **nicht sittenwidrig** ist.[32] Denn sie ist letztlich Ausdruck der sittlich anzuerkennenden Sorge für das Wohl des Kindes über den Tod der Eltern hinaus.[33] Deshalb kann es auch nicht darauf ankommen, wie groß das dem behinderten Kind hinterlassene Vermögen ist.[34]

3. Sittenwidrige Bedingungen

Wie sich aus §§ 2074, 2075 (→ Rn. 369 ff.) ergibt, können Verfügungen von Todes **470**
wegen unter einer aufschiebenden oder auflösenden Bedingung getroffen werden. Grundsätzlich zulässig sind insb. auch sog. Potestativbedingungen, bei denen der Eintritt oder Nichteintritt des zur Bedingung gemachten Umstandes vom Willen des Bedachten abhängt.[35] Erbrechtliche Grenzen ergeben sich allerdings aus dem Grundsatz der materiellen Höchstpersönlichkeit der Errichtung einer Verfügung von Todes wegen (§ 2065, → Rn. 147 ff.). Darüber hinaus gilt auch für Bedingungen die allgemeine Schranke der Sittenwidrigkeit.[36] Nach h.M. ist eine Bedingung sittenwidrig, wenn die vom Erblasser gesetzte Bedingung geeignet ist, **unzumutbaren Druck** auf die

30 Ausf. zu einer solchen Testamentsgestaltung Nieder/Kössinger/*Kössinger*, Handbuch der Testamentsgestaltung, § 21 Rn. 63 ff.; Müller/Schlitt/*G. Müller*, Handbuch Pflichtteilsrecht, 2. Aufl. 2017, § 10 Rn. 277 ff.; s. ferner auch *Wenckstern* RabelsZ 82 (2018) 299, 309 ff.

31 Vgl. *Armbrüster* ZErb 2013, 77, 79 f.; *Eichenhofer* JZ 1999, 226, 232; *Raiser* MDR 1995, 237 f.

32 Vgl. BGH v. 21.3.1990 – IV ZR 169/89, BGHZ 111, 36, 40; BGH v. 19.1.2011 – IV ZR 7/10, NJW 2011, 1586 Rn. 12; BGH v. 10.5.2017 – XII ZB 614/16, FamRZ 2017, 1259 Rn. 12; OLG Köln v. 9.12.2009 -2 U 46/09, ZEV 2010, 85, 87; OLG Hamm v. 27.10.2016 – 10 U 13/16, ZEV 2017, 158.

33 Vgl. BGH v. 19.1.2011 – IV ZR 7/10, NJW 2011, 1586 Rn. 12; BGH v. 10.5.2017 – XII ZB 614/16, FamRZ 2017, 1259 Rn. 12.

34 Vgl. OLG Hamm v. 27.10.2016 – 10 U 13/16, ZEV 2017, 158; dazu *Surwehme* ErbR 2017, 71 f.; *Wendt* ErbR 2017, 403 ff.

35 Vgl. nur BGH v. 24.6.2009 – IV ZR 202/07, ZEV 2009, 459 Rn. 17; *Keim* FamRZ 2017, 502, 505; Staudinger/*Otte*, 2013, § 2074 Rn. 27.

36 Vgl. dazu im Überblick auch *Keim* FamRZ 2017, 502, 505 ff.

Ausübung der grundgesetzlich geschützten Freiheit des Bedachten auszuüben; maßgeblich sind insoweit sämtliche Umstände des Einzelfalls.[37]

a) Bedingungen, die eine Eheschließung oder Scheidung betreffen

471 Eine bedeutende Fallgruppe bilden die Bedingungen, die die Eheschließung oder -scheidung betreffen. Eine wichtige Rolle spielen insb. sog. **Wiederverheiratungsklauseln** (→ Rn. 233 ff.).

472 Großes Aufsehen erregt haben in diesem Kontext aber insb. auch die sog. **„Hohenzollern"-Urteile**.[38] Streitgegenstand war eine erbvertragliche **Ebenbürtigkeitsklausel**, die bestimmte: „Erbe kann nicht sein (erbunfähig ist), wer nach den Feststellungen des Schiedsgerichts [...] nicht aus einer den Grundsätzen der alten Hausverfassung des Brandenburg-Preußischen Hauses entsprechenden Ehe stammt oder in einer nicht hausverfassungsmäßigen Ehe lebt." Das BayObLG[39] und der BGH[40] sahen dies nicht als sittenwidrig an. Nach Auffassung des BGH sei eine solche Verfügung trotz der Beeinträchtigung der Eheschließungsfreiheit (Art. 6 Abs. 1 GG) und der Benachteiligung der Abkömmlinge unter Verstoß gegen das Verbot der Diskriminierung nach Abstammung und Herkunft (Art. 3 Abs. 3 GG) nicht sittenwidrig, wenn Ziel sei, „einen Nachfolger zu finden, der die auf Abstammung bedachte Tradition der Familie repräsentierte und deshalb geeignet erscheint, den Nachlaß im Sinne des Erblassers und seiner Vorfahren fortzuführen"[41]. Das BVerfG sah dies indes mit guten Gründen deutlich kritischer: Der BGH habe den Bedeutungsgehalt des Grundrechts auf Eheschließungsfreiheit (Art. 6 Abs. 1 GG) verkannt, da er nicht alle in Betracht kommenden Umstände gewürdigt habe, die auf die Freiheit der Abkömmlinge, die Ehe mit einem selbst gewählten Partner eingehen, einwirken konnten.[42] Es sei insb. nicht hinreichend geprüft worden, ob die Ebenbürtigkeitsklausel geeignet war, auf den Abkömmling einen für diesen unzumutbaren Druck bei der Eingehung einer Ehe zu erzeugen.[43]

473 Als sittenwidrig zu qualifizieren sind nach diesen Maßstäben grundsätzlich auch sog. **spezielle Heiratsklauseln**, z.B. die Einsetzung als Alleinerbin unter der auflösenden Bedingung, dass die Betreffende innerhalb von 3 Jahren einen bestimmten Mann nicht heiratet[44] oder die Anordnung, dass von der Erbfolge ausgeschlossen ist, wer eine Person nicht katholischen Bekenntnisses heiratet[45].

37 Vgl. MüKoBGB/*Leipold,* 7. Aufl. 2017, § 2074 Rn. 20 f.; Staudinger/*Otte*, 2013, § 2074 Rn. 34 (jeweils m.w.N.); s. ferner auch BVerfG v. 22.3.2004 – 1 BvR 2248/01, NJW 2004, 2008.

38 Dazu *Gutmann* NJW 2004, 2347 ff.; *Horsch* Rpfleger 2005, 285 ff.; *Keim* FamRZ 2017, 502, 506; *Otte* ZEV 2004, 393 ff.; *Isensee* DNotZ 2004, 754 ff.; *Scheuren-Brandes* ZEV 2005, 185 ff.

39 BayObLG v. 3.9.1996 – 1Z BR 41/95, BayObLGZ 1996, 204, 224 ff.

40 BGH v. 2.12.1998 – IV ZB 19/97, NJW 1999, 566. Dazu *Jobst* JR 1999, 508 ff.; *Hohloch* JuS 1999, 606 ff.; *Muscheler* ZEV 1999, 151 f.; *Schmoeckel* JZ 1999, 517 ff.; *Staudinger* JURA 2000, 467 ff.

41 BGH v. 2.12.1998 – IV ZB 19/97, NJW 1999, 566, 570.

42 BVerfG v. 22.3.2004 – 1 BvR 2248/01, NJW 2004, 2008, 2009.

43 BVerfG v. 22.3.2004 – 1 BvR 2248/01, NJW 2004, 2008, 2010.

44 OLG Naumburg v. 3.11.1998 – 9 U 110/98, BeckRS 1998, 31024804.

45 Notariat V Mannheim v. 14.6.1988 – 5 GRN 479/87, BWNotZ 1989, 16.

b) Bedingungen, die den Glauben betreffen

Konfessionsklauseln, d.h. Klauseln, die dem Bedachten auferlegen eine bestimmte Religion beizubehalten oder zu einer bestimmten Religion zu wechseln, sind i.d.R. wegen Verstoßes gegen Art. 4 Abs. 1 GG sittenwidrig.[46] Gleiches gilt für sog. **Priesterstandsklauseln**, z.B. wenn die Zuwendung davon abhängig gemacht wird, dass der Bedachte katholischer Priester wird.[47] Als zulässig angesehen wurde jedoch die Anordnung der Testamentsvollstreckung zur Sicherung des Fortbestands des Familienunternehmens für die Dauer der Sektenzugehörigkeit der Bedachten.[48] **474**

c) Verwirkungsklauseln

Durch eine **Verwirkungsklausel** (auch **privatorische, kassatorische, Verfall**- oder **Strafklausel** genannt) macht der Erblasser ein Verhalten des Bedachten, das in einem irgendwie gearteten Zuwiderhandeln gegen seine Anordnungen besteht, zur auflösenden Bedingung einer Zuwendung. Problematisch sind diese Klauseln aufgrund ihrer in der Praxis häufig vorkommenden Unbestimmtheit und ihrer Kollision mit dem Recht der Beteiligten, sich auf die gesetzlichen Vorschriften berufen zu können.[49] Die Rechtsprechung hält Verwirkungsklauseln grundsätzlich für zulässig. Ob ein im Sinne der Klausel sanktionsbewehrtes Verhalten des Bedachten vorliegt, ist durch Auslegung zu ermitteln.[50] Dies gilt insb. auch für die Frage, ob neben der Verwirklichung des objektiven Tatbestands auch die Erfüllung weiterer subjektiver Voraussetzungen erforderlich ist.[51] Zwar gelten natürlich auch für Verwirkungsklauseln die allgemeinen Grenzen der §§ 134, 138[52]; in der Praxis spielt dies aber keine große Rolle, weil die Klauseln meist entsprechend eingeschränkt ausgelegt werden[53]. Zum Sonderfall der **Pflichtteilsstrafklauseln** → Rn. 230 ff. **475**

d) Rechtsfolgen unwirksamer Bedingungen

Nach römischem und gemeinem Recht wurden verbotene testamentarische Bedingungen als ungeschrieben, die Zuwendung daher als unbedingte behandelt.[54] Der Gesetzgeber hat jedoch bewusst davon abgesehen, eine entsprechende Vorschrift in das BGB aufzunehmen.[55] Ein Teil der Literatur vertritt gleichwohl die Auffassung, dass eine Verfügung von Todes wegen jedenfalls dann als unbedingte erhalten bleiben **476**

---

46 Vgl. bereits RG v. 24.4.1888 – IV 21/88, RGZ 21, 279, 282 f.; RG v. 18.9.1913 – 200/13 IV, JW 1913, 1100; *Keim* FamRZ 2017, 502, 506.

47 Vgl. BayObLG v. 29.10.1894 – I 66/1894, SeuffA 50, Nr. 97 (94?); MüKoBGB/*Leipold,* 7. Aufl. 2017, § 2074 Rn. 24; a.A. Staudinger/*Otte*, 2013, § 2074 Rn. 48.

48 OLG Düsseldorf v. 2.3.1988 – 3 Wx 290/87, NJW 1988, 2615.

49 Vgl. *Keim* FamRZ 2017, 502, 507; MüKoBGB/*Leipold,* 7. Aufl. 2017, § 2074 Rn. 29.

50 Vgl. BGH v. 24.6.2009 – IV ZR 202/07, ZEV 2009, 459 Rn. 25 ff.; BGH v. 2.6.2016 – V ZB 3/14, ZEV 2016, 635 Rn. 10.

51 Vgl. BGH v. 24.6.2009 – IV ZR 202/07, ZEV 2009, 459 Rn. 36; OLG Düsseldorf v. 19.2.2016 – I-3 Wx 34/15, NJW-RR 2016, 779 Rn. 26.

52 Vgl. RG v. 10.1.1924 – IV 121/23, JW 1924, 1717; BayObLG v. 21.2.1962 –1 Z 85/61, BayObLGZ 1962, 47, 56.

53 Vgl. *Keim* FamRZ 2017, 502, 507.

54 Vgl. PrALR I 12 § 63; *Windscheid*, Lehrbuch des Pandektenrechts, 6. Aufl. 1887, Bd. 1 § 94 (S. 299), Bd. 3 § 554 4. (S. 79).

55 Vgl. Mot. V, 19.

müsse, wenn die Bedingung deshalb unwirksam ist, weil der Erblasser damit in unzulässiger Weise in die Freiheitsrechte des Bedachten eingreifen würde.[56] Das damit ggf. verbundene „Oktroyieren" einer gerade nicht gewollten unbedingten Zuwendung wäre jedoch mit dem Grundsatz der Testierfreiheit unvereinbar.[57] Es erscheint daher überzeugender, primär auf den **hypothetischen Willen des Erblassers** abzustellen; sofern für diesen keine Anhaltspunkte bestehen, so führt bei auflösenden Bedingungen das Gebot der Teilaufrechterhaltung (§ 2085, → Rn. 477), sonst u.U. eine ergänzende Auslegung (→ Rn. 335) dazu, die Zuwendung als unbedingt und damit gültig zu behandeln.[58]

VI. Teilnichtigkeit

477 Gem. **§ 2085** hat die Unwirksamkeit einer von mehreren in einem Testament enthaltenen Verfügungen die Unwirksamkeit der übrigen Verfügungen nur zu Folge, wenn anzunehmen ist, dass der Erblasser diese ohne die unwirksame Verfügung nicht getroffen haben würde. Die Vorschrift stellt also als *lex specialis* zu § 139[59] eine widerlegliche **Vermutung** zugunsten der bloßen **Teilnichtigkeit**[60] auf. Dahinter steht die Erwägung, dass eine Gesamtnichtigkeit regelmäßig nicht dem Willen des Erblassers entsprechen wird.[61]

VII. Unwirksamkeit aufgrund von Gegenstandslosigkeit

478 Eine Verfügung von Todes wegen ist gegenstandslos und damit unwirksam, wenn sie nicht mehr umgesetzt werden kann. Man könnte hier auch von „**erbrechtlicher Unmöglichkeit**" sprechen.

Beispiel[62] **:** Die Eheleute F begingen gemeinschaftlichen Selbstmord; es ist davon auszugehen, dass der Tod zeitgleich eintrat. Die gegenseitige Erbeinsetzung im gemeinschaftlichen Testament ist damit gegenstandslos geworden. Der Wirksamkeit einer später errichteten einseitigen Verfügung von Todes wegen stand somit nichts mehr entgegen (vgl. § 2271 Abs. 1, → Rn. 247 ff).

479 Die **Fallgruppen der Gegenstandslosigkeit** sind vielfältig. Zum einen fällt hierunter die Einsetzung von Personen, die zum Zeitpunkt des Erbfalls nicht mehr leben bzw. aufgrund von Erbverzicht (→ Rn. 523 ff.), Erbunwürdigkeit (→ Rn. 494 ff.), oder Ausschlagung (→ Rn. 588 ff.) als nicht mehr vorhanden gelten. Zum anderen kommt es in der Praxis auch häufiger vor, dass im Nachlass gar nicht mehr vorhandenes Vermögen verteilt wird.

---

56 Vgl. MüKoBGB/*Leipold*, 7. Aufl. 2017, § 2074 Rn. 28; *Röthel* AcP 210 (2010) 32, 53 f. m.w.N.
57 Vgl. Staudinger/*Otte*, 2013, § 2074 Rn. 76.
58 Vgl. *Keim* FamRZ 2017, 502, 509; Staudinger/*Otte*, 2013, § 2074 Rn. 76 f.
59 Vgl. BeckOGK/*Gierl* § 2085 Rn. 2.
60 Vgl. *Brox/Walker*, ErbR, 28. Aufl. 2018, § 18 Rn. 19.
61 Vgl. Mot. V, 60.
62 Vgl. RG v. 11.11.1935 – IV 160/35, RGZ 149, 200, 201.

Beispiel: Der Erblasser E verfügte in seinem Testament, dass von seinen fünf Kindern sein Sohn H das Hausgrundstück bekommen soll. Dafür soll H seinen Schwestern A und B in dem Haus eine Wohnung zuweisen und sie dort kostenlos bis an ihr Lebensende wohnen lassen. Sollte H damit nicht einverstanden sein, sollen die Schwestern A und B erben. Einige Jahre nach Errichtung des Testaments übereignete E das Grundstück schenkweise an A und B. Da das Grundstück der wesentliche Bestandteil des Vermögens des E war, ist im Testament von einer Alleinerbeneinsetzung des H auszugehen (§ 2087, → Rn. 345 f.). Da das Grundstück vor dem Erbfall aus dem Vermögen des E ausgesondert wurde, ist die Erbeinsetzung des H nicht aufrechtzuerhalten. Die übrigen Verfügungen sind ebenfalls gegenstandslos geworden, da H weder eine Wohnung zuweisen noch damit „nicht einverstanden" sein könnte. Aufgrund der Gegenstandslosigkeit des Testaments tritt die gesetzliche Erbfolge ein, d.h. die fünf Kinder des E erben zu gleichen Teilen. Unter Umständen besteht allerdings ein Anspruch des H gegen die Schwestern A und B auf Pflichtteilsergänzung gem. §§ 2325, 2329 (→ Rn. 679 ff.).

Der Annahme eines Falls von Gegenstandslosigkeit muss indes stets die Prüfung vorausgehen, ob im Wege der (ergänzenden) Auslegung eine **Aufrechterhaltung der Verfügung von Todes wegen** möglich ist. So sind z.B. bei Wegfall eines Abkömmlings im Zweifel dessen Abkömmlinge insoweit bedacht, als sie bei der gesetzlichen Erbfolge an dessen Stelle treten würden (§ 2069, → Rn. 351 ff.). **480**

Bestimmte Fälle der Gegenstandslosigkeit sind vom Gesetzgeber **ausdrücklich geregelt** worden. Wenn bei gewillkürter Erbfolge ein Erbe wegfällt, kann gem. § 2094 eine Anwachsung stattfinden (→ Rn. 731 ff.). Ein Vermächtnis ist gem. § 2160 unwirksam, wenn der Bedachte zur Zeit des Erbfalls nicht mehr lebt (→ Rn. 905). Bei Vermächtnissen führt ferner die Nichtzugehörigkeit des vermachten Gegenstands zum Nachlass nicht zwingend zur Gegenstandslosigkeit: Das Vermächtnis eines bestimmten Gegenstands ist unwirksam, soweit der Gegenstand zur Zeit des Erbfalls nicht zur Erbschaft gehört, es sei denn, dass der Gegenstand dem Bedachten auch für den Fall zugewendet sein soll, dass er nicht zur Erbschaft gehört (§ 2169 Abs. 1, → Rn. 913). Kann Letzteres bewiesen werden, hat der Beschwerte dem Bedachten den Gegenstand zu verschaffen (§ 2170 Abs. 1, sog. Verschaffungsvermächtnis, → Rn. 915). **481**

Andere Wirkungen der Gegenstandslosigkeit sind **gesetzlich nicht geregelt**, so z.B. der Wegfall des Bedachten beim Erbvertrag (→ Rn. 279) oder gemeinschaftlichen Testament (→ Rn. 253, 478). **482**

Die **Differenzierung zwischen Nichtigkeit und Gegenstandslosigkeit** hat auch praktische Bedeutung. So hat z.B. die Nichtigkeit einer in einem zweiseitigen Erbvertrag getroffenen Verfügung die Unwirksamkeit des ganzen Vertrags zur Folge (§ 2298 Abs. 1), wenn nicht ein anderer Wille der Vertragsschließenden anzunehmen ist, § 2298 Abs. 3 (→ Rn. 275; s. ferner für das gemeinschaftliche Testament auch § 2270 Abs. 1, → Rn. 246). Liegt hingegen in diesem Fall nur die Unwirksamkeit einer einzelnen Verfügung aufgrund von Gegenstandslosigkeit vor, richtet sich das Schicksal der anderen Verfügungen nach § 2085, wodurch diese grundsätzlich aufrechterhalten werden (→ Rn. 477). Es ist daher sorgsam darauf zu achten, wann das Gesetz von Nichtigkeit (z.B. §§ 2298 Abs. 1, 2270 Abs. 1) und wann von Unwirksamkeit (z.B. § 2085) spricht. **483**

484 **Lösung Fall 27 (→ Rn. 451)**[63]**:** Das Testament könnte wegen Verstoßes gegen § 14 Abs. 1 HeimG (der gem. § 2 Abs. 1 S. 3 NuWG in Niedersachsen weiterhin gilt) gem. § 134 nichtig sein. Ein „sich gewähren lassen" i.S.v. § 14 Abs. 1 HeimG liegt auch dann vor, wenn die testamentarische Erbeinsetzung dem Heimträger zu Lebzeiten des Erblassers mit dessen Wissen bekannt war. Hier überbrachte die Erblasserin das Testament dem Heimleiter. Die Erbeinsetzung war also bekannt. Für die Kenntnis des Heimträgers genügt das Wissen des Heimleiters, da ihn der Heimträger als Ansprechpartner für die Heimbewohner bestimmt hat und er wegen seiner Stellung im Heim wesentlichen Einfluss auf die konkrete Lebenssituation der Heimbewohner ausüben kann. Soweit das Wissenselement betroffen ist, erfolgt die Zurechnung nach § 166 analog; auf die rechtsgeschäftliche Vertretungsmacht kommt es hingegen nicht an. Die Zuwendung unterfällt somit § 14 Abs. 1 HeimG. Eine Ausnahmegenehmigung nach § 14 Abs. 6 HeimG liegt nicht vor. Somit ist das Testament, soweit die Erbeinsetzung betroffen ist, wegen Verstoßes gegen § 14 Abs. 1 HeimG gem. § 134 (teil)-nichtig (§ 2085, → Rn. 477).

§ 14 Der Ausschluss von der Erbfolge

485 **Fall 28:** Die reiche 81-jährige R hat in ihrem Testament 2017 ihre langjährige Bekannte B zur Alleinerbin eingesetzt und ihr die Testamentsurkunde zur Aufbewahrung übergeben. Anfang 2018 zerstreiten sich R und B. B erklärt dabei gegenüber R: „Dein Testament habe ich vernichtet, es ist alles endgültig erledigt, wir sind geschiedene Leute." Tatsächlich hat sie das Testament jedoch gar nicht vernichtet. Am 1.10.2018 verstirbt R. Sie war bis zu ihrem Tod davon ausgegangen, dass nunmehr die gesetzliche Erbfolge eintrete. Ist B erbunwürdig? **Lösung: → Rn. 569**

Fall 29: F errichtet in dem Glauben an die eheliche Treue ihres Ehemannes M ein Testament zu dessen Gunsten. M verschweigt F – mit Rücksicht auf ihren schlechten Gesundheitszustand – einen bereits etliche Jahre zurückliegenden Seitensprung. Ist M erbunwürdig?

Abwandlung: Vor der Errichtung des Testaments kommt es zwischen M und F zum Streit über die eheliche Treue des M. M überzeugt F – mit Rücksicht auf ihren schlechten Gesundheitszustand – durch Beteuerungen und Versicherungen von seiner (in Wahrheit nicht gegebenen) ehelichen Treue. Daraufhin errichtet F, wie M bekannt, ein Testament zu seinen Gunsten. M setzt sein seit geraumer Zeit bestehendes ehewidriges Verhältnis fort und verschweigt dies bis zum Tod der F. Ist M erbunwürdig? **Lösung: → Rn. 570 f.**

Fall 30: Y setzt seine Frau X in einem wegen eines Formmangels nichtigen Testament zur Alleinerbin ein. Nach dem Tod des Y erfährt X von der Ungültigkeit des Testaments. Daraufhin fertigt sie selbst ein den Formerfordernissen genügendes, angeblich von Y stammendes Testament, das sie ebenfalls als Alleinerbin ausweist und legt es dem Nachlassgericht vor. Ist X erbunwürdig? **Lösung: → Rn. 572**

63 Nach BayObLG v. 24.11.1992 – 1 Z BR 73/92, BayObLGZ 1992, 344.

Fall 31: M und F heirateten erstmals im Mai 1974. Sie hatten zwei gemeinsame Töchter, T1 und T2. Als es 1999 zwischen M und F zu kriseln begann, schlossen sie einen notariell beurkundeten Ehevertrag. Darin erklärten sie, dass sie sich demnächst trennen und scheiden lassen wollten, mit dieser Vereinbarung sowohl die Zeit der Trennung als auch den Fall der Ehescheidung regeln wollten und erklärten den Verzicht auf ihre „gesetzlichen Erb- und Pflichtteilsrechte am dereinstigen Nachlass" des Erstversterbenden. Kurz darauf ließen sie sich scheiden, heirateten dann jedoch 2009 erneut. 2016 verstarb M. F, T1 und T2 beantragen einen Erbschein aufgrund der gesetzlichen Erbfolge. Das Nachlassgericht weist den Antrag zurück, weil F aufgrund des Erbverzichts nicht Erbin geworden sei. Zu Recht? **Lösung: → Rn. 573**

Literatur: *Edenfeld*, Die Stellung weichender Erben beim Erbverzicht, ZEV 1997, 134; *Holtmeyer,* Aktuelle Praxisprobleme des Erbunwürdigkeitsrechts, ZErb 2010, 6; *Horn,* Angriffsstrategien gegen erklärte Erb- und Pflichtteilsverzichte – und Vorkehrungen dagegen, ZEV 2010, 295; *Keim*, Der stillschweigende Erbverzicht: sachgerechte Auslegung oder unzulässige Unterstellung, ZEV 2001, 1; *ders.*, Fallstricke bei Erb- und Pflichtteilsverzichten, RNotZ 2013, 411; *Keller*, Die Form des Erbverzichts, ZEV 2005, 229; *Kuchinke*, Zur Aufhebung eines Erbverzichts mit Drittwirkung, ZEV 2000, 169; *Lange,* Der Pflichtteilsverzicht zwischen privatautonomer Gestaltung und richterlicher Inhaltskontrolle, ErbR 2017, 250 ff., 305 ff., 397 ff.; *Leipold*, Anfechtung eines Erbverzichts nach Eintritt des Erbfalls, ZEV 2006, 212; *Muscheler*, Aufhebung des Erbverzichts nach dem Tod des Verzichtenden, ZEV 1999, 49; *ders.*, Grundlagen der Erbunwürdigkeit, ZEV 2009, 58; *ders.*, Erbunwürdigkeitsgründe und Erbunwürdigkeitsklage, ZEV 2009, 101; *Pentz*, Nachehelicher Unterhalt trotz Pflichtteilsverzichts, FamRZ 1998, 1344; *von Proff zu Irnich,* Das schuldrechtliche Grundgeschäft zum Erbverzicht, DNotZ 2017, 84; *ders.*, Neues zur Inhaltskontrolle von Erb- und Pflichtteilsverzichten: das Urteil des OLG Hamm vom 8.11.2016 und seine Folgen für die Kautelarpraxis, ZEV 2017, 301; *Röthel*, Der Verzicht, insb. im Familien- und Erbrecht, JURA 2015, 1065; *Scherer*, Die Nachlassbeteiligung von Abkömmlingen eines Enterbten, ZEV 1999, 41; *Schotten*, Die Erstreckung der Wirkung eines Zuwendungsverzichts auf Abkömmlinge des Verzichtenden, ZEV 1997, 1; *Strobel*, Der Ausschluss von der Erbfolge, JuS 2016, 401.

I. Enterbung

1. Begriff der Enterbung

Von Enterbung spricht man, wenn der Erblasser seinen Ehegatten oder einen Verwandten von der gesetzlichen Erbfolge ausschließt.[1] Keine Enterbung stellt es hingegen dar, wenn der Erblasser eine durch Verfügung von Todes wegen vorgenommene Erbeinsetzung wieder aufhebt. Nicht zulässig ist im Übrigen die Enterbung des Fiskus, weil der Nachlass sonst unter Umständen ohne Rechtsträger wäre (*argumentum e* §§ 1936, 1938, → Rn. 123). 486

1 Vgl. Staudinger/*Otte*, 2017, § 1938 Rn. 2.

2. Durchführung der Enterbung

487 Die Enterbung erfolgt durch eine **Erklärung in einer Verfügung von Todes wegen**, die den Ausschließungswillen unzweideutig zum Ausdruck bringt.[2] Eine ausdrückliche Erklärung[3] oder die Angabe von Gründen[4] ist nicht erforderlich.

Beispiele: Formulierungen wie „meinen Sohn setze ich auf den Pflichtteil" oder „meine Kinder sollen nicht mehr als den gesetzlichen Pflichtteil erhalten" bedeuten typischerweise (aber nicht zwingend), dass der gesetzliche Erbe keinen Erbteil in Höhe des Pflichtteils, sondern nur den Pflichtteilsanspruch erhält (vgl. auch § 2304).[5] Eine Pflichtteilsentziehung ist ebenfalls regelmäßig (selbst wenn ihre Voraussetzungen nach § 2333 [→ Rn. 715 ff.] nicht vorliegen) als Enterbung auszulegen[6]; eine Enterbung kann jedoch zu verneinen sein, wenn die Pflichtteilsentziehung dazu diente, den Betroffenen von der Ausschlagung des Erbes abzuhalten[7]. Als umfassende Enterbung zu verstehen sein kann ferner auch die Formulierung „Jegliche Forderungen von Verwandten (mit denen seit Jahrzehnten schon keinerlei Kontakt besteht) werden ausdrücklich ausgeschlossen".[8]

488 Der Erblasser kann seinen Ehegatten (bzw. Lebenspartner) oder einen Verwandten von der gesetzlichen Erbfolge ausschließen, ohne einen Erben einzusetzen (§ 1938; sog. **negatives Testament**). Eine Enterbung einzelner oder aller gesetzlichen Erben liegt aber auch vor, wenn der Erblasser durch Erbeinsetzung (→ Rn. 728 ff.) anderer Personen den gesamten Nachlass vergibt **(positives Testament)**. Die ausdrückliche Enterbung kann auch mit der Erbeinsetzung anderer Personen kombiniert werden. Relevant wird dies vor allem, wenn nur über einen Bruchteil des Nachlasses letztwillig verfügt wird, im Übrigen aber die gesetzliche Erbfolge eintritt. Eine Enterbung kann auch in einem **Erbvertrag** erfolgen, jedoch nur als einseitige Verfügung (§§ 2278 Abs. 2, 2299 Abs. 1, → Rn. 272).

489 Umstritten ist, welche Konsequenzen eine **unwirksame Erbeinsetzung** für die damit korrespondierende Enterbung hat.[9] Insoweit spricht viel dafür, folgendermaßen zu differenzieren: Wenn die Auslegung ergibt, dass das Testament neben der Erbeinsetzung eine Enterbung als selbstständige Verfügung enthält, so bleibt die Enterbung gem. § 2085 in der Regel wirksam (→ Rn. 477).[10] Anders hingegen, wenn lediglich ein positives Testament vorliegt: Dann ist die Enterbung nur die Kehrseite der Erbein-

2 Vgl. RG v. 1.10.1912 – III 19/12, JW 1913, 39 f.; BayObLG v. 25.8.2000 – 1Z BR 15/00, ZEV 2001, 151, 152; OLG München v. 19.12.2012 – 31 Wx 434/12, FamRZ 2013, 1064, 1065.

3 Vgl. BayObLG v. 25.8.2000 – 1Z BR 15/00, ZEV 2001, 151, 152; OLG München v. 19.12.2012 – 31 Wx 434/12, FamRZ 2013, 1064, 1065.

4 Vgl. BGH v. 14.1.1965 – III ZR 131/63, NJW 1965, 584; *Strobel* JuS 2016, 401, 402.

5 Vgl. RG v. 19.5.1905 – VII 489/04, RGZ 61, 14, 15 f.; KG v. 4.9.2015 – 6 W 100/15, BeckRS 2016, 17368 Rn. 8; MüKoBGB/*Leipold*, 7. Aufl. 2017, § 1938 Rn. 3; Staudinger/*Otte*, 2017, § 1938 Rn. 7.

6 Vgl. BayObLG v. 30.11.1995 – 1Z BR 86/95, FamRZ 1996, 826, 828 m.w.N.

7 Vgl. BayObLG v. 18.1.2000 – 1Z BR 133/99, ZEV 2000, 280, 281 f.

8 Vgl. OLG Hamm v. 9.12.2011 – 15 W 701/10, ZEV 2012, 314 f.

9 Vgl. dazu MüKoBGB/*Leipold*, 7. Aufl. 2017, § 1938 Rn. 10 f.; Staudinger/*Otte*, 2017, § 1938 Rn. 4; BeckOGK/*Tegelkamp* § 1938 Rn. 20 ff.

10 RG v. 10.12.1931 – IV 261/31, RGZ 134, 277, 282; OLG Zweibrücken v. 10.4.1996 – 3 W 23/96, NJWE-FER 1997, 12, 13; OLG Frankfurt v. 12.2.1997 – 30 W 96/95, FamRZ 1997, 1433, 1434; BayObLG v. 19.4.2000 – 1 Z BR 43/99, ZEV 2001, 24, 26; a.A. MüKoBGB/*Leipold*, 7. Aufl. 2017, § 1938 Rn. 11; BeckOGK/*Tegelkamp* § 1938 Rn. 21.

setzung, so dass im Regelfall mit der unwirksamen Erbeinsetzung auch die Enterbung entfällt.[11]

Eine Enterbung kann auch **bedingt** angeordnet werden, allerdings nur dergestalt, dass sie von einem *vor* dem Erbfall eintretenden Ereignis abhängig gemacht wird; denn da die gesetzliche Erbfolge mit dem Eintritt des Erbfalls festliegt, kann sie nicht von Ereignissen *nach* dem Erbfall abhängen, deren Wirkung nicht (wie bei Ausschlagung oder Festlegung von Erbunwürdigkeit) auf den Zeitpunkt des Erbfalls zurückzubeziehen ist.[12] **490**

3. Wirkung der Enterbung

Die Enterbung von Verwandten oder des Ehegatten (bzw. Lebenspartners) hat zur Folge, dass diese Personen **nicht Erben** werden; sofern sie zum Kreis der Pflichtteilsberechtigten (→ Rn. 621 ff.) gehören, können sie jedoch grundsätzlich den Pflichtteil verlangen. **491**

Im Hinblick auf die Frage, was mit dem auf den Enterbten entfallenden **Erbteil** geschehen soll, enthält das BGB keine ausdrückliche Regelung. Die Interessenlage ist jedoch derjenigen in den Fällen der Ausschlagung der Erbschaft und der Erbunwürdigkeitserklärung vergleichbar. Analog §§ 1953 Abs. 2, 2344 Abs. 2 (→ Rn. 516, 597) fällt die Erbschaft daher demjenigen an, der berufen sein würde, wenn der Enterbte im Zeitpunkt des Erbfalls nicht gelebt hätte; davon ging man offenbar auch im Rahmen der Beratungen zum BGB aus.[13] **492**

Die Enterbung umfasst entgegen einer Mindermeinung[14] grundsätzlich nur die betreffende(n) Person(en) und erstreckt sich **nicht** auch auf dessen/deren **Abkömmlinge.**[15] Denn diese erben nicht aufgrund eines abgeleiteten, sondern aufgrund eines selbstständigen eigenen Erbrechts (§§ 1924 Abs. 3, 1925 Abs. 3 S. 1, 1926 Abs. 3 S. 1).[16] Zudem wollte der Gesetzgeber gerade einen Gleichlauf der Folgen bei Ausschlagung, Erbunwürdigkeit und Ausschluss durch Verfügung von Todes wegen.[17] Wenn aber die Abkömmling eines für erbunwürdig Erklärten erben können, so schiene es widersprüchlich, dies den Abkömmlingen eines Enterbten verweigern zu wollen.[18] **493**

---

11 Vgl. BayObLG v. 19.4.2000 – 1 Z BR 43/99, ZEV 2001, 24, 26; BayObLG v. 25.8.2000 – 1Z BR 15/00, ZEV 2001, 151, 152.

12 Vgl. OLG Stuttgart v. 9.8.2017 – 8 W 336/15, ZEV 2017, 708 Rn. 14; Staudinger/*Otte*, 2017, § 1938 Rn. 6a; abw. BeckOGK/*Tegelkamp* § 1938 Rn. 9.

13 Vgl. RG v. 19.5.1905 – VII 489/04, RGZ 61, 14, 16 ff.; BGH v. 13.4.2011 – IV ZR 204/09, NJW 2011, 1878 Rn. 26; *Lange*, ErbR, 2. Aufl. 2017, § 27 Rn. 34; Staudinger/*Otte*, 2017, § 1938 Rn. 9.

14 Vgl. *Bestelmeyer* FamRZ 1997, 1124, 1130 ff.; *Haas/Hoßfeld* ZEV 2011, 369, 370; *Scherer* ZEV 1999, 41, 44.

15 Vgl. RG v. 19.5.1905 – VII 489/04, RGZ 61, 14, 17 f.; RG v. 6.6.1918 – IV 114/18, RGZ 93, 193, 194 f.; BGH v. 13.4.2011 – IV ZR 204/09, NJW 2011, 1878 Rn. 25 ff.; *Lange*, ErbR, 2. Aufl. 2017, § 27 Rn. 34; *Strobel* JuS 2016, 401, 402.

16 Vgl. BGH v. 13.4.2011 – IV ZR 204/09, NJW 2011, 1878 Rn. 31.

17 Vgl. BGH v. 13.4.2011 – IV ZR 204/09, NJW 2011, 1878 Rn. 26 ff.

18 Vgl. BGH v. 13.4.2011 – IV ZR 204/09, NJW 2011, 1878 Rn. 32.

II. Erbunwürdigkeit

494 Der **Normzweck** des Instituts der Erbunwürdigkeit ist umstritten. Die Rechtsprechung[19] und Teile der Literatur[20] sehen die Verwirkung des Erbrechts aufgrund von Erbunwürdigkeit als zivilrechtliche Sanktion an. Ein derartiges Verständnis passt jedoch nur schwer in das allgemeine Gefüge der deutschen Zivilrechtsdogmatik.[21] Ebenso wenig überzeugend ist auch der Ansatz, auf das „sittliche Rechtsbewusstsein der Allgemeinheit“[22] oder das „Gerechtigkeitsempfinden“[23] abstellen zu wollen; denn die Möglichkeit einer Verzeihung durch den Erblasser (§ 2343, → Rn. 508) zeigt, dass es gerade nicht auf das Empfinden der Allgemeinheit, sondern vielmehr auf den Willen des Erblassers ankommt.[24] Die h.L.[25] sieht den wahren Grund der Erbunwürdigkeitsvorschriften daher im Einklang mit den Erwägungen des historischen Gesetzgebers[26] zu Recht darin, dass der Wille des Erblassers nicht bzw. nicht zuverlässig zum Ausdruck gekommen ist; in den normierten Fällen ist typisierend davon auszugehen, dass der **hypothetische Wille des Erblassers** auf eine **Enterbung** des Betreffenden gerichtet ist. Die Erbunwürdigkeitsvorschriften haben also quasi die Funktion, die Vorschriften über die Regelungen über die Enterbung (→ Rn. 486 ff.), die Pflichtteilsentziehung (§§ 2333 ff., → Rn. 715 ff.) und die Anfechtung von Verfügungen von Todes wegen (§§ 2078 ff., → Rn. 384 ff.) zu ergänzen: Die §§ 2078 ff. sind unzureichend, wenn dem Bedachten ein gesetzliches Erbrecht zusteht; §§ 1938, 2333 ff. laufen leer, wenn der Betreffende den Erblasser an der Entziehungs-/Enterbungserklärung hindert oder der Erblasser schlicht keine Kenntnis von der Verfehlung hat.

1. Gründe für die Erbunwürdigkeit, § 2339

a) Allgemeines zu den Unwürdigkeitsgründen

495 **§ 2339** enthält nach h.M. eine **erschöpfende Aufzählung der Erbunwürdigkeitsgründe**, die eine Schaffung neuer Tatbestände im Wege der Analogie oder extensiven Auslegung verbietet.[27] Dies schließt es jedoch nach den allgemeinen Auslegungsregeln nicht grundsätzlich aus, die einzelnen Erbunwürdigkeitsgründe entsprechend dem jeweiligen Normzweck ggf. extensiv auszulegen und in bestimmten Konstellationen ggf. auch analog anzuwenden.[28]

---

19 Vgl. BGH v. 25.11.1987 – IVa ZR 160/86, NJW 1988, 822; BGH v. 11.3.2015 – IV ZR 400/14, NJW 2015, 1382 Rn. 17.
20 Vgl. *Kipp/Coing*, 14. Aufl. 1990, ErbR, § 85 II.
21 Vgl. MüKoBGB/*Helms* § 2339 Rn. 2.
22 Vgl. *von Lübtow,* ErbR II, 1971, S. 720.
23 Vgl. *Brox/Walker,* ErbR, 28. Aufl. 2018, § 20 Rn. 1.
24 Vgl. MüKoBGB/*Helms*, 7. Aufl. 2017, § 2339 Rn. 2; Staudinger/*Olshausen*, 2015, § 2339 Rn. 5.
25 Vgl. MüKoBGB/*Helms*, 7. Aufl. 2017, § 2339 Rn. 2; *Lange,* ErbR, 2. Aufl. 2017, § 40 Rn. 74; Staudinger/*Olshausen*, 2015, § 2339 Rn. 4 ff.; BeckOGK/*Rudy* § 2339 Rn. 6.
26 Vgl. Mot. V, 517; Prot. V, 636.
27 Vgl. BGH v. 10.6.1968 – III ZR 67/66, NJW 1968, 2051, 2052; OLG Frankfurt v. 29.10.2010 – 21 U 9/10, FamRZ 2011, 1177, *Lange,* ErbR, 2. Aufl. 2017, § 40 Rn. 66; BeckOGK/*Rudy* § 2339 Rn. 11; Erman/*Simon*, 15. Aufl. 2017, § 2339 Rn. 2.
28 Vgl. auch MüKoBGB/*Helms*, 7. Aufl. 2017, § 2339 Rn. 7; Staudinger/*Olshausen*, 2015, § 2339 Rn. 21.

Für alle in den § 2339 Abs. 1 Nr. 1-4 enthaltenen Tatbestände gilt, dass die Verfehlung nur die abstrakte Möglichkeit der Einschränkung der Testierfreiheit beinhalten muss und nicht, dass sie sich im konkreten Fall auf die Testierfreiheit ausgewirkt hat.[29] Die Handlungen müssen vom Vorsatz umfasst sein, der sich jedoch – wie Nr. 1 zeigt – nicht auf die Testierfreiheit erstrecken muss.[30] Darüber hinaus müssen sie widerrechtlich und schuldhaft begangen werden.[31] Wenngleich Letzteres in den Nr. 1-3 nicht ausdrücklich gefordert wird, ergibt sich dies aus der Formulierung in § 2345 für die Vermächtnis- und Pflichtteilsunwürdigkeit. Es genügt jede Art der Beteiligung an der Verfehlung, d.h. auch Mittäterschaft, mittelbare Täterschaft, Anstiftung oder Beihilfe.[32] **496**

b) Die Unwürdigkeitsgründe im Einzelnen

aa) § 2339 Abs. 1 Nr. 1. § 2339 Abs. 1 Nr. 1 Alt. 1 erfasst die Fälle der **vorsätzlichen (versuchten) Tötung des Erblassers** und der vorsätzlichen Herbeiführung der Testierunfähigkeit. Darunter fallen die Straftaten Mord (§ 211 StGB) und Totschlag (§ 212 StGB). Nicht erfasst ist hingegen die Tötung auf Verlangen (§ 216 StGB), weil das Tötungsverlangen als Verzeihung i.S.d. § 2343 (→ Rn. 508) anzusehen ist.[33] Dieser Gedanke lässt sich ebenso auch auf die geschäftsmäßige Förderung der Selbsttötung (§ 217 StGB) übertragen; sie ist daher ebenfalls nicht erfasst.[34] Wegen des Vorsatzerfordernisses genügen zudem Straftaten mit leichtfertig (fahrlässig) herbeigeführter Todesfolge (z.B. §§ 178, 221 Abs. 3, 227, 251 StGB) generell nicht. Nicht unter § 2339 Abs. 1 Nr. 1 Alt. 1 fällt ferner die Tötung des Vorerben durch den Nacherben; allerdings gilt hier gem. § 162 Abs. 2 (analog) der Nacherbfall als nicht eingetreten (zur Vor- und Nacherbschaft → Rn. 746 ff.).[35] **497**

Erbunwürdig ist ferner gem. § 2339 Abs. 1 Nr. 1 Alt. 2, wer den Erblasser in einen **Zustand versetzt**, der ihn **bis zu seinem Tode testierunfähig** macht. In Betracht kommen etwa Siechtum, Geisteskrankheit oder körperliche Verstümmelung (vgl. § 226 Abs. 1 Nr. 3 StGB).[36] Dabei muss sich der Vorsatz aber nur auf die Herbeiführung des Zustands, nicht aber auf die Testierunfähigkeit sowie auf die Fortdauer bis zum Tode beziehen.[37] **498**

---

29 Vgl. MüKoBGB/*Helms*, 7. Aufl. 2017, § 2339 Rn. 10; *Lange*, ErbR, 2. Aufl. 2017, § 40 Rn. 67; Staudinger/*Olshausen*, 2015, § 2339 Rn. 23.

30 Vgl. MüKoBGB/*Helms*, 7. Aufl. 2017, § 2339 Rn. 11; *Lange*, ErbR, 2. Aufl. 2017, § 40 Rn. 68.

31 Vgl. MüKoBGB/*Helms*, 7. Aufl. 2017, § 2339 Rn. 11; *Lange*, ErbR, 2. Aufl. 2017, § 40 Rn. 68; Staudinger/*Olshausen*, 2015, § 2339 Rn. 24.

32 Vgl. Mot. V, 520; MüKoBGB/*Helms*, 7. Aufl. 2017, § 2339 Rn. 10; *Lange*, ErbR, 2. Aufl. 2017, § 40 Rn. 66; Staudinger/*Olshausen*, 2015, § 2339 Rn. 26.

33 Vgl. BGH v. 11.3.2015 – IV ZR 400/14, NJW 2015, 1382 Rn. 11; MüKoBGB/*Helms*, 7. Aufl. 2017, § 2339 Rn. 16.

34 Vgl. MüKoBGB/*Helms*, 7. Aufl. 2017, § 2339 Rn. 16; *Leve* ZEV 2015, 682, 686; BeckOGK/*Rudy* § 2339 Rn. 18.

35 Für analoge Anwendung des § 162 Abs. 2: BGH v. 10.6.1968 – III ZR 67/66, NJW 1968, 2051, 2052; BeckOGK/*Rudy* § 2339 Rn. 17; für direkte Anwendung: MüKoBGB/*Helms*, 7. Aufl. 2017, § 2339 Rn. 9; Staudinger/*Olshausen*, 2015, § 2339 Rn. 22.

36 Vgl. Mot. V, 518; MüKoBGB/*Helms*, 7. Aufl. 2017, § 2339 Rn. 18; *Lange*, ErbR, 2. Aufl. 2017, § 40 Rn. 74.

37 Vgl. MüKoBGB/*Helms*, 7. Aufl. 2017, § 2339 Rn. 18; *Lange*, ErbR, 2. Aufl. 2017, § 40 Rn. 74.

499 Anders als beim Pflichtteilsentziehungsgrund des § 2333 Nr. 1 (→ Rn. 716) ist in den Fällen des § 2339 Abs. 1 Nr. 1 **Schuldfähigkeit** des Täters erforderlich; dies ergibt sich aus den unterschiedlichen Zielrichtungen der beiden Institute: Während die Pflichtteilsentziehung einen tatsächlich geäußerten Erblasserwillen realisiert, knüpft die Erbunwürdigkeit nur an einen hypothetischen Erblasserwillen an (→ Rn. 494).[38]

500 **bb) § 2339 Abs. 1 Nr. 2.** Erbunwürdig ist gem. § 2339 Abs. 1 Nr. 2 weiterhin, wer den Erblasser gehindert hat, eine Verfügung von Todes wegen zu errichten oder aufzuheben. Als Mittel kommen insb. Gewalt, Drohung, arglistige Täuschung sowie Ausnutzung der Willensschwäche oder einer Zwangslage des Erblassers in Betracht.[39] Zwischen der Verhinderung und dem Unterbleiben der Verfügung muss ein **Kausalzusammenhang** bestehen, d.h. der Erblasser muss einen konkreten Errichtungs- oder Aufhebungsakt beabsichtigt haben.[40] Eine Verhinderung liegt nicht nur dann vor, wenn der Erblasser daran gehindert wird, überhaupt zu verfügen, sondern auch dann, wenn er daran gehindert wird, wirksam zu verfügen[41] oder der Verfügung einen bestimmten Inhalt zu geben (der Begriff „Verfügung von Todes wegen" meint hier die einzelne Anordnung)[42]. Vorsatz und Widerrechtlichkeit sind hier so zu verstehen wie in § 123.[43] Nach dem eindeutigen Wortlaut („verhindert hat") genügt der Versuch der Verhinderung oder eine bloße vorübergehende Verhinderung nicht.[44]

501 **cc) § 2339 Abs. 1 Nr. 3.** Gem. § 2339 Abs. 1 Nr. 3 ist zudem erbunwürdig, wer den Erblasser durch arglistige Täuschung oder widerrechtlich durch Drohung bestimmt hat, eine Verfügung von Todes wegen zu errichten oder aufzuheben. Die Begriffe der arglistigen Täuschung und der widerrechtlichen Drohung sind hier ebenso zu verstehen wie in § 123 Abs. 1.[45] Folglich kann auch das Verschweigen bestimmter Tatsachen eine arglistige Täuschung darstellen, sofern den Verschweigenden eine **Aufklärungspflicht** trifft.[46]

502 Soweit teils angenommen wird, dass § 2339 Abs. 1 Nr. 3 erst recht anwendbar sei, wenn der Erbe **Gewalt in Form des unmittelbaren Zwangs (*vis absoluta*)** angewendet hat[47], ist dem nicht zu folgen. Denn Ratio der Norm ist es, der Unsicherheit darüber, wie der Erblasser sonst vielleicht verfügt haben würde, Rechnung zu tragen.[48] Eine solche Unsicherheit besteht indes im Falle von *vis absoluta* gerade nicht, denn mangels Handlungswille liegt hier schon gar keine wirksame Willenserklärung vor.[49]

---

38 Vgl. BGH v. 11.3.2015 – IV ZR 400/14, NJW 2015, 1382 Rn. 22 f.

39 Vgl. MüKoBGB/*Helms*, 7. Aufl. 2017, § 2339 Rn. 22.

40 Vgl. MüKoBGB/*Helms*, 7. Aufl. 2017, § 2339 Rn. 19, 23; Staudinger/*Olshausen*, 2015, § 2339 Rn. 33.

41 Vgl. *Brox/Walker*, ErbR. 28. Aufl. 2018, § 20 Rn. 5; MüKoBGB/*Helms*, 7. Aufl. 2017, § 2339 Rn. 19; *Lange*, ErbR, 2. Aufl. 2017, § 40 Rn. 75; Staudinger/*Olshausen*, 2015, § 2339 Rn. 33.

42 Vgl. *Brox/Walker*, ErbR. 28. Aufl. 2018, § 20 Rn. 5; MüKoBGB/*Helms*, 7. Aufl. 2017, § 2339 Rn. 19; Staudinger/*Olshausen*, 2015, § 2339 Rn. 33.

43 Vgl. BGH v. 14.2.1990 – IV ZR 186/88, NJW-RR 1990, 515, 516.

44 Vgl. MüKoBGB/*Helms*, 7. Aufl. 2017, § 2339 Rn. 22; Staudinger/*Olshausen*, 2015, § 2339 Rn. 35.

45 Vgl. BGH v. 21.9.1967 – III ZR 208/66, NJW 1968, 642, 643.

46 Vgl. BGH v. 21.9.1967 – III ZR 208/66, NJW 1968, 642, 643.

47 So bereits Mot. V, 518; *Lange/Kuchinke*, ErbR, 5. Aufl. 2001, § 6 II 1 c Fn. 31.

48 Vgl. Mot. V, 518 f.

49 Vgl. MüKoBGB/*Helms*, 7. Aufl. 2017, § 2339 Rn. 24; *Lange*, ErbR, 2. Aufl. 2017, § 40 Rn. 79; Staudinger/*Olshausen*, 2015, § 2339 Rn. 40.

dd) § 2339 Abs. 1 Nr. 4. § 2339 Abs. 1 Nr. 4 verweist auf die **strafrechtlichen Urkundsdelikte**: Erbunwürdig ist, wer sich in Ansehung einer Verfügung des Erblassers von Todes wegen einer Straftat nach §§ 267, 271-274 StGB schuldig gemacht hat. Diese Erbunwürdigkeitstatbestände können – im Gegensatz zu den Nr. 1-3 – auch erst *nach* dem Erbfall erfüllt werden.[50] **503**

Fraglich ist, ob auch ein **Versuch** der genannten Urkundsdelikte zur Erbunwürdigkeit führt. Der Wortlaut ist nicht eindeutig, da zwar der Versuch der §§ 267, 271-274 StGB strafbar ist, eine Klarstellung in § 2339 Abs. 1 Nr. 4 jedoch nicht erfolgte. Aufgrund der unterschiedlichen gesetzestechnischen Formulierung führt auch der systematische Vergleich mit § 2339 Abs. 1 Nr. 1 nicht weiter. Im Hinblick auf Sinn und Zweck von § 2339 Abs. 1 Nr. 4, Abs. 2 wird man aber annehmen müssen, dass ein Versuch jedenfalls dann zur Erbunwürdigkeit führt, wenn er **geeignet ist, den Erblasserwillen zu verdunkeln.**[51] Da allerdings die (Ver-)Fälschung formungültiger oder sonstiger nichtiger Verfügungen heute strafrechtlich als vollendete Urkundsdelikte angesehen werden, sind praktisch keine Versuchshandlungen mehr denkbar, die zu einer Verdunklung des Erblasserwillens führen würden.[52] **504**

Problematisch ist weiterhin, ob eine **Fälschung mit dem Ziel, den wahren Willen des Erblassers zu verwirklichen**, ausnahmsweise nicht zur Erbunwürdigkeit führt. Wie schon das RG[53] sehen Teile der Literatur[54] Nr. 4 hier nicht als verwirklicht an; aus der Wertung des § 2343 (→ Rn. 508) ergebe sich, dass hier gerade keine Verfehlung gegen den Erblasser vorliege. Der BGH[55], die obergerichtliche Rechtsprechung[56] und weite Teile der Literatur[57] nehmen jedoch auch in diesen Fällen zu Recht Erbunwürdigkeit an, weil jede Fälschungshandlung – unabhängig von den Motiven des Täters – einen unzulässigen Eingriff in die Testierfreiheit darstellt. **505**

c) Ausnahmevorschrift des § 2339 Abs. 2

Die Erfüllung eines der Tatbestände des § 2339 Abs. 1 durch den Erben führt jedoch nicht in allen Fällen zu dessen Erbunwürdigkeit. Für die Fälle der Nr. 3 und Nr. 4 statuiert Abs. 2 eine spezielle **Ausnahmevorschrift**: Danach tritt keine Erbunwürdigkeit ein, wenn vor dem Tod des Erblassers die Verfügung, zu deren Errichtung der Erblasser bestimmt (Nr. 3) oder in Ansehung derer ein Urkundsdelikt begangen worden ist **506**

---

50 Vgl. Staudinger/*Olshausen*, 2015, § 2339 Rn. 41.

51 Vgl. MüKoBGB/*Helms*, 7. Aufl. 2017, § 2339 Rn. 28; Staudinger/*Olshausen*, 2015, § 2339 Rn. 49.

52 Vgl. MüKoBGB/*Helms*, 7. Aufl. 2017, § 2339 Rn. 28; Staudinger/*Olshausen*, 2015, § 2339 Rn. 49.

53 Vgl. RG v. 18.11.1909 – IV 666/08, RGZ 72, 207, 208 f.; bestätigend und zur Beweislast RG v. 27.2.1913 – IV 548/12, RGZ 81, 413 f.

54 Vgl. MüKoBGB/*Helms*, 7. Aufl. 2017, § 2339 Rn. 13; *Brox/Walker*, ErbR. 28. Aufl. 2018, § 20 Rn. 6a; *Speckmann* JuS 1971, 235, 237; *Schlüter/Röthel*, ErbR, 17. Aufl. 2015, § 28 Rn. 10; Jauernig/*Stürner*, 17. Aufl. 2018, § 2339 Rn. 1; diff. *Muscheler* ZEV 2009, 101, 102.

55 Vgl. BGH v. 20.10.1969 – III ZR 208/67, NJW 1970, 197 f.; BGH v. 27.2.2008 – IV ZR 138/07, ZEV 2008, 193 f.; BGH v. 11.3.2015 – IV ZR 400/14, NJW 2015, 1382 Rn. 15.

56 Vgl. OLG Celle v. 29.11.1971 – 7 Wlw. 70/71, NdsRpfl. 72, 238; OLG Stuttgart v. 26.3.1998 – 19 U 239/97, ZEV 1999, 169.

57 Vgl. *Kuchinke* ZEV 1999, 317; *Lange*, ErbR, 2. Aufl. 2017, § 40 Rn. 80; Staudinger/*Olshausen*, 2015, § 2339 Rn. 51; BeckOGK/*Rudy* § 2339 Rn. 30; Erman/*Simon*, 15. Aufl. 2017, § 2339 Rn. 6; Palandt/*Weidlich*, 78. Aufl. 2019, § 2339 Rn. 7.

(Nr. 4), unwirksam geworden ist, oder die Verfügung, zu deren Aufhebung der Erblasser bestimmt worden ist (Nr. 3), unwirksam geworden wäre. Derartige **Unwirksamkeitsgründe** können durch ein Verhalten des Erblassers (z.B. Widerruf der Verfügung oder Ersetzung durch eine neue) oder durch sonstige Umstände (Vorversterben des Bedachten, Eintritt oder Ausfall einer Bedingung, Zeitablauf bei Nottestamenten) entstehen.[58] Die Vorschrift ist indes rechtspolitisch fragwürdig, da auch beim nachträglichen Unwirksamwerden einer Verfügung von Todes wegen Unsicherheiten darüber bestehen, wie der Erblasser ohne die Beeinflussung testiert hätte.[59]

507 Umstritten ist, ob Abs. 2 im Falle der **anfänglichen Nichtigkeit** entsprechend anzuwenden ist.[60] Die heute h.M.[61] lehnt dies indes zu Recht ab, denn auch im Falle einer anfänglichen Nichtigkeit (z.B. wegen Formverstoß) besteht eine abstrakte Verdunklungsfahr; die rechtspolitisch ohnehin fragwürdige Ausnahmeregelung des Abs. 2 noch weiter auszudehnen wäre äußerst bedenklich.

d) Ausschluss der Erbunwürdigkeit

508 Ausgeschlossen ist die Erbunwürdigkeit zum einen im Falle der **Verzeihung (§ 2343)**. Eine Verzeihung liegt vor, wenn der Erblasser dem Erben in Kenntnis der Verfehlung zu erkennen gibt, dass er aus dieser keine für ihn nachteiligen Folgerungen zu ziehen gedenke.[62] Dabei ist jedoch nicht erforderlich, dass der Erblasser die Rechtsfolgen der Verzeihung kennt oder weiß, dass der Betreffende sein Erbe sein wird.[63] Bei der Verzeihung handelt es sich nicht um eine rechtsgeschäftliche Erklärung, sondern um ein tatsächliches Verhalten, sodass auch der minderjährige Erblasser verzeihen kann.[64] Die Beweislast trifft den Erbunwürdigen, der sich auf die Verzeihung beruft.[65]

509 Die Erbunwürdigkeit ist außerdem ausgeschlossen, wenn die **Anfechtung nicht oder nicht rechtzeitig geltend gemacht wird** (→ Rn. 511 ff.).

510 Ferner kann der Anfechtungsberechtigte durch Vertrag mit dem Erbunwürdigen auf sein Anfechtungsrecht **verzichten**.[66] Den anderen Anfechtungsberechtigten wird hierdurch ihr Anfechtungsrecht nicht genommen, da der schuldrechtliche Verzichtsvertrag nur *inter partes* wirkt.[67]

---

58 Vgl. MüKoBGB/*Helms*, 7. Aufl. 2017, § 2339 Rn. 31; Staudinger/*Olshausen*, 2015, § 2339 Rn. 54; BeckOGK/*Rudy* § 2339 Rn. 33.1.

59 Vgl. MüKoBGB/*Helms*, 7. Aufl. 2017, § 2339 Rn. 30; *Lange*, ErbR, 2. Aufl. 2017, § 40 Rn. 81; *Muscheler* ZEV 2009, 58, 61; Staudinger/*Olshausen*, 2015, § 2339 Rn. 52.

60 So etwa *Brox/Walker*, ErbR, 28. Aufl. 2018, § 20 Rn. 8.

61 Vgl. OLG Stuttgart v. 26.3.1998 – 19 U 239/97, ZEV 1999, 169; MüKoBGB/*Helms*, 7. Aufl. 2017, § 2339 Rn. 33; Staudinger/*Olshausen*, 2015, § 2339 Rn. 56; BeckOGK/*Rudy* § 2339 Rn. 33.

62 Vgl. nur BeckOGK/*Rudy* § 2343 Rn. 3.

63 Vgl. Staudinger/*Olshausen*, 2015, § 2343 Rn. 2.

64 Vgl. Staudinger/*Olshausen*, 2015, § 2343 Rn. 2.

65 Vgl. MüKoBGB/*Helms*, 7. Aufl. 2017, § 2339 Rn. 1; Staudinger/*Olshausen*, 2015, § 2343 Rn. 4.

66 Vgl. Mot. V, 525; Staudinger/*Olshausen*, 2015, § 2343 Rn. 5; nach a.A. soll ein Verzicht auch durch einseitige Willenserklärung möglich sein (so etwa MüKoBGB/*Helms*, 7. Aufl. 2017, § 2343 Rn. 2 m.w.N.).

67 Vgl. Staudinger/*Olshausen*, 2015, § 2343 Rn. 5; Erman/*Simon*, 15. Aufl. 2017, § 2343 Rn. 1.

2. Geltendmachung und Wirkung der Erbunwürdigkeit

a) Anfechtungsverfahren

Die Erbunwürdigkeit tritt nach dem BGB nicht kraft Gesetzes ein, sondern ist gem. **§ 2340 Abs. 1** durch die **Anfechtung des Erbschaftserwerbs** geltend zu machen. Zwar war schon dem historischen Gesetzgeber klar, dass diese Lösung insofern einen systematischen Bruch darstellt, als sich die Anfechtung hier nicht gegen den Bestand eines Rechtsgeschäfts oder einer Willenserklärung, sondern gegen einen rechtlichen Zustand – nämlich den trotz Erbunwürdigkeit zunächst eingetretenen Rechtserwerb – richtet; aus Gründen der Rechtssicherheit erschien diese Lösung jedoch gleichwohl vorzugswürdig.[68] 511

Anfechtungsberechtigt ist gem. § 2341 – im Gegensatz zu § 2080 Abs. 1 (→ Rn. 411) – jeder, dem der Wegfall des Erbunwürdigen, sei es auch nur **mittelbar** bei Wegfall eines anderen, zustattenkommt. Der Fiskus ist daher immer anfechtungsberechtigt.[69] Voraussetzung des Anfechtungsrechts ist aber grundsätzlich, dass die Möglichkeit besteht, dass der am Wegfall des Unwürdigen Interessierte selbst Erbe wird[70]; der angestrebte Vorteil muss sich also auf die Erbenstellung beziehen.[71] Daher können Gläubiger des mittelbar Begünstigten sowie Vermächtnisnehmer und Auflagenbegünstigte nicht anfechten.[72] Stirbt der Berechtigte während des Laufes der Anfechtungsfrist (§ 2340 Abs. 3, → Rn. 514), so geht das Anfechtungsrecht auf seine Erben über, da es sich nicht um ein höchstpersönliches Recht handelt.[73] Es ist aber weder rechtsgeschäftlich übertragbar noch pfändbar noch kann seine Ausübung einem anderen überlassen werden; denn es würde sich dabei nicht um eine vermögensrechtliche Zuordnung des Nachlasses, sondern um die Verschaffung der Erbenstellung handeln.[74] 512

Maßgebender Zeitpunkt für die Anfechtung ist gem. § 2340 Abs. 2 S. 1 grundsätzlich der Anfall der Erbschaft; denn erst dann steht fest, ob der Erbunwürdige überhaupt Erbe wird.[75] Gegenüber einem Nacherben kann die Anfechtung jedoch gem. § 2340 Abs. 2 S. 2 schon mit dem Anfall an den Vorerben erfolgen. Ratio ist, dass der Vorerbe möglichst frühzeitig Klarheit darüber erlangen können soll, ob er Vollerbe wird (zur Vor- und Nacherbschaft → Rn. 746 ff.).[76] 513

Die Anfechtung kann nur binnen Jahresfrist erfolgen (§ 2340 Abs. 3 i.V.m. § 2082 Abs. 1). Die **Anfechtungsfrist** beginnt, wenn der Anfechtungsberechtigte Kenntnis vom Anfechtungsgrund erlangt (§ 2340 Abs. 3 i.V.m. § 2082 Abs. 2 S. 1). Erforderlich ist eine zuverlässige Kenntnis des Anfechtungsgrundes und die Zumutbarkeit der Klageerhebung (wofür die Beweisbarkeit des Anfechtungsgrundes maßgeblich ist), 514

68 Vgl. Mot. V, S. 277.
69 Vgl. MüKoBGB/*Helms*, 7. Aufl. 2017, § 2341 Rn. 1; *Holtmeyer* ZErb 2010, 6, 10; Staudinger/*Olshausen*, 2015, § 2341 Rn. 3.
70 Vgl. BGH v. 19.4.1989 – IVa ZR 93/88, NJW 1989, 3214 = JuS 1990, 234 m. Anm. *Hohloch*.
71 Vgl. Palandt/*Weidlich*, 78. Aufl. 2019, § 2341 Rn. 1.
72 Vgl. Staudinger/*Olshausen*, 2015, § 2341 Rn. 5 m.w.N.
73 Vgl. Mot. V, 521; Prot. V, 645; *Lange*, ErbR, 2. Aufl. 2017, § 40 Rn. 84.
74 Vgl. Staudinger/*Olshausen*, 2015, § 2341 Rn. 6; Erman/*Simon*, 15. Aufl. 2017, § 2341 Rn. 1.
75 Vgl. Prot. V, 643.
76 Vgl. Staudinger/*Olshausen*, 2015, § 2340 Rn. 9 m.w.N.

denn die Anfechtung nach §§ 2339 ff. ist – anders als die nach §§ 2078 ff. – nur im Klagewege möglich (→ Rn. 515).[77] Bei der Anfechtung gegenüber dem unwürdigen Nacherben beginnt die Frist frühestens mit dem Eintritt des Nacherbfalls, da § 2340 Abs. 2 S. 2 die frühestmögliche Anfechtung nicht zur Obliegenheit macht (zur Vor- und Nacherbschaft → Rn. 746 ff.).[78] Im Übrigen kann wegen der Verweisung in § 2340 Abs. 3 auf § 2082 auf die Ausführungen zur Testamentsanfechtung verwiesen werden → Rn. 418).

Beispiel: Im Falle einer Testamentsfälschung hat der Anfechtungsberechtigte jedenfalls dann sichere Kenntnis dieser Tatsache, wenn er von der Fälschung (und der Person des Fälschers) aus einem Gutachten eines gerichtlich vereidigten Sachverständigen erfährt.[79]

515 Anders als bei der Anfechtung nach den §§ 119 ff. und der Testamentsanfechtung kann die Anfechtung gem. §§ 2339 ff. nicht durch eine bloße Anfechtungserklärung, sondern nur durch **Klageerhebung** erfolgen (§ 2342 Abs. 1 S. 1). Der Klageantrag muss wegen § 2342 Abs. 1 S. 2 zum Ausdruck bringen, dass die Anfechtung wegen der Erbunwürdigkeit erfolgt.[80] Die Rechtswirkungen der Anfechtung treten formell gem. § 2342 Abs. 2 erst mit der Rechtskraft des der Klage stattgebenden Urteils ein. Beim Urteil handelt es sich nach h.M. nicht um ein Feststellungs-, sondern um ein **Gestaltungsurteil**, da sich seine Wirkung auch auf am Prozess nicht beteiligte Dritte erstreckt.[81]

b) Wirkung der Anfechtung

516 Die Anfechtung hat **Auswirkungen** sowohl auf das weitere Schicksal der Erbschaft (→ Rn. 517) als auch auf die Beziehung zwischen dem Erbunwürdigen und dem/den an seiner Stelle Berufenen (→ Rn. 518) sowie auf die zwischenzeitlich erfolgten Verfügungsgeschäfte des Erbunwürdigen (→ Rn. 519).

517 Mit der Rechtskraft des stattgebenden Urteils fällt die **Erbschaft gem. § 2344 Abs. 2 rückwirkend** auf den Zeitpunkt des Erbfalls demjenigen an, der berufen wäre, wenn der Erbunwürdige zur Zeit des Erbfalls nicht gelebt hätte. **Nächstberufener** ist bei testamentarischer Erbeinsetzung der eingesetzte Ersatzerbe oder die Abkömmlinge im Fall des § 2069 (→ Rn. 351 ff.). Existiert keine Verfügung von Todes wegen, sind als gesetzliche Erben diejenigen berufen, die bisher durch den Unwürdigen ausgeschlossen waren. Ist einer von mehreren Miterben für erbunwürdig erklärt und tritt keine Ersatzerbfolge ein, so findet eine Anwachsung (§ 2094, → Rn. 731 ff.) bzw. Erbteilserhöhung (§ 1935) statt.

---

77 Vgl. BGH v. 19.4.1989 – IVa ZR 93/88, NJW 1989, 3214 f.; OLG München v. 14.12.1956 – 8 U 1623/56, MDR 1957, 612; OLG Brandenburg v. 17.07.2009 – 13 W 23/09, FamRZ 2010, 933, 935; MüKoBGB/*Helms*, 7. Aufl. 2017, § 2340 Rn. 5.

78 Vgl. Staudinger/*Olshausen*, 2015, § 2340 Rn. 19.

79 Vgl. BGH v. 19.4.1989 – IVa ZR 93/88, NJW 1989, 3214 = JuS 1990, 234 m. Anm. *Hohloch*.

80 Vgl. RG v. 25.11.1909 – IV 41/09, JW 1910, 23.

81 Vgl. BGH v. 12.9.2012 – IV ZR 177/11, ZEV 2013, 34 Rn. 7; KG v. 18.1.1989 – 24 U 4354/88, FamRZ 1989, 675; OLG Brandenburg v. 17.07.2009 – 13 W 23/09, FamRZ 2010, 933, 935; MüKoBGB/*Helms*, 7. Aufl. 2017, § 2340 Rn. 7; Staudinger/*Olshausen*, 2015, § 2342 Rn. 6; a.A. *Muscheler* ZEV 2009, 101, 105.

Der neue Erbe hat gegen den Erbunwürdigen den **Erbschaftsanspruch** aus § 2018. Darüber hinaus wird i.d.R. ein **Schadensersatzanspruch** aus den §§ 2023, 2024 (→ Rn. 1256 ff.) gegeben sein, weil der Erbunwürdige bösgläubig ist, da § 2339 Abs. 1 eine vorsätzliche Handlung voraussetzt und analog § 142 Abs. 2 die Kenntnis der Anfechtbarkeit genügt.[82] Der Erbunwürdige kann hingegen gem. §§ 2023 Abs. 2, 994 Abs. 2 (→ Rn. 1267) nur Ersatz der notwendigen Verwendungen verlangen. **518**

Einen speziellen Schutz Dritter – vergleichbar den Sondervorschriften für die Ausschlagung (§ 1959 Abs. 2 und 3) – hielt der Gesetzgeber für entbehrlich.[83] Mithin gelten für den **Schutz gutgläubiger Dritter** die allgemeinen Vorschriften der §§ 932 ff., 892 f., 2366 f. (→ Rn. 1293 ff.) sowie Art. 69 Abs. 3, 4 EuErbVO (→ Rn. 1348 ff.) (der Erbunwürdige hat wegen der Rückwirkung der Erbunwürdigkeitserklärung als Nichtberechtigter verfügt). Der gutgläubige Erwerb beweglicher Sachen scheitert dabei nicht an den §§ 935, 857, da § 857 auf Fälle, in denen eine Erbenstellung durch Anfechtung verloren wird, nicht anwendbar ist.[84] **519**

3. Unwürdigkeit bei Vermächtnis- und Pflichtteilsansprüchen, § 2345

Die Vermächtnis- und Pflichtteilsunwürdigkeit sind in § 2345 weitgehend parallel zur Erbunwürdigkeit geregelt. Sie treten ebenfalls nicht kraft Gesetzes, sondern erst durch Anfechtung ein. Wegen des geringeren öffentlichen Interesses ist hier allerdings – wie sich aus dem Fehlen der §§ 2342, 2344 in der Verweisung des § 2345 Abs. 1 S. 2 ergibt – keine Klage erforderlich.[85] Vielmehr genügt nach den allgemeinen Vorschriften der § 143 Abs. 1, Abs. 4 S. 1 eine **formlose Erklärung** gegenüber dem Unwürdigen.[86] **520**

Anfechtbare Ansprüche sind bei der Vermächtnisunwürdigkeit neben dem Vermächtnis auch die „gesetzlichen Vermächtnisse" (Voraus gem. § 1932 [→ Rn. 99 ff.] und Dreißigster gem. § 1969 [→ Rn. 934 ff.]) und nicht vollzogene Schenkungen von Todes wegen (§ 2301, → Rn. 1363 ff.).[87] Der Pflichtteilsanspruch i.S.v. § 2345 Abs. 2 umfasst auch den Pflichtteilsrestanspruch (§§ 2305, 2307, → Rn. 649 ff., 657 ff.) sowie den Pflichtteilsergänzungsanspruch (§§ 2325 ff., → Rn. 679 ff.).[88] **521**

Die **Wirkung der Anfechtung** ergibt sich aus § 142 Abs. 1: Der angefochtene Anspruch wird rückwirkend beseitigt.[89] Beim Vermächtnisanspruch erwirbt, sofern vorhanden, der Ersatzvermächtnisnehmer (§ 2190) den Anspruch; andernfalls findet eine Anwachsung (§§ 2158, 2159) des Anspruchs beim Mitvermächtnisnehmer statt; existiert ein solcher ebenfalls nicht, erlischt der Anspruch.[90] Zu Fragen des Pflichtteilsanspruchs entfernterer Abkömmlinge in Zusammenhang mit § 2309 → Rn. 626. **522**

---

82 Vgl. *Brox/Walker*, ErbR, 28. Aufl. 2018, § 20 Rn. 15; MüKoBGB/*Helms*, 7. Aufl. 2017, § 2344 Rn. 2; einschränkend *Lange/Kuchinke*, ErbR, 5. Aufl. 2001, § 6 IV 2.

83 Vgl. Mot. V, 521; Prot. V, 728.

84 Vgl. *Brox/Walker*, ErbR, 28. Aufl. 2018, § 20 Rn. 14; MüKoBGB/*Helms*, 7. Aufl. 2017, § 2344 Rn. 3 m.w.N.

85 Vgl. Mot. V, 523.

86 Vgl. MüKoBGB/*Helms*, 7. Aufl. 2017, § 2345 Rn. 2; BeckOGK/*Rudy* § 2345 Rn. 10.

87 Vgl. MüKoBGB/*Helms*, 7. Aufl. 2017, § 2345 Rn. 7; Staudinger/*Olshausen*, 2015, § 2345 Rn. 4 f.

88 Vgl. MüKoBGB/*Helms*, 7. Aufl. 2017, § 2345 Rn. 7; Staudinger/*Olshausen*, 2015, § 2345 Rn. 7.

89 Vgl. MüKoBGB/*Helms*, 7. Aufl. 2017, § 2345 Rn. 8; Staudinger/*Olshausen*, 2015, § 2345 Rn. 16.

90 Vgl. MüKoBGB/*Helms*, 7. Aufl. 2017, § 2345 Rn. 8.

III. Erbverzicht

1. Begriff, Rechtsnatur und Bedeutung

523 Der Erbverzicht i.w.S. ist ein vom zukünftigen gesetzlichen oder durch letztwillige Verfügung berufenen Erben, Pflichtteilsberechtigten oder Vermächtnisnehmer vor dem Eintritt des Erbfalls mit dem Erblasser geschlossener Vertrag, durch den der erbrechtliche Anspruch ganz oder teilweise ausgeschlossen wird.[91] Das BGB unterscheidet zwischen dem **Erbverzicht** i.e.S. (§ 2346 Abs. 1 S. 1), dem **Pflichtteilsverzicht** (§ 2346 Abs. 2) und dem **Zuwendungsverzicht** (§ 2352).

524 Der Erbverzicht ist ein **abstraktes erbrechtliches Verfügungsgeschäft**, das unmittelbar den Verlust des gesetzlichen Erbrechts und des Pflichtteilsrechts bewirkt.[92] Im Gegensatz zum Erbvertrag ist er ein Vertrag rein negativen Inhalts.[93] Der Erbverzicht ist keine Verfügung von Todes wegen, sondern ein Rechtsgeschäft unter Lebenden auf den Todesfall; daher sind die allgemeinen Vorschriften für Verträge anzuwenden, soweit die §§ 2346 ff. keine spezielleren Regelungen enthalten.[94]

525 Mit dem Rechtsinstitut des Erbverzichts ermöglicht es das BGB[95], die Erbfolge bzw. Vermögensnachfolge schon vor dem Erbfall den besonderen Verhältnissen des Einzelfalls anpassen zu können. Grund für die Erbverzichtsregelung ist oftmals die vollständige oder teilweise Regelung der Vermögensnachfolge schon zu Lebzeiten des Erblassers (sog. vorweggenommene Erbfolge[96]) zur Sicherung des Fortbestandes eines Unternehmens, vor allem im mittelständischen oder landwirtschaftlichen Bereich. Interessant für den Vertragspartner ist die Möglichkeit, einen zukünftigen (und in der Höhe unsicheren) Anspruch frühzeitig in Geld umsetzen zu können. Der Erblasser hingegen gewinnt ein höheres Maß an Testier- und damit Gestaltungsfreiheit.

2. Gegenstand und Wirkungen des Erbverzichts

a) Gegenstand des Erbverzichts

526 Gegenstand des Erbverzichts i.S.d. § 2346 ist nach dem gesetzlichen Regelfall der Verzicht auf das **gesetzliche Erbrecht und** das **Pflichtteilsrecht** (§ 2346 Abs. 1). Ungeachtet des missverständlichen Wortlauts des § 2346 Abs. 1 S. 2 Hs. 2 ist jedoch auch ein bloßer Verzicht auf das Erbrecht bei gleichzeitigem Vorbehalt des Pflichtteilsrechts möglich.[97] Ebenso kann der Verzicht allein auf das Pflichtteilsrecht beschränkt werden (§ 2346 Abs. 2). Der durch Verfügung von Todes wegen zum Erben

91 Vgl. MüKoBGB/*Wegerhoff*, 7. Aufl. 2017, § 2346 Rn. 2.

92 Vgl. BGH v. 4.7.1962 – V ZR 14/61, NJW 1962, 1910, 1912; BayObLG v. 10.2.1981 –1 Z 125/80, BayObLGZ 1981, 30, 33; OLG Hamm v. 8.11.2016 – 10 U 36/15, NJW 2017, 576 Rn. 21; MüKoBGB/*Wegerhoff*, 7. Aufl. 2017, § 2346 Rn. 2.

93 Vgl. BeckOGK/*Everts* § 2346 Rn. 4; MüKoBGB/*Wegerhoff*, 7. Aufl. 2017, § 2346 Rn. 2.

94 Vgl. BayObLG v. 10.2.1981 –1 Z 125/80, BayObLGZ 1981, 30, 34; OLG Hamm v. 8.11.2016 – 10 U 36/15, NJW 2017, 576 Rn. 20.

95 Zum Erbverzicht in ausländischen Rechtsordnungen: Staudinger/*Schotten*, 2016, Einl. zu §§ 2346-2352 Rn. 63 ff.

96 Dazu *S. Kappler/T. Kappler*, Die vorweggenommene Erbfolge, 2017.

97 Vgl. schon Mot. V, 472; heute allgemeine Meinung, vgl. nur Staudinger/*Schotten*, 2016, § 2346 Rn. 34. Ob das im Einzelfall Sinn macht, ist eine andere Frage.

Eingesetzte oder mit einem Vermächtnis Bedachte kann hierauf in einem Zuwendungsverzicht (§ 2352) verzichten.

Ein solcher Erbverzicht ist dagegen unnötig, wenn der Erblasser die Aussicht des Bedachten durch bloßen (einseitigen) **Widerruf** zunichtemachen kann. Anwendung findet der Zuwendungsverzicht daher primär bei vertragsmäßigen Zuwendungen in Erbverträgen sowie bei wechselbezüglichen Verfügungen in gemeinschaftlichen Testamenten nach Eintritt der Bindungswirkung, d.h. nach dem ersten Todesfall.

Da in den §§ 2346 ff. eine dem § 1950 vergleichbare Regelung fehlt, ist auch ein **527**
Teilverzicht möglich.[98] Dabei muss es sich jedoch um einen Bruchteilsverzicht und nicht um einen Verzicht auf bestimmte Nachlassgegenstände handeln, weil Letzterer dem Grundsatz der Universalsukzession widerspräche.[99] Ein dennoch erklärter Erbverzicht auf das Erbrecht an einzelnen Gegenständen kann allerdings u.U. in einen Bruchteilsverzicht umgedeutet werden.[100] Ein Verzicht auf den Dreißigsten (§ 1969, → Rn. 934 ff.]) oder den Voraus (§ 1932, → Rn. 99 ff.) ist nicht möglich, weil die §§ 2346, 2352 die gesetzlichen Vermächtnisse nicht erwähnen.[101]

Der Verzicht kann **befristet** werden.[102] Wie sich aus § 2350 ergibt, kann er ferner **528**
auch **bedingt** gestaltet werden.[103] So kann z.B. die Wirksamkeit des Verzichts davon abhängig gemacht werden, dass eine bestimmte andere Person Erbe wird (vgl. § 2350 Abs. 1 und 2). Häufig mit dem Erbverzicht verknüpft wird ferner auch die Gültigkeit oder pünktliche Erfüllung von Abfindungsleistungen.

b) Wirkungen des Erbverzichts

aa) Allgemeine Wirkungen. Nach § 2346 Abs. 1 S. 2 führt der Verzicht auf das **gesetzliche Erbrecht** dazu, dass der Verzichtende von der gesetzlichen Erbfolge ausgeschlossen wird, wie wenn er vorverstorben wäre (sog. **Vorversterbensfiktion**). Im Unterschied zu den Rechtswirkungen der Enterbung (→ Rn. 491), Erbunwürdigkeitserklärung (→ Rn. 517) und Ausschlagung (→ Rn. 597) wird das Erbrecht also nicht erst *ex tunc* beseitigt, sondern es wird eine **unmittelbare Änderung der Erbfolge** bewirkt. **529**

Verzichtet ein Abkömmling oder Seitenverwandter, erstreckt sich die Wirkung des Verzichts gem. § 2349 sofern nichts anderes bestimmt ist auch auf die **Abkömmlinge des Verzichtenden.** **530**

---

98 Vgl. Staudinger/*Schotten*, 2016, § 2346 Rn. 39; MüKoBGB/*Wegerhoff*, 7. Aufl. 2017, § 2346 Rn. 13 m.w.N.

99 Vgl. KG v. 18.2.1937 – 1 Wx 18/37, DNotZ 1937, 571; OLG Oldenburg v. 14.10.1997 – 5 U 62/97, FamRZ 1998, 645, 646; Staudinger/*Schotten*, 2016, § 2346 Rn. 40 m.w.N.

100 Vgl. KG v. 18.2.1937 – 1 Wr 18/37, JFG 15, 98 Nr. 31; KG v. 18.2.1937 – 1 Wx 18/37, DNotZ 1937, 571; Staudinger/*Schotten*, 2016, § 2346 Rn. 40.

101 Vgl. Erman/*Simon*, 15. Aufl. 2017 § 2346 Rn. 8; *Lange*, ErbR, 2. Aufl. 2017, § 41 Rn. 107; MüKoBGB/*Wegerhoff*, 7. Aufl. 2017, § 2346 Rn. 17; a.A. *Lange/Kuchinke*, ErbR, 5. Aufl. 2001, § 7 II 2 c Fn. 51; Staudinger/*Schotten*, 2016, § 2346 Rn. 40.

102 Vgl. nur Staudinger/*Schotten*, 2016, § 2346 Rn. 55.

103 Vgl. BGH v. 4.7.1962 – V ZR 14/61, NJW 1962, 1910, 1912; BayObLG v. 27.1.1995 – 1Z BR 22/94, BayObLGZ 1995, 29, 32; Staudinger/*Schotten*, 2016, § 2346 Rn. 54 m.w.N.

531 Der Erbverzicht bezieht sich jedoch stets nur auf den Erbfall, der durch den Tod der Person eintritt, mit welcher der Verzichtende den Vertrag geschlossen hat (sog. **relative Wirkung**); er verhindert also nicht, dass der Nachlass des Erblassers dem Verzichtenden später ganz oder teilweise als Bestandteil des Nachlasses eines Dritten zufällt.[104]

532 Im gesetzlichen Regelfall des Verzichts auf das gesetzliche Erbrecht einschließlich des **Pflichtteilsrechts** erhöhen sich gem. **§ 2310 S. 2** die Pflichtteilsansprüche Dritter (→ Rn. 628).

533 Der Erbverzicht hat **keine Auswirkungen auf die Testierfreiheit** des Erblassers, d.h. der Erblasser kann den Verzichtenden trotzdem noch durch eine Verfügung von Todes wegen bedenken.[105]

534 **bb) Güterrechtliche Konsequenzen.** Der Erbverzicht hat nur mittelbare **güterrechtliche Auswirkungen**. Denn ein Erbverzicht, der zwischen im Güterstand der Zugewinngemeinschaft lebenden Eheleuten abgeschlossen wird, enthält nicht zugleich einen Verzicht auf den Zugewinnausgleich; hierfür ist vielmehr ein Ehevertrag gem. § 1408 erforderlich (bzw. bei Lebenspartnern ein Lebenspartnerschaftsvertrag gem. § 7 LPartG).[106] Der überlebende Ehegatte kann den erbrechtlichen „Zugewinnausgleich" jedoch nur mehr gem. § 1371 Abs. 2 (d.h. tatsächlich) und nicht nach § 1371 Abs. 1 (durch Erbteilserhöhung) fordern; Entsprechendes gilt für den überlebenden Lebenspartner (vgl. § 6 S. 2 LPartG).[107]

535 **cc) Unterhaltsrechtliche Konsequenzen.** Ob der Erbverzicht auch Auswirkungen auf den **nachehelichen Unterhaltsanspruch** hat, ist äußerst umstritten und bislang höchstrichterlich noch nicht entschieden. Nach der wohl noch h.M. soll der vorbehaltlose Erb- oder Pflichtteilsverzicht auch den nachehelichen bzw. nachpartnerschaftlichen Unterhaltsanspruch gem. §§ 1586b, 1933 S. 1 (bzw. §§ 16 S. 2 LPartG i.V.m. § 1586b, § 10 Abs. 3 LPartG) erfassen, weil der Gesetzgeber diesen als Ersatz für die mit oder anlässlich der Ehescheidung eingebüßte Nachlassteilhabe bzw. als Ausgleich für den Verlust des Erbrechts gewähre.[108] Es sprechen jedoch gute Argumente für die im Vordringen befindliche Gegenansicht[109], der zufolge der Erbverzicht keine Auswirkungen auf den nachehelichen bzw. nachpartnerschaftlichen Unterhaltsanspruch hat. Denn § 1586b begründet keinen erb-, sondern einen unterhaltsrechtlichen

104 Vgl. OLG Frankfurt a.M. v. 27.7.1995 – 20 W 319/95, NJW-RR 1996, 838 = JuS 1996, 1133 m. Anm. *Hohloch*; BayObLG v. 17.2.2005 – 1Z BR 115/04, FamRZ 2005, 1781; Staudinger/*Schotten*, 2016, § 2346 Rn. 26 m.w.N.

105 Vgl. BGH v. 13.7.1959 – V ZB 4/59, BGHZ 30, 261, 267; Staudinger/*Schotten*, 2016, § 2346 Rn. 71.

106 Vgl. Staudinger/*Schotten*, 2016, § 2346 Rn. 69 m.w.N.

107 Vgl. MüKoBGB/*Wegerhoff*, 7. Aufl. 2017, § 2346 Rn. 33; Staudinger/*Schotten*, 2016, § 2346 Rn. 69 m.w.N.

108 Vgl. Staudinger/*Baumann*, 2014, § 1586b Rn. 36; *Dieckmann* FamRZ 1992, 633 ff.; *ders.* FamRZ 1999, 1029 ff.; *Lange*, ErbR, 2. Aufl. 2017, § 41 Rn. 106; MüKoBGB/*Maurer*, 7. Aufl. 2017, § 1586b Rn. 13.

109 Vgl. BeckOGK/*Everts* § 2346 Rn. 46.3; *Grziwotz* FamRZ 1991, 1258 f.; *Heiß* NZFam 2016, 485, 487; *Keim* RNotZ 2013, 411, 414; *Pentz* FamRZ 1988, 1344 ff.; *von Proff zu Irnich* ZErb 2017, 33, 35 ff.; Staudinger/*Schotten*, 2016, § 2346 Rn. 67.

Anspruch[110]; zudem bildet der fiktive Pflichtteil nicht die Grundlage für den Unterhaltsanspruch, sondern nur die Bemessungsgrenze für den Haftungsrahmen[111].

dd) Besonderheiten bei Beschränkung auf das Pflichtteilsrecht. Wird der Verzicht gem. § 2346 Abs. 2 **auf das Pflichtteilsrecht beschränkt**, so bleibt der Verzichtende gesetzlicher Erbe. Ist er jedoch durch den Erblasser enterbt worden, hat er wegen des Verzichts (auch) keinen Pflichtteilsanspruch. Die Pflichtteilsrechte der anderen Abkömmlinge erhöhen sich nicht, da der Verzichtende gem. § 2310 S. 1 mitgezählt wird, weil er durch den Verzicht nicht von der gesetzlichen Erbfolge ausgeschlossen war, sondern nur vom Pflichtteilsrecht (→ Rn. 628).[112] Da diese Rechtsfolge (Nichterhöhung der Pflichtteilsquoten) von den meisten Vertragsparteien gewünscht wird, ist in der Praxis der auf das Pflichtteilsrecht beschränkte Erbverzicht häufiger als der weitergehende Erbverzicht nach § 2346 Abs. 1 S. 1. 536

ee) Besonderheiten bei Vorbehalt des Pflichtteilsrechts. Der **Erbverzicht unter Vorbehalt des Pflichtteilsrechts** hat die gleiche Wirkung wie die Enterbung, nur dass diese nicht durch eine einseitige Verfügung von Todes wegen des Erblassers, sondern durch einen Vertrag herbeigeführt wird.[113] Bei der Berechnung der Pflichtteilsquoten ist der Verzichtende mitzuzählen, weil das Pflichtteilsrecht als „harter Kern" des gesetzlichen Erbrechts unangetastet geblieben ist; §§ 2310 S. 2, 2316 Abs. 1 S. 2 (→ Rn. 628, 669) sind nicht anwendbar.[114] Dafür spricht im Übrigen auch, dass die Pflichtteilslast sonst mehr als die Hälfte ausmachen könnte.[115] 537

ff) Wirkungen eines Zuwendungsverzichts gem. § 2352. Der Zuwendungsverzicht gem. § 2352 bewirkt keine Aufhebung der Verfügung von Todes wegen, sondern verhindert in entsprechender Anwendung des § 2346 Abs. 1 S. 2 (nur) den Anfall der Zuwendung (Erbeinsetzung, Vermächtnis, Auflage[116]) an den Verzichtenden, wie wenn dieser den Erbfall nicht erlebt hätte (sog. **Vorversterbensfiktion**).[117] Das gesetzliche Erb- und Pflichtteilsrecht des Verzichtenden wird durch den Zuwendungsverzicht nicht berührt.[118] Zweckmäßig ist ein Zuwendungsverzicht daher vor allem dann, wenn der Erblasser nach dem Tod des Ehegatten/Lebenspartners ein gemeinschaftliches Testament nicht mehr widerrufen bzw. eine erbvertragliche Verfügung nicht mehr aufheben kann (→ Rn. 250 ff.); durch den Zuwendungsverzicht kann er seine Verfügungsfreiheit wiedererlangen.[119] 538

---

110 Vgl. Staudinger/*Schotten*, 2016, § 2346 Rn. 66 m.w.N.

111 Vgl. Staudinger/*Schotten*, 2016, § 2346 Rn. 66 m.w.N.

112 Vgl. BGH v. 17.3.1982 – IVa ZR 27/81, NJW 1982, 2497; Staudinger/*Schotten*, 2016, § 2346 Rn. 77 m.w.N.; a.A. jedoch Staudinger/*Otte*, 2015, § 2310 Rn. 21.

113 Vgl. Staudinger/*Schotten*, 2016, § 2346 Rn. 80.

114 Vgl. Soergel/*Dieckmann*, 13. Aufl. 2002, § 2310 Rn. 11; Staudinger/*Schotten*, 2016, § 2346 Rn. 80.

115 Vgl. MüKoBGB/*Lange*, 7. Aufl. 2017, § 2310 Rn. 8; Staudinger/*Schotten*, 2016, § 2346 Rn. 81.

116 Nach zutr. Ansicht kann analog § 2352 auch auf die Begünstigung einer Auflage verzichtet werden, vgl. Staudinger/*Schotten*, 2016, § 2352 Rn. 3 m.w.N. (auch zur Gegenansicht).

117 Vgl. Staudinger/*Schotten*, 2016, § 2352 Rn. 28 m.w.N.

118 Vgl. Staudinger/*Schotten*, 2016, § 2352 Rn. 49 m.w.N.

119 Vgl. *Lange*, ErbR, 2. Aufl. 2017, § 41 Rn. 126; MüKoBGB/*Wegerhoff*, 7. Aufl. 2017, § 2352 Rn. 12.

539 Früher erstreckte sich die Wirkung eines Zuwendungsverzichts nach h.M. nicht auf die Abkömmlinge des Verzichtenden; dies wurde damit begründet, dass § 2349 in § 2352 absichtlich nicht erwähnt worden sei.[120] Der Gesetzgeber sah jedoch ein praktisches Bedürfnis dafür, den Zuwendungsverzicht auch auf **Abkömmlinge** zu erstrecken[121] und ergänzte deshalb m.W.v. 1.1.2010 in § 2352 S. 3 auch den § 2349, so dass nunmehr vermutet wird, dass der Zuwendungsverzicht sich auch auf Abkömmlinge erstreckt.[122] Die exakte Reichweite und die weitergehenden Konsequenzen der Vermutung werden allerdings kontrovers diskutiert.[123]

3. Vereinbarung des Erbverzichts

a) Vertragsbeteiligte

540 Vertragspartner des Erbverzichtsvertrags sind der **Erblasser** und der **Verzichtende**. Auf das gesetzliche Erbrecht verzichten können nur Verwandte, der Ehegatte und der Lebenspartner des Erblassers (vgl. § 2346, § 10 Abs. 7 LPartG).[124] Zulässig ist auch der Verzicht auf ein ungewisses oder erst künftig entstehendes Erbrecht[125]; deshalb kann z.B. auch der Verlobte auf sein künftiges Erbrecht als Ehegatte verzichten[126]. Nicht möglich ist hingegen ein Erbverzicht des Fiskus; dies ergibt sich einerseits aus dem Wortlaut des § 2346 Abs. 1 S. 1, andererseits aus Sinn und Zweck des Fiskuserbrechts (→ Rn. 121, 129).[127]

b) Form

541 Der Verzichtsvertrag bedarf der **notariellen Beurkundung** (§§ 2348, 2352 S. 3). Der Verzichtsvertrag kann mit anderen Rechtsgeschäften (z.B. Ehevertrag, Erbvertrag, gemeinschaftliches Testament) verbunden werden; dann gelten die Formvorgaben für das jeweilige Rechtsgeschäft und die §§ 2348, 2352 S. 3 kumulativ.[128]

542 Problematisch ist, ob ein **stillschweigender Erbverzicht** möglich ist. Der BGH hat dies in einem Fall angenommen, in dem sowohl die sich gegenseitig zu Erben einsetzenden Ehegatten als auch die eingesetzte Schlusserbin Partner eines Erbvertrages waren und mangels ausdrücklicher Regelung fraglich war, ob die Schlusserbin nach

---

120 Vgl. BGH v. 8.11.1965 – III ZB 9/65, JurionRS 1965, 11123; BayObLG v. 28.11.1983 – 1 Z 38/83, Rpfleger 1984, 65; OLG Köln v. 25.8.1989 – 2 Wx 21/89, FamRZ 1990, 99, 100; OLG Frankfurt a.M. v. 6.3.1997 – 20 W 574/95, FGPrax 1997, 151.

121 Vgl. BT-Drs. 16/8954, S. 2.

122 Gesetz zur Änderung des Erb- und Verjährungsrechts v. 24.9.2009, BGBl. I, 3142.

123 Vgl. dazu *Lange*, ErbR, 2. Aufl. 2017, § 41 Rn. 136; Staudinger/*Schotten*, 2016, § 2352 Rn. 38 ff. m.w.N.

124 Vgl. nur Staudinger/*Schotten*, 2016, § 2346 Rn. 4.

125 Vgl. MüKoBGB/*Wegerhoff*, 7. Aufl. 2017, § 2346 Rn. 7; Staudinger/*Schotten*, 2016, § 2346 Rn. 6.

126 Vgl. § 2347 Abs. 1 S. 1 Hs. 2 a.F.; die Streichung der Passage zum Verlobten durch das Gesetz zur Bekämpfung von Kinderehen v. 17.7.2017 (BGBl. I, 2429) hat daran mit Blick auf das Telos der Gesetzesänderung nichts geändert (Es handelt sich lediglich um eine Folgeänderung zum Verbot der Eheschließung durch Minderjährige; das Gesetz wollte keineswegs generell [volljährigen] Verlobten einen Verzicht auf ihr künftiges ErbR als Ehegatten untersagen). Vgl. zu früheren Rechtslage auch MüKoBGB/*Wegerhoff*, 7. Aufl. 2017, § 2346 Rn. 7; Staudinger/*Schotten*, 2016, § 2346 Rn. 6.

127 Vgl. Staudinger/*Schotten*, 2016, § 2346 Rn. 7 m.w.N.

128 Vgl. BeckOGK/*Everts* § 2348 Rn. 6.

Eintritt des ersten Erbfalls einen Pflichtteilsanspruch gegen den überlebenden Ehegatten hat.[129] In einer „Ergänzung" dieser Rechtsprechung hat der BGH die Möglichkeit eines stillschweigenden Verzichtsvertrages zudem in einem notariell beurkundeten gemeinschaftlichen Testament für möglich gehalten.[130] Die h.L. lehnt die Entscheidungen ab, weil ein stillschweigender Verzicht das Formerfordernis des § 2348 nicht wahren könne; zudem fehle es im Falle eines gemeinschaftlichen Testaments schon an einem Vertrag.[131] Der Kritik ist nur zuzustimmen, soweit die Rechtsprechung den stillschweigenden Erbverzicht zum Regelfall erklärt hat. Bei Vorliegen eines entsprechenden Rechtsfolgewillens ist ein stillschweigender Erbverzicht auch in einem Erbvertrag möglich. Der Erbverzicht muss auch nicht zwingend ausdrücklich erklärt werden, sondern sich nur aus dem Gesamtinhalt des Vertrages zuverlässig ergeben; insoweit gelten die allgemeinen Grundsätze zur Auslegung (→ Rn. 374 ff.).[132] Ferner kann auch in einer notariellen Urkunde, die ein gemeinschaftliches Testament beinhaltet, ein Erbverzichtsvertrag enthalten sein, wenn die Auslegung zuverlässig zusätzliche korrespondierende Willenserklärungen zum Abschluss eines solchen Vertrages ergibt.[133]

c) Persönliche Anforderungen und Vertretung

§ 2347 enthält spezielle Regelungen zu **Geschäftsfähigkeit**, **Stellvertretung** und Erfordernis einer **familiengerichtlichen Genehmigung**. Insoweit gelten für den Verzichtenden (Abs. 1) und den Erblasser (Abs. 2) unterschiedliche Anforderungen, die parallel zu denjenigen bei der Aufhebung eines Erbvertrags (§ 2290 Abs. 2, 3, → Rn. 297) ausgestaltet sind. **543**

Der **Verzichtende** muss den Vertrag nicht notwendig persönlich schließen, sondern kann sich eines Stellvertreters bedienen (*argumentum e contrario e* § 2347 Abs. 2). Ein minderjähriger Verzichtender bedarf der Einwilligung des gesetzlichen Vertreters (§ 108 Abs. 1). Zudem ist die Genehmigung des Familien- bzw. Betreuungsgerichts erforderlich, wenn der Verzichtende unter Vormundschaft oder elterlicher Sorge steht bzw. wenn der Verzicht durch den Betreuer erklärt wird (§ 2347 Abs. 1). **544**

Der **Erblasser** kann den Vertrag grundsätzlich nur **persönlich** schließen; wenn er in der Geschäftsfähigkeit beschränkt ist, bedarf er nicht der Zustimmung des gesetzlichen Vertreters (§ 2347 Abs. 2 S. 1 Hs. 2). Eine Ausnahme vom Grundsatz der Höchstpersönlichkeit gilt jedoch für geschäftsunfähigen Erblasser; hier muss der Ver- **545**

129 BGH v. 15.12.1956 – IV ZR 101/56, BGHZ 22, 364 = JR 1957, 339 m. krit. Anm. *von Lübtow*.

130 BGH v. 9.3.1977 – IV ZR 114/75, NJW 1977, 1728 f.

131 Vgl. *Habersmann* JuS 1979, 169 ff.; Staudinger/*Schotten*, 2016, § 2346 Rn. 13; MüKoBGB/*Wegerhoff*, 7. Aufl. 2017, § 2348 Rn. 7.

132 Vgl. RG v. 26.10.1931 – IV 83/31, HRR 1932, Nr. 628; BGH v. 15.12.1956 – IV ZR 101/56, BGHZ 22, 364; BayObLG v. 10.2.1981 –1 Z 125/80, BayObLGZ 1981, 30, 35; OLG Hamm v. 4.4.1995 – 10 U 90/94, NJW-RR 1996, 906; OLG Hamm v. 22.7.2014 – I-15 W 92/14, FamRZ 2015, 959. 960; *Keim* ZEV 2001, 1 ff.; *Keller* ZEV 2005, 229, 230; *Lange*, ErbR, 2. Aufl. 2017, § 41 Rn. 101 f.; Erman/*Simon*, 15. Aufl. 2017, § 2348 Rn. 1.

133 Vgl. BGH v. 9.3.1977 – IV ZR 114/75, NJW 1977, 1728; OLG Düsseldorf v. 23.07.1999 – 7 U 236/98, MittBayNot 1999, 574, 576; *Keim* ZEV 2001, 1 ff.; *Keller* ZEV 2005, 229, 230; *Lange*, ErbR, 2. Aufl. 2017, § 41 Rn. 101 f.; *Lange/Kuchinke*, ErbR, 5. Aufl. 2001, § 7 I 5 d; Erman/*Simon*, 15. Aufl. 2017, § 2348 Rn. 1.

trag durch den gesetzlichen Vertreter mit Zustimmung des Familien- bzw. Betreuungsgerichts geschlossen werden (§ 2347 Abs. 2 S. 2).

d) Zeitlicher Rahmen

546 Ein **Erbverzichtsvertrag** kann **nur zu Lebzeiten des Erblassers** geschlossen werden.[134] Dies folgt schon aus dem Wortlaut des § 2346 Abs. 1 S. 1 („[…] mit dem Erblasser“) sowie dem Umstand, dass nur der Erblasser ein berechtigtes Interesse an der Änderung der Gruppe der erbberechtigten Personen hat. Ein „Verzicht“ nach Eintritt des Erbfalls ist je nach den Umständen als Ausschlagung (→ Rn. 588 ff.), Erbteilsübertragung nach § 2033 (→ Rn. 966 ff.), Erlassvertrag gem. § 397 oder als Verpflichtung, den anderen so zu stellen, als hätte er die Erbschaft erhalten, auszulegen.[135]

547 Ebenso kann nach h.M. auch der **Pflichtteilsverzichtsvertrag** nur zu Lebzeiten des Erblassers abgeschlossen werden.[136] Die daran in der Literatur teils geübte Kritik[137], die sich unter anderem maßgeblich darauf stützt, dass insoweit nichts anderes gelten könne als für einen Erlass- oder Verzichtsvertrag über alle sich künftig aus §§ 2303 ff. ergebenden Rechte, vermag nicht zu überzeugen. Denn das Pflichtteils*recht*, welches Gegenstand eines Pflichtteilsverzichts gem. § 2346 Abs. 2 ist, ist gerade etwas anderes als der Pflichtteils*anspruch* gem. § 2303 Abs. 1 (→ Rn. 617). Der Verzicht auf das Pflichtteilsrecht ist durch die Unsicherheit über seinen wirtschaftlichen Wert und der i.d.R. zumindest teilweisen Wiedergewinnung der Verfügungsfreiheit des Erblassers gekennzeichnet; beide Aspekte spielen aber nach dem Tod des Erblassers keine Rolle mehr, da dann ein bestimmter Pflichtteilsanspruch entstanden ist.[138] Hinzu kommt, dass der Pflichtteilsverzicht ein Unterfall des Erbverzichts ist und schon deshalb im Hinblick auf die zeitlichen Voraussetzungen nicht anders behandelt werden kann.[139]

4. Beseitigung der Wirkung des Erbverzichts

548 Die Wirkung des Erbverzichts kann durch einen **Aufhebungsvertrag** (→ Rn. 549 f.) oder durch **Anfechtung** (→ Rn. 551 ff.) beseitigt werden. Ein **Rücktrittsrecht** ist hingegen im Gesetz **nicht** vorgesehen und kann auch nicht vertraglich vereinbart werden, da dies mit der abstrakten Natur des Erbverzichts unvereinbar wäre.[140]

---

134 Vgl. BGH v. 4.7.1962 – V ZR 14/61, BGH NJW 1962, 1910, 1913; OLG Köln (v. 22.10.1974 – 15 U 21/74, OLGZ 1975, 1; MüKoBGB/*Wegerhoff*, 7. Aufl. 2017, § 2346 Rn. 10; Staudinger/*Schotten*, 2016, § 2346 Rn. 19.

135 Vgl. Staudinger/*Schotten*, 2016, § 2346 Rn. 19.

136 Vgl. BGH v. 13.11.1996 – IV ZR 62/96, NJW 1997, 521, 522 (dazu *Martin-Ehlers* JA 1997, 622 f.; *Hohloch* JuS 1997, 373 f); *Albrecht* DNotZ 1997, 425; *Pentz* JZ 1998, 88; MüKoBGB/*Wegerhoff*, 7. Aufl. 2017, § 2346 Rn. 10; Staudinger/*Schotten*, 2016, § 2346 Rn. 31.

137 Vgl. *Mayer* MittBayNot 1997, 85 ff.; *Muscheler* JZ 1987, 853, 854; *Schubert* JR 1997, 426, 427.

138 Vgl. BGH v. 13.11.1996 – IV ZR 62/96, NJW 1997, 521, 522.

139 Vgl. Staudinger/*Schotten*, 2016, § 2346 Rn. 31.

140 Vgl. BayObLG v. 4.10.1957 – 1 Z 147/57, BayObLGZ 1957, 292, 301; *Lange*, ErbR, 2. Aufl. 2017, § 41 Rn. 115; Staudinger/*Schotten*, 2016, § 2346 Rn. 111; MüKoBGB/*Wegerhoff*, 7. Aufl. 2017, § 2346 Rn. 30.

a) Aufhebungsvertrag, § 2351

Gem. § 2351 kann der Erbverzicht durch Aufhebungsvertrag beseitigt werden; für diesen gelten bezüglich Form und Stellvertretung des Erblassers die gleichen Anforderungen wie für den Verzichtsvertrag. Die Aufhebung ist grundsätzlich **bei allen Arten des Erbverzichtsvertrags i.w.S.** möglich; für den Erbverzicht und den Pflichtteilsverzicht ist dies unstreitig. Nach zutr. h.M. gilt dies aber ebenso für den Zuwendungsverzicht.[141] Denn obgleich Wortlaut und systematische Stellung des § 2352 auf den ersten Blick dagegen sprechen mögen, besteht gleichwohl auch ein rechtliches Bedürfnis für die Aufhebung des Zuwendungsverzichts, weil die ursprüngliche Verfügung nicht mehr durch Neuvornahme wiederhergestellt werden kann, wenn der Erblasser zwischenzeitlich testierunfähig geworden oder durch Erbvertrag gebunden ist.[142] 549

Der Aufhebungsvertrag kann **nur zu Lebzeiten des Erblassers** abgeschlossen werden (*argumentum* e §§ 2351, 2347 Abs. 2 S. 1 Hs. 1).[143] Nach zutr. h.M. kann er aber auch nach dem Tod des Verzichtenden aufgrund der dann eingetretenen endgültigen Bindung nicht mehr aufgehoben werden.[144] Nach Eintritt des Erbfalls kann einem Erbverzicht darüber hinaus auch nicht mehr entgegengehalten werden, dass die Geschäftsgrundlage fehle oder dass der mit ihm bezweckte Erfolg nicht eingetreten sei.[145] 550

b) Anfechtung

Der abstrakte Erbverzicht kann – ebenso wie das Kausalgeschäft (→ Rn. 567) – durch **Anfechtung** beseitigt werden.[146] Da es sich beim Erbverzicht um ein Rechtsgeschäft unter Lebenden auf den Todesfall handelt, richtet sich die Anfechtung nicht nach den §§ 2078 f., 2281, sondern nach **§§ 119, 123**.[147] Nicht möglich ist allerdings eine Anfechtung wegen Eigenschaftsirrtum gem. § 119 Abs. 2, weil die dort genannten Eigenschaften nicht zum Inhalt des abstrakten Erbverzichtsvertrages gehören.[148] 551

Ein Teil der Literatur will die Anfechtung auch noch nach dem Tod des Erblassers zulassen.[149] Dafür spreche, dass mangels einer Spezialregelung die allgemeinen An- 552

141 Vgl. BGH v. 20.2.2008 – IV ZR 32/06, ZEV 2008, 237, 238; Staudinger/*Schotten,* 2016, § 2352 Rn. 50 m.w.N.

142 Vgl. MüKoBGB/*Wegerhoff,* 7. Aufl. 2017, § 2352 Rn. 18.

143 Vgl. BGH v. 24.6.1998 – IV ZR 159-97, NJW 1998, 3117; MüKoBGB/*Wegerhoff,* 7. Aufl. 2017, § 2351 Rn. 3 m.w.N.

144 Vgl. BGH v. 24.6.1998 – IV ZR 159-97, NJW 1998, 3117 (dazu *Hohloch* JuS 1999, 82); BeckOGK/*Everts* § 2351 Rn. 8; *Kuchinke* ZEV 2000, 169 ff.; Erman/*Simon*, 15. Aufl. 2017, § 2351 Rn. 2; a.A. *Mayer* MittBayNot 1999, 41 ff.; Staudinger/*Schotten,* 2016, § 2346 Rn. 97d.

145 Vgl. BGH v. 4.11.1998 – IV ZR 327/97, NJW 1999, 789.

146 Vgl. RG v. 6.3.1913 – IV 539/12, Recht 1913 Nr. 2885; *Pentz* MDR 1999, 785; Staudinger/*Schotten,* 2016, § 2352 Rn. 94, 102 ff.; MüKoBGB/*Wegerhoff,* 7. Aufl. 2017, § 2346 Rn. 4.

147 Vgl. RG v. 6.3.1913 – IV 539/12, Recht 1913 Nr. 2885 (zu § 119 BGB); OLG Koblenz v. 4.3.1993 – 6 W 99/93, FamRZ 1993, 1498, 1499 (zu § 123 Abs. 1); *Lange,* ErbR, 2. Aufl. 2017, § 41 Rn. 117; Staudinger/*Schotten,* 2016, § 2352 Rn. 103; MüKoBGB/*Wegerhoff,* 7. Aufl. 2017, § 2346 Rn. 4.

148 Vgl. Soergel/*Damrau,* 13. Aufl. 2002, § 2346 Rn. 20; Staudinger/*Schotten,* 2016, § 2352 Rn. 104 m.w.N.; a.A. jedoch noch RG v. 6.3.1913 – IV 539/12, Recht 1913 Nr. 2885.

149 Vgl. etwa *Damrau* MittBayNot 2006, 253, 254; *Leipold* ZEV 2006, 212, 213 ff.; *Mankowski* ZEV 1998, 33; Erman/*Simon*, 15. Aufl. 2017, Vor § 2346 Rn. 3.

fechtungsfristen der §§ 121, 124 gelten; zudem könnten schließlich auch Testamente und Erbverträge noch nach dem Tod des Erblassers angefochten werden.[150] Überzeugender ist es jedoch, mit der h.M.[151] anzunehmen, dass eine Anfechtung **nach dem Tod des Erblassers nicht mehr zulässig** ist. Dafür spricht neben dem Gedanken der Rechtssicherheit vor allem der Umstand, dass der Erbverzicht die Rechtslage bei Eintritt des Erbfalls unmittelbar umgestaltet.[152] Der Verzichtende wird hierdurch auch nicht etwa rechtlos gestellt, denn zumindest im Falle der arglistigen Täuschung oder widerrechtlichen Drohung kommt ein Schadensersatzanspruch gem. § 826 oder § 823 Abs. 2 i.V.m. § 263 StGB in Betracht.[153]

553 Umstritten ist, ob auch der Erblasser nach §§ 119 Abs. 1, 123 anfechten kann. Zum Teil wird eine Anfechtungsmöglichkeit mangels Rechtsschutzinteresses verneint, weil der Erblasser durch eine neue Verfügung von Todes wegen das gleiche Ergebnis erreichen könne.[154] Dabei wird indes übersehen, dass eine Anfechtung andere Rechtsfolgen hinsichtlich der Berechnung der Pflichtteilsansprüche hat als eine neue Verfügung von Todes wegen (vgl. § 2310 S. 2, → Rn. 628).[155] Zudem ist die Anfechtung der einfachere Weg, um die Folgen des Verzichts – vor allem im Hinblick auf eine gewährte Abfindung – zu beseitigen.[156] Zu folgen ist daher der h.M.[157], die auch die **Anfechtung durch den Erblasser selbst** zulässt.

5. Inhaltskontrolle von Erbverzichten

554 In den letzten Jahren ist die Problematik der Inhaltskontrolle von Erbverzichten zunehmend in den Fokus geraten.[158] Diskutiert wird insb., unter welchen Voraussetzungen ein Erbverzicht wegen **Sittenwidrigkeit gem. § 138 Abs. 1** nichtig ist (allgemein zur Nichtigkeit von Verfügungen von Todes wegen aufgrund von Sittenwidrigkeit bereits → Rn. 464 ff.). Nach der Rechtsprechung bedarf es insoweit einer Gesamtbetrachtung, d.h. maßgeblich ist der aus der Zusammenfassung von Inhalt, Beweggrund

150 Vgl. *Leipold* ZEV 2006, 212, 213; *Mankowski* ZEV 1998, 33.

151 Vgl. OLG Koblenz v. 4.3.1993 – 6 W 99/93, FamRZ 1993, 1498, 1499; OLG Schleswig v. 27.5.1997 – 3 U 148/95, NJW-RR 1997, 1092, 1093; OLG Celle v. 8.7.2003 – 6 W 63/03, ZEV 204, 156; OLG Düsseldorf v. 3.11.1997 – 3 Wx 1105/97, NJW 1998, 2607, 2608; BayObLG v. 4.1.2006 – 1Z BR 97/03, ZEV 2006, 209, 210; *Horn* ZEV 2010, 295, 296; Staudinger/*Schotten*, 2016, § 2346 Rn. 106 ff.; Jauernig/*Stürner*, 17. Aufl. 2018, § 2346 Rn. 6; MüKoBGB/*Wegerhoff*, 7. Aufl. 2017, § 2346 Rn. 4.

152 Vgl. BayObLG v. 4.1.2006 – 1Z BR 97/03, ZEV 2006, 209, 210; Staudinger/*Schotten*, 2016, § 2346 Rn. 106a.

153 Vgl. OLG Koblenz v. 4.3.1993 – 6 W 99/93, FamRZ 1993, 1498, 1499; Jauernig/*Stürner*, 17. Aufl. 2018, § 2346 Rn. 6; Staudinger/*Schotten*, 2016, § 2346 Rn. 106b, 109.

154 Vgl. *Kipp/Coing*, ErbR, 14. Aufl. 1990, § 82 IV.

155 Vgl. Staudinger/*Schotten*, 2016, § 2346 Rn. 107; MüKoBGB/*Wegerhoff*, 7. Aufl. 2017, § 2346 Rn. 4.

156 Vgl. *Lange/Kuchinke*, ErbR, 5. Aufl. 2001, § 7 V 1 Fn. 102; Staudinger/*Schotten*, 2016, § 2346 Rn. 107.

157 Vgl. *Lange/Kuchinke*, ErbR, 5. Aufl. 2001, § 7 V 1 Fn. 102; Staudinger/*Schotten*, 2016, § 2346 Rn. 107; Erman/*Simon*, 15. Aufl. 2017, Vor § 2346 Rn. 3; MüKoBGB/*Wegerhoff*, 7. Aufl. 2017, § 2346 Rn. 4.

158 Vgl. dazu *Bengel* ZEV 2006, 192 ff.; *Kapfer* MittBayNot 2006, 385 ff.; *Keim* RNotZ 2013, 411, 417 ff.; *Lange*, ErbR, 2. Aufl. 2017, § 41 Rn. 125; *Muscheler*, FS Spiegelberger, 2009, S. 1079 ff.; *von Proff zu Irnich* ZEV 2017, 301 ff.; *Zimmer* NJW 2017, 513, 515 f.; speziell zum Pflichtteilsverzicht: *Lange* ErbR 2017, 397 ff.

und Zweck zu entnehmende Gesamtcharakter des Rechtsgeschäfts sowie der äußeren Umstände, die zu seiner Vornahme geführt haben.[159]

Beispiele: In einem Fall, in dem der künftige Ehegatte vom Erblasser nicht über dessen wahre Vermögensverhältnisse (Auslandsguthaben von 300.000 €) aufgeklärt worden war, wurde der Ehe- und Erbvertrag gleichwohl nicht als sittenwidrig eingestuft, weil nichts dafür sprach, dass der Vermögensstand des Erblassers maßgeblichen Einfluss auf den Verzicht hatte.[160] Als sittenwidrig qualifiziert wurde hingegen ein Erbverzicht aufgrund einer Gesamtwürdigung mit der zugrunde liegenden Vereinbarung, bei dem die getroffenen Vereinbarungen ein erhebliches Ungleichgewicht zulasten des Verzichtenden aufwiesen, weil der Erbverzicht mit sofortiger Wirkung und unbedingt vereinbart war, während die Gegenleistung unter drei kumulativ zu erfüllende Bedingungen gestellt war.[161]

6. Kausalgeschäft zum Erbverzicht

a) Allgemeines

Wie jedes Verfügungsgeschäft bedarf der Erbverzicht nach heute h.M.[162] eines Verpflichtungsgeschäfts (causa) als Rechtsgrundlage. Der Gesetzgeber hat zwar aufgrund der früher abweichenden Ansicht in den §§ 2346 ff. nur den abstrakten Erbverzicht geregelt, die Zulässigkeit des **Kausalgeschäfts** folgt jedoch aus dem Prinzip der Vertragsfreiheit.[163] Das Kausalgeschäft verstößt nicht gegen § 2302, weil der Erbverzicht, zu dessen Errichtung sich die Parteien mit dem Kausalgeschäft verpflichten, keine Verfügung von Todes wegen ist.[164] Ebenso wenig liegt ein Verstoß gegen § 311b Abs. 4 (da der Erblasser nicht Dritter i.S.d. Vorschrift ist) noch gegen § 311b Abs. 2 (weil keine Verpflichtung zur Übertragung künftigen Vermögens begründet wird) vor.[165] **555**

Der Erbverzicht und das Kausalgeschäft sind zwei selbstständige Rechtsgeschäfte und in ihrer rechtlichen Wirksamkeit **voneinander unabhängig**.[166] Insb. stehen Erbverzicht und eine etwaige Abfindungsvereinbarung (→ Rn. 558) zueinander in keinem Gegenseitigkeitsverhältnis (Synallagma).[167] **556**

b) Arten des Kausalgeschäfts

Der Erbverzicht kann erklärt werden, ohne dass der Verzichtende hierfür eine Abfindung erhält. Einem solchen sog. **unentgeltlichen Erbverzicht** liegt keine Schenkung, **557**

---

159 Vgl. OLG Düsseldorf v. 21.2.2013 – I-3 Wx 193/12, ZEV 2013, 498, 499; OLG Hamm v. 8.11.2016 – 10 U 36/15, NJW 2017, 576 Rn. 21.
160 Vgl. OLG Düsseldorf v. 21.2.2013 – I-3 Wx 193/12, ZEV 2013, 498.
161 Vgl. OLG Hamm v. 8.11.2016 – 10 U 36/15, NJW 2017, 576 Rn. 21. Dazu *Andrissek* MittBayNot 2018, 57 f.; *Löhnig* NotBZ 2017, 195 f.; *Everts* ZEV 2017, 166 f.; *von Proff zu Irnich* ZEV 2017, 301 ff.
162 Vgl. BGH v. 4.7.1962 – V ZR 14/61, NJW 1962, 1910, 1912; BGH v. 29.11.1996 – Blw 16/96, NJW 1997, 653; BGH v. 7.12.2011 – IV ZR 16/11, NJW-RR 2012, 332 Rn. 15; BayObLG v. 10.2.1981 – 1 Z 125/80, BayObLGZ 1981, 30, 33; Staudinger/*Schotten*, 2016, § 2346 Rn. 115 m.w.N.
163 Vgl. Staudinger/*Schotten*, 2016, § 2346 Rn. 116 m.w.N.
164 Vgl. BGH v. 4.7.1962 – V ZR 14/61, NJW 1962, 1910, 1912; *Lange/Kuchinke*, ErbR, 5. Aufl. 2001, § 7 V 2 c Fn. 117; *Leipold*, ErbR, 21. Aufl. 2016, Rn. 548 Fn. 5.
165 Vgl. BGH v. 4.7.1962 – V ZR 14/61, NJW 1962, 1910, 1912.
166 Vgl. OLG Hamm v. 8.11.2016 – 10 U 36/15, NJW 2017, 576 Rn. 24; *von Proff zu Irnich* DNotZ 2017, 84, 86; Staudinger/*Schotten*, 2016, § 2346 Rn. 117 m.w.N.
167 Vgl. MüKoBGB/*Wegerhoff*, 7. Aufl. 2017, § 2346 Rn. 21 m.w.N.

sondern ein unentgeltliches Rechtsgeschäft *sui generis* zugrunde, weil weder eine vermögensmäßige Bereicherung des Erblassers bzw. des Begünstigten noch eine Vermögensminderung des Verzichtenden eintritt.[168]

558 In den meisten Fällen wird der Erbverzicht jedoch gegen eine Abfindung erklärt (sog. **entgeltlicher Erbverzicht**). Das Kausalgeschäft enthält dann einerseits die Verpflichtung des Verzichtenden zur Erklärung des Erbverzichts und andererseits die Verpflichtung des Erblassers zur Leistung der Abfindung. In diesem Fall ist das Kausalgeschäft ein gegenseitiger Vertrag, auf den die §§ 320 ff. Anwendung finden.[169] Die Abfindung kann sowohl in einer Zuwendung unter Lebenden als auch in einer Zuwendung von Todes wegen bestehen.[170] Im letzteren Fall ist das Kausalgeschäft ein Vertrag, in dem sich die eine Partei zur Erklärung eines Erbverzichts und der Erblasser zur Errichtung einer bestimmten Verfügung von Todes wegen verpflichtet. Wenn die Verfügung von Todeswegen zeitgleich erreicht wird, so scheitert der Vertrag entgegen einer Mindermeinung im Schrifttum[171] nicht an § 2302, denn diese Vorschrift will nach ihrem Sinn und Zweck nur Verpflichtungen zur Errichtung einer Verfügung von Todes wegen in der Zukunft verhindern, nicht jedoch Verträge, bei denen Verpflichtung und Errichtung der Verfügung von Todes wegen uno actu zusammenfallen.[172]

c) Verknüpfung des Verpflichtungsgeschäfts mit dem Erbverzicht

559 Im Fall eines entgeltlichen Erbverzichts, bei der die Abfindung durch eine Zuwendung unter Lebenden erfolgen soll, läuft die Partei, die den Erbverzicht erklärt, Gefahr, an diese Erklärung gebunden zu sein, ohne die Abfindung zu erhalten. Diesem Risiko können die Parteien allerdings durch eine entsprechende Vertragsgestaltung entgegenwirken.

560 Zum einen können die Parteien ein **Rücktrittsrecht** für das Kausalgeschäft (nicht aber für den abstrakten Erbverzicht, → Rn. 548) vereinbaren.[173] Dieses kann zwar prinzipiell auch voraussetzungslos eingeräumt werden; sinnvoller erscheint es jedoch, dies so auszugestalten, dass es nur unter bestimmten Voraussetzungen besteht, z.B. wenn die Abfindung vom Erblasser nicht bis zu einem bestimmten Zeitpunkt geleistet wird.[174] Ein solches Rücktrittsrecht kann allerdings nach zutr. Ansicht nur zu Lebzeiten des Erblassers ausgeübt werden.[175]

---

168 Vgl. *Lange,* ErbR 2017, 305, 306; Staudinger/*Schotten*, 2016, § 2346 Rn. 121 m.w.N.

169 Vgl. BGH v. 4.7.1962 – V ZR 14/61, NJW 1962, 1910, 1912; BGH v. 7.12.2011 – IV ZR 16/11, NJW-RR 2012, 332 Rn. 15; *Lange,* ErbR, 2. Aufl. 2017, § 41 Rn. 119.

170 Vgl. BayObLG v. 27.1.1995 – 1Z BR 22/94, BayObLGZ 1995, 29, 33; Staudinger/*Schotten*, 2016, § 2346 Rn. 122, 141 m.w.N.

171 Vgl. Staudinger/*Kanzleiter,* 2014, § 2302 Rn. 4.

172 Vgl. *Schotten* DNotZ 1998, 163, 166; Staudinger/*Schotten,* 2016, § 2346 Rn. 142; *Stöcker* WM 1980, 482, 487; *Stürzebecher* NJW 1988, 2717, 2719.

173 Vgl. BayObLG v. 4.10.1957 – 1 Z 147/57, BayObLGZ 1957, 292, 300; *von Proff zu Irnich* DNotZ 2016, 84, 88; Staudinger/*Schotten,* 2016, § 2346 Rn. 156 m.w.N.

174 Vgl. Staudinger/*Schotten,* 2016, § 2346 Rn. 156.

175 Vgl. Staudinger/*Schotten,* 2016, § 2346 Rn. 156; MüKoBGB/*Wegerhoff,* 7. Aufl. 2017, § 2346 Rn. 23; a.A. *von Proff zu Irnich* DNotZ 2017, 84, 105; ferner wohl auch BayObLG v. 4.10.1957 – 1 Z 147/57, BayObLGZ 1957, 292, 300 f.

Zum anderen kann dem „Abfindungsrisiko" durch die Ausgestaltung als **bedingter Erbverzicht** Rechnung getragen werden, denn ein solcher ist nach allgemeiner Meinung zulässig.[176] So kann der Erbverzicht z.B. unter die aufschiebende Bedingung (§ 158 Abs. 1) der Leistung der Abfindung oder unter die auflösende Bedingung (§ 158 Abs. 2) der Nichtleistung der Abfindung gestellt werden.[177] Eine andere Option ist es, die Wirksamkeit des Erbverzichts von der Gültigkeit des Abfindungsvertrags abhängig zu machen.[178] Dabei handelt es sich zwar um keine Bedingung i.S.d. § 158, weil nicht auf ein zukünftiges Ereignis abgestellt wird (denn die Gültigkeit des Abfindungsvertrags steht objektiv bereits im Zeitpunkt des Vertragsschlusses fest); aufgrund des Grundsatzes der Vertragsfreiheit kann jedoch analog § 158 auch die subjektive Ungewissheit der Parteien hinsichtlich der Gültigkeit der Abfindungsvereinbarung zur Bedingung gemacht werden.[179] 561

Wenn die Parteien keine spezielle Regelung getroffen haben, kann u.U. § 139 helfen. Wenn Erbverzicht und Abfindungsvereinbarung nach dem durch Auslegung zu ermittelnden Willen der Parteien miteinander „stehen und fallen" sollen, so liegt ein **einheitliches Rechtsgeschäft i.S.d. § 139** vor, mit der Folge, dass eine etwaige Unwirksamkeit der Abfindungsvereinbarung auch die Unwirksamkeit des Erbverzichts zur Folge hat (und umgekehrt).[180] Sofern Erbverzicht und Abfindungsvereinbarung in einer Urkunde aufgenommen werden, spricht nach zutr. h.M. eine tatsächliche Vermutung für einen derartigen Verknüpfungswillen.[181] 562

d) Vereinbarung und Beseitigung der Wirkung des Kausalgeschäfts

aa) Vereinbarung des Kausalgeschäfts. Für die Vereinbarung des Kausalgeschäfts gelten grundsätzlich die **allgemeinen Vertragsschlussregeln**. Es existieren jedoch **einige Besonderheiten**. 563

So gelten für das schuldrechtliche Kausalgeschäft nach zutr. h.M. insb. die betreuungs- und familiengerichtlichen **Genehmigungserfordernisse des § 2347 Abs. 1 und 2 analog**, weil diese sonst durch Klage aus dem (ohne Genehmigung geschlossenen) Kausalgeschäft auf Erfüllung und anschließende Zwangsvollstreckung aus dem Urteil (§ 894 ZPO) umgangen werden könnten.[182] Das Höchstpersönlichkeitserfor- 564

176 Vgl. BGH v. 4.7.1962 – V ZR 14/61, NJW 1962, 1910, 1912; BGH v. 7.12.2011 – IV ZR 16/11, NJW-RR 2012, 332 Rn. 18; *Lange,* ErbR, 2. Aufl. 2017, § 41 Rn. 121; *von Proff zu Irnich* DNotZ 2017, 84, 87; Staudinger/*Schotten,* 2016, § 2346 Rn. 153; MüKoBGB/*Wegerhoff,* 7. Aufl. 2017, § 2346 Rn. 25.

177 Vgl. *Lange,* ErbR, 2. Aufl. 2017, § 41 Rn. 121; MüKoBGB/*Wegerhoff,* 7. Aufl. 2017, § 2346 Rn. 25.

178 Vgl. Staudinger/*Schotten,* 2016, § 2346 Rn. 153; MüKoBGB/*Wegerhoff,* 7. Aufl. 2017, § 2346 Rn. 25.

179 Vgl. Staudinger/*Schotten,* 2016, § 2346 Rn. 153 m.w.N.

180 Vgl. OLG Düsseldorf v. 20.12.2013 – I-7 U 153/12, ZEV 2014, 265 f.; OLG Hamm v. 8.11.2016 – 10 U 36/15, NJW 2017, 576 Rn. 24; *Lange,* ErbR, 2. Aufl. 2017, § 41 Rn. 123; MüKoBGB/*Wegerhoff,* 7. Aufl. 2017, § 2346 Rn. 27. Gegen die Anwendung von § 139 allerdings Staudinger/*Schotten,* 2016, § 2346 Rn. 151.

181 Vgl. OLG Hamm v. 8.11.2016 – 10 U 36/15, NJW 2017, 576 Rn. 24; *Lange,* ErbR, 2. Aufl. 2017, § 41 Rn. 123; MüKoBGB/*Wegerhoff,* 7. Aufl. 2017, § 2346 Rn. 27; a.A. *von Proff zu Irnich* DNotZ 2017, 84, 88 sowie wohl auch OLG Düsseldorf v. 20.12.2013 – I-7 U 153/12, ZEV 2014, 265, 266.

182 Vgl. Staudinger/*Schotten,* 2016, § 2347 Rn. 4; MüKoBGB/*Wegerhoff,* 7. Aufl. 2017, § 2347 Rn. 6; a.A. Soergel/*Damrau,* 13. Aufl. 2002, § 2347 Rn. 9.

dernis des § 2347 Abs. 2 S. 1 für den Erblasser gilt hingegen für das Kausalgeschäft nicht analog, da es primär historisch zu erklären ist und beim Kausalgeschäft jedenfalls kein entsprechendes Schutzbedürfnis besteht.[183]

565 Umstritten ist, ob das Kausalgeschäft analog § 2348 ebenfalls der notariellen Beurkundung bedarf. Der BGH hat die Frage bislang offengelassen.[184] Ein Teil der Literatur nimmt an, dass das Kausalgeschäft mangels einer entsprechenden gesetzlichen Regelung formlos wirksam sei.[185] Dies erscheint jedoch schon deshalb als zu kurz gegriffen, weil sich die Frage der Form des Kausalgeschäfts für den Gesetzgeber wegen der damals noch anderen dogmatischen Konstruktion überhaupt nicht stellte.[186] Würde man indes das Kausalgeschäft für formlos wirksam halten, so könnte die Formvorschrift des § 2348 ganz leicht umgangen werden, indem aus dem formfrei geschlossenen Kausalgeschäft auf Erfüllung geklagt wird; die h.M. verlangt daher zu Recht auch für das Kausalgeschäft analog § 2348 eine **notarielle Beurkundung**.[187] Durch den Abschluss (Beurkundung) des Erbverzichtsvertrags als Erfüllungsgeschäft tritt jedoch analog §§ 311b Abs. 1 S. 2, 518 Abs. 2 und § 15 Abs. 4 S. 2 GmbHG die **Heilung** des formnichtigen Grundgeschäfts ein.[188]

566 **bb) Beseitigung der Wirkung des Kausalgeschäfts.** Das Kausalgeschäft kann von den Parteien durch einen **Aufhebungsvertrag** beseitigt werden.[189]

567 In Betracht kommt ferner eine **Anfechtung**. Hinsichtlich der Anfechtung nach den §§ 119 Abs. 1, 123 Abs. 1 ergeben sich keine Besonderheiten.[190] Im Fall eines Irrtums über die wertbildenden Merkmale oder über den Bestand des Vermögens können grundsätzlich sowohl der Erblasser als auch der Verzichtende gem. § 119 Abs. 2 anfechten, wenn die falschen Vorstellungen als Berechnungsgrundlage für die Höhe der Abfindung gedient haben.[191] Der Irrtum muss sich aber auf das gegenwärtige Vermögen des Erblassers beziehen, da ein Irrtum über die künftige Wertentwicklung aufgrund des Risikocharakters des Erbverzichts (sog. Risikogeschäft) keine Anfechtung nach § 119 Abs. 2 rechtfertigt.[192]

---

183 Vgl. BGH v. 4.7.1962 – V ZR 14/61, NJW 1962, 1910, 1912 f.; OLG Düsseldorf v. 20.12.2013 – I-7 U 153/12, ZEV 2014, 265 Staudinger/*Schotten*, 2016, § 2347 m.w.N.

184 Vgl. BGH v. 4.7.1962 – V ZR 14/61, NJW 1962, 1910, 1912; BGH v. 14.12.1995 – IX ZR 242/94, NJW 1996, 1062, 1064 f.; BGH v. 7.12.2011 – IV ZR 16/11, NJW-RR 2012, 332 Rn. 15 f.; BGH v. 4.7.2013 – V ZR 151/12, NJW-RR 2014, 177 Rn. 15.

185 Vgl. *Lange/Kuchinke*, ErbR, 5. Aufl. 2001, § 7 I 5a und b; *Kuchinke* NJW 1983, 2358, 2359.

186 Vgl. OLG Köln v. 30.6.2010 – 2 U 154/09, ZEV 2011, 384, 386; Staudinger/*Schotten*, 2016, § 2348 Rn. 10.

187 Vgl. KG v. 26.2.1973 – 12 U 2463/72, OLGZ 1974, 263, 265; OLG Köln v. 30.6.2010 – 2 U 154/09, ZEV 2011, 384, 386; LG Bonn v. 3.9.1998 – 2 O 229/98, ZEV 1999, 356; BeckOGK/*Everts* § 2348 Rn. 8; *Keller* ZEV 2005, 229, 230 ff.; *von Proff zu Irnich* DNotZ 2017, 84, 98; Staudinger/*Schotten*, 2016, § 2348 Rn. 10; MüKoBGB/*Wegerhoff*, 7. Aufl. 2017, § 2348 Rn. 2.

188 Vgl. LG Bonn v. 3.9.1998 – 2 O 229/98, ZEV 1999, 356; MüKoBGB/*Wegerhoff*, 7. Aufl. 2017, § 2346 Rn. 22 Fn. 84.

189 Näher dazu Staudinger/*Schotten*, 2016, § 2346 Rn. 192.

190 Näher Staudinger/*Schotten*, 2016, § 2346 Rn. 175.

191 Vgl. bereits RG v. 6.3.1913 – IV 539/12, Recht 1913 Nr. 2885; Staudinger/*Schotten*, 2016, § 2346 Rn. 177 m.w.N.

192 Vgl. BGH v. 29.11.1996 – BLw 16/96, NJW 1997, 653; BayObLG v. 27.1.1995 – 1Z BR 22/94, BayObLGZ 1995, 29, 34; Staudinger/*Schotten*, 2016, § 2346 Rn. 177; MüKoBGB/*Wegerhoff*, 7. Aufl. 2017, § 2346 Rn. 24.

Anwendbar sind ferner auch die Grundsätze über die **Störung der Geschäftsgrundlage (§ 313).**[193] Aufgrund des Risikocharakters des Erbverzichts sind jedoch strengste Anforderungen zu stellen; es müssen Umstände eintreten, die außerhalb jeder Vorstellung der Vertragsparteien gelegen haben und mit denen vernünftigerweise auch niemand rechnen konnte.[194] 568

Beispiele: Der Erblasser hatte zur Zeit des Abschlusses des Erbverzichtsvertrags erheblich mehr oder weniger Vermögen als den Vertragschließenden bekannt war (grober Bewertungsfehler)[195]; die geleistete Abfindung hat nach Abschluss des Erbverzichtsvertrags einen außerhalb jeder Vorstellung liegenden Wertverfall erlitten[196]; das Vermögen des Erblassers ist nach Abschluss des Erbverzichtsvertrags erheblich im Wert gestiegen, weil die auf dem Gebiet der früheren DDR belegenen Grundstücke nach der Wiedervereinigung wieder verfügbar und erheblich wertvoller wurden[197].

Lösung der Ausgangsfälle

Fall 28[198] **(→ Rn. 485):** In Betracht kommt zunächst eine Erbunwürdigkeit nach § 2339 Abs. 1 Nr. 3. B hat R zwar arglistig getäuscht, aber R hat gerade keine weitere Verfügung von Todes wegen errichtet noch ist sie zur Aufhebung des bestehenden Testaments bestimmt worden. 569

B könnte jedoch gem. § 2339 Abs. 1 Nr. 2 erbunwürdig sein, weil sie R durch arglistige Täuschung daran gehindert hat, eine Verfügung von Todes wegen (formgerecht gem. § 2255) aufzuheben. Zwar hätte B das Testament auch durch Zerreißen nicht *rechtlich* vernichten können, weil der Erblasser hierbei persönlich handeln muss und auch eine nachträgliche Genehmigung der Vernichtung der Testamentsurkunde nicht ausreicht (→ Rn. 199). Entscheidend ist hier jedoch allein, dass B der Erblasserin R die Möglichkeit der formgerechten Vernichtung nach § 2255 genommen hat, indem sie vorgab, das Testament bereits vernichtet zu haben. B ist folglich gem. § 2339 Abs. 1 Nr. 2 erbunwürdig.

Fall 29[199] **(→ Rn. 485):** Es liegt kein Erbunwürdigkeitsgrund, insb. auch nicht § 2339 Abs. 1 Nr. 3 vor. Eine arglistige Täuschung kann zwar auch darin liegen, dass der Erblasser über einen bereits vorhandenen Irrtum durch den Erben nicht aufgeklärt wird, sofern eine entsprechende Pflicht besteht. Konkret kann auch das Verschweigen der ehelichen Untreue eine arglistige Täuschung sein, da grundsätzlich eine Aufklärungspflicht aufgrund der ehelichen Lebensgemeinschaft (§ 1353 Abs. 1 S. 2) besteht. Die Aufklärungspflicht entfällt jedoch, wenn – wie hier – die schonungslose Offenheit unter Berücksichtigung des Gesundheitszustandes die ebenfalls aus der ehelichen Lebensgemeinschaft folgende Rücksichtspflicht verletzt. Dabei kann es entgegen dem BGH nicht nur darauf ankommen, wie lange die Eheverfehlung bereits zurückliegt. Entscheidend ist, welche Folgen die Aufklärung für den anderen Ehegatten vermutlich haben wird. 570

193 Vgl. BGH v. 29.11.1996 – BLw 16/96, NJW 1997, 653 f.; *Lange,* ErbR, 2. Aufl. 2017, § 41 Rn. 122; Staudinger/*Schotten,* 2016, § 2346 Rn. 189; MüKoBGB/*Wegerhoff,* 7. Aufl. 2017, § 2346 Rn. 24a.

194 Vgl. BGH v. 29.11.1996 – BLw 16/96, NJW 1997, 653, 654; *Lange,* ErbR, 2. Aufl. 2017, § 41 Rn. 122; Staudinger/*Schotten,* 2016, § 2346 Rn. 191; MüKoBGB/*Wegerhoff,* 7. Aufl. 2017, § 2346 Rn. 24a.

195 Vgl. BGH v. 30.1.1991 – IV ZR 299/89, NJW 1991, 1345, 1346 bezüglich einer vorweggenommenen Erbfolgeregelung.

196 Vgl. RG v. 18.6.1936 – IV 60/36, SeuffArch. 90, 321.

197 Vgl. OLG Hamm v. 3.8.1999 – 10 U 3/99, ZEV 2000, 507.

198 Nach BGH v. 14.2.1990 – IV ZR 286/88, NJW-RR 1990, 515.

199 Vgl. BGH v. 21.9.1967 – III ZR 208/66, NJW 1968, 642.

571 **Abwandlung:** Nach Auffassung des BGH bestand für M hier eine Aufklärungspflicht. Zudem hat er zum einen sein ehewidriges Verhältnis fortgesetzt und zum anderen durch aktives Tun einen Irrtum bei F erregt. Der BGH geht von einer arglistigen Täuschung aus, durch die F zur Errichtung des Testaments bestimmt wurde (§ 2339 Abs. 1 Nr. 3). Seine Argumentation trägt teilweise jedoch nur eine arglistige Täuschung durch Unterlassen (Aufklärungspflicht) im Hinblick auf eine Aufhebung des Testaments (§ 2339 Abs. 1 Nr. 2). Dann macht es Sinn, auf die Fortsetzung des ehewidrigen Verhältnisses abzustellen. Eine Erbunwürdigkeit nach § 2339 Abs. 1 Nr. 2 wäre aber zu verneinen, weil es an einem konkret beabsichtigten Aufhebungsakt der F fehlt. Überzeugender erscheint es, allein auf die arglistige Täuschung durch aktives Tun abzustellen, da M die F über seine eheliche Treue belogen hat (§ 2339 Abs. 1 Nr. 3). Diese Täuschung wäre nur dann nicht widerrechtlich, wenn M ein aus den ehelichen Rücksichtnahmepflichten ableitbares „Recht zur Lüge" gehabt hätte. Da F indes trotz ihres Gesundheitszustands – wie sie durch die Nachfrage zu erkennen gegeben hat – auf ihr Recht auf Rücksichtnahme verzichtet hat, hätte M wahrheitsgemäß antworten müssen.

572 **Fall 30 (→ Rn. 485):** Nach Auffassung des RG und von Teilen der Literatur soll hier § 2339 Abs. 1 Nr. 4 nicht verwirklicht sein, weil sich aus der Wertung des § 2343 ergebe, dass hier gerade keine Verfehlung gegen den Erblasser vorliege (→ Rn. 505). BGH und weite Teile der Literatur nehmen jedoch auch in diesen Fällen zu Recht Erbunwürdigkeit an, weil jede Fälschungshandlung – unabhängig von den Motiven des Täters – einen unzulässigen Eingriff in die Testierfreiheit darstellt (→ Rn. 505).

573 **Fall 31[200] (→ Rn. 485):** F könnte Erbin des M zu ½ gem. §§ 1931 Abs. 1 S. 1, 1371 Abs. 1 geworden sein. Dies wäre jedoch nicht der Fall, wenn sie wirksam auf ihr gesetzliches Erbrecht verzichtet hat. Dies könnte in dem 1999 geschlossenen Vertrag erfolgt sein. Ein Ehevertrag kann grundsätzlich mit einem Erbverzichtsvertrag verbunden werden (→ Rn. 541). Der Vertrag war notariell beurkundet, die Form des § 2348 ist also gewahrt. Allerdings wurden die Vereinbarungen nach dem erklärten Willen der Eheleute nur für den Fall einer tatsächlichen (endgültigen) Trennung geschlossen. Dies gilt insb. auch für den in derselben Urkunde erklärten Erbverzicht, der sich nur auf die damals bestehende Ehe beziehen konnte und daher nicht greift, wenn die Eheleute sich – wie hier geschehen – erst scheiden lassen und dann erneut heiraten. Mangels wirksamen Erbverzichts wurde F folglich Erbin des M zu ½. Das Nachlassgericht hat den Antrag mithin zu Unrecht zurückgewiesen.

200 Nach OLG Düsseldorf v. 22.2.2017 – I-3 Wx 16/17, NZFam 2017, 476.

Teil IV

Annahme und Ausschlagung der Erbschaft

§ 15 Annahme und Ausschlagung der Erbschaft

Fall 32: Der Erblasser E verstirbt am 5.11.2018. Er hinterlässt seine Ehefrau F (die beiden lebten im Güterstand der Zugewinngemeinschaft) und die gemeinsame minderjährige Tochter T. Der Nachlass ist erheblich überschuldet. Die Eltern des E sowie die Großeltern mütterlicherseits sind vorverstorben. Zum Zeitpunkt des Erbfalls leben noch die Großmutter G des E (väterliche Linie) sowie sein Bruder B und sein Onkel O (Sohn der G). Am 7.11.2018 verstirbt auch G. Wer muss in welcher Reihenfolge ausschlagen? **Lösung: → Rn. 613** 574

Fall 33: Die Eheleute M und F2 haben 1973 ein gemeinschaftliches Testament errichtet, in dem sie ihre Tochter T, eine Tochter aus der ersten Ehe des M mit F1, zur Schlusserbin eingesetzt haben. Zum Zeitpunkt des Todes des M (1974) war die Tochter noch minderjährig. Ihre Mutter F1 schlug damals als gesetzliche Vertreterin für sie die (Schluss-)Erbschaft formgerecht und mit familiengerichtlicher Genehmigung aus. Die Stiefmutter F2 setzte kurz vor ihrem Tod 2017 ein weiteres Testament auf, in dem sie die X zur Alleinerbin einsetzte. Die X nahm die Erbschaft der F2 in Besitz. T verlangt von ihr die Herausgabe. Zu Recht? **Lösung → Rn. 614**

Literatur: *Damrau*, Die Verpflichtung zur Ausschlagung der Erbschaft, ZEV 1995, 425; *Krause*, Ausschlagung der Erbschaft, ZFE 2008, 302; *von Lübtow*, Die Vererblichkeit des Ausschlagungsrechts, JZ 1969, 502; *Malitz/Benninghoven*, Erbschaftsausschlagung und Rechtsirrtum, ZEV 1998, 415; *Olzen*, Annahme der Erbschaft und Rechtsstellung des vorläufigen Erben, JURA 2001, 366; *Sarres*, Die Auskunftspflichten des vorläufigen Erben gegenüber dem endgültigen Erben, ZEV 1999, 216; *Schubert*, Inhaltsirrtum bei Annahme der Erbschaft, JR 2017, 642.

I. Grundlagen

Niemand kann gezwungen werden zu erben. Dies gilt auch für die gesetzlichen Erben. Einzige Ausnahme ist der Staat: Um herrenlose Nachlässe zu vermeiden und eine ordnungsgemäße Nachlassabwicklung zu sichern, ist er „Zwangserbe“[1] (→ Rn. 121, 129). Die Erbschaft fällt dem Erben unmittelbar von selbst an (sog. Vonselbsterwerb), unabhängig davon, ob er Kenntnis davon hat oder irgendeine diesbezügliche Handlung vorgenommen hat (vgl. § 1922 Abs. 1, → Rn. 3, 53). Deshalb muss es eine Möglichkeit geben, die zunächst nur vorläufige, aber **zwangsweise Erbenstellung rückwirkend zu beseitigen**. Dies erfolgt durch die **Ausschlagung**. 575

Wegen des Grundsatzes des Vonselbsterwerbs ist die Annahme für den Anfall der Erbschaft nicht erforderlich. Wenn der Erbe die Erbschaft einmal angenommen hat, verliert er dadurch jedoch sein Ausschlagungsrecht (§ 1943, → Rn. 576 ff., 583); es besteht dann aber ggf. die

1 Vgl. Erman/*J. Schmidt*, 15. Aufl. 2017, § 1942 Rn. 6 m.w.N.

Möglichkeit, die Annahme anzufechten, um so das Ausschlagungsrecht wiederzuerlangen (→ Rn. 599 ff.).

Erben bedeutet zwar häufig einen positiven Vermögenszuwachs. Es kann aber auch eine (manchmal schwer erkennbare) Überschuldung des Nachlasses vorliegen, die dann vom Erben entweder selbst getragen werden muss oder ihm (im Falle beschränkter Erbenhaftung, → Rn. 1138 ff.) zumindest die Bürde der Abwicklung auferlegt. Selbst ein auf den ersten Blick positiver Nachlass kann sich im Einzelfall u.U. plötzlich als überschuldet erweisen, wenn es z.B. zu ganz erheblichen Steuernachzahlungen kommt (die zudem verzinst werden müssen).

576 Der **Erbschaftserwerb** ist **zunächst nur vorläufiger Natur**, § 1942 Abs. 1 stellt ihn explizit unter den Vorbehalt der Ausschlagung. Endgültig wird der Erwerb erst mit der Annahme oder dem Ablauf der Ausschlagungsfrist (§ 1943).

577 Im Falle der **Ausschlagung** verliert der Erbe die Erbenstellung ***ex tunc***: Der Anfall an den Ausschlagenden gilt als nicht erfolgt, der Nächstberufene gilt rückwirkend vom Erbfall an als Erbe (§ 1953 Abs. 1, 2 → Rn. 597).[2]

578 Sobald die **Annahme** der Erbschaft erfolgt ist, kann sich der Erbe nur noch durch eine Anfechtung der Annahme von der Erbschaft lösen. Umgekehrt kann die Ausschlagung durch eine Anfechtung in eine Annahme „umgewandelt" werden. Oder wie § 1957 Abs. 1 formuliert: „Die Anfechtung der Annahme gilt als Ausschlagung, die Anfechtung der Ausschlagung gilt als Annahme".

579 **Bis zur Annahme** ist der **vorläufige Erbe** nicht verpflichtet, sich um die Erbschaft zu kümmern.[3] Er ist aber berechtigt, die Erbschaft dadurch zu verwalten, dass er „erbrechtliche Geschäfte" besorgt.[4] Tut er dies, wird dann aber nicht endgültiger Erbe, so trifft **§ 1959** Regelungen betreffend das Rechtsverhältnis zwischen dem vorläufigen und dem endgültigen Erben (Abs. 1), die Wirksamkeit vom vorläufigen Erben vorgenommener Verfügungen (Abs. 2) sowie gegenüber dem vorläufigen Erben vorgenommener Rechtsgeschäfte (Abs. 3).

Ansprüche, die sich gegen den Nachlass richten, können erst nach der Annahme gerichtlich gegen den Erben geltend gemacht werden (§ 1958, → Rn. 1098). Bereits anhängige Prozesse werden unterbrochen (§ 239 ZPO, s. aber auch § 243 ZPO).

580 Wenn die **Annahme ungewiss** ist **oder bei unbekannten Erben** trifft das **Nachlassgericht** gem. § 1960 Abs. 1 bis zur Annahme eine **Sicherungspflicht**, sofern ein besonderes Sicherungsbedürfnis besteht. Es kann insb. einen **Nachlasspfleger** bestellen (vgl. § 1960 Abs. 2). Gem. § 1961 hat das Nachlassgericht in den Fällen des § 1960 Abs. 1 einen Nachlasspfleger zu bestellen, wenn die Bestellung zum Zwecke der gerichtlichen Geltendmachung eines Anspruchs, der sich gegen den Nachlass richtet, von dem Berechtigten beantragt wird.[5] Der Nachlasspfleger ist nach h.M. gesetzlicher Vertreter des endgültigen Erben.[6] Zu seinen Aufgaben gehört typischerweise insb.,

---

2 Vgl. Erman/*J. Schmidt,* 17. Aufl. 2017, § 1953 Rn. 2 m.w.N.

3 Vgl. LSG BW v. 25.03.2010 – L 7 SO 4476/08, ZErb 2010, 153, 156; Erman/*J. Schmidt,* 15. Aufl. 2017, § 1959 Rn. 1 m.w.N.

4 Vgl. Mot. V, 536; Erman/*J. Schmidt,* 15. Aufl. 2017, § 1959 Rn. 1 m.w.N.

5 Näher dazu Erman/*J. Schmidt,* 15. Aufl. 2017, § 1961 Rn. 1 ff.

6 Vgl. BGH v. 8.12.2004 – IV ZR 199/03, NJW 2005, 756, 758; Erman/*J. Schmidt,* 15. Aufl. 2017, § 1960 Rn. 13 m.w.N.

die Nachlassgegenstände in Besitz zu nehmen, zur Erhaltung und Sicherung des Nachlasses über Nachlassgegenstände zu verfügen und Verbindlichkeiten einzugehen sowie die endgültigen Erben zu ermitteln.[7]

Die **Nachlasspflegschaft** ist ein Sonderfall der Pflegschaft für unbekannte Beteiligte (§ 1960 ist insoweit *lex specialis* zu § 1913)[8]; daher sind gem. § 1915 Abs. 1 die Vorschriften über die Vormundschaft anzuwenden, soweit sich nicht aus ihrem besonderen Zweck etwas anderes ergibt[9]. An die Stelle des Familien- oder Betreuungsgerichts tritt das Nachlassgericht (§ 1962). Der Nachlasspfleger führt sein Amt selbstständig und in eigener Verantwortung[10], untersteht dabei jedoch der Aufsicht des Nachlassgerichts (§§ 1962, 1915 Abs. 1 S. 1, 1837 ff.). Der Nachlasspfleger ist als gesetzlicher Vertreter des Erben nicht nur aktiv, sondern auch passiv prozessführungsbefugt (vgl. § 1960 Abs. 3)[11], d.h. Nachlassgläubiger können ihre Ansprüche gerichtlich geltend machen. Der Nachlasspfleger haftet gegenüber den Erben gem. §§ 1915 Abs. 1 S. 1, 1833 für jede schuldhafte Pflichtverletzung.[12] Gegenüber den Nachlassgläubigern haftet der Nachlasspfleger im Falle der schuldhaften Verletzung der Auskunftspflicht nach § 2012 Abs. 1 S. 2, im Übrigen nur deliktisch.[13] Gem. § 1919 ist die Nachlasspflegschaft aufzuheben, wenn der Grund für die Anordnung weggefallen ist; hierfür genügt bereits die hohe Wahrscheinlichkeit, dass eine bestimmte Person Erbe geworden ist[14].

II. Zeitpunkt für Annahme und Ausschlagung

Frühestmöglicher Zeitpunkt für die Annahme oder Ausschlagung ist gem. § 1946 **581**
grundsätzlich der **Erbfall**; eine vorher erklärte Annahme ist wirkungslos.[15]

Ein **Nacherbe** kann die Erbschaft gem. § 2142 Abs. 1 ausschlagen, sobald der Erbfall **582**
eingetreten ist (→ Rn. 802); Gleiches gilt für die Annahme, d.h. er braucht auch insoweit nicht den Eintritt des Nacherbfalls abwarten (zur Vor- und Nacherbschaft → Rn. 746 ff.)[16]. Entsprechendes gilt für nachberufene Erben, wie z.B. die **Ersatzerben** (§ 2096, → Rn. 739 ff.); auch sie können die Erbschaft bereits vor dem Wegfall des Erstberufenen ausschlagen.[17] Entgegen mancher Stimmen im Schrifttum kann zutr. Ansicht nach ferner auch für den ***nasciturus*** bereits ab dem Erbfall die Annah-

7 Vgl. Erman/*J. Schmidt,* 15. Aufl. 2017, § 1960 Rn. 18 ff. m.w.N.
8 Vgl. OLG Stuttgart v. 25.11.2010 – 8 W 460/10, FGPrax 2011, 88; Erman/*J. Schmidt,* 15. Aufl. 2017, § 1960 Rn. 13 m.w.N.
9 Vgl. Erman/*J. Schmidt,* 15. Aufl. 2017, § 1960 Rn. 14a m.w.N.
10 Vgl. OLG Zweibrücken v. 21.11.2007 – 3 W 201/07; Erman/*J. Schmidt,* 15. Aufl. 2017, § 1960 Rn. 24 m.w.N.
11 Vgl. OLG Köln v. 25.3.1997 – 14 UF 186/96, NJW-RR 1997, 1091; Erman/*J. Schmidt,* 15. Aufl. 2017, § 1960 Rn. 22 m.w.N.
12 Vgl. OLG Hamm v. 14.10.1994 – 29 U 231/93, NJW-RR 1995, 1159, 1160; Erman/*J. Schmidt,* 15. Aufl. 2017, § 1960 Rn. 25 m.w.N.
13 Vgl. Erman/*J. Schmidt,* 15. Aufl. 2017, § 1960 Rn. 25 m.w.N.
14 Vgl. OLG München v. 10.10.2005 – 31 Wx 68/15, NJW-RR 2006, 80; Erman/*J. Schmidt,* 15. Aufl. 2017, § 1960 Rn. 37 m.w.N.
15 Vgl. BGH v. 8.10.1997 – IV ZR 236/96, NJW 1998, 543, 544; Erman/*J. Schmidt,* 15. Aufl. 2017, § 1946 Rn. 1 m.w.N.
16 Vgl. RG v. 9.11.1912 – IV 187/12, RGZ 80, 377, 385; OLG Frankfurt v. 8.1.2018 – 20 W 215/17, NJW-RR 2018, 902 Rn. 16; Erman/*J. Schmidt,* 15. Aufl. 2017, § 1946 Rn. 2 m.w.N.
17 Vgl. RG v. 9.11.1912 – IV 187/12, RGZ 80, 377, 382; BGH v. 8.10.1997 – IV ZR 236/96, NJW 1998, 543; Erman/*J. Schmidt,* 15. Aufl. 2017, § 1946 Rn. 2 m.w.N.

me[18] oder Ausschlagung[19] erklärt werden. Der **Schlusserbe** eines Berliner Testaments (§ 2269 Abs. 1, → Rn. 224) kann nicht bereits ab dem Tod des Erstversterbenden, sondern erst ab dem Tod des Letztversterbenden ausschlagen, denn erst dies ist der Erbfall, durch den er Erbe wird.[20]

III. Die Annahme

1. Allgemeines

583 Endgültiger Erbe wird der vorläufige Erbe gem. § 1943 Hs. 1 entweder mit der **Annahme der Erbschaft** (→ Rn. 585 ff.) **oder** mit der **Versäumung der Ausschlagungsfrist** (→ Rn. 587); sie gilt gem. § 1943 Hs. 2 kraft Fiktion als Annahme.

584 Die Annahme ist bedingungsfeindlich (§ 1947) und kann grundsätzlich **nicht** auf einen **Teil** der Erbschaft beschränkt werden (§ 1950). Wenn der Erbe jedoch zur ganzen Erbschaft oder auf einen Erbteil aus mehreren Gründen (Testament, Erbvertrag oder Gesetz) berufen ist, kann er den Anfall aus einem Grund ausschlagen und aus dem anderen Grund annehmen (§ 1948). Sofern der Erbe zu mehreren Erbteilen berufen ist, ist eine separate Annahme der einzelnen Erbteile zulässig, wenn die Berufung auf verschiedenen Gründen beruht (§ 1951 Abs. 1) oder der Erblasser dies gestattet hat (Abs. 3).

2. Annahme durch Annahmeerklärung

585 Die Annahme ist eine nicht empfangsbedürftige Willenserklärung mit dem Inhalt, endgültiger Erbe sein zu wollen und damit auf das Ausschlagungsrecht zu verzichten.[21] Eine bestimmte Form ist nicht erforderlich; der Erbe kann **ausdrücklich oder konkludent (*pro herede gestio*)** annehmen.[22] Ob eine konkludente Erklärung der Annahme vorliegt, muss bei Wertung aller Umstände des Einzelfalls anhand des Verhaltens des potentiellen Erben ermittelt werden.[23] Da sich konkludente Annahmehandlungen oft nur schwer von Fürsorgemaßnahmen abgrenzen lassen, darf nicht vorschnell auf eine konkludente Annahme geschlossen werden; insofern ist Zurückhaltung geboten.[24] Insb. stellen selbst Verfügungen über einzelne oder mehrere Nachlassgegenstände dann keine Annahme dar, wenn darin bloße Fürsorgemaßnahmen

18 Vgl. Staudinger/*Otte,* 2017, § 1946 Rn. 5; Erman/*J. Schmidt,* 15. Aufl. 2017, § 1943 Rn. 7 m.w.N.; a.A. etwa *Walter* ZEV 2008, 319, 322.

19 Vgl. OLG Stuttgart v. 5.11.1992 – 8 W 484/92, NJW 1993, 2250; OLG Oldenburg v. 26.1.1994 – 5 W 9/94, NJW-RR 1994, 651; BeckOGK/*Heinemann* § 1946 Rn. 12; Erman/*J. Schmidt,* 15. Aufl. 2017, § 1946 Rn. 2 m.w.N.; a.A. etwa LG Berlin v. 15.5.1990 – 83 T 121/90, Rpfleger 1990, 362.

20 Vgl. BGH v. 8.10.1997 – IV ZR 236/96, NJW 1998, 543; Staudinger/*Otte,* 2017, § 1946 Rn. 2; Erman/*J. Schmidt,* 15. Aufl. 2017, § 1946 Rn. 2 m.w.N.; a.A. etwa *Edenfeld* ZEV 1996, 313 f.

21 Vgl. BayObLG v. 8.9.2004 – IZ BR 59/04, ZEV 2006, 455; Erman/*J. Schmidt,* 15. Aufl. 2017, § 1943 Rn. 2 m.w.N.

22 Vgl. BayObLG v. 8.9.2004 – IZ BR 59/04, ZEV 2006, 455; Erman/*J. Schmidt,* 15. Aufl. 2017, § 1943 Rn. 2 m.w.N.

23 Vgl. BayObLG v. 8.9.2004 – IZ BR 59/04, ZEV 2006, 455 f.; OLG Köln v. 19.8.2014 – I-2 Wx 213/14, FGPrax 2015, 37, 38; Erman/*J. Schmidt,* 15. Aufl. 2017, § 1943 Rn. 4 m.w.N.

24 Vgl. Erman/*J. Schmidt,* 15. Aufl. 2017, § 1943 Rn. 4 m.w.N.

des vorläufigen Erben nach § 1959 zu sehen sind.[25] Konkludente Annahmeerklärungen sind z.B. ein Antrag auf Erteilung eines Erbscheins (→ Rn. 1281 ff.) oder eines Europäischen Nachlasszeugnisses (→ Rn. 1334 ff.)[26], ein Antrag auf Grundbuchberichtigung[27], eine Verfügung über einen Erbteil[28], der Abschluss eines Aufteilungsvertrags mit den Miterben[29] oder unter bestimmten Umständen auch die Verfügung über einen oder mehrere Nachlassgegenstände[30]. Dagegen liegt z.B. in der Erhebung einer Auskunftsklage gegenüber dem Testamentsvollstrecker jedenfalls dann keine konkludente Annahme, wenn es um die für die Entscheidung über Annahme oder Ausschlagung notwendigen Informationen geht.[31]

Ein **Irrtum über den Berufungsgrund** führt gem. § 1949 Abs. 1 zur Nichtigkeit der Annahme; dasselbe gilt für die Ausschlagung. Hintergrund ist, dass die Annahme und Ausschlagung der Erbschaft sich nach der legislatorischen Konzeption auf einen bestimmten Berufungsgrund beziehen; ein diesbezüglicher Irrtum führt daher – abweichend von den allgemeinen Regeln der §§ 119 ff. – nicht nur zur Anfechtbarkeit, sondern zur Nichtigkeit der Annahme bzw. Ausschlagung.[32] Der Irrtum muss für die Annahme bzw. Ausschlagung aber auch kausal gewesen sein; daran fehlt es, wenn der Berufungsgrund dem Annehmenden/Ausschlagenden gleichgültig war.[33] Wenn der Erbe also z.B. nur deshalb annimmt, weil er meint, dass er aufgrund testamentarischer Erbeinsetzung Erbe sei, tatsächlich aber die gesetzliche Erbfolge greift, so ist die Annahme gem. § 1949 Abs. 1 nichtig. **586**

3. Annahme durch Versäumung der Ausschlagungsfrist

Als Annahme gilt es ferner, wenn die gesetzliche Ausschlagungsfrist abläuft, ohne dass der Erbe ausgeschlagen hat (**§ 1943 Hs. 2**). Zur Ausschlagungsfrist → Rn. 593 ff. **587**

IV. Die Ausschlagung

1. Ausschlagungsrecht und Umfang der Ausschlagung

Das Ausschlagungsrecht ist ein unselbstständiges, stets an die Erbenstellung gebundenes **Gestaltungsrecht** und als solches zwar vererblich (§ 1952 Abs. 1), aber nicht übertragbar.[34] Es ist termin- und bedingungsfeindlich (§ 1947). Der Erbe ist in seiner Entscheidung, auszuschlagen oder anzunehmen, völlig frei; der Erbrechtsgarantie in Art. 14 Abs. 1 GG ist auch ein Gegenstück im Sinne einer „negativen Erbfreiheit" zu **588**

25 Vgl. Erman/*J. Schmidt,* 15. Aufl. 2017, § 1943 Rn. 5 m.w.N.
26 Vgl. BGH v. 12.7.2006 – IV ZR 298/03, NJW 2006. 3064 Rn. 15.
27 Vgl. OLG München v. 29.1.2016 – 34 Wx 50/15, ZEV 2016, 288.
28 Vgl. RG v. 9.11.1912 – IV 187/12, RGZ 80, 377, 385 (Verpfändung).
29 Vgl. OLG Köln v. 19.8.2014 – I-2 Wx 213/14, FGPrax 2015, 37.
30 Vgl. näher Erman/*J. Schmidt,* 15. Aufl. 2017, § 1943 Rn. 4 f. m.w.N.
31 Vgl. BayObLG v. 8.9.2004 – IZ BR 59/04, ZEV 2006, 455.
32 Vgl. Mot. V, 505; Prot. V, 625 f.; Erman/*J. Schmidt,* 15. Aufl. 2017, § 1949 Rn. 1 m.w.N.
33 Vgl. OLG Karlsruhe v. 3.5.2007 – 19 U 58/05, ZEV 2007, 380; OLG Hamm v. 17.2.2011 – I-15 W 167/10, FGPrax 2011, 184, 185; Erman/*J. Schmidt,* 15. Aufl. 2017, § 1949 Rn. 1 m.w.N.
34 Vgl. Erman/*J. Schmidt,* 15. Aufl. 2017, § 1945 Rn. 2.

entnehmen.[35] Die Ausschlagung ist auch nicht etwa sittenwidrig (§ 138 Abs. 1), wenn der Ausschlagende durch die Nichtannahme den Familienunterhalt gefährdet[36] oder der Sozialhilfe zur Last fällt[37].

589 Die Ausschlagung muss sich grundsätzlich auf die gesamte Erbschaft bzw. den gesamten Erbteil beziehen, eine **Teilausschlagung** ist **unwirksam** (§ 1950). Sofern der Erbe zu mehreren Erbteilen berufen ist, ist eine separate Ausschlagung der einzelnen Erbteile zulässig, wenn die Berufung auf verschiedenen Gründen beruht (§ 1951 Abs. 1) oder der Erblasser dies gestattet hat (Abs. 3).

2. Ausschlagungserklärung

590 Die Ausschlagungserklärung muss den **Willen** erkennen lassen, dass der Erbe **nicht Erbe sein** oder die Erbschaft nicht annehmen will.[38]

Beispiel: Der gesetzliche Miterbe M erklärt, dass er anerkenne, dass seine Schwester S aufgrund des eigenhändigen Testaments des gemeinsamen Vaters V Alleinerbin geworden sei, weil er das Testament für gültig halte. Später stellt sich heraus, dass das Testament nichtig ist, weil V im Zeitpunkt der Errichtung bereits testierunfähig war. Hier liegt keine wirksame Ausschlagung des M vor, weil M im Zeitpunkt der Erklärung nicht bewusst war, dass er tatsächlich Miterbe ist.[39]

591 Bei nicht voll geschäftsfähigen Personen muss die Ausschlagung durch den **gesetzlichen Vertreter** (Eltern, Vormund, Betreuer, Pfleger) erfolgen, der hierfür die **Genehmigung des Familien- bzw. Betreuungsgerichts** braucht (§§ 1643 Abs. 2 S. 1, 1822 Nr. 2, 1915, 1908i, 1903 Abs. 1). Die Eltern benötigen jedoch gem. § 1643 Abs. 2 S. 2 für die Ausschlagung ausnahmsweise keine familiengerichtliche Genehmigung, wenn die Erbschaft einem Elternteil zunächst angefallen war und er sie bereits für sich ausgeschlagen hatte. Das Gesetz geht davon aus, dass hier ein zusätzlicher familienrechtlicher Schutz entbehrlich ist, weil anzunehmen ist, dass der Vertretungsberechtigte die zunächst ihm angefallene Erbschaft im eigenen Interesse nur nach sorgfältiger wirtschaftlicher Prüfung ausgeschlagen hat.[40]

Nach zutr., aber bestrittener Ansicht bedarf es einer Genehmigung nach der *ratio legis* über den Wortlaut hinaus ferner auch dann, wenn durch die eigene Ausschlagung mehrere Kinder erbberechtigt geworden sind und der Inhaber der elterlichen Sorge nur für Einzelne von ihnen zugunsten der anderen ausschlagen will; denn hier schlägt der Elternteil nicht aus, um eine als nachteilig bewertete Erbschaft von dem Kind fernzuhalten, sondern um den Nachlass in eine bestimmte Richtung zu lenken (sog. **lenkende Ausschlagung**).[41]

---

35 Vgl. BGH v. 19.1.2011 – IV ZR 7/10, NJW 2011, 1586 Rn. 27; Erman/*J. Schmidt,* 15. Aufl. 2017, § 1945 Rn. 2.

36 Vgl. *Mayer* ZEV 2002, 369, 370; Erman/*J. Schmidt,* 15. Aufl. 2017, § 1945 Rn. 2.

37 Vgl. dazu Erman/*J. Schmidt,* 15. Aufl. 2017, § 1945 Rn. 7 m.w.N.

38 Vgl. BayObLG v. 31.1.1967 – 1a Z 79/66, NJW 1967, 1135; OLG Jena v. 13.3.1994 – 6 W 10/94, OLG-NL 1994, 179, 182; Erman/*J. Schmidt,* 15. Aufl. 2017, § 1945 Rn. 7 m.w.N.

39 Vgl. BayObLG v. 31.1.1967 – 1a Z 79/66, NJW 1967, 1135; OLG Jena v. 13.3.1994 – 6 W 10/94, OLG-NL 1994, 179, 182; Erman/*J. Schmidt,* 15. Aufl. 2017, § 1945 Rn. 7 m.w.N.

40 Vgl. Mot. V, 515; Erman/*J. Schmidt,* 15. Aufl. 2017, § 1945 Rn. 8 m.w.N.

41 Vgl. OLG Köln v. 26.4.2012 – II-12 UF 10/12, DNotZ 2012, 855, 858; KG v. 13.3.2012 – 1 W 747/11, ZEV 2012, 332; Erman/*J. Schmidt,* 15. Aufl. 2017, § 1945 Rn. 7 m.w.N.; a.A. OLG Hamm v. 28.6.2018 – II-11 WF 112/18, ZEV 2018, 645 Rn. 24 ff. Vgl. zur ganzen Problematik auch *Eue* ZEV 2018, 624 ff.

Die Ausschlagung muss **zur Niederschrift des Nachlassgerichts oder in öffentlich beglaubigter Form** erklärt werden (§§ 1945 Abs. 1 Hs. 2, 129). Ein Bevollmächtigter bedarf einer öffentlich beglaubigten Vollmacht (§ 1945 Abs. 3 S. 1). Örtlich zuständig ist grundsätzlich das Nachlassgericht, in dessen Bezirk der Erblasser im Zeitpunkt seines Todes seinen gewöhnlichen Aufenthalt hatte (§ 343 Abs. 1 FamFG). **592**

3. Ausschlagungsfrist

Die Ausschlagungsfrist beträgt gem. § 1944 Abs. 1 **grundsätzlich sechs Wochen.** **593**
§ 1944 Abs. 3 verlängert sie allerdings in zwei Fällen, in denen spezifische Kommunikationsprobleme und ggf. auch Probleme des Internationalen Privatrechts auftreten können, auf sechs Monate: zum einen, wenn der Erblasser nur einen Wohnsitz im Ausland gehabt hat, zum anderen bei Auslandsaufenthalt des Erben im Zeitpunkt des Fristbeginns.[42]

Die Frist **beginnt** mit sicherer **Kenntnis** des Erben **von Anfall und Berufungsgrund** **594**
(§ 1944 Abs. 2 S. 1).[43] Der Erbe kennt den Berufungsgrund, wenn er sich nicht darüber im Unklaren ist, ob er gesetzlicher oder eingesetzter Erbe ist.[44] Als eingesetzter Erbe muss er richtiger Ansicht nach auch Kenntnis von der konkreten Verfügung haben, denn dies kann für seine Entscheidung durchaus von Bedeutung sein (z.B. wenn mehrere Verfügungen von Todes wegen existieren).[45] Ein Irrtum im Bereich der Tatsachen kann Kenntnis in diesem Sinne ebenso verhindern wie eine irrige rechtliche Beurteilung, wenn deren Gründe nicht von vornherein von der Hand zu weisen sind.[46]

Im Falle der Berufung durch eine Verfügung von Todes wegen beginnt die Ausschla- **595**
gungsfrist allerdings gem. § 1944 Abs. 2 S. 2 frühestens mit der **Bekanntgabe der Verfügung durch das Nachlassgericht** (§ 348 Abs. 2, 3 FamFG) gegenüber dem konkreten Ausschlagungsberechtigten – selbst dann, wenn dieser schon vorher sichere Kenntnis von Anfall und Berufungsgrund hatte.

Ist ein als Erbe berufener **Pflichtteilsberechtigter** durch eine **Beschränkung oder** **596**
Beschwerung belastet, beginnt die Ausschlagungsfrist gem. § 2306 Abs. 1 Hs. 2 erst, wenn er von der Beschränkung oder Beschwerung Kenntnis erlangt (→ Rn. 654).

4. Rechtsfolgen der Ausschlagung

Wird die Erbschaft ausgeschlagen, so gilt der Anfall der Erbschaft an den Ausschla- **597**
genden als nicht erfolgt (§ 1953 Abs. 1). Die **Erbschaft** fällt **rückwirkend** auf den Zeitpunkt des Erbfalls dem **Nächstberufenen** an (§ 1953 Abs. 2). Gem. § 1949 Abs. 2 erstreckt sich die Ausschlagung im Zweifel auf alle Berufungsgründe, die dem

42 Näher Erman/*J. Schmidt,* 15. Aufl. 2017, § 1944 Rn. 2 m.w.N.
43 BGH v. 5.7.2000 – IV ZR 180/99, NJW-RR 2006, 1594; BGH v. 14.12.2011 – IV ZR 132/11, NJW 2012, 1651 Rn. 5.
44 Vgl. MüKoBGB/*Leipold,* 7. Aufl. 2017, § 1944 Rn. 5; Erman/*J. Schmidt,* 15. Aufl. 2017, § 1944 Rn. 7 m.w.N.
45 BGH v. 19.2.1968 – III ZR 196/65, WM 1968, 542, 543 f.; BGH v. 5.7.2000 – IV ZR 180/99, NJW-RR 2000, 1530.
46 BGH v. 5.7.2000 – IV ZR 180/99, NJW-RR 2000, 1530.

Erben zur Zeit der Erklärung bekannt sind. Die Ausschlagung führt grundsätzlich auch zum Verlust des Pflichtteils (→ Rn. 622); Ausnahmen hiervon sehen nur § 2306 Abs. 1 Hs. 1 (→ Rn. 652 ff.) und § 1371 Abs. 3 (→ Rn. 109) vor.

5. Beweislastverteilung

598 Die **Beweislast** für die Ausschlagung trägt, wer sich auf diese im Rahmen eines Klagegrunds oder einer Einwendung beruft.[47] Dass das Ausschlagungsrecht durch Fristablauf weggefallen ist, hat der Gegner zu beweisen; den Ausschlagenden trifft jedoch die Beweislast dafür, dass er nicht voll geschäftsfähig und die Frist deshalb nach § 1944 Abs. 2 S. 3 i.V.m. § 210 gehemmt war.[48]

V. Die Anfechtung von Annahme und Ausschlagung sowie der Anfechtung

1. Grundlagen

599 Annahme und Ausschlagung sind als echte bzw. fingierte Willenserklärungen anfechtbar. **§§ 1954-1957** enthalten ergänzende **Sonderregelungen bezüglich Form, Frist und Wirkung der Anfechtung**; im Übrigen gelten jedoch die allgemeinen Regeln, d.h. insb. richten sich auch die **Anfechtungsgründe** nach **§§ 119, 120, 123**.[49] Ein erbrechtliches Spezifikum existiert jedoch insoweit, als der Irrtum über den Berufungsgrund nach § 1949 automatisch zur Unwirksamkeit der Annahme-/Ausschlagungserklärung führt (→ Rn. 586). Anfechtungsberechtigt ist ausschließlich der Erbe.[50] § 1956 stellt zudem ausdrücklich klar, dass auch die Fristversäumung – die als Erklärung der Annahme fingiert wird (§ 1943 Hs. 2, → Rn. 587) – in gleicher Weise wie die (ausdrücklich oder konkludent) erklärte Annahme angefochten werden kann.[51]

2. Anfechtungsgründe

600 Ein **Erklärungsirrtum** i.S.d. § 119 Abs. 1 Alt. 2 wird praktisch selten sein; ein Versprechen oder Verschreiben (z.B. „Annahme" statt „Ausschlagung", Weglassen eines „nicht") erscheint aber durchaus denkbar.[52]

601 Ein **Inhaltsirrtum** i.S.d. § 119 Abs. 1 Alt. 1 liegt z.B. vor, wenn der testamentarische Erbe in der Annahme ausschlägt, dadurch gerieten im Testament angeordnete Auflagen in Wegfall und er sei „befreiter" gesetzlicher Erbe.[53] Ein unbeachtlicher Motivirr-

---

47 Vgl. BGH v. 14.12.2011 – IV ZR 132/11, NJW 2012, 1651 Rn. 6.

48 Vgl. BGH v. 14.12.2011 – IV ZR 132/11, NJW 2012, 1651 Rn. 6.

49 Vgl. BGH v. 5.7.2006 – IV ZB 39/05, NJW 2006, 3353 Rn. 19; BGH v. 29.6.2016 – IV ZR 387/15, ZEV 2016, 574 Rn. 11; Erman/*J. Schmidt,* 15. Aufl. 2017, § 1954 Rn. 1 m.w.N.

50 Vgl. Erman/*J. Schmidt,* 15. Aufl. 2017, § 1954 Rn. 11 m.w.N.

51 Vgl. dazu Erman/*J. Schmidt,* 15. Aufl. 2017, § 1955 Rn. 1 m.w.N.

52 Vgl. MüKoBGB/*Leipold,* 7. Aufl. 2017, § 1954 Rn. 4; Erman/*J. Schmidt,* 15. Aufl. 2017, § 1954 Rn. 11 m.w.N.

53 Vgl. OLG Düsseldorf v. 17.9.1997 – 3 Wx 287/97, NJW-RR 1998, 150.

tum liegt hingegen vor, wenn der Ausschlagende irrtümlich davon ausgeht, dass die Erbschaft infolge seiner Ausschlagung einer bestimmten Person zufällt.[54]

Ein **Eigenschaftsirrtum** i.S.d. § 119 Abs. 2 kann z.B. vorliegen bei einem Irrtum über die Höhe der Erbquote[55] oder im Hinblick auf Beschränkungen oder Beschwerungen[56]. Verkehrswesentliche Eigenschaft ist nach heute ganz h.M. auch die Überschuldung des Nachlasses; Fehlvorstellungen darüber, dass die Passiva die Aktiva übersteigen, sind aber nur relevant, wenn sie auf unrichtigen Vorstellungen über die Zusammensetzung des Nachlasses beruhen, der Irrtum also wesentliche Verbindlichkeiten betrifft, deren Bestehen ungeklärt ist.[57] Unbeachtlicher Motivirrtum ist hingegen der Irrtum über den Wert der Erbschaft oder des Erbteils bzw. einzelner Nachlassbestandteile.[58] **602**

Als weitere Anfechtungsgründe kommen grundsätzlich auch arglistige **Täuschung** und widerrechtliche **Drohung** (§ 123) sowie ein **Übermittlungsirrtum** (§ 120) in Betracht.[59] **603**

§ 2308 Abs. 1 begründet einen besonderen Anfechtungsgrund für den **Pflichtteilsberechtigten**, der als Erbe oder Vermächtnisnehmer einer Beschränkung oder Beschwerung nach § 2306 unterliegt (→ Rn. 661). **604**

Eine Anfechtung wegen Irrtums kommt nach allgemeinen Regeln nur dann in Betracht, wenn anzunehmen ist, dass der Ausschlagende die Ausschlagungserklärung bei Kenntnis der Sachlage und bei verständiger Würdigung des Falls nicht abgegeben haben würde.[60] Ebenso muss auch im Falle der Anfechtung wegen Täuschung oder Drohung die nach allgemeinen Regeln erforderliche **Kausalität** existieren.[61] **605**

3. Anfechtungsgegner

Anfechtungsgegner ist grundsätzlich das **Nachlassgericht**; § 1955 S. 1 ist insofern *lex specialis* zu § 143 Abs. 3, 4.[62] Im Falle des § 2308 Abs. 1 (→ Rn. 604) erfolgt die Anfechtung jedoch gegenüber dem Beschwerten (§ 2308 Abs. 2 S. 2). **606**

---

54 Vgl. OLG München v. 4.8.2009 – 31 Wx 60/09, NJW 2010, 687; OLG Hamm v. 31.5.2011 – I-15 W 176/11, FGPrax 2011, 236, 237.

55 Vgl. OLG Hamm v. 27.11.1965 – 15 W 121/65, NJW 1966, 1080; OLG Stuttgart v. 29.1.2009 – 19 U 150/08, RNotZ 2009, 346.

56 Vgl. BeckOGK/*Heinemann*, § 1954 Rn. 37; Erman/*J. Schmidt*, 15. Aufl. 2017, § 1954 Rn. 11 m.w.N.

57 Vgl. BGH v. 8.2.1989 – IVa ZR 98/87, NJW 1989, 2885; OLG München v. 28.7.2015 – 31 Wx 54/15, NJW-RR 2015, 1418 Rn. 9; KG v. 20.2.2018 – 6 W 1/18, FamRZ 2018, 1114, 1115; Erman/*J. Schmidt*, 15. Aufl. 2017, § 1954 Rn. 5 m.w.N.

58 Vgl. BayObLG v. 5.7.2002 – 1Z BR 45/01, NJW 2003, 216, 221; OLG Düsseldorf v. 16.11.2016, I-3 Wx 12/16, ZEV 2017, 92 Rn. 14; Erman/*J. Schmidt*, 15. Aufl. 2017, § 1954 Rn. 5 m.w.N.

59 Vgl. MüKoBGB/*Leipold*, 7. Aufl. 2017, § 1954 Rn. 18; Erman/*J. Schmidt*, 15. Aufl. 2017, § 1954 Rn. 8 m.w.N.

60 Vgl. BGH v. 10.6.2015 – IV ZB 39/14, ZEV 2015, 468 Rn. 10; OLG Düsseldorf v. 16.11.2016, I-3 Wx 12/16, ZEV 2017, 92 Rn. 17; Erman/*J. Schmidt*, 15. Aufl. 2017, § 1954 Rn. 10 m.w.N.

61 Vgl. Erman/*J. Schmidt*, 15. Aufl. 2017, § 1954 Rn. 10.

62 Vgl. Staudinger/*Otte*, 2017, § 1955 Rn. 1; Erman/*J. Schmidt*, 15. Aufl. 2017, § 1955 Rn. 1.

4. Anfechtungserklärung und Form der Anfechtung

607 Bezüglich des **Inhalts** der Anfechtung gelten die allgemeinen Grundsätze, die für § 143 Abs. 1 maßgeblich sind; richtiger Ansicht nach ist deshalb jedenfalls dann, wenn sich der Anfechtungsgrund nicht ohnehin klar aus den Umständen ergibt, erforderlich, dass der Lebenssachverhalt, auf den sich die Anfechtung stützt, zumindest in groben Zügen angegeben wird.[63]

608 Die Anfechtung bedarf gem. §§ 1955 S. 2, 1945 derselben **Form wie die Ausschlagung**.

609 Für die Anfechtung der Annahme ist aufgrund ihrer Wirkung als Ausschlagung (→ Rn. 611) unter denselben Voraussetzungen wie für diese (→ Rn. 591) die **Genehmigung des Familien- bzw. Betreuungsgerichts** erforderlich.[64] Anders hingegen bei der Anfechtung der Ausschlagung, denn sie wirkt als Annahme der Erbschaft (→ Rn. 611) und diese ist genehmigungsfrei.[65]

5. Anfechtungsfrist

610 Die Anfechtungsfrist beträgt – in bewusstem Gleichlauf[66] mit der Ausschlagungsfrist (§ 1944 Abs. 1, 3, → Rn. 593 f) – im Regelfall **sechs Wochen** (§ 1954 Abs. 1), jedoch sechs Monate, wenn der Erblasser seinen letzten Wohnsitz nur im Ausland gehabt hat oder der Erbe sich bei Fristbeginn im Ausland aufhält (§ 1954 Abs. 3). Gem. § 1954 Abs. 4 tritt aber 30 Jahre nach Annahme/Ausschlagung in jedem Fall Präklusion ein. Fristbeginn ist im Falle der Anfechtung wegen Drohung das Ende der Zwangslage, im Übrigen der Zeitpunkt, in dem der Anfechtungsberechtigte Kenntnis vom Anfechtungsgrund erlangt (§ 1954 Abs. 2 S. 1).

6. Rechtsfolgen der Anfechtung

611 Um einen nochmaligen Schwebezustand zu verhindern[67], bestimmt § 1957 Abs. 1 als *lex specialis* zu § 142 Abs. 1, dass die Anfechtung nicht nur kassierende Wirkung hat, sondern zugleich das jeweilige Gegenteil der angefochtenen Erklärung (bzw. der Versäumung der Ausschlagungsfrist) bewirkt: Die **Anfechtung der Annahme gilt als Ausschlagung**, die **Anfechtung der Ausschlagung gilt als Annahme**. Gem. § 122 ist der Anfechtende ggf. zum Ersatz des Vertrauensschadens verpflichtet.[68]

63 Vgl. Erman/*J. Schmidt,* 15. Aufl. 2017, § 1955 Rn. 2 m.w.N.
64 Vgl. Erman/*J. Schmidt,* 15. Aufl. 2017, § 1955 Rn. 4 m.w.N.
65 Vgl. BeckOGK/*Heinemann* § 1955 Rn. 12; Erman/*J. Schmidt,* 15. Aufl. 2017, § 1955 Rn. 4;
66 Vgl. Mot. V, 512; BGH v. 10.6.2015 – IV ZB 39/14, ZEV 2015, 468 Rn. 17.
67 Vgl. Erman/*J. Schmidt,* 15. Aufl. 2017, § 1955 Rn. 4.
68 Vgl. Staudinger/*Otte,* 2017, § 1957 Rn. 5; Erman/*J. Schmidt,* 15. Aufl. 2017, § 1957 Rn. 2.

7. Anfechtung der Anfechtung

Wie jede Willenserklärung ist die Anfechtungserklärung ihrerseits anfechtbar.[69] Für die Form der Anfechtungserklärung gilt dann **§ 1945 analog**[70]; hinsichtlich der Frist gelten dagegen die **§§ 121, 124**[71]. 612

Lösung der Ausgangsfälle

Fall 32 (→ Rn. 574): F und T sind gesetzliche Erben des E zu je ½ (§§ 1931 Abs. 1 S. 1, 1371 Abs. 1, 1924). Zunächst muss F also für sich und als gesetzliche Vertreterin für ihre Tochter T ausschlagen; für Letzteres ist eine familiengerichtliche Genehmigung erforderlich (§ 1643 Abs. 2 S. 1). Wenn dies wirksam erfolgt ist, fällt die Erbschaft rückwirkend auf den Zeitpunkt des Erbfalls dem Nächstberufenen B an (§§ 1953 Abs. 1, 2; 1925). Wenn B ausgeschlagen hat, fällt die Erbschaft rückwirkend auf den Zeitpunkt des Erbfalls an die Nächstberufenen G (§ 1926 Abs. 4) und O (§ 1926 Abs. 3 S. 1) zu je ½ an (im Zeitpunkt des Erbfalls lebte G ja noch!). Wenn O nun ausschlägt, war G rückwirkend auf den Zeitpunkt des Erbfalls Alleinerbin gewesen. Nunmehr müssen ihre Erben (erneut!) ausschlagen, d.h. der O, der B und die F für ihre minderjährige Tochter T. 613

Fall 33 (→ Rn. 574)[72]**:** T hat gem. § 2018 gegen X einen Anspruch auf Herausgabe der Erbschaftsgegenstände, wenn sie Erbin geworden ist und nicht bereits wirksam ausgeschlagen hatte. T könnte ihre Erbenstellung aus dem gemeinschaftlichen Testament von M und F2 verloren haben, als ihre Mutter F1 als ihre gesetzliche Vertreterin die Erbschaft ausschlug. Der Schlusserbe eines Berliner Testaments kann jedoch nicht bereits ab dem Tod des Erstversterbenden, sondern erst ab dem Tod des Letztversterbenden ausschlagen, denn erst dies ist der Erbfall, durch den er Erbe wird (→ Rn. 582). Die Ausschlagung durch F1 war daher wirkungslos. T ist somit Alleinerbin geworden und hat daher gegen X gem. § 2018 Anspruch auf Herausgabe der Erbschaftsgegenstände. 614

69 Vgl. BGH v. 10.6.2015 – IV ZB 39/14, ZEV 2015, 468 Rn. 12; OLG Hamm v. 29.1.2009 – I-15 Wx 213/08, FGPrax 2009, 119, 120; Erman/*J. Schmidt,* 15. Aufl. 2017, § 1955 Rn. 5 m.w.N.

70 Vgl. OLG Hamm v. 29.1.2009 – I-15 Wx 213/08, FGPrax 2009, 119, 120; Erman/*J. Schmidt,* 15. Aufl. 2017, § 1955 Rn. 5 m.w.N.

71 Vgl. BGH v. 10.6.2015 – IV ZB 39/14, ZEV 2015, 468 Rn. 16 ff.; MüKoBGB/*Leipold,* 7. Aufl. 2017, § 1955 Rn. 5; Staudinger/*Otte,* 2017, § 1957 Rn. 6; Erman/*J. Schmidt,* 15. Aufl. 2017, § 1955 Rn. 5 m.w.N.; a.A. *Löhnig/Plettenberg* ZEV 2015, 96.

72 Angelehnt an BGH v. 8.10.1997 – IV ZR 236/96, NJW 1998, 543.

Teil V

Die Mindestbeteiligung am Nachlass

§ 16 Pflichtteilsrecht

615 **Fall 34:** Erblasser A hinterlässt bei seinem Tod am 1.8.2018 seine Ehefrau I (mit der er in Gütertrennung gelebt hatte) sowie den gemeinsamen Sohn S und dessen Tochter T. Der Nachlass hat einen Wert von 220.000 €. Seine Ehefrau I hat er zu 5 % als Erbin eingesetzt und seinen Sohn S zu 45 %. Die andere Hälfte soll sein guter Freund H erben. Ein weiterer Freund C hatte im Juli 2018 eine Schenkung i.H.v. 50.000 € erhalten. S hatte im Juni 2018 eine Schenkung i.H.v. 20.000 € erhalten. Weiterhin hat A in seinem Testament angeordnet, dass S einen Betrag von 66.000 € an eine karitative Organisation spenden soll. S und I sind wenig erfreut. Wie ist die Rechtslage? **Lösung: → Rn. 725**

Fall 35: Der Erblasser M hinterlässt seine Ehefrau F und die drei gemeinsamen Kinder A, B und C. Während der Ehe hat sich kein Zugewinn gebildet. M hat F zu ⅔ und A zu ⅓ als Erben eingesetzt. Elf Monate vor seinem Tod hatte M seinem alten Freund H ein Gemälde im Wert von 67.000 € geschenkt. Zwei Tage später schenkte er dem C ein Gemälde im Wert von 5.000 €. Der Nachlass hat einen Wert von 48.000 €. Wer bekommt am Ende wie viel von wem? **Lösung: → Rn. 726**

Literatur: *Adam,* Die Verjährung des Pflichtteilsanspruchs nach der Reform des Erb- und Verjährungsrechts, ZErb 2015, 1; *Amann,* Verfassungswidrige Diskriminierung des beschenkten Ehegatten, FS Brambring, 2011, S. 1; *Baumann*, Die Pflichtteilsbeschränkung in guter Absicht, ZEV 1996, 121; *Beckmann,* Nacherbschaft oder Pflichtteil? – Die Entscheidung des als Nacherbe eingesetzten Pflichtteilsberechtigten gemäß § 2306 BGB, ZEV 2012, 637; *Bengel,* Die Pflichtteilsproblematik beim Tod des Nacherben vor Eintritt des Nacherbfalls, ZEV 2000, 388; *Bestelmeyer*, Das Pflichtteilsrecht der entfernteren Abkömmlinge und Eltern des Erblassers im Anwendungsbereich des § 2309 BGB, FamRZ 1997, 1124; *Bestelmeyer*, Das Pflichtteilsrecht im Schenkungszeitpunkt als Voraussetzung für den Pflichtteilsergänzungsanspruch, FamRZ 1998, 1152; *Biebl,* Pflichtteil und Vermächtnis kumulativ. Auswirkungen auf das Vermächtniskürzungsrecht des Erben, ZErb 2010, 99; *Bonefeld,* Die Auswirkungen der Aufgabe der Theorie von der Doppelberechtigung für die Praxis, ZErb 2012, 225; *ders.*, Pflichtteilsanspruch bei aufschiebenden oder auflösenden Bedingungen, ZErb 2015, 216; *Dahlkamp,* Die Pflichtteilslast in der notariellen Praxis, RNotZ 2014, 257; *Damrau*, Erbrechtlicher Ausgleich von Zuwendungen und Pflegeleistungen, ErbR 2009, 170; *ders.*, Der Anspruch auf Berichtigung und Ergänzung des Bestandsverzeichnisses (§ 2314 BGB), ZEV 2009, 274; *Daragan,* Ehegattenschenkung und Pflichtteilsergänzung, ZErb 2008, 2; *Dolle,* Tücken und Haftungsfallen im Pflichtteils- und Pflichtteilsergänzungsrecht, ErbR 2012, 232; *Draschka*, Vorweggenommene Erbfolge und Pflichtteilsergänzung, 1992; *Dutta*, Grenzen der Vertragsfreiheit beim Pflichtteilsrecht, AcP 209 (2009) 760; *Fischl/Klinger*, Ehebezogene Zuwendungen im Pflichtteilsrecht, NJW-Spezial 2008, 327; *Fleischer/Horn,* Verlauf und Optimierung der Pflichtteilsstufenklage einschließlich Zwangsvollstreckung, ZErb 2013, 105 und 133; *Giesen,* Der „doppelte" Pflichtteil beim Berliner Testament, ErbR 2018, 13; *Hauck*, Irrungen und Wirrungen bei den neuen strafbarkeitsgestützten Pflichtteilsergänzungsgründen, NJW 2010, 903; *Heindl,* Ausschlagungsentscheidung des (Erbes-)Erben und Berücksichtigung noch nicht geltend gemachter Pflichtteilsansprüche des Erblassers bei der Pflichtteilsberechnung, ZErb 2016, 8; *Herrler*, Ehegattenerb- und Pflichtteilsrecht: Kleiner oder großer Pflichtteil?, JA 2008, 450; *Hölscher,* Pflichtteilsminimierung durch Gesellschaftsrecht?, ErbR 206, 422 und 478; *Holtmeyer*, Das neue Pflichtteilsrecht nach dem Gesetz vom 2.7.2009 zur Änderung des Erb- und Verjährungsrechts, ErbR 2009, 298; *Horn,* Auskunftsrechte des Erben gegen den Pflichtteilsberechtigten, NJW 2016, 2150; *ders.*, Ausschlagung durch den pflichtteilsberechtigten Erben, NJW 2017, 1083; *ders.*, Die Regulierung von Pflichtteilsansprüchen, NJW 2016, 1559; *ders.*, Die Zugewinnehe im Erb- und Pflichtteilsrecht, NZFam 2016, 539; *ders.*, Verjährungsbeginn der Beschenktenhaftung im Pflichtteilsrecht (§ 2329 BGB), ZErb 2016, 232; *ders.*, Wertermittlung im Pflichtteilsrecht, ZEV 2018, 627; *Kasper*, Anrechnung und Ausgleichung im Pflichtteilsrecht, 1999; *S. Kappler/T. Kappler,* Möglichkeiten der Pflichtteilsreduzierung zugunsten des Ehegatten, ZEV 2017, 601; *Keim*, Die unergiebige Pfändung des Pflichtteilsanspruchs, ZEV 1998, 127; *Keller*, Die Pflichtteilsberechtigung im Zeitpunkt der Schenkung als Voraussetzung eines Pflichtteilsergänzungsanspruchs, ZEV 2000, 268; *Kind,* Die Hinzuziehung des Pflichtteilsberechtigten zur Aufnahme des (notariellen) Nachlassverzeichnisses, ZErb 2018, 139; *Klumpp*, Der Pflichtteilsanspruch als Gegenstand des Rechtsverkehrs und als Vollstreckungsobjekt, ZEV 1998, 123; *Lange,* Das geänderte Pflichtteilsentziehungsrecht im Spiegel der jüngsten Rechtsprechung, ZErb 2018, 59; *ders.*, Das Gesetz zur Reform des Erb- und Verjährungsrechts, DNotZ 2009, 732; *ders.*, Der Pflichtteilsanspruch entfernter Berechtigter bei Pflichtteilsverzicht naher Berechtigter, ZEV 2015, 69; *ders.*, Pflichtteil als Gestaltungsgrenze bei der Nachfolge in Personengesellschaften, ZErb 2014, 97 und 121; *ders.*, Testierfreiheit vs. Pflichtteilsanspruch am Beispiel der Pflichtteilsentziehung, ZEV 2018, 237; *Lange/Honzen,* Folgeprobleme der Erbrechtsreform im Pflichtteilsrecht, ZErb 2011, 289 und 316; *Lettmaier,* Privatautonomie und Pflichtteil. Zur Problematik von Pflichtteilsverzichten durch Ehegatten und Abkömmlinge, AcP 218 (2018) 724; *Lippmann/Lorei-Kress,* Die 10-Jahresfrist für Pflichtteilergänzungsansprüche bei Grundstücksübertragungsverträgen des Erblassers, ErbR 2017, 597; *Löhnig,* Unbenannte Zuwendungen im Bereich der Pflichtteilsergänzung, NJW 2018, 1435; *Mayer*, Probleme der Pflichtteilsergänzung bei Überlassungen im Rahmen einer vorweggenommenen Erbfolge, FamRZ 1994, 739; *Mayer*, Der Pflichtteil der Schwiegertochter – Überlegungen zur Tauglichkeit von Pflichtteilsstrafklauseln, MittBayNot 1996, 80; *Mayer*, Der beschränkte Pflichtteilsverzicht, ZEV 2000, 263; *Mayding*, Schenkung unter Nießbrauchsvorbehalt und Pflichtteilsergänzungsanspruch, ZEV 1994, 202; *Mohr*, Ausgleichung und Anrechnung bei Schenkungen, ZEV 1999, 257; *von Olshausen*, Analoge Anwendung des § 2325 Abs. 3, 2. Hs. auf vor der Eheschließung vorgenommene Schenkungen an den späteren Ehegatten?, FamRZ 1995, 717; *F. Osthold/K. Osthold,* Die Pflichtteilsberechnung nach § 2316 Abs. 1 BGB: 100 Jahre falsch gerechnet?, ZEV 2018, 113; *Pentz*, Pflichtteilsergänzung bei „gemischten" Schenkungen, FamRZ 1997, 724; *Pentz*, Pflichtteilsergänzung nur bei Pflichtteilsrecht auch im Schenkungszeitpunkt, MDR 1997, 717; *Pentz*, Pflichtteilsergänzung nach § 2325 Abs. 3, 2. Hs. bei Schenkung an den späteren Ehegatten, NJW 1997, 2033; *Pentz*, Auswirkungen des Erbverzichts auf die Pflichtteilsergänzung nach §§ 2325 ff., FamRZ 1998, 660; *Radke*, Verlangen, Erhalten oder Durchsetzen: Gestaltungsalternativen bei der Pflichtteilsklausel, ZEV 2001, 136; *Reimann*, Schenkungen und Eigengeschenke bei der Pflichtteilsergänzung, ZEV 2018, 198; *Rheinbay*, Erbverzicht — Abfindung - Pflichtteilsergänzung, 1983; *Roth*, Die Ausstattung im Erbrecht, NJW-Spezial 2010, 39; *Ruby*, Zur Frage der Verjährung des Pflichtteilsanspruchs, ZEV 2008, 483; *Rudy,* Totengräber des Pflichtteilsrechts oder doch Rächer der Enterbten? – Pflichtteilsergänzung bei Lebensversicherungen nach dem Urteil des Bundesgerichtshof vom 28. April 2010, ZErb 2010, 351; *Saares,* Alternativen zur (Pflichtteils-)Stufenklage, ZEV 2015, 205; *ders.*, Die Entwicklung pflichtteilsrechtlicher Auskunftsansprüche, ZEV 2016, 306; *Sachs,* Die Stundung des Pflichtteils nach der Erbrechtsreform, ZErb 2011, 156; *Schäfer,* Pflichtteilsreduzierung und Pflichtteilserhöhung durch kombinierte Anrechnung und Ausgleichung?, ZEV 2013, 63; *Schäfer,* Was bezweckt § 2316 Abs. 1 BGB?, ZEV 2018, 496; *Schlitt,*

Aufteilung der Pflichtteilslast zwischen Erbe und Vermächtnisnehmer, ZEV 1998, 91; *Schindler,* Das Abschmelzungsmodell des § 2325 Abs. 3 Satz 1 BGB und seine Auswirkungen auf die Haftung des Letztbeschenkten nach § 2329 Abs. 1 und 3 BGB, ErbR 2011, 130; *Schindler*, Der derivative Pflichtteilsanspruch im Nachlass: Pfändung, Pflichtteil, Erbschaftsteuer, Testamentsvollstreckung, ZEV 2018, 60; *Schlitt*, Der mit einem belasteten Erbteil und einem Vermächtnis bedachte Pflichtteilsberechtigte, ZEV 1998, 216; *Schreiber*, Der Pflichtteilsanspruch, JURA 2008, 749; *Siebert,* Der Pflichtteilsergänzungsanspruch gegenüber dem Beschenkten, ZEV 2013, 241; *Siebert*, Der Pflichtteilsergänzungsanspruch gegenüber dem Beschenkten, ErbR 2012, 271; *Teschner,* Abkehr des BGH von der sog. „Theorie der Doppelberechtigung" im Pflichtteilsergänzungsrecht, ErbR 2012, 307; *Trappe,* Die Pro-rata-Regelung bei der Pflichtteilsergänzung, ZEV 2010, 388; *Trappe*, Die Pro-rata-Regelung und die Haftung des Letztbeschenkten, ErbR 2013, 262; *Uhrenbacher*, Rechtsprobleme des digitalen Nachlasses im Hinblick auf Pflichtteilsansprüche und Testamentsvollstreckung, ZEV 2018, 248; *van Eymeren,* Die Anwendung der Pro-rata-Regelung auf den Umfang der Ausfallhaftung des Letztbeschenkten, ZEV 2011, 343; *Wagenknecht,* Pflichtteilsrechte in der Enkelgeneration, ZErb 2012, 322; *Wall,* Die „Flucht in die Pflichtteilsergänzung" durch Vertrag zugunsten Dritter auf den Todesfall – eine Strategie zur Anrechnung auf den Pflichtteil?, ZErb 2011, 10; *Wälzholz*, Die Reform des Erb- und Pflichtteilsrechts zum 1.1.2010 – Überblick mit Gestaltungsempfehlungen, DStR 2009, 2104; *Weidlich,* Ehegattenzuwendung und Pflichtteilsergänzung in der Zugewinngemeinschaft, ZEV 2014, 345; *Wegmann*, Ehevertragliche Gestaltungen zur Pflichtteilsreduzierung, ZEV 1996, 201; *Wendt,* Grenzen der Pflichtteilsbeeinflussung, ZErb 2012, 290 und 313; *Wendt*, Pflichtteilsberechtigung und Pflichtteilsbeeinflussung. Aktuelles Höchstrichterliches aus dem Blickwinkel der Enkelgeneration, ErbR 2013, 366; *Wendt*, Pflichtteilsvermeidungsstrategien in „guter" wie in „böser" Absicht, ErbR 2012, 66; *Werner,* Auskunftsansprüche des Pflichtteilsberechtigten und des Erben über von liechtensteinischen Stiftungen gehaltenes Nachlassvermögen, ZErb 2016, 92; *Wolfer,* Die gleichzeitige Geltendmachung von Erbenstellung und Pflichtteilsanspruch, ZEV 2016, 245; *Zeranski,* Ausschluss der Ansprüche auf Pflichtteilsergänzung und Schenkungsrückforderung wegen Fristablaufs, NJW 2017, 1345.

I. Grundlagen

616 Die Testierfreiheit erlaubt es jedem, völlig frei über das Schicksal des eigenen Vermögens nach dem Versterben zu entscheiden (→ Rn. 2). Eine wichtige Beschränkung erfährt die Testierfreiheit allerdings durch das Pflichtteilsrecht. Es gewährt Ehegatten, Abkömmlingen und Eltern des Erblassers eine **finanzielle Mindestbeteiligung am Nachlass**. Die Ursprünge des Pflichtteilsrechts reichen zurück bis in das römische Recht.[1] Obgleich die grundsätzliche Entscheidung für ein Pflichtteilsrecht im Rahmen der Beratungen zum BGB schon relativ früh fiel[2], ist seine rechtspolitische Rechtfertigung bis heute Gegenstand heftiger Debatten[3]. Das BVerfG sieht den tragenden Grund des Pflichtteilsrechts der Kinder in der Familiensolidarität und gegenseitigen Verantwortung von Eltern und Kindern.[4] Es hat 2005 entschieden, dass die grundsätzlich unentziehbare und bedarfsunabhängige wirtschaftliche Mindestbeteili-

1 Vgl. zur Historie Staudinger/*Otte,* 2015, Einl. zu §§ 2303 ff. Rn. 2 ff. m.w.N.
2 Vgl. BVerfG v. 19.4.2005 – 1 BvR 1644/00, NJW 2005, 1561 Rn. 66 ff.; Staudinger/*Otte,* 2015, Einl. zu §§ 2303 ff. Rn. 12.
3 Vgl. dazu näher MüKoBGB/*Lange,* 7. Aufl. 2017, § 2303 Rn. 7 ff. m.w.N.
4 Vgl. BVerfG v. 19.4.2005 – 1 BvR 1644/00, NJW 2005, 1561 Rn. 72.

gung der Kinder des Erblassers an dessen Nachlass durch die Erbrechtsgarantie des Art. 14 Abs. 1 S. 1 i.V.m. Art. 6 Abs. 1 GG gewährleistet wird.[5]

Pflichtteilsberechtigt sind gem. § 2303 die Abkömmlinge, die Eltern und der Ehegatte[6] des Erblassers (→ Rn. 621 ff.), wenn sie durch Verfügung von Todes wegen von der Erbfolge ausgeschlossen sind (→ Rn. 622). Vom Pflichtteilsrecht streng zu trennen ist der **Pflichtteilsanspruch**. Er entsteht – sofern bestimmte Voraussetzungen vorliegen – erst mit dem Erbfall (§ 2317 Abs. 1) und ist auf die Zahlung einer Geldsumme gerichtet[7]. Mit dem Erbfall konkretisiert sich das Pflichtteilsrecht also – unter gewissen Voraussetzungen – zu einem Pflichtteilsanspruch.[8] Der Pflichtteilsanspruch ist vererblich und übertragbar (§ 2317 Abs. 2).[9] 617

Kein Pflichtteilsberechtigter ist gezwungen, seinen Pflichtteilsanspruch auch tatsächlich geltend zu machen; es gibt **keine „Pflichtteilspflicht"**. Deshalb kann der Pflichtteilsanspruch auch nur gepfändet werden, wenn er durch Vertrag anerkannt oder rechtshängig geworden ist (§ 852 Abs. 1 ZPO). Denn mit Rücksicht auf die familiäre Verbundenheit von Erblasser und Pflichtteilsberechtigten soll allein Letzteren die Entscheidung überlassen werden, ob der Anspruch durchgesetzt werden soll.[10]

Pflichtteilsanspruch

1. Eintritt des Erbfalls
2. Pflichtteilsberechtigung
3. Ausschluss von der Erbfolge durch Verfügung von Todes wegen

Schuldner des Pflichtteilsanspruchs sind gem. § 2303 Abs. 1 S. 1 der **Erbe bzw.** die **Erben** (→ Rn. 632 f.). Dabei sind die Erben nach außen gem. § 2058 als Gesamtschuldner verpflichtet; zur Lastenverteilung im Innenverhältnis → Rn. 634 ff. 618

In bestimmten Fällen sieht das Gesetz **Reduzierungen und Erweiterungen** des Pflichtteils vor. Dazu gehören der Zusatzpflichtteil (Pflichtteilsrestanspruch) gem. § 2305 (→ Rn. 649 ff.), die Anrechnung von lebzeitigen Zuwendungen gem. § 2315 (→ Rn. 663 ff.), die Ausgleichungspflicht gem. § 2316 (→ Rn. 668 ff.) sowie der Pflichtteilsergänzungsanspruch gem. §§ 2325 ff. (→ Rn. 679 ff.). Zudem können sich aus dem **Zusammenspiel von Erbschaft, Vermächtnis und Pflichtteil** Modifikationen und **Besonderheiten** ergeben, vgl. §§ 2305-2308 (→ Rn. 648 ff.). 619

Ein **Verlust der Pflichtteilsberechtigung** kann zum einen infolge des Verlusts des Erbrechts (insb. durch Erbunwürdigkeitserklärung [→ Rn. 494 ff.] oder Erbverzicht [→ Rn. 523 ff.]) oder des Pflichtteilsrechts (insb. durch Pflichtteilsverzicht, → Rn. 720) eintreten. Zum anderen ist unter engen Voraussetzungen auch eine Pflichtteilsentziehung (§§ 2333 ff., → Rn. 715 ff.) oder Pflichtteilsunwürdigkeit 620

5 Vgl. BVerfG v. 19.4.2005 – 1 BvR 1644/00, NJW 2005, 1561 (Leitsatz 1).
6 Gem. § 10 Abs. 6 S. 1 LPartG ist auch der Lebenspartner pflichtteilsberechtigt.
7 Aus Gründen der Zweckmäßigkeit und zur Verhinderung einer Nachlasszersplitterung hat sich der Gesetzgeber gegen eine dingliche Nachlassbeteiligung und für einen bloßen Geldanspruch entschieden, vgl. Mot. V, 386 f.
8 Vgl. BeckOGK/*Obergfell* § 2303 Rn. 19.
9 Näher zum derivativen Pflichtteilsanspruch: *Schindler* ZEV 2018, 60 ff.
10 Vgl. BeckOGK/*Obergfell* § 2303 Rn. 19.

(§ 2345 Abs. 2, → Rn. 718) möglich. Zudem kommt in bestimmten Fällen eine Pflichtteilsbeschränkung in guter Absicht (§ 2338, → Rn. 719) in Betracht.

II. Die Pflichtteilsberechtigten

1. Überblick

621 Pflichtteilsberechtigte sind gem. § 2303 die **Abkömmlinge**, die **Eltern** und der **Ehegatte** des Erblassers; gem. § 10 Abs. 6 S. 1 LPartG ist zudem auch der **Lebenspartner** pflichtteilsberechtigt. Andere Verwandte sind nicht pflichtteilsberechtigt. Wenn ein Pflichtteilsberechtigter zugleich Erbe ist, spricht man von einem Pflichtteilserben.

622 Voraussetzung ist weiterhin grundsätzlich, dass der Betreffende **durch Verfügung von Todes wegen von der Erbfolge** ausgeschlossen ist (vgl. § 2303 Abs. 1 S. 1, Abs. 2 S. 1). Nicht pflichtteilsberechtigt ist hingegen, wer kraft Gesetzes von der Erbfolge ausgeschlossen ist[11]. Ebenso ist grundsätzlich auch der Ausschlagende nicht pflichtteilsberechtigt[12]; von diesem Grundsatz macht das Gesetz jedoch Ausnahmen in § 2306 Abs. 1 Hs. 1 (→ Rn. 652 ff.) und § 1371 Abs. 3 (→ Rn. 109).

2. Die Abkömmlinge als Pflichtteilsberechtigte

623 Abkömmlinge sind gem. § 2303 Abs. 1 S. 1 pflichtteilsberechtigt. **Abkömmlinge** sind alle Personen, die mit dem Erblasser in absteigender gerader Linie verwandt sind (§ 1589 S. 1), also z.B. Kinder, Enkel, Urenkel etc. Pflichtteilsberechtigt sind auch nichteheliche und adoptierte Kinder.[13] Gem. § 1923 Abs. 2 ist auch der zum Zeitpunkt des Erbfalls bereits gezeugte *nasciturus* pflichtteilsberechtigter Abkömmling, wenn er später lebend geboren wird.[14] Zu beachten ist jedoch ein möglicher Ausschluss der Pflichtteilsberechtigung gem. § 2309 (→ Rn. 626).

3. Die Eltern als Pflichtteilsberechtigte

624 Die **Eltern** sind gem. § 2303 Abs. 2 S. 1 Alt. 1 pflichtteilsberechtigt.[15] Dies gilt auch für Adoptiveltern und nicht miteinander verheiratete Eltern.[16] Zu beachten ist jedoch auch hier ein möglicher Ausschluss der Pflichtteilsberechtigung gem. § 2309 (→ Rn. 626).

4. Der Ehegatte bzw. Lebenspartner als Pflichtteilsberechtigter

625 Der Ehegatte des Erblassers ist gem. § 2303 Abs. 2 S. 1 Alt. 2 pflichtteilsberechtigt; gem. § 10 Abs. 6 S. 1 LPartG ist zudem auch der Lebenspartner pflichtteilsberechtigt.

---

11 Vgl. BeckOGK/*Obergfell* § 2303 Rn. 35; MüKoBGB/*Lange*, 7. Aufl. 2017, § 2303 Rn. 21.
12 Vgl. BeckOGK/*Obergfell* § 2303 Rn. 35; MüKoBGB/*Lange*, 7. Aufl. 2017, § 2303 Rn. 21.
13 Vgl. Staudinger/*Otte*, 2015, § 2303 Rn. 6, 8.
14 Vgl. BeckOGK/*Obergfell* § 2303 Rn. 24; Staudinger/*Otte*, 2015, § 2303 Rn. 2.
15 Das Pflichtteilsrecht der Eltern war umstritten und wurde ihnen primär aus Gründen der Pietät zuerkannt, vgl. Mot. V, 383.
16 Vgl. Staudinger/*Otte*, 2015, § 2303 Rn. 12.

Voraussetzung für die Pflichtteilsberechtigung ist eine bestehende **rechtsgültige Ehe** bzw. Lebenspartnerschaft im Zeitpunkt des Erbfalls.[17] Das Pflichtteilsrecht entfällt allerdings, wenn das Erbrecht des Ehegatten- bzw. Lebenspartners wegen bevorstehender Scheidung bzw. Aufhebung gem. § 1933 (→ Rn. 90) bzw. gem. § 10 Abs. 3 Nr. 1 LPartG ausgeschlossen ist. Eine Besonderheiten gilt gem. § 1371 Abs. 3, wenn die Ehegatten bzw. Lebenspartner im Güterstand der Zugewinngemeinschaft lebten: Hier kann der überlebende Ehegatte bzw. Lebenspartner die Erbschaft ausschlagen und neben dem Ausgleich des Zugewinns trotzdem den „kleinen" Pflichtteil verlangen (→ Rn. 109).

5. Ausschluss der Pflichtteilsberechtigung von Abkömmlingen und Eltern gem. § 2309

Gem. § 2309 sind entferntere Abkömmlinge und Eltern insoweit nicht pflichtteilsberechtigt, als ein Abkömmling, der sie im Falle der gesetzlichen Erbfolge ausschließen würde, den Pflichtteil verlangen kann oder das ihm Hinterlassene annimmt. Diese zunächst etwas „kryptisch" wirkende Norm begründet nicht etwa ein Pflichtteilsrecht für Abkömmlinge, sondern schränkt vielmehr nur eine an sich gegebene Pflichtteilsberechtigung wieder ein.[18] Ebenso wie entferntere Abkömmlinge und Eltern nicht erbberechtigt sind, wenn ein näherer Abkömmling existiert (vgl. §§ 1924 Abs. 2, 1930), so sind sie gem. § 2309 auch **nicht pflichtteilsberechtigt, wenn ein näherer Abkömmling** den Pflichtteil verlangen kann oder das Hinterlassene annimmt. Historischer Grundgedanke ist „Demselben Stamme darf nicht zweimal ein Pflichttheil [sic] gewährt werden".[19] § 2309 will also verhindern, dass durch das Nachrücken entfernterer Berechtigter eine Vervielfältigung der Pflichtteilslast entsteht.[20] 626

Beispiel: Der verwitwete Erblasser G, dessen Eltern vorverstorben sind, hinterlässt seinen Sohn V sowie dessen Tochter T. Als Alleinerbin setzt G seine Lebensgefährtin L ein. - Hier hat T gem. § 2309 keinen Pflichtteilsanspruch, weil ihr Vater V sie bei der (fiktiven) gesetzlichen Erbfolge ausschließen würde (vgl. § 1924 Abs. 2).

III. Die Berechnung des Pflichtteils

1. Die Pflichtteilsquote

Gem. § 2303 Abs. 1 S. 2 besteht der Pflichtteil in der **Hälfte des Wertes des gesetzlichen Erbteils**. Die Pflichtteilsquote erhöht sich auch nicht etwa, wenn ein anderer Pflichtteilsberechtigter seinen Pflichtteil nicht geltend macht.[21] 627

17 Vgl. Staudinger/*Otte*, 2015, § 2303 Rn. 13, 21.
18 Vgl. nur Staudinger/*Otte*, 2015, § 2309 Rn. 3.
19 Vgl. Mot. V, 401; Prot. V, 512.
20 Vgl. MüKoBGB/*Lange*, 7. Aufl. 2017, § 2309 Rn. 1.
21 Vgl. BGH v. 26.9.2001 – IV ZR 198/00, ZEV 2002, 21.

2. Die relevante Erbquote

628 Die für die Berechnung der Pflichtteilsquote maßgebliche Erbquote erfolgt gem. § 2310 grundsätzlich „abstrakt“: Maßgeblich ist die **Erbquote**, mit der der Pflichtteilsberechtigte **im hypothetischen Fall der gesetzlichen Erbfolge** erben würde.[22] Gem. § 2310 S. 1 werden dabei auch die Personen mitgezählt, welche durch letztwillige Verfügung von der Erbfolge ausgeschlossen sind (→ Rn. 486 ff.) oder die Erbschaft ausgeschlagen haben (→ Rn. 588 ff.) oder für erbunwürdig erklärt sind (→ Rn. 494 ff.). Keiner dieser Vorgänge soll also dem Pflichtteilsberechtigten zugutekommen. Nicht mitgezählt werden hingegen gem. § 2310 S. 2 Personen, die durch Erbverzicht (→ Rn. 523 ff.) von der Erbfolge ausgeschlossen sind; Grund hierfür ist, dass ein Erbverzicht typischerweise gegen eine Abfindung erfolgt, welche dann den Nachlasswert mindert[23].

3. Der relevante Nachlasswert

629 Der für den Pflichtteil maßgebliche Nachlasswert bestimmt sich nach den **§§ 2311-2313**. Gem. § 2311 Abs. 1 S. 1 sind der Bestand und der Wert des Nachlasses zur Zeit des Erbfalls zugrunde zu legen (sog. Stichtagsprinzip). Der Bestand des Nachlasses ergibt sich aus der Differenz von Aktiva und Passiva. Maßgeblich ist grundsätzlich der Verkehrswert.[24] Da man vom hypothetischen Fall der gesetzlichen Erbfolge ausgeht, sind bei den Passiva jedoch nur Erblasserschulden und Erbfallschulden (z.B. Bestattungskosten, Zugewinnausgleichsanspruch) zu berücksichtigen; nicht hingegen Verbindlichkeiten, die auf einer Verfügung von Todes wegen des Erblassers beruhen (z.B. Vermächtnisse, Auflagen, → Rn. 899 ff.).[25] Gem. § 2311 Abs. 1 S. 2 bleibt außerdem bei der Berechnung des Pflichtteils von Abkömmlingen und Eltern der dem überlebenden Ehegatten gebührende Voraus (§ 1932 Abs. 1, → Rn. 99 ff.) außer Ansatz. § 2312 enthält eine Sonderregelung für Landgüter, § 2313 für bedingte, ungewisse oder unsichere Rechte.

4. Die konkrete Höhe des Pflichtteilsanspruchs

630 Um die konkrete Höhe des Pflichtteilsanspruchs zu berechnen, ist grundsätzlich die Pflichtteilsquote mit dem relevanten Nachlasswert zu multiplizieren.

Pflichtteilsanspruch = Pflichtteilsquote × Nachlasswert

Allerdings sind noch gesetzliche Ausgleichs- und Anrechnungspflichten zu berücksichtigen → Rn. 663 ff.

22 Vgl. *Lange*, ErbR, 2. Aufl. 2017, § 85 Rn. 22.
23 Vgl. Prot. V, 611 ff.
24 Vgl. BGH v. 25.11.2010 – IV ZR 124/09, ZEV 2011, 29 Rn. 5; BGH v. 8.4.2015 – IV ZR 150/14, ZEV 2015, 349 Rn. 4; Staudinger/*Herzog*, 2015, § 2311 Rn. 83.
25 Vgl. näher MüKoBGB/*Lange*, 7. Aufl. 2017, § 2311 Rn. 13 ff. m.w.N.

5. Konsequenzen der Besonderheiten der Zugewinngemeinschaft für das Pflichtteilsrecht der Abkömmlinge

Wie bei → Rn. 95 ff. dargestellt, ergeben sich bei Ehegatten und Lebenspartnern, die **631** im Güterstand der Zugewinngemeinschaft gelebt haben, einige Besonderheiten; dies hat auch Konsequenzen für die Pflichtteilsansprüche der Abkömmlinge.[26] Wenn der überlebende Ehegatte gesetzlicher oder gewillkürter Erbe oder auch nur Vermächtnisnehmer wird, bestimmt sich der Pflichtteil der Abkömmlinge und Eltern auf der Basis des erhöhten Ehegattenerbteils (großer Pflichtteil); wird der überlebende Ehegatte hingegen enterbt oder schlägt er aus, so bestimmt sich der Pflichtteil der Abkömmlinge und Eltern auf der Basis des nicht erhöhten Ehegattenerbteils (kleiner Pflichtteil) (vgl. § 1371 Abs. 1 und Abs. 2). Im Falle des § 1371 Abs. 3 hat es somit der Ehegatte in der Hand, durch seine Wahl („erbrechtliche Lösung" oder „güterrechtliche Lösung" durch Ausschlagung) die Höhe der Pflichtteilsquoten zu bestimmen. Dies ist letztlich auch sachgerecht, da sich die erhöhte Pflichtteilsquote typischerweise auf einen um die Ausgleichsforderung des überlebenden Ehegatten geminderten Nachlass beziehen wird.

Beispiel 1: Der Erblasser hinterlässt eine Ehefrau und zwei Kinder A und B; die Ehefrau ist als Alleinerbin eingesetzt.

Im Falle der gesetzlichen Erbfolge hätte die Ehefrau eine Erbquote von $\frac{1}{2}$ ($\frac{1}{4}$ gem. § 1931 Abs. 1 S. 1 plus $\frac{1}{4}$ gem. § 1371 Abs. 1); die Kinder hätten eine Erbquote von je $\frac{1}{4}$ (§ 1924 Abs. 1, 4). Die Kinder A und B haben folglich gem. § 2301 Abs. 1 S. 1 Pflichtteilsansprüche i.H.v. $\frac{1}{2} \times \frac{1}{4} = \frac{1}{8}$.

Beispiel 2: Erblasser E hinterlässt drei Kinder A, B und C und eine Ehefrau. A und B sind testamentarisch enterbt; die überlebende Ehefrau erbt zusammen mit dem dritten Kind C nach gesetzlicher Erbfolge.

Im Falle der gesetzlichen Erbfolge hätte die Ehefrau eine Erbquote von $\frac{1}{2}$ ($\frac{1}{4}$ gem. § 1931 Abs. 1 S. 1 plus $\frac{1}{4}$ gem. § 1371 Abs. 1); die drei Kinder hätten eine Erbquote von je $\frac{1}{6}$ (§ 1924 Abs. 1, 4). A und B haben somit Pflichtteilsansprüche i.H.v. jeweils $\frac{1}{12}$.

Beispiel 3: Der überlebende Ehemann erhält testamentarisch eine Quote von 10 %. Daneben erbt seine Tochter zu 90 %. Der Sohn ist enterbt.

Der Ehemann hat die Wahl: Entweder er schlägt aus und macht den Zugewinnausgleich geltend; daneben bekäme er noch einen kleinen Pflichtteil von $\frac{1}{8}$ (vom Nachlass ist allerdings noch der Zugewinnausgleich abzuziehen); der Pflichtteil des Sohnes beträgt in diesem Fall $\frac{3}{16}$ (Rechenweg: $\frac{3}{4}$ [nach der hypothetischen gesetzlichen Erbfolge gebührt dem Ehemann nach der güterrechtlichen Lösung $\frac{1}{4}$ gem. § 1931 Abs. 1 S. 1, es bleiben also noch $\frac{3}{4}$ für die Abkömmlinge S und T] × $\frac{1}{2}$ [Anteil von S gem. § 1924 Abs. 1, Abs. 4] × $\frac{1}{2}$ [§ 2303 Abs. 1]). Oder er nimmt an und macht den Zusatzpflichtteil gem. § 2305 auf den großen Pflichtteil von $\frac{1}{4}$ geltend und verzichtet damit auf den Zugewinnausgleich; dann beträgt die Quote des Sohnes nur noch $\frac{1}{8}$ (Rechenweg: $\frac{1}{2}$ [= Nach der hypothetischen gesetzlichen Erbfolge gebührt dem Ehemann nach der erbrechtlichen Lösung $\frac{1}{4}$ gem. § 1931 Abs. 1 S. 1 plus $\frac{1}{4}$ gem. § 1371 Abs. 1, also $\frac{1}{2}$; es bleiben also noch $\frac{1}{2}$ für die Abkömmlinge S und T] × $\frac{1}{2}$ [Anteil von S gem. § 1924 Abs. 1, Abs. 4] × $\frac{1}{2}$ [§ 2303 Abs. 1]).

26 Vgl. dazu auch *Horn* NZFam 2016, 539 ff.

Beispiel 4: Die überlebende Ehefrau erhält lediglich ein kleines Vermächtnis. Das einzige Kind wird Alleinerbe.

Die Ehefrau hat die Wahl: Entweder sie nimmt das Vermächtnis an und behält die Differenz zum großen Pflichtteil von $1/4$ als Pflichtteilsanspruch (§ 2307 Abs. 1 S. 2 i.V.m. § 2303 Abs. 1). Oder sie schlägt aus und erhält neben dem Zugewinnausgleich den kleinen Pflichtteil von $1/8$ (§ 2307 Abs. 1 S. 1).

Beispiel 5: Die überlebende Ehefrau wird weder Erbin noch Vermächtnisnehmerin. Die Tochter wird Alleinerbin, der Sohn ist wie die Mutter enterbt.

Die Ehefrau kann nur den Zugewinnausgleich verlangen und dazu den kleinen Pflichtteil von $1/8$ (§ 1371 Abs. 2; vom Nachlasswert ist der Zugewinnausgleich abzuziehen). Die Quote des Sohnes beträgt $3/16$.

IV. Pflichtteilslast

1. Pflichtteilslast im Außenverhältnis

632 Schuldner des Pflichtteilsanspruchs sind im Außenverhältnis gem. § 2303 Abs. 1 S. 1 der **Erbe bzw.** die **Erben als Gesamtschuldner** (§ 2058). Vor der Teilung wird der einzelne Miterbe durch § 2059 Abs. 1 S. 1 (→ Rn. 1207) geschützt: Er kann die Erfüllung aus seinem Eigenvermögen verweigern.

633 Nach der Teilung kann ein selbst **pflichtteilsberechtigter Miterbe** einen anderen Pflichtteilsberechtigten gem. **§ 2319 S. 1** an seine Miterben verweisen, wenn ihm sonst sein eigener Pflichtteil nicht verbliebe. Für den insoweit entstehenden Ausfall haften die übrigen Erben gem. § 2319 S. 2 als Gesamtschuldner. § 2319 gibt dem selbst pflichtteilsberechtigten Miterben also das Recht, seinen eigenen Pflichtteil gegenüber einem dritten Pflichtteilsberechtigten zu verteidigen. Die Norm gibt jedoch kein Verteidigungsrecht gegenüber Vermächtnisnehmern oder Auflagenbegünstigten; insoweit hilft nur § 2318 (→ Rn. 635 ff.).[27]

2. Pflichtteilslast im Innenverhältnis

634 Im Innenverhältnis richtet sich die Verteilung der Pflichtteilslast unter den Miterben **grundsätzlich nach dem Verhältnis der Erbquoten** (§§ 2038 Abs. 2, 748, 2047 Abs. 1).[28] Aus den §§ 2318, 2320–2324 kann sich jedoch Abweichendes ergeben.[29]

a) Die Kürzungsregelung des § 2318

635 **§ 2318 Abs. 1** gibt dem Erben ein **Kürzungsrecht**: Der Erbe hat im Verhältnis zu Vermächtnisnehmern und Auflagenbegünstigten das Recht, die Erfüllung des Vermächtnisses bzw. der Auflage soweit zu verweigern, dass die Pflichtteilslast von ihm und dem Vermächtnisnehmer bzw. Auflagenbegünstigten verhältnismäßig getragen wird. Der Kürzungsbetrag errechnet sich folgendermaßen:

27 Vgl. MüKoBGB/*Lange*, 7. Aufl. 2017, § 2319 Rn. 4.
28 Vgl. BGH v. 9.3.1983 – IVa ZR 211/81, NJW 1983, 2378; *Dahlkamp* RNotZ 2014, 257, 258; *Lange*, ErbR, 2. Aufl. 2017, § 85 Rn. 18; BeckOGK/*Schindler* § 2320 Rn. 1.
29 Dazu ausf. *Dahlkamp* RNotZ 2014, 257 ff.

$$\text{Kürzungsbetrag} = \text{Pflichtteilslast} \times \frac{\text{Vermächtnis bzw. Auflage}}{\text{ungekürzter Nachlass}}$$

Beispiel: Der Erblasser E (Nachlass: 120.000 €) hinterlässt seinen Sohn S. Als Alleinerbe hat er seine Lebensgefährtin L eingesetzt. Seinem besten Freund H hat er ein Vermächtnis von 40.000 € ausgesetzt. Der Kürzungsbetrag gem. § 2318 Abs. 1 beträgt 20.000 €. S erhält seinen Pflichtteil i.H.v. 60.000 €, H sein gekürztes Vermächtnis i.H.v. noch 20.000 € und L die restlichen 40.000 €.

Einem pflichtteilsberechtigten Vermächtnisnehmer gegenüber statuiert **§ 2318 Abs. 2** 636
jedoch eine **Kürzungsgrenze:** Ihm gegenüber ist eine Kürzung nur soweit zulässig, dass ihm der Pflichtteil verbleibt. Wenn sich ein Ausfall ergibt, so ist dieser zwischen den Erben und den nicht pflichtteilsberechtigten Vermächtnisnehmern und Auflagenbegünstigten verhältnismäßig zu tragen.

Beispiel: Der Erblasser E (Nachlass: 500.000 €) hinterlässt Sohn S und Tochter T. Als Alleinerbe hat er seine Lebensgefährtin L eingesetzt. Der T ist ein Vermächtnis von 150.000 € ausgesetzt.

S hat gem. § 2303 Abs. 1 einen Pflichtteilsanspruch i.H.v. 125.000 €.

Der Kürzungsbetrag würde gem. § 2318 Abs. 1 eigentlich 37.500 € betragen, ist aber gem. § 2318 Abs. 2 auf 25.000 € zu kürzen, weil der Pflichtteil der T i.H.v. 125.000 € nicht unterschritten werden darf. Den „Ausfall" i.H.v. 12.500 € trägt L alleine; ihr verbleiben am Ende 250.000 €.

§ 2318 Abs. 3 gibt dem **pflichtteilsberechtigten Erben** ein **erweitertes Kürzungs-** 637
recht gegenüber Vermächtnisnehmern und Auflagenbegünstigten. Wenn der Erbteil mit einem Vermächtnis oder einer Auflage beschwert ist, kann der pflichtteilsberechtigte Erbe gem. § 2306 Abs. 1 Hs. 1 den Pflichtteil verlangen, wenn er den Erbteil ausschlägt (→ Rn. 652 ff.). Wenn er jedoch nicht ausschlägt, so muss er die ihn beschwerenden Vermächtnisse und Auflagen grundsätzlich auch auf Kosten seines eigenen Pflichtteils voll tragen. § 2318 Abs. 3 gibt ihm in diesem Fall das Recht, die Vermächtnisse und Auflagen um den Betrag zu kürzen, um den die Pflichtteilslast seinen eigenen Pflichtteil andernfalls (zusätzlich) beeinträchtigen würde. Auf diese Weise wird eine Belastungsgrenze für den pflichtteilsberechtigten Erben gezogen.[30] Die Vorschrift ist nicht nur zugunsten eines Alleinerben, sondern auch im Falle einer Erbenmehrheit anwendbar.[31] Im Sonderfall, dass § 2318 Abs. 2 und Abs. 3 zusammentreffen, weil sowohl der Erbe als auch der Vermächtnisnehmer pflichtteilsberechtigt sind, hat nach h.M. entsprechend dem Willen des Gesetzgebers[32] das Pflichtteilsrecht des Erben Vorrang.[33]

30 Vgl. BGH v. 10.7.1985 – IVa ZR 151/83, NJW 1985, 2828, 2830; BeckOGK/*Schindler* § 2318 Rn. 26 m.w.N.

31 Vgl. BGH v. 10.7.1985 – IVa ZR 151/83, NJW 1985, 2828; *Dahlkamp* RNotZ 2014, 257, 261; BeckOGK/*Schindler* § 2318 Rn. 30 m.w.N.

32 Vgl. Prot. V, 547.

33 Vgl. MüKoBGB/*Lange*, 7. Aufl. 2017, § 2318 Rn. 16; Staudinger/*Otte*, 2015, § 2318 Rn. 24; BeckOGK/*Schindler* § 2318 Rn. 28.

Beispiel: Der verwitwete Erblasser E (Nachlass: 1 Mio. €) setzt seinen Sohn S als Alleinerben ein. Seiner Tochter T wendet er hingegen nichts zu. Dafür vermacht er seiner Lebensgefährtin L 700.000 €.

Wenn S nur das Vermächtnis erfüllen müsste, würden ihm noch 300.000 € (also mehr als sein Pflichtteil i.H.v. 250.000 €) verbleiben. Wenn T ihren Pflichtteil verlangt, kann S das Vermächtnis zugunsten der L gem. § 2318 Abs. 1 um 175.000 € kürzen, d.h. L würde nur noch 525.000 € erhalten. S blieben dann aber nur noch 225.000 €, also weniger als sein Pflichtteil. Gem. § 2318 Abs. 3 kann er aber das Vermächtnis nun nochmals soweit kürzen, dass ihm selbst der Pflichtteil verbleibt, also um weitere 25.000 €. Am Ende erhält T 250.000 € als Pflichtteil, L ein gekürztes Vermächtnis i.H.v. 500.000 € und S verbleiben 250.000 € (also genau der Betrag seines Pflichtteils).

638 **§ 2323** stellt klar[34], dass das Kürzungsrecht aus § 2318 Abs. 1 **nicht** greift, soweit der Erbe die **Pflichtteilslast** im Innenverhältnis gem. §§ 2320-2322 (→ Rn. 639 ff.) **gar nicht zu tragen** hat. Nach Sinn und Zweck gilt dies auch für das Kürzungsrecht gem. § 2318 Abs. 3, denn auch hier besteht kein Bedürfnis für ein Kürzungsrecht, wenn der pflichtteilsberechtigte Erbe im Innenverhältnis gar nicht pflichtteilsbelastet ist.[35]

b) Die weiteren Regelungen der §§ 2320-2322

639 **§ 2320** betrifft die Verteilung der gesamten Pflichtteilslast unter mehreren Miterben. Wer anstelle des Pflichtteilsberechtigten gesetzlicher Erbe wird, muss gem. § 2320 Abs. 1 im Innenverhältnis der Miterben untereinander die Pflichtteilslast bzw. das vom Pflichtteilsberechtigten angenommene Vermächtnis allein tragen. Wendet der Erblasser durch Verfügung von Todes wegen den Erbteil eines Pflichtteilsberechtigten einem anderen zu, so gilt gem. § 2320 Abs. 2 im Zweifel das Gleiche.

Beispiel: Der Erblasser E (Nachlass: 100.000 €) hinterlässt die Töchter A und B. B, die einen Sohn S hat, wurde gem. § 1938 enterbt. Es erben folglich A und S zu je ½. S muss gem. § 2320 Abs. 1 im Innenverhältnis für den Pflichtteilsanspruch der B i.H.v. 25.000 € allein aufkommen.

640 **§ 2321** regelt die Verteilung der Pflichtteilslast im Falle der Ausschlagung[36] eines dem Pflichtteilsberechtigten zugewandten Vermächtnisses: Dann hat im Verhältnis der Erben und Vermächtnisnehmer zueinander derjenige, dem die Ausschlagung zustattenkommt, die Pflichtteilslast in Höhe des erlangten Vorteils zu tragen. Für den Fall, dass eine vom Pflichtteilsberechtigten ausgeschlagene Erbschaft (§ 2306 bzw. § 1371 Abs. 3, → Rn. 109, 652 ff.) oder ein ausgeschlagenes Vermächtnis (§ 2307, → Rn. 657 ff.) selbst mit einem Vermächtnis oder einer Auflage beschwert ist, kann derjenige, welchem die Ausschlagung zustattenkommt, das Vermächtnis oder die Auflage allerdings gem. **§ 2322** soweit kürzen, dass ihm der zur Deckung der Pflichtteilslast erforderliche Betrag verbleibt; die Vorschrift ist *lex specialis* zu § 2318.[37]

Beispiel: Der Erblasser E (Nachlass: 180.000 €) hinterlässt drei Töchter A, B und C. C ist zwar enterbt, A und B sind jedoch zugunsten der C mit einem Vermächtnis i.H.v. 20.000 € beschwert. Außerdem hatte E seinem Freund H ein Vermächtnis i.H.v. 18.000 € ausgesetzt. C schlägt aus und macht ihren Pflichtteil i.H.v. 30.000 € geltend (§ 2307 Abs. 1 S. 1, → Rn. 657 ff.).

34 Vgl. nur MüKoBGB/*Lange*, 7. Aufl. 2017, § 2323 Rn. 1.
35 Vgl. MüKoBGB/*Lange*, 7. Aufl. 2017, § 2323 Rn. 1; Staudinger/*Otte*, 2015, § 2323 Rn. 3.
36 Im Falle der Annahme gilt § 2320.
37 Vgl. BGH v. 9.3.1983 – IVa ZR 211/81, NJW 1983, 2378, 2379; *Dahlkamp* RNotZ 2014, 257, 263.

In Höhe des erlangten Vorteils von 20.000 € können A und B die Pflichtteilslast nicht anteilig auf H abwälzen (vgl. § 2318 Abs. 1, → Rn. 635). Die Restpflichtteilslast i.H.v. 10.000 € tragen A, B und H gem. § 2318 Abs. 1 (Kürzungsbetrag bei H: 1.000 €). H erhält also noch 17.000 €, A und B je 66.500 € (½ × [180.000 € Nachlass – 30.000 € Vermächtnis zugunsten der C – 17.000 € gekürztes Vermächtnis zugunsten des H]).

c) Partielle Dispositivität, § 2324

Gem. § 2324 kann der Erblasser die Pflichtteilslastverteilung im Innenverhältnis durch Verfügung von Todes wegen abweichend von den § 2318 Abs. 1 und §§ 2320-2323 regeln; **§ 2318 Abs. 2 und Abs. 3** sowie **§ 2319** sind hingegen **zwingend**. **641**

V. Auskunfts- und Wertermittlungsanspruch des Pflichtteilsberechtigten

1. Auskunftsanspruch

Gem. **§ 2314 Abs. 1 S. 1** hat der Pflichtteilsberechtigte, der nicht selbst Erbe ist, einen **Auskunftsanspruch gegen den Erben**. Denn ohne einen solchen Auskunftsanspruch wäre der Pflichtteilsanspruch in vielen Fällen gar nicht zu realisieren, weil der Pflichtteilsberechtigte oft wenig über Zusammensetzung und Wert des Nachlasses weiß.[38] Der Auskunftsanspruch ist umfassend: Er bezieht sich auf alle Aktiva und Passiva, die tatsächlich zum Nachlass gehören, darüber hinaus aber auch auf die sonstigen Berechnungsfaktoren, die für die Berechnung des Pflichtteilsanspruchs und ggf. eines Pflichtteilergänzungsanspruchs (→ Rn. 679 ff.) relevant sind, d.h. ausgleichspflichtige Zuwendungen des Erblassers und seine Schenkungen.[39] Maßgeblicher Zeitpunkt ist derjenige des Erbfalls (vgl. § 2311 Abs. 1 S. 1). Zu den für die Berechnung des Pflichtteils relevanten Umständen gehören ferner etwa auch Angaben zum Güterstand, in dem der Erblasser gelebt hat und ob der Ehegatte Erbe bzw. Miterbe geworden ist bzw. ein ihm zugewandtes Vermächtnis angenommen hat.[40] Der Erbe ist zudem ggf. auch verpflichtet, sich über sein eigenes Wissen hinaus die zur Auskunftserteilung notwendigen Kenntnisse – soweit möglich und zumutbar – zu verschaffen.[41] **642**

Der Pflichtteilsberechtigte kann gem. § 2314 Abs. 1 S. 2 Alt. 1 verlangen, dass er bei der Aufnahme des ihm nach § 260 vorzulegenden Verzeichnisses der Nachlassgegenstände zugezogen wird.[42] Neben einem **privaten Bestandsverzeichnis** kann gem. § 2314 Abs. 1 S. 3 auch ein **amtliches Bestandsverzeichnis** verlangt werden. Die Ansprüche aus § 2314 Abs. 1 bestehen grundsätzlich kumulativ nebeneinander.[43] Unter den Voraussetzungen des § 260 Abs. 2 kann der Pflichtteilsberechtigte zudem eine eidesstattliche Versicherung verlangen. Ausnahmsweise kann dem Auskunftsan- **643**

38 Vgl. Mot. V, 409.
39 Vgl. BGH v. 2.11.1960 – V ZR 124/59, NJW 1961, 602, 603.
40 Vgl. Staudinger/*Herzog*, 2015, § 2314 Rn. 27a; MüKoBGB/*Lange*, 7. Aufl. 2017, § 2314 Rn. 15.
41 Vgl. Staudinger/*Herzog*, 2015, § 2314 Rn. 27a; MüKoBGB/*Lange*, 7. Aufl. 2017, § 2314 Rn. 15.
42 Vgl. dazu näher *Kind* ZErb 2018, 139 ff.
43 Vgl. BGH v. 28.2.1989 – XI ZR 91/88, NJW 1989, 1601; BGH v. 31.10.2018 – IV ZR 313/17, BeckRS 2018, 29176 Rn. 20; OLG München v. 1.6.2017 – 23 U 3956/16, ZEV 2017, 460 Rn. 17; Staudinger/*Herzog*, 2015, § 2314 Rn. 28 m.w.N.

spruch allerdings unter besonderen Umständen das Schikaneverbot (§ 226) oder der Einwand des Rechtsmissbrauchs (§ 242) entgegenstehen.[44] Die Kosten fallen gem. § 2314 Abs. 2 dem Nachlass zur Last.

2. Wertermittlungsanspruch

644 § 2314 Abs. 1 S. 2 Alt. 2 gewährt einen **selbstständigen Anspruch auf Wertermittlung**, der vom Auskunftsanspruch streng zu trennen ist.[45] Er besteht erst und nur dann, wenn der Pflichtteilsberechtigte dargelegt und bewiesen hat, dass der betreffende Gegenstand tatsächlich zum Nachlass gehört.[46] Im Gegensatz zum Auskunftsanspruch ist der Anspruch auf Wertermittlung völlig unabhängig vom Wissen und den Vorstellungen des Verpflichteten.[47]

3. Anspruchsverpflichtete

645 Auskunftspflichtig ist grundsätzlich der Erbe bzw. die **Erben**. Mehrere Erben haften für die Erfüllung der Auskunftspflicht gem. § 431 als Gesamtschuldner.[48]

646 In erweiternder Auslegung des § 2314 ist darüber hinaus im Interesse der Durchsetzbarkeit etwaiger Pflichtteilsergänzungsansprüche (§§ 2325 ff., → Rn. 679 ff.) auch der vom Erblasser **Beschenkte** zur Auskunft hinsichtlich des vom Erblasser erhaltenen Geschenks verpflichtet.[49] Denn der Erbe weiß häufig selbst wenig oder nichts über solche Schenkungen und der Beschenkte haftet schließlich gem. § 2329 (→ Rn. 705 ff.) ggf. auch selbst.[50] Anders als der Erbe schuldet der beschenkte Dritte aber nicht ein Bestands- oder Vermögensverzeichnis mit allen Aktiva oder Passiva, sondern hat nur Auskunft über die an ihn geflossenen Zuwendungen zu erteilen, bei denen es sich um Schenkungen handelt oder um Veräußerungen, von denen streitig und ungeklärt ist, ob sie eine Schenkung darstellen, sofern sie nur unter Umständen erfolgt sind, die die Annahme nahelegen, es handele sich in Wirklichkeit – wenigstens zum Teil – um eine Schenkung.[51] Den Beschenkten trifft zudem auch keine Wertermittlungspflicht.[52]

---

44 Vgl. RG v. 10.1.1910 – IV 81/09, RGZ 72, 379, 384; BGH v. 2.11.1960 – V ZR 124/59, NJW 1961, 602, 604.

45 Vgl. BGH v. 9.11.1983 – IVa ZR 151/82, NJW 1984, 487, 488; BGH v. 31.10.2018 – IV ZR 313/17, BeckRS 2018, 29176 Rn. 23; OLG Frankfurt v. 24.7.2012 – 11 U 117/10, BeckRS 2012, 20979.

46 Vgl. BGH v. 9.11.1983 – IVa ZR 151/82, NJW 1984, 487, 488; BGH v. 31.10.2018 – IV ZR 313/17, BeckRS 2018, 29176 Rn. 24; OLG Frankfurt v. 24.7.2012 – 11 U 117/10, BeckRS 2012, 20979.

47 Vgl. BGH v. 9.11.1983 – IVa ZR 151/82, NJW 1984, 487, 488; BGH v. 4.10.1989 – IVa ZR 198/88, NJW 1990, 180; BGH v. 31.10.2018 – IV ZR 313/17, BeckRS 2018, 29176 Rn. 23; *Horn* ZEV 2018, 627, 628.

48 Vgl. Staudinger/*Herzog*, 2015, § 2314 Rn. 47; MüKoBGB/*Lange*, 7. Aufl. 2017, § 2314 Rn. 43.

49 Vgl. BGH v. 1.3.1971 – III ZR 37/68, NJW 1971, 842 f.; BGH v. 19.4.1989 – IVa ZR 85/88, NJW 1989, 2887, 2888; BGH v. 4.6.2014 – IV ZB 2/14, NJW-RR 2014, 1102 Rn. 10; Staudinger/*Herzog*, 2015, § 2314 Rn. 52; MüKoBGB/*Lange*, 7. Aufl. 2017, § 2314 Rn. 44.

50 Vgl. BGH v. 1.3.1971 – III ZR 37/68, NJW 1971, 842 f.; Staudinger/*Herzog*, 2015, § 2314 Rn. 52; MüKoBGB/*Lange*, 7. Aufl. 2017, § 2314 Rn. 44.

51 Vgl. BGH v. 4.6.2014 – IV ZB 2/14, NJW-RR 2014, 1102 Rn. 10.

52 Vgl. BGH v. 19.4.1989 – IVa ZR 85/88, NJW 1989, 2887, 2888.

Ferner hat der **pflichtteilsberechtigte Erbe gegen** den vom Erblasser **Beschenkten** einen Auskunftsanspruch aus **§ 242**, wenn er sich die erforderlichen Kenntnisse nicht auf andere ihm zumutbare Weise verschaffen kann.[53] Ein Wertermittlungsanspruch besteht allerdings auch hier nicht, wohl aber ein Anspruch auf Wertermittlung auf eigene Kosten.[54]

Der **Nacherbe** hat **gegen den vom Vorerben Beschenkten** einen Auskunftsanspruch gem. **§ 2314 analog**, wenn eine gerechte Abwägung der beiderseitigen Interessen es rechtfertigt, ihm diesen Anspruch zu gewähren (zur Vor- und Nacherbschaft → Rn. 746 ff.).[55]

4. Prozessuales

Die einzelnen in § 2314 enthaltenen Ansprüche können separat im Wege der Leistungsklage geltend gemacht werden[56]; möglich und regelmäßig zweckmäßig ist jedoch auch eine **Stufenklage** gem. § 254 ZPO (1. Stufe: Auskunftsanspruch, 2. Stufe: Anspruch auf Versicherung an Eides Statt; 3. Stufe: einstweilen noch unbezifferter Pflichtteilsanspruch)[57]. Die Stufenklage unterbricht gem. § 204 Abs. 1 Nr. 1 die Verjährung auch bezüglich des noch unbezifferten Zahlungsantrags und löst Verzug aus.[58] **647**

VI. Gewährleistung einer Mindestbeteiligung am Nachlass

Da der Pflichtteilsanspruch eine Enterbung voraussetzt, könnte der Erblasser ihn theoretisch dadurch unterlaufen, dass er dem Pflichtteilsberechtigten nur eine minimale Zuwendung macht oder den zugewendeten Erbteil derart mit anderen Rechten belastet, dass der Pflichtteilsberechtigte faktisch wertmäßig wesentlich weniger erhält, als ihm im Rahmen des Pflichtteilsanspruchs zustünde. Die **§§ 2305–2308** sollen dies verhindern und dem Pflichtteilsberechtigten eine **Mindestbeteiligung am Nachlass gewährleisten**.[59] **648**

Sicherung einer Mindestbeteiligung am Nachlass gem. §§ 2305-2308		
	Sachverhalt	**Rechtsfolge**
§ 2305	Erbteil < Pflichtteil	Pflichtteilsrestanspruch
§ 2306	Erbteil mit Beschränkung oder Beschwerung	Pflichtteilsanspruch im Falle der Ausschlagung

53 Vgl. BGH v. 27.6.1973 – IV ZR 50/72, NJW 1973, 1876; BGH v. 4.10.1989 – IVa ZR 198/88, NJW 1990, 180.
54 Vgl. BGH v. 4.10.1989 – IVa ZR 198/88, NJW 1990, 180.
55 Vgl. BGH v. 15.3.1972 – IV ZR 131/70, NJW 1972, 907.
56 Vgl. OLG Düsseldorf v. 6.11.1998 – 7 U 282/97, FamRZ 1999, 1097, 1098; MüKoBGB/*Lange*, 7. Aufl. 2017, § 2314 Rn. 45.
57 Vgl. RG v. 25.10.1926 – IV 54/26, RGZ 115, 27, 29; BGH v. 22.3.2006 – IV ZR 93/05, ZEV 2006, 263; Staudinger/*Herzog*, 2015, § 2314 Rn. 154 ff. m.w.N.; instruktiv dazu *Fleischer/Horn* ZErb 2013, 105 ff., 133 ff.
58 Vgl. BGH v. 6.5.1981 – IVa ZR 170/80, NJW 1981, 1729, 1731; BGH v. 22.3.2006 – IV ZR 93/05, ZEV 2006, 263.
59 Vgl. *Lange*, ErbR, 2. Aufl. 2017, § 87 Rn. 44; Staudinger/*Otte*, 2015, § 2305 Rn. 1.

Sicherung einer Mindestbeteiligung am Nachlass gem. §§ 2305-2308		
	Sachverhalt	**Rechtsfolge**
§ 2307	Vermächtnis mit Beschränkung oder Beschwerung	Pflichtteilsanspruch im Falle der Ausschlagung; Pflichtteilsrestanspruch soweit Vermächtnis < Pflichtteil
§ 2308	Ausschlagung in Unkenntnis des Wegfalls einer Beschränkung oder Beschwerung	Anfechtungsrecht

1. Pflichtteilsrestanspruch (Zusatzpflichtteil), § 2305

649 § 2305 soll verhindern, dass der Pflichtteilsanspruch dadurch unterlaufen wird, dass der Erblasser den an sich Pflichtteilsberechtigten auf eine Erbquote einsetzt, die wesentlich unterhalb seiner Pflichtteilsquote liegt (Beispiel: Pflichtteilsquote von $\frac{1}{4}$, Erbteil von $\frac{1}{10}$). § 2305 S. 1 bestimmt daher, dass ein Pflichtteilsberechtigter, dem ein Erbteil hinterlassen wurde, der geringer ist als die Hälfte des gesetzlichen Erbteils, von den Miterben die Differenz zwischen dem zugewendeten Erbteil und der Hälfte des gesetzlichen Erbteils als sog. **Zusatzpflichtteil** (oder auch **Pflichtteilsrest**) verlangen kann.

Die Ermittlung des Anspruchs erfolgt grundsätzlich durch Vergleich der zugewendeten Erbquote mit der halben gesetzlichen Erbquote (sog. Quotentheorie).[60] Im Beispielsfall würde der Zusatzpflichtteilsanspruch also $\frac{3}{20}$ betragen ($\frac{1}{4} - \frac{1}{10} = \frac{3}{20}$). Vor der Erbrechtsreform machte die h.M. hiervon eine Ausnahme, wenn Ausgleichungen und Anrechnungen (§§ 2315 f., → Rn. 663 ff.) erfolgten; dann sollte die Formulierung „Hälfte des gesetzlichen Erbteils“ nicht als Pflichtteilsquote, sondern als der Pflichtteil zu verstehen sein, der sich unter Beachtung der Anrechnungs- und Ausgleichungspflichten ergibt; es sollte also ein Wertvergleich erfolgen (sog. Werttheorie).[61] Ob dies auch nach der Reform durch das ErbVerjRÄndG[62] noch gilt, erscheint zweifelhaft.[63]

650 Der Pflichtteilsrestanspruch ist ein gegen den Erben bzw. die Miterben als Gesamtschuldner (§ 2058) gerichteter **schuldrechtlicher Zahlungsanspruch**.[64] Er führt also nicht zu einer erhöhten dinglichen Berechtigung am Nachlass, aber insgesamt zu einer wirtschaftlichen Gleichstellung.

Wenn der Pflichtteilsberechtigte den Erbteil **annimmt**, so erhält er den Erbteil plus den Pflichtteilsrestanspruch gegen den Erben bzw. die Miterben.

Wenn der Pflichtteilsberechtigte den Erbteil **ausschlägt**, so kann er nicht den vollen Pflichtteil geltend machen (er wurde ja nicht durch eine Verfügung von Todes wegen enterbt!)[65], wohl aber den Pflichtteilsrestanspruch[66].

60 Vgl. Erman/*Röthel*, 15. Aufl. 2017, § 2305 Rn. 1.
61 Vgl. BGH v. 9.12.1992 – IV ZR 82/92, NJW 1993, 1197; OLG Celle v. 9.3.1995 – 22 U 73/94, ZEV 1996, 307, 308.
62 Gesetz zur Änderung des Erb- und Verjährungsrechts v. 24.9.2009, BGBl. I, 3142.
63 Vgl. zum Ganzen MüKoBGB/*Lange*, 7. Aufl. 2017, § 2305 Rn. 5 m.w.N.
64 Vgl. MüKoBGB/*Lange*, 7. Aufl. 2017, § 2305 Rn. 7; BeckOGK/*Obergfell* § 2305 Rn. 7.
65 Vgl. Mot. V, 392; Prot. V, 503.
66 Vgl. RG v. 25.4.1918 – IV 76/18, RGZ 93, 3, 9; BGH v. 1.10.1958 – V ZR 53/58, NJW 1958, 1964; BGH v. 21.3.1973 – IV ZR 157/1, NJW 1973, 1995, 996.

§ 2305 S. 2 bestimmt ausdrücklich, dass **Beschränkungen und Beschwerungen** der in § 2306 bezeichneten Art (→ Rn. 653) bei der Berechnung außer Betracht bleiben.[67] Wenn der Betreffende den Erbteil annimmt, muss er also Beschränkungen und Beschwerungen vollumfänglich tragen. Alternativ eröffnet § 2306 Abs. 1 Hs. 1 ihm aber auch die Möglichkeit, auszuschlagen und den vollen Pflichtteil zu verlangen (→ Rn. 655). **651**

Beispiel: Der verwitwete E setzt seinen einzigen Sohn S als Erbe zu $\frac{1}{10}$ ein und ordnet ein Vermächtnis i.H.v. 25.000 € zugunsten einer gemeinnützigen Stiftung und zulasten des S an. Der Nachlass beträgt 1 Mio. €. Der S erbt also 100.000 € abzüglich des Vermächtnisses i.H.v. 25.000 €, also einen Wert von 75.000 €. Weil die Beschwerung mit dem Vermächtnis bei der Berechnung des Zusatzpflichtteils außer Betracht bleibt (§ 2305 S. 2), beträgt sein Zusatzpflichtteil nicht etwa 425.000 €, sondern nur 400.000 €, d.h. er hat Anspruch auf insgesamt 475.000 €. Gem. § 2306 Abs. 1 Hs. 1 (→ Rn. 655) steht es S jedoch frei, den Erbteil auszuschlagen und den vollen Pflichtteil i.H.v. 500.000 € zu verlangen.

2. Beschränkungen und Beschwerungen, § 2306

Wie bereits kurz dargestellt, gibt die (durch das ErbVerjRÄndG[68] neu gefasste[69]) Vorschrift des § 2306 Abs. 1 Hs. 1 dem als Erbe berufenen Pflichtteilsberechtigten im Falle bestimmter Beschränkungen oder Beschwerungen das Recht, den **Pflichtteil** zu verlangen, **wenn er den Erbteil ausschlägt**. Die Vorschrift macht damit eine wichtige Ausnahme von dem allgemeinen Grundsatz, dass der Pflichtteilsanspruch nur besteht, wenn der Betreffende durch Verfügung von Todes wegen von der Erbfolge ausgeschlossen ist (→ Rn. 622). Grund dafür ist, dass das Pflichtteilsrecht sonst durch derartige Beschränkungen oder Beschwerungen faktisch unterlaufen werden könnte. **652**

Beispiel: Der verwitwete E setzt seinen einzigen Sohn S als Alleinerben ein. Der Nachlasswert beträgt 1 Mio. €. Zugleich ordnet S ein Vermächtnis i.H.v. 990.000 € zugunsten einer gemeinnützigen Stiftung und zulasten des S an. Hier würde S faktisch nur einen Wert von 10.000 € erhalten, obwohl sein Pflichtteilsanspruch gem. § 2303 Abs. 1 500.000 € betragen würde. § 2306 Abs. 1 Hs. 1 gibt ihm hier die Möglichkeit auszuschlagen und den Pflichtteilsanspruch i.H.v. 500.000 € geltend zu machen.

§ 2306 Abs. 1 erfasst die Einsetzung eines **Nacherben** (d.h. der Pflichtteilsberechtigte wird nur Vorerbe; zur Vor- und Nacherbschaft → Rn. 746 ff.), die Ernennung eines **Testamentsvollstreckers** (→ Rn. 807 ff.), **Teilungsanordnungen** (→ Rn. 1023 ff.), **Vermächtnisse** und **Auflagen** (→ Rn. 899 ff.). Gleichgestellt ist gem. § 2306 Abs. 2 der Fall, dass der Pflichtteilsberechtigte als Nacherbe eingesetzt wird. Der Kreis der genannten Beschränkungen und Beschwerungen ist abschließend.[70] Obgleich die Norm von einem „Erbteil" spricht, gilt sie nach Sinn und Zweck aber auch für den zum Alleinerben Eingesetzten.[71] **653**

---

67 Die Vorschrift wurde erst durch das ErbVerjRÄndG (Gesetz zur Änderung des Erb- und Verjährungsrechts v. 24.9.2009, BGBl. I, 3142) im Zusammenhang mit der Vereinfachung des § 2306 eingeführt, vgl. dazu BT-Drs. 16/8954, S. 19.

68 Gesetz zur Änderung des Erb- und Verjährungsrechts v. 24.9.2009, BGBl. I, 3142.

69 Vgl. zur komplizierten alten Rechtslage und den Gründen für die Reform näher BT-Drs. 16/8954, S. 19 f.; Staudinger/*Otte*, 2015, § 2306 Rn. 1 ff.

70 Vgl. MüKoBGB/*Lange*, 7. Aufl. 2017, § 2306 Rn. 7; Staudinger/*Otte*, 2015, § 2306 Rn. 6 m.w.N.

71 Vgl. BGH v. 5.7.2006 – IV ZB 39/05, NJW 2006, 3353 ff.; Staudinger/*Otte*, 2015, § 2306 Rn. 6.

654 Gem. § 2306 Abs. 1 Hs. 2 beginnt die **Ausschlagungsfrist** erst, wenn der Pflichtteilsberechtigte von der Beschränkung oder der Beschwerung **Kenntnis** erlangt. Dadurch wird verhindert, dass der Pflichtteilsberechtigte sein Ausschlagungsrecht nur deshalb nicht wahrnehmen kann, weil er erst zu spät von der Beschränkung oder Beschwerung erfährt.[72]

655 § 2306 gibt dem Pflichtteilsberechtigten also ein **Wahlrecht** zwischen (1) Annahme der beschwerten/belasteten Erbschaft und (2) Ausschlagung und Verlangen des Pflichtteils. Dieses Wahlrecht ist höchstpersönlich und nicht übertragbar, aber vererblich (vgl. § 1952 Abs. 1).[73] Der Pflichtteilsberechtigte hat damit die Möglichkeit, frei zu entscheiden, welche Alternative für ihn wirtschaftlich und ggf. auch aus persönlichen Motiven vorzugswürdig ist.

656 Wenn der mit Beschränkungen oder Beschwerungen belastete Erbe irrig davon ausgeht, dass er die Erbschaft nicht ausschlagen dürfe, um seinen Anspruch auf den Pflichtteil nicht zu verlieren, kann er die Annahme wegen **Inhaltsirrtums** gem. § 119 Abs. 1 Alt. 1 anfechten (allgemein zur Anfechtung der Annahme → Rn. 599 ff.).[74]

3. Pflichtteilsanspruch trotz Vermächtnis, § 2307

657 § 2307 statuiert eine Parallelregelung zu § 2306 für den Fall, dass dem Pflichtteilsberechtigten ein Vermächtnis zugewendet wird. Denn auch hier besteht die Gefahr, dass die Pflichtteilsberechtigung durch die Zuwendung eines „kleinen“ oder erheblich belasteten Vermächtnisses ausgehöhlt wird. Deshalb hat der Pflichtteilsberechtigte hier ebenfalls ein **Wahlrecht**:

- Zum einen kann er das **Vermächtnis annehmen**, muss sich dann aber dessen Wert auf den Pflichtteil anrechnen lassen, d.h. er hat nur noch einen **Pflichtteilsrestanspruch** in Höhe der Differenz zwischen dem Wert des Vermächtnisses und des Pflichtteilsanspruchs (§ 2307 Abs. 1 S. 2 Hs. 1);
- zum anderen kann er das **Vermächtnis ausschlagen** und den **vollen Pflichtteil** fordern (§ 2307 Abs. 1 S. 1).

Im Falle der Annahme des Vermächtnisses bleiben bei der Berechnung des Wertes Beschränkungen und Beschwerungen der in § 2306 bezeichneten Art auch hier außer Betracht (§ 2307 Abs. 1 S. 2 Hs. 2). In seiner Entscheidung ist der Pflichtteilsberechtigte hier ebenfalls völlig frei; maßgeblich wird insoweit primär der wirtschaftliche Wert von Vermächtnis, Nachlass und etwaigen Beschränkungen sein, in bestimmten Fällen mag jedoch auch der ideelle Wert des als Vermächtnis zugewendeten Gegenstands eine Rolle spielen.

658 Da für Annahme oder Ausschlagung eines Vermächtnisses keine Frist gilt (vgl. § 2180, → Rn. 927), der mit dem Vermächtnis beschwerte Erbe aber ein legitimes Interesse daran hat, Klarheit darüber zu erlangen, ob er das Vermächtnis erfüllen muss[75], gibt § 2307 Abs. 2 S. 1 ihm das Recht, den Pflichtteilsberechtigten unter Be-

---

72 Vgl. Staudinger/*Otte*, 2015, § 2306 Rn. 43.
73 Vgl. MüKoBGB/*Lange*, 7. Aufl. 2017, § 2306 Rn. 17; Erman/*Röthel*, 15. Aufl. 2017, § 2306 Rn. 1.
74 Vgl. BGH v. 29.6.2016 – IV ZR 387/15, ZEV 2016, 574 (m. krit. Anm. *Lange*).
75 Vgl. *Lange*, ErbR, 2. Aufl. 2017, § 87 Rn. 66; Staudinger/*Otte*, 2015, § 2306 Rn. 21.

stimmung einer angemessenen **Frist** zur Erklärung über die Annahme des Vermächtnisses aufzufordern; wenn dieser nicht innerhalb der Frist die Annahme erklärt, so gilt das Vermächtnis gem. § 2307 Abs. 2 S. 2 als ausgeschlagen.

Beispiel: Der verwitwete E hinterlässt einen Nachlass i.H.v. 1 Mio. €, wendet seinem einzigen Sohn S jedoch nur ein Vermächtnis zu. **659**

Variante 1: Das Vermächtnis ist ein Gemälde im Wert von 600.000 €.
Hier wird der S nicht ausschlagen, da das Gemälde wertvoller ist als der Pflichtteilsanspruch i.H.v. 500.000 €.

Variante 2: Das Vermächtnis ist ein Gemälde im Wert von 400.000 €.
S kann annehmen und einen Zusatzpflichtteil i.H.v. 100.000 € beanspruchen oder ausschlagen und den vollen Pflichtteilsanspruch i.H.v. 500.000 € geltend machen.

Variante 3: Das Vermächtnis ist ein Gemälde im Wert von 600.000 €, es ist aber mit der Auflage beschwert, 50.000 € an eine karitative Organisation zu spenden.
Hier wird S dennoch nicht ausschlagen, da er im Falle der Annahme (positiver Saldo i.H.v. 550.000 €) immer noch besser steht als mit dem Pflichtteilsanspruch.

Variante 4: Das Vermächtnis ist ein Gemälde im Wert von 600.000 €, es ist aber mit der Auflage beschwert, 500.000 € an eine karitative Organisation zu spenden.
Wenn S annimmt, steht ihm kein Zusatzpflichtteil zu, weil die Auflage gem. § 2307 Abs. 1 S. 2 Hs. 2 nicht berücksichtigt wird. Sofern ideelle Gründe keine Rolle spielen, wird S daher unter rein wirtschaftlichen Gesichtspunkten ausschlagen und den Pflichtteilsanspruch i.H.v. 500.000 € geltend machen.

4. Sonderfall: Zuwendung von Erbteil und Vermächtnis an den Pflichtteilsberechtigten

Grundsätzlich denkbar ist auch, dass einem Pflichtteilsberechtigten ein Erbteil und ein Vermächtnis zugewendet werden. Dieser Sonderfall ist gesetzlich nicht speziell geregelt, sodass auch hier **§§ 2305–2307** (→ Rn. 648 ff.) gelten.[76] **660**

Wenn ein **unbelasteter Erbteil** hinterlassen wird, der mindestens die Pflichtteilsquote erreicht, so entsteht kein Pflichtteilsanspruch (Ausnahme: § 1371 Abs. 3, → Rn. 109). Ist der Erbteil geringer als die Pflichtteilsquote, so besteht ein Pflichtteilsrestanspruch aus § 2305, wobei das Vermächtnis gem. § 2307 Abs. 1 S. 2 Hs. 2 angerechnet wird.

Bei Zuwendung eines **belasteten Erbteils** sind unabhängig von der Quote § 2306 Abs. 1 Hs. 1 und § 2307 anwendbar.[77] Werden Erbteil *und* Vermächtnis ausgeschlagen, so erhält der Pflichtteilsberechtigte den vollen Pflichtteilsanspruch. Schlägt er nur den Erbteil aus, so muss das Vermächtnis auf den Pflichtteilsanspruch angerechnet werden. Nur das Vermächtnis auszuschlagen macht regelmäßig keinen Sinn, weil der Berechtigte dadurch lediglich verliert.

76 Vgl. MüKoBGB/*Lange*, 7. Aufl. 2017, § 2307 Rn. 17; Staudinger/*Otte*, 2015, § 2307 Rn. 24.
77 Vgl. MüKoBGB/*Lange*, 7. Aufl. 2017, § 2307 19.

5. Spezielles Anfechtungsrecht gem. § 2308

661 **§ 2308 Abs. 1** begründet einen besonderen Anfechtungsgrund für den **Pflichtteilsberechtigten**, der als Erbe oder Vermächtnisnehmer einer Beschränkung oder Beschwerung nach § 2306 (→ Rn. 653) unterliegt: Er kann die Ausschlagung anfechten, wenn die Beschränkung oder Beschwerung zur Zeit der Ausschlagung weggefallen und ihm der Wegfall nicht bekannt war. Hintergrund ist, dass der Betreffende ohne diese Anfechtungsmöglichkeit doppelt benachteiligt wäre: Er würde nicht nur die – tatsächlich unbelastete – Erbschaft verlieren, sondern infolge der Ausschlagung auch den Pflichtteil einbüßen.[78] § 2308 Abs. 1 greift auch dann, wenn die Beschränkung bzw. Belastung erst nach der Ausschlagung, aber rückwirkend auf den Zeitpunkt des Erbfalls wegfällt.[79] In Bezug auf die Annahme ist § 2308 Abs. 1 aufgrund seines Ausnahmecharakters nicht analog anwendbar[80]; die h.M. lässt jedoch eine Anfechtung gem. § 119 Abs. 2 zu, wenn der Pflichtteilsberechtigte nicht wusste, dass der angenommene Erbteil belastet war[81] (allgemein zur Anfechtung der Annahme → Rn. 599 ff.).

662 Gem. **§ 2308 Abs. 2** finden die für die Ausschlagung einer Erbschaft geltenden Vorschriften auch auf die Ausschlagung eines Vermächtnisses entsprechende Anwendung; auch der Vermächtnisnehmer kann also die Ausschlagung anfechten, wenn die Beschränkung oder Beschwerung zur Zeit der Ausschlagung weggefallen und der Wegfall ihm nicht bekannt war. Die Anfechtung erfolgt in diesem Fall allerdings gem. § 2308 Abs. 2 S. 2 durch eine formlose[82] Erklärung gegenüber dem Beschwerten.

VII. Anrechnung und Ausgleichung

1. Anrechnung, § 2315

663 Gem. § 2315 Abs. 1 sind **lebzeitige Zuwendungen des Erblassers** auf den Pflichtteil anzurechnen, wenn der **Erblasser dies bei der Zuwendung** an den Pflichtteilsberechtigten **bestimmt** hat. Der Pflichtteil wird also um den Wert der lebzeitigen Zuwendung vermindert, was letztlich den Erben als Pflichtteilsschuldnern zugutekommt. Die Vorschrift gilt – anders als § 2316 (→ Rn. 668 f) – für alle Pflichtteilsberechtigten, nicht nur für Abkömmlinge.

664 **Voraussetzungen** für die Anrechnung sind eine **lebzeitige Zuwendung des Erblassers an den Pflichtteilsberechtigten** sowie eine Anrechnungsbestimmung durch den Erblasser. Zuwendungen i.S.d. § 2315 sind nicht nur Schenkungen, sondern auch an-

78 Vgl. Mot. V, 511; MüKoBGB/*Lange*, 7. Aufl. 2017, § 2308 Rn. 1.
79 Vgl. BGH v. 26.9.1990 – IV ZR 131/89, NJW 1991, 169, 171; a.A. MüKoBGB/*Lange*, 7. Aufl. 2017, § 2308 Rn. 5.
80 Vgl. OLG Stuttgart v. 12.11.1982 – 8 W 438/82, OLGZ 1983, 304, 307; MüKoBGB/*Lange*, 7. Aufl. 2017, § 2308 Rn. 13.
81 Vgl. BayObLG v. 16.3.1995 – 1Z BR 82/94, BayObLGZ 1995, 120, 127; MüKoBGB/*Lange*, 7. Aufl. 2017, § 2308 Rn. 23.
82 Vgl. MüKoBGB/*Lange*, 7. Aufl. 2017, § 2308 Rn. 11; Staudinger/*Otte*, 2015, § 2308 Rn. 24.

dere freigiebige Zuwendungen wie z.B. die Ausstattung (§ 1624).[83] Die **Anrechnungsbestimmung** muss vor oder spätestens im Zeitpunkt der Zuwendung erfolgen. Nach der Zuwendung kann eine Anrechnung grundsätzlich nur dadurch festgelegt werden, dass ein Erbverzichtsvertrag gem. § 2348 geschlossen wird, da es sich dann um einen teilweisen Pflichtteilsverzicht (§ 2346 Abs. 2) handelt.[84] Eine einseitige nachträgliche Anordnung durch den Erblasser ist nur ausnahmsweise dann möglich, wenn der Erblasser zur Pflichtteilsentziehung (§§ 2333 ff., → Rn. 715 ff.) berechtigt ist.[85]

Wenn es sich bei dem Pflichtteilsberechtigten um einen **Abkömmling** handelt, gilt **§ 2051 Abs. 1** entsprechend (§ 2315 Abs. 3). Dies bedeutet, dass die Anrechnungspflicht des Abkömmlings dem Pflichtteil quasi anhaftet, wenn ein anderer Abkömmling an seiner Stelle erbt oder nachrückt. Die Vorschrift ist allerdings dispositiv, d.h. die Anrechnungspflicht besteht nicht, wenn der Erblasser die Anordnung erkennbar nur für den Empfänger selbst getroffen hat.[86] Anderer Abkömmling kann sowohl ein Seitenverwandter sein als auch ein Abkömmling des Abkömmlings.[87] Auf die Eltern des Erblassers oder seinen Ehegatten ist § 2315 Abs. 3 nicht – auch nicht analog – anwendbar.[88] **665**

Beispiel: Der geschiedene Erblasser E hinterlässt Sohn S und Tochter T. Der Nachlasswert beträgt 100.000 €. Der kinderlose S hatte eine anrechnungspflichtige Zuwendung von 20.000 € erhalten. Kurz vor dem Tod des E verzichtete er auf seinen Erbteil (§ 2346 Abs. 1, → Rn. 523 ff.). Alleinerbe ist der familienfremde X. Aufgrund von § 2310 S. 2 wird S bei der Pflichtteilsberechnung für T nicht mitgezählt. Die T tritt daher an die Stelle des S und erhält ihren Pflichtteil von ¼ von 100.000 € = 25.000 € sowie den „Pflichtteil des S" (*argumentum e* § 1935) unter Berücksichtigung der Anrechnung (§ 2315 Abs. 3) i.H.v. 10.000 € (100.000 € + 20.000 € = 120.000 €; ¼ = 30.000 € – 20.000 € = 10.000 €). Insgesamt erhält T also 35.000 €.

Die Anrechnung erfolgt dadurch, dass bei der Berechnung des konkreten Pflichtteils der Nachlass um die vom Pflichtteilsberechtigten erhaltene Zuwendung erhöht wird (§ 2315 Abs. 2 S. 1) und von dem sich danach ergebenden fiktiven Pflichtteil wiederum abgezogen, d.h. angerechnet, wird (§ 2315 Abs. 1). Die Berechnung erfolgt **für jeden Pflichtteilsberechtigten separat**, d.h. wenn mehrere Pflichtteilsberechtigte eine anzurechnende Zuwendung bekommen, ergibt sich für jeden ein persönlicher fiktiver Nachlass.[89] Für die Höhe des anzurechnenden Betrags ist mangels abweichender Regelung[90] gem. § 2315 Abs. 2 S. 2 der Wert zum Zeitpunkt der Zuwendung maßgeblich. **666**

Beispiel: Der Witwer V hinterlässt ein Vermögen von 500.000 €. Seinen Sohn S hat er zugunsten der Tochter T enterbt. Fünf Jahre vor dem Erbfall hatte S für einen Autokauf

---

83 Vgl. MüKoBGB/*Lange*, 7. Aufl. 2017, § 2315 Rn. 6 f.; Staudinger/*Otte*, 2015, § 2315 Rn. 10 ff.
84 Vgl. RG v. 6.5.1909 – IV 475/08, RGZ 71, 133, 136; Staudinger/*Otte*, 2015, § 2315 Rn. 21.
85 Vgl. MüKoBGB/*Lange*, 7. Aufl. 2017, § 2315 Rn. 14; Staudinger/*Otte*, 2015, § 2315 Rn. 21.
86 Vgl. MüKoBGB/*Lange*, 7. Aufl. 2017, § 2315 Rn. 26; Staudinger/*Otte*, 2015, § 2315 Rn. 55.
87 Vgl. MüKoBGB/*Lange*, 7. Aufl. 2017, § 2315 Rn. 26.
88 Vgl. MüKoBGB/*Lange*, 7. Aufl. 2017, § 2315 Rn. 28.
89 Vgl. MüKoBGB/*Lange*, 7. Aufl. 2017, § 2315 Rn. 20; Staudinger/*Otte*, 2015, § 2315 Rn. 37.
90 Vgl. zur Dispositivität des § 2315 Abs. 2 S. 2: BVerfG v. 27.3.2006 – 1 BvR 181/06, DNotZ 2006, 772.

100.000 € geschenkt bekommen mit der Maßgabe, dass diese Summe auf seinen Pflichtteil anzurechnen sei.

Berechnungsformel Anrechnung:
Pflichtteil = ([Nachlass + Zuwendung] · ½ Erbquote) - Zuwendung

Im Falle der gesetzlichen Erbfolge wäre der S Erbe zu ½(§ 1924 Abs. 1, 4). Ohne Anrechnung stünde ihm somit gem. § 2303 Abs. 1 S. 1 ein Pflichtteilsanspruch i.H.v. 125.000 € zu (½ × ½ = ¼ von 500.000 € = 125.000 €).

Im Falle der Anrechnung beträgt sein Pflichtteilsanspruch hingegen nur 50.000 € (Nachlass in Höhe von 500.000 € + Zuwendung i.H.v. 100.000 € = 600.000 €; multipliziert mit der hälftigen Erbquote, [also ½ × ½ = ¼] = 150.000 €; abzüglich der Zuwendung i.H.v. 100.000 € = 50.000 €).

Bei der Anrechnung verringert sich somit die Belastung des tatsächlichen Nachlasses mit Pflichtteilsansprüchen; hier von 25 % auf 10 %. Hinsichtlich des fiktiven Nachlasses hat S aber durch die Einbeziehung des Geschenks insgesamt seine Pflichtteilsquote von 25 % erhalten.

667 Bei Zuwendungen unter **Ehegatten**, die im Güterstand der **Zugewinngemeinschaft** leben, kann der Erblasser anordnen, dass die Zuwendung auf den Ausgleichsanspruch (**§ 1380**) und/oder den Pflichtteilsanspruch (**§ 2315**) anzurechnen ist.[91] Wenn der Erblasser beides angeordnet hat, stellt sich die Frage, in welcher Reihenfolge die Anrechnung durchzuführen ist. Maßgeblich ist insofern grundsätzlich der Wille des Erblassers.[92] Was geschehen soll, wenn sich ein solcher nicht feststellen lässt, ist höchst umstritten.[93]

2. Ausgleichung unter Abkömmlingen, § 2316

a) Allgemeines

668 Im Falle der gesetzlichen Erbfolge ist unter den Abkömmlingen unter den Voraussetzungen der **§§ 2050 ff.** eine Ausgleichung bezüglich bestimmter Zuwendungen und Pflegeleistungen vorzunehmen, um eine möglichst weitgehende wirtschaftliche Gleichstellung der Abkömmlinge zu erreichen (→ Rn. 1042 ff.). Um die **Relationen zwischen gesetzlichem Erbteil und Pflichtteil zu wahren**[94], bestimmt § 2316, dass diese Ausgleichspflicht auch bei der Berechnung des Pflichtteils zu berücksichtigen ist. Konsequenterweise findet eine Ausgleichung auch im Rahmen des Pflichtteilsrechts nur unter Abkömmlingen statt.

b) Voraussetzungen der Ausgleichung

669 § 2316 ist nur anwendbar, wenn **mehrere Abkömmlinge** i.S.d. Norm vorhanden sind, denn nur dann ist eine Ausgleichung überhaupt denkbar. Bei der Pflichtteilsbe-

91 Vgl. Staudinger/*Otte*, 2015, § 2315 Rn. 59.
92 Vgl. MüKoBGB/*Lange*, 7. Aufl. 2017, § 2315 Rn. 30.
93 Vgl. näher zum Ganzen MüKoBGB/*Lange*, 7. Aufl. 2017, § 2315 Rn. 31; BeckOGK/*Reisnecker* § 2315 Rn. 114 f. m.w.N.
94 Vgl. Staudinger/*Otte*, 2015, § 2315 Rn. 2.

rechtigung zu berücksichtigen und daher **„vorhanden“** i.S.d. § 2316 Abs. 1 S. 1 sind gem. § 2310 S. 1 Abkömmlinge, die den Erbfall erlebt haben bzw. bereits gezeugt waren (§ 1923 Abs. 2); unabhängig davon, ob sie ggf. enterbt wurden, für erbunwürdig erklärt wurden oder ausgeschlagen haben.[95] Außer Betracht bleibt hingegen gem. § 2316 Abs. 1 S. 2, wer durch Erbverzicht von der gesetzlichen Erbfolge ausgeschlossen ist (dies entspricht § 2310 S. 2).

§ 2316 Abs. 1 S. 1 setzt voraus, dass im (hypothetischen) Fall der gesetzlichen Erbfolge einer der „vorhandenen“ Abkömmlinge eine **ausgleichspflichtige Zuwendung i.S.d. § 2050** (→ Rn. 1051 ff.) erhalten oder eine **ausgleichspflichtige Leistung i.S.d. § 2057a** (→ Rn. 1059 ff.) an den Erblasser erbracht hat. Es genügt, wenn dies bei einem Abkömmling der Fall ist und es muss sich dabei auch nicht um den Pflichtteilsberechtigten handeln. Denn bei § 2316 handelt es sich um eine allgemeine Berechnungsregel, die sowohl zugunsten als auch zulasten des pflichtteilsberechtigten Abkömmlings wirken kann.[96] **670**

Um den modifizierten Pflichtteil zu schützen, ist es dem Erblasser gem. **§ 2316 Abs. 3** untersagt, Zuwendungen i.S.d. § 2050 Abs. 1 (→ Rn. 1053) zum Nachteil eines Pflichtteilsberechtigten von der Berücksichtigung auszuschließen. Nach ganz h.M. bezieht sich die Verweisung nicht nur auf § 2050 Abs. 1, sondern auch auf § 2050 Abs. 2 (→ Rn. 1054 ff.), denn dieser stellt nur eine unselbstständige Ergänzung des § 2050 Abs. 1 dar.[97] **671**

c) Berechnung

Maßgeblich für den Pflichtteil ist gem. § 2316 Abs. 1 S. 1 das, was auf den gesetzlichen Erbteil unter Berücksichtigung der Ausgleichungspflicht entfallen würde. Das bedeutet, dass zunächst der um die ausgleichungspflichtige Zuwendung erhöhte Nachlass zu berechnen ist (sog. **fiktiver Nachlass**). Da die Ausgleichung nur unter Abkömmlingen erfolgt, sind die Erbteile anderer Pflichtteilsberechtigter herauszurechnen.[98] **672**

Hat etwa die Ehefrau einen gesetzlichen Erbteil von ¼ (z.B. bei Gütertrennung mit drei oder mehr Kindern), so ist dieses ¼ vom Nachlass abzuziehen, und zwar unabhängig davon, ob und zu welcher Quote die Ehefrau tatsächlich erbt. Erst danach ist unter Hinzurechnung der Ausgleichsbeträge der für die Abkömmlinge relevante fiktive Nachlass (**ausgleichsspezifischer Nachlass**) zu berechnen.

Auf der Basis dieses fiktiven Nachlasswerts werden nun nach den Regeln der gesetzlichen Erbfolge die Werte der Erbteile der einzelnen Abkömmlinge berechnet (sog. **fiktiver Erbteil**).[99] Von diesem fiktiven Erbteil wird dann die ausgleichungspflichtige Zuwendung abgezogen bzw. es wird der Wert der auszugleichenden Leistung ad- **673**

95 Vgl. Staudinger/*Otte*, 2015, § 2316 Rn. 4 m.w.N.
96 Vgl. BGH v. 9.12.1992 – IV ZR 82/92, NJW 1993, 1197.
97 Vgl. MüKoBGB/*Lange*, 7. Aufl. 2017, § 2316 Rn. 8; Staudinger/*Otte*, 2015, § 2316 Rn. 9; BeckOGK/*Reisnecker* § 2316 Rn. 88.
98 Vgl. Staudinger/*Otte*, 2015, § 2316 Rn. 18, 20; BeckOGK/*Reisnecker* § 2316 Rn. 73.
99 Vgl. Staudinger/*Otte*, 2015, § 2316 Rn. 18, 24; BeckOGK/*Reisnecker* § 2316 Rn. 73.

diert (sog. **fiktiver Ausgleichungserbteil**).[100] Die Hälfte dieses fiktiven Ausgleichungserbteils ist dann der **Ausgleichungspflichtteil** des Betreffenden.[101]

674 In einer Formel dargestellt[102]:

$$P = \frac{1}{2} \cdot \left(\frac{N + Z - L}{Q} - T + A \right)$$

P = Ausgleichungspflichtteil
N = Nachlass
Z = ausgleichungspflichtige Zuwendungen
L = auszugleichende Leistungen
Q = Zahl der an der Ausgleichung beteiligten Abkömmlinge
T = Wert der auszugleichenden Zuwendung des betreffenden Abkömmlings
A = Wert der auszugleichenden Leistung des betreffenden Abkömmlings

675 **Beispiel 1:** Der geschiedene Erblasser W hatte seinen Freund X zum Alleinerben eingesetzt und somit seinen Sohn S und seine Tochter T enterbt. Der Nachlasswert beträgt 200.000 €. S hat einen Betrag von 20.000 € auszugleichen.

$$\textit{Ausgleichungspflichtteil der } T = \frac{1}{2} \cdot \left(\frac{200.000\ € + 20.000\ €}{2} \right) = 55.000\ €$$

$$\textit{Ausgleichungspflichtteil des } S = \frac{1}{2} \cdot \left(\frac{200.000\ € + 20.000\ €}{2} - 20.000\ € \right) = 45.000\ €$$

Beispiel 2: Der geschiedene Erblasser Z hat seine Freundin Q zur Alleinerbin eingesetzt und somit seine Söhne S1 und S2 sowie seine Tochter T enterbt. Der Nachlasswert beträgt 300.000 €. S1 hat einen Betrag von 50.000 € auszugleichen. T hat Leistungen i.S.d. § 2057a i.H.v. 50.000 € erbracht.

$$\textit{Ausgleichungspflichtteil der } T = \frac{1}{2} \cdot \left(\frac{300.000\ € + 50.000\ € - 50.000\ €}{3} + 50.000\ € \right) = 75.000\ €$$

100 Vgl. Staudinger/*Otte*, 2015, § 2316 Rn. 18, 25 f.; BeckOGK/*Reisnecker* § 2316 Rn. 73.
101 Vgl. Staudinger/*Otte*, 2015, § 2316 Rn. 18, 27; BeckOGK/*Reisnecker* § 2316 Rn. 73.
102 Vgl. BeckOGK/*Reisnecker* § 2316 Rn. 74 ff.

$$\textit{Ausgleichungspflichtteil des S1} = \frac{1}{2} \cdot \left(\frac{300.000\ € + 50.000\ € - 50.000\ €}{3} - 50.000\ € \right) = 25.000\ €$$

$$\textit{Ausgleichungspflichtteil des S2} = \frac{1}{2} \cdot \left(\frac{300.000\ € + 50.000\ € - 50.000\ €}{3} \right) = 50.000\ €$$

Wenn ein ausgleichungspflichtiger Abkömmling mehr erhalten hat als ihm nach der Pflichtteilsberechnung zustünde (der Ausgleichungspflichtteil also negativ wäre), so muss die Berechnung der Pflichtteile der anderen unter der Maßgabe des § 2056 (→ Rn. 1063) wiederholt werden. Danach wird der Überbegünstigte aus der Kalkulation genommen; den Mehrempfang darf er behalten. Die Berücksichtigung des Mehrempfangs kann unter bestimmten Umständen noch im Wege der §§ 2325 ff. (→ Rn. 679 ff.) erfolgen. **676**

Beispiel 3: Die geschiedene Erblasserin F hat drei Töchter A, B und C, die sie alle enterbt hat. Alleinerbin ist ihre alte Freundin U. Der Nachlasswert beträgt 100.000 €. A hat einen Betrag von 70.000 € auszugleichen, B von 10.000 €.

$$\textit{Ausgleichungspflichtteil der A} = \frac{1}{2} \cdot \left(\frac{100.000\ € + 70.000\ € + 10.000\ €}{3} - 70.000\ € \right) = -5.000\ €$$

Die Berechnung für B und C muss folglich unter der Maßgabe des § 2056 erfolgen, d.h. die Zuwendung an A wird bei der Berechnung des fiktiven Nachlasses nicht berücksichtigt. A darf die 70.000 € aber behalten.

$$\textit{Ausgleichungspflichtteil der B} = \frac{1}{2} \cdot \left(\frac{100.000\ € + 10.000\ €}{2} - 10.000\ € \right) = 22.500\ €$$

$$\textit{Ausgleichungspflichtteil der C} = \frac{1}{2} \cdot \left(\frac{100.000\ € + 10.000\ €}{2} \right) = 27.500\ €$$

Wenn ein Pflichtteilsberechtigter als Miterbe eingesetzt wurde, der Wert seines Erbes aber geringer ist als sein Ausgleichungspflichtteil gem. § 2316 Abs. 1, so hat er gem. **§ 2316 Abs. 2** einen **Pflichtteilsrestanspruch** (Vervollständigungsanspruch). Die Vorschrift ergänzt insoweit §§ 2305, 2306 (→ Rn. 649 ff.).[103] **677**

103 Vgl. BeckOGK/*Reisnecker* § 2316 Rn. 84.

Beispiel 4: Der verwitwete E hinterlässt seine Söhne A und B. Erben sind B zu 40 % und der familienfremde X zu 60 %. Der Nachlass hat einen Wert von 200.000 €. A bekam eine Ausstattung i.H.v. 200.000 €.

$$\textit{Ausgleichungspflichtteil des } B = \frac{1}{2} \cdot \left(\frac{200.000\ € + 200.000\ €}{2} \right) = 100.000\ €$$

Der Erbteil des B mit einer Erbquote von 40 % entspricht jedoch nur 80.000 €. Er hat folglich gegen seinen Miterben X gem. § 2316 Abs. 2 einen Pflichtteilsrestanspruch i.H.v. 20.000 €.

3. Zusammentreffen von Anrechnung und Ausgleichung, § 2316 Abs. 4

678 Bei Abkömmlingen kann es vorkommen, dass eine Zuwendung aufgrund einer Anordnung gem. § 2315 auf den Pflichtteil anzurechnen und zugleich nach §§ 2316 Abs. 1, 2050 ff. auszugleichen ist. Für diesen Fall bestimmt **§ 2316 Abs. 4**, dass im Rahmen der Anrechnung gem. § 2315 **nur die Hälfte des Wertes der Zuwendung angerechnet** wird. Grund dafür ist, dass die andere Hälfte bereits bei der Ausgleichung berücksichtigt wird; ohne die Bestimmung des § 2316 Abs. 4 käme es somit zu einer 1,5-fachen Berücksichtigung derselben Zuwendung.[104] Die Berechnung erfolgt dergestalt, dass zunächst die Ausgleichung durchzuführen ist und dann die (gem. § 2316 Abs. 4) modifizierte Anrechnung erfolgt.[105]

Beispiel 5: Der verwitwete G hat seinem Sohn S eine ausgleichspflichtige Zuwendung i.H.v. 100.000 € gemacht und dabei angeordnet, dass diese auf den Pflichtteil anzurechnen ist (§ 2315 Abs. 1). Die Tochter T hat keine (ausgleichspflichtige) Zuwendung erhalten. Beide Kinder wurden durch das Testament enterbt. Als Alleinerbe setzte G seinen alten Freund H ein. Der Nachlass hat einen Wert von 800.000 €.

Als erster Schritt hat die Ausgleichung zu erfolgen:

$$\textit{Ausgleichungspflichtteil des } S = \frac{1}{2} \cdot \left(\frac{800.000\ € + 100.000\ €}{2} - 100.000\ € \right) = 175.000\ €$$

$$\textit{Ausgleichungspflichtteil der } T = \frac{1}{2} \cdot \left(\frac{800.000\ € + 100.000\ €}{2} \right) = 225.000\ €$$

Als zweiter Schritt erfolgt nun noch die Anrechnung (§ 2315), allerdings gem. § 2316 Abs. 4 nur mit der Hälfte des Wertes der Zuwendung. Der Pflichtteilsanspruch des S vermindert sich somit um 50.000 € von 175.000 € auf 125.000 €.

Im Ergebnis hat S somit einen Pflichtteilsanspruch i.H.v. 125.000 € und T i.H.v. 225.000 €.

---

104 Vgl. Staudinger/*Otte,* 2015, § 2316 Rn. 30; BeckOGK/*Reisnecker* § 2316 Rn. 93.

105 Vgl. Staudinger/*Otte,* 2015, § 2316 Rn. 31; BeckOGK/*Reisnecker* § 2316 Rn. 93; krit. zur h.M. *Schäfer* ZEV 2013, 63 ff.

VIII. Pflichtteilsergänzungsanspruch, §§ 2325 ff.

1. Grundlagen und Überblick

Die Vorschriften zum Pflichtteilsergänzungsanspruch wegen Schenkungen in §§ 2325 ff. sollen den Pflichtteilsberechtigten **vor einer Aushöhlung** seiner Rechte **durch lebzeitige Schenkungen des Erblassers schützen.**[106] Denn wie schon die Motive zum BGB so schön formulierten, würde das Institut des Pflichtteils ohne eine solche Schranke „kaum eine materielle Bedeutung" haben[107]: Der Erblasser könnte den Pflichtteilsanspruch schlicht dadurch unterlaufen, dass er sein gesamtes Vermögen bereits zu Lebzeiten verschenkt. 679

Die **Grundregel** des **§ 2325 Abs. 1** bestimmt deshalb Folgendes: Wenn der Erblasser zu Lebzeiten einem Dritten eine Schenkung gemacht hat, kann der Pflichtteilsberechtigte als **Ergänzung seines Pflichtteils** den Betrag verlangen, um den sich der Pflichtteil erhöht, wenn der verschenkte Gegenstand dem Nachlass hinzugerechnet wird (→ Rn. 681 ff.). § 2325 Abs. 3 statuiert allerdings gewisse **zeitliche Schranken** (→ Rn. 692 ff.) und § 2330 macht eine **Ausnahme für Pflicht- und Anstandsschenkungen** (→ Rn. 697). Der Anspruch richtet sich **grundsätzlich gegen den/die Erben** (→ Rn. 683), **ausnahmsweise** besteht jedoch gem. § 2329 auch ein Anspruch gegen den **Beschenkten** (→ Rn. 705 ff.). § 2326 stellt klar, dass ein Pflichtteilsergänzungsanspruch auch dann bestehen kann, wenn dem Pflichtteilsberechtigten die Hälfte des gesetzlichen Erbteils hinterlassen ist (→ Rn. 698). § 2327 regelt den Sonderfall, dass der Beschenkte selbst Pflichtteilsberechtigter ist (→ Rn. 700 ff.). 680

2. Anspruchsberechtigter und Anspruchsgegner

a) Anspruchsberechtigter

Anspruchsberechtigter ist, wer **abstrakt pflichtteilsberechtigt** gem. § 2303 ist (→ Rn. 621 ff.); dass im konkreten Fall tatsächlich eine Pflichtteilsberechtigung besteht, ist nicht erforderlich (*argumentum e* § 2326, → Rn. 698).[108] 681

Äußerst umstritten war lange, ob die abstrakte Pflichtteilsberechtigung nur **im Zeitpunkt des Erbfalls** oder auch bereits im Zeitpunkt der Schenkung bestanden haben muss. Der BGH[109] und Teile der Lehre[110] vertraten lange die Auffassung, dass beides erforderlich sei (sog. Doppelberechtigung). Begründet wurde dies primär damit, dass eine Absicht, das Pflichtteilsrecht einer bestimmten Person zu verkürzen, überhaupt nicht bestehen könnte, wenn diese Person im Zeitpunkt der Schenkung noch gar nicht pflichtteilsberechtigt war.[111] Konsequenz dieser Auffassung war, dass z.B. der Ehe- 682

106 Vgl. BGH v. 10.12.2003 – IV ZR 249/02, ZEV 2004, 115, 117; BeckOGK/*Schindler* § 2325 Rn. 2.
107 Vgl. Mot. V, 452.
108 Vgl. RG v. 9.5.1904 – IV 44/04, RGZ 58, 124, 126; RG v. 30.10.1912 – IV 47/12, RGZ 80, 135 f.; BGH v. 8.2.1961 – V ZR 137/59, FamRZ 1961, 272; BGH v. 21.3.1973 – IV ZR 157/71, NJW 1973, 995; BeckOGK/*Schindler* § 2325 Rn. 7 m.w.N.
109 Vgl. BGH v. 21.6.1972 – IV ZR 69/71, NJW 1973, 40; BGH v. 25.6.1997 – IV ZR 233/96, NJW 1997, 2676.
110 Vgl. *Bestelmeyer* FamRZ 1998, 1152, 1155 ff.; *Pentz* MDR 1997, 717, 719.
111 Vgl. BGH v. 21.6.1972 – IV ZR 69/71, NJW 1973, 40, 41.

gatte keinen Pflichtteilsergänzungsanspruch hatte, wenn die Schenkung vor der Heirat erfolgt war. Ebenso hatte auch ein Abkömmling, der zur Zeit der Schenkung noch nicht geboren oder gezeugt war, keinen Pflichtteilsergänzungsanspruch. Nach heftiger Kritik von großen Teilen der Lehre hat der BGH diesen Standpunkt jedoch in einem Grundsatzurteil v. 23.5.2012[112] aufgegeben und entschieden, dass der Pflichtteilsergänzungsanspruch **nicht voraussetzt, dass die Pflichtteilsberechtigung bereits im Zeitpunkt der Schenkung** bestand. Hiergegen spricht bereits die Entstehungsgeschichte: Das noch im ersten Entwurf vorgesehene Erfordernis der Pflichtteilsberechtigung bereits im Zeitpunkt der Schenkung wurde später ausdrücklich aufgegeben[113].[114] Gegen das Erfordernis einer Doppelberechtigung spricht darüber hinaus aber vor allem auch Sinn und Zweck des Pflichtteilsergänzungsanspruchs: Er soll verhindern, dass das Pflichtteilsrecht durch lebzeitige Schenkungen des Erblassers ausgehöhlt wird (→ Rn. 679); dafür ist es aber irrelevant, ob der Pflichtteilsberechtigte schon im Zeitpunkt der Schenkung pflichtteilsberechtigt war.[115] Etwaige Vertrauensschutzgesichtspunkte lassen sich für das Erfordernis einer Doppelberechtigung ebenfalls nicht überzeugend anführen, denn zum einen sind subjektive Elemente den §§ 2325 ff. generell fremd und zum anderen ist es ganz häufig so, dass selbst Pflichtteilsberechtigte, die zur Zeit der Schenkung bereits pflichtteilsberechtigt waren, keine näheren Vorstellungen über die Vermögensverhältnisse des Erblassers haben oder sich in diese „eingelebt“ haben (z.B. kleine Kinder, nicht mit dem Erblasser zusammenlebende Personen).[116] In dem vom BGH konkret entschiedenen Fall ging es zwar nur um den Pflichtteilsergänzungsanspruch eines Abkömmlings. Nach überzeugender h.M. kann jedoch für den Pflichtteilsergänzungsanspruch des Ehegatten oder der Eltern nichts anderes gelten.[117]

b) Anspruchsgegner

683 Anspruchsgegner sind grundsätzlich der **Erbe** (§ 1967) **bzw.** die **Miterben als Gesamtschuldner** (§§ 2058, 1967).

684 Ein Erbe oder Miterbe hat jedoch gem. **§ 2328** ein **Leistungsverweigerungsrecht**[118], soweit ihm durch die Erfüllung weniger als sein eigener Pflichtteil einschließlich seines Ergänzungspflichtteils verbliebe. Die Vorschrift ist insoweit Pendant zu § 2319 (→ Rn. 633).[119] Der pflichtteilsberechtigte Erbe wird also als *beatus possidens* gegenüber den anderen Pflichtteilsberechtigten bevorzugt.[120]

112 Vgl. BGH v. 23.5.2012 – IV ZR 250/11, ZEV 2012, 478. Dazu und zu den Konsequenzen *Lange* ZEV 2015, 69 ff.
113 Vgl. Prot. V, 586 f.
114 Vgl. BGH v. 23.5.2012 – IV ZR 250/11, ZEV 2012, 478 Rn. 16.
115 Vgl. BGH v. 23.5.2012 – IV ZR 250/11, ZEV 2012, 478 Rn. 18.
116 Vgl. BGH v. 23.5.2012 – IV ZR 250/11, ZEV 2012, 478 Rn. 19 f.
117 Vgl. *Keim* NJW 2012, 3484, 3485 ff.; *ders.* NJW 2016, 1617, 1622; *Lange* DNotZ 2012, 865; MüKoBGB/*Lange*, 7. Aufl. 2017, § 2325 Rn. 9; Staudinger/*Olshausen*, 2015, § 2325 Rn. 66; *Reimann* FamRZ 2012, 1386; Erman/*Röthel*, 15. Aufl. 2017, Vorbem. vor § 2325 Rn. 9; BeckOGK/*Schindler* § 2325 Rn. 12; *Teschner* ErbR 2012, 307, 308 f.; *Wendt* ErbR 2013, 366, 380; a.A. *Birkenheier* jurisPR-FamR 17/2012 Anm. 2; *Bonefeld* ZErb 2012, 225, 226 f.
118 Vgl. BGH v. 15.11.1988 – IVa ZR 74/87, FamRZ 1989, 273, 275.
119 Vgl. v. 10.11.1982 – IVa ZR 29/81, NJW 1983, 1485, 1487; BGH v. 10.7.1985 – IVa ZR 151/83, NJW 1985, 2828, 2829.
120 Vgl. MüKoBGB/*Lange*, 7. Aufl. 2017, § 2325 Rn. 3.

Beispiel: Der geschiedene Erblasser V hat seinen Sohn S zum Alleinerben eingesetzt, die Tochter T ist somit enterbt. Eine Woche vor seinem Tod hat V seinem alten Freund H ein Gemälde im Wert von 900.000 € geschenkt. Der Wert des Nachlasses beträgt 300.000 €.

Der Pflichtteilsanspruch der T gem. § 2303 Abs. 1 beträgt 75.000 €. Der Pflichtteilsergänzungsanspruch der T gem. § 2325 Abs. 1 beträgt 225.000 €. Nach der Begleichung des Pflichtteilsanspruchs der T verbleiben S noch 225.000 €; diese kann er gem. § 2328 gegen den Pflichtteilsergänzungsanspruch der T verteidigen.

(S wird sich i.H.v. 75.000 € und T wird sich i.H.v. 225.000 € gem. § 2329 [→ Rn. 705 ff.] an H halten.)

Ferner ist der Erbe nicht verpflichtet, wenn er gem. §§ 1975, 1990 für Nachlassverbindlichkeiten **nur beschränkt haftet** (→ Rn. 1138 ff.) und soweit der Nachlass zur Zahlung der Pflichtteilsergänzung nicht ausreicht.[121] **685**

Der **Beschenkte** haftet **gem. § 2329 nur subsidiär**, soweit der Erbe zur Ergänzung des Pflichtteils nicht verpflichtet ist (→ Rn. 705 ff.). **686**

3. Schenkung

Der Begriff der **Schenkung** i.S.d. §§ 2325 ff. entspricht demjenigen des **§ 516**; erforderlich ist also eine Zuwendung, die den Empfänger aus dem Vermögen des Gebers bereichert hat und bei der beide Teile darüber einig sind, dass sie unentgeltlich erfolgt.[122] Schenkungen i.S.d. §§ 2325 ff. sind auch endgültige unentgeltliche Zuwendungen an Stiftungen in Form von Zustiftungen oder freien oder gebundenen Spenden.[123] Ausreichend ist auch eine mittelbare Zuwendung durch Vertrag zugunsten Dritter auf den Todesfall (→ Rn. 1384 ff.), z.B. bei Lebensversicherungen[124] oder bei Einbringung von Vermögensgegenständen in eine Stiftung, die bestimmte Personen begünstigt[125]. Bei gemischten Schenkungen ist nur der Schenkungsanteil ergänzungspflichtig.[126] **687**

Schenkungen i.S.d. §§ 2325 ff. sind zudem auch **unbenannte Zuwendungen** unter Ehegatten und zwar – wie generell im Erbrecht – unabhängig von einer Einigung über ihre Unentgeltlichkeit.[127] Entsprechendes gilt für unbenannte Zuwendungen in nichtehelichen Lebensgemeinschaften[128] und Lebenspartnerschaften[129]. **688**

---

121 Vgl. BGH v. 5.4.2000 – IV ZR 145/98, ZEV 2000, 274.

122 Vgl. BGH v. 10.12.2003 – IV ZR 249/02, ZEV 2004, 115; BGH v. 14.3.2018 – IV ZR 170/16, ZEV 2018, 274 Rn. 14.

123 Vgl. BGH v. 10.12.2003 – IV ZR 249/02, ZEV 2004, 115 (Stiftung Dresdner Frauenkirche).

124 Vgl. BGH v. 28.4.2010 – IV ZR 73/08, ZEV 2010, 305; näher zu Lebensversicherungen MüKoBGB/*Lange*, 7. Aufl. 2017, § 2325 Rn. 36 ff. m.w.N.

125 Vgl. BGH v. 3.12.2014 – IV ZB 9/14, ZEV 2015, 163 Rn. 45 f.

126 Vgl. näher dazu BeckOGK/*Schindler* § 2325 Rn. 35 ff. m.w.N.

127 Vgl. BGH v. 14.3.2018 – IV ZR 170/16, ZEV 2018, 274 Rn. 14; s. ferner bereits zu § 2287: BGH v. 27.11.1991 – IV ZR 164/90, BGH NJW 1992, 564. Vgl. zum Ganzen näher *Löhnig* NJW 2018, 1435 ff.

128 Vgl. OLG Düsseldorf v. 31.1.1997 – 7 U 59/96, NJW-RR 1997, 1497; MüKoBGB/*Lange*, 7. Aufl. 2017, § 2325 Rn. 23.

129 Vgl. MüKoBGB/*Lange*, 7. Aufl. 2017, § 2325 Rn. 23; BeckOGK/*Schindler* § 2325 Rn. 78.

4. Maßgeblicher Wert der Schenkung

689 Hinsichtlich der Bewertung differenziert § 2325 Abs. 2 zwischen verbrauchbaren und nicht verbrauchbaren Sachen. Bei einer verbrauchbaren Sache (§ 92) kommt es gem. § 2325 Abs. 2 S. 1 auf den Wert zur Zeit der Schenkung an. Sonstige Gegenstände werden gem. § 2325 Abs. 2 S. 2 grundsätzlich mit dem Wert angesetzt, den sie zur Zeit des Erbfalls hatten (Hs. 1); wenn sie zur Zeit der Schenkung einen niedrigeren Wert hatten, wird jedoch nur dieser angesetzt (Hs. 2) (sog. **Niederstwertprinzip**).[130] Der Wert im Zeitpunkt der Schenkung ist dabei nach den Grundsätzen über die Berücksichtigung des Kaufkraftschwundes auf den Tag des Erbfalls umzurechnen[131]; dies erfolgt dadurch, dass der Wert der Zuwendung im Zeitpunkt ihrer Vornahme mit dem Preisindex im Zeitpunkt des Erbfalls multipliziert und durch den Preisindex im Zeitpunkt der Zuwendung geteilt wird[132]. Der Pflichtteilsberechtigte profitiert also nicht von Wertsteigerungen im Zeitraum zwischen Schenkung und Erbfall, trägt aber andererseits das Risiko eines etwaigen Wertverlusts.[133]

690 Sehr umstritten war lange, welcher Wert im Falle der schenkweisen Zuweisung der Leistung aus einem **Lebensversicherungsvertrag zugunsten Dritter** bei widerruflichem Bezugsrecht anzusetzen ist.[134] In Betracht kommt hier grundsätzlich die Versicherungssumme, der bloße Rückkaufswert oder die vom Erblasser entrichteten Prämien. Der BGH hatte zunächst die vom Erblasser entrichteten Prämien für maßgeblich erachtet.[135] Dieser Rechtsprechung gab er jedoch 2010 ausdrücklich auf und judizierte, dass sich die Pflichtteilsergänzung allein nach dem Wert richtet, den der Erblasser aus den Rechten seiner Lebensversicherung in der letzten – juristischen – Sekunde seines Lebens nach objektiven Kriterien für sein Vermögen hätte umsetzen können; in der Regel ist dabei auf den Rückkaufswert abzustellen, je nach Lage des Einzelfalls kann aber ggf. auch ein – objektiv belegter – höherer Veräußerungswert heranzuziehen sein.[136]

691 Im Falle von **Schenkungen unter Vorbehalt eines Nutzungsrechts (Nießbrauch oder Wohnungsrecht)** besteht eine Ergänzungspflicht nach der Rechtsprechung nur insoweit als der Grundstückswert den Wert des dem Erblasser verbleibenden Nießbrauchs bzw. Wohnungsrechts übersteigt.[137] Der BGH nimmt sodann einen Wertvergleich zwischen Wert des Grundstücks im Zeitpunkt der Schenkung und im Zeitpunkt des Erbfalls an, um den Niederstwert i.S.d. § 2325 Abs. 2 S. 2 Hs. 2 zu ermitteln: Wenn der Wert im Zeitpunkt der Schenkung niedriger ist, ist dieser maßgeblich und der Wert des Nießbrauchs/Wohnungsrechts ist von ihm abzuziehen; ist dagegen der Wert des Grundstücks im Zeitpunkt des Erbfalls niedriger und damit maßgeblich, kommt ein Abzug des Nießbrauchs/Wohnungsrechts nicht mehr in Betracht, denn

---

130 Vgl. dazu näher MüKoBGB/*Lange,* 7. Aufl. 2017, § 2325 Rn. 49 ff. m.w.N.

131 Vgl. BGH v. 17.1.1996 – IV ZR 214/94, NJW-RR 1996, 705, 707; OLG Koblenz v. 13.7.2006 – 7 U 1801/05, MittBayNot 2007, 135, 137 f.; MüKoBGB/*Lange,* 7. Aufl. 2017, § 2325 Rn. 56; *Reimann* ZEV 2018, 198, 199.

132 Vgl. *Reimann* ZEV 2018, 198, 199; s. ferner auch OLG Koblenz v. 13.7.2006 – 7 U 1801/05, MittBayNot 2007, 135, 137 f.; MüKoBGB/*Lange,* 7. Aufl. 2017, § 2325 Rn. 56.

133 Vgl. BeckOGK/*Schindler* § 2325 Rn. 159.

134 Vgl. näher dazu MüKoBGB/*Lange,* 7. Aufl. 2017, § 2315 Rn. 36 ff. m.w.N.

135 Vgl. BGH v. 4.2.1976 – IV ZR 156/73, FamRZ 1976, 616.

136 Vgl. BGH v. 28.4.2010 – IV ZR 73/08, ZEV 2010, 305. Dazu etwa *Rudy* ZErb 2010, 351 ff.; recht krit. etwa *Herrler* ZEV 2010, 333 ff.; *Mayer* DNotZ 2011, 89 ff.; s. ferner MüKoBGB/*Lange,* 7. Aufl. 2017, § 2325 Rn. 38 m.w.N.

137 Vgl. BGH v. v. 17.1.1996 – IV ZR 214/94, NJW-RR 1996, 705, 707; BGH v. 8.3.2006 – IV ZR 263/04, ZEV 2006, 265 Rn. 23.

in diesem Zeitpunkt ist es nicht mehr werthaltig, sondern erloschen.[138] Diese Rechtsprechung ist im Schrifttum allerdings auf heftige Kritik gestoßen. Es widerspreche dem Gerechtigkeitsgedanken, den Nießbrauchswert abzuziehen, wenn der Wert des Gegenstands zwischen Erbfall und Schenkung steigt, ihn aber nicht zu beachten, wenn dieser Wert fällt oder gleich bleibt.[139] Vor diesem Hintergrund werden verschiedenste andere Lösungen vertreten[140]: das Spektrum reicht von der generellen Ablehnung eines Abzugs[141] bis hin zu Stimmen, die den Nutzungswert immer abziehen[142].

5. Zeitliche Grenzen

Wenn seit der Leistung des verschenkten Gegenstandes **zehn Jahre** verstrichen sind, bleibt die Schenkung gem. § 2325 Abs. 3 S. 2 unberücksichtigt. Diese **Ausschlussfrist**[143] beruht auf dem Gedanken, dass sich Erblasser und Pflichtteilsberechtigter nach einer so langen Zeit an den durch die Vermögensminderung geschaffenen Zustand gewöhnt haben und dient zugleich der Rechtssicherheit, insb. auch im Interesse des Beschenkten.[144] 692

Fristbeginn ist die Leistung des verschenkten Gegenstands.[145] Hierfür genügt es nicht, dass der Erblasser alles getan hat, was von seiner Seite aus für den Erwerb durch den Beschenkten erforderlich ist.[146] Eine Leistung i.S.d. § 2325 Abs. 3 S. 1 liegt vielmehr erst dann vor, wenn der Erblasser nicht nur seine **Rechtsstellung als Eigentümer endgültig aufgibt**, sondern auch **darauf verzichtet, den verschenkten Gegenstand** – sei es aufgrund vorbehaltener dinglicher Rechte oder durch Vereinbarung schuldrechtlicher Ansprüche – im Wesentlichen **weiterhin zu nutzen**.[147] Denn der Gesetzgeber wollte mit der Zehnjahresfrist nur solche Schenkungen ausnehmen, deren Folgen der Erblasser längere Zeit hindurch zu tragen und in die er sich einzugewöhnen hat (→ Rn. 692).[148] Bei einer Grundstücksschenkung beginnt die Frist daher grundsätzlich erst mit der Eintragung ins Grundbuch.[149] Behält sich der Erblasser jedoch den Nießbrauch uneingeschränkt vor, gibt er den „Genuss" des verschenkten Grundstücks nicht auf, sodass trotz Umschreibung im Grundbuch noch keine Leistung i.S.d. § 2325 Abs. 3 S. 1 vorliegt.[150] Behält sich der Erblasser hingegen nur ein dingliches Wohnungsrecht an dem Grundstück oder an Teilen davon vor, so liegt eine Leistung aufgrund des weniger starken Charakters des Wohnungsrechts regelmäßig 693

---

138 Vgl. BGH v. v. 17.1.1996 – IV ZR 214/94, NJW-RR 1996, 705, 707; BGH v. 8.3.2006 – IV ZR 263/04, ZEV 2006, 265 Rn. 23.

139 Vgl. MüKoBGB/*Lange*, 7. Aufl. 2017, § 2325 Rn. 54; Staudinger/*Olshausen*, 2015, § 2325 Rn. 101; *Reiff* FamRZ 1992, 803, 804; *Schippers* MittRhNotK 1996, 197, 212.

140 Vgl. zum Meinungsstand BeckOGK/*Müller-Engels* § 2325 Rn. 38.

141 Vgl. etwa *Reiff* NJW 1992, 2857, 2860; ders. FamRZ 1991, 553, 554.

142 Vgl. etwa *Link* ZEV 2005, 283, 284; *Mayer* FamRZ 1994, 739, 743 f.

143 Vgl. Staudinger/*Olshausen*, 2015, § 2325 Rn. 51 m.w.N.

144 Vgl. Prot. V, 587.

145 Vgl. Prot. V, 587.

146 So die frühere Rspr, vgl. BGH v. 25.5.1970 – III ZR 141/68, NJW 1970, 1638.

147 Vgl. BGH v. 27.4.1994 – IV ZR 132/93, NJW 1994, 1791, 1792; BGH v. 29.6.2016 – IV ZR 474/15, ZEV 2016, 445 Rn. 9 f.

148 Vgl. BGH v. 27.4.1994 – IV ZR 132/93, NJW 1994, 1791, 1792; BGH v. 29.6.2016 – IV ZR 474/15, ZEV 2016, 445 Rn. 9 f.

149 Vgl. BGH v. 2.12.1987 – IVa ZR 149/86, NJW 1988, 821; BGH v. 29.6.2016 – IV ZR 474/15, ZEV 2016, 445 Rn. 8.

150 Vgl. BGH v. 27.4.1994 – IV ZR 132/93, NJW 1994, 1791 f.

bereits mit der Eintragung im Grundbuch vor; im Ausnahmefall kann die Frist aber auch erst später beginnen.[151]

694 Im Falle einer **Schenkung an einen Ehegatten beginnt die Frist** gem. § 2325 Abs. 3 S. 3 **nicht vor Auflösung der Ehe**. Gem. § 10 Abs. 6 S. 2 LPartG gilt dies entsprechend auch für Schenkungen an einen Lebenspartner.[152] Grund ist, dass der Gegenstand während der Dauer der Ehe tatsächlich gemeinschaftliches Vermögen bleibt, sodass der schenkende Ehegatte den Genuss zunächst nicht entbehren muss.[153] Ob die Auflösung der Ehe bzw. Lebenspartnerschaft durch Tod des Erblassers, Scheidung oder Aufhebung erfolgt, ist irrelevant.[154] Schenkungen an einen Ehegatten bzw. Lebenspartner bleiben also nur dann unberücksichtigt, wenn zwischen der Auflösung der Ehe und dem Tod des Erblassers mindestens zehn Jahre vergangen sind. Obgleich das BVerfG die Verfassungsmäßigkeit dieser Sonderregelung in einem Beschluss aus dem Jahr 1990 bejaht hat[155], wird sie speziell in neuerer Zeit als rechtspolitisch verfehlt[156] und verfassungsrechtlich bedenklich kritisiert[157]. Aufgrund ihres Ausnahmecharakters ist § 2325 Abs. 3 S. 3 jedenfalls nicht analogiefähig und gilt daher weder für Schenkungen an einen späteren Ehegatten (d.h. wenn die Eheschließung erst nach der Schenkung erfolgte)[158] noch im Falle von Scheidung und Wiederheirat[159] noch für Schenkungen unter nichtehelichen Lebensgefährten[160].

695 Ursprünglich unterlagen Schenkungen ausschließlich dieser Zehnjahresfrist. Diese „alles oder nichts"-Lösung führte jedoch dazu, dass der Pflichtteilsergänzungsanspruch selbst dann in vollem Umfang eingriff, wenn der Erblasser auch nur einen Tag vor Ablauf der Zehnjahresfrist verstarb. Um derartige Härten abzumildern und interessengerechtere Ergebnisse zu erreichen[161], wurde deshalb durch das ErbVerjRÄndG[162] m.W.v. 1.1.2010[163] in § 2325 Abs. 3 S. 1 eine **pro-rata-Regelung (Abschmelzungsmodell)** eingeführt: Die Schenkung wird nur innerhalb des ersten Jahres vor dem Erbfall in vollem Umfang, innerhalb jedes weiteren Jahres vor dem Erbfall

---

151 Vgl. BGH v. 29.6.2016 – IV ZR 474/15, ZEV 2016, 445 Rn. 15. Im konkreten Fall wurde ein späterer Fristbeginn allerdings verneint, weil das Wohnungsrecht nur an Teilen der Immobilie (Räume im Erdgeschoss eines Hauses mit drei Etagen plus Mitbenutzung des Gartens und der Garage) bestand und der Erblasser somit nicht mehr als „Herr im Haus" anzusehen war.

152 Vgl. MüKoBGB/*Lange,* 7. Aufl. 2017, § 2325 Rn. 70; Staudinger/*Olshausen*, 2015, § 2325 Rn. 60 BeckOGK/*Schindler* § 2325 Rn. 294; a.A. *Mayer* ZEV 2001, 169, 173.

153 Vgl. Prot. V, 588.

154 Vgl. MüKoBGB/*Lange,* 7. Aufl. 2017, § 2325 Rn. 68; BeckOGK/*Schindler* § 2325 Rn. 288.

155 BVerfG v. 6.4.1990 – 1 BvR 171/90, NJW 1991, 217.

156 Vgl. MüKoBGB/*Lange,* 7. Aufl. 2017, § 2325 Rn. 69; Staudinger/*Olshausen*, 2015, § 2325 Rn. 60.

157 Vgl. *Amann*, FS Brambring, 2011, S. 1; *Daragan* ZErb 2008, 2 ff.; *Derleder* ZEV 2014, 8, 13; MüKoBGB/*Lange,* 7. Aufl. 2017, § 2325 Rn. 69; *Muscheler* ErbR 2010, 279, 287.

158 Vgl. OLG Düsseldorf v. 31.5.1996 – 7 U 120/95, NJW 1996, 3156; MüKoBGB/*Lange,* 7. Aufl. 2017, § 2325 Rn. 68; Staudinger/*Olshausen*, 2015, § 2325 Rn. 60; BeckOGK/*Schindler* § 2325 Rn. 293; a.A. OLG Zweibrücken v. 22.2.1988 – 4 U 121/87, FamRZ 1995, 189.

159 Vgl. MüKoBGB/*Lange,* 7. Aufl. 2017, § 2325 Rn. 68; Staudinger/*Olshausen*, 2015, § 2325 Rn. 60; BeckOGK/*Schindler* § 2325 Rn. 293.

160 Vgl. OLG Düsseldorf v. 31.5.1996 – 7 U 120/95, NJW 1996, 3156; LG Kiel v. 2.2.2018 – 12 O 82/17, NJW-RR 2018, 841 Rn. 28 ff.; MüKoBGB/*Lange,* 7. Aufl. 2017, § 2325 Rn. 68; *Löhnig* NJW 2018, 1435, 1437; Staudinger/*Olshausen*, 2015, § 2325 Rn. 60; BeckOGK/*Schindler* § 2325 Rn. 293.

161 Vgl. BT-Drs. 16/8954, S. 21.

162 Fn. 1208.

163 Für Erbfälle, die vor dem 1.1.2010 eintraten, verbleibt es bei der „alles oder nichts"-Lösung, vgl. Art. 229 § 23 Abs. 4 S. 2 EGBGB.

um jeweils ein Zehntel weniger berücksichtigt. Innerhalb des zweiten Jahres ist die Schenkung also mit 90 % anzusetzen, innerhalb des dritten mit 80 % etc. Wie sich aus dem Zusammenspiel von § 2325 Abs. 3 S. 1 mit S. 2 und S. 3 ergibt, beginnt die Frist ebenfalls erst mit der Leistung des verschenkten Gegenstands bzw. bei Schenkungen an Ehegatten nicht vor Auflösung der Ehe.[164] Für die Fristberechnung gelten §§ 187 Abs. 1, 188 Abs. 1, 2.[165]

Beispiel: Erblasser E, der am 31.12.2017 verstorben ist, hatte am 2.1.2008 ein Hausgrundstück im Wert von 200.000 € an seinen Neffen N verschenkt. Nach früherer Rechtslage wäre die Schenkung vollumfänglich zu berücksichtigen gewesen, obwohl E nur zwei Tage vor Ablauf der Zehnjahresfrist verstarb. Nach § 2325 Abs. 3 S. 1 sind jedoch nur noch 10 % des Wertes der Schenkung (also 20.000 €) anzusetzen, weil sie im zehnten Jahr vor dem Erbfall erfolgte.

6. Berechnungsvorgang

Für die Berechnung des Pflichtteilsergänzungsanspruchs gilt also: **696**

$$PE = \frac{1}{2} \cdot Q \cdot S$$

PE = Pflichtteilsergänzungsanspruch
Q = Erbquote
S = Gesamtsumme aller Schenkungen (ggf. mit dem abgeschmolzenen Wert)

7. Ausnahme für Pflicht- und Anstandsschenkungen, § 2330

Ausgenommen sind gem. § 2330 Schenkungen, durch die einer sittlichen Pflicht oder **697** einer auf den Anstand zu nehmenden Rücksicht entsprochen wird. Die Vorschrift entspricht den Parallelregelungen in §§ 534, 814 Alt. 2, 1425 Abs. 2, 1641 S. 2, 1804 S. 2, 2113 Abs. 2 S. 2 [→ Rn. 764], 2205 S. 3 [→ Rn. 855]. **Anstandsschenkungen** sind kleinere Zuwendungen, wie etwa übliche Gelegenheitsgeschenke zu besonderen Tagen (z.B. Weihnachten, Geburtstag) oder Anlässen (z.B. Geburt, Hochzeit, Jubiläum).[166] Eine **Pflichtschenkung** liegt nicht bereits dann vor, wenn die Schenkung im Rahmen des sittlich zu Rechtfertigenden geblieben ist; erforderlich ist vielmehr, dass die Vornahme der fraglichen Schenkung nach den Umständen des Einzelfalls in einer solchen Weise sittlich geboten war, dass umgekehrt das Unterlassen der Schenkung dem Erblasser als Verletzung der für ihn bestehenden sittlichen Pflichten zur Last zu legen wäre.[167] Sie können auch einen größeren Wert haben und ggf. sogar den wesentlichen Teil des Vermögens umfassen.[168]

---

164 Vgl. MüKoBGB/*Lange*, 7. Aufl. 2017, § 2325 Rn. 60; BeckOGK/*Schindler* § 2325 Rn. 280 m.w.N.

165 Vgl. MüKoBGB/*Lange*, 7. Aufl. 2017, § 2325 Rn. 61; BeckOGK/*Schindler* § 2325 Rn. 277.

166 Vgl. BGH v. 7.3.1984 – IVa ZR 152/82, NJW 1984, 2939, 2940; OLG Koblenz v. 13.7.2006 – 7 U 1801/05, MittBayNot 2007, 135, 136; Staudinger/*Olshausen*, 2015, § 2330 Rn. 4 m.w.N.

167 Vgl. BGH v. 7.3.1984 – IVa ZR 152/82, NJW 1984, 2939, 2940; OLG Koblenz v. 13.7.2006 – 7 U 1801/05, MittBayNot 2007, 135, 136; OLG Oldenburg v. 23.2.2010 – 12 U 68/09, BeckRS 2010, 7977; Staudinger/*Olshausen*, 2015, § 2330 Rn. 5 m.w.N.

168 Vgl. BGH v. 9.2.1967 – III ZR 188/64, MDR 1967, 388; BGH v. 27.5.1981 – IVa ZR 132/80, NJW 1981, 2458, 2459; OLG Oldenburg v. 23.2.2010 – 12 U 68/09, BeckRS 2010, 7977; Staudinger/*Olshausen*, 2015, § 2330 Rn. 5.

Hätte eine Schenkung geringeren Wertes einer sittlichen Pflicht oder einer auf den Anstand zu nehmenden Rücksicht entsprochen, so ist bei der Pflichtteilsergänzung nur der Unterschied zwischen diesem Wert und dem Wert der Schenkung zu berücksichtigen.[169]

8. Ergänzung über die Hälfte des gesetzlichen Erbteils, § 2326

698 § 2326 S. 1 stellt klar[170], dass ein Pflichtteilsergänzungsanspruch auch dann bestehen kann, wenn ein Anspruch auf den Pflichtteil nicht besteht, weil dem abstrakt Pflichtteilsberechtigten die Hälfte des gesetzlichen Erbteils hinterlassen wurde. Wenn dem Pflichtteilsberechtigten **mehr als die Hälfte des gesetzlichen Erbteils hinterlassen** wurde, ist der **Pflichtteilsergänzungsanspruch** gem. § 2326 S. 2 **ausgeschlossen, soweit der Wert des Hinterlassenen reicht**. Es ist also zu prüfen, wie hoch die Summe aus dem fiktiven Pflichtteilsanspruch und dem fiktiven Pflichtteilsergänzungsanspruch wäre; nur soweit diese höher ist als der Wert des Hinterlassenen, hat der Betreffende noch einen Pflichtteilsergänzungsanspruch.

Beispiel: Der geschiedene D hat seinen Sohn S zu $\frac{1}{4}$ und seine Tochter T zu $\frac{1}{3}$ als Erben eingesetzt. Die restlichen $\frac{5}{12}$ erhält sein Onkel O. D stirbt 2017 und hinterlässt ein Vermögen von 120.000 €. Im Jahr 2016 hatte er seinem alten Freund H ein Bild im Wert von 40.000 € geschenkt.

Als gesetzlicher Erbe hätte S eine Quote von $\frac{1}{2}$ gehabt (§ 1924 Abs. 1, 4). Somit entspricht sein hinterlassener Erbteil genau der Pflichtteilsquote von $\frac{1}{4}$. T hat mit $\frac{1}{3}$ um $\frac{1}{12}$ mehr erhalten als ihre Pflichtteilsquote von ebenfalls $\frac{1}{4}$. S hätte gem. §§ 2325 Abs. 1, 2326 S. 1 einen Pflichtteilsergänzungsanspruch i.H.v. 10.000 €. Da der hinterlassene Erbteil der T einen Wert von 40.000 € hat, entspricht dies genau der Summe des Wertes ihres (fiktiven) Pflichtteilsanspruchs (30.000 €) plus ihres (fiktiven) Pflichtteilsergänzungsanspruchs (10.000 €); sie hat folglich gem. § 2326 S. 2 keinen Pflichtteilsergänzungsanspruch. T kann gem. § 2328 die Ergänzung des Pflichtteils des S verweigern. Folglich muss O die Last des Ergänzungsanspruchs des S i.H.v. 10.000 € tragen; ihm verbleiben am Ende 40.000 €.

9. Fallgestaltungen des Pflichtteilsergänzungsanspruchs im Überblick

699 Folglich sind **vier Fallgestaltungen des Pflichtteilsergänzungsanspruchs** denkbar:[171]

Pflichtteilsberechtigter ist	Ansprüche
vollständig enterbt	Pflichtteilsanspruch gem. § 2303 + Pflichtteilsergänzung gem. § 2325
Zuwendung < Pflichtteil	Pflichtteilsrestanspruch gem. § 2305 bzw. § 2307 Abs. 1 S. 2 + Pflichtteilsergänzung gem. § 2325
Zuwendung = Pflichtteil	Pflichtteilsergänzung gem. § 2325 (vgl. § 2326 S. 1)
Zuwendung > Pflichtteil	verminderter Pflichtteilsergänzungsanspruch gem. §§ 2325, 2326 S. 2

169 Vgl. BGH v. 27.5.1981 – IVa ZR 132/80, NJW 1981, 2458, 2459.
170 Vgl. Mot. V, 561.
171 Vgl. BeckOGK/*Schindler* § 2325 Rn. 9 ff.

10. Beschenkter Pflichtteilsberechtigter (sog. Eigengeschenke), § 2327

700 Wenn der Pflichtteilsberechtigte selbst ein Geschenk vom Erblasser bekommen hat (sog. Eigengeschenk), so ist dieses Geschenk gem. **§ 2327 Abs. 1 S. 1** ganz normal in die Rechnung mit einzubeziehen; allerdings wird es dem Pflichtteilsberechtigten **(nur) auf seine Ergänzung angerechnet**. § 2327 greift nach seinem Wortlaut („dem Dritten") und seinem Sinn und Zweck nur ein, wenn neben dem beschenkten Pflichtteilsberechtigten noch mindestens eine andere Person (egal ob Erbe, Pflichtteilsberechtigter oder sonstiger Dritter) ein Geschenk erhalten hat.[172] Wenn nur der beschenkte Pflichtteilsberechtigte ein Geschenk erhalten hat, ist für § 2325 ohnehin kein Raum.[173]

701 § 2327 erfasst nur **Geschenke vom Erblasser**; im Falle eines sog. Berliner Testaments (→ Rn. 224) muss sich der Schlusserbe also nur Geschenke vom Letztverstorbenen, nicht jedoch solche vom Erstverstorbenen anrechnen lassen.[174] Erfasst sind zudem nur Geschenke **an den Pflichtteilsberechtigten**; Geschenke an Dritte (z.B. seinen Ehegatten) braucht er sich grundsätzlich nicht anrechnen lassen.[175] Eine Ausnahme hiervon macht § 2327 Abs. 2 durch Anordnung der entsprechenden Anwendung des § 2051 Abs. 1 (→ Rn. 1047): Ein Abkömmling, der an die Stelle eines weggefallenen Abkömmlings tritt, ist wegen der an den Weggefallenen gemachten Geschenke ebenso anrechnungspflichtig wie dieser selbst.

702 Für Eigengeschenke gilt **keine zeitliche Schranke**; weder die Zehnjahresfrist des § 2325 Abs. 3 S. 2 noch die pro-rata-Regelung des § 2325 Abs. 3 S. 1.[176]

703 Durch § 2327 Abs. 1 S. 1 findet **maximal eine Reduzierung** des Pflichtteilsergänzungsanspruchs **auf Null** statt. Damit ist der Pflichtteilsberechtigte nach Einbeziehung des Geschenks grundsätzlich genau mit seiner Pflichtteilsquote am fiktiven Nachlass beteiligt.

Beispiel 1: Erblasser V (Nachlass: 100.000 €) hat seinen einzigen Sohn S enterbt. Fünf Jahre vor seinem Tod hatte V dem S ein Bild im Wert von 10.000 € geschenkt; 3 Wochen vor seinem Tod hatte er seinem Freund H ein Bild im Wert von 30.000 € geschenkt.

Der Pflichtteilsanspruch des S gem. § 2303 Abs. 1 S. 1 beträgt 50.000 €. Sein Pflichtteilsergänzungsanspruch gem. § 2325 Abs. 1 würde an sich 15.000 € betragen, darauf muss sich S jedoch gem. § 2327 Abs. 1 S. 1 den Wert seines eigenen Geschenks anrechnen lassen, sodass ihm nur noch ein Pflichtteilsergänzungsanspruch i.H.v. 5.000 € zusteht.

Hatte der Pflichtteilsberechtigte jedoch ein Geschenk erhalten, das einen höheren Wert hat als der Ergänzungsanspruch, so hat er keinen Pflichtteilsergänzungsanspruch mehr, sein „normaler" Pflichtteilsanspruch bleibt jedoch bestehen; faktisch

172 Vgl. MüKoBGB/*Lange,* 7. Aufl. 2017, § 2327 Rn. 3; Staudinger/*Olshausen*, 2015, 2327 Rn. 6.
173 Vgl. BeckOGK/*Schindler* § 2327 Rn. 5.
174 Vgl. BGH v. 13.7.1983 – IVa ZR 15/82, NJW 1983, 2875; Staudinger/*Olshausen*, 2015, 2327 Rn. 11 m.w.N.
175 Vgl. BGH v. 21.3.1962 – V ZR 169/60, DNotZ 1963, 113, 114; Staudinger/*Olshausen*, 2015, 2327 Rn. 13 m.w.N.
176 Vgl. RG v. 30.4.1903 – IV 29/03, RGZ 54, 399, 404; BGH v. 21.3.1962 – V ZR 169/60, DNotZ 1963, 113; OLG Koblenz v. 9.8.2004 – 12 U 432/03, NJOZ 2005, 935; MüKoBGB/*Lange,* 7. Aufl. 2017, § 2327 Rn. 6; BeckOGK/*Schindler* § 2327 Rn. 19.

„erhöht" sich also seine Quote. Allerdings kann er ggf. noch nach § 2329 (→ Rn. 705 ff.) in Anspruch genommen werden.

Beispiel 2: Erblasser V (Nachlass: 100.000 €) hat seinen einzigen Sohn S enterbt. Fünf Jahre vor seinem Tod hatte V dem S ein Bild im Wert von 20.000 € geschenkt; 3 Wochen vor seinem Tod hatte er seinem Freund H ein Bild im Wert von 30.000 € geschenkt.

Der Pflichtteilsanspruch des S gem. § 2303 Abs. 1 S. 1 beträgt 50.000 €. Sein Pflichtteilsergänzungsanspruch gem. § 2325 Abs. 1 würde an sich 15.000 € betragen, darauf muss sich S jedoch gem. § 2327 Abs. 1 S. 1 den Wert seines eigenen Geschenks anrechnen lassen, sodass ihm letztlich kein Pflichtteilsergänzungsanspruch mehr zusteht. Seinen Pflichtteilsanspruch aus § 2303 Abs. 1 S. 1 kann er jedoch behalten.

Beispiel 3: Der verwitwete Erblasser V (Nachlass: 48.000 €) hat seine drei Kinder A, B und C enterbt und als Alleinerben seinen Freund H eingesetzt. V hatte A eine Münzsammlung im Wert von 42.000 € geschenkt, B eine Immobilie im Wert von 270.000 €.

Der Pflichtteilsanspruch von A, B und C gem. § 2303 Abs. 1 S. 1 beträgt jeweils 8.000 €. Der Pflichtteilsergänzungsanspruch von C gem. § 2325 Abs. 1 beträgt 52.000 €. A muss sich gem. § 2327 Abs. 1 S. 1 auf seinen Pflichtteilsergänzungsanspruch den Wert der Münzsammlung (42.000 €) anrechnen lassen, d.h. ihm steht gem. §§ 2325 Abs. 1, 2327 Abs. 1 S. 1 noch ein Pflichtteilsergänzungsanspruch i.H.v. 10.000 € zu.

B muss sich gem. § 2327 Abs. 1 S. 1 auf seinen Pflichtteilsergänzungsanspruch den Wert der Immobilie (270.000 €) anrechnen lassen, d.h. ihm steht gem. §§ 2325 Abs. 1, 2327 Abs. 1 S. 1 kein Pflichtteilsergänzungsanspruch mehr zu. Nach Abzug der Pflichtteilsansprüche (3 × 8.000 € = 24.000 €) verbleibt noch ein Nachlasswert von 24.000 €. Dieser reicht jedoch nicht aus, um die Pflichtteilsergänzungsansprüche i.H.v. insgesamt 62.000 € zu erfüllen, sondern es entsteht ein Defizit i.H.v. 38.000 €. Um diese Ansprüche zu befriedigen, hat B entweder die Zwangsvollstreckung in die Immobilie zu dulden (§ 2329 Abs. 1, → Rn. 710) oder er kann die Herausgabe durch Zahlung der 38.000 € an A und C abwenden (§ 2329 Abs. 2, → Rn. 711). Am Ende muss B 30.000 € draufzahlen, A erhält 18.000 € und C 60.000 €; der Erbe H geht leer aus.

704 Gem. § 2327 Abs. 1 S. 2 ist ein **nach § 2315 anzurechnendes Geschenk** auf den Gesamtbetrag des Pflichtteils und der Ergänzung anzurechnen. Wie diese Berechnung im Einzelnen zu erfolgen hat, ist höchst umstritten.[177]

11. Anspruch gegen den Beschenkten, § 2329

a) Grundlagen und Rechtsnatur

705 § 2329 normiert eine **subsidiäre (Ausfall-)Haftung** des Beschenkten[178], wenn und soweit der Erbe nicht haftet. Der Pflichtteilsergänzungsanspruch gegen den Beschenkten ist quasi die „Fortsetzung" des Pflichtteilsergänzungsanspruchs gegen den Erben aus § 2325; § 2329 führt nur dazu, dass sich die Haftung auf den Beschenkten

177 Vgl. näher dazu mit Beispielsrechnungen zu den verschiedenen Ansichten: MüKoBGB/*Lange*, 7. Aufl. 2017, § 2327 Rn. 13 m.w.N.

178 Vgl. BGH v. 19.3.1981 – IVa ZR 30/80, NJW 1981, 1446, 1447; OLG Zweibrücken v. 24.3.2009 – 8 U 29/08, ZEV 2010, 44, 45; MüKoBGB/*Lange*, 7. Aufl. 2017, § 2329 Rn. 1; BeckOGK/*Schindler* § 2329 Rn. 1.

verlagert, wenn und soweit der Erbe nicht haftet.[179] Voraussetzung ist also, dass nach §§ 2325, 2326 grundsätzlich ein Pflichtteilsergänzungsanspruch bestehen würde. Daher kommen dem Beschenkten insb. auch die Zehnjahresfrist des § 2325 Abs. 3 S. 2 (→ Rn. 692) und die pro-rata-Regelung des § 2325 Abs. 3 S. 1 (→ Rn. 695) zugute.[180]

b) Gläubiger und Schuldner

Gläubiger des Anspruchs kann nur sein, wer zum Kreis der **abstrakt Pflichtteilsberechtigten** gehört.[181] Wenn mehreren Pflichtteilsberechtigten ein Pflichtteilsergänzungsanspruch zusteht, kann jeder von ihnen den Anspruch gegen den Beschenkten unabhängig von den anderen geltend machen; gem. § 428 sind sie Gesamtgläubiger.[182] 706

Schuldner des Anspruchs ist der **Beschenkte**. Wenn der Beschenkte bereits verstorben ist, haften gem. §§ 1922, 1967 seine Erben.[183] In dem Sonderfall, dass der Erbe zugleich Beschenkter ist, aber aus irgendwelchen Gründen nicht nach § 2325 haftet, schließt dies nicht aus, dass er in seiner Eigenschaft als Beschenkter in Anspruch genommen wird.[184] 707

c) Voraussetzung: Erbe „nicht verpflichtet" (Subsidiarität)

Voraussetzung für den Anspruch gegen den Beschenkten ist, dass der Erbe ganz oder teilweise („soweit")[185] zur Ergänzung des Pflichtteils „nicht verpflichtet" ist. Bei mehreren grundsätzlich ergänzungspflichtigen Miterben greift die Haftung des Beschenkten nur dann und insoweit ein, als sämtliche Miterben „nicht verpflichtet" sind.[186] „Nicht verpflichtet" ist der Erbe zum einen in den Fällen des **§ 2328** (→ Rn. 684).[187] Weiterhin ist der Erbe auch „nicht verpflichtet", wenn er für die Nachlassverbindlichkeiten nur **beschränkt haftet** (§§ 1975 ff., 1990, 1991 Abs. 4, 2060; 327 InsO, → Rn. 1138 ff.) und der Nachlass zur Entrichtung der Pflichtteilsergänzung nicht ausreicht.[188] Ferner ist der Erbe auch „nicht verpflichtet", wenn **kein Nachlass vorhanden** oder der **Nachlass** überschuldet ist.[189] Umstritten ist, ob auch 708

179 Vgl. MüKoBGB/*Lange,* 7. Aufl. 2017, § 2329 Rn. 1; BeckOGK/*Schindler* § 2329 Rn. 9.
180 Vgl. RG v. 16.1.1913 – IV 504/12, RGZ 81, 204, 205 f.; BGH v. 17.9.1986 – IVa ZR 13/85, NJW 1987, 122, 123; OLG München v. 14.7.2016 – 23 U 363/16, ZEV 2017, 276 Rn. 30; MüKoBGB/*Lange,* 7. Aufl. 2017, § 2329 Rn. 5.
181 Vgl. MüKoBGB/*Lange,* 7. Aufl. 2017, § 2329 Rn. 4; BeckOGK/*Schindler* § 2329 Rn. 2.
182 Vgl. Staudinger/*Olshausen*, 2015, § 2329 Rn. 3.
183 Vgl. BGH v. 19.3.1981 – IVa ZR 30/80, NJW 1981, 1446, 1447.
184 Vgl. BGH v. 8.2.1961 – V ZR 137/59, FamRZ 1961, 272; BGH v. 29.5.1974 – IV ZR 163/72, NJW 1974, 1327; BGH v. 9.10.1985 – IVa ZR 1/84, NJW 1986, 1610.
185 Vgl. bereits RG v. 16.1.1913 – IV 504/12, RGZ 81, 204, 205; BeckOGK/*Schindler* § 2329 Rn. 11.
186 Vgl. BeckOGK/*Schindler* § 2329 Rn. 12.
187 Vgl. RG v. 30.10.1912 – IV 47/12, RGZ 80, 135, 136; BGH v. 19.3.1981 – IVa ZR 30/80, NJW 1981, 1446, 1447; MüKoBGB/*Lange,* 7. Aufl. 2017, § 2329 Rn. 9 m.w.N.
188 Vgl. RG v. 30.10.1912 – IV 47/12, RGZ 80, 135, 136; BGH v. 9.10.1985 – IVa ZR 1/84, NJW 1986, 1610; MüKoBGB/*Lange,* 7. Aufl. 2017, § 2329 Rn. 7 m.w.N.
189 Vgl. BGH v. 29.5.1974 – IV ZR 163/72, NJW 1974, 1327; BGH v. 8.2.2007 – IX ZR 233/04, ZEV 2007, 280; OLG München v. 14.7.2016 – 23 U 363/16, ZEV 2017, 276 Rn. 29; MüKoBGB/*Lange,* 7. Aufl. 2017, § 2329 Rn. 7.

die bloße Zahlungsunfähigkeit oder Unbelangbarkeit des unbeschränkt haftenden Erben ausreichend ist. Ein Teil des Schrifttums bejaht dies.[190] Dies würde jedoch dazu führen, dass dem Beschenkten ohne legitimen Grund das Insolvenzrisiko des Erben aufgebürdet würde. Die h.M. lässt deshalb die **bloße Zahlungsunfähigkeit oder Unbelangbarkeit** des Erben zu Recht **nicht ausreichen**.[191] Die Beweislast für die fehlende Verpflichtung trifft den Pflichtteilsberechtigten.[192]

d) Sonderfall des pflichtteilsberechtigten Alleinerben

709 Wenn der **Pflichtteilsberechtigte zugleich Alleinerbe** ist, kommt ein Pflichtteilsergänzungsanspruch gegen den Erben denklogisch nicht in Betracht (Konfusion!); § 2329 Abs. 1 S. 2 stellt deshalb klar, dass sich der Pflichtteilsergänzungsanspruch in diesem Fall von vornherein gegen den Beschenkten richtet.[193]

e) Anspruchsinhalt

710 Der Beschenkte schuldet gem. **§ 2329 Abs. 1 S. 1** „die Herausgabe des Geschenks zum Zwecke der Befriedigung wegen des fehlenden Betrags nach den Vorschriften über die Herausgabe einer ungerechtfertigten Bereicherung". Dies bedeutet nach ganz h.M., dass der **Anspruch auf Duldung der Zwangsvollstreckung** in den geschenkten Gegenstand wegen des fehlenden Betrags, um den der Beschenkte bereichert ist, gerichtet ist.[194] Der Anspruch besteht nur in Höhe des Fehlbetrags, d.h. insoweit der Erbe „nicht verpflichtet" ist (→ Rn. 708). Der konkrete Umfang der Haftung für diesen Fehlbetrag bestimmt sich nach **Bereicherungsrecht** (**Rechtsfolgenverweisung**).[195] Der Beschenkte braucht die Zwangsvollstreckung also nicht zu dulden, soweit er i.S.d. § 818 Abs. 3 entreichert ist, es sei denn, dass er gem. §§ 818 Abs. 4, 819 Abs. 1 verschärft haftet.[196] Wenn der Beschenkte den Gegenstand unentgeltlich weitergegeben hat, haftet der Empfänger gem. § 822.[197]

Ausnahmen von dem Grundsatz, dass der Anspruch auf Duldung der Zwangsvollstreckung gerichtet ist, bestehen nur in zwei Fällen: Der Anspruch ist auf Zahlung von Geld gerichtet, wenn es sich um ein **Geldgeschenk** handelte und dieses noch vorhanden ist oder der Beschenkte

---

190 Vgl. etwa Staudinger/*Olshausen*, 2015, § 2329 Rn. 10.

191 Vgl. OLG Schleswig v. 7.6.1999 – 3 W 32/99, BeckRS 1999, 11883; MüKoBGB/*Lange*, 7. Aufl. 2017, § 2329 Rn. 8; BeckOK/*Müller-Engels* § 2329 Rn. 11; Erman/*Röthel*, 15. Aufl. 2017, § 2329 Rn. 2.

192 Vgl. RG v. 30.10.1912 – IV 47/12, RGZ 80, 135, 136; BGH v. 8.2.2007 – IX ZR 233/04, ZEV 2007, 280; MüKoBGB/*Lange*, 7. Aufl. 2017, § 2329 Rn. 6.

193 Vgl. MüKoBGB/*Lange*, 7. Aufl. 2017, § 2329 Rn. 12; Staudinger/*Olshausen*, 2015, § 2329 Rn. 14.

194 Vgl. BGH v. 4.6.1955 – IV ZR 183/54, NJW 1955, 1185; BGH v. 10.11.1982 – IVa ZR 29/81, NJW 1983, 1485, 1486; BGH v. 4.7.2013 – V ZB 151/12, ZEV 2013, 624 Rn. 12; MüKoBGB/*Lange*, 7. Aufl. 2017, § 2329 Rn. 14; Staudinger/*Olshausen*, 2015, § 2329 Rn. 22. Mit der Bezugnahme auf die „Herausgabe" soll nur die Verbindung zu der am Ende angesprochenen Haftung nach Bereicherungsrecht hergestellt werden, vgl. MüKoBGB/*Lange*, 7. Aufl. 2017, § 2329 Rn. 14.

195 Vgl. RG v. 24.11.1932 – VIII 331/32, RGZ 139, 17, 22; MüKoBGB/*Lange*, 7. Aufl. 2017, § 2329 Rn. 16; Staudinger/*Olshausen*, 2015, § 2329 Rn. 24.

196 Vgl. MüKoBGB/*Lange*, 7. Aufl. 2017, § 2329 Rn. 14; Staudinger/*Olshausen*, 2015, § 2329 Rn. 25, 29.

197 Vgl. MüKoBGB/*Lange*, 7. Aufl. 2017, § 2329 Rn. 14; Erman/*Röthel*, 15. Aufl. 2017, § 2329 Rn. 5.

gem. §§ 818 Abs. 4, 819 Abs. 1 verschärft haftet.[198] Im Falle eines noch **nicht erfüllten Schenkungsversprechens** ist der Erfüllungsanspruch abzutreten.[199]

Gem. **§ 2329 Abs. 2** kann der Beschenkte den Anspruch auf Duldung der Zwangsvollstreckung **durch Zahlung des fehlenden Betrags abwenden**. Ob er von dieser Ersetzungbefugnis Gebrauch macht, steht dem Beschenkten völlig frei.[200] **711**

f) Mehrere Beschenkte, § 2329 Abs. 3

Unter mehreren Beschenkten haftet der frühere Beschenkte gem. § 2329 Abs. 3 nur insoweit, als der später Beschenkte nicht verpflichtet ist (**Grundsatz der Posteriorität**[201]). Dahinter steht der Gedanke, dass frühere Schenkungen die berechtigten Erwartungen des Pflichtteilsberechtigten i.d.R. weniger einschneidend beeinträchtigen als spätere.[202] Maßgeblich für die Frage, welche Schenkung die frühere ist, ist grundsätzlich der **Vollzug der Schenkung**.[203] Wenn die Schenkung jedoch erst nach dem Erbfall vollzogen wird, ist der Zeitpunkt des Erbfalls für die zeitliche Einordnung maßgeblich.[204] Voraussetzung für den (vollständigen oder teilweisen) Übergang der Haftung auf den späteren Beschenkten ist, dass der frühere Beschenkte (ganz oder teilweise) „nicht verpflichtet" ist. Dies ist der Fall, wenn er sich auf Entreicherung berufen[205] oder er die Einrede aus § 2328 analog[206] erheben kann. Die bloße Zahlungsunfähigkeit genügt hingegen – ebenso wie im Rahmen des Abs. 1 (→ Rn. 708) – nicht.[207] Streitig ist, wie sich die **pro-rata-Regelung des § 2325 Abs. 3 S. 1** auf die Haftung der nacheinander Beschenkten auswirkt. Teilweise wird vertreten, dass jeder Beschenkte unverändert mit dem vollen Wert seines Geschenks hafte.[208] Dagegen spricht jedoch, dass der Anspruch gegen den Beschenkten auf § 2325 aufbaut und lediglich eine Haftungsverlagerung bewirkt (→ Rn. 705); nach h.M. wirkt sich die pro-rata-Regelung des § 2325 Abs. 3 S. 1 daher auch auf die Haftung der nacheinander Beschenkten aus, d.h. jeder haftet nur maximal in Höhe des seiner abgeschmolzenen Schenkung entsprechenden Betrags.[209] **712**

---

198 Vgl. OLG Hamm v. 8.6.2010 – 10 U 10/10, FamRZ 2011, 594; MüKoBGB/*Lange*, 7. Aufl. 2017, § 2329 Rn. 19.

199 Vgl. Staudinger/*Olshausen*, 2015, § 2329 Rn. 34; BeckOGK/*Schindler* § 2329 Rn. 63.

200 Vgl. Staudinger/*Olshausen*, 2015, § 2329 Rn. 35; BeckOGK/*Schindler* § 2329 Rn. 91 f.

201 Vgl. OLG Schleswig v. 25.10.2011 – 3 U 112/10, BeckRS 2013, 8631; MüKoBGB/*Lange*, 7. Aufl. 2017, § 2329 Rn. 22; BeckOGK/*Schindler* § 2329 Rn. 116.

202 Vgl. BGH v. 10.11.1982 – IVa ZR 29/81, NJW 1983, 1485, 1486.

203 Vgl. BGH v. 10.11.1982 – IVa ZR 29/81, NJW 1983, 1485, 1486; OLG Frankfurt v. 11.5.2006 – 1 U 37/05, BeckRS 2011, 25574; MüKoBGB/*Lange*, 7. Aufl. 2017, § 2329 Rn. 22; BeckOGK/*Schindler* § 2329 Rn. 118.

204 Vgl. OLG Frankfurt v. 11.5.2006 – 1 U 37/05, BeckRS 2011, 25574; MüKoBGB/*Lange*, 7. Aufl. 2017, § 2329 Rn. 22; BeckOGK/*Schindler* § 2329 Rn. 122. Vgl. auch BGH v. 10.11.1982 – IVa ZR 29/81, NJW 1983, 1485, 1486.

205 Vgl. Erman/*Röthel*, 15. Aufl. 2017, § 2329 Rn. 8; BeckOGK/*Schindler* § 2329 Rn. 122.

206 Vgl. BGH v. 10.11.1982 – IVa ZR 29/81, NJW 1983, 1485, 1487; BeckOGK/*Schindler* § 2329 Rn. 122.

207 Vgl. MüKoBGB/*Lange*, 7. Aufl. 2017, § 2329 Rn. 22; BeckOGK/*Schindler* § 2329 Rn. 124.

208 Vgl. BeckOGK/*Schindler* § 2329 Rn. 127 ff.; *Schindler* ErbR 2011, 130, 131 ff.; *Trappe* ZEV 2010, 388, 391 f.; *ders.* ErbR 2013, 262, 265 ff.

209 Vgl. MüKoBGB/*Lange*, 7. Aufl. 2017, § 2329 Rn. 26; *Lange/Honzen* ZErb 2011, 289, 291 ff.; BeckOK/*Müller-Engels* § 2329 Rn. 6; Staudinger/*Olshausen*, 2015, § 2329 Rn. 68; *van Eymeren* ZEV 2011, 343 ff.; *Siebert* ZEV 2013, 241, 246.

Beispiel: Erblasserin F war mit M verheiratet; die beiden hatten einen gemeinsamen Sohn S. Am 1.3.2005 hatte F dem M 100.000 € geschenkt; am 1.5.2015 hatte sie ihrem Neffen N 100.000 € geschenkt. Nachdem F und M sich zunehmend auseinandergelebt hatte, hatte F ab 2016 einen neuen Lebensgefährten L, den sie 2017 testamentarisch als Alleinerben einsetzte. Am 1.6.2018 verstarb F. Als S gegen L Pflichtteilsansprüche geltend macht, beruft dieser sich erfolgreich auf die Dürftigkeit des Nachlasses gem. § 1990 (→ Rn. 1184 ff.). S möchten nun wissen, ob und in welcher Höhe er Pflichtteilsergänzungsansprüche gegen M und/oder N hat.

Die Schenkung an M ist gem. § 2325 Abs. 3 S. 3 mit den vollen 100.000 € anzusetzen, weil die Frist erst mit der Auflösung der Ehe durch den Tod der F beginnt. Die Schenkung an N ist hingegen gem. § 2325 Abs. 3 S. 1 nur i.H.v. 70.000 € anzusetzen. S steht somit gem. § 2325 Abs. 1 ein Pflichtteilsergänzungsanspruch i.H.v. 85.000 € zu. Da der Alleinerbe L die Einrede der Dürftigkeit gem. § 1990 erhoben hat und somit „nicht verpflichtet" ist, verlagert sich die Haftung gem. § 2329 Abs. 1 auf die Beschenkten M und N. Gem. § 2329 Abs. 3 haftet der früher beschenkte M nur insoweit, als der später beschenkte N nicht haftet. N haftet nach zutr. h.M. nur i.H.v. 70.000 €, für die restlichen 15.000 € haftet M.

713 Im Falle **gleichzeitiger Schenkungen an mehrere Personen** haften die einzelnen Beschenkten nach zutr. h.M. nicht als Gesamtschuldner[210], sondern nur nach dem Verhältnis ihrer Schenkungswerte[211].

714 Teilweise wird § 2329 Abs. 3 analog auch auf den Fall angewendet, dass **mehrere Schenkungen** nacheinander **an dieselbe Person** erfolgen.[212] Die Ratio des § 2329 Abs. 3 lässt sich jedoch auf diesen Fall nicht übertragen, denn hier geht es gerade nicht darum, die Haftung mehrerer verschiedener Personen gerecht zu verteilen; eine analoge Anwendung des § 2329 Abs. 3 ist daher mit der h.M.[213] abzulehnen.

IX. Ausschluss des Pflichtteilsrechts

1. Pflichtteilsentziehung, §§ 2333 ff.

715 Im Falle einer besonders schweren Verfehlung des Pflichtteilsberechtigten kann der Erblasser ihm den Pflichtteil gem. §§ 2333, 2336 entziehen. Die Entziehung erfolgt gem. § 2336 Abs. 1 **durch letztwillige Verfügung**.

716 **§ 2333** enthält einen **abschließenden**[214] **Katalog von Gründen** für die Entziehung des Pflichtteils.[215] Gem. § 2336 Abs. 2 muss der Grund für die Entziehung zur Zeit der Errichtung bestehen (S. 1); für eine Entziehung nach § 2333 Abs. 1 Nr. 4 muss die Tat zur Zeit der Errichtung begangen sein und der Grund für die Unzumutbarkeit vorliegen. Der Grund für die Entziehung sowie ggf. auch für die Unzumutbarkeit muss gem. **§ 2336 Abs. 2** zudem in der Verfügung angegeben werden. Erforderlich

210 So aber etwa BeckOGK/*Schindler* § 2329 Rn. 137.

211 Vgl. MüKoBGB/*Lange*, 7. Aufl. 2017, § 2329 Rn. 25; Staudinger/*Olshausen*, 2015, § 2329 Rn. 66.

212 So etwa BeckOGK/*Schindler* § 2329 Rn. 137 m.w.N.

213 Vgl. MüKoBGB/*Lange*, 7. Aufl. 2017, § 2329 Rn. 25; Staudinger/*Olshausen*, 2015, § 2329 Rn. 67; Erman/*Röthel*, 15. Aufl. 2017, § 2329 Rn. 9.

214 Vgl. BGH v. 1.3.1974 – IV ZR 58/72, NJW 1974, 1084; BGH v. 25.10.1976 – IV ZR 109/74, NJW 1977, 339, 340; OLG Saarbrücken v. 12.12.2017 – 5 W 53/17, NJW 2018, 957 Rn. 19.

215 Der Entziehungsgrund des unsittlichen Lebenswandels (§ 2333 Nr. 5 a.F.) wurde durch das ErbVerjR-ÄndG m.W.v. 1.1.2010 als nicht mehr zeitgemäß gestrichen, vgl. dazu BT-Drs. 16/8954, S. 22.

aber auch ausreichend ist hierfür die **Angabe eines (zutreffenden) Kernsachverhalts**.[216]

Dies ist schon deshalb erforderlich, um sicherzustellen, dass das Gericht die Entziehung am Ende nicht auf Vorwürfe stützt, die erst nachträglich vom Erben erhoben wurden und für den Erblasser selbst gar nicht entscheidend waren.[217] Der Erblasser braucht hierzu in seiner letztwilligen Verfügung nicht den gesamten Geschehensablauf in allen Einzelheiten zu schildern; vielmehr genügt jede substanziierte Bezeichnung, die es erlaubt, durch Auslegung festzustellen, weshalb in concreto der Pflichtteil entzogen worden ist und auf welchen Lebenssachverhalt sich der Erblasser bezieht.[218]

Eine Pflichtteilsentziehung ist regelmäßig auch als Enterbung auszulegen (→ Rn. 487).

Gem. § 2337 S. 1 **erlischt** das Recht zur Entziehung des Pflichtteils, wenn der Erblasser dem Pflichtteilsberechtigten verziehen hat; eine bereits angeordnete Entziehung wird gem. S. 2 unwirksam. Eine **Verzeihung** liegt vor, wenn der Erblasser nach außen hin zum Ausdruck gebracht hat, dass er das schwere Fehlverhalten des Pflichtteilsberechtigten nicht mehr als ausreichenden Grund ansieht, um diesen von der Teilhabe am Nachlass auszuschließen.[219] Sie bedarf keiner besonderen Form und kann auch konkludent erfolgen.[220] **717**

Eine konkludente Verzeihung wurde etwa angenommen, wenn der Erblasser dem Pflichtteilsberechtigten später einen nicht unerheblichen Kredit gewährte.[221] Für eine Verzeihung reicht es i.d.R. aus, wenn in dem Verhältnis des Erblassers zu dem Abkömmling ein Wandel zur Normalität im Sinne eines Wiederauflebens der familiären Beziehungen stattgefunden hat; eine darüber hinausgehende Versöhnung oder gar Innigkeit im Verhältnis ist nicht erforderlich.[222]

2. Pflichtteilsunwürdigkeit, § 2345 Abs. 2

Wenn ein **Erbunwürdigkeitsgrund i.S.d. § 2339 Abs. 1** (→ Rn. 495 ff.) vorliegt, ist der Pflichtteilsanspruch gem. § 2345 Abs. 2 anfechtbar. Diese Vorschrift hat insb. dann Bedeutung, wenn kein Grund für die Entziehung des Pflichtteils vorliegt bzw. eine solche nicht wirksam angeordnet wurde. Im Gegensatz zur Erbunwürdigkeit muss die Pflichtteilsunwürdigkeit nicht durch Anfechtungsklage geltend gemacht werden (§ 2345 verweist gerade nicht auf § 2342), sondern es genügt die formlose Anfechtungserklärung.[223] **718**

216 Vgl. BGH v. 27.2.1985 – IVa ZR 136/83, NJW 1985, 1554, 1555; OLG Saarbrücken v. 12.12.2017 – 5 W 53/17, NJW 2018, 957 Rn. 22. Näher dazu *Lange* ZEV 2018, 237, 238 ff.

217 Vgl. BGH v. 27.2.1985 – IVa ZR 136/83, NJW 1985, 1554, 1555; OLG Saarbrücken v. 12.12.2017 – 5 W 53/17, NJW 2018, 957 Rn. 22.

218 Vgl. BGH v. 27.2.1985 – IVa ZR 136/83, NJW 1985, 1554, 1555; OLG Saarbrücken v. 12.12.2017 – 5 W 53/17, NJW 2018, 957 Rn. 22.

219 Vgl. BGH v. 1.3.1974 – IV ZR 58/72, NJW 1974, 1084, 1085; BGH v. 23.5.1984 – IVa ZR 229/82, NJW 1984, 2089, 2090 f.; LG Saarbrücken v. 15.2.2017 – 16 O 210/13, BeckRS 2017, 128981 Rn. 34; BeckOGK/*Rudy* § 2337 Rn. 5.

220 Vgl. LG Saarbrücken v. 15.2.2017 – 16 O 210/13, BeckRS 2017, 128981 Rn. 34; BeckOGK/*Rudy* § 2337 Rn. 4.

221 Vgl. OLG Hamm v. 22.2.2007 – 10 U 111/06, NJW-RR 2007, 1235, 1237 f.

222 Vgl. OLG Nürnberg v. 8.5.2012 – 12 U 2016/11, NJW-RR 2012, 1225, 1226.

223 Vgl. nur MüKoBGB/*Helms*, 7. Aufl. 2017, § 2045 Rn. 2.

3. Pflichtteilsbeschränkung in guter Absicht, § 2338

719 Eine besondere Art der Einschränkung des Pflichtteilsrechts eines Abkömmlings ist die Pflichtteilsbeschränkung in guter Absicht gem. § 2338. Sie soll nicht das Verhalten des Abkömmlings sanktionieren, sondern das Familienvermögen schützen.[224] **Bei Verschwendung oder Überschuldung** auf Seiten des pflichtteilsberechtigten Abkömmlings kann der Erblasser gem. § 2338 Abs. 1 S. 1 anordnen, dass nach dessen Tod dessen gesetzlichen Erben Nacherben (→ Rn. 746 ff.) oder Nachvermächtnisnehmer (→ Rn. 910) werden. Zusätzlich kann gem. § 2338 Abs. 1 S. 2 für die Lebenszeit des Abkömmlings Testamentsvollstreckung (→ Rn. 807 ff.) angeordnet werden; dann hat der Abkömmling einen Anspruch auf den jährlichen Reinertrag (dieser ist gem. § 863 Abs. 1 ZPO nur beschränkt pfändbar). Derartige Anordnungen sind jedoch gem. § 2338 Abs. 2 S. 2 unwirksam, wenn sich der Abkömmling zur Zeit des Erbfalls dauernd von dem verschwenderischen Leben abgewendet hat oder die den Grund der Anordnung bildende Überschuldung nicht mehr besteht.

4. Pflichtteilsverzicht

720 Zum Verlust des Pflichtteilsrechts führt ferner auch ein **Pflichtteilsverzicht** (§ 2346 Abs. 2)[225] sowie ein **Erbverzicht** (§ 2346 Abs. 1), sofern dieser nicht unter Vorbehalt des Pflichtteils erfolgt, → Rn. 523 ff.

X. Geltendmachung des Pflichtteilsanspruchs

1. Entstehung, Fälligkeit, Stundung

721 Der Pflichtteilsanspruch **entsteht gem. § 2317 Abs. 1 mit dem Erbfall**. Er ist gem. § 271 Abs. 1 sofort fällig.

722 Jeder Erbe kann jedoch gem. **§ 2331a Abs. 1** die **Stundung** des Pflichtteils verlangen, wenn die sofortige Erfüllung des gesamten Anspruchs für den Erben wegen der Art der Nachlassgegenstände eine unbillige Härte wäre, wobei die Interessen des Pflichtteilsberechtigten angemessen zu berücksichtigen sind.[226] Nach Eintritt des Erbfalls ist zudem auch eine Stundungsvereinbarung zwischen dem Pflichtteilsberechtigten und dem/den Erben nach allgemeinen Regeln möglich.[227] Vor dem Erbfall bedarf eine derartige Vereinbarung (egal ob mit dem Erblasser oder den künftigen Erben) hingegen aufgrund ihres Charakters als teilweisem Erbverzicht entsprechend § 2348 (→ Rn. 541) der notariellen Beurkundung.[228]

224 Vgl. Mot. V, 438 f.; Prot. V, 566, 569.
225 Dazu *Lettmaier* AcP 218 (2018) 724 ff.
226 Dazu *Sachs* ZErb 2011, 156 ff.
227 Vgl. Staudinger/*Herzog*, 2015, § 2317 Rn. 33.
228 Vgl. Staudinger/*Herzog*, 2015, § 2317 Rn. 31 f.

2. Verjährung

Pflichtteilsansprüche verjähren gem. **§ 195** in der regelmäßigen Verjährungsfrist von 3 Jahren. Hinsichtlich des Fristbeginns ist jedoch zu differenzieren: **723**

- Beim ordentlichen **Pflichtteilsanspruch** (§ 2303, → Rn. 621 ff.), beim **Pflichtteilsrestanspruch** (§§ 2305, 2307, 2316 Abs. 2, → Rn. 649 ff., 657 ff., 677) und beim **Pflichtteilsergänzungsanspruch gegen den Erben bzw. Miterben** (§ 2325, → Rn. 679 ff.) beginnt die Frist gem. **§ 199 Abs. 1** mit dem Schluss des Jahres, in dem der Anspruch entstanden und der Pflichtteilsberechtigte Kenntnis von den anspruchsbegründenden Umständen erlangt hat oder ohne grobe Fahrlässigkeit hätte erlangen müssen; die Verjährung tritt jedoch gem. **§ 199 Abs. 3a** spätestens 30 Jahre nach Anspruchsentstehung ein.
- Beim **Pflichtteilsergänzungsanspruch gegen den Beschenkten gem. § 2329** (→ Rn. 705 ff.) beginnt die Verjährung hingegen **gem. § 2332 Abs. 1** kenntnisunabhängig mit dem Erbfall; dies gilt auch dann, wenn der Beschenkte Miterbe ist[229].

Gem. **§ 211 S. 1** tritt die Verjährung eines Pflichtteilsanspruchs gegen den Nachlass nicht vor Ablauf von 6 Monaten nach dem Zeitpunkt ein, in dem die Erbschaft von dem Erben angenommen oder das Insolvenzverfahren über den Nachlass eröffnet wird oder von dem an der Anspruch von einem oder gegen einen Vertreter (Nachlasspfleger, Nachlassverwalter) geltend gemacht werden kann. **724**

Eine auf § 2325 gestützte Zahlungsklage **hemmt** gem. § 204 Abs. 1 Nr. 1 auch die Verjährung des auf § 2329 gestützten Duldungsanspruchs gegen denselben Verpflichteten, weil der Anspruch aus § 2329 nur die „Fortsetzung" des Anspruchs aus § 2325 ist (→ Rn. 705).[230]

Eine auf Feststellung der Pflichtteilsberechtigung gerichtete Klage hemmt die Verjährung eines Pflichtteilsergänzungsanspruchs aus § 2325 jedoch nicht, wenn im Feststellungsprozess nichts zu der beeinträchtigenden Schenkung vorgetragen wurde.[231]

Gem. **§ 2332 Abs. 2** wird die Verjährung des Pflichtteilsanspruchs und des Anspruchs nach § 2329 **nicht** dadurch gehemmt, dass die Ansprüche erst nach der **Ausschlagung** der Erbschaft oder eines Vermächtnisses geltend gemacht werden können. Konsequenz ist, dass der Pflichtteilsanspruch ggf. bereits verjährt sein kann, bevor die Ausschlagungsfrist überhaupt zu laufen begonnen hat, z.B. im Fall der Nacherbeneinsetzung (→ Rn. 746 ff.) eines Pflichtteilsberechtigten.[232]

---

229 Vgl. BGH v. 9.10.1985 – IVa ZR 1/84, NJW 1986, 1610; OLG Düsseldorf v. 1.12.2017 – I-7 U 151/16, ZEV 2018, 143, 145; BeckOGK/*Schindler* § 2332 Rn. 10.

230 Vgl. BGH v. 29.5.1974 – IV ZR 163/72, NJW 1974, 1327; BGH v. 19.4.1989 – IVa ZR 85/88, NJW 1989, 2887; BGH v. 31.10.2018 – IV ZR 313/17, BeckRS 2018, 29176 Rn. 13.

231 Vgl. BGH v. 27.3.1996 – IV ZR 185/95, ZEV 1996, 223.

232 Vgl. *Dolle* ErbR 2012, 232, 243; BeckOGK/*Schindler* § 2332 Rn. 23.

Lösung der Ausgangsfälle

725 **Fall 34 (→ Rn. 615):**

I. Die Ehefrau I ist nur zu 5 % als Erbin des A eingesetzt. Da sie als Ehefrau pflichtteilsberechtigt ist (§ 2303 Abs. 2), kann sie, wenn ihr ein Erbteil hinterlassen worden ist, der geringer ist als die Hälfte des gesetzlichen Erbteils, gem. § 2305 die Differenz zwischen dem zugewendeten Erbteil und der Hälfte des gesetzlichen Erbteils als Zusatzpflichtteil verlangen. Der gesetzliche Erbteil der I beträgt neben dem Sohn S als weiterem gesetzlichen Erben $\frac{1}{2}$ (§§ 1931 Abs. 4 Hs. 1; erbrechtliche Lösung; da Gütertrennung vereinbart war, kommen eine güterrechtliche Lösung oder andere güterrechtliche Aspekte nicht in Betracht; T ist hier wegen § 1924 Abs. 2 zunächst nicht zu berücksichtigen). Somit beträgt der Pflichtteil $\frac{1}{4}$ (sog. großer Pflichtteil). Der Zusatzpflichtteil der I gem. § 2305 beträgt somit 20 % (25 % – 5 %); dies entspricht einem Betrag von 44.000 €.

Weiterhin hat I aufgrund der voll anrechenbaren (vgl. § 2325 Abs. 3 S. 1) Schenkungen an C und S i.H.v. insgesamt 70.000 € einen Pflichtteilsergänzungsanspruch gem. § 2325 Abs. 1 i.H.v. 17.500 €.

Im Endergebnis hat sie also ihre Erbenstellung i.H.v. 5 % (Wert: 11.000 €), einen Zusatzpflichtteilsanspruch gem. § 2305 i.H.v. 44.000 € sowie einen Pflichtteilsergänzungsanspruch gem. § 2325 Abs. 1 i.H.v. 17.500 €; insgesamt also 72.500 €.

II. S ist als Abkömmling des Erblassers gem. § 2303 Abs. 1 ebenfalls pflichtteilsberechtigt. Er ist aber testamentarisch zu 45 % als Erbe eingesetzt. Als gesetzlicher Erbe würde er neben seiner Mutter einen Erbteil von $\frac{1}{2}$ bekommen, da sie den großen Pflichtteil (erbrechtliche Lösung) erhält. Sein Pflichtteil würde also $\frac{1}{4}$ betragen, d.h. 55.000 €. Einen Zusatzpflichtteil gem. § 2305 kann S nicht verlangen, weil sein hinterlassener Erbteil die Hälfte des gesetzlichen Erbteils übersteigt. Der Wert des Erbteils des S (45 %) beträgt 99.000 €. Allerdings muss S daraus die Auflage i.H.v. 66.000 € erfüllen, ihm blieben also nur noch 33.000 €.

Da er mit einer Auflage beschwert ist, hat S allerdings gem. § 2306 Abs. 1 Hs. 1 die Möglichkeit, den Erbteil auszuschlagen und stattdessen den Pflichtteil zu verlangen. Da der Pflichtteilsanspruch 55.000 € betragen würde, ist dies für den S wirtschaftlich günstiger. Er wird daher ausschlagen.

Zusätzlich kommt ein Pflichtteilsergänzungsanspruch gem. § 2325 Abs. 1 in Betracht. Dieser würde grundsätzlich 17.500 € betragen. S muss sich jedoch gem. § 2327 Abs. 1 S. 1 den Wert seines Eigengeschenks (20.000 €) anrechnen lassen. Sein Anspruch reduziert sich daher auf Null.

III. Fraglich ist, gegen wen sich die Zahlungsansprüche von S und I richten. H ist testamentarischer Erbe zu 50 %. Wer aber tritt in die Erbenstellung des Ausschlagenden S ein? Gem. § 1953 Abs. 2 ist es derjenige, der berufen sein würde, wenn der Ausschlagende zur Zeit des Erbfalls nicht gelebt hätte. Bei gewillkürter Erbfolge ist dies gem. § 2096 der vom Erblasser bestimmte Ersatzerbe. Wenn kein Erbe bestimmt ist, kommt es gem. § 2094 grundsätzlich zu einer Anwachsung (→ Rn. 731 ff.). Jedoch könnte hier die Vermutung des § 2069 eingreifen, wonach im Zweifel die Abkömmlinge Ersatzerben sind (→ Rn. 351 ff.); dies würde gem. § 2099 dem Anwachsungsrecht vorgehen.

Fraglich ist jedoch, ob § 1953 Abs. 2 dem im konkreten Fall entgegensteht. Denn die Vorschrift beruht auf dem erbrechtlichen Grundsatz, dass der die Erbschaft Ausschlagende auch keinen Pflichtteilsanspruch hat. S hat hier jedoch ausnahmsweise gem. § 2306 Abs. 1 Hs. 1 trotz der Ausschlagung einen Pflichtteilsanspruch. Der BGH hat in einer Entscheidung aus dem Jahr 1960 (allerdings betreffend einen Nacherben) angenommen, dass die Anwendung des § 2069 ausgeschlossen sei, da sonst eine doppelte Beteiligung des Stammes am Nachlass ermöglicht werde, was dem mutmaßlichen Willen des Erblassers widerspreche.[233] Gegen diese Argumentation spricht jedoch, dass § 2320 Abs. 2 diesen Konflikt löst.[234] Dazu auch noch → Rn. 802. Folglich tritt T als Ersatzerbin an die Stelle des S.

Somit wird T zu 45 % Erbin des A (Wert: 99.0000 €). Sie muss aber im Innenverhältnis gem. § 2320 Abs. 2 die Pflichtteilslast des S i.H.v. 55.000 € allein tragen. Die Auflage könnte T gem. § 2322 Alt. 2 auf 44.000 € kürzen. Da T aber somit nichts mehr verbleibt, sollte sie die Erbschaft ebenfalls ausschlagen.

IV. Dann wächst der Anteil von 45 % ($\frac{9}{20}$ des Nachlasses) H und I gem. § 2094 Abs. 1 S. 1 im Verhältnis ihrer Erbteile (10:1) zu, d.h. H erhält bezogen auf den Gesamtnachlass weitere $\frac{9}{22}$ ($\frac{10}{11} \times \frac{9}{20}$), also 90.000 €, und I $\frac{9}{220}$ ($\frac{1}{11} \times \frac{9}{20}$), also 9.000 €. Die Erbquoten betragen dann $\frac{10}{11}$ für H (200.000 €) und $\frac{1}{11}$ für I (20.000). Aufgrund der höheren Quote verkürzt sich der Zusatzpflichtteil der I gem. § 2305 entsprechend auf 35.000 € (55.000 € – 20.000 €). Gem. § 2095 gilt der durch Anwachsung anfallende Erbteil in Ansehung der Auflage als besonderer Erbteil. H trägt die Auflage damit zu $\frac{10}{11}$ (60.000 €) und I zu $\frac{1}{11}$ (6.000 €).

V. Am Ende hat H eine Erbenstellung i.H.v. $\frac{10}{11}$ des Gesamtnachlasses (Wert: 200.000 €), aber gegen sich gerichtete Ansprüche der I i.H.v. 52.500 € (Zusatzpflichtteil und Pflichtteilsergänzungsanspruch) und des S i.H.v. 55.000 € (Pflichtteilsanspruch); abzuziehen ist weiter die anteilige Auflage i.H.v. 60.000 €. H verbleibt somit noch ein Wert von 32.500 €.

I hat eine Erbenstellung i.H.v. $\frac{1}{11}$ des Gesamtnachlasses (Wert: 20.000 €), einen Zusatzpflichtteilsanspruch gem. § 2305 i.H.v. 35.000 € sowie einen Pflichtteilsergänzungsanspruch gem. § 2325 Abs. 1 i.H.v. 17.500 €. Allerdings muss sie an der Auflage anteilig 6.000 € zahlen, sodass ihr insgesamt 66.500 € verbleiben.

S hat einen Pflichtteilsanspruch gegen H i.H.v. 55.000 €. T erhält nichts.

Fall 35 (→ Rn. 615): 726

I. Die Pflichtteilsquote der F gem. § 2303 beträgt $\frac{1}{4}$ (sie wäre gem. §§ 1931 Abs. 1 S. 1, Abs. 3, 1371 Abs. 1 gesetzliche Erbin zu $\frac{1}{2}$). Die Pflichtteilsquote der drei Kinder A, B und C gem. § 2303 Abs. 1 beträgt jeweils $\frac{1}{12}$ ($\frac{1}{2} \times \frac{1}{2} \times \frac{1}{3}$). F hat somit einen Pflichtteilsanspruch i.H.v. 12.000 €; A, B und C i.H.v. jeweils 4.000 €.

II. Der F stünde gem. § 2325 Abs. 1 eigentlich ein Pflichtteilsergänzungsanspruch i.H.v. 18.000 € ($\frac{1}{4}$ × 67.000 € + $\frac{1}{4}$ × 5.000 €) zu. Damit wäre die Summe aus Pflichtteils- und Pflichtteilsergänzungsanspruch 30.000 € (12.000 € + 18.000 €). Da der F jedoch ein Erbteil im Wert von 32.000 € ($\frac{2}{3}$ × 48.000 €) hinterlassen wurde, steht ihr gem. § 2326 S. 2 kein Pflichtteilsergänzungsanspruch zu.

III. A stünde gem. § 2325 Abs. 1 eigentlich ein Pflichtteilsergänzungsanspruch i.H.v. 6.000 € zu. Damit wäre die Summe aus Pflichtteils- und Pflichtteilsergänzungsanspruch 10.000 € (4.000 € + 6.000 €). Da dem A jedoch ein Erbteil im Wert von 16.000 € ($\frac{1}{3}$ × 48.000 €) hinterlassen wurde, steht ihm gem. § 2326 S. 2 ebenfalls kein Pflichtteilsergänzungsanspruch zu.

IV. B hat gem. § 2325 Abs. 1 einen Pflichtteilsergänzungsanspruch i.H.v. 6.000 €.

V. C muss sich auf seinen Pflichtteilsergänzungsanspruch gem. § 2325 Abs. 1 i.H.v. 6.000 € gem. § 2327 Abs. 1 S. 1 die Schenkung im Wert von 5.000 € anrechnen lassen, d.h. ihm steht noch ein Pflichtteilsergänzungsanspruch i.H.v. 1.000 € zu.

---

233 Vgl. BGH v. 29.6.1960 – V ZR 64/59, NJW 1960, 1899.

234 Vgl. MüKoBGB/*Leipold*, 7. Aufl. 2017, § 2069 Rn. 13; Staudinger/*Otte*, 2015, § 2320 Rn. 15; BeckOGK/*Reisnecker* § 2320 Rn. 21.

VI. Die Pflichtteilsansprüche von B und C i.H.v. insgesamt 8.000 € richten sich gegen die Miterben A und F. Nach Abzug dieser Ansprüche hat der Nachlass noch einen Wert von 40.000 €.

VI. A und F können gem. § 2328 die Erfüllung der Pflichtteilsergänzungsansprüche von B und C verweigern, da sonst ihr eigener Pflichtteil (30.000 € bzw. 10.000 €, zusammen genau der verbleibende Nachlasswert von 40.000 €) angegriffen würde.

VII. Für die Pflichtteilsergänzungsansprüche von B und C in Höhe von 7.000 € würde folglich gem. § 2329 Abs. 1, Abs. 3 zunächst der zuletzt beschenkte C haften. C kann jedoch die Einrede aus § 2328 analog geltend machen, ist also „nicht verpflichtet", sodass letztlich gem. § 2329 Abs. 3 doch der früher beschenkte H haftet. H kann die Zwangsvollstreckung in das Gemälde gem. § 2329 Abs. 2 durch Zahlung der 6.000 € an B und der 1.000 € an C abwenden.

VIII. C hat Ansprüche i.H.v. 5.000 € (Pflichtteilsanspruch i.H.v. 4.000 € gegen die Miterben F und A und Anspruch gegen den Beschenkten H i.H.v. 1.000 €) und B i.H.v. 10.000 € (Pflichtteilsanspruch i.H.v. 4.000 € gegen die Miterben F und A und Anspruch gegen den Beschenkten H i.H.v. 6.000 €). Am Ende verbleiben F 30.000 € und A 10.000 € aus dem Nachlass.

Teil VI

Die vom Erblasser getroffenen Bestimmungen

§ 17 Erbeinsetzung und Ersatzerbschaft

Fall 36: Erblasser E hat (ohne Bildung eines gemeinschaftlichen Erbteils) A zu ½ sowie B und C zu je ¼ als Erben eingesetzt. Der einzige Sohn S des E ist hingegen nicht bedacht. C stirbt vor E. Nach Eintritt des Erbfalls ist S der Auffassung, dass nunmehr er zu ¼ gesetzlicher Erbe geworden ist. A und B meinen hingegen, dass der Erbteil des C auf sie aufgeteilt wird. Wer hat Recht? 727

Abwandlung: Ändert sich etwas, wenn A zu ½ sowie B und C gemeinschaftlich im Verhältnis 1:1 auf die andere Hälfte zu Erben berufen sind? **Lösung → Rn. 744**

Fall 37: Die Erblasserin E hat in ihrem Testament A zum Alleinerben und B zum Ersatzerben eingesetzt. Drei Wochen nach dem Tod der E verstirbt auch B. Fünf Wochen nach dem Erbfall schlägt A die Erbschaft aus. Erhalten die gesetzlichen Erben der E oder die Erben des B den Nachlass der E?

Abwandlung: A verstirbt drei Wochen nach dem Tod der E. B will wissen, ob er nunmehr Erbe ist. **Lösung: → Rn. 745**

Literatur: *Klinger/Scheuber*, Testamentsauslegung bei Zuwendungen von Einzelgegenständen, NJW-Spezial 2008, 135; *Nieder*, Die ausdrücklichen oder mutmaßlichen Ersatzbedachten im deutschen Erbrecht, ZEV 1996, 241; *Otte*, Lässt das Erbrecht des BGB eine Erbeinsetzung auf einzelne Gegenstände zu?, NJW 1987, 3164; *Schopp*, Anwachsung und Ersatzerbschaft, MDR 1978, 10; *Schrader*, Erb- und Nacherbeinsetzung auf einzelne Nachlassgegenstände, NJW 1987, 117.

I. Bestimmung des Erben

1. Begriff der Erbeinsetzung

Erben sind diejenigen Personen, auf die beim Tod des Erblassers dessen Vermögen als Ganzes übergeht (vgl. § 1922 Abs. 1). Erbe ist also nur, wer im Wege der **Gesamtrechtsnachfolge (Universalsukzession)** ganz oder zu einem ideellen Bruchteil (d.h. zusammen mit Miterben) in die Vermögensstellung des Erblassers unmittelbar mit dem Erbfall einrückt. 728

Da für eine wirksame Einsetzung als Erbe keine bestimmte Formulierung erforderlich ist, ist der Wille des Erblassers durch Auslegung (→ Rn. 323 ff.) zu ermitteln. Selbst wenn nur ein einzelner Gegenstand zugewendet wird, kann damit eine Erbeinsetzung mit Teilungsanordnung (§ 2048, → Rn. 1023 ff.) vorliegen. Die Auslegung kann jedoch auch ergeben, dass ein Vorausvermächtnis (→ Rn. 911) gewollt war, der Bedachte also Miterbe und zusätzlich hinsichtlich des einzelnen Gegenstands Vermächtnisnehmer sein sollte. In den verbleibenden Zweifelsfällen ist die **Abgrenzung zwi-**

schen Erbeinsetzung und Vermächtnis nach der Auslegungsregel des § 2087 (→ Rn. 345 f.) vorzunehmen.

Die Erbeinsetzung muss grundsätzlich durch den Erblasser persönlich erfolgen; vgl. zu den Grundsätzen der **formellen und materiellen Höchstpersönlichkeit** bereits → Rn. 146 ff.

2. Bedingte und befristete Erbeinsetzung

729 Der Erblasser kann den Erben unter einer Bedingung oder Befristung einsetzen. Bis zum Eintritt der auflösenden Bedingung bzw. des Endtermins ist der Benannte dann Vorerbe. Im Fall einer aufschiebenden Bedingung oder eines Anfangstermins wird der Benannte Nacherbe, wenn die Bedingung bzw. der Termin zum Zeitpunkt des Todes des Erblassers noch nicht eingetreten ist. Ausf. zu **Vor- und Nacherbschaft** → Rn. 746 ff.

3. Erbeinsetzung nach Bruchteilen

730 Häufig wird der Erblasser mehrere Personen als Erben einsetzen. In der Regel bestimmt er dabei ausdrücklich die Bruchteile, zu denen die Miterben eingesetzt werden sollen. Andernfalls müssen die Bruchteile im Wege der Auslegung bestimmt werden. Führt dies zu keinem eindeutigen Ergebnis, so greifen die **Auslegungsregeln der §§ 2091-2093** (→ Rn. 366 f.).

4. Die Anwachsung

a) Ratio und Wesen

731 Fällt einer von mehreren gesetzlichen Miterben weg, kann der Erblasser verschiedene Konsequenzen gewollt haben. Erstens kann er für diesen Fall vorgesehen haben, dass eine andere Person an die Stelle des Weggefallenen treten soll (sog. Ersatzerbe, § 2096, → Rn. 739 ff.). Zweitens kann er auch gewollt haben, dass bezüglich des frei werdenden Teils die gesetzliche Erbfolge eintreten soll. Drittens kann er auch gewollt haben, dass der ursprünglich dem Weggefallenen zugedachte Anteil den anderen eingesetzten Erben entsprechend dem Verhältnis ihrer Erbteile zufallen soll. Dies ist die sog. **Anwachsung (§ 2094)**. Sie ist das Pendant zum Prinzip der Erbteilserhöhung (§ 1935) im gesetzlichen Erbrecht.

b) Voraussetzungen

732 Voraussetzung für die Anwachsung ist erstens, dass der Erblasser **mehrere Erben** eingesetzt hat, die nach seinem Willen den **gesamten Nachlass** erhalten sollen (vgl. § 2094 Abs. 1 S. 1). Zweitens muss einer der eingesetzten Erben vor oder nach dem Erbfall **wegfallen**. Vor dem Erbfall kann ein Erbe z.B. durch Tod (§ 1923), Erbverzicht (§§ 2346, 2352, → Rn. 523 ff.) oder Eintritt einer auflösenden Bedingung (§ 2075, → Rn. 371) wegfallen; danach z.B. durch Ausschlagung (§ 1953 Abs. 1, → Rn. 597), Nichterleben einer aufschiebenden Bedingung (§ 2074, → Rn. 370) oder Erbunwürdigkeitserklärung (§ 2344, → Rn. 494 ff.).

Umstritten ist, ob eine Anwachsung gem. § 2094 auch bei anfänglicher **Nichtigkeit** (z.B. gem. §§ 125, 134, 138, 142 Abs. 1) oder **Unwirksamkeit** (z.B. gem. §§ 2077, 2270 Abs. 1, → Rn. 246, 373) der Erbeinsetzung anzuwenden ist. Dagegen wird der Wortlaut des § 2094 angeführt: Ein „Wegfall" könne überhaupt nur in Betracht kommen, wenn die Erbeinsetzung irgendwann wirksam war.[1] Dieses sehr formalistische Argument vermag jedoch nicht zu überzeugen. Andere wollen nach der Art und Reichweite des jeweiligen Nichtigkeitsgrundes differenzieren.[2] Dies erscheint indes ebenfalls eher willkürlich, zumal es hierfür auch keinerlei Anhaltspunkte im Gesetz gibt. Entscheidend sollte vielmehr der Wille des Erblassers sein: Da er typischerweise abschließend über seinen Nachlass verfügen will, wird es für ihn meist keinen Unterschied machen, ob die Erbeinsetzung von vornherein nichtig bzw. unwirksam war oder ob der Erbe erst später wegfällt.[3] Soweit sich kein entgegenstehender Wille des Erblassers ermitteln lässt, greift die Anwachsung gem. § 2094 folglich auch in den Fällen einer anfänglichen Nichtigkeit oder Unwirksamkeit der Erbeinsetzung. 733

Wenn der Erblasser **nur über einen Teil der Erbschaft verfügt** hat, ist weitere Voraussetzung der Anwachsung gem. § 2094 Abs. 2, dass einer von mehreren Erben, die auf einen gemeinschaftlichen Erbteil (§ 2093) eingesetzt sind, wegfällt. Andernfalls profitieren die gesetzlichen Erben vom Wegfall, da sich ihre Erbteile gem. § 1935 erhöhen. 734

Der **Erblasser** kann die Anwachsung allerdings gem. § 2094 Abs. 3 **ausschließen.** Dies kann sowohl ausdrücklich als auch konkludent erfolgen, aber nur in Form einer letztwilligen Verfügung.[4] Ferner kommt eine Anwachsung von vornherein nicht in Betracht, wenn der Erblasser einen **Ersatzerben** (§ 2096, → Rn. 739 ff.) eingesetzt hat; denn gem. § 2099 hat das Recht des Ersatzerben Vorrang vor dem Anwachsungsrecht. 735

c) Rechtsfolgen

Rechtsfolge der Anwachsung ist gem. **§ 2094 Abs. 1 S. 1**, dass sich die **Erbteile** der anwachsungsberechtigten Miterben *ipso iure* **anteilig vergrößern**. Anwachsungsberechtigt sind ausschließlich die vom Erblasser eingesetzten verbleibenden (Mit-)Erben, nicht dagegen gesetzliche Erben.[5] 736

Beispiel: Erblasser E hat X zu 10 %, Y zu 30 % und Z zu 60 % zu Miterben bestimmt. Z verstirbt vor E. Der Erbteil des Z wächst gem. § 2094 Abs. 1 S. 1 anteilig X und Y an, d.h. X erhält weitere 15 % und Y weitere 45 %, sodass letztlich X zu 25 % und Y zu 75 % Erben werden.

Besonderheiten gelten für den Fall, dass mehrere Miterben auf einen **gemeinschaftlichen Erbteil** eingesetzt sind (§ 2093, → Rn. 367): Fällt einer von ihnen weg, so sind gem. **§ 2094 Abs. 1 S. 2** zunächst nur die mit dem Wegfallenden auf den gemeinschaftlichen Erbteil eingesetzten Miterben anwachsungsberechtigt; die übrigen Miterben sind erst dann anwachsungsberechtigt, wenn alle auf den gemeinschaftlichen Erbteil eingesetzten Miterben weggefallen sind. 737

1 Vgl. etwa Jauernig/*Stürner*, 17. Aufl. 2018, § 2094 Rn. 2; Palandt/*Weidlich*, 78. Aufl. 2019, § 2094 Rn. 2.
2 Vgl. etwa Erman/*Nobis*, 15. Aufl. 2017, § 2094 Rn. 2; Staudinger/*Otte*, 2015, § 2094 Rn. 2.
3 Vgl. KG v. 7.5.1956 – 1 W 871/56, NJW 1956, 1523; BeckOGK/*Gierl* § 2094 Rn. 19; BeckOK/*Litzenburger* § 2094 Rn. 2; MüKoBGB/*Rudy*, 7. Aufl. 2017, § 2094 Rn. 3.
4 Vgl. BeckOGK/*Gierl* § 2094 Rn. 29; MüKoBGB/*Rudy*, 7. Aufl. 2017, § 2094 Rn. 4.
5 Vgl. BeckOGK/*Gierl* § 2094 Rn. 39; MüKoBGB/*Rudy*, 7. Aufl. 2017, § 2094 Rn. 4.

738 Der **ursprüngliche und der anwachsende Erbteil** jedes Miterben werden grundsätzlich als **rechtliche Einheit** betrachtet. Folglich ist eine Teilannahme oder Teilausschlagung nicht möglich (§ 1950). Gem. **§ 2095** gilt der angewachsene Erbteil jedoch in Ansehung der Vermächtnisse und Auflagen, mit denen dieser Erbe oder der wegfallende Erbe beschwert ist, sowie in Ansehung der Ausgleichspflicht als besonderer Erbteil; dadurch wird verhindert, dass der Erbe infolge der Anwachsung wirtschaftlich benachteiligt wird[6].

II. Einsetzung von Ersatzerben

739 Gem. § 2096 kann der Erblasser für den Fall, dass ein Erbe vor oder nach dem Eintritt des Erbfalls wegfällt, einen anderen Erben (sog. **Ersatzerbe**) einsetzen. Die **Einsetzung des Ersatzerben** ist somit **aufschiebend bedingt** durch den Wegfall des zunächst Berufenen.

Umstritten ist, ob es sich um eine rechtsgeschäftliche Bedingung oder um eine gesetzliche Voraussetzung (Rechtsbedingung) handelt.[7] Für eine rechtsgeschäftliche Bedingung spricht, dass die Einsetzung als Ersatzerbe auf dem rechtsgeschäftlichen Willen des Erblassers beruht. Andererseits ist das Rechtsinstitut des Ersatzerben ohne den Wegfall des zunächst Berufenen nicht denkbar, was eher für eine gesetzliche Voraussetzung spricht. Im Ergebnis besteht jedoch Einigkeit darüber, dass § 2074 (→ Rn. 370) bei der Ersatzerbschaft keine Anwendung findet; **maßgeblicher Erlebenszeitpunkt** ist damit der Eintritt des **Erbfalls** – und nicht etwa der (spätere) Wegfall des zunächst Berufenen.[8]

740 Ein **Wegfall des Berufenen** kann *vor* dem Erbfall z.B. durch Tod (§ 1923), Erbverzicht (§§ 2346, 2352, → Rn. 523 ff.) oder Eintritt einer auflösenden Bedingung (§ 2075, → Rn. 371) erfolgen; *nach* dem Erbfall z.B. durch Ausschlagung (§ 1953 Abs. 1, → Rn. 597), Nichterleben einer aufschiebenden Bedingung (§ 2074, → Rn. 370) oder Erbunwürdigkeitserklärung (§ 2344, → Rn. 494 ff.). Anders als bei § 2094 (→ Rn. 733) sind hier zudem unstreitig auch Fälle der **anfänglichen Nichtigkeit oder Unwirksamkeit** der Einsetzung des „eigentlichen" Erben **erfasst**.[9] Hintergrund ist, dass die Ersatzerbschaft auf einer selbstständigen Verfügung beruht und daher unabhängig von der Nichtigkeit der ursprünglichen Erbeinsetzung zu beurteilen ist.[10]

741 **Streng zu trennen** ist die Ersatzerbschaft von der **Nacherbschaft**. Nacherbe ist, wer Erbe des Erblassers wird, nachdem zunächst ein anderer Erbe (Vorerbe) gewesen ist (vgl. § 2100, näher → Rn. 746 ff.). Bei der Nacherbschaft tritt also zweimal Rechtsnachfolge nach dem Erblasser ein: zunächst wird der Vorerbe Erbe, dann wird der Nacherbe Erbe. Bei der Ersatzerbschaft tritt hingegen nur einmal Rechtsnachfolge nach dem Erblasser ein und zwar (aufgrund des Wegfalls des ursprünglich Bedach-

6 Vgl. BeckOGK/*Gierl* § 2095 Rn. 3; MüKoBGB/*Rudy*, 7. Aufl. 2017, § 2095 Rn. 1.

7 Vgl. dazu BeckOGK/*Gierl* § 2096 Rn. 5 m.w.N.

8 Vgl. BeckOGK/*Gierl* § 2096 Rn. 6; Staudinger/*Otte,* 2015, § 2096 Rn. 2; MüKoBGB/*Rudy*, 7. Aufl. 2017, § 2096 Rn. 3.

9 Vgl. OLG Hamburg v. 1.7.2015 – 2 W 19/15, FamRZ 2016, 403, 404; BeckOGK/*Gierl* § 2096 Rn. 28; MüKoBGB/*Rudy*, 7. Aufl. 2017, § 2096 Rn. 2.

10 Vgl. BeckOGK/*Gierl* § 2096 Rn. 28.1.

ten) direkt auf den Ersatzerben. Die Einsetzung als Nacherbe enthält jedoch gem. **§ 2102 Abs. 1** im Zweifel auch die Einsetzung als Ersatzerbe. Dies gilt jedoch nicht im umgekehrten Fall, d.h. der Ersatzerbe ist im Zweifel nicht zugleich Nacherbe.[11] Dies ergibt sich bereits aus der systematischen Zusammenschau mit § 2102 Abs. 2: Denn dieser bestimmt ausdrücklich, dass im Zweifel von Ersatzerbschaft auszugehen ist.

Die Ersatzerbschaft muss vom Erblasser angeordnet worden sein. Die **Anordnung** kann ausdrücklich erfolgen oder sich erst im Wege der Auslegung aus der Verfügung von Todes wegen ergeben.[12] Dabei kann der Erblasser die Ersatzerbenstellung auf bestimmte Wegfallgründe beschränken.[13] Er kann auch mehrere Ersatzerben neben- oder hintereinander einsetzen.[14] 742

Umstritten ist das Verhältnis der ausdrücklich berufenen Ersatzerben zu den kraft gesetzlicher Vermutung gem. § 2069 (→ Rn. 351 ff.) als Ersatzerben geltenden Abkömmlinge. Hier wird teils ein Vorrang der ausdrücklich berufenen Ersatzerben angenommen[15], teils umgekehrt ein Vorrang des § 2069[16]. Interessengerechter als ein irgendwie gearteter Vorrang in die eine oder andere Richtung erscheint es jedoch, im Einzelfall im Wege der Auslegung zu ermitteln, wem nach dem Willen des Erblassers der Vorrang gebühren sollte.[17]

§§ 2097, 2098 enthalten spezielle **Auslegungsregeln** für die Ersatzerbschaft. **§ 2097** betrifft den Fall, dass der Erblasser die Wegfallgründe nicht oder nicht hinreichend deutlich geregelt hat: Ist jemand für den Fall, dass der zunächst berufene Erbe nicht Erbe sein kann (z.B. Tod, Erbunwürdigkeit, Nichtigkeit) oder will (z.B. Ausschlagung, Zuwendungsverzicht), als Ersatzerbe eingesetzt, so ist im Zweifel anzunehmen, dass er für beide Fälle eingesetzt ist. 743

§ 2098 adressiert einen Spezialfall der Berufung von mehreren Ersatzerben. Nach der allgemeinen Auslegungsregel des § 2091 erhalten mehrere Ersatzerben, die nebeneinander im Zweifel für den Wegfall eines Erstberufenen eingesetzt sind, im Zweifel gleiche Teile. § 2098 Abs. 1 enthält eine hiervon abweichende Auslegungsregel für Fälle, in denen entweder alle Erben gegenseitig oder für einen von ihnen die Übrigen als Ersatzerben eingesetzt sind. Statt zu gleichen Teilen zu erben, erben sie dann im Zweifel nach dem Verhältnis ihrer Erbteile. Wenn die Erben gegenseitig als Ersatzerben eingesetzt sind, gehen Erben, die auf einen gemeinschaftlichen Erbteil eingesetzt sind, gem. § 2098 Abs. 2 im Zweifel als Ersatzerben für diesen Erbteil den anderen vor.

---

11 Vgl. OLG Schleswig v. 2.8.2010 – 3 Wx 19/10, FamRZ 2011, 675, 677; BeckOGK/*Müller-Christmann* § 2102 Rn. 20.

12 Vgl. BeckOGK/*Gierl* § 2096 Rn. 9, 15; Erman/*Nobis*, 15. Aufl. 2017, § 2096 Rn. 1. Vgl. zur Auslegung bezüglich Ersatzerbschaft oder Anwachsung bei ferneren Verwandten OLG Düsseldorf v. 8.11.2017 – I-3 Wx 295/16, ZEV 2018, 140.

13 Vgl. BeckOGK/*Gierl* § 2096 Rn. 29; Staudinger/*Otte*, 2015, § 2096 Rn. 8.

14 Vgl. MüKoBGB/*Rudy* § 2096 Rn. 7.

15 So etwa *Musielak* ZEV 1995, 5, 7; *Lange*, ErbR, 2. Aufl. 2017, § 27 Rn. 39.

16 So etwa Erman/*Nobis*, 15. Aufl. 2017, § 2096 Rn. 3.

17 Vgl. BayObLG v. 30.9.1993 – 1Z BR 9/93, BayObLGZ 1993, 334, 340; Staudinger/*Otte*, 2015, § 2096 Rn. 3; MüKoBGB/*Rudy*, 7. Aufl. 2017, § 2096 Rn. 8.

Lösung der Ausgangsfälle

744 **Fall 36 (→ Rn. 727):** Da kein Anhaltspunkt dafür vorhanden ist, dass E die Anwachsung gem. § 2094 Abs. 1 ausschließen wollte (vgl. § 2094 Abs. 3, → Rn. 735), erhöhen sich die Erbteile von A und B gem. § 2094 Abs. 1 (→ Rn. 736). Folglich ist A zu ⅔ und B zu ⅓ Erbe.

Abwandlung: Da B und C auf einen gemeinschaftlichen Erbteil (§ 2093, → Rn. 367) eingesetzt wurden, wächst der Erbteil des C gem. § 2094 Abs. 1 S. 2 (→ Rn. 737) nur dem B an. Sowohl A und B sind folglich Erben zu je ½.

745 **Fall 37 (→ Rn. 727):** Die Erben des B erhalten den Nachlass der E nur dann, wenn B die E beerbt hat. B war als Ersatzerbe i.S.d. § 2096 (→ Rn. 739) aufschiebend bedingt durch den Wegfall des A als Erbe eingesetzt. B verstarb jedoch, bevor A die Erbschaft ausschlug. Allerdings wirkt die Ausschlagung gem. § 1953 (→ Rn. 597) auf den Zeitpunkt des Erbfalls zurück. § 2074 findet nach allgemeiner Meinung keine Anwendung (→ Rn. 739). Maßgeblicher Erlebenszeitpunkt ist damit nicht der (spätere) Wegfall des Berufenen, sondern der Eintritt des Erbfalls – und zu diesem Zeitpunkt lebte B noch. B hat E somit beerbt, mit der Folge, dass seine Erben nun den Nachlass der E erhalten.

Abwandlung: A ist zwar nach dem Eintritt des Erbfalls weggefallen, der Umstand seines Todes wirkt jedoch nicht auf den Erbfall zurück. B wäre daher nur Erbe geworden, wenn er auch als Nacherbe (→ Rn. 747) eingesetzt worden wäre. Hier ergeben sich aus dem Sachverhalt keine Anhaltspunkte, die insoweit auf einen bestimmten Willen der E hindeuten. Aus der Systematik des § 2102 ergibt sich, dass der Ersatzerbe im Zweifel nicht auch zugleich als Nacherbe eingesetzt ist (→ Rn. 741). Der von A geerbte Nachlass der E geht daher nun an die Erben des A.

§ 18 Vor- und Nacherbschaft

746 **Fall 38:** Das Testament des X lautet: „Meine Frau F soll Erbin meines Vermögens sein. Nach ihrem Tod soll unser alleiniger Sohn Y alles bekommen." Wen beerbt Y, wenn zunächst X und kurze Zeit darauf auch F verstirbt? **Lösung: → Rn. 803**

Fall 39: Das Testament des A lautet: „Meine Frau B soll Erbin meines Vermögens sein. Für den Fall, dass sie wieder heiratet, sollen sich meine Frau B und unser C mein Erbe teilen." A stirbt, drei Jahre später heiratet B den Q. Wer ist Erbe des A? **Lösung: → Rn. 804**

Fall 40: X bestimmt testamentarisch: „Erbin ist meine Frau F, aber nicht mehr, wenn sie nach meinem Tod erneut heiratet." Zwei Jahre nach dem Tod des X heiratet F den Z. Der gemeinsame Sohn S von X und F verlangt nun das Erbe von F heraus. Wie ist die Rechtslage? **Lösung: → Rn. 805**

Fall 41: Die Vorerbin F will ein Nachlassgrundstück verkaufen, da sie anders die dringend notwendige Renovierung eines zum Nachlass gehörenden Gebäudes nicht finanzieren kann. Nacherbe N ist der Ansicht, ihn gehe die Angelegenheit nichts an und das Grundstück werde er sich mit Eintritt des Nacherbfalls zurückholen. Wie ist die Rechtslage?
Lösung: → Rn. 806

Literatur: *Bengel*, Die Pflichtteilsproblematik beim Tod des Nacherben vor Eintritt des Nacherbfalls, ZEV 2000, 388; *Bestelmeyer*, „Herrschende Meinungen" im Bereich des Nacherbenrechts, Rpfleger 1994, 189; *Damrau*, Der Zeitpunkt des Nacherbfalls, wenn der Vorerbe wegfällt und ordnungsgemäße Nachlassverwaltung des Vorerben, DNotZ 1994, 822; *Heider*, Die Befugnis des Vorerben zu unentgeltlichen Verfügungen über Nachlassgegenstände, ZEV 1995, 1; *Keim*, Die Befreiung einzelner Gegenstände aus den Fesseln der Nacherbenbindung, DNotZ 2016, 751; *ders.*, Erbauseinandersetzung zwischen Vor- und Nacherben durch Freigabe aus der Nacherbenbindung?, DNotZ 2003, 822; *Klinger/Mörtl*, Das Vor- und Nachvermächtnis, NJW-Spezial 2009, 327; *Klinger/Roth*, Der befreite Vorerbe, NJW-Spezial 2008, 391; *Kuhn*, Leihvertrag eines Vorerben über ein Nachlassgrundstück: Bindung der Nacherben, insbesondere im Falle der Personenidentität mit den Erben des Vorerben?, ZEV 2016, 609; *Küpper*, Haftung und Bindung des Nacherben aus der Nachlassverwaltung des Vorerben: erläutert am Abschluss eines Leihvertrages über eine Nachlassimmobilie, ZEV 2017, 61; *Lange*, Einverständliche Überführung von Nachlassgegenständen in das Eigenvermögen des Vorerben, AcP 212 (2012) 334; *Ludwig*, Der „unbekannte" Nacherbe, DNotZ 1996, 995; *Mayer*, Ermächtigung des Vorerben zur Beseitigung der Nacherbschaft, ZEV 2000, 1; *Müller*, Möglichkeiten zur Befreiung des Vorerben über § 2136 hinaus, ZEV 1996, 179; *Muscheler*, Konsolidation bei Übertragung der Nacherbenanwartschaft auf den Vorerben, ZEV 2012, 289; *Musielak*, Zur Vererblichkeit des Anwartschaftsrechts eines Nacherben, ZEV 1995, 5; *Neukirchen*, Vereinbarungen zwischen Vor- und Nacherben bzw. Vor- und Nachvermächtnisnehmern, RNotZ 2018, 357; *Olzen*, Die Vor- und Nacherbschaft, JURA 2001, 726; *Osterloh-Konrad*, Fiat voluntas! – Der Schutz potentieller Rechtsnachfolger bei der Anordnung von Vor- und Nacherbschaft, AcP 215 (2015) 107; *Tanck*, Die Bestimmung des Ersatzerben bei Vor- und Nacherbschaft, ZErb 2008, 33; *Weidlich*, Aktuelle Fragen zur Rechtsstellung des Vor- und Nacherben, ErbR 2016, 675; *ders.*, Rechtsgeschäfte zwischen Vor- und Nacherben zur Aufhebung der Nacherbenbindung, ZErb 2014, 325 ff.; *Woitketwitsch*, Beerdigungskosten bei Vor- und Nacherbschaft, MDR 2010, 57; *Zimmermann*, Vor- und Nacherbfolge im Grundbuch, ZEV 2014, 516.

I. Begriff der Vor- und Nacherbschaft

Der Erblasser kann einen Erben in der Weise einsetzen, dass dieser erst Erbe wird, **747** nachdem zunächst ein anderer Erbe geworden ist (§ 2100). Diese Person wird als „**Nacherbe**" bezeichnet. Die Person, die zeitlich vor dem Nacherben Erbe des Erblassers geworden ist, wird „**Vorerbe**" genannt. Vor- und Nacherben beerben also zeitlich aufeinanderfolgend den Erblasser (vgl. § 2139). Der Nacherbe ist also ebenfalls Erbe des Erblassers (und nicht etwa Erbe des Vorerben!). Daneben kann der Nacherbe zwar zusätzlich Erbe des Vorerben sein, dies ist aber ein gesonderter Erbgang, der von der Nacherbfolge in das Vermögen des Erblassers streng zu trennen ist.

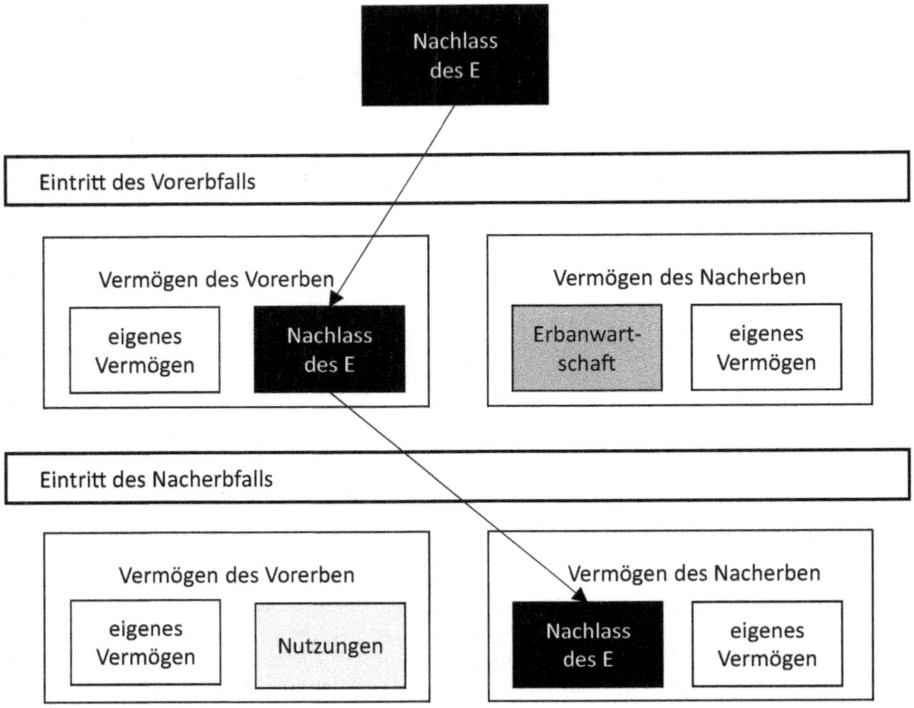

748 Vor- und Nacherbschaft besteht nur, wenn sie **durch Verfügung von Todes wegen angeordnet** ist (→ Rn. 752 ff.); das BGB kennt keine gesetzliche Vor- und Nacherbschaft. Hat der Erblasser einen Nacherben eingesetzt, wird er regelmäßig den Zeitpunkt oder das Ereignis bestimmen, mit dem die Nacherbfolge eintreten soll (sog. Nacherbfall).

749 Der Erblasser kann auf diese Weise das **Verhalten von Vor- bzw. Nacherben** in seinem Sinne **steuern** und so seinem Willen in bestimmtem Maße auch noch nach seinem Tod Geltung verschaffen, indem er z.B. bestimmt, dass der Nacherbfall eintritt, wenn seine als Vorerbin eingesetzte Ehefrau erneut heiraten sollte. Zudem kann der Erblasser durch Anordnung von Vor- und Nacherbschaft sichern, dass sein Vermögen der Familie erhalten bleibt. Wenn z.B. die als Vorerbin eingesetzte Ehefrau Kinder aus erster Ehe hat, wird durch Einsetzung der gemeinsamen Kinder als Nacherben verhindert, dass ein Teil des Familienvermögens an die Kinder aus erster Ehe fällt.

750 Eine **zeitliche Begrenzung** der Bindung enthält § 2109 Abs. 1 S. 1. Die dort statuierte Frist von 30 Jahren wird aber wegen der weiten Ausnahmeregelung in § 2109 Abs. 1 S. 2 regelmäßig doch überschritten. Nur für juristische Personen gilt gem. § 2109 Abs. 2 stets die Dreißigjahresfrist. Dadurch soll verhindert werden, dass die Grenze durch Einsatz juristischer Personen – die ja quasi „ewig leben" können – umgangen wird.[1]

1 Vgl. Staudinger/*Avenarius*, 2013, § 2109 Rn. 12.

Vor- und Nacherbe bilden **keine Erbengemeinschaft**, da eine solche nur zwischen Miterben besteht, die zeitlich nebeneinander – und eben nicht nacheinander – erben. Hingegen gelten die allgemeinen Regeln, wenn mehrere Personen nebeneinander als Vorerben eingesetzt sind – dann besteht unter den Vorerben eine Miterbengemeinschaft; Entsprechendes gilt, wenn mehrere Personen nebeneinander als Nacherben eingesetzt sind.[2] **751**

Das Recht des Nacherben erstreckt sich gem. § 2110 Abs. 1 im Zweifel auf einen Erbteil, der dem Vorerben infolge des Wegfalls eines Miterben anfällt (vgl. § 2373). Die Erbteilsvergrößerung kann durch Erhöhung (§ 1935), Anwachsung (§ 2094, → Rn. 731 ff.) oder Ersatzberufung (§ 2096, → Rn. 739 ff.) erfolgen. Ein Vorausvermächtnis (§ 2150, → Rn. 911) muss der Vorerbe gem. § 2110 Abs. 2 bei Eintritt des Nacherbfalls im Zweifel nicht herausgeben.[3]

II. Anordnung der Vor- und Nacherbschaft

1. Allgemeines

Ist die Verfügung von Todes wegen nicht eindeutig, muss durch **Auslegung** ermittelt werden, ob eine Anordnung von Vor- und Nacherbschaft gewollt ist. Sofern der Erblasserwille nicht durch Auslegung ermittelt werden kann, sind die gesetzlichen Auslegungsregeln der §§ 2101 ff. (→ Rn. 753 ff.) anzuwenden. Für das Ehegattentestament enthält § 2269 Abs. 1 eine gesetzliche Vermutung zugunsten von Voll- und Schlusserbfolge (sog. Einheitslösung) und somit gegen Vor- und Nacherbfolge (sog. Trennungslösung) (→ Rn. 238). **752**

2. Die gesetzlichen Auslegungsregeln der §§ 2101-2107

a) Noch nicht gezeugte natürliche Person bzw. noch nicht entstandene juristische Person als Erbe, § 2101

Die Erbeinsetzung einer zur Zeit des Erbfalls **noch nicht gezeugten Person** ist gem. § 2101 Abs. 1 im Zweifel als Einsetzung zum **Nacherben** anzusehen. Hiermit wird dem mutmaßlichen Erblasserwillen Rechnung getragen, denn eine zur Zeit des Erbfalls noch nicht gezeugte Person kann nicht Erbe sein (vgl. § 1923), sodass eine derartige Erbeinsetzung unwirksam wäre. Bei der Nacherbfolge wird hingegen nach den §§ 2108, 1923 auf den Zeitpunkt der Nacherbfolge abgestellt, sodass eine derartige Klausel in einer letztwilligen Verfügung bei der Interpretation als Anordnung einer Nacherbfolge wirksam ist. Mit der Geburt des Nacherben tritt dann gem. § 2106 Abs. 2 S. 1 der Nacherbfall ein. **753**

Entsprechendes gilt gem. § 2101 Abs. 2 für die Erbeinsetzung einer **juristischen Person**, die **erst nach dem Erbfall zur Entstehung** gelangt; sie gilt ebenfalls als Nacherbeinsetzung und der Nacherbfall tritt gem. § 2106 Abs. 2 S. 2 mit der Entstehung der juristischen Person ein.

---

2 Vgl. nur BeckOGK/*Küpper* § 2100 Rn. 57.
3 Vgl. BGH v. 10.2.1960 – V ZR 39/58, NJW 1960, 959, 960.

Ist bei Eintritt des Falles der Nacherbfolge die Geburt eines Nacherben zu erwarten, so findet gem. § 2141 auf den Unterhaltsanspruch der Mutter § 1963 entsprechende Anwendung. Dies gilt auch für den Fall, dass der Nacherbfall erst mit der Geburt des Nacherben eintritt.[4]

b) Anordnung der Herausgabe der Erbschaft, § 2103

754 Hat der Erblasser den Erben zur Herausgabe der Erbschaft an einen Dritten bei Eintritt eines bestimmten Ereignisses oder zu einem bestimmten Zeitpunkt verpflichtet, so ist der Dritte gem. **§ 2103 im Zweifel als Nacherbe** eingesetzt.

c) Fehlende Bestimmung von Vor- oder Nacherbe, § 2104 f.

755 §§ 2104, 2105 betreffen den Fall, dass der Erblasser nur einen Vorerben, aber keinen Nacherben (§ 2104) bzw. nur einen Nacherben, aber keinen Vorerben (§ 2105) bestimmt hat und enthalten Regeln zur Ergänzung derartig unvollständiger letztwilliger Verfügungen für den Fall, dass sich der fehlende Teil nicht durch Auslegung bestimmen lässt. Hat der Erblasser nur einen Vorerben bestimmt, so wird die Lücke gem. **§ 2104 S. 1** im Zweifel dadurch geschlossen, dass die gesetzlichen Erben Nacherben sind (sog. **konstruktive Nacherbschaft**). Der Fiskus gehört allerdings gem. § 2104 S. 2 nicht zu den gesetzlichen Erben in diesem Sinne. § 2104 findet jedoch keine Anwendung, wenn der Erblasser zwar einen Nacherben bestimmt hat, diese Bestimmung aber hinfällig ist oder wird; denn dann wollte der Erblasser im Zweifel ja gerade nicht seine gesetzlichen Erben als Nacherben einsetzen.[5] Für den umgekehrten Fall, dass es an der Bestimmung des Vorerben fehlt, gelten gem. **§ 2105** spiegelbildlich die gesetzlichen Erben als Vorerben (sog. **konstruktive Vorerbschaft**).

d) Nacherbfall, § 2106

756 Hat der Erblasser einen Nacherben eingesetzt, ohne den Eintritt des **Nacherbfalls** zu bestimmen, so tritt der Nacherbfall gem. **§ 2106 Abs. 1** mit dem **Tod des Vorerben** ein. Die Bestimmung des Zeitpunkts oder des Ereignisses durch einen Dritten ist nicht möglich (*argumentum e* § 2065).[6] Zulässig ist aber eine Klausel, mit der der Erblasser einen Nacherben unter der (auflösenden) Bedingung einsetzt, dass der Vorerbe nicht anderweitig von Todes wegen über den Nachlass verfügt.[7] Zum Sonderfall des § 2106 Abs. 2 → Rn. 753.

e) Kinderloser Vorerbe, § 2107

757 Hat der Erblasser einen (zumindest vermeintlich) kinderlosen Abkömmling als Vorerben eingesetzt, mit dessen Tod der Nacherbfall eintreten soll, so ist nach § 2107 im Zweifel davon auszugehen, dass der **Nacherbe nur für den Fall** eingesetzt ist, dass der **Vorerbe ohne Nachkommenschaft stirbt**. Grundgedanke der Vorschrift ist die

4 Vgl. MüKoBGB/*Grunsky*, 7. Aufl. 2017, § 2141 Rn. 2 m.w.N.

5 Vgl. BGH v. 22.1.1986 – IVa ZR 90/84, NJW 1986, 1812.

6 Vgl. BGH v. 18.11.1954 – IV ZR 152/54, NJW 1955, 100; OLG München v. 5.1.2017 – 34 Wx 324/16, MittBayNot 2018, 50 Rn. 16; MüKoBGB/*Grunsky*, 7. Aufl. 2017, § 2106 Rn. 1.

7 Vgl. BGH v. 18.11.1954 – IV ZR 152/54, NJW 1955, 100, 101; OLG Hamm v. 24.8.1999 – 15 W 218/99, ZEV 2000, 197 m. zust. Anm. *Loritz*; OLG München v. 5.1.2017 – 34 Wx 324/16, MittBayNot 2018, 50 Rn. 17; MüKoBGB/*Leipold*, 7. Aufl. 2017, § 2065 Rn. 19.

Vermutung, dass der Erblasser die Nachkommen eines von ihm bedachten Abkömmlings nicht zugunsten anderer von dem Vermögen ausgeschlossen sehen will.[8] Dies gilt grundsätzlich selbst dann, wenn der Nacherbe ebenfalls ein Abkömmling des Erblassers ist.[9] In jedem Fall ist jedoch eine kritische Prüfung geboten, ob der Erblasser im konkreten Fall nicht entgegen der Vermutung des § 2107 in jedem Fall an der von ihm getroffenen Nacherbeneinsetzung festhalten wollte. Dies kann etwa dann der Fall sein, wenn durch die Anordnung der Nacherbfolge sichergestellt werden sollte, dass der Nachlass möglichst unabhängig von etwaigen Verbindlichkeiten, die auf den Vorerben zukommen könnten, erhalten bleiben soll.[10]

III. Die Rechtsposition des Vorerben

1. Allgemeines

Mit dem Eintritt des Erbfalls wird der Vorerbe gem. § 1922 Abs. 1 Erbe des Erblassers. Mit Eintritt des Nacherbfalls verliert er seine Erbenstellung gem. § 2139 an den Nacherben. Dieses **Spannungsverhältnis** kennzeichnet die Rechtsstellung des Vorerben. Um zu verhindern, dass er über die Nacherbschaft zum Nachteil des Nacherben verfügt, erlegt ihm das Gesetz gewisse Verfügungsbeschränkungen auf (→ Rn. 759 ff.). Von bestimmten Beschränkungen kann ihn der Erblasser allerdings gem. § 2136 befreien (→ Rn. 784 ff.). **758**

2. Verfügungsbeschränkungen des Vorerben

Der Vorerbe ist nicht nur Nießbraucher, sondern echter Erbe. Deshalb **kann er gem. § 2112 grundsätzlich frei über die Erbschaft verfügen**, soweit sich nicht aus §§ 2113-2115 etwas anderes ergibt. **759**

a) Verfügungsbeschränkungen betreffend Grundstücke etc. gem. § 2113 Abs. 1

Gem. § 2113 Abs. 1 sind Verfügungen des Vorerben über ein zum Nachlass gehörendes **Grundstück** oder ein **Recht an einem Grundstück** oder über ein zur Erbschaft gehörendes eingetragenes Schiff oder Schiffsbauwerk mit Eintritt des Nacherbfalls insoweit unwirksam, als sie das Recht des Nacherben vereiteln oder beeinträchtigen würden. Ratio ist, den Nacherben vor dem Verlust besonders wertbeständiger Gegenstände zu schützen.[11] **760**

Das Verfügungsgeschäft ist zunächst voll wirksam und wird erst dann unwirksam, wenn der Nacherbfall eintritt. Die **Unwirksamkeit** ist also **zeitlich hinausgeschoben**, dann aber von **absoluter Wirkung**, sodass sich jeder auf sie berufen kann.[12] Das **761**

8 Vgl. MüKoBGB/*Grunsky*, 7. Aufl. 2017, § 2107 Rn. 1.
9 Vgl. BGH v. 8.7.1981 – IVa ZR 177/80, NJW 1981, 2743; OLG Nürnberg v. 22.10.2012 – 14 W 31/12, RNotZ 2013, 45, 47.
10 Vgl. OLG Nürnberg v. 22.10.2012 – 14 W 31/12, RNotZ 2013, 45, 47.
11 Vgl. Staudinger/*Avenarius*, 2013, § 2113 Rn. 1.
12 Vgl. BGH v. 14.7.1969 – V ZR 122/66, NJW 1969, 2043, 2044; OLG München v. 3.2.2017 – 34 Wx 470/16, RNotZ 2017, 383, 384.

zugrunde liegende Verpflichtungsgeschäft bleibt hingegen aufgrund des Abstraktionsprinzips grundsätzlich wirksam (Verpflichteter ist der Vorerbe bzw. dessen Erben).

762 Maßgeblich dafür, ob eine **Vereitelung oder Beeinträchtigung** vorliegt, sind ausschließlich **rechtliche**, nicht wirtschaftliche Aspekte.[13] Eine Beeinträchtigung des Rechts des Nacherben liegt deshalb auch dann vor, wenn dem Nachlass durch Veräußerung eines Nachlassgrundstücks ein adäquater Veräußerungserlös zufließt.[14] Keine Beeinträchtigung liegt hingegen nach zutr. h.M. vor, wenn der Vorerbe lediglich in Erfüllung eines vom Erblasser eingegangenen Verpflichtungsgeschäfts handelt, ein Vermächtnis erfüllt oder eine Teilungsanordnung (§ 2048, → Rn. 1023 ff.) befolgt; denn dies ist für den Nacherben nicht rechtlich nachteilig.[15]

763 In Abweichung von § 2113 Abs. 1 ist der Vorerbe gem. **§ 2114 S. 1** befugt, **Hypothekenforderungen, Grundschulden und Rentenschulden**, die zur Erbschaft gehören, zu kündigen und einzuziehen. Zahlung an sich kann der Vorerbe jedoch gem. § 2114 S. 2 nur verlangen, wenn er die Einwilligung des Nacherben beibringt; ansonsten muss der Betrag für Vor- und Nacherben hinterlegt werden.

b) Unentgeltliche Verfügungen, § 2113 Abs. 2

764 Gem. § 2113 Abs. 2 S. 1 werden auch **unentgeltliche Verfügungen** über einen Erbschaftsgegenstand mit Eintritt des Nacherbfalls unwirksam. Ausgenommen sind gem. § 2113 Abs. 2 S. 2 lediglich Pflicht- und Anstandsschenkungen (die Vorschrift entspricht den Parallelregelungen in §§ 2205 S. 3, 2330 [→ Rn. 697, 855]). Ratio ist, dass der Nachlass für den Nacherben möglichst ungeschmälert erhalten bleiben und er vor einer Verschleuderung durch unentgeltliche Weggabe von Vermögensgegenständen geschützt werden soll.[16]

765 Der Begriff der **Unentgeltlichkeit** ist nach zutr. Rechtsprechung und h.L. nicht nur rein objektiv zu bestimmen, sondern setzt zusätzlich eine subjektive Komponente voraus: Unentgeltlich i.S.d. § 2113 Abs. 2 ist eine Verfügung des Vorerben über einen Nachlassgegenstand dann, wenn seiner Leistung, mithin dem von ihm aufgegebenen Vermögenswert, **objektiv keine oder keine gleichwertige Gegenleistung** gegenübersteht und der Vorerbe **subjektiv** das Fehlen oder die Ungleichwertigkeit der Gegenleistung erkannt hat oder hätte erkennen müssen.[17] Denn die Sicherheit des

---

13 Vgl. MüKoBGB/*Grunsky,* 7. Aufl. 2017, § 2113 Rn. 11; BeckOGK/*Müller-Christmann* § 2113 Rn. 39 m.w.N.

14 Vgl. MüKoBGB/*Grunsky,* 7. Aufl. 2017, § 2113 Rn. 11; BeckOGK/*Müller-Christmann* § 2113 Rn. 39 m.w.N.

15 Vgl. BGH v. 12.7.2018 – V ZB 228/17, ZEV 2018, 657 Rn. 16; OLG Hamm v. 19.9.1994 – 15 W 205/94, NJW-RR 1995, 1289, 1290; OLG Düsseldorf v. 7.3.2003 – 3 Wx 162/02, NJW-RR 2003, 1592, 1593; Staudinger/*Avenarius,* 2013, § 2113 Rn. 53; BeckOGK/*Müller-Christmann* § 2113 Rn. 41 m.w.N. Abw. MüKoBGB/*Grunsky,* 7. Aufl. 2017, § 2113 Rn. 13 (Zustimmungspflicht gem. § 2120).

16 Vgl. Staudinger/*Avenarius,* 2013, § 2113 Rn. 1.

17 Vgl. grundlegend RG v. 17.2.1913 – IV 556/12, RGZ 81, 364; BGH v. 23.11.1983 – IVa ZR 147/81, NJW 1984, 366, 367; OLG München v. 13.4.2018 – 34 Wx 420/17, ZErb 2018, 142 Rn. 14; OLG Stuttgart v. 29.5.2018 – 8 W 146/18, BWNotZ 2018, 28, 29; MüKoBGB/*Grunsky* 7. Aufl. 2017, § 2113 Rn. 25 m.w.N.

Rechtsverkehrs wäre erheblich beeinträchtigt, wenn jede Verfügung des Vorerben, die wirtschaftlich unvorteilhaft ist, automatisch unwirksam wäre. Maßgeblich für die Beurteilung der Unentgeltlichkeit ist der Zeitpunkt des Rechtsgeschäfts; die objektive Beeinträchtigung des Nacherbenrechts muss jedoch im Zeitpunkt der Nacherbfolge noch vorliegen.[18]

Eine nur **teilweise unentgeltliche Verfügung** (gemischte Schenkung) ist nach h.M. gleichwohl insgesamt unwirksam; der Nacherbe kann die Herausgabe dann aber nur Zug um Zug gegen Rückerstattung der Gegenleistung verlangen.[19] **766**

Umstritten ist, ob auch **rechtsgrundlose Verfügungen** unter § 2113 Abs. 2 fallen. In der Literatur wird dies vereinzelt verneint, weil dem Nachlass ein Gegenwert in Form des Bereicherungsanspruchs gem. § 812 Abs. 1 S. 1 Alt. 1 zustehe.[20] Andere wollen § 2113 Abs. 2 nur dann anwenden, wenn der Vorerbe in der irrigen Annahme einer einseitigen Verpflichtung geleistet hat, nicht aber bei einem unwirksamen Vertrag.[21] Beide Ansichten vermögen jedoch mit Blick auf die schwache Ausgestaltung eines bloßen Bereicherungsanspruchs nicht zu überzeugen[22]; die h.M. stellt daher rechtsgrundlose Verfügungen zu Recht unentgeltlichen Verfügungen gleich und wendet § 2113 Abs. 2 auch hier an.[23] **767**

c) Schutz des gutgläubigen Erwerbs, § 2113 Abs. 3

Wenn der Vorerbe eine Verfügung nach § 2113 Abs. 1 oder Abs. 2 trifft, werden gutgläubige Dritte gem. § 2113 Abs. 3 durch eine entsprechende Anwendung der Regeln über den Erwerb vom Nichtberechtigten geschützt. Entsprechend anwendbar sind somit die Vorschriften über den öffentlichen Glauben des Grundbuchs (**§§ 892, 893**), des Schiffsregisters (§§ 16, 17 SchiffsRG), des Pfandregisters an Luftfahrzeugen (§§ 15, 16 LuftRG) sowie die Bestimmungen über den gutgläubigen Erwerb von beweglichen Sachen und Rechten an solchen (§§ **932**, 1032, 1207, 1208). Äußerst umstritten ist, ob auch § 16 Abs. 3 GmbHG Anwendung findet.[24] **768**

Bezugspunkt des guten Glaubens ist, dass der veräußerte **Gegenstand nicht den Vorerbschaftsbeschränkungen unterliegt** oder dass der Erblasser den Vorerben gem. § 2136 von diesen **befreit** hat.[25] **769**

Bei **Grundstücken** schadet dem Erwerber gem. § 892 Abs. 2 Abs. 1 Hs. 2 nur positive Kenntnis. Der Nacherbe wird insoweit dadurch geschützt, dass gem. § 51 GBO im **770**

18 Vgl. RG v. 6.3.1939 – V 194/38, RGZ 159, 385, 393; Staudinger/*Avenarius,* 2013, § 2113 Rn. 71 m.w.N.

19 Vgl. BGH v. 10.10.1984 – IVa ZR 75/83, NJW 1985, 382; MüKoBGB/*Grunsky* 7. Aufl. 2017, § 2113 Rn. 37 m.w.N.

20 Vgl. etwa *Spellenberg* FamRZ 1974, 350, 353.

21 Vgl. etwa MüKoBGB/*Grunsky* 7. Aufl. 2017, § 2113 Rn. 36 m.w.N.

22 Vgl. etwa BeckOGK/*Müller-Christmann* § 2113 Rn. 83.

23 Vgl. RG v. 6.7.1922 – IV 715/21, RGZ 105, 246, 248; OLG Hamm v. 21.5.1996 – 15 W 109/96, NJW-RR 1996, 1230, 1231; Staudinger/*Avenarius,* 2013, § 2113 Rn. 77; BeckOGK/*Müller-Christmann* § 2113 Rn. 82 f.

24 Vgl. dazu MüKoGmbHG/*Heidinger*, 3. Aufl. 2018, § 16 Rn. 321, 332; Henssler/Strohn/*Verse,* Gesellschaftsrecht, 4. Aufl. 2019, § 16 GmbHG Rn. 66 m.w.N.

25 Vgl. Staudinger/*Avenarius,* 2013, § 2113 Rn. 98 m.w.N.

Grundbuch ein Nacherbenvermerk einzutragen ist (→ Rn. 1362). Dieser zerstört den guten Glauben und verhindert damit einen gutgläubigen Erwerb; er führt aber nicht zu einer Grundbuchsperre.[26] Ist jedoch noch der Erblasser im Grundbuch eingetragen, so gibt es grundsätzlich keinen Schutz des guten Glaubens an das Fehlen von Beschränkungen des Erben gem. § 892 Abs. 1 S. 2.[27]

771 Beim Erwerb **beweglicher Sachen** schadet dem Erwerber gem. § 932 Abs. 2 bereits grob fahrlässige Unkenntnis von der Vorerbschaftsbeschränkung bzw. der fehlenden Befreiung.

772 Besonderheiten gelten, wenn ein **Erbschein** (→ Rn. 1281 ff.) erteilt wurde. Hier wird der Nacherbe – ähnlich wie im Grundbuch (→ Rn. 770) – grundsätzlich durch einen Nacherbenvermerk geschützt (vgl. § 352b Abs. 1 FamFG). Ähnlich ist auch in einem **Europäischen Nachlasszeugnis** (→ Rn. 1334 ff.) anzugeben, dass eine Vor- und Nacherbschaft vorliegt (vgl. Art. 68 lit. n EuErbVO und Formblatt V, Anlage IV, Ziff. 10 in der EuErbVO-DVO[28]). Wenn dem Vorerben jedoch zu Unrecht ein **Erbschein** oder ein **Europäisches Nachlasszeugnis** erteilt worden ist, in dem er als Vollerbe ausgewiesen ist, gelten die besonderen Gutglaubensvorschriften der §§ 2366 f. (→ Rn. 1293 ff.) bzw. Art. 69 Abs. 3, 4 EuErbVO (→ Rn. 1348 ff.).

773 Wenn die Verfügung des Vorerben aufgrund eines gutgläubigen Erwerbs gem. § 2113 Abs. 3 wirksam ist, so hat der Nacherbe gegen den Vorerben einen Schadensersatzanspruch gem. **§§ 2130, 2131** (→ Rn. 789 f.) sowie einen Anspruch aus **§ 816 Abs. 1 S. 1**; im Falle einer unentgeltlichen Verfügung hat er einen Anspruch gegen den Erwerber aus **§ 816 Abs. 1 S. 2**.[29]

d) Wirksamkeit der Verfügung gem. § 185

774 Eine an sich gem. § 2113 Abs. 1 oder Abs. 2 unwirksame Verfügung des Vorerben ist zudem wirksam, wenn der **Nacherbe einwilligt (§ 185 Abs. 1) oder genehmigt (§ 185 Abs. 2 S. 1 Var. 1)**.[30] Bei mehreren Nacherben müssen alle zustimmen.[31] Die Zustimmung eines etwaigen Ersatznacherben ist hingegen nicht erforderlich.[32]

775 Weiterhin kann die Verfügung gem. **§ 185 Abs. 2 S. 1 Var. 2** wirksam werden, wenn der Vorerbe den betreffenden Gegenstand erwirbt[33] oder gem. **§ 185 Abs. 2 S. 1 Var.**

26 Vgl. OLG München v. 4.8.2017 – 34 Wx 464/16, NJW-RR 2017, 1038 Rn. 16; *Lange*, ErbR, 2. Aufl. 2017, § 45 Rn. 97.

27 Vgl. BGH v. 20.2.1970 – V ZR 54/67, NJW 1970, 943.

28 DurchführungsVO (EU) Nr. 1329/2014 der Kommission zur Festlegung der Formblätter nach Maßgabe der Verordnung (EU) Nr. 650/2012 des Europäischen Parlaments und des Rates über die Zuständigkeit, das anzuwendende Recht, die Anerkennung und Vollstreckung von Entscheidungen und die Annahme und Vollstreckung öffentlicher Urkunden in Erbsachen sowie zur Einführung eines Europäischen Nachlasszeugnisses v. 9.12.2014, ABlEU v. 16.12.2014, L 359/30.

29 Vgl. Staudinger/*Avenarius*, 2013, § 2113 Rn. 103; BeckOGK/*Müller-Christmann* § 2111 Rn. 158.

30 Vgl. BGH v. 25.9.1963 – V ZR 130/61, NJW 1963, 2320, 2321; OLG München v. 7.8.2013 – 34 Wx 161/13, NJW-RR 2014, 8, 9; OLG München v. 28.11.2017 – 34 Wx 176/17, FGPrax 2018, 65, 66; BeckOGK/*Müller-Christmann* § 2111 Rn. 45 m.w.N.

31 Vgl. BeckOGK/*Müller-Christmann* § 2111 Rn. 28.

32 Vgl. RG v. 8.11.1934 – IV B 51/34, RGZ 145, 316; BGH v. 25.9.1963 – V ZR 130/61, NJW 1963, 2320, 2321.

33 Vgl. MüKoBGB/*Grunsky* 7. Aufl. 2017, § 2113 Rn. 46.

3, wenn der Nacherbe auch Erbe des Vorerben wird und für die Nachlassverbindlichkeiten unbeschränkt haftet[34]. Die Verfügung bleibt jedoch unwirksam, solange die Möglichkeit besteht, die Erbenhaftung zu beschränken.[35] Konvaleszenz gem. § 185 Abs. 2 S. 1 Var. 3 tritt zudem nach h.M. nur ein, wenn ein Rechtsgrund für die Verfügung besteht.[36] § 185 Abs. 2 S. 1 Var. 3 greift ferner nicht ein, wenn die Verfügung zugunsten eines künftigen Miterben getroffen ist, denn hier steht § 2063 Abs. 2 entgegen.[37]

e) Vereinbarung zwischen Vor- und Nacherbe; „Freigabeerklärung"

Ferner ist in der Rechtsprechung inzwischen grundsätzlich anerkannt, dass die Nacherbenbindung eines Nachlassgegenstands durch **Vereinbarung zwischen Vor- und Nacherben** aufgehoben und der Nachlassgegenstand in das freie Vermögen des Vorerben überführt werden kann.[38] Details und dogmatische Begründung sind allerdings äußerst umstritten.[39] Teilweise wird auch eine „**Freigabeerklärung**" des Nacherben für zulässig erachtet.[40] 776

f) Sonstiger Schutz des Nacherben

Ist der **Nacherbe zugleich Vertragserbe** des Erblassers, so ergibt sich ein zusätzlicher Schutz aus **§ 2287** (→ Rn. 283 ff.). 777

§ 2115 schützt den Nacherben vor einer Schmälerung des Nachlasses durch **Zwangsverfügungen** auf der Basis von Verbindlichkeiten des Vorerben. § 2115 S. 1 bestimmt, dass eine Verfügung über einen Erbschaftsgegenstand, die im Wege der Zwangsvollstreckung oder der Arrestvollziehung oder durch den Insolvenzverwalter erfolgt, insoweit unwirksam ist, als sie das Recht des Nacherben vereiteln oder beeinträchtigen würde. Unbeschränkt wirksam sind hingegen gem. § 2115 S. 2 Zwangsverfügungen, mit denen der Anspruch eines Nachlassgläubigers geltend gemacht wird oder die ein gegenüber dem Nacherben wirksames Verwertungsrecht an einem Nachlassgegenstand durchsetzen. Ein gutgläubiger Erwerb ist bei § 2115 – anders als bei § 2113 (→ Rn. 768 ff.) – nicht vorgesehen; ein solcher wäre auch systemfremd, da es sich beim Erwerb im Wege der Zwangsvollstreckung um einen gesetzlichen Erwerbstatbestand handelt und Gutglaubensschutz grundsätzlich nur beim rechtsgeschäftli- 778

34 Vgl. RG v. 19.1.1925 – IV 474/24, RGZ 110, 94, 95; OLG München v. 16.5.2018 – 20 U 2903/17, BeckRS 2018, 8893 Rn. 26; MüKoBGB/*Grunsky* 7. Aufl. 2017, § 2113 Rn. 18.

35 Vgl. OLG Stuttgart v. 16.5.1994 – 8 W 287/93, OLGZ 1994, 513 f.; OLG München v. 16.5.2018 – 20 U 2903/17, BeckRS 2018, 8893 Rn. 26.

36 Vgl. BGH v. 4.2.1994 – V ZR 277/92, NJW 1994, 1470, 1471; MüKoBGB/*Bayreuther*, 8. Aufl. 2018, § 185 Rn. 59 m.w.N. (auch zur Gegenansicht).

37 Vgl. RG v. 19.1.1925 – IV 474/24, RGZ 110, 94, 95 f.; BGH v. 13.3.1952 – IV ZR 101/51, BeckRS 1952, 31374932.

38 Vgl. BGH v. 13.10.2000 – V ZR 451/98, NJW-RR 2001, 217, 218; OLG Hamm v. 13.5.2016 – I-15 W 594/15, ZEV 2016, 638 Rn. 7; OLG Bamberg v. 1.6.2017 – 8 W 37/17, BeckRS 2017, 147193 Rn. 17; OLG München v. 28.11.2017 – 34 Wx 176/17, RNotZ 2018, 180 Rn. 21.

39 Ausf. dazu BeckOGK/*Müller-Christmann* § 2111 Rn. 106 ff.; *Lange*, ErbR, 2. Aufl. 2017, § 45 Rn. 164; *ders.*, AcP 212 (2012) 334 ff.; *Neukirchen* RNotZ 2018, 357, 365 ff.; *Weidlich* ZErb 2014, 325 ff. (jeweils m.w.N.).

40 Vgl. grundlegend *Keim* DNotZ 2003, 822, 829 ff.; *ders.* RNotZ 2005, 368 ff.; *ders.* DNotZ 2016, 751, 579 ff.

chen Erwerb gewährt wird.[41] Der Schutzzweck des § 2115 gebietet jedoch eine analoge Anwendung für den Fall, dass ein Gläubiger des Vorerben die Aufrechnung gegen eine Nachlassforderung erklärt, denn sonst würde er die Sperre des § 2115 dadurch unterlaufen, dass er sich im Wege der Aufrechnung „zwangsweise" aus dem Nachlass befriedigt.[42]

3. Ordnungsgemäße Verwaltung des Nachlasses

a) Grundregeln

779 Der **Vorerbe** ist gem. **§ 2130 Abs. 1 S. 1** zur **ordnungsgemäßen Verwaltung des Nachlasses** verpflichtet (Die Vorschrift hat eine Doppelfunktion: Sie regelt nicht nur die Pflicht zur Herausgabe des Nachlasses bei Eintritt des Nacherbfalls [→ Rn. 789], sondern zugleich auch die Pflicht zur ordnungsgemäßen Verwaltung des Nachlasses[43]). §§ 2116-2118 regeln die Verwaltung von Wertpapieren und Schuldbuchforderungen. Gem. § 2119 hat der Vorerbe Geld mündelsicher anzulegen. Sofern zur ordnungsgemäßen Verwaltung Verfügungen erforderlich sind, die der Vorerbe nicht alleine vornehmen kann, ist der **Nacherbe gem. § 2120 zur Einwilligung verpflichtet**.

b) Auskunfts- und Sicherungsrechte des Nacherben

780 Gem. **§ 2121 Abs. 1 S. 1** hat der Vorerbe auf Verlangen des Nacherben ein **Verzeichnis der Erbschaftsgegenstände** zu erstellen. Nach h.M. steht dieser Anspruch dem Nacherben aber grundsätzlich nur einmal zu; der Vorerbe muss keine Ergänzungen oder Aktualisierungen vornehmen.[44] Gem. § 2122 S. 2 kann der Nacherbe zudem den Zustand der zur Erbschaft gehörenden Sachen auf seine Kosten durch Sachverständige feststellen lassen. Wenn Grund zu der Annahme besteht, dass der Vorerbe durch seine Verwaltung die Rechte des Nacherben erheblich verletzt, hat der Nacherbe gem. **§ 2127** ein **Auskunftsrecht** gegen den Vorerben bezüglich des Bestands der Erbschaft. Gem. **§ 2128 Abs. 1** kann der Nacherbe zudem **Sicherheitsleistung** in Höhe des Nachlasswertes[45] verlangen, wenn durch das Verhalten des Vorerben oder durch seine ungünstige Vermögenslage die Besorgnis einer erheblichen Verletzung der Rechte des Nacherben begründet wird. Wenn der Vorerbe zur Sicherheitsleistung verurteilt wurde und er diese nicht innerhalb der vom Gericht gesetzten Frist erbringt, kann das Vollstreckungsgericht dem Vorerben die Verwaltung des Nachlasses entziehen und sie einem vom Gericht zu bestellenden **Verwalter** übertragen (§§ 2128 Abs. 2, 1052 Abs. 1). Damit verliert der Vorerbe gem. § 2129 Abs. 1 das Recht, über Erbschaftsgegenstände zu verfügen; zum Schutz gutgläubiger Dritter finden dann gem. § 2129 Abs. 2 S. 1 die Vorschriften über den gutgläubigen Erwerb vom Nichtberechtigten Anwendung.

---

41 Vgl. MüKoBGB/*Grunsky* 7. Aufl. 2017, § 2113 Rn. 11 m.w.N.

42 Vgl. RG v. 3.7.1912 – I 262/11, RGZ 80, 30, 32 ff.; Staudinger/*Avenarius*, 2013, § 2115 Rn. 4.

43 Vgl. BeckOGK/*Deppenkemper* § 2130 789 Rn. 2; MüKoBGB/*Grunsky*, 7. Aufl. 2017, § 2130 Rn. 1.

44 Vgl. BGH v. 9.11.1994 – IV ZR 319/93, NJW 1995, 456, 457; BeckOGK/*Theilig* § 2121 Rn. 12 f. m.w.N. (auch zu den Ausnahmen).

45 Vgl. BeckOGK/*Deppenkemper* § 2128 Rn. 12; MüKoBGB/*Grunsky*, 7. Aufl. 2017, § 2128 Rn. 3.

c) Dingliche Surrogation, § 2111

Um im Falle von Veränderungen der Nachlassbestandteile im Interesse des Nacherben den Wert des Nachlasses als Sondervermögen zu erhalten[46], ordnet **§ 2111** für vier Fallgestaltungen eine **dingliche Surrogation** an, d.h. die betreffenden Gegenstände werden *ipso iure* Bestandteil des Nachlasses. Die vier Fallgestaltungen sind: **781**

- Erwerb durch den Vorerben aufgrund eines zur Erbschaft gehörenden Rechts (§ 2111 Abs. 1 S. 1 Var. 1, sog. Rechtssurrogation)

  Beispiele: Verbindung und Vermischung (§§ 946 ff.), Ersitzung (§ 937), Schatzfund (§ 984), Annahme einer noch dem Erblasser angefallenen Erbschaft (§ 1952).

- Erwerb durch den Vorerben als Ersatz für die Zerstörung, Beschädigung oder Entziehung eines Erbschaftsgegenstands (§ 2111 Abs. 1 S. 1 Var. 2, sog. Ersatzsurrogation)

  Beispiele: Ansprüche auf Schadensersatz oder auf Versicherungsleistungen infolge der Beschädigung oder Zerstörung oder des Diebstahls eines Erbschaftsgegenstands.

- Erwerb durch Rechtsgeschäft mit Mitteln der Erbschaft (§ 2111 Abs. 1 S. 1 Var. 3, sog. Mittelsurrogation)

  Beispiele: Der Vorerbe erwirbt mit Erbschaftsmitteln käuflich ein Haus oder ein Auto; der Vorerbe tauscht ein zum Nachlass gehörendes Gemälde gegen ein Boot; wenn der Vorerbe Nachlassgegenstände als Kommanditeinlage in eine KG einbringt, fällt die Kommanditistenstellung als Surrogat in den Nachlass[47]; wenn der Vorerbe eine Hypothek tilgt, gehört die dadurch entstehende Eigentümergrundschuld zum Nachlass[48].

- Einverleibung in das Inventar eines erbschaftlichen Grundstücks durch den Vorerben (§ 2111 Abs. 2)

  Beispiel: Der Vorerbe erwirbt eine neue Maschine für ein zur Erbschaft gehörendes Betriebsgrundstück.

d) Prozessführung

Zur ordnungsgemäßen Verwaltung gehört auch die prozessuale Durchsetzung von Nachlassforderungen sowie die Verteidigung gegen Klagen, soweit sie Nachlassverbindlichkeiten betreffen. Der **Vorerbe** ist **aktiv und passiv prozessführungsbefugt.**[49] Wenn in einem Rechtsstreit zwischen dem Vorerben und einem Dritten ein Urteil ergeht, so wirkt dieses nicht schon gem. § 325 ZPO gegen den Nacherben, denn dieser ist nicht Rechtsnachfolger des Vorerben. Eine **Rechtskrafterstreckung** auf den Nacherben erfolgt nach der Sonderregelung des **§ 326 ZPO** vielmehr nur in bestimmten Fällen. Voraussetzung ist stets, dass das Urteil vor dem Eintritt des Nacherbfalls rechtskräftig geworden ist. Wird der Vorerbe wegen einer Nachlassverbindlichkeit verklagt (Passivprozess), wirkt das Urteil gem. § 326 Abs. 1 Alt. 1 ZPO nur zugunsten, nicht aber zulasten des Nacherben („für den Nacherben"). Führt der Vor- **782**

---

46 Vgl. BGH v. 17.3.2010 – IV ZR 144/08, ZEV 2010, 247 Rn. 13.
47 Vgl. BGH v. 21.11.1989 – IVa ZR 220/88, NJW 1990, 514.
48 Vgl. BGH v. 25.9.1963 – V ZR 130/61, NJW 1963, 2320.
49 Vgl. MüKoBGB/*Grunsky,* 7. Aufl. 2017, § 2100 Rn. 27; BeckOGK/*Küpper* § 2100 Rn. 176.

erbe hingegen einen Aktivprozess über einen der Nacherbfolge unterliegenden Gegenstand (z.B. Herausgabeklage) so wirkt das Urteil gem. § 326 Abs. 1 Alt. 2 ZPO in jedem Fall zugunsten des Nacherben; zulasten des Nacherben wirkt es gem. § 326 Abs. 2 ZPO nur, sofern der Gegenstand der Verfügungsbefugnis des Vorerben unterliegt. Sofern eine Rechtskrafterstreckung erfolgt, kann die Vollstreckungsklausel gem. §§ 727, 728 Abs. 1 ZPO auf den Nacherben umgeschrieben werden.

783 Wenn der **Nacherbfall während des Prozesses** eintritt, wird das Verfahren gem. §§ 242, 239 ZPO bis zur Wiederaufnahme durch den Nacherben unterbrochen, wenn es sich um einen Aktivprozess des Vorerben über der Nacherbfolge unterliegende Gegenstände handelt und der Vorerbe befugt war, ohne Zustimmung des Nacherben über den Gegenstand zu verfügen. Im Falle des Todes des Vorerben gilt § 239 ZPO direkt. Wenn der Vorerbe allerdings durch einen Prozessbevollmächtigten vertreten wurde, wird der Rechtsstreit gem. § 246 Abs. 1 ZPO nur auf Antrag ausgesetzt.

4. Der befreite Vorerbe

784 Gem. **§ 2136** kann der Erblasser den Vorerben von bestimmten Beschränkungen und Verpflichtungen befreien. Ob und inwieweit der Erblasser hiervon Gebrauch macht, steht ihm völlig frei.[50] Er hat damit die Möglichkeit, die Ausgestaltung der Vorerbschaft nach seinen Bedürfnissen „maßzuschneidern".[51] Der in § 2136 enthaltene **Katalog von Befreiungsmöglichkeiten** ist **abschließend** und zwingend; von anderen Beschränkungen und Verpflichtungen ist eine Befreiung nicht möglich.[52] Bei mehreren Vorerben kann die Befreiung auf einzelne von ihnen beschränkt werden.[53] Möglich ist auch eine bedingte oder befristete Befreiung.[54]

785 Die Befreiung kann nur in einer **Verfügung von Todes wegen** erfolgen.[55] **Ob und in welchem Umfang** eine Befreiung gewollt ist, ist im Wege der **Auslegung** zu ermitteln.[56] Allein dass der Vorerbe als Alleinerbe eingesetzt ist, ist noch kein Hinweis dafür, dass er befreiter Vorerbe sein soll.[57] Nur wenn sich der Wille des Erblassers im Wege der Auslegung nicht eindeutig ermitteln lässt, ist auf die **Auslegungsregel des § 2137** zurückzugreifen.[58] Danach ist im Zweifel eine Gesamtbefreiung von allen in § 2136 genannten Beschränkungen und Verpflichtungen anzunehmen, wenn der Nacherbe auf das eingesetzt wurde, was von der Erbschaft bei Eintritt der Nacherbfolge übrig sein wird oder wenn der Erblasser bestimmt hat, dass der Vorerbe zur freien Verfügung über die Erbschaft berechtigt sein soll.

---

50 Vgl. MüKoBGB/*Grunsky*, 7. Aufl. 2017, § 2136 Rn. 1.
51 Vgl. BeckOGK/*Deppenkemper* § 2136 Rn. 3.
52 Vgl. BGH v. 2.10.1952 – IV ZR 24/52, BGHZ 7, 274, 276; Staudinger/*Avenarius*, 2013, § 2136 Rn. 1; BeckOGK/*Deppenkemper* § 2136 Rn. 26 m.w.N.
53 Vgl. MüKoBGB/*Grunsky*, 7. Aufl. 2017, § 2136 Rn. 8 m.w.N.
54 Vgl. BeckOGK/*Deppenkemper* § 2136 Rn. 38 m.w.N.
55 Vgl. OLG Hamm v. 27.4.2010 – I-15 Wx 234/09, FamRZ 2011, 405, 407; BeckOGK/*Deppenkemper* § 2136 Rn. 6 m.w.N.
56 Vgl. Staudinger/*Avenarius*, 2013, § 2136 Rn. 13; BeckOGK/*Deppenkemper* § 2136 Rn. 8, 10 m.w.N.
57 Vgl. BGH v. 4.12.1969 – III ZR 31/68.
58 Vgl. OLG Düsseldorf v. 31.1.2017 – I-3 Wx 307/16, FamRZ 2017, 1719 Rn. 18.

Für den befreiten Vorerben gelten gem. **§ 2138** einige **Besonderheiten**: Zum einen beschränkt sich seine Herausgabepflicht (§ 2130 Abs. 1 S. 1, → Rn. 789) auf die bei Eintritt des Nacherbfalls bei ihm noch vorhandenen Erbschaftsgegenstände (Abs. 1 S. 1); im Gegenzug kann er aber auch keinen Ersatz für Verwendungen auf die nicht mehr vorhandenen Erbschaftsgegenstände verlangen (Abs. 1 S. 2). Zum anderen ist er haftungsrechtlich gem. § 2138 Abs. 2 privilegiert: Schadensersatz hat er dem Nacherben nur zu leisten, wenn er § 2113 Abs. 2 zuwider über einen Erbschaftsgegenstand verfügt oder die Erbschaft in der Absicht, den Nacherben zu benachteiligen, vermindert. **786**

IV. Eintritt des Nacherbfalls

1. Allgemeine Wirkungen

Mit Eintritt des Nacherbfalls hört der Vorerbe auf, Erbe zu sein, und die Erbschaft fällt dem Nacherben an (§ 2139). Der **Nacherbe** wird im Wege der Universalsukzession und des Vonselbsterwerbs **Rechtsnachfolger des Erblassers**.[59] Er wird somit insb. Eigentümer der Nachlassgegenstände, Gläubiger der Nachlassforderungen und Schuldner der Nachlassverbindlichkeiten. Der Nacherbe erhält den Nachlass jedoch in dem Zustand, in dem er sich im Zeitpunkt des Nacherbfalls befindet, d.h. ohne die Gegenstände, über die der Vorerbe wirksam verfügt hat (→ Rn. 759 ff.), aber ggf. mit Surrogaten (→ Rn. 781).[60] **787**

Im Hinblick auf den **Besitz** ist zu differenzieren. Der **mittelbare Besitz** geht mit dem Anspruch auf Herausgabe auf den Nacherben über.[61] Der **unmittelbare Besitz** hingegen geht gem. § 857 nur insoweit auf den Nacherben über, als der Vorerbe selbst lediglich die Besitzstellung des § 857 innehat.[62] Hat der Vorerbe hingegen die tatsächliche Sachherrschaft erlangt, tritt der Nacherbe nicht kraft Gesetzes in dessen Besitzstellung ein, da § 857 nicht anwendbar ist.[63] Dies lässt sich aus § 2140 herleiten[64], denn danach kann der Vorerbe auch nach Eintritt des Nacherbfalls noch wirksam verfügen, sofern sowohl der Vorerbe als auch der Dritte hinsichtlich des Fortbestands der Nacherbschaft gutgläubig sind; eine wirksame Verfügung ist aber prinzipiell nur denkbar, wenn der Besitz beim Vorerben verbleibt. Ist der Vorerbe, der die tatsächliche Sachherrschaft erlangt hatte, bereits verstorben, so geht der Besitz gem. § 857 auf seine Erben über.[65] **788**

59 Vgl. Staudinger/*Avenarius*, 2013, § 2139 Rn. 1; BeckOGK/*Deppenkemper* § 2139 Rn. 13 f.
60 Vgl. Staudinger/*Avenarius*, 2013, § 2139 Rn. 5; MüKoBGB/*Grunsky*, 7. Aufl. 2017, § 2139 Rn. 4.
61 Vgl. KG v. 16.2.1922, OLGE 42, 135 (für Wertpapiere im Bankdepot); BeckOGK/*Deppenkemper* § 2139 Rn. 32 m.w.N.
62 Vgl. Staudinger/*Avenarius*, 2013, § 2139 Rn. 6; BeckOGK/*Deppenkemper* § 2139 Rn. 31; MüKoBGB/*Grunsky*, 7. Aufl. 2017, § 2139 Rn. 2.
63 Vgl. Staudinger/*Avenarius*, 2013, § 2139 Rn. 6; BeckOGK/*Deppenkemper* § 2139 Rn. 31; MüKoBGB/*Grunsky*, 7. Aufl. 2017, § 2139 Rn. 2.
64 Vgl. Staudinger/*Avenarius*, 2013, § 2139 Rn. 6; MüKoBGB/*Grunsky*, 7. Aufl. 2017, § 2139 Rn. 2; krit. BeckOGK/*Deppenkemper* § 2139 Rn. 31.
65 Vgl. Staudinger/*Avenarius*, 2013, § 2139 Rn. 6; BeckOGK/*Deppenkemper* § 2139 Rn. 31.

2. Ansprüche des Nacherben gegen den Vorerben

789 Gem. **§ 2130 Abs. 1 S. 1** hat der Vorerbe die **Erbschaft** an den Nacherben **herauszugeben**, und zwar in dem Zustand, in dem sich die Erbschaft bei ordnungsgemäßer Verwaltung befinden müsste.

790 Hat der Vorerbe seine Pflicht zur ordnungsgemäßen Verwaltung des Nachlasses verletzt bzw. kann er den Nachlass nicht mehr in dem nach § 2130 Abs. 1 S. 1 gebotenen Zustand herausgeben, so hat der Nacherbe einen **Anspruch auf Schadensersatz gem. § 280 Abs. 1**. Gem. § 2131 hat der Vorerbe jedoch nur für diejenige Sorgfalt einzustehen, welche er in eigenen Angelegenheiten anzuwenden pflegt (sog. *diligentia quam in suis*); denn während der Dauer der Vorerbschaft ist er echter Erbe[66]. Dies befreit ihn jedoch gem. § 277 nicht von der Haftung wegen grober Fahrlässigkeit. Die Haftungserleichterung gilt zudem selbstverständlich nicht, soweit das Gesetz dem Vorerben besondere Pflichten auferlegt (z.B. §§ 2112-2119, 2123, 2133, → Rn. 779) oder der Erblasser ihm zusätzliche Verwaltungs- oder erhöhte Sorgfaltspflichten auferlegt hat.[67] Weiterhin hat der Vorerbe gem. § 2132 Veränderungen oder Verschlechterungen der Erbschaftssachen, die durch ordnungsgemäße Benutzung herbeigeführt werden, nicht zu vertreten.

791 Wenn der Vorerbe einen Erbschaftsgegenstand für sich verwendet (sog. **eigennützige Verwendung**), so ist er dem Nacherben gem. § 2134 S. 1 zum Wertersatz verpflichtet; eine weitergehende Haftung wegen Verschuldens bleibt jedoch gem. § 2134 S. 2 unberührt.

3. Ansprüche des Vorerben gegen den Nacherben

792 §§ 2124-2126 regeln, inwieweit der Vorerbe Kosten und Lasten, die er getragen hat, vom Nacherben ersetzt verlangen kann. Die **gewöhnlichen Erhaltungskosten** hat der **Vorerbe** gem. **§ 2124 Abs. 1** selbst zu tragen; hierfür kann er keinen Ersatz beanspruchen. Darüber **hinausgehende Aufwendungen** darf der Vorerbe gem. **§ 2124 Abs. 2 S. 1** aus dem Nachlass bestreiten, soweit er sie den Umständen nach für **erforderlich** halten darf. Maßgeblich ist – wie bei § 670 – die *ex ante*-Perspektive eines objektiven Dritten in der konkreten Situation des Vorerben.[68] Bestreitet der Vorerbe die Aufwendungen aus seinem eigenen Vermögen, kann er gem. § 2124 Abs. 2 S. 2 vom Nacherben Ersatz verlangen. **Im Übrigen** richtet sich der Aufwendungsersatz gem. **§ 2125 Abs. 1** nach den Vorschriften über die **Geschäftsführung ohne Auftrag** (Rechtsgrundverweisung[69]). Zusätzlich steht dem Vorerben gem. §§ 2125 Abs. 2, 258 ein Wegnahmerecht zu. Die ordentlichen **Lasten** (§ 103) hat gem. § 2124 Abs. 1 der Vorerbe zu tragen. Die außerordentlichen Lasten kann er aus der Erbschaft bestreiten; bestreitet er sie aus seinem eigenen Vermögen, so steht ihm ein Ersatzanspruch gegen den Nacherben zu (§§ 2126, 2124 Abs. 2).

---

66 Vgl. Prot. V, 96.
67 Vgl. BeckOGK/*Deppenkemper* § 2139 Rn. 6 m.w.N.
68 Vgl. nur BeckOGK/*Deppenkemper* § 2124 Rn. 30 m.w.N.
69 Vgl. nur BeckOGK/*Deppenkemper* § 2124 Rn. 30 m.w.N.

4. Wiederaufleben erloschener Rechtsverhältnisse, § 2143

Mit Eintritt der Nacherbfolge gelten die durch **Konfusion** (Vereinigung von Recht und Verbindlichkeit) und **Konsolidation** (Vereinigung von Recht und Belastung) erloschenen Rechtsverhältnisse gem. § 2143 als nicht erloschen. Das **Wiederaufleben** erfolgt jedoch nur ***ex nunc***, nicht rückwirkend auf den Zeitpunkt des Erbfalls.[70] Wenn der Vorerbe im Zeitpunkt des Erbfalls eine Forderung gegen den Erblasser hatte, die durch den Erbfall infolge von Konfusion erlosch, lebt diese mit Eintritt des Nacherbfalls wieder auf; der Vorerbe kann diese Forderung nun gegen den Nacherben als Schuldner der Nachlassverbindlichkeiten geltend machen. Hatte umgekehrt der Erblasser im Zeitpunkt des Erbfalls eine Forderung gegen den Vorerben, die durch den Erbfall infolge von Konfusion erlosch, so lebt diese wieder auf und kann nun vom Nacherben gegen den Vorerben geltend gemacht werden. Entsprechendes gilt, wenn der Erblasser z.B. eine Grundschuld an einem Grundstück des Vorerben hatte und diese durch den Erbfall infolge von Konsolidation erlosch; sie lebt mit Eintritt des Nacherbfalls wieder auf und kann nun vom Nacherben gegen den Vorerben geltend gemacht werden. § 2143 gilt auch dann, wenn nur hinsichtlich eines Teils der Erbschaft Nacherbfolge angeordnet ist; Vor- und Nacherbe bilden dann mit Eintritt des Nacherbfalls eine Erbengemeinschaft, die dann Anspruchsinhaberin bzw. Schuldnerin wird.[71] **793**

Nicht anwendbar ist § 2143 allerdings, wenn der Nachlass bereits aus anderen Gründen Sondervermögen und damit vom sonstigen Vermögen des Vorerben getrennt war.[72] Dies ist insb. dann der Fall, wenn ein Nachlassverwalter oder ein Nachlassinsolvenzverfahren angeordnet wird (dann gelten die Rechtsverhältnisse gem. § 1976 *ex tunc* als nicht erloschen, → Rn. 1149) oder bei Testamentsvollstreckung (→ Rn. 807 ff.) (dann tritt analog § 1976 erst gar keine Konfusion bzw. Konsolidation ein[73]). **794**

Zwischen dem Erb- und dem Nacherbfall ist nach zutr. h.M. die **Verjährung gehemmt**; sehr streitig ist jedoch die dogmatische Begründung hierfür.[74] **795**

V. Die Rechtsposition des Nacherben

1. Entstehung des Anwartschaftsrechts

Mit dem Tod des Erblassers erwirbt der Nacherbe – wie sich aus den zahlreichen gesetzlichen Bestimmungen zu seinem Schutz ergibt (vgl. insb. §§ 2113-2117, 2121-2123, 2127 ff.) – bereits eine gesicherte Rechtsposition. Mit dem Erbfall entsteht ein **796**

70 Vgl. BeckOGK/*Deppenkemper* § 2143 Rn. 14; MüKoBGB/*Grunsky,* 7. Aufl. 2017, § 2143 Rn. 2.

71 Vgl. Staudinger/*Avenarius*, 2013, § 2143 Rn. 2; BeckOGK/*Deppenkemper* § 2143 Rn. 6.

72 Vgl. BGH v. 1.6.1967 – II ZR 150/66, NJW 1967, 2399; BeckOGK/*Deppenkemper* § 2143 Rn. 9 m.w.N.

73 Vgl. BGH v. 1.6.1967 – II ZR 150/66, NJW 1967, 2399; BeckOGK/*Deppenkemper* § 2143 Rn. 9; MüKoBGB/*Zimmermann,* 7. Aufl. 2017, § 2211 Rn. 7; abw. jedoch Staudinger/*Reimann*, 2016, § 2214 Rn. 2.

74 Vgl. dazu Staudinger/*Avenarius*, 2013, § 2143 Rn. 8; BeckOGK/*Deppenkemper* § 2143 Rn. 17 f. (jeweils m.w.N.).

Anwartschaftsrecht[75], das gem. § 2139 mit Eintritt des Nacherbfalls zum Vollrecht erstarkt. Es handelt sich um ein subjektives absolutes Recht i.S.d. § 823 Abs. 1, das übertragen (→ Rn. 797) und vererbt (→ Rn. 799 ff.) werden kann.[76]

2. Verfügung über das Anwartschaftsrecht

797 Der Nacherbe kann **analog § 2033** über sein Anwartschaftsrecht verfügen; die wirtschaftlichen Interessen, die den Gesetzgeber veranlasst haben, dem Miterben eine Verfügung über seinen Anteil zu gestatten (→ Rn. 965 ff.), bestehen in gleicher Weise beim Nacherben.[77] Der Verfügungsvertrag bedarf analog § 2033 Abs. 1 S. 2 der notariellen Beurkundung.[78] Beruht das Verfügungsgeschäft auf einem Kaufvertrag, so muss analog §§ 2371, 1922 Abs. 2, 2385 auch dieser notariell beurkundet werden.[79] Da das Anwartschaftsrecht übertragbar ist, kann es auch verpfändet werden (Rechtspfändung, §§ 1274 Abs. 1 S. 1, 2033)[80] und gepfändet werden (§§ 857, 851 ZPO)[81]. Rechtsfolge der Übertragung des Anwartschaftsrechts ist, dass der Erwerber mit Eintritt des Nacherbfalls unmittelbar (d.h. ohne Durchgangserwerb des Nacherben) Inhaber des Nachlasses wird.[82] Der Erblasser kann die Übertragbarkeit des Anwartschaftsrechts allerdings nach ganz h.M. ausschließen.[83]

3. Vererbung der Anwartschaft

a) Tod des Nacherben vor Eintritt des Erbfalls

798 Stirbt der Nacherbe vor Eintritt des Erbfalls, so wird der **Vorerbe** grundsätzlich **Vollerbe**.[84] Etwas anderes gilt jedoch, wenn der Erblasser einen Ersatznacherben eingesetzt hat oder sich im Wege der Auslegung ein abweichender Erblasserwille ermitteln lässt.[85]

---

75 Vgl. RG v. 16.12.1920 – IV 62/20, RGZ 101, 185; BGH v. 4.7.1962 – V ZR 14/61, NJW 1962, 1910, 1911; BGH v. 9.6.1983 – IX ZR 41/82, NJW 1983, 2244, 2245 f.; BGH v. 26.10.2011 – IV ZB 33/10, ZEV 2012, 39 Rn. 22; BGH v. 23.11.2012 – BLw 12/11, ZEV 2013, 384 Rn. 25; MüKoBGB/*Grunsky,* 7. Aufl. 2017, § 2100 Rn. 34 m.w.N.

76 Vgl. *Lange,* ErbR, 2. Aufl. 2017, § 45 Rn. 136; BeckOGK/*Küpper* § 2100 Rn. 124 m.w.N.

77 Vgl. RG v. 16.12.1920 – IV 62/20, RGZ 101, 185, 189 f.; BGH v. 9.6.1983 – IX ZR 41/82, NJW 1983, 2244, 2245 f.; Staudinger/*Avenarius,* 2013, § 2100 Rn. 74 f.; *Brox/Walker,* ErbR, 28. Auf. 2018, § 25 Rn. 16; *Lange,* ErbR, 2. Aufl. 2017, § 45 Rn. 139.

78 Vgl. Staudinger/*Avenarius,* 2013, § 2100 Rn. 75; *Brox/Walker,* ErbR, 28. Auf. 2018, § 25 Rn. 16; *Lange,* ErbR, 2. Aufl. 2017, § 45 Rn. 139; *Neukirchen* RNotZ 2018, 357, 363.

79 Vgl. *Brox/Walker,* ErbR, 28. Auf. 2018, § 25 Rn. 16; *Lange,* ErbR, 2. Aufl. 2017, § 45 Rn. 139; *Neukirchen* RNotZ 2018, 357, 363.

80 Vgl. RG v. 16.12.1920 – IV 62/20, RGZ 101, 185, 189 f.; Staudinger/*Avenarius,* 2013, § 2100 Rn. 79; BeckOGK/*Küpper* § 2100 Rn. 163 m.w.N.

81 Vgl. *Brox/Walker,* ErbR, 28. Auf. 2018, § 25 Rn. 16; BeckOGK/*Küpper* § 2100 Rn. 165 m.w.N.

82 Vgl. *Lange,* ErbR, 2. Aufl. 2017, § 45 Rn. 139; MüKoBGB/*Grunsky*, 7. Aufl. 2017, § 2100 Rn. 39 m.w.N.

83 Vgl. OLG Schleswig, ZEV 2010, 574, 576; BeckOGK/*Küpper* § 2100 Rn. 153 m.w.N.

84 Vgl. *Lange,* ErbR, 2. Aufl. 2017, § 45 Rn. 142.

85 Vgl. *Lange,* ErbR, 2. Aufl. 2017, § 45 Rn. 142.

b) Tod des Nacherben zwischen Erbfall und Nacherbfall

Verstirbt der Nacherbe im Zeitraum zwischen Erbfall und Nacherbfall, so treten aufgrund der Auslegungsregel des **§ 2108 Abs. 2 S. 1** grundsätzlich seine Erben an seine Stelle: Das Nacherbenanwartschaftsrecht ist mit dem Eintritt des Erbfalls vererblich, sofern nicht ein anderer Wille des Erblassers anzunehmen ist. Der Erblasser kann die Vererblichkeit jedoch ausschließen; dies kann ausdrücklich erfolgen oder sich im Wege der Auslegung ergeben.[86] Zulässig ist auch ein teilweiser Ausschluss, z.B. eine Beschränkung auf die Vererbung nur innerhalb eines bestimmten Personenkreises.[87] **799**

Umstritten ist, ob schon die pauschale **Einsetzung eines Ersatznacherben** ausreicht, um die Vererblichkeit auszuschließen. Das RG hat dies verneint[88], der BGH hat dies hingegen in einem Urteil aus dem Jahr 1973 bejaht.[89] In der Literatur und von einigen OLG wird vertreten, dass im Falle der Berufung eines Ersatzerben jedenfalls eine tatsächliche Vermutung dafür spreche, dass die Vererblichkeit ausgeschlossen sei.[90] Die Problematik lässt sich in der Praxis dadurch umgehen, dass der Erblasser für alle Fälle – also auch für den Fall des Todes des Nacherben – ausdrücklich Ersatzerbfolge anordnet. **800**

Ein Problem ergibt sich weiterhin, wenn keine ausdrückliche Bestimmung eines Ersatzerben vorliegt und der Nacherbe einen oder mehrere Abkömmlinge hinterlässt.[91] Hier stellt sich die Frage, ob **§ 2069** (→ Rn. 351 ff.) oder § 2108 Abs. 2 S. 1 (→ Rn. 799) Vorrang genießt. Im ersten Fall würden die Abkömmlinge des Nacherben an dessen Stelle treten; im zweiten Fall seine Erben (d.h. ggf. im Falle gesetzlicher Erbfolge z.B. auch sein Ehegatte oder im Falle gewillkürter Erbfolge eine sonstige vom Nacherben als Erbe eingesetzte Person). Der BGH hat **§ 2108 Abs. 2 S. 1** (also der Vererblichkeit des Anwartschaftsrechts) den **Vorrang** eingeräumt, zugleich jedoch betont, dass besonders sorgfältig zu prüfen ist, ob im Einzelfall ein abweichender Erblasserwille gegeben ist.[92] Dies überzeugt. Denn zum einen würde die gesetzgeberische Intention, dass die Vererblichkeit des Anwartschaftsrecht der Regelfall sein sollte, sonst weitgehend leerlaufen.[93] Zum anderen lässt sich die Vererblichkeit des Anwartschaftsrechts auch in gewissem Sinne als Äquivalent für die Einsetzung als bloßer Nacherbe ansehen.[94] **801**

---

86 Vgl. RG v. 2.11.1933 – IV B 43/33, RGZ 142, 171; BGH v. 23.1.1963 – V ZR 82/61, NJW 1963, 1150 f.; OLG Düsseldorf, FamRZ 2017, 1269, 1270 f.; Staudinger/*Avenarius*, 2013, § 2108 Rn. 13; BeckOGK/*Müller-Christmann* § 2108 Rn. 10 m.w.N.

87 Vgl. OLG Düsseldorf FamRZ 2017, 1269, 1271; BeckOGK/*Grunsky*, 7. Aufl. 2017, § 2108 Rn. 7 m.w.N.

88 Vgl. RG v. 3.3.1919 – IV 422/18, RGZ 95, 97, 99; RG v. 2.11.1933 – IV B 43/33, RGZ 142, 171, 174.

89 Vgl. BGH v. 14.2.1973 – IV ZR 125/71 (jurion) Rn. 9.

90 Vgl. etwa OLG Braunschweig v. 11.11.1993 – 4 W 13/93, FamRZ 1995, 443, 444; OLG Hamm v. 18.2.2003 – 15 W 356/02, BeckRS 2005, 12411; Staudinger/*Avenarius*, 2013, § 2108 Rn. 14; *Lange*, ErbR, 2. Aufl. 2017, § 45 Rn. 144.

91 Vgl. dazu näher MüKoBGB/*Leipold*, 7. Aufl. 2017, § 2069 Rn. 32 f.; BeckOGK/*Müller-Christmann* § 2108 Rn. 15 ff. m.w.N.

92 Vgl. BGH v. 23.1.1963 – V ZR 82/61, NJW 1963, 1150, 1151, vgl. auch OLG Karlsruhe v. 19.11.2008 – 7 U 8/08, ZEV 2009, 34, 35.

93 Vgl. MüKoBGB/*Leipold*, 7. Aufl. 2017, § 2069 Rn. 33.

94 Vgl. MüKoBGB/*Leipold*, 7. Aufl. 2017, § 2069 Rn. 33.

4. Ausschlagung

802 Der Nacherbe kann die Erbschaft gem. **§ 2142 Abs. 1** ausschlagen, sobald der Erbfall eingetreten ist – also bereits vor Eintritt des Nacherbfalls. Die Ausschlagungsfrist beginnt jedoch gem. § 1944 Abs. 2 S. 1 erst mit Kenntnis vom Eintritt des Nacherbfalls und des Berufungsgrundes.[95] Sofern der Erblasser keine anderweitige Disposition getroffen hat, wird der **Vorerbe** mit der Ausschlagung **gem. § 2142 Abs. 2 Vollerbe**.

Dies gilt allerdings **nicht**, wenn einer von mehreren Nacherben ausschlägt; dann hat das **Anwachsungsrecht** gem. § 2094 (→ Rn. 731 ff.) Vorrang vor dem Anrecht des Vorerben.[96] Vorrang vor § 2142 Abs. 2 hat ferner auch die Einsetzung eines **Ersatzerben** gem. § 2096 (→ Rn. 739 ff.).[97] Ist der ausschlagende Nacherbe ein **Abkömmling** des Erblassers, so treten nach der gesetzlichen Auslegungsregel des **§ 2069** (→ Rn. 351 ff.) im Zweifel dessen Abkömmlinge an seine Stelle.[98] Wenn der Nacherbe allerdings ausschlägt, um seinen Pflichtteil zu erlangen (§ 2306, → Rn. 652 ff.), so spricht nach h.M. eine tatsächliche Vermutung dafür, dass der Erblasser nicht wollte, dass der Nachlass an seine Abkömmlinge fällt, weil der Stamm sonst doppelt bedacht würde.[99] Dies ist indes letztlich nicht überzeugend, denn dieser Konflikt wird durch § 2320 Abs. 2 gelöst.[100] S. auch bereits → Rn. 725.

Lösung der Ausgangsfälle

803 **Fall 38 (→ Rn. 746):** Die Ehefrau F ist durch das Testament als Vorerbin, der Sohn Y als Nacherbe eingesetzt worden. Stirbt X, so erbt F als Vorerbin alles. Stirbt dann etwas später auch F, so erbt Y als Nacherbe den Nachlass des X. Daneben ist Y aber gem. § 1924 Abs. 1 auch gesetzlicher Erbe der F. Beide Erbfälle und Erbmassen sind streng voneinander zu trennen.

804 **Fall 39 (→ Rn. 746):** B ist beim Tod des A zunächst alleinige Vorerbin geworden. Mit der Wiederheirat der B sind B und C Mitnacherben geworden; zwischen ihnen besteht dann eine Erbengemeinschaft (→ Rn. 751).

805 **Fall 40 (→ Rn. 746):** S ist als Nacherbe eingesetzt (vgl. § 2104, → Rn. 755). Gesetzliche Erben des X sind zwar S und F, aber F sollte nach dem Willen des X gerade nicht Erbin werden, wenn sie erneut heiratet. Mit der Heirat der F ist der Nacherbfall eingetreten. Nun ist S Erbe des X.

---

95 Vgl. RG v. 5.1.1905 – IV 320/04, RGZ 59, 341, 344; Erman/*J. Schmidt*, 15. Aufl. 2017, § 1944 Rn. 9 m.w.N.

96 Vgl. BayObLG v. 10.8.1962 – 1 Z 43/61, BayObLGZ 1962, 239, 246; MüKoBGB/*Grunsky*, 7. Aufl. 2017, § 2142 Rn. 5 m.w.N.

97 Vgl. Staudinger/*Avenarius*, 2013, § 2142 Rn. 9; BeckOGK/*Deppenkemper* § 2142 Rn. 21 m.w.N.

98 Vgl. RG v. 18.3.1912 – IV 443/11, WarnR 1913 Nr. 241; Staudinger/*Avenarius*, 2013, § 2142 Rn. 9; BeckOGK/*Deppenkemper* § 2142 Rn. 21 m.w.N.

99 Vgl. BGH v. 29.6.1960 – V ZR 64/59, NJW 1960, 1899; OLG München v. 25.7.2006, 31 Wx 39/06, DNotZ 2007, 537, 538; Staudinger/*Avenarius*, 2013, § 2142 Rn. 10; MüKoBGB/*Grunsky*, 7. Aufl. 2017, § 2142 Rn. 5 m.w.N.

100 Vgl. BeckOGK/*Deppenkemper* § 2142 Rn. 25; Staudinger/*Otte*, 2013, § 2069 Rn. 12 ff. (jeweils m.w.N.).

Fall 41 (→ Rn. 746): Die Veräußerung eines Nachlassgrundstücks durch den Vorerben ist zwar gem. § 2113 Abs. 1 bei Eintritt des Nacherbfalls grundsätzlich unwirksam (→ Rn. 760). Hier greift jedoch § 2120 S. 1 (→ Rn. 779): N ist verpflichtet, der Verfügung zuzustimmen, da die Veräußerung zur Finanzierung der Renovierungsmaßnahmen und damit zur ordnungsgemäßen Verwaltung des Nachlasses erforderlich ist. 806

§ 19 Testamentsvollstreckung

Fall 42: E hat A und B je zur Hälfte als Erben eingesetzt und darüber hinaus Testamentsvollstreckung durch T angeordnet. T gewährt sich selbst aus der Ausschüttung eines für die Erben verwalteten Versicherungsverhältnisses ein Darlehen. A will aufgrund dieses Verhaltens dem T sofort „kündigen". Wie ist die Rechtslage? **Lösung: → Rn. 897** 807

Fall 43: E hat V zum Vorerben und N zum Nacherben eingesetzt. Zudem hat E Testamentsvollstreckung zur Verwaltung des Nachlasses „für die Zeit der Vor- und Nacherbschaft" angeordnet und bestimmt, dass der Testamentsvollstrecker T die Rechte und Pflichten des Nacherben wahrzunehmen hat. N verlangt von T Auskunft über den Bestand der Erbschaft und den Verbleib der Erbschaftsgegenstände. Ist T hierzu verpflichtet? **Lösung: → Rn. 898**

Literatur: *Adams*, Der Alleinerbe als Testamentsvollstrecker, ZEV 1998, 321; *Becker*, Regelungen für das Spannungsverhältnis von Testamentsvollstreckung und General- bzw. Vorsorgevollmacht, ZEV 2018, 692; *Bengel/Reimann*, Handbuch der Testamentsvollstreckung, 6. Aufl. 2017; *Bisle*, Testamentsvollstreckung im Handels- und Gesellschaftsrecht, DStR 2013, 1037; *Bork*, Testamentsvollstreckung durch Banken, WM 1995, 225; *Damrau*, Der Testamentsvollstrecker, JA 1984, 130; *ders.*, Lebenslange Testamentsvollstreckung im Insolvenzfall, MDR 2000, 255; *Deckert*, Testamentsvollstreckung, JA 1995, 111; *Dörrie*, Reichweite der Kompetenzen des Testamentsvollstreckers an Gesellschaftsbeteiligungen, ZEV 1996, 370; *Grunewald*, Rechtliche Befugnisse und Werbemöglichkeiten von Testamentsvollstreckern, ZEV 2010, 69; *Heckschen/Strnad*, Kompetenzkonflikt zwischen Testamentsvollstrecker und Erben, NZG 2014, 1201; *Kämper*, Testamentsvollstreckung an Personengesellschaftsanteilen, RNotZ 2016, 625; *Knorr*, Problemkreise bei der Nachfolge des Testamentsvollstreckers, NJW 2018, 2598; *Lange*, Die Rechtsmacht des Testamentsvollstreckers und ihre Grenzen, JuS 1970, 101; *ders.*, Die Vermächtnisvollstreckung nach § 2223 BGB, DNotZ 2018, 804; *ders.*, Testamentsvollstreckung an einem GmbH-Anteil, FS 25 Jahre DNotI, 2018, S. 665; *Moench/Klein-Hümbert*, Der Testamentsvollstrecker im Dienst des Fiskus, DStR 1987, 38; *Muscheler*, Der Pflichtteilsberechtigte als Beteiligter im Sinne des § 2227 BGB, ZErb 2009, 54; *Plank*, Die Eintragungsfähigkeit des Testamentsvollstreckervermerks im Handelsregister, ZEV 2000, 381; *von Proff zu Irnich*, (Nachlass-)Insolvenz, Nachlassverwaltung und Testamentsvollstreckung an Personengesellschaftsanteilen, NJW 2018, 828; *ders.*, Die Erbfolge in Beteiligungen an Personengesellschaften – Funktionsweise und Gestaltungsmöglichkeiten, DStR 2017, 2555; *ders.*, Die Testamentsvollstreckung an Beteiligungen an Personengesellschaften – Funktionsweise und Gestaltungsmöglichkeiten, DStR 2018, 415; *Reimann*, Erbe gegen Testamentsvollstrecker, ErbR 2017, 186; *ders.*, Muss der Testamentsvollstrecker die Erträge des Nachlasses an die Erben ausschütten?, ZEV 2010, 8; *Roth/Maulbetsch*, Geltendmachung von Pflichtteilsansprüchen bei Testamentsvollstreckung, NJW-Spezial 2008, 711; *Sarres*, Die Auskunftspflichten des Testamentsvollstreckers, ZEV 2000, 90; *Schaub*, Die Veräußerung von Grundstücken durch den Testamentsvollstrecker, ZEV 2000, 49; *J. Schmidt/Lebkücher*, Unternehmensnachfolge in Personengesellschaften, Ad Legendum 2014, 347; *Schmitz*, Erwerb von Nachlassgegenständen auf Grund eines Rechtsgeschäfts mit dem Testamentsvollstrecker, ErbR 2010, 306; *Schneider*, Testamentsvollstreckung beim Kommanditanteil – Ein Überblick über Voraussetzungen und Wirkungen, NJW 2015, 1142; *Schulz*, Letztwillig eingesetzte Schiedsgerichte, MDR 2000, 314; *Spernath*, Testamentsvollstreckung und Interessenkonflikte – Vorerbe und gesetzlicher Vertreter als Testamentsvollstrecker?, ZErb 2016, 1; *Todtenhöfer*, Testamentsvollstreckung an GmbH-Anteilen in der notariellen Praxis, RNotZ 2017, 557; *Wacke*, Die Testamentsvollstreckung im deutschen und europäischen Recht, JURA 1989, 577; *Wälzholz*, Testamentsvollstreckung im Gesellschaftsrecht, VGR 20 (2014) 67; Der Regent und sein Vollstrecker: Regieren aus dem Grab - unbegrenzt?, ErbR 2018, 178 und 242; *Werkmüller*, Vollmacht und Testamentsvollstreckung als Instrumente der Nachfolgegestaltung bei Bankkonten, ZEV 2000, 305; *Werner*, Wie man einen Testamentsvollstrecker los wird, ZEV 2010, 126; *Winkel/Diefenbach*, Die Abberufung des Testamentsvollstreckers gem. § 2227 BGB bei objektiv begründetem Misstrauen in die Amtsführung, ZErb 2014, 104; *Zimmermann*, Die Testamentsvollstreckung im FamFG, ZErb 2009, 86.

I. Bedeutung und Rechtsnatur der Testamentsvollstreckung

1. Bedeutung der Testamentsvollstreckung

808 Testamentsvollstreckung i.S.d. §§ 2197 ff. liegt vor, wenn der Erblasser in einer Verfügung von Todes wegen angeordnet hat, dass eine oder mehrere Personen (Testamentsvollstrecker) seinen **letzten Willen ausführen** sollen (vgl. § 2203). Der Testamentsvollstrecker handelt fremdnützig, wenn auch nicht unbedingt unentgeltlich (vgl. § 2221, → Rn. 886).

Der Testamentsvollstrecker als solcher ist vom Erben klar zu unterscheiden. Er ist also nicht Rechtsnachfolger oder Treuhänder, sondern übt ein (privates) Amt mit bestimmten Rechten und Pflichten aus (→ Rn. 809). Anders in den Rechtsordnungen des *common law*, wo der *estate* (Nachlassvermögen) durch einen *personal representative* (*executor/administrator*) vertreten wird, ist der Nachlass auch im Falle der Testamentsvollstreckung keine eigene Person im Rechtssinne; am Prinzip der Sofort- und Universalsukzession (§ 1922 Abs. 1) mit der Vermengung von Nachlass und Eigenvermögen ändert sich nichts.

Der Testamentsvollstrecker (und nicht der oder die Erben) hat die Verfügungsbefugnis über das der Testamentsvollstreckung unterliegende Erbschaftsvermögen (→ Rn. 854 ff.). Vorteile der Testamentsvollstreckung sind die (im Idealfall) fremdnützige, sachkundige und unparteiische Willensvollstreckung.

Der Testamentsvollstrecker kann Nachlassverbindlichkeiten begründen (§ 2206 Abs. 1, → Rn. 862 ff.), für die der Erbe zwar persönlich unbeschränkt haftet, aber mit der Möglichkeit der Haftungsbeschränkung (§ 2206 Abs. 2). Das wegen der Nachlassverbindlichkeit gegen den Testamentsvollstrecker ergehende Urteil bedarf gem. § 780 Abs. 2 ZPO nicht des Vorbehalts der beschränkten Erbenhaftung (→ Rn. 874).

Bei einer **Abwicklungs- und Auseinandersetzungsvollstreckung** (→ Rn. 817) sollen durch die Anordnung der Testamentsvollstreckung meist Streitigkeiten zwischen den Miterben verhindert oder die zuverlässige Ausführung der letztwilligen Verfügung gewährleistet werden. Die **Dauer- oder Verwaltungsvollstreckung** (→ Rn. 818) soll hingegen eine sinnvolle Verwaltung des (ungeteilten) Nachlasses über einen längeren Zeitraum garantieren. Zusätzliche Bedeutung erlangt die Testamentsvollstreckung auch aufgrund ihrer – im Gegensatz zur Vor- und Nacherbschaft (vgl. § 6 Abs. 1, 2 ErbStG) – **erbschaftsteuerlichen Neutralität.**[1]

2. Rechtsnatur der Testamentsvollstreckung

Der Testamentsvollstrecker ist nach st. Rspr. des RG[2] und des BGH[3] **Träger eines privaten Amtes**, das ihm vom Erblasser übertragen ist und das er kraft eigenen Rechts, also unabhängig vom Willen der Erben, aber – im Rahmen der letztwilligen Anordnungen des Erblassers – doch im Interesse anderer, vor allem im Interesse der Erben ausübt. Der Testamentsvollstrecker hat somit ein eigenes Verwaltungs- und Verfügungsrecht. 809

Dies war allerdings lange Zeit höchst umstritten.[4] Nach der sog. **Vertretertheorie** ist der Testamentsvollstrecker Vertreter der Erben. Diese Theorie hat den Vorteil, dass sie die Rechtsfragen, die bei einer Prozessführung des Testamentsvollstreckers auftauchen (z.B. die Rechtskraftwirkung oder die Vollstreckung von Urteilen sowie die Frage der Kostenlast nach § 91 ZPO) einfacher lösen kann.[5] Maßgeblich für die **Amtstheorie** sprechen jedoch zum einen der Wortlaut der §§ 2197, 2201, 2221, 2224 ff. und zum anderen, dass der Testamentsvollstrecker auch gegen das Interesse der Erben handeln kann. Im Übrigen gelangen Amts- und Vertretertheorie in der Prozesspraxis meist zu identischen Ergebnissen. Ein Unterschied besteht nur bei der Parteibezeichnung in der Klageschrift und in der Urteilsformel: Nach der Vertretertheorie ist der Erbe Partei, gesetzlich vertreten durch den Testamentsvollstrecker; nach der Amtstheorie ist der Testamentsvollstrecker selbst Partei.

II. Abgrenzung zu anderen Gestaltungsinstrumenten

Neben der erbrechtlichen Möglichkeit der Testamentsvollstreckung kann der Erblasser auch auf anderem Wege eine Person seines Vertrauens zur Verwaltung einzelner Nachlassgegenstände oder des gesamten Nachlasses einschalten. In der Praxis werden häufig **Vollmachtslösungen** gewählt. Daneben kommen – vor allem für die Verwaltung von Personengesellschaftsanteilen oder einzelkaufmännischen Unternehmen – **Treuhandlösungen** in Betracht (→ Rn. 894, 896). Allerdings dürfen durch solche Gestaltungen die erbrechtlichen Formerfordernisse nicht umgangen werden; so hat z.B. schon das RG entschieden, dass ein formloser postmortaler Auftrag, mit welchem dem Beauftragten die Stellung eines Testamentsvollstreckers eingeräumt werden sollte, unwirksam ist[6]. 810

1 Vgl. *Scherer,* MAH ErbR, 5. Aufl. 2018, Rn. 8.
2 Vgl. RG v. 22.1.1904 – VII 456/03, RGZ 56, 327, 330; RG v. 26.3.1931 – IIb 5/31, RGZ 132, 138, 142.
3 Vgl. BGH v. 29.4.1954 – IV ZR 152/53, NJW 1954, 1036; BGH v. 13.7.1961 – V ZB 9/61, NJW 1961, 1717, 1718.
4 Vgl. näher zum Meinungsstreit m.w.N.: *Lange/Kuchinke,* ErbR, 5. Aufl. 2001, § 31 III 2.
5 Vgl. *Lange/Kuchinke,* ErbR, 5. Aufl. 2001, § 31 III 2 f.
6 Vgl. RG v. 28.11.1932 – IV 263/32, RGZ 139, 41, 43 f.

1. Trans- und postmortale Vollmachten

811 Im Rahmen von Vollmachtslösungen sind prinzipiell zwei Wege denkbar: Zum einen kann eine **transmortale Vollmacht** (Vollmacht über den Tod hinaus) erteilt werden, denn die Vollmacht erlischt grundsätzlich nicht mit dem Tod des Vollmachtgebers (vgl. §§ 168 S. 1, 672 S. 1).[7] Zum anderen kann eine **postmortale Vollmacht** (Vollmacht auf den Todesfall) erteilt werden, d.h. eine Vollmacht, die durch den Tod des Vollmachtgebers aufschiebend bedingt (§ 158 Abs. 1) ist.[8] Im Gegensatz zum Testamentsvollstrecker ist der Bevollmächtigte nicht Träger eines Amtes, sondern Vertreter der Erben.[9]

812 Mit der Bevollmächtigung können verschiedene **Zwecke** verfolgt werden. Zum einen kann sie dazu dienen, die Zeitspanne, die zwischen Erbfall und Erteilung eines Erbscheins (→ Rn. 1281 ff.), eines Europäischen Nachlasszeugnisses (→ Rn. 1334 ff.) oder des Testamentsvollstreckerzeugnisses (→ Rn. 1328 ff.) vergeht, zu überbrücken. Die Bevollmächtigung kann aber auch als Ersatz für eine Testamentsvollstreckung gewollt sein. Denkbar ist schließlich auch eine Bevollmächtigung des Testamentsvollstreckers: Damit kann zum einen erreicht werden, dass er sofort handlungsfähig ist; zum anderen kann ihm auch Vollmacht für Rechtsgeschäfte erteilt werden, bei denen er als Testamentsvollstrecker Beschränkungen unterliegen würde.

813 Der **Umfang der Vertretungsmacht** wird nach allgemeinen Grundsätzen durch den Erblasser bestimmt und ist ggf. durch Auslegung zu ermitteln (insb. auch hinsichtlich der Frage, ob der Bevollmächtigte den Beschränkungen eines Testamentsvollstreckers gem. §§ 2205 ff. [→ Rn. 854 ff.] unterworfen ist). Die Vollmacht kann entweder nur für bestimmte Rechtsgeschäfte (Spezialvollmacht) oder als Generalvollmacht erteilt werden (im letzteren Fall empfiehlt sich wegen der Nachweisregelung in § 29 GBO eine notarielle Beurkundung).

814 Als Rechtsnachfolger des Erblassers kann der Erbe die **Vollmacht** grundsätzlich **widerrufen.**[10] Der Erblasser kann den Widerruf zwar nach allgemeinen Grundsätzen ausschließen, wenn die Vollmacht auch im Interesse des Bevollmächtigten oder eines Dritten liegt; allerdings ist selbst dann ein Widerruf aus wichtigem Grund stets möglich.[11] Unzulässig – weil unvereinbar mit dem Grundsatz der Privatautonomie – ist jedoch eine unwiderrufliche Generalvollmacht.[12] Bei mehreren Erben ist jeder einzeln mit Wirkung nur für sich widerrufsberechtigt (d.h. die Vertretungsmacht zugunsten der übrigen Miterben bleibt bestehen, sofern diese nicht ebenfalls wirksam widerrufen haben).[13]

---

7 Vgl. bereits RG v. 10.1.1923 – V 385/22, RGZ 106, 185, 187; BGH v. 23.2.1983 – IVa ZR 186/81, NJW 1487, 1488 f.

8 Vgl. bereits RG v. 6.10.1926 – V 108/26, RGZ 114, 351, 354.

9 Vgl. BGH v. 23.2.1983 – IVa ZR 186/81, NJW 1487, 1489.

10 Vgl. BeckOGK/*Grotheer* § 2197 Rn. 169 f. m.w.N.

11 Vgl. BGH v. 10.9.1997 – VIII ARZ 1/97, NJW 1997, 3437, 3440; BeckOGK/*Grotheer* § 2197 Rn. 169.1 m.w.N.

12 Vgl. BGH v. 1.6.2010 – XI ZR 389/09, NJW 2011, 66 Rn. 16; BeckOGK/*Grotheer* § 2197 Rn. 169.1; MüKoBGB/*Schubert,* 8. Aufl. 2018, § 168 Rn. 25.

13 Vgl. RG v. 4.4.1938 – IV 231/37, JW 1938, 1892 (vgl. allgemein zum Widerruf bei mehreren Vollmachtgebern auch BGH v. 29.9.1989 – V ZR 198/87, NJW 1990, 507, 508); MüKoBGB/*Schubert,* 8. Aufl. 2018, § 168 Rn. 54 m.w.N.

Die **Abgrenzung** zwischen Testamentsvollstreckung und Bevollmächtigung erfolgt durch Auslegung der Willenserklärung des Erblassers.[14] Entscheidend ist insoweit insb., welche unterschiedlichen Rechtswirkungen der beiden Rechtsinstitute der Erblasser erreichen wollte. **815**

2. Treuhandlösungen

Als Alternative zur Testamentsvollstreckung werden insb. bei einzelkaufmännischen Unternehmen und Personengesellschaften auch Treuhandlösungen diskutiert.[15] Bei der **Ermächtigungstreuhand** erhält der Treuhänder nicht das volle Recht an den verwalteten Gegenständen, sondern nur die Macht, in eigenem Namen darüber zu verfügen. Dies wird allerdings häufig den praktischen Bedürfnissen nicht hinreichend gerecht. Bei der **Vollrechtstreuhand** wird dem Treuhänder hingegen das Handelsgeschäft voll übertragen. Dies kann allerdings erhebliche Kosten verursachen; zudem kann es u.U. schwierig sein, einen Treuhänder zu finden, der bereit ist, das Risiko der persönlichen Haftung zu übernehmen. **816**

III. Arten der Testamentsvollstreckung

Gesetzlicher Regelfall ist die **Abwicklungs- und Auseinandersetzungsvollstreckung**: Wenn der Erblasser nichts anderes bestimmt hat, obliegen dem Testamentsvollstrecker die Ausführung der letztwilligen Verfügungen des Erblassers (§ 2203) sowie im Falle mehrerer Miterben die Auseinandersetzung (§ 2204). **817**

Möglich ist auch eine auf den Zweck der Erhaltung des Nachlasses angelegte **Dauervollstreckung** (§ 2209). Sie kann eine reine Verwaltungsvollstreckung sein, d.h. der Testamentsvollstrecker ist ausschließlich für die Verwaltung des Nachlasses zuständig (§ 2209 S. 1 Hs. 1). Möglich ist aber auch eine sog. Dauervollstreckung i.e.S.: Hier hat der Testamentsvollstrecker die Verwaltung nach der Erledigung der ihm sonst zugewiesenen Aufgaben (insb.: Abwicklung, § 2203) fortzuführen (§ 2209 S. 1 Hs. 2). Die Dauervollstreckung wird gem. § 2210 S. 1 grundsätzlich nach spätestens 30 Jahren unwirksam. Sie kann jedoch erheblich länger dauern, wenn die Verwaltung bis zum Tod des Erben oder des Testamentsvollstreckers oder bis zum Eintritt eines anderen Ereignisses in der Person des einen oder anderen (z.B. Geburt eines Kindes, Erreichung eines bestimmten Lebensalters, Heirat) fortdauern soll (§ 2210 S. 2). Bei juristischen Personen als Testamentsvollstrecker gilt jedoch gem. § 2210 S. 3, 2163 Abs. 2 ausnahmslos die 30-jährige Frist; die Vorschrift ist entsprechend auch auf Personengesellschaften (GbR, oHG, KG, PartG, EWIV etc.) anzuwenden[16]. **818**

Bei der **Nacherbenvollstreckung** ist der Testamentsvollstrecker nur bis zum Eintritt der Nacherbfolge eingesetzt (§ 2222). Nicht ausdrücklich geregelt, aber ebenfalls zulässig sind ferner die Testamentsvollstreckung für den Vorerben während der Dauer **819**

---

14 Vgl. OLG München v. 15.11.2011 – 34 Wx 388/11, ZEV 2012, 376; OLG München v. 26.7.2012 – 34 Wx 248/12, NJOZ 2012, 2158, 2159; MüKoBGB/*Schubert*, 8. Aufl. 2018, § 168 Rn. 41 m.w.N.

15 Vgl. zum Ganzen etwa *Kämper* RNotZ 2016, 625, 640 f.; Nieder/Kössinger/*Kössinger*, Handbuch der Testamentsgestaltung, 5. Aufl. 2015, § 15 Rn. 119 ff.; *Lange*, ErbR, 2. Aufl. 2017, § 62 Rn. 11.

16 Vgl. Staudinger/*Reimann*, 2016, § 2210 Rn. 38 m.w.N.

der Vorerbschaft, für den Nacherben ab Eintritt des Nacherbfalls oder für den Vor- und für den Nacherben.[17] Zulässig ist ferner auch, den für den Vorerben ernannten Testamentsvollstrecker zugleich als Nacherbenvollstrecker während der Zeit der Vorerbschaft einzusetzen.[18] Für die Nacherbenvollstreckung gelten grundsätzlich die allgemeinen Vorschriften, wobei allerdings die besonders geartete Struktur der Nacherbenvollstreckung zu berücksichtigen ist; der auf der Grundlage von § 2222 handelnde Testamentsvollstrecker hat nicht mehr, aber auch nicht weniger Rechte und Pflichten, als sie dem Nacherben im Allgemeinen gegenüber einem Vorerben zustehen.[19] Der Verwaltung des Nacherbenvollstreckers unterliegen nur die Rechte und Pflichten des Nacherben vor Eintritt des Nacherbfalls, nicht dagegen die Nachlassgegenstände.[20]

820 Gem. § 2223 kann der Erblasser einen Testamentsvollstrecker auch zu dem Zweck ernennen, dass dieser für die Ausführung der einem Vermächtnisnehmer auferlegten Beschwerungen sorgt (sog. **Vermächtnisvollstreckung**).[21] Vermächtnisvollstrecker kann auch der Alleinerbe sein.[22]

821 Zulässig ist auch ein **Testamentsvollstrecker mit beschränktem Aufgabenkreis** (vgl. § 2208), → Rn. 834.

IV. Voraussetzungen der Testamentsvollstreckung

1. Anordnung der Testamentsvollstreckung

822 Eine Testamentsvollstreckung findet nur statt, wenn der Erblasser dies durch **Verfügung von Todes wegen** angeordnet hat. Obgleich § 2197 Abs. 1 nur von einem **Testament** spricht, kann die Anordnung auch in einem **Erbvertrag** erfolgen (vgl. § 2299 Abs. 1), aber nur als einseitige Verfügung (vgl. § 2278 Abs. 2).[23] In einem **gemeinschaftlichen Testament** kann eine Testamentsvollstreckung ebenfalls angeordnet werden, jedoch nicht als wechselseitige Verfügung (vgl. § 2270 Abs. 3, → Rn. 239 f.).

Die in einem **gemeinschaftlichen Testament** angeordnete Testamentsvollstreckung kann daher von dem Ehegatten, der sie angeordnet hat, gem. §§ 2253 ff. jederzeit frei widerrufen werden.[24] Wenn die Ehegatten gemeinsam einen Dritten zum Testamentsvollstrecker einsetzen, so wird die Auslegung regelmäßig ergeben, dass zwei voneinander rechtlich unabhängige Testamentsvollstreckungen angeordnet sind, eine nach dem Tod des Erstversterbenden und eine nach dem Tod des Letztversterbenden.[25]

---

17 Vgl. *Lange*, ErbR, 2. Aufl. 2017, § 62 Rn. 17; MüKoBGB/*Zimmermann*, 7. Aufl. 2017, § 2222 Rn. 9, 11.

18 Vgl. BGH v. 9.11.1994 – IV ZR 319/93, NJW 1995, 456; MüKoBGB/*Zimmermann*, 7. Aufl. 2017, § 2222 Rn. 4 m.w.N.

19 Vgl. BGH v. 9.11.1994 – IV ZR 319/93, NJW 1995, 456.

20 Vgl. BGH v. 9.11.1994 – IV ZR 319/93, NJW 1995, 456.

21 Dazu näher *Lange* DNotZ 2018, 804 ff.

22 Vgl. KG v. 11.10.1906, KGJ 33, A 159, A 163; *Lange* DNotZ 2018, 804, 807; Staudinger/*Reimann*, 2016, § 2223 Rn. 21.

23 Vgl. OLG Düsseldorf v. 17.6.1994 – 3 Wx 218/94, FamRZ 1995, 123; Staudinger/*Reimann*, 2016, § 2197 Rn. 22.

24 Vgl. MüKoBGB/*Zimmermann*, 7. Aufl. 2017, § 2197 Rn. 5.

25 Vgl. BayObLG v. 25.6.1985 – 1 Z 25, 26/85, BayObLGZ 1985, 233; MüKoBGB/*Zimmermann*, 7. Aufl. 2017, § 2197 Rn. 5.

2. Ernennung des Testamentsvollstreckers

Trotz des missverständlichen Wortlauts von § 2197 ist die **Anordnung** der Testamentsvollstreckung streng zu trennen von der **Ernennung** einer (oder mehrerer) konkreter Personen als Testamentsvollstrecker. In der Ernennung eines Testamentsvollstreckers liegt implizit immer auch eine Anordnung der Testamentsvollstreckung – aber nicht umgekehrt: Die abstrakte Anordnung der Testamentsvollstreckung muss ggf. erst noch durch die Ernennung einer konkreten Person als Träger dieses Amts ausgefüllt werden. 823

a) Person des Testamentsvollstreckers

Zum Testamentsvollstrecker kann grundsätzlich jede **natürliche Person** ernannt werden, die im Zeitpunkt des Amtsantritts voll geschäftsfähig ist und nicht unter Betreuung betreffend ihre Vermögensangelegenheiten steht (vgl. § 2201). Wie sich aus § 2210 S. 3 ergibt, können zudem auch **juristische Personen** und **Personengesellschaften** Testamentsvollstrecker sein.[26] 824

Testamentsvollstrecker kann insb. auch ein **Notar** sein (vgl. § 8 Abs. 4 BNotO). Gem. §§ 27, 7 BeurkG unwirksam ist allerdings die Beurkundung einer Verfügung von Todes wegen, in der sich der beurkundende Notar selbst zum Testamentsvollstrecker einsetzen lässt[27] oder die vorsieht, dass der Notar die Person des Testamentsvollstreckers bestimmen soll[28].

Eine **Behörde** kann nicht Testamentsvollstrecker sein, weil sonst ihr gesetzlicher Wirkungsbereich durch privatrechtliche Erklärung erweitert würde.[29]

Ein **Alleinerbe** kann **grundsätzlich nicht** zum **alleinigen Testamentsvollstrecker** ernannt werden, denn der Erbe ist ohnehin „Herr des Nachlasses“, sodass es sinnlos wäre, ihm in der Eigenschaft eines Testamentsvollstreckers Verwaltungsrechte einzuräumen, die eigentlich dazu gedacht sind, die Rechte des Erben zu beschränken.[30] Eine Ausnahme besteht lediglich für die Vermächtnisvollstreckung gem. § 2223 (→ Rn. 820). Ferner besteht eine Ausnahme für den Sonderfall, dass sich die Testamentsvollstreckung auf die sofortige Erfüllung eines Vermächtnisses beschränkt und das Nachlassgericht bei groben Pflichtverstößen einen anderen Testamentsvollstrecker bestimmen kann.[31] Grundsätzlich zulässig ist hingegen die Ernennung eines Alleinerben zum Mittestamentsvollstrecker gem. § 2224 (→ Rn. 833), da in diesem Fall wegen der gemeinschaftlichen Amtsführung eine echte Beschränkung der Erbenrechte vorliegt.[32] 825

Ein **Miterbe** kann Testamentsvollstrecker sein, wenn er dadurch Befugnisse erhält, die über seine Stellung als Miterbe hinausgehen.[33] Zulässig ist auch die Bestellung 826

26 Vgl. MüKoBGB/*Zimmermann*, 7. Aufl. 2017, § 2197 Rn. 9 m.w.N.
27 Wirksam ist die Beurkundung jedoch, wenn ein Sozius des Notars zum Testamentsvollstrecker ernannt wird, vgl. BGH v. 18.12.1996 – IV ZB 9/96, NJW 1997, 946.
28 Vgl. BGH v. 10.10.2012 – IV ZB 14/12, NJW 2013, 52.
29 Vgl. Staudinger/*Reimann*, 2016, § 2197 Rn. 80 m.w.N.
30 Vgl. RG v. 26.10.1911 – IV 34/11, RGZ 77, 177 f.; BayObLG v. 8.6.2001 – 1Z BR 74/00, ZEV 2002, 24, 25.
31 Vgl. BGH v. 26.1.2005 – IV ZR 296/03, ZEV 2005, 204 m. Anm. *Adams*.
32 Vgl. RG v. 15.2.1940 – IV 111/39, RGZ 163, 57, 59; Staudinger/*Reimann*, 2016, § 2197 Rn. 82.
33 Vgl. RG v. 28.6.1905 – V 143/05, RGZ 61, 139, 142 f.; BGH v. 29.4.1959 – V ZR 11/58, NJW 1959, 1429, 1430.

sämtlicher Miterben zu Mittestamentsvollstreckern.[34] Dies kann insofern zweckmäßig sein, als dann bei Streitigkeiten zwischen den Miterben gem. § 2224 Abs. 1 S. 1 das Nachlassgericht entscheidet.

827 Wie jeder Alleinerbe kann auch der alleinige **Vorerbe** grundsätzlich nicht zu seinem „eigenen" Testamentsvollstrecker ernannt werden (→ Rn. 825).[35] Wegen des Interessenwiderstreits kann er auch nicht gem. § 2222 zum Testamentsvollstrecker für den Nacherben berufen werden.[36] Hingegen kann der **Nacherbe** (oder einer von mehreren Nacherben) zu einem den Vorerben beschränkenden Testamentsvollstrecker ernannt werden.[37]

828 Uneingeschränkt zulässig ist im Übrigen die Ernennung von **Vermächtnisnehmern**, Pflichtteilsberechtigten, Nießbrauchern am Nachlass oder an Nachlassgegenständen, **Familienangehörigen** sowie post- und transmortal Bevollmächtigten.[38]

b) Ernennungsmodi

829 Die Ernennung des Testamentsvollstreckers kann auf **drei Arten** erfolgen: durch den **Erblasser** (§ 2197, → Rn. 822), einen **Dritten** (→ Rn. 830) oder das **Nachlassgericht** (→ Rn. 831). Die Ernennung kann auch unter einer aufschiebenden oder auflösenden Bedingung oder nur für einen bestimmten Zeitraum erfolgen.[39] Die Ernennung eines Ersatztestamentsvollstreckers als Sonderform der bedingten Ernennung ist in § 2197 Abs. 2 ausdrücklich geregelt.

830 Gem. § 2198 Abs. 1 S. 1 kann der Erblasser – als Ausnahme vom Grundsatz der materiellen Höchstpersönlichkeit in § 2065 (→ Rn. 147 ff.) – die Bestimmung der Person des Testamentsvollstreckers aber auch einem **Dritten** überlassen. Das Bestimmungsrecht kann grundsätzlich jedem geschäftsfähigen Dritten übertragen werden, auch einem Erben.[40] Ferner kann der Erblasser gem. § 2199 auch den Testamentsvollstrecker ermächtigen, einen oder mehrere Mitvollstrecker zu bestellen (Abs. 1) oder einen Nachfolger zu ernennen (Abs. 2).[41] Die Bestimmung erfolgt durch eine Erklärung gegenüber dem Nachlassgericht in öffentlich beglaubigter Form (§§ 2198 Abs. 1 S. 2, 2199 Abs. 3). Der Dritte kann grundsätzlich jeden zum Testamentsvollstrecker bestimmen, den auch der Erblasser selbst hätte bestimmen können, auch sich selbst.[42]

831 Gem. § 2200 Abs. 1 kann der Erblasser ferner das **Nachlassgericht** ersuchen, einen Testamentsvollstrecker zu ernennen. Das Ersuchen muss nicht ausdrücklich erfolgen,

---

34 Vgl. RG v. 15.2.1940 – IV 111/39, RGZ 163, 57, 58 f.; MüKoBGB/*Zimmermann*, 7. Aufl. 2017, § 2197 Rn. 11 m.w.N.

35 Vgl. RG v. 26.10.1911 – IV 34/11, RGZ 77, 177; OLG Jena v. 6.5.2008 – 5 U 627/07, ZEV 2009, 244, 245.

36 Vgl. RG v. 26.10.1911 – IV 34/11, RGZ 77, 177, 178.

37 Vgl. BayObLG v. 10.4.1959 – 1 Z 178/58, NJW 1959, 1920, 1922; MüKoBGB/*Zimmermann*, 7. Aufl. 2017, § 2197 Rn. 11.

38 Vgl. Staudinger/*Reimann*, 2016, § 2197 Rn. 84, 89; MüKoBGB/*Zimmermann*, 7. Aufl. 2017, § 2197 Rn. 10.

39 Vgl. Staudinger/*Reimann*, 2016, § 2197 Rn. 65; MüKoBGB/*Zimmermann*, 7. Aufl. 2017, § 2197 Rn. 13.

40 Vgl. RG v. 19.1.1918 – V 231/17, RGZ 92, 68, 72.

41 Näher zu Problemkreisen bei der Nachfolge des Testamentsvollstreckers *Knorr* NJW 2018, 2598 ff.

42 Vgl. Staudinger/*Reimann*, 2016, § 2198 Rn. 6; MüKoBGB/*Zimmermann*, 7. Aufl. 2017, § 2198 Rn. 4.

es genügt, wenn es der Verfügung im Wege der – ggf. auch ergänzenden – Auslegung entnommen werden kann.[43] Kommt das Nachlassgericht bei seiner von Amts wegen vorzunehmenden Prüfung zu dem Ergebnis, dass ein wirksames Ersuchen vorliegt, so liegt es im pflichtgemäßen Ermessen des Nachlassgerichts, ob es dem Ersuchen stattgibt („kann"); in aller Regel ist es zwar zur Bestellung verpflichtet, im Einzelfall kann das Nachlassgericht jedoch unter Zweckmäßigkeitsgesichtspunkten davon absehen (z.B. wenn davon auszugehen ist, dass der Erblasser aufgrund zwischenzeitlich veränderter Umstände von der Anordnung abgesehen hätte).[44]

Durch eine **Kombination der verschiedenen Ernennungsmöglichkeiten** der §§ 2197-2200 kann der Erblasser die Durchführung der Testamentsvollstreckung sicherstellen. Hierzu empfiehlt sich neben der Ernennung eines Testamentsvollstreckers durch den Erblasser selbst die Berufung möglichst mehrerer Ersatzvollstrecker sowie das hilfsweise Ersuchen an das Nachlassgericht. Bei einer Dauervollstreckung sollte der Testamentsvollstrecker gem. § 2199 Abs. 2 ermächtigt werden, einen Nachfolger zu bestimmen. 832

c) Gestaltungsoptionen

aa) Mehrere Testamentsvollstrecker. Der Erblasser kann gem. § 2197 Abs. 1 auch **mehrere Testamentsvollstrecker** berufen. Diese üben die Testamentsvollstreckung gem. § 2224 Abs. 1 S. 1 grundsätzlich gemeinschaftlich aus (sog. **Gesamtvollstrecker**). Der Erblasser kann jedoch gem. § 2224 Abs. 1 S. 3 abweichende Anordnungen treffen. So kann er z.B. jedem Testamentsvollstrecker einen bestimmten Wirkungskreis zuweisen (sog. **Nebenvollstreckung**) (Bsp.: A soll für sein unbewegliches Vermögen zuständig sein, B für das bewegliche Vermögen). 833

bb) Beschränkungen des Wirkungskreises. § 2208 eröffnet dem Erblasser zudem ausdrücklich die Möglichkeit, den **Wirkungskreis des Testamentsvollstreckers** zu **beschränken**. Explizit als mögliche Beschränkung genannt ist zum einen die Möglichkeit einer gegenständlichen Beschränkung (§ 2208 Abs. 1 S. 2); z.B. auf ein bestimmtes Grundstück. Ausdrücklich geregelt ist ferner in § 2208 Abs. 2 die sog. **beaufsichtigte Testamentsvollstreckung**: Hier hat der Testamentsvollstrecker dann nur die Aufgabe, die Ausführung der letztwilligen Verfügungen durch den Erben zu überwachen. Der Erblasser hat aber nach § 2208 Abs. 1 S. 1 ganz generell die Möglichkeit, die Rechtsmacht des Testamentsvollstreckers nach Belieben zu beschränken.[45] Zulässig ist etwa auch die Beschränkung auf einen Erbteil (sog. Erbteilsvollstreckung).[46] Jegliche Beschränkungen i.S.d. § 2208 **wirken absolut-dinglich**.[47] Sie sind deshalb im Testamentsvollstreckerzeugnis (§ 354 Abs. 2 FamFG) und im Europäischen Nachlasszeugnis (Art. 68 lit. o EuErbVO) anzugeben. 834

---

43 Vgl. BGH v. 24.4.2013 – IV ZB 42/12, ZEV 2013, 440 Rn. 22; OLG Düsseldorf v. 8.5.2018 – I-3 Wx 10/18, BeckRS 2018, 13957 Rn. 22.

44 Vgl. OLG Frankfurt v. 22.9.2016 – 20 W 158/16, FamRZ 2017, 488, 490; OLG Hamburg v. 8.2.2017 – 2 W 91/15, FGPrax 2017, 227. Ob tatsächlich ein Ermessen besteht und wieweit dieses reicht, ist allerdings umstritten, vgl. zum Ganzen BeckOGK/*Leitzen* § 2200 Rn. 27 ff. m.w.N.

45 Vgl. Staudinger/*Reimann*, 2016, § 2208 Rn. 1 ff.

46 Vgl. BGH v. 22.1.1997 – IV ZR 283/95, NJW 1997, 1362, 1363; BGH v. 27.10.2004 – IV ZR 243/03, ZEV 2005, 22, 23.

47 Vgl. BGH v. 18.6.1971 – V ZB 4/71, NJW 1971, 1805; BGH v. 9.5.1984 – IVa ZR 234/82, NJW 1984, 2464, 2465; OLG München v. 16.11.2015 – 34 Wx 178/15, MittBayNot 2016, 426, 427; Staudinger/*Reimann*, 2016, § 2208 Rn. 18; MüKoBGB/*Zimmermann*, 7. Aufl. 2017, § 2208 Rn. 4.

V. Dauer von Amt und Testamentsvollstreckung

1. Beginn

835 Die **Testamentsvollstreckung** im abstrakt-funktionellen Sinn beginnt grundsätzlich bereits mit dem **Erbfall**, sofern der Erblasser keinen späteren Beginn angeordnet hat.[48] Ab diesem Zeitpunkt hat der Erbe gem. § 2211 Abs. 1 keine Verfügungsbefugnis mehr (→ Rn. 878).[49]

836 Das **Amt** des Testamentsvollstreckers beginnt dagegen gem. § 2202 Abs. 1 und 2 erst, wenn der Ernannte die **Annahme** unbedingt und unbefristet gegenüber dem Nachlassgericht erklärt. Vor der Annahme des Amtes hat der Ernannte keine Verwaltungs- oder Verfügungsbefugnis über den Nachlass. Um den Zeitraum bis zur Annahme des Amtes zu verkürzen, kann das Nachlassgericht gem. § 2202 Abs. 3 auf Antrag eines Beteiligten (Erbe, Mitvollstrecker, Pflichtteilsberechtigter, Vermächtnisnehmer, Auflagenbegünstigter und Nachlassgläubiger)[50] eine Frist zur Erklärung der Annahme setzen; sofern die Annahme nicht innerhalb der Frist erklärt wird, gilt das Amt als abgelehnt.

837 Es besteht **keine Pflicht** zur Annahme; der Ernannte kann grundsätzlich völlig frei entscheiden, ob er das Amt annehmen möchte oder nicht.[51] Durch Vertrag zwischen dem Erblasser oder dem Erben und dem Ernannten kann zwar eine Verpflichtung zur Übernahme des Amtes begründet werden.[52] Ob aus einem solchen Vertrag auf Abgabe der Annahmeerklärung oder nur auf Schadensersatz geklagt werden kann, ist allerdings umstritten.[53] Letztlich würde eine entsprechende Verurteilung (§ 894 ZPO) freilich ohnehin nicht viel bringen, weil der Testamentsvollstrecker das Amt gem. § 2226 S. 1 jederzeit kündigen kann (→ Rn. 839) (zumal ein Unwilliger das Amt kaum effektiv führen wird).

838 Nimmt der Ernannte **Rechtsgeschäfte vor der Annahme** für den Nachlass vor, so sind diese unwirksam; sie werden auch durch die spätere Annahme nicht ohne Weiteres wirksam.[54] Entgegen einer Ansicht in der Literatur[55] kann § 1959 Abs. 2 nicht analog angewendet werden, weil der Testamentsvollstrecker – anders als der später ausschlagende Erbe – sein Amt und damit die Verfügungsmacht über den Nachlass erst mit der Annahme erhält.[56] Vorzeitige Rechtsgeschäfte können jedoch gem. §§ 177 ff. wirksam werden. Ein Verpflichtungsgeschäft kann der Testamentsvollstrecker analog §§ 177, 184 rückwirkend selbst genehmigen.[57] Bei Verfügungen wird

---

48 Vgl. *Lange*, ErbR, 2. Aufl. 2017, § 63 Rn. 39; Staudinger/*Reimann*, 2016, § 2202 Rn. 1.
49 Vgl. BGH v. 1.6.1967 – II ZR 150/66, NJW 1967, 2399; Staudinger/*Reimann*, 2016, § 2211 Rn. 6.
50 Vgl. BeckOGK/*Leitzen* § 2202 Rn. 33.
51 Vgl. nur Staudinger/*Reimann*, 2016, § 2202 Rn. 25.
52 Vgl. RG v. 28.11.1932 – IV 263/32, RGZ 139, 41; Staudinger/*Reimann*, 2016, § 2202 Rn. 25.
53 Vgl. dazu MüKoBGB/*Zimmermann*, 7. Aufl. 2017, § 2202 Rn. 2; Staudinger/*Reimann*, 2016, § 2202 Rn. 25 m.w.N.
54 Vgl. Staudinger/*Reimann*, 2016, § 2202 Rn. 33; MüKoBGB/*Zimmermann*, 7. Aufl. 2017, § 2204 Rn. 4.
55 Vgl. *Lange/Kuchinke*, ErbR, 5. Aufl. 2001, § 31 V 3.
56 Vgl. Erman/*M. Schmidt*, 15. Aufl. 2017, § 2202 Rn. 5; MüKoBGB/*Zimmermann*, 7. Aufl. 2017, § 2204 Rn. 4.
57 Vgl. Staudinger/*Reimann*, 2016, § 2202 Rn. 33; MüKoBGB/*Zimmermann*, 7. Aufl. 2017, § 2204 Rn. 4.

teilweise angenommen, dass sie mit Annahme des Amtes analog § 185 Abs. 2 S. 1 Var. 2 ohne Weiteres wirksam werden.[58] Dies vermag jedoch nicht zu überzeugen. Denn erstens hat der Testamentsvollstrecker den Gegenstand, über den er verfügt, nicht durch Erlangung des Amtes „erworben" und zweitens greift der der Konvaleszenz zugrunde liegende Gedanke der Treuwidrigkeit hier nicht, weil die Konvaleszenz nicht zulasten eines fremden Vermögens gehen soll.[59] Der Testamentsvollstrecker kann jedoch gem. § 185 Abs. 2 S. 1 Var. 1 genehmigen.[60]

2. Ende

Das **Amt des Testamentsvollstreckers** endet gem. § 2225 mit seinem **Tod** oder wenn ein **Fall** eintritt, in welchem die Ernennung gem. **§ 2201** unwirksam sein würde (Verlust der vollen Geschäftsfähigkeit, Betreuung in Vermögensangelegenheiten, → Rn. 824). Zudem kann der Testamentsvollstrecker das Amt gem. § 2226 S. 1 und S. 2 durch Erklärung gegenüber dem Nachlassgericht **jederzeit kündigen**. Ferner kann das Nachlassgericht den Testamentsvollstrecker gem. § 2227 auf Antrag eines Beteiligten **entlassen**, wenn ein wichtiger Grund vorliegt; ein solcher Grund ist insb. eine grobe Pflichtverletzung (Bsp.: Verschweigen eines erheblichen Nachlassbestandteils über Jahrzehnte[61]) oder die Unfähigkeit zur ordnungsmäßigen Geschäftsführung. Ein wichtiger Grund kann aber z.B. auch ein auf Tatsachen beruhendes Misstrauen eines Beteiligten, zu dem der Testamentsvollstrecker Anlass gegeben hat, sein.[62] Selbst wenn ein wichtiger Grund vorliegt, hat das Nachlassgericht jedoch nach pflichtgemäßem Ermessen zu prüfen, ob gleichwohl überwiegende Gründe für ein Verbleiben des Testamentsvollstreckers im Amt sprechen.[63] **839**

Nach h.M. kann sich der Testamentsvollstrecker durch Vereinbarung mit den Erben dazu verpflichten, das Amt zu einer bestimmten Zeit oder bei Eintritt eines bestimmten Ereignisses niederzulegen.[64] Der Erblasser kann jedoch nicht einseitig durch letztwillige Verfügung anordnen, dass Streitigkeiten über die Entlassung eines Testamentsvollstreckers unter Ausschluss der staatlichen Gerichtsbarkeit einem Schiedsgericht zugewiesen werden.[65]

Die **Testamentsvollstreckung** im abstrakt-funktionellen Sinn endet jedoch in allen genannten Fällen nur, wenn es keinen weiteren Testamentsvollstrecker gibt (vgl. **840**

58 So etwa OLG München v. 8.9.2005 – 32 Wx 58/05, ZEV 2006, 173, 174; Staudinger/*Reimann*, 2016, § 2202 Rn. 33; MüKoBGB/*Zimmermann*, 7. Aufl. 2017, § 2204 Rn. 4.

59 Vgl. BGH v. 27.11.1998 – V ZR 180/97, ZIP 1999, 447, 450; OLG Nürnberg v. 22.9.2016 – 15 W 509/16, ZEV 2017, 98 Rn. 26; BeckOGK/*Leitzen* § 2202 Rn. 20; Erman/*M. Schmidt*, 15. Aufl. 2017, § 2202 Rn. 5.

60 Vgl. BGH v. 27.11.1998 – V ZR 180/97, ZIP 1999, 447, 450; OLG Nürnberg v. 22.9.2016 – 15 W 509/16, ZEV 2017, 98 Rn. 24 f.; BeckOGK/*Leitzen* § 2202 Rn. 20; Erman/*M. Schmidt*, 15. Aufl. 2017, § 2202 Rn. 5.

61 Vgl. OLG Schleswig v. 19.9.2008 – 3 Wx 98/03, ZEV 2009, 296.

62 Vgl. KG v. 28.9.2010 – 1 W 21/10, FamRZ 2011, 1254; OLG Stuttgart v. 7.11.2016 – 8 W 166/16, ZEV 2017, 269, 271 m.w.N. S. dazu auch *Winkel/Diefenbach* ZErb 2014, 104 ff.

63 Vgl. KG v. 28.9.2010 – 1 W 21/10, FamRZ 2011, 1254, 1255; OLG Stuttgart v. 7.11.2016 – 8 W 166/16, ZEV 2017, 269, 272 m.w.N.

64 Vgl. RG v. 28.10.1937 – IV 127/37, RGZ 156, 70, 75; BGH v. 14.2.1962 – V ZR 92/60, NJW 1962, 912, 913; OLG Hamm v. 11.12.2007 – 15 W 242/07, ZEV 2007, 337, 339; MüKoBGB/*Zimmermann*, 7. Aufl. 2017, § 2226 Rn. 5 m.w.N. (auch zur Gegenansicht).

65 Vgl. BGH v. 17.5.2017 – IV ZB 25/16, ZEV 2017, 412.

§ 2224 Abs. 1 S. 2, → Rn. 833) und der Erblasser auch keine Ersatzbestimmung (insb. §§ 2197 Abs. 2, 2199 Abs. 2, → Rn. 829 f.) getroffen hat.[66]

841 **Amt und Testamentsvollstreckung** enden ferner von selbst – d.h. ohne Aufhebung durch das Nachlassgericht oder Erklärung oder Anzeige des Testamentsvollstreckers –, wenn alle zugewiesenen Aufgaben erledigt wurden.[67] Gleiches gilt bei Eintritt einer vom Erblasser angeordneten auflösenden Bedingung oder mit Ablauf der vom Erblasser gesetzten Frist oder der gesetzlichen Frist des § 2210 (→ Rn. 818).

Denkbar ist auch die Anfechtung der Verfügung von Todes wegen (→ Rn. 384 ff.), durch die die Testamentsvollstreckung angeordnet oder die Person des Testamentsvollstreckers bestimmt wurde; dann handelte es sich aber von Anfang an nur um eine „vermeintliche Testamentsvollstreckung", die schwierige und teils noch ungeklärte Rechtsfragen mit sich bringt.[68]

VI. Aufgaben und Rechte des Testamentsvollstreckers

1. Überblick

842 Die Aufgaben des Testamentsvollstreckers und auch die Art und Weise ihrer Durchführung (vgl. § 2216 Abs. 2 S. 1) werden primär durch den **Inhalt der letztwilligen Verfügung** des Erblassers bestimmt: Innerhalb der zwingenden gesetzlichen Schranken ist der Wille des Erblassers die oberste Norm für die Aufgaben und Befugnisse des Testamentsvollstreckers.[69] Im Übrigen ergibt sich sein Wirkungskreis aus den §§ 2203 ff.

843 Im gesetzlichen Regelfall der **Abwicklungsvollstreckung** hat der Testamentsvollstrecker gem. § 2203 die letztwilligen Verfügungen des Erblassers zur Ausführung zu bringen. An Weisungen der Erben ist er dabei – wie sich aus dem fehlenden Verweis auf § 665 in § 2218 Abs. 1 ergibt – nicht gebunden.[70] Die vom Erblasser ausgesetzten Vermächtnisse sind zu erfüllen und die angeordneten Auflagen sind zu vollziehen. Vor der Aushändigung des Nachlasses an die Erben hat der Testamentsvollstrecker auch die weiteren Nachlassverbindlichkeiten ((insb. die Erblasserschulden und die sonstigen Erbfallschulden, → Rn. 1084 ff.) zu erfüllen.

844 Bei mehreren Erben hat der Testamentsvollstrecker gem. § 2204 Abs. 1 zusätzlich die **Auseinandersetzung** unter ihnen nach Maßgabe der §§ 2042-2057a zu bewirken (→ Rn. 1033). Jeder Miterbe kann den Testamentsvollstrecker auf Durchführung dieser Aufgabe verklagen.[71] Der vom Testamentsvollstrecker aufzustellende Teilungsplan ersetzt den Auseinandersetzungsvertrag. Er bedarf keiner Genehmigung durch

66 Vgl. RG v. 28.10.1937 – IV 127/37, RGZ 156, 70, 76; *Lange,* ErbR, 2. Aufl. 2017, § 63 Rn. 75.
67 Vgl. RG v. 4.1.1913 – IV 496/12, RGZ 81, 166, 167 ff.; BGH v. 22.1.1964 – V ZR 37/62, NJW 1964, 1316, 1317 f.
68 Vgl. zum Ganzen BeckOGK/*Grotheer* § 2917 Rn. 213 ff. m.w.N.
69 Vgl. BGH v. 15.4.2015 – XII ZB 534/14 Rn. 12; Staudinger/*Reimann*, 2016, § 2203 Rn. 5, § 2208 Rn. 1.
70 Vgl. RG v. 6.7.1922 – IV 715/21, RGZ 105, 246, 250; BGH v. 9.10.1957 – IV ZR 21/57, NJW 1957, 1916.
71 Vgl. RG v. 4.10.1920 – IV 222/20, RGZ 100, 95, 97; Staudinger/*Reimann*, 2016, § 2204 Rn. 16.

die Miterben.[72] Zudem ist er selbst dann wirksam, wenn der Testamentsvollstrecker die Anhörung der Miterben entgegen § 2204 Abs. 2 unterlässt; ggf. macht er sich jedoch gem. § 2219 schadensersatzpflichtig (→ Rn. 885).[73]

Hat der Erblasser hingegen **Verwaltungsvollstreckung** angeordnet, so hat der Testamentsvollstrecker in erster Linie die Aufgabe, den Nachlass über einen längeren Zeitraum ordnungsgemäß zu verwalten. Eine Auseinandersetzung soll damit gerade vermieden werden (z.B. um den Bestand eines Unternehmens zu gewährleisten). **845**

2. Inbesitznahme des Nachlasses

Trotz der angeordneten Testamentsvollstreckung geht der Besitz an den einzelnen Nachlassgegenständen zunächst gem. **§ 857** auf den Erben über.[74] Der Testamentsvollstrecker hat jedoch gem. **§ 2205 S. 2** das Recht, den Nachlass in Besitz zu nehmen und ist hierzu im Rahmen ordnungsgemäßer Verwaltung auch verpflichtet, um zu verhindern, dass ein Dritter vom Erben gem. § 2211 Abs. 2 gutgläubig erwirbt (→ Rn. 880).[75] Wenn der Erbe bereits die tatsächliche Sachherrschaft erlangt hat, hat der Testamentsvollstrecker gegen ihn aus § 2205 S. 2 einen Herausgabeanspruch.[76] Hat hingegen ein Dritter die tatsächliche Sachherrschaft erlangt, so gibt § 2205 S. 2 dem Testamentsvollstrecker keinen eigenen Anspruch gegen diesen; der Testamentsvollstrecker ist aber gem. §§ 2205, 2212 befugt, die Herausgabeansprüche des/der Erben gegen den Dritten geltend zu machen.[77] **846**

Mit der Inbesitznahme wird der **Testamentsvollstrecker unmittelbarer Besitzer**, der Erbe mittelbarer Besitzer.[78] Nach Erlangung der tatsächlichen Gewalt kann der Testamentsvollstrecker auch die Besitzschutzrechte der §§ 859 ff. geltend machen.[79] **847**

3. Verwaltung des Nachlasses

a) Begriff und Umfang der Verwaltung

Gem. § 2205 S. 1 hat der Testamentsvollstrecker den Nachlass zu verwalten (und zwar auch bei Abwicklungsvollstreckung für eine Übergangszeit). Der **Begriff** der Verwaltung ist hier nicht im engeren Sinne des § 2038 (→ Rn. 982) zu verstehen, sondern weit; er umfasst **alle tatsächlichen und rechtlichen Maßnahmen**, die sonst der Vermögensträger selbst treffen kann, d.h. auch Verpflichtungs-, Verfügungs- und Prozessführungsrechte (vgl. auch §§ 2205 ff., 2212).[80] **848**

---

72 Vgl. RG v. 28.6.1905 – V 143/05, RGZ 61, 139, 145; BayObLG v. 9.6.1967 – 1a Z 86/66, BayObLGZ 1967, 230, 240.

73 Vgl. Staudinger/*Reimann*, 2016, § 2204 Rn. 49; MüKoBGB/*Zimmermann*, 7. Aufl. 2017, § 2204 Rn. 6.

74 Vgl. BeckOGK/*Grotheer* § 2205 Rn. 16; Staudinger/*Reimann*, 2016, § 2205 Rn. 55.

75 Vgl. *Lange*, ErbR, 2. Aufl. 2017, § 64 Rn. 86; MüKoBGB/*Zimmermann*, 7. Aufl. 2017, § 2204 Rn. 57.

76 Vgl. KG v. 19.11.2012 – 8 U 144/09, FamRZ 2013, 977, 979; BeckOGK/*Grotheer* § 2205 Rn. 16.

77 Vgl. KG v. 19.11.2012 – 8 U 144/09, FamRZ 2013, 977, 979; BeckOGK/*Grotheer* § 2205 Rn. 16.

78 Vgl. BGH v. 29.4.1954 – IV ZR 152/53 (juris; insoweit in NJW 1954, 1036 nicht abgedruckt); *Lange*, ErbR, 2. Aufl. 2017, § 64 Rn. 89; Staudinger/*Reimann*, 2016, § 2205 Rn. 55;

79 Vgl. Staudinger/*Reimann*, 2016, § 2205 Rn. 55; MüKoBGB/*Zimmermann*, 7. Aufl. 2017, § 2205 Rn. 18.

80 Vgl. BeckOGK/*Grotheer* § 2205 Rn. 3; Staudinger/*Reimann*, 2016, § 2205 Rn. 8.

849 **Gegenstand** der Verwaltung ist **grundsätzlich der gesamte Nachlass**[81], es sei denn, der Erblasser hat die Befugnisse des Testamentsvollstreckers gegenständlich beschränkt (§ 2208 Abs. 1 S. 2, → Rn. 834) oder der Testamentsvollstrecker hat bereits Nachlassgegenstände freigegeben (§ 2217, → Rn. 868 f.).[82]

850 **Nicht** Gegenstand der Verwaltung sind hingegen die **Eigenrechte** des **Erben.**[83] Dazu gehören etwa höchstpersönliche Rechte, die mangels Vererblichkeit bereits nicht in den Nachlass fallen[84] sowie Rechte, die aufgrund ihrer Rechtsnatur nur vom Erben und nicht vom Testamentsvollstrecker geltend gemacht werden können[85] (z.B. der Anteil des Miterben am Nachlass[86] [→ Rn. 965 ff.], die Annahme und Ausschlagung der Erbschaft[87] [→ Rn. 574 ff.] oder die Anfechtung einer letztwilligen Verfügung gem. §§ 2078 ff[88] [→ Rn. 384 ff.]). Ein in den Nachlass fallender Pflichtteilsanspruch (→ Rn. 615 ff.) gehört allerdings nicht zu den Rechten in diesem Sinne; er unterliegt der Verwaltungsbefugnis des Testamentsvollstreckers.[89]

b) Pflicht zur ordnungsgemäßen Verwaltung

851 Gem. **§ 2216 Abs. 1** ist der Testamentsvollstrecker verpflichtet, den **Nachlass ordnungsgemäß** zu **verwalten**. Der Testamentsvollstrecker muss das ihm anvertraute Vermögen erhalten und sichern, Verluste verhindern und die Nutzungen gewährleisten.[90] Die Rechtsprechung stellt insofern strenge Anforderungen, räumt dem Testamentsvollstrecker jedoch auch einen gewissen **Ermessensspielraum** ein.[91]

852 Bei der Anlage von Geld oder der Verwaltung von Wertpapieren ist der Testamentsvollstrecker nicht an die Beschränkungen eines Vorerben (§§ 2116 ff., → Rn. 779) gebunden.[92] Er muss bei Anlageentscheidungen zudem auch nicht immer den „sichersten Weg“ wählen, sondern kann vielmehr in eigener Verantwortung unter Beachtung der **Grundsätze der Wirtschaftlichkeit** selbstständig entscheiden, Risiken und Chancen kalkulieren und diese dann nutzen oder nicht.[93]

---

81 Vgl. BGH v. 5.11.2014 – IV ZR 104/14, ZEV 2015, 107 Rn. 8.
82 Vgl. BeckOGK/*Grotheer* § 2205 Rn. 3; Staudinger/*Reimann*, 2016, § 2205 Rn. 8.
83 Vgl. BeckOGK/*Grotheer* § 2205 Rn. 35; Erman/*M. Schmidt*, 15. Aufl. 2017, § 2205 Rn. 2; MüKoBGB/*Zimmermann*, 7. Aufl. 2017, § 2205 Rn. 7.
84 Vgl. BGH v. 5.11.2014 – IV ZR 104/14, ZEV 2015, 107 Rn. 9; Staudinger/*Reimann*, 2016, § 2205 Rn. 21.
85 Vgl. BGH v. 5.11.2014 – IV ZR 104/14, ZEV 2015, 107 Rn. 9.
86 Vgl. BGH v. 5.11.2014 – IV ZR 104/14, ZEV 2015, 107 Rn. 9; Staudinger/*Reimann*, 2016, § 2205 Rn. 27.
87 Vgl. BGH v. 9.5.1984 – IVa ZR 234/82, NJW 1984, 2464, 2465; BGH v. 5.11.2014 – IV ZR 104/14, ZEV 2015, 107 Rn. 9.
88 Vgl. BGH v. 21.3.1962 – V ZR 157/61, NJW 1962, 1058, 1059; BGH v. 5.11.2014 – IV ZR 104/14, ZEV 2015, 107 Rn. 9.
89 Vgl. BGH v. 5.11.2014 – IV ZR 104/14, ZEV 2015, 107.
90 Vgl. BGH v. 3.12.1986 – IVa ZR 90/85, NJW 1987, 1070, 1071.
91 Vgl. BGH v. 3.12.1986 – IVa ZR 90/85, NJW 1987, 1070, 1071.
92 Vgl. BGH v. 3.12.1986 – IVa ZR 90/85, NJW 1987, 1070, 1071; MüKoBGB/*Zimmermann*, 7. Aufl. 2017, § 2216 Rn. 8; Staudinger/*Reimann*, 2016, § 2205 Rn. 24.
93 Vgl. BGH v. 3.12.1986 – IVa ZR 90/85, NJW 1987, 1070, 1071.

c) Verwaltungsanordnungen des Erblassers

Gem. **§ 2216 Abs. 2 S. 1** hat der Testamentsvollstrecker Anordnungen, die der Erblasser für die Verwaltung durch letztwillige Verfügung getroffen hat (sog. **Verwaltungsanordnungen**), **grundsätzlich zu befolgen**. So kann der Erblasser z.B. Anordnungen bezüglich der Verwendung von Nachlasserträgen treffen oder bestimmte Mindesterlöse für die Veräußerung von Nachlassgegenständen vorgeben.[94] Solche Verwaltungsanordnungen wirken allerdings nur schuldrechtlich, d.h. sie bedeuten kein dinglich wirkendes Verfügungsverbot.[95] Wenn die Befolgung einer solchen Anordnung den Nachlass erheblich gefährden würde, kann sie jedoch gem. § 2216 Abs. 2 S. 2 auf Antrag des Testamentsvollstreckers oder eines anderen Beteiligten vom Nachlassgericht **außer Kraft gesetzt** werden. 853

4. Verfügungen über Nachlassgegenstände

a) Grundsatz: unbeschränkte Verfügungsbefugnis, § 2205 S. 2 Alt. 2

Gem. **§ 2205 S. 2 Alt. 2** hat der Testamentsvollstrecker das Recht, über die Nachlassgegenstände zu verfügen. Dabei unterliegt er nicht etwa Beschränkungen wie der Vorerbe gem. §§ 2112 ff. (→ Rn. 759 ff.), d.h. er kann insb. auch über Grundstücke und Rechte an Grundstücken verfügen. Aus Gründen des Verkehrsschutzes hat sich der Gesetzgeber bewusst dafür entschieden, die **Verfügungsbefugnis** grundsätzlich **unbeschränkt** auszugestalten, d.h. Verfügungen sind grundsätzlich selbst dann wirksam, wenn sie dem Grundsatz der ordnungsgemäßen Verwaltung widersprechen.[96] 854

b) Grenzen

aa) Unentgeltliche Verfügungen, § 2205 S. 3 . Zu unentgeltlichen Verfügungen ist der Testamentsvollstrecker gem. **§ 2205 S. 3** nur berechtigt, soweit sie einer sittlichen Pflicht oder einer auf den Anstand zu nehmenden Rücksicht entsprechen. Das **grundsätzliche Verbot unentgeltlicher Verfügungen** dient dem Schutz der Erben (und Vermächtnisnehmer), da hierdurch sichergestellt wird, dass der Nachlass nicht durch Verfügungen geschmälert wird, ohne dass dem Nachlass ein gleichwertiger Vermögenswert zufließt.[97] **Unentgeltlichkeit** i.S.v. § 2205 S. 3 setzt **objektiv** voraus, dass aus dem Nachlass ein Wert hingegeben wird, ohne dass die dadurch eingetretene Verringerung des Nachlasses durch Zuführung eines entsprechenden Vermögensvorteils ausgeglichen wird.[98] Darüber hinaus ist in **subjektiver** Hinsicht erforderlich, dass der Testamentsvollstrecker weiß oder bei ordnungsmäßiger Verwaltung hätte erkennen müssen, dass die Leistung der Gegenseite unzulänglich war.[99] Entsprechend dem 855

---

94 Vgl. Staudinger/*Reimann*, 2016, § 2216 Rn. 34; BeckOGK/*Suttmann* § 2216 Rn. 35 f.

95 Vgl. *Lange*, ErbR, 2. Aufl. 2017, § 64 Rn. 109; Staudinger/*Reimann*, 2016, § 2216 Rn. 37; vgl. auch BGH v. 27.3.2013 – XII ZB 679/11, NJW 2013, 1879 Rn. 29.

96 Vgl. Prot. V, 527; BeckOGK/*Grotheer* § 2205 Rn. 68; MüKoBGB/*Zimmermann*, 7. Aufl. 2017, § 2205 Rn. 59, 67.

97 Vgl. BGH v. 24.9.1971 – V ZB 6/71, NJW 1971, 2264, 2266; BGH v. 24.2.2016 – IV ZR 342/15, ZEV 2016, 202 Rn. 9; MüKoBGB/*Zimmermann*, 7. Aufl. 2017, § 2205 Rn. 70.

98 Vgl. BGH v. 24.2.2016 – IV ZR 342/15, ZEV 2016, 202 Rn. 9; OLG München v. 16.11.2017 – 34 Wx 266/17, FamRZ 2018, 1201, 1202 m.w.N.

99 Vgl. BGH v. 24.2.2016 – IV ZR 342/15, ZEV 2016, 202 Rn. 9; OLG München v. 16.11.2017 – 34 Wx 266/17, FamRZ 2018, 1201, 1202 m.w.N.

Schutzzweck werden auch teilweise unentgeltliche Verfügungen erfasst.[100] Der Begriff der Pflicht- und Anstandsschenkung entspricht dem im Rahmen der §§ 2113 Abs. 2, 2330 (→ Rn. 697, 764).[101]

856 Der **Erblasser** kann den Testamentsvollstrecker von dieser Beschränkung **nicht befreien** (*argumentum e* § 2207 S. 2).[102] Wenn der Erblasser erreichen will, dass der Testamentsvollstrecker unentgeltliche Verfügungen vornimmt, so bleibt ihm nur die Möglichkeit, ihm entweder eine postmortale Vollmacht zu erteilen oder entsprechende Vermächtnisse auszusetzen. Da die Vorschrift dem Schutz der Erben dient, kann der Testamentsvollstrecker jedoch unentgeltlich verfügen, wenn die **Erben und Vermächtnisnehmer zustimmen**.[103]

857 Sofern keine der genannten Ausnahmen vorliegt, sind unentgeltliche Verfügungen des Testamentsvollstreckers (vorbehaltlich einer Genehmigung der Erben und Vermächtnisnehmer) **schwebend unwirksam**, die Verfügungsbefugnis ist also mit dinglicher Wirkung gesetzlich beschränkt.[104] Im Falle teilweise unentgeltlicher Verfügungen ist gleichwohl die gesamte Verfügung unwirksam, weil kein äquivalenter Gegenwert in den Nachlass gelangt.[105] Anders als nach § 2211 Abs. 2 (→ Rn. 880 ff.) sieht das Gesetz hier keinen **gutgläubigen Erwerb** aufgrund des guten Glaubens an die Verfügungsbefugnis vor. Ein gutgläubiger Erwerb kommt daher nur dann in Betracht, wenn der Erwerber an das Eigentum des Testamentsvollstreckers glaubt; dann greifen §§ 932 ff.[106]

858 **bb) Insichgeschäfte.** Aufgrund der Vergleichbarkeit der Konfliktlage gilt für den Testamentsvollstrecker **§ 181 analog**.[107] Der Erblasser kann den Testamentsvollstrecker jedoch ausdrücklich oder konkludent hiervon befreien; allerdings ist die Verfügung auch dann nur wirksam, wenn sie sich im Rahmen der ordnungsgemäßen Verwaltung (§ 2216 Abs. 1, → Rn. 851 f.) hält, denn hiervon kann der Erblasser den Testamentsvollstrecker nicht befreien (vgl. § 2220).[108] Zudem sind Insichgeschäfte des Testamentsvollstreckers gem. § 181 wirksam, wenn sie ausschließlich in der Erfüllung einer Verbindlichkeit bestehen. Liegt keine dieser Ausnahmen vor, so ist das Rechtsgeschäft **analog § 177 Abs. 1** vorbehaltlich der Genehmigung der Erben schwebend unwirksam.[109]

---

100 Vgl. BGH v. 24.2.2016 – IV ZR 342/15, ZEV 2016, 202 Rn. 10.

101 Vgl. MüKoBGB/*Zimmermann*, 7. Aufl. 2017, § 2205 Rn. 78.

102 Vgl. BGH v. 24.2.2016 – IV ZR 342/15, ZEV 2016, 202 Rn. 9; BeckOGK/*Grotheer* § 2205 Rn. 86.

103 Vgl. BGH v. 24.9.1971 – V ZB 6/71, NJW 1971, 2264, 2266; BGH v. 24.10.1990 – IV ZR 296/89, NJW 1991, 842, 843; BeckOGK/*Grotheer* § 2205 Rn. 84 f. m.w.N.; anders noch RG v. 6.7.1922 – IV 715/21, RGZ 105, 246, 249 f.

104 Vgl. Staudinger/*Reimann*, 2016, § 2205 Rn. 75; MüKoBGB/*Zimmermann*, 7. Aufl. 2017, § 2205 Rn. 70.

105 Vgl. BGH v. 24.2.2016 – IV ZR 342/15, ZEV 2016, 202 Rn. 10.

106 Vgl. OLG Hamm v. 19.2.2001 – 5 U 185/00, ZEV 2001, 275; BeckOGK/*Grotheer* § 2205 Rn. 81.1.

107 Vgl. BGH v. 29.4.1959 – V ZR 11/58, NJW 1959, 1429, 1430; BGH v. 9.12.1968 – II ZR 57/67, NJW 1969, 841, 843; OLG Düsseldorf v. 14.8.2013 – 3 Wx 41/13, RNotZ 2014, 61.

108 Vgl. BGH v. 29.4.1959 – V ZR 11/58, NJW 1959, 1429, 1430; MüKoBGB/*Zimmermann*, 7. Aufl. 2017, § 2205 Rn. 85.

109 Vgl. RG v. 15.11.1912 – III 188/12, RGZ 80, 416, 417; BGH v. 29.4.1959 – V ZR 11/58, NJW 1959, 1429, 1430; Staudinger/*Reimann*, 2016, § 2205 Rn. 114. Strenger jedoch MüKoBGB/*Zimmermann*, 7. Aufl. 2017, § 2205 Rn. 85, der zusätzlich die Genehmigung der noch nicht befriedigten Vermächtnisnehmer verlangt.

cc) Beschränkungen durch den Erblasser, § 2208. Die Verfügungsbefugnis des Testamentsvollstreckers kann überdies gem. **§ 2208** durch den Erblasser beschränkt werden, dazu bereits → Rn. 834. 859

dd) Sonderproblem: Vor- und Nacherbschaft. In dem Sonderfall, dass **Testamentsvollstreckung (nur) für den Vorerben** angeordnet ist, ist streitig, ob der Testamentsvollstrecker gleichwohl grundsätzlich unbeschränkte Verfügungsbefugnis hat[110]. Dagegen spricht jedoch, dass der Testamentsvollstrecker grundsätzlich keine weitergehenden Rechte haben kann als der Erbe selbst, wenn keine Testamentsvollstreckung bestünde.[111] Der Testamentsvollstrecker unterliegt daher richtiger Ansicht nach ebenfalls den Verfügungsbeschränkungen der §§ 2113 ff. (→ Rn. 759 ff.).[112] 860

Anders jedoch, wenn für **Vor- und Nacherbschaft Testamentsvollstreckung** angeordnet ist, denn dann vereinen sich in der Person des Testamentsvollstreckers die beschränkte Verfügungsbefugnis des Vorerben und das Zustimmungsrecht des Nacherben; hier unterliegt der Testamentsvollstrecker deshalb auch während der Zeit der Vorerbschaft nicht den Beschränkungen der §§ 2113 ff. (→ Rn. 759 ff.).[113] 861

5. Verpflichtungen

a) Überblick

Der Testamentsvollstrecker ist in bestimmten Fällen auch berechtigt, Verpflichtungen für den Nachlass einzugehen. Die gesetzliche **Systematik** ist folgende: Gem. § 2206 Abs. 1 S. 1 ist der Testamentsvollstrecker grundsätzlich nur berechtigt, Verpflichtungen für den Nachlass einzugehen, soweit dies zur ordnungsgemäßen Verwaltung erforderlich ist (→ Rn. 864). Eine Ausnahme gilt jedoch gem. § 2206 Abs. 1 S. 2 für Verbindlichkeiten zu Verfügungen über einen Nachlassgegenstand (→ Rn. 866). Zudem kann der Erblasser die Verpflichtungsbefugnis des Testamentsvollstreckers gem. § 2207 S. 1 erweitern (→ Rn. 867). Da die Reichweite der Verpflichtungsbefugnis des Testamentsvollstreckers im Einzelfall zweifelhaft sein kann, verpflichtet § 2206 Abs. 2 den Erben in die Eingehung einer Verbindlichkeit i.S.d. Abs. 1 einzuwilligen, wenn der Testamentsvollstrecker dies verlangt; so kann dieser sich Klarheit verschaffen.[114] 862

Handelt der Testamentsvollstrecker **erkennbar als solcher** für den Nachlass, so entstehen – soweit die Verpflichtungsbefugnis reicht – **Nachlassverbindlichkeiten** (§ 1967), für die der Erbe auch mit seinem persönlichen Vermögen haftet, wenn er 863

110 So etwa KG v. 27.10.1916, OLGE 34, 298; *Engelmann* MittBayNot 1999, 509, 512.

111 Vgl. Staudinger/*Reimann*, 2016, § 2205 Rn. 226.

112 Vgl. OLG München v. 15.4.2016 – 34 Wx 158/15, ZEV 2016, 325 Rn. 39 ff.; BeckOGK/*Müller-Christmann* § 2113 Rn. 8; Staudinger/*Reimann*, 2016, § 2205 Rn. 226; Erman/*M. Schmidt*, 15. Aufl. 2017, § 2205 Rn. 17; MüKoBGB/*Zimmermann*, 7. Aufl. 2017, § 2205 Rn. 64.

113 Vgl. BGH v. 25.9.1963 – V ZR 130/61, NJW 1963, 2320, 2321; OLG Düsseldorf v. 3.1.2012 – I-3 Wx 217/11, MittBayNot 2012, 468; BeckOGK/*Müller-Christmann* § 2113 Rn. 9; Staudinger/*Reimann*, 2016, § 2205 Rn. 227; Erman/*M. Schmidt*, 15. Aufl. 2017, § 2205 Rn. 17; MüKoBGB/*Zimmermann*, 7. Aufl. 2017, § 2205 Rn. 64.

114 Vgl. Staudinger/*Reimann*, 2016, § 2206 Rn. 14 f.; MüKoBGB/*Zimmermann*, 7. Aufl. 2017, § 2206 Rn. 10.

die Haftung nicht auf den Nachlass beschränkt (→ Rn. 1071 ff.).[115] Macht der Testamentsvollstrecker hingegen nicht hinreichend deutlich, dass er für den Nachlass handelt, so wird er selbst verpflichtet (§ 164 Abs. 2 analog).[116] Handelt der Testamentsvollstrecker indes zwar offenkundig für den Nachlass, aber außerhalb des Rahmens seiner Verfügungsbefugnis, so haftet er ggf. wie ein *falsus procurator* analog § 179.[117]

b) Grundsatz: Kausale Beschränkung der Verpflichtungsbefugnis

864 „Reine" Verpflichtungsgeschäfte kann der Testamentsvollstrecker gem. **§ 2206 Abs. 1 S. 1** nur eingehen, soweit dies zur ordnungsgemäßen Verwaltung erforderlich ist. Man spricht deshalb von einer **kausalen Beschränkung der Verpflichtungsbefugnis**[118] auf den Zweck der Verwaltung des Nachlasses.

865 Anders als der missverständliche Wortlaut des § 2206 Abs. 1 S. 1 suggeriert, kommt es nach dem Willen des Gesetzgebers jedoch nicht auf die objektive Ordnungsmäßigkeit der Verwaltung an; ausreichend ist vielmehr, dass der **Dritte bei Vertragsschluss annahm und ohne Fahrlässigkeit annehmen durfte**, dass die Eingehung der Verbindlichkeit zur **ordnungsmäßigen Verwaltung** des Nachlasses erforderlich sei.[119]

c) Verbindlichkeit zur Verfügung über einen Nachlassgegenstand

866 Verbindlichkeiten zur Verfügung über einen Nachlassgegenstand kann der Testamentsvollstrecker hingegen gem. **§ 2206 Abs. 1 S. 2** immer dann eingehen, wenn er zu der entsprechenden Verfügung berechtigt ist. Hier ist also irrelevant, ob die Verfügung der ordnungsgemäßen Verwaltung entspricht, sondern insoweit besteht ein **Gleichlauf von Verpflichtungs- und Verfügungsbefugnis**. Dadurch soll verhindert werden, dass der Dritte zwar Eigentümer wird, den Gegenstand jedoch ggf. nach Bereicherungsrecht wieder herausgeben müsste.[120] Der Testamentsvollstrecker kann also z.B. ein zum Nachlass gehörendes Grundstück verkaufen.[121] Analog den Grundsätzen über den Missbrauch der Vertretungsmacht entfällt die Verpflichtungsbefugnis jedoch, wenn der Dritte positive Kenntnis hatte oder es für ihn evident war, dass der Testamentsvollstrecker missbräuchlich handelte, d.h. den Rahmen der ordnungsgemäßen Verwaltung überschritten hat.[122] Im Falle eines kollusiven Zusammenwirkens von Testamentsvollstrecker und Dritten ist der Vertrag gem. § 138 nichtig.[123]

---

115 Vgl. *Lange,* ErbR, 2. Aufl. 2017, § 64 Rn. 127; Staudinger/*Reimann*, 2016, § 2206 Rn. 18; MüKoBGB/*Zimmermann*, 7. Aufl. 2017, § 2206 Rn. 14.

116 Vgl. BeckOGK/*Grotheer* § 2206 Rn. 3 ff.; *Lange,* ErbR, 2. Aufl. 2017, § 64 Rn. 127.

117 Vgl. Staudinger/*Reimann*, 2016, § 2206 Rn. 18; MüKoBGB/*Zimmermann*, 7. Aufl. 2017, § 2206 Rn. 8.

118 Vgl. Prot. V, 528; *Lange,* ErbR, 2. Aufl. 2017, § 64 Rn. 116; Staudinger/*Reimann*, 2016, § 2206 Rn. 1; MüKoBGB/*Zimmermann*, 7. Aufl. 2017, § 2206 Rn. 1.

119 Vgl. Prot. V, 528; RG v. 10.12.1913 – V 303/13, RGZ 83, 348, 353; RG v. 20.10.1930 – VI 763/29, RGZ 130, 131, 134; BGH v. 7.7.1982 – IVa ZR 36/81, NJW 1983, 40, 41; Staudinger/*Reimann*, 2016, § 2206 Rn. 12 m.w.N.

120 Vgl. *Brox/Walker,* ErbR, 28. Aufl. 2018, § 26 Rn. 26; BeckOK/*Lange* § 2206 Rn. 2.

121 Vgl. Staudinger/*Reimann*, 2016, § 2206 Rn. 8.

122 Vgl. BGH v. 8.3.1989 – IVa ZR 353/87, NJW-RR 1989, 642 f.; Staudinger/*Reimann*, 2016, § 2206 Rn. 13.

123 Vgl. BGH v. 8.3.1989 – IVa ZR 353/87, NJW-RR 1989, 642; OLG München v. 17.7.2014 – 34 Wx 161/14, ZEV 2014, 658 Rn. 12; Staudinger/*Reimann*, 2016, § 2206 Rn. 13.

d) Erweiterung durch den Erblasser

Gem. **§ 2207 S. 1** kann der **Erblasser** allerdings (ausdrücklich oder konkludent[124]) **anordnen**, dass der Testamentsvollstrecker in der Eingehung von Verbindlichkeiten für den Nachlass nicht beschränkt sein soll; allerdings ist der Testamentsvollstrecker gem. § 2207 S. 2 auch dann zu einem Schenkungsverspechen nur nach Maßgabe des § 2205 S. 3 (→ Rn. 855 ff.) berechtigt. Im Falle von Dauervollstreckung ist gem. § 2209 S. 2 im Zweifel von einer solchen erweiterten Verpflichtungsbefugnis auszugehen; denn bei Dauervollstreckung müssen typischerweise immer wieder neue Geschäfte unterschiedlicher Art geschlossen werden[125]. Zudem wird teilweise angenommen, dass in der Anordnung eines Verschaffungsvermächtnisses (§ 2170, → Rn. 915) zugleich die Anordnung einer erweiterten Verpflichtungsbefugnis liege[126]; tatsächlich wird sich die Eingehung der entsprechenden Verpflichtungen jedoch im Rahmen der ordnungsmäßigen Verwaltung halten, sodass sich die Verpflichtungsbefugnis bereits aus § 2206 Abs. 1 S. 1 ergibt[127]. **867**

6. Freigabe von Nachlassgegenständen

Gem. § 2217 Abs. 1 S. 1 hat der Testamentsvollstrecker Nachlassgegenstände, deren er zur Erfüllung seiner Obliegenheiten offenbar nicht bedarf, dem Erben auf Verlangen zur freien Verfügung zu überlassen. **Voraussetzung** für einen Freigabeanspruch des Erben ist also erstens ein **Verlangen des Erben** und zweitens, dass der betreffende Nachlassgegenstand für die Erfüllung der Aufgaben des Testamentsvollstreckers offenbar nicht mehr benötigt wird (sog. **Freigabefähigkeit**). Dies ist objektiv zu beurteilen; das nicht mehr bestehende Bedürfnis muss so evident sein, dass keine weitläufige Prüfung erforderlich ist.[128] Maßgeblich ist insoweit der Zweck der Testamentsvollstreckung im konkreten Einzelfall.[129] Bei Verwaltungs- und Dauervollstreckung ist eine Herausgabe prinzipiell ausgeschlossen, weil der Testamentsvollstrecker grundsätzlich den gesamten Nachlass dauerhaft zu verwalten hat.[130] Gem. § 2217 Abs. 2 darf der Testamentsvollstrecker die Freigabe von Nachlassgegenständen, die er zur Erfüllung von Nachlassverbindlichkeiten (außer Vermächtnissen und Auflagen) sowie zur Erfüllung von bedingten und betagten Vermächtnissen und Auflagen benötigt, nicht verweigern, wenn der Erbe Sicherheit leistet. **868**

Mit der Überlassung **erlischt** gem. § 2217 Abs. 1 S. 2 das **Recht des Testamentsvollstreckers zur Verwaltung der Gegenstände**. Dies gilt unabhängig davon, ob die Voraussetzungen für einen entsprechenden Freigabeanspruch vorgelegen haben, also selbst bei pflichtwidrigem Handeln des Testamentsvollstreckers oder wenn sich dieser über die Voraussetzungen seiner Überlassungspflicht im Irrtum befand.[131] Sofern **869**

124 Vgl. BeckOGK/*Grotheer* § 2207 Rn. 3; MüKoBGB/*Zimmermann*, 7. Aufl. 2017, § 2207 Rn. 4.
125 Vgl. MüKoBGB/*Zimmermann*, 7. Aufl. 2017, § 2209 Rn. 11.
126 Vgl. RG v. 2.3.1914 – IV 635/13, RGZ 85, 1, 7; Staudinger/*Reimann*, 2016, § 2207 Rn. 2.
127 Vgl. BeckOK/*Lange* § 2207 Rn. 2; MüKoBGB/*Zimmermann*, 7. Aufl. 2017, § 2209 Rn. 4; a.A. Staudinger/*Reimann*, 2016, § 2207 Rn. 2.
128 Vgl. OLG Frankfurt v. 15.10.2010 – 4 U 134/10, ZEV 2011, 605, 606; MüKoBGB/*Zimmermann*, 7. Aufl. 2017, § 2217 Rn. 3.
129 Vgl. BeckOK/*Lange* § 2217 Rn. 2; BeckOGK/*Suttmann* § 2117 Rn. 6.
130 Vgl. BGH v. 18.6.1971- V ZB 4/71, NJW 1971, 1805, 1807; BeckOGK/*Suttmann* § 2117 Rn. 9.
131 Vgl. BGH v. 10.5.2017 – XII ZB 614/16, ZEV 2017, 407 Rn. 17.

die Voraussetzungen des § 2217 Abs. 1 nicht vorlagen, kann der Testamentsvollstrecker jedoch gem. § 812 Abs. 1 S. 1 Alt. 1 vom Erben die Wiederherstellung des Verwaltungsrechts bzw. im Falle der Unmöglichkeit der Herausgabe des Gegenstands gem. § 818 Abs. 2 Wertersatz verlangen.[132]

7. Prozessführung und Zwangsvollstreckung

870 Hinsichtlich der Prozessführungsrechte des Testamentsvollstreckers und der Erben ist zu differenzieren: Im Hinblick auf Aktivprozesse (d.h. Prozesse über Rechte, die zum Nachlass gehören) gilt § 2212 (→ Rn. 871 f.), für Passivprozesse (d.h. Prozesse über Ansprüche, die gegen den Nachlass erhoben werden) gilt § 2213 (→ Rn. 873 ff.). Diese Regelungen werden durch §§ 327, 748, 749, 779 Abs. 2, 780 Abs. 2 ZPO ergänzt.

a) Aktivprozesse

871 Als Folge des ausschließlichen Verwaltungs- und Verfügungsrechts des Testamentsvollstreckers ist gem. **§ 2212** nur er befugt, ein seiner Verwaltung unterliegendes Recht gerichtlich geltend zu machen. Die ausschließliche **Prozessführungsbefugnis des Testamentsvollstreckers** verdrängt also die Prozessführungsbefugnis des/der Erben.[133] Eine dennoch erhobene Klage des Erben ist wegen Fehlens einer Prozessvoraussetzung als unzulässig abzuweisen.[134] Der Testamentsvollstrecker klagt nicht als Vertreter der Erben, sondern als Partei kraft Amtes, also in eigenem Namen, aber als Testamentsvollstrecker (→ Rn. 809).[135] Seine Prozessführungsbefugnis reicht jedoch nur soweit, wie nachlassunterworfene Rechte geltend gemacht werden.[136] Deshalb kann der Testamentsvollstrecker z.B. nicht über das Erbrecht selbst (also die Frage, wer Erbe ist) Prozess führen, da er über das Erbrecht als solches nicht verfügen kann.[137]

872 Das Urteil erwächst gem. § 327 Abs. 1 ZPO **für und gegen den Erben** in **Rechtskraft**. Gem. §§ 728 Abs. 2, 727 ZPO können vollstreckbare Ausführungen für und gegen den Erben erteilt werden.

b) Passivprozesse

873 Bei Passivprozessen ist die Rechtslage deutlich komplizierter. Eine **Klage gegen den Erben** ist gem. **§ 1958** erst möglich, wenn er die Erbschaft angenommen hat (→ Rn. 1098); ab diesem Zeitpunkt ist er also immer passivlegitimiert. Hinsichtlich der Passivlegitimation des Testamentsvollstreckers kommt es darauf an, ob er den gesamten Nachlass verwaltet (vgl. § 2213 Abs. 1 S. 1 und 2).

---

132 Vgl. BGH v. 10.5.2017 – XII ZB 614/16, ZEV 2017, 407 Rn. 18.
133 Vgl. BeckOGK/*Suttmann* § 2112 Rn. 20; MüKoBGB/*Zimmermann*, 7. Aufl. 2017, § 2212 Rn. 3.
134 Vgl. BGH v. 13.12.1959 – V ZR 197/58, NJW 1960, 523 f.
135 Vgl. nur MüKoBGB/*Zimmermann*, 7. Aufl. 2017, § 2212 Rn. 12 m.w.N.
136 Vgl. BGH v. 19.12.2017 – II ZR 255/16, NZG 2018, 220 Rn. 18.
137 Vgl. RG v. 2.1.1913 – IV 378/12, RGZ 81, 151, 152.

Wenn der **Testamentsvollstrecker** den **gesamten Nachlass verwaltet**, so hat der Nachlassgläubiger drei verschiedene Möglichkeiten der gerichtlichen Geltendmachung seines Anspruchs, zwischen denen er frei wählen kann (vgl. auch § 2213 Abs. 1 S. 1):[138] **874**

- Er verklagt **nur den Erben**. Solange die Testamentsvollstreckung besteht, ermöglicht dies zwar wegen § 748 Abs. 1 ZPO nicht die Vollstreckung in den Nachlass. Es kann aber in das Eigenvermögen des Erben vollstreckt werden, sofern dieser sich nicht im Urteil die Haftungsbeschränkung vorbehalten hat (vgl. § 780 Abs. 1 ZPO).
- Er verklagt **nur den Testamentsvollstrecker**. Dann kann er gem. § 748 Abs. 1 ZPO in den Nachlass vollstrecken. Darüber hinaus kann er nach Umschreibung der Vollstreckungsklausel (§ 728 Abs. 2 S. 1 ZPO) – auch während der Testamentsvollstreckung (vgl. § 728 Abs. 2 S. 2 ZPO) – aus dem Urteil gegen den Erben vollstrecken. Sofern der Erbe sein Recht zur Haftungsbeschränkung noch nicht verloren hat, kann er dieses jedoch gem. § 780 Abs. 2 ZPO auch ohne Vorbehalt im Urteil geltend machen.
- Er verklagt **den Erben und den Testamentsvollstrecker**. Dabei können entweder beide auf Leistung oder nur der Erbe auf Leistung und der Testamentsvollstrecker auf Duldung der Zwangsvollstreckung in den Nachlass verklagt werden (vgl. § 2213 Abs. 3).[139] Dies ist insofern vorteilhaft, als der Gläubiger dann grundsätzlich die Möglichkeit hat, sowohl in den Nachlass als auch in das Eigenvermögen des Erben zu vollstrecken.

Verwaltet der Testamentsvollstrecker nur **einzelne Nachlassgegenstände** oder hat er **kein Verwaltungsrecht**, so ist er gem. § 2213 Abs. 1 S. 2 **nicht passiv prozessführungsbefugt**. In die der Verwaltung unterliegenden Gegenstände kann aber gem. § 748 Abs. 2 ZPO nur vollstreckt werden, wenn ein Leistungstitel gegen den Erben und ein Duldungstitel gegen den Testamentsvollstrecker (vgl. § 2213 Abs. 3) vorliegt. Dasselbe gilt gem. § 2213 Abs. 1 S. 3 – unabhängig vom Umfang der Verwaltung – wenn ein **Pflichtteilsanspruch** (→ Rn. 615 ff.) geltend gemacht wird. **875**

Hat der Gläubiger beim Eintritt des Erbfalls bereits einen **Titel**, so kann er eine zur Zeit des Todes des Schuldners **bereits begonnene Zwangsvollstreckung** gem. § 779 Abs. 1 ZPO in den Nachlass fortsetzen. Hat die Zwangsvollstreckung hingegen noch nicht begonnen, so muss er die Vollstreckungsklausel umschreiben lassen: wenn der Testamentsvollstrecker den gesamten Nachlass verwaltet, gegen den Testamentsvollstrecker (§§ 749, 727 ZPO); wenn der Testamentsvollstrecker hingegen nur einzelne Nachlassgegenstände verwaltet, gegen den Testamentsvollstrecker und den Erben (§ 748 Abs. 2 ZPO). **876**

c) Eigengläubiger des Erben

Persönliche Gläubiger des Erben können gem. § 2214 nicht in den Nachlass vollstrecken. Gegen unzulässige Zwangsvollstreckungsmaßnahmen kann sich der Testamentsvollstrecker mit der Erinnerung gem. § 766 ZPO wehren.[140] Im Falle der Dauer- **877**

138 Vgl. BeckOGK/*Suttmann* § 2113 Rn. 4 ff. m.w.N.
139 Vgl. BeckOGK/*Suttmann* § 2113 Rn. 10 f. m.w.N.
140 Vgl. BGH v. 14.5.2009 – V ZB 176/08, NJW 2009, 2458, 2459; BeckOGK/*Suttmann* § 2114 Rn. 17.

vollstreckung kann der Nachlass somit lange Zeit vor den Eigengläubigern des Erben geschützt werden.

VII. Allgemeine Rechtsstellung des Erben während der Testamentsvollstreckung

1. Beschränkung der Verfügungsmacht, § 2211 Abs. 1

878 Um zu verhindern, dass der Erbe die Befugnisse des Testamentsvollstreckers durch gegenläufige Verfügungen erschwert oder gar vereitelt[141], bestimmt § 2211 Abs. 1, dass der Erbe über die der Verwaltung des Testamentsvollstreckers unterliegenden Nachlassgegenstände nicht verfügen kann. Dieser Entzug der Verfügungsbefugnis des Erben ist Korrelat zur ausschließlichen Verfügungsbefugnis des Testamentsvollstreckers gem. § 2205 (→ Rn. 854 ff.).[142] Die **Verfügungsbeschränkung** ist nicht lediglich ein gesetzliches Verfügungsverbot i.S.v. § 135, sondern hat absolut-dinglichen Charakter; Verfügungen des Erben über der Testamentsvollstreckung unterliegende Nachlassgegenstände sind also **absolut** – d.h. gegenüber jedermann – (schwebend) **unwirksam.**[143]

879 Ausnahmsweise wirksam sind sie allerdings dann, wenn der **Testamentsvollstrecker einwilligt** (§§ 183, 185 Abs. 1).[144] Zudem werden Verfügungen des Erben *ex tunc* wirksam, wenn der Testamentsvollstrecker sie **genehmigt** (§§ 184, 185 Abs. 2 Var. 1).[145] Ferner werden die Verfügungen entsprechend § 185 Abs. 2 S. 1 Var. 2 – allerdings nur *ex nunc* – wirksam, wenn das Verwaltungsrecht des Testamentsvollstreckers insgesamt oder zumindest in Bezug auf den fraglichen Gegenstand wegfällt.[146]

2. Schutz des gutgläubigen Erwerbs, § 2211 Abs. 2

880 Im Interesse des Schutzes des Rechtsverkehrs bestimmt § 2211 Abs. 2 allerdings, dass die Vorschriften über den Erwerb vom Nichtberechtigten entsprechende Anwendung finden; möglich ist also ein **gutgläubiger Erwerb** von Nachlassgegenständen vom Erben. Entsprechend anwendbar sind somit die Vorschriften über den öffentlichen Glauben des Grundbuchs (**§§ 892, 893**), des Schiffsregisters (§§ 16, 17 SchiffsRG), des Pfandregisters an Luftfahrzeugen (§§ 15, 16 LuftRG) sowie die Bestimmungen über den gutgläubigen Erwerb von beweglichen Sachen und Rechten an solchen (§§ **932**, 1032, 1207, 1208). Äußerst umstritten ist hingegen, ob auch § 16

141 Vgl. Mot. V, 233; Prot. V, 286 f.

142 Vgl. Staudinger/*Reimann*, 2016, § 2211 Rn. 1; BeckOGK/*Suttmann* § 2111 Rn. 2.

143 Vgl. BGH v. 18.6.1971 – V ZB 4/71, NJW 1971, 1805 f.; KG v. 24.2.2014 – 8 U 157/12, FamRZ 2014, 1406, 1407; Staudinger/*Reimann*, 2016, § 2211 Rn. 2; MüKoBGB/*Zimmermann*, 7. Aufl. 2017, § 2211 Rn. 2.

144 Vgl. Staudinger/*Reimann*, 2016, § 2211 Rn. 3; BeckOGK/*Suttmann* § 2111 Rn. 11.

145 Vgl. RG v. 4.1.1916 – VII 220/15, RGZ 87, 432, 434; Staudinger/*Reimann*, 2016, § 2211 Rn. 3; MüKoBGB/*Zimmermann*, 7. Aufl. 2017, § 2211 Rn. 9.

146 Vgl. RG v. 4.1.1916 – VII 220/15, RGZ 87, 432, 434; RG v. 7.12.1914 – IV 352/14, LZ 1915, 699, 700; RG v. 9.7.1931 – VI 10/31, LZ 1931, 1325; Staudinger/*Reimann*, 2016, § 2211 Rn. 4; BeckOGK/*Suttmann* § 2211 Rn. 13; MüKoBGB/*Zimmermann*, 7. Aufl. 2017, § 2211 Rn. 10.

Abs. 3 GmbHG Anwendung findet.[147] Bezugspunkt des guten Glaubens ist die **Verfügungsbefugnis des Erben.**[148]

881 **Gutgläubig** ist der Erwerber, wenn er (1) nicht weiß, dass der Gegenstand zu einem Nachlass gehört, (2) nicht weiß, dass Testamentsvollstreckung angeordnet ist, oder (3) annimmt, dass der Gegenstand nicht der Verwaltung des Testamentsvollstreckers unterliegt.[149] Sofern nach dem jeweiligen Gutglaubenstatbestand auch grobe Fahrlässigkeit schadet, genügt es jeweils, wenn die entsprechende Unkenntnis bzw. Annahme des Erwerbers auf grober Fahrlässigkeit beruht. Wenn der Erwerber weiß, dass es sich um einen Nachlassgegenstand handelt, wird man i.d.R. von grober Fahrlässigkeit ausgehen müssen, wenn er sich nicht durch Vorlage eines Erbscheins (→ Rn. 1281 ff.), Testamentsvollstreckerzeugnisses (→ Rn. 1328 ff.) oder Europäischen Nachlasszeugnisses (→ Rn. 1334 ff.) Gewissheit verschafft.[150] Bei Grundstücken kommt ein gutgläubiger Erwerb nur in Betracht, wenn kein Testamentsvollstreckervermerk (§ 52 GBO, → Rn. 1362) eingetragen ist.[151]

882 Geschützt sind gutgläubige Dritter darüber hinaus auch dann, wenn sie in Unkenntnis der Verfügungsbeschränkung **an den Erben** (statt an den Testamentsvollstrecker) **leisten** (§§ 407 Abs. 1, 1984 Abs. 1 i.V.m. § 82 InsO analog).[152]

VIII. Das Rechtsverhältnis zwischen Erbe und Testamentsvollstrecker

1. Allgemeines

883 Zwischen Testamentsvollstrecker und Erben besteht ein **gesetzliches Schuldverhältnis *sui generis*.**[153] Im Hinblick auf die Ausgestaltung dieses Schuldverhältnisses erklärt § 2218 bestimmte Normen des Auftragsrechts für entsprechend anwendbar (→ Rn. 884, 886). § 2219 regelt die Haftung des Testamentsvollstreckers gegenüber den Erben (und Vermächtnisnehmern) (→ Rn. 885). Gem. § 2220 sind §§ 2218, 2219 zwingend; der Erblasser kann den Testamentsvollstrecker nicht davon befreien.

---

147 Vgl. dazu MüKoGmbHG/*Heidinger*, 3. Aufl. 2018, § 16 Rn. 321, 332; BeckOK/*Lange* § 2211 Rn. 10; Bengel/Reimann/*Pauli*, Handbuch der Testamentsvollstreckung, 6. Aufl. 2017, § 5 Rn. 260; Henssler/Strohn/*Verse*, Gesellschaftsrecht, 4. Aufl. 2019, § 16 GmbHG Rn. 66 m.w.N.

148 Vgl. Staudinger/*Reimann*, 2016, § 2211 Rn. 19; MüKoBGB/*Zimmermann*, 7. Aufl. 2017, § 2211 Rn. 14.

149 Vgl. *Lange*, ErbR, 2. Aufl. 2017, § 65 Rn. 158.

150 Vgl. *Lange*, ErbR, 2. Aufl. 2017, § 65 Rn. 158; Staudinger/*Reimann*, 2016, § 2211 Rn. 23; BeckOGK/*Suttmann* § 2211 Rn. 28.1; MüKoBGB/*Zimmermann*, 7. Aufl. 2017, § 2211 Rn. 18.

151 Vgl. Staudinger/*Reimann*, 2016, § 2211 Rn. 23, 28; BeckOGK/*Suttmann* § 2211 Rn. 28.2.

152 Vgl. OLG Bremen v. 5.11.1963 – 3 U 85/63, MDR 1964, 328; *Lange*, ErbR, 2. Aufl. 2017, § 65 Rn. 161; MüKoBGB/*Zimmermann*, 7. Aufl. 2017, § 2211 Rn. 17.

153 Vgl. RG v. 16.7.1936 – IV 77/36, JW 1936, 3389, 3390; OLG Schleswig v. 23.3.2007 – 8 WF 191/06, DNotZ 2008, 67, 68; Bengel/Reimann/*Pauli*, Handbuch der Testamentsvollstreckung, 6. Aufl. 2017, § 6 Rn. 2; Staudinger/*Reimann*, 2016, § 2211 Rn. 2; MüKoBGB/*Zimmermann*, 7. Aufl. 2017, § 2218 Rn. 1.

2. Pflichten des Testamentsvollstreckers gegenüber dem Erben und Haftung

884 Gem. § 2215 Abs. 1 hat der Testamentsvollstrecker dem Erben unverzüglich nach der Amtsannahme ein **Verzeichnis** der seiner Verwaltung unterliegenden Nachlassgegenstände mitzuteilen. Aber auch während seiner Tätigkeit hat er gem. §§ 2218 Abs. 1, 666, 259 die Pflicht zur **Auskunft und Rechnungslegung**. Gem. § 2216 Abs. 1 schuldet er dem Erben die **ordnungsgemäße Verwaltung** des Nachlasses (→ Rn. 851). Gem. §§ 2218 Abs. 1, 664 Abs. 1 S. 1 darf der Testamentsvollstrecker seine Aufgaben im Zweifel keiner anderen Person übertragen (Grundsatz der **Höchstpersönlichkeit**). Nach Beendigung des Amts hat der Testamentsvollstrecker gem. §§ 2218 Abs. 1, 667 den gesamten Nachlass und alles, was er in Ausübung des Amts **erlangt** hat, an die Erben **herauszugeben**. Dazu gehören auch die Unterlagen seiner Amtsführung.[154]

885 Verletzt der Testamentsvollstrecker schuldhaft die ihm obliegenden Verpflichtungen, so **haftet** er den Erben und etwaigen Vermächtnisnehmern gem. **§ 2219 Abs. 1** auf Schadensersatz. Mehrere Testamentsvollstrecker haften gem. § 2219 Abs. 2 als Gesamtschuldner. Bei der Eingehung von Verbindlichkeiten kann der Testamentsvollstrecker Schadensersatzansprüche dadurch verhindern, dass er gem. § 2206 Abs. 2 die Zustimmung des Erben verlangt (→ Rn. 862).

3. Ansprüche des Testamentsvollstreckers gegen den Erben

886 Gem. §§ 2218 Abs. 1, 670 hat der Testamentsvollstrecker gegen den Erben einen Anspruch auf **Aufwendungsersatz**. Zudem hat er gem. § 2221 einen Anspruch auf **angemessene Vergütung**, sofern der Erblasser nichts anderes bestimmt hat.

Maßgebliche Kriterien für die **Höhe der Vergütung** sind der Pflichtenkreis, der dem Testamentsvollstrecker im Rahmen der Verfügung von Todes wegen nach dem Gesetz obliegt, der Umfang seiner Verantwortung und die von ihm geleistete Arbeit, wobei die Schwierigkeit der gelösten Aufgaben, die Dauer der Abwicklung oder Verwaltung, die Verwertung besonderer Kenntnisse und Erfahrungen wie auch die Bewährung einer sich im Erfolg auswirkenden Geschicklichkeit zu berücksichtigen sind.[155]

IX. Testamentsvollstreckung im Handels- und Gesellschaftsrecht

887 Ein höchst **kontrovers** diskutiertes Sonderproblem ist, ob und in welchem Rahmen Testamentsvollstreckung an Gesellschaftsanteilen möglich ist. Problematisch ist dies aufgrund der **Inkongruenz zwischen erb- und gesellschaftsrechtlichen Haftungsregeln** speziell bei Personengesellschaften: Die grundsätzlich strikt auf den Nachlass beschränkte Verpflichtungsbefugnis des Testamentsvollstreckers ist schwer mit der grundsätzlich unbeschränkten persönlichen Haftung des Einzelkaufmanns und des persönlich haftenden Gesellschafters einer Personengesellschaft in Einklang zu brin-

154 Vgl. BGH v. 28.6.1972 – IV ZR 118/71, NJW 1972, 1660.
155 Vgl. BGH v. 27.10.2004 – IV ZR 243/03, ZEV 2005, 22, 23. Ausf. zum Ganzen: Bengel/Reimann/*Eckelskemper*, Handbuch der Testamentsvollstreckung, 6. Aufl. 2017, § 10 Rn. 16 ff. m.w.N.

gen. Gerade im Falle (potentiell) zerstrittener Erbengemeinschaften kann aus der Perspektive des Erblassers und seiner Mitgesellschafter jedoch ein erhebliches Interesse an der Einsetzung eines Testamentsvollstreckers zur geordneten Abwicklung bzw. Verwaltung des Unternehmens bzw. Gesellschaftsanteils bestehen.

1. Abwicklungsvollstreckung

888 Relativ unproblematisch und unstreitig **zulässig** ist – auch bei Personengesellschaften – wegen der relativ kurzen Dauer und des beschränkten Wirkungskreises des Testamentsvollstreckers jedenfalls die reine Abwicklungsvollstreckung (§§ 2203 f., → Rn. 817).[156]

2. Dauervollstreckung

a) Anteile an Kapitalgesellschaften

889 Die Dauervollstreckung (→ Rn. 818) an **GmbH-Geschäftsanteilen**[157] und **Aktien einer AG**[158] ist grundsätzlich **zulässig**. Der Testamentsvollstrecker ist grundsätzlich befugt, sämtliche den Geschäftsanteil bzw. die Aktie betreffenden Verwaltungs- und Vermögensrechte der Erben auszuüben.[159]

b) Anteile an Personengesellschaften

890 Seit Langem **höchst umstritten** ist hingegen die Dauervollstreckung an Anteilen von Personengesellschaften. Gegen sie wird insb. geltend gemacht, dass die Verwaltungsbefugnisse des Testamentsvollstreckers mit der unbeschränkten Haftung des Gesellschafters einer Personengesellschaft unvereinbar seien, weil der Testamentsvollstrecker den Erben nur im Rahmen des Nachlassvermögens verpflichten kann (vgl. § 2206, → Rn. 864 ff.).[160] Zudem widerspreche die Zulassung der Dauertestamentsvollstreckung dem Grundsatz der Selbstorganschaft[161] und dem Abspaltungsverbot[162].

---

156 Vgl. Bengel/Reimann/*Pauli,* Handbuch der Testamentsvollstreckung, 6. Aufl. 2017, § 5 Rn. 116 f.; *J. Schmidt/Lebkücher* Ad Legendum 2014, 347, 352; MüKoHGB/*K. Schmidt,* 4. Aufl. 2016, § 139 Rn. 44 m.w.N.

157 Vgl. BGH v. 13.5.2014 – II ZR 250/12, ZEV 2014, 662 Rn. 14; Lutter/Hommelhoff/*Bayer,* 19. Aufl. 2016, § 15 GmbHG Rn. 22; Bengel/Reimann/*Pauli,* Handbuch der Testamentsvollstreckung, 6. Aufl. 2017, § 5 Rn. 240; *Todtenhöfer* RNotZ 2017, 557, 560; *Wälzholz* VGR 20 (2014) 67, 90. Näher dazu *Lange,* FS 25 Jahre DNotI, 2018, S. 665 ff.

158 Vgl. Staudinger/*Reimann,* 2016, § 2205 Rn. 200 f.; Bengel/Reimann/*Pauli,* Handbuch der Testamentsvollstreckung, 6. Aufl. 2017, § 5 Rn. 263; *Wälzholz* VGR 20 (2014) 67, 96.

159 Vgl. BGH v. 13.5.2014 – II ZR 250/12, ZEV 2014, 662 Rn. 14; BGH v. 24.2.2015 – II ZB 17/14, NZG 2015, 519; Lutter/Hommelhoff/*Bayer,* 19. Aufl. 2016, § 15 GmbHG Rn. 22; Bengel/Reimann/*Pauli,* Handbuch der Testamentsvollstreckung, 6. Aufl. 2017, § 5 Rn. 241, 263; *Wälzholz* VGR 20 (2014) 67, 90.

160 Vgl. RG v. 4.3.1943 – II 113/42, RGZ 170, 392, 394 f.; BGH v. 10.2.1977 – II ZR 120/75, NJW 1977, 1339, 1343; BGH v. 3.7.1989 – II ZB 1/89, NJW 1989, 3152, 3154; OLG Düsseldorf v. 24.9.2007 – I-9 U 26/07, ZEV 2008, 142, 143.

161 Vgl. *Hehemann* BB 1995, 1301, 1307.

162 Vgl. RG v. 10.1.1944 – II 103/43, RGZ 172, 199, 203 f.; OLG Hamburg v. 24.4.1984 – 12 U 204/82, ZIP 1984, 1226, 1228; *Richardi,* Das Verwaltungsrecht des Testamentsvollstreckers an der Mitgliedschaft in einer Personenhandelsgesellschaft, 1961, S. 89.

891 In jüngerer Zeit wird im **Schrifttum** indes **vermehrt für eine Zulässigkeit** auch der Dauertestamentsvollstreckung plädiert, jedenfalls sofern die übrigen Gesellschafter dem – entweder *ad hoc* oder antizipiert im Gesellschaftsvertrag – zugestimmt haben.[163] In der Tat ist unter diesen Voraussetzungen keiner der genannten Einwände wirklich durchgreifend: Das Abspaltungsverbot steht schon deshalb nicht entgegen, weil die Testamentsvollstreckung keine Abspaltung einzelner Rechte bewirkt, sondern die Mitgliedschaftsrechte vielmehr – jedenfalls grundsätzlich – insgesamt von einem Dritten ausgeübt werden.[164] Das Prinzip der Selbstorganschaft ist nicht verletzt, denn bei einem unter Testamentsvollstreckung stehenden Gesellschaftsanteil steht der Verwaltungsvollstrecker kraft Amtes dem Gesellschafter gleich.[165] Die Einwände in Bezug auf die Haftung und die Rechte der Mitgesellschafter verfangen letztlich ebenfalls nicht: Der Erbe ist durch § 139 HGB (analog) (→ Rn. 1439 ff.) hinreichend geschützt[166], die Mitgesellschafter durch das Erfordernis der Zustimmung[167]. Flankierenden Schutz der Beteiligten bzw. des Rechtsverkehrs bieten im Übrigen die Haftung des Testamentsvollstreckers (§ 2219, → Rn. 885)[168] sowie die Eintragung eines Testamentsvollstreckervermerks im Handelsregister (→ Rn. 1356)[169].

892 In der höchstrichterlichen Judikatur konnte sich diese vordringende Literaturmeinung allerdings (zumindest bislang) noch nicht vollumfänglich durchsetzen. In mittlerweile **st. Rspr.** bejaht wird aber jedenfalls die **Zulässigkeit** der Dauervollstreckung an **Kommanditanteilen.**[170] Wie der BGH 2014 explizit klargestellt hat, obliegt dann die Ausübung der Gesellschafterbefugnisse einschließlich des Stimmrechts und der gerichtlichen Geltendmachung der Fehlerhaftigkeit von Gesellschafterbeschlüssen grundsätzlich allein dem Testamentsvollstrecker.[171]

893 In Bezug auf **Gesellschaftsanteile persönlich haftender Gesellschafter** war der **BGH** hingegen (zumindest bislang) deutlich restriktiver: Eine Dauertestamentsvollstreckung sei hier zwar „nicht schlechthin ausgeschlossen", aus gesellschaftsrechtlichen Gründen könne der Testamentsvollstrecker aber nur über die mit der Gesell-

163 Vgl. Oetker/*Kamanabrou*, HGB, 5. Aufl. 2017, § 139 Rn. 53 f.; *Muscheler,* Die Haftungsordnung der Testamentsvollstreckung, 1994, S. 549 ff.; *von Proff zu Irnich* DStR 2018, 415, 418; *J. Schmidt/ Lebkücher* Ad Legendum 2014, 347, 353; MüKoHGB/*K. Schmidt*, 4. Aufl. 2016, § 139 Rn. 47; MüKoBGB/*Zimmermann,* 7. Aufl. 2017, § 2205 Rn. 36 f.

164 Vgl. BGH v. 3.7.1989 – II ZB 1/89, NJW 1989, 3152, 3155; *J. Schmidt/Lebkücher* Ad Legendum 2014, 347, 352 f.; MüKoBGB/*Zimmermann,* 7. Aufl. 2017, § 2205 Rn. 37 m.w.N.

165 Vgl. *J. Schmidt/Lebkücher* Ad Legendum 2014, 347, 353; MüKoBGB/*Zimmermann,* 7. Aufl. 2017, § 2205 Rn. 37.

166 Vgl. *J. Schmidt/Lebkücher* Ad Legendum 2014, 347, 353; MüKoHGB/*K. Schmidt*, 4. Aufl. 2016, § 139 Rn. 47.

167 Vgl. *J. Schmidt/Lebkücher* Ad Legendum 2014, 347, 353; MüKoHGB/*K. Schmidt*, 4. Aufl. 2016, § 139 Rn. 47; MüKoBGB/*Zimmermann,* 7. Aufl. 2017, § 2205 Rn. 37.

168 Vgl. *J. Schmidt/Lebkücher* Ad Legendum 2014, 347, 353; MüKoHGB/*K. Schmidt*, 4. Aufl. 2016, § 139 Rn. 47.

169 Vgl. *J. Schmidt/Lebkücher* Ad Legendum 2014, 347, 353; *von Proff zu Irnich* StR 2018, 415, 417; für die Testamentsvollstreckung am Kommanditanteil: BGH v. 14.2.2012 – II ZB 15/11, NZG 2012, 385.

170 Vgl. grundlegend BGH v. 3.7.1989 – II ZB 1/89, NJW 1989, 3152, 3154; s. ferner BGH v. 14.2.2012 – II ZB 15/11, NZG 2012, 385, 385 f. (auf Antrag des Testamentsvollstreckers ist ein Testamentsvollstreckervermerk in das Handelsregister einzutragen, → Rn. 1356); BGH v. 13.5.2014 – II ZR 250/12, ZEV 2014, 662; BGH v. 19.12.2017 – II ZR 255/16, NZG 2018, 220. Überblick zum Ganzen bei *Schneider* NJW 2015, 1142 ff.

171 Vgl. BGH v. 13.5.2014 – II ZR 250/12, ZEV 2014, 662 Rn. 14; dazu *J. Schmidt* WuB 2014, 475 ff.

schafterbeteiligung verbundenen Vermögensrechte verfügen, nicht aber über solche Befugnisse, die unmittelbar die Mitgliedschaftsrechte der Erben berühren.[172] Wirklich praktikabel erscheint eine solche **Differenzierung zwischen „Innen-" und „Außenseite"**[173] wegen der damit verbundenen erheblichen Abgrenzungsprobleme indes nicht.[174] Die im bereits angesprochenen Urteil aus dem Jahr 2014[175] vom II. Zivilsenat unternommene extensive Interpretation der Befugnisse des Testamentsvollstreckers im Falle einer Dauervollstreckung an einem Kommanditanteil könnte indes ein Indikator dafür sein, dass der BGH seine Linie künftig auch bei Gesellschaftsanteilen persönlich haftender Gesellschafter modifizieren und die Differenzierung zwischen „Innen-" und „Außenseite" demnächst auch dort aufgeben könnte.[176]

Angesichts der restriktiven Linie der Rechtsprechung hat die Kautelarpraxis verschiedene **„Ersatzlösungen"** entwickelt[177], die allerdings allesamt nicht wirklich optimal sind: **894**

- **Vollmachtslösung**: Die Erben werden Gesellschafter und erteilen dem Testamentsvollstrecker Vollmacht zur Ausübung sämtlicher Gesellschafterrechte.
- **Treuhandlösung**: Die Erben als Treugeber übertragen den Anteil für die Dauer der Testamentsvollstreckung treuhänderisch auf den Testamentsvollstrecker als Treuhänder.
- **Weisungsgeberlösung**: Die Erben werden Gesellschafter, sind aber im Innenverhältnis aufgrund einer Anordnung des Erblassers gem. § 2208 Abs. 2 (→ Rn. 834, 859) an die Weisungen des Testamentsvollstreckers gebunden.
- **Umwandlungsklausel**: Im Gesellschaftsvertrag wird geregelt, dass die Beteiligung mit dem Erbfall in eine Kommanditbeteiligung umgewandelt wird und es wird durch letztwillige Verfügung Testamentsvollstreckung hierfür angeordnet.

c) Einzelkaufmännische Unternehmen

Bei einzelkaufmännischen Unternehmen wird die Zulässigkeit einer Dauervollstreckung von der **h.M.** traditionell ebenfalls **verneint**.[178] Speziell in jüngerer Zeit mehren sich allerdings die Stimmen, welche diese Position für nicht länger haltbar ansehen.[179] Insb. vor dem Hintergrund der neueren Rechtsentwicklungen sprechen in der **895**

172 Vgl. BGH v. 14.5.1986 – IVa ZR 155/84, NJW 1986, 2431, 2341; BGH v. 10.1.1996 – IV ZB 21/94, NJW 1996, 1284, 1285; BGH v. 12.1.1998 – II ZR 23/97, NJW 1998, 1313, 1313 f.

173 Vgl. *Hübner/Hammes*, BB 2013, 2307, 2310; *J. Schmidt/Lebkücher* Ad Legendum 2014, 347, 353; MüKoBGB/*Zimmermann*, 7. Aufl. 2017, § 2205 Rn. 36.

174 Vgl. *J. Schmidt/Lebkücher* Ad Legendum 2014, 347, 353; *Wälzholz* VGR 20 (2014) 67, 82; Erman/*Westermann*, 15. Aufl. 2017, § 727 Rn. 10; MüKoBGB/*Zimmermann*, 7. Aufl. 2017, § 2205 Rn. 36.

175 Vgl. BGH v. 13.5.2014 – II ZR 250/12, ZEV 2014, 662.

176 Vgl. *J. Schmidt* WuB 2014, 475, 478; *J. Schmidt/Lebkücher* Ad Legendum 2014, 347, 353.

177 Vgl. dazu näher etwa *Kämper* RNotZ 2016, 625, 640 ff.; Nieder/Kössinger/*Kössinger*, Handbuch der Testamentsgestaltung, 5. Aufl. 2015, § 15 Rn. 131 ff.; *von Proff zu Irnich* DStR 2018, 415, 419 f.

178 Vgl. RG v. 26.3.1931, IIb 5/31, RGZ 132, 138; BGH v. 18.1.1954 – IV ZR 130/53, NJW 1954, 636; BGH v. 11.4.1957, II ZR 182/55, NJW 1957, 1026, 1027; *Bisle* DStR 2013, 1037; *Kollmeyer* NJW 2017, 3271, 3274; *Lange*, ErbR, 2. Aufl. 2017, § 101 Rn. 20; Staudinger/*Reimann*, 2016, § 2205 Rn. 147.

179 Vgl. Bengel/Reimann/*Pauli*, Handbuch der Testamentsvollstreckung, 6. Aufl. 2017, § 5 Rn. 149; *Weidlich* NJW 2011, 641 ff.; MüKoBGB/*Zimmermann*, 7. Aufl. 2017, § 2205 Rn. 21; vgl. ferner auch bereits *Baur*, FS Dölle, Bd. I, 1963, S. 249, 262 f.; *Muscheler*, Die Haftungsordnung der Testamentsvollstreckung, 1994, S. 392 ff.

Tat gute Gründe dafür, die Dauertestamentsvollstreckung auch bei einzelkaufmännischen Unternehmen zuzulassen.

896 Die Kautelarpraxis behilft sich indes auch hier bislang mit verschiedenen – allerdings ebenfalls insgesamt nicht wirklich befriedigenden – „**Ersatzlösungen**“:[180]

- **Vollmachtslösung**: Der Testamentsvollstrecker führt das Handelsgeschäft im Namen der Erben als deren Bevollmächtigter.
- **Treuhandlösung**: Der Testamentsvollstrecker führt das Handelsgeschäft nach außen im eigenen Namen und in eigener unbeschränkter Haftung fort, im Innenverhältnis allerdings für Rechnung der Erben als deren Treuhänder.
- **Weisungsgeberlösung**: Die Erben führen das Handelsgeschäft fort, sind aber im Innenverhältnis aufgrund einer Anordnung des Erblassers gem. § 2208 Abs. 2 (→ Rn. 834, 859) an die Weisungen des Testamentsvollstreckers gebunden.
- **Umwandlungsklausel**: Durch Auflage an die Erben und Anordnung an den Testamentsvollstrecker wird veranlasst, das einzelkaufmännische Unternehmen in eine haftungsbeschränkte Rechtsform (z.B. GmbH, GmbH & Co KG) umzuwandeln oder einzubringen.

Lösung der Ausgangsfälle

897 **Fall 42 (→ Rn. 807):** A hat als Erbe kein „Kündigungsrecht“ gegenüber T. A kann jedoch gem. § 2227 beim Nachlassgericht die Entlassung des T beantragen. Voraussetzung ist, dass ein wichtiger Grund für die Entlassung vorliegt. Ein solcher kann z.B. auch ein auf Tatsachen beruhendes Misstrauen eines Beteiligten, zu dem der Testamentsvollstrecker Anlass gegeben hat, sein (→ Rn. 839). Hier ist der Vertrauensverlust durch die Tatsache der Vornahme des grundsätzlich unzulässigen Insichgeschäfts (§ 181, → Rn. 858) gerechtfertigt. Das Nachlassgericht hat daher nach pflichtgemäßem Ermessen zu prüfen, ob gleichwohl überwiegende Gründe für ein Verbleiben des Testamentsvollstreckers im Amt sprechen (→ Rn. 839). Solche sind hier nicht ersichtlich. Das Nachlassgericht wird den T daher entlassen.

898 **Fall 43 (→ Rn. 807)**[181]**:**

I. Die Einsetzung derselben Person als Testamentsvollstrecker zur Verwaltung des Nachlasses (§ 2209) für den Vorerben während der Zeit der Vorerbschaft und zugleich als Nacherbenvollstrecker (§ 2222) ist grundsätzlich zulässig (→ Rn. 819). Für die Nacherbenvollstreckung gelten grundsätzlich die allgemeinen Vorschriften, wobei allerdings die besonders geartete Struktur der Nacherbenvollstreckung zu berücksichtigen ist; der auf der Grundlage von § 2222 handelnde Testamentsvollstrecker hat nicht mehr, aber auch nicht weniger Rechte und Pflichten, als sie den Nacherben im Allgemeinen gegenüber einem Vorerben zustehen (→ Rn. 819).

II. 1. Ein Anspruch des N auf **Auskunft über den Bestand der Erbschaft** könnte sich aus § 2215 Abs. 1 ergeben. Der Verwaltung des Nacherbenvollstreckers unterliegen jedoch nur die Rechte und Pflichten des Nacherben vor Eintritt des Nacherbfalls, nicht dagegen die Nachlassgegenstände (→ Rn. 819). Daher ist T gegenüber A nicht gem. § 2215 Abs. 1 zur Erstellung eines Nachlassverzeichnisses verpflichtet.

---

180 Vgl. dazu näher etwa Nieder/Kössinger/*Kössinger,* Handbuch der Testamentsgestaltung, 5. Aufl. 2015, § 15 Rn. 113 ff.; *Lange,* ErbR, 2. Aufl. 2017, § 101 Rn. 22 ff.; Bengel/Reimann/*Pauli,* Handbuch der Testamentsvollstreckung, 6. Aufl. 2017, § 5 Rn. 119 ff.; *Wälzholz* VGR 20 (2014) 67, 72 ff.

181 Nach BGH v. 9.11.1994 – IV ZR 319/93, NJW 1995, 456.

2. Allerdings hat N als Nacherbe gegen V als Vorerbe grundsätzlich aus § 2121 einen Anspruch auf ein Verzeichnis der Erbschaftsgegenstände (→ Rn. 780). Aufgrund der Nacherbenvollstreckung (§ 2222) kann er diesen jedoch nicht selbst gegen V geltend machen, sondern dies müsste grundsätzlich T tun. Allerdings besteht hier die Besonderheit, dass T zugleich als Testamentsvollstrecker den Nachlass für den Vorerben V verwaltet, sodass er die für die Erstellung des Verzeichnisses der Erbschaftsgegenstände erforderlichen Kenntnisse bereits besitzt. Die Erstellung dieses Verzeichnisses ist die „erforderliche Nachricht", die T als Nacherbenvollstrecker dem A gem. §§ 2218, 666 schuldet. Diese grundlegende Auskunft über den ursprünglichen Bestand des Nachlasses muss T als Nacherbenvollstrecker (§ 2222) von sich aus sogleich nach Amtsübernahme erteilen, sofern er nicht davon ausgehen kann, dass der Nacherbe den Bestand des Nachlasses schon im Einzelnen kennt.

III.1. Ein Anspruch des N auf **Auskunft über den späteren Verbleib der Nachlassgegenstände** lässt sich nicht aus §§ 2218, 2121 herleiten, denn die Auskunft über den Bestand des Nachlasses gem. § 2121 muss nur einmal gegeben werden (→ Rn. 780) (T musste den Nacherben N aber schon bei Amtsübernahme unterrichten, s.o.).

2. Ein Anspruch des N auf Auskunft über den späteren Verbleib der Nachlassgegenstände könnte sich aber aus §§ 2218, 2127 ergeben. Voraussetzung dafür wäre jedoch, dass Grund zur Annahme besteht, dass durch die Verwaltung des Nachlasses die Rechte des Nacherben erheblich verletzt wurden (→ Rn. 780). Dafür ergeben sich hier keine Anhaltspunkte.

3. N hat jedoch gem. §§ 2218, 666 einen Anspruch gegen T auf Auskunft über den Stand der Geschäfte, soweit T Rechte des N gem. §§ 2113 ff. und §§ 2116 ff. wahrgenommen hat. Dies stellt keine Erweiterung der Rechte des N dar, da dieser ohne Nacherbenvollstreckung (§ 2222) selbst von diesen Geschäften erfahren hätte.

§ 20 Beschwerungen des Erben: Vermächtnis und Auflage

Fall 44: Der Nachlass der Erblasserin E besteht im Wesentlichen aus einem mit einem Einfamilienhaus bebauten Grundstück mit Garten. E hat ein formwirksames Testament hinterlassen, das lediglich folgenden Inhalt aufweist: „Lieber M, ich habe den Garten bepflanzt. Das sollst Du behalten, es soll Dein sein, solange Du es behalten willst. Ich schenke es Dir. Deine Mutter". Das gesetzliche Erbrecht ihrer vier Kinder M, N, O und P ist der E bekannt. Kann M die Abschreibung (§ 7 GBO) des Grundstücksteils mit Garten und die Übereignung dieses neu entstandenen Grundstücks bereits vor der Auseinandersetzung und ohne Anrechnung verlangen? **Lösung: → Rn. 948** 899

Fall 45: Millionär M, der seinen Neffen N zum Alleinerben eingesetzt hat, macht diesem zur Auflage, einen öffentlich zugänglichen Park anzulegen. Kann die Vollziehung dieser Auflage erzwungen werden, wenn der Sohn S des M, der bei Wegfall des N Erbe würde, die Vollziehung nicht verlangt? **Lösung: → Rn. 949**

Fall 46: Der Künstler K hat seinen Sohn S als Alleinerben eingesetzt. Die im Todeszeitpunkt noch in seinem Eigentum befindlichen Gemälde hat K seiner Heimatstadt H vermacht und angeordnet, dass sie im städtischen Museum für Malerei ausgestellt werden müssen. Aus finanziellen Gründen muss die Stadt H dieses Museum jedoch schließen. Sie stellt die

Gemälde des K daraufhin im Kunstmuseum in H aus. S verlangt die Herausgabe der Bilder, da anzunehmen sei, dass sein Vater die Bilder nicht der Stadt H vermacht haben würde, wenn sie nicht im Museum für Malerei ausgestellt werden. Wie ist die Rechtslage?
Lösung: → Rn. 950

Literatur: *Amend*, Probleme beim Teilflächenvermächtnis, ZEV 2004, 441; *Becker*, Zum gemeinschaftlichen Vermächtnis (§ 2157 BGB), notar 2016, 200; *Bengel*, Rechtsfragen zum Vor- und Nachvermächtnis, NJW 1990, 1826; *Bredemeyer*, Praxisrelevante Fälle zum Vermächtnisrecht, ZErb 2017, 343; *Buchholz*, Verfügungsunterlassungsvertrag, Vormerkung und künftige Ansprüche, JURA 1989, 393; *Burandt/Auf der Horst*, Erbrechtliche Grundlagen – Teilungsanordnung, Vorausvermächtnis, Auflage, FuR 2018, 246; *Eidenmüller*, Vorausvermächtnis und Teilungsanordnung, JA 1991, 150; *Hartmann*, Das sog. Behindertentestament: Vor- und Nacherbschaftskonstruktion oder Vermächtnisvariante, ZEV 2001, 89; *Hölscher*, Auslegung und Einziehung gemeinschaftlicher Vermächtnisse, ErbR 2016, 244; *Horn*, Vermächtnisse in der Testamentsgestaltung, NJW 2018, 1000; *Kanzleiter*, Verdient das „Supervermächtnis" diese Bezeichnung?, FS Brambring, 2011, S. 225; *Keim*, „Super" oder „(super) falsch"? – Das „Supervermächtnis" zur Erbschaftsteuerersparnis beim Berliner Testament, ZEV 2016, 6; *Klinger/Mörtl*, Das Vor- und Nachvermächtnis, NJW-Spezial 2009, 327; *Kollmeyer*, Unternehmensnachfolge und Geschwisterabfindung durch Bestimmungs- und Zweckvermächtnisse in der Praxis, NJW 2017, 3271; *Kornexl*, Geld-, Immobilien- und Hausratsvermächtnisse: Risiken für den Verteilungsplan des Erblassers und gestalterische Vorsorge, ZEV 2002, 142; *Loritz*, Teilungsanordnung und Vorausvermächtnis, NJW 1988, 2697; *Mayer*, Ausgewählte Probleme des Vermächtnisses, ErbR 2011, 322; *Muscheler*, Das gemeinschaftliche Vermächtnis, NJW 2012, 1399; *ders.*, Das Vor- und Nachvermächtnis, ErbR 2011, 258; *Neukichen*, Vereinbarungen zwischen Vor- und Nacherben bzw. Vor- und Nachvermächtnisnehmern, RNotZ 2018, 357; *Sturm*, Der Vollziehungsberechtigte der erbrechtlichen Auflage und seine Befugnisse, 1985; *van Venrooy*, Annahme und Ausschlagung von Vermächtnissen, 1990; *Vorwerk*, Geldzuwendung durch erbrechtliche Auflage, ZEV 1998, 297; *Warlich/Kühne*, Das Geldvermächtnis – Auslegungsfragen und Gestaltungsempfehlungen –, ZErb 2012, 259; *Werkmüller*, Gestaltungsmöglichkeiten des Erblassers im Rahmen der Anordnung von Vor- und Nachvermächtnissen, ZEV 1999, 343.

I. Das Vermächtnis

1. Begriff des Vermächtnisses

900 Ein Vermächtnis ist nach der Legaldefinition in **§ 1939** die **Zuwendung eines Vermögensvorteils** an einen anderen durch Verfügung von Todes wegen, **ohne** dass der andere als **Erbe** eingesetzt wird. Der Bedachte ist der sog. **Vermächtnisnehmer** (→ Rn. 905 ff.); derjenige, der das Vermächtnis erfüllen muss, ist der sog. Beschwerte (→ Rn. 902 ff.).

901 Gem. § 2174 wird durch das Vermächtnis für den Bedachten das Recht begründet, von dem Beschwerten die Leistung des vermachten Gegenstands zu fordern. Der Vermächtnisnehmer hat also lediglich einen **schuldrechtlichen Anspruch** gegen den Beschwerten (sog. **Damnationslegat**). Der Vermächtnisnehmer wird folglich nicht bereits mit dem Erbfall Eigentümer der vermachten Sache bzw. Inhaber des vermachten Rechts, sondern es bedarf hierzu noch eines Rechtsgeschäfts unter Lebenden zwischen dem Beschwerten und dem Vermächtnisnehmer (sog. Erfüllungsgeschäft). Der Vermächtnisnehmer ist insofern Gläubiger.

Der BGB-Gesetzgeber hat sich bewusst für ein Damnationslegat und **gegen** ein sog. **Vindikationslegat** – bei dem der Vermächtnisnehmer unmittelbar Eigentümer der vermachten Sache bzw. Inhaber des vermachten Rechts wird – entschieden. Das Vindikationslegat galt zwar im römischen Recht und im Gemeinen Recht und gilt auch heute noch in zahlreichen anderen Rechtsordnungen. Der BGB-Gesetzgeber befürchtete jedoch, dass eine dingliche Wirkung des Vermächtnisses zu einer Gefährdung des Erben und der Nachlassgläubiger führen würde und diese sich nur durch äußerst komplexe Schutzregelungen verhindern ließe.[1] Zudem sah man ein Vindikationslegat als unvereinbar mit dem Traditionsprinzip an.[2]

2. Beschwerter

Der sog. **Beschwerte** ist derjenige, der zur Erfüllung der Verbindlichkeit aus dem Vermächtnis verpflichtet ist. Beschwerter kann gem. § 2147 S. 1 **nur** der **Erbe** oder ein **Vermächtnisnehmer** sein. Grund ist, dass nach dem Willen des historischen Gesetzgebers mit einem Vermächtnis nur Personen beschwert werden können sollten, denen der Erblasser unmittelbar etwas zuwendet.[3] Sofern der Erblasser nichts anderes bestimmt hat, ist gem. § 2147 S. 2 der Erbe beschwert (weil er in der Regel ja auch mehr bekommt). Ist ein Vermächtnisnehmer selbst mit einem Vermächtnis belastet, so spricht man von einem Untervermächtnis (→ Rn. 909 f., 933). Gem. § 2148 kann der Erblasser auch mehrere Personen mit demselben Vermächtnis beschweren. **902**

Nicht beschwert werden Personen, die nicht aus eigenem Recht unmittelbar etwas vom Erblasser erlangt haben[4], d.h. insb. der **Erbeserbe**[5], der **Erbe des Vermächtnisnehmers**[6], der **Testamentsvollstrecker**[7] als solcher und der **Auflagenbegünstigte**[8]. Nicht beschwert werden kann auch der **Pflichtteilsberechtigte**, denn er soll den Pflichtteil grundsätzlich ungeschmälert erhalten (Ausnahme § 2338, → Rn. 719).[9] Ferner kann nach zutr. h.M. auch der **Begünstigte einer vollzogenen Schenkung unter Lebenden** auch dann nicht mit einem Vermächtnis beschwert werden, wenn der Rechtserwerb erst mit dem Tode des Erblassers eintritt (wie insb. bei einer Lebensversicherung, vgl. § 331, § 159 Abs. 2 und 3 VVG); denn der Begünstigte erhält die Forderung gerade nicht durch Verfügung von Todes wegen, sondern durch Rechtsgeschäft unter Lebenden.[10] **903**

Der **Wegfall des Beschwerten** führt gem. § 2161 S. 1 im Zweifel nicht zur Unwirksamkeit des Vermächtnisses. „Wegfall" ist dabei im weitesten Sinne zu verstehen **904**

1 Vgl. Mot. V, 133 ff.
2 Vgl. Mot. V, 136; Prot. V, 207 f.
3 Vgl. Mot. V, 10.
4 Vgl. BGH v. 6.3.1985 – IVa ZR 171/83, NJW-RR 1986, 164; *Lange*, ErbR, 2. Aufl. 2017, § 28 Rn. 78; jurisPK-BGB/*Reimann*, § 2147 Rn. 13.
5 Vgl. Staudinger/*Otte*, 2013, § 2147 Rn. 4; MüKoBGB/*Rudy*, 7. Aufl. 2017, § 2147 Rn. 3.
6 Vgl. Staudinger/*Otte*, 2013, § 2147 Rn. 4; jurisPK-BGB/*Reimann*, § 2147 Rn. 13.
7 Vgl. BeckOGK/*Hölscher* § 2147 Rn. 18; jurisPK-BGB/*Reimann*, § 2147 Rn. 13.
8 Vgl. BeckOGK/*Hölscher* § 2147 Rn. 18; jurisPK-BGB/*Reimann*, § 2147 Rn. 13.
9 Vgl. BGH v. 6.3.1985 – IVa ZR 171/83, NJW-RR 1986, 164; BeckOGK/*Hölscher* § 2147 Rn. 18.
10 Vgl. BGH v. 6.3.1985 – IVa ZR 171/83, NJW-RR 1986, 164; BeckOGK/*Hölscher* § 2147 Rn. 15; *Lange*, ErbR, 2. Aufl. 2017, § 28 Rn. 80; MüKoBGB/*Rudy*, 7. Aufl. 2017, § 2147 Rn. 6; a.A. *Brox/Walker*, ErbR, 28. Aufl. 2018, § 27 Rn. 5; BeckOK/*Müller-Christmann* § 2147 Rn. 5; Staudinger/*Otte*, 2013, § 2147 Rn. 11.

(z.B. Vorversterben, Ausschlagung oder Erbunwürdigkeit des zunächst Beschwerten).[11] Das Vermächtnis beschwert dann gem. § 2161 S. 2 denjenigen, dem der Wegfall unmittelbar zustattenkommt (z.B. anstelle des eingesetzten Erben den Ersatzerben oder den gesetzlichen Erben). Ist das Vermächtnis bereits endgültig angefallen (→ Rn. 920 ff.) und stirbt der Beschwerte erst nach diesem Zeitpunkt, so haften seine Erben gem. §§ 1922, 1967 für die Vermächtnisschuld.

3. Vermächtnisnehmer

a) Person des Vermächtnisnehmers

905 Vermächtnisnehmer kann jede **natürliche oder juristische Person** oder auch eine **Personengesellschaft** sein.[12] Dies gilt auch dann, wenn die natürliche Person zur Zeit des Erbfalls noch nicht gezeugt war (§ 2178) oder die juristische Person bzw. Personengesellschaft zur Zeit des Erbfalls noch nicht existierte (§ 2178 analog)[13]. Das Vermächtnis ist jedoch unwirksam, wenn die bedachte natürliche Person zur Zeit des Erbfalls nicht mehr lebt (§ 2160) bzw. die bedachte juristische Person oder Personengesellschaft nicht mehr existiert (§ 2160 analog)[14].

b) Bestimmung des Vermächtnisnehmers

906 Die Bestimmung des Vermächtnisnehmers erfolgt i.d.R. durch den **Erblasser** selbst, dessen Wille ggf. durch Auslegung (→ Rn. 323 ff.) zu ermitteln ist. §§ 2151-2153 gestatten es jedoch wegen der geringeren Tragweite des Vermächtnisses im Vergleich zur Erbeinsetzung[15] – als Ausnahme vom Grundsatz der materiellen Höchstpersönlichkeit (→ Rn. 147 ff.) – auch, dass der Erblasser die Bestimmung des Vermächtnisnehmers bzw. der Anteile dem **Beschwerten** oder einem **Dritten** überträgt. Der Erblasser muss jedoch zumindest den Personenkreis, aus dem der konkrete Vermächtnisnehmer ausgewählt werden soll, hinreichend genau bestimmen.[16]

Nicht ausreichend sind etwa Bestimmungen, dass eine bestimmte Geldsumme „verschiedenen Vereinen und wohltätigen oder gemeinnützige Anstalten sowie bedürftigen Personen"[17] oder „einer Initiative von älteren Menschen für ältere Menschen"[18] zukommen soll. Hinreichend konkret ist hingegen die Bestimmung, dass „zehn bedürftige Waisenkinder vom Waisenhaus" je eine bestimmte Geldsumme bekommen sollen.[19]

Sofern der Erblasser keine Auswahlkriterien vorgegeben hat, kann der Beschwerte bzw. Dritte die Auswahl (in den Grenzen der Arglist und Sittenwidrigkeit) grundsätzlich nach freiem Belieben treffen; eine gerichtliche Überprüfung auf Billigkeit

---

11 Vgl. Erman/*Nobis*, 15. Aufl. 2017, § 2161 Rn. 1; MüKoBGB/*Rudy*, 7. Aufl. 2017, § 2161 Rn. 2.
12 Vgl. nur *Lange*, ErbR, 2. Aufl. 2017, § 28 Rn. 69.
13 Vgl. Staudinger/Otte, 2013, § 2178 Rn. 4; MüKoBGB/*Rudy*, 7. Aufl. 2017, § 2178 Rn. 4.
14 Vgl. Staudinger/Otte, 2013, § 2160 Rn. 4; MüKoBGB/*Rudy*, 7. Aufl. 2017, § 2160 Rn. 1.
15 Vgl. Staudinger/Otte, 2013, § 2151 Rn. 1; MüKoBGB/*Rudy*, 7. Aufl. 2017, § 2151 Rn. 1.
16 Vgl. RG v. 13.5.1919 – VII 89/19, RGZ 95, 15, 17 f.; OLG München v. 3.2.2017 – 34 Wx 341/16, ZEV 2017, 325 Rn. 21.
17 Vgl. RG v. 13.5.1919 – VII 89/19, RGZ 95, 15, 17 f.
18 Vgl. OLG München v. 3.2.2017 – 34 Wx 341/16, ZEV 2017, 325 Rn. 21.
19 Vgl. BayObLG v. 2.12.1997 – 1Z BR 93/97, NJW-RR 1998, 727, 729.

(§ 319) erfolgt richtiger Ansicht nach nicht, da der Gesetzgeber sie hier – anders als in § 2156 S. 2 (→ Rn. 918) – gerade nicht vorgeschrieben hat.[20]

c) Gestaltungsoptionen im Hinblick auf die Rechtsmacht des Vermächtnisnehmers

907 Beim **Ersatzvermächtnis** (§ 2190) ordnet der Erblasser an, dass der Gegenstand des Vermächtnisses einem anderen zugewendet werden soll, wenn der zunächst Bedachte das Vermächtnis nicht erwirbt; hier gelten die §§ 2097-2099 (→ Rn. 735, 743) entsprechend. Die Einsetzung eines Ersatzvermächtnisnehmers schließt daher die Anwachsung gem. § 2158 Abs. 2 (→ Rn. 928) aus (vgl. §§ 2190, 2099).

908 Beim **gemeinschaftlichen Vermächtnis** (§ 2157) vermacht der Erblasser mehreren Personen denselben Gegenstand (z.B. ein Gemälde oder ein Hausgrundstück); hier gelten die §§ 2089-2093 (→ Rn. 365 ff.) entsprechend.[21] Streng zu trennen ist das gemeinschaftliche Vermächtnis jedoch von separaten Vermächtnissen betreffend bestimmte Teile einer Sachgesamtheit (**Beispiel:** A erhält alle Romane aus der Bibliothek, B alle Sachbücher).

909 Als **Hauptvermächtnis** bezeichnet man ein Vermächtnis, das mit einem anderen Vermächtnis (**Untervermächtnis**) oder einer Auflage beschwert ist. Näher zur Haftung des Hauptvermächtnisnehmers → Rn. 933.

910 Beim **Nachvermächtnis** bestimmt der Erblasser, dass der Vermächtnisgegenstand zunächst einem ersten Vermächtnisnehmer (Vorvermächtnisnehmer) und dann einem zweiten Vermächtnisnehmer (Nachvermächtnisnehmer) zugewendet wird (vgl. § 2191 Abs. 1).[22] Wenn der Vermächtnisgegenstand an den Beschwerten zurückfallen soll (Nachvermächtnisnehmer und Beschwerter also identisch sind), spricht man von einem **Rückvermächtnis**.[23] Das Nachvermächtnis gleicht insofern dem Grundkonstrukt der Vor- und Nacherbfolge (→ Rn. 746 ff.). Anstelle des Erben wird aber der Vermächtnisnehmer beschwert und es handelt sich auch nur um eine rein schuldrechtliche Beschwerung in Form eines Vermächtnisses. Daher finden gem. § 2191 Abs. 2 auch nur bestimmte Vorschriften des Rechts der Vor- und Nacherbfolge Anwendung, nämlich §§ 2102, 2106 Abs. 1, 2107 und 2110 Abs. 1 (→ Rn. 741, 751, 753, 756 f.). Das Nachvermächtnis ist ein Spezialfall des **Untervermächtnisses**, dessen Besonderheit darin besteht, dass der Gegenstand von Haupt- und Untervermächtnis identisch ist; daher finden die §§ 2186-2188 (→ Rn. 933) Anwendung.[24] Die Verwendungsersatzansprüche des Vorvermächtnisnehmers richten sich nach § 2185 (→ Rn. 930); eine analoge Anwendung der §§ 2124 ff. (→ Rn. 792) scheitert am

20 Vgl. BeckOGK/*Hölscher* § 2151 Rn. 29; *Keim*, ZEV 2014, 72, 75; Erman/*Nobis*, 15. Aufl. 2017, § 2151 Rn. 2; Staudinger/*Otte*, 2013, § 2151 Rn. 8 ff.; MüKoBGB/*Rudy*, 7. Aufl. 2017, § 2151 Rn. 11; Palandt/*Weidlich*, 78. Aufl. 2019, § 2151 Rn. 3; diff. nach dem Willen des Erblassers hingegen *Brox/Walker*, ErbR, 28. Aufl. 2018, § 27 Rn. 11; *Lange*, ErbR, 2. Aufl. 2017, § 28 Rn. 74; *Lange/Kuchinke*, ErbR, 5. Aufl. 2001, § 29 III 2 b a. Ganz anders noch Palandt/*Edenhofer*, 57. Aufl. 1998, § 2151 Rn. 2 (immer Prüfung auf Billigkeit).

21 Näher dazu *Becker* notar 2016, 200 f.; *Muscheler* NJW 2012, 1399 ff.

22 Näher dazu *Muscheler* ErbR 2011, 258 ff.

23 Vgl. BeckOGK/*Müller-Engels* § 2191 Rn. 18 m.w.N.

24 Vgl. BeckOK/*Müller-Christmann* § 2191 Rn. 3; MüKoBGB/*Rudy*, 7. Aufl. 2017, § 2191 Rn. 1.

Fehlen einer planwidrigen Regelungslücke, denn für den Gesetzgeber bestand kein Grund, abweichende Regelungen gegenüber sonstigen aufschiebend bedingt oder befristet bedachten Vermächtnisnehmern zu treffen.[25] Für die von § 2185 angeordnete Anwendung der Vorschriften über das Eigentümer-Besitzer-Verhältnis (§§ 994-1003) ist der Vorvermächtnisnehmer dem Besitzer und der Nachvermächtnisnehmer dem Eigentümer gleichzusetzen.[26]

911 Ein **Vorausvermächtnis** ist nach der Legaldefinition in § 2150 ein Vermächtnis, das dem Erben oder einem Miterben zugewandt wird. Das Gesetz bedient sich hier einer Fiktion („gilt als Vermächtnis"), weil an sich niemand zugleich Berechtigter und Verpflichteter in einer Person sein kann.[27] Ein solches Vorausvermächtnis kann für den Erben oder Miterben im Einzelfall äußerst günstig sein. Denn zum einen erhält er das Vorausvermächtnis auch dann, wenn er ausschlägt. Zum anderen erhält ein begünstigter Miterbe das Vorausvermächtnis ohne Anrechnung auf seinen Erbteil.[28] Im Einzelfall können sich hier diffizile Abgrenzungsschwierigkeiten gegenüber der Teilungsanordnung (§ 2048, → Rn. 1023 ff.) ergeben. Ein Vorausvermächtnis ist anzunehmen, wenn dem Willen des Erblassers zu entnehmen ist, dass er den betreffenden Miterben wertmäßig begünstigen wollte.[29] Eine „wertverschiebende Teilungsanordnung" ist nicht möglich.[30]

4. Gegenstand des Vermächtnisses

a) Allgemeines

912 Da das Vermächtnis gem. § 2174 in der Begründung eines Anspruchs zugunsten des Bedachten besteht, kann Gegenstand des Vermächtnisses grundsätzlich alles sein, was Ziel eines Anspruchs (§ 194 Abs. 1), also **Inhalt einer Leistung** (§ 241 Abs. 1), sein kann.[31] Mit dem Begriff des „Vermögensvorteils" wollte der Gesetzgeber an sich nur klarstellen, dass nicht nur Sachen oder Rechte Gegenstände eines Vermächtnisses sein können, sondern z.B. auch die Befreiung von einer Verbindlichkeit.[32] Der Begriff des „Vermögensvorteils" ist daher weit zu verstehen: Eine wirtschaftliche Besserstellung ist nicht erforderlich[33], sondern es genügt bereits ein rechtlicher Vor-

25 Vgl. BGH v. 6.3.1991 – IV ZR 114/89, NJW 1991, 1736 f.; OLG Karlsruhe v. 27.3.2015 – 8 U 70/14 BeckRS 2015, 06245; BeckOGK/*Müller-Engels* § 2191 Rn. 61.

26 Vgl. BGH v. 6.3.1991 – IV ZR 114/89, NJW 1991, 1736 f.; OLG Karlsruhe v. 27.3.2015 – 8 U 70/14 BeckRS 2015, 06245; BeckOGK/*Müller-Engels* § 2191 Rn. 61.

27 Vgl. Mot. V, 139.

28 Vgl. *Brox/Walker,* ErbR, 28. Aufl. 2018, § 27 Rn. 14; *Lange,* ErbR, 2. Aufl. 2017, § 28 Rn. 100; Erman/*Nobis*, 15. Aufl. 2017, § 2150 Rn. 2.

29 Vgl. BGH v. 27.6.1990 – IV ZR 104/89, NJW-RR 1990, 1220, 1221; BGH v. 15.10.1997 – IV ZR 327/96, NJW 1998, 682; OLG München v. 15.12.2015 – 34 Wx 334/15 Kost, ZEV 2016, 261 Rn. 12 f.; Staudinger/*Otte*, 2013, § 2150 Rn. 15; MüKoBGB/*Rudy,* 7. Aufl. 2017, § 2150 Rn. 6.

30 Vgl. BGH v. 27.6.1990 – IV ZR 104/89, NJW-RR 1990, 1220, 1221; Staudinger/*Otte*, 2013, § 2150 Rn. 15.

31 Vgl. BGH v. 27.6.2001 – IV ZR 120/00, ZEV 2001, 362, 363; *Lange,* ErbR, 2. Aufl. 2017, § 28 Rn. 88; MüKoBGB/*Leipold*, 7. Aufl. 2017, § 1939 Rn. 6.

32 Vgl. Prot. V, 6. S. dazu auch MüKoBGB/*Leipold*, 7. Aufl. 2017, § 1939 Rn. 6; Staudinger/*Otte*, 2017, § 1939 Rn. 7.

33 So aber etwa *Strothmann* JURA 1982, 349, 356.

teil.[34] Gegenstand eines Vermächtnisses können daher z.B. auch ein Ankaufsrecht[35], der Erlass einer Schuld[36], der Nießbrauch am Nachlass oder an einem bestimmten Nachlassgegenstand[37], die Verpflichtung zur umfassenden Sorge für den Ehegatten[38] oder Erinnerungsstücke ohne Geldwert[39] sein.

Ist ein zur Erbschaft gehörender Gegenstand vermacht, so kann der Vermächtnisnehmer gem. § 2165 Abs. 1 S. 1 im Zweifel nicht die Beseitigung der Rechte verlangen, mit denen der Gegenstand belastet ist. Steht dem Erblasser jedoch ein Anspruch auf Beseitigung zu, so erstreckt sich gem. § 2165 Abs. 1 S. 2 im Zweifel auch das Vermächtnis auf diesen Anspruch. Wenn auf einem vermachten Grundstück eine Hypothek, Grundschuld oder Rentenschuld ruht, die dem Erblasser zusteht, so ist gem. § 2165 Abs. 2 aus den Umständen zu entnehmen, ob diese als mitvermacht gelten. Weitere Regelungen zur **Belastung** von vermachten Grundstücken und Schiffen enthalten §§ 2166-2168a.

b) Gestaltungsoptionen im Hinblick auf den Gegenstand des Vermächtnisses

Die in der Praxis häufigste Art des Vermächtnisses ist das **Stückvermächtnis**, bei 913 dem der Erblasser dem Bedachten einen bestimmten zum Nachlass gehörenden Gegenstand (Sache, Forderung oder Recht) vermacht. Dabei ist der Gesetzgeber davon ausgegangen, dass der Erblasser normalerweise nur solche Gegenstände vermachen will, die beim Erbfall noch zu seinem Vermögen gehören.[40] Daher enthält § 2169 Abs. 1 die widerlegbare Vermutung der Unwirksamkeit eines Vermächtnisses eines Gegenstands, der nicht zur Erbschaft gehört. Entscheidend ist grundsätzlich die rechtliche Zugehörigkeit zum Vermögen des Erblassers.[41] Der wirtschaftlichen Zuordnung des Vermögens tragen § 2169 Abs. 3 und Abs. 4 Rechnung.

Einen Sonderfall des Stückvermächtnisses stellt das **Forderungsvermächtnis** dar. 914 Wenn die Leistung auf die Forderung vor dem Erbfall erfolgt ist und der geleistete Gegenstand noch in der Erbschaft vorhanden ist, so ist gem. § 2173 S. 1 im Zweifel anzunehmen, dass dem Bedachten dieser Gegenstand zugewendet sein soll. Besonderheiten gelten bei Geldsummenforderungen: Hier gilt gem. § 2173 S. 2 im Zweifel die entsprechende Geldsumme als vermacht, auch wenn sich eine solche in der Erbschaft nicht vorfindet. Hintergrund ist, dass davon auszugehen ist, dass sich der Wert der Leistung irgendwie im Bestand des Nachlasses ausgewirkt hat.[42] Nicht speziell geregelt – aber ebenfalls zulässig – ist auch ein Befreiungsvermächtnis, d.h. der Bedachte kann verlangen, von einer Schuld befreit zu werden.[43]

---

34 Vgl. BayObLG v. 13.11.1915, OLGE 32, 59; OLG Hamm v. 2.8.1993 – 15 W 115/93, FamRZ 1994, 1212, 1214; *Lange*, ErbR, 2. Aufl. 2017, § 28 Rn. 88; MüKoBGB/*Leipold*, 7. Aufl. 2017, § 1939 Rn. 6; Erman/*Lieder*, 15. Aufl. 2017, § 1939 Rn. 4; Staudinger/*Otte*, 2017, § 1939 Rn. 8.

35 Vgl. BGH v. 27.6.2001 – IV ZR 120/00, ZEV 2001, 362.

36 Vgl. BGH v. 10.11.1982 – IVa ZR 83/81, FamRZ 1983, 53.

37 Vgl. Staudinger/*Avenarius*, 2013, Vorbem. §§ 2100-2146 Rn. 21; MüKoBGB/*Rudy*, 7. Aufl. 2017, Vor § 2147 Rn. 9.

38 Vgl. OLG Hamm v. 2.8.1993 – 15 W 115/93, FamRZ 1994, 1212, 1214.

39 Vgl. MüKoBGB/*Leipold*, 7. Aufl. 2017, § 1939 Rn. 6.

40 Vgl. BGH v. 30.9.1959 – V ZR 66/58, NJW 1959, 2252.

41 Vgl. BGH v. 15.12.1956 – IV ZR 238/56, NJW 1957, 421; MüKoBGB/*Rudy*, 7. Aufl. 2017, § 2169 Rn. 4.

42 Vgl. Staudinger/*Otte*, 2013, § 2173 Rn. 8.

43 Vgl. MüKoBGB/*Rudy*, 7. Aufl. 2017, § 2173 Rn. 7; BeckOGK/*Schellenberger* § 2173 Rn. 12.

915 Ein **Verschaffungsvermächtnis** (§ 2170) liegt vor, wenn der Erblasser dem Vermächtnisnehmer einen Gegenstand zuwendet, der zur Zeit des Erbfalls nicht zu seinem Vermögen gehört; der Beschwerte ist dann verpflichtet, dem Bedachten den Gegenstand (im Zweifel nebst Zubehör, vgl. § 2164 Abs. 1) zu verschaffen. Wegen § 2169 Abs. 1 (→ Rn. 913) muss ein entsprechender Wille des Erblassers (qualifizierter Zuwendungswille) hinreichend deutlich zum Ausdruck kommen. Dies kann in der Regel dann angenommen werden, wenn der Erblasser in Kenntnis der Nichtzugehörigkeit des Vermächtnisgegenstands zu seinem Vermögen verfügt hat.[44] Ansonsten entscheidet die Intensität des Zuwendungswillens.[45] Da die Verschaffungspflicht nicht auf dem Willen des Beschwerten beruht, sieht § 2170 Abs. 2 eine Sonderregelung vor: Erstens muss der Beschwerte im Falle seines Unvermögens (= subjektive Unmöglichkeit) Wertersatz leisten (S. 1) und zweitens kann er sich in dem Fall, dass die Beschaffung nur mit unverhältnismäßigem Aufwand möglich wäre, durch Entrichtung des Wertes befreien (S. 2).[46]

Ein Vermächtnis, das auf eine zur Zeit des Erbfalls **objektiv unmögliche Leistung** gerichtet ist oder gegen ein zu dieser Zeit bestehendes **gesetzliches Verbot** verstößt, ist gem. § 2171 Abs. 1 **unwirksam**. Die Problematik des Eigentumsverlusts durch **Verbindung, Vermischung, Vermengung** (§§ 946-948) oder **Verarbeitung** (§ 950) ist in § 2172 geregelt. Den Sonderfall, dass der Erblasser eine Forderung gegen den Erben oder ein Recht, mit dem eine Sache oder ein Recht des Erben belastet ist, vermacht hat, adressiert § 2175: Da hier mit dem Erbfall eigentlich **Konfusion** bzw. **Konsolidation** eintreten würde, bestimmt die Vorschrift, dass das Rechtsverhältnis in Ansehung des Vermächtnisses als nicht erloschen gilt.

916 Beim **Wahlvermächtnis** ordnet der Erblasser an, dass der Bedachte von mehreren Gegenständen nur den einen oder den anderen erhalten soll (vgl. § 2154 Abs. 1 S. 1). Hier gelten §§ 262-265 entsprechend.[47] Auswahlberechtigt können der Beschwerte, der Vermächtnisnehmer oder ein Dritter sein; sofern der Wille des Erblassers nicht hinreichend klar ermittelt werden kann, ist der Beschwerte wahlberechtigt (§ 262).[48]

917 Der Erblasser kann den vermachten Gegenstand auch nur der Gattung nach bestimmen (**Gattungsvermächtnis**). Dann ist gem. § 2155 Abs. 1 (abweichend von § 243 Abs. 1) eine den Verhältnissen des Bedachten entsprechende Sache zu leisten; § 243 Abs. 1 gilt nur subsidiär, wenn sich hierfür kein Anhaltspunkt finden lässt[49]. Die Gewährleistung für Rechts- und Sachmängel richtet sich nach §§ 2182, 2183.

Beispiel: Erblasser E hat in seinem Testament bestimmt, dass der Großkanzleianwalt A und der Student S jeweils ein Auto erhalten sollen. Im Nachlass des E finden sich ein Porsche und ein Mini. Gem. § 2155 Abs. 1 erhält A den Porsche und S den Mini.[50]

---

44 Vgl. BGH v. 28.9.1983 – IVa ZR 217/81, FamRZ 84, 41; BeckOGK/*Schellenberger* § 2169 Rn. 10 m.w.N.

45 Vgl. BGH v. 28.9.1983 – IVa ZR 217/81, FamRZ 84, 41; OLG Celle v. 24.3.2011 – 6 U 138/10, FamRZ 2011, 1748; BeckOGK/*Schellenberger* § 2169 Rn. 10 m.w.N.

46 Ausf. zum Verhältnis von §§ 2169, 2170 zu § 275 Abs. 2: *Arnold/Budzikiewicz*, FS Hübner, 2013, S. 357 ff.

47 Vgl. *Lange*, ErbR, 2. Aufl. 2017, § 28 Rn. 120; Staudinger/*Otte*, 2013, § 2154 Rn. 1.

48 Vgl. Staudinger/*Otte*, 2013, § 2154 Rn. 2 ff.

49 Vgl. Prot. V, 198.

50 In Anlehnung an RGRK/*Johannsen*, 12. Aufl. 1975, § 2155 Rn. 2

Bei einem **Zweckvermächtnis** bestimmt der Erblasser zwar den Zweck des Vermächtnisses, überlässt die Bestimmung der konkreten Leistung jedoch dem billigen Ermessen des Beschwerten oder eines Dritten (vgl. § 2156 S. 1). Hier gelten gem. § 2156 S. 2 für die Bestimmung der Leistung und die Ausübung des Bestimmungsrechts die §§ 315-319 entsprechend. Voraussetzung ist allerdings, dass der Erblasser den Zweck so genau bezeichnet, dass sich aus dem dadurch bestimmten Grund der Zuwendung hinreichende Anhaltspunkte für die Ausübung des billigen Ermessens ergeben; sonst ist das Vermächtnis unwirksam.[51] **918**

Beispiele: Nicht ausreichend wäre etwa die Vorgabe „um dem X eine Freude zu machen" oder dass ein Tierschutzverein eine Geldsumme erhalten soll, welche die Frau des Erblassers bestimmen soll.[52] Ausreichend ist hingegen „der erforderliche Geldbetrag zur Grabpflege"[53].

Das sog. **Supervermächtnis** ist ein Produkt der Kautelarjurisprudenz, um die Erbschaftsteuerbelastung zu optimieren, speziell beim Berliner Testament (→ Rn. 224). Sein Name kommt daher, dass hier die Bestimmungsrechte, die dem Beschwerten eingeräumt werden können (§§ 2151, 2153, 2154, 2156, 2181, → Rn. 906, 916, 918, 925) kombiniert werden, so dass der Beschwerte letztlich flexibel ist, ob, was, wann und wem er etwas zuwendet.[54] Entgegen mancher Bedenken[55] erachtet es die h.M. zu Recht als zivilrechtlich zulässig.[56] **919**

5. Erwerb des Vermächtnisses

a) Anfall des Vermächtnisses

Nach der Legaldefinition in § 2176 versteht man unter dem Anfall des Vermächtnisses das vorläufige **Entstehen des Vermächtnisanspruchs**, das durch Ausschlagung (→ Rn. 926 ff.) wieder beseitigt werden kann. Ebenso wie beim Anfall der Erbschaft (→ Rn. 53, 575) tritt auch der Anfall des Vermächtnisses im Wege des Vonselbsterwerbs ein.[57] **920**

Gem. § 2176 fällt das Vermächtnis grundsätzlich mit dem **Erbfall** an. Vor Eintritt des Erbfalls erlangt der Vermächtnisnehmer, selbst wenn das Vermächtnis auf einem Erbvertrag beruht, weder einen künftigen Anspruch noch eine rechtlich gesicherte Anwartschaft, sondern lediglich eine tatsächliche Aussicht.[58] Denn gem. § 2286 kann auch der erbvertraglich gebundene Erblasser durch Rechtsgeschäft unter Lebenden über den Gegenstand verfügen (→ Rn. 280). Ob der zunächst berufene Erbe die Erbschaft ausschlägt oder aus einem anderen Grund wegfällt, ist für den Anfall des Vermächtnisses wegen § 2161 (→ Rn. 904) irrelevant. **921**

51 Vgl. BayObLG v. 2.2.1999 – 1Z BR 143/98, NJW-RR 1999, 946, 947; BeckOGK/*Hölscher* § 2156 Rn. 5, 7; MüKoBGB/*Rudy*, 7. Aufl. 2017, § 2156 Rn. 3.
52 Vgl. BayObLG v. 2.2.1999 – 1Z BR 143/98, NJW-RR 1999, 946, 947.
53 Vgl. BGH v. 24.4.1991 – IV ZR 156/90, NJW 1991, 1885, 1886.
54 Näher dazu BeckOGK/*Hölscher* § 2151 Rn. 44 ff.; *Keim* ZEV 2016, 6 ff.; *Lange*, ErbR, 2. Aufl. 2017, § 29 Rn. 129a.
55 Vgl. *Kanzleiter*, FS Brambring, 2011, S. 225 ff.; Staudinger/*Otte*, 2013, § 2156 Rn. 2.
56 Vgl. nur MüKoBGB/*Rudy*, 7. Aufl. 2017, § 2176 Rn. 1.
57 Vgl. nur MüKoBGB/*Rudy*, 7. Aufl. 2017, § 2176 Rn. 1.
58 Vgl. BGH v. 19.1.1954 – V ZB 28/53, NJW 1954, 633, 634; OLG Köln v. 31.7.2013 – 2 U 153/12, RNotZ 2014, 495, 499.

922 Gem. § 2177 kann der Erblasser das Vermächtnis jedoch auch unter einer **aufschiebenden Bedingung oder Befristung** anordnen und somit den Zeitpunkt des Anfalls des Vermächtnisses auf einen späteren Zeitpunkt – den Eintritt der Bedingung bzw. des Termins – hinausschieben. Hierbei sind jedoch die zeitlichen Grenzen der §§ 2162, 2163 zu beachten.[59]

923 Wenn das Vermächtnis erst zu einem späteren Zeitpunkt als dem Erbfall anfällt, erwirbt der Bedachte mit dem Erbfall ein **Anwartschaftsrecht**, das veräußerlich, belastbar und pfändbar ist.[60] Sofern sich im Wege der Auslegung kein abweichender Wille des Erblassers ergibt bzw. ein solcher aufgrund der Auslegungsregel des § 2074 (→ Rn. 370) anzunehmen ist, ist das Anwartschaftsrecht auch vererblich.[61] Während des Schwebezustands zwischen Erbfall und Anfall des Vermächtnisses wird der Anwartschaftsberechtigte gem. § 2179 i.V.m. §§ 160 Abs. 1, 162 geschützt.[62] Nicht anwendbar ist jedoch § 161 (Schutz vor Zwischenverfügungen), denn § 2179 kann und soll keinen weitergehenden Schutz gewähren als er bei einem unbedingten Vermächtnis bestehen würde.[63] Zum Schutz des Anwartschaftsberechtigten ist jedoch § 285 anzuwenden[64], d.h. der Anwartschaftsberechtigte kann im Falle der anfänglichen oder nachträglichen Unmöglichkeit die Herausgabe des stellvertretenden *commodums* verlangen; die Nichterwähnung der Vorschrift in § 2179 beruht auf einem Redaktionsversehen[65].

924 Für ein **auflösend bedingtes oder befristetes Vermächtnis** existiert keine spezielle gesetzliche Regelung. Es fällt gem. § 2176 mit dem Erbfall an.[66] Wenn die Bedingung oder der Termin eintritt, so kann es der Beschwerte gem. § 812 Abs. 1 S. 2 Alt. 1 zurückverlangen[67]; im Falle eines Nachvermächtnisses ist es an den Nachvermächtnisnehmer herauszugeben.

b) Fälligkeit des Vermächtnisses

925 Streng vom Anfall des Vermächtnisses zu trennen ist die Fälligkeit der Vermächtnisforderung. Wenn der Erblasser nichts Abweichendes bestimmt hat, kann der Vermächtnisnehmer die Leistung **gem. § 271 Abs. 1 sofort** verlangen. Vor der Annahme kann der Erbe jedoch wegen § 1958 (→ Rn. 1098) vom Vermächtnisnehmer nicht verklagt werden. Darüber hinaus steht dem Erben die Dreimonatseinrede des § 2014 (→ Rn. 1101 ff.) zu. Hat der Erblasser etwas Abweichendes angeordnet, so ist im

59 Vgl. Staudinger/*Otte,* 2013, § 2177 Rn. 1; MüKoBGB/*Rudy*, 7. Aufl. 2017, § 2177 Rn. 1.

60 Vgl. RG v. 17.3.1908 – VII 179/07, RGZ 67, 425, 430; BGH v. 25.3.1963 – III ZB 2/63, MDR 1963, 824; OLG Oldenburg v. 27.2.1990 – 5 U 130/89, NJW-RR 1990, 650; BeckOGK/*Müller-Engels* § 2179 Rn. 18; Staudinger/*Otte*, 2013, § 2179 Rn. 7 ff.; MüKoBGB/*Rudy*, 7. Aufl. 2017, § 2179 Rn. 7.

61 Vgl. BeckOGK/*Müller-Engels* § 2179 Rn. 24; Staudinger/*Otte*, 2013, § 2179 Rn. 8.

62 Vgl. BeckOGK/*Müller-Engels* § 2179 Rn. 7 ff.; MüKoBGB/*Rudy*, 7. Aufl. 2017, § 2179 Rn. 3.

63 Vgl. BeckOGK/*Müller-Engels* § 2179 Rn. 16; Staudinger/*Otte*, 2013, § 2179 Rn. 5; MüKoBGB/*Rudy*, 7. Aufl. 2017, § 2179 Rn. 4.

64 Vgl. BGH v. 25.3.1963 – III ZB 2/63, MDR 1963, 824; KG v. 4.9.1998 – 17 U 3053/97, VIZ 2000, 677, 678; OLG Frankfurt v. 24.1.2007 – 13 U 168/05, BeckRS 2007, 65490; Staudinger/*Otte*, 2013, § 2179 Rn. 3; MüKoBGB/*Rudy*, 7. Aufl. 2017, § 2179 Rn. 5.

65 Vgl. Staudinger/*Otte*, 2013, § 2179 Rn. 3.

66 Vgl. Staudinger/*Otte*, 2013, § 2179 Rn. 16.

67 Vgl. Erman/*Nobis,* 15. Aufl. 2017, § 2177 Rn. 4; Staudinger/*Otte*, 2013, § 2075 Rn. 5.

Einzelfall durch Auslegung zu ermitteln, ob er die Entstehung des Anspruchs oder nur dessen Fälligkeit auf einen späteren Zeitpunkt verschieben wollte; im letzteren Falle handelt es sich um ein sog. **betagtes Vermächtnis.**[68] Der Erblasser kann die Zeit der Erfüllung auch dem Beschwerten überlassen; dann ist die Leistung gem. § 2181 im Zweifel mit dem Tode des Beschwerten fällig, d.h. dessen Erben haben das Vermächtnis zu erfüllen. Für das Untervermächtnis enthält § 2186 eine Spezialregelung (→ Rn. 909, 933).

c) Annahme und Ausschlagung

Die **Annahme** und **Ausschlagung** des Vermächtnisses erfolgt durch formlose (ausdrückliche oder konkludente)[69] Erklärung gegenüber dem Beschwerten, vgl. § 2180 Abs. 2 S. 1. Stellvertretung ist zulässig.[70] Die Erklärung ist bedingungs- und befristungsfeindlich[71] und unwiderruflich[72]. Eine Teilannahme oder Teilausschlagung ist gem. § 2180 Abs. 3 i.V.m. § 1950 grundsätzlich nicht möglich. Annahme und Ausschlagung können gem. § 2180 Abs. 2 S. 2 erst nach dem Erbfall erklärt werden; wenn der Anfall des Vermächtnisses auf einen späteren Zeitpunkt hinausgeschoben ist (→ Rn. 922 f.), können Annahme und Ausschlagung jedoch analog § 2142 Abs. 1 schon vorher erklärt werden[73]. **926**

Anders als für die Ausschlagung der Erbschaft (§ 1944, → Rn. 593) hat der Gesetzgeber für die **Ausschlagung** des Vermächtnisses bewusst **keine Frist** statuiert, weil man hier – anders als bei der Erbschaft – kein Interesse des allgemeinen Rechtsverkehrs hieran sah.[74] Der Erblasser kann jedoch ein Vermächtnis unter der auflösenden Bedingung anordnen, dass der Bedachte nicht binnen einer bestimmten Frist die Annahme erklärt.[75] In dem Spezialfall, dass der Bedachte pflichtteilsberechtigt ist, kann ihm der beschwerte Erbe gem. § 2307 Abs. 2 S. 1 eine angemessene Annahmefrist setzen (→ Rn. 658); im Umkehrschluss hieraus ergibt sich, dass eine Fristsetzung durch den Beschwerten ansonsten nicht möglich ist[76]. **927**

Mit der **Annahme verliert** der Vermächtnisnehmer gem. § 2180 Abs. 1 das **Recht zur Ausschlagung** (sie ist aber nicht etwa konstitutiv für den Vermächtnisanspruch, denn dieser entsteht bereits mit dem Anfall des Vermächtnisses, → Rn. 920). Mit der **Ausschlagung** gilt der **Anfall an den Bedachten** gem. § 2180 Abs. 3 i.V.m. § 1953 Abs. 1 als **nicht erfolgt**; das Vermächtnis fällt gem. § 2180 Abs. 3 i.V.m. § 1953 **928**

68 Vgl. MüKoBGB/*Rudy*, 7. Aufl. 2017, § 2176 Rn. 5.

69 Vgl. für die Annahme: Mot. V, 186; BGH v. 8.10.1997 – IV ZR 328/96, ZEV 1998, 24; OLG Karlsruhe v. 18.4.2017 – 9 W 4/17, FamRZ 2017, 1975 Rn. 25; MüKoBGB/*Rudy*, 7. Aufl. 2017, § 2180 Rn. 2. Für die Ausschlagung: BGH v. 18.10.2000 – IV ZR 99/99, NJW 2001, 520, 521; OLG München v. 5.6.2013 – 20 U 5005/12, ZEV 2013, 507, 509; MüKoBGB/*Rudy*, 7. Aufl. 2017, § 2180 Rn. 7.

70 Vgl. Erman/*Nobis*, 15. Aufl. 2017, § 2180 Rn. 1; Staudinger/*Otte*, 2013, § 2180 Rn. 2; BeckOGK/*Sachs* § 2180 Rn. 4.

71 Vgl. Staudinger/*Otte*, 2013, § 2180 Rn. 16; BeckOGK/*Sachs* § 2180 Rn. 13.

72 Vgl. Staudinger/*Otte*, 2013, § 2180 Rn. 17; BeckOGK/*Sachs* § 2180 Rn. 25.

73 Vgl. BGH v. 18.10.2000 – IV ZR 99/99, NJW 2001, 520, 521; Staudinger/*Otte*, 2013, § 2180 Rn. 11; BeckOGK/*Sachs* § 2180 Rn. 11.

74 Vgl. Mot. V, 186.

75 Vgl. BGH v. 13.12.1978 – IV ZR 56/77, NJW 1979, 917; MüKoBGB/*Rudy*, 7. Aufl. 2017, § 2180 Rn. 4.

76 Vgl. MüKoBGB/*Rudy*, 7. Aufl. 2017, § 2180 Rn. 4.

Abs. 2 demjenigen an, der berufen sein würde, wenn der Ausschlagende zur Zeit des Erbfalls nicht gelebt hätte (d.h. primär ein etwaiger Ersatzvermächtnisnehmer, ansonsten tritt bei mehreren Vermächtnisnehmern gem. § 2158 Anwachsung ein, im Übrigen kommt die Ausschlagung dem Beschwerten zugute[77]). Für die Anfechtung gelten die allgemeinen Regeln der §§ 119 ff.[78]; der Gesetzgeber hat bewusst nicht auf §§ 1954 ff. verwiesen, da man diese Sonderregelungen nicht für passend erachtete[79].

d) Nutzungen, Früchte und Verwendungsersatz

929 Im Falle eines **Stückvermächtnisses** (→ Rn. 913) hat der Beschwerte dem Vermächtnisnehmer gem. **§ 2184** auch die seit Anfall des Vermächtnisses gezogenen **Früchte** – nicht jedoch die Gebrauchsvorteile – herauszugeben. Der Erblasser kann jedoch Abweichendes regeln.[80] Schadensersatz wegen unterlassener Fruchtziehung hat der Beschwerte erst ab Verzug oder Rechtshängigkeit zu leisten (§§ 280 Abs. 1, 2, 286; 292 i.V.m. § 987 Abs. 2).[81] Auf das Gattungsvermächtnis (→ Rn. 917) ist § 2184 nicht anwendbar[82]; daher sind allenfalls Schadensersatzansprüche nach den allgemeinen Vorschriften denkbar. Beim Verschaffungsvermächtnis (→ Rn. 915) ist § 2184 richtiger Ansicht nach ab Besitzerlangung des Gegenstands durch den Beschwerten anwendbar.[83]

930 Im Hinblick auf den Ersatz von **Verwendungen** und **Aufwendungen,** die der Beschwerte im Falle eines **Stückvermächtnisses** (→ Rn. 913) auf die Sache gemacht hat, verweist – die ebenfalls dispositive[84] – Vorschrift des **§ 2185** auf die Vorschriften über das Eigentümer-Besitzer-Verhältnis (**§§ 994 ff.**). Bösgläubig ist der Beschwerte dabei nicht erst, wenn er den Anfang des (bedingten oder befristeten) Vermächtnisses kennt, sondern schon mit Kenntnis oder grob fahrlässiger Unkenntnis der Vermächtnisanordnung, sofern der Anfall „mit Sicherheit" erfolgen wird.[85]

6. Die Haftung des Beschwerten

a) Die Haftung der Erben

931 **aa) Alleinerbe.** Verpflichtungen des Alleinerben aus Vermächtnissen sind gem. § 1967 Abs. 2 **Nachlassverbindlichkeiten** (→ Rn. 1084 ff.); für diese haftet der Erbe grundsätzlich auch mit seinem Eigenvermögen. Über die allgemeinen Möglichkeiten zur Beschränkung der Erbenhaftung (→ Rn. 1076 ff., 1097 ff.) hinaus kann der beschwerte Erbe gegenüber Vermächtnisnehmern die Erfüllung des Vermächtnisses

77 Vgl. Staudinger/*Otte,* 2013, § 2180 Rn. 20 f.; BeckOGK/*Sachs* § 2180 Rn. 31.
78 Vgl. Staudinger/*Otte,* 2013, § 2180 Rn. 15; BeckOGK/*Sachs* § 2180 Rn. 25.
79 Vgl. Mot. V, 188.
80 Vgl. MüKoBGB/*Rudy,* 7. Aufl. 2017, § 2184 Rn. 1; BeckOGK/*Sachs* § 2184 Rn. 2.
81 Vgl. Staudinger/*Otte,* 2013, § 2184 Rn. 3.
82 Vgl. Staudinger/*Otte,* 2013, § 2184 Rn. 8; BeckOGK/*Sachs* § 2184 Rn. 5.
83 Vgl. BeckOK/*Müller-Christmann* § 2184 Rn. 1; Staudinger/*Otte,* 2013, § 2184 Rn. 8; a.A. MüKoBGB/*Rudy,* 7. Aufl. 2017, § 2184 Rn. 4; BeckOGK/*Sachs* § 2184 Rn. 4.
84 Vgl. MüKoBGB/*Rudy,* 7. Aufl. 2017, § 2185 Rn. 1.
85 Vgl. BGH v. 6.3.1991 – IV ZR 114/89, NJW 1991, 1736, 1739; MüKoBGB/*Rudy,* 7. Aufl. 2017, § 2185 Rn. 5 m.w.N. (auch zu abweichenden Ansichten).

durch Erhebung der Einrede aus § 1992 verweigern, soweit der Nachlass aufgrund des Vermächtnisses[86] überschuldet ist (sog. Überschwerungseinrede, → Rn. 1188). Der Erbe muss sich diese Überschwerungseinrede allerdings gem. § 780 Abs. 1 ZPO im Urteil vorbehalten lassen.[87] Mit der Haftungserleichterung des Erben korrespondiert die nachrangige Stellung des Vermächtnisnehmers gegenüber den übrigen Nachlassgläubigern: Gem. § 327 Abs. 1 Nr. 2 InsO werden Verbindlichkeiten aus vom Erblasser angeordneten Vermächtnissen (und Auflagen) erst an letzter Stelle (direkt nach den Verbindlichkeiten gegenüber Pflichtteilsberechtigten) erfüllt.

bb) Miterben. Bei der Haftung von Miterben ist zwischen der Haftung im Innen- und Außenverhältnis zu differenzieren. Im **Außenverhältnis** haften die Miterben unstreitig gem. § 2058 (→ Rn. 1199 ff.) als Gesamtschuldner, wenn sie alle mit dem Vermächtnis beschwert sind. Umstritten ist der Fall, dass zwar mehrere, aber nicht alle Miterben beschwert sind; in diesem Fall haften die mehreren beschwerten Miterben nach zutr. h.M. analog § 2058 als Gesamtschuldner.[88] Im **Innenverhältnis** tragen die Miterben die Lasten aus den Vermächtnissen gem. § 2148 im Zweifel nach dem Verhältnis ihrer Erbteile. 932

b) Die Haftung von (Haupt-)Vermächtnisnehmern

Die Beschwerung mit einem Untervermächtnis trifft den Hauptvermächtnisnehmer (nicht den Erben) und ist daher keine Nachlassverbindlichkeit. Gem. **§ 2186** muss der Hauptvermächtnisnehmer das Untervermächtnis oder die Auflage erst erfüllen, wenn er selbst berechtigt ist, die Erfüllung des ihm zugewendeten Hauptvermächtnisses zu verlangen. **§ 2187** Abs. 1 gibt dem Hauptvermächtnisnehmer ein Leistungsverweigerungsrecht, wenn das ihm Zugewandte zur Erfüllung des Untervermächtnisses oder der Auflage nicht ausreicht; gem. § 2187 Abs. 3 gilt § 1992 (→ Rn. 1188) entsprechend. Wenn die dem Hauptvermächtnisnehmer gebührende Leistung aufgrund der Beschränkung der Haftung des Erben (→ Rn. 1076 ff., 1097 ff.), wegen eines Pflichtteilsanspruchs (→ Rn. 615 ff.) oder gem. § 2187 gekürzt wurde, kann er die ihm auferlegten Beschränkungen gem. **§ 2188** verhältnismäßig kürzen, sofern kein abweichender Wille des Erblassers anzunehmen ist. Wurde ein unteilbarer Gegenstand vermacht, so kann der Untervermächtnisnehmer den ihm vermachten Gegenstand nur Zug-um-Zug gegen Erstattung des Kürzungsbetrags verlangen.[89] Mehrere Hauptvermächtnisnehmer haften im Außenverhältnis gesamtschuldnerisch.[90] 933

---

86 Nach zutr. h.M. gilt § 1992 nur, wenn die Überschuldung des Nachlasses auf Vermächtnissen oder Auflagen beruht, vgl. dazu näher BeckOGK/*Herzog* § 1992 Rn. 20 ff.; MüKoBGB/*Küpper,* 7. Aufl. 2017, § 1992 Rn. 5 (jeweils m.w.N.).

87 Vgl. Staudinger/*Dobler,* 2016, § 1992 Rn. 9; BeckOGK/*Herzog* § 1992 Rn. 46.

88 Vgl. MüKoBGB/*Ann,* 7. Aufl. 2017, § 2058 Rn. 11; BeckOGK/*Hölscher* § 2148 Rn. 6 f.; Staudinger/*Marotzke,* 2016, § 2058 Rn. 26; BeckOGK/*Müller-Christmann* § 2148 Rn. 2; a.A. Erman/*Nobis,* 15. Aufl. 2017, § 2148 Rn. 2.

89 Vgl. BGH v. 21.12.1955 – IV ZR 105/55, NJW 1956, 507; BeckOGK/*Sachs* § 2188 Rn. 20.

90 Insofern kann nichts anderes gelten als für Miterben (→ Rn. 932). Ebenso i.E. auch BeckOGK/*Grüner* § 1967 Rn. 67.

7. Der Dreißigste, § 1969

934 Gem. § 1969 Abs. 1 S. 1 ist der Erbe verpflichtet, Familienangehörigen des Erblassers, die zur Zeit des Todes des Erblassers zu dessen Hausstand gehören und von ihm Unterhalt bezogen haben, in den ersten 30 Tagen nach Eintritt des Erbfalls in demselben Umfang, wie der Erblasser es getan hat, Unterhalt zu gewähren und die Benutzung der Wohnung und der Haushaltsgegenstände zu gestatten. Dieser sog. **Dreißigste** ist ein **gesetzliches Vermächtnis.**[91] Die Vorschriften über Vermächtnisse finden gem. § 1969 Abs. 2 entsprechende Anwendung. Der Erblasser kann jedoch gem. § 1969 Abs. 1 S. 2 durch letztwillige Verfügung abweichende Anordnungen treffen. Erweitert er den Umfang des Anspruchs, so liegt insoweit ein normales Vermächtnis vor.[92]

935 Sinn und Zweck der Vorschrift ist es, Personen, die – ohne Erben zu sein – in engen persönlichen Beziehungen zu dem Erblasser standen, eine „Überbrückungshilfe" zu geben und ihnen zu ermöglichen, sich auf die neue Lage einzustellen.[93] Zu den **Familienangehörigen** i.S.d. Norm zählt deshalb nach zutr. h.M. auch der Partner einer nichtehelichen Lebensgemeinschaft.[94] Ausreichend dürfte darüber hinaus – ebenso wie bei § 563 (→ Rn. 14) – auch eine langjährige besonders enge freundschaftliche und von gegenseitiger Fürsorge geprägte Bindung sein.[95] Ergänzt wird § 1969 durch §§ 563 ff. (→ Rn. 14).

936 Verlässt der Familienangehörige die Wohnung schon vor Ablauf der 30-Tage-Frist, hat er hinsichtlich der Wohnungsnutzung keinen Anspruch auf Abgeltung für die noch verbleibende Zeit.[96] Da der **Anspruch** vor der Annahme durch den Erben gegen diesen geltend gemacht werden kann, ist – falls die Durchsetzung notwendig ist – gem. § 1961 ein Nachlasspfleger zu bestellen (→ Rn. 580).[97]

II. Die Auflage

1. Allgemeines

937 Die **Auflage** ist nach der Legaldefinition in § 1940 eine Verfügung von Todes wegen, durch die einem Erben oder Vermächtnisnehmer die **Verpflichtung zu einer Leistung** auferlegt wird, **ohne** dass ein anderer ein **Recht auf die Leistung** erhält. Inhalt der Leistung kann jedes Tun oder Unterlassen sein (§ 241 Abs. 1).[98] Die Leistung

91 Vgl. BGH v. 17.12.1952 – V BLw 91/52, NJW 1953, 343, 344; BeckOGK/*Grüner* § 1969 Rn. 2; MüKoBGB/*Küpper*, 7. Aufl. 2017, § 1969 Rn. 4.

92 Vgl. BeckOGK/*Grüner* § 1969 Rn. 49; MüKoBGB/*Küpper*, 7. Aufl. 2017, § 1969 Rn. 5.

93 Vgl. Staudinger/*Dutta,* 2016, § 1969 Rn. 1.

94 Vgl. OLG Düsseldorf v. 14.12.1982 – 21 U 120/82, NJW 1983, 1566; Staudinger/*Dutta,* 2016, § 1969 Rn. 4; BeckOGK/*Grüner* § 1969 Rn. 7; MüKoBGB/*Küpper*, 7. Aufl. 2017, § 1969 Rn. 2.

95 Vgl. zu § 563: LG Berlin v. 17.12.2015 – 67 S 390/15, BeckRS 2016, 0136; MüKoBGB/*Häuble,* 7. Aufl. 2016, § 563 Rn. 15; BeckOGK/*Wendtland* § 563 Rn. 22; a.A. BeckOGK/*Grüner* § 1969 Rn. 12 ff.

96 Vgl. zu BeckOGK/*Grüner* § 1969 Rn. 44; MüKoBGB/*Küpper*, 7. Aufl. 2017, § 1969 Rn. 3.

97 Vgl. zu BeckOGK/*Grüner* § 1969 Rn. 24; MüKoBGB/*Küpper*, 7. Aufl. 2017, § 1969 Rn. 4.

98 Vgl. BGH v. 24.6.2009 – IV ZR 202/07, ZEV 2009, 459 Rn. 20; OLG Schleswig v. 8.9.2017 – 3 U 16/17, BeckRS 2017, 132055 Rn. 36.

braucht weder einen Vermögenswert zu haben[99] noch muss ein konkreter Begünstigter vorhanden sein[100].

Beispiele: Grabpflege[101]; Pflege von Tieren[102]; Veröffentlichung hinterlassener Papiere zu einem bestimmten Zeitpunkt[103]; Leihgaben für Ausstellungen und Museen[104]; Einholung der Zustimmung eines Dritten vor Veräußerung eines Grundstücks[105]; Durchführung von Veranstaltungen zur Erinnerung an den Erblasser[106]; Verpflichtung, bestimmte Zahlungspflichten des Erblassers zu übernehmen[107]; Fortführung des Unternehmens des Erblassers[108] oder Gründung einer Gesellschaft zur Fortführung des Unternehmens des Erblassers[109].

Ebenso wie ein Vermächtnis kann auch eine Auflage in einem **Testament** (§ 1940) oder einem **Erbvertrag** (§ 1941 Abs. 1) angeordnet werden. Beim gemeinschaftlichen Testament und beim Erbvertrag ist im Wege der Auslegung (→ Rn. 374 ff.) zu ermitteln, ob die Anordnung als wechselbezügliche (§ 2270 Abs. 1, 3) bzw. vertragsmäßige (§ 2278) Verfügung gewollt war (→ Rn. 242 ff., 274). 938

Die Auflage ist erstens von bloßen unverbindlichen **Wünschen**, Ratschlägen und Empfehlungen **abzugrenzen**; von diesen unterscheidet sie sich dadurch, dass durch sie eine rechtliche Verpflichtung begründet wird.[110] Zweitens ist die Auflage vom **Vermächtnis** abzugrenzen. Gibt es keinen Begünstigten, so kann nur eine Auflage vorliegen. In den übrigen Fällen ist entscheidend, ob der Begünstigte ein eigenes Forderungsrecht haben sollte (dann Vermächtnis) oder nicht (dann Auflage).[111] Drittens ist die Auflage auch von einer Erbeinsetzung oder einem Vermächtnis unter der **aufschiebenden Bedingung eines bestimmten Verhaltens** des Begünstigten abzugrenzen; hier ist der Begünstigte nicht zu diesem Verhalten verpflichtet, er wird aber nur Erbe bzw. Vermächtnisnehmer, wenn er dies tut. 939

Aufgrund der Ähnlichkeit der beiden Rechtsinstitute Vermächtnis und Auflage hat der Gesetzgeber weite Teile des Rechts der Auflage in **§ 2192** durch eine **Verweisung auf Vorschriften aus dem Vermächtnisrecht** geregelt. Die Aufzählung ist jedoch nicht abschließend.[112] Unproblematisch ist die Anwendung derjenigen Vorschriften, welche die Auflage bereits im Normtext erwähnen oder sonst voraussetzen (z.B. §§ 2159, 2186-2189, → Rn. 522, 933).[113] Im Übrigen wird man das Vermächt- 940

99 Vgl. MüKoBGB/*Leipold,* 7. Aufl. 2017, § 1940 Rn. 4; Erman/*Lieder,* 15. Aufl. 2017, § 1940 Rn. 2; Staudinger/*Otte*, 2017, § 1940 Rn. 5.

100 Vgl. Prot. V, 7; MüKoBGB/*Leipold,* 7. Aufl. 2017, § 1940 Rn. 4; Staudinger/*Otte*, 2017, § 1940 Rn. 5.

101 Vgl. Prot. V, 7; MüKoBGB/*Leipold,* 7. Aufl. 2017, § 1940 Rn. 6.

102 Vgl. MüKoBGB/*Leipold,* 7. Aufl. 2017, § 1940 Rn. 6.

103 Vgl. Prot. V, 7.

104 Vgl. MüKoBGB/*Leipold,* 7. Aufl. 2017, § 1940 Rn. 6.

105 Vgl. OLG Köln v. 22.8.1990 – 2 Wx 31/90, NJW-RR 1991, 525, 526.

106 Vgl. BGH v. 30.11.1964 – III ZR 82/63, NJW 1956, 688.

107 Vgl. OLG Karlsruhe v. 18.4.2017 – 9 W 4/17, FamRZ 2017, 1975.

108 Vgl. RG v. 16.9.1943 – II 151/42, RGZ 171, 358; BGH v. 24.6.2009 – IV ZR 202/07, ZEV 2009, 459 Rn. 20.

109 Vgl. BGH v. 19.3.2007 – II ZR 300/05, NZG 2007, 422; BGH v. 24.6.2009 – IV ZR 202/07, ZEV 2009, 459 Rn. 20.

110 Vgl. MüKoBGB/*Leipold,* 7. Aufl. 2017, § 1940 Rn. 3; BeckOGK/*Tegelkamp* § 1940 Rn. 14.

111 Vgl. *Brox/Walker,* ErbR, 28. Aufl. 2018, § 28 Rn. 2.

112 Vgl. BeckOGK/*Grädler* § 2192 Rn. 38; Staudinger/*Otte,* 2013, § 2192 Rn. 1.

113 Vgl. BeckOGK/*Grädler* § 2192 Rn. 39.

nisrecht analog anzuwenden haben, soweit sich dies nicht aufgrund der fehlenden Gläubigerstellung eines etwaigen Auflagenbegünstigten verbietet.[114] So sind etwa insb. auch die Regelungen über die Haftung des Beschwerten für Rechts- und Sachmängel sowie für Nutzungen (§§ 2182-2184, → Rn. 917, 929) analog anzuwenden.[115]

2. Der Vollzug der Auflage

941 Da ein etwaiger Auflagenbegünstigter gerade kein Forderungsrecht hat, kann der Vollzug der Auflage nicht auf diese Weise sichergestellt werden. Der Gesetzgeber hat sich aber auch dagegen entschieden, die Vollziehung der Auflage dadurch sicherzustellen, dass die Nichterfüllung der Auflage bis zu einem bestimmten Zeitpunkt auflösende Bedingung für die Zuwendung an den etwaigen Auflagenbegünstigten ist. Stattdessen hat er in **§ 2194** bestimmt, dass bestimmte Personen die Vollziehung der Auflage verlangen können.

942 **Vollziehungsberechtigte** sind nach dem Wortlaut des § 2194 S. 1 der **Erbe** (auch der Nacherbe ab Eintritt des Nacherbfalls, → Rn. 787 ff.)[116], jeder **Miterbe** sowie diejenigen, denen der Wegfall des mit der Auflage Beschwerten zustattenkäme (sog. **Wegfallbegünstigte**). Letzteres sind z.B. die gesetzlichen Erben, der Ersatzvermächtnisnehmer (→ Rn. 907) oder der anwachsungsberechtigte Mitvermächtnisnehmer (→ Rn. 908).[117] Über den Wortlaut des § 2194 S. 1 hinaus ist nach ganz h.M. auch der **Testamentsvollstrecker** (→ Rn. 807 ff.) vollziehungsberechtigt; dies ergibt sich aus §§ 2203, 2208 Abs. 2, 2223.[118]

943 Wenn die Vollziehung der Auflage im öffentlichen Interesse liegt, ist gem. § 2194 S. 2 auch die **zuständige Behörde** vollziehungsberechtigt. Ein öffentliches Interesse besteht, wenn die Vollziehung einem Zweck dient, den zu fördern Aufgabe des Staates oder einer sonstigen Person des öffentlichen Rechts ist.[119]

Beispiel: Wenn der Erblasser anordnete, dass eine bestimmte Geldsumme zugunsten eines gemeinnützigen Vereins für die Unterstützung Blinder und Sehbehinderter verwendet werden soll, ist das zuständige Ministerium vollziehungsberechtigt.[120]

944 Der Erblasser kann den vom Gesetz vorgesehenen Kreis der Vollziehungsberechtigten **einschränken oder erweitern**.[121]

---

114 Vgl. *Brox/Walker*, ErbR, 28. Aufl. 2018, § 28 Rn. 2; s. dazu im Detail BeckOGK/*Grädler* § 2192 Rn. 42 ff.

115 Vgl. BeckOGK/*Grädler* § 2192 Rn. 43; Staudinger/*Otte*, 2013, § 2192 Rn. 23.

116 Vgl. BeckOGK/*Grädler* § 2194 Rn. 5; MüKoBGB/*Rudy*, 7. Aufl. 2017, § 2194 Rn. 2.

117 Vgl. BeckOGK/*Grädler* § 2194 Rn. 8; MüKoBGB/*Rudy*, 7. Aufl. 2017, § 2194 Rn. 2.

118 Vgl. BayObLG v. 27.11.1990 – 1a Z 4/89, NJW-RR 1991, 523; OLG Karlsruhe v. 18.4.2017 – 9 W 4/17, FamRZ 2017, 1975 Rn. 24; BeckOGK/*Grädler* § 2194 Rn. 10; MüKoBGB/*Rudy*, 7. Aufl. 2017, § 2194 Rn. 4.

119 Vgl. OLG Schleswig v. 8.9.2017 – 3 U 16/17, BeckRS 2017, 132055 Rn. 36; Staudinger/*Otte*, 2013, § 2194 Rn. 10.

120 Vgl. OLG Schleswig v. 8.9.2017 – 3 U 16/17, BeckRS 2017, 132055 Rn. 36 ff.

121 Vgl. BeckOGK/*Grädler* § 2194 Rn. 11 f.; MüKoBGB/*Rudy*, 7. Aufl. 2017, § 2194 Rn. 5.

Der **Vollziehungsanspruch** entsteht grundsätzlich mit dem Erbfall, kann aber hinausgeschoben werden (§§ 2176-2178 analog).[122] Für die Fälligkeit gelten §§ 2181, 271 analog.[123] Für die Auflage gelten nach dem Willen des Gesetzgebers jedoch nicht die §§ 2162, 2163, denn sonst könnte es schwierig sein, mit der Auflage stiftungsähnliche Zwecke zu verfolgen.[124] 945

3. Unwirksamkeit und Unmöglichkeit der Auflage

Verlangt die Auflage vom Beschwerten eine zur Zeit des Erbfalls **unmögliche Leistung** oder verstößt sie gegen ein gesetzliches Verbot, so ist sie gem. §§ 2192, 2171 **unwirksam**. Die Unwirksamkeit der Auflage hat jedoch gem. § 2195 nur dann die Unwirksamkeit der Zuwendung zur Folge, wenn anzunehmen ist, dass der Erblasser die Zuwendung nicht ohne die Auflage gemacht haben würde. Die Auflage ist allerdings nicht wegen Unmöglichkeit unwirksam, wenn sie infolge veränderter Umstände zwar in der Art und genau so, wie sie der Erblasser bestimmt und vorgeschrieben hat, nicht mehr vollzogen werden kann, dem mit ihr zum Ausdruck gebrachten Anliegen des Erblassers aber durch eine andere Art der Vollziehung Rechnung getragen werden kann.[125] 946

Eine Sonderregelung enthält § 2196 Abs. 1 für den Fall, dass die Vollziehung der Auflage nach dem Erbfall **unmöglich** wird und der Beschwerte dies **zu vertreten** (§§ 276, 278) hat: Hier kann derjenige, welchem der Wegfall des zunächst Beschwerten unmittelbar zustattenkommen würde, die Herausgabe der Zuwendung gem. §§ 818 ff. insoweit fordern, als die Zuwendung zur Vollziehung der Auflage hätte verwendet werden müssen. Das Gleiche gilt gem. § 2196 Abs. 2, wenn der Beschwerte zur Vollziehung einer höchstpersönlich zu erfüllenden Auflage rechtskräftig verurteilt ist und die zulässigen Zwangsmittel erfolglos gegen ihn angewendet worden sind. 947

In der Literatur wird teilweise angenommen, dass der Anspruchsberechtigte aus § 2196 seinerseits verpflichtet sei, das Erlangte zur Vollziehung der Auflage zu verwenden.[126] Dagegen spricht jedoch, dass das Gesetz eine solche Pflicht nicht vorsieht und eine solche auch kontraproduktiv wäre, weil damit jeglicher Anreiz zur Klage nach § 2196 verloren ginge.[127] Im Übrigen scheinen Fälle, in denen Unmöglichkeit vorliegt, der Anspruchsberechtigte die Auflage aber dennoch erfüllen könnte, nur schwer denkbar.[128] Eine derartige Verpflichtung ist daher mit der h.M. abzulehnen.[129]

---

122 Vgl. BeckOGK/*Grädler* § 2194 Rn. 14; Staudinger/*Otte*, 2013, § 2194 Rn. 14; MüKoBGB/*Rudy*, 7. Aufl. 2017, § 2194 Rn. 9.
123 Vgl. *Brox/Walker*, ErbR, 28. Aufl. 2018, § 28 Rn. 5.
124 Vgl. Prot. V, 242.
125 Vgl. BGH v. 30.11.1964 – III ZR 82/63, NJW 1965, 688.
126 So etwa *Kipp/Coing*, ErbR, 14. Aufl. 1990, § 65 III.
127 Vgl. BeckOGK/*Grädler* § 2196 Rn. 14.
128 Vgl. Staudinger/*Otte*, § 2196 Rn. 6.
129 Vgl. BeckOGK/*Grädler* § 2196 Rn. 14; Staudinger/*Otte*, § 2196 Rn. 6; MüKoBGB/*Rudy*, 7. Aufl. 2017, § 2196 Rn. 8.

Lösung der Ausgangsfälle

948 **Fall 44 (→ Rn. 899)**[130]**:** Die Ansprüche des M sind gem. § 2174 begründet, wenn E ihm den Garten im Wege eines Vorausvermächtnisses (§ 2150, → Rn. 911) zugewendet hat. Die für den Erbfall gedachte Zuwendung begünstigt allein M. Den anderen Miterben, über deren gesetzliches Erbrecht die E sich im Klaren gewesen ist, wird weder etwas zugewendet noch wird eine Pflicht des M zum Wertausgleich begründet. E wollte M gegenüber N, O und P wertmäßig begünstigen. Es liegt somit ein Vorausvermächtnis und keine Teilungsanordnung vor.

949 **Fall 45 (→ Rn. 899):** Das Anlegen eines öffentlich zugänglichen Parks liegt im öffentlichen Interesse; daher kann die nach Landesrecht zuständige Behörde gem. § 2194 S. 2 die Vollziehung verlangen (→ Rn. 943).

950 **Fall 46 (→ Rn. 899):** S hätte als Alleinerbe einen Anspruch auf Herausgabe der Gemälde, wenn das Vermächtnis zugunsten der Stadt H unwirksam wäre. Hier könnte das Vermächtnis gem. § 2195 unwirksam sein. Dies würde voraussetzen, dass die Auflage unwirksam war und K der Stadt H die Gemälde nicht ohne die Auflage vermacht hätte. Selbst wenn man unterstellen würde, dass K die Gemälde der Stadt H nur vermacht hat, damit diese öffentlich ausgestellt werden – das Vermächtnis also mit dieser Auflage stehen und fallen sollte –, so liegt keine Unwirksamkeit der Auflage vor. Die Auflage ist nicht unwirksam, wenn dem darin zum Ausdruck gebrachten Anliegen des Erblassers durch eine andere Art der Vollziehung Rechnung getragen werden kann (→ Rn. 946). Hier können die Gemälde weiterhin in der Stadt H ausgestellt werden und auch die Art der Ausstellungsräume (Kunstmuseum statt Museum für Malerei) unterscheidet sich nicht wesentlich von der vom Erblasser vorgeschriebenen Art. Die Auflage ist daher nicht unwirksam. S hat keinen Anspruch auf Herausgabe der Gemälde.

130 Vereinfacht nach BGH v. 15.10.1997 – IV ZR 327/96, NJW 1998, 682.

Teil VII

Erbengemeinschaft und Erbenhaftung

§ 21 Erbengemeinschaft

Fall 47: Der Miterbe M hatte beim Erblasser E Schulden aus einem Mietverhältnis in Höhe von 4.000 €. Wie hoch sind seine Schulden gegenüber der Erbengemeinschaft, wenn M, N, O und P Miterben zu je ¼ sind? **Lösung: → Rn. 1068** 951

Fall 48: Der Erblasser E (Nachlass: 300.000 €) wurde 2015 im Wege der gesetzlichen Erbfolge von A, B und C zu je ⅓ beerbt. 2016 veräußerte A seinen Erbteil an X. 2017 beerbte X den A. Am 1.10.2018 schloss B einen Vertrag mit Y über den Verkauf seines Erbteils zum Preis von 100.000 €. C erklärt, dass er kein Vorkaufsrecht ausüben möchte. X ist jedoch der Meinung, dass ihm ein Vorkaufsrecht zusteht und dieses möchte er auch ausüben. Hat er Recht? **Lösung: → Rn. 1069**

Fall 49: M1 und M2 sind je zur Hälfte Miterben des E. Der Nachlass besteht unter anderem aus einem Grundstück. M1 und M2 schließen eine (nur) privatschriftliche Vereinbarung, in der sie bestimmen, dass M2 eine Grundstückshälfte erhält und im Übrigen M1 dem M2 seine Erbhälfte auszahlt. Darüber hinaus sollen zwischen ihnen keine Forderungen mehr bestehen. M1 verteidigt sich gegen die aus der Vereinbarung erhobene Zahlungsklage des M2 damit, dass die Vereinbarung mangels notarieller Beurkundung nichtig sei. Wie wird das Gericht entscheiden? **Lösung: → Rn. 1070**

Literatur: *Bayer/Scholz,* Das Schicksal der Erbengemeinschaft bei Vereinigung aller Anteile in der Hand von miteinander in Bruchteilsgemeinschaft verbundenen Personen, ZErb 2015, 149; *Becker*, Rechtsfähigkeit der Erbengemeinschaft, FamRZ 2014, 1756; *Bonefeld,* Regelungen der Verwaltungs- und Verfügungsbefugnisse in der Erbengemeinschaft - Ein Vorschlag für die Praxis, ZErb 2017, 121; *Bürger*, Einzelzuwendungen an Erben, MDR 1986, 371; *Coester-Waltjen*, Gesamthandsgemeinschaften, JURA 1990, 469; *Gottwald*, Die Auseinandersetzung der Miterbengemeinschaft, ErbR 2007, 11; *Hartlich,* Ausgewählte Probleme der Erbauseinandersetzung aus notarieller Sicht, RNotZ 2018, 285; *Hoffmann*, Die geschichtliche Entwicklung der Erbengemeinschaft, JURA 1995, 125; *Holzer,* Das Verfahren zur Auseinandersetzung des Nachlasses nach dem FamFG, ZEV 2013, 656; *Kanzleiter,* Die Abschichtung eines Miterben, der aus einer Erbengemeinschaft ausscheiden möchte: Lässt sich diese Fehlentwicklung noch stoppen?, ZEV 2012, 447; *Kerscher/Tanck*, Zuwendungen an Kinder zur Existenzgründung: Die „Ausstattung“ als ausgleichspflichtiger Vorempfang, ZEV 1997, 354; *Krenz*, Die Auseinandersetzung der Erbengemeinschaft, AcP 195 (1995) 361; *Krug*, Die dingliche Surrogation bei der Miterbengemeinschaft, ZEV 1999, 381; *ders.,* Die Kaufkraftproblematik bei ausgleichungspflichtigen Vorempfängen in der Erbteilung; ZEV 2000, 41; *Lemmerz,* Die Erbengemeinschaft, JURA 2014, 1246; *Mohr*, Ausgleichung und Anrechnung bei Schenkungen, ZEV 1999, 257; *Sarres*, Auskunftspflichten zwischen Miterben über lebzeitige Zuwendungen gem. § 2057 BGB, ZEV 2000, 349; *ders.*, Die Erbengemeinschaft und das Teilungskonzept des BGB, ZEV 1999, 377; *J. Schmidt,* Die gemeinschaftliche Ausübung von Rechten aus einem GmbH-Anteil, NZG 2015, 1049; *Siebert,* Erbrechtlicher Ausgleich von Vorempfängen unter Abkömmlingen, FamRZ 2014, 1894; *Sommer/Kerschbaumer*, „Echte“ und „überquotale“ Teilungsanordnungen – zivil- und steuerrechtliche Probleme, ZEV 2004, 13; *Stützel,* Grenzen von Einzel- und Mehrheitsentscheidungen in der Erbengemeinschaft, NJW 2013, 3543; *Weimar,* Rechtsfragen zur Ausgleichungspflicht unter Miterben, JR 1967, 97; *Wendt,* Die Erbengemeinschaft - vom Gesetzgeber zur Handlungsunfähigkeit verdammt?, ErbR 2017, 58; *Werkmüller,* Die Mitwirkungsbefugnisse der Bruchteilsminderheit bei Beschlussfassungen in der ungeteilten Erbengemeinschaft, ZEV 1999, 218; *Wolf,* Prinzipien und Anwendungsbereich der dinglichen Surrogation, JuS 1975, 643, 710 und JuS 1976, 32, 104.

I. Grundlagen

952 Das BGB behandelt – wohl aus systematischen Gründen – zunächst die Rechtsstellung des Alleinerben (§§ 1942–2031). Dem „Sonderfall" der Erbengemeinschaft tragen die Ergänzungs- und Ausnahmevorschriften der §§ 2032–2063 Rechnung. Die **§§ 2032–2041** behandeln das **Innenverhältnis** der Miterben bis zur Auseinandersetzung, die **§§ 2042–2057a** die **Auseinandersetzung** und die **§§ 2058–2063** das **Außenverhältnis** gegenüber den Nachlassgläubigern. Soweit die §§ 2032 ff. keine abschließenden Sondervorschriften enthalten, gelten auch für die Miterbengemeinschaft die Vorschriften der Alleinerbschaft. In der Praxis bildet jedoch die Miterbengemeinschaft – vor allem bei der gesetzlichen Erbfolge – den Regelfall.

953 Die gesetzliche Regelung versucht, den **unterschiedlichen Interessen der einzelnen Miterben und der Nachlassgläubiger** gerecht zu werden. Die Gläubiger möchten möglichst rasch aus dem noch ungeteilten und ungeschmälerten Nachlass befriedigt werden, um sich nicht mit einer Vielzahl von Schuldnern auseinandersetzen zu müssen. Die Miterben streben hingegen entweder eine baldige Teilung des Nachlasses an, um den ihnen zugewendeten Wert für ihre eigenen Vorstellungen nutzen zu können, oder sie wollen aus wirtschaftlichen oder familiären Gründen den Nachlass als Einheit erhalten. Innerhalb der Erbengemeinschaft wollen möglichst alle Miterben an der Verwaltung beteiligt sein, andererseits dürfen Sonderwünsche eines Einzelnen die Gemeinschaft nicht blockieren. Diesen verschiedenen Interessenkonstellationen und -kollisionen ist auch bei der Auslegung der Vorschriften über die Miterbengemeinschaft Rechnung zu tragen.

954 Der **Grundsatz der Gesamtrechtsnachfolge** gilt auch für eine Mehrheit von Erben (vgl. §§ 1922, 2032). Dies bedeutet, dass es dem Erblasser nicht möglich ist, einem bestimmten Erben einzelne Nachlassgegenstände mit dinglicher Wirkung zuzuwenden. Entsprechende letztwillige Verfügungen des Erblassers, nämlich das Vorausvermächtnis (→ Rn. 911) und die Teilungsanordnung (→ Rn. 1023 ff.), haben nur obligatorische Wirkung. Nur ausnahmsweise kommt es im Personengesellschaftsrecht (→ Rn. 1429, 1431) und im Mietrecht (§§ 563 ff., → Rn. 14) zu einer **Sonderrechtsnachfolge (Sondererbfolge)**.

II. Gesamthandsgemeinschaft und Miterbenanteil

1. Die Miterbengemeinschaft als Gesamthandsgemeinschaft

a) Charakteristika der Gesamthand

Im ersten Entwurf des BGB war die Miterbengemeinschaft noch als Bruchteilsgemeinschaft konzipiert, sodass jeder Miterbe einen ideellen Anteil an jedem Nachlassgegenstand erworben hätte.[1] Im Verlauf des Gesetzgebungsverfahren kam man jedoch zu dem Schluss, dass die **Gesamthandsgemeinschaft** den widerstreitenden Interessen der einzelnen Miterben und der Nachlassgläubiger (→ Rn. 953) besser gerecht würde.[2] Der Nachlass wird gem. § 2032 Abs. 1 gemeinschaftliches Vermögen der Miterben. Sie sind in ihrer **gesamthänderischen Verbundenheit** Rechtsträger des Nachlasses. Die Erbengemeinschaft als solche ist **nicht rechtsfähig**[3] und nicht parteifähig[4]. 955

Der BGH lehnt es mit guten Gründen dezidiert ab, die neuere Rechtsprechung zur Rechtsfähigkeit der GbR[5] und der Wohnungseigentümergemeinschaft[6] auf die Erbengemeinschaft zu übertragen.[7] Denn die Erbengemeinschaft unterscheidet sich insofern grundlegend von diesen, als sie nicht zur dauerhaften Teilnahme am Rechtsverkehr bestimmt und geeignet ist: Sie ist nicht auf Dauer angelegt, sondern auf Auseinandersetzung gerichtet und verfügt auch nicht über eigene Organe, durch die sie im Rechtsverkehr handeln könnte.[8]

Ein **Gerichtsverfahren** ist somit auch nicht von der Erbengemeinschaft, sondern von den Miterben in ihrer gesamthänderischen Verbundenheit zu führen. Eine „gegen die Erbengemeinschaft" gerichtete Klage kann jedoch unter Umständen entsprechend als Klage gegen die Miterben ausgelegt werden, sodass prozessual eine Rubrumsberichtigung genügt und keine voraussetzungsreichere Parteiänderung erforderlich ist.[9]

b) Der Nachlass als Sondervermögen

Der Erbengemeinschaft als gesamthänderisch verbundener Personenmehrheit ist der Nachlass als **Sondervermögen** zugeordnet.[10] Er ist streng vom jeweiligen ungebundenen Privatvermögen bzw. Eigenvermögen der Miterben zu trennen. Diese Selbstständigkeit des Nachlasses als Sondervermögen hat verschiedene rechtliche Konsequenzen: 956

1 Vgl. Mot. V, 527 f.
2 Vgl. Prot. V, 835 f.
3 Vgl. BGH v. 17.10.2006 – VIII ZB 94/05, ZEV 2007, 30 Rn. 7; BGH v. 30.6.2017 – V ZR 232/16, ZEV 2017, 627 Rn. 8.
4 Vgl. BGH v. 17.10.2006 – VIII ZB 94/05, ZEV 2007, 30 Rn. 7.
5 Vgl. grundlegend: BGH v. 29.1.2001 – II ZR 331/00, NZG 2001, 311 („ARGE Weißes Ross").
6 Vgl. grundlegend: BGH v. 2.6.2005 – V ZB 32/05 („Olympiadorf München").
7 Vgl. BGH v. 11.9.2002 – XII 187/00, ZEV 2002, 504, 505; BGH v. 16.3.2004 – VIII ZB 114/03, ZEV 2004, 246; BGH v. 17.10.2006 – VIII ZB 94/05, ZEV 2007, 30 Rn. 7; BGH v. 30.6.2017 – V ZR 232/16, ZEV 2017, 627 Rn. 8.
8 Vgl. BGH v. 17.10.2006 – VIII ZB 94/05, ZEV 2007, 30 Rn. 7.
9 Vgl. BGH v. 17.10.2006 – VIII ZB 94/05, ZEV 2007, 30 Rn. 6; vgl. OLG München v. 20.10.2016 – 23 U 092/16, NJW-RR 2017, 256 Rn. 13, 18.
10 Vgl. BGH v. 17.10.2006 – VIII ZB 94/05, ZEV 2007, 30 Rn. 7; BGH v. 27.1.2016 – XII ZR 33/15, ZEV 2016, 267 Rn. 33.

957 Der **einzelne Miterbe** kann grundsätzlich weder über einen einzelnen Nachlassgegenstand (vgl. § 2040 Abs. 1) noch über seinen Anteil an einem solchen (vgl. § 2033 Abs. 2) **verfügen**, sondern **nur über seinen Anteil an dem gesamten Nachlass** (§ 2033 Abs. 1 S. 1).

Ob die Miterben überhaupt selbstständige Teilrechte an den einzelnen Nachlassgegenständen haben, ist umstritten.[11] Die heute weitgehend überwundene Theorie von der geteilten Mitberechtigung[12] bejahte die Existenz solcher Teilrechte an den Nachlassgegenständen vor allem unter Berufung auf den Wortlaut des § 2033 Abs. 2. Die Rechtsprechung[13] und ganz h.L.[14] vertreten heute jedoch die **Theorie der ungeteilten Gesamtberechtigung**, die der Gesamtsystematik des Gesetzes und dem Wesen der Gesamthand viel besser entspricht. Danach hat jeder Miterbe nur eine ungeteilte Gesamtberechtigung am Nachlass, aber keine unmittelbare Berechtigung an den einzelnen Nachlassgegenständen – selbst dann nicht, wenn der Nachlass nur aus einer einzigen Sache besteht.

958 **„Alte" Rechtsbeziehungen**, die vor dem Erbfall zwischen den einzelnen Miterben und dem Erblasser bestanden, bestehen nun aufgrund der Gesamtrechtsnachfolge zwischen dem betreffenden Miterben und der Miterbengemeinschaft weiter. Aufgrund der rechtlichen Selbstständigkeit des Nachlasses als Sondervermögen kommt es weder zu einer Konfusion (Vereinigung von Recht und Schuld) noch zu einer Konsolidation (Vereinigung von dinglichem Recht und Belastung).[15] **„Neue" Rechtsbeziehungen** (z.B. Miet- oder Kaufvertrag) können nun zwischen allen Miterben in ihrer gesamthänderischen Verbundenheit und einzelnen Miterben begründet werden.[16]

959 Im **Verhältnis zu Dritten** sind das Sondervermögen Nachlass und das Privatvermögen der einzelnen Miterben streng zu trennen. Der Nachlassschuldner kann gem. § 2040 Abs. 2 gegen eine Nachlassforderung nur mit einer ihm gegen den Nachlass – nicht eine ihm gegen einen einzelnen Miterben – zustehenden Forderung aufrechnen, da es im Falle einer Forderung gegen einen einzelnen Miterben an der für die Aufrechnung notwendigen Gegenseitigkeit (vgl. § 387) fehlt. Zulässig ist die Aufrechnung jedoch nach zutr. Auffassung, wenn alle Miterben Gesamtschuldner einer Forderung des Nachlassschuldners sind; hier fehlt es zwar streng genommen ebenfalls an der Gegenseitigkeit, aber die Nachlassgläubiger könnten über den „Umweg" der Pfändung und Verwertung aller Erbteile letztlich ohnehin dasselbe Ergebnis erreichen.[17] Der Rechtsgedanke des § 2040 Abs. 2 lässt sich auch auf das Zurückbehaltungsrecht nach § 273 übertragen.[18] Wegen der geringeren Anforderungen an das Ge-

11 Näher dazu MüKoBGB/*Gerger*, 7. Aufl. 2017, § 2032 Rn. 10 ff. m.w.N.

12 Vgl. RG v. 13.12.1918 – VII 173/18, RGZ 94, 239, 243; BayObLG v. 4.1.1982 –1 Z 109/81, BayObLGZ 1982, 59, 67; Staudinger/*Löhnig*, 2016, § 2032 Rn. 8 ff.; Soergel/*Wolf*, 13. Aufl. 2002, § 2033 Rn. 3.

13 Vgl. BGH v. 17.11.2000 – V ZR 487/99, ZEV 2001, 244 f.; BGH v. 24.1.2001 – IV ZB 24/00, ZEV 2001, 235, 236; BGH v. 15.9.2005 – III ZR 458/04, ZEV 2006, 27, 29.

14 Vgl. Burandt/Rojahn/*Flechtner*, ErbR, 3. Aufl. 2019, § 2033 Rn. 43; MüKoBGB/*Gerger*, 7. Aufl. 2017, § 2032 Rn. 10; *Lange*, ErbR, 2. Aufl. 2017, § 55 Rn. 9; BeckOK/*Lohmann* § 2033 Rn. 15; BeckOGK/*Rißmann/Szalei* § 2033 Rn. 28.1; Jauernig/*Stürner*, 17. Aufl. 2018, § 2033 Rn. 1.

15 Vgl. Erman/*Bayer*, 15. Aufl. 2017, § 2032 Rn. 1d; Staudinger/*Löhnig*, 2016, Vorbem. zu §§ 2032-2057a Rn. 12; BeckOGK/*Rißmann/Szalei* § 2032 Rn. 11; vgl. zur Konfusion auch BVerwG v. 5.12.1968 – III C. 93/67, WM 1969, 673.

16 Vgl. BGH v. 8.1.1969 – VIII ZR 184/66, JR 1969, 297 (für ein Mietverhältnis).

17 Vgl. Erman/*Bayer*, 15. Aufl. 2017, § 2040 Rn. 5; MüKoBGB/*Gergen*, 7. Aufl. 2017, § 2040.

18 Vgl. RG v. 7.3.1931 – V 268/30, RGZ 132, 81, 83.

genseitigkeitsverhältnis i.S.v. § 273 kann der als Gesamtschuldner (§ 2058) in Anspruch genommene Miterbe ein Zurückbehaltungsrecht schon wegen einer Gegenforderung geltend machen, an der er nur gesamthandsberechtigt ist.[19] Wenn ein Nachlassgläubiger einen Miterben als Gesamtschuldner wegen einer Nachlassverbindlichkeit in Anspruch nimmt, hat dieser analog § 770 Abs. 2 und § 129 Abs. 3 HGB ein Leistungsverweigerungsrecht, solange und soweit sich der Gläubiger durch eine Aufrechnung gegen eine fällige Forderung der Erbengemeinschaft befriedigen kann.[20]

c) Die Werterhaltung des Nachlasses: Surrogationsgrundsatz (§ 2041)

aa) Grundlagen. Bis zur Auseinandersetzung besteht die Gefahr, dass der Wert 960 des Nachlasses durch die Veräußerung oder Zerstörung von Nachlassgegenständen geschmälert wird. Daher bestimmt der sog. **Surrogationsgrundsatz** in **§ 2041 S. 1**, dass alles, was aufgrund eines zum Nachlass gehörenden Rechts (Rechtssurrogation, → Rn. 961) oder als Ersatz für die Zerstörung, Beschädigung oder Entziehung von Nachlassgegenständen (Ersatzsurrogation, → Rn. 962) oder durch ein Rechtsgeschäft, das sich auf den Nachlass bezieht (Beziehungssurrogation, → Rn. 963), erworben wird, zum Nachlass gehört. Zweck dieser Surrogationsregelung ist es, die wirtschaftliche Einheit und den Wert des Nachlassvermögens als Gesamthandsvermögen für die Miterben und die Nachlassgläubiger zu erhalten.[21] Diese **dingliche Surrogation** erfolgt unmittelbar mit Wirkung für die Erbengemeinschaft, also ohne Durchgangserwerb beim handelnden Miterben und auch unabhängig von dessen Willen.[22] Sie gilt auch für Surrogate, d.h. Surrogate von Surrogaten werden ebenfalls unmittelbar Nachlassbestandteil (sog. Kettensurrogation).[23]

bb) Rechtssurrogation. Zum Nachlass gehört gem. § 2041 S. 1 Var. 1 erstens al- 961 les, was aufgrund eines zum Nachlass gehörenden Rechts erworben wird (**Rechtssurrogation**). Die wichtigsten Fälle sind der Erwerb aufgrund schuldrechtlicher oder dinglicher Ansprüche.[24] Erfasst sind auch die Früchte eines Rechts (§ 99 Abs. 2) sowie Ansprüche, die aus der Ausübung von Gestaltungsrechten (z.B. Anfechtung, Kündigung, Rücktritt) entstehen.[25] Eine Rechtssurrogation kann jedoch bei rechtsgeschäftlich begründeten Ansprüche nur dann greifen, wenn das Rechtsgeschäft noch vom Erblasser selbst abgeschlossen wurde, denn nur der bereits entstandene Anspruch wird von der Erbfolge erfasst; bei einem von einem oder mehreren Miterben getätigten Rechtsgeschäft kommt jedoch eine Beziehungssurrogation (→ Rn. 963) in Betracht.[26]

---

19 Vgl. BGH v. 13.3.1952 – III ZR 212/51, BGHZ 5, 173, 176; BGH v. 24.10.1962 – V ZR 1/61, NJW 1963, 244, 245.

20 Vgl. BGH v. 24.10.1962 – V ZR 1/61, NJW 1963, 244, 245.

21 Vgl. BGH v. 30.10.1986 – IX ZR 126/85, NJW 1987, 434, 435; BGH v. 30.6.2017 – V ZR 323/16, ZEV 2017, 627 Rn. 12.

22 Vgl. MüKoBGB/*Gergen,* 7. Aufl. 2017, § 2041 Rn. 5; BeckOGK/*Rißmann/Szalei* § 2041 Rn. 18.

23 Vgl. BGH v. 29.9.1999 – IV ZR 269/98, ZEV 2000, 62, 63; MüKoBGB/*Gergen,* 7. Aufl. 2017, § 2041 Rn. 5.

24 Vgl. BGH v. 30.6.2017 – V ZR 323/16, ZEV 2017, 627 Rn. 11; MüKoBGB/*Gergen*, 7. Aufl. 2017, § 2041 Rn. 7.

25 Vgl. *Lange,* ErbR, 2. Aufl. 2017, § 56 Rn. 40; BeckOGK/*Rißmann/Szalai* § 2041 Rn. 6 f.

26 Vgl. MüKoBGB/*Gergen,* 7. Aufl. 2017, § 2041 Rn. 7.

Beispiel: Der Miterbe M zieht eine zum Nachlass gehörende Forderung aus einem Kaufvertrag allein ein. Durch die Erfüllung erlischt zwar gem. § 362 Abs. 1 die Nachlassforderung, dafür wird jedoch gem. § 2041 S. 1 Var. 1 das erlöste Geld Gesamthandsvermögen.

962 **cc) Ersatzsurrogation.** Zweitens gehört zum Nachlass gem. § 2041 S. 1 Var. 2 alles, was als Ersatz für die Zerstörung, Beschädigung oder Entziehung eines Nachlassgegenstands erworben wird (**Ersatzsurrogation**). „Ersatz" ist alles, was vom Ersatzpflichtigen geschuldet oder geleistet wird, also auch bereits der Ersatzanspruch selbst.[27]

Beispiel: Schadensersatzanspruch wegen Nicht- oder Schlechterfüllung eines zum Nachlass gehörenden Kaufpreisanspruchs.[28]

963 **dd) Beziehungssurrogation.** Drittens gehört zum Nachlass gem. § 2041 S. 1 Var. 3 alles, was durch ein Rechtsgeschäft erworben wird, das sich auf den Nachlass bezieht (**Beziehungssurrogation**). Im Gegensatz zu §§ 2019 Abs. 1, 2111 Abs. 1 (→ Rn. 781, 1242 ff.) stellt der Wortlaut des § 2041 S. 1 Var. 3 nicht darauf ab, ob der Erwerb mit Mitteln der Erbschaft erfolgt ist, sondern auf eine Beziehung des Rechtsgeschäfts auf den Nachlass. Vor diesem Hintergrund ist äußerst umstritten, welche Anforderungen im Detail an die „Beziehung" zum Nachlass zu stellen sind.[29] Eine solche ist jedenfalls unstreitig dann gegeben, wenn der Erwerb nach der Willensrichtung des rechtsgeschäftlich Handelnden dem Nachlass zugutekommen soll (subjektive Komponente) und zudem ein innerer Zusammenhang mit dem Nachlass besteht (objektive Komponente), der auch in einer wirtschaftlichen Zweckmäßigkeit begründet sein kann.[30] Nach zutr. h.M. ist zudem im Falle des Erwerbs mit nachlasseigenen Mitteln immer – also auch im Falle eines entgegenstehenden Willen des Handelnden – eine Surrogation anzunehmen.[31]

Beispiel 1: Ein Miterbe verpachtet eine zum Nachlass gehörende Apotheke im eigenen Namen und in der Absicht, den Pachtzins für sich einzuziehen; da das Rechtsgeschäft mit Mitteln des Nachlasses abgewickelt wird, erfolgt gem. § 2041 S. 1 Var. 3 eine dingliche Surrogation, d.h. die Pacht wird Gesamthandsvermögen.[32]

Beispiel 2: Zwei Miterbinnen erwerben käuflich eine Garage, die sich auf demselben Grundstück befindet wie die von den Miterbinnen bewohnte und zum Nachlass gehörende Eigentumswohnung; die Auflassung erfolgt ausdrücklich an die Miterbinnen „in Erbengemeinschaft". Hier handelt es sich zwar nicht um einen Erwerb mit Mitteln des Nachlasses. Die Miterbinnen hatten aber ersichtlich den Willen, die Garage in Erbengemeinschaft für den Nachlass zu erwerben (vgl. die Auflassungserklärung) und es bestand auch ein innerer objektiver Zusammenhang zum Nachlass (Zuerwerb einer Garage in räumlicher Nähe der zum Nachlass gehörenden Eigentumswohnung erhöht deren Wert und verbessert deren Veräußerbarkeit).[33]

---

27 Vgl. RG v. 3.11.1932 – IV 295/32, RGZ 138, 132, 135.
28 Vgl. BGH v. 30.10.1986 – IX ZR 126/85, NJW 1987, 434, 435.
29 Vgl. BGH v. 30.10.1986 – IX ZR 126/85, NJW 1987, 434, 435.
30 Vgl. BGH v. 30.6.2017 – V ZR 323/16, ZEV 2017, 627 Rn. 12 m.w.N.
31 Vgl. BGH v. 6.5.1968 – III ZR 63/66, NJW 1968, 1824; BGH v. 4.11.2011 – V ZR 82/11, NJW 2012, 316 Rn. 4; OLG Hamm v. 19.2.2001 – 5 U 185/00, ZEV 2001, 275; Erman/*Bayer,* 15. Aufl. 2017, § 2041 Rn. 4a; *Lange,* ErbR, 2. Aufl. 2017, § 56 Rn. 42.
32 Vgl. BGH v. 6.5.1968 – III ZR 63/66, NJW 1968, 1824.
33 Vgl. BGH v. 30.6.2017 – V ZR 323/16, ZEV 2017, 627.

ee) Verkehrsschutz. Der Vertragspartner des handelnden Miterben wird durch § 2041 S. 2 geschützt: Dieser verweist auf § 2019 Abs. 2 (→ Rn. 1252), welcher wiederum auf die Schuldnerschutzvorschriften der §§ 406-408 verweist. Dies bedeutet insb.: Selbst wenn eine Forderung nicht zum Eigenvermögen des Miterben, sondern aufgrund der Surrogation zum Nachlass gehört, kann der Schuldner gem. §§ 2041 S. 2, 2019 Abs. 2, 407 solange **befreiend an den Miterben leisten**, wie er keine Kenntnis von der Nachlasszugehörigkeit hat. 964

2. Der Miterbenanteil

Anders als bei den anderen BGB-Gesamthandsgemeinschaften (vgl. für die eheliche Gütergemeinschaft § 1419 Abs. 1 Hs. 1; für die GbR § 719 Abs. 1) kann ein Miterbe gem. § 2033 Abs. 1 S. 1 über seinen Anteil am gesamten Nachlass verfügen. Dadurch gewährt das Gesetz einen Ausgleich für die mit dem Erbfall eintretende Zwangsgemeinschaft und die gesamthänderische Bindung.[34] Der einzelne Miterbe kann seinen mit dem Erbfall eingetretenen Vermögenszuwachs sofort wirtschaftlich verwerten.[35] Dies ist vor allem dann wichtig, wenn der Erblasser die Auseinandersetzung für eine längere Zeit ausgeschlossen hat (sog. Auseinandersetzungsverbot, § 2044, → Rn. 1014 f.). Die übrigen Miterben werden vor einer Änderung der personellen Zusammensetzung der Erbengemeinschaft durch ihr Vorkaufsrecht (→ Rn. 973 ff.) hinreichend geschützt.[36] Die Interessen der Nachlassgläubiger werden bei einer Veräußerung des Anteils dadurch gewahrt, dass ihnen gem. § 2382 Abs. 1 auch der Käufer haftet (→ Rn. 970).[37] 965

a) Verfügung über den Miterbenanteil

Verfügungsgegenstand ist der Miterbenanteil als solcher, also die ideelle quotale Berechtigung am Gesamthandsvermögen.[38] Die Verfügung kann daher nur erfolgen, solange der Nachlass als Sondervermögen und damit ein Anteil daran existiert, also vom Erbfall bis zum Abschluss der Auseinandersetzung.[39] *A maiore ad minus* ist auch eine Verfügung über einen Bruchteil eines Anteils möglich.[40] In diesem Fall entsteht zwischen dem Erwerber und dem Miterben eine Bruchteilsgemeinschaft (§ 741), die wiederum an der Gesamthand beteiligt ist.[41] Über den Anspruch auf das Auseinandersetzungsguthaben kann dagegen nicht selbstständig verfügt werden, da dieser Anspruch den Wert des Erbteils verkörpert.[42] 966

34 Vgl. Prot. V, 838.
35 Vgl. Prot. V, 838.
36 Vgl. Prot. V, 838.
37 Vgl. Staudinger/*Löhnig,* 2016, § 2033 Rn. 2.
38 Vgl. Staudinger/*Löhnig,* 2016, § 2033 Rn. 4; BeckOGK/*Rißmann/Szalai* § 2033 Rn. 7.
39 Vgl. Erman/*Bayer,* 15. Aufl. 2017, § 2033 Rn. 3; Staudinger/*Löhnig,* 2016, § 2033 Rn. 4.
40 Vgl. BGH v. 28.6.1963 – V ZR 15/62, NJW 1963, 1610; BGH v. 22.10.2015 – V ZB 126/14, ZEV 2016, 84 Rn. 5 m.w.N.
41 Vgl. RG v. 29.6.1911 – IV 616/10, WarnR 1913 Nr. 234; BGH v. 22.10.2015 – V ZB 126/14, ZEV 2016, 84 Rn. 12; Erman/*Bayer,* 15. Aufl. 2017, § 2033 Rn. 4d; Staudinger/*Löhnig,* 2016, § 2033 Rn. 6; a.A. *Staudenmaier* DNotZ 1966, 724 (Gesamthandsgemeinschaft).
42 Vgl. nur Staudinger/*Löhnig*, 2016, § 2033 Rn. 11.

967 **Verfügung** i.S.d. § 2033 ist nur das dingliche Rechtsgeschäft[43], d.h. jedes Rechtsgeschäft, durch das unmittelbar auf ein Recht eingewirkt wird, indem es übertragen, belastet, geändert oder aufgehoben wird[44]. Erfasst ist also z.B. auch die Bestellung eines Nießbrauchs (§ 1068) oder eines Pfandrechts (§ 1273). Das dingliche Verfügungsgeschäft ist nach dem Abstraktionsprinzip streng vom zugrunde liegenden Verpflichtungsgeschäft (z.B. Erbteilskauf, § 2371) zu trennen.

968 Alle **Verfügungen** über den Erbteil müssen gem. § 2033 Abs. 1 S. 2 **notariell beurkundet** werden. Das zugrunde liegende Verpflichtungsgeschäft bedarf hingegen nur in den Fällen der §§ 2371, 2385 der notariellen Beurkundung. Nach zutr. h.M. wird ein formnichtiges Verpflichtungsgeschäft nicht analog § 311b Abs. 1 S. 2 durch die Vornahme eines formgültigen Verfügungsgeschäfts geheilt.[45]

969 Bei den **Rechtswirkungen der Verfügung** ist zwischen der Übertragung des Anteils und der Belastung mit Rechten zu unterscheiden: Im Falle der **Anteilsübertragung** bleibt der übertragende **Miterbe Erbe**, da die Erbenstellung nicht durch Verfügungsgeschäft unter Lebenden übertragen, sondern nur durch Erbfolge begründet werden kann.[46] Ein bereits erteilter Erbschein (→ Rn. 1281 ff.) wird daher nicht unrichtig; in einem nach Übertragung erteilten Erbschein ist der Verfügende (und nicht der Erwerber) als Miterbe aufzuführen.[47] Entsprechendes gilt für ein bereits erteiltes Europäisches Nachlasszeugnis (→ Rn. 1334 ff.). Nur der Übertragende kann die erbrechtlichen Gestaltungsrechte (z.B. Anfechtung der letztwilligen Verfügung, §§ 2078 ff.; Anfechtung der Annahme der Erbschaft, §§ 119 ff., 1954 ff.) ausüben.[48] Er haftet gem. §§ 2382 Abs. 1, 2385 weiterhin für die Nachlassschulden.

970 Der **Erwerber** übernimmt (nur) die **vermögensrechtliche Stellung des Miterben** im Verfügungszeitpunkt.[49] Bei der Verwaltung des Nachlasses (→ Rn. 980 ff.), der Auseinandersetzung (→ Rn. 1008 ff.) und der Ausgleichung (→ Rn. 1042 ff.) ist er wie ein Miterbe zu behandeln. Gem. §§ 2382 Abs. 1, 2385 haftet er wie der Übertragende für die Nachlassverbindlichkeiten. Mitbesitz an den Nachlassgegenständen erlangt der Erwerber nur durch spezielle Übertragung (§§ 854, 870); § 857 ist nicht analog anwendbar, da der Erwerber gerade nicht Erbe wird.[50]

971 Wenn ein Miterbe oder Dritter **sämtliche Erbteile erwirbt**, und sich damit sämtliche Erbteile in ein und derselben (natürlichen oder juristischen) Person vereinigen, er-

43 Vgl. MüKoBGB/*Gergen*, 7. Aufl. 2017, § 2033 Rn. 11; Staudinger/*Löhnig*, 2016, § 2033 Rn. 14.

44 Vgl. BGH v. 15.3.1951 – IV ZR 9/50, NJW 1951, 645, 647; BGH v. 23.7.2003 – XII ZR 16/00, NZG 2003, 971, 972.

45 Vgl. RG v. 30.6.1932 – IV 62/63, RGZ 137, 171, 173 f.; BGH v. 2.2.1967 – III ZR 193/64, NJW 1967, 1128; Erman/*Bayer*, 15. Aufl. 2017, § 2033 Rn. 6; MüKoBGB/*Gergen*, 7. Aufl. 2017, § 2033 Rn. 23; Staudinger/*Löhnig*, 2016, § 2033 Rn. 18; BeckOGK/*Rißmann/Szalai* § 2033 Rn. 26 m.w.N. (auch zur Gegenansicht).

46 Vgl. BGH v. 22.4.1971 – III ZR 46/68, NJW 1971, 1264 f.; KG v. 29.9.1998 – 1 W 4007/97, NJW-RR 1999, 880, 881.

47 Vgl. RG v. 11.10.1906 – IV 286/06, RGZ 64, 173, 178.

48 Vgl. MüKoBGB/*Gergen*, 7. Aufl. 2017, § 2033 Rn. 27; Staudinger/*Löhnig*, 2016, § 2033 Rn. 24.

49 Vgl. BGH v. 22.10.2015 – V ZB 126/14, ZEV 2016, 84 Rn. 9; KG v. 29.9.1998 – 1 W 4007/97, NJW-RR 1999, 880, 881; MüKoBGB/*Gergen*, 7. Aufl. 2017, § 2033 Rn. 26; Staudinger/*Löhnig*, 2016, § 2033 Rn. 22.

50 Vgl. Erman/*Bayer*, 15. Aufl. 2017, § 2033 Rn. 5b; Staudinger/*Löhnig*, 2016, § 2033 Rn. 23.

lischt die Gesamthandsgemeinschaft.[51] Dies gilt auch dann, wenn in der Hand des letzten Miterben eine Voll- und Vorerbenstellung zusammentreffen.[52] Werden hingegen sämtliche Erbteile auf mehrere Erwerber übertragen, so erlischt die Erbengemeinschaft nicht; hinsichtlich der Erbteile besteht jeweils eine Bruchteilsgemeinschaft (§ 741), hinsichtlich des Nachlasses bleiben die Inhaber der Erbteile gesamthänderisch verbunden.[53]

Im Falle einer Belastung des Miterbenanteils mit einem **Pfandrecht** oder **Nießbrauch** wird die Verfügungsbefugnis des Miterben über seinen Anteil beschränkt. Er kann gem. §§ 1276, 1071 Abs. 1 S. 1 nur mit Zustimmung des Pfandgläubigers bzw. Nießbrauchers verfügen. Pfandgläubiger und Nießbraucher haben dieselben Rechte wie bei der Belastung eines Miteigentumsanteils (§§ 1258, 1066 analog); sie können daher anstelle des Miterben an der Verwaltung des Nachlasses teilnehmen und gemeinsam mit dem Miterben die Auseinandersetzung verlangen.[54] Sie haften nicht für die Nachlassschulden (weder nach §§ 2382 Abs. 1, 2385 noch der Nießbraucher analog §§ 1089, 1086).[55] 972

b) Vorkaufsrecht der Miterben

Verkauft ein Miterbe seinen Anteil an einen Dritten, so haben die übrigen Miterben gem. **§ 2034 Abs. 1** ein **gesetzliches Vorkaufsrecht**. Dadurch soll die Miterbengemeinschaft vor dem – aufgrund der Übertragbarkeit des Anteils möglichen – unerwünschten Eindringen Außenstehender und vor Überfremdung geschützt werden.[56] Für die Ausübung des Vorkaufsrechts gelten neben den §§ 2034-2037 ergänzend die §§ 463 ff. 973

aa) Voraussetzungen für den Eintritt des Vorkaufsfalls. Voraussetzung für den Eintritt des Vorkaufsfalls ist zunächst ein **wirksamer freiwilliger Verkauf** des Miterbenanteils.[57] Kein Vorkaufsrecht besteht im Falle eines Tauschs[58], einer Schenkung[59] oder gemischten Schenkung[60], einer Sicherungsübertragung[61] oder eines Vergleichs[62]. Mangels Freiwilligkeit entsteht ein Vorkaufsrecht ferner auch dann nicht, 974

---

51 Vgl. BGH v. 22.10.2015 – V ZB 126/14, ZEV 2016, 84 Rn. 12; BGH v. 12.7.2018 – V ZB 228/17, ZEV 2018, 657 Rn. 11.

52 Vgl. BGH v. 12.7.2018 – V ZB 228/17, ZEV 2018, 657 Rn. 12 ff.

53 Vgl. BGH v. 22.10.2015 – V ZB 126/14, ZEV 2016, 84 Rn. 12 f.

54 Vgl. Staudinger/*Löhnig,* 2016, § 2033 Rn. 27, 32.

55 Vgl. RG v. 9.2.1905 – IV 423/04, RGZ 60, 126, 131; Staudinger/*Löhnig,* 2016, § 2033 Rn. 27, 32.

56 Vgl. RG v. 4.12.1942 – VII 94/42, RGZ 170, 203, 207; BGH v. 19.1.2011 – IV ZR 169/10, ZEV 2011, 248 Rn. 13 m.w.N.

57 Vgl. Erman/*Bayer,* 15. Aufl. 2017, § 2034 Rn. 2; Staudinger/*Löhnig,* 2016, § 2034 Rn. 4.

58 Vgl. Erman/*Bayer,* 15. Aufl. 2017, § 2034 Rn. 2a; Staudinger/*Löhnig,* 2016, § 2034 Rn. 6; a.A. BeckOGK/*Rißmann/Szalai* § 2034 Rn. 7 für den Fall, dass die Gegenleistung auch von den Miterben geliefert werden könnte)

59 Vgl. BGH v. 15.6.1957 – V ZR 198/55, DNotZ 1957, 654, 655; Erman/*Bayer,* 15. Aufl. 2017, § 2034 Rn. 2a; Staudinger/*Löhnig,* 2016, § 2034 Rn. 4.

60 Vgl. Erman/*Bayer,* 15. Aufl. 2017, § 2034 Rn. 2a; Staudinger/*Löhnig,* 2016, § 2034 Rn. 4; vgl. auch RG v. 15.12.1920 – V 320/20, RGZ 101, 99, 101 (für das allgemeine Vorkaufsrecht).).

61 Vgl. BGH v. 13.7.1957 – IV ZR 93/57, NJW 1957, 1515, 1516; Erman/*Bayer,* 15. Aufl. 2017, § 2034 Rn. 2a; Staudinger/*Löhnig,* 2016, § 2034 Rn. 4.

62 Vgl. *Lange,* ErbR, 2. Aufl. 2017, § 52 Rn. 25; Staudinger/*Löhnig,* 2016, § 2034 Rn. 4.

wenn der Miterbe aufgrund eines Vermächtnisses zur Übertragung verpflichtet ist[63] oder wenn der Verkauf im Wege der Zwangsvollstreckung oder aus der Insolvenzmasse erfolgt[64]. § 2034 Abs. 1 greift jedoch, wenn die Beteiligten durch andere Vertragskonstruktionen versuchen, wirtschaftlich dasselbe zu erreichen wie bei einem Kaufvertrag.[65] Ein Verkaufsrecht besteht auch nicht, wenn der Kaufvertrag aus irgendwelchen Gründen (z.B. Formmangel, Sittenwidrigkeit) unwirksam ist.[66]

975 Weiterhin muss der Verkauf durch einen **Miterben** erfolgen. Dies ist auch dann der Fall, wenn der Verkauf durch die Erben eines verstorbenen Miterben erfolgt, da diese als Erben Mitglied der Erbengemeinschaft werden.[67] Wenn der Ersterwerber seinen Anteil weiterveräußert, entsteht hingegen kein neues Vorkaufsrecht, denn der Erwerber wird nicht Erbe und § 2037 verweist nicht auf § 2034.[68] Das einmal entstandene Vorkaufsrecht wirkt jedoch gem. § 2037 auch gegenüber dem Zweiterwerber fort (was allerdings aufgrund der kurzen Ausübungsfrist von zwei Monaten gem. § 2034 Abs. 2 nur selten praxisrelevant werden dürfte).

976 Zudem entsteht ein Vorkaufsrecht nur, wenn der Verkauf an einen **Dritten** erfolgt. Wenn ein Miterbe seinen Anteil an einen anderen Miterben verkauft, liegt kein Vorkaufsfall vor, weil dadurch ja kein Außenstehender in die Erbengemeinschaft eindringt.[69] Wenn ein Dritter, der bereits einen Anteil am Nachlass erworben hat, einen weiteren Anteil kauft, so sind die in der Erbengemeinschaft verbleibenden Miterben erneut vorkaufsberechtigt; zwar wird hier kein weiterer Außenstehender Mitglied der Erbengemeinschaft, aber § 2034 Abs. 1 will die Miterben auch vor Überfremdung schützen.[70]

977 **bb) Ausübung des Vorkaufsrechts. Vorkaufsberechtigt** sind gem. §§ 2034 Abs. 1, 472 S. 1 die in der Erbengemeinschaft verbleibenden **Miterben gemeinschaftlich**. Einem Miterben, der seinen Anteil bereits veräußert hat, steht kein Vorkaufsrecht mehr zu, da er hinsichtlich der personellen Zusammensetzung der Erbengemeinschaft nicht mehr schutzwürdig ist.[71] Der Anteilserwerber ist ebenfalls nicht vorkaufsberechtigt, weil er nicht Erbe wird (→ Rn. 970) und das Vorkaufsrecht gem. § 473 S. 1 nicht übertragbar ist.[72] Wenn der Anteilserwerber den Miterben später beerbt, lebt das Vorkaufsrecht auch nicht wieder auf.[73]

63 Vgl. Staudinger/*Löhnig,* 2016, § 2034 Rn. 6.
64 Vgl. BGH v. 22.9.1976 – IV ZR 77/76, NJW 1977, 37, 38; Erman/*Bayer,* 15. Aufl. 2017, § 2034 Rn. 2a; Staudinger/*Löhnig,* 2016, § 2034 Rn. 7.
65 Vgl. BGH v. 13.7.1957 – IV ZR 93/57, NJW 1957, 1515; MüKoBGB/*Gergen,* 7. Aufl. 2017, § 2034 Rn. 11.
66 Vgl. BGH v. 4.6.1954 – V ZR 18/53, NJW 1954, 1442; BGH v. 15.3.2000 – IV ZR 222/98, ZEV 2001, 116; MüKoBGB/*Gergen,* 7. Aufl. 2017, § 2034 Rn. 8 m.w.N.
67 Vgl. BGH v. 13.6.1966 – III ZR 198/64, NJW 1966, 2207.
68 Vgl. MüKoBGB/*Gergen,* 7. Aufl. 2017, § 2034 Rn. 17; Staudinger/*Löhnig,* 2016, § 2034 Rn. 9.
69 Vgl. BGH v. 16.12.1992 – IV ZR 222/91, NJW 1993, 726; Staudinger/*Löhnig,* 2016, § 2034 Rn. 11 m.w.N.
70 Vgl. BGH v. 16.12.1992 – IV ZR 222/91, NJW 1993, 726; Staudinger/*Löhnig,* 2016, § 2034 Rn. 11a m.w.N.
71 Vgl. BGH v. 19.1.2001 – IV ZR 169/10, ZEV 2011, 248 Rn. 13 m.w.N.
72 Vgl. Erman/*Bayer,* 15. Aufl. 2017, § 2034 Rn. 4.
73 Vgl. BGH v. 19.1.2011 – IV ZR 169/10, ZEV 2011, 248.

Die **Ausübung** des Vorkaufsrechts erfolgt durch formlose Erklärung gegenüber dem verkaufenden Miterben (§ 464 Abs. 1) bzw. nach vollzogener Übertragung gegenüber dem Erwerber (§ 2035 Abs. 1 S. 1). Die Miterben können das Vorkaufsrecht gem. § 472 S. 1 nur gemeinschaftlich ausüben; die hierzu erforderlichen Erklärungen müssen aber nicht gleichzeitig abgegeben werden[74]. Will einer der Berechtigten sein Vorkaufsrecht nicht ausüben, so verbleibt es gem. § 472 S. 2 den Übrigen im Ganzen. Die Ausübungsfrist beträgt gem. § 2034 Abs. 2 S. 1 zwei Monate. Die Frist beginnt für jeden Vorkaufsberechtigten separat mit der Mitteilung über den Inhalt des Verkaufs gem. § 469[75], denn erst ab diesem Zeitpunkt können die Berechtigten entscheiden, ob sie ihr Vorkaufsrecht zu diesen Bedingungen ausüben wollen. Gem. § 469 Abs. 1 S. 1 hat der Verkäufer den Inhalt des Vertrags unverzüglich mitzuteilen; gem. § 469 Abs. 1 S. 2 genügt auch die Mitteilung durch den Käufer (nicht aber durch einen Dritten[76]). **978**

Zwischen den ihr Vorkaufsrecht ausübenden Miterben und dem Verpflichteten entsteht gem. § 464 Abs. 2 ein **gesetzliches Schuldverhältnis**, das den Vorschriften über den Kauf unterliegt.[77] Der Anteil geht also nicht unmittelbar kraft Gesetzes über, sondern die Miterben erhalten einen Anspruch auf Übertragung des Miterbenanteils. Wird der Anteil übertragen, so erwerben die Miterben ihn analog §§ 1935, 2094 als Gesamthänder im Verhältnis ihrer Erbteile.[78] Mit der Übertragung wird der Käufer gem. § 2036 S. 1 grundsätzlich von der Haftung für die Nachlassverbindlichkeiten frei. Für die Erfüllung der Kaufpreisforderung haften die Berechtigten als Gesamtschuldner (§ 427), im Innenverhältnis jedoch nur im Verhältnis ihrer Erbteile.[79] **979**

III. Die Verwaltung des Nachlasses

1. Überblick

Wenngleich die Erbengemeinschaft auf Liquidation angelegt ist, vergeht **zwischen dem Erbfall und der endgültigen Auflösung der Erbengemeinschaft** häufig eine längere Zeit. Während dieses Zeitraums muss der Nachlass jedoch irgendwie **wirtschaftlich sinnvoll verwaltet** werden. Die Verwaltungsbefugnis liegt grundsätzlich bei den Miterben. Dies gilt allerdings nicht, wenn und soweit der Erblasser die Verwaltung einem Testamentsvollstrecker übertragen hat (§ 2205, → Rn. 848 ff.), Nachlassverwaltung (§ 1984, → Rn. 1139 ff.) angeordnet wurde oder ein Nachlassinsolvenzverfahren (§ 1984; §§ 81 f., 315 ff. InsO, → Rn. 1166 ff.) eröffnet wurde. Zudem kann der Erblasser die Verwaltung auch durch eine Auflage (→ Rn. 937 ff.) auf einen Miterben oder Dritten übertragen.[80] **980**

---

74 Vgl. RG v. 14.7.1938 – IV 56/38, RGZ 158, 57; Erman/*Bayer,* 15. Aufl. 2017, § 2034 Rn. 3.

75 Vgl. Erman/*Bayer,* 15. Aufl. 2017, § 2034 Rn. 6; Staudinger/*Löhnig,* 2016, § 25 Rn. 6.

76 Vgl. BGH v. 11.7.1979 – IV ZR 69/77, WM 1066, 1067; Erman/*Bayer,* 15. Aufl. 2017, § 2034 Rn. 3.

77 Vgl. BGH v. 12.5.2016 – I ZR 5/15, ZEV 2016, 704 Rn. 7; Erman/*Bayer,* 15. Aufl. 2017, § 2035 Rn. 3; Staudinger/*Löhnig,* 2016, § 2034 Rn. 27.

78 Vgl. Erman/*Bayer,* 15. Aufl. 2017, § 2035 Rn. 4; MüKoBGB/*Gerger,* 7. Aufl. 2017, § 2034 Rn. 36; Staudinger/*Löhnig,* 2016, § 2034 Rn. 28.

79 Vgl. Erman/*Bayer,* 15. Aufl. 2017, § 2035 Rn. 5; MüKoBGB/*Gerger,* 7. Aufl. 2017, § 2034 Rn. 37; Staudinger/*Löhnig,* 2016, § 2034 Rn. 27.

80 Vgl. MüKoBGB/*Gergen,* 7. Aufl. 2017, § 2038 Rn. 20; *Lange,* ErbR, 2. Aufl. 2017, § 57 Rn. 51.

981 Für die Verwaltung durch die Miterben selbst sieht das Gesetz in den **§§ 2038-2040** leider nur sehr **fragmentarische Regelungen** vor. Dies hat dazu geführt, dass viele Fragen bis heute hoch **umstritten** sind. Den Erben steht es zwar gem. §§ 2038 Abs. 2 S. 1, 745 grundsätzlich frei, einverständlich oder durch Mehrheitsbeschluss eine vom gesetzlichen Modell abweichende Verwaltung vorzusehen, z.B. einen Dritten oder einen Miterben zum Erbschaftsverwalter mit Vertretungsmacht zu bestellen[81] (was insb. empfehlenswert sein kann, wenn ein Handelsgeschäft oder eine Gesellschaftsbeteiligung zum Nachlass gehört). Wenn und soweit die Miterben jedoch – was häufig der Fall sein wird – von dieser Option keinen Gebrauch machen, verbleibt es bei der äußerst fragmentarischen gesetzlichen Regelung.

982 Die **gesetzliche Systematik** ist folgende:

- **§ 2038** regelt die **Verwaltungsbefugnis**. Das Gesetz differenziert hier allerdings – anders als im Recht der GbR (§§ 709, 714) – nicht zwischen Geschäftsführungsbefugnis im Innenverhältnis und Vertretungsbefugnis im Außenverhältnis.[82] Der Begriff der Verwaltung i.S.d. § 2038 umfasst alle Maßregeln zur Verwahrung, Sicherung, Erhaltung und Vermehrung sowie zur Gewinnung der Nutzungen und Bestreitung der laufenden Verbindlichkeiten[83] (also sowohl das Innen- als auch das Außenverhältnis[84]).

  § 2038 etabliert für die Verwaltung eine **dreifach abgestufte Regelung**:
  - **Notverwaltungsmaßnahmen** darf jeder Miterbe allein vornehmen (§ 2038 Abs. 1 S. 2 Hs. 2);
  - Maßnahmen der **ordnungsgemäßen Verwaltung** können mit Stimmenmehrheit beschlossen werden (§§ 2038 Abs. 2 S. 1, 745 Abs. 1);
  - alle **sonstigen Verwaltungsmaßnahmen** bedürfen der Zustimmung aller Miterben (§ 2038 Abs. 1 S. 1).
- **§ 2040** regelt die **Verfügung über Nachlassgegenstände**; das genaue Verhältnis dieser Vorschrift zu § 2038 ist allerdings hoch umstritten (→ Rn. 993 ff.).
- **§ 2039** enthält eine Sonderregelung für die Geltendmachung von Nachlassforderungen (→ Rn. 999 ff.).

2. Außerordentliche Verwaltung

983 **§ 2038 Abs. 1 S. 1** etabliert als Ausfluss des Gesamthandscharakters der Erbengemeinschaft den **Grundsatz der gemeinschaftlichen Verwaltung**, d.h. grundsätzlich bedürfen Verwaltungsmaßnahmen der Zustimmung bzw. Mitwirkung aller Miterben. Da die Verwaltung hierdurch jedoch sehr schwerfällig wird und durch einen einzelnen Miterben blockiert werden kann, durchbricht das Gesetz diesen Grundsatz für die Fälle der ordnungsgemäßen Verwaltung (→ Rn. 986 ff.) und für Notmaßnahmen

---

81 Vgl. MüKoBGB/*Gergen*, 7. Aufl. 2017, § 2038 Rn. 21; Staudinger/*Löhnig*, 2016, § 2038 Rn. 36.

82 Vgl. MüKoBGB/*Gergen*, 7. Aufl. 2017, § 2038 Rn. 6; *Lange*, ErbR, 2. Aufl. 2017, § 57 Rn. 50.

83 Vgl. BGH v. 28.9.2005 – IV ZR 82/04, ZEV 2006, 24 Rn. 12; BGH v. 11.11.2009 – XII ZR 210/05, ZEV 2010, 36 Rn. 20; OLG Rostock v. 19.3.2018 – 3 U 67/17, FamRZ 2018, 1612 Rn. 5.

84 Vgl. BGH v. 11.11.2009 – XII ZR 210/05, ZEV 2010, 36 Rn. 27; MüKoBGB/*Gergen*, 7. Aufl. 2017, § 2038 Rn. 6; *Lange*, ErbR, 2. Aufl. 2017, § 57 Rn. 50.

(→ Rn. 996 ff.). Der Grundsatz der gemeinschaftlichen Verwaltung gilt somit nur für **Maßnahmen der außerordentlichen Verwaltung**, d.h. solche, die weder zur ordnungsgemäßen Verwaltung noch zur Notverwaltung gehören.

Verpflichtungsgeschäfte, die zum Bereich der außerordentlichen Verwaltung gehö- **984** ren, sind auch im Außenverhältnis gem. § 2038 Abs. 1 S. 1 nur wirksam, wenn alle Miterben gemeinschaftlich handeln. Dies erfordert aber nicht zwingend, dass alle Miterben gleichzeitig handeln.[85] Es genügt vielmehr auch, wenn ein Miterbe oder einzelne Miterben mit vorheriger Zustimmung oder nachträglicher Genehmigung der anderen handeln; insoweit gelten die allgemeinen Regeln des Vertretungsrechts.[86] In Betracht kommt ggf. auch eine Duldungsvollmacht, wenn die übrigen Miterben dulden, dass einer von ihnen Verwaltungsmaßnahmen vornimmt.[87] Wenn die Miterben erkennbar für den Nachlass handeln, so wird auch nur das Nachlassvermögen verpflichtet (§ 164 Abs. 1).[88] Des von der älteren Rechtsprechung gegangenen konstruktiven „Umwegs" der Annahme einer konkludenten vertraglichen Haftungsbeschränkung[89] bedarf es insoweit nicht.[90]

Für **Verfügungen** über Nachlassgegenstände bestimmt § 2040 Abs. 1 als *lex specia-* **985** *lis*, dass sie nur durch alle Miterben gemeinschaftlich erfolgen können.[91] Verfügung ist jedes Rechtsgeschäft, durch das unmittelbar auf ein Recht eingewirkt wird, indem es übertragen, belastet, geändert oder aufgehoben wird.[92] Dazu zählen dingliche Rechtsgeschäfte wie z.B. die Übereignung oder Belastung von Nachlassgegenständen sowie die Abtretung von Nachlassforderungen; darüber hinaus aber auch Kündigungs-, Rücktritts-, Aufrechnungs- oder Anfechtungserklärungen.[93] Das Erfordernis der Gemeinschaftlichkeit bedeutet aber auch hier nicht, dass die Miterben gleichzeitig oder gar in einem Rechtsakt handeln müssen; es genügt vielmehr, wenn sich die zeitlich aufeinander folgenden Einzelerklärungen der Miterben zu einem Rechtsakt ergänzen.[94] Hinsichtlich der Vertretung und des Handelns Nichtberechtigter gelten die allgemeinen Vorschriften der §§ 164 ff., 182 ff.[95]

---

85 Vgl. *Lange,* ErbR, 2. Aufl. 2017, § 57 Rn. 50.

86 Vgl. *Lange,* ErbR, 2. Aufl. 2017, § 57 Rn. 50; Staudinger/*Löhnig,* 2016, § 2038 Rn. 9a; MüKoBGB/*Gergen,* 7. Aufl. 2017, § 2038 Rn. 26.

87 Vgl. BGH v. 24.9.1959 – II ZR 46/59, NJW 1959, 2114, 2215 f. (Fortführung eines Handelsgeschäfts durch einen Miterben).

88 Vgl. Erman/*Bayer,* 15. Aufl. 2017, § 2038 Rn. 12; MüKoBGB/*Gergen,* 7. Aufl. 2017, § 2038 Rn. 27.

89 Vgl. RG v. 21.1.1935 – IV 311/34, RGZ 146, 343, 345; BGH v. 25.3.1968 – II ZR 99/65, BB 1968, 769 f.

90 Vgl. Erman/*Bayer,* 15. Aufl. 2017, § 2038 Rn. 12; MüKoBGB/*Gergen,* 7. Aufl. 2017, § 2038 Rn. 27.

91 Dies ist jedenfalls für Verfügungen im Bereich der außerordentlichen Verwaltung unstreitig. Zum Streit betreffend Verfügungen im Bereich der ordentlichen Verwaltung → Rn. 993 ff.; zu Notverfügungen → Rn. 998.

92 Vgl. BGH v. 15.3.1951 – IV ZR 9/50, NJW 1951, 645, 647; BGH v. 23.7.2003 – XII ZR 16/00, NZG 2003, 971, 972; *Lange,* ErbR, 2. Aufl. 2017, § 58 Rn. 68.

93 Vgl. Erman/*Bayer,* 15. Aufl. 2017, § 2040 Rn. 1; *Lange,* ErbR, 2. Aufl. 2017, § 58 Rn. 68.

94 Vgl. RG v. 21.11.1925 – V 140/25, RGZ 112, 129, 132; Erman/*Bayer,* 15. Aufl. 2017, § 2040 Rn. 1.

95 Vgl. Erman/*Bayer,* 15. Aufl. 2017, § 2040 Rn. 1; MüKoBGB/*Gergen,* 7. Aufl. 2017, § 2040 Rn. 14.

3. Ordnungsgemäße Verwaltung

986 Um eine funktionsfähige laufende Verwaltung zu ermöglichen[96], bestimmen §§ 2038 Abs. 2 S. 1, 745, dass **Maßnahmen der ordnungsgemäßen Verwaltung** mit einfacher Stimmenmehrheit beschlossen werden können.

a) Reichweite der ordnungsgemäßen Verwaltung

987 Die Ordnungsmäßigkeit einer Maßnahme ist aus **objektiver Sicht** zu beurteilen; maßgeblich ist der Standpunkt eines vernünftig und wirtschaftlich denkenden Beurteilers.[97]

988 **Nicht** mehr zur ordnungsgemäßen Verwaltung gehören – wie sich aus §§ 2038 Abs. 2 S. 1, 745 Abs. 3 ergibt – Maßnahmen, die eine **„wesentliche Veränderung des Gegenstands"** zur Folge hätten. Gegenstand ist dabei nach zutr. h.M. nicht der einzelne Nachlassgegenstand[98], sondern vielmehr der Gesamtnachlass[99]. Dafür sprechen nicht nur Systematik und Kontext der Verweisung des § 2038 Abs. 2 S. 1 auf § 745 Abs. 3[100], sondern vor allem auch teleologische Erwägungen: Eine funktionierende laufende Verwaltung, wie sie durch §§ 2038 Abs. 2 S. 1, 745 BGB gerade ermöglicht werden soll, wäre nicht mehr möglich, wenn jeder einzelne Miterbe jede wesentliche Veränderung oder Veräußerung eines noch so kleinen Nachlassgegenstands blockieren könnte[101].

989 **Beispiele:** Kündigung eines Mietvertrags über ein zum Nachlass gehörendes Grundstück, wenn der Mietzins unangemessen niedrig ist[102]. Wenn ein GmbH-Geschäftsanteil zum Nachlass gehört, gehört auch die Erhebung von Beschlussmängelklagen zur ordnungsgemäßen Verwaltung, weil sie dazu dient, die mit dem Geschäftsanteil verbundenen Rechte zu erhalten.[103] Wenn die Nachlassmittel nicht ausreichen, um die fälligen Verbindlichkeiten zu begleichen, kann auch die Veräußerung zum Nachlass gehörender Grundstücke geboten sein, wenn das Gepräge des Nachlasses sich dadurch nicht wesentlich verändert.[104]

b) Entscheidung mit einfacher Stimmenmehrheit

990 Die **einfache Stimmenmehrheit** wird gem. §§ 2038 Abs. 2 S. 1, 745 Abs. 1 S. 2 nicht nach Köpfen, sondern **nach der Größe der Erbteile** bestimmt. Die unterlegene Minderheit ist durch die grundsätzliche Möglichkeit, jederzeit die Auseinanderset-

---

96 Vgl. MüKoBGB/*Gergen,* 7. Aufl. 2017, § 2038 Rn. 34; *J. Schmidt* NZG 2015, 1049, 1052.

97 Vgl. BGH v. 8.5.1952 – IV ZR 208/51, NJW 1952, 1252, 1253; BGH v. 28.9.2005 – IV ZR 82/04, ZEV 2006, 24 Rn. 27; BGH v. 11.11.2009 – XII ZR 210/05, ZEV 2010, 36 Rn. 32; BGH v. 19.9.2012 – XII ZR 151/10, ZEV 2013, 81 Rn. 18; OLG Düsseldorf v. 16.2.2018 – I-7 U 59/16, FamRZ 2018, 1535, 1537; Erman/*Bayer*, BGB, 15. Aufl. 2017, § 2038 Rn. 5.

98 So aber LG Hannover v. 24.1.1990 – 1 S 240/89, NJW-RR 1990, 454; Staudinger/*Werner,* 2010, § 2038 BGB Rn. 13.

99 Vgl. BGH v. 28.9.2005 – IV ZR 82/04, ZEV 2006, 24 Rn. 20 f.; OLG Jena v. 18.4.2012 – 2 U 523/11, NZG 2012, 782, 784; OLG Jena v. 25.4.2012 – 2 U 520/11, GmbHR 2013, 149, 151; Erman/*Bayer,* 15. Aufl. 2017, § 2038 Rn. 30a; *J. Schmidt* NZG 2015, 1049, 1052.

100 Vgl. BGH v. 28.9.2005 – IV ZR 82/04, ZEV 2006, 24 Rn. 21; *J. Schmidt* NZG 2015, 1049, 1052.

101 Vgl. BGH v. 28.9.2005 – IV ZR 82/04, ZEV 2006, 24 Rn. 21; OLG Jena v. 25.4.2012 – 2 U 520/11, GmbHR 2013, 149, 150; *Muscheler* ZEV 2006, 24, 27; *J. Schmidt* NZG 2015, 1049, 1052.

102 Vgl. BGH v. 11.11.2009 – XII ZR 210/05, ZEV 2010, 36 Rn. 38.

103 Vgl. OLG Karlsruhe v. 16.12.2013 – 7 W 76/13, ZEV 2014, 208; *J. Schmidt* NZG 2015, 1049, 1053.

104 Vgl. OLG Düsseldorf v. 16.2.2018 – I-7 U 59/16, FamRZ 2018, 1535.

zung verlangen zu können (§ 2042, → Rn. 1010 ff.), hinreichend geschützt.[105] Im Einzelfall kann das Stimmrecht eines Miterben jedoch analog § 34 BGB, § 136 AktG, § 47 Abs. 4 GmbHG, § 43 Abs. 6 GenG ausgeschlossen sein, wenn ein entsprechender Interessenkonflikt gegeben ist.[106] Dies ist z.B. der Fall, wenn über die Einziehung einer Nachlassforderung gegen einen Miterben entschieden wird.[107]

Hinsichtlich des Abstimmungsverfahrens enthält das Gesetz keine speziellen Vorgaben. Die §§ 32 ff. sind nicht analog anwendbar, da sie eine körperschaftliche Verfassung voraussetzen.[108] Die Beschlussfassung kann daher z.B. auch mündlich, per E-Mail, per Videokonferenz oder per Skype erfolgen.[109]

c) Mitwirkungspflicht

Gem. § 2038 Abs. 1 S. 2 Hs. 1 ist jeder Miterbe verpflichtet, an den ordnungsgemäßen Verwaltungsmaßnahmen mitzuwirken. Diese klagbare **Mitwirkungspflicht**[110] erlangt vor allem dann Bedeutung, wenn die erforderliche Stimmenmehrheit verfehlt wurde: Dann kann die unterlegene Minderheit auf Zustimmung klagen und die verweigerte Zustimmung wird gem. § 894 ZPO durch das rechtskräftige Urteil ersetzt. Zudem kommt bei verweigerter Mitwirkung ggf. ein Schadensersatzanspruch gem. § 280 Abs. 1 in Betracht.[111] **991**

d) Außenverhältnis

Bei Maßnahmen der ordnungsgemäßen Verwaltung wirkt ein im Innenverhältnis getroffener Mehrheitsbeschluss der Miterben auch im Außenverhältnis: Die **Erbenmehrheit** kann die Erbengemeinschaft dann auch **wirksam im Außenverhältnis vertreten.**[112] Die Mehrheit kann nach allgemeinen Regeln auch einem einzelnen Miterben Vertretungsmacht erteilen.[113] Fehlt es an einem wirksamen Mehrheitsbeschluss (z.B. weil ein Miterbe wegen eines Interessenkonflikts einem Stimmverbot unterlag), so kommt ggf. eine Duldungs- oder Anscheinsvollmacht in Betracht; andernfalls gelten die Regeln über die Vertretung ohne Vertretungsmacht.[114] **992**

e) Verfügungen

Höchst kontrovers beurteilt wird die Frage, ob eine **Verfügung**, die zur **ordnungsgemäßen Verwaltung** gehört, nur durch die Miterben gemeinschaftlich erfolgen kann **993**

105 Vgl. MüKoBGB/*Gergen,* 7. Aufl. 2017, § 2038 Rn. 35.
106 Vgl. Erman/*Bayer,* 15. Aufl. 2017, § 2038 Rn. 5; Staudinger/*Löhnig,* 2016, § 2038 Rn. 31.
107 Vgl. BGH v. 29.3.1971 – III ZR 255/68, NJW 1971, 1265, 1267.
108 Vgl. BeckOGK/*Rißmann/Szalai* § 2038 Rn. 81; einschränkend auch MüKoBGB/*Gergen,* 7. Aufl. 2017, § 2038 Rn. 38.
109 Vgl. BeckOGK/*Rißmann/Szalai* § 2038 Rn. 81; Vgl. ferner auch MüKoBGB/*Gergen,* 7. Aufl. 2017, § 2038 Rn. 38.
110 Vgl. OLG München v. 3.8.2018 – 34 Wx 196/18, ZEV 2018, 651 Rn. 33; Erman/*Bayer,* 15. Aufl. 2017, § 2038 Rn. 5a; *Lange,* ErbR, 2. Aufl. 2017, § 57 Rn. 58.
111 Vgl. BGH v. 28.9.2005 – IV ZR 82/04, ZEV 2006, 24; OLG Düsseldorf v. 16.2.2018 – I-7 U 59/16, FamRZ 2018, 1535, 1536; *Lange,* ErbR, 2. Aufl. 2017, § 57 Rn. 58.
112 Vgl. BGH v. 29.3.1971 – III ZR 255/68, NJW 1971, 1265, 1266; BGH v. 11.11.2009 – XII ZR 210/05, ZEV 2010, 36 Rn. 27; *Lange,* ErbR, 2. Aufl. 2017, § 57 Rn. 58.
113 Vgl. MüKoBGB/*Gergen,* 7. Aufl. 2017, § 2038 Rn. 51; *Lange,* ErbR, 2. Aufl. 2017, § 57 Rn. 58.
114 Vgl. Erman/*Bayer,* 15. Aufl. 2017, § 2038 Rn. 12b.

oder ob hierfür eine einfache Stimmenmehrheit genügt. Dreh- und Angelpunkt ist insoweit die Frage, in welchem Verhältnis § 2038 und § 2040 zueinander stehen.

994 **Einer Ansicht** nach ist **§ 2040 Abs. 1 für Verfügungen** abschließende ***lex specialis*** zu § 2038, sodass für Verfügungen stets gemeinschaftliches Handeln erforderlich ist.[115] Dies ergebe sich aus dem systematischen Vergleich von § 2038 und § 2040, der zeige, dass der Gesetzgeber hier eine bewusste Differenzierung zwischen Verwaltung und Verfügungen vorgenommen habe.[116] Zudem wird geltend gemacht, dass der Erwerber andernfalls mit der Rechtsunsicherheit belastet werde, ob die Verfügung tatsächlich zur ordnungsgemäßen Verwaltung gehört und damit durch die Mehrheit vorgenommen werden konnte.[117]

995 **Rechtsprechung**[118] und **ganz h.L.**[119] sehen dagegen zu Recht umgekehrt **§§ 2038 Abs. 2 S. 1, 745 Abs. 1** als **vorrangige *leges speciales*** für Verfügungen im Rahmen der ordnungsgemäßen Verwaltung; folglich ist die Erbenmehrheit insoweit auch verfügungsberechtigt. Obgleich der Wortlaut des § 2040 Abs. 1 dem auf den ersten Blick entgegenzustehen scheint, sprechen die besseren Gründe letztlich für diese Auffassung. Zunächst einmal wird das der Gesamthandsgemeinschaft innewohnende Prinzip der Einstimmigkeit vom Gesetz ohnehin nicht streng durchgehalten, sondern in § 2038 für Maßnahmen der ordnungsgemäßen Verwaltung (→ Rn. 986 ff.) sowie Notmaßnahmen (→ Rn. 996 ff.) ausdrücklich durchbrochen.[120] Hinzu kommt, dass selbst Vertreter der Gegenansicht für „Notverfügungen" eine Ausnahme vom Einstimmigkeitserfordernis machen, obgleich dies in § 2040 Abs. 1 nicht vorgesehen ist.[121] Für einen Vorrang der §§ 2038 Abs. 2 S. 1, 745 Abs. 1 spricht aber vor allem, dass so eine praktikable und interessengerechte Nachlassverwaltung ermöglicht wird.[122] Wenn die Erben im Rahmen der ordnungsgemäßen Verwaltung durch Mehrheitsbeschluss verbindlich Verträge mit Dritten abschließen können (Verpflichtungsgeschäft), ist nicht ersichtlich, weshalb es ihnen verwehrt sein sollte, diese Rechte – ebenfalls mehrheitlich – wieder aufzuheben (Verfügungsgeschäft)[123] oder warum für die dingliche Erfüllung der mehrheitlich begründeten Verpflichtung (Verfügungsgeschäft) doch plötzlich wieder einstimmiges Handeln erforderlich sein soll[124]. Im Übrigen sind die Miterben auch ohne ein aus § 2040 Abs. 1 herzuleitendes „Vetorecht" hinreichend geschützt: Erstens durch den Surrogationsgrundsatz des § 2041[125]

115 Vgl. Erman/*Bayer,* 15. Aufl. 2017, § 2040 Rn. 3; MüKoBGB/*Gergen,* 7. Aufl. 2017, § 2038 Rn. 53, § 2040 Rn. 3.

116 Vgl. Erman/*Bayer,* 15. Aufl. 2017, § 2040 Rn. 3; MüKoBGB/*Gergen,* 7. Aufl. 2017, § 2038 Rn. 53.

117 Vgl. Erman/*Bayer,* 15. Aufl. 2017, § 2040 Rn. 3; MüKoBGB/*Gergen,* 7. Aufl. 2017, § 2038 Rn. 53.

118 Vgl. BGH v. 11.11.2009 – XII ZR 201/05, ZEV 2010, 36 Rn. 27 ff.; BGH v. 19.9.2012 – XII ZR 151/10, ZEV 2010, 81 Rn. 13; BGH v. 3.12.2014 – IV ZA 22/14, ZEV 2015, 339; OLG Schleswig v. 18.9.2014 – 3 U 82/13, ZEV 2015, 101 Rn. 34 ff.; OLG München v. 3.8.2018 – 34 Wx 196/18, ZEV 2018, 651 Rn. 17.

119 Vgl. *Ann* ZEV 2010, 39, 40; *Eberl-Borges* NJW 2006, 1313 ff.; *Lange,* ErbR, 2. Aufl. 2017, § 58 Rn. 75; Staudinger/*Löhnig,* 2016, § 2040 Rn. 33 ff.; Jauernig/*Stürner,* 17. Aufl. 2018, § 2038 Rn. 1; *Wendt* ErbR 2017, 58, 65 ff.

120 Vgl. BGH v. 11.11.2009 – XII ZR 201/05, ZEV 2010, 36 Rn. 28.

121 Vgl. BGH v. 11.11.2009 – XII ZR 201/05, ZEV 2010, 36 Rn. 28.

122 Vgl. *Lange,* ErbR, 2. Aufl. 2017, § 58 Rn. 75.

123 Vgl. BGH v. 11.11.2009 – XII ZR 201/05, ZEV 2010, 36 Rn. 27.

124 Vgl. Staudinger/*Löhnig,* 2016, § 2040 Rn. 34.

125 Vgl. *Ann* ZEV 2010, 39, 40; *Lange,* ErbR, 2. Aufl. 2017, § 58 Rn. 75.

(→ Rn. 960 ff.), zweitens dadurch, dass Verfügungen, die den Rahmen der ordnungsgemäßen Verwaltung überschreiten, unwirksam sind[126], und drittens durch etwaige Schadensersatzansprüche gegen die Mehrheitserben[127].

4. Notmaßnahmen

Gem. § 2038 Abs. 1 S. 2 Hs. 2 ist jeder Miterbe berechtigt, aber auch verpflichtet[128], die zur Erhaltung des Nachlasses notwendigen Maßnahmen allein vorzunehmen. Als Durchbrechung des Grundprinzips der gemeinschaftlichen Verwaltung ist die Vorschrift jedoch restriktiv auszulegen.[129] Erfasst sind zwar grundsätzlich sowohl Maßnahmen, die zur Erhaltung des Nachlasses in seiner Gesamtheit als auch solche, die zur Erhaltung bestimmter einzelner Nachlassgegenstände dienen.[130] Die Maßnahme muss aber nicht nur **zur Erhaltung notwendig**, sondern auch so **dringlich** sein, dass sie angesichts des wirtschaftlichen Risikos nicht bis zur Einholung einer Zustimmung der Miterben aufgeschoben werden kann.[131] Maßgeblich ist auch insofern der Standpunkt eines vernünftig und wirtschaftlich denkenden Beurteilers.[132] Maßnahmen zur Erhaltung eines einzelnen Nachlassgegenstands müssen sich zudem **im Rahmen der ordnungsgemäßen Verwaltung** des Gesamtnachlasses (→ Rn. 986 ff.) bewegen.[133] **996**

Beispiele: Sicherungsmaßnahmen gegen Schimmelbildung aufgrund eindringenden Wassers in einem zum Nachlass gehörenden Haus[134]. Wenn zum Nachlass ein GmbH-Geschäftsanteil gehört und es im Einzelfall nicht möglich ist, rechtzeitig einen Mehrheitsbeschluss herbeizuführen, darf ein Miterbe eine Beschlussmängelklage auch allein erheben.[135]

Wenn ein Miterbe im Rahmen seines Notverwaltungsrechts handelt, so hat er auch **Vertretungsmacht**, um die Erbengemeinschaft zu berechtigen und zu verpflichten.[136] **997**

Ein Miterbe darf zudem auch **Verfügungen**, die sich im Rahmen der Notverwaltung bewegen, allein vornehmen. § 2038 Abs. 1 S. 2 Hs. 2 ist insoweit nach ganz h.M. *lex specialis* zu § 2040 Abs. 1.[137] Denn wenn der einzelne Miterbe im Rahmen der Not- **998**

---

126 Vgl. BGH v. 11.11.2009 – XII ZR 201/05, ZEV 2010, 36 Rn. 30; *Ann* ZEV 2010, 39, 40.

127 Vgl. BGH v. 11.11.2009 – XII ZR 201/05, ZEV 2010, 36 Rn. 30.

128 Vgl. BGH v. 23.9.1953 – VI ZR 313/52, JZ 1953, 706; *Lange,* ErbR, 2. Aufl 2017, § 57 Rn. 63; BeckOGK/*Rißmann/Szalai* § 2038 Rn. 58.

129 Vgl. Erman/*Bayer,* 15. Aufl. 2017, § 2038 Rn. 6; *Lange,* ErbR, 2. Aufl 2017, § 57 Rn. 63.

130 Vgl. Staudinger/*Löhnig,* 2016, § 2038 Rn. 22; *J. Schmidt* NZG 2015, 1049, 1053.

131 Vgl. BGH v. 8.5.1952 – IV ZR 208/51, NJW 1952, 1252, 1253; OLG Nürnberg v. 16.7.2014 – 12 U 2267/12, GmbHR 2014, 1147, 1148; Erman/*Bayer,* 15. Aufl. 2017, § 2038 Rn. 6; MüKoBGB/*Gergen*, 7. Aufl. 2017, § 2038 BGB Rn. 56.

132 Vgl. BGH v. 8.5.1952 – IV ZR 208/51, NJW 1952, 1252, 1253; Erman/*Bayer*, 15. Aufl. 2017, § 2038 Rn. 6; MüKoBGB/*Gergen*, 7. Aufl. 2017, § 2038 BGB Rn. 56.

133 Vgl. BGH v. 8.5.1952 – IV ZR 208/51, NJW 1952, 1252, 1253; MüKoBGB/*Gergen*, 7. Aufl. 2017, § 2038 BGB Rn. 56; BeckOGK/*Rißmann/Szalai* § 2038 Rn. 51; *J. Schmidt* NZG 2015, 1049, 1053.

134 Vgl. OLG Schleswig v. 6.6.2014 – 3 Wx 27/14, FamRZ 2015, 80.

135 Vgl. BGH v. 12.6.1989 – II ZR 246/88, NJW 1989, 2694, 2696 f.; OLG Nürnberg v. 16.7.2014 – 12 U 2267/1, GmbHR 2014, 1147, 1150; *J. Schmidt* NZG 2015, 1049, 1053.

136 Vgl. BGH v. 8.5.1952 – IV ZR 208/51, NJW 1952, 1252, 1253; Erman/*Bayer,* 15. Aufl. 2017, § 2038 Rn. 13; *Lange,* ErbR, 2. Aufl. 2017, § 57 Rn. 66.

137 Vgl. BGH v. 11.11.2009 – XII ZR 201/05, ZEV 2010, 36; Erman/*Bayer,* 15. Aufl. 2017, § 2040 Rn. 6; MüKoBGB/*Gergen*, 7. Aufl. 2017, § 2038 BGB Rn. 62; *Lange,* ErbR, 2. Aufl. 2017, § 57 Rn. 66; Staudinger/*Löhnig,* 2016, § 2038 Rn. 21; a.A. jedoch noch Staudinger/*Werner,* 2010, § 2038 Rn. 7.

verwaltung nicht auch verfügen könnte (**Beispiele**: Notveräußerung verderblicher Waren, Wahrnehmung befristeter Kündigungsmöglichkeiten), könnte das Notverwaltungsrecht kaum sinnvoll ausgeübt werden.

5. Geltendmachung von Nachlassforderungen

999 Aus dem Gesamthandsprinzip würde sich eigentlich ergeben, dass die Miterben zum Nachlass gehörende Ansprüche nur gemeinsam geltend machen können. Dies würde jedoch die Rechtsverfolgung wesentlich erschweren, weil nur ein einziger Miterbe die Geltendmachung einer Forderung blockieren könnte und ggf. erst auf Mitwirkung verklagt werden müsste. Um die Geltendmachung von Nachlassforderungen zu erleichtern[138], ermächtigt **§ 2039 S. 1** daher **jeden Miterben**, einen zum Nachlass gehörenden Anspruch allein – auch gegen den Willen der anderen Erben – geltend zu machen. Der Miterbe kann jedoch nur Leistung an alle Miterben gemeinschaftlich verlangen.

1000 Für den Begriff des **Anspruchs** i.S.d. § 2039 S. 1 gilt die Legaldefinition des **§ 194 Abs. 1**, d.h. erfasst ist jedes Recht, von einem anderen ein Tun oder Unterlassen zu verlangen.[139] Erfasst werden daher nicht nur schuldrechtliche Ansprüche, sondern alle Arten von Ansprüchen, insb. dingliche (z.B. der Herausgabeanspruch aus § 958), erbrechtliche (z.B. §§ 2018 ff., → Rn. 1230 ff.) oder öffentliche-rechtliche.[140] Erfasst sind auch Ansprüche gegen einen anderen Miterben[141]; im Einzelfall kann die Geltendmachung jedoch eine unzulässige Rechtausübung darstellen, z.B. wenn mit Sicherheit absehbar ist, dass die Schulden des Miterben durch seinen Miterbenanteil gedeckt sind[142]. **Nicht** unter § 2039 fallen hingegen **Gestaltungsrechte**, denn sie stellen Verfügungen über Nachlassgegenstände i.S.d. § 2040 (→ Rn. 985, 993 ff.) dar.[143]

1001 § 2039 S. 1 berechtigt den einzelnen Miterben sowohl zur **gerichtlichen** als auch zur **außergerichtlichen Geltendmachung** sowie zur Durchsetzung im Wege der **Zwangsvollstreckung**.[144] Wichtigste außergerichtliche Maßnahme ist die Mahnung. Macht der Miterbe den Anspruch gerichtlich geltend, so handelt er nicht als Vertreter der Erben, sondern er macht die Nachlassforderung im eigenen Namen in **gesetzlicher Prozessstandschaft** für die Miterben in Erbengemeinschaft geltend.[145] Da nur der klagenden Miterbe Partei des Prozesses ist, können die übrigen Miterben als Zeugen vernommen werden.[146]

---

138 Vgl. Prot. V, 864 f.; RG v. 16.12.1935 – IV 139/35, RGZ 149, 193, 194; Staudinger/*Löhnig,* 2016, § 2039 Rn. 1.

139 Vgl. BGH v. 5.4.2006 – IV ZR 139/05, ZEV 2006, 356 Rn. 12; Erman/*Bayer,* 15. Aufl. 2017, § 2039 Rn. 1.

140 Vgl. die ausf. Kasuistik bei MüKoBGB/*Gergen,* 7. Aufl. 2017, § 2039 Rn. 5 ff. m.w.N.

141 Vgl. BGH v. 27.1.2016 – XII ZR 33/15, ZEV 2016, 267, Rn. 14; Erman/*Bayer,* 15. Aufl. 2017, § 2039 Rn. 5; MüKoBGB/*Gergen,* 7. Aufl. 2017, § 2039 Rn. 32.

142 Vgl. RG v. 10.12.1906 – IV 94/06, RGZ 65, 5, 10; Erman/*Bayer,* 15. Aufl. 2017, § 2039 Rn. 5 m.w.N.

143 Vgl. Erman/*Bayer,* 15. Aufl. 2017, § 2039 Rn. 4a; MüKoBGB/*Gergen,* 7. Aufl. 2017, § 2039 Rn. 4.

144 Vgl. *Lange,* ErbR, 2. Aufl. 2017, § 59 Rn. 86; BeckOK/*Lohmann* § 2039 Rn. 6.

145 Vgl. BGH v. 5.4.2006 – IV ZR 139/05, ZEV 2006, 356 Rn. 7; BGH v. 27.1.2016 – XII ZR 33/15, ZEV 2016, 267, Rn. 14.

146 Vgl. MüKoBGB/*Gergen,* 7. Aufl. 2017, § 2039 Rn. 20.

6. Lasten und Nutzen der Verwaltung

a) Recht zum Gebrauch der Nachlassgegenstände

Gem. §§ 2038 Abs. 2 S. 1, 743 Abs. 2 ist **jeder Miterbe zum Gebrauch der Nachlassgegenstände berechtigt**, solange dadurch der Mitgebrauch der übrigen Miterben nicht beeinträchtigt wird. In der Praxis werden die Miterben häufig eine Vereinbarung oder Mehrheitsentscheidung über den Gebrauch der konkreten Nachlassgegenstände treffen. Ändert sich die Sachlage wesentlich, so kann jeder Miterbe eine Anpassung dieser Benutzungsregelung verlangen.[147] 1002

b) Früchte und Lasten des Nachlasses

Die **Früchte** einer zum Nachlass gehörenden Sache (§§ 99, 953) oder eines solchen Rechts (§ 2041 S. 1 Var. 1) fallen in das Gesamthandsvermögen. Sie gebühren jedem Miterben gem. §§ 2038 Abs. 2 S. 1, 743 Abs. 1 entsprechend seinem Anteil am Nachlass.[148] Gem. § 2038 Abs. 2 S. 2 werden die Früchte jedoch grundsätzlich erst bei der Auseinandersetzung geteilt. Eine frühere Verteilung kann nur durch eine entsprechende Vereinbarung (nicht durch Mehrheitsbeschluss) erreicht werden.[149] Ist die Auseinandersetzung für längere Zeit als ein Jahr ausgeschlossen, so gibt § 2038 Abs. 2 S. 3 jedem Miterben das Recht, am Schluss jedes Jahres die Teilung des Reinertrags zu verlangen. 1003

Die **Kosten** der Verwaltung und die **Lasten** der Nachlassgegenstände haben die Miterben gem. §§ 2038 Abs. 2 S. 1, 748 im Verhältnis ihrer Erbteile zu tragen. Diese Verpflichtung erstreckt sich jedoch nur auf die im Nachlass vorhandenen Mittel; es besteht grundsätzlich keine Vorschusspflicht der Miterben.[150] 1004

c) Aufwendungsersatz

Ist ein einzelner Miterbe durch Mehrheitsbeschluss zur ordnungsgemäßen Verwaltung beauftragt, so kann er gem. **§ 670** Aufwendungsersatz verlangen, muss sich allerdings gem. §§ 670, 2038 Abs. 2 S. 1, 748 den von ihm selbst zu tragenden Teil anrechnen lassen.[151] Einen entsprechenden Aufwendungsersatzanspruch hat ebenso auch ein Miterbe, dessen zunächst eigenmächtiges Handeln von den Miterben genehmigt wird, sowie ein Miterbe, der im Rahmen des Notverwaltungsrechts handelt.[152] Überschreitet ein Miterbe sein Notverwaltungsrecht, so kann er nur gem. §§ 683 f. Aufwendungsersatz verlangen.[153] 1005

---

147 Vgl. BGH v. 4.2.1982 – IX ZR 88/80, NJW 1982, 1753; OLG Stuttgart v. 18.10.2018 – 19 U 83/18 (juris); *Lange*, ErbR, 2. Aufl. 2017, § 57 Rn. 55.

148 Vgl. MüKoBGB/*Gergen*, 7. Aufl. 2017, § 2039 Rn. 64; BeckOGK/*Rißmann/Szalai* § 2038 Rn. 62.

149 Vgl. RG v. 23.1.1913 – IV 387/12, RGZ 81, 241, 243; MüKoBGB/*Gergen*, 7. Aufl. 2017, § 2039 Rn. 64.

150 Vgl. RG v. 23.1.1913 – IV 387/12, RGZ 81, 241, 243; MüKoBGB/*Gergen*, 7. Aufl. 2017, § 2039 Rn. 64.

151 Vgl. *Lange*, ErbR, 2. Aufl. 2017, § 57 Rn. 53.

152 Vgl. *Lange*, ErbR, 2. Aufl. 2017, § 57 Rn. 53.

153 Vgl. BGH v. 20.5.1987 – IVa ZR 42/86, NJW 1987, 3001; BGH v. 25.6.2003 – IV ZR 285/02, ZEV 2003, 413, 414; MüKoBGB/*Gergen*, 7. Aufl. 2017, § 2038 Rn. 50.

d) Auskunftspflicht der Miterben

1006 Eine allgemeine Auskunftspflicht der Miterben untereinander für den Nachlass lässt sich weder aus § 2038 Abs. 1 S. 2 noch aus § 242 herleiten.[154] In besonders gelagerten **Ausnahmefällen** kann aber ein Auskunftsanspruch aus **§ 242** bestehen, wenn einzelne Erben in entschuldbarer Weise über den Nachlassumfang oder seinen Verbleib im Unklaren sind und ein anderer Miterbe die erforderliche Auskunft unschwer erteilen kann.[155] Im Übrigen kann sich ggf. aus speziellen Vorschriften (z.B. §§ 666, 681, 2027, 2028, 2057) eine Auskunftspflicht ergeben.

7. Zusammenfassende Übersicht zum Handeln für die Erbengemeinschaft

1007

	Innenverhältnis	Außenverhältnis	
		Verpflichtungen	**Verfügungen**
außerordentliche Verwaltung	alle Miterben gemeinschaftlich, § 2038 Abs. 1 S. 1	alle Miterben gemeinschaftlich, § 2038 Abs. 1 S. 1	alle Miterben gemeinschaftlich, § 2040 Abs. 1
ordentliche Verwaltung	einfache Stimmenmehrheit, §§ 2038 Abs. 1 S. 2 Hs. 1, Abs. 2 S. 1, 745	einfache Stimmenmehrheit, §§ 2038 Abs. 1 S. 2 Hs. 1, Abs. 2 S. 1, 745	• BGH + h.M.: einfache Stimmenmehrheit (§ 2038 ist *lex specialis*); • a.A.: alle Miterben gemeinschaftlich, § 2040 Abs. 1
Notmaßnahmen	jeder Miterbe allein, § 2038 Abs. 1 S. 2 Hs. 2	jeder Miterbe allein, § 2038 Abs. 1 S. 2 Hs. 2	jeder Miterbe allein, § 2038 Abs. 1 S. 2 Hs. 2
Geltendmachung von Nachlassforderungen	jeder Miterbe allein, § 2039	–	jeder Miterbe allein, § 2039

IV. Auseinandersetzung

1. Grundlagen und Überblick

1008 Die Erbengemeinschaft ist als unfreiwilliger Zusammenschluss keine Dauer-, sondern eine **Liquidationsgemeinschaft**.[156] In der Regel haben die Miterben ein Interesse daran, sich möglichst schnell von der gesamthänderischen Bindung zu befreien.

154 Vgl. RG v. 28.11.1912 – IV 265/12, RGZ 81, 30, 32; BGH v. 7.12.1988 – IVa ZR 290/87, NJW-RR 1989, 450; OLG Düsseldorf v. 14.8.2015 – I-7 U 47/14, ZEV 2016, 259 Rn. 25; Erman/*Bayer*, 15. Aufl. 2017, § 2038 Rn. 10.

155 Vgl. BGH v. 8.7.1985 – II ZR 150, 84, NJW 1986, 127, 128; Erman/*Bayer*, 15. Aufl. 2017, § 2038 Rn. 10; Staudinger/*Löhnig*, 2016, § 2038 Rn. 18a; *Lange*, ErbR, 2. Aufl. 2017, § 55 Rn. 17.

156 Vgl. nur BGH v. 17.10.2006 – VIII ZB 94/05, ZEV 2007, 30 Rn. 7.

Die **Auseinandersetzung** i.S.v. § 2042 Abs. 1 umfasst den gesamten Vorgang der Gemeinschaftsaufhebung. Abgewickelt werden müssen alle Rechtsbeziehungen mit Dritten, insb. müssen alle Nachlassverbindlichkeiten (→ Rn. 1084 ff.) erfüllt werden. Im Innenverhältnis müssen die Vorempfänge ausgeglichen (→ Rn. 1042 ff.) und der Überschuss verteilt werden (→ Rn. 1030).

Von der Auseinandersetzung ist die **Teilung des Nachlasses** zu unterscheiden. Unter **1009** der Teilung ist nur die unmittelbar verfügend wirkende Aufteilung der Nachlassgegenstände aus dem Sondervermögen in die ungebundenen Privatvermögen der Miterben zu verstehen. Die Teilung ist entscheidend für die Haftung der Miterben, vgl. §§ 2059, 2060 (→ Rn. 1211 ff.).

2. Auseinandersetzungsanspruch

a) Anspruch auf sofortige Auseinandersetzung

Gem. **§ 2042 Abs. 1** kann **jeder Miterbe** grundsätzlich **jederzeit die Auseinandersetzung** verlangen. **1010** Das Gesetz enthält keine dem § 723 Abs. 2 entsprechende Regelung, wonach ein Auseinandersetzungsverlangen zur Unzeit unzulässig wäre. Eine Grenze ergibt sich nur aus dem Einwand der unzulässigen Rechtsausübung (§ 242); sie ist überschritten, wenn durch das Auseinandersetzungsverlangen erhebliche Werte zerstört würden, ohne dass dies durch besondere Interessen gerechtfertigt wäre.[157]

Anspruchsberechtigte sind gem. § 2042 Abs. 1 zunächst die Miterben. Anspruchs- **1011** berechtigt ist ferner der Erbteilserwerber[158] (→ Rn. 970) sowie der für einen Erbteil eingesetzte Testamentsvollstrecker[159] (→ Rn. 834; ist hingegen für den gesamten Nachlass Testamentsvollstreckung angeordnet, so hat der Testamentsvollstrecker gem. § 2204 Abs. 1 die Auseinandersetzung zu bewirken, → Rn. 1033). Der Nießbraucher und der Pfandgläubiger vor Pfandreife können die Auseinandersetzung nur gemeinsam mit den Miterben verlangen (§§ 1066 Abs. 2, 1258 Abs. 2, 1273 Abs. 2).[160] Kein Recht, die Auseinandersetzung zu verlangen, haben Nachlassgläubiger[161], Nacherben[162] und Miterben, die ihren Anteil übertragen haben[163].

Anspruchsinhalt ist die Aufhebung der Gemeinschaft, also die Mitwirkung der übri- **1012** gen Miterben bei allen für die Auseinandersetzung erforderlichen Maßnahmen (ähnlich der Mitwirkungsverpflichtung bei der Verwaltung gem. § 2038 Abs. 1 S. 2 Hs. 1, → Rn. 991).[164] Ein Anspruch auf Zuteilung eines bestimmten Nachlassgegenstandes ist damit nicht verbunden. Der Auseinandersetzungsanspruch unterliegt gem. §§ 2042 Abs. 2, 758 **nicht** der **Verjährung**.

157 Vgl. RG v. 10.12.1906 – IV 94/06, RGZ 65, 5, 10; Staudinger/*Löhnig,* 2016, § 2042 Rn. 4.
158 Vgl. KG Beschluss v. 19.7.1906, OLGE 14, 154; Erman/*Bayer,* 15. Aufl. 2017, § 2042 Rn. 1a.
159 Vgl. RG v. 14.10.1905 – V 90/05, RGZ 61, 355, 358; *Lange,* ErbR, 2. Aufl. 2017, § 60 Rn. 92.
160 Vgl. MüKoBGB/*Ann,* 7. Aufl. 2017, § 2042 Rn. 6; Staudinger/*Löhnig,* 2016, § 2042 Rn. 3.
161 Vgl. BayObLG v. 21.12.1928 – III Nr. 157/1928, BayObLGZ 28, 817, 819.
162 Vgl. MüKoBGB/*Ann,* 7. Aufl. 2017, § 2042 Rn. 6.
163 Vgl. BGH v. 30.10.1985 – IVa ZR 26/84, NJW 1986, 931.
164 Vgl. MüKoBGB/*Ann,* 7. Aufl. 2017, § 2042 Rn. 4.

b) Ausschluss und Aufschub der Auseinandersetzung

1013 In bestimmten Fällen kann der Anspruch auf Auseinandersetzung ausgeschlossen oder aufgeschoben sein. Die Miterben können **durch eine formlose vertragliche Vereinbarung** die Auseinandersetzung für immer oder auf Zeit, ganz oder teilweise ausschließen oder von einer Kündigung abhängig machen (vgl. §§ 2042 Abs. 2, 751 S. 1). Wenn ein wichtiger Grund vorliegt, kann allerdings gleichwohl jederzeit die Auseinandersetzung verlangt werden (§§ 2042 Abs. 2, 749 Abs. 2, Abs. 3).[165] Eine solche Vereinbarung wirkt gem. §§ 2042 Abs. 2, 751 S. 1 auch für und gegen den Sonderrechtsnachfolger (z.B. den Erbteilserwerber); gem. §§ 2042 Abs. 2, 751 S. 2 wirkt sie jedoch nicht gegenüber einem Gläubiger des Miterben, der dessen Anteil aufgrund eines nicht nur vorläufig vollstreckbaren Titels gepfändet hat.

1014 Gem. § 2044 Abs. 1 S. 1 kann der Erblasser die Auseinandersetzung **durch letztwillige Verfügung** (ganz oder teilweise) für maximal 30 Jahre **ausschließen** oder von der Einhaltung einer Kündigungsfrist abhängig machen. § 2044 Abs. 1 S. 2, Abs. 2 S. 2 statuieren jedoch gewisse Einschränkungen. Als Minus zum Totalausschluss ist es auch zulässig, das Auseinandersetzungsverbot auf einzelne Erben zu beschränken[166] oder anzuordnen, dass nur eine Mehrheit der Erben die Auseinandersetzung verlangen kann[167].

1015 Die **Rechtsnatur des Auseinandersetzungsverbots** ist durch Auslegung (→ Rn. 323 ff.) zu ermitteln.[168] Wenn die Anordnung nur zum Ziel hat, dass bestimmte Miterben die Auseinandersetzung nicht gegen den Willen der anderen verlangen können, ohne damit einer einverständlichen Auseinandersetzung im Wege zu stehen, ist sie als **Vorausvermächtnis** (§ 2150, → Rn. 911) zugunsten der (jeweils) anderen Miterben zu qualifizieren.[169] Will der Erblasser hingegen – was regelmäßig anzunehmen sein wird –, dass sich der Ausschluss auch gegen den Willen *aller* Miterben durchsetzen soll, so handelt es sich um eine **Auflage** (→ Rn. 937 ff.) zulasten aller Miterben[170]; das Recht, die Vollziehung der Auflage zu verlangen, steht dann allen in § 2194 genannten Personen zu (→ Rn. 941 ff.)[171].

In Gestalt eines Vermächtnisses oder einer Auflage kommt auch ein Auseinandersetzungsverbot mit vertragsmäßiger Bindung in einem Erbvertrag (§ 2278 Abs. 2, → Rn. 272) bzw. als wechselbezügliche Verfügung in einem gemeinschaftlichen Testament (§ 2270 Abs. 3, → Rn. 240) in Betracht[172].

1016 Die Anordnung bewirkt eine Einschränkung bzw. einen Ausschluss des Auseinandersetzungsanspruchs aus § 2042 Abs. 1, allerdings nur mit **schuldrechtlicher** – nicht mit dinglicher – **Wirkung.**[173] Es handelt sich um ein rechtsgeschäftliches Veräuße-

---

165 Vgl. Staudinger/*Löhnig*, 2016, § 2042 Rn. 5.

166 Vgl. MüKoBGB/*Ann*, 7. Aufl. 2017, § 2044 Rn. 5; Soergel/*Wolf*, 13. Aufl. 2002, § 2044 Rn. 2; s. auch *Kohler*, NJW 1957, 1173 und DNotZ 1958, 245.

167 Vgl. RG v. 16.3.1925 – IV 118/24, RGZ 110, 270, 273; MüKoBGB/*Ann*, 7. Aufl. 2017, § 2044 Rn. 5.

168 Vgl. Erman/*Bayer*, 15. Aufl. 2017, § 2044 Rn. 2; MüKoBGB/*Ann*, 7. Aufl. 2017, § 2044 Rn. 5.

169 Vgl. Staudinger/*Löhnig*, 2016, § 2044 Rn. 3.

170 Vgl. BGH v. 25.9.1963 – V ZR 130/61, NJW 1963, 2320.

171 Vgl. Staudinger/*Löhnig*, 2016, § 2044 Rn. 5.

172 Vgl. MüKoBGB/*Ann*, 7. Aufl. 2017, § 2044 Rn. 3.

173 Vgl. MüKoBGB/*Ann*, 7. Aufl. 2017, § 2044 Rn. 7; Staudinger/*Löhnig*, 2016, § 2044 Rn. 6.

rungsverbot i.S.d. § 137, das nicht dinglich wirkt (vgl. § 137 S. 1), sondern nur eine schuldrechtliche Unterlassungspflicht nach sich zieht (vgl. § 137 S. 2).[174] Gegenüber Gläubigern der Miterben hat die Anordnung gem. §§ 2044 Abs. 1 S. 2, 751 S. 2 keinerlei Wirkung. Eine Auseinandersetzung mit **Einverständnis aller Beteiligten** (Miterben, Testamentsvollstrecker, Nacherben, aber nicht: Ersatznacherben) ist daher ungeachtet des Auseinandersetzungsverbots in jeder Hinsicht wirksam.[175] Im Falle einer Auflage kann die Zuwiderhandlung allenfalls zu schuldrechtlichen Ansprüchen eines nach § 2194 Vollziehungsberechtigten führen.[176]

Der Erblasser kann sein **Ziel**, die **Auseinandersetzung komplett zu verhindern**, daher auch dann nicht erreichen, wenn er den Miterben die Verfügungsbefugnis durch die Bestellung eines Testamentsvollstreckers nimmt. Denn der Erblasser darf die Verfügungsbefugnis nicht sowohl den Erben als auch dem Testamentsvollstrecker entziehen; § 137 hat insofern Vorrang vor § 2208, denn sonst wäre eine Verfügung überhaupt nicht mehr möglich.[177] Um auch das Risiko in der Person des Testamentsvollstreckers auszuschließen, ist an eine Erbeinsetzung unter der auflösenden Bedingung des Betreibens der Auseinandersetzung zu denken; auch diese hat jedoch ihre „Tücken".[178] Ein Ausweg kann aber u.U. sein, Dritte durch Auflagen oder Vermächtnisse zu begünstigen und damit vollziehungsberechtigt zu stellen.[179]

Gem. **§ 2043** ist die Auseinandersetzung **zeitweilig kraft Gesetzes ausgeschlossen,** 1017
wenn die Erbteile aus gewissen Gründen – namentlich Konstellationen, in denen der tatsächliche Eintritt einer Miterbenstellung noch nicht abschließend geklärt ist – noch unbestimmt sind. Gem. **§ 2045** kann jeder Miterbe verlangen, dass die Auseinandersetzung bis zur Gläubigerermittlung **aufgeschoben** wird. Darüber hinaus hat jeder Miterbe gem. **§ 2046** Anspruch darauf, dass die Nachlassverbindlichkeiten vor der Auseinandersetzung berichtigt werden.

c) Teilauseinandersetzung

Eine Teilauseinandersetzung ist grundsätzlich **nur bei Einverständnis aller Miterben** möglich, da der Anspruch aus § 2042 Abs. 1 auf eine Auseinandersetzung des gesamten Nachlasses gerichtet ist und i.d.R. zu einer vollständigen Abwicklung führen soll.[180] Ein einzelner Miterbe kann nur ausnahmsweise eine Teilauseinandersetzung verlangen, wenn besondere Gründe dies rechtfertigen und die Belange der Erbengemeinschaft und der übrigen Miterben nicht beeinträchtigt werden.[181] 1018

174 Vgl. BGH v. 25.9.1963 – V ZR 130/61, NJW 1963, 2320; MüKoBGB/*Ann*, 7. Aufl. 2017, § 2044 Rn. 7.

175 Vgl. BGH v. 25.9.1963 – V ZR 130/61, NJW 1963, 2320; BGH v. 18.6.1971 – V ZB 4/71, NJW 1971, 1805; BGH v. 9.5.1984 – IVa ZR 234/82, NJW 1984, 2464, 2465; MüKoBGB/*Ann*, 7. Aufl. 2017, § 2044 Rn. 8; BeckOGK/*Rißmann/Szalai* § 2044 Rn. 20.

176 Vgl. BGH v. 25.9.1963 – V ZR 130/61, NJW 1963, 2320 f.

177 Vgl. Soergel/*Wolf*, 13. Aufl. 2002, § 2044 Rn. 4; s. ferner auch BGH v. 25.9.1963 – V ZR 130/61, NJW 1963, 2320 f.

178 Vgl. dazu *Ann*, Die Erbengemeinschaft, 2001, S. 211 ff.

179 Vgl. MüKoBGB/*Ann*, 7. Aufl. 2017, § 2044 Rn. 9.

180 Vgl. BGH v. 14.3.1984 – IVa ZR 87/82, NJW 1985, 51, 52; OLG München v. 24.1.1991 – 29 U 4906/90, NJW-RR 1991, 1097; OLG Koblenz v. 9.1.2013 – 3 W 672/12, NJW-RR 2013, 584; MüKoBGB/*Ann*, 7. Aufl. 2017, § 2044 Rn. 17 m.w.N.

181 Vgl. BGH v. 13.3.1963 – V ZR 208/61, MDR 1963, 578; BGH v. 14.3.1984 – IVa ZR 87/82, NJW 1985, 51, 52; OLG Koblenz v. 9.1.2013 – 3 W 672/12, NJW-RR 2013, 584; MüKoBGB/*Ann*, 7. Aufl. 2017, § 2042 Rn. 19; BeckOGK/*Rißmann/Szalai* § 2042 Rn. 40.

Beispiel: Eine Teilauseinandersetzung kommt in Betracht, wenn ein Miterbe den durch die Weiterführung eines zum Nachlass gehörenden gewerblichen Betriebes erzielten Gewinn für sich behält und ein anderer Miterbe Herausgabe des ihm bei der endgültigen Auseinandersetzung zufallenden Anteils am Gewinn verlangt.[182]

1019 Grundsätzlich ist sowohl eine persönliche als auch eine gegenständliche Teilauseinandersetzung möglich. Bei der **gegenständlichen Teilauseinandersetzung** beschränkt sich die Auseinandersetzung auf einzelne Nachlassgegenstände, der Rest bleibt zunächst ungeteilt.[183] Bei der **persönlichen Teilauseinandersetzung** ist die Auseinandersetzung auf einzelne Miterben beschränkt, während die Übrigen in der Erbengemeinschaft verbleiben.[184] Sie kann zum einen dadurch herbeigeführt werden, dass der ausscheidende Miterbe seinen Erbteil gem. § 2033 Abs.1 auf die anderen Miterben überträgt (→ Rn. 966 ff.).[185]

1020 Zum anderen ist es nach – allerdings teils heftig kritisierter[186] – Rechtsprechung[187] und h.L.[188] auch möglich, dass eine persönliche Teilauseinandersetzung formfrei dadurch erfolgt, dass der Miterbe seine Mitgliedschaftsrechte gegen Abfindung aufgibt (sog. **Abschichtung**); der Erbteil des Ausscheidenden wächst dann kraft Gesetzes den verbleibenden Miterben an. Bleibt nur ein Miterbe übrig, führt die Anwachsung zu Alleineigentum am Nachlass und damit zur Beendigung der Erbengemeinschaft[189] (→ Rn. 1035).

Die gegen die Zulässigkeit der Abschichtung geltend gemachten Bedenken überzeugen nicht. Die Abschichtung als dritter Weg zur Auflösung der Erbengemeinschaft ist mit der Regelung des § 738 vergleichbar.[190] Dass die §§ 2033 Abs. 1, 2371 dem Miterben im Gegensatz zur GbR (§ 719) und zur ehelichen Gütergemeinschaft (§ 1419) die Möglichkeit eröffnen, seinen Anteil auch gegen den Willen der Miterben zu veräußern, lässt weder den Schluss zu, dass damit eine Abschichtung ausgeschlossen ist, noch dass hierfür dieselben Formvorschriften wie für die Erbteilsübertragung zu gelten hätten.[191] Tatbestandlich lässt sich die Abschichtung von der Anteilsübertragung abgrenzen, da einmal nur auf die Rechte als Miterbe verzichtet wird, sie im anderen Fall jedoch auf bestimmte Rechtsnachfolger übertragen werden.[192] Der Schutzzweck der Formvorschriften der §§ 2033 Abs. 1 S. 2, 2371 greift nicht, da die in der Erbengemeinschaft verbleibenden Miterben ohnehin nach §§ 2058 ff. haften.[193] Zudem ist die Anwachsung als Rechtsfolge der Abschichtung dem Gesetz nicht unbekannt (§§ 1935, 2094, 2095) und wird

182 Vgl. BGH v. 13.3.1963 – V ZR 208/61, MDR 1963, 578.
183 Vgl. MüKoBGB/*Ann*, 7. Aufl. 2017, § 2042 Rn. 14.
184 Vgl. MüKoBGB/*Ann*, 7. Aufl. 2017, § 2042 Rn. 14.
185 Vgl. nur MüKoBGB/*Ann*, 7. Aufl. 2017, § 2042 Rn. 14 m.w.N.
186 Vgl. MüKoBGB/*Ann*, 7. Aufl. 2017, § 2042 Rn. 14; Erman/*Bayer*, 15. Aufl. 2017, § 2042 Rn. 18a; *Hartlich* RNotZ 2018, 285, 286 f.; *Kanzleiter* ZEV 2012, 447 ff.; *K. Schmidt* AcP 205 (2005) 305 ff.
187 Vgl. dazu BGH v. 21.1.1998 – IV ZR 346/96, BGHZ 138, 8 ff. = JuS 1998, 760 m. Anm. *Hohloch*; BGH v. 27.10.2004 – IV ZR 174/03, NJW 2005, 284; BGH v. 5.7.2018 – V ZB 10/18, NZG 2018, 1048 Rn. 9.
188 Vgl. BeckOK/*Lohmann* § 2042 Rn. 15; Staudinger/*Löhnig*, 2016, § 2042 Rn. 60; BeckOGK/*Rißmann/Szalai* § 2042 Rn. 10; Jauernig/*Stürner*, 17. Aufl. 2018, § 2042 Rn. 1, 10.
189 Vgl. BGH v. 27.10.2004 – IV ZR 174/03, NJW 2005, 284 Rn. 14; BGH v. 5.7.2018 – V ZB 10/18, NZG 2018, 1048 Rn. 9.
190 Vgl. BGH v. 27.10.2004 – IV ZR 174/03, NJW 2005, 284 Rn. 15; Staudinger/*Löhnig*, 2016, § 2042 Rn. 60.
191 Vgl. BGH v. 27.10.2004 – IV ZR 174/03, NJW 2005, 284 Rn. 18.
192 Vgl. BGH v. 27.10.2004 – IV ZR 174/03, NJW 2005, 284 Rn. 18.
193 Vgl. BGH v. 27.10.2004 – IV ZR 174/03, NJW 2005, 284 Rn. 19.

auch auf andere Fälle (z.B. bei Übertragung eines Erbteils auf einen vorkaufsberechtigten Miterben) entsprechend angewendet.[194]

3. Materielle Auseinandersetzungsregeln

Das Gesetz statuiert in den **§§ 2046 ff.** dispositive materielle Auseinandersetzungsregeln (→ Rn. 1028 ff.). Sie gelten allerdings nur, wenn und soweit der Erblasser nicht durch Verfügung von Todes wegen abweichende **Teilungsanordnungen** getroffen hat (→ Rn. 1023 ff.). Zudem können sich die Miterben durch eine **Auseinandersetzungsvereinbarung** (→ Rn. 1022) sowohl über solche Teilungsanordnungen des Erblassers als auch über die (nur dispositiven) gesetzlichen Vorschriften hinwegsetzen.[195] 1021

a) Auseinandersetzungsvereinbarung zwischen den Miterben

In erster Linie können die Miterben vertraglich vereinbaren, wie sie sich auseinandersetzen wollen – und sich dabei einverständlich auch über etwaige Teilungsanordnungen des Erblassers (→ Rn. 1023 ff.) hinwegsetzen.[196] Im Hinblick auf mögliche Inhalte derartiger Vereinbarungen existieren auch keine speziellen zwingenden gesetzlichen Vorschriften.[197] **Auseinandersetzungsvereinbarungen** können jedoch gem. § 311b Abs. 4 S. 1 grundsätzlich nicht zu Lebzeiten des Erblassers abgeschlossen werden. Eine Ausnahme besteht gem. § 311b Abs. 5 nur für den Erbschaftsvertrag (nicht zu verwechseln mit dem Erbvertrag!) unter den künftigen gesetzlichen Erben. 1022

Beispiele: Die Erben können hinsichtlich aller oder einzelner Nachlassgegenstände eine Bruchteilsgemeinschaft bilden oder sie in eine Gesellschaft einbringen; sie können die Gegenstände auch real unter sich aufteilen oder den Nachlass verkaufen und sich erst den Erlös teilen.

b) Teilungsanordnungen des Erblassers

Sofern keine (wirksame) Vereinbarung der Miterben vorliegt, ist eine etwaige Teilungsanordnung des Erblassers maßgeblich. Eine solche kann der Erblasser gem. § 2048 S. 1 nur durch **letztwillige Verfügung** treffen, d.h. etwa in einem Testament oder – allerdings nur als einseitige Verfügung (vgl. §§ 2278 Abs. 2, 2299 Abs. 1) in einem Erbvertrag. Durch Rechtsgeschäft unter Lebenden kann eine Teilungsanordnung nicht getroffen werden.[198] 1023

Inhalt der Teilungsanordnung können Bestimmungen des Erblassers über die Art der Verwaltung des Nachlasses und über dessen Auseinandersetzung – sowohl in materiell-rechtlicher wie in verfahrensrechtlicher Hinsicht – sein. Gem. § 2048 S. 2 kann er insb. auch anordnen, dass die Auseinandersetzung nach dem billigen Ermessen eines Dritten erfolgen soll (vgl. dazu auch S. 3). 1024

194 Vgl. BGH v. 27.10.2004 – IV ZR 174/03, NJW 2005, 284 Rn. 21.
195 Vgl. MüKoBGB/*Ann*, 7. Aufl. 2017, § 2042 Rn. 21; Erman/*Bayer*, 15. Aufl. 2017, § 2042 Rn. 3.
196 Vgl. Erman/*Bayer*, 15. Aufl. 2017, § 2042 Rn. 6.
197 Vgl. Erman/*Bayer*, 15. Aufl. 2017, § 2042 Rn. 6; Staudinger/*Löhnig*, 2016, § 2042 Rn. 6.
198 Vgl. BGH v. 28.10.2009 – IV ZR 82/08, ZEV 2010, 33 Rn. 16.

Beispiele: Zuweisung eines bestimmten Nachlassgegenstands an einen Miterben (zur Abgrenzung zum Vorausvermächtnis → Rn. 911)[199]; von § 2038 abweichende Regelung der Verwaltung (z.B. Übertragung an einen einzelnen Miterben)[200]; Anordnung, dass der Gesellschaftsvertrag einer KG für die Auseinandersetzung unter den Miterben abgeändert werden soll, wenn alle Gesellschafter Erben sind[201]; Anordnung eines schiedsgerichtlichen Verfahrens[202].

1025 Die **Wirkung der Teilungsanordnung** ist **rein schuldrechtlicher Art**.[203] Sie hat also keine dingliche Zuordnung der Nachlassgegenstände zu einzelnen Miterben zur Folge. Sie bewirkt auch nicht etwa eine Sonderrechtsnachfolge oder eine Art dinglich wirkendes Vermächtnis[204] (ein Vindikationslegat ist dem deutschen Recht grundsätzlich fremd → Rn. 901). Die Teilungsanordnung ändert weder die Höhe der Erbteile noch den Wert der Beteiligung des einzelnen Miterben am Nachlass. Ist der Wert, der dem Miterben durch die Teilungsanordnung zugewiesenen Gegenstände höher als es seinem Erbteil entsprechen würde, so ist der Miterbe zur Zahlung eines entsprechenden Ausgleichs verpflichtet.[205]

1026 Die **Zuweisung eines Nachlassgegenstandes** hat **doppelt verpflichtende** Wirkung:[206] Zum einen kann der Bedachte von den übrigen Miterben eine der Teilungsanordnung entsprechende Auseinandersetzung, also eine Aufnahme der Anordnung in den Teilungsplan fordern (er erhält also – anders als der Vermächtnisnehmer – keinen gegenüber der Auseinandersetzung eigenständigen Leistungsanspruch); zum anderen ist er zur Übernahme des Gegenstandes verpflichtet.

1027 Wichtig – aber häufig nicht einfach – ist es, die Teilungsanordnung im Einzelfall im Wege der Auslegung (→ Rn. 323 ff.) von den anderen Gestaltungsoptionen des Erblassers **abzugrenzen**.[207] In Betracht kommen alternativ eine Erbeinsetzung (→ Rn. 728 ff.), eine bloße Empfehlung, ein Vorausvermächtnis (→ Rn. 911) und eine Auflage (→ Rn. 937 ff.).

c) Gesetzliche Auslegungsregeln

1028 Soweit vertragliche Vereinbarungen der Miterben und Anordnungen des Erblassers fehlen, greifen die gesetzlichen Auseinandersetzungsregeln der **§§ 2046 ff., 2042 Abs. 2, 752 ff.**

1029 Aus dem Nachlass sind gem. § 2046 Abs. 1 zunächst die **Nachlassverbindlichkeiten zu berichtigen**. Die Vorschrift dient dem Schutz der Miterben[208], da sie bis zur Teilung des Nachlasses gem. § 2059 nicht mit ihrem Eigenvermögen haften

199 Vgl. MüKoBGB/*Ann*, 7. Aufl. 2017, § 2048 Rn. 7; Erman/*Bayer*, 15. Aufl. 2017, § 2048 Rn. 1.
200 Vgl. MüKoBGB/*Ann*, 7. Aufl. 2017, § 2042 Rn. 6; Erman/*Bayer*, 15. Aufl. 2017, § 2048 Rn. 1.
201 Vgl. BGH v. 26.3.1990 – II ZR 123/89, NJW-RR 1990, 1445.
202 Vgl. RG v. 27.9.1920 – IV 2/20, RGZ 100, 76, 77; MüKoBGB/*Ann*, 7. Aufl. 2017, § 2042 Rn. 6; Staudinger/*Löhnig*, 2016, § 2048 Rn. 7.
203 Vgl. RG v. 16.3.1925 – IV 118/24, RGZ 110, 270, 274; BGH v. 17.4.2002 – IV ZR 226/00, ZEV 2002, 319, 320; Erman/*Bayer*, 15. Aufl. 2017, § 2048 Rn. 9.
204 Vgl. Erman/*Bayer*, 15. Aufl. 2017, § 2048 Rn. 9.
205 Vgl. *Lange*, ErbR, 2. Aufl. 2017, § 60 Rn. 118.
206 Vgl. MüKoBGB/*Ann*, 7. Aufl. 2017, § 2048 Rn. 9 m.w.N.
207 Näher dazu Erman/*Bayer*, 15. Aufl. 2017, § 2048 Rn. 2 ff. m.w.N.
208 Vgl. RG v. 16.4.1919 – IV 412/18, RGZ 95, 325, 328.

(→ Rn. 1207)[209]. § 2046 betrifft allein das Innenverhältnis der Erben und gibt den Nachlassgläubigern keinen Anspruch auf Vorabberichtigung.[210] Die Stellung der Nachlassgläubiger richtet sich vielmehr nach §§ 2058 ff. (→ Rn. 1196 ff.). Soweit dies zur Berichtigung der Nachlassverbindlichkeiten erforderlich ist, ist der Nachlass gem. § 2046 Abs. 3 in Geld umzusetzen. Die **Versilberung** erfolgt nach den Regeln des Pfandverkaufs, bei Grundstücken durch Zwangsversteigerung, §§ 2042 Abs. 2, 753 Abs. 1, 1233 ff.; §§ 180 ff. ZVG.[211]

Der verbleibende **Überschuss** ist gem. § 2047 Abs. 1 im Verhältnis der Erbteile (§ 2047 Abs. 1) und unter Berücksichtigung etwaiger Ausgleichungspflichten (§§ 2050 ff.; (→ Rn. 1042 ff.), sowie Aufwendungsersatz- und Schadensersatzansprüchen unter den Miterben zu **teilen**.[212] **1030**

Die nicht zur Befriedigung der Gläubiger benötigten Nachlassgegenstände sind nach dem gesetzlichen Modell primär nicht zu versilbern, sondern gem. §§ 2042 Abs. 2, 752 ist vielmehr vorrangig die **Teilung in Natur** vorzunehmen. Die Teilbarkeit ist unter wirtschaftlichen Gesichtspunkten zu beurteilen.[213] Forderungen sind gem. §§ 2042 Abs. 2, 754 in erster Linie einzuziehen. **1031**

Der verbleibende (**nichtteilbare**) **Rest** ist gem. §§ 2042 Abs. 2, 753 durch Verkauf zu versilbern und anschließend ist dann der Erlös zu teilen. **Familien- und Nachlassschriftstücke** bleiben gem. § 2047 Abs. 2 Gesamthandseigentum. **1032**

4. Arten der Auseinandersetzung

a) Testamentsvollstrecker

Hat der Erblasser Testamentsvollstreckung (→ Rn. 807 ff.) für alle Miterben angeordnet, so hat der **Testamentsvollstrecker** gem. §§ 2204 Abs. 1, 2042 ff. die **Auseinandersetzung** zu bewirken. Dabei muss er sich gem. **§ 2203, 2048 S. 1** an die Anordnungen des Erblassers und die gesetzlichen Auseinandersetzungsregeln halten; eine Ausnahme gilt nur, sofern der Erblasser gem. § 2048 S. 2 angeordnet hat, dass die Auseinandersetzung nach seinem billigen Ermessen erfolgen soll. Gem. § 2204 Abs. 2 hat der Testamentsvollstrecker die Miterben vor Aufstellung des Teilungsplanes anzuhören. Er ist jedoch an Vereinbarungen der Miterben grundsätzlich nicht gebunden.[214] Eine Ausnahme ist für Abreden der Miterben über die Fortsetzung der Erbengemeinschaft zu machen, da die Miterben den Auseinandersetzungszeitpunkt bestimmen können; auch dann ist der Testamentsvollstrecker aber nur schuldrechtlich gebunden, so dass seine Verfügungen im Außenverhältnis wirksam sind.[215] **1033**

209 Nach den allgemeinen Vorschriften (§§ 2042 Abs. 2, 755) könnte die Begleichung der Nachlassschulden erst bei der Auseinandersetzung verlangt werden.
210 Vgl. BGH v. 24.9.1971 – V ZB 6/71, NJW 1971, 2264.
211 Vgl. *Brox/Walker,* ErbR, 28. Aufl. 2018, § 31 Rn. 15.
212 Vgl. MüKoBGB/*Ann*, 7. Aufl. 2017, § 2047 Rn. 5.
213 Vgl. MüKoBGB/*Ann*, 7. Aufl. 2017, § 2047 Rn. 24; *Brox/Walker,* ErbR, 28. Aufl. 2018, § 31 Rn. 16.
214 Vgl. RG v. 28.6.1905 – V 143/05, RGZ 61, 139, 145; Staudinger/*Reimann,* 2016, § 2204 Rn. 36; MüKoBGB/*Zimmermann*, 7. Aufl. 2017, § 2204 Rn. 1, 19.
215 Dazu näher MüKoBGB/*Zimmermann*, 7. Aufl. 2017, § 2204 Rn. 22 m.w.N.

b) Auseinandersetzungsvertrag

1034 Die Miterben können in den **Auseinandersetzungsvertrag** auch Vereinbarungen über das Verfahren der Auseinandersetzung aufnehmen (zum möglichen materiellrechtlichen Inhalt → Rn. 1022). Der Auseinandersetzungsvertrag ist der schuldrechtliche Rechtsgrund für die dingliche Teilung.[216] Er ist als solcher grundsätzlich formfrei; § 2371 gilt nicht.[217] Je nach Inhalt des Vertrags kann sich aber ggf. ein Formerfordernis aus speziellen Vorschriften (z.B. § 311b Abs. 1; § 15 Abs. 4 GmbHG) ergeben.[218] Beim Vollzug der Teilung sind die für den Übertragungsakt jeweils geltenden Formvorschriften (z.B. bei beweglichen Sachen §§ 929 ff.; bei Grundstücken §§ 873, 925; bei GmbH-Geschäftsanteilen § 15 Abs. 3 GmbHG) einzuhalten.[219] Handelt es sich um formlos mögliche Übertragungsgeschäfte (z.B. Abtretung einer Forderung), kann der Vollzug auch bereits im Auseinandersetzungsvertrag enthalten sein.[220] Sofern an der Miterbengemeinschaft Minderjährige beteiligt sind und keiner der Ausnahmefälle des § 181 vorliegt, ist ein Ergänzungspfleger (§ 1909) – bei mehreren Minderjährigen für jeden ein gesonderter Pfleger – zu bestellen.[221] Hinsichtlich etwaiger Abschlussmängel unterliegt der Auseinandersetzungsvertrag den allgemeinen Vorschriften.[222]

c) Vereinigung aller Erbteile in einer Hand

1035 Vereinigen sich alle Erbteile in der Hand eines Miterben oder eines Dritten, so **erlischt** die **Erbengemeinschaft** (→ Rn. 971). Dies kann z.B. durch Übertragung der Erbteile § 2033 Abs. 1 S. 1 (→ Rn. 966 ff.) erfolgen. Dann bedarf zwar das Grundgeschäft nicht der Form der §§ 2371, 1922 Abs. 2, da kein Erbschaftskauf, sondern ein formfreier Auseinandersetzungsvertrag abgeschlossen wird.[223] Allerdings bedarf der Verfügungsvertrag gem. § 2033 Abs. 1 S. 2 der notariellen Beurkundung. Sollen sich die Anteile in der Hand eines Miterben und nicht eines Dritten vereinigen, können die übrigen Miterben auch formfrei im Wege der Abschichtung aus der Erbengemeinschaft ausscheiden (→ Rn. 1020).

d) FamFG-Vermittlungsverfahren

1036 Können sich die Erben nicht einigen, so kann der bzw. die an der Auseinandersetzung interessierte(n) Miterbe(n) ein **Vermittlungsverfahren vor einem Notar**[224] gem. §§ 363 ff. FamFG anstreben. Antragsberechtigt sind gem. § 363 Abs. 2 FamFG jeder Miterbe, der Erbteilserwerber, Pfandgläubiger und Nießbraucher an einem Erbteil.

---

216 Vgl. MüKoBGB/*Ann*, 7. Aufl. 2017, § 2042 Rn. 42; Erman/*Bayer*, 15. Aufl. 2017, § 2042 Rn. 8.
217 Vgl. MüKoBGB/*Ann*, 7. Aufl. 2017, § 2042 Rn. 36; Erman/*Bayer*, 15. Aufl. 2017, § 2042 Rn. 8.
218 Vgl. MüKoBGB/*Ann*, 7. Aufl. 2017, § 2042 Rn. 36; Erman/*Bayer*, 15. Aufl. 2017, § 2042 Rn. 8.
219 Vgl. MüKoBGB/*Ann*, 7. Aufl. 2017, § 2042 Rn. 42; Erman/*Bayer*, 15. Aufl. 2017, § 2042 Rn. 9.
220 Vgl. MüKoBGB/*Ann*, 7. Aufl. 2017, § 2042 Rn. 42.
221 Vgl. MüKoBGB/*Ann*, 7. Aufl. 2017, § 2042 Rn. 37 m.w.N.
222 Vgl. MüKoBGB/*Ann*, 7. Aufl. 2017, § 2042 Rn. 41 m.w.N.
223 Vgl. LG Stuttgart v. 26.1.2000 – 13 S 155/99, FamRZ 2000, 1251; MüKoBGB/*Ann*, 7. Aufl. 2017, § 2042 Rn. 36; *Brox/Walker*, ErbR, 28. Aufl. 2018, § 31 Rn. 8; a.A. *Ebenroth*, ErbR, 1. Aufl. 1992, Rn. 795 a.E.; *Kipp/Coing*, ErbR, 14. Aufl. 1990, § 118 III 3.
224 Bis 31.8.2013 waren die Nachlassgerichte zuständig. Überblick zur neuen Rechtslage etwa bei *Holzer* ZEV 2013, 656 ff.

Der Notar kann jedoch nur vermitteln und Vorschläge machen, wie der Auseinandersetzungsplan ausgestaltet sein sollte, aber nicht selbst entscheiden. Ein Auseinandersetzungsplan wird gem. § 368 FamFG grundsätzlich nur verbindlich, wenn alle Miterben zustimmen (sog. Mediationsprinzip); nur säumigen Miterben, die trotz Aufforderung nicht erschienen sind, kann ein Auseinandersetzungsplan aufgezwungen werden (vgl. § 368 Abs. 2 i.V.m. § 366 Abs. 3 und Abs. 4 FamFG).

Der Vorteil des Verfahrens liegt in erster Linie in der **unparteiischen Vermittlung** **1037** **durch den Notar**. Darüber hinaus wirkt der rechtskräftig bestätigte Auseinandersetzungsplan gem. § 371 Abs. 1 FamFG wie ein Auseinandersetzungsvertrag und ist zudem gem. § 371 Abs. 2 FamFG zugleich **Vollstreckungstitel**.

Das Vermittlungsverfahren ist jedoch gem. § 363 Abs. 1 Hs. 2 FamFG **ausgeschlossen**, **1038** wenn ein Testamentsvollstrecker (→ Rn. 807 ff.) eingesetzt ist. Ferner ist das Vermittlungsverfahren ausgeschlossen, wenn Nachlassverwaltung angeordnet (→ Rn. 1139 ff.) bzw. ein Nachlassinsolvenzverfahren eröffnet ist (→ Rn. 1166 ff.) oder wenn bereits eine Auseinandersetzungsklage vor dem Prozessgericht (→ Rn. 1039 ff.) anhängig ist.[225]

e) Auseinandersetzungsklage vor dem Prozessgericht (Erteilungsklage)

Jeder Miterbe kann gegen die übrigen Miterben eine **Leistungsklage** erheben, die auf **1039** Zustimmung zu einem von ihm vorgelegten Auseinandersetzungsplan gerichtet ist.[226]

Für die **Zulässigkeit der Klage** ist nicht Voraussetzung, dass zuvor ein FamFG-Vermittlungsverfahren versucht wurde.[227]. Ebenso ist nach zutr. h.M. nicht erforderlich, dass der Nachlass **teilungsreif** ist (dass also festgestellt ist, welche Aktiva und Passiva zum Nachlass gehören); denn das Gericht kann bei der Prüfung des vorzulegenden Teilungsplanes über alle Vorfragen, insb. über Fragen der Nachlasszugehörigkeit, mitentscheiden.[228]. Für die Klage ist nach § 27 ZPO ein besonderer Gerichtsstand gegeben.

Der **Auseinandersetzungsplan** hat die Vereinbarungen der Miterben, etwaige An- **1040** ordnungen des Erblassers oder Bestimmungen eines Dritten nach § 2048 und die gesetzlichen Auseinandersetzungsregeln zu berücksichtigen. Das Gericht ist nicht befugt, den vorgeschlagenen Auseinandersetzungsplan von sich aus abzuändern.[229] Widersetzen sich nur einzelne Miterben der vorgeschlagenen Auseinandersetzung, sind nur diese zu verklagen.[230] Grundsätzlich muss der Auseinandersetzungsplan den gesamten Nachlass erfassen; etwas anderes gilt, sofern lediglich einzelne Punkte streitig sind oder eine Teilauseinandersetzung zulässig ist.[231]

---

225 Vgl. BeckOK/*Schlögel* § 363 FamFG Rn. 8 m.w.N.
226 Vgl. MüKoBGB/*Ann,* 7. Aufl. 2017, § 2042 Rn. 61; Erman/*Bayer,* 15. Aufl. 2017, § 2042 Rn. 16.
227 Vgl. MüKoBGB/*Ann,* 7. Aufl. 2017, § 2042 Rn. 56; Staudinger/*Löhnig,* 2016, § 2042 Rn. 44 m.w.N.
228 Vgl. BGH v. 24.1.1962 – V ZR 6/61 (unveröffentlicht); MüKoBGB/*Ann,* 7. Aufl. 2017, § 2042 Rn. 57; Erman/*Bayer,* 15. Aufl. 2017, § 2042 Rn. 16a; Staudinger/*Löhnig,* 2016, § 2042 Rn. 47 m.w.N.; a.A. KG v. 20.10.1960 – 12 U 255/60, NJW 1961, 733; *Schlüter/Röthel,* ErbR, 17. Aufl. 2015, § 32 Rn. 77, 109.
229 Vgl. MüKoBGB/*Ann,* 7. Aufl. 2017, § 2042 Rn. 69; Erman/*Bayer,* 15. Aufl. 2017, § 2042 Rn. 16a.
230 Vgl. MüKoBGB/*Ann,* 7. Aufl. 2017, § 2042 Rn. 59, 62.
231 Vgl. MüKoBGB/*Ann,* 7. Aufl. 2017, § 2042 Rn. 63; Erman/*Bayer,* 15. Aufl. 2017, § 2042 Rn. 16; Staudinger/*Löhnig,* 2016, § 2042 Rn. 46.

1041 Die Klage ist **begründet**, wenn der vorgelegte Auseinandersetzungsplan den im konkreten Einzelfall anzuwendenden Auseinandersetzungsregeln entspricht.[232] Das obsiegende rechtskräftige Urteil ersetzt gem. § 894 ZPO die Zustimmungserklärung der Beklagten. Es verpflichtet die Unterlegenen zum Vollzug der Maßnahmen, soweit diese nicht in der Abgabe von Erklärungen bestehen, die bereits mit der Auseinandersetzungsklage eingeklagt wurden.[233]

V. Ausgleichung

1. Allgemeines

1042 **§§ 2050 ff.** begründen für die zu gesetzlichen Erben berufenen Abkömmlinge des Erblassers die Verpflichtung, bestimmte **Vermögenszuwendungen**, die sie zu Lebzeiten des Erblassers von diesem erhalten haben, **auszugleichen**. Zweck dieser Regelung ist es, im Falle gesetzlicher Erbfolge über die Quotenverteilung hinaus auch insgesamt zu einer **wirtschaftlichen Gleichbehandlung der Abkömmlinge** gleichen Grades zu kommen. Es soll aber nicht jedes kleine Geschenk, sondern nur bestimmte bedeutende Zuwendungen berücksichtigt werden. Damit wird die Verwirklichung des **mutmaßlichen Willens des Erblassers**, dass das Vermögen – auch über die Zeit gesehen – gleichmäßig unter den Abkömmlingen verteilt werden soll, realisiert.

1043 Das BGB verpflichtet die Abkömmlinge jedoch nicht, die erhaltenen Zuwendungen in natura an den Nachlass zurückzugewähren (sog. Natural- oder Reallokation), sondern es ordnet stattdessen nur eine rechnerische Berücksichtigung bei der Auseinandersetzung an (sog. **Ideallokation bzw. Wertausgleichung**).[234] Sie ändert nichts an der Stellung des Betreffenden als Erbe und bewirkt auch keine Änderung der Erbquote, sondern lediglich eine **Verschiebung der Teilungsquote im Vergleich zur Erbquote**.[235]

1044 Es handelt sich um ein an die Miterbenanteile gebundenes **gesetzliches Schuldverhältnis** unter den aktiv und passiv Beteiligten.[236] Deshalb geht die Ausgleichungspflicht bzw. das Ausgleichungsrecht auf den Erwerber (§§ 2033 Abs. 1, 2372) oder Erben (§ 1922 Abs. 1) eines Erbteils über.[237]

1045 Die Vorschriften über die Ausgleichung sind jedoch **dispositiv**: Der Erblasser kann – in den Grenzen des Pflichtteilsrechts (vgl. §§ 2316, 2325, 2329, → Rn. 668 ff., 679 ff.) vor oder bei der Zuwendung abweichende Anordnungen treffen.[238] Zudem können sich die Miterben bei der Auseinandersetzung einverständlich über die §§ 2050 ff. hinwegsetzen.[239]

---

232 Vgl. MüKoBGB/*Ann,* 7. Aufl. 2017, § 2042 Rn. 69.
233 Vgl. MüKoBGB/*Ann,* 7. Aufl. 2017, § 2042 Rn. 71.
234 Vgl. Erman/*Bayer,* 15. Aufl. 2017, § 2050 Rn. 2; Staudinger/*Löhnig,* 2016, § 2050 Rn. 4.
235 Vgl. Erman/*Bayer,* 15. Aufl. 2017, § 2050 Rn. 2; Staudinger/*Löhnig,* 2016, § 2050 Rn. 6.
236 Vgl. *Brox/Walker,* ErbR, 28. Aufl. 2018, § 31 Rn. 25; Staudinger/*Löhnig,* 2016, § 2050 Rn. 6.
237 Vgl. *Brox/Walker,* ErbR, 28. Aufl. 2018, § 31 Rn. 25.
238 Vgl. *Lange,* ErbR, 2. Aufl. 2017, § 61 Rn. 142; Staudinger/*Löhnig,* 2016, § 2050 Rn. 2.
239 Vgl. RG v. 29.10.1935 – VII 84/35, RGZ 149, 129, 131; Erman/*Bayer,* 15. Aufl. 2017, § 2050 Rn. 10; *Lange,* ErbR, 2. Aufl. 2017, § 61 Rn. 142; Staudinger/*Löhnig,* 2016, § 2050 Rn. 3.

2. Auszugleichende Zuwendungen

a) Ausgleichungspflichtiger Personenkreis

Ausgleichungspflichtig sind die Abkömmlinge, deren Erbrecht auf **gesetzlicher Erbfolge** beruht (vgl. **§ 2050 Abs. 1**). Gem. **§ 2052** sind zudem auch Abkömmlinge als **gewillkürte** Erben ausgleichungspflichtig, wenn der Erblasser ihnen entweder den gesetzlichen Erbteil zugewandt hat oder sie im Verhältnis ihrer gesetzlichen Erbteile als Erben eingesetzt hat. 1046

Beispiel: Die gesetzliche Erbquote der Kinder wäre jeweils $\frac{3}{16}$ gewesen, der Erblasser hat jedes Kind aber auf $\frac{1}{5}$ eingesetzt; da die Quoten jeweils im gleichen Verhältnis zueinander stehen, gilt die Vermutung des § 2052.[240]

Die etwaige zusätzliche Anordnung eines Vorausvermächtnisses (→ Rn. 911) für nur einen Abkömmling ist irrelevant, da diese die Erbquote und damit auch das Verhältnis der Erbteile zueinander nicht verändert.[241] § 2052 ist auch dann anwendbar, wenn der Erblasser einen Stamm enterbt hat.[242] Bei sonstiger gewillkürter Erbfolge und wenn die Vermutung des § 2052 widerlegt wird, ist anzunehmen, dass der Erblasser in Kenntnis der Vorempfänge über sein Vermögen verfügt hat und diese deshalb bei der Verteilung der Erbquoten schon berücksichtigt hat.

Im Falle des **Wegfalls eines als gesetzlichen Erben berufenen Abkömmlings vor oder nach dem Erbfall** muss der für ihn eintretende Abkömmling (z.B. ein Enkel des Erblassers) gem. **§ 2051 Abs. 1** auch die Ausgleichungspflicht übernehmen. Gleiches gilt gem. § 2051 Abs. 2 im Zweifel für einen Ersatzerben (→ Rn. 739 ff.). 1047

§ 2053 Abs. 1 betrifft demgegenüber den Fall einer **Zuwendung an einen entfernteren Abkömmling vor Wegfall** des ihn von der Erbfolge ausschließenden näheren Abkömmlings oder an einen entfernteren Abkömmling, der als Ersatzerbe eingesetzt ist, vor Wegfall des zunächst eingesetzten Abkömmlings. Eine solche Zuwendung ist gem. § 2053 Abs. 1 nur dann zur Ausgleichung zu bringen, wenn der Erblasser dies angeordnet hat. Ratio ist, dass der Erblasser die Zuwendung typischerweise nicht als Vorausleistung auf die zu erwartende Erbschaft angesehen haben wird, weil er bei der Zuwendung den näheren Abkömmling als seinen Erben ansah.[243] 1048

Beispiel: Der Erblasser G hat seinem Enkel E eine an sich ausgleichspflichtige Zuwendung gemacht. Lebte der Vater V des E, der zugleich Abkömmling des G ist, zum Zeitpunkt der Zuwendung noch, so besteht gem. § 2053 Abs. 1 Alt. 1 keine Ausgleichungspflicht, es sei denn, G hatte dies angeordnet.

Da hier die Vorstellung des Erblassers entscheidet, ist die Ausgleichungspflicht auch dann abzulehnen, wenn der Erblasser bei der Zuwendung noch nicht wusste, dass dessen Vorgänger weggefallen war.[244] Umgekehrt ist im Zweifel auch dann auszugleichen, wenn der Erblasser den Bedachten irrtümlich für den Nächstberufenen hielt.[245]

240 Vgl. RG v. 1.10.1917 – IV 182/17, RGZ 90, 419, 420.
241 Vgl. RG v. 1.10.1917 – IV 182/17, RGZ 90, 419, 421; MüKoBGB/*Ann*, 7. Aufl. 2017, § 2050 Rn. 2.
242 Vgl. MüKoBGB/*Ann*, 7. Aufl. 2017, § 2050 Rn. 2.
243 Vgl. Mot. V, 706.
244 Vgl. MüKoBGB/*Ann*, 7. Aufl. 2017, § 2053 Rn. 3; Erman/*Bayer*, 15. Aufl. 2017, § 2053 Rn. 1.
245 Vgl. MüKoBGB/*Ann*, 7. Aufl. 2017, § 2053 Rn. 3; Erman/*Bayer*, 15. Aufl. 2017, § 2053 Rn. 1.

1049 Wenn ein **Abkömmling** eine an sich ausgleichspflichtige Zuwendung erhalten hatte, bevor er die rechtliche Stellung eines solchen erlangte, so ist gem. § 2053 Abs. 2 ebenfalls nicht auszugleichen.

Beispiel: Der geschiedene Erblasser G hatte der 7-jährigen Tochter T seiner Freundin F eine an sich ausgleichspflichtige Zuwendung gemacht. Ein Jahr später heiratete G die F und adoptierte T (§§ 1741 ff.). Die Zuwendung ist nicht ausgleichspflichtig gegenüber den Kindern des G aus erster Ehe.

b) Ausgleichungsberechtigter Personenkreis

1050 Ausgleichungsberechtigt sind nur **Abkömmlinge** des Erblassers, die als **gesetzliche Erben** (vgl. § 2050) oder **i.S.d. § 2052 letztwillig eingesetzte Erben** gleichzeitig mit zur Ausgleichung verpflichteten Erben zur Erbfolge gelangen.[246] Das Ausgleichungsrecht wird mit dem betreffenden Erbteil vererbt.[247]

c) Ausgleichspflichtige Zuwendungen

1051 **aa) Überblick.** § 2050 differenziert zwischen **vier Arten ausgleichspflichtiger Zuwendungen**:

- Ausstattungen (§ 2050 Abs. 1);
- Zuschüsse (§ 2050 Abs. 2 Alt. 1);
- Aufwendungen für die Vorbildung zu einem Beruf (§ 2050 Abs. 2 Alt. 2);
- sonstige Zuwendungen (§ 2050 Abs. 3).

1052 § 2050 erfasst nur **Zuwendungen durch den Erblasser**. Zudem muss es sich um eine Zuwendung **unter Lebenden** handeln.[248] Die Zuwendung muss aber nicht zwingend unentgeltlich im Sinne einer Schenkung sein[249]; es genügt vielmehr jeder wirtschaftliche Vorteil, dem keine entsprechende Gegenleistung gegenübersteht.[250] Wenn die Zuwendung nur teilweise entgeltlich ist, so ist die Differenz zwischen dem Wert der Zuwendung und dem Entgelt auszugleichen. Eine Zuwendung erfordert kein Rechtsgeschäft zwischen Erblasser und Abkömmling, vielmehr ist jede Verschaffung eines Vermögensvorteils ausreichend, den der Abkömmling auf Kosten des Nachlasses vom Erblasser erhält.[251]

1053 **bb) Ausstattung, § 2050 Abs. 1.** Gem. § 2050 Abs. 1 ist eine **Ausstattung** ausgleichungspflichtig. Der Begriff der Ausstattung entspricht demjenigen der Legaldefinition in **§ 1624 Abs. 1**.[252] Danach ist eine Ausstattung aus dem Elternvermögen das, was einem Kind mit Rücksicht auf seine Verheiratung oder auf die Erlangung einer selbstständigen Lebensstellung zur Begründung oder Erhaltung der Wirtschaft oder der Lebensstellung von dem Vater oder der Mutter zugewendet wird. Der persönliche Anwendungsbereich des § 2050 Abs. 1 ist jedoch weiter als derjenige des § 1624,

246 Vgl. MüKoBGB/*Ann,* 7. Aufl. 2017, § 2053 Rn. 4; Staudinger/*Löhnig*, 2016, § 2050 Rn. 14.
247 Vgl. MüKoBGB/*Ann,* 7. Aufl. 2017, § 2053 Rn. 4; Staudinger/*Löhnig*, 2016, § 2050 Rn. 15.
248 Vgl. MüKoBGB/*Ann,* 7. Aufl. 2017, § 2050 Rn. 7; Staudinger/*Löhnig*, 2016, § 2050 Rn. 20.
249 Vgl. Mot. V, 704.
250 Vgl. MüKoBGB/*Ann,* 7. Aufl. 2017, § 2050 Rn. 11; Staudinger/*Löhnig*, 2016, § 2050 Rn. 17.
251 Vgl. MüKoBGB/*Ann,* 7. Aufl. 2017, § 2050 Rn. 8; Staudinger/*Löhnig*, 2016, § 2050 Rn. 17.
252 Vgl. BGH v. 27.6.2018 – IV ZR 222/16, FamRZ 2018, 1363 Rn. 34.

denn erfasst werden auch Zuwendungen, die materiell mit dem Zweck des § 1624 Abs. 1, aber an entferntere Abkömmlinge gegeben werden.[253] Für die Ausgleichung ist zudem irrelevant, ob die Ausstattung teilweise in Erfüllung einer Unterhaltsverpflichtung erfolgt oder ob sie übermäßig ist.[254] Sie muss aber jedenfalls teilweise unentgeltlich sein, denn soweit ein Entgelt entrichtet wird, fließt dem Abkömmling kein Vermögensvorteil auf Kosten des Nachlasses zu[255].

cc) Zuschüsse und Aufwendungen für die Vorbildung zu einem Beruf, § 2050 Abs. 2. **Zuschüsse**, die zu dem Zweck gegeben worden sind, als Einkünfte verwendet zu werden (§ 2050 Abs. 2 Alt. 1), sind nur solche Zahlungen, deren Wiederholung beabsichtigt war.[256] Einmalige Zuwendungen, wie etwa ein Zuschuss zu einem bestimmten Verbrauchszweck (z.B. Urlaubsreise), fallen nicht unter § 2050 Abs. 2 und sind daher gem. § 2050 Abs. 3 nur auszugleichen, wenn der Erblasser dies angeordnet hat.[257] Auf das Bestehen einer Rechtspflicht kommt es nicht an.[258] 1054

Aufwendungen für die Vorbildung zu einem Beruf sind nicht die Kosten des Besuchs einer höheren Schule, da es sich dann um die allgemeine Schuldbildung und nicht um Berufsvorbildung handelt.[259] Gemeint sind vielmehr Studien-, Promotions-, Fach- und Berufsschulkosten.[260] 1055

In diesen beiden Fallgruppen besteht gem. § 2050 Abs. 2 nur insoweit eine Ausgleichungspflicht, wie die Zuwendungen das den Vermögensverhältnissen des Erblassers entsprechende Maß übersteigen. Maßgebend dafür, ob ein solches **Übermaß** vorliegt, sind die Vermögensverhältnisse des Erblassers zum Zeitpunkt der Zuwendung.[261] Ein Übermaß resultiert aber nicht schon daraus, dass die Aufwendungen zum Zweck der Berufsvorbildung für den einen Abkömmling höher waren als für den anderen.[262] Entscheidend ist vielmehr, ob der Erblasser glauben konnte, die Aufwendung ohne Beeinträchtigungen des gleichen Rechts seiner anderen Kinder machen zu können.[263] 1056

dd) Sonstige Zuwendungen, § 2050 Abs. 3. Bei allen sonstigen Zuwendungen besteht eine Ausgleichungspflicht gem. § 2050 Abs. 3 nur, wenn der **Erblasser** dies **bei der Zuwendung angeordnet** hat. Die Anordnung bedarf keiner bestimmten Form und kann ausdrücklich oder konkludent erfolgen.[264] Sie muss nach dem klaren Wortlaut des Gesetzes spätestens bei der Zuwendung getroffen werden, denn nur so hat 1057

253 Vgl. BGH v. 27.6.2018 – IV ZR 222/16, FamRZ 2018, 1363 Rn. 34; MüKoBGB/*Ann,* 7. Aufl. 2017, § 2050 Rn. 14.
254 Vgl. MüKoBGB/*Ann,* 7. Aufl. 2017, § 2050 Rn. 16; Staudinger/*Löhnig*, 2016, § 2050 Rn. 22.
255 Vgl. *Lange/Kuchinke*, 5. Aufl. 2001, § 15 III 3 b.
256 Vgl. Staudinger/*Löhnig*, 2016, § 2050 Rn. 25.
257 Vgl. Staudinger/*Löhnig*, 2016, § 2050 Rn. 25.
258 Vgl. Staudinger/*Löhnig*, 2016, § 2050 Rn. 25.
259 Vgl. Erman/*Bayer,* 15. Aufl. 2017, § 2050 Rn. 8; Staudinger/*Löhnig*, 2016, § 2050 Rn. 28.
260 Vgl. Erman/*Bayer,* 15. Aufl. 2017, § 2050 Rn. 8; Staudinger/*Löhnig*, 2016, § 2050 Rn. 28.
261 Vgl. MüKoBGB/*Ann,* 7. Aufl. 2017, § 2050 Rn. 26.
262 Vgl. MüKoBGB/*Ann,* 7. Aufl. 2017, § 2050 Rn. 26.
263 Vgl. MüKoBGB/*Ann,* 7. Aufl. 2017, § 2050 Rn. 26; *Brox/Walker*, ErbR, 28. Aufl. 2018, § 31 Rn. 23.
264 Vgl. RG v. 4.1.1908 – IV 251/07, RGZ 67, 306, 308; OLG Koblenz v. 10.4.2012 – 5 W 166/12, FamRZ 2013, 1164; Erman/*Bayer,* 15. Aufl. 2017, § 2050 Rn. 9.

dieser die Möglichkeit, die Zuwendung wegen der Ausgleichungspflicht noch ablehnen zu können.[265]

Nachträglich kann das Ziel einer solchen Anordnung nicht durch Rechtsgeschäft unter Lebenden, sondern nur dadurch erreicht werden, dass der Erblasser im Testament den Empfänger der Zuwendung mit einem Vermächtnis (→ Rn. 900 ff.) zugunsten der übrigen Miterben beschwert.[266] Alternativ ist der Abschluss eines Erbverzichtsvertrages (§ 2346, → Rn. 523 ff.) möglich. Ferner kann ein Ausgleich wirtschaftlich dadurch erreicht werden, dass die anderen Abkömmlinge höhere Erbteile zugewiesen bekommen (die gesetzliche Ausgleichsregelung des § 2052 ist dann abbedungen).

d) Wert der Zuwendung

1058 Maßgeblich für den Wert der jeweiligen Zuwendung ist gem. § 2055 Abs. 2 der **Zeitpunkt der Zuwendung** (nicht derjenige der Auseinandersetzung). Ist also der Wert im Laufe der Zeit gefallen (z.B. aufgrund sinkender Aktienkurse) oder ist ein zugewendeter Gegenstand untergegangen, so ist dies aufgrund der bewussten Entscheidung des Gesetzgebers[267] hinzunehmen („*casum sentit dominus*"). Um den Kaufkraftschwund zu berücksichtigen, ist der Wert im Zeitpunkt der Zuwendung jedoch auf den Tag des Erbfalls umzurechnen; dies erfolgt dadurch, dass der Wert der Zuwendung im Zeitpunkt ihrer Vornahme mit dem Preisindex im Zeitpunkt des Erbfalls multipliziert und durch den Preisindex im Zeitpunkt der Zuwendung geteilt wird.[268]

3. Ausgleich für besondere Leistungen, § 2057a

1059 Die durch das NEhelG[269] mit Wirkung zum 1.7.1970 eingeführte und zuletzt durch das ErbVerjRÄndG[270] m.W.v. 1.1.2010 neu gefasst Vorschrift des § 2057a etabliert eine **spezielle Ausgleichungspflicht für besondere Leistungen eines Abkömmlings**, die sich allerdings mit guten Gründen erheblicher rechtspolitischer Kritik ausgesetzt sieht[271]. Die Ausgleichung erfolgt auch hier nur unter Abkömmlingen, die gemeinsam als gesetzliche Erben oder durch eine gewillkürte Erbfolge i.S.d. § 2052 (→ Rn. 1046) zur Erbfolge gelangen.

1060 Eine Ausgleichungspflicht besteht zum einen, wenn ein Abkömmling durch **Mitarbeit im Haushalt, Beruf oder Geschäft** des Erblassers während längerer Zeit, durch **erhebliche Geldleistungen** oder **in anderer Weise** (z.B. Bürgschaft, Übertragung von Benutzungsrechten[272]) in besonderem Maße dazu beigetragen hat, das **Vermögen des Erblassers zu erhalten oder zu mehren** (§ 2057a Abs. 1 S. 1). Gleichgestellt ist gem. § 2057a Abs. 1 S. 2 der Fall, dass ein Abkömmling den Erblasser wäh-

---

265 Vgl. BGH v. 30.9.1981 – IVa ZR 127/80, NJW 1982, 575, 577; RG v. 4.1.1908 – IV 251/07, RGZ 67, 306, 308; MüKoBGB/*Ann,* 7. Aufl. 2017, § 2050 Rn. 31; Erman/*Bayer,* 15. Aufl. 2017, § 2050 Rn. 9.

266 Vgl. OLG Jena v.10.9.2008 – 9 W 395/08, ZEV 2009, 33, 34; Staudinger/*Löhnig,* 2016, § 2050 Rn. 36.

267 Vgl. Mot. V, 708.

268 Vgl. Erman/*Bayer*, 15. Aufl. 2017, § 2055 Rn. 4 m.w.N.

269 Gesetz über die rechtliche Stellung der nichtehelichen Kinder v. 19.8.1969, BGBl. I, 1243.

270 Fn. 1208.

271 *Lange,* ErbR, 2. Aufl. 2017, § 61 Rn. 181; Staudinger/*Löhnig,* 2016, § 2057a Rn. 2 (jeweils m.w.N.).

272 Vgl. MüKoBGB/*Ann,* 7. Aufl. 2017, § 2057a Rn. 29; Erman/*Bayer,* 15. Aufl. 2017, § 2057a Rn. 7.

rend längerer Zeit **gepflegt** hat. Gem. § 2057a Abs. 2 S. 1 kann jedoch keine Ausgleichung verlangt werden, wenn für die Leistungen ein angemessenes Entgelt gewährt oder vereinbart worden ist oder soweit dem Abkömmling wegen seiner Leistungen ein Anspruch aus einem anderen Rechtsgrund zusteht. Irrelevant ist hingegen gem. § 2057a Abs. 2 S. 2, ob es sich bei den Leistungen um solche handelte, zu denen der Abkömmling verpflichtet war (§ 1619) oder um Aufwendungen i.S.d. § 1620, für die zu Lebzeiten kein Ersatz verlangt werden kann.

Die **Höhe des Ausgleichs** richtet sich aber nicht unbedingt danach, was als Entgelt hätte verlangt werden können. Gem. § 2057a Abs. 3 ist die Ausgleichung vielmehr so zu bemessen, wie es mit Rücksicht auf die Dauer und den Umfang der Leistungen und auf den Wert des Nachlasses der Billigkeit entspricht. So ist z.B. bei Pflegeleistungen auch ihr immaterieller Wert zu berücksichtigen.[273] **1061**

4. Berechnung

a) Ausgleichung von Zuwendungen

Die Berechnung der Ausgleichung von Zuwendungen ist in **§§ 2055, 2056** geregelt. Sie erfolgt folgendermaßen: **1062**

(1) Ermittlung des Werts des Nachlasses im Zeitpunkt des Erbfalls[274];
(2) Abzug der Erbteile der nicht an der Ausgleichung beteiligten Miterben;
(3) Addition aller auszugleichenden Zuwendungen (vgl. § 2055 Abs. 1 S. 2) – dies ergibt den sog. ausgleichspezifischen Nachlass;
(4) Verteilung unter den an der Ausgleichung Beteiligten entsprechend ihrer Erbquote;
(5) Anrechnung der jeweils empfangenen Zuwendung bei jedem Ausgleichspflichtigen (vgl. § 2055 Abs. 1 S. 1).

Ein Sonderproblem ergibt sich, wenn der von einem Abkömmling auszugleichende Betrag höher ist als der Wert seiner Quote am Gesamtnachlass (sog. **Mehrempfang**). Für diesen Fall bestimmt **§ 2056 S. 1** ausdrücklich, dass der betreffende Miterbe nicht zur Herauszahlung des Mehrbetrags verpflichtet ist. Ratio ist zum einen der mutmaßliche Erblasserwille, dass die Zuwendung beim Empfänger verbleiben sollte.[275] Zum anderen wäre es unbillig, wenn der Zuwendungsempfänger ggf. erst nach Jahrzehnten mit einer Ausgleichsforderung konfrontiert würde, obwohl er den Gegenstand als endgültig zugewandt ansehen durfte[276]. Gem. **§ 2056 S. 2** wird der Nachlass in einem solchen Fall unter den übrigen Miterben in der Weise geteilt, dass der Wert der Zuwendung und der Erbteil des betreffenden Miterben außer Ansatz bleibt. Dieser Miterbe erhält also zwar nichts bei der Auseinandersetzung, aber seine Miterbenstellung als solche bleibt unberührt. **1063**

273 Vgl. OLG Schleswig v. 22.11.2016 – 3 U 25/16, ZEV 2017, 400 (mit sehr detaillierten Ausführungen zur Ermittlung der Höhe der Ausgleichung den hierfür im Einzelnen maßgeblichen Erwägungen).
274 Vgl. zum Erbfall als maßgeblichen Zeitpunkt: BGH v. 30.10.1985 – IVa ZR 26/84, NJW 1986, 931.
275 Vgl. MüKoBGB/*Ann,* 7. Aufl. 2017, § 2056 Rn. 1; Staudinger/*Löhnig,* 2016, § 2056 Rn. 1.
276 Vgl. MüKoBGB/*Ann,* 7. Aufl. 2017, § 2056 Rn. 1; *Lange,* ErbR, 2. Aufl. 2017, § 61 Rn. 171.

b) Ausgleichung von besonderen Leistungen

1064 Die Berechnung der Ausgleichung von besonderen Leistungen ist in **§ 2057a Abs. 4** geregelt. Sie erfolgt (spiegelbildlich zur Ausgleichung von Zuwendungen) folgendermaßen:

(1) Ermittlung des Werts des Nachlasses im Zeitpunkt des Erbfalls;
(2) Abzug der Erbteile der nicht an der Ausgleichung beteiligten Miterben;
(3) Subtraktion sämtlicher auszugleichender Leistungen (vgl. § 2057a Abs. 4 S. 2);
(4) Verteilung unter den an der Ausgleichung Beteiligten entsprechend ihrer Erbquote;
(5) Hinzurechnung der Ausgleichung für die jeweiligen Leistungen bei jedem Ausgleichsberechtigten (vgl. § 2057a Abs. 4 S. 1).

c) Berechnungsformel

1065 In einer **Formel** zusammengefasst berechnet sich der Ausgleichungserbteil somit folgendermaßen[277]:

$$AE = \frac{N + Z - L}{Q} - T + A$$

AE = Ausgleichungserbteil
N = Nachlass
Z = ausgleichungspflichtige Zuwendungen
L = auszugleichende Leistungen
Q = Zahl der an der Ausgleichung beteiligten Abkömmlinge
T = Wert der auszugleichenden Zuwendung des betreffenden Abkömmlings
A = Wert der auszugleichenden Leistung des betreffenden Abkömmlings

1066 **Beispiel:** Die verwitwete Erblasserin E, die weder ein Testament noch einen Erbvertrag gemacht hat, verstirbt am 10.9.2018 und hinterlässt einen Nachlass i.H.v. 200.000 Euro und ihre zwei Söhne X und Y. E hatte X kurz vor ihrem Tod am 7.9.2018 ein Auto (Wert 50.000 €) geschenkt und dabei bestimmt, dass diese Zuwendung ausgeglichen werden soll. Y hatte E in den letzten 2 Monaten vor ihrem Tod hingebungsvoll gepflegt (Wert: 4.000 €).

Die Söhne X und Y sind gesetzliche Erben der E zu je ½ (§ 1924 Abs. 1, Abs. 4). X ist gem. § 2050 Abs. 3 ausgleichungspflichtig für die Zuwendung des Autos im Wert von 50.000 €. Y ist gem. § 2057a Abs. 1 S. 2 ausgleichungsberechtigt für die Pflegeleistungen (Wert: 4.000 €).

$$\textit{Ausgleichungserbteil des X} = \frac{200.000\,€ + 50.000\,€ - 4.000\,€}{2} - 50.000\,€ = 73.000\,€$$

$$\textit{Ausgleichungserbteil des Y} = \frac{200.000\,€ + 50.000\,€ - 4.000\,€}{2} + 4.000\,€ = 127.000\,€$$

277 Vgl. zur Parallelproblematik des Ausgleichungspflichtteils → Rn. 672 ff.

5. Auskunftsanspruch

Um die effektive Durchführung der Ausgleichung zu ermöglichen[278], statuiert § **2057** einen speziellen **Auskunftsanspruch** im Hinblick auf gem. §§ 2050-2053 ausgleichspflichtige Zuwendungen. Es handelt sich um ein Individualrecht jedes Miterben gegen jeden Miterben.[279] **1067**

Lösung der Ausgangsfälle

Fall 47 (→ Rn. 951): Der Anspruch des E gegen M i.H.v. 4.000 € fiel in den Nachlass und steht damit nun der Erbengemeinschaft (bestehend aus M, N, O und P) zu. Aufgrund der rechtlichen Selbstständigkeit des Nachlasses als Sondervermögen kommt es nicht zu einer Konfusion (→ Rn. 958). Die Schuld des M erlischt also nicht und reduziert sich auch nicht auf 3.000 €! Der Anspruch des M ist aber natürlich im Rahmen der Auseinandersetzung zu beachten. **1068**

Fall 48 (→ Rn. 951): Vorkaufsberechtigt sind gem. §§ 2034 Abs. 1, 472 S. 1 die Miterben gemeinschaftlich. Nachdem C erklärt hat, dass er ein Vorkaufsrecht nicht ausüben möchte, würde das Vorkaufsrecht gem. § 472 S. 2 den übrigen Miterben zustehen. Allerdings hat A seinen Erbteil bereits 2016 veräußert und damit ist sein Vorkaufsrecht erloschen (→ Rn. 977). Man könnte jedoch auf die Idee kommen, dass das Vorkaufsrecht wiederauflebte, als X den A beerbte. Dies ist jedoch abzulehnen (→ Rn. 977). Das Vorkaufsrecht ist gem. § 2034 Abs. 2 S. 2 zwar vererblich, aber gerade nicht durch Rechtsgeschäft unter Lebenden übertragbar; der Erbteilserwerber ist gerade nicht vorkaufsberechtigt. Das (nachträgliche) Zusammenfallen von Mitgliedschaft in der Gesamthand und späterer Stellung als Erbeserbe führt nicht zum Aufleben eines Vorkaufsrechts bei demjenigen, der es zuvor nicht erlangen konnte; andernfalls würde es für die übrigen Miterben zu einem nach der gesetzlichen Regelung nicht hinnehmbaren Schwebezustand kommen.[280] **1069**

Fall 49 (→ Rn. 951): Sowohl die Auseinandersetzung der Erbengemeinschaft durch Teilung des Grundstücks als auch durch Übertragung des Erbteils bedürfen der notariellen Beurkundung (nach §§ 873, 925 Abs. 1 bzw. nach § 2033 Abs. 1 S. 2). Die Vereinbarung zwischen M1 und M2 ist daher nur wirksam, wenn es daneben einen dritten Weg der Auseinandersetzung gibt, für den die Form einer privatschriftlichen Vereinbarung genügt. Dies wird von der Rspr. und der h.M. im Schrifttum heute anerkannt: Miterben können gegen Abfindung einverständlich aus der Erbengemeinschaft ausscheiden (sog. Abschichtung) (→ Rn. 1020). Durch das Aufgeben der Mitgliedschaftsrechte wächst der Erbteil des Ausscheidenden den verbleibenden Miterben kraft Gesetzes an. Bleibt, wie hier, nur ein Miterbe übrig, führt die Anwachsung zu Alleineigentum am Nachlass und damit zur Beendigung der Erbengemeinschaft. **1070**

Die Vereinbarung zwischen M1 und M2 ist als Abschichtung in diesem Sinne auszulegen und daher grundsätzlich auch in privatschriftlicher Form möglich. Soweit als Abfindung aber die Leistung eines Grundstücks vereinbart wird, ist für dieses Rechtsgeschäft § 311b Abs. 1 S. 1 zu beachten (→ Rn. 1034). Liegt keine Heilung vor (§ 311b Abs. 1 S. 2), kommt es für die Zahlungsklage des M2 auf § 139 (bzw. eine ergänzende Auslegung des Vertrags) an.

---

278 Vgl. Erman/*Bayer,* 15. Aufl. 2017, § 2057 Rn. 1; *Lange,* ErbR, 2. Aufl. 2017, § 61 Rn. 171.
279 Vgl. Erman/*Bayer,* 15. Aufl. 2017, § 2057 Rn. 1.
280 Vgl. BGH v. 19.1.2011 – IV ZR 169/10, ZEV 2011, 248 Rn. 16 ff

§ 22 Die Haftung der Erben

1071 **Fall 50:** Erblasser L verstirbt am 30.12.2017. Bereits am 2.1.2018 mahnt der Nachlassgläubiger G den Erben E wegen einer Kaufpreisschuld aus einem Kaufvertrag, den G im Mai 2017 mit L geschlossen hatte. E hat die Erbschaft noch nicht angenommen und meint, dass er selbst im Falle der Annahme drei Monate lang nicht verpflichtet sei, die Schuld zu begleichen. Am 2.5.2018 erhebt G gegen E Klage auf Zahlung von Verzugszinsen seit dem 2.2.2018. Besteht ein solcher Anspruch des G? **Lösung: → Rn. 1224**

Fall 51: Die im Aufgebotsverfahren ausgeschlossenen Nachlassgläubiger G1, G2 und G3 machen Forderungen in Höhe von 1.000 €, 2.000 € bzw. 3.000 € geltend. G2 erlangt ein rechtskräftiges Urteil über seine Forderung gegen die Erbin E. Nachdem E die bekannten (nicht ausgeschlossenen) Nachlassgläubiger befriedigt hat und ihrem Freund F 1.500 € aus dem Nachlass geschenkt hat, besteht der Nachlass noch aus einem Bankguthaben i.H.v. 3.500 € sowie einer Forderung gegen G1 in Höhe von 500 €. Welche von den Nachlassgläubigern G1, G2 und G3 muss E befriedigen und ggf. in welcher Reihenfolge?
Lösung: → Rn. 1225

Fall 52: Nach Anordnung der Nachlassverwaltung (die jedoch noch nicht im Grundbuch eingetragen wurde) veräußert der Erbe E ein zum Nachlass gehörendes Gemälde an K und belastet ein Nachlassgrundstück mit einer Grundschuld für die Bank B. Weder K noch B wissen etwas von der Nachlassverwaltung. Der Nachlassverwalter V verlangt von K die Herausgabe des Gemäldes und von der Bank B die Einwilligung in die Löschung der Grundschuld. Zu Recht? **Lösung: → Rn. 1226**

Fall 53: Der verstorbene X hatte seinen Freund F zum Alleinerben eingesetzt. Da der Nachlass überschuldet ist, hat F die Eröffnung eines Nachlassinsolvenzverfahrens beantragt. Das Aktivvermögen des Nachlasses beläuft sich auf 60.000 €. Aus verschiedenen Verträgen mit X haben die Nachlassgläubiger G1, G2 und G3 Forderungen in Höhe von 7.000 €, 5.000 € und 12.000 €. Außerdem besteht eine Steuerforderung des Finanzamts (S) in Höhe von 8.000 €. Den Vermächtnisnehmern V1 und V2 hat X je 15.000 € vermacht. Die Tochter T des X, die nach der gesetzlichen Erbfolge dessen einzige gesetzliche Erbin gewesen wäre, macht den Pflichtteil geltend. In welcher Reihenfolge sind die Gläubiger zu befriedigen? **Lösung: → Rn. 1227**

Fall 54: A und B sind Miterben zu gleichen Teilen. Nach der Annahme der Erbschaft, aber vor der Auseinandersetzung des Nachlasses verklagt der Nachlassgläubiger G den A auf Zahlung von 10.000 €. Was kann A unternehmen, damit G nicht in sein Eigenvermögen vollstrecken kann? Würde sich etwas ändern, wenn A dem G wegen Versäumung der Inventarfrist unbeschränkt haftet? **Lösung: → Rn. 1228**

Fall 55: G hatte dem verstorbenen E ein Darlehen i.H.v. 8.000 € gegeben. E hat V zum Vorerben und N zum Nacherben eingesetzt. Nach Eintritt des Nacherbfalls möchte G wissen, von wem er die Rückzahlung des Darlehens verlangen kann. **Lösung: → Rn. 1229**

Literatur: *Behnke*, Das neue Minderjährigenhaftungsbeschränkungsgesetz, NJW 1998, 3078; *Börner*, Das System der Erbenhaftung, JuS 1968, 53; *Christmann*, Die Geltendmachung der Haftungsbeschränkung zu Gunsten Minderjähriger, ZEV 1999, 416 und ZEV 2000, 125; *Harder/Müller-Freienfels*, Grundzüge der Erbenhaftung, JuS 1980, 876; *Herzog*, Haftung des Erben für Miet- und WEG-Schulden, NZM 2013, 175; *Hoepfner*, Grundzüge der Erbenhaftung, JURA 1982, 169; *Holzer*, Das Aufgebot der Nachlassgläubiger nach dem FamFG, ZEV 2014, 583; *Joannidis/Weiß*, Das Nachlassinsolvenzverfahren: Erbrecht für Insolvenzverwalter?, ZInsO 2016, 1889; *Klumpp*, Beschränkung der Minderjährigenhaftung – ein überfälliges Gesetz, ZEV 1998, 409; *Küpper*, Haftung und Bindung des Nacherben aus der Nachlassverwaltung des Vorerben: erläutert am Abschluss eines Leihvertrages über eine Nachlassimmobilie, ZEV 2017, 61; *Lissner*, Am Ende blieben nur die Schulden. Eine Betrachtung des Nachlassinsolvenzverfahrens, ZInsO 2017, 2253; *Olzen*, Die Erbenhaftung, JURA 2001, 520; *Osthold*, Instrumente im Recht der Erbenhaftung, ErbR 2016, 610 und 670; *Schmid*, Die Dürftigkeitseinrede beim Tod des Wohnungseigentümers und des Mieters, ZErb 2013, 321; *Schreiber*, Die Haftung des Erben für Nachlassverbindlichkeiten, JURA 2010, 117; *Schwartmann*, Die Beschränkung der öffentlich-rechtlichen Altlastenhaftung des Erben, ZEV 2001, 101; *Westphal*, Dürftigkeitseinrede statt Erbausschlagung, Rpfleger 1997, 199; *Widmann*, Die Erbenhaftung für Verbindlichkeiten aus dem Mietverhältnis des Erblassers, MDR 2013, 1073; *Zimmermann*, Das private Gläubigeraufgebot durch Miterben (§ 2061 BGB), ZErb 2011, 259.

I. Überblick

Das Vermögen des Erblassers geht gem. § 1922 Abs. 1 mit dem Tod des Erblassers **1072**
auf den bzw. die Erben über. Auf den Erben gehen sowohl die Aktiva als auch – jedenfalls nach § 1967 Abs. 1 – die Passiva über (→ Rn. 59). Ungeachtet des Umstands, dass der Wortlaut des § 1967 Abs. 1 eine bloße Haftung nahelegt, wird der Erbe anstelle des Erblassers Schuldner der **Nachlassverbindlichkeiten**. Miterben haften gem. §§ 2058 ff. grundsätzlich als Gesamtschuldner.

Ist ein Erbe **zu mehreren Erbteilen berufen** (§§ 1927, 1934, 1951) oder hat er infolge eines Erwerbs nach § 2033 (→ Rn. 966 ff.) mehrere Erbteile[1], so bestimmt sich seine Haftung für die Nachlassverbindlichkeiten gem. § 2007 S. 1 in Ansehung eines jeden der Erbteile so, wie wenn die Erbteile verschiedenen Erben gehörten. In den Fällen der Anwachsung (§§ 2094, 2095, → Rn. 731 ff.) und des § 1935 (Erbteilserhöhung) gilt dies gem. § 2007 S. 2 jedoch nur dann, wenn die Erbteile verschieden beschwert sind, d.h. nur *soweit* der hinzutretende Teil mit anderen Lasten (Vermächtnisse und Auflagen, → Rn. 899 ff.) beschwert ist[2]. Im Übrigen ist im Verhältnis zu den übrigen Nachlassgläubigern von einem einheitlichen Erbteil auszugehen.[3]

1. Interessenlage

Zu berücksichtigen sind die widerstreitenden Interessen der Gläubiger des Erblassers, **1073**
des Erben und der Eigengläubiger des Erben. Die **Gläubiger des Erblassers** haben mit dem Erben eine neue Person als Schuldner erhalten, deren Kreditwürdigkeit sie nicht kennen. Sobald der Erbe tatsächlich vom Nachlass Besitz ergriffen hat, lassen sich das Eigenvermögen des Erben und die Nachlassgegenstände nur noch schwer un-

1 Vgl. zur Geltung des § 2007 für diesen Fall nur MüKoBGB/*Küpper*, 7. Aufl. 2017, § 2007 Rn. 2 m.w.N.

2 Vgl. Staudinger/*Dobler*, 2016, § 2007 Rn. 18; MüKoBGB/*Küpper*, 7. Aufl. 2017, § 2007 Rn. 3.

3 Vgl. MüKoBGB/*Küpper*, 7. Aufl. 2017, § 2007 Rn. 3; BeckOGK/*Leiß* § 2007 Rn. 11; Soergel/*Stein*, 13. Aufl. 2002, § 2007 Rn. 3; krit. Staudinger/*Dobler*, 2016, § 2007 Rn. 17 ff.

terscheiden. Außerdem kann das Handeln des Erben zu einer wirtschaftlichen Verschlechterung des Nachlasses führen. Daher haben die Gläubiger des Erblassers ein Interesse daran, dass ihnen neben dem Nachlassvermögen auch das Eigenvermögen des Erben haftet. Der **Erbe** würde hingegen am liebsten nur einer auf das Nachlassvermögen beschränkten Haftung unterliegen, denn dann könnte er sicher sein, durch den Erbfall keine wirtschaftlichen Nachteile zu erleiden. Die **Eigengläubiger des Erben** würden es bevorzugen, wenn sie den Zugriff der Gläubiger des Erblassers auf das Eigenvermögen des Erben verhindern und gleichzeitig selbst auf das Nachlassvermögen zugreifen könnten.

2. Mögliche Haftungssysteme

1074 Allgemein lassen sich drei verschiedene Haftungssysteme unterscheiden, die allerdings in den meisten Rechtsordnungen nicht in Reinform, sondern als Kombination verwirklicht sind:

- Denkbar ist erstens eine **unbeschränkte Haftung** des Erben sowohl mit dem Nachlass als auch mit dem Eigenvermögen; in diesem Fall findet eine Verschmelzung der beiden Vermögensmassen statt.
- Möglich ist aber zweitens auch die genau gegenteilige Regelung, dass die beiden Vermögensmassen getrennt bleiben: Bei dieser sog. **gegenständlich beschränkten Haftung** können die Gläubiger des Erblassers nur auf das Nachlassvermögen, die Eigengläubiger des Erben nur auf das Eigenvermögen des Erben zugreifen.
- Dritte Option ist eine Mittellösung im Sinne einer **rechnerisch beschränkten Haftung**, bei der es zwar zu einer Verschmelzung der beiden Vermögensmassen kommt, der Erbe jedoch den Gläubigern des Erblassers nur bis zu einem Betrag, der dem Aktivvermögen des Nachlasses entspricht, haftet.

3. Das Haftungssystem des BGB

a) Die vorläufig unbeschränkte Haftung

1075 Das BGB hat sich für eine Kombination dieser Haftungssysteme entschieden: Der Erbe, der die Erbschaft angenommen hat, haftet zwar grundsätzlich **unbeschränkt, aber beschränkbar**.[4]

Grundgedanke ist, dass der Erbe (und seine Eigengläubiger) in Bezug auf den Haftungszugriff der Gläubiger des Erblassers auf dessen Vermögen nach dem Erbfall grundsätzlich nicht besser stehen sollen als zuvor der Erblasser.[5] Dies ist auch insofern gerecht, als der Erbe umgekehrt auch wirtschaftlich vom Vermögen des Erblassers profitiert.[6] Die Interessen des Erben sind durch die Möglichkeit einer Haftungsbeschränkung hinreichend geschützt.

4 Vgl. nur Staudinger/*Dutta*, 2016, Vorbem. zu §§ 1967–2017 Rn. 9.
5 Vgl. BGH v. 14.5.1986 – IVa ZR 155/84, NJW 1986, 2431, 2433.
6 Vgl. *Lange*, ErbR, 2. Aufl. 2017, § 69 Rn. 2.

b) Möglichkeiten der Haftungsbeschränkung

Der Erbe kann die Haftung unter bestimmten Voraussetzungen vorläufig oder auf Dauer gegenüber einzelnen oder allen Nachlassgläubigern begrenzen: **1076**

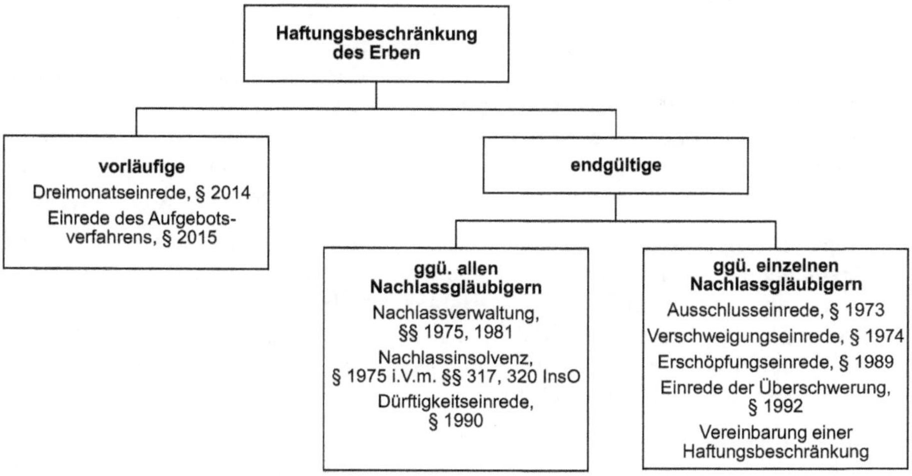

aa) Vorläufige Haftungsbeschränkung: sog. Schonungseinreden. Gem. § 2014 **1077** kann der Erbe die Berichtigung von Nachlassverbindlichkeiten bis zum Ablauf von drei Monaten nach der Annahme der Erbschaft – jedoch nicht über die Errichtung des Inventars (→ Rn. 1122) hinaus – verweigern (sog. **Dreimonatseinrede**, → Rn. 1101 ff.). Ab Zulassung des innerhalb eines Jahres nach Annahme der Erbschaft gestellten Antrags auf Durchführung eines Aufgebotsverfahrens (§§ 1970 ff.) kann der Erbe gem. § 2015 bis zur Beendigung des Aufgebotsverfahrens die Erfüllung von Nachlassverbindlichkeiten ablehnen (sog. **Einrede des Aufgebotsverfahrens**, → Rn. 1101 ff.).

bb) Endgültige Haftungsbeschränkung. Eine **endgültige Haftungsbeschränkung gegenüber allen Nachlassgläubigern** kann der Erbe grundsätzlich nur durch **1078** Gütersonderung, d.h. der Trennung des Nachlassvermögens vom Eigenvermögen, erreichen. Dazu muss der Erbe prinzipiell die **Nachlassverwaltung** beantragen (**§§ 1975, 1981**, → Rn. 1139 ff.). Bei (drohender) Zahlungsunfähigkeit oder Überschuldung des Nachlasses kann er die Eröffnung eines **Nachlassinsolvenzverfahrens** beantragen (**§§ 1975, 1980 i.V.m. §§ 317, 320 InsO**, → Rn. 1166 ff.). Ausnahmsweise kann der Erbe mit der Erhebung der **Dürftigkeitseinrede** (**§ 1990**, → Rn. 1184 ff.) aber auch ohne Gütersonderung eine endgültige Haftungsbeschränkung erzielen; Voraussetzung dafür ist, dass das Nachlassvermögen die Kosten eines amtlichen Nachlassabwicklungsverfahrens nicht decken würde (vgl. § 1982; § 26 InsO).

Eine **endgültige Haftungsbeschränkung** (auf den Überschuss) ist auch **gegenüber** **1079** **einzelnen Nachlassgläubigern** möglich. Aufgrund der sog. **Ausschlusseinrede** (**§ 1973**, → Rn. 1116 ff.) kann der Erbe die Erfüllung von Nachlassverbindlichkeiten gegenüber Gläubigern verweigern, die ihre Forderung in einem Aufgebotsverfahren nicht angemeldet haben, wenn der Nachlass durch die Befriedigung der nicht ausgeschlossenen Gläubiger erschöpft wird. Einen Überschuss hat der Erbe gem. § 1973 Abs. 2 S. 1 im Wege der Zwangsvollstreckung nach den Vorschriften über die Herausgabe einer ungerechtfertigten Bereicherung herauszugeben. Ausgeschlossene Gläubiger sind dabei gem. § 1973 Abs. 1 S. 2 noch vor den Pflichtteilsrechten, Vermächtnissen und Auflagen zu befriedigen, es sei denn, dass der Gläubiger seine Forderung erst nach der Berichtigung dieser Verbindlichkeiten geltend macht. Gem. **§ 1974** steht ein Gläubiger, der seine Forderung später als fünf Jahre nach dem Erbfall geltend macht, einem ausgeschlossenem Gläubiger gleich, es sei denn, dass die Forderung dem Erben vor Ablauf der fünf Jahre bekannt geworden oder im Aufgebotsverfahren angemeldet worden ist (sog. **Verschweigungseinrede,** → Rn. 1121).

1080 Im Wege der sog. **Erschöpfungseinrede** kann der Erbe gem. **§ 1989** eine Haftungsbeschränkung entsprechend § 1973 auch dadurch erreichen, dass er gegenüber Nachlassgläubigern, die in einem Insolvenzverfahren, welches durch Verteilung der Masse (§ 196 InsO) oder durch Feststellung des Insolvenzplans (§§ 217 ff. InsO) beendet wurde, nicht befriedigt wurden, die Einrede erhebt, dass der Nachlass durch die Befriedigung der anderen Gläubiger erschöpft wird (→ Rn. 1182).

1081 Führen Vermächtnisse oder Auflagen zu einer Überschuldung des Nachlasses, so kann der Erbe gem. **§ 1992** seine Haftung gegenüber Vermächtnisnehmern und Auflagebegünstigten beschränken (sog. **Überschwerungseinrede**, → Rn. 1184 ff.).

1082 Ferner hat der Erbe natürlich die Möglichkeit, im Rahmen der Privatautonomie mit einem Gläubiger individuell eine **Haftungsbeschränkung** zu **vereinbaren**.[7]

c) Die endgültig unbeschränkte Haftung

1083 Eine endgültig unbeschränkte Haftung des Erben tritt ein, wenn er sein Haftungsbeschränkungsrecht verliert.

Gegenüber *allen* Nachlassgläubigern verliert der Erbe seine Haftungsbeschränkung durch:

- eine **Versäumung der Inventarfrist** (§ 1994 Abs. 1 S. 2, → Rn. 1135);
- **Inventaruntreue** (§ 2005 Abs. 1, → Rn. 1136);
- **Fortführung eines zum Nachlass gehörenden Handelsgeschäfts** unter der bisherigen Firma für länger als drei Monate ab Kenntnis vom Anfall der Erbschaft; dann haftet der Erbe gem. §§ 27 Abs. 1, 25 Abs. 1 HGB für die im Betriebe des Geschäfts begründeten Verbindlichkeiten (→ Rn. 1403 ff.).

Gegenüber *einzelnen* Nachlassgläubigern verliert der Erbe seine Haftungsbeschränkung durch:

- die Verweigerung der Abgabe einer **eidesstattlichen Versicherung** bezüglich der Vollständigkeit des Inventars (§ 2006 Abs. 3, → Rn. 1137); dann haftet er dem Gläubiger, der den Antrag gestellt hat, unbeschränkt;
- aus **prozessualen Gründen**: Im Erkenntnisverfahren muss sich der Erbe gem. § 780 Abs. 1 ZPO die Beschränkung der Haftung im Urteil vorbehalten; in der

7 Vgl. MüKoBGB/*Küpper*, 7. Aufl. 2017, § 1967 Rn. 23 m.w.N.

Zwangsvollstreckung muss der Erbe seine beschränkte Haftung gem. §§ 781, 785, 767 ZPO durch Vollstreckungsabwehrklage geltend machen (→ Rn. 1195);
- durch **vertraglichen Verzicht** auf sein Haftungsbeschränkungsrecht gegenüber einem Nachlassgläubiger[8].

II. Die Nachlassverbindlichkeiten

1. Überblick

Die Unterscheidung zwischen Nachlassverbindlichkeiten und Eigenverbindlichkeiten des Erben erlangt nur in den Fällen praktische Bedeutung, in denen der Erbe seine Haftung wirksam beschränkt hat. § 1967 Abs. 2 definiert die Nachlassverbindlichkeiten als die „vom Erblasser herrührenden Schulden" und die „den Erben als solchen treffenden Verbindlichkeiten". Üblicherweise wird zwischen Erblasserschulden (→ Rn. 1085 ff.), Erbfallschulden (→ Rn. 1088 ff.), Nachlasskosten- und Nachlassverwaltungsschulden (→ Rn. 1089 ff.) sowie Nachlasserbenschulden (→ Rn. 1092 ff.) unterschieden. Dies erfolgt nicht im Hinblick auf abweichende Rechtsfolgen, da es sich immer um Nachlassverbindlichkeiten handelt. Die einzelnen Gruppen sollen lediglich die **Abgrenzung zu den Eigenschulden des Erben** erleichtern. **1084**

Nachlassverbindlichkeiten

- **Erblasserschulden**: alle Schulden, die noch vom Erblasser herrühren, also vor dem Erbfall in seiner Person entstanden sind.
- **Erbfallschulden**: alle Schulden, die im Zeitpunkt des Erbfalls auftreten (insbes.: Verbindlichkeiten aus Pflichtteilsrechten, Vermächtnissen und Auflagen)
- **Nachlasskosten und Nachlassverwaltungsschulden**: alle Schulden, die im Laufe der Zeit nach dem Erbfall durch die Abwicklung und die Verwaltung des Nachlasses entstehen (z.B. Kosten für Ausstellung des Erbscheins oder Europäischen Nachlasszeugnisses)
- **Nachlasserbenschulden**: alle Verbindlichkeiten, welche die Erben eingehen und den Nachlass betreffen (hierdurch wird sowohl das Eigenvermögen der Erben als auch der Nachlass belastet)

2. Die verschiedenen Arten von Nachlassverbindlichkeiten im Einzelnen

a) Erblasserschulden

Erblasserschulden sind die **„vom Erblasser herrührenden" Schulden** (vgl. § 1967 Abs. 2), soweit sie vererblich sind (→ Rn. 1087). Dies können gesetzliche, vertragliche und außervertragliche Verpflichtungen privatrechtlicher oder öffentlich-rechtlicher Natur sein.[9] **1085**

8 Vgl. MüKoBGB/*Küpper*, 7. Aufl. 2017, § 1967 Rn. 23 m.w.N.
9 Vgl. BeckOGK/*Grüner* § 1967 Rn. 96; Erman/*Horn*, 15. Aufl. 2017, § 1967 Rn. 3.

1086 Unproblematisch ist die Haftung für Verbindlichkeiten, die schon vor dem Erbfall in der Person des Erblassers entstanden waren. Für ein „Herrühren“ vom Erblasser genügt es jedoch auch, wenn der **Rechtsgrund bereits in der Person des Erblassers gelegt** wurde, selbst wenn die Verbindlichkeit erst nach seinem Tod durch Eintritt weiterer Voraussetzungen entsteht bzw. durchsetzbar wird; der Erbe tritt also auch in „schwebende Rechtsbeziehungen“ des Erblassers ein.[10]

Beispiele: Rückforderungsanspruch des Schenkers gem. § 528 gegen den Erben des Beschenkten, wenn die Verarmung des Schenkers erst nach dem Tod des Beschenkten eintritt[11]; Abtretung einer künftigen, erst nach dem Tod des Erblassers entstehenden Forderung durch den Erblasser[12]; Schadensersatzanspruch aus unerlaubter Handlung auch dann, wenn die Rechtsgutsverletzung oder der Schaden erst nach dem Tod des Erblassers eintritt, sofern das Verhalten des Erblassers die objektiven und subjektiven Voraussetzungen einer deliktischen Anspruchsnorm erfüllt hatte[13]; vom Erblasser eingegangene, auf seinen Tod aufschiebend bedingte Verpflichtung zur Rückübertragung eines Grundstücks[14].

1087 Die Verbindlichkeiten des Erblassers gehen jedoch selbstverständlich nur dann auf den Erben über, wenn sie **vererblich** sind. Hiervon kann bei privatrechtlichen Ansprüchen grundsätzlich ausgegangen werden; unvererbliche Ansprüche sind im Bereich des Zivilrechts die Ausnahme.[15] Vgl. zu Einzelfällen von nicht vererblichen Ansprüchen bereits → Rn. 4. Die Vererblichkeit öffentlich-rechtlicher Pflichten richtet sich primär nach den maßgeblichen Normen des öffentlichen Rechts; insofern wird auf die einschlägige öffentlich-rechtliche Spezialliteratur verwiesen.

b) Erbfallschulden

1088 Erbfallschulden sind „die den Erben als solchen“ treffenden Schulden, die **aus Anlass des Erbfalls** in der Person des Erben und **frühestens mit dem Erbfall** entstehen. Dazu gehören zunächst die bereits in § 1967 Abs. 2 genannten Verbindlichkeiten aus Pflichtteilsrechten (→ Rn. 615 ff.), Vermächtnissen (→ Rn. 900 ff.) – auch aus einem gesetzlichen Vermächtnis [dem Voraus (§ 1932) und dem Dreißigsten (§ 1969), → Rn. 99 ff., 934 ff.] und aus einem Vorausvermächtnis (§ 2150, → Rn. 911)[16] – und Auflagen (→ Rn. 937 ff.). Zu den Erbfallschulden zählen zudem die Kosten einer standesgemäßen Bestattung des Erblassers (§ 1968) und die Unterhaltspflicht gegenüber einer werdenden Mutter eines Erben (§ 1963). Eine Erbfallschuld ist ferner auch die Erbschaftsteuer, denn sie entsteht allein aus Anlass des Erbfalls und ohne Zutun des Erben.[17]

10 Vgl. BGH v. 13.11.1996 – IV ZR 62/96, NJW 1997, 521, 522; BGH v. 13.11.2000 – II ZR 52/99, ZEV 2001, 68; OLG Düsseldorf v. 20.4.2016 – I-3 Wx 62/16, ZEV 2016, 382 Rn. 11; LSG NRW v. 20.7.2017 – L 9 SO 240/16, BeckRS 121101 Rn. 43; Staudinger/*Dutta,* 2016, § 1967 Rn. 19.

11 Vgl. BGH v. 7.6.1991 – V ZR 214/89, NJW 1991, 2558.

12 Vgl. BGH v. 9.6.1960 – VII ZR 229/58, BGHZ 32, 367, 369 m.w.N.

13 Vgl. OLG Hamm v. 16.6.1994 – 6 U 227/93, NZV 1995, 276 f.

14 Vgl. OLG Düsseldorf v. 20.4.2016 – I-3 Wx 62/16, ZEV 2016, 382 Rn. 11 f.

15 Vgl. BGH v. 5.6.1985 – IVa ZR 257/83, NJW 1985, 3068, 3069; BGH v. 8.6.1988 – IVa ZR 57/87, NJW 1988, 2729; MüKoBGB/*Küpper,* 7. Aufl. 2017, § 1967 Rn. 9.

16 Vgl. RG v. 13.6.1918 – IV 386/17, RGZ 93, 196 f.

17 Vgl. BFH v. 28.4.1992 – VII R 33/91, BFHE 168, 206; BFH v. 20.1.2016 – II R 34/14, ZEV 2016, 343 Rn. 12; *Brox/Walker*, ErbR, 28. Aufl. 2018, § 37 Rn. 19; BeckOGK/*Grüner* § 1967 Rn. 187; Erman/*Horn,* 15. Aufl. 2017, § 1967 Rn. 6a; *Schlüter/Röthel*, ErbR, 17. Aufl. 2015, § 31 Rn. 16; a.A. OLG Hamm v. 3.7.1990 – 15 W 493/89, OLGZ 1990, 393; Staudinger/*Dutta*, 2016, § 1967 Rn. 33 m.w.N.

c) Nachlasskosten- und Nachlassverwaltungsschulden

Nachlasskosten- oder Nachlassverwaltungsschulden entstehen **anlässlich des Erbfalls**, aber nicht mit, sondern erst ***nach*** **dem Erbfall**. **1089**

Zu den **Nachlasskostenschulden** zählen unter anderem die Kosten der Eröffnung einer Verfügung von Todes wegen (§ 348 f. FamFG), des Gläubigeraufgebots (§§ 1970 ff., → Rn. 1111 ff.), der Inventarerrichtung (§§ 1993 ff., → Rn. 1122 ff.), der Nachlassverwaltung (§ 1981, → Rn. 1139 ff.) und des Nachlassinsolvenzverfahrens (§§ 315 ff., 54, 55 Abs. 1 Nr. 1 InsO, → Rn. 1166 ff.). **1090**

Zu den **Nachlassverwaltungsschulden** gehören zum einen die Verpflichtungen aus Geschäften des Nachlasspflegers, Nachlassverwalters, Nachlassinsolvenzverwalters und Testamentsvollstreckers einschließlich ihrer eigenen Vergütungsansprüche[18]. Zum anderen gehören dazu auch die in ordnungsgemäßer Verwaltung vom Vorerben, dem vorläufigen Erben oder dem endgültigen Erben begründeten Verbindlichkeiten[19]. Eine Erbfallschuld liegt bei diesen Handlungen des (Vor-)Erben jedoch nur vor, wenn er seine Haftung ausdrücklich oder stillschweigend auf den Nachlass beschränkt; hierfür genügt es, dass der Erbe beim Geschäftsabschluss erkennbar zum Ausdruck bringt, dass er nur mit einem Teil seines Vermögens haften will und der Vertragspartner sich hierauf einlässt[20]. Ohne eine solche Haftungsbeschränkung entsteht eine Nachlasserbenschuld.[21] **1091**

Der Begriff der Nachlassverbindlichkeit i.S.v. § 1967 Abs. 2 darf zwar nicht beliebig weit ausgelegt werden, denn durch die **Begründung neuer Nachlassverbindlichkeiten** werden die bisherigen Nachlassgläubiger benachteiligt. Der Erbe ist jedoch ab der Annahme der Erbschaft zur ordnungsgemäßen Verwaltung des Nachlasses verpflichtet (*argumentum e* § 1978 Abs. 1 S. 1). Zudem muss der (vorläufige) Erbe schon vor der Annahme das objektive Interesse der Nachlassgläubiger wahren (vgl. § 1978 Abs. 1 S. 2).[22] Von den im Rahmen der ordnungsgemäßen Verwaltung eingegangenen Verbindlichkeiten kann er Befreiung gem. § 257 i.V.m. §§ 1978 Abs. 3, 683, 670 vorrangig vor den übrigen Nachlassgläubigern (§ 324 Abs. 1 Nr. 1 InsO) verlangen. Diesen Schuldbefreiungsanspruch könnte sich der Vertragspartner ohnehin pfänden und überweisen lassen. Dann kann dem Vertragspartner aber auch gleich ein Direktanspruch gegen das Nachlassvermögen und mithin dem Erben das Recht im Rahmen der ordnungsgemäßen Verwaltung, Nachlassverbindlichkeiten zu begründen, zugebilligt werden.

d) Nachlasserbenschulden

Nachlasserbenschulden sind Verbindlichkeiten, die nach dem Erbfall durch die Verwaltung des Nachlasses entstehen und für die **sowohl der Nachlass als auch das Ei-** **1092**

18 Vgl. MüKoBGB/*Küpper*, 7. Aufl. 2017, § 1967 Rn. 12; *Lange*, ErbR, 2. Aufl. 2017, § 70 Rn. 28.
19 Vgl. grundlegend RG v. 26.3.1917 – IV 398/16, RGZ 90, 91, 95; BGH v. 10.2.1960 – V ZR 39/58, BGHZ 32, 60, 64; ausf. Staudinger/*Dutta*, 2016, § 1967 Rn. 39 ff.
20 Vgl. RG v. 21.1.1935 – IV 311/34, RGZ 146, 343, 346; BGH v. 25.3.1968 – II ZR 99/65, WM 1968, 798; BGH v. 5.7.2013 – V ZR 81/12, NJW 2013, 3446 Rn. 14.
21 Vgl. Staudinger/*Dutta*, 2016, § 1967 Rn. 42.
22 Vgl. MüKoBGB/*Küpper*, 7. Aufl. 2017, § 1978 Rn. 3.

genvermögen des Erben haften.[23] Gegenüber einer Vollstreckung in das Eigenvermögen kann sich der Erbe nicht auf eine beschränkte Erbenhaftung berufen. Das RG sprach in diesen Fällen davon, dass „eine Art Gesamtschuld" vorliege.[24] Dies passt aber jedenfalls beim Alleinerben nicht, denn dieser ist alleiniger Schuldner. Treffender ist es vielmehr, von einem **einheitlichen Schuldverhältnis mit doppeltem Haftungsgegenstand**[25] zu sprechen.

1093 Nachlasserbenschulden entstehen in erster Linie dadurch, dass der Erbe im Rahmen der ordnungsgemäßen Verwaltung des Nachlasses eine Verpflichtung eingeht, **ohne seine Haftung auf den Nachlass zu beschränken** (→ Rn. 1091).[26] Handelt es sich hingegen nicht um eine Maßnahme der ordnungsgemäßen Verwaltung, so entsteht immer – also auch dann, wenn der Erbe die Haftung auf den Nachlass (unwirksamerweise) beschränkt hat – eine Eigenschuld des Erben.[27] Erblasser- und Erbfallschulden können im Einzelfall ebenfalls zu Nachlasserbenschulden werden.[28]

Beispiele: Der Erbe schließt die zur Besorgung der Bestattung des Erblassers nötigen Verträge selbst ab, ohne eine Haftungsbeschränkung zu vereinbaren[29]; der Erbe verletzt schuldhaft eine Pflicht aus einer Erblasserverbindlichkeit und macht sich dadurch schadensersatzpflichtig[30]; nach dem Erbfall fällig werdende Wohngeldschulden sind (jedenfalls auch) Eigenverbindlichkeiten des Erben, wenn ihm das Halten der Wohnung als ein Handeln bei der Verwaltung des Nachlasses zugerechnet werden kann[31].

3. Besonderheiten bei Geschäftsverbindlichkeiten

1094 Zur Haftung des Erben im Falle der Erbfolge in ein **einzelkaufmännisches Unternehmen** → Rn. 1402 ff.. Zur Haftung des Erben für Geschäftsverbindlichkeiten einer **GbR, oHG oder KG** → Rn. 1438 ff.

4. Eigenschulden des Erben (keine Nachlassverbindlichkeiten)

1095 Eigenschulden des Erben sind im Umkehrschluss **alle Verbindlichkeiten, die nicht Nachlassverbindlichkeiten sind**. Relevant wird diese Unterscheidung dann, wenn der Erbe für Nachlassverbindlichkeiten nur beschränkt mit dem Nachlass haftet (denn

---

23 Zur Doppelstellung als Nachlassverbindlichkeit und Eigenschuld: BGH v. 10.2.1960 – V ZR 39/58, NJW 1960, 959, 961 f.; BGH v. 30.3.1978 – VII ZR 244/76, NJW 1978, 1385, 1386; BGH v. 5.7.2013 – V ZR 81/12, NJW 2013, 3446 Rn. 14. Sie fallen nicht unter den erweiterten Gerichtsstand der Erbschaft (§ 28 ZPO): BGH v. 30.3.1978 – VII ZR 244/76, ZEV 2008, 488; OLG Schleswig v. 12.4.2007 – 2 W 66/07, ZEV 2008, 43.

24 Vgl. RG v. 26.3.1917 – IV 398/16, RGZ 90, 91, 93.

25 Vgl. BeckOGK/*Grüner* § 1967 Rn. 201; *Lange,* ErbR, 2. Aufl. 2017, § 70 Rn. 30; *Schlüter/Röthel*, ErbR, 17. Aufl. 2015, § 31 Rn. 20.

26 Vgl. BGH v. 31.1.1990 – IV ZR 326/88, NJW 1990, 1237; BGH v. 5.7.2013 – V ZR 81/12, NJW 2013, 3446 Rn. 14.

27 Vgl. BGH v. 5.7.2013 – V ZR 81/12, NJW 2013, 3446 Rn. 14; *Lange,* ErbR, 2. Aufl. 2017, § 70 Rn. 32.

28 Vgl. *Lange,* ErbR, 2. Aufl. 2017, § 70 Rn. 32.

29 Vgl. MüKoBGB/*Küpper*, 7. Aufl. 2017, § 1968 Rn. 3.

30 Vgl. statt aller MüKoBGB/*Küpper*, 7. Aufl. 2017, § 1967 Rn. 18 m.w.N.; nach a.A. handelt es sich um eine reine Eigenschuld des Erben (so etwa Soergel/*Stein*, 13. Aufl. 2002, § 1967 Rn. 18).

31 Vgl. BGH v. 5.7.2013 – V ZR 81/12, NJW 2013, 3446. Vgl. zum Meinungsstand im Hinblick auf Dauerschuldverhältnisse näher MüKoBGB/*Küpper,* 7. Aufl. 2017, § 1967 Rn. 20 m.w.N.

für Eigenverbindlichkeiten gibt es grundsätzlich keine Haftungsbeschränkung, es sei denn, dass sich aus dem konkreten Rechtsverhältnis etwas anderes ergibt). Eigenschulden sind zunächst alle Verbindlichkeiten, die der Erbe vor dem Erbfall eingegangen ist, da es dann an jeglichem Zusammenhang mit dem Erbfall bzw. Nachlass fehlt. Nach dem Erbfall begründete Verbindlichkeiten können aber selbst dann Eigenschulden sein, wenn ein Zusammenhang mit dem Nachlass besteht; u.U. handelt es sich zugleich um eine Eigen- und Nachlassverbindlichkeit (→ Rn. 1092 f.).

Für die Eigenverbindlichkeiten des Erben haftet der Nachlass nur bis zu einer **Nachlassabsonderung** durch Nachlassverwaltung (→ Rn. 1139 ff.) oder ein Nachlassinsolvenzverfahren → Rn. 1166 ff.). Danach können nur noch die Nachlassgläubiger (wegen Nachlassverbindlichkeiten) auf den Nachlass zugreifen (vgl. § 1984 Abs. 2; § 325 InsO). Andererseits haben jedoch nach der Absonderung auch nur noch die Eigengläubiger des Erben Zugriff auf dessen sonstiges (Eigen)Vermögen. **1096**

III. Möglichkeiten der vorläufigen Haftungsbeschränkung

1. Keine Haftung vor Annahme der Erbschaft

Der Erbe wird zwar sofort mit dem Erbfall – auch schon vor der Annahme der Erbschaft – Schuldner der Nachlassverbindlichkeiten (→ Rn. 575). Allerdings räumt das Gesetz dem Erben eine **sechswöchige Überlegungsfrist** ab Kenntnis vom Anfall der Erbschaft und dem Berufungsgrund ein (§ 1944), während der er die Erbschaft ausschlagen kann. In dieser Zeit soll er sich ungestört einen ersten Überblick über den Nachlass verschaffen können (näher zu Annahme und Ausschlagung → Rn. 574 ff.). **1097**

§ 1958 bestimmt deshalb ausdrücklich, dass ein Anspruch, der sich gegen den Nachlass richtet, **vor der Annahme nicht gerichtlich geltend** gemacht werden kann. Das RG hatte angenommen, dass eine dennoch erhobene Klage mangels Passivlegitimation als unbegründet abzuweisen sei.[32] Dagegen spricht jedoch, dass der Erbe wegen des Grundsatzes des Vonselbsterwerbs sofort mit dem Erbfall Schuldner der Nachlassverbindlichkeit wird. Zudem besteht ein öffentliches Interesse daran, sich später unter Umständen als nutzlos erweisende Prozesse zu verhindern. Nach heute ganz h.M. ist die Klage daher aufgrund fehlender Prozessführungsbefugnis des Erben als unzulässig abzuweisen.[33] **1098**

Hinsichtlich der Zulässigkeit einer **Zwangsvollstreckung** ist danach zu unterscheiden, ob ein Nachlassgläubiger oder ein Eigengläubiger des Erben die Vollstreckung betreibt. Hat ein **Nachlassgläubiger** bereits zu Lebzeiten des Erblassers mit der Zwangsvollstreckung begonnen, so wird sie gem. § 779 Abs. 1 ZPO in den Nachlass fortgesetzt; hierfür ist weder eine Klauselumschreibung (§ 727 ZPO) noch eine erneute Zustellung (§ 750 ZPO) erforderlich. Bis zur Annahme ist eine Vollstreckung jedoch gem. § 778 Abs. 1 ZPO nur in den Nachlass zulässig. Wenn zu Lebzeiten des **1099**

32 Vgl. RG v. 24.2.1905 – VII 628/04, RGZ 60, 179, 181.

33 Vgl. Erman/*J. Schmidt,* 15. Aufl. 2017, § 1958 Rn. 3; MüKoBGB/*Leipold*, 7. Aufl. 2017, § 1958 Rn. 1 und 10 f. m.w.N.

Erblassers noch nicht mit der Zwangsvollstreckung begonnen wurde, aber bereits ein Vollstreckungstitel gegen den Erblasser erwirkt wurde, so ist die Vollstreckungsklausel nach § 727 ZPO umzuschreiben (allerdings ist dies wegen § 1958 nur nach Annahme der Erbschaft möglich[34]). Eine Zwangsvollstreckung durch einen **Eigengläubiger** des Erben in den Nachlass ist gem. § 778 Abs. 2 ZPO vor der Annahme der Erbschaft nicht zulässig.

1100 **Nicht gehindert** ist durch § 1958 die **außergerichtliche Geltendmachung** eines Anspruchs gegenüber dem Nachlass.[35] Analog § 1958 gerät der Erbe jedoch bis zur Annahme **nicht** in **Schuldnerverzug.**[36] Eine Mahnung gegenüber dem Erben bleibt zunächst ohne Wirkung; mit der Annahme durch den (endgültigen) Erben tritt jedoch Schuldnerverzug ein, ohne dass es einer erneuten Mahnung bedürfte.[37]

2. Aufschiebende Einreden des endgültigen Erben

a) Zweck der Schonungseinreden gem. §§ 2014, 2015

1101 Die Dreimonatseinrede des § 2014 und die Aufgebotseinrede des § 2015 (die sog. Schonungseinreden) ermöglichen es dem Erben, die **Nachlassgläubiger** auch **nach Annahme** der Erbschaft zumindest **vorübergehend** noch **abzuwehren**. Grund ist, dass der Erbe auch nach der Annahme noch schutzwürdig ist, weil er sich häufig noch keinen vollständigen Überblick über den Bestand der Aktiva und Passiva des Nachlasses verschaffen konnte. Die Schonungseinreden sollen ihm Zeit verschaffen, um sich Kenntnis über die genaue Zusammensetzung des Nachlasses verschaffen zu können und dann eine informierte Entscheidung darüber treffen zu können, ob und ggf. welche Haftungsbeschränkung er herbeiführen will.[38]

b) Voraussetzungen der Schonungseinreden der §§ 2014, 2015

1102 Die **Dreimonatseinrede** des **§ 2014** berechtigt den Erben, die Berichtigung von Nachlassverbindlichkeiten bis zum Ablauf von drei Monaten nach Annahme der Erbschaft zu verweigern. Sie ist jedoch ausgeschlossen, wenn der Erbe ein ordnungsgemäßes Inventar (§§ 1993 ff.; → Rn. 1122 ff.) errichtet hat, denn dann kennt er bereits den Umfang des Nachlasses und ist nicht mehr schutzbedürftig.

1103 Mit der **Aufgebotseinrede** des **§ 2015** kann der Erbe eine gleichmäßige Befriedigung der Nachlassgläubiger erreichen und unbekannte Gläubiger vor der Vorwegbefriedigung durch einzelne (bekannte) Gläubiger schützen. Bis zur Beendigung des Aufgebotsverfahrens (§§ 1970 ff.; §§ 454 ff. FamFG, → Rn. 1111 ff.) ist er berechtigt, die Befriedigung einer Nachlassverbindlichkeit zu verweigern, wenn er den (ansonsten

34 Vgl. Kindl/Meller-Hannich/Wolf/*Giers,* Gesamtes Recht der Zwangsvollstreckung, 3. Aufl. 2015, § 727 ZPO Rn. 7; Zöller/*Seibel,* 32. Aufl. 2018, § 727 Rn. 14.

35 Vgl. MüKoBGB/*Leipold*, 7. Aufl. 2017, § 1958 Rn. 17; Erman/*J. Schmidt,* 15. Aufl. 2017, § 1958 Rn. 3 m.w.N.

36 Vgl. MüKoBGB/*Leipold*, 7. Aufl. 2017, § 1958 Rn. 18.

37 Vgl. MüKoBGB/*Leipold*, 7. Aufl. 2017, § 1958 Rn. 18; Erman/*J. Schmidt,* 15. Aufl. 2017, § 1958 Rn. 3 m.w.N.

38 Vgl. Prot. V, 784 f.; Staudinger/*Dobler,* 2016, Vorbem. zu §§ 2014-2017 Rn. 1.

nicht fristgebundenen) Antrag auf Erlass eines Aufgebotsverfahrens innerhalb eines Jahres nach Annahme der Erbschaft gestellt hat.

Die Schonungseinreden können nicht nur vom **Erben**, sondern auch von einem **Nachlasspfleger** (→ Rn. 580), einem **Nachlassverwalter** (→ Rn. 1157 ff.) und einem **verwaltenden Testamentsvollstrecker** (→ Rn. 807 ff.) erhoben werden.[39] Wenn bereits vor der Annahme durch den Erben ein Nachlasspfleger bestellt wurde, beginnen die Fristen der §§ 2014, 2015 Abs. 1 gem. § 2017 bereits mit dessen Bestellung; denn bereits ab diesem Zeitpunkt können gegenüber dem Nachlasspfleger Ansprüche gerichtlich geltend gemacht werden (§ 1960 Abs. 3) und der Nachlasspfleger kann gem. § 455 Abs. 2 FamFG ein Aufgebotsverfahren beantragen. Beim verwaltenden Testamentsvollstrecker bleibt es hingegen beim allgemeinen Fristbeginn der Annahme der Erbschaft, denn er kann gem. § 455 Abs. 3 FamFG erst ab diesem Zeitpunkt ein Aufgebotsverfahren beantragen. **1104**

In bestimmten Fällen ist die **Erhebung der aufschiebenden Einreden** jedoch **ausgeschlossen**. Gem. § 2016 Abs. 1 kann der Erbe die Einrede nicht gegenüber Gläubigern geltend machen, denen er unbeschränkt haftet. Gem. § 2016 Abs. 2 i.V.m. § 1971 i.V.m. §§ 50 f. InsO können die Einreden zudem nicht gegenüber Pfandgläubigern und anderen dinglich Berechtigten erhoben werden, soweit sie sich auf die Geltendmachung ihrer dinglichen Ansprüche beschränken. Über § 2016 hinaus ist die Einrede ferner dann ausgeschlossen, wenn der Aufschub den Zweck des jeweiligen Anspruchs vereiteln würde (z.B. in Fällen der § 1963, § 1969, oder der Ansprüche auf Zurverfügungstellung der Miet- oder Pachtsache gem. §§ 535 Abs. 1 S. 1, 581 Abs. 1 S. 1).[40] **1105**

c) Wirkungen der Schonungseinreden der §§ 2014, 2015

aa) Prozessuale Wirkungen. Im **Erkenntnisverfahren** führt die Erhebung der Einreden aus den §§ 2014, 2015 gem. § 305 ZPO zu einer Verurteilung unter dem Vorbehalt der beschränkten Haftung auf den Nachlass. Die Klage wird also nicht – wie bei der Klage gegen den vorläufigen Erben (→ Rn. 1098) – als unzulässig abgewiesen. Mit der Erhebung der Einrede ist die Haftungsbeschränkung ohne gesonderten Antrag im Urteil aufzunehmen.[41] **1106**

Die eigentliche Bedeutung der Einreden zeigt sich jedoch erst im **Vollstreckungsverfahren**. Trotz des Vorbehalts der beschränkten Haftung im Urteil ist die Zwangsvollstreckung gem. § 781 ZPO zunächst zulässig. Der Erbe kann gem. **§ 782 S. 1 ZPO** aufgrund der Schonungseinreden nur verlangen, dass die Zwangsvollstreckung auf sichernde Maßregeln (§§ 930-932 ZPO) beschränkt wird. Dies muss er gem. § 785 ZPO im Wege der Vollstreckungsabwehrklage (§ 767 ZPO) geltend machen. Voraussetzung ist jedoch, dass der Vorbehalt der Haftungsbeschränkung im Urteil aufgenommen wurde.[42] Außerdem darf der Erbe sein Haftungsbeschränkungsrecht dem **1107**

39 Vgl. nur BeckOGK/*Herzog* § 2014 Rn. 20, § 2015 Rn. 10.
40 Vgl. nur BeckOGK/*Herzog* § 2014 Rn. 29, § 2015 Rn. 17.
41 Vgl. MüKoZPO/*Musielak*, 5. Aufl. 2016, § 305 Rn. 4.
42 Wenn der Erbe die Einrede im Erkenntnisverfahren erhoben hat, sie aber nicht ins Urteil aufgenommen wurde, kann gem. § 321 ZPO eine Urteilsergänzung erfolgen, vgl. Zöller/*Feskorn*, ZPO, 32. Aufl. 2018, § 305 Rn. 3.

vollstreckenden Gläubiger gegenüber auch im Zeitpunkt der Zwangsvollstreckung noch nicht verloren haben. **§ 783 ZPO** ergänzt den Schutz des Erben, indem er es ihm auch den Eigengläubigern gegenüber gestattet, die Vollstreckung gem. § 782 ZPO zu beschränken; ein Vorbehalt der beschränkten Haftung im Urteil ist in diesem Fall jedoch nicht vorgesehen.

1108 **bb) Materiell-rechtliche Wirkungen?** Umstritten ist, ob die Einreden aus §§ 2014, 2015 neben prozessualen auch **materiell-rechtliche Wirkungen** entfalten. Ein Teil der Literatur bejaht dies unter Berufung auf den Wortlaut („ist … berechtigt") und die Entstehungsgeschichte der Regelungen.[43] Andere differenzieren und bejahen eine materiell-rechtliche Wirkung nur in Bezug auf die Haftung mit dem Eigenvermögen des Erben.[44] Die h.M.[45] misst den Einreden aus §§ 2014, 2015 hingegen **keine materiell-rechtliche Wirkung** bei. Zugrunde liegt die zutreffende Erwägung, dass es der Billigkeit und einem angemessenen Schutz des Rechtsverkehrs entspricht, dass nicht die Nachlassgläubiger die nachteiligen Folgen der Unübersichtlichkeit des Nachlasses tragen, sondern der Erbe.[46] Konsequenz ist, dass der Erbe trotz der Erhebung der Einrede in Verzug gerät und ggf. Verzugszinsen, Vertragsstrafen und Schadensersatz schuldet.

1109 Im Umkehrschluss aus § 205 ergibt sich, dass die **Verjährung einer Nachlassverbindlichkeit** durch die aufschiebenden Einreden der §§ 2014, 2015 nicht gehemmt wird.[47] Eine Hemmung kann jedoch ggf. nach § 204 oder § 211 eintreten.[48]

d) Ggf. Pflicht zur Geltendmachung der Einreden

1110 Aus dem Umstand, dass der Erbe den Nachlassgläubigern gem. § 1978 für die bisherige Verwaltung haftet, wenn Nachlassverwaltung angeordnet oder ein Nachlassinsolvenzverfahren eröffnet ist (→ Rn. 1151 ff.), kann sich ggf. die **Pflicht** ergeben, die Einreden der §§ 2014, 2015 zu erheben, da sie auch die Nachlassgläubiger schützen.[49] Andererseits kann die Geltendmachung der Einreden jedoch u.U. auch zu einer **Haftung** aus § 1978 Abs. 1 führen, wenn der Erbe schuldhaft nicht erkannt hat, dass der Nachlass offensichtlich zur Befriedigung aller Gläubiger ausreicht.[50]

---

43 Vgl. *Brox/Walker,* ErbR, 28. Aufl. 2018, § 40 Rn. 5; AK/*Teubner*, 1990, § 2014 Rn. 11 f.; *Kipp/Coing*, ErbR, 14. Aufl. 1990, § 100 IV 1.

44 So etwa Staudinger/*Dobler,* 2016, § 2014 Rn. 8.

45 Vgl. RG v. 3.4.1912 – III 259/11, RGZ 79, 201, 204 ff.; *Ebenroth*, ErbR, 1992, Rn. 1107; *Lange/Kuchinke*, ErbR, 5. Aufl. 2001, § 48 III 2; *Schlüter/Röthel*, ErbR, 17. Aufl. 2015, § 31 Rn. 62; Soergel/*Stein*, 13. Aufl. 2002, § 2014 Rn. 4.

46 Vgl. RG v. 3.4.1912 – III 259/11, RGZ 79, 201, 206.

47 Vgl. BeckOGK/*Herzog* § 2014 Rn. 62; *Lange,* ErbR, 2. Aufl. 2017, § 71 Rn. 17.

48 Vgl. BeckOGK/*Herzog* § 2014 Rn. 62; *Lange,* ErbR, 2. Aufl. 2017, § 71 Rn. 17.

49 Vgl. RG v. 3.4.1912 – III 259/11, RGZ 79, 201, 206; BeckOGK/*Herzog* § 2014 Rn. 17.

50 Vgl. Staudinger/*Dobler*, 2016, § 2014 Rn. 6; BeckOGK/*Herzog* § 2014 Rn. 17.

IV. Gläubigeraufgebot und Inventarerrichtung

1. Das Aufgebot der Nachlassgläubiger

a) Zweck des Aufgebots

Gem. § 1970 können die Nachlassgläubiger in einem öffentlichen gerichtlichen Verfahren (**Aufgebotsverfahren**) zur Anmeldung ihrer Forderungen aufgefordert werden. Der Erbe soll durch dieses Aufgebotsverfahren Kenntnis vom Schuldenstand des Nachlasses erlangen; auf dieser Grundlage kann er sich dann entscheiden, ob er zu den Haftungsbeschränkungsmitteln des § 1975 (Nachlassverwaltung, Nachlassinsolvenzverfahren, → Rn. 1139 ff., 1166 ff.) greifen möchte.[51] Außerdem erreicht der Erbe eine Haftungsbeschränkung gegenüber den Gläubigern, die ihre Forderungen *nicht* anmelden (§ 1973, → Rn. 1117). Ferner erleichtert das Aufgebotsverfahren die Errichtung des Inventars und dem Nachlasspfleger (→ Rn. 580), Nachlassverwalter (→ Rn. 1157 ff.) oder Testamentsvollstrecker (→ Rn. 807 ff.) die Verteilung der Masse. **1111**

b) Verfahren

Das BGB bestimmt in § 1970 lediglich die grundsätzliche Zulässigkeit des Aufgebots und in den §§ 1971-1973 die materiell-rechtlichen Fragen. Das Verfahren als solches ergibt sich aus den **§§ 454-464 FamFG**, die durch die allgemeinen Vorschriften über das Aufgebotsverfahren (**§§ 433-441 FamFG**) ergänzt werden. Zuständig ist grundsätzlich das Amtsgericht als Nachlassgericht (§ 23a Abs. 1 S. 1 Nr. 2, Abs. 2 Nr. 7 GVG), dem die Angelegenheiten des Nachlassgerichts obliegen (§ 454 Abs. 2 S. 1 FamFG); welches dies ist, richtet sich nach § 343 FamFG. Funktionell zuständig ist gem. § 3 Nr. 1c RPflG der Rechtspfleger. **1112**

Das Verfahren wird nur auf **Antrag** eröffnet. Antragsberechtigt ist gem. § 455 Abs. 1 FamFG jeder Erbe, sofern er nicht für die Nachlassverbindlichkeiten unbeschränkt haftet. Gem. § 455 Abs. 2 FamFG sind zudem ein Nachlasspfleger (→ Rn. 580), Nachlassverwalter (→ Rn. 1157 ff.) oder Testamentsvollstrecker (→ Rn. 807 ff.) antragsberechtigt, wenn ihnen die Verwaltung des Nachlasses zusteht. Dem Antrag ist gem. § 456 FamFG ein Verzeichnis der bekannten Nachlassgläubiger beizufügen. Im Aufgebot ist den Gläubigern gem. § 458 Abs. 1 FamFG der ihnen drohende Rechtsnachteil bekanntzugeben. Die Aufgebotsfrist muss gem. § 437 FamFG mindestens sechs Wochen betragen und soll gem. § 458 Abs. 2 FamFG sechs Monate nicht überschreiten. Bei der Anmeldung muss der Gläubiger gem. § 459 Abs. 1 S. 1 FamFG den Gegenstand und Grund der Forderung angeben. Das Aufgebotsverfahren endet mit dem Erlass des Ausschließungsbeschlusses (§ 439 FamFG) oder durch Eröffnung eines Nachlassinsolvenzverfahrens (§ 457 Abs. 2 FamFG). **1113**

c) Vom Aufgebotsverfahren betroffene Gläubiger

Grundsätzlich sind *alle* **Nachlassgläubiger** vom Aufgebotsverfahren betroffen – unabhängig davon, ob sie dem Erben bekannt sind, ob ihre Ansprüche bereits im Ver- **1114**

51 Vgl. Mot. V, 643.

zeichnis gem. § 456 FamFG aufgeführt sind, oder ob ihre Ansprüche bereits rechtshängig oder gar tituliert sind.[52]

1115 Bestimmte Gläubiger erleiden allerdings keinen Rechtsnachteil, wenn sie ihre Forderungen nicht anmelden (sog. **nicht betroffene Gläubiger**). Das sind zunächst die in § 1971 genannten Gruppen, denen ein besonderes Sicherungsrecht zusteht. Gem. § 1972 werden zudem Pflichtteilsberechtigte (→ Rn. 615 ff.), Vermächtnisnehmer (→ Rn. 900 ff.) und Auflagenbegünstigte (→ Rn. 937 ff.) durch das Angebot nicht betroffen; ihre Privilegierung wird jedoch aufgrund der Nachrangigkeit ihrer Ansprüche nur selten praktisch relevant[53] (allerdings empfiehlt sich wegen § 1974 gleichwohl die Anmeldung im Aufgebotsverfahren[54]). Nicht betroffen sind ferner die Eigengläubiger des Erben und die Nachlassgläubiger, denen der Erbe unbeschränkbar haftet, sowie Nachlassgläubiger, deren Forderungen erst nach der öffentlichen Bekanntmachung des Aufgebots dem Grunde nach entstanden sind.[55]

d) Wirkung des Ausschließungsbeschlusses: Ausschlusseinrede

1116 Der Ausschließungsbeschluss lässt den Bestand der Forderungen der ausgeschlossenen Gläubiger unberührt.[56] Er führt lediglich dazu, dass die Forderung einredebehaftet ist (sog. **Ausschlusseinrede** bzw. Aufgebotseinrede). Der Gläubiger kann auf seine Forderung daher nach wie vor die Einrede des nichterfüllten Vertrages stützen oder mit ihr gegen Nachlassforderungen aufrechnen (§ 390 steht nicht entgegen, da die Aufrechnungslage sogar durch die Eröffnung eines Nachlassinsolvenzverfahrens unberührt bleibt, vgl. §§ 94 ff. InsO).[57]

1117 Der Erbe hat ein **Leistungsverweigerungsrecht gegenüber** einem **ausgeschlossenen Gläubiger**, soweit der Nachlass durch die Befriedigung der nicht ausgeschlossenen Gläubiger (**§ 1973 Abs. 1 S. 1**) sowie der ausgeschlossenen Gläubiger, zu deren Befriedigung der Erbe rechtskräftig verurteilt ist (**§ 1973 Abs. 2 S. 3**), erschöpft wird. Der Erbe haftet in diesem Fall also auch ohne eine Vermögenssonderung (wie nach §§ 1975 ff., → Rn. 1138 ff.) nur beschränkt.

1118 Ist der Nachlass insofern noch nicht erschöpft, so hat der Erbe den verbleibenden **Überschuss** gem. **§ 1973 Abs. 2 S. 1** zum Zwecke der Befriedigung des Gläubigers im Wege der Zwangsvollstreckung nach den Vorschriften über die Herausgabe einer ungerechtfertigten Bereicherung herauszugeben (Rechtsfolgenverweisung). Der Anspruchsumfang richtet sich nach §§ 818 ff.[58]; „im Wege der Zwangsvollstreckung" meint, dass der Erbe zur Duldung der Zwangsvollstreckung und zur Mitwirkung daran verpflichtet ist[59]. Gem. § 1973 Abs. 2 S. 2 kann der Erbe die Herausgabe durch Zahlung des Wertes abwenden.

52 Vgl. nur BeckOGK/*Herzog* § 1970 Rn. 13 ff.
53 Vgl. dazu Staudinger/*Dutta,* 2016, § 1972 Rn. 2 ff.
54 Vgl. dazu Staudinger/*Dutta,* 2016, § 1972 Rn. 5.
55 Vgl. BeckOGK/*Herzog* § 1970 Rn. 18 f, 26 ff.
56 Vgl. RG v. 10.7.1905 – VI 533/04, RGZ 61, 221.
57 Vgl. Staudinger/*Dutta,* 2016, § 1973 Rn. 5 f.; MüKoBGB/*Küpper,* 7. Aufl. 2017, § 1973 Rn. 2.
58 Vgl. BeckOGK/*Herzog* § 1973 Rn. 34 ff.; Erman/*Horn,* 15. Aufl. 2017, § 1973 Rn. 3.
59 Vgl. MüKoBGB/*Küpper,* 7. Aufl. 2017, § 1973 Rn. 6; *Lange,* ErbR, 2. Aufl. 2017, § 72 Rn. 47.

Der Erbe kann sich also zunächst so verhalten, als wären nur die **nicht ausgeschlossenen Gläubiger** vorhanden; diese kann er in beliebiger Reihenfolge befriedigen[60]. Erst wenn ein ausgeschlossener Gläubiger seine Forderung rechtshängig macht (§ 818 Abs. 4) oder der Erbe Kenntnis davon erlangt, dass ein Gläubiger ausgeschlossen wurde (§§ 819 Abs. 1, 818 Abs. 4), haftet er verschärft.[61] Sobald der Gläubiger seine Forderung (gerichtlich oder außergerichtlich) geltend macht, darf der Erbe Pflichtteilsberechtigte (→ Rn. 615 ff.), Vermächtnisnehmer (→ Rn. 900 ff.) und Auflagenbegünstigte (→ Rn. 937 ff.) nicht mehr vor dem ausgeschlossenen Gläubiger befriedigen (§ 1973 Abs. 1 S. 2).[62] 1119

Der Erbe kann die Einrede bereits **außergerichtlich** erheben und dem Gläubiger die Erschöpfung des Nachlasses darlegen oder den Überschuss herausgeben.[63] In den meisten Fällen wird die Einrede **gerichtlich** geltend gemacht. Wenn der Erbe nachweist, dass der Nachlass völlig wertlos oder erschöpft ist, weist das Gericht die Klage als zurzeit unzulässig ab (nur „zurzeit", weil weitere Nachlassgegenstände auftauchen können).[64] Wenn noch ein Nachlassrest vorhanden ist, wird der Erbe üblicherweise zur Zahlung unter Aufnahme des allgemeinen Beschränkungsvorbehalts des § 780 Abs. 1 ZPO verurteilt; dann kann sich der Erbe gegen die Zwangsvollstreckung in sein Eigenvermögen nach §§ 785, 767 ZPO wehren.[65] 1120

2. Die Verschweigungseinrede

Macht ein Nachlassgläubiger seine Forderung erst später als fünf Jahre nach dem Erbfall geltend (**Verschweigung** bzw. Versäumung), so steht er gem. **§ 1974 Abs. 1** einem ausgeschlossenen Gläubiger gleich. Der Erbe kann dann die **Verschweigungseinrede** erheben und die Befriedigung dieser Forderung verweigern, wenn der Nachlass erschöpft ist. Voraussetzung ist jedoch, dass dem Erben die Forderung weder innerhalb der fünf Jahre bekannt geworden ist, noch dass sie im Aufgebotsverfahren angemeldet wurde. Dinglich Berechtigte werden allerdings gem. §§ 1974 Abs. 3, 1971 von der Verschweigungseinrede nicht betroffen. Für die Befriedigung der Verbindlichkeiten aus Pflichtteilsansprüchen (→ Rn. 615 ff.), Vermächtnissen (→ Rn. 900 ff.) und Auflagen (→ Rn. 937 ff.) trifft § 1974 Abs. 2 eine Sonderregelung, die jedoch kaum praktische Bedeutung hat, da diese Ansprüche dem Erben i.d.R. bekannt sind. 1121

3. Die Inventarerrichtung

a) Begriff und Bedeutung

Das **Inventar** ist ein Verzeichnis des Nachlasses (vgl. die Legaldefinition in § 1993). Gem. § 2001 Abs. 1 sollen im Inventar die bei Eintritt des Erbfalls vorhandenen Nachlassgegenstände und -verbindlichkeiten – also die Aktiva und Passiva des Nach- 1122

60 Vgl. BeckOGK/*Herzog* § 1973 Rn. 27.
61 Vgl. BeckOGK/*Herzog* § 1973 Rn. 42; Erman/*Horn*, 15. Aufl. 2017, § 1973 Rn. 3.
62 Vgl. Staudinger/*Dutta*, 2016, § 1973 Rn. 21.
63 Vgl. MüKoBGB/*Küpper*, 7. Aufl. 2017, § 1973 Rn. 7.
64 Vgl. MüKoBGB/*Küpper*, 7. Aufl. 2017, § 1973 Rn. 8 m.w.N.
65 Vgl. Erman/*Horn*, 15. Aufl. 2017, § 1973 Rn. 7; MüKoBGB/*Küpper*, 7. Aufl. 2017, § 1973 Rn. 8.

lasses – angegeben werden. Gem. § 2001 Abs. 2 soll das Inventar außerdem eine Beschreibung der Nachlassgegenstände, soweit eine solche zur Bestimmung des Wertes erforderlich ist, und die Angabe des Wertes enthalten.

1123 Bei der **Aufnahme des Inventars**, der eigentlichen Erstellung des Verzeichnisses, ist gem. §§ 2002, 2003 zumindest eine amtliche Mitwirkung erforderlich (→ Rn. 1126 ff.). Unter **Inventarerrichtung** wird dagegen die Einreichung eines Inventars beim Nachlassgericht verstanden (vgl. die Legaldefinition in § 1993).

1124 Die Inventarerrichtung ist in erster Linie ein **Informations- und Angriffsmittel für die Gläubiger**.[66] Gem. § 2010 hat das Nachlassgericht die **Einsicht** in das Inventar jedem zu gestatten, der ein rechtliches Interesse glaubhaft macht. Die Nachlassgläubiger können somit anhand des Inventars feststellen, in welche Gegenstände sie vollstrecken dürfen und ob sie nicht besser einen Antrag auf Nachlassverwaltung oder Eröffnung eines Nachlassinsolvenzverfahrens stellen sollten. Zudem wird der Erbe einer **unbeschränkbaren Haftung** unterworfen, wenn er das Inventar nicht fristgerecht errichtet (§ 1994 Abs. 1 S. 2, → Rn. 1135) oder sich der Inventaruntreue (§ 2005, → Rn. 1136) schuldig macht.

1125 Anders als in den meisten europäischen Rechtsordnungen[67] hat die korrekte Inventarerrichtung für den Erben **keine haftungsbeschränkende Wirkung**.[68] Die nur auf dem Papier stattfindende Absonderung des Nachlasses wird dafür als nicht ausreichend angesehen.[69] Der Erbe kann sich durch die ordnungsgemäße Inventarerrichtung lediglich sein Recht erhalten, auch künftig die Haftung noch beschränken zu können.[70] Außerdem wird gem. § 2009 im Verhältnis zu den Nachlassgläubigern vermutet, dass zur Zeit des Erbfalls weitere als die angegebenen Nachlassgegenstände nicht vorhanden waren (→ Rn. 1134).

b) Möglichkeiten der Aufnahme des Inventars

1126 Die Aufnahme des Inventars erfordert gem. §§ 2002, 2003 **zwingend** eine **amtliche Mitwirkung**. Dafür bestehen drei Möglichkeiten:

1127 Erstens kann der **Erbe** das Inventar gem. § 2002 **selbst** unter Zuziehung einer zuständigen Behörde oder eines zuständigen Beamten oder Notars aufnehmen. Die sachliche und örtliche Zuständigkeit richtet sich nach Landesrecht (vgl. Art. 147 EGBGB, § 20 Abs. 1 S. 2 BNotO, § 66 Abs. 1 Nr. 2 BeurkG).[71] Die Einreichung des Inventars beim Nachlassgericht kann der Erbe gem. § 1993 allein vornehmen.

1128 Zweitens kann die Aufnahme des Inventars gem. § 2003 Abs. 1 S. 1 **auf Antrag des Erben** durch einen **vom Nachlassgericht beauftragten Notar** vorgenommen werden. In diesem Fall erfolgt gem. § 2003 Abs. 3 auch die Einreichung des Inventars beim Nachlassgericht durch den Notar.

66 Vgl. MüKoBGB/*Küpper*, 7. Aufl. 2017, § 1993 Rn. 1.
67 Vgl. dazu *Ebenroth*, ErbR, 1992, Rn. 1182 ff.
68 Vgl. Staudinger/*Dobler*, 2016, § 1993 Rn. 2; MüKoBGB/*Küpper*, 7. Aufl. 2017, § 1993 Rn. 1.
69 Vgl. Staudinger/*Dobler*, 2016, Vorbem. zu §§ 1975-1992 Rn. 7.
70 Vgl. Staudinger/*Dobler*, 2016, Vorbem. zu §§ 1975-1992 Rn. 7.
71 In Bayern sind z.B. die Amtsgerichte als Nachlassgerichte zuständig (Art. 8 BayAGGVG); Nachweise der landesrechtlichen Regelungen bei MüKoBGB/*Küpper*, 7. Aufl. 2017, § 2002 Rn. 3.

Drittens kann der Erbe gem. § 2004 auch auf ein bereits beim Nachlassgericht **vorhandenes Inventarverzeichnis Bezug nehmen**, das den Anforderungen der §§ 2002, 2003 entspricht. 1129

Ein nur **privates Inventar** ist – auch wenn es sich um ein öffentlich beglaubigtes Nachlassverzeichnis wie das des Testamentsvollstreckers (§ 2215) oder das des Vorerben (§ 2121) handelt – **unwirksam**.[72] 1130

c) Die Inventarfrist

Gem. § 1994 Abs. 1 S. 1 setzt das Nachlassgericht dem Erben **auf Antrag eines Nachlassgläubigers** eine Inventarfrist. Dies ist auch bereits vor Annahme der Erbschaft möglich (*argumentum e* § 1995 Abs. 2). In den in §§ 2000, 2011 S. 1, 2012 geregelten Sonderfällen ist eine Inventarfristsetzung jedoch unwirksam. Gem. § 1994 Abs. 2 S. 1 muss der Antragsteller seine Forderung glaubhaft machen. Wenn sich allerdings später herausstellt, dass die Forderung gar nicht bestand, ist dies irrelevant (§ 1994 Abs. 2 S. 2). 1131

Die **Inventarfrist** soll gem. § 1995 Abs. 1 S. 1 mindestens einen Monat und höchstens drei Monate betragen. Gem. § 1995 Abs. 3 kann das Nachlassgericht die Inventarfrist auf Antrag des Erben nach seinem Ermessen verlängern. Für die Hemmung gilt § 210 entsprechend (§ 1997). Stirbt der Erbe vor dem Ablauf der Inventarfrist, so endet die Frist gem. § 1998 nicht vor dem Ablauf der für die Erbschaft des Erben vorgeschriebenen Ausschlagungsfrist. War der Erbe ohne sein Verschulden verhindert, das Inventar rechtzeitig zu errichten, die nach den Umständen gerechtfertigte Verlängerung der Inventarfrist zu beantragen oder fristgerecht einen Antrag auf Bestimmung einer neuen Inventarfrist zu stellen, so hat ihm das Nachlassgericht auf Antrag eine neue Inventarfrist zu bestimmen (§ 1996 Abs. 1). Steht der Erbe unter elterlicher Sorge, Vormundschaft oder Betreuung in Nachlassangelegenheiten, so soll das Nachlassgericht gem. § 1999 die Bestimmung der Inventarfrist auch dem Familien- bzw. Betreuungsgericht mitteilen. Zu den Besonderheiten beim Inventar für eine zum Gesamtgut gehörende Erbschaft s. § 2008. 1132

Zur **Wahrung der Inventarfrist** genügt nicht nur die Einreichung des ordnungsgemäßen Inventars beim Nachlassgericht, sondern gem. § 2003 Abs. 1 S. 2 auch die Stellung des Antrags auf amtliche Aufnahme des Inventars sowie gem. § 2004 die Bezugnahme auf ein vorhandenes Inventar innerhalb der Frist. 1133

d) Rechtswirkungen der Inventarerrichtung

Die Rechtswirkungen der **rechtzeitigen Inventarerrichtung** ergeben sich aus § 2009. Danach wird im Verhältnis zwischen dem Erben und den Nachlassgläubigern widerlegbar (vgl. § 292 ZPO) vermutet, dass zur Zeit des Erbfalls keine weiteren als die im Inventar aufgeführten Gegenstände vorhanden gewesen sind. Die Vermutung hat daher lediglich negativen Inhalt, gilt nur im Verhältnis zwischen dem Erben und den Nachlassgläubigern und bezieht sich nur auf die Aktiva des Nachlasses.[73] Bedeutung erlangt die Vermutung, wenn der Erbe den Nachlassgläubigern Rechenschaft ablegen muss, für Nachlassveränderungen haftet oder Nachlassgegenstände herausge- 1134

72 Vgl. MüKoBGB/*Küpper*, 7. Aufl. 2017, § 2002 Rn. 1; *Lange*, ErbR, 2. Aufl. 2017, § 72 Rn. 73.
73 Vgl. Staudinger/*Dobler*, 2016, § 2009 Rn. 2, 4.

ben muss (§§ 1973, 1974, 1978, 1979, 1990 ff., → Rn. 1117, 1121, 1151 ff., 1184 ff.).

1135 Errichtet der Erbe das Inventar **nicht rechtzeitig**, so haftet er gem. § 1994 Abs. 1 S. 2 allen Nachlassgläubigern unbeschränkbar mit seinem Eigenvermögen und dem Nachlass. Die Folgen der **unbeschränkbaren Haftung** regelt § 2013 Abs. 1: Danach finden die §§ 1973-1975, 1977-1980, 1989-1992 (→ Rn. 1117, 1121, 1151 ff., 1184 ff.) keine Anwendung; zudem ist der Erbe nicht mehr berechtigt, die Anordnung einer Nachlassverwaltung (→ Rn. 1139 ff.) zu beantragen. Dem Erben werden also alle Rechtsbehelfe genommen, die ihm das Gesetz sonst gewährt, um die beschränkte Haftung herbeizuführen[74] (s. aber die Rückausnahme in § 2013 Abs. 1 S. 2).

e) Inventaruntreue

1136 Dieselbe Rechtsfolge wie eine nicht rechtzeitige Inventarerrichtung hat auch die sog. **Inventaruntreue** i.S.d. **§ 2005**. Die Vorschrift normiert drei verschiedene Tatbestände:

- Erstens liegt Inventaruntreue gem. § 2005 Abs. 1 S. 1 Alt. 1 vor, wenn der Erbe **absichtlich** eine **erhebliche Unvollständigkeit** der im Inventar enthaltenen Angaben der Nachlassgegenstände herbeiführt. Subjektiv muss der Erbe mit der Unvollständigkeit etwas bezwecken, z.B. um einen Miterben zu benachteiligen. Eine Gläubigerbenachteiligungsabsicht ist – anders als nach Alt. 2 – nicht erforderlich.
- Zweitens ist Inventaruntreue gem. § 2005 Abs. 1 S. 1 Alt. 2 gegeben, wenn der Erbe in der Absicht, die Nachlassgläubiger zu benachteiligen, die **Aufnahme einer nicht bestehenden Nachlassverbindlichkeit** bewirkt.
- Drittens liegt Inventaruntreue gem. § 2005 Abs. 1 S. 2 vor, wenn der Erbe bei der amtlichen Aufnahme des Inventars die Auskunft, zu der er nach § 2003 Abs. 2 verpflichtet ist, verweigert oder absichtlich in erheblichem Maße verzögert. Da hier eigentlich eine Fristversäumung vorliegt, ist § 2005 Abs. 1 S. 2 nur anwendbar, wenn dem Erben eine Inventarfrist gesetzt war.[75]

Ist die Angabe der Nachlassgegenstände unvollständig, ohne dass ein Fall des § 2005 Abs. 1 vorliegt, so kann dem Erben gem. § 2005 Abs. 2 zur Ergänzung eine neue Inventarfrist bestimmt werden. Versäumt er diese, haftet er nach § 1994 Abs. 1 S. 2 unbeschränkbar.

f) Eidesstattliche Versicherung betreffend die Vollständigkeit des Inventars

1137 Gem. § 2006 Abs. 1 kann jeder Nachlassgläubiger vom Erben nach der Errichtung des Inventars verlangen, eidesstattlich zu versichern, dass er die Nachlassgegenstände nach bestem Wissen so vollständig angegeben hat, wie er dazu imstande war. Es besteht allerdings keine einklagbare Pflicht des Erben auf Abgabe einer solchen Versicherung.[76] Es handelt sich vielmehr lediglich um eine **Obliegenheit**: Wenn der Erbe die Abgabe einer solchen Versicherung **verweigert**, so **haftet** er gem. § 2006 Abs. 3 S. 1 gegenüber dem antragstellenden Gläubiger **unbeschränkt**. Das Verhältnis zu

74 Vgl. Staudinger/*Dobler*, 2016, § 2013 Rn. 1.
75 Vgl. MüKoBGB/*Küpper*, 7. Aufl. 2017, § 2005 Rn. 2.
76 Vgl. RG v. 23.6.1930 – IV 59/30, RGZ 129, 239, 241; Staudinger/*Dobler*, 2016, § 2006 Rn. 2.

den übrigen Nachlassgläubigern wird hingegen gem. § 2013 Abs. 2 von der Verweigerung nicht betroffen; ihnen gegenüber haftet der Erbe daher nach wie vor beschränkbar – auch hinsichtlich solcher Rechte, die in § 2013 Abs. 2 nicht aufgeführt sind[77].

V. Möglichkeiten der endgültigen Haftungsbeschränkung

Die Möglichkeiten der endgültigen Haftungsbeschränkung des Erben regeln die §§ 1975-1992. Grundsätzlich ist zur Herbeiführung der beschränkten Haftung eine **Gütersonderung** (Absonderung) nötig. Diese erfolgt bei ausreichendem Nachlassvermögen durch eine **Nachlassverwaltung** (→ Rn. 1139 ff.) und bei (drohender) Zahlungsunfähigkeit und Überschuldung des Nachlasses durch ein **Nachlassinsolvenzverfahren** (→ Rn. 1166 ff.). Bei **dürftigem Nachlass** (vgl. §§ 1990-1992) ist eine Haftungsbeschränkung ausnahmsweise auch ohne Gütersonderung möglich (→ Rn. 1184 ff.). **1138**

1. Nachlassverwaltung

Mit der Anordnung der Nachlassverwaltung wird der Nachlass mit Rückwirkung auf den Erbfall **vom Eigenvermögen des Erben getrenntes Sondervermögen**. Anstelle des Erben ist gem. §§ 1984 Abs. 1, 1985 nur noch der Nachlassverwalter als amtlich bestelltes Organ einer fremden Vermögensmasse mit eigener Parteistellung[78] zur Verwaltung des Nachlasses und zu Verfügungen über Nachlassgegenstände berechtigt (→ Rn. 1143 ff.). Andererseits **haftet** der Erbe gem. **§ 1975** für Nachlassverbindlichkeiten **nur noch** mit dem **Nachlass**. **1139**

a) Antragsberechtigung

Die Nachlassverwaltung erfolgt nur auf Antrag. **Antragsberechtigt** ist gem. § 1981 Abs. 1 zum einen der **Erbe**. Das Nachlassgericht wird dem Antrag jedoch nur entsprechen, wenn die Nachlassmasse die Kosten des Verfahrens deckt (§ 1982), kein Nachlassinsolvenzverfahren (→ Rn. 1166 ff.) eröffnet ist (§ 1988 Abs. 1) und der Erbe noch nicht allgemein unbeschränkbar haftet (§ 2013 Abs. 1 S. 1 Hs. 2, Abs. 2). **1140**

Der Erbe haftet noch nicht allgemein unbeschränkbar, wenn er sein Haftungsbeschränkungsrecht überhaupt nicht oder nur gegenüber einzelnen Gläubigern eingebüßt hat. Das Recht des Erben, die Nachlassverwaltung zu beantragen, ist gem. § 2013 Abs. 2 eben nicht dadurch ausgeschlossen, dass der Erbe (nur) einzelnen Nachlassgläubigern gegenüber unbeschränkt haftet. An der (teilweise) unbeschränkten Haftung ändert die Nachlassverwaltung ebenso wie ein Nachlassinsolvenzverfahren (§ 316 Abs. 1 InsO) aber nichts.

Gem. § 2144 Abs. 1 ist nach Eintritt des Nacherbfalls auch der Nacherbe antragsberechtigt (→ Rn. 1217). Zur Antragsberechtigung der Miterben → Rn. 1210. Ein Er-

77 Vgl. Soergel/*Stein*, 13. Aufl. 2002, § 2013 Rn. 3; Staudinger/*Dobler*, 2016, § 2013 Rn. 9.
78 Vgl. RG v. 4.1.1932 – IV 353/31, RGZ 135, 305, 307; KG v. 29.11.2005 – 1 W 180/03, FamRZ 2006, 559.

beserbe rückt in die Stellung des Erben ein.[79] Antragsberechtigt ist ferner der Erbschaftskäufer (§ 2383 Abs. 1 S. 1) und der verwaltende Testamentsvollstrecker (§ 317 Abs. 1 InsO analog)[80]. Nicht antragsberechtigt ist hingegen nach h.M. der Nachlasspfleger (→ Rn. 580), da er weder für die Gläubigerbefriedigung noch für die Haftungsbeschränkung zu sorgen hat.[81]

1141 Die **Nachlassgläubiger** haben gem. § 1981 Abs. 2 nur ein **sachlich und zeitlich beschränktes Antragsrecht**: In zeitlicher Hinsicht dürfen gem. § 1981 Abs. 2 S. 2 seit der Annahme der Erbschaft nicht mehr als **zwei Jahre** vergangen sein. Sachliche Voraussetzung eines Antrags eines Nachlassgläubigers ist gem. § 1981 Abs. 2 S. 1 eine **Gefährdung der Befriedigung der Nachlassgläubiger**. Diese kann aus dem Verhalten des Erben resultieren, wie z.B. daraus, dass dieser den Nachlass verschleudert oder voreilig einzelne Gläubiger befriedigt.[82] Eine Gefährdung kann aber auch aufgrund der schlechten Vermögenslage des Erben hinsichtlich seines Eigenvermögens bestehen, sodass mit einem Zugriff der Eigengläubiger des Erben auf den Nachlass zu rechnen ist.[83] Nicht ausreichend ist, dass lediglich die Befriedigung eines einzelnen Nachlassgläubigers gefährdet ist.[84] Der Antrag der Nachlassgläubiger ist auch dann noch möglich, wenn ihnen der Erbe bereits unbeschränkbar haftet.[85]

b) Anordnung durch das Nachlassgericht

1142 Zuständig für die Anordnung der Nachlassverwaltung ist das Nachlassgericht (§ 1981 i.V.m. §§ 342 Abs. 1 Nr. 8, 343 FamFG, § 23a Abs. 1 Nr. 2, Abs. 2 Nr. 2 GVG). Die Entscheidung erfolgt durch den **Rechtspfleger**, §§ 3 Nr. 2 lit. c, 16 Abs. 1 Nr. 1 RPflG. Die Anordnung ergeht gem. § 38 FamFG in einem Beschluss, in dem zugleich ein **Nachlassverwalter** bestellt wird.[86] Die Person des Nachlassverwalters hat der Rechtspfleger nach seinem pflichtgemäßen Ermessen zu bestimmen.[87] In der Regel wird dies ein in Nachlass- und Insolvenzverfahren erfahrener Rechtsanwalt sein. Gem. § 1981 Abs. 3 besteht keine Verpflichtung zur Übernahme des Amtes. Die Anordnung wird gem. § 40 Abs. 1 FamFG mit der Bekanntgabe an den Erben wirksam. Darüber hinaus ist die Nachlassverwaltung gem. § 1983 öffentlich bekanntzumachen; dies ist jedoch keine Wirksamkeitsvoraussetzung[88]. Die Beschwerdeberechtigung hängt davon ab, ob dem Antrag stattgegeben wird und ob es sich um einen Antrag eines Nachlassgläubigers gehandelt hat (vgl. §§ 359, 59 Abs. 2 FamFG).

79 Vgl. OLG Jena v. 10.9.2008 – 9 W 395/08, ZEV 2009, 33.
80 Vgl. BeckOGK/*Herzog* § 1981 Rn. 17; MüKoBGB/*Küpper,* 7. Aufl. 2017, § 1981 Rn. 4.
81 Vgl. BayObLG v. 28.6.1976 – 1 Z 27/76, BayObLGZ 1976, 167, 172; Staudinger/*Dobler,* 2016, § 1981 Rn. 13; Erman/*Horn*, 15. Aufl. 2017, § 1981 Rn. 3; a.A. Soergel/*Stein*, 13. Aufl. 2002, § 1981 Rn. 4.
82 Vgl. OLG Düsseldorf v. 22.3.2012 – 3 Wx 24/12, ZEV 2012, 319; MüKoBGB/*Küpper,* 7. Aufl. 2017, § 1981 Rn. 6.
83 Vgl. OLG Düsseldorf v. 22.3.2012 – 3 Wx 24/12, ZEV 2012, 319; MüKoBGB/*Küpper,* 7. Aufl. 2017, § 1981 Rn. 6.
84 Vgl. OLG Düsseldorf v. 22.3.2012 – 3 Wx 24/12, ZEV 2012, 319; Staudinger/*Dobler,* 2016, § 1981 Rn. 22; MüKoBGB/*Küpper,* 7. Aufl. 2017, § 1981 Rn. 6.
85 Vgl. Erman/*Horn,* 15. Aufl. 2017, § 1981 Rn. 4; MüKoBGB/*Küpper,* 7. Aufl. 2017, § 1981 Rn. 5.
86 Vgl. BeckOGK/*Herzog* § 1981 Rn. 82.
87 Vgl. BeckOGK/*Herzog* § 1981 Rn. 90.
88 Vgl. Staudinger/*Dobler,* 2016, § 1983 Rn. 3; MüKoBGB/*Küpper,* 7. Aufl. 2017, § 1983 Rn. 1.

c) Wirkungen der Nachlassverwaltung

aa) Materiell-rechtliche Wirkungen. Mit der Anordnung der Nachlassverwaltung **verliert der Erbe gem. § 1984 Abs. 1 S. 1 materiell-rechtlich** die **Befugnis, den Nachlass zu verwalten und über ihn zu verfügen**. Zudem erlischt auch eine vom Erblasser über den Tod hinaus erteilte Vollmacht.[89] **Verfügungen**, die der Erbe nach der Anordnung der Nachlassverwaltung vornimmt, sind gem. §§ 1984 Abs. 1 S. 2 i.V.m. § 81 Abs. 1 S. 1 InsO in personaler Hinsicht **absolut unwirksam**.[90] Die Unwirksamkeit besteht jedoch nur insoweit, wie die Zwecke der Nachlassverwaltung berührt werden.[91] Insofern kann die Unwirksamkeit in sachlicher Hinsicht als eine „relative" bezeichnet werden.[92] Daher ist z.B. eine Verfügung über den Erbteil als Ganzes (§ 2033 Abs. 1, → Rn. 966 ff.) trotz angeordneter Nachlassverwaltung möglich.[93] 1143

Ein **gutgläubiger lastenfreier Erwerb** vom Erben ist nur noch an Grundstücken möglich, und nur dann, wenn die Anordnung der Nachlassverwaltung nicht im Grundbuch eingetragen wurde und dem Erwerber auch nicht bekannt war (§ 1984 Abs. 1 S. 2 i.V.m. § 81 Abs. 1 S. 2 InsO i.V.m. §§ 892 f.). Ein gutgläubiger Erwerb von beweglichen Sachen, Inhaber- und Orderpapieren ist dagegen ausgeschlossen (*argumentum e contrario e* § 81 Abs. 1 S. 2 InsO).[94] Entgegen einer Mindermeinung[95] ist ein gutgläubiger Erwerb nach h.M. jedoch dann möglich, wenn der Erwerber gutgläubig annimmt, dass der veräußerte Gegenstand nicht zum Nachlass gehöre; denn der Schutzzweck des § 81 Abs. 1 S. 1 InsO erschöpft sich darin, den Schutz des guten Glaubens an die Verfügungsbefugnis auszuschließen.[96] Zudem gilt der Ausschluss der §§ 932 ff., 1032, 1207 nur für den Erben und dessen Stellvertreter, nicht hingegen für **Verfügungen nichtberechtigter Dritter**.[97] Die Rechtsstellung eines Folgeerwerbers bestimmt sich somit wieder nach den allgemeinen Vorschriften.[98] 1144

Leistungen an den Erben nach der Anordnung der Nachlassverwaltung haben für den Schuldner gem. § 1984 Abs. 1 S. 2 i.V.m. § 82 S. 1 InsO nur dann befreiende Wirkung, wenn er die Anordnung zur Zeit der Leistung nicht kannte. Hat der Schuldner vor der öffentlichen Bekanntmachung (§ 1983) geleistet, so wird gem. § 1984 Abs. 1 S. 2 i.V.m. § 82 S. 2 InsO vermutet, dass er die Eröffnung nicht kannte. 1145

bb) Prozessuale Wirkungen. **Prozessual** hat die Anordnung der Nachlassverwaltung den **Verlust der Prozessführungsbefugnis** zur Folge. Für Aktivprozesse ergibt sich dies bereits aus § 1984 Abs. 1 S. 1, da die Verwaltung des Nachlasses auch die 1146

89 Vgl. Staudinger/*Dobler*, 2016, § 1983 Rn. 4 m.w.N.
90 Vgl. RG v. 24.4.1909 – V 61/09, RGZ 71, 38, 39 f.; BGH v. 9.11.1966 – V ZR 176/63, BGHZ 46, 221, 229.
91 Vgl. BGH v. 9.11.1966 – V ZR 176/63, BGHZ 46, 221, 229.
92 Vgl. Staudinger/*Dobler*, 2016, § 1984 Rn. 9.
93 Vgl. Staudinger/*Dobler*, 2016, § 1984 Rn. 9.
94 Vgl. Staudinger/*Dobler*, 2016, § 1984 Rn. 14; MüKoBGB/*Küpper*, 7. Aufl. 2017, § 1984 Rn. 3.
95 Vgl. *Lange/Kuchinke*, ErbR, 5. Aufl. 2001, § 49 III 5 Fn. 90; Staudinger/*Dobler*, 2016, § 1984 Rn. 15 m.w.N.
96 Vgl. MüKoBGB/*Küpper*, 7. Aufl. 2017, § 1984 Rn. 3 m.w.N.
97 Vgl. BeckOGK/*Herzog* § 1984 Rn. 22; MüKoBGB/*Küpper*, 7. Aufl. 2017, § 1984 Rn. 4; a.A. Staudinger/*Dobler*, 2016, § 1984 Rn. 16.
98 Vgl. Soergel/*Stein*, 13. Aufl. 2002, § 1984 Rn. 4.

Prozessführung umfasst. Für Passivprozesse bestimmt § 1984 Abs. 1 S. 3 ausdrücklich, dass nur der Nachlassverwalter prozessführungsbefugt ist. Bereits anhängige Rechtsstreite werden gem. § 241 ZPO unterbrochen; eine Ausnahme gilt nur dann, wenn der Erbe durch einen Prozessbevollmächtigten vertreten wird (§ 246 ZPO).

1147 Die Anordnung der Nachlassverwaltung hat zudem auch auf die **Zwangsvollstreckung** Auswirkungen. Da bei der Nachlassverwaltung der Nachlass zur Befriedigung aller Gläubiger ausreicht, sind gem. § 1984 Abs. 2 Zwangsvollstreckungsmaßnahmen der Nachlassgläubiger in den Nachlass zulässig. Die Eigengläubiger können dagegen – auch wenn der Erbe unbeschränkt haftet – nicht in den Nachlass vollstrecken, da dieser in erster Linie der Befriedigung der Nachlassgläubiger dient. Der Nachlassverwalter kann gegen trotzdem vorgenommene Vollstreckungsmaßnahmen Vollstreckungsabwehrklage erheben (§§ 785, 784 Abs. 2, 767 ZPO). Andererseits kann der Erbe, solange er noch nicht unbeschränkbar haftet, Zwangsvollstreckungsmaßnahmen der Nachlassgläubiger in sein Eigenvermögen abwehren (§§ 785, 784 Abs. 1, 781, 780 ZPO). Der Vorbehalt der beschränkten Erbenhaftung muss dem Erben im Urteil vorbehalten sein (§ 780 Abs. 1 ZPO).

1148 **cc) Nachlasssonderung (separatio bonorum).** Um die Haftungsbeschränkung auf den Nachlass zu effektivieren, ist es erforderlich, dass die im Zeitpunkt des Erbfalls infolge der Universalsukzession miteinander verschmolzenen Vermögensmassen – Eigenvermögen des Erben und Nachlass – **rückwirkend** auf den Erbfall[99] wieder voneinander getrennt werden (sog. **Nachlasssonderung** oder *separatio bonorum*). Diesem Ziel dienen die §§ 1976, 1977.

1149 Gem. **§ 1976** gelten die infolge des Erbfalls durch Vereinigung von Recht und Verbindlichkeit (**Konfusion**) oder von Recht und Belastung (**Konsolidation**) erloschenen Rechtsverhältnisse als nicht erloschen.

1150 Gem. **§ 1977** werden zudem bestimmte (aber nicht alle!) vor der Anordnung der Nachlassverwaltung erklärte **Aufrechnungen** unwirksam. § 1977 Abs. 1 schützt den Erben vor dem Verlust der beschränkten Haftung[100]: Wenn ein Nachlassgläubiger vor Anordnung der Nachlassverwaltung seine Forderung gegen eine Eigenforderung des Erben ohne dessen Zustimmung aufgerechnet hat, so ist die Aufrechnung mit Anordnung der Nachlassverwaltung als nicht erfolgt anzusehen. § 1977 Abs. 2 schützt die Nachlassgläubiger vor Schmälerung des Nachlassvermögens[101], indem er bestimmt, dass Abs. 1 entsprechend gilt, wenn ein Eigengläubiger des Erben seine Forderung gegen eine zum Nachlass gehörende Forderung aufgerechnet hat. Mit Blick auf das Telos der Norm ist es hierbei richtiger Ansicht nach irrelevant, ob der Erbe der Aufrechnung zugestimmt hat oder die Aufrechnung von ihm ausging.[102]

99 Vgl. Mot. V, 631.

100 Vgl. BeckOGK/*Herzog* § 1977 Rn. 5; MüKoBGB/*Küpper*, 7. Aufl. 2017, § 1977 Rn. 1.

101 Vgl. BeckOGK/*Herzog* § 1977 Rn. 5; MüKoBGB/*Küpper*, 7. Aufl. 2017, § 1977 Rn. 1.

102 Vgl. *Brox/Walker*, ErbR, 28. Aufl. 2018, § 39 Rn. 3; *Ebenroth*, ErbR, 1992, Rn. 1135; Erman/*Horn*, 15. Aufl. 2017, § 1977 Rn. 3a; MüKoBGB/*Küpper*, 7. Aufl. 2017, § 1977 Rn. 6; *Lange*, ErbR, 2. Aufl. 2017, § 73 Rn. 139; a.A. RG v. 3.12.1915 – VII 247/15, LZ 1916, 1364, Nr. 9; Staudinger/*Dobler*, 2016, § 1977 Rn. 8 f.; BeckOGK/*Herzog* § 1977 Rn. 20.

Beispiel 1: D hatte gegen den Erblasser E eine Darlehensforderung und schuldet dessen Alleinerben A Mietzins aus einem Mietvertrag über gewerbliche Räume. Die nach dem Erbfall erklärte Aufrechnung des D bleibt gem. § 1977 Abs. 1 auch nach der (späteren) Anordnung der Nachlassverwaltung wirksam, wenn A ihr zugestimmt hat.

Beispiel 2: D schuldete dem Erblasser E die Rückzahlung eines Darlehens und hat eine Mietzinsforderung gegen den Alleinerben A. Die nach dem Erbfall erklärte Aufrechnung des D wird nach der Anordnung der Nachlassverwaltung gem. § 1977 Abs. 2 unwirksam, selbst wenn A ihr zugestimmt hat.

§ 1977 Abs. 2 gilt auch dann, wenn der Erbe unbeschränkbar haftet; denn da die Nachlassgläubiger auch in diesem Fall schutzbedürftig sind, ist § 2013 Abs. 1 S. 1 insoweit teleologisch zu reduzieren.[103]

d) Haftung des Erben für die bisherige Verwaltung

Nicht alle Handlungen des Erben, die seit dem Anfall der Erbschaft erfolgt sind, lassen sich rückgängig machen. Dies gilt insb. für die Veräußerung von Nachlassgegenständen, da die Erwerber dieser Gegenstände schutzbedürftig sind. Für die nicht in den §§ 1976, 1977 erfassten Fälle ordnet **§ 1978** daher die Haftung des Erben für die bisherige Verwaltung an. **1151**

Vor der Annahme der Erbschaft muss sich der (vorläufige) Erbe nicht um den Nachlass kümmern. Tut er es dennoch, so haftet er gem. § 1978 Abs. 1 S. 2 i.V.m. §§ 677 ff. lediglich entsprechend den Vorschriften über die **GoA** (Rechtsfolgenverweisung[104]). Dabei ist nicht auf den wirklichen oder mutmaßlichen Willen einzelner Nachlassgläubiger abzustellen, sondern der Erbe genügt seinen Pflichten bereits dann, wenn er das objektive Interesse der Nachlassgläubiger in ihrer Gesamtheit wahrt.[105] **1152**

Achtung: Wer die Erbschaft ausgeschlagen hat, haftet nicht den Nachlassgläubigern nach § 1978, sondern dem endgültigen Erben nach § 1959 (→ Rn. 579).[106]

Nach der Annahme der Erbschaft bis zur Nachlassabsonderung haftet der Erbe den Nachlassgläubigern gem. § 1978 Abs. 1 S. 1 **wie ein Beauftragter**, d.h. §§ 662 ff. gelten entsprechend (Rechtsfolgenverweisung[107]). Nicht anwendbar sind allerdings diejenigen Regeln des Auftragsrechts, die auf eine rechtsgeschäftliche Übernahme des Auftrags abstellen, d.h. §§ 663, 664 Abs. 1 S. 1, Abs. 2, 665, 669, 671-673.[108] Außerdem muss beachtet werden, dass eine den §§ 2019 Abs. 1, 2111 (→ Rn. 781, 1242 ff.) entsprechende Surrogationsnorm fehlt und auch eine analoge Anwendung nicht in Betracht kommt.[109] Daher hat der Erbe das mit Nachlassmitteln Angeschaffte grundsätzlich nicht herauszugeben, sondern nur Ersatz zu leisten.[110] **1153**

---

103 Vgl. BeckOGK/*Herzog* § 1977 Rn. 21; Erman/*Horn*, 15. Aufl. 2017, § 1977 Rn. 4; MüKoBGB/*Küpper*, 7. Aufl. 2017, § 1977 Rn. 7.

104 Vgl. BeckOGK/*Herzog* § 1977 Rn. 54.

105 Vgl. Staudinger/*Dobler*, 2016, § 1978 Rn. 5; MüKoBGB/*Küpper*, 7. Aufl. 2017, § 1978 Rn. 3.

106 Vgl. OLG Celle v. 9.6.1970 – 10 U 196/69, MDR 1970, 1012, 1013; Staudinger/*Dobler*, 2016, § 1978 Rn. 4.

107 Vgl. BGH v. 13.3.2008 – IX ZR 13/05, ZEV 2008, 237 Rn. 3.

108 Vgl. MüKoBGB/*Küpper*, 7. Aufl. 2017, § 1978 Rn. 4; *Lange*, ErbR, 2. Aufl. 2017, § 73 Rn. 184.

109 Vgl. BGH v. 13.7.1989 – IX ZR 227/87, NJW-RR 1989, 1226.

110 Vgl. MüKoBGB/*Küpper*, 7. Aufl. 2017, § 1978 Rn. 6.

Im Einzelnen kommen folgende Ansprüche gegen den Erben in Betracht:[111]

- Auskunft und Rechenschaft, § 666;
- Herausgabe des Nachlasses, § 667 Alt. 1;
- Herausgabe des Erlangten, § 667 Alt. 2;
- Schadensersatz wegen Verletzung der Herausgabepflicht, §§ 280 Abs. 1, 3, 281 und ggf. Herausgabe des stellvertretenden *commodums* gem. § 285;
- Haftung für unsachgemäße Verwaltung gem. § 280 Abs. 1.

1154 Die **Herausgabe- und Ersatzansprüche** der Nachlassgläubiger gegen den Erben gelten gem. § 1978 Abs. 2 als **zum Nachlass** gehörend. Sie können daher während der Nachlassverwaltung nur vom Verwalter geltend gemacht werden (§ 1985 Abs. 1).

1155 **Tilgt der Erbe Nachlassverbindlichkeiten mit Nachlassmitteln** würde er an sich gem. § 1978 Abs. 1 S. 1 haften. Würde er hierfür sein Eigenvermögen verwenden, hinge sein Aufwendungsersatzanspruch (§§ 1978 Abs. 3, 670) davon ab, ob die Befriedigung eines einzelnen Nachlassgläubigers im Interesse der übrigen Gläubiger lag. Um Zweifelsfälle zu beseitigen und Härten zu vermeiden[112], bestimmt **§ 1979** daher allgemein, dass die Nachlassgläubiger die Berichtigung einer Nachlassverbindlichkeit durch den Erben als für Rechnung des Nachlasses erfolgt gelten lassen müssen, wenn der Erbe den Umständen nach annehmen durfte, dass der Nachlass zur Befriedigung aller Nachlassverbindlichkeiten ausreicht.

1156 Gem. § 1980 Abs. 1 S. 2, Abs. 2 S. 1 macht der Erbe sich gegenüber den Gläubigern **schadensersatzpflichtig**, wenn er trotz Kenntnis oder fahrlässiger Unkenntnis von der Zahlungsunfähigkeit oder Überschuldung des Nachlasses **nicht unverzüglich die Eröffnung des Nachlassinsolvenzverfahrens** beantragt.

e) Rechtsstellung, Aufgaben und Haftung des Nachlassverwalters

1157 Der **Nachlassverwalter** ist nicht etwa gesetzlicher Vertreter (der Nachlassgläubiger oder des Erben), sondern ein **amtlich bestelltes Organ zur Verwaltung einer fremden Vermögensmasse mit eigener Parteistellung**[113]. Ebenso wie beim Nachlassinsolvenzverwalter (→ Rn. 1173) und beim Testamentsvollstrecker (→ Rn. 809) ist auch hier der Amtstheorie der Vorzug zu geben.

§ 1975 definiert die Nachlassverwaltung zwar als „**Nachlasspflegschaft zum Zwecke der Befriedigung der Nachlassgläubiger**", und der Nachlasspfleger ist nach st. Rspr. gesetzlicher Vertreter des Erben (→ Rn. 580)[114]; der Nachlassverwalter hat jedoch gerade nicht nur die Interessen des Erben, sondern auch die der Nachlassgläubiger zu wahren. Zudem ist die Nachlassverwaltung insgesamt eher mit der Nachlassinsolvenzverwaltung als mit der Nachlasspflegschaft vergleichbar.

1158 Der Nachlassverwalter hat gem. § 1985 Abs. 1 den **Nachlass zu verwalten** und die **Nachlassgläubiger zu befriedigen**. Zu diesem Zweck hat er den **Nachlass in Besitz**

111 Vgl. BeckOGK/*Herzog* § 1978 Rn. 26 ff. m.w.N.
112 Vgl. Prot. V, 766; MüKoBGB/*Küpper,* 7. Aufl. 2017, § 1979 Rn. 1.
113 Vgl. BeckOGK/*Herzog* § 1978 Rn. 26 ff. m.w.N.
114 Vgl. RG v. 25.1.1902 – VI II/02, RGZ 50, 394, 395; BGH v. 8.12.2004 – IV ZR 199/03, NJW 2005, 756, 758; OLG Köln v. 15.10.2010 – I-2 Wx 156/10, ZEV 2011, 193, 194.

zu nehmen (*argumentum e contrario e* § 1986 Abs. 1); dabei darf er jedoch nicht eigenmächtig vorgehen (§ 858).[115] Wenn sich der Erbe weigert, die Nachlassgegenstände herauszugeben, muss der Nachlassverwalter mit einer Herausgabeklage vorgehen, da der Anordnungsbeschluss des Nachlassgerichts kein Vollstreckungstitel i.S.v. § 794 Abs. 1 Nr. 3 ZPO ist.[116]

Die gesetzliche **Verpflichtungs- und Verfügungsermächtigung des Nachlassverwalters** ist nicht auf die unmittelbar der Befriedigung der Nachlassgläubiger dienenden Geschäfte beschränkt.[117] Er kann vielmehr alle tatsächlichen und rechtlichen Verfügungen vornehmen, die zum Erhalt und zur Vermehrung des ursprünglichen Bestands des Nachlasses nach den Regeln einer ordnungsgemäßen Wirtschaft erforderlich sind.[118] Die Befugnisse des Nachlassverwalters erstrecken sich jedoch **nicht** auf **höchstpersönliche Rechtsbeziehungen**, in die der Erbe mit dem Erbfall eingerückt ist.[119] **1159**

Dies bedeutet insb., dass der Nachlassverwalter bei einer zum Nachlass gehörenden Beteiligung an einer Personengesellschaft nur die vermögensrechtlichen Befugnisse geltend machen kann; die persönlichen Mitgliedschaftsrechte sind hingegen vom Erben geltend zu machen[120] (z.B. das Wahlrecht des § 139 HGB [→ Rn. 1439 ff.] und der Antrag auf Auflösung der Gesellschaft gem. § 133 HGB[121]).

Nicht mehr zum Aufgabenkreis des Nachlassverwalters gehört auch die Auseinandersetzung unter den Miterben.[122] Nach der Berichtigung der Nachlassverbindlichkeiten darf er gem. § 1986 Abs. 1 den Nachlassüberschuss an die Erben herausgeben. Ein Herausgabeanspruch der Erben entsteht aber erst mit Beendigung der Nachlassverwaltung.[123] **1160**

Da es sich bei der Nachlassverwaltung gem. § 1975 um eine Pflegschaft handelt, sind über den Verweis in § 1915 Abs. 1 bestimmte Regeln des Vormundschaftsrechts entsprechend anwendbar. Dies bedeutet insb., dass der Nachlassverwalter der **Aufsicht des Nachlassgerichts** untersteht (§§ 1837, 1962). Zudem bedarf er in den Fällen der §§ 1821, 1822, 1828-1831– selbst wenn der Erblasser volljährig ist – der Genehmigung des Nachlassgerichts.[124] Abweichend von § 1836 Abs. 1 S. 1 hat der Nachlassverwalter jedoch gem. § 1987 Anspruch auf Vergütung. **1161**

Der Nachlassverwalter **haftet** dem Erben gem. §§ 1915 Abs. 1, 1833 für jedes Verschulden persönlich. Aber auch den Nachlassgläubigern haftet der Nachlassverwalter **1162**

115 Vgl. Staudinger/*Dobler,* 2016, § 1985 Rn. 13.
116 Vgl. KG v. 15.9.1958 – 1 W 1482/58, Staudinger/*Dobler,* 2016, § 1985 Rn. 13; MüKoBGB/*Küpper,* 7. Aufl. 2017, § 1985 Rn. 3.
117 Vgl. RG v. 6.12.1909 – VI 215/09, RGZ 72, 260, 261.
118 Vgl. Mot. V, 627; *Lange,* ErbR, 2. Aufl. 2017, § 73 Rn. 126.
119 Vgl. BGH v. 30.3.1967 – II ZR 102/65, BGHZ 47, 293, 295 f.; *Lange,* ErbR, 2. Aufl. 2017, § 73 Rn. 129.
120 Vgl. BGH v. 30.3.1967 – II ZR 102/65, BGHZ 47, 293, 295 f.; *Lange,* ErbR, 2. Aufl. 2017, § 73 Rn. 129.
121 Vgl. Staudinger/*Dobler,* 2016, § 1985 Rn. 20; *Lange,* ErbR, 2. Aufl. 2017, § 73 Rn. 129.
122 Vgl. RG v. 6.12.1909 – VI 215/09, RGZ 72, 260, 262.
123 Vgl. Staudinger/*Dobler*, 2016, § 1986 Rn. 2.
124 Vgl. BGH v. 7.12.1999 – XI ZR 67/99, ZEV 2000, 155, 157; MüKoBGB/*Küpper*, 7. Aufl. 2017, § 1985 Rn. 2.

gem. § 1985 Abs. 2 S. 1 für jeden durch schuldhafte Pflichtverletzung entstandenen Schaden persönlich. Eine solche Haftung kommt insb. dann in Betracht, wenn er kein Aufgebot der Nachlassgläubiger beantragt, obwohl er Grund hat, das Vorhandensein unbekannter Nachlassverbindlichkeiten anzunehmen (§§ 1985 Abs. 2 S. 2, 1980 Abs. 2 S. 2). Zu einer Schadensersatzpflicht kann ferner auch die Nichtbeantragung der Eröffnung des Nachlassinsolvenzverfahrens führen (§§ 1985 Abs. 2 S. 2, 1980).

f) Ende der Nachlassverwaltung

1163 Die Nachlassverwaltung ist zwar eine Pflegschaft; sie dient jedoch nicht nur der Besorgung einer einzelnen Angelegenheit und endet daher nicht automatisch gem. § 1918 Abs. 3. Das **Nachlassgericht** hat vielmehr gem. §§ 1975, 1919 die Nachlassverwaltung **aufzuheben**, wenn der Grund für ihre Anordnung weggefallen ist, d.h. wenn alle bekannten Verbindlichkeiten berichtigt sind bzw. den Gläubigern Sicherheit geleistet ist (Zweckerreichung, vgl. § 1986).[125] Besonderheiten gegenüber der allgemeinen Pflegschaft ergeben sich aus § 1988: Gem. § 1988 Abs. 1 endet die Nachlassverwaltung kraft Gesetz durch die **Eröffnung des Nachlassinsolvenzverfahrens** (→ Rn. 1166 ff.). Außerdem kann die Nachlassverwaltung gem. § 1988 Abs. 2 aufgehoben werden, wenn sich ergibt, dass eine den Kosten entsprechende **Masse nicht vorhanden** ist. Ferner ist die Nachlassverwaltung aufzuheben, wenn alle noch nicht befriedigten Nachlassgläubiger und der Erbe zustimmen.[126]

Dasselbe gilt, wenn der Erbe, der die Nachlassverwaltung beantragte, die Erbschaft ausschlägt und der Nächstberufene die Aufhebung des Verfahrens betreibt.[127] Wurde die Nachlassverwaltung auf Antrag eines Nachlassgläubigers angeordnet, ist sie nach einem Wechsel in der Person des Erben aufzuheben, wenn die Voraussetzungen des § 1981 Abs. 2 S. 1 (Gefährdung) nicht in der Person des neuen Erben erfüllt sind.[128] Bei Eintritt des Nacherbfalls (→ Rn. 787 ff.) kommt es daher ebenfalls darauf an, wer die Nachlassverwaltung beantragt hatte: Hatte der Vorerbe die Nachlassverwaltung beantragt, ist der bloße Eintritt des Nacherbfalls kein von Amts wegen zu berücksichtigender Aufhebungsgrund.[129]

1164 Der Nachlassverwalter ist gem. §§ 1975, 1915 Abs. 1, 1890 verpflichtet, das verbliebene **Nachlassvermögen** an den Erben bzw. an den Nachlassinsolvenzverwalter **herauszugeben** und über die Verwaltung Rechenschaft abzulegen.

1165 Wenn nach der Aufhebung der Nachlassverwaltung ein noch unbefriedigter Nachlassgläubiger Ansprüche geltend macht, stellt sich die Frage nach der **Haftung des Erben nach Beendigung der Nachlassverwaltung**. Hatte der Erbe bereits vor der Anordnung der Nachlassverwaltung unbeschränkbar gehaftet, besteht diese unbeschränkbare Haftung fort.[130] Andernfalls haftet er nach zutr. h.M. (auch dann, wenn

---

125 Vgl. OLG Düsseldorf v. 8.8.2016 – I-3 Wx 38/16, ZEV 2016, 701, 702; BeckOGK/*Herzog* § 1988 Rn. 13.

126 Vgl. BayObLG v. 28.6.1976 – 1 Z 27/76, FamRZ 1977, 487. 489.

127 Vgl. Staudinger/*Dobler*, 2016, § 1988 Rn. 12; BeckOGK/*Herzog* § 1988 Rn. 13.

128 Vgl. Staudinger/*Dobler*, 2016, § 1988 Rn. 13; BeckOGK/*Herzog* § 1988 Rn. 13.

129 Vgl. MüKoBGB/*Grunsky*, 7. Auf. 2017, § 2144 Rn. 5; Staudinger/*Dobler*, 2016, § 1988 Rn. 14; BeckOGK/*Herzog* § 1988 Rn. 13; a.A. Soergel/*Stein*, 13. Aufl. 2002, § 1988 Rn. 2; RGRK/*Johannsen*, 12. Aufl. 1974, § 2144 Rn. 4.

130 Vgl. Staudinger/*Dobler*, 2016, § 1986 Rn. 9; *Lange*, ErbR, 2. Aufl. 2017, § 73 Rn. 147.

der Nachlassrest zur Deckung der Kosten einer neuerlichen Nachlassverwaltung oder eines Nachlassinsolvenzverfahrens ausreichen würde) weiterhin nur beschränkt auf den Nachlass: Obwohl kein Fall des § 1990 Abs. 1 S. 1 (→ Rn. 1184 ff.) vorliegt, kann der Erbe seine beschränkte Haftung analog § 1990 geltend machen, da er sich auf die Aushändigung eines schuldenfreien Nachlasses verlassen konnte.[131]

2. Nachlassinsolvenz

Das Nachlassinsolvenzverfahren ist eine **besondere Art des Insolvenzverfahrens** über das Vermögen eines Verstorbenen (**§§ 315 ff. InsO**), auf das die Vorschriften über die Restschuldbefreiung (§§ 286 ff. InsO)[132] und das Verbraucherinsolvenzverfahren (§§ 304 ff. InsO)[133] nicht anwendbar sind. Das Nachlassinsolvenzverfahren verfolgt einen **doppelten Zweck:** Zum einen führt es eine Vermögenssonderung herbei, um die Haftung des Erben auf den Nachlass zu beschränken; zum anderen dient es dazu, die Nachlassgläubiger unter Berücksichtigung ihrer Rangfolge gleichmäßig zu befriedigen.[134] Wird zugleich über das Vermögen des Erben das Insolvenzverfahren eröffnet (sog. **Doppelinsolvenz**), fällt der Nachlass in die Insolvenzmasse des Insolvenzverfahrens über das Vermögen des Erben[135]; beide Insolvenzverfahren stehen aber nebeneinander und sind separat abzuwickeln[136]. 1166

a) Antragsberechtigung

Wie jedes Insolvenzverfahren wird auch das Nachlassinsolvenzverfahren gem. § 13 Abs. 1 S. 1 InsO nur auf Antrag eröffnet. **Antragsberechtigt** ist gem. § 317 Abs. 1 InsO jeder Erbe, der Nachlassverwalter (→ Rn. 1157 ff.), ein anderer Nachlasspfleger (→ Rn. 580), der verwaltende Testamentsvollstrecker (→ Rn. 807 ff.) und jeder Nachlassgläubiger. Nicht antragsberechtigt ist dagegen das Nachlassgericht.[137] **Weitere Zulässigkeitserfordernisse** bestehen für den Antrag einzelner Miterben und der Nachlassgläubiger. Stellen nicht alle Erben den Antrag, so ist er gem. § 317 Abs. 2 S. 1 InsO nur zulässig, wenn der **Eröffnungsgrund** glaubhaft gemacht wird. Der Antrag eines Nachlassgläubigers ist gem. § 14 Abs. 1 S. 1 InsO nur zulässig, wenn er ein rechtliches Interesse an der Eröffnung des Insolvenzverfahrens hat sowie seine Forderung und den Eröffnungsgrund glaubhaft macht; außerdem dürfen gem. § 319 InsO seit der Annahme der Erbschaft **nicht mehr als zwei Jahre** vergangen sein. Den Erben und den Nachlassverwalter trifft eine **Antragspflicht**, wenn Zahlungsunfähigkeit oder Überschuldung vorliegen (§§ 1980 Abs. 1 S. 1, 1985 Abs. 2 S. 2). Die Eröffnung des Nachlassinsolvenzverfahrens muss allerdings auch der allgemeine Insol- 1167

131 Vgl. BGH v. 17.12.1953 – IV ZR 101/53, NJW 1954, 635, 636; BGH v. 22.1.1964 – V ZR 25/62, NJW 1964, 811; BeckOGK/*Herzog* § 1988 Rn. 29; MüKoBGB/*Küpper*, 7. Aufl. 2017, § 1986 Rn. 6; *Schlüter/Röthel*, ErbR, 17. Aufl. 2015, § 31 Rn. 86; a.A. Staudinger/*Dobler*, 2016, § 1986 Rn. 10.

132 Vgl. MüKoBGB/*Küpper*, 7. Aufl. 2017, § 1975 Rn. 5 m.w.N.

133 Vgl. BGH v. 21.2.2008 – IX ZB 62/05, ZEV 2008, 350 Rn. 6 ff.

134 Vgl. BGH v. 21.2.2008 – IX ZB 62/05, ZEV 2008, 350 Rn. 11; Uhlenbruck/*Lüer/Weidmüller*, InsO, 15. Aufl. 2019, § 315 Rn. 3.

135 Vgl. BGH v. 11.5.2006 – IX ZR 42/05, ZEV 2006, 405 Rn. 10 f.

136 Vgl. Uhlenbruck/*Lüer/Weidmüller*, InsO, 15. Aufl. 2019, § 331 Rn. 4; Nerlich/Römermann/*Riering*, InsO, 36. EL 2018, § 331 Rn. 4.

137 Vgl. BGH v. 18.2.2009 – IX ZB 29/09, ZEV 2009, 352.

venzverwalter bei überschuldetem Nachlass zum Schutze der Eigengläubiger des Erben beantragen.[138]

b) Eröffnungsgründe

1168 Weitere Voraussetzung der Eröffnung des Nachlassinsolvenzverfahrens ist gem. § 16 InsO das Vorliegen eines **Eröffnungsgrundes.** Eröffnungsgründe für ein Nachlassinsolvenzverfahren sind gem. § 320 S. 1 InsO allgemein die Zahlungsunfähigkeit und die Überschuldung des Nachlasses. **Zahlungsunfähigkeit** liegt gem. § 17 Abs. 2 S. 1 InsO vor, wenn der Erbe nicht mehr in der Lage ist, fällige Zahlungspflichten zu erfüllen; dies ist gem. § 17 Abs. 2 S. 2 InsO i.d.R. bei Zahlungseinstellung anzunehmen. Eine **Überschuldung** liegt gem. § 19 Abs. 2 S. 1 InsO vor, wenn die Nachlassverbindlichkeiten den Wert der Nachlassgegenstände übersteigen. Wenn der Eröffnungsantrag vom Erben, Nachlassverwalter (→ Rn. 1157 ff.), Nachlasspfleger (→ Rn. 580) oder Testamentsvollstrecker (→ Rn. 807 ff.) gestellt ist, so ist gem. § 320 S. 2 InsO auch die **drohende Zahlungsunfähigkeit** Eröffnungsgrund. Sie ist gem. § 18 Abs. 2 InsO gegeben, wenn der Erbe voraussichtlich nicht in der Lage sein wird, die Nachlassverbindlichkeiten im Zeitpunkt der Fälligkeit zu erfüllen. Die drohende Zahlungsunfähigkeit löst allerdings keine Antragspflicht nach § 1980 Abs. 1 S. 1 aus; der Erbe soll in diesem Fall noch die Möglichkeit haben, ohne die Gefahr von Schadensersatzpflichten eine freie Sanierung zu versuchen.[139]

1169 Gem. § 26 Abs. 1 S. 1 InsO weist das Insolvenzgericht den Antrag ab, wenn die **Insolvenzmasse** (also der Nachlass) die **Kosten des Verfahrens** (§ 54 InsO) voraussichtlich nicht abdeckt. Die Annahme der Erbschaft oder die beschränkbare Haftung des Erben sind hingegen gem. § 316 Abs. 1 InsO keine Voraussetzungen für die Eröffnung. Gem. § 316 Abs. 2 InsO ist selbst nach der Teilung des Nachlasses unter den Miterben noch ein Nachlassinsolvenzverfahren zulässig. Ausgeschlossen ist jedoch ein Nachlassinsolvenzverfahren über einen Erbteil (§ 316 Abs. 3 InsO) oder ein Sonderinsolvenzverfahren über ein ererbtes Unternehmen.

c) Eröffnung durch das Insolvenzgericht

1170 International zuständig für die Eröffnung eines (Haupt-)Nachlassinsolvenzverfahrens sind gem. **Art. 3 Abs. 1 UAbs. 1 EuInsVO 2015** die Gerichte des Mitgliedstaats, in dessen Gebiet sich der Mittelpunkt der hauptsächlichen Interessen (*centre of main interests* – COMI) des Erblassers im Zeitpunkt seines Todes befand.[140] Ausschließlich sachlich zuständig ist gem. **§ 2 Abs. 1 InsO** das Amtsgericht als Insolvenzgericht (wobei es eine Zuständigkeitskonzentration auf ein Amtsgericht, in dessen Bezirk das Landgericht seinen Sitz hat, gibt). Örtlich ausschließlich zuständig ist gem. **§ 315 S. 1 InsO**[141] das Insolvenzgericht, in dessen Bezirk der Erblasser einen allgemeinen Gerichtsstand hatte; lag der Mittelpunkt einer selbstständigen wirtschaftlichen Tätigkeit des Erblassers jedoch an einem anderen Ort, so ist gem. § 315 S. 2 InsO ausschließ-

138 Vgl. BGH v. 11.5.2006 – IX ZR 42/05, ZEV 2006, 405 Rn. 18; Uhlenbruck/*Lüer/Weidmüller*, InsO, 15. Aufl. 2019, § 317 Rn. 10.

139 Vgl. BT-Drs. 12/3803, S. 79 f.

140 Vgl. BeckOGK/*J. Schmidt* Art. 76 EuErbVO Rn. 6 m.w.N.

141 § 315 InsO ist *lex specialis* zu § 3 InsO, vgl. Braun/*Bauch*, InsO, 7. Aufl. 2017, § 315 Rn. 7.

lich das Insolvenzgericht örtlich zuständig, in dessen Bezirk dieser Ort liegt. Bis zur Entscheidung über die Eröffnung ist gem. § 18 Abs. 1 Nr. 1 RPflG funktionell ausschließlich der Insolvenzrichter zuständig. Im **Eröffnungsbeschluss** wird der **Insolvenzverwalter** ernannt (§ 27 Abs. 1 S. 1 InsO); zudem werden die Gläubiger aufgefordert, ihre Forderungen innerhalb einer bestimmten Frist beim Insolvenzverwalter anzumelden (§ 28 Abs. 1 InsO) und es wird ein Berichts- und ein Prüfungstermin der Gläubigerversammlung bestimmt (§ 29 InsO). Der Eröffnungsbeschluss wird wirksam, wenn er aufhört, eine interne Angelegenheit des Insolvenzgerichts zu sein, also einem Verfahrensbeteiligten zur Kenntnis gebracht wurde.[142] Gem. § 30 InsO ist der Eröffnungsbeschluss öffentlich bekannt zu machen und den Verfahrensbeteiligten zuzustellen.

d) Insolvenzschuldner und Insolvenzmasse

Insolvenzschuldner ist der **Erbe** als Rechtsträger des Nachlasses, über den das Insolvenzverfahren eröffnet worden ist.[143] Insolvenzschuldner werden der **Nacherbe** mit Eintritt des Nacherbfalls (*argumentum e* § 329 InsO), der **Erbschaftskäufer** mit dem Abschluss des Kaufvertrages (§ 330 Abs. 1 InsO, § 2382 Abs. 1) und der Zweitkäufer bei einem Weiterverkauf (§ 330 Abs. 3 InsO) 1171

Die **Insolvenzmasse** besteht aus dem gesamten im Zeitpunkt der Eröffnung des Verfahrens der Zwangsvollstreckung unterworfenen Nachlassvermögen (vgl. § 35 Abs. 1, 36 InsO).[144] Wie bei der Nachlassverwaltung (→ Rn. 1139 ff.) existieren verschiedene Regelungen, die eine **Rückwirkung** der Vermögenssonderung auf den Zeitpunkt des Erbfalls bezwecken. Insb. gelten die §§ 1976-1978 (→ Rn. 1148 ff.) gleichermaßen auch für das Nachlassinsolvenzverfahren. Außerdem gehört zur Insolvenzmasse, was infolge der **Anfechtung von Rechtshandlungen** (§§ 129 ff. InsO) – insb. einer unentgeltlichen Leistung des Erben (§ 134 InsO) oder der Erfüllung von Pflichtteilsansprüchen (→ Rn. 615 ff.), Vermächtnissen (→ Rn. 900 ff.) oder Auflagen (→ Rn. 937 ff.) durch den Erben vor der Eröffnung des Insolvenzverfahrens (§ 322 InsO) – zurückgewährt wird.[145] Zudem wird die Insolvenzmasse dadurch geschützt, dass **Zwangsvollstreckungsmaßnahmen** in den Nachlass, die nach dem Eintritt des Erbfalls erfolgt sind, gem. § 321 InsO nicht zur Absonderung berechtigen. 1172

e) Wirkungen der Eröffnung des Nachlassinsolvenzverfahrens

Das Recht des Erben, den Nachlass zu verwalten und über Nachlassgegenstände zu verfügen, geht gem. § 80 Abs. 1 InsO im Zeitpunkt der Eröffnung des Insolvenzverfahrens (§ 27 Abs. 2 Nr. 3, Abs. 3 InsO) auf den **Insolvenzverwalter** über. Der Insolvenzverwalter ist nach der ganz herrschenden Amtstheorie Träger eines privaten Amtes, er übt die **Verwaltungs- und Verfügungsbefugnis** als Partei kraft Amtes in eigenem Namen und aus eigenem Recht aus.[146] Hinsichtlich der Verfügungen des Erben 1173

142 Vgl. K. Schmidt/*Keller*, InsO, 19. Aufl. 2016, § 27 Rn. 57 m.w.N.

143 Vgl. Braun/*Bauch*, InsO, 7. Aufl. 2017, § 315 Rn. 3; Nerlich/Römermann/*Riering*, InsO, 36. EL 2018, § 315 Rn. 11.

144 Vgl. Nerlich/Römermann/*Riering*, InsO, 36. EL 2018, § 315 Rn. 23.

145 Vgl. *Lange*, ErbR, 2. Aufl. 2017, § 73 Rn. 164.

146 Vgl. BGH v. 27.10.1983 – I ARZ 334/83, NJW 1984, 739 Rn. 9; BGH v. 14.6.2018 – IX ZR 232/17, NJW 2018, 2494 Rn. 28.

(§ 81 Abs. 1 S. 1 InsO), des gutgläubigen lastenfreien Erwerbs vom Erben (§ 81 Abs. 1 S. 2 InsO) und der Leistungen an den Erben (§ 82 InsO) gelten die Ausführungen zur Wirkung der Anordnung der Nachlassverwaltung entsprechend (→ Rn. 1143 ff.).

1174 Die Eröffnung des Nachlassinsolvenzverfahrens hat gem. § 80 Abs. 1 InsO auch den **Verlust der Prozessführungsbefugnis des Erben** zur Folge. Bereits anhängige Rechtsstreite werden zunächst gem. § 240 ZPO unterbrochen. Der Insolvenzverwalter kann jedoch Aktivprozesse (§ 85 InsO) und bestimmte Passivprozesse (§ 86 InsO) wiederaufnehmen. In den übrigen Fällen können die Nachlassgläubiger ihre Forderungen nicht mehr im herkömmlichen Verfahren einklagen. Vielmehr haben sie diese gem. den §§ 87, 174 ff. InsO zur Tabelle (§ 175 InsO) anzumelden. Sofern sie bestritten werden, kann der Nachlassgläubiger auf Feststellung der Forderung klagen (§§ 179 ff. InsO). **Zwangsvollstreckungsmaßnahmen** einzelner Nachlassgläubiger sind gem. § 89 Abs. 1 InsO während der Dauer des Insolvenzverfahrens weder in die Insolvenzmasse noch in das Eigenvermögen des Erben zulässig.

f) Ablauf des Nachlassinsolvenzverfahrens

1175 Das Nachlassinsolvenzverfahren läuft weitgehend nach den Regeln des allgemeinen Insolvenzverfahrens ab. Es gelten daher insb. grundsätzlich die allgemeinen Regeln für Aussonderung und Absonderung (§§ 47 ff. InsO), Massegläubiger (§§ 53 ff. InsO), Insolvenzgläubiger (§ 38 InsO) und nachrangige Insolvenzgläubiger (§ 39 InsO).

1176 Die **Masseverbindlichkeiten** werden allerdings durch § 324 InsO gegenüber den allgemeinen Vorschriften der §§ 54, 55 InsO in beträchtlichem Umfang erweitert. Masseverbindlichkeiten sind unter anderem auch die Aufwendungen, die dem Erben nach den §§ 1978, 1979 zu ersetzen sind (§ 324 Abs. 1 Nr. 1 InsO), die Kosten der Bestattung des Erblassers (§ 1968) (§ 324 Abs. 1 Nr. 2 InsO), die Verbindlichkeiten aus den von einem Nachlasspfleger (→ Rn. 580) oder einem Testamentsvollstrecker (→ Rn. 807 ff.) vorgenommenen Rechtsgeschäften (§ 324 Abs. 1 Nr. 5 InsO) sowie die Verbindlichkeiten des Erben gegenüber einem Nachlasspfleger, Testamentsvollstrecker oder ausschlagenden Erben, sofern deren Geschäftsführung dem Interesse und dem mutmaßlichen Willen der Nachlassgläubiger entsprochen hat (§ 324 Abs. 1 Nr. 6 InsO, §§ 683 S. 1, 670).

1177 Durch § 327 InsO wird zudem der Kreis der **nachrangigen Insolvenzgläubiger** über § 39 InsO hinaus erweitert. Im Rang *nach* den in § 39 InsO genannten Gläubigern werden gem. § 327 Abs. 1 Nr. 1, Abs. 2 S. 1 InsO die Verbindlichkeiten gegenüber Pflichtteilsberechtigten (→ Rn. 615 ff.) und aus pflichtteilsersetzenden Vermächtnissen erfüllt. Danach folgen gem. § 327 Abs. 1 Nr. 2 InsO die Verbindlichkeiten aus vom Erblasser angeordneten Vermächtnissen (→ Rn. 900 ff.) und Auflagen (→ Rn. 937 ff.). Dabei kann der Erblasser gem. § 327 Abs. 2 S. 2 InsO in der Verfügung von Todes wegen vom grundsätzlich gleichen Rang aller Vermächtnisse und Auflagen abweichen. Gem. § 327 Abs. 3 InsO werden nach §§ 1973, 1974 (→ Rn. 1116 ff.) ausgeschlossene Gläubiger unmittelbar nach den in § 39 InsO genannten Gläubigern befriedigt, es sei denn, dass es sich bei ihren Forderungen um solche des § 327 Abs. 1 InsO handelt.

g) Insolvenzplan

Bei der Nachlassinsolvenz ist auch ein Insolvenzplanverfahren nach §§ **217 ff. InsO** zulässig.[147] Gem. § 217 S. 1 InsO können die Befriedigung der absonderungsberechtigten Gläubiger und der Insolvenzgläubiger, die Verwertung der Insolvenzmasse und deren Verteilung an die Beteiligten sowie die Haftung des Erben nach der Beendigung des Nachlassinsolvenzverfahrens in einem Insolvenzplan abweichend von den Vorschriften der Insolvenzordnung geregelt werden. 1178

h) Ende des Nachlassinsolvenzverfahrens

aa) Aufhebung und Einstellung. Das Nachlassinsolvenzverfahren endet i.d.R. durch **Aufhebungsbeschluss** nach Vollzug der Schlussverteilung (§ 200 Abs. 1 InsO) oder nach der rechtskräftigen Bestätigung des Insolvenzplans (§ 258 Abs. 1 InsO). **Eingestellt** wird das Verfahren mangels Masse (§ 207 ff. InsO), wegen Wegfalls des Eröffnungsgrundes (§ 212 InsO) und auf Antrag des Erben bei Zustimmung aller Nachlassgläubiger (§ 213 InsO). 1179

bb) Haftung des Erben nach Ende des Nachlassinsolvenzverfahrens. Die **bereits unbeschränkbar gewordene Erbenhaftung** schließt zwar nicht die Eröffnung des Insolvenzverfahrens aus (§ 316 Abs. 1 InsO), wohl aber dessen haftungsbeschränkende Wirkungen.[148] Die **Haftung des Erben nach Beendigung des Nachlassinsolvenzverfahrens** richtet sich daher zum einen nach der Haftung vor Beginn des Verfahrens und danach, aus welchem Grund das Verfahren beendet wurde. 1180

Bei einer **Aufhebung des Eröffnungsbeschlusses** (§§ 26, 34 InsO) haftet der Erbe wieder nach den allgemeinen Grundsätzen.[149] Wird das Insolvenzverfahren **mit Zustimmung aller Gläubiger eingestellt**, richtet sich die Haftung in erster Linie nach den zwischen dem Erben und den Gläubigern geschlossenen Verzichtsvereinbarungen. Wird **mangels Masse eingestellt**, richtet sich die Haftung nach den §§ 1990, 1991 (→ Rn. 1184 ff.).[150] 1181

Endet das Nachlassinsolvenzverfahren durch **Verteilung der Masse**, kann der Erbe die Befriedigung der Nachlassgläubiger verweigern, soweit der Nachlass durch das Insolvenzverfahren erschöpft wird (sog. **Erschöpfungseinrede**, §§ 1989, 1973, → Rn. 1080).[151] Der Erbe muss die noch nicht voll befriedigten Nachlassgläubiger weder aus seinem Eigenvermögen noch aus Gegenständen, bezüglich derer eine Nachtragsverteilung stattzufinden hat (§§ 203 ff. InsO), befriedigen. Endet das Nachlassinsolvenzverfahren durch **Insolvenzplan**, so richtet sich die Haftung gegenüber denjenigen Gläubigern, für und gegen die der Insolvenzplan wirkt, in erster Linie 1182

147 Vgl. nur K. Schmidt/*K. Schmidt*, InsO, 19. Aufl. 2016, Vor § 315 Rn. 20 m.w.N.
148 Vgl. HK-InsO/*Marotzke*, 8. Aufl. 2016, § 316 Rn. 3.
149 Vgl. MüKoInsO/*Siegmann*, 3. Aufl. 2014, Vorbem. zu §§ 315 bis 331 Rn. 12; *Lange*, ErbR, 2. Aufl. 2017, § 73 Rn. 176.
150 Vgl. *Lange*, ErbR, 2. Aufl. 2017, § 73 Rn. 177; K. Schmidt/*K. Schmidt*, InsO, 19. Aufl. 2016, Vor § 315 Rn. 22.
151 Vgl. *Lange*, ErbR, 2. Aufl. 2017, § 73 Rn. 179; K. Schmidt/*K. Schmidt*, InsO, 19. Aufl. 2016, Vor § 315 Rn. 22.

nach diesem und nicht nach § 1989; gegenüber den Gläubigern, deren Rechte durch den Insolvenzplan nicht berührt werden (Aussonderungsberechtigte und Massegläubiger; *argumentum e contrario e* § 217 InsO), haftet der Erbe gem. §§ 1989, 1973.[152]

3. Vertragliche Haftungsbeschränkung

1183 Nicht speziell gesetzlich geregelt, aber aufgrund der allgemeinen Vertragsfreiheit **zulässig** sind auch **vertragliche Vereinbarungen** zwischen dem Erben und einzelnen oder allen Nachlassgläubigern betreffend eine **Haftungsbeschränkung.**[153] Solche vertraglichen Vereinbarungen können auch dann noch erfolgen, wenn der Erbe sein Recht zur Haftungsbeschränkung bereits verloren hat.[154] Wenn das Recht eine Nachlassverwaltung zu beantragen, einmal verloren gegangen ist (§ 2013 Abs. 1 S. 1 Hs. 2), kann es jedoch nicht vertraglich „wiederbeschafft" werden.[155] Wird die Vereinbarung erst nach Schluss der letzten mündlichen Verhandlung getroffen, kann sie der Erbe analog §§ 781, 785 ZPO geltend machen, obwohl die Haftungsbeschränkung nicht gem. § 780 Abs. 1 ZPO im Urteil vorbehalten wurde.[156]

4. Haftungsbeschränkung ohne Gütersonderung: Dürftigkeits- und Überschwerungseinrede

a) Zweck der Einreden aus §§ 1990, 1992

1184 Wenn **die Nachlassmasse nicht ausreicht**, um die Kosten einer Nachlassverwaltung oder eines Nachlassinsolvenzverfahrens zu decken, muss dem Erben eine Möglichkeit zur Verfügung gestellt werden, seine Haftung auch ohne Gütersonderung zu beschränken. Stünde ihm hierfür nur die Möglichkeit einer vertraglichen Haftungsbeschränkung offen, befände er sich gegenüber den Nachlassgläubigern in einer schlechten Verhandlungssituation. Unzumutbar erschiene es auch, ihm aufzubürden, die Kosten für eines der oben genannten Verfahren aus dem Eigenvermögen zu zahlen. Daher eröffnet das Gesetz dem Erben die Möglichkeit, seine Haftung in Fällen der **Dürftigkeit (§ 1990) oder Überschwerung des Nachlasses mit Vermächtnissen oder Auflagen (§ 1992)** durch die bloße Erhebung einer Einrede zu beschränken. Eine Trennung der Vermögensmassen findet hier nicht statt; der Erbe bleibt verwaltungs- und verfügungsberechtigt.

b) Voraussetzungen der Einreden aus §§ 1990, 1992

1185 **aa) Dürftigkeitseinrede (§ 1990).** Die **Dürftigkeitseinrede** (§ 1990) setzt die Dürftigkeit des Nachlasses voraus. **Dürftigkeit** ist gegeben, wenn die Anordnung der Nachlassverwaltung oder die Eröffnung des Nachlassinsolvenzverfahrens mangels einer den Kosten entsprechenden Masse nicht tunlich ist (§ 1982; § 26 InsO) oder aus diesem Grund die Nachlassverwaltung aufgehoben (§ 1988 Abs. 2) oder das Nach-

---

152 Vgl. MüKoInsO/*Siegmann*, 3. Aufl. 2014, Vorbem. zu §§ 315 bis 331 Rn. 15.
153 Vgl. bereits RG v. 21.1.1935 – IV 311/34, RGZ 146, 343, 346.
154 Vgl. Staudinger/*Dutta*, 2016, Vorbem. zu §§ 1967–2017 Rn. 17.
155 Vgl. Staudinger/*Dutta*, 2016, Vorbem. zu §§ 1967–2017 Rn. 17.
156 Vgl. Staudinger/*Dutta*, 2016, Vorbem. zu §§ 1967–2017 Rn. 18.

lassinsolvenzverfahren eingestellt worden ist (§§ 207 ff. InsO). Die **Dürftigkeit hat der Erbe zu beweisen.**[157]

Die Aufhebung durch das Nachlassgericht bzw. die Einstellung durch das Insolvenzgericht ist schon nach dem Wortlaut des § 1990 Abs. 1 S. 1 für das Prozessgericht bindend. Eine entsprechende Bindungswirkung kommt jedoch aus prozessökonomischen Gründen auch den Ablehnungsbeschlüssen (§ 1982; § 26 InsO) zu.[158] Der Erbe kann den Nachweis auch auf andere Weise als durch Ablehnung der entsprechenden Verfahrensanträge, z.B. durch eine Inventarerrichtung (→ Rn. 1122 ff.), erreichen. **Maßgeblicher Zeitpunkt** für die Entscheidung über die Dürftigkeit ist der Zeitpunkt der Entscheidung über die Einrede, also der Zeitpunkt der letzten mündlichen Verhandlung.[159] Der Nachlass muss also nicht bereits im Zeitpunkt des Erbfalls dürftig gewesen sein. Jedoch können aufgrund der Verwaltung des Erben Ersatzansprüche der Nachlassgläubiger bestehen, die gem. den §§ 1991 Abs. 1, 1978 Abs. 2 (→ Rn. 1151 ff., 1190) dem Nachlass zugerechnet werden. Schließlich ist Voraussetzung, dass der Erbe dem Nachlassgläubiger gegenüber **nicht unbeschränkbar haftet** (§ 2013).[160] **1186**

Diese Voraussetzung ist erfüllt, wenn der Erbe noch nicht allgemein unbeschränkbar haftet, d.h. sein Beschränkungsrecht noch nicht generell gegenüber allen Gläubigern verloren hat, und es auch gegenüber dem konkreten Gläubiger nicht eingebüßt hat.

Begrifflich lässt sich zwar zwischen der **Dürftigkeitseinrede** (bei einem dürftigen Nachlass), der **Unzulänglichkeitseinrede** (bei schon überschuldetem Nachlass) und der **Erschöpfungseinrede** (wenn gar kein Nachlassgegenstand mehr vorhanden ist) unterscheiden.[161] In der Praxis wird sich häufig erst am Ende der Abwicklung herausstellen, welche Einrede gegeben war. Zudem sind die Rechtsfolgen (abgesehen von der kaum wahrgenommenen Möglichkeit, schon im Erkenntnisverfahren die Klage bei Nachlasserschöpfung abzuweisen) identisch. **1187**

bb) Überschwerungseinrede (§ 1992). Die **Überschwerungseinrede** (§ 1992) kann erhoben werden, wenn die Überschuldung des Nachlasses auf Vermächtnissen (→ Rn. 900 ff.) und Auflagen (→ Rn. 937 ff.) beruht (→ Rn. 931). Das Einrederecht besteht jedoch nur gegenüber Vermächtnisnehmern und Auflagebegünstigten und auch nur dann, wenn der Erbe dem Gläubiger gegenüber nicht unbeschränkbar haftet (§ 2013 Abs. 1 S. 1, Abs. 2).[162] **1188**

---

157 Vgl. BayObLG v. 7.10.1999 – 2Z BR 73/99, ZEV 2000, 151, 153; KG v. 21.11.2002 – 12 U 32/02, NJW-RR 2003, 941, 942; OLG Koblenz v. 31.5.2005 – 3 U 1313/04, NJW-RR 2006, 377, 378; OLG Köln v. 26.9.2014 – 20 U 48/14, BeckRS 2015, 03094.

158 Vgl. BGH v. 13.7.1989 – IX ZR 227/87, NJW-RR 1989, 1226, 1227; OLG Rostock v. 25.6.2008 – 1 U 53/08, ErbR 2009, 99; MüKoBGB/*Küpper,* 7. Aufl. 2017, § 1990 Rn. 3; a.A. *Lange/Kuchinke,* ErbR, 5. Aufl. 2001, § 49 VIII 1 b Fn. 173 (Nachweis dadurch nur in aller Regel erbracht).

159 Vgl. BGH v. 10.11.1982 – IVa ZR 29/81, BGHZ 85, 274, 280 f.; BGH v. 9.2.2011 – IV ZR 228/08, ZEV 2011, 189, 1990; MüKoBGB/*Küpper,* 7. Aufl. 2017, § 1990 Rn. 4; nach a.A. soll es auf den Zeitpunkt der Geltendmachung des Anspruchs ankommen (so etwa *Lange/Kuchinke,* ErbR, 5. Aufl. 2001, § 49 VIII 1); nach einer weiteren Ansicht ist auf den Zeitpunkt der Erhebung der Einrede abzustellen (so etwa Staudinger/*Dobler,* 2016, § 1990 Rn. 7).

160 Vgl. Staudinger/*Dobler,* 2016, § 2013 Rn. 9.

161 Vgl. etwa *Joachim* ZEV 2005, 99, 100; *Schlüter/Röthel,* ErbR, 17. Aufl. 2015, § 31 Rn. 97 ff.

162 Vgl. Staudinger/*Dobler,* 2016, § 2013 Rn. 9; MüKoBGB/*Küpper,* 7. Aufl. 2017, § 1992 Rn. 2.

c) Wirkungen der Einreden aus §§ 1990, 1992

1189 **aa) Materiell-rechtliche Wirkungen.** Materiell führen die Einreden aus den §§ 1990, 1992 nicht zu einer Trennung des Nachlasses vom Eigenvermögen des Erben, es erfolgt also **keine Absonderung**; der die Einrede geltend machende Erbe wird jedoch gem. § 1991 weitgehend so gestellt, als ob eine Gütersonderung stattgefunden hätte.[163] Gem. § 1991 Abs. 2 gelten die infolge des Erbfalls durch Vereinigung von Recht und Verbindlichkeit (**Konfusion**) oder Recht und Belastung (**Konsolidation**) erloschenen Rechtsverhältnisse im Verhältnis zwischen dem Gläubiger und dem Erben als nicht erloschen.

1190 Die **Haftung des Erben** für die Verwaltung des Nachlasses und seine Ansprüche auf Aufwendungsersatz gegen den Nachlass richten sich nach den **§§ 1991 Abs. 1, 1978, 1979** (→ Rn. 1151 ff.). Obwohl im Zuge des Gesetzgebungsverfahrens der Verweis auf § 1980 in § 1991 Abs. 1 gestrichen wurde, besteht heute Einigkeit darüber, dass die einmal entstandene Schadensersatzpflicht nicht deshalb entfällt, weil der Nachlass später dürftig geworden ist; **§ 1980** (→ Rn. 1156) ist daher auch auf den Erben anzuwenden, der sich auf § 1990 beruft.[164]

1191 Problematisch ist, inwieweit im Falle der Geltendmachung der Einrede eine **Aufrechnung** wirksam ist. § 1977 (→ Rn. 1150) wird durch § 1991 nicht für entsprechend anwendbar erklärt. Dennoch können die Nachlassgläubiger **nicht gegen eine Eigenforderung** des Erben aufrechnen, da sie sonst mittelbar doch eine Befriedigung aus dem Eigenvermögen des Erben erreichen könnten, was § 1990 aber gerade verhindern will.[165] **Gegen eine Nachlassforderung** können die Nachlassgläubiger aufrechnen, da dies selbst im Nachlassinsolvenzverfahren nicht ausgeschlossen ist (vgl. §§ 94 f. InsO).[166] Ferner kann (entgegen einer Mindermeinung[167]) auch ein **Eigengläubiger des Erben** gegen eine Nachlassforderung aufrechnen; denn er könnte ja auch in den Nachlass vollstrecken.[168]

1192 Bei der **Befriedigung der Gläubiger** muss der Erbe grundsätzlich keine bestimmte **Reihenfolge** einhalten, da er mit der Einhaltung der Rangfolge der Insolvenzordnung in der Regel überfordert wäre.[169] Sonderregelungen enthalten jedoch § 1991 Abs. 3 und Abs. 4. Aus § 1991 Abs. 3 ergibt sich nach zutr. h.M., dass der Erbe einen Nachlassgläubiger, der einen rechtskräftigen Titel gegen ihn erwirkt hat, vor den anderen Nachlassgläubigern befriedigen muss.[170] Für die Verbindlichkeiten aus Pflichtteilsrechten (→ Rn. 615 ff.), Vermächtnissen (→ Rn. 900 ff.) und Auflagen (→ Rn. 937 ff.) gilt

---

163 Vgl. *Lange,* ErbR, 2. Aufl. 2017, § 73 Rn. 199; BeckOGK/*Herzog* § 1990 Rn. 3 spricht insoweit von einer „fiktiven bilanziellen Trennung von Nachlass und Eigenvermögen".

164 Vgl. BGH v. 2.7.1992 – IX ZR 256/91, NJW 1992, 2694, 2695; BeckOGK/*Herzog* § 1991 Rn. 13 m.w.N.

165 Vgl. BGH v. 27.6.1961 – VI ZR 205/60, NJW 1961, 1966, 1968.

166 Vgl. MüKoBGB/*Küpper,* 7. Aufl. 2017, § 1991 Rn. 6 m.w.N.

167 Vgl. Soergel/*Stein*, 13. Aufl. 2002, § 1990 Rn. 8; AK/*Teubner*, 1990, § 1990 Rn. 19.

168 Vgl. Staudinger/*Dobler,* 2016, § 1990 Rn. 43; MüKoBGB/*Küpper*, 7. Aufl. 2017, § 1991 Rn. 6; *Lange,* ErbR, 2. Aufl. 2017, § 73 Rn. 204.

169 Vgl. MüKoBGB/*Küpper*, 7. Aufl. 2017, § 1991 Rn. 7; *Lange,* ErbR, 2. Aufl. 2017, § 73 Rn. 205.

170 Vgl. BGH v. 29.4.1993 – IX ZR 215/92, NJW 1993, 1851 (zu § 419 Abs. 2 a.F.); BeckOGK/*Herzog* § 1991 Rn. 31 m.w.N.; a.A. Staudinger/*Dobler,* 2016, § 1991 Rn. 17; *Lange/Kuchinke*, ErbR, 5. Aufl. 2001, § 49 VIII 4a.

gem. § 1991 Abs. 4 dasselbe, wie wenn sie im Nachlassinsolvenzverfahren zu berichten wären, d.h. § 327 Abs. 1 Nr. 1-2 InsO (→ Rn. 1177). Welchen Rang ausgeschlossene und säumige Gläubiger (§§ 1973 f.) einnehmen, wird im Gesetz nicht geregelt. Entsprechend des Rechtsgedankens des § 327 Abs. 3 InsO sind sie nach den übrigen Gläubigern, aber vor den sog. nachlassbeteiligten Gläubigern (§ 1991 Abs. 4) zu befriedigen.[171]

Der **Erbe** ist hinsichtlich seiner **eigenen Forderungen** stets einem Gläubiger gleich- **1193** zustellen, der ein rechtskräftiges Urteil erwirkt hat; da er selbst nicht klagen kann, ist § 1991 Abs. 3 analog anzuwenden.[172] Deshalb darf er die Befriedigung von Nachlassgläubigern (soweit deren Forderungen nicht unter § 1991 Abs. 4 fallen) insoweit verweigern, als dies zur Befriedigung seiner eigenen Ansprüche erforderlich ist; Voraussetzung ist allerdings ein Vorbehalt gem. § 780 Abs. 1 ZPO.[173]

bb) Prozessuale Wirkungen. Prozessual muss der Erbe die Einrede bereits im Er- **1194** kenntnisverfahren erheben, auch wenn sich ihre Geltendmachung in der Praxis erst im Zwangsvollstreckungsverfahren auswirkt. Im **Erkenntnisverfahren** steht es im Ermessen des Gerichts, ob es die Einrede sachlich überprüft.[174] Bei völliger Erschöpfung kann das Gericht die Klage als derzeit unzulässig abweisen; sind dagegen noch Nachlassgegenstände vorhanden, kann es bei entsprechendem Antrag den Erben dazu verurteilen, die Vollstreckung in die genannten Gegenstände zu dulden (§ 1990 Abs. 1 S. 2). Regelmäßig wird das Gericht die Sachprüfung in das Zwangsvollstreckungsverfahren verlagern und den Erben daher unter dem Vorbehalt der beschränkten Erbenhaftung (§ 780 Abs. 1 ZPO) verurteilen.

Im **Zwangsvollstreckungsverfahren** kann sich der Erbe gegen Vollstreckungsmaß- **1195** nahmen der Nachlassgläubiger in sein Eigenvermögen mit der Vollstreckungsabwehrklage zur Wehr setzen, §§ 781, 785, 767 ZPO. Voraussetzung ist ein entsprechender Vorbehalt im Urteil (§ 780 Abs. 1 ZPO), soweit dieser nicht ausnahmsweise gem. § 780 Abs. 2 ZPO entbehrlich ist.[175] Gem. § 1990 Abs. 2 kann der Erbe die Einrede auch gegenüber Nachlassgläubigern, die nach dem Erbfall ein dingliches Sicherungsrecht im Wege der Zwangsvollstreckung oder eine Vormerkung durch einstweilige Verfügung erlangt haben, erheben. Zwangsvollstreckungsmaßnahmen derartiger Gläubiger in sein Eigenvermögen und – sofern der Erbe zur Einhaltung einer bestimmten Reihenfolge der Gläubigerbefriedigung verpflichtet ist – in das Nachlassvermögen kann der Erbe ebenfalls mit der Vollstreckungsabwehrklage abwehren. Schließlich kann der Erbe auch einen Eigengläubiger, der versucht, in den Nachlass zu vollstrecken, abwehren; insoweit gilt § 784 Abs. 2 ZPO analog, weil der Erbe als „Verwalter" des dürftigen Nachlasses handelt.[176]

---

171 Vgl. BeckOGK/*Herzog* § 1991 Rn. 35; Erman/*Horn*, 15. Aufl. 2017, § 1991 Rn. 5; MüKoBGB/*Küpper*, 7. Aufl. 2017, § 1991 Rn. 10.

172 Vgl. RG v. 12.1.1933 – IV 353/32, RGZ 139, 199, 202; BeckOGK/*Herzog* § 1991 Rn. 33.

173 Vgl. BeckOGK/*Herzog* § 1991 Rn. 33; MüKoBGB/*Küpper*, 7. Aufl. 2017, § 1991 Rn. 8.

174 Vgl. MüKoBGB/*Küpper*, 7. Aufl. 2017, § 1990 Rn. 15 m.w.N.

175 Vgl. MüKoBGB/*Küpper*, 7. Aufl. 2017, § 1990 Rn. 15.

176 Vgl. *Brox/Walker*, ErbR, 28. Aufl. 2018, § 40 Rn. 11; *Lange/Kuchinke*, ErbR, 5. Aufl. 2001, § 49 VIII 8 e; MüKoBGB/*Küpper*, 7. Aufl. 2017, § 1990 Rn. 7 m.w.N.

VI. Haftung von Miterben

1196 Die §§ **1967–2017**, welche allgemein die Haftung für den Alleinerben regeln, gelten grundsätzlich auch für jeden Miterben. Ergänzt werden diese Bestimmungen durch die §§ **2058–2063**, die die Besonderheiten im Verhältnis mehrerer Erben zu den Nachlassgläubigern betreffen.

1. Mögliche Haftungssysteme und Interessenlage

1197 Der Alleinerbe kann entweder unbeschränkt oder beschränkt haften, ggf. auch nur gegenüber bestimmten Gläubigern beschränkt und gegenüber anderen unbeschränkt. Sind mehrere Erben vorhanden, stellt sich zusätzlich die Frage, ob sie als Gesamtschuldner für die ganze Schuld oder nur für den ihrer Erbquote entsprechenden Teil haften sollen. Theoretisch sind daher vier verschiedene **Haftungsszenarien** möglich: Der einzelne Miterbe kann entweder

- unbeschränkt und gesamtschuldnerisch, oder
- beschränkt und gesamtschuldnerisch, oder
- unbeschränkt und teilschuldnerisch, oder
- beschränkt und teilschuldnerisch

haften. Den **Interessen des Miterben** würde eine beschränkte und nur teilschuldnerische Haftung am besten gerecht. Immerhin sind die Nachlassgläubiger aufgrund der Verwaltungs- und Verfügungsbeschränkungen der Miterben vor der Nachlassteilung besser vor einer Schmälerung des Nachlasses geschützt. Ihre Interessen werden daher nicht vernachlässigt, wenn jeder Miterbe nur beschränkt haftet. **Nach erfolgter Teilung** sind sie dann aber ebenso schutzbedürftig wie die Nachlassgläubiger gegenüber einem Alleinerben. Die **Eigengläubiger der Miterben** würden natürlich eine Vergrößerung des ihnen jeweils haftenden Vermögens begrüßen, müssen sich aber auf das Eigenvermögen ihrer Schuldner verweisen lassen.

2. Haftung vor Annahme der Erbschaft

1198 Die §§ 2058 ff. enthalten keine die Haftung vor Annahme der Erbschaft modifizierenden Bestimmungen. Die Miterben können daher gem. **§ 1958** (→ Rn. 1098) vor der Annahme gerichtlich **nicht für Nachlassverbindlichkeiten** in Anspruch genommen werden.

3. Haftung zwischen Annahme der Erbschaft und Teilung des Nachlasses

a) Gesamtschuld- und Gesamthandsklage

1199 Den Nachlassgläubigern stehen bis zur Nachlassteilung zwei Vermögensmassen zur Verfügung, in die sie vollstrecken können: Der (ungeteilte) **Nachlass** als Gesamthandsvermögen und das jeweilige **Eigenvermögen** (inklusive Miterbenanteil) der einzelnen Miterben. Der Nachlassgläubiger hat zwei Möglichkeiten: Er kann entweder (1) einen, mehrere oder alle Miterben als Gesamtschuldner mit ihrem Eigenvermögen in Anspruch nehmen (**Gesamtschuldklage, § 2058**) oder (2) Befriedigung nur aus dem ungeteilten Nachlass verlangen (**Gesamthandsklage, § 2059 Abs. 2**).

Mit der **Gesamtschuldklage** nimmt der Nachlassgläubiger das **Eigenvermögen** des Miterben in Anspruch. Dazu gehört auch dessen Miterbenanteil als solcher (vgl. § 2033 Abs. 1, § 859 Abs. 2 ZPO). Deshalb kann der Nachlassgläubiger sich auch **aus den Nachlassgegenständen befriedigen**, wenn er gegenüber *allen* Erben – egal ob in einem oder in mehreren Prozessen – einen Titel erstritten hat.[177] Denn wenn ihm alle Miterbenanteile haften, so haftet ihm auch der Nachlass.[178] Zudem verlangt § 747 ZPO nur einen Titel gegen alle Erben, aber keinen einheitlichen Titel.[179] Zwischen mehreren beklagten Miterben besteht bei der Gesamtschuldklage wegen § 425 Abs. 2 lediglich eine einfache Streitgenossenschaft (§ 59 ZPO).[180] Wichtig ist, dass jeder Miterbe, der von § 780 Abs. 1 ZPO Gebrauch gemacht hat, dem Nachlassgläubiger gem. § 2059 Abs. 1 S. 1 entgegenhalten kann, dass er nur mit seinem Anteil am (ungeteilten) Nachlass – d.h. mit seinem Miterbenanteil – haftet (→ Rn. 1207).[181] 1200

Die **Gesamthandsklage** ermöglicht dem Gläubiger nur den Zugriff auf den ungeteilten Nachlass – nicht auf das Eigenvermögen der Miterben. Werden die Miterben mit einer Gesamthandsklage in Anspruch genommen, sind sie aus materiell-rechtlichen Gründen notwendige Streitgenossen i.S.d. § 62 Abs. 1 Alt. 2 ZPO.[182] 1201

Der Nachlassgläubiger hat grundsätzlich ein freies **Wahlrecht**, ob er im Wege der Gesamtschuld- oder der Gesamthandsklage vorgeht.[183] 1202

Problematisch sind allerdings sog. **„echte Gesamthandsverbindlichkeiten"**, d.h. solche, bei denen die Erfüllung des Anspruchs aufgrund der gesamthänderischen Bindung eine gemeinsame Verfügung aller Miterben erforderlich macht (z.B. ein Anspruch auf Berichtigung des Grundbuchs oder auf Auflassung). Hier wird teilweise ein Zwang zur Gesamthandsklage angenommen.[184] BGH und h.L. lassen es jedoch zu Recht auch zu, dass der Gläubiger die einzelnen Miterben im Wege der Gesamtschuldklage auf Mitwirkung in Anspruch nimmt.[185]

Ob eine **Gesamtschuld- oder Gesamthandsklage** erhoben wurde, ist durch Auslegung des Klageantrags zu ermitteln.[186] Die Klagen können auch gleichzeitig oder nacheinander erhoben werden, ohne dass deshalb die Rechtshängigkeit der jeweils anderen Klage entgegensteht, da sie auf die Vollstreckung in verschiedene Vermögensmassen gerichtet sind.[187] Zudem kann ein Nachlassgläubiger auch noch nach 1203

177 Vgl. bereits RG v. 10.7.1909 – V 43/08, RGZ 71, 366, 371.
178 Vgl. bereits RG v. 10.7.1909 – V 43/08, RGZ 71, 366, 371.
179 Vgl. bereits RG v. 10.7.1909 – V 43/08, RGZ 71, 366, 371.
180 Vgl. BGH v. 24.4.1963 – V ZR 16/62, NJW 1963, 1611.
181 Vgl. RG v. 3.12.1928 – IV 174/28, JW 1929, 584; BGH v. 10.2.1988 – IVa ZR 227/86, NJW-RR 1988, 710.
182 Vgl. BGH v. 24.4.1963 – V ZR 16/62, NJW 1963, 1611; BGH v. 4.6.2014 – IV ZR 348/13, ZEV 2014, 543 Rn. 29; MüKoBGB/*Ann*, 7. Aufl. 2017, § 2059 Rn. 22.
183 Vgl. Prot. V, 868; BGH v. 4.6.2014 – IV ZR 348/13, ZEV 2014, 543 Rn. 29; *Lange*, ErbR, 2. Aufl. 2017, § 75 Rn. 38; *Schlüter/Röthel*, ErbR, 17. Aufl. 2015, § 32 Rn. 109.
184 So etwa OLG Naumburg v. 16.1.1997 – 3 U 38/96, NJW-RR 1998, 308 (für einen Anspruch auf Grundbuchberichtigung).
185 Vgl. BGH v. 24.4.1963 – V ZR 16/62, NJW 1963, 1611, 1612; MüKoBGB/*Ann*, 7. Aufl. 2017, § 2059 Rn. 23; Staudinger/*Dobler*, 2016, § 2058 Rn. 60 ff.; *Lange*, ErbR, 2. Aufl. 2017, § 75 Rn. 38.
186 Vgl. BGH v. 24.4.1963 – V ZR 16/62, NJW 1963, 1611, 1612; Erman/*Bayer*, 15. Aufl. 2017, § 2058 Rn. 2a; *Lange*, ErbR, 2. Aufl. 2017, § 75 Rn. 39.
187 Vgl. MüKoBGB/*Ann*, 7. Aufl. 2017, § 2058 Rn. 25; *Lange*, ErbR, 2. Aufl. 2017, § 75 Rn. 15.

Rechtshängigkeit von der einen zur anderen Klage übergehen (§ 264 Nr. 2 ZPO), da er dadurch sein Klagebegehren lediglich einschränkt oder erweitert.[188]

b) Haftungsbeschränkung gegenüber der Gesamthandsklage

1204 Mit der Gesamthandsklage verlangt der Nachlassgläubiger nur die Duldung der Zwangsvollstreckung in den Nachlass. Die Miterben können daher nur solche **Einwände** vorbringen, **die einer Haftung des Nachlasses entgegenstehen**, wie z.B. Nichtentstehung, Stundung, Verjährung oder Erlöschen der Forderung.[189] Als erbrechtliche Besonderheiten kommen lediglich die Dreimonatseinrede und die Aufgebotseinrede hinzu (§§ 2014 ff. [→ Rn. 1101 ff.]; §§ 782, 783, 785 ZPO).

c) Haftungsbeschränkung gegenüber der Gesamtschuldklage

1205 Die Haftungsbeschränkungsmöglichkeiten eines Miterben gegenüber einer Gesamtschuldklage ergeben sich **primär** aus den **Regelungen**, die auch für den **Alleinerben** gelten. Daher wird im Folgenden nur auf die **Besonderheiten** eingegangen, die sich im Falle eines Miterben im Hinblick auf die vorläufigen Haftungsbeschränkungsmöglichkeiten, das Gläubigeraufgebot und die Inventarerrichtung, die Nachlassverwaltung und das Nachlassinsolvenzverfahren ergeben.

1206 Jeder Miterbe kann von der allgemeinen **vorläufigen Haftungsbeschränkungsmöglichkeit** der Einreden der **§§ 2014, 2015** (→ Rn. 1101 ff.) Gebrauch machen (eine Ausnahme gilt nur, wenn der Miterbe dem Nachlassgläubiger gegenüber unbeschränkbar haftet).

1207 Darüber hinaus gibt **§ 2059 Abs. 1 S. 1** jedem Miterben ein besonderes Verweigerungsrecht. **Bis zur Teilung des Nachlasses** (also nur vorläufig) kann ein Miterbe, der noch nicht unbeschränkbar haftet (vgl. § 2059 Abs. 1 S. 2), seine **Haftung auf den Miterbenanteil beschränken**. Wenn ein Miterbe die Einrede erhebt, kann der Gläubiger nur den **Miterbenanteil pfänden und verwerten** (§ 859 Abs. 2 ZPO), aber nicht auf das sonstige Eigenvermögen des Miterben zugreifen. Selbst wenn der Miterbe bereits unbeschränkbar haftet, muss er neben der Zwangsvollstreckung in den Miterbenanteil gem. § 2059 Abs. 1 S. 2 die Zwangsvollstreckung in sein sonstiges Eigenvermögen nur hinsichtlich des seiner Erbquote entsprechenden **Teils der Gesamtschuld** dulden. Prozessual muss sich der Miterbe die beschränkte Haftung gem. § 780 Abs. 1 ZPO im Urteil vorbehalten lassen und kann dann eine Zwangsvollstreckung in sein Eigenvermögen nach den §§ 781, 785, 767 ZPO abwehren.

1208 Gem. § 455 Abs. 1 FamFG kann jeder Miterbe, der noch nicht allen Nachlassgläubigern gegenüber unbeschränkt haftet, allein ein **Aufgebot der Nachlassgläubiger** beantragen. Der Antrag, der dem Miterben die Aufgebotseinrede (§ 2015, → Rn. 1101 ff.) ermöglicht, und das von ihm erwirkte Ausschlussurteil, das ihm die Ausschlusseinrede (§ 1973, → Rn. 1116 ff.) verschafft, kommen gem. § 460 Abs. 1 S. 1 FamFG auch den übrigen Miterben gegenüber denjenigen Nachlassgläubigern, denen sie noch nicht unbeschränkbar haften, zustatten.

---

188 Vgl. RG v. 13.6.1918 – IV 386/17, RGZ 93, 196, 198; *Lange*, ErbR, 2. Aufl. 2017, § 75 Rn. 15.
189 Vgl. MüKoBGB/*Ann*, 7. Aufl. 2017, § 2059 Rn. 25.

Die **Verschweigungseinrede** (§ 1974, → Rn. 1121) kann ebenfalls jeder Miterbe alleine geltend machen.[190] Bei der **Inventarerrichtung** (→ Rn. 1122 ff.) ist die Inventarfrist (§ 1994 Abs. 1 S. 1) für jeden Miterben gesondert zu bestimmen.[191] Die Inventarerrichtung erhält gem. § 2063 Abs. 1 auch den übrigen Miterben ihre Haftungsbeschränkungsmöglichkeit, soweit sie nicht bereits unbeschränkbar haften (z.B. wegen der Versäumung einer für sie kürzeren Inventarfrist[192]). Die übrigen Miterben sind für die ordnungsgemäße Errichtung nicht verantwortlich, sodass von ihnen keine eidesstattliche Versicherung (§§ 2006, 260 Abs. 2) verlangt werden kann.[193] Inventarverfehlungen führen nur zum Verlust der Haftungsbeschränkungsmöglichkeit desjenigen Miterben, der sie begangen hat.[194] 1209

Die Eröffnung des **Nachlassinsolvenzverfahrens** (→ Rn. 1166 ff.) kann jeder Miterbe gem. § 317 Abs. 1 InsO alleine beantragen; er muss dann jedoch gem. § 317 Abs. 2 S. 1 InsO den Eröffnungsgrund glaubhaft machen. Gem. § 317 Abs. 2 S. 2 InsO hat das Insolvenzgericht die übrigen Erben zu hören. Den Antrag auf Anordnung der **Nachlassverwaltung** (→ Rn. 1139 ff.) können die Miterben hingegen gem. § 2062 Hs. 1 nur gemeinschaftlich stellen. Dadurch soll verhindert werden, dass ein einzelner Miterbe die anderen, die den Nachlass selbst verwalten wollen, dazu zwingen kann, ihr Verwaltungs- und Verfügungsrecht auf einen Nachlassverwalter zu übertragen.[195] 1210

Ein Teil der Literatur vertritt die Position, dass der Antrag solange gestellt werden kann, wie noch nicht alle Miterben unbeschränkbar haften, weil § 2062 nur die Miterben (und nicht die Nachlassgläubiger) schützen wolle.[196] Nach h.M. geht das Antragsrecht hingegen verloren, sobald auch nur einer der Miterben allen Nachlassgläubigern gegenüber unbeschränkbar haftbar geworden ist.[197] Dafür spricht schon der Wortlaut der Norm; zudem sind die übrigen Miterben durch §§ 2045, 2059 Abs. 1 S. 1 hinreichend geschützt.[198]

4. Haftung nach Teilung des Nachlasses

Eine **entscheidende Zäsur** für die Haftung der Miterben setzt die **Teilung**. Darunter versteht man die unmittelbar verfügend wirkende Aufteilung der Nachlassgegenstände aus dem Sondervermögen in die ungebundenen Privatvermögen der Miterben.[199] Die Teilung ist **vollzogen**, wenn ein so erheblicher Teil der Nachlassgegenstände in das Eigenvermögen der Miterben überführt ist, dass die Erbengemeinschaft bei wirtschaftlicher Betrachtungsweise aufgelöst ist.[200] 1211

190 Vgl. BeckOGK/*Herzog* § 1974 Rn. 9.
191 Vgl. MüKoBGB/*Küpper*, 7. Aufl. 2017, § 1994 Rn. 6.
192 Vgl. BayObLG v. 11.10.1902 – III 57/1902, BayObLGZ 3, 823, 827.
193 Vgl. RG v. 23.6.1930 – IV 59/30, RGZ 129, 239, 245 f.; Erman/*Bayer*, 15. Aufl. 2017, § 2063 Rn. 1.
194 Vgl. Staudinger/*Marotzke*, 2016, § 2063 Rn. 4.
195 Vgl. Prot. VI, 343.
196 Vgl. Staudinger/*Marotzke*, 2016, § 2062 Rn. 12; *Kipp/Coing*, ErbR, 14. Aufl. 1990, § 121 II 1; BeckOGK/*Otto* § 2062 Rn. 5.
197 Vgl. MüKoBGB/*Ann*, 7. Aufl. 2017, § 2062 Rn. 3; Burandt/Rojahn/*Flechtner*, ErbR, 3. Aufl. 2019, § 2062 Rn. 4; BeckOK/*Lohmann* § 2062 Rn. 2; Jauernig/*Stürner*, 17. Aufl. 2018, §§ 2058 ff. Rn. 2.
198 Vgl. MüKoBGB/*Ann*, 7. Aufl. 2017, § 2062 Rn. 3.
199 Vgl. MüKoBGB/*Ann*, 7. Aufl. 2017, § 2059 Rn. 4; Erman/*Bayer*, 15. Aufl. 2017, § 2059 Rn. 7.
200 Vgl. MüKoBGB/*Ann*, 7. Aufl. 2017, § 2059 Rn. 4; Erman/*Bayer*, 15. Aufl. 2017, § 2059 Rn. 8.

1212 Nach der Nachlassteilung haften die Miterben zwar weiterhin gem. § 2058 **grundsätzlich als Gesamtschuldner.**[201] Es entfällt jedoch die Haftung der Erbengemeinschaft mit dem Nachlass (§ 2059 Abs. 2) und die beschränkte Haftung der Miterben mit ihren Erbanteilen (§ 2059 Abs. 1 S. 1), da diese Haftungsmassen mit der vollzogenen Teilung erloschen sind. Zudem gelten die allgemeinen Haftungsbeschränkungsmöglichkeiten des Alleinerben für die Miterben auch nach der Teilung. Allerdings ist eine Nachlassverwaltung (→ Rn. 1139 ff.) gem. § 2062 Hs. 2 nach der Teilung ausgeschlossen. Ein Nachlassinsolvenzverfahren (→ Rn. 1166 ff.) kann hingegen gem. § 316 Abs. 2 InsO auch noch nach der Teilung eröffnet werden.

Der Insolvenzverwalter muss dann die bereits verteilten Nachlassgegenstände zur Masse zurückfordern; dass die Teilung des Nachlasses damit rückgängig gemacht wird, ist für die §§ 2060, 2061 von Bedeutung.[202]

1213 In den Fällen der **§§ 2060, 2061** begrenzt das Gesetz die Haftung des Miterben ausnahmsweise auf eine **teilschuldnerische Haftung** entsprechend seiner jeweiligen Erbquote[203] (unabhängig davon, ob der Erbe noch beschränkbar oder bereits unbeschränkt haftet[204]):

- gem. § 2060 Nr. 1 gegenüber den im öffentlichen Aufgebotsverfahren (§§ 1970 ff., → Rn. 1111 ff.) **ausgeschlossenen Gläubigern**; dabei muss das Ausschlussurteil bereits vor der Teilung ergangen sein, da die Miterben, die vorschnell die Teilung des Nachlasses vornehmen, nicht durch eine anteilige Haftung belohnt werden dürfen[205];
- gem. § 2060 Nr. 2 gegenüber einem Gläubiger, der seine Forderung **später als fünf Jahre** nach dem in § 1974 Abs. 1 bestimmten Zeitpunkt geltend macht, sofern die Forderung nicht in einem Aufgebotsverfahren angemeldet oder dem Erben auf andere Weise bekannt wurde;
- gem. § 2060 Nr. 3, wenn das **Nachlassinsolvenzverfahren** (→ Rn. 1166 ff.) durch Verteilung der Masse oder durch einen Insolvenzplan beendet wurde; ob das Nachlassinsolvenzverfahren schon vor der Teilung eröffnet worden war, ist irrelevant[206];
- gem. § 2061 infolge eines **Privataufgebots**[207]; die Teilung darf nach dem Sinn und Zweck der §§ 2060, 2061 erst nach Aufforderung und Fristablauf vorgenommen werden[208].

Die Teilhaftung tritt bei Vorliegen der Voraussetzungen der §§ 2060, 2061 **kraft Gesetzes** ein.[209] Der verklagte Miterbe ist daher nur anteilig zu verurteilen (und nicht et-

201 Vgl. BGH v. 15.10.1997 – IV ZR 327/96, NJW 1998, 682; Erman/*Bayer*, 15. Aufl. 2017, § 2060 Rn. 2.
202 Vgl. Staudinger/*Marotzke*, 2016, § 2060 Rn. 91.
203 Etwaige Ausgleichungsrechte und -pflichten bleiben dabei unberücksichtigt, vgl. Erman/*Bayer*, 15. Aufl. 2017, § 2060 Rn. 2.
204 Vgl. Staudinger/*Marotzke*, 2016, § 2060 Rn. 59.
205 Vgl. MüKoBGB/*Ann*, 7. Aufl. 2017, § 2060 Rn. 9; Erman/*Bayer*, 15. Aufl. 2017, § 2060 Rn. 4; a.A. Staudinger/*Marotzke*, 2016, § 2060 Rn. 68.
206 Vgl. Erman/*Bayer*, 15. Aufl. 2017, § 2060 Rn. 6; Staudinger/*Marotzke*, 2016, § 2060 Rn. 84 ff.; a.A. MüKoBGB/*Ann*, 7. Aufl. 2017, § 2060 Rn. 16 m.w.N.
207 Dazu näher *Zimmermann* ZErb 2011, 259 ff.
208 Vgl. MüKoBGB/*Ann*, 7. Aufl. 2017, § 2061 Rn. 5; Erman/*Bayer*, 15. Aufl. 2017, § 2061 Rn. 2; a.A. (Aufgebotsverfahren muss vor der Teilung nicht einmal eingeleitet worden sein) etwa Staudinger/*Marotzke*, 2016, § 2061 Rn. 10.
209 Vgl. MüKoBGB/*Ann*, 7. Aufl. 2017, § 2060 Rn. 3.

wa unter dem Vorbehalt der beschränkten Haftung gem. § 780 Abs. 1 ZPO).[210] Treten die Voraussetzungen erst nach dem Schluss der letzten mündlichen Verhandlung ein, muss der Erbe mit der Vollstreckungsabwehrklage (§ 767 ZPO) gegen die unbeschränkte Verurteilung vorgehen.[211] Unteilbare Leistungen kann der Gläubiger analog § 45 InsO nach ihrem Geldwert geltend machen oder auf einen Schadensersatzanspruch übergehen.[212]

5. Sonderfall: Die Haftung gegenüber einem Miterben als Nachlassgläubiger

Vor der Teilung kann sich der Miterbengläubiger aus dem Nachlass befriedigen und 1214
dazu gem. § 2059 Abs. 2 die **Gesamthandsklage** gegen die übrigen Miterben erheben.[213] Fraglich ist, ob er darüber hinaus mit der **Gesamtschuldklage** gegen einzelne Miterben vorgehen kann. Das RG hatte dies verneint, weil die Miterben im Innenverhältnis nur anteilig verpflichtet seien und es daher einem Miterben nicht zugemutet werden könne, die Last auch nur vorläufig allein zu tragen.[214] Dies lässt jedoch unberücksichtigt, dass der Miterbe auch Nachlassgläubiger ist. Die Miterben sind nicht schutzbedürftig, da sie ihre Haftung gem. §§ 2059 Abs. 1 S. 1, 2063 Abs. 2 beschränken können. Nach heute ganz h.M. hat daher auch der Miterbe als Nachlassgläubiger vor der Teilung ein **Wahlrecht**, ob er die Gesamthands- oder Gesamtschuldklage erhebt; wenn er die Gesamtschuldklage erhebt, muss er sich jedoch den von ihm selbst zu tragen Teil anrechnen lassen.[215] Außerdem kann der Miterbe im Einzelfall nach Treu und Glauben (§ 242) ausnahmsweise gehalten sein, mit der Berichtigung seiner Forderung bis zur Auseinandersetzung zu warten.[216]

VII. Haftung von Vor- und Nacherben

1. Haftung vor dem Nacherbfall

Vor dem Nacherbfall[217] haftet der **Vorerbe** wie ein Erbe, der nicht durch ein Nacher- 1215
benrecht beschränkt ist, Sondervorschriften bestehen nicht; mehrere Vorerben haften wie Miterben.[218] Der **Nacherbe** haftet vor Eintritt des Nacherbfalls selbst dann nicht, wenn er die Erbschaft bereits angenommen hat.[219]

210 Vgl. MüKoBGB/*Ann*, 7. Aufl. 2017, § 2060 Rn. 3; Erman/*Bayer*, 15. Aufl. 2017, § 2060 Rn. 3; a.A. *Lange/Kuchinke*, ErbR, 5. Aufl. 2001, § 50 IV 2e Fn. 53.
211 Vgl. Erman/*Bayer*, 15. Aufl. 2017, § 2060 Rn. 3.
212 Vgl. MüKoBGB/*Ann*, 7. Aufl. 2017, § 2060 Rn. 6; BeckOGK/*Otto* § 2060 Rn. 6; a.A. Staudinger/*Marotzke*, 2016, § 2060 Rn. 30.
213 Vgl. RG v. 13.6.1918 – IV 386/17, RGZ 93, 196, 198; MüKoBGB/*Ann*, 7. Aufl. 2017, 2058 Rn. 30.
214 Vgl. RG v. 13.6.1918 – IV 386/17, RGZ 93, 196, 197 f.
215 Vgl. BGH v. 10.2.1988 – IVa ZR 227/86, NJW-RR 1988, 710 f.; MüKoBGB/*Ann*, 7. Aufl. 2017, § 2058 Rn. 31; Erman/*Bayer*, 15. Aufl. 2017, § 2058 Rn. 4; Staudinger/*Marotzke*, 2016, § 2058 Rn. 93; *Schlüter/Röthel*, ErbR, 17. Aufl. 2015, § 32 Rn. 126.
216 Vgl. BGH v. 10.2.1988 – IVa ZR 227/86, NJW-RR 1988, 710 f.; MüKoBGB/*Ann*, 7. Aufl. 2017, § 2046 Rn. 5; Staudinger/*Marotzke*, 2016, § 2046 Rn. 96.
217 Allgemein zu Vor- und Nacherbschaft → Rn. 746 ff.
218 Vgl. nur BeckOGK/*Grüner* § 1967 Rn. 73.
219 Vgl. nur BeckOGK/*Deppenkemper* § 2144 Rn. 5; MüKoBGB/*Grunsky*, 7. Aufl. 2017, § 2144 Rn. 1.

2. Haftung nach dem Nacherbfall

a) Haftung des Nacherben

1216 Die Erbenstellung des Vorerben endet mit dem Eintritt des Nacherbfalls. Erbe ist jetzt allein der **Nacherbe**. Dieser haftet gem. § 2144 Abs. 1 Hs. 1 grundsätzlich wie ein Alleinerbe. Mehrere Nacherben haften ab diesem Zeitpunkt wie Miterben. Die **Haftungsgrundlage** wird durch § 2144 Abs. 1 Hs. 2 neu bestimmt: Maßgeblich ist, was der Nacherbe aus der Erbschaft erlangt, einschließlich der ihm gegen den Vorerben aus den §§ 2130–2134, 2138 Abs. 2 (→ Rn. 786, 789 ff.) zustehenden Ansprüche.

1217 Der Nacherbe kann gem. § 2144 Abs. 1 Hs. 1 eine **Haftungsbeschränkung** nach den allgemeinen Vorschriften erreichen. Dies gilt auch dann, wenn der Vorerbe sein Recht zur Haftungsbeschränkung bereits verloren hat.[220] Ordnungsgemäße **Maßnahmen des Vorerben zur Haftungsbeschränkung** wirken dagegen auch zugunsten des Nacherben. Dies ergibt sich für die **Inventarerrichtung** (→ Rn. 1122 ff.) bereits aus § 2144 Abs. 2. Ein vom Vorerben gestellter Antrag auf Durchführung eines **Aufgebotsverfahrens** (→ Rn. 1111 ff.) und ein von ihm erwirktes **Ausschlussurteil** kommt gem. §§ 461, 460 Abs. 1 S. 1 FamFG auch dem Nacherben zustatten. Ein laufendes **Nachlassinsolvenzverfahren** (→ Rn. 1166 ff.) wird nicht wegen des Eintritts eines Nacherbfalls aufgehoben. Ebenso dauert eine **Nachlassverwaltung** (→ Rn. 1139 ff.) fort, wenn die Gründe des § 1981 Abs. 2 auch für den Nacherben zutreffen; andernfalls ist sie auf Antrag des Nacherben aufzuheben.[221] Gegenüber den **Ansprüchen des Vorerben** aus den §§ 2121 Abs. 4, 2123 Abs. 1 S. 3, 2124 Abs. 2, 2125, 2126, 2143 (→ Rn. 792 f.) kann sich der Nacherbe gem. § 2144 Abs. 3 auch dann auf eine Haftungsbeschränkung berufen (§ 780 Abs. 1 ZPO), wenn er den übrigen Nachlassgläubigern gegenüber unbeschränkbar haftet.[222]

b) Haftung des Vorerben

1218 Da der Vorerbe mit dem Eintritt des Nacherbfalls aufhört, Erbe zu sein (§ 2139, → Rn. 787), endet auch seine grundsätzliche Haftung für die Nachlassverbindlichkeiten. § 2145 ordnet allerdings eine weitreichende **Weiterhaftung** des Vorerben an. Ggf. kann der Vorerbe aber gem. §§ 2124 ff. (→ Rn. 792) einen Rückgriffsanspruch gegen den Nacherben haben.[223] Haftete der Vorerbe **bereits vor Eintritt des Nacherbfalls unbeschränkbar**, so dauert seine Haftung ohne Beschränkungsmöglichkeit fort; er haftet dann voll, nicht nur subsidiär.[224] Dafür spricht zum einen der Wortlaut des § 2145 Abs. 2, der eine solche Haftung voraussetzt, und zum anderen, dass sonst der Vorerbe häufig keinerlei Interesse daran hätte, ein ordnungsgemäßes Inventar zu errichten.[225] Soweit auch der Nacherbe haftet, haften Vor- und Nacherbe als Gesamtschuldner.[226]

220 Vgl. MüKoBGB/*Grunsky*, 7. Aufl. 2017, § 2144 Rn. 5 m.w.N.
221 Vgl. MüKoBGB/*Grunsky*, 7. Aufl. 2017, § 2144 Rn. 5 m.w.N.
222 Vgl. Staudinger/*Avenarius*, 2013, § 2144 Rn. 17.
223 Vgl. MüKoBGB/*Grunsky*, 7. Aufl. 2017, § 2145 Rn. 2.
224 Vgl. BeckOGK/*Deppenkemper* § 2145 Rn. 7; MüKoBGB/*Grunsky*, 7. Aufl. 2017, § 2145 Rn. 2; *Schlüter/Röthel*, ErbR, 17. Aufl. 2015, § 34 Rn. 69; a.A. *Kipp/Coing*, ErbR, 14. Aufl. 1990, § 52 vor I.
225 Vgl. MüKoBGB/*Grunsky*, 7. Aufl. 2017, § 2145 Rn. 2; *Lange/Kuchinke*, ErbR, 5. Aufl. 2001, § 51 II 3 d Fn. 24.
226 Vgl. BeckOGK/*Deppenkemper* § 2145 Rn. 7; MüKoBGB/*Grunsky*, 7. Aufl. 2017, § 2145 Rn. 2.

Hat der Vorerbe bis zum Eintritt des Nacherbfalls sein **Haftungsbeschränkungsrecht noch nicht verloren** bzw. haftete er bereits beschränkt, so besteht seine Haftung nur in den folgenden Fällen – und zum Teil beschränkt auf den beim Vorerben verbleibenden Wert der Erbschaft – fort: 1219

Ohne dass dies in § 2145 besonders angeordnet sein müsste, haftet der Vorerbe für seine **Eigenverbindlichkeiten** weiter allein.[227] Hierzu gehören neben den Verbindlichkeiten, die der Vorerbe – ohne Beschränkung der Haftung auf den Nachlass – in Verwaltung des Nachlasses eingegangen ist (unabhängig von der Frage, ob die Maßnahme einer ordnungsgemäßen Verwaltung entsprach; dann handelt es sich aber zugleich um eine Nachlassverbindlichkeit, die auch dem Nacherben gegenüber geltend gemacht werden kann)[228], auch die Ansprüche des Nacherben gem. den §§ 2130–2134, 2138 Abs. 2 (→ Rn. 786, 789 ff.) und die Ansprüche der Nachlassgläubiger wegen Verletzung der Verwaltungspflicht (§§ 1978, 1991, → Rn. 1151 ff., 1190).[229]

Außerdem haftet der Vorerbe allein für die (seltenen) **Erbfallschulden** (Vermächtnisse und Auflagen), mit denen der Erblasser nur ihn persönlich beschwert hat.[230] Reichen die Nutzungen zur Berichtigung einer solchen Verbindlichkeit nicht aus, kann der Vorerbe aber nach Eintritt des Nacherbfalls gem. § 2145 Abs. 2 die Erfüllung insoweit verweigern (außer er haftet bereits unbeschränkt).[231]

Gem. § 2145 Abs. 1 S. 2 haftet der Vorerbe **gesamtschuldnerisch neben dem Nacherben** (§ 421) für diejenigen Verbindlichkeiten, die im **Innenverhältnis** zwischen Vor- und Nacherbe der Vorerbe zu tragen hat. Dies richtet sich nach den §§ 2124 ff. (→ Rn. 792).[232] So hat der Vorerbe z.B. die rückständigen Zinsen auf Nachlassschulden während der Vorerbschaft zu tragen.[233] 1220

Eine gesamtschuldnerische Haftung besteht auch bezüglich der schon oben (→ Rn. 1219) genannten Verbindlichkeiten, die der Vorerbe in ordnungsgemäßer Verwaltung des Nachlasses eingegangen ist (ohne Beschränkung der Haftung auf den Nachlass: **Nachlasserbenschulden**, → Rn. 1093). Hier hat der Gläubiger die Wahl, die Forderung entweder als Nachlassverbindlichkeit gegenüber dem Nacherben oder als Eigenverbindlichkeit gegenüber dem Vorerben geltend zu machen. Die Frage, wer im Innenverhältnis haftet, bestimmt sich nach den §§ 2124 ff. (→ Rn. 792).[234]

Gem. § 2145 Abs. 1 S. 1 haftet der Vorerbe schließlich **subsidiär** – d.h. soweit der Nacherbe nicht haftet – für alle Nachlassverbindlichkeiten. Das ist der Fall, wenn der Nacherbe seine Haftung beschränkt hat und der Nachlass zur Befriedigung der Gläubiger nicht ausreicht oder wenn der Nacherbe zwar unbeschränkt haftet, aber außer- 1221

227 Vgl. BeckOGK/*Deppenkemper* § 2145 Rn. 9; MüKoBGB/*Grunsky*, 7. Aufl. 2017, § 2145 Rn. 4.
228 Vgl. Soergel/*Harder/Wegmann*, 13. Aufl. 2003, § 2145 Rn. 4; s. auch → Rn. 1091, 1093.
229 Vgl. MüKoBGB/*Grunsky*, 7. Aufl. 2017, § 2145 Rn. 4.
230 Vgl. BeckOGK/*Deppenkemper* § 2145 Rn. 24; Soergel/*Harder/Wegmann*, 13. Aufl. 2003, § 2145 Rn. 4.
231 Vgl. Staudinger/*Avenarius*, 2013, § 2145 Rn. 5.
232 Vgl. BeckOGK/*Deppenkemper* § 2145 Rn. 14; MüKoBGB/*Grunsky*, 7. Aufl. 2017, § 2145 Rn. 5.
233 Vgl. BeckOGK/*Deppenkemper* § 2145 Rn. 14.1; Soergel/*Harder/Wegmann*, 13. Aufl. 2003, § 2145 Rn. 4.
234 Vgl. BGH v. 24.1.1973 – IV ZR 140/71, FamRZ 1973, 187, 188.

stande ist, die Verbindlichkeiten zu erfüllen.[235] Der Gläubiger muss dann nachweisen, dass der Anspruch gegen den Nacherben nicht durchsetzbar ist.[236]

1222 Soweit der Vorerbe unbeschränkt haftet oder es um die Haftung für seine Eigenverbindlichkeiten geht, haftet er **mit seinem gesamten Vermögen**. In den übrigen Fällen kann der Vorerbe durch die **Dürftigkeitseinrede des §§ 2145 Abs. 2, 1990** seine Haftung auf das beschränken, was bei ihm vom Nachlass (als Nutzung oder als Wert, den der befreite Vorerbe ohne Ersatzpflicht in sein eigenes Vermögen überführt hat) noch vorhanden ist (s. § 780 Abs. 1 ZPO). Andere Möglichkeiten der Haftungsbeschränkung bestehen für ihn nicht mehr.[237] Die Nachlassgläubiger können ferner nach Pfändung die Ansprüche aus § 1978 (→ Rn. 1151 ff.) (§ 2145 Abs. 2 S. 2 i.V.m. § 1991) bzw. den §§ 2130-2134 und 2138 Abs. 2 (→ Rn. 786, 789 ff.) geltend machen (Eigenverbindlichkeiten).[238]

1223 Gem. § 2146 Abs. 1 S. 1 ist der Vorerbe verpflichtet, den Eintritt des Nacherbfalls unverzüglich dem Nachlassgericht **anzuzeigen**. Gem. § 2146 Abs. 1 S. 2 wird die Anzeige des Vorerben durch die Anzeige des Nacherben ersetzt. Verletzt der Vorerbe diese Pflicht, so macht er sich gegenüber den Nachlassgläubigern schadensersatzpflichtig.[239] Gem. § 2146 Abs. 2 hat das Nachlassgericht die Einsicht der Anzeige jedem zu gestatten, der ein rechtliches Interesse glaubhaft macht.

Lösung der Ausgangsfälle

1224 **Fall 50 (→ Rn. 1071):** Ein Anspruch des G gegen E auf Zahlung von Verzugszinsen seit dem 2.2.2018 könnte sich aus §§ 288 Abs. 1, 286 Abs. 1 ergeben. Dies setzt voraus, dass E seit dem 2.2.2018 in Verzug mit der Erfüllung der Kaufpreisschuld (§§ 433 Abs. 2, 1967) war. Eine Mahnung gegenüber dem Erben bleibt jedoch analog § 1958 bis zur Annahme ohne Wirkung; erst mit der Annahme tritt Schuldnerverzug sein (→ Rn. 1100). E ist daher erst mit Ablauf der sechswöchigen Ausschlagungsfrist (§ 1944 Abs. 1) in Verzug geraten, denn damit gilt die Erbschaft gem. § 1943 Hs. 2 als angenommen. Die von E erhobene Dreimonatseinrede des § 2014 ändert daran nichts; denn sie entfaltet nach zutr. h.M. keine materiell-rechtlichen Wirkungen, sodass der Erbe trotz der Einrede in Verzug gerät (→ Rn. 1108).

1225 **Fall 51 (→ Rn. 1071):** Gem. § 1973 Abs. 2 S. 1 hat E den verbleibenden Überschuss zum Zwecke der Befriedigung des Gläubigers im Wege der Zwangsvollstreckung nach den Vorschriften über die Herausgabe einer ungerechtfertigten Bereicherung herauszugeben; gem. § 1973 Abs. 2 S. 2 kann sie die Herausgabe durch Zahlung des Wertes abwenden. Grundsätzlich kann sie die ausgeschlossenen Nachlassgläubiger auch nach Belieben befriedigen. Da G2 aber bereits ein rechtskräftiges Urteil erstritten hat, muss sie ihn gem. § 1973 Abs. 2 S. 3 in vollem Umfang (2.000 €) vor G1 und G2 befriedigen. Die verbleibenden 1.500 € kann E nach Belieben unter G1 und G2 aufteilen. Allerdings kann G1 vor Verteilung des Nachlassüberschusses die Aufrechnung gegen die Nachlassforderung gegen ihn erklären und so sicherstellen, dass er zumindest in Höhe von 500 € befriedigt wird.

---

235 Vgl. MüKoBGB/*Grunsky*, 7. Aufl. 2017, § 2145 Rn. 6 m.w.N.; a.A. Staudinger/*Avenarius*, 2013, § 2145 Rn. 3 bezüglich einer Zahlungsunfähigkeit des Nacherben.

236 Vgl. MüKoBGB/*Grunsky*, 7. Aufl. 2017, § 2145 Rn. 6.

237 Vgl. BeckOGK/*Deppenkemper* § 2145 Rn. 27.

238 Vgl. Staudinger/*Avenarius*, 2013, § 2145 Rn. 2.

239 Vgl. MüKoBGB/*Grunsky*, 7. Aufl. 2017, § 2146 Rn. 1.

Sofern E die Forderungen der ausgeschlossenen Nachlassgläubiger im Zeitpunkt der Schenkung an F bereits bekannt waren, haftet sie ihnen gegenüber gem. §§ 1973 Abs. 2 S. 1, 819 Abs. 1, 818 Abs. 4 auf weitere 1.500 €; andernfalls haben G1 und G3 Ansprüche gegen F aus §§ 1973 Abs. 2 S. 1, 822.

Fall 52 (→ Rn. 1071): Mit der Anordnung der Nachlassverwaltung verliert der Erbe gem. 1226
§ 1984 Abs. 1 S. 1 die Befugnis, den Nachlass zu verwalten und über ihn zu verfügen. E hat das Gemälde folglich als Nichtberechtigter an K veräußert. Ein gutgläubiger Erwerb von beweglichen Sachen ist ausgeschlossen (*argumentum e contrario e* § 81 Abs. 1 S. 1 InsO, → Rn. 1144). V kann daher das Gemälde von K gem. § 985 herausverlangen.

Die Bank B könnte die Grundschuld gem. § 1984 Abs. 1 S. 2 i.V.m. § 81 Abs. 1 S. 2 InsO i.V.m. § 892 Abs. 1 gutgläubig erworben haben. Dies setzt voraus, dass die Anordnung der Nachlassverwaltung nicht im Grundbuch eingetragen war und B nichts von ihr wusste. Dies war laut Sachverhalt der Fall. B hat die Grundschuld somit gutgläubig erworben.

Fall 53 (→ Rn. 1071): Die Steuerforderung des Finanzamts S hat den gleichen Rang wie 1227
die Forderungen der Nachlassgläubiger G1, G2 und G3, da es heute keine „bevorrechtigen Insolvenzforderungen" mehr gibt (anders noch § 61 Nr. 1-5 KO). Die Ansprüche der pflichtteilsberechtigten T sind gem. § 327 Abs. 1 Nr. 1 InsO nachrangig, die der Vermächtnisnehmer V1 und V2 sind gem. § 327 Abs. 1 Nr. 2 InsO nachrangig.

E muss daher zunächst die Forderungen der Nachlassgläubiger G1, G2, G3 und S befriedigen. Das verbleibende Aktivvermögen des Nachlasses beträgt 28.000 €.

Damit ergibt sich ein Pflichtteilsanspruch der T gem. § 2303 Abs. 1 i.H.v. 14.000 €. Danach verbleibt im Nachlass noch ein Aktivvermögen von 14.000 €.

Die Vermächtnisnehmer V1 und V2 erhalten daher gem. § 327 Abs. 1 Nr. 2 InsO jeweils nur noch 7.000 €.

Fall 54 (→ Rn. 1071): A kann gem. § 2059 Abs. 1 S. 1 die Berichtigung der Nachlassver- 1228
bindlichkeit aus seinem Eigenvermögen verweigern; wenn A die Einrede im Prozess geltend macht, wird er gem. § 780 Abs. 1 ZPO nur unter Vorbehalt verurteilt. G kann dann nur gem. § 859 Abs. 2 ZPO den Miterbenanteil des A pfänden und verwerten lassen.

Sofern A dem G allerdings wegen Versäumung der Inventarfrist bereits unbeschränkt haftet (§ 1994 Abs. 1 S. 2), steht ihm gem. § 2059 Abs. 1 S. 2 ein Verweigerungsrecht in Bezug auf den seinem Erbteil entsprechenden Teil der Verbindlichkeit nicht zu, d.h. er muss eine Zwangsvollstreckung des G in sein Eigenvermögen i.H.v. 5.000 € ($\frac{1}{2}$ × 10.000 €) dulden.

Fall 55 (→ Rn. 1071): G kann die Rückzahlung des Darlehens von N verlangen, denn die- 1229
ser ist mit Eintritt des Nacherbfalls Erbe geworden und haftet als solcher für die Nachlassverbindlichkeiten (§§ 1922, 1967). N kann jedoch gem. § 2059 Abs. 1 S. 1 die Berichtigung der Nachlassverbindlichkeit aus seinem Eigenvermögen verweigern. Wenn N diese Einrede erhebt und sich die Haftung im Urteil vorbehalten lässt (§ 780 Abs. 1 ZPO) kann G nur in den Nachlass (Wert 5.000 €) vollstrecken.

Sofern V sein Recht zur Haftungsbeschränkung noch nicht verloren hat, haftet er gem. § 2145 Abs. 1 S. 1 nur maximal für den Restbetrag i.H.v. 3.000 €, mit dem G bei seinem Vorgehen gegen den Vorerben N ausfällt. Gem. § 2145 Abs. 2 kann er die Befriedigung des G zudem insoweit verweigern als ihm vom Nachlass nur ein geringerer Wert als 3.000 € verbleibt.

Hat V hingegen sein Recht zur Haftungsbeschränkung verloren, so haftet er in voller Höhe. V und N haften dann als Gesamtschuldner.

Teil VIII

Der Anspruch gegen den Erbschaftsbesitzer

§ 23 Der Erbschaftsanspruch

1230 **Fall 56:** S ist der einzige Sohn des Erblassers E. Dieser hatte seinen Freund F testamentarisch zum Alleinerben eingesetzt. S hat das Testament jedoch wirksam angefochten. K erwirbt die Erbschaft von S und möchte nun von F die Herausgabe sämtlicher Nachlassgegenstände verlangen. Er möchte wissen, ob er den Erbschaftsanspruch gegenüber F geltend machen kann und welcher Handlungen es ggf. hierfür bedarf. F ist der Auffassung, dass ein auf § 2018 gestütztes Herausgabeverlangen unbegründet sei, weil er sich seit der wirksamen Anfechtung des Testaments durch S nicht mehr auf ein Erbrecht beruft.
Lösung: → Rn. 1278

Fall 57: B hat den Nachlass des E in Besitz genommen, ohne einen Erbschein oder ein Europäisches Nachlasszeugnis zu haben. Er tauscht einen zum Nachlass gehörenden Fernseher gegen ein Tablet des T ein. Da der wahre Erbe W selbst bereits einen Fernseher besitzt, möchte er von B aufgrund seines Erbschaftsanspruchs das Tablet herausverlangen. Wie ist die Rechtslage? **Lösung: → Rn. 1279**

Literatur: *Eckhardt,* Keine Privilegierung des Fiskalerben: Auch der Fiskus schuldet als Erbschaftsbesitzer Nutzungsersatz!, ErbR 2016, 497; *Gursky*, Zur Rechtsnatur des Erbschaftsanspruchs, FS von Lübtow 1991, 279; *Lange,* Wann verjährt ein Anspruch aus § 2018 BGB?, JZ 2013, 598; *Löhnig,* Das Anspruchssystem des Erbe-Erbschaftsbesitzer-Verhältnisses, JA 2018, 648; *Muscheler*, Der Erbschaftsanspruch, ErbR 2009, 38 und 76; *Olzen*, Der Erbschaftsanspruch, JuS 1989, 374; *Olzen*, Der Erbschaftsanspruch, §§ 2018 ff. BGB, JURA 2001, 223; *Prütting,* Examensprobleme des Erbschaftsanspruchs, JuS 2015, 205; *Richter*, Das Verhältnis des Erbschaftsanspruches zum Eigentumsherausgabeanspruch aus prozessualer Sicht, JuS 2008, 97; *Roth,* Die Herausgabeklage gegen den Erbschaftsbesitzer, NJW-Spezial 2016, 359; *Roth/Funke,* Der Erbschaftsbesitzer – Ansprüche und Haftung, NJW-Spezial 2013, 103; *Röthel,* Erbenbesitz und Erbschaftsbesitz, JURA 2012, 947; *Sarres*, Auskunftsansprüche des Erben gegen den Hausgenossen, ZEV 1998, 422; *Schmitz*, Die Verteilung der Beweislast in den Fällen des § 2018 BGB, ErbR 2017, 11; *Tiedtke*, Beweislast beim Anspruch des Erben gegen den Erbschaftsbesitzer, DB 1999, 2352; *Wendt*, Die Bedeutung des Erbschaftsanspruchs für die allgemeine Güterzuordnung, FS von Lübtow 1991, 229.

I. Zweck und Rechtsnatur des Erbschaftsanspruchs

1231 **§ 2018** gibt dem Erben einen **Gesamtanspruch gegen den Erbschaftsbesitzer** in Form des sog. Erbschaftsanspruchs: Der Erbe kann von jedem, der aufgrund eines ihm in Wirklichkeit nicht zustehenden Erbrechts etwas aus der Erbschaft erlangt hat (Erbschaftsbesitzer), die Herausgabe des Erlangten verlangen. An sich könnte der Erbe zwar schon aufgrund seiner Stellung als Gesamtrechtsnachfolger (§ 1922) und Besitznachfolger (§ 857) des Erblassers im Hinblick auf alle Nachlassgegenstände sämtliche Einzelansprüche des Eigentümers oder Besitzers gegen Dritte geltend machen (insb.: § 985, § 1007, § 861, § 812 Abs. 1 S. 1 Alt. 1, § 823 Abs. 1). Hätte der Gesetzgeber es dabei belassen, so wäre der Erbe jedoch gezwungen, u.U. eine Vielzahl von Einzelklagen gegen den Erbschaftsbesitzer anzustrengen. Um dem Erben die Verfolgung seiner Rechte zu erleichtern[1], hat der Gesetzgeber daher in § 2018 den Erbschaftsanspruch geregelt, der es dem Erben ermöglicht, alles herauszuverlangen, was der Erbschaftsbesitzer aufgrund eines ihm angeblich zustehenden Erbrechts erlangt hat. Dieser Erbschaftsanspruch hat für den Erben aber nicht nur den Vorteil, dass er nur eine einzige Klage erheben muss, sondern er lässt sich aufgrund von Beweiserleichterungen und speziellen Auskunftsansprüchen (§§ 2027 f., → Rn. 1270 ff.) auch prozessual einfacher durchsetzen.

Der Erbschaftsanspruch ist ein **einheitlicher erbrechtlicher Herausgabeanspruch**[2], 1232
der allerdings teils dinglichen, teils obligatorischen Charakter hat[3]. Dinglicher Natur ist er insoweit, als er auf Herausgabe der erlangten Nachlassgegenstände in natura (§ 2018, → Rn. 1241), der Surrogate (§ 2019, → Rn. 1242 ff.) und der Früchte (§ 2020 Hs. 1, → Rn. 1253) gerichtet ist; obligatorische Natur hat er hingegen insoweit, als eine Herausgabepflicht nach Bereicherungsgrundsätzen (§ 2021, → Rn. 1255), ein Schadensersatzanspruch (§§ 2023-2025, → Rn. 1256 ff.) oder die Herausgabe der ins Eigentum des Erbschaftsbesitzers gefallenen Früchte (§ 2020 Hs. 2, → Rn. 1253) geltend gemacht werden kann.[4]

II. Voraussetzungen des Erbschaftsanspruchs

1. Überblick

Tatbestandsvoraussetzungen des Erbschaftsanspruchs sind, dass der Anspruchsteller 1233
(wahrer) Erbe des Erblassers ist (→ Rn. 1234) und der Anspruchsgegner Erbschaftsbesitzer (→ Rn. 1235 ff.).

2. Anspruchsberechtigter: wahrer Erbe

Anspruchsberechtigter des Erbschaftsanspruchs ist ausschließlich der **wahre Erbe**. 1234
Ein Miterbe kann die Herausgabe gem. § 2039 (→ Rn. 999 ff.) nur an alle Miterben gemeinschaftlich verlangen. Im selben Umfang kann auch der Erwerber eines Miterbenanteils den Anspruch geltend machen.[5] Wer eine Erbschaft vom Alleinerben erwirbt, muss sich hingegen den Anspruch aus § 2018 von diesem erst abtreten lassen.[6]

1 Vgl. Mot. V, 576 f.
2 Vgl. BGH v. 12.12.2003 – V ZR 158/03, ZEV 2004, 378, 379; *Lange*, ErbR, 2. Aufl. 2017, § 43 Rn. 21; MüKoBGB/*Helms*, 7. Aufl. 2017, § 2018 Rn. 7.
3 Vgl. BGH v. 12.12.2003 – V ZR 158/03, ZEV 2004, 378, 380; Staudinger/*Gursky*, 2016, Vorbem. zu §§ 2018-2031 Rn. 20; MüKoBGB/*Helms*, 7. Aufl. 2017, § 2018 Rn. 8.
4 Vgl. nur Staudinger/*Gursky*, 2016, Vorbem. zu §§ 2018-2031 Rn. 20.
5 Vgl. RG v. 7.11.1910 – IV 117/10, WarnR IV (1911) Nr. 139; MüKoBGB/*Helms*, 7. Aufl. 2017, § 2018 Rn. 12.
6 Vgl. Staudinger/*Gursky*, 2016, § 2018 Rn. 2; MüKoBGB/*Helms*, 7. Aufl. 2017, § 2018 Rn. 12.

Der Vorerbe ist nur bis zum Eintritt des Nacherbfalls (§ 2139) anspruchsberechtigt; danach steht der Anspruch dem Nacherben zu (ausf. zu Vor- und Nacherbschaft → Rn. 746 ff).

Anstelle des Erben sind kraft Amtes der verwaltende Testamentsvollstrecker (§§ 2211, 2212, → Rn. 807 ff.), der Nachlassverwalter (§ 1984, → Rn. 1157 ff.) und der Nachlassinsolvenzverwalter (§ 80 Abs. 1 InsO, → Rn. 1166 ff.) zur Erhebung des Erbschaftsanspruchs berechtigt.[7] Dem Nachlasspfleger (→ Rn. 580) steht der Anspruch aus § 2018 hingegen nach h.M. nicht zu.[8]

Die teilweise in der Literatur vertretene Gegenansicht[9] vermag nicht zu überzeugen, da dem Nachlasspfleger bereits ein Herausgabeanspruch aus eigenem Recht zusteht (§ 1960[10]). Letztlich führen allerdings beide Ansichten i.d.R. zum selben Ergebnis, da die h.M. die §§ 2019 ff. analog auf den Herausgabeanspruch des Nachlasspflegers anwendet.[11]

3. Anspruchsgegner: Erbschaftsbesitzer

1235 Schuldner des Erbschaftsanspruchs ist der **Erbschaftsbesitzer**. Erbschaftsbesitzer ist, wer objektiv „etwas aus der Erbschaft erlangt hat“ und diesen Nachlassgegenstand subjektiv unter Berufung auf ein vermeintliches Erbrecht beansprucht („auf Grund eines ihm in Wirklichkeit nicht zustehenden Erbrechts“). Irrelevant ist insoweit, ob der Betreffende weiß oder hätte wissen müssen, dass ihm im Hinblick auf den Nachlassgegenstand tatsächlich kein Erbrecht zusteht;[12] die Gut- bzw. Bösgläubigkeit ist nur im Hinblick auf den Umfang der Haftung relevant (→ Rn. 1254 ff.).

1236 **Nicht Erbschaftsbesitzer** ist, wer zwar einen Nachlassgegenstand besitzt, diesbezüglich aber zu keiner Zeit ein Erbrecht beansprucht hat.

Beispiele: Besitzer von Nachlassgegenständen, die diesen Besitz auf den Erwerb im Wege der Einzelrechtsnachfolge stützen (Beispiel: A hatte vom Erblasser ein Auto erworben, die Übereignung war jedoch unwirksam; B hat in Erfüllung eines Vermächtnisses vom Scheinerben ein Gemälde aus dem Nachlass erhalten) oder gar keine Rechtfertigung für diesen Besitz haben (z.B. ein Dieb).[13]

1237 Ein **Vorerbe** ist im Verhältnis zum Nacherben selbst dann nicht Erbschaftsbesitzer, wenn er den Eintritt der Nacherbfolge zu Unrecht bestreitet, da § 2130 hier *lex specialis* gegenüber den §§ 2018 ff. ist.[14] Der **vorläufige Erbe** haftet trotz Rückwirkung der Ausschlagung (§ 1953 Abs. 1, → Rn. 597) für die Zeit bis zur Ausschlagung nur

---

7 Vgl. MüKoBGB/*Helms,* 7. Aufl. 2017, § 2018 Rn. 13; Erman/*Horn,* 15. Aufl. 2017, § 2018 Rn. 1.
8 Vgl. BGH v. 21.6.1972 – IV ZR 110/71, NJW 1972, 1752; BGH v. 6.10.1982 – IVa ZR 166/81, NJW 1983, 226, 227; Erman/*Horn,* 15. Aufl. 2017, § 2018 Rn. 1; Jauernig/*Stürner,* 17. Aufl. 2018, § 2018 Rn. 1.
9 So etwa Staudinger/*Gursky,* 2016, § 2018 Rn. 3; MüKoBGB/*Helms,* 7. Aufl. 2017, § 2018 Rn. 13.
10 Vgl. zum Herausgabeanspruch des Nachlasspflegers nur Erman/*J. Schmidt,* 15. Aufl. 2017, § 1960 Rn. 19 m.w.N.
11 Vgl. nur Erman/*J. Schmidt,* 15. Aufl. 2017, § 1960 Rn. 19 m.w.N.
12 Vgl. MüKoBGB/*Helms,* 7. Aufl. 2017, § 2018 Rn. 11; Erman/*Horn,* 15. Aufl. 2017, § 2018 Rn. 2.
13 Vgl. MüKoBGB/*Helms,* 7. Aufl. 2017, § 2018 Rn. 18; Erman/*Horn,* 15. Aufl. 2017, § 2018 Rn. 4.
14 Vgl. BGH v. 29.6.1983 – IVa ZR 57/82, NJW 1983, 2874, 2875; MüKoBGB/*Helms,* 7. Aufl. 2017, § 2018 Rn. 19.

nach der abschließenden Regelung des § 1959 i.V.m. §§ 677 ff.;[15] bestreitet er jedoch später die Wirksamkeit der Ausschlagung, so ist § 2018 ab diesem Zeitpunkt anwendbar[16]. Ein **Miterbe** kann jedenfalls dann Schuldner des Erbschaftsanspruchs sein, wenn er sich die Stellung als Alleinerbe anmaßt.[17] Erbschaftsbesitzer kann ferner auch der **Fiskus** sein; er ist insoweit nicht privilegiert.[18]

Solange der Betreffende den Nachlassgegenstand noch in Besitz hat, **bleibt** er auch dann **Erbschaftsbesitzer**, wenn er sich nicht mehr länger eines Erbrechts berühmt; denn andernfalls könnte er sich der Herausgabe des Nachlassgegenstands, der Surrogate (§ 2019, → Rn. → Rn. 1242 ff.) und Nutzungen (§ 2020, → Rn. 1253) dadurch entziehen, dass er die Herausgabe plötzlich aus anderen Gründen oder schlicht völlig ohne Angabe jeglicher Gründe verweigert.[19] Umgekehrt **wird** auch derjenige **Erbschaftsbesitzer**, der Gegenstände des Erblassers schon vor dessen Tod (z.B. als Mieter, Entleiher oder Verwahrer) in seinem Besitz hatte und den Besitz dann nach dem Tod des Erblassers durch ein angebliches Erbrecht rechtfertigt; ungeachtet des Wortlauts des § 2018 („aus der Erbschaft erlangt") gebietet es das Telos der Norm, sie auch in diesem Fall eines „Aufschwingens" vom Fremdbesitzer zum angeblichen Erben anzuwenden.[20] **1238**

§ 2030 stellt den **Erbschaftserwerber**, d.h. denjenigen, der die Erbschaft durch Vertrag von einem Erbschaftsbesitzer erwirbt, im Verhältnis zum Erben dem Erbschaftsbesitzer gleich. Ab der Inbesitznahme der Nachlassgegenstände durch den Erbschaftserwerber hat der Erbe ein Wahlrecht, ob er gem. §§ 2018, 2019 gegen den Veräußerer oder gem. §§ 2030, 2018 gegen den Erwerber vorgeht.[21] **1239**

Objektiv **aus dem Nachlass erlangt** ist jeder Vermögensvorteil (vgl. die dem § 812 entsprechende Formulierung „etwas … erlangt"), der aus dem Nachlass stammt (§ 2018) oder mit dessen Mitteln erworben wurde (§ 2019).[22] Im Regelfall wird erlangter Vermögensvorteil der Besitz an den Nachlassgegenständen sein. In Betracht kommt aber z.B. auch das Bucheigentum an einem Grundstück, wenn der Erbschaftsbesitzer aufgrund eines unrichtigen Erbscheins (→ Rn. 1281 ff.) oder Europäischen Nachlasszeugnisses (→ Rn. 1334 ff.) im Grundbuch eingetragen wurde.[23] **1240**

---

15 Vgl. Staudinger/*Gursky,* 2016, § 2018 Rn. 17; MüKoBGB/*Helms,* 7. Aufl. 2017, § 2018 Rn. 19.

16 Vgl. Staudinger/*Gursky,* 2016, § 2018 Rn. 17; MüKoBGB/*Helms,* 7. Aufl. 2017, § 2018 Rn. 19; a.A. Palandt/*Weidlich,* 78. Aufl. 2019, § 2018 Rn. 8.

17 Vgl. BGH v. 12.12.2003 – V ZR 158/03, ZEV 2004, 378, 379; Staudinger/*Gursky,* 2016, § 2018 Rn. 13; Erman/*Horn,* 15. Aufl. 2017, § 2018 Rn. 7; *Lange,* ErbR, 2. Aufl. 2017, § 43 Rn. 30; BeckOK/*Müller-Christmann* § 2018 Rn. 14.

18 Vgl. BGH v. 14.10.2015 – IV ZR 438/14, ZEV 2015, 698 Rn. 8 ff. Dazu *Eckhardt* ErbR 2016, 497 ff.

19 Vgl. BGH v. 11.01.1984 – IVa ZR 30/82, FamRZ 1985, 693; BGH v. 5.6.1985 – IVa ZR 257/83, NJW 1985, 3068, 3069.

20 Vgl. RG v. 8.2.1913 – IV 527/12, RGZ 81, 293, 294; BGH v. 12.12.2003 – V ZR 158/03, ZEV 2004, 378, 379.

21 Vgl. MüKoBGB/*Helms,* 7. Aufl. 2017, § 2030 Rn. 7.

22 Vgl. MüKoBGB/*Helms,* 7. Aufl. 2017, § 2018 Rn. 22; Erman/*Horn,* 15. Aufl. 2017, § 2018 Rn. 10.

23 Vgl. BGH v. 12.12.2003 – V ZR 158/03, ZEV 2004, 378, 379; OLG Stuttgart v. 2.6.2008 – 5 U 42/07, ZEV 2008, 434 Rn. 93; Staudinger/*Gursky,* 2016, § 2018 Rn. 25.

III. Umfang der Herausgabepflicht

1. Herausgabe des ursprünglich Erlangten in natura

1241 Der Erbschaftsbesitzer hat gem. **§ 2018** in erster Linie den Vermögensvorteil **in natura** herauszugeben, den er ursprünglich aus dem Nachlass erlangt hat. Im Falle einer zu Unrecht erlangten Grundbuchposition richtet sich der Anspruch (wie § 894) auf Grundbuchberichtigung.[24]

2. Surrogate

1242 Gem. **§ 2019 Abs. 1** erstreckt sich der Herausgabeanspruch im Wege der **dinglichen Surrogation** auch auf das, was der Erbschaftsbesitzer durch Rechtsgeschäft mit Mitteln der Erbschaft erwirbt.[25] Zweck dieses Surrogationstatbestands ist es, den wirtschaftlichen Wert des Nachlasses zu erhalten und den Zugriff des Erben (und seiner Gläubiger) auf diesen Wert zu sichern.[26]

a) Mittelsurrogation

1243 § 2019 Abs. 1 regelt die (rechtsgeschäftliche) **Mittelsurrogation**[27] (zum Begriff → Rn. 781). Voraussetzung ist ein rechtsgeschäftlicher Erwerb eines Ersatzgegenstandes.

1244 **Ersatzgegenstand** kann jeder rechtliche oder tatsächliche Vorteil sein.[28]

Beispiele: Kaufpreisforderung als Ersatz eines verkauften Nachlassgegenstands[29]; Mietzinsforderung aus der Vermietung eines zum Nachlass gehörenden Hauses (mittelbare Sachfrucht)[30]; Rechtsstellung als Kommanditist durch Einbringen einer Kapitaleinlage aus Nachlassmitteln[31].

1245 Der Erwerb muss durch ein **Rechtsgeschäft** erfolgen. Anders als bei § 2041 (→ Rn. 960 ff.) muss das Rechtsgeschäft sich aber nicht auf den Nachlass beziehen.[32] Der Begriff des Rechtsgeschäfts ist zudem weit auszulegen.[33] Mit Blick auf den Schutzzweck der Norm (→ Rn. 1242) ist § 2019 dahin auszulegen, dass auch ein Ge-

---

24 Vgl. BGH v. 12.12.2003 – V ZR 158/03, ZEV 2004, 378, 379; OLG Stuttgart v. 2.6.2008 – 5 U 42/07, ZEV 2008, 434 Rn. 93; Staudinger/*Gursky,* 2016, § 2018 Rn. 34.

25 Beachte: § 2019 Abs. 1 ist keine eigene Anspruchsgrundlage, sondern erweitert nur die nach § 2018 Abs. 1 bestehende Herausgabepflicht!

26 Vgl. Prot. V, 713; BGH v. 21.11.1989 – IVa ZR 220/88, NJW 1990, 514, 515; MüKoBGB/*Helms,* 7. Aufl. 2017, § 2019 Rn. 1.

27 Vgl. nur MüKoBGB/*Helms,* 7. Aufl. 2017, § 2019 Rn. 2.

28 Vgl. *Lange,* ErbR, 2. Aufl. 2017, § 43 Rn. 39.

29 Vgl. BGH v. 24.10.1990 – IV ZR 296/89, NJW 1991, 842; BGH v. 12.12.2003 – V ZR 158/03, ZEV 2004, 378, 379.

30 Vgl. Staudinger/*Gursky,* 2016, § 2019 Rn. 21; MüKoBGB/*Helms,* 7. Aufl. 2017, § 2019 Rn. 5.

31 Vgl. BGH v. 21.11.1989 – IVa ZR 220/88, NJW 1990, 514; OLG Düsseldorf v. 9.11.1990 – 7 U 270/89, FamRZ 1991, 600; Erman/*Horn,* 15. Aufl. 2017, § 2019 Rn. 1b; *Lange,* ErbR, 2. Aufl. 2017, § 43 Rn. 39; Jauernig/*Stürner,* 17. Aufl. 2018, § 2019 Rn. 2; a.A. Staudinger/*Gursky,* 2016, § 2019 Rn. 16; MüKoBGB/*Helms,* 7. Aufl. 2017, § 2019 Rn. 13.

32 Vgl. *Lange,* ErbR, 2. Aufl. 2017, § 43 Rn. 39.

33 Vgl. Staudinger/*Gursky,* 2016, § 2019 Rn. 18; *Lange,* ErbR, 2. Aufl. 2017, § 43 Rn. 39.

genstand, den der Erbschaftsbesitzer mit Erbschaftsmitteln im Wege der Zwangsversteigerung erwirbt, in den Nachlass fällt.[34]

Der Ersatzgegenstand muss **mit Mitteln der Erbschaft** erworben worden sein. Dies können Geld, Sachen, Forderungen oder sonstige Rechte sein.[35] Erwirbt der Erbschaftsbesitzer den Ersatzgegenstand teils mit Nachlass- und teils mit Eigenmitteln, so entsteht Miteigentum im Verhältnis der Anteile (§§ 741 ff., 1008 ff.).[36] Die Verfügung des Erbschaftsbesitzers über die Erbschaftsmittel muss entweder von Anfang an wirksam sein oder durch Genehmigung wirksam werden.[37] **1246**

Nach heute h.M. ist § 2019 auch bei einer **unwirksamen Verfügung** anwendbar, weil wirtschaftlich gesehen Mittel des Nachlasses für den Erwerb hingegeben worden sind.[38] Der Erbe hat damit grundsätzlich die Wahl, ob er vom Erwerber den Nachlassgegenstand oder vom Erbschaftsbesitzer das Surrogat fordert. Denn wenn er erst genehmigen müsste, um an das Surrogat zu gelangen, so bestünde die Gefahr, dass er am Ende gar nichts bekommt (den Nachlassgegenstand nicht, weil er die unwirksame Verfügung genehmigt hat; und das Surrogat nicht, weil dieses zwischenzeitlich schon zerstört wurde oder der Anspruch aus irgendwelchen Gründen nicht durchsetzbar ist). Im Detail ist hier vieles streitig. Überzeugend und interessengerecht erscheint es jedoch, dem Erben die Möglichkeit einzuräumen, vom Erbschaftsbesitzer die Herausgabe des Ersatzgegenstands Zug um Zug gegen Genehmigung der unwirksamen Verfügung zu fordern.[39]

Zwischen dem Erwerb und der Verfügung muss ein **Zusammenhang** bestehen. Dieser muss allerdings kein rechtlicher sein, sondern man muss im Interesse des Schutzes des Erben auch einen engen wirtschaftlichen Zusammenhang genügen lassen.[40] Ersatzgegenstand ist daher auch ein Gegengeschenk, das der Erbe für einen verschenkten Nachlassgegenstand erhält.[41] **1247**

b) Rechts- und Ersatzsurrogation

Anders als im Rahmen des § 2041 (→ Rn. 960 ff.) und des 2111 Abs. 1 (→ Rn. 781) ist eine (gesetzliche) Rechtssurrogation oder Ersatzsurrogation in § 2019 Abs. 1 nicht ausdrücklich vorgesehen. Gleichwohl ist allgemein anerkannt, dass dem Erben auch dasjenige anfällt, was der Erbschaftsbesitzer aufgrund eines zum Nachlass gehörenden Rechts (**Rechtssurrogation**) oder als Ersatz für die Beeinträchtigung, Zerstörung oder Entziehung eines Nachlassgegenstands (**Ersatzsurrogation**) erwirbt.[42] **1248**

Beispiele: Dem Erben stehen als Eigentümer die Schadensersatzansprüche wegen Beschädigung und Zerstörung einer zum Nachlass gehörende Sache zu; eine ein Nachlassgrundstück be-

34 Vgl. Staudinger/*Gursky*, 2016, § 2019 Rn. 18; *Lange*, ErbR, 2. Aufl. 2017, § 43 Rn. 39.
35 Vgl. MüKoBGB/*Helms*, 7. Aufl. 2017, § 2019 Rn. 9 m.w.N.
36 Vgl. Staudinger/*Gursky*, 2016, § 2019 Rn. 13; MüKoBGB/*Helms*, 7. Aufl. 2017, § 2019 Rn. 9 m.w.N.
37 Vgl. *Brox/Walker*, ErbR, 28. Aufl. 2018, § 34 Rn. 6; MüKoBGB/*Helms*, 7. Aufl. 2017, § 2019 Rn. 10.
38 Vgl. MüKoBGB/*Helms*, 7. Aufl. 2017, § 2019 Rn. 10 m.w.N.
39 Vgl. MüKoBGB/*Helms*, 7. Aufl. 2017, § 2019 Rn. 11 m.w.N. zum Streitstand.
40 Vgl. Staudinger/*Gursky*, 2016, § 2019 Rn. 15; MüKoBGB/*Helms*, 7. Aufl. 2017, § 2019 Rn. 13.
41 Vgl. Soergel/*Dieckmann*, 13. Aufl. 2002, § 2019 Rn. 2; enger (nur wenn das Gegengeschenk schon bei der Schenkung vereinbart war): Staudinger/*Gursky*, 2016, § 2019 Rn. 15; MüKoBGB/*Helms*, 7. Aufl. 2017, § 2019 Rn. 13.
42 Vgl. Prot. V, 711; Staudinger/*Gursky*, 2016, § 2019 Rn. 20; MüKoBGB/*Helms*, 7. Aufl. 2017, § 2019 Rn. 4; *Lange*, ErbR, 2. Aufl. 2017, § 43 Rn. 43.

lastende Hypothek wandelt sich nach § 1163 Abs. 1 S. 2 in eine Eigentümergrundschuld des Erben um, wenn die Forderung erlischt.

Tilgt der Erbschaftsbesitzer eine vermeintliche Nachlassschuld mit Mitteln der Erbschaft, fällt die Bereicherungsforderung unmittelbar in den Nachlass; dogmatisch lässt sich dies wohl am besten auf eine Gesamtanalogie zu §§ 718 Abs. 2, 1418 Abs. 2 Nr. 3, 1473 Abs. 1, 1638 Abs. 2, 2041, 2111 Abs. 1 stützen.[43]

c) Kettensurrogation

1249 Möglich ist auch eine mehrfache Surrogation (sog. **Kettensurrogation**).[44]

Beispiel: Der Erbschaftsbesitzer veräußert ein zum Nachlass gehörendes Auto und erwirbt mit dem dafür erhaltenen Kaufpreis (Surrogat 1) ein Segelboot (Surrogat 2).

d) Rechtsfolge

1250 Rechtsfolge der Surrogation ist, dass der erworbene Ersatzgegenstand **dem Erben unmittelbar** – d.h. ohne Durchgangserwerb beim Erbschaftsbesitzer und auch gegen dessen Willen – **anfällt**.[45]

Umstritten ist in diesem Kontext der Sonderfall der **Kreditgeschäfte**, bei denen der Erbschaftsbesitzer den erworbenen Gegenstand erst später mit Nachlassmitteln bezahlt. Hier wird teilweise angenommen, dass zunächst der Erbschaftsbesitzer den Gegenstand erwirbt und dieser erst dann im Wege der Surrogation in den Nachlass fällt, wenn der Erbschaftsbesitzer später die ihm obliegende Leistung aus Nachlassmitteln erbringt.[46] Dies würde aber *de facto* zu einem Durchgangserwerb des Erbschaftsbesitzers führen und dem Erben damit in ungerechtfertigter Weise den Schutz des § 2019 entziehen. Überzeugender ist es daher, auch in diesen Fällen einen unmittelbaren Erwerb des Erben anzunehmen[47]; dogmatisch lässt sich dies dadurch konstruieren, dass man den Erbschaftsbesitzer bis zur Erbringung der Gegenleistung aus Nachlassmitteln einem auflösend bedingt Berechtigten gleichstellt und § 161 Abs. 2, 3 analog anwendet[48].

e) Schutz gutgläubiger Dritter

1251 Der Schutz gutgläubiger Dritter erfolgt zum einen nach den **allgemeinen Vorschriften** über den gutgläubigen Erwerb vom Nichtberechtigten. Nicht möglich ist allerdings gem. § 935 Abs. 1 S. 1 ein gutgläubiger Erwerb beweglicher Nachlassgegenstände, denn der Erbe ist gem. § 857 Besitzer und durch die Wegnahme seitens des Erbschaftsbesitzers ist ihm die Sache abhandengekommen.[49] Der Dritte kann aber ggf. aufgrund eines Erbscheins (§ 2366, → Rn. 1293 ff.) oder Europäischen Nachlasszeugnisses (Art. 69 Abs. 4 EuErbVO, → Rn. 1348 ff.), in dem der Erbschaftsbesitzer als Berechtigter ausgewiesen ist, gutgläubig erwerben.

---

43 Vgl. Staudinger/*Gursky*, 2016, § 2019 Rn. 20; MüKoBGB/*Helms*, 7. Aufl. 2017, § 2019 Rn. 4.
44 Vgl. Staudinger/*Gursky*, 2016, § 2019 Rn. 7; MüKoBGB/*Helms*, 7. Aufl. 2017, § 2019 Rn. 3.
45 Vgl. Staudinger/*Gursky*, 2016, § 2019 Rn. 4; MüKoBGB/*Helms*, 7. Aufl. 2017, § 2019 Rn. 14.
46 So etwa *Brox/Walker*, ErbR, 28. Aufl. 2018, § 34 Rn. 7; MüKoBGB/*Helms*, 7. Aufl. 2017, § 2019 Rn. 14.
47 Vgl. Soergel/*Dieckmann*, 13. Aufl. 2002, § 2019 Rn. 1; Erman/*Horn*, 15. Aufl. 2017, § 2019 Rn. 1d; *Lange*, ErbR, 2. Aufl. 2017, § 43 Rn. 42; Jauernig/*Stürner*, 17. Aufl. 2018, § 2019 Rn. 1.
48 Ausf. Soergel/*Dieckmann*, 13. Aufl. 2002, § 2019 Rn. 1.
49 Vgl. MüKoBGB/*Helms*, 7. Aufl. 2017, § 2019 Rn. 16.

§ 2019 Abs. 2 statuiert eine **Sonderregelung zum Schutz des gutgläubigen Schuldners**: Der Schuldner muss eine durch Rechtsgeschäft mit Mitteln der Erbschaft erworbene Forderung als Nachlassbestandteil erst dann gegen sich gelten lassen, wenn er von der Nachlasszugehörigkeit Kenntnis erlangt; §§ 406-408 finden entsprechende Anwendung. 1252

3. Nutzungen

Gem. § **2020** Hs. 1 hat der Erbschaftsbesitzer dem Erben auch alle gezogenen Nutzungen (§§ 99, 100) herauszugeben. Hat er an Früchten gem. § 955 Eigentum erworben, so sind gem. § 2020 Hs. 2 auch diese „herauszugeben", also zu übereignen. 1253

IV. Haftung des Erbschaftsbesitzers im Falle der Unmöglichkeit der Herausgabe

1. Überblick

Das Verhältnis des Erben zum Erbschaftsbesitzer ist ein **besonderes Eigentümer-Besitzer-Verhältnis**, das gegenüber den §§ 987 ff. – abgesehen von § 2019 – lediglich einzelne Modifikationen aufweist. Hinsichtlich der Haftung des Erbschaftsbesitzers für den Fall, dass ihm die nach §§ 2018-2020 geschuldete Herausgabe des Erlangten (also des ursprünglichen Erbschaftsgegenstands bzw. des Surrogats oder der Nutzungen) unmöglich ist, differenziert das Gesetz zwischen vier Kategorien: 1254

- gutgläubiger, unverklagter Erbschaftsbesitzer: § 2021 (→ Rn. 1255);
- verklagter Erbschaftsbesitzer: § 2023 (→ Rn. 1256);
- bösgläubiger Erbschaftsbesitzer: § 2024 (→ Rn. 1257 ff.);
- deliktischer Erbschaftsbesitzer: § 2025 (→ Rn. 1260 f.).

2. Gutgläubiger, unverklagter Erbschaftsbesitzer: § 2021

Ist dem gutgläubigen, unverklagten Erbschaftsbesitzer die nach den §§ 2018-2020 (→ Rn. 1241 ff.) geschuldete Herausgabe unmöglich, so haftet er gem. **§ 2021** nur nach den Vorschriften über die Herausgabe einer ungerechtfertigten Bereicherung; es handelt sich um eine Rechtsfolgenverweisung auf **§§ 818 ff.**[50] Der Erbschaftsbesitzer hat also gem. § 818 Abs. 2 **Wertersatz** zu leisten, sofern keine **Entreicherung** eingetreten ist (§ 818 Abs. 3). Dabei sind auch Verwendungen auf die Erbschaft als Wegfall der Bereicherung zu berücksichtigen (vgl. § 2022 Abs. 1 S. 1).[51] Nicht abzugsfähig sind hingegen Aufwendungen, die der Erbschaftsbesitzer gemacht hat, um in den Besitz der Erbschaft zu gelangen (z.B. Kosten für einen unrichtigen Erbschein oder ein unrichtiges Europäisches Nachlasszeugnis).[52] 1255

---

50 Vgl. bereits RG v. 16.1.1913 – IV 504/12, RGZ 81, 204, 206; RG v. 24.11.1932 – VIII 331/32, RGZ 139, 17, 22; Staudinger/*Gursky,* 2016, § 2021 Rn. 5.

51 Vgl. BGH v. 12.12.2003 – V ZR 158/03, ZEV 2004, 378, 379.

52 Vgl. MüKoBGB/*Helms,* 7. Aufl. 2017, § 2021 Rn. 6 m.w.N.

3. Verklagter Erbschaftsbesitzer: § 2023

1256 Ab Eintritt der Rechtshängigkeit des Erbschaftsanpruchs (also mit Klageerhebung, §§ 261 Abs. 1, 253 Abs. 1 ZPO) **haftet der Erbschaftsbesitzer gem. § 2023 i.V.m. §§ 987 Abs. 2, 989 verschärft** wie ein verklagter, unrechtmäßiger Besitzer gegenüber dem Eigentümer hinsichtlich des Vindikationsanspruchs. Gem. §§ 2023, 989 hat der Erbschaftsbesitzer dem Eigentümer jeden Schaden zu ersetzen, der infolge seines Verschuldens zur Verschlechterung, zum Untergang oder dazu führt, dass der Nachlassgegenstand aus anderen Gründen nicht herausgegeben werden kann. Gem. §§ 2023, 987 Abs. 2 haftet er zudem für schuldhaft nicht gezogene Nutzungen. Während § 2023 Abs. 1 nur den Herausgabeanspruch hinsichtlich des ursprünglich Erlangten und des Surrogats (§§ 2018, 2019, → Rn. 1241 ff.) betrifft, erweitert § 2023 Abs. 2 den Anwendungsbereich auch auf die Herausgabe von Nutzungen.

§ 2023 gilt hingegen nicht für den Bereicherungsanspruch des Erben aus § 2021 (→ Rn. 1255); die Folgen der Rechtshängigkeit ergeben sich in diesem Fall aus § 818 Abs. 4, der auf die allgemeinen Vorschriften (§§ 291, 292, 987 ff.) verweist.[53]

4. Bösgläubiger Erbschaftsbesitzer: § 2024

1257 Der bösgläubige Erbschaftsbesitzer haftet gem. **§ 2024 S. 1 wie der gutgläubige Erbschaftsbesitzer nach Rechtshängigkeit**. Die Haftungsverschärfung gilt sowohl für die dinglichen als auch für die schuldrechtlichen Komponenten des Erbschaftsanspruchs (d.h. insb. für den Anspruch auf Wertersatz aus § 2021).[54]

Hintergrund ist, dass die Haftung für den Anspruch aus § 2021 (→ Rn. 1255) und die Ansprüche aus §§ 2018-2020 (→ Rn. 1241 ff.) sonst auseinanderfallen würde, weil § 819 positive Kenntnis verlangt, während bei § 990 bereits grob fahrlässige Unkenntnis schadet.[55]

1258 Der Erbschaftsbesitzer ist **bösgläubig**, wenn er bei Beginn des Erbschaftsbesitzes weiß oder infolge grober Fahrlässigkeit nicht weiß, dass er nicht Erbe ist (§§ 2024 S. 1, 932 Abs. 2 analog).[56] Gem. § 2024 S. 2 wird er zudem bösgläubig, wenn er später positive Kenntnis davon erlangt, dass er nicht Erbe ist. Gleichzustellen ist analog § 162 der Fall, dass er sich vorsätzlich der Kenntnisnahme vom Fehlen seines Erbrechts verschließt.[57]

1259 Gerät der bösgläubige Erbschaftsbesitzer in **Verzug**, so tritt gem. **§ 2024 S. 3** eine weitere Haftungsverschärfung ein: Er hat dann gem. §§ 280 Abs. 1, Abs. 2, 286 Abs. 1 jeden Verzögerungsschaden zu ersetzen und haftet gem. § 287 S. 2 auch bei durch Zufall eintretender Unmöglichkeit. Beachte: Die Haftungsverschärfung des § 2024 S. 3 gilt jedoch nach systematischer Stellung und Telos nicht für den gutgläubigen Erbschaftsbesitzer.[58]

53 Vgl. nur MüKoBGB/*Helms,* 7. Aufl. 2017, § 2021 Rn. 3.
54 Vgl. Staudinger/*Gursky,* 2016, § 2024 Rn. 1; MüKoBGB/*Helms,* 7. Aufl. 2017, § 2024 Rn. 1.
55 Vgl. Prot. V, 719.
56 Vgl. Staudinger/*Gursky,* 2016, § 2024 Rn. 1; MüKoBGB/*Helms,* 7. Aufl. 2017, § 2024 Rn. 1.
57 Vgl. MüKoBGB/*Helms,* 7. Aufl. 2017, § 2024 Rn. 5; Erman/*Horn,* 15. Aufl. 2017, § 2024 Rn. 2.
58 Vgl. MüKoBGB/*Helms,* 7. Aufl. 2017, § 2024 Rn. 5; Erman/*Horn,* 15. Aufl. 2017, § 2024 Rn. 3.

5. Deliktischer Erbschaftsbesitzer: § 2025

1260 Der Erbschaftsbesitzer, der einen Nachlassgegenstand durch eine Straftat oder durch schuldhaft verbotene Eigenmacht erlangt hat, haftet nach der **Rechtsgrundverweisung des § 2025**[59] nach den deliktsrechtlichen Vorschriften der **§§ 823 ff.** Der Surrogationsgrundsatz des § 2019 (→ Rn. 1242 ff.) wird jedoch durch § 2025 nicht ausgeschlossen; folglich entsteht schon gar kein Schaden, wenn und soweit der Erbe für den Verlust des Nachlassgegenstands ein (gleichwertiges) Surrogat erhalten hat.[60]

1261 **§ 2025 S. 1 Alt. 1** erfasst auch Fälle, in denen durch die Straftat keine Sache, sondern ein **Recht** erlangt wurde.[61] Verbotene Eigenmacht (§ 858) ist dagegen nur bei zum Nachlass gehörenden Sachen (§ 90) möglich. Die **verbotene Eigenmacht (Alt. 2)** muss vorsätzlich oder fahrlässig begangen worden sein; denn ließe man hier auch ein schuldloses Handeln genügen, würden sich Wertungswidersprüche zur Alt. 1 ergeben.[62] § 2025 S. 2 bestimmt, dass ein gutgläubiger Erbschaftsbesitzer nur dann wegen verbotener Eigenmacht haftet, wenn der Erbe den Besitz der Sache bereits tatsächlich erlangt hat; denn andernfalls würde wegen § 857 auch der gutgläubige Erbschaftsbesitzer, der nur leicht fahrlässig fremdes Erbrecht verkennt, haften.[63]

V. Verwendungsersatzanspruch des Erbschaftsbesitzers

1. Überblick

1262 Im Hinblick auf den Verwendungsersatzanspruch des Erbschaftsbesitzers **differenziert** das Gesetz ebenfalls danach, ob dieser gutgläubiger (→ Rn. 1263 ff.), verklagter bzw. bösgläubiger (→ Rn. 1267 f.) oder deliktischer Erbschaftsbesitzers (→ Rn. 1269) ist.

2. Gutgläubiger Erbschaftsbesitzer: § 2022

1263 Der gutgläubige unverklagte Erbschaftsbesitzer ist hinsichtlich seiner auf einzelne Nachlassgegenstände oder die gesamte Erbschaft gemachten Verwendungen nach § 2022 bessergestellt als der gutgläubige Besitzer im Eigentümer-Besitzer-Verhältnis (vgl. §§ 994-996). Gem. § 2022 Abs. 1 S. 1 ist er zur Herausgabe der Nachlassgegenstände nur gegen **Ersatz *aller* Verwendungen** (egal ob diese notwendig, nützlich oder werterhöhend waren) verpflichtet, soweit diese nicht bereits durch Anrechnung auf die nach § 2021 herauszugebende Bereicherung gedeckt waren. Andererseits ist er aber auch gem. § 2020 zur Herausgabe sämtlicher Nutzungen verpflichtet (→ Rn. 1253).

1264 **Verwendungen** sind alle freiwilligen Vermögensopfer des Erbschaftsbesitzers aus seinen Mitteln (nicht aus dem Nachlass), die einer einzelnen Nachlasssache oder der

---

59 Vgl. Staudinger/*Gursky,* 2016, § 2025 Rn. 3; MüKoBGB/*Helms,* 7. Aufl. 2017, § 2025 Rn. 1.
60 Vgl. MüKoBGB/*Helms,* 7. Aufl. 2017, § 2025 Rn. 1; Erman/*Horn,* 15. Aufl. 2017, § 2025 Rn. 1.
61 Vgl. MüKoBGB/*Helms,* 7. Aufl. 2017, § 2025 Rn. 3.
62 Vgl. Erman/*Horn,* 15. Aufl. 2017, § 2025 Rn. 3; *Lange,* ErbR, 2. Aufl. 2017, § 43 Rn. 56.
63 Vgl. MüKoBGB/*Helms,* 7. Aufl. 2017, § 2025 Rn. 5; *Lange,* ErbR, 2. Aufl. 2017, § 43 Rn. 57.

Erbschaft im Ganzen (§ 2022 Abs. 2) zugutekommen sollen.[64] Ungeachtet des engen Wortlauts des § 2022 Abs. 1 S. 1 („Herausgabe der zur Erbschaft gehörenden Sachen") wird man die Norm nach ihrem Sinn und Zweck analog auch auf den schuldrechtlichen Anspruch aus § 2020 Hs. 2 auf Herausgabe der Früchte (→ Rn. 1253) anwenden müssen; denn sonst stünde der gutgläubige Erbschaftsbesitzer schlechter als der bösgläubige.[65] Gegenüber dem Bereicherungsanspruch aus § 2021 steht dem Erbschaftsbesitzer hingegen kein Verwendungsersatzanspruch zu; vielmehr sind seine Verwendungen hierauf gem. § 2022 Abs. 1 S. 1 Hs. 2 anzurechnen (→ Rn. 1255).

1265 Hinsichtlich der Durchsetzung des Verwendungsersatzanspruchs gelten gem. § 2022 Abs. 1 S. 2 die §§ 1000-1003 entsprechend. Dem Erbschaftsbesitzer steht daher gem. §§ 2022 Abs. 1 S. 2, 1000 ein **Zurückbehaltungsrecht** an allen nach §§ 2018 ff. herauszugebenden Gegenständen zu. Da der Erbschaftsanspruch ein Gesamtanspruch ist, spielt es dabei keine Rolle, ob die Verwendungen auf die herauszugebenden Sachen, auf andere Nachlassgegenstände oder auf die Erbschaft als Ganzes gemacht wurden.[66] Darüber hinaus hat der Erbschaftsbesitzer gem. §§ 2022 Abs. 1 S. 2, 1003 ein **pfandähnliches Befriedigungsrecht**. Zudem ist ihm analog §§ 997, 258 ein **Wegnahmerecht** zuzubilligen, da er sonst schlechter stünde als nach Eintritt der Haftungsverschärfung.[67] Ferner kann der Erbschaftsbesitzer gem. §§ 2022 Abs. 1 S. 2, 1001 S. 1 innerhalb der Ausschlussfrist des § 1002 Abs. 1 **Klage auf Verwendungsersatz** erheben, sofern der Erbe die Sache, auf welche die Verwendung gemacht wurde, deren Surrogat (§ 2019, → Rn. 1242 ff.) oder deren Wert (§ 2021, → Rn. 1255) wiedererlangt hat oder die Verwendungen genehmigt. Verwendungen auf die Erbschaft als Ganzes kann der Erbschaftsbesitzer hingegen erst verlangen, wenn er die Erbschaft insgesamt herausgegeben hat.[68]

1266 § 2022 Abs. 3 stellt klar, dass **weitergehende Ansprüche** unberührt bleiben. In Betracht kommen vor allem bereicherungsrechtliche Ansprüche. Ansprüche aus Geschäftsführung ohne Auftrag scheitern hingegen bereits am fehlenden Fremdgeschäftsführungswillen.[69]

3. Verklagter und bösgläubiger Erbschaftsbesitzer: §§ 2023 Abs. 2, 2024

1267 Die Verwendungsersatzansprüche des verklagten Erbschaftsbesitzers richten sich gem. § 2023 Abs. 2 nach den Vorschriften über das Eigentümer-Besitzer-Verhältnis, d.h. nach **§ 994 Abs. 2**, der wiederum auf das Recht der **Geschäftsführung ohne Auftrag** weiterverweist. Dabei handelt es sich um eine partielle Rechtsgrundverweisung; ein Fremdgeschäftsführungswille ist daher nicht erforderlich.[70] Gem. § 2024 S. 1 gilt dies entsprechend auch für den bösgläubigen Erbschaftsbesitzer.

---

64 Vgl. Staudinger/*Gursky,* 2016, § 2022 Rn. 3; MüKoBGB/*Helms,* 7. Aufl. 2017, § 2022 Rn. 3.
65 Vgl. Staudinger/*Gursky,* 2016, § 2022 Rn. 2; MüKoBGB/*Helms,* 7. Aufl. 2017, § 2022 Rn. 2.
66 Vgl. Staudinger/*Gursky,* 2016, § 2022 Rn. 4; MüKoBGB/*Helms,* 7. Aufl. 2017, § 2022 Rn. 9.
67 Vgl. Staudinger/*Gursky,* 2016, § 2022 Rn. 11; Erman/*Horn,* 15. Aufl. 2017, § 2022 Rn. 2.
68 Vgl. MüKoBGB/*Helms,* 7. Aufl. 2017, § 2022 Rn. 11; Erman/*Horn,* 15. Aufl. 2017, § 2022 Rn. 4; BeckOK/*Müller-Christmann* § 2022 Rn. 8; a.A. Staudinger/*Gursky,* 2016, § 2022 Rn. 10 (der aufgrund des Charakters als Gesamtanspruch immer die Rückgabe des gesamten Nachlasses verlangen will).
69 Vgl. nur MüKoBGB/*Helms,* 7. Aufl. 2017, § 2022 Rn. 14.
70 Vgl. Staudinger/*Gursky,* 2016, § 2023 Rn. 9.

Zu ersetzen sind somit **nur** die **notwendigen Verwendungen**, wenn sie entweder (1) dem wirklichen oder mutmaßlichen Willen des Erben entsprachen oder von ihm genehmigt wurden (§§ 994 Abs. 2, 683, 684 S. 2) oder (2) der Erbe noch bereichert ist (§§ 994 Abs. 2, 684 S. 1).[71] Für das Zurückbehaltungsrecht nach § 1000 ist hier ebenfalls nicht Voraussetzung, dass die Verwendungen auf die herausverlangten Sachen gemacht wurden, da der Erbschaftsanspruch auch nach Klageerhebung ein Gesamtanspruch ist.[72] **1268**

4. Deliktischer Erbschaftsbesitzer

Für den deliktischen Erbschaftsbesitzer richtet sich die Ersatzfähigkeit seiner Verwendungen gem. **§ 850** nach den **§§ 994 ff.**[73] Hat er den Erbschaftsbesitz durch eine vorsätzliche unerlaubte Handlung erlangt, so steht ihm gem. § 1000 S. 2 auch kein Zurückbehaltungsrecht zu. **1269**

VI. Auskunftsansprüche des Erben

Die speziellen Auskunftsansprüche des Erben als Gläubiger des Erbschaftsanspruchs sind in §§ 2027, 2028 geregelt. Der Erbschaftsbesitzer ist bereits nach § 260 i.V.m. § 2018 verpflichtet, dem Erben ein **Bestandsverzeichnis** vorzulegen. **§ 2027 Abs. 1** erweitert die **Auskunftspflicht des Erbschaftsbesitzers** um Angaben über den Bestand der Erbschaft (einschließlich der Surrogate und Nutzungen) und über den Verbleib der Erbschaftsgegenstände. Die Auskunftspflicht kann damit *de facto* zu einer Rechenschaftslegungspflicht über die Verwaltung der Erbschaft führen.[74] **1270**

Die Auskunftspflicht des Erbschaftsbesitzers geht nach h.M. mit dessen Tod auf seine Erben über, d.h. sie ist **passiv vererblich.**[75] Grundsätzlich ist der Erbe des Erbschaftsbesitzers verpflichtet, seine meist geringen Kenntnisse über Umfang und Verbleib der Erbschaft anhand der ihm zur Verfügung stehenden Informationsmittel zu vervollständigen; hat er keine eigenen Kenntnisse und kann er sich solche auch nicht auf zumutbare Weise verschaffen, dann genügt er seiner Auskunftspflicht jedoch bereits mit der Darlegung dieses Sachverhalts.[76] **1271**

§ 2027 Abs. 2 erweitert die Auskunftspflicht auf **sonstige Besitzer**, die – ohne sich ein Erbrecht anzumaßen – eine Sache aus dem Nachlass in Besitz genommen haben, bevor der Erbe den unmittelbaren oder mittelbaren Besitz tatsächlich ergriffen hat. Die Auskunftspflicht gem. § 2027 Abs. 2 trifft auch einen **Miterben**, der vor der tatsächlichen Inbesitznahme durch alle Erben an einer Nachlasssache lediglich für sich (und nicht zugleich in Vertretung der Miterben) den Besitz ergriffen hat; wenn ein **1272**

---

71 Vgl. Staudinger/*Gursky,* 2016, § 2023 Rn. 9; MüKoBGB/*Helms,* 7. Aufl. 2017, § 2023 Rn. 6.

72 Vgl. Staudinger/*Gursky,* 2016, § 2023 Rn. 10; MüKoBGB/*Helms,* 7. Aufl. 2017, § 2023 Rn. 6.

73 Vgl. nur MüKoBGB/*Helms,* 7. Aufl. 2017, § 2025 Rn. 7.

74 Vgl. MüKoBGB/*Helms,* 7. Aufl. 2017, § 2027 Rn. 7; Erman/*Horn,* 15. Aufl. 2017, § 2027 Rn. 4; Jauernig/*Stürner,* 17. Aufl. 2018, § 2027 Rn. 1; a.A. Staudinger/*Gursky*, 2016, § 2027 Rn. 12.

75 Vgl. BGH v. 5.6.1985 – IVa ZR 257/83, NJW 1985, 3068; MüKoBGB/*Helms,* 7. Aufl. 2017, § 2027 Rn. 5 m.w.N.

76 Vgl. BGH v. 5.6.1985 – IVa ZR 257/83, NJW 1985, 3068, 3070.

Miterbe hingegen (mit oder ohne Auftrag der anderen Miterben) nur die Verwaltung des Nachlasses geführt hat, ist er nach §§ 666, 681 auskunftspflichtig.[77]

1273 **Nicht auskunftspflichtig** ist hingegen, wer den Besitz entweder schon vor dem Tod des Erblassers erlangt hat oder ihn nach dem Tod des Erblassers von einem Dritten erlangt, dem die Sache bereits zu Lebzeiten des Erblassers überlassen wurde.[78] Nicht nach § 2027 Abs. 2 auskunftspflichtig sind ferner Testamentsvollstrecker (→ Rn. 807 ff.), Nachlassverwalter (→ Rn. 1157 ff.) oder Nachlasspfleger (→ Rn. 580) sowie Nachlassinsolvenzverwalter (→ Rn. 1166 ff.); ihre Auskunfts- und Rechenschaftspflichten ergeben sich vielmehr aus den jeweiligen Spezialnormen.[79]

1274 **§ 2028 Abs. 1** statuiert eine (abgeschwächte) Auskunftspflicht der Personen, die sich zur Zeit des Erbfalls mit dem Erblasser in häuslicher Gemeinschaft befunden haben. Sie müssen dem Erben auf Verlangen darüber Auskunft erteilen, welche erbschaftlichen Geschäfte sie geführt haben und was ihnen über den Verbleib der Erbschaftsgegenstände bekannt ist. Der Begriff der „häuslichen Gemeinschaft" ist nach Sinn und Zweck der Auskunftspflicht weit auszulegen.[80] Er erfordert weder die Zugehörigkeit zum Hausstand (i.S.v. § 1619) noch die Familienzugehörigkeit (vgl. § 1969); ausreichend ist vielmehr, dass jemand aufgrund seiner räumlichen und persönlichen Beziehungen zum Erblasser Gelegenheit hatte, auf den Nachlass einzuwirken.[81] Erfasst sind z.B. Familienangehörige, Hausangestellte, Untermieter, Zimmer- und Flurnachbarn oder Pflegepersonen.[82] Die Auskunftspflicht kann sich ferner auch auf Miterben erstrecken.[83]

VII. Verhältnis von Erbschaftsanspruch und Einzelansprüchen des Erben

1275 Gem. **§ 2029** bestimmt sich die Haftung des Erbschaftsbesitzers auch gegenüber den Einzelansprüchen des Erben nach den Vorschriften über den Erbschaftsanspruch. Die in Anspruchskonkurrenz mit dem Erbschaftsanspruch stehenden Einzelansprüche werden also ***ipso iure*** **inhaltlich** dahingehend **modifiziert**, dass sich die Haftung des Erbschaftsbesitzers nach den §§ 2018 ff. bestimmt (und zwar unabhängig davon, ob diese für den Erbschaftsbesitzer günstiger oder ungünstiger sind).[84]

77 Vgl. RG v. 28.11.1912 – IV 265/121, RGZ 81, 30, 32; RG v. 8.2.1913 – IV 527/12, RGZ 81, 293, 295.
78 Vgl. BGH v. 8.11.1951 – IV ZR 55/51, BeckRS 1951, 31372906; OLG Brandenburg v. 21.8.2013 – 4 U 136/12, BeckRS 2013, 16786; Staudinger/*Gursky*, 2016, § 2027 Rn. 20.
79 Vgl. nur MüKoBGB/*Helms*, 7. Aufl. 2017, § 2027 Rn. 11.
80 Vgl. RG v. 26.10.1912 – IV 219/12, RGZ 80, 285, 286; BGH v. 10.12.1957 – VIII ZR 317/56, BeckRS 1957, 31195249; MüKoBGB/*Helms*, 7. Aufl. 2017, § 2028 Rn. 3.
81 Vgl. RG v. 26.10.1912 – IV 219/12, RGZ 80, 285, 286; BGH v. 10.12.1957 – VIII ZR 317/56, BeckRS 1957, 31195249; MüKoBGB/*Helms*, 7. Aufl. 2017, § 2027 Rn. 3.
82 Vgl. MüKoBGB/*Helms*, 7. Aufl. 2017, § 2028 Rn. 3.
83 Vgl. RG v. 28.12.1912 – IV 265/12, RGZ 81, 30, 32; OLG Koblenz v. 19.12.2013 – 2 U 1191/11, FamRZ 2014, 968, 969; MüKoBGB/*Helms*, 7. Aufl. 2017, § 2028 Rn. 3.
84 Vgl. MüKoBGB/*Helms*, 7. Aufl. 2017, § 2029 Rn. 1.

VIII. Verjährung und Ersitzung

Die Herausgabeansprüche aus **§§ 2018, 2019** sowie die zu ihrer Geltendmachung dienenden Auskunftsansprüche (§§ 260, 2027, 2028) **verjähren gem. § 197 Abs. 1 Nr. 2 in 30 Jahren**. Ein Teil der Literatur will diese lange erbrechtliche Verjährungsfrist auch auf die Folgeansprüche aus den **§§ 2020 ff.** (mit Ausnahme des § 2025) anwenden[85]; Wortlaut, Systematik und Telos der Neuregelung sprechen jedoch eher dafür, dass insoweit die Regelverjährungsfrist der **§§ 195, 199** Anwendung findet (wobei § 199 Abs. 3a zu beachten ist)[86].[87] 1276

Nach bislang h.M. **beginnt** die **Verjährung** des Anspruchs aus § 2018 in dem Zeitpunkt, in dem der Erbschaftsbesitzer erstmals etwas aus der Erbschaft erlangt; gestützt wird dies maßgeblich auf die Rechtsnatur als Gesamtanspruch sowie auf den Wortlaut des § 2026.[88] Das Ziel, den Erben möglichst umfassend zu schützen, spricht jedoch eher für die Gegenansicht, wonach der Erbschaftsanspruch für jeden einzelnen Erbschaftsgegenstand gesondert mit seiner Besitzerlangung beginnt.[89]

§ 2026 bestimmt, dass sich der Erbschaftsbesitzer dem Erben gegenüber nicht auf **Ersitzung** berufen kann, solange der Erbschaftsanspruch nicht verjährt ist. Dritten gegenüber kann der Erbschaftsbesitzer das durch Ersitzung (§ 937) erworbene Eigentum hingegen unbeschränkt geltend machen.[90] 1277

Die genaue rechtsdogmatische Bedeutung des § 2026 ist umstritten. Ein Teil der Literatur nimmt an, dass der Ersitzungserwerb des Erbschaftsbesitzers dem Erben gegenüber relativ unwirksam sei; nur so sei gewährleistet, dass der Erbe und die Nachlassgläubiger wirksam geschützt sind, wenn ein Gläubiger des Erbschaftsbesitzers die Zwangsvollstreckung betreibt oder der Erbschaftsbesitzer insolvent wird.[91] Ein solches „relatives Eigentum" ist dem BGB jedoch grundsätzlich fremd.[92] Überzeugender ist daher, mit der h.M.[93] anzunehmen, dass der Erbschaftsbesitzer mit Ablauf der Ersitzungsfrist zwar Eigentum an der Sache erlangt, dem Erben aber vor Ablauf der Verjährung des Erbschaftsanspruchs weiterhin **schuldrechtlich zur Herausgabe** (= Eigentums- und Besitzverschaffung) **verpflichtet** ist.

---

85 So etwa Burandt/Rojahn/*Gierl*, ErbR, 3. Aufl. 2019, § 2018 Rn. 6; Staudinger/*Gursky*, 2016, § 2026 Rn. 1, 7.

86 So etwa *Brox/Walker*, ErbR, 28. Aufl. 2018, § 33 Rn. 22; MüKoBGB/*Helms*, 7. Aufl. 2017, § 2029 Rn. 7; Erman/*Horn*, 15. Aufl. 2017, Vor § 2018 Rn. 7; *Lange* JZ 2013, 598, 600; BeckOK/*Müller-Christmann* § 2026 Rn. 7.

87 Offengelassen von BGH v. 14.10.2015 – IV ZR 438/14, ZEV 2015, 698 Rn. 19.

88 Vgl. etwa MüKoBGB/*Helms*, 7. Aufl. 2017, § 2029 Rn. 3; Erman/*Horn*, 15. Aufl. 2017, § 2026 Rn. 1.

89 Ausf. *Lange* JZ 2013, 598 ff.; ebenso auch jurisPK/*Ehm*, 7. Aufl. 2014, § 2026 Rn. 4; Staudinger/*Gursky*, 2016, § 2026 Rn. 4; *Lange*, ErbR, 2. Aufl. 2017, § 43 Rn. 23; BeckOK/*Müller-Christmann* § 2026 Rn. 3.

90 Vgl. MüKoBGB/*Helms*, 7. Aufl. 2017, § 2029 Rn. 8; *Lange*, ErbR, 2. Aufl. 2017, § 43 Rn. 23.

91 So etwa *Brox/Walker*, ErbR, 28. Aufl. 2018, § 33 Rn. 23; Jauernig/*Stürner*, 17. Aufl. 2018, § 2026 Rn. 1.

92 Vgl. MüKoBGB/*Helms*, 7. Aufl. 2017, § 2029 Rn. 8; *Lange*, ErbR, 2. Aufl. 2017, § 43 Rn. 23.

93 Vgl. Staudinger/*Gursky*, 2016, § 2026 Rn. 14f; MüKoBGB/*Helms*, 7. Aufl. 2017, § 2029 Rn. 8; Erman/*Horn*, 15. Aufl. 2017, § 2026 Rn. 2; *Lange*, ErbR, 2. Aufl. 2017, § 43 Rn. 23.

Lösung der Ausgangsfälle

1278 **Fall 56 (→ Rn. 1230):** Ein Anspruch des K gegen F aus § 2018 setzt zunächst voraus, dass F Erbschaftsbesitzer ist. Durch die Anfechtung des Testaments des E durch S ist die Erbenstellung des F gem. § 142 Abs. 1 rückwirkend entfallen (→ Rn. 423). Problematisch ist allerdings, dass F sich seit der wirksamen Anfechtung nicht mehr auf ein angebliches Erbrecht beruft. F hatte sich jedoch vorher ein Erbrecht angemaßt. Er war also Erbschaftsbesitzer und verlor diese Stellung nicht allein dadurch, dass er sich nach wirksamer Anfechtung nicht mehr eines Erbrechts berühmte (→ Rn. 1238).

K ist allerdings als Erwerber der Erbschaft von einem Alleinerben nicht Anspruchsberechtigter; er muss sich den Anspruch aus § 2018 vielmehr erst von S abtreten lassen (→ Rn. 1234).

1279 **Fall 57 (→ Rn. 1230):** W könnte das Tablet nur dann von B nach § 2018 herausverlangen, wenn das Tablet Surrogat i.S.d. § 2019 für den weggegebenen Fernseher ist.

T hat nicht gem. §§ 929 S. 1, 932 gutgläubig Eigentum an dem Fernseher erworben, weil dieser dem Erben W, der gem. § 857 Besitzer war, i.S.d. § 935 Abs. 1 S. 1 abhandengekommen ist. Da B weder einen Erbschein noch ein Europäisches Nachlasszeugnis hatte, kommt auch ein gutgläubiger Erwerb gem. § 2366 (→ Rn. 1293 ff.) oder Art. 69 Abs. 4 EuErbVO (→ Rn. 1348 ff.) nicht in Betracht.

Nach h.M. findet § 2019 aber auch bei einer unwirksamen Verfügung Anwendung; der Erbe W kann vom Erbschaftsbesitzer B die Herausgabe des Tablets Zug um Zug gegen Genehmigung der Übereignung des Fernsehers fordern (→ Rn. 1246).

Teil IX
Legitimation im Kontext des Erbrechts

§ 24 Überblick über die Legitimations- und Publizitätsinstrumente im Kontext des Erbrechts

Literatur: *Adam,* Die Vereinheitlichung der gerichtlichen Erbenfeststellung, ZEV 2016, 233; *Ahlbory/Suchan,* Die haftungsrechtliche Bedeutung des Testamentsvollstreckerzeugnisses, ErbR 2017, 464; *Böhringer,* Das Europäische Nachlasszeugnis im deutschen Grundbuchverfahren, NotBZ 2015, 281; *Böhringer,* Erbschein trotz notarieller Verfügung von Todes wegen?, ZEV 2017, 68; *Bonefeld,* Banken und Erbschein bzw. Testamentsvollstreckerzeugnis, ZErb 2014, 157; *Bracken,* Das Erbscheinsverfahren auf dem Rückzug?, ErbR 2017, 378; *Bredemeyer,* Erbrechtliche Legitimation durch Erbschein, Europäisches Nachlasszeugnis, Testament oder Vollmacht, ZEV 2016, 65; *Buschbaum/Simon,* Das Europäische Nachlasszeugnis, ZEV 2012, 525; *Dillberger/Fest,* Vorgehen gegen einen unrichtigen Erbschein, JuS 2009, 1099; *Dillberger/Fest,* Effektiver Schutz von Grundstücken vor den Gefahren der §§ 2365 f. BGB bereits vor Kraftlosigkeit des unrichtigen Erbscheins, ZEV 2009, 220; *Dörner,* Anerkennung mitgliedstaatlicher Nachlasszeugnisse (im Lichte von „Oberle"), DNotZ 2018, 661; *Dorsel,* Europäische Erbrechtsverordnung und Europäisches Nachlasszeugnis, ZErb 2014, 212; *Dressler,* Das Europäische Nachlasszeugnis unter Berücksichtigung des Vindikationslegats ausländischer Rechtsordnungen, Rpfleger 2018, 413; *Grau,* Deutscher Erbschein und Europäische Erbrechtsverordnung, FS Schilken, 2015, 3; *Herzog,* Das streitige Erbscheinsverfahren aus anwaltlicher Sicht unter besonderer Berücksichtigung des Einwands der Testierunfähigkeit, ZErb 2016, 34; *Horn/Krätzschel,* Kosten im Erbscheinsverfahren, NJW 2016, 3350; *Joachim,* Guter Glaube und Rechtsscheinswirkung des Testamentsvollstreckerzeugnisses, ZEV 2017, 499; *Kanzleiter,* Deutscher Erbschein für einen Erblasser, der mit gewöhnlichem Aufenthalt in einem anderen Vertragsstaat der Europäischen Erbrechtsverordnung verstorben ist?, DNotZ 2018, 724; *Keller/v. Schrenk,* Prüfungsschwerpunkte im Erbscheinsverfahren, JA 2016, 51; *Kleinschmidt,* Optionales Erbrecht: Das Europäische Nachlasszeugnis als Herausforderung an das Kollisionsrecht, RabelsZ 77 (2013), 723; *Klinck,* Der Erwerb der Erbschaft oder eines Erbteils vom Erbscheinserben, AcP 215 (2015) 1; *Klumpp,* Die einstweilige Anordnung zur Sicherstellung von Ausfertigungen des Erbscheins, BWNotZ 2014, 145; *Kroiß/Horn,* Erbenlegitimation ohne Erbschein, NJW 2013, 516; *Kuchinke,* Grundfragen des Erbscheinsverfahrens und des Verkehrsschutzes bei Verfügungen des Scheinerben über Nachlassgegenstände, JURA 2018, 281; *Lange,* Europäisches Nachlasszeugnis – Antragsverfahren und Verwendung im deutschen Grundbuchverkehr, DNotZ 2016, 103; *Leitzen,* Oberle und die Folgen: Erbscheinsverfahren in grenzüberschreitenden Fällen in der Rechtspraxis, ZEV 2018, 630; *Lieder,* Gutgläubiger Erwerb im Erbrecht und Gesellschaftsrecht, JURA 2010, 801; *Link,* Keine Erteilung eines deutschen Fremdrechtserbscheins bei letztem gewöhnlichen Aufenthalt des Erblassers in einem Mitgliedsstaat der EuErbVO, BWNotZ 2018, 66; *Mankowski,* Europäische Regeln für die internationale Zuständigkeit für deutsche Erbscheine!, ErbR 2018, 482; *Muscheler,* Der Erbschein, JURA 2009, 329, 567 und 731; *Omlor,* Gutglaubensschutz durch das Europäische Nachlasszeugnis, GPR 2014, 216; *Parodi,* Die Maßgeblichkeit der Kenntnis vom Erbschein für einen gutgläubigen Erwerb einer beweglichen Sache nach § 2366, AcP 185 (1985) 362; *Rechberger,* Das Europäische Nachlasszeugnis und seine Wirkungen, ÖJZ 2012, 14; *Röthel,* Öffentlicher Glaube des Erbscheins bei Rechtsgeschäften innerhalb der Erbengemeinschaft, JURA 2015, 1255; *Schäuble*, Erbscheinanträge bei sog „gegenständlich" beschränkter Nacherbfolge, ZEV 2016, 675; *Schlinker/Zickgraf*, Gutgläubiger Erwerb im Erbrecht – Fälle und Lösungen, JuS-Extra 2013, 6; *J. Schmidt*, Der Erbnachweis in Deutschland ab 2015: Erbschein vs. Europäisches Nachlasszeugnis, ZEV 2014, 389; *Schmitz*, Das Europäische Nachlasszeugnis, RNotZ 2017, 269; *Schneider*, Kosten im Erbscheinverfahren, ErbR 2017, 134; *Szalai*, Nachweis des Erbrechts durch eigenhändiges Testament und andere Urkunden, NotBZ 2016, 370; *Terner*, Erbscheinanträge bei sog „gegenständlich" beschränkter Nacherbfolge, ZEV 2014, 184; *Traut*, Das Wirkungskonzept des Europäischen Nachlasszeugnisses, ZVglRWiss 115 (2016) 358; *Wagner*, Internationale und örtliche Zuständigkeit für die Erteilung deutscher Erbscheine, NJW 2018, 3284; *Weber*, Zur Erteilung eines deutschen Erbscheins bei letztem gewöhnlichen Aufenthalt des Erblassers im Ausland, RNotZ 2018, 454; *Weber/Francastel*, Der gewöhnliche Aufenthalt pflegebedürftiger Erblasser im Kontext von EuErbVO und FamFG, DNotZ 2018, 163; *Wellenhofer*, Öffentlicher Glaube des Erbscheins, JuS 2015, 941; *Zimmermann*, Das Erbscheinsverfahren im FamFG, JuS 2009, 817; *Zimmermann*, Das Europäische Nachlasszeugnis für Nachlasspfleger, Rpfleger 2017, 2; *Zimmermann*, Das Verhältnis von Erbscheinsverfahren zur Erbfeststellungsklage, ZEV 2010, 457; *Zimmermann*, Erbschein – Erbscheinsverfahren – Europäisches Nachlasszeugnis, 3. Aufl. 2016.

1280 Nach dem Tod einer Person kann zweifelhaft sein, wer der oder die Erben sind. Es kann z.B. passieren, dass erst Jahre nach dem Erbfall überhaupt ein Testament oder ein anderes (jüngeres) Testament gefunden wird oder dass sich erst später herausstellt, dass ein ursprünglich für wirksam gehaltenes Testament tatsächlich unwirksam war – in all diesen Fällen ist dann tatsächlich plötzlich eine ganz andere Person Erbe als es ursprünglich schien. Diese **Unsicherheit** ist nicht nur für den (scheinbaren) **Erben** selbst misslich, sondern auch für den **Rechtsverkehr**. Es bedarf daher eines zuverlässigen Legitimationsnachweises, mit dem einerseits der Erbe seine Erbenstellung nachweisen kann, auf den aber andererseits auch Dritte bei Rechtsgeschäften mit dem (scheinbaren) Erben in Bezug auf Nachlassgegenstände vertrauen können.

Dies geschieht zum einen durch entsprechende Eintragungen in den öffentlichen Registern, insb. in das **Grundbuch** und **Handelsregister** (→ Rn. 1355 ff.).

Als spezielle erbrechtliche Legitimationsinstrumente sieht das deutsche Recht zudem traditionell für den Erben den **Erbschein** (→ Rn. 1281 ff.) und für den Testamentsvollstrecker das **Testamentsvollstreckerzeugnis** (→ Rn. 1328 ff.) vor.

Bei Erbfällen ab dem 17.8.2015 besteht daneben sowohl für Erben als auch für Testamentsvollstrecker aufgrund der EuErbVO die Möglichkeit, sich durch ein **Europäisches Nachlasszeugnis (ENZ)** zu legitimieren (→ Rn. 1334 ff.).

§ 25 Erbschein

1281 **Fall 58:** X wurde ein Erbschein erteilt, der ihn als Erbe des E zu ⅓ ausweist. Im Januar 2018 schließt X mit K einen notariell beurkundeten Vertrag, in dem er diesem seinen Erbteil verkauft und überträgt. Im März 2018 erfahren X und K, dass in Wahrheit Y Alleinerbe des E ist. Hat K den Erbteil gutgläubig erworben? **Lösung: → Rn. 1324**

Fall 59: Der Erbscheinserbe S veräußert ein wertvolles altes Buch, das er bei den Nachlassgegenständen des Erblassers E gefunden hatte, an den Buchsammler B, der es sofort mitnimmt und zuhause ins Regal stellt. S und B glauben, dass das Buch im Eigentum des E gestanden hatte. Zwei Monate später stellt sich jedoch heraus, dass S gar nicht Erbe des E ist (sondern T) und dass E das Buch tatsächlich nur von seinem Freund F geliehen hatte. Hat B gutgläubig Eigentum an dem Buch erworben? **Lösung: → Rn. 1325**

Fall 60: Nach dem Tod des Erblassers E wird der Nachlass von seiner einzigen Tochter T in Besitz genommen. Diese erwirkt auch einen Erbschein, der sie als Alleinerbin ausweist. T veräußert ein zum Nachlass gehörendes Gemälde an X, der es gleich mit nach Hause nimmt. X weiß nicht, dass das Gemälde zum Nachlass des E gehört und dass T (angeblich) dessen Erbin ist; T erwähnt dies auch in keiner Weise. Zwei Monate später stellt sich heraus, dass E sein gesamtes Vermögen testamentarisch seiner nichtehelichen Lebensgefährtin L vererbt hatte. Kann L das Gemälde von X herausverlangen? **Lösung: → Rn. 1326**

Fall 61 (Abwandlung zu Fall 60): Nach dem Tod des Erblassers E wird der Nachlass von seiner einzigen Tochter T in Besitz genommen. Diese erwirkt auch einen Erbschein, der sie als Alleinerbin ausweist. T veräußert ein zum Nachlass gehörendes Gemälde an X, der es gleich mit nach Hause nimmt. Dabei erwähnt sie, dass sie Erbin des E sei und dass das Gemälde zu dessen Nachlass gehöre. X weiß allerdings nichts von dem Erbschein und T erwähnt diesen auch nicht. Zwei Monate später stellt sich heraus, dass E sein gesamtes Vermögen testamentarisch seiner nichtehelichen Lebensgefährtin L vererbt hatte. Kann L das Gemälde von X herausverlangen? **Lösung: → Rn. 1327**

I. Der Erbschein im Überblick

Der Erbschein ist ein durch das Nachlassgericht ausgestelltes **Zeugnis über die erbrechtlichen Verhältnisse** (vgl. die Legaldefinition in § 2353). Inhaltlich erstreckt sich der Erbschein auf die Stellung als Erben und den Umfang des Erbrechts (vgl. § 2353) sowie ggf. die Anordnung einer Nacherbfolge und/oder Testamentsvollstreckung (vgl. § 352b FamFG) (→ Rn. 1283 ff.). Ebenso wie das Grundbuch begründet der Erbschein gem. § 2365 eine Vermutung für die Vollständigkeit und Richtigkeit seines Inhalts (→ Rn. 1289 ff.). Zudem entfaltet er öffentlichen Glauben, sodass gutgläubige Dritte Nachlassgegenstände von einem im Erbschein als Erben ausgewiesenen Scheinerben (Erbscheinserbe) erwerben können (§ 2366, → Rn. 1294 ff.) und mit befreiender Wirkung an diesen leisten können (§ 2367, → Rn. 1309 ff.). 1282

II. Inhalt und Arten des Erbscheins

1. Inhalt des Erbscheins

a) Überblick

Der Erbschein enthält die genaue Bezeichnung des **Erblassers** und den **Todeszeitpunkt** sowie **Angaben über das Erbrecht**, die **Größe des Erbteils** und – soweit vorhanden – **erbrechtliche Beschränkungen** (vgl. § 2353, §§ 352a, 352b FamFG). 1283

Weitere Angaben dürfen nicht aufgenommen werden.[1] Maßgeblicher **Zeitpunkt** ist derjenige des **Erbfalls**; spätere Veränderungen (z.B. Versterben des Erben, Veräußerung des Erbteils) werden nicht berücksichtigt.[2] Die vorhandenen Angaben müssen aus sich heraus verständlich sein; die Bezugnahme auf andere Urkunden ist nicht zulässig.[3]

b) Erblasser, Erbe(n) und Todeszeitpunkt

1284 Der Erbschein muss den **Erblasser** und seine **Erben** so genau bezeichnen, dass sie zweifelsfrei identifiziert werden können und Verwechslungen ausgeschlossen sind; zudem ist der Todeszeitpunkt anzugeben.[4] Anzugeben sind deshalb Vor- und Nachname, Geburts- und Sterbedatum und letzter Wohnort des Erblassers sowie Vor- und Nachname, Geburtsdatum und Wohnort des/der Erben.[5]

Beispiel: „Es wird bezeugt, dass der am 1.12.2018 in Bayreuth verstorbene Richard Wagner, geboren am 1.1.1950 in Bayreuth, zuletzt wohnhaft in der Nürnberger Straße 6 in 95448 Bayreuth, von Max Müller, geboren am 10.1.1980 in München, wohnhaft in der Prieserstraße 1 in 95448 Bayreuth, allein beerbt worden ist."

c) Größe des Erbteils

1285 Bei mehreren Erben muss die **Größe der jeweiligen Erbteile** jeweils in Bruchteilen angegeben werden (§ 352a Abs. 2 S. 1 FamFG), sofern nicht alle Antragsteller im Antrag hierauf verzichten (§ 352a Abs. 2 S. 2 FamFG)[6].

Beispiel: „Es wird bezeugt, dass der am 1.12.2018 in Bayreuth verstorbene Richard Wagner, geboren am 1.1.1950 in Bayreuth, zuletzt wohnhaft in der Nürnberger Straße 6 in 95448 Bayreuth, von Max Wagner, geboren am 10.1.1980 in Bayreuth, wohnhaft in der Prieserstraße 1 in 95448 Bayreuth, zu $\frac{1}{3}$ und von Maria Wagner, geboren am 1.10.1981 in Bayreuth, wohnhaft in der Ortsstraße 1 in 07381 Langenorla, zu $\frac{2}{3}$ beerbt worden ist."

d) Beschränkungen

1286 Da der Erbschein als Nachweis der Verfügungsbefugnis des Erben über die Nachlassgegenstände dient, muss im Erbschein auch angegeben werden, ob und inwieweit der Erbe hinsichtlich seiner Verfügungsbefugnis beschränkt ist. Solche Verfügungsbeschränkungen sind insb. die Anordnung der **Nacherbfolge** (vgl. § 352b Abs. 1 FamFG) oder der **Testamentsvollstreckung** (vgl. § 352b Abs. 2 FamFG).

Im **Erbschein für den Vorerben** sind daher folgende Angaben erforderlich (vgl. § 352b Abs. 1 FamFG): Anordnung der Nacherbfolge; Eintrittsvoraussetzungen; Person des Nacherben bzw. wie der Nacherbe bestimmt werden soll; ggf. Ausschluss der Vererblichkeit des

---

1 Vgl. BayObLG v. 25.1.1973 – 1 Z 83/72, BayObLGZ 1972, 28, 29; *Brox/Walker,* ErbR, 28. Aufl. 2018, § 35 Rn. 2; Staudinger/*Herzog,* 2016, § 2353 Rn. 426.
2 Vgl. *Brox/Walker,* ErbR, 28. Aufl. 2018, § 35 Rn. 2; Staudinger/*Herzog,* 2016, § 2353 Rn. 431 m.w.N.
3 Vgl. Staudinger/*Herzog,* 2016, § 2353 Rn. 428 m.w.N.
4 Vgl. *Brox/Walker,* ErbR, 28. Aufl. 2018, § 35 Rn. 2.
5 Vgl. *Lange,* ErbR, 2. Aufl. 2017, § 78 Rn. 6; Keidel/*Zimmermann*, FamFG, 19. Aufl. 2017, § 352e Rn. 77.
6 Dazu näher *Zimmermann* ZEV 2015, 520 ff.

Nacherbenrechts[7]; ggf. Befreiung von Beschränkungen (§§ 2136, 2137); ggf. Bestellung eines Nacherbentestamentsvollstreckers (vgl. § 352b Abs. 2 FamFG).

Im Falle der **Testamentsvollstreckung** ist nur ihre Anordnung, nicht aber der Name des Testamentsvollstreckers in den Erbschein aufzunehmen[8] (zur Differenzierung zwischen Anordnung der Testamentsvollstreckung und Ernennung einer konkreten Person zum Testamentsvollstrecker → Rn. 823). Der Testamentsvollstrecker kann sich entweder durch ein Testamentsvollstreckerzeugnis (§ 2368, → Rn. 1328 ff.) oder ein Europäisches Nachlasszeugnis (→ Rn. 1334 ff.) legitimieren.

Schuldrechtliche Verpflichtungen des Erben (z.B. Pflichtteilsansprüche, Vermächtnisse) werden hingegen nicht in den Erbschein aufgenommen.[9] Sofern eine Verfügungsbeschränkung im Zeitraum zwischen Erbfall und Erbscheinserteilung gegenstandslos geworden ist, so ist sie auch nicht mehr in den Erbschein aufzunehmen.[10]

2. Arten des Erbscheins

Es gibt verschiedene Arten von Erbscheinen, die teils gesetzlich geregelt sind, teils **1287**
von der Rechtsprechung entwickelt wurden:

- **Alleinerbschein** (2353 Alt. 1): Er ist der Grundfall und wird erteilt, wenn nur ein Erbe vorhanden (dieser wird dann als Alleinerbe ausgewiesen).
- **Teilerbschein** (§ 2353 Alt. 2): Der Teilerbschein weist nur das Erbrecht eines von mehreren Miterben und die Größe seines Erbteils aus. Antragsberechtigt ist jeder Miterbe, und zwar nicht nur bezüglich seines eigenen Erbrechts, sondern auch bezüglich des Erbrechts jedes anderen Miterben.[11]
- **Gemeinschaftlicher Erbschein** (§ 352a FamFG): Er bezeugt das Erbrecht sämtlicher Miterben unter Angabe ihrer jeweiligen Erbteile. Antragsberechtigt ist jeder Miterbe (vgl. § 352a Abs. 1 S. 2 FamFG).
- **Gruppenerbschein**: Er fasst mehrere Teilerbscheine in einer Urkunde zusammen (d.h. in ihm wird das Erbrecht mehrerer, aber nicht aller Miterben bezeugt); antragsberechtigt sind nur alle betroffenen Miterben gemeinsam[12].
- **Gemeinschaftlicher Teilerbschein**: Er kombiniert Teilerbschein und gemeinschaftlichen Erbschein (bezeugt also ebenfalls das Erbrecht mehrerer, aber nicht aller Miterben), kann aber – anders als der Gruppenerbschein – durch einen Miterben alleine beantragt werden.[13]

---

7 Vgl. RG v. 19.4.1937 – IV B 8/37, RGZ 154, 330, 333; Staudinger/*Herzog*, 2016, § 2353 Rn. 465.

8 Vgl. KG v. 11.7.2014 – 6 W 68/14 (juris); Staudinger/*Herzog*, 2016, § 2353 Rn. 489.

9 Vgl. *Brox/Walker*, ErbR, 28. Aufl. 2018, § 35 Rn. 2; *Lange*, ErbR, 2. Aufl. 2017, § 78 Rn. 7.

10 Vgl. OLG Celle v. 6.6.1955 – 7 Wlw 106/55, NdsRpfl. 1955, 189 (bei Ausstellung des Erbscheins stand fest, dass die Bedingung für den Eintritt der Nacherbfolge nicht mehr eintreten konnte); OLG Köln v. 22.11.2017 – 2 Wx 219/17, ZEV 2018, 138 (Beschränkung des Vorerben wurde gegenstandslos, weil er die Anwartschaft des Nacherben durch Rechtsgeschäft unter Lebenden erworben hatte); *Brox/Walker*, ErbR, 28. Aufl. 2018, § 35 Rn. 2.

11 Vgl. *Brox/Walker*, ErbR, 28. Aufl. 2018, § 35 Rn. 3; MüKoBGB/*Grziwotz*, 7. Aufl. 2017, § 2353 Rn. 82; *Lange*, ErbR, 2. Aufl. 2017, § 78 Rn. 11.

12 Vgl. KG v. 8.5.1911 – W X 130/11, KGJ 1941, 90; *Brox/Walker*, ErbR, 28. Aufl. 2018, § 35 Rn. 3; MüKoBGB/*Grziwotz*, 7. Aufl. 2017, § 2353 Rn. 12.

13 Vgl. KG v. 23.5.1935 – 1 Wx 180/35, JW 1935, 1884; *Brox/Walker*, ErbR, 28. Aufl. 2018, § 35 Rn. 3; MüKoBGB/*Grziwotz*, 7. Aufl. 2017, § 2353 Rn. 12.

- **Doppelerbschein**: Er ist die äußerliche Zusammenfassung von Erbfolgen, wenn aufgrund einer Nachlassspaltung verschiedene Erbrechtsstatute gelten.[14]
- **Sammelerbschein**: Hierbei handelt es sich lediglich um die äußere Zusammenfassung mehrerer selbstständiger Erbscheine über verschiedene, aufeinanderfolgende Erbfälle in einer Urkunde; dies ist zulässig, wenn dasselbe Nachlassgericht zuständig ist.[15]
- **Gegenständlich beschränkter Erbschein gem. § 352c FamFG**: Wenn sich Nachlassgegenstände sowohl im In- als auch im Ausland befinden, ermöglicht § 352c FamFG die Erteilung eines auf das inländische Nachlassvermögen beschränkten Erbscheins.
- **Hoffolgezeugnis (§ 18 Abs. 2 HöfeO)**: Dies ist ein auf Antrag eines Beteiligten vom Landwirtschaftsgericht auszustellender besonderer Erbschein über die Sondererbfolge in einen Hof.

III. Rechtswirkungen des Erbscheins

1288 Der Erbschein hat die **Vermutung der Richtigkeit und Vollständigkeit** für sich (**§ 2365**, → Rn. 1289 ff.) und entfaltet, wie das Grundbuch, **öffentlichen Glauben** (**§§ 2366, 2367** → Rn. 1293 ff.). Auf diese Weise wird der gutgläubige Erwerb von Nachlassgegenständen ermöglicht und dem Bedürfnis des Rechtsverkehrs nach Rechtssicherheit Rechnung getragen.

1. Vermutung der Richtigkeit des Erbscheins, § 2365

1289 § 2365 begründet eine **doppelte Vermutung** in Bezug auf die im Erbschein als Erbe(n) bezeichnete(n) Person(en): Zum einen wird **positiv** vermutet, dass dieser Person bzw. diesen Personen das in dem Erbschein angegebene Erbrecht zusteht; zum anderen wird **negativ** vermutet, dass sie nicht durch andere als die angegebenen Anordnungen beschränkt sind.

Umstritten ist, ob sich die Vermutung auch auf das tatsächliche Bestehen der angegebenen Beschränkungen erstreckt.[16] Dies ist jedoch mit der h.M.[17] anzulehnen, denn der Schutzzweck des Erbscheins gebietet eine solche extensive Auslegung nicht; die Negativvermutung genügt völlig, um zu gewährleisten, dass sich einerseits der Erbe zuverlässig legitimieren kann und andererseits der Dritte nicht nachzuforschen braucht.

1290 Der Umfang der Vermutung beschränkt sich allerdings auf den **gesetzlich vorgeschriebenen Inhalt des Erbscheins**; andere Angaben nehmen nicht an der Vermutungswirkung des § 2365 teil.[18]

Die Vermutungswirkung des § 2365 gilt also nicht für die dem Erbschein zugrunde liegenden Tatsachen (z.B. Echtheit des Testaments)[19] und gesetzeswidrig in den Erbschein aufgenomme-

---

14 Vgl. MüKoBGB/*Grziwotz*, 7. Aufl. 2017, § 2353 Rn. 13; *Lange*, ErbR, 2. Aufl. 2017, § 78 Rn. 14.
15 Vgl. MüKoBGB/*Grziwotz*, 7. Aufl. 2017, § 2353 Rn. 14; *Lange*, ErbR, 2. Aufl. 2017, § 78 Rn. 14.
16 So etwa Staudinger/*Firsching*, 12. Aufl. 1979, § 2365 Rn. 11.
17 So etwa Staudinger/*Firsching*, 12. Aufl. 1979, § 2365 Rn. 11.
18 Vgl. *Brox/Walker*, ErbR, 28. Aufl. 2018, § 35 Rn. 6; MüKoBGB/*Grziwotz*, 7. Aufl. 2017, § 2365 Rn. 16.
19 Vgl. MüKoBGB/*Grziwotz*, 7. Aufl. 2017, § 2365 Rn. 17; Staudinger/*Herzog*, 2016, § 2365 Rn. 20.

ne weitere Angaben (z.B. Vermächtnisse, Teilungsanordnungen, Person des Testamentsvollstreckers)[20]. Der Erbschein begründet ferner auch keine Vermutung dafür, dass der Erblasser tatsächlich Eigentümer der zum Nachlass gehörenden Sachen war.[21]

Die Vermutungswirkung greift nur, wenn und solange überhaupt ein **wirksamer Erbschein** vorliegt.[22] Sie endet daher mit der Einziehung (§ 2361 S. 2 → Rn. 1321) oder Kraftloserklärung (§ 353 Abs. 1 S. 1 FamFG, → Rn. 1322) des Erbscheins sowie mit der Ablieferung an das Nachlassgericht gem. § 2362 (→ Rn. 1323). Zudem **entfällt** die Vermutung, wenn mehrere einander **widersprechende Erbscheine** existieren – allerdings nur in dem Umfang, in dem sie sich inhaltlich widersprechen.[23] 1291

Bei der Vermutung des § 2365 handelt es sich um eine **Rechtsvermutung**[24], die gem. § 292 ZPO **widerlegbar** ist[25]. Sie gilt nicht etwa nur zugunsten des Erbscheinserben, sondern **wirkt für und gegen jeden.**[26] 1292

Die Vermutungswirkung des § 2365 kann also zugunsten des Erbscheinserben wirken, wenn er zum Nachlass gehörende Rechte geltend machen möchte (z.B. eine Forderung einziehen); sie kann aber auch zu seinen Lasten wirken (z.B. wenn ein Nachlassgläubiger eine Forderung gegen den Nachlass geltend macht).

2. Öffentlicher Glaube des Erbscheins, §§ 2366, 2367

a) Überblick

Gem. §§ 2366, 2367 entfaltet der Erbschein **öffentlichen Glauben**, soweit die Vermutung des § 2365 reicht. § 2366 ermöglicht einen gutgläubigen Erwerb vom Erbscheinserben (→ Rn. 1294 ff.), § 2367 erweitert den Gutglaubensschutz auf Leistungen an den Erbscheinserben (→ Rn. 1309 ff.). 1293

b) Gutgläubiger Erwerb vom Erbscheinserben, § 2366

aa) Voraussetzungen. **§ 2366** ermöglicht einen gutgläubigen rechtsgeschäftlichen Erwerb von Nachlassgegenständen vom Erbscheinserben. Voraussetzung dafür ist, dass es sich um einen rechtsgeschäftlichen Erwerb im Rahmen eines Verkehrsgeschäfts handelt, dass ein wirksamer Erbschein existiert, dass der Gegenstand zum Nachlass gehört und dass der Erwerber gutgläubig ist. 1294

---

20 Vgl. MüKoBGB/*Grziwotz*, 7. Aufl. 2017, § 2365 Rn. 19; Staudinger/*Herzog*, 2016, § 2365 Rn. 20.

21 Vgl. OLG Frankfurt v. 7.9.1956 – 6 W 308/56, NJW 1957, 265, 266; OLG Frankfurt v. 18.1.1993 – 4 U 173/91, WM 1993, 803, 805; MüKoBGB/*Grziwotz*, 7. Aufl. 2017, § 2365 Rn. 15; Staudinger/*Herzog*, 2016, § 2365 Rn. 18; *Lange*, ErbR, 2. Aufl. 2017, § 78 Rn. 84; Erman/*Simon*, 15. Aufl. 2017, § 2365 Rn. 4; Jauernig/*Stürner*, 17. Aufl. 2018, § 2365 Rn. 1.

22 Vgl. MüKoBGB/*Grziwotz*, 7. Aufl. 2017, § 2365 Rn. 3; Staudinger/*Herzog*, 2. Aufl. 2017, § 2365 Rn. 8 ff.

23 Vgl. BGH v. 23.11.1960 – V ZR 142/59, NJW 1961, 605, 606; BGH v. 28.1.1972 – V ZB 29/1, NJW 1972, 582; BGH v. 13.6.1990 – IV ZR 241/89, NJW-RR 1990, 1159, 1160; MüKoBGB/*Grziwotz*, 7. Aufl. 2017, § 2365 Rn. 4 m.w.N.

24 Vgl. MüKoBGB/*Grziwotz*, 7. Aufl. 2017, § 2365 Rn. 6; Staudinger/*Herzog*, 2. Aufl. 2017, § 2365 Rn. 13.

25 Vgl. MüKoBGB/*Grziwotz*, 7. Aufl. 2017, § 2365 Rn. 6; *Lange*, ErbR, 2. Aufl. 2017, § 78 Rn. 80.

26 Vgl. Staudinger/*Herzog*, 2. Aufl. 2017, § 2365 Rn. 13; *Lange*, ErbR, 2. Aufl. 2017, § 78 Rn. 83.

Gutgläubiger Erwerb gem. § 2366:

1. Erwerb durch dingliches Rechtsgeschäft
2. Verkehrsgeschäft
3. Wirksamer Erbschein
4. Nachlassgegenstand
5. Gutgläubigkeit des Erwerbers

1295 **(1) Erwerb durch dingliches Rechtsgeschäft.** § 2366 schützt nur den rechtsgeschäftlichen Einzelerwerb durch ein **dingliches Rechtsgeschäft**. Nicht geschützt ist hingegen der Erwerb kraft Gesetzes oder im Wege der Zwangsvollstreckung.[27] Ebenso wenig fallen schuldrechtliche Rechtsgeschäfte unter § 2366.[28]

Wenn der Erbscheinserbe schuldrechtliche Rechtsgeschäfte in Bezug auf einen Nachlassgegenstand vornimmt (**Beispiel:** er verkauft eine zum Nachlass gehörende Sache), so wird er ausschließlich selbst daraus berechtigt und verpflichtet, nicht der wahre Erbe.

1296 **(2) Verkehrsgeschäft.** Weiterhin muss es sich um ein **Verkehrsgeschäft** handeln, d.h. auf Erwerberseite muss mindestens eine Person beteiligt sein, die nicht auch der Veräußererseite angehört.[29] Daran fehlt es insb. bei Rechtsgeschäften innerhalb einer Erbengemeinschaft.[30]

1297 **(3) Wirksamer Erbschein.** Voraussetzung für den gutgläubigen Erwerb ist ferner, dass **objektiv** ein **wirksamer Erbschein** existiert.[31] Die Ausfertigung eines lediglich die Erteilung anordnenden Beschlusses entfaltet noch keinen öffentlichen Glauben – selbst dann nicht, wenn sie den Inhalt des Erbscheins vollständig wiedergibt.[32] (Zum Ende der Vermutungswirkung und zu ihrem Entfallen im Falle widersprechender Erbscheine → Rn. 1291).

1298 Allerdings handelt es sich bei § 2366 um einen **abstrakten Gutglaubensschutz**, d.h. es ist nicht erforderlich, dass das betreffende Rechtsgeschäft unter Vorlage des Erbscheins oder Bezugnahme darauf vorgenommen wurde; der Dritte muss nicht einmal Kenntnis davon gehabt haben, dass überhaupt ein Erbschein existiert.[33]

1299 **(4) Nachlassgegenstand.** Der veräußerte Gegenstand muss zum Nachlass gehören. Der öffentliche Glaube des Erbscheins erstreckt sich auf **alle Nachlassgegen-**

27 Vgl. MüKoBGB/*Grziwotz*, 7. Aufl. 2017, § 2366 Rn. 10; Staudinger/*Herzog*, 2016, § 2366 Rn. 26.
28 Vgl. Mot. V, 570.
29 Vgl. BGH v. 8.4.2015 – IV ZR 161/14, ZEV 2015, 339 Rn. 12; MüKoBGB/*Grziwotz*, 7. Aufl. 2017, § 2366 Rn. 11; Staudinger/*Herzog*, 2016, § 2366 Rn. 25.
30 Vgl. BGH v. 8.4.2015 – IV ZR 161/14, ZEV 2015, 339 Rn. 12; MüKoBGB/*Grziwotz*, 7. Aufl. 2017, § 2366 Rn. 11; Staudinger/*Herzog*, 2016, § 2366 Rn. 25.
31 Vgl. MüKoBGB/*Grziwotz*, 7. Aufl. 2017, § 2366 Rn. 5; Staudinger/*Herzog*, 2016, § 2366 Rn. 4.
32 Vgl. BayObLG v. 10.5.1960 – 1 Z 212/59, NJW 1960, 1722, 1723; MüKoBGB/*Grziwotz*, 7. Aufl. 2017, § 2366 Rn. 5.
33 Vgl. BGH v. 23.11.1960 – V ZR 142/59, NJW 1961, 605, 606; BGH v. 5.7.1963 – V ZB 7/63, NJW 1963, 1972, 1974; MüKoBGB/*Grziwotz*, 7. Aufl. 2017, § 2366 Rn. 5; Staudinger/*Herzog*, 2016, § 2366 Rn. 5; *Lieder* JURA 2010, 801, 804; *J. Schmidt* ZEV 2014, 389, 392; Erman/*Simon*, 15. Aufl. 2017, § 2366 Rn. 5; a.A. *Parodi* AcP 185 (1985) 362, 374.

stände, inklusive solcher, die im Wege der dinglichen Surrogation (§§ 2019, 2041, 2111) Nachlassgegenstände geworden sind.[34] Irrelevant ist ferner, ob die betreffenden Gegenstände nach allgemeinen Regeln gutgläubig erworben werden könnten; so können gem. § 2366 insb. auch Forderungen gutgläubig erworben werden.[35] Keine Nachlassgegenstände i.S.d. des § 2366 sind hingegen ein Erbteil und die Erbschaft als solche.[36]

Äußerst **umstritten** ist, ob auch ein **subjektiver Nachlassbezug** erforderlich ist, d.h. **1300**
ein Bewusstsein, dass es sich um einen Nachlassgegenstand handelt. Teilweise wird vertreten, dass der Erbschein seiner Verkehrsschutzfunktion nur gerecht werden könne, wenn keinerlei subjektive Voraussetzungen aufgestellt werden.[37] Die wohl h.M. will § 2366 hingegen unter Berufung auf das Ziel des Verkehrsschutzes nur anwenden, wenn der Erwerber in dem Bewusstsein handelt, dass es sich um einen Nachlassgegenstand handelt.[38] Dies steht indes in Widerspruch zur Natur des § 2366 als abstraktem Gutglaubensschutz (→ Rn. 1298).[39] Andererseits ginge es aber auch zu weit, § 2366 selbst dann anzuwenden, wenn gar kein subjektiver Nachlassbezug vorhanden ist. Ein solcher existiert aber auch dann, wenn der Erbscheinserbe subjektiv in seiner Eigenschaft als Erbe über den Gegenstand verfügt[40]; hiervon gingen auch bereits die Motive zum BGB aus[41]. Daher erscheint es am überzeugendsten, § 2366 immer dann – aber auch nur dann – anzuwenden, wenn entweder auf Seiten des Erwerbers oder auf Seiten des Erbscheinserben ein subjektiver Nachlassbezug existiert (sowie natürlich selbstverständlich auch dann, wenn ein solcher bei beiden vorliegt).

(5) Gutgläubigkeit des Erwerbers. Ein gutgläubiger Erwerb ist gem. § 2366 Hs. 2 **1301**
nicht möglich, wenn der Erwerber die Unrichtigkeit des Erbscheins kennt oder weiß, dass das Nachlassgericht die Rückgabe des Erbscheins wegen Unrichtigkeit angeordnet hat. **Bösgläubigkeit** liegt somit nur im Falle **positiver Kenntnis** vor; grob fahrlässige Unkenntnis schadet – anders als im Rahmen des § 932 Abs. 2 oder beim Europäischen Nachlasszeugnis (→ Rn. 1352) – nicht.[42] Daher ist der Erwerber insb. auch nicht schon dann bösgläubig, wenn er die Tatsachen kennt, aus denen sich die Unrichtigkeit ergibt.[43] Der Erwerber ist somit grundsätzlich selbst im Falle eines Rechtsirrtums gutgläubig, es sei denn, dass er sich der Erkenntnis der Unrichtigkeit bewusst

34 Vgl. MüKoBGB/*Grziwotz,* 7. Aufl. 2017, § 2366 Rn. 12; *Lange,* ErbR, 2. Aufl. 2017, § 78 Rn. 90.

35 Vgl. MüKoBGB/*Grziwotz,* 7. Aufl. 2017, § 2366 Rn. 12; Staudinger/*Herzog,* 2016, § 2366 Rn. 37.

36 Vgl. Staudinger/*Herzog,* 2016, § 2366 Rn. 6; *Lange,* ErbR, 2. Aufl. 2017, § 78 Rn. Erman/*Simon,* 15. Aufl. 2017, § 2366 Rn. 8.

37 So etwa *Kuchinke* JURA 1981, 281, 286; jurisPK/*J. Lange,* 8. Aufl. 2017, § 2366 Rn. 10; *Zimmermann,* Erbschein – Erbscheinsverfahren – Europäisches Nachlasszeugnis, 3. Aufl. 2016, Rn. 762.

38 Vgl. *Brox/Walker,* ErbR, 28. Aufl. 2018, § 35 Rn. 8; Staudinger/*Herzog,* 2016, § 2366 Rn. 6 ff.; *Schlinker/Zickgraf* JuS-Extra 2013, 6, 8; BeckOK/*Siegmann/Höger* § 2366 Rn. 10; Erman/*Simon,* 15. Aufl. 2017, § 2366 Rn. 8.

39 Vgl. *Lieder* JURA 2010, 801, 804.

40 Vgl. MüKoBGB/*Grziwotz,* 7. Aufl. 2017, § 2366 Rn. 24; *Lange,* ErbR, 2. Aufl. 2017, § 78 Rn. 91; *Lieder* JURA 2010, 801, 804.

41 Vgl. Mot. V, 572.

42 Vgl. Mot. V, 569; MüKoBGB/*Grziwotz,* 7. Aufl. 2017, § 2366 Rn. 27; *Lange,* ErbR, 2. Aufl. 2017, § 78 Rn. 92.

43 Vgl. Prot. V, 685; VI, 222; MüKoBGB/*Grziwotz,* 7. Aufl. 2017, § 2366 Rn. 28 m.w.N.

verschließt.[44] Im Falle der Anfechtbarkeit des Erwerbs der Erbenstellung des Erbscheinserben gilt § 142 Abs. 2, allerdings mit der Maßgabe, dass wegen der Wertung des § 2366 nur positive Kenntnis der Anfechtbarkeit schadet.[45] Wie sich aus der negativen Formulierung des Hs. 2 ergibt, wird die Gutgläubigkeit vermutet, d.h. wer sich auf die Bösgläubigkeit beruft, muss diese darlegen und beweisen.[46]

1302 Maßgeblicher **Zeitpunkt** für die Gutgläubigkeit ist die **Vollendung des Rechtserwerbs**.[47] Im Falle des Erwerbs eines Grundstücks vom nicht im Grundbuch eingetragenen Erbscheinserben findet § 892 Abs. 2 nach h.M. keine analoge Anwendung, d.h. die Gutgläubigkeit des Erwerbers muss bis zum Zeitpunkt der Eintragung im Grundbuch fortbestehen.[48] Diese relativ strenge Rechtslage wird indes dadurch gemildert, dass der Erwerber u.U. nach den Grundsätzen des Anwartschaftsrechts letztlich doch Eigentum erwerben kann, wenn er zum Zeitpunkt der Stellung des Eintragungsantrags gutgläubig war.[49]

Beispiel: Der Erblasser E war Bucheigentümer eines Grundstücks. Sein Scheinerbe S veräußert das Grundstück an A und bewilligt die Eintragung einer Vormerkung. Nach Stellung des Antrags, aber vor der Eintragung der Vormerkung erfährt A, dass der Erbschein unrichtig ist, weil tatsächlich nicht S, sondern X Erbe des E ist.

Die rechtsgeschäftliche Bestellung einer Vormerkung ist eine Verfügung i.S.d. §§ 893, 2367, weil sie eine dingliche Gebundenheit des von ihr betroffenen Grundstücks bewirkt.[50] Da A im für den guten Glauben des Vormerkungsberechtigten maßgeblichen Zeitpunkt der Stellung des Antrags auf Eintragung der Vormerkung (§ 878 analog)[51] keine positive Kenntnis von der Unrichtigkeit des Erbscheins hatte, hat er die Vormerkung gem. § 2367 gutgläubig erworben.[52]

1303 **bb) Verhältnis zu anderen Vorschriften.** Der Erbschein ersetzt als Rechtsscheinsträger nur das fehlende Erbrecht des Erbscheinserben, nicht hingegen die anderweitig fehlende Verfügungsberechtigung. Anders ausgedrückt: der Erbschein bezeugt nur das Erbrecht, nicht den Nachlass. Wenn also der veräußerte Gegenstand nur vermeintlich zum Nachlass gehörte, der Erblasser tatsächlich aber gar kein Eigentum daran hatte, so kann dies durch § 2366 nicht überwunden werden. Neben § 2366 ist jedoch Raum für die Anwendung der übrigen Bestimmungen betreffend den gutgläubigen Erwerb (§§ 892 ff., §§ 932 ff., § 2113 Abs. 3 [→ Rn. 768 ff.], § 2211 Abs. 2 [→ Rn. 880 ff.], § 366 HGB, § 16 Abs. 3 GmbHG), sodass ggf. ein gutgläubiger Erwerb durch **kumulative Anwendung der Gutglaubensvorschriften** möglich ist.[53]

---

44 Vgl. *Lange*, ErbR, 2. Aufl. 2017, § 78 Rn. 92; BeckOK/*Siegmann/Höger* § 2366 Rn. 11.
45 Vgl. MüKoBGB/*Grziwotz*, 7. Aufl. 2017, § 2366 Rn. 29; Staudinger/*Herzog*, 2016, § 2366 Rn. 12.
46 Vgl. nur Staudinger/*Herzog*, 2016, § 2366 Rn. 16.
47 Vgl. MüKoBGB/*Grziwotz*, 7. Aufl. 2017, § 2366 Rn. 17; Staudinger/*Herzog*, 2016, § 2366 Rn. 15.
48 Vgl. RG v. 8.12.1928 – V 672/27, RGZ 123, 19, 21; RG v. 26.4.1930 – V 402/29, 128, 276, 278; BGH v. 12.10.1970 – III ZR 254/68, FamRZ 1971, 641, 642; MüKoBGB/*Grziwotz*, 7. Aufl. 2017, § 2366 Rn. 17; Staudinger/*Herzog*, 2016, § 2366 Rn. 15; *Lange*, ErbR, 2. Aufl. 2017, § 78 Rn. 95.
49 Vgl. MüKoBGB/*Grziwotz*, 7. Aufl. 2017, § 2366 Rn. 17.
50 Vgl. BGH v. 10.12.1971 – V ZR 90/69, NJW 1972, 434, 435.
51 Vgl. BGH v. 1.10.1958 – V ZR 26/57, NJW 1958, 2013; BGH v. 10.2.2005 – IX ZR 100/03, NZI 2005, 331, 332.
52 Vgl. BGH v. 10.12.1971 – V ZR 90/69, NJW 1972, 434, 435.
53 Vgl. *Lange*, ErbR, 2. Aufl. 2017, § 78 Rn. 97; Erman/*Simon*, 15. Aufl. 2017, § 2366 Rn. 8; *Jauernig/Stürner*, 17. Aufl. 2018, § 2366 Rn. 5.

1304 Wenn der Erbscheinserbe eine **bewegliche Nachlasssache** veräußert, so scheitert ein gutgläubiger Erwerb gem. §§ 929 S. 1, 932 i.d.R. daran, dass die Sache dem wahren Erben (Besitzer gem. § 857) abhandengekommen ist (§ 935 Abs. 1 S. 1). § 2366 überwindet diese Sperre: Der Erbschein vermittelt den Rechtsschein von Erbenstellung und Erbenbesitz.[54] War der Erblasser hingegen gar nicht Eigentümer der Sache, gehörte die Sache also nur vermeintlich zum Nachlass, so ist ein gutgläubiger Erwerb allein über § 2366 nicht möglich; der Erwerber kann jedoch gem. § 932 i.V.m. § 2366 Eigentum erwerben, wenn er sowohl bezüglich des Eigentums des Erblassers (§ 932) als auch bezüglich der Erbenstellung des Erbscheinserben (§ 2366) gutgläubig ist und die Sache dem wahren Eigentümer nicht abhandengekommen ist (§ 935 Abs. 1 S. 1).[55] Hält der Erwerber den Erbscheinserben dagegen für den Eigentümer, so ist nur ein gutgläubiger Erwerb gem. § 932 möglich (sofern kein Abhandenkommen i.S.d. § 935 Abs. 1 S. 1 vorliegt).

1305 Bei **Immobilien** ist zu differenzieren: Ist der Erbscheinserbe auch bereits fälschlich im Grundbuch eingetragen, so gilt ausschließlich § 892 als *lex specialis*.[56] Ist der Erbscheinserbe hingegen (noch) nicht im Grundbuch eingetragen, so kommt ein gutgläubiger Erwerb gem. § 2366 in Betracht, wenn der Erblasser tatsächlich Eigentümer des Grundstücks war.[57] War er dies nicht, liegt also ein sog. „Doppelmangel" vor, so kommt ein gutgläubiger Erwerb gem. § 892 (Überwindung des fehlenden Eigentums des Erblassers) i.V.m. § 2366 (Überwindung der fehlenden Erbenstellung) in Betracht.[58]

1306 Entsprechend ist auch bei **GmbH-Geschäftsanteilen** zu differenzieren: Ist der Erbscheinserbe bereits fälschlich in der Gesellschafterliste eingetragen, so gilt ausschließlich § 16 Abs. 3 GmbHG als *lex specialis*. Ist der Erbscheinserbe hingegen (noch) nicht in der Gesellschafterliste eingetragen, so kommt ein gutgläubiger Erwerb gem. § 2366 in Betracht, wenn der Erblasser tatsächlich Inhaber des GmbH-Geschäftsanteils war. War er dies nicht (Fall des „Doppelmangels"), so kommt nur ein gutgläubiger Erwerb gem. § 16 Abs. 3 GmbHG (Überwindung der fehlenden Rechtsinhaberschaft des Erblassers) i.V.m. § 2366 (Überwindung der fehlenden Erbenstellung) in Betracht.

1307 **cc) Rückgriffsansprüche des wahren Erben.** Wenn der Erbscheinserbe wirksam über Nachlassgegenstände verfügt hat, so kann der wahre Erbe von ihm die Herausgabe des Erlangten gem. **§§ 2018 ff.** (→ Rn. 1230 ff.) sowie gem. **§ 816 Abs. 1 S. 1** verlangen; daneben kommen ggf. Ansprüche aus **§§ 823 ff.** in Betracht.[59] Im Falle einer unentgeltlichen Verfügung hat er einen Anspruch gegen den Erwerber gem.

---

54 Vgl. Staudinger/*Herzog,* 2016, § 2366 Rn. 48; *Lange,* ErbR, 2. Aufl. 2017, § 78 Rn. 97;

55 Vgl. Staudinger/*Herzog,* 2016, § 2366 Rn. 48; *Lange,* ErbR, 2. Aufl. 2017, § 78 Rn. 97; BeckOK/*Siegmann/Höger* § 2366 Rn. 25.

56 Vgl. OLG Frankfurt v. 29.6.2004 – 20 W 427/03, DNotZ 2005, 384, 385; MüKoBGB/*Grziwotz,* 7. Aufl. 2017, § 2366 Rn. 22; Staudinger/*Herzog,* 2016, § 2366 Rn. 48; *Lange,* ErbR, 2. Aufl. 2017, § 78 Rn. 98.

57 Vgl. MüKoBGB/*Grziwotz,* 7. Aufl. 2017, § 2366 Rn. 22; Staudinger/*Herzog,* 2016, § 2366 Rn. 44.

58 Vgl. OLG Naumburg v. 26.10.2006 – 2 U 7706 (juris) Rn. 16; MüKoBGB/*Grziwotz,* 7. Aufl. 2017, § 2366 Rn. 23; Staudinger/*Herzog,* 2016, § 2366 Rn. 44.

59 Vgl. MüKoBGB/*Grziwotz,* 7. Aufl. 2017, § 2366 Rn. 32; Staudinger/*Herzog,* 2016, § 2366 Rn. 34.

§ 816 Abs. 1 S. 2.[60] Wendet der Erwerber das Erlangte unentgeltlich einem Dritten zu, hat der Erbe ggf. einen Anspruch gegen den weiteren Erwerber gem. **§ 822.**[61] Ferner kann im Falle eines unrichtigen Erbscheins u.U. ein Amtshaftungsanspruch gem. **§ 839 BGB i.V.m. Art. 34 S. 1 GG** in Betracht kommen.[62]

1308 **dd) Verfügungen durch Rechtsnachfolger des Erbscheinserben.** Nach ganz h.M. kann der öffentliche Glaube des Erbscheins **auch zugunsten des Rechtsnachfolgers des Erbscheinserben** wirken.[63] Der Gesetzeswortlaut stellt zwar nur auf Verfügungen ab, die der Erbscheinserbe selbst vornimmt. Maßgeblich für eine analoge Anwendung auch auf Verfügungen des Rechtsnachfolgers des Erbscheinserben sprechen jedoch zum einen das Telos des § 2366[64] und zum anderen die Vergleichbarkeit der Interessenlage mit derjenigen beim Erwerb von einem Rechtsnachfolger des Inhabers einer unrichtigen Grundbuchposition[65] (wo die Erstreckung des Gutglaubensschutzes allgemein anerkannt ist[66]).

Ist der Veräußerer tatsächlich Gesamtrechtsnachfolger des Erbscheinserben, so können Dritte gem. § 2366 Nachlassgegenstände des Erblassers von ihm erwerben.[67]

Beispiel: Veräußerer A ist Erbe des Erbscheinserben B des Erblassers C; Dritte können hier von A Nachlassgegenstände des C erwerben.

Ist der Veräußerer hingegen nur sog. Schein-Einzelrechtsnachfolger des Erbscheinserben (d.h. er hat den Nachlassgegenstand aufgrund von Bösgläubigkeit nicht wirksam vom Erbscheinserben erworben), so kann ein Dritter den Gegenstand wirksam von ihm erwerben, wenn sonst alle Voraussetzungen des § 2366 gegeben sind.[68]

Beispiel: Der nicht im Grundbuch eingetragene Erbscheinserbe X des Erblassers Y lässt ein zum Nachlass gehörendes Grundstück an den bösgläubigen Z auf und dieser lässt es – ohne zuvor im Grundbuch eingetragen worden zu sein – weiter an den gutgläubigen Q auf.

c) Leistungen an den Erbscheinserben, § 2367

1309 § 2367 erweitert den Gutglaubensschutz auf **Verfügungsgeschäfte** sowie auf **Leistungen an den Erbscheinserwerber**. Von der Normstruktur her laufen § 2366 und § 2367 parallel zu den § 892 und § 893.

1310 Ebenso wie § 2366 erfasst auch § 2367 nur **dingliche Rechtsgeschäfte**[69], bei denen es sich um **Verkehrsgeschäfte** handelt[70].

---

60 Vgl. MüKoBGB/*Grziwotz,* 7. Aufl. 2017, § 2366 Rn. 33; Staudinger/*Herzog,* 2016, § 2366 Rn. 34.
61 Vgl. MüKoBGB/*Grziwotz,* 7. Aufl. 2017, § 2366 Rn. 33; Staudinger/*Herzog,* 2016, § 2366 Rn. 34.
62 Vgl. BGH v. 11.10.1990 – IX ZR 114/89, NJW-RR 191, 515; BGH v. 5.12.1991 – III ZR 28/91, NJW 1992, 2758; MüKoBGB/*Grziwotz,* 7. Aufl. 2017, § 2366 Rn. 34; Staudinger/*Herzog,* 2016, § 2366 Rn. 34.
63 Vgl. MüKoBGB/*Grziwotz,* 7. Aufl. 2017, § 2366 Rn. 20; Staudinger/*Herzog,* 2016, § 2366 Rn. 49.
64 Vgl. MüKoBGB/*Grziwotz,* 7. Aufl. 2017, § 2366 Rn. 20; Staudinger/*Herzog,* 2016, § 2366 Rn. 49.
65 Vgl. MüKoBGB/*Grziwotz,* 7. Aufl. 2017, § 2366 Rn. 20; Staudinger/*Herzog,* 2016, § 2366 Rn. 49.
66 Vgl. Staudinger/*Gursky,* 2013, § 892 Rn. 46; BeckOGK/*Hertel* § 892 Rn. 94; MüKoBGB/*Kohler,* 7. Aufl. 2017, § 892 Rn. 18.
67 Vgl. MüKoBGB/*Grziwotz,* 7. Aufl. 2017, § 2366 Rn. 21.
68 Vgl. MüKoBGB/*Grziwotz,* 7. Aufl. 2017, § 2366 Rn. 22.
69 Vgl. *Brox/Walker,* ErbR, 28. Aufl. 2018, § 35 Rn. 9; Staudinger/*Herzog,* 2016, § 2367 Rn. 12.
70 Vgl. BGH v. 8.4.2015 – IV ZR 161/14, ZEV 2015, 339 Rn. 12; *Brox/Walker,* ErbR, 28. Aufl. 2018, § 35 Rn. 9; Staudinger/*Herzog,* 2016, § 2367 Rn. 2.

§ 2367 Alt. 1 betrifft **Leistungen an den Erbscheinserben** aufgrund eines zur Erbschaft gehörenden Rechts. Sie sind auch dann wirksam, wenn der im Erbschein ausgewiesene tatsächlich nicht Erbe ist oder er zwar Erbe ist, aber aufgrund einer fälschlich nicht in den Erbschein aufgenommenen Verfügungsbeschränkung (Testamentsvollstreckung, Nacherbfolge) nicht zur Annahme berechtigt ist.[71] 1311

§ 2367 Alt. 2 betrifft **Verfügungen über ein zur Erbschaft gehörendes Recht**, die keine Erwerbsgeschäfte i.S.d. § 2366 sind. Ungeachtet des etwas missverständlichen Wortlauts („zwischen ihm und einem anderen") fallen darunter nach Sinn und Zweck auch einseitige Rechtsgeschäfte und rechtsgeschäftsähnliche Handlungen, die von oder gegenüber einem Erbscheinserben vorgenommen werden, z.B. Kündigung, Aufrechnung, Anfechtung, Einwilligung oder Genehmigung, Mahnung.[72] Ferner erfasst § 2367 auch die Bewilligung einer Vormerkung (→ Rn. 1302). 1312

Der **wahre Erbe** muss sich auch in den Fällen des § 2367 grundsätzlich an den Erbscheinserben halten. Ausgleichsansprüche des wahren Erben gegenüber dem Erbscheinserben ergeben sich bei vorhandenen Gegenständen aus § 2018, in Bezug auf erhaltene Gegenleistungen aus § 2019 (→ Rn. 1230 ff.); ergänzend kommt ein Anspruch aus § 816 Abs. 2 in Betracht.[73] 1313

IV. Erbscheinsverfahren

1. Zuständigkeit

Sachlich zuständig für die Erteilung des Erbscheins ist das **Amtsgericht als Nachlassgericht** (§ 2353 i.V.m. § 342 Abs. 1 Nr. 6 FamFG i.V.m. § 23a Abs. 2 Nr. 2 GVG). Die örtliche Zuständigkeit richtet sich nach § 343 FamFG, d.h. grundsätzlich ist örtlich zuständig das Gericht, in dessen Bezirk der Erblasser im Zeitpunkt seines Todes seinen gewöhnlichen Aufenthalt hatte (§ 343 Abs. 1 FamFG). Die internationale Zuständigkeit richtet sich nach Art. 4 ff. EuErbVO (→ Rn. 1510).[74] 1314

2. Antrag

Der Erbschein wird nur auf Antrag erteilt (Antragsprinzip, vgl. § 2353, § 352 FamFG). Antragsberechtigt sind der **Alleinerbe** sowie jeder **Miterbe** ab Annahme der Erbschaft; im Falle der Vor- und Nacherbschaft bis zum Eintritt des Nacherbfalls der Vorerbe, danach der Nacherbe.[75] Antragsberechtigt sind ferner der **Testamentsvollstrecker**, der **Nachlassverwalter** und der **Nachlassinsolvenzverwalter** (nicht 1315

71 Vgl. Staudinger/*Herzog,* 2016, § 2367 Rn. 3 ff.; *Lange,* ErbR, 2. Aufl. 2017, § 78 Rn. 101.

72 Vgl. MüKoBGB/*Grziwotz,* 7. Aufl. 2017, § 2367 Rn. 7; Staudinger/*Herzog,* 2016, § 2367 Rn. 8; *Lange,* ErbR, 2. Aufl. 2017, § 87 Rn. 100.

73 Vgl. MüKoBGB/*Grziwotz,* 7. Aufl. 2017, § 2367 Rn. 11; Staudinger/*Herzog,* 2016, § 2367 Rn. 14.

74 Vgl. EuGH v. 21.6.2018, *Oberle,* C-20/17, ECLI:EU:C:2017:485; BeckOGK/*J. Schmidt* Art. 3 EuErbVO Rn. 34 m.w.N.

75 Vgl. MüKoBGB/*Grziwotz,* 7. Aufl. 2017, § 2353 Rn. 81 ff.; Staudinger/*Herzog,* 2016, § 2353 Rn. 16 ff. m.w.N.

aber der Nachlasspfleger, da er ja gerade für einen noch unbekannten Erben eingesetzt wird).[76] Zudem ist ein Gläubiger, der bereits einen Titel besitzt und den Erbschein zum Zwecke der Zwangsvollstreckung benötigt, antragsberechtigt (§§ 792, 896 ZPO). Nicht antragsberechtigt sind hingegen Vermächtnisnehmer und Pflichtteilsberechtigte.[77] Stellvertretung ist zulässig.[78]

1316 Der Antrag kann schriftlich oder zur Niederschrift der Geschäftsstelle abgegeben werden (§ 25 Abs. 1 FamFG). **Inhaltlich** muss er die in § 352 Abs. 1 FamFG sowie im Falle der gewillkürten Erbfolge zusätzlich die in § 352 Abs. 2 FamFG genannten Angaben enthalten; zudem muss der Antragssteller die in § 352 Abs. 3 FamFG genannten Nachweise erbringen.

3. Verfahren, Entscheidung und Rechtsbehelfe

1317 Im Erbscheinsverfahren gilt der **Amtsermittlungsgrundsatz** (§ 26 FamFG).[79] Die Beteiligung am Erbscheinsverfahren richtet sich nach §§ 7, 345 FamFG.

1318 Das Nachlassgericht darf den Erbschein gem. § 352e Abs. 1 S. 1 FamFG nur erteilen, wenn es die zur Begründung des Antrags erforderlichen Tatsachen für festgestellt erachtet. Die Entscheidung über die Erteilung des Erbscheins ergeht durch einen **Feststellungsbeschluss**, der mit seinem Erlass wirksam wird (§ 352e Abs. 1 S. 2, 3 FamFG); anschließend wird der Erbschein sogleich ausgefertigt[80]. Wenn der Beschluss jedoch dem erklärten Willen eines Beteiligten widerspricht (sog. streitige Erbsache), so ist der Beschluss den Beteiligten bekannt zu geben und das Gericht hat die sofortige Wirksamkeit des Beschlusses auszusetzen und die Erteilung des Erbscheins bis zur Rechtskraft des Beschlusses zurückzustellen (§ 352e Abs. 2 FamFG). Liegen die Voraussetzungen für die Erteilung des beantragten Erbscheins nicht vor, so weist das Gericht den Antrag durch Beschluss (§ 38 FamFG) zurück.[81] Wenn jedoch ein behebbarer Mangel vorliegt, hat das Gericht zunächst durch eine Zwischenverfügung, die üblicherweise mit einer Fristsetzung verbunden wird, Gelegenheit zur Behebung des Mangels zu geben.[82]

1319 Gegen den Feststellungsbeschluss sowie gegen den Zurückweisungsbeschluss ist gem. § 58 FamFG die **Beschwerde** zum OLG (§ 119 Abs. 1 Nr. 1b GVG) statthaft, die innerhalb eines Monats einzulegen ist (§ 63 Abs. 1 FamFG). Gegen die Entscheidung des OLG ist gem. § 70 FamFG die **Rechtsbeschwerde** zum BGH (§ 133 GVG) statthaft, allerdings nur, wenn sie das OLG zugelassen hat.

---

76 Vgl. MüKoBGB/*Grziwotz*, 7. Aufl. 2017, § 2353 Rn. 92 f.; Staudinger/*Herzog*, 2016, § 2353 Rn. 42 f. m.w.N.
77 Vgl. Staudinger/*Herzog*, 2016, § 2353 Rn. 41 m.w.N.
78 Vgl. näher MüKoBGB/*Grziwotz*, 7. Aufl. 2017, § 2353 Rn. 98 ff. m.w.N.
79 Vgl. *Brox/Walker*, ErbR, 28. Aufl. 2017, § 35 Rn. 12; *Lange*, ErbR, 2. Aufl. 2017, § 78 Rn. 35.
80 Vgl. Keidel/*Zimmermann*, FamFG, 19. Aufl. 2017, § 352e FamFG Rn. 86.
81 Vgl. Keidel/*Zimmermann*, FamFG, 19. Aufl. 2017, § 352e FamFG Rn. 108.
82 Vgl. Keidel/*Zimmermann*, FamFG, 19. Aufl. 2017, § 352e FamFG Rn. 109.

4. Einziehung, Kraftloserklärung und Herausgabe eines unrichtigen Erbscheins

Aufgrund seiner weitreichenden Wirkungen gehen von einem **unrichtigen Erbschein** erhebliche **Gefahren für den wahren Erben und den Rechtsverkehr** aus; das Gesetz sieht deshalb spezielle Instrumente vor, um einen unrichtigen Erbschein wieder „aus der Welt zu schaffen". Das Nachlassgericht ist im Übrigen generell verpflichtet, von Amts wegen die Richtigkeit des Erbscheins zu überprüfen, sobald irgendein Anlass dafür besteht.[83] 1320

Gem. § 2361 S. 1 hat das Nachlassgericht den Erbschein **einzuziehen**, wenn sich ergibt, dass er **unrichtig** ist. Unrichtig ist der Erbschein, wenn die Voraussetzungen für seine Ausstellung entweder bereits ursprünglich nicht vorhanden waren oder nachträglich weggefallen sind.[84] Die Unrichtigkeit kann nicht nur materieller Natur (= unrichtige Wiedergabe der Sach- und/oder Rechtslage), sondern auch formeller Natur (= Fehlen einer Verfahrensvoraussetzung) sein.[85] Mit der Einziehung wird der Erbschein gem. § 2361 S. 2 kraftlos. 1321

Kann der Erbschein im Verfahren über die Einziehung nicht sofort erlangt werden, so hat ihn das Nachlassgericht gem. § 353 Abs. 1 S. 1 FamFG durch Beschluss für **kraftlos zu erklären**. Der Erbschein wird dann mit Ablauf eines Monats nach Veröffentlichung des Beschlusses im Bundesanzeiger kraftlos (§ 353 Abs. 1 S. 3 FamFG). 1322

Aufgrund der von einem unrichtigen Erbschein ausgehenden Gefahren hat sich der Gesetzgeber allerdings bewusst nicht darauf beschränkt, ein gerichtliches Einziehungsverfahren zu etablieren, sondern hat dem wahren Erben zusätzlich auch zwei materiell-rechtliche Ansprüche eingeräumt[86]: Der wahre Erbe hat gegen den Besitzer eines unrichtigen Erbscheins gem. § 2362 Abs. 1 einen **Anspruch auf Herausgabe** an das Nachlassgericht sowie gem. § 2362 Abs. 2 einen **Auskunftsanspruch** in Bezug auf den Bestand der Erbschaft und den Verbleib der Nachlassgegenstände. 1323

Lösung der Ausgangsfälle

Fall 58 (→ Rn. 1281): K hat den Erbteil nicht gutgläubig erworben, denn ein Erbteil ist kein Nachlassgegenstand i.S.d. § 2366 (→ Rn. 1299). 1324

Fall 59 (→ Rn. 1281):

1. B könnte gem. §§ 929 S. 1, 932 gutgläubig von S Eigentum an dem Buch erworben haben. Einigung und Übergabe liegen vor. Der gutgläubige Erwerb scheitert jedoch gem. § 935 Abs. 1 S. 1 daran, dass das Buch dem wahren Erben T (= Besitzer gem. § 857) abhandengekommen ist. 1325
2. B könnte aber gem. §§ 929 S. 1, 2366 gutgläubig von S Eigentum an dem Buch erworben haben. Dies scheitert jedoch daran, dass das Buch gar nicht zum Nachlass des E gehörte.
3. B könnte allerdings gem. §§ 929 S. 1, 932, 2366 gutgläubig von S Eigentum an dem Buch erworben haben.

---

83 Vgl. BGH v. 16.12.2015 – IV ZB 13/15, NJW 2016, 960 Rn. 19; OLG Düsseldorf v. 17.10.2016 – I-3 Wx 155/15, FamRZ 2017, 483, 484; Staudinger/*Herzog,* 2016, § 2361 Rn. 14 m.w.N.

84 Vgl. nur Staudinger/*Herzog,* 2016, § 2361 Rn. 20 m.w.N.

85 Vgl. nur Staudinger/*Herzog,* 2016, § 2361 Rn. 23 m.w.N.

86 Vgl. Mot. V, 564.

Einigung und Übergabe liegen vor.

Es handelt sich zudem um ein dingliches Erwerbsgeschäft sowie um ein Verkehrsgeschäft.

B war gutgläubig i.S.d. § 932 Abs. 2 im Hinblick auf das Eigentum des Erblassers E und das Buch war dem wahren Eigentümer F auch nicht i.S.d. § 935 Abs. 1 S. 1 abhandengekommen (denn dieser hatte es ja an E verliehen). § 932 hilft somit über die fehlende Nachlasszugehörigkeit des Buchs hinweg.

B und S gingen zudem subjektiv davon aus, dass es sich um eine Nachlasssache handele, sodass es auf den Streit um das Erfordernis eines subjektiven Nachlassbezugs (→ Rn. 1300) nicht ankommt. S war in einem wirksamen Erbschein als Erbe ausgewiesen. B war gutgläubig i.S.d. § 2366. § 2366 hilft folglich über die mangelnde Erbenstellung des S hinweg.

B hat das Buch daher gem. §§ 929 S. 1, 932, 2366 gutgläubig von S erworben.

1326 **Fall 60 (→ Rn. 1281):** L könnte gegen X einen Anspruch auf Herausgabe des Gemäldes gem. § 985 BGB haben.

Dies setzt voraus, dass L Eigentümerin des Gemäldes ist. L könnte das Gemälde gem. § 1922 Abs. 1 von E geerbt habe. Laut Sachverhalt war L tatsächlich Alleinerbin des E. Sie wurde daher mit dem Tod des E gem. § 1922 Abs. 1 Eigentümerin des Gemäldes.

Allerdings könnte X gem. §§ 929 S. 1, 932 gutgläubig von T Eigentum an dem Gemälde erworben haben. Einigung und Übergabe liegen vor; es handelte sich auch um ein Rechtsgeschäft und ein Verkehrsgeschäft. Der gutgläubige Erwerb scheitert jedoch gem. § 935 Abs. 1 S. 1 daran, dass das Gemälde der wahren Erbin L (= Besitzerin gem. § 857) abhandengekommen ist.

X könnte aber möglicherweise gem. §§ 929 S. 1, 2366 gutgläubig Eigentum an dem Gemälde erworben haben. Einigung und Übergabe liegen vor; es handelte sich auch um ein Rechtsgeschäft und ein Verkehrsgeschäft. Das Gemälde gehörte zudem auch zum Nachlass. Allerdings fehlt es an einem subjektiven Nachlassbezug. Ein Teil der Literatur vertritt zwar die Auffassung, dass ein solcher nicht erforderlich sei. Überzeugender ist es jedoch, § 2366 nur dann anzuwenden, wenn entweder auf Seiten des Erwerbers oder auf Seiten des Erbscheinserben ein subjektiver Nachlassbezug existiert (sowie natürlich selbstverständlich auch dann, wenn ein solcher bei beiden vorliegt; zum Ganzen → Rn. 1300). Dies war hier jedoch gerade nicht der Fall. Somit hat X das Gemälde auch nicht gem. §§ 929 S. 1, 2366 gutgläubig erworben.

L ist folglich weiterhin Eigentümerin des Gemäldes. X ist Besitzer. Ein Recht des X zum Besitz i.S.d. § 986 ist nicht ersichtlich (insb. ergibt sich ein solches aufgrund des Grundsatzes der Relativität der Schuldverhältnisse auch nicht aus dem Kaufvertrag mit T).

L kann das Gemälde folglich gem. § 985 von X herausverlangen.

1327 **Fall 61 (→ Rn. 1281):** Anders als in Fall 60 ist hier ein subjektiver Nachlassbezug sowohl auf Seiten des X als auch auf Seiten der T gegeben, sodass alle Ansichten zu dem Ergebnis gelangen, dass § 2366 anwendbar ist. X war auch gutgläubig. Dass er nichts von dem Erbschein wusste, ist irrelevant, da es sich bei § 2366 um einen abstrakten Gutglaubensschutz handelt (→ Rn. 1298). X hat folglich gem. §§ 929 S. 1, 2366 gutgläubig von T Eigentum an dem Gemälde erworben. L hat daher gegen ihn keinen Anspruch auf Herausgabe aus § 985.

§ 26 Testamentsvollstreckerzeugnis

Fall 62: Der Erblasser E hatte T in seinem Testament zum Testamentsvollstrecker ernannt. Das Nachlassgericht hat T ein Testamentsvollstreckerzeugnis erteilt. Darin ist allerdings fälschlich angegeben, dass T in der Eingehung von Verbindlichkeiten für den Nachlass nicht beschränkt sei, obwohl Erblasser E eine solche erweiterte Verpflichtungsbefugnis gerade nicht angeordnet hatte. T möchte mit dem Nachlassvermögen möglichst viel Rendite erzielen und schließt mit V einen Kaufvertrag über den Kauf von Anteilen an einem hochspekulativen Film-Fonds zum Preis von 100.000 €. Dabei erzählt er V auch, dass er als Testamentsvollstrecker Nachlassvermögen investieren möchte. Haftet der Nachlass für die Kaufpreisverbindlichkeit? **Lösung: → Rn. 1333** 1328

Um **effektiv** agieren zu können, muss der Testamentsvollstrecker in der Lage sein, sich als solcher zu legitimieren. Andererseits erfordert es aber auch der **Schutz des Rechtsverkehrs**, dass zuverlässig in Erfahrung gebracht werden kann, ob und in welchem Umfang Testamentsvollstreckung besteht. Als **spezielles Legitimations- und Publizitätsinstrument**[1] für den Testamentsvollstrecker dient das **Testamentsvollstreckerzeugnis (§ 2368)**: Es bescheinigt, dass der darin Genannte wirksam zum Testamentsvollstrecker ernannt ist und dass keine weiteren als die in dem Zeugnis angegebenen Beschränkungen oder Erweiterungen seiner Befugnisse bestehen.[2] 1329

Das Testamentsvollstreckerzeugnis wird gem. § 2368 S. 1 vom **Nachlassgericht** erteilt. **Antragsberechtigt** sind der **Testamentsvollstrecker** (§ 2368 S. 1) sowie unter den Voraussetzungen der §§ 792, 896 ZPO die Nachlassgläubiger[3]. Ein Antragsrecht der Erben besteht hingegen – entgegen einer im Schrifttum vertretenen Auffassung[4] – nicht, da sie sich durch das Testamentsvollstreckerzeugnis nicht unmittelbar legitimieren können und sich Legitimation und die Grenzen der Verfügungsmacht des Testamentsvollstreckers zudem aus dem Erbschein ergeben.[5] 1330

Die **Rechtswirkungen** des Testamentsvollstreckerzeugnisses ergeben sich aus der entsprechenden Anwendung der Vorschriften über den Erbschein (§ 2368 S. 2 Hs. 1). Die **positive Vermutung der Richtigkeit** des Testamentsvollstreckerzeugnisses (**§§ 2368 S. 2 Hs. 1, 2365)** erstreckt sich in persönlicher Hinsicht darauf, dass die genannte Person wirksam zum Testamentsvollstrecker ernannt wurde und das Amt angenommen hat sowie in sachlicher Hinsicht darauf, dass dem Testamentsvollstrecker Befugnisse im damit verbundenen gesetzlichen Umfang oder im angegebenen rechtlichen Umfang zustehen; **negativ** wird vermutet, dass keine anderen als die angegebenen Beschränkungen existieren.[6] Im Gegensatz zum Erbschein 1331

1 Vgl. Mot. V, 222; MüKoBGB/*Grziwotz*, 7. Aufl. 2017, § 2368 Rn. 1.
2 Vgl. nur BGH v. 18.1.1972 – V ZB 29/71, NJW 1972, 582.
3 Vgl. MüKoBGB/*Grziwotz*, 7. Aufl. 2017, § 2368 Rn. 7; Staudinger/*Herzog*, 2016, § 2368 Rn. 17.
4 Vgl. *Brox/Walker*, ErbR, 28. Aufl. 2018, § 35 Rn. 16; MüKoBGB/*Grziwotz*, 7. Aufl. 2017, § 2368 Rn. 6.
5 Vgl. BayObLG v. 12.7.1994 – 1Z BR 148/93, NJW-RR 1995, 711, 712; OLG Hamm v. 8.6.1999 – 15 W 105/99, FamRZ 2000, 487, 488; Staudinger/*Herzog*, 2016, § 2368 Rn. 17; *Lange*, ErbR, 2. Aufl. 2017, § 80 Rn. 125; Bengel/Reimann/*Reimann*, Handbuch der Testamentsvollstreckung, 6. Aufl. 2017, § 2 Rn. 299.
6 Vgl. MüKoBGB/*Grziwotz*, 7. Aufl. 2017, § 2368 Rn. 39; *Joachim* ZEV 2017, 499, 500 f.; *Lange*, ErbR, 2. Aufl. 2017, § 80 Rn. 121. Vgl. auch KG v. 7.3.2000 – 1 W 7496/98, FGPrax 2001, 24, 25; OLG Düsseldorf v. 3.5.2000 – 3 Wx 21/00, FamRZ 2011, 123, 123; KG v. 23.11.2009 – 8 U 144/09, ZEV 2010, 40, 41; OLG München v. 16.11.2015 – 34 Wx 178/15, FGPrax 2016, 66.

(→ Rn. 1295, 1310) gilt der **öffentliche Glaube (§§ 2368 S. 2 Hs. 1, 2366, 2367)** des Testamentsvollstreckerzeugnisses nicht nur für Verfügungs-, sondern **auch für Verpflichtungsgeschäfte**, weil auch diese zum Amtsbereich des Testamentsvollstreckers gehören.[7]

1332 Gem. § 2368 S. 2 Hs. 2 wird das Testamentsvollstreckerzeugnis mit der Beendigung des Amts **automatisch kraftlos**. Deshalb bezeugt das Testamentsvollstreckerzeugnis auch nicht, dass das Amt des Testamentsvollstreckers noch besteht.[8]

1333 **Lösung Ausgangsfall 62 (→ Rn. 1328):** Der Nachlass haftet für die Kaufpreisverbindlichkeit, wenn er durch T wirksam verpflichtet wurde. Gem. § 2206 Abs. 1 S. 1 kann der Testamentsvollstrecker „reine" Verpflichtungsgeschäfte nur eingehen, soweit dies zur ordnungsgemäßen Verwaltung des Nachlasses erforderlich ist. Der Testamentsvollstrecker muss zwar nicht immer den „sichersten Weg" wählen, eine hochspekulative Anlage liegt aber grundsätzlich außerhalb des Bereichs ordnungsgemäßer Verwaltung (→ Rn. 852). T war somit grundsätzlich nicht zum Abschluss des Kaufvertrags über die Anteile befugt.

Allerdings könnte hier §§ 2368 S. 2 Hs. 1, 2366 eingreifen. Der gute Glaube des Testamentsvollstreckerzeugnisses gilt auch für Verpflichtungsgeschäfte (→ Rn. 1331). Hier war im Testamentsvollstreckerzeugnis angegeben, dass T in der Eingehung von Verpflichtungen für den Nachlass nicht beschränkt sei. Mangels gegenteiliger Anhaltspunkte ist davon auszugehen, dass V gutgläubig war. Der Kaufvertrag ist somit gem. §§ 2368 S. 2 Hs. 1, 2366 wirksam, sodass der Nachlass für die Kaufpreisverbindlichkeit haftet.

§ 27 Europäisches Nachlasszeugnis

1334 **Fall 63:** Emil Ende (E) erfährt am 10. Juli 2018 von seinem Arzt, dass er nur noch wenige Wochen zu leben hat. Völlig geschockt beschließen er und sein bester Freund F am Abend, dass es nun an der Zeit sei, endlich all die guten Flaschen Whiskey zu probieren, die im Keller des E lagern. Als beide schon sturzbetrunken sind, fällt E ein, dass er für seine Lebensgefährtin L Vorsorge treffen müsse. Er verfasst daher in Gegenwart des F eigenhändig ein Testament, in dem er L als Alleinerbin einsetzt und legt dieses in seinen Schreibtisch.

Nach dem Tod des E am 1. August 2018 findet L das Testament in seinem Schreibtisch. L nimmt daraufhin den gesamten Nachlass des E, zu dem u.a. auch eine Finca auf Mallorca und Bankkonten in Luxemburg gehören, in Besitz. Am 1. Oktober 2018 wird ein Europäisches Nachlasszeugnis ausgestellt, das L als Alleinerbin ausweist; L erhält hiervon auch eine Abschrift.

Am 1. Dezember 2018 veräußert L einen zum Nachlass gehörenden alten Schrank an F. Dabei weist L darauf hin, dass sie laut des im Schreibtisch aufgefundenen Testaments vom Juli 2018 die Alleinerbin des E sei und dass ihr auch ein entsprechendes Europäisches Nachlasszeugnis ausgestellt worden sei.

---

7 Vgl. MüKoBGB/*Grziwotz*, 7. Aufl. 2017, § 2368 Rn. 48; Staudinger/*Herzog*, 2016, § 2368 Rn. 27; *Joachim* ZEV 2017, 499, 501 (jeweils m.w.N.).

8 Vgl. RG v. 10.12.1913 – V 303/13, RGZ 83, 348, 352; OLG Köln v. 16.11.2010 – 2 Wx 153/10, FGPrax 2011, 86; Staudinger/*Herzog*, 2016, § 2368 Rn. 25 m.w.N.

Kurz darauf trifft F die einzige Tochter T des E und erzählt ihr von dem gemeinsamen „Whiskeyabend" mit E und den Umständen der Testamentserrichtung. T geht mit diesen Informationen zum Nachlassgericht, welches daraufhin das zugunsten der L als Alleinerbin ausgestellte Europäische Nachlasszeugnis widerruft und ein neues Europäisches Nachlasszeugnis ausstellt, das T als Alleinerbin ausweist.

T verlangt nun von F die Herausgabe des Schranks. Dieser weigert sich, denn er sei schließlich nun Eigentümer des Schranks; er habe darauf vertraut, dass die im Europäischen Nachlasszeugnis ausgewiesene L Alleinerbin des E sei und ihm als solche den Schrank verkaufen und übereignen konnte.

Ist F tatsächlich Eigentümer des Schranks geworden? **Lösung: → Rn. 1354**

I. Ratio und Grundkonzeption des Europäischen Nachlasszeugnisses (ENZ)

Durch die Europäische Erbrechtsverordnung (EuErbVO) wurde für alle Erbfälle, die ab dem 17.8.2015 eintreten, ein Europäisches Nachlasszeugnis (ENZ) eingeführt. Ziel und Zweck des ENZ ist es, sowohl Erben als auch dinglich berechtigten Vermächtnisnehmern (sog. Vindikationslegataren), Testamentsvollstreckern und Nachlassverwaltern zu ermöglichen, ihren Status und/oder ihre Rechte und Befugnisse in einem anderen Mitgliedstaat[1] **einfach nachzuweisen** und somit eine **zügige, unkomplizierte und effiziente Abwicklung von Erbsachen mit grenzüberschreitendem Bezug** zu ermöglichen.[2] **1335**

Das ENZ ist ein **Rechtsinstrument *sui generis***, das in allen Mitgliedstaaten i.S.d. EuErbVO unmittelbar *ipso iure* die in Art. 69 EuErbVO (→ Rn. 1346 ff.) geregelten einheitlichen Rechtswirkungen entfaltet.[3] Wie Art. 62 Abs. 1 EuErbVO explizit klarstellt, ist das ENZ zwar von seiner Konzeption her speziell zur Verwendung in einem anderen Mitgliedstaat gedacht.[4] Andererseits ist das ENZ aber jedoch **nicht auf die Verwendung in anderen Mitgliedstaaten beschränkt**: Ist es einmal ausgestellt, so entfaltet es seine Wirkungen gem. Art. 62 Abs. 3 S. 2 EuErbVO auch im Ausstellungsstaat. **1336**

Gem. Art. 62 Abs. 2 EuErbVO ist die Verwendung des ENZ nicht verpflichtend, sondern rein **fakultativ**.[5] Dies bedeutet, dass es einerseits den Mitgliedstaaten freisteht, in ihrem nationalen Recht weiterhin die bislang verwendeten Nachweisdokumente vorzusehen (in Deutschland: den Erbschein und das Testamentsvollstreckerzeugnis).[6] Andererseits steht es aber auch den erbrechtlich Berechtigten frei, ob sie ein ENZ erwirken und sich mit diesem legitimieren oder ob sie lieber ein Nachweisdokument **1337**

1 Zum Begriff des Mitgliedstaats i.S.d. EuErbVO → Rn. 1472.
2 Vgl. ErwG 67 S. 1 EuErbVO.
3 Vgl. *Lange* DNotZ 2016, 103, 110; BeckOGK/*J. Schmidt* Art. 62 EuErbVO Rn. 11 m.w.N.
4 Vgl. MüKoBGB/*Dutta*, 7. Aufl. 2018, Art. 62 EuErbVO Rn. 2; BeckOGK/*J. Schmidt* Art. 62 EuErbVO Rn. 9 m.w.N.
5 Vgl. BeckOGK/*J. Schmidt* Art. 62 EuErbVO Rn. 13 m.w.N.
6 Vgl. MüKoBGB/*Dutta*, 7. Aufl. 2018, Art. 62 Rn. 9 ff.; BeckOGK/*J. Schmidt* Art. 62 EuErbVO Rn. 18 m.w.N.

nach dem jeweiligen nationalen Recht (z.B. einen deutschen Erbschein) erwirken wollen oder ob sie gar beides tun wollen. Vorteilhaft kann die ausschließliche oder kumulative Verwendung nationaler Nachweisdokumente insb. dann sein, wenn diese (wie der deutsche Erbschein) weiterreichende Wirkungen haben als das ENZ.[7]

II. Zuständigkeit und Verfahren

1. Zuständigkeit

1338 **International** zuständig für die Erteilung des ENZ ist gem. Art. 64 S. 1 EuErbVO der Mitgliedstaat, dessen Gerichte nach Art. 4, 7, 10 oder 11 EuErbVO (→ Rn. 1510 ff.) zuständig sind. Sofern Deutschland international zuständig ist, sind gem. § 34 Abs. 4 S. 1 und S. 2 IntErbRVG grundsätzlich ausschließlich die Amtsgerichte als Nachlassgerichte sachlich zuständig. Die örtliche Zuständigkeit ist in § 34 Abs. 1–3 IntErbRVG geregelt.

2. Verfahren

1339 Gem. Art. 65 Abs. 1 EuErbVO wird das ENZ **nur auf Antrag** der in Art. 63 Abs. 1 EuErbVO genannten Personen ausgestellt. **Antragsberechtigt** sind nur **Erben**, **Vindikationslegatare** sowie **Testamentsvollstrecker** und **Nachlassverwalter**; andere Personen (wie etwa insb. Gläubiger) sind nicht antragsberechtigt.[8]

1340 In Bezug auf den **Inhalt des Antrags** normiert Art. 65 Abs. 3 EuErbVO einen abschließenden Katalog von Pflichtangaben; diese sind allerdings nur insoweit obligatorisch, als sie dem Antragsteller bekannt sind und von der Ausstellungsbehörde zur Beschreibung des Sachverhalts, dessen Bestätigung der Antragsteller begehrt, benötigt werden.[9] Gem. Art. 65 Abs. 3 Hs. 2 EuErbVO sind dem Antrag alle einschlägigen Nachweisdokumente beizufügen.[10] Für den Antrag kann auch das **Standardformular** (Formblatt IV in der EuErbVO-DVO[11]) verwendet werden; dieses ist aber rein fakultativ[12].

1341 Die **Prüfung** des Antrags erfolgt nach Maßgabe des Art. 66 EuErbVO.[13] Das ENZ ist gem. Art. 67 Abs. 1 UAbs. 1 S. 1 EuErbVO unverzüglich **auszustellen**, sobald der zu bescheinigende Sachverhalt nach dem auf die Rechtsnachfolge von Todes wegen an-

7 Vgl. BeckOGK/*J. Schmidt* Art. 62 EuErbVO Rn. 19 m.w.N. Vergleichende Darstellung von ENZ und deutschem Erbschein bei *J. Schmidt* ZEV 2014, 389 ff.
8 Vgl. BeckOGK/*J. Schmidt* Art. 68 EuErbVO Rn. 5 ff. m.w.N.
9 Vgl. BeckOGK/*J. Schmidt* Art. 65 EuErbVO Rn. 7 ff. m.w.N.
10 Vgl. BeckOGK/*J. Schmidt* Art. 65 EuErbVO Rn. 7 ff. m.w.N.
11 DurchführungsVO (EU) Nr. 1329/2014 der Kommission zur Festlegung der Formblätter nach Maßgabe der Verordnung (EU) Nr. 650/2012 des Europäischen Parlaments und des Rates über die Zuständigkeit, das anzuwendende Recht, die Anerkennung und Vollstreckung von Entscheidungen und die Annahme und Vollstreckung öffentlicher Urkunden in Erbsachen sowie zur Einführung eines Europäischen Nachlasszeugnisses v. 9.12.2014, ABlEU v. 16.12.2014, L 359/30.
12 Vgl. EuGH v. 17.1.2019, *Brisch,* C-102/18, ECLI:EU:C:2019:34; BeckOGK/*J. Schmidt* Art. 65 EuErbVO Rn. 56 m.w.N.
13 Dazu näher BeckOGK/*J. Schmidt* Art. 66 EuErbVO Rn. 1 ff. m.w.N.

zuwendenden Recht oder jedem anderen auf einen spezifischen Sachverhalt anzuwendenden Recht feststeht.[14] Die Ausstellung darf jedoch nicht erfolgen, sofern einer der Negativtatbestände des Art. 67 Abs. 1 UAbs. 2 EuErbVO vorliegt.[15]

Gem. Art. 70 Abs. 1 EuErbVO verbleibt das Original des ENZ bei der Ausstellungsbehörde; dem Antragsteller und jeder anderen Person, die ein berechtigtes Interesse nachweist, werden eine oder mehrere beglaubigte **Abschriften** ausgestellt. Die Abschriften entfalten zwar sämtliche Wirkungen des ENZ gem. Art. 69 EuErbVO (→ Rn. 1346 ff.).[16] Sie haben allerdings eine begrenzte Gültigkeitsdauer („Verfallsdatum"), die in der Regel nur sechs Monate beträgt, aber ggf. verlängert werden kann (Art. 70 Abs. 3 EuErbVO).[17] 1342

3. Berichtigung, Änderung, Widerruf, Aussetzung

Im Falle von Schreibfehlern kann die Ausstellungsbehörde gem. Art. 71 Abs. 1 EuErbVO auf Verlangen jeder Person, die ein berechtigtes Interesse nachweist, oder von Amts wegen eine **Berichtigung** vornehmen.[18] Im Falle einer inhaltlichen Unrichtigkeit hat die Ausstellungsbehörde das ENZ gem. Art. 71 Abs. 2 EuErbVO auf Verlangen jeder Person, die ein berechtigtes Interesse nachweist, oder – soweit dies nach innerstaatlichem Recht möglich ist (wie in Deutschland gem. § 38 S. 2 IntErbRVG) – von Amts wegen zu **ändern** oder zu **widerrufen.**[19] Art. 73 EuErbVO ermöglicht unter bestimmten Voraussetzungen eine **Aussetzung der Wirkungen** des ENZ.[20] 1343

4. Rechtsbehelfe

Entscheidungen nach Art. 67 EuErbVO (d.h. die Ausstellung des ENZ sowie die Ablehnung des Antrags) sowie nach Art. 71 EuErbVO (Berichtigung, Änderung, Widerruf) und Art. 73 Abs. 1 lit. a EuErbVO (Aussetzung) sind gem. Art. 72 Abs. 1 EuErbVO **anfechtbar**. In Deutschland ist statthafter Rechtsbehelf die Beschwerde gem. § 43 IntErbRVG sowie ggf. im Anschluss daran die Rechtsbeschwerde gem. § 44 IntErbRVG. 1344

III. Inhalt des ENZ

Art. 68 EuErbVO enthält einen **abschließenden Katalog**[21] der Angaben, die ein ENZ enthalten darf. Es handelt sich dabei jedoch nur um einen Maximalinhalt; die jeweiligen Angaben sind nur aufzunehmen, soweit dies für die Zwecke, zu denen das ENZ konkret ausgestellt wird, erforderlich ist.[22] In der Praxis wird der Inhalt durch 1345

14 Dazu näher BeckOGK/*J. Schmidt* Art. 67 EuErbVO Rn. 4 ff. m.w.N.
15 Dazu näher BeckOGK/*J. Schmidt* Art. 67 EuErbVO Rn. 8 ff. m.w.N.
16 Vgl. ErwG 71 S. 6 EuErbVO; BeckOGK/*J. Schmidt* Art. 69 EuErbVO Rn. 5 m.w.N.
17 Näher BeckOGK/*J. Schmidt* Art. 70 EuErbVO Rn. 17 ff. m.w.N.
18 Näher BeckOGK/*J. Schmidt* Art. 71 EuErbVO Rn. 4 ff. m.w.N.
19 Näher BeckOGK/*J. Schmidt* Art. 71 EuErbVO Rn. 13 ff. m.w.N.
20 Näher BeckOGK/*J. Schmidt* Art. 73 EuErbVO Rn. 1 ff. m.w.N.
21 Vgl. BeckOGK/*J. Schmidt* Art. 65 EuErbVO Rn. 47 ff. m.w.N.
22 Vgl. BeckOGK/*J. Schmidt* Art. 68 EuErbVO Rn. 5 m.w.N.

das obligatorisch zu verwendende **Standardformular** (Formblatt V in der EuErbVO-DVO[23]) konkretisiert.

IV. Wirkungen des ENZ

1346 Gem. Art. 69 Abs. 1 EuErbVO entfaltet das ENZ seine Wirkungen ***ipso iure*** **unmittelbar in allen Mitgliedstaaten**, ohne dass es eines besonderen Verfahrens bedarf. Dies gilt während ihrer Gültigkeitsdauer auch für die Abschriften.[24] Das ENZ hat drei Arten von Wirkungen: Beweis- und Vermutungswirkung (→ Rn. 1347), Gutglaubenswirkung (→ Rn. 1348 ff.) und Legitimationswirkung (→ Rn. 1353).

1. Beweis- und Vermutungswirkung

1347 Erstens hat das ENZ gem. Art. 69 Abs. 2 EuErbVO **Beweis- und Vermutungswirkung**[25]: Zum einen wird der zutreffende Ausweis der festgestellten Sachverhalte vermutet; zum anderen wird die Existenz der ausgewiesenen Rechte und Befugnisse sowie die Nichtexistenz weiterer Bedingungen und/oder Beschränkungen vermutet.

2. Gutglaubenswirkung

1348 Zweitens entfaltet das ENZ gem. Art. 69 Abs. 3 und Abs. 4 EuErbVO **Gutglaubenswirkung**[26]: Diese bezieht sich (ähnlich wie beim Erbschein, → Rn. 1293 ff.) zum einen auf Leistungen an eine durch das Zeugnis legitimierte Person (Art. 69 Abs. 3 EuErbVO, → Rn. 1349), zum anderen auf Verfügungen einer durch das Zeugnis legitimierten Person über Nachlassvermögen (Art. 69 Abs. 4 EuErbVO, → Rn. 1350).

1349 **Art. 69 Abs. 3 EuErbVO** betrifft die Leistung von Zahlungen oder die „Übergabe" von Vermögenswerten an eine durch das ENZ legitimierte Person. „Übergabe" von Vermögenswerten erfasst nach Sinn und Zweck nicht nur die Übergabe und Übereignung von beweglichen und unbeweglichen Sachen, sondern auch die Übertragung immaterieller Vermögenswerte, speziell die Abtretung von Forderungen sowie die Übertragung von Immaterialgüterrechten[27].

1350 **Art. 69 Abs. 4 EuErbVO** betrifft Verfügungen einer durch das ENZ legitimierten Person über Nachlassvermögen. Verfügung meint dabei jedes Rechtsgeschäft, das nach dem anwendbaren Recht einen Erwerb von Nachlassgegenständen bewirkt.[28]

23 DurchführungsVO (EU) Nr. 1329/2014 der Kommission zur Festlegung der Formblätter nach Maßgabe der Verordnung (EU) Nr. 650/2012 des Europäischen Parlaments und des Rates über die Zuständigkeit, das anzuwendende Recht, die Anerkennung und Vollstreckung von Entscheidungen und die Annahme und Vollstreckung öffentlicher Urkunden in Erbsachen sowie zur Einführung eines Europäischen Nachlasszeugnisses v. 9.12.2014, ABlEU v. 16.12.2014, L 359/30.

24 Vgl. ErwG 71 S. 6 EuErbVO; BeckOGK/*J. Schmidt* Art. 69 EuErbVO Rn. 5 m.w.N.

25 Vgl. BeckOGK/*J. Schmidt* Art. 69 EuErbVO Rn. 7 m.w.N.

26 Vgl. BeckOGK/*J. Schmidt* Art. 69 EuErbVO Rn. 20 m.w.N.

27 Vgl. BeckOGK/*J. Schmidt* Art. 69 EuErbVO Rn. 25 f. m.w.N.

28 Vgl. MüKoBGB/*Dutta*, 7. Aufl. 2018, Art. 69 EuErbVO Rn. 18; BeckOGK/*J. Schmidt* Art. 69 EuErbVO Rn. 40 m.w.N.

Erfasst ist grundsätzlich sämtliches Nachlassvermögen, d.h. nicht nur bewegliche und unbewegliche Sachen, sondern auch Forderungen und sonstige Rechte jeglicher Art.[29]

Im Gegensatz zum deutschen Erbschein (→ Rn. 1298) begründet das ENZ keinen ab- **1351**
strakten, sondern nur einen **konkreten Gutglaubensschutz**.[30] Denn Art. 69 Abs. 3 und Abs. 4 EuErbVO verlangen ausdrücklich, dass der Dritte „auf der Grundlage der in dem Zeugnis enthaltenen Angaben" gehandelt hat. Er muss also Kenntnis vom ENZ – bzw. während ihrer jeweiligen Geltungsdauer von einer Abschrift – gehabt haben und aufgrund der darin enthaltenen Angaben gehandelt haben.[31] Die Vorlage des ENZ bzw. einer Abschrift desselben bei Vornahme des konkreten Rechtsgeschäfts ist indes – entgegen einer im Schrifttum verbreiteten Ansicht[32] – nicht erforderlich.[33]

Der Wortlaut der Norm wurde insoweit nach Kritik aus Wissenschaft und Praxis an der im Kommissionsentwurf verwendeten Bezugnahme auf den „Inhaber eines Nachlasszeugnisses" (engl. „bearer of a certificate"), gerade geändert.[34] Im Übrigen wäre das Insistieren auf eine Vorlage eine unnötige Förmelei, welche zudem den *effet utile* des Europäischen Nachlasszeugnisses deutlich schwächen würde.[35]

Anders als beim deutschen Erbschein (→ Rn. 1301) begründet beim ENZ nach dem **1352**
klaren Wortlaut von Art. 69 Abs. 3 und Abs. 4 EuErbVO bereits **grob fahrlässige Unkenntnis** Bösgläubigkeit.[36] Aus der negativen Formulierung („es sei denn") ergibt sich jedoch, dass die Gutgläubigkeit auch hier vermutet wird, d.h. derjenige der die Bösgläubigkeit behauptet, muss diese beweisen.[37]

3. Legitimationswirkung

Drittens entfaltet das ENZ gem. Art. 69 Abs. 5 EuErbVO Legitimationswirkung im **1353**
Hinblick auf die **Registereintragung** von Nachlassvermögen.[38] Der deutsche Gesetzgeber hat in § 35 Abs. 1 und Abs. 2 GBO ausdrücklich klargestellt, dass der Nachweis der Erbfolge zum Zwecke der Eintragung ins Grundbuch auch mittels eines ENZ erfolgen kann.[39] Entsprechendes gilt – auch ohne spezielle Klarstellung durch den deutschen Gesetzgeber – insb. auch für das Handelsregister.[40]

29 Vgl. BeckOGK/*J. Schmidt* Art. 69 EuErbVO Rn. 42 m.w.N.
30 Vgl. *J. Schmidt* ZEV 2014, 389, 393; BeckOGK/*J. Schmidt* Art. 69 EuErbVO Rn. 30, 45 m.w.N.
31 Vgl. Caravaca/Davì/Mansel/*Budzikiewicz*, The EU Succession Regulation, 2016, Art. 69 EuErbVO Rn. 16; *J. Schmidt* ZEV 2014, 389, 393; BeckOGK/*J. Schmidt* Art. 69 EuErbVO Rn. 31, 46 m.w.N.
32 Vgl. etwa Dutta/Weber/*Fornasier*, Internationales ErbR, 2016, Art. 69 EuErbVO Rn. 20; *Kleinschmidt* RabelsZ 77 (2013) 723, 729; *Volmer* Rpfleger 2013, 421, 431.
33 Vgl. Caravaca/Davì/Mansel/*Budzikiewicz*, The EU Succession Regulation, 2016, Art. 69 EuErbVO Rn. 16; MüKoBGB/*Dutta*, 7. Aufl. 2018, Art. 69 EuErbVO Rn. 25; *J. Schmidt* ZEV 2014, 389, 393; BeckOGK/*J. Schmidt* Art. 69 EuErbVO Rn. 32, 47 m.w.N.
34 Vgl. BeckOGK/*J. Schmidt* Art. 69 EuErbVO Rn. 32, 47 m.w.N.
35 Vgl. BeckOGK/*J. Schmidt* Art. 69 EuErbVO Rn. 32, 47 m.w.N.
36 Vgl. BeckOGK/*J. Schmidt* Art. 69 EuErbVO Rn. 33, 48 m.w.N.
37 Vgl. Caravaca/Davì/Mansel/*Budzikiewicz*, The EU Succession Regulation, 2016, Art. 69 EuErbVO Rn. 15; BeckOGK/*J. Schmidt* Art. 69 EuErbVO Rn. 35, 50 m.w.N.
38 Vgl. BeckOGK/*J. Schmidt* Art. 69 EuErbVO Rn. 53 m.w.N.
39 Entsprechend auch § 18 Abs. 1 S. 2 GBMaßnG, § 9 Abs. 1 lit. d GBV, § 41 SchRegO, § 28 Abs. 1 Nr. 5 SchRegDV.
40 Vgl. BeckOGK/*J. Schmidt* Art. 69 EuErbVO Rn. 62; *Schmitz* RNotZ 2017, 269, 285.

1354 **Lösung Ausgangsfall 63 (→ Rn. 1334):** F könnte den Schrank gem. § 929 S. 1 i.V.m. Art. 69 Abs. 4 EuErbVO gutgläubig von L erworben haben. Einigung und Übergabe liegen vor.

L war durch das ENZ als Alleinerbin legitimiert. Bei der Übereignung des Schranks an F handelte es sich um eine Verfügung über einen Nachlassgegenstand. F hatte Kenntnis von dem ENZ und handelte aufgrund der darin enthaltenen Angaben. Die Vorlage des ENZ bzw. einer Abschrift desselben ist nicht erforderlich (→ Rn. 1351).

F müsste jedoch auch gutgläubig gewesen sein. Gem. Art. 69 Abs. 4 EuErbVO wird der gute Glaube zwar vermutet; allerdings begründet bereits grob fahrlässige Unkenntnis Bösgläubigkeit. F war dabei, als E in sturzbetrunkenem – und damit nicht mehr testierfähigem (vgl. § 2229 Abs. 4 Var. 3) – Zustand das Testament errichtete, indem L zur Alleinerbin eingesetzt wurde. Hier hätte jedermann einleuchten müssen, dass ein unter solchen Umständen errichtetes Testament nicht wirksam sein kann und L somit tatsächlich gar nicht Alleinerbin des E geworden war. F war somit bösgläubig.

Folglich hat F nicht gem. § 929 S. 1 i.V.m. Art. 69 Abs. 4 EuErbVO gutgläubig von L Eigentum an dem Schrank erworben.

§ 28 Legitimation und Publizität durch Register

I. Handelsregister und spezielle gesellschaftsrechtliche Legitimationsinstrumente

1. Handelsregister

1355 Im Falle des Todes eines Einzelkaufmanns ist die **Änderung des Inhabers des Handelsgeschäfts** gem. § 31 Abs. 1 HGB zum Handelsregister anzumelden. Ebenso ist ein **Gesellschafterwechsel** bzw. das Ausscheiden eines Gesellschafters aufgrund eines Erbfalls bei einer oHG oder KG zum Handelsregister anzumelden (vgl. §§ 107, 143, 161 Abs. 2, 162 HGB). Anmeldepflichtig sind die Erben, selbst wenn sie nicht nachfolge- oder eintrittsberechtigt sind.[1] Der Nachweis der Rechtsnachfolge hat gem. § 12 Abs. 1 S. 4 HGB „soweit tunlich" durch öffentliche Urkunden zu erfolgen; in Betracht kommen insoweit insb. ein Erbschein oder ein ENZ. Der Nachweis ist untunlich, wenn sich die Rechtsnachfolge aus dem elektronischen Handelsregister bzw. den Akten des Registergerichts selbst oder aus bei demselben Gericht geführten Nachlassakten ergibt; dann genügt eine Bezugnahme.[2]

1 Vgl. BayObLG v. 22.12.1992 – 3Z BR 170/92, BB 1993, 385, 386; *Lange*, ErbR, 2. Aufl. 2017, § 81 Rn. 131; Oetker/*Preuß*, HGB, 5. Aufl. 2017, § 14 Rn. 23.

2 Vgl. KG v. 30.5.2000 – 1 W 931/99, ZEV 2001, 72, 73; Baumbach/Hopt/*Hopt*, HGB, 38. Aufl. 2018, § 12 Rn. 5. Die Vorlage eines Erbscheins oder ENZ ist allerdings nicht bereits dann untunlich, wenn die Beschaffung einen hohen Gebührenaufwand verursachen würde, vgl. OLG München v. 17.10.2017 – 31 Wx 330/17, ZEV 2018, 469.

Im Fall der Testamentsvollstreckung an einer Kommanditbeteiligung ist ein **Testamentsvollstreckervermerk** in das Handelsregister aufzunehmen.[3] Sofern man – wie hier (→ Rn. 891 ff.) – der Auffassung folgt, dass Dauervollstreckung auch bei Anteilen persönlich haftender Gesellschafter und bei einzelkaufmännischen Unternehmen zulässig ist, wird man dies entsprechend übertragen müssen. **1356**

2. GmbH-Gesellschafterliste

Im Falle der Vererbung von GmbH-Geschäftsanteilen hat der Geschäftsführer gem. **§ 40 Abs. 1 S. 1 GmbHG** unverzüglich eine **aktualisierte Gesellschafterliste** zum Handelsregister einzureichen. Voraussetzung ist, dass der Geschäftsführer sichere Kenntnis von der eingetretenen Änderung erhält (vgl. § 40 Abs. 1 S. 4 GmbHG: „Mitteilung und Nachweis"); insoweit sind strenge Anforderungen zu stellen.[4] Ausreichend ist aber jedenfalls die Vorlage eines Erbscheins[5] oder ENZ[6]. **1357**

Der BGH hat 2015 entschieden, dass in die Gesellschafterliste **kein Testamentsvollstreckervermerk** aufgenommen wird[7]; daran hat der Gesetzgeber auch im Rahmen der neuen GesLV[8] festgehalten[9]. **1358**

3. Aktienregister

Im Falle der Vererbung von **Namensaktien** muss der Gesellschafterwechsel gem. § 67 Abs. 3 AktG ins Aktienregister eingetragen werden. Die Eintragung erfolgt ebenfalls auf „Mitteilung und Nachweis"; auch hier genügt jedenfalls ein Erbschein[10] oder ENZ[11]. **1359**

Aus Gründen der Rechtssicherheit kann nach zutr. Ansicht auch die **Testamentsvollstreckung** als „Kürangabe" ins Aktienregister eingetragen werden.[12] **1360**

II. Grundbuch

Die Erbfolge führt ferner auch zur Unrichtigkeit des Grundbuchs. Sobald das Grundbuchamt entweder gem. § 83 GBO durch das Nachlassgericht oder in sonstiger Weise erfährt, dass das Grundbuch unrichtig ist, soll es dem Erben gem. § 82 S. 1 GBO die Verpflichtung auferlegen, den Antrag auf Berichtigung des Grundbuchs zu stellen **1361**

---

3 BGH v. 14.2.2012 – II ZB 15/11, NZG 2012, 385; BGH v. 24.2.2015 – II ZB 17/14, NZG 2015, 519 Rn. 16.
4 Vgl. Lutter/Hommelhoff/*Bayer,* 19. Aufl. 2016, § 40 Rn. 48, 51 m.w.N.
5 Vgl. Lutter/Hommelhoff/*Bayer,* 19. Aufl. 2016, § 40 Rn. 53.
6 Vgl. BeckOGK/*J. Schmidt* Art. 69 EuErbVO Rn. 62 f. m.w.N.
7 BGH v. 24.2.2015 – II ZB 17/14, NZG 2015, 519 Rn. 16.
8 Verordnung über die Ausgestaltung der Gesellschafterliste (Gesellschafterlistenverordnung – GesLV) v. 20.6.2018, BGBl. I, 870.
9 Vgl. *Cziupka* GmbHR 2018, R180, R182; *Miller* NJW 2018, 2518, 251; *Wachter* GmbHR 2017, 1177, 1185.
10 Vgl. *Hüffer/Koch,* AktG, 13. Aufl. 2018, § 67 Rn. 18.
11 Vgl. BeckOGK/*J. Schmidt* Art. 69 EuErbVO Rn. 63.
12 Vgl. MüKoAktG/*Bayer,* 4. Aufl. 2016, § 67 Rn. 32; *Hüffer/Koch,* AktG, 13. Aufl. 2018, § 67 Rn. 9.

und die zur Berichtigung des Grundbuchs notwendigen Unterlagen zu beschaffen. Hintergrund ist, dass die **Grundbuchberichtigung** gem. § 13 GBO nur auf Antrag erfolgt. Die Erbfolge – und damit die Unrichtigkeit des Grundbuchs – ist gem. § 35 Abs. 1 S. 1 GBO grundsätzlich **durch einen Erbschein oder ein ENZ nachzuweisen**. Wenn die Erbfolge jedoch auf einer Verfügung von Todes wegen beruht, die in einer öffentlichen Urkunde enthalten ist, so genügt es gem. § 35 Abs. 1 S. 2 GBO, wenn stattdessen die Verfügung und die Niederschrift über die Eröffnung der Verfügung vorgelegt werden.

1362 Wenn ein Nachlassgrundstück der Testamentsvollstreckung unterliegt, ist gem. § 52 GBO ein **Testamentsvollstreckervermerk** in das Grundbuch einzutragen. Sofern Vor- und Nacherbschaft angeordnet ist, ist gem. § 51 GBO ein **Nacherbenvermerk** in das Grundbuch einzutragen (→ Rn. 770).

Teil X

Zuwendungen durch Rechtsgeschäfte unter Lebenden auf den Todesfall

§ 29 Das Schenkungsversprechen von Todes wegen

Fall 64: Gustav Glimt (G), ein renommierter Kunstsammler, betrachtet zusammen mit seiner Nichte Nina (N), die Kunst studiert, ein Gemälde von Monet, das bei G im Wohnzimmer hängt. G sagt zu N: „Das Bild schenke ich Dir. Wenn ich einmal tot bin, kannst Du es haben. Bis dahin möchte ich mich aber noch selbst an dem Bild erfreuen und es bei mir im Wohnzimmer behalten. Das sage ich jetzt nicht nur so dahin, das ist mein fester Wille, denn Du bist die Einzige aus der ganzen Familie, die dieses schöne Gemälde wirklich zu würdigen weiß. Du musst jetzt auch nichts sagen. Nimm das Bild nach meinem Tod dann einfach an Dich." N ist tatsächlich so ergriffen, dass sie nichts erwidert. Nach dem Tod des G nimmt sie das Bild an sich. Nachdem der Alleinerbe E des G davon erfährt, verlangt er das Gemälde von N heraus. Zu Recht? **Lösung: → Rn. 1383** 1363

Literatur: *Bork*, Schenkungsvollzug mithilfe einer Vollmacht, JZ 1988, 1059; *Brun*, Die „postmortale" Willenserklärung, JURA 1994, 291; *Gergen*, Geschenkt oder geerbt, JA 2007, 762; *Horn*, Wirksamkeit von Schenkungen nach dem Erbfall, ZErb 2012, 38; *Kuchinke*, Das versprochene Bankguthaben auf den Todesfall und die zur Erklärung des Versprechens erteilte Verfügungsvollmacht über den Tod hinaus, FamRZ 1984, 109; *Martinek/Röhrborn*, Der legendäre Bonifatius-Fall – Nachlese zu einer reichsgerichtlichen Fehlentscheidung, JuS 1994, 473 und 570; *Meyer*, Die Schenkung von Todes wegen: Probleme de lege lata und Plädoyer für eine rein schuldrechtliche Lösung de lege ferenda, ZEV 2017, 682; *Olzen*, Lebzeitige und letztwillige Rechtsgeschäfte, JURA 1987, 16 und 116; *Otte*, Der Bonifatius-Fall, JURA 1993, 643; *Reischl*, Zur Schenkung von Todes wegen, 1996; *Schreiber*, Unentgeltliche Zuwendungen auf den Todesfall, JURA 1995, 159.

I. Grundlagen

1. Wesen der Schenkung von Todes wegen und Eckpunkte des Rechtsrahmens

Stellt der Erblasser ein unentgeltliches Rechtsgeschäft unter die Bedingung, dass der Beschenkte ihn überlebt (sog. **Überlebensbedingung**), so liegt eine **Schenkung von Todes wegen** (oder auch: Schenkung unter Lebenden auf den Todesfall) vor (vgl. **§ 2301**). 1364

Bei der Überlebensbedingung handelt es sich zwar um eine Bedingung; diese verliert jedoch aufgrund der kraft Gesetzes erfolgenden Umdeutung in eine Verfügung von Todes wegen ihre Bedeutung als solche[1]; folglich sind die **§§ 158 ff. nicht anwendbar**[2].

1 Vgl. Mot. V, 351.
2 Vgl. MüKoBGB/*Musielak*, 7. Aufl. 2017, § 2301 Rn. 10 m.w.N.

Der Text einer **Schenkung von Todes wegen** (§ 2301) könnte etwa folgendermaßen lauten: „Ich verpflichte mich, dem Beschenkten X meine Büchersammlung unentgeltlich zuzuwenden; diese Verpflichtung soll aber erst wirksam werden, wenn ich vor dem X versterbe.“

1365 Die Überlebensbedingung braucht aber nicht ausdrücklich erklärt werden; es genügt, wenn sie sich **konkludent** aus den näheren Umständen des Einzelfalls ergibt.[3] Für eine Schenkung von Todes wegen spricht etwa, wenn der Erblasser einer bestimmten Person für die Zeit nach seinem Tod eine Zuwendung verspricht und dafür besondere Gründe gerade in der Person des Versprechensempfängers hat.[4]

1366 Um zu verhindern, dass durch solche Schenkungen von Todes wegen die erbrechtlichen Vorschriften umgangen werden[5], bestimmt **§ 2301 Abs. 1 S. 1**, dass auf sie grundsätzlich die **Vorschriften über Verfügungen von Todes wegen Anwendung** finden. Dies gilt aufgrund der vergleichbaren Interessenlage gem. § 2301 Abs. 1 S. 2 auch für ein schenkweise unter einer Überlebensbedingung erteiltes Schuldversprechen oder Schuldanerkenntnis i.S.d. §§ 780, 781. Umstritten ist, worauf sich der Verweis auf die Vorschriften über Verfügungen von Todes wegen genau bezieht. Ein Teil der Literatur vertritt die Auffassung, dass damit zwingend die Vorschriften über den **Erbvertrag** einzuhalten seien.[6] Überzeugender ist es jedoch, auch die Einhaltung der Vorschriften über ein **Testament** ausreichen zu lassen.[7]

Weder die Entstehungsgeschichte noch die systematische Stellung der Vorschriften lassen zwingend darauf schließen, dass ausschließlich ein Erbvertrag in Betracht kommt.[8] Zudem gibt es keinen sachlichen Grund, die Testamentsform hier nicht ausreichend zu lassen; wenn die Formvorschriften für ein Testament gewahrt sind, werden die erbrechtlichen Vorschriften nicht umgangen, sodass der Ratio der Norm genüge getan ist.

1367 Wenn der Schenker die **Schenkung vollzieht**, finden jedoch gem. **§ 2301 Abs. 2** die Vorschriften über Schenkungen unter Lebenden, d.h. die **§§ 516 ff**. Anwendung. Denn dann wird nicht der Nachlass geschmälert, sondern der Schenker vermindert unmittelbar und sofort sein Vermögen, sodass kein „Umgehungsproblem“ vorliegt.[9] Wann genau ein „Vollzug“ vorliegt, wird jedoch im Detail kontrovers diskutiert (dazu näher → Rn. 1370 ff.).

3 Vgl. BGH v. 12.11.1986 – IVa ZR 77/85, NJW 1987, 840 f.; MüKoBGB/*Musielak*, 7. Aufl. 2017, § 2301 Rn. 9 m.w.N.
4 Vgl. BGH v. 12.11.1986 – IVa ZR 77/85, NJW 1987, 840 f.
5 Vgl. RG v. 28.10.1913 – VII 271/13, RGZ 83, 223, 227.
6 Vgl. Jauernig/*Stürner*, 17. Aufl. 2018, § 2301 Rn. 9; Staudinger/*Kanzleiter*, 2014, § 2301 Rn. 14 m.w.N.
7 Vgl. RG v. 28.10.1913 – VII 271/13, RGZ 83, 223, 227; OLG Celle v. 1.9.2003 – 6 W 80/03, MDR 2004, 337; *Brox/Walker*, ErbR, 28. Aufl. 2018, § 43 Rn. 20; *Lange*, ErbR, 2. Aufl. 2017, § 18 Rn. 183; BeckOK/*Litzenburger* § 2301 Rn. 7; *Meyer* ZEV 2017, 682, 688 f.; MüKoBGB/*Musielak*, 7. Aufl. 2017, § 2301 Rn. 13; *Schlüter/Röthel*, ErbR, 17. Aufl. 2015, § 25 Rn. 8.
8 Vgl. MüKoBGB/*Musielak*, 7. Aufl. 2017, § 2301 Rn. 13; ausf. *Reischl*, Zur Schenkung von Todes wegen, 1996, S. 152 ff.
9 Vgl. Mot. V, 352.

2. Abgrenzung zur aufschiebend befristeten Schenkung unter Lebenden

Hat der Schenker sich (oder seine Erben) hingegen **unbedingt** zur Leistung verpflichtet und nur die **Erfüllung auf den Zeitpunkt seines Todes oder danach hinausgeschoben**, so liegt nur ein aufschiebend befristetes Schenkungsversprechen unter Lebenden vor, d.h. es finden die **§§ 516 ff.** Anwendung. Dies bedeutet insb. dass die **Form des § 518** zu beachten ist (Heilung durch Vollzug gem. § 518 Abs. 2 kann hier auch noch nach dem Tod des Schenkers eintreten). Mit formwirksamem Abschluss des Schenkungsvertrags entsteht dann ein Anspruch, der erst mit dem Tod des Schenkers (bzw. einem vereinbarten späteren Zeitpunkt) wirksam wird. Verfügt der Schenker dennoch anderweitig über den Schenkungsgegenstand, müssen er oder seine Erben ggf. Schadensersatz leisten (§§ 280 Abs. 1, 521).[10] 1368

3. Grafische Darstellung des Rechtsrahmens

1369

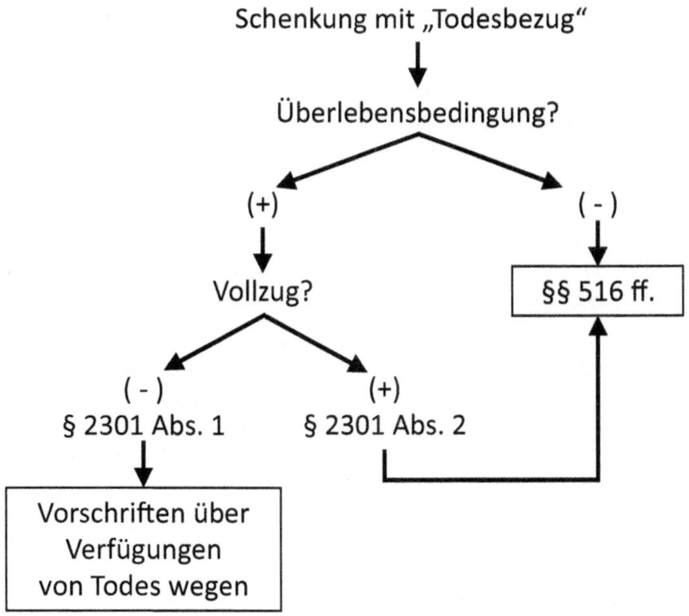

II. Vollzug der Schenkung i.S.d. § 2301 Abs. 2

1. Grundsätze

Wann genau ein Vollzug i.S.d. § 2301 Abs. 2 vorliegt, ist äußerst **umstritten**. Einigkeit besteht aber immerhin insoweit, als dass § 2301 Abs. 2 keine vollständige Leistung verlangt, denn dann würde bereits eine vollständig erbrachte Schenkung unter Lebenden i.S.d. §§ 516 ff. vorliegen, sodass die Regelung des § 2301 Abs. 2 überflüs- 1370

10 Vgl. Staudinger/*Kanzleiter,* 2014, § 2301 Rn. 3 m.w.N.

sig wäre.[11] Problematisch ist jedoch, unter welchen Voraussetzungen ein „Vollzug" i.S.d. § 2301 Abs. 2 vorliegt, wenn der Schenker zwar bereits die erforderlichen Leistungshandlungen vorgenommen hat (bzw. einen Dritten damit beauftragt hat), der Leistungserfolg jedoch im Zeitpunkt seines Todes noch nicht eingetreten ist.

1371 Für den historischen Gesetzgeber war maßgeblich, dass der Schenker sein Vermögen bereits sofort und unmittelbar mindert.[12] Anknüpfend daran verlangt ein Teil der Literatur, dass der Schenker bereits zu Lebzeiten ein **Vermögensopfer** erbracht hat.[13] Dies ist zweifellos als grundlegender Ausgangspunkt zutreffend, liefert aber noch keine klaren Abgrenzungskriterien.[14]

1372 Eine verbreitete Ansicht nimmt einen Vollzug dann an, wenn der Beschenkte ein **Anwartschaftsrecht** erlangt hat, welches ihm eine **gesicherte Rechtsposition** verschafft, die der Schenker oder dessen Gläubiger nicht mehr einseitig beeinträchtigen oder zerstören können.[15] Diese Auffassung hat den Vorteil, dass sie sowohl dem historischen Willen des Gesetzgebers Rechnung trägt als auch ein relativ klares Abgrenzungskriterium etabliert. Allerdings erscheint es zu restriktiv, einen Vollzug nur dann anzunehmen, wenn der Beschenkte ein Anwartschaftsrecht erworben hat.

1373 Überzeugender ist es vielmehr, darüber hinaus mit dem BGH anzunehmen, dass ein Vollzug bereits immer dann vorliegt, wenn der **Schenker zu Lebzeiten alles aus seiner Sicht Erforderliche getan hat, um die Schenkung zu vollziehen.**[16] Dies ist zwar insb. dann der Fall, wenn der Beschenkte ein Anwartschaftsrecht erlangt hat[17]. Vollzug liegt aber auch in anderen Fällen vor, in denen der Schenker noch zu Lebzeiten alles seinerseits Erforderlich getan hat. Welche Leistungshandlungen notwendig sind, richtet sich nicht nach der subjektiven Sicht des Schenkers, sondern objektiv nach der Übertragungsweise und der Art des zugewendeten Gegenstands.[18]

1374 Im Falle der Schenkung **beweglicher Sachen** liegt ein Vollzug auch dann vor, wenn die **Übereignung aufschiebend oder auflösend bedingt** ist (im ersteren Fall erlangt der Beschenkte ein Anwartschaftsrecht, im zweiten wird er sogar - auflösend bedingter - Eigentümer).[19] Ebenso liegt Vollzug vor, wenn eine schenkweise versprochene **Forderung aufschiebend oder auflösend bedingt abgetreten** wird.[20] Im Falle der **Schenkung eines Grundstücks** liegt ein Voll-

---

11 Vgl. *Brox/Walker,* ErbR, 28. Aufl. 2018, § 43 Rn. 5.
12 Vgl. Mot. V, 352.
13 Vgl. etwa Burandt/Rojahn/*Burandt,* ErbR, 3. Aufl. 2019, § 2301 Rn. 20; *Leipold,* ErbR, 21. Aufl. 2016, Rn. 571.
14 Vgl. MüKoBGB/*Musielak,* 7. Aufl. 2017, § 2301 Rn. 19; Schulze/*Hoeren,* 10. Aufl. 2019, § 2301 Rn. 27.
15 Vgl. etwa MüKoBGB/*Musielak,* 7. Aufl. 2017, § 2301 Rn. 19; ähnlich auch Staudinger/*Kanzleiter,* 2014, § 2301 Rn. 23.
16 Vgl. BGH v. 25.5.1970 – III ZR 141/68, NJW 1970, 1638, 1639; BGH v. 14.7.1971 – III ZR 91/70, WM 1971, 1338, 1339; BGH v. 29.11.2011 – II ZR 306/09, ZEV 2012, 167 Rn. 20 („Suhrkamp"); Schulze/*Hoeren,* 10. Aufl. 2019, § 2301 Rn. 27; *Horn* ZErb 2012, 38 f.; vgl. ferner auch Erman/*S. Kappler/T. Kappler,* 15. Aufl. 2017, § 2301 Rn. 7.
17 Vgl. BGH v. 25.5.1970 – III ZR 141/68, NJW 1970, 1638, 1639; BGH v. 14.7.1971 – III ZR 91/70, WM 1971, 1338, 1339; BGH v. 29.11.2011 – II ZR 306/09, ZEV 2012, 167 Rn. 20 („Suhrkamp").
18 Vgl. MüKoBGB/*Musielak,* 7. Aufl. 2017, § 2301 Rn. 19.
19 Vgl. Staudinger/*Kanzleiter,* 2014, § 2301 Rn. 24.
20 Vgl. BGH v. 11.1.1984 – IVa ZR 30/82, FamRZ 1985, 693, 696; BGH v. 10.5.1989 – IVa ZR 66/88, NJW-RR 1989, 1282; Staudinger/*Kanzleiter,* 2014, § 2301 Rn. 24.

zug vor, wenn die Auflassung erklärt, der Schenker die Eintragungsbewilligung erteilt und der Beschenkte den Eintragungsantrag gestellt hat.[21] Vollzug liegt ferner vor, wenn die Mitverfügungsbefugnis über ein **Oder-Konto** eingeräumt wird.[22] Wenn der Schenker hingegen ein **Sparbuch** auf den Namen des Beschenkten anlegt, ohne dieses Sparbuch aus der Hand zu geben, so ist i.d.R. anzunehmen, dass er sich die Verfügung über das Sparguthaben bis zu seinem Tode vorbehalten will[23]; somit liegt hier kein Vollzug vor[24]. Im Falle der unentgeltlichen Zuwendung einer durch Abschluss des Gesellschaftsvertrags entstehenden **Unterbeteiligung** liegt Vollzug mit Abschluss des Gesellschaftsvertrags vor, sofern dem Unterbeteiligten über eine schuldrechtliche Mitberechtigung an den Vermögensrechten des dem Hauptbeteiligten zustehenden Gesellschaftsanteils hinaus mitgliedschaftliche Rechte eingeräumt werden.[25]

2. Anwendung der §§ 130 Abs. 2, 153

Problematisch ist, ob ein Vollzug i.S.v. § 2301 Abs. 2 vorliegt, wenn der Schenker vor seinem Tod zwar die für den Erfolgseintritt erforderlichen Willenserklärungen abgegeben hat (z.B. ein Angebot auf schenkweise Abtretung einer Forderung abgeschickt hat), dann aber vor deren Zugang beim Beschenkten verstorben ist. **1375**

Beispiel: E schickt am 2.10. einen Brief an seinen alten Freund F ab, in welchem er dem F für den Fall, dass er vor F verstirbt, schenkweise eine Forderung gegen die X-AG in Höhe von 100.000 € abtritt. Der Brief geht dem F am 4.10. zu. Als F den E anrufen möchte, um sich zu bedanken, erfährt er von dessen Sohn und Alleinerben S, dass E am 3.10. überraschend an einem Herzinfarkt verstorben ist. F macht daraufhin die Forderung gegen die X-AG geltend. Diese weigert sich jedoch zu zahlen, bis geklärt ist, ob F oder S Inhaber der Forderung ist. Ist F Inhaber der Forderung geworden? Wenn ja, kann S die Abtretung der Forderung von F verlangen?

Über **§§ 130 Abs. 2, 153** könnte man hier möglicherweise einen Vollzug i.S.d. § 2301 Abs. 2 konstruieren: Denn gem. § 130 Abs. 2 bleiben das Schenkungsangebot und das Abtretungsangebot ungeachtet des Todes des Schenkers wirksam und gem. § 153 können beide grundsätzlich auch noch nach dem Tod des Schenkers angenommen werden (der Zugang der Annahme wird hier regelmäßig gem. § 151 entbehrlich sein). Es ist jedoch **umstritten**, ob §§ 130 Abs. 2, 153 in derartigen Fällen überhaupt zur Anwendung gebracht werden können.

Eine Mindermeinung verneint die Anwendbarkeit der §§ 130 Abs. 2, 153, weil sich der Zuwendungsgegenstand im Zeitpunkt des Todes des Schenkers noch in dessen Vermögen befindet, dieses somit nicht gemindert sei und der Gegenstand folglich in den Nachlass falle.[26] Die h.M. nimmt hingegen überzeugend an, dass die **§§ 130 Abs. 2, 153** zumindest dann **anwendbar** sind, **wenn der Erblasser zufällig zwi-** **1376**

---

21 Vgl. MüKoBGB/*Musielak*, 7. Aufl. 2017, § 2301 Rn. 26; Staudinger/*Kanzleiter*, 2014, § 2301 Rn. 24.
22 Vgl. BGH v. 16.4.1986 – IVa ZR 198/84, NJW-RR 1986, 1133, 1134.
23 Vgl. BGH v. 18.1.2005 – X ZR 264/02, NJW 2005, 980.
24 Vgl. *Lange*, ErbR, 2. Aufl. 2017, § 18 Rn. 193.
25 Vgl. BGH v. 29.11.2011 – II ZR 306/09, ZEV 2012, 167 („Suhrkamp"). Dazu *Blaurock* NZG 2012, 521 ff.; *Hadding/Kießling* WuB II J. § 705 BGB 1.12; *Joost* EWiR 2012, 343 f.; *Lind* LMK 2012, 330150; *Lutz* MittBayNot 2012, 482 ff.; *Reimann* ZEV 2012, 170 f.; *Röthel* npoR 2012, 67 ff.; *K. Schmidt* JuS 2012, 460 ff.; *Strnad* ZEV 2012, 394 ff.; *Westermann* ZIP 2012, 1007 ff.
26 Vgl. *Kipp/Coing*, ErbR, 14. Aufl. 1990, § 81 III 1c.

schen Abgabe und Zugang der Willenserklärung(en) **verstorben** ist.[27] Sinn und Zweck der §§ 130 Abs. 2, 153 ist ja gerade zu verhindern, dass eine wirksam abgegebene Willenserklärung durch den (häufig rein zufälligen) Tod des Erklärenden ihre Wirkungen verliert; dieser Vertrauens- und Bestandsschutz muss grundsätzlich auch in den Fällen des § 2301 gelten. Der Schutzzweck des § 2301 gebietet jedoch insofern eine Einschränkung, als die §§ 130 Abs. 2, 153 nur dann gelten können, wenn der Schenker tatsächlich zufällig zwischen Abgabe und Zugang der Willenserklärung verstirbt. Hat der Schenker den postmortalen Zugang seiner Willenserklärung hingegen beabsichtigt, so würde die Anwendung der §§ 130 Abs. 2, 153 dazu führen, dass die erbrechtlichen Vorschriften auf diese Weise umgangen werden könnten und somit der Schutzzweck des § 2301 konterkariert würde.[28]

Im **Beispielsfall** ist das in dem Brief liegende Abtretungsangebot des E folglich gem. § 130 Abs. 2 nicht durch den zufälligen Tod des E unwirksam geworden. In der Geltendmachung der Forderung gegen die X-AG liegt eine konkludente Annahmeerklärung des F; gem. § 153 ist die Annahme ungeachtet des Todes des E noch möglich, der Zugang der Annahmeerklärung ist gem. § 151 entbehrlich. F ist somit wirksam Inhaber der Forderung gegen die X-AG geworden.

S könnte jedoch gegen F einen Anspruch auf Abtretung der Forderung gem. §§ 1922 Abs. 1, 812 Abs. 1 S. 1 Alt. 1, 818 Abs. 1 haben. Dies könnte der Fall sein, wenn kein wirksamer Schenkungsvertrag als Rechtsgrund bestand. F hat das in dem Brief liegende Schenkungsangebot des E angenommen (§§ 130 Abs. 2, 151, 153). Vorliegend handelte es sich jedoch um eine Schenkung von Todes wegen i.S.d. § 2301, die nicht den erbrechtlichen Formen genügte. Allerdings könnte ein Vollzug i.S.d. § 2301 Abs. 2 vorliegen. Dies ist hier aufgrund der Wertungen der §§ 130 Abs. 2, 153 zu bejahen (s.o.). Folglich finden die Vorschriften der §§ 516 ff. Anwendung. Der Schenkungsvertrag war zwar zunächst gem. §§ 518 Abs. 1, 125 S. 1 formnichtig. Der Formmangel wurde jedoch gem. § 518 Abs. 2 durch die wirksame Abtretung der Forderung geheilt.

3. Vollzug im Falle der Beteiligung einer Mittelsperson

1377 Grundsätzlich kann sich der Schenker zum Vollzug der Schenkung Hilfspersonen bedienen. Problematisch sind auch insoweit insb. die Fälle, in denen der Schenker verstirbt, bevor der beauftragte **Stellvertreter** (→ Rn. 1378) oder **Bote** (→ Rn. 1379 ff.) die von ihm vorzunehmenden Handlungen ausgeführt hat.

a) Vollzug im Falle der Einschaltung eines Stellvertreters

1378 Die bloße **Erteilung einer Vollmacht** stellt jedenfalls noch **keinen Vollzug** i.S.d. § 2301 Abs. 2 dar, selbst wenn sie unwiderruflich ist.[29] Ein Vollzug kann folglich erst dadurch erfolgen, dass der Bevollmächtigte die für einen Vollzug erforderlichen Willenserklärungen abgibt. Geschieht dies noch zu Lebzeiten des Erblassers, so liegt

27 Vgl. OLG Düsseldorf v. 16.8.1996 – 7 U 209/95, NJW-RR 1997, 199, 200; Staudinger/*Kanzleiter*, 2014, § 2301 Rn. 23; *Lange*, ErbR, 2. Aufl. 2017, § 18 Rn. 203; MüKoBGB/*Musielak*, 7. Aufl. 2017, § 2301 Rn. 23 m.w.N.

28 Vgl. *Lange*, ErbR, 2. Aufl. 2017, § 18 Rn. 203; MüKoBGB/*Musielak*, 7. Aufl. 2017, § 2301 Rn. 23.

29 Vgl. BGH v. 23.2.1983 – IVa ZR 186/81, NJW 1983, 1487; *Lange*, ErbR, 2. Aufl. 2017, § 18 Rn. 203; MüKoBGB/*Musielak*, 7. Aufl. 2017, § 2301 Rn. 23; abw. jedoch offenbar *Schlüter/Röthel*, ErbR, 17. Aufl. 2015, § 25 Rn. 17.

Vollzug i.S.d. § 2301 Abs. 2 vor. Problematisch sind die Fälle, in denen die Abgabe erst nach dem Tod des Erblassers geschieht. Da Auftrag und Vollmacht im Zweifel nicht durch den Tod des Erblassers erlöschen (§§ 672 S. 1, 168 S. 1), könnte der Bevollmächtigte die erforderlichen Willenserklärungen zwar grundsätzlich auch noch nach dem Tod des Erblassers abgeben (jedenfalls sofern die Erben nicht widerrufen, vgl. § 671 Abs. 1). § 2301 Abs. 2 verlangt jedoch einen Vollzug zu Lebzeiten des Erblassers; wenn der **Vertreter die erforderlichen Willenserklärungen erst nach dem Tod des Erblassers abgibt, genügt** dies also **nicht**.[30] Die abweichende Ansicht, die unter Hinweis auf die Wertungen der §§ 130 Abs. 2, 153 auch in solchen Konstellationen einen Vollzug bejahen will[31], vermag nicht zu überzeugen. Die Situation ist hier nämlich eine andere, denn in den Fällen der §§ 130 Abs. 2, 153 ist die maßgebliche Willenserklärung bereits *vor* dem Tod des Schenkers abgegeben worden, in den hier fraglichen Konstellationen gibt der Stellvertreter die maßgebliche Willenserklärung hingegen erst *nach* dem Tod des Schenkers ab.

b) Vollzug im Falle der Einschaltung eines Boten

Klassisches Beispiel für die Problematik des Vollzugs im Falle der Einschaltung eines Boten ist der berühmte **„Bonifatius-Fall“** des Reichsgerichts:[32] **1379**

„Bonifatius-Fall“ (vereinfacht und leicht abgewandelt): Der schwer kranke Pfarrer P übergab am 11. August 1910 Wertpapiere an seinen Pfarrkurat D mit der Bitte, diese dem Bonifatius-Verein zu überbringen. Dabei erklärte P, dass er die Wertpapiere dem Bonifatius-Verein schenken wolle. Am 21. August 1910 verstarb P. Am 25. August 1910 übergab D die Wertpapiere an den Vereinsvorstand des Bonifatius-Vereins; dieser bedankte sich und sperrte die Wertpapiere in seinen Tresor. K, die Alleinerbin des P, verlangt vom Bonifatius-Verein die Herausgabe der Wertpapiere. Zu Recht?

Fraglich ist hier zunächst, ob hier überhaupt die für eine Schenkung von Todes wegen erforderliche **Überlebensbedingung** vorlag. Das RG bejaht dies; die Überlebensbedingung könne hier als selbstverständlich vorausgesetzt werden, da P davon ausgehen konnte, dass der Verein als juristische Person ihn „überleben“ werde.[33] **1380**

Damit stellt sich die Frage, ob hier ein **Vollzug** i.S.d. § 2301 Abs. 2 vorlag. Das RG verneinte dies, weil im Zeitpunkt der Übergabe der erforderliche Übereignungswille des Eigentümers nicht mehr vorhanden gewesen sei (denn im Zeitpunkt der Übergabe am 25. August 1910 war nicht mehr P, sondern seine Alleinerbin K Eigentümerin).[34] Diese Auffassung wird heute indes nicht mehr vertreten. Nach heute ganz h.M. wird zum einen vermutet, dass der einmal erklärte Übereignungswille fortbesteht.[35] Zum anderen reicht nach heute ganz h.M. die bloße Aufgabe des Übereignungswillens beim Veräußerer nicht aus, sondern dem anderen Teil muss ein Wi- **1381**

---

30 Vgl. BGH v. 12.11.1986 – IVa ZR 77/85, NJW 1987, 840; BGH v. 29.11.1994 – XI ZR 175/93, NJW 1995, 953; *Lange*, ErbR, 2. Aufl. 2017, § 18 Rn. 199.

31 *Brox/Walker*, ErbR, 28. Aufl. 2018, § 43 Rn. 12.

32 Vgl. RG v. 28.10.1913 – VII 271/13, RGZ 83, 223. Dazu *Martinek/Röhrborn* JuS 1994, 473 ff., 564 ff.; *Otte* JURA 1993, 643 ff.

33 Vgl. RG v. 28.10.1913 – VII 271/13, RGZ 83, 223, 226.

34 Vgl. RG v. 28.10.1913 – VII 271/13, RGZ 83, 223, 229 f.

35 Vgl. BGH v. 1.12.1976 – VIII ZR 127/75, WM 1977, 218, 219; BGH v. 14.11.1977 – VIII ZR 66/76, NJW 1978, 696, 967; Erman/*Bayer*, 15. Aufl. 2017, § 929 Rn. 4; MüKoBGB/*Oechsler*, 7. Aufl. 2017, § 929 Rn. 42.

derruf zugehen und es muss im Übergabezeitpunkt auch erkennbar sein, dass eine Einigkeit über den Eigentumsübergang nicht (mehr) besteht.[36]

1382 Vor diesem Hintergrund **bejaht** die heute wohl h.M. unter Verweis auf die Wertungen der §§ 130 Abs. 2, 153 auch in solchen Fällen, in denen ein **Bote die Willenserklärung des Erblassers *zufällig* erst nach dessen Tod überbringt**, einen **Vollzug.**[37]

Das Übereignungsangebot des P wurde gem. § 130 Abs. 2 nicht durch den zufälligen Tod des P unwirksam. Gem. § 153 ist die Annahme durch den Bonifatius-Verein auch noch nach dem Tod des P möglich. Eine konkludente Annahmeerklärung des Bonifatius-Vereins, vertreten durch seinen Vorstand (§§ 164 Abs. 1, 26 Abs. 1 S. 2, Abs. 2 S. 1), liegt darin, dass er sich bedankt und die Wertpapiere in den Tresor legt. Der Zugang der Annahmeerklärung ist gem. § 151 entbehrlich. Eine dingliche Einigung liegt somit vor. Die erforderliche Übergabe ist ebenfalls gegeben. Der Bonifatius-Verein ist somit Eigentümer der Wertpapiere geworden. Damit ist aufgrund der Wertungen der §§ 130 Abs. 2, 153 auch ein Vollzug i.S.d. § 2301 Abs. 2 zu bejahen.

1383 **Lösung Ausgangsfall 64 (→ Rn. 1363):** E könnte gegen N einen Anspruch aus §§ 1922 Abs. 1, 985 haben. Dies setzt zunächst voraus, dass E Eigentümer des Gemäldes ist. Ursprünglich war G Eigentümer des in seinem Wohnzimmer hängenden (und sich damit in seinem Eigenbesitz befindlichen, §§ 854, 872) Gemäldes, § 1006 Abs. 1 S. 1. Allerdings könnte N gem. § 929 S. 1 von G das Eigentum an dem Gemälde erworben haben. G hat zu Lebzeiten ein Angebot auf Übereignung des Gemäldes abgegeben. Dieses Angebot ist gem. § 130 Abs. 2 mit seinem Tod nicht erloschen. Es wurde von N spätestens in dem Moment konkludent angenommen, als sie das Bild an sich nahm (die Annahme war wegen § 148 auch noch rechtzeitig). Die Annahme war zudem gem. § 153 auch noch nach dem Tod des G möglich; der Zugang der Annahmeerklärung war gem. § 151 entbehrlich. Eine wirksame Einigung liegt somit vor. Eine Übergabe ist ebenfalls zu bejahen, da G damit einverstanden war, dass N das Gemälde nach seinem Tod an sich nimmt und damit Besitz hieran begründet. N hat folglich Eigentum an dem Gemälde erworben.

E könnte jedoch gegen N einen Anspruch auf Herausgabe von Eigentum und Besitz an dem Bild gem. § 812 Abs. 1 S. 1 Alt. 1 haben. N hat Eigentum und Besitz an dem Gemälde, also eine vermögenswerte Rechtsposition erlangt. Dies geschah auch durch eine Leistung des G. Fraglich ist jedoch, ob ein Rechtsgrund bestand. Ein solcher könnte hier in dem Schenkungsvertrag bestehen. N und G haben sich über die Schenkung des Gemäldes durch G an N geeinigt (§§ 130 Abs. 2, 151, 153, s.o.).

Hier könnte jedoch eine Schenkung von Todes wegen vorliegen. Problematisch ist insofern, ob eine Überlebensbedingung vorlag. Eine solche kann auch konkludent gesetzt werden. Der Erwerb sollte erst nach dem Tod des G erfolgen. Für G war wichtig, dass gerade N das Gemälde erhalten sollte, weil sie als Kunststudentin die einzige aus der Familie war, die es seiner Ansicht nach zu würdigen wusste. Es kann deshalb nicht davon ausgegangen werden, dass das Gemälde im Falle des Vorversterbens der N deren Erben zufallen sollte. Folglich liegt eine Überlebensbedingung und damit eine Schenkung von Todes wegen i.S.d. § 2301 vor.

---

36 Vgl. BGH v. 14.11.1977 – VIII ZR 66/76, NJW 1978, 696, 967; BGH v. 25.10.1978 – VIII ZR 206/77, NJW 1979, 213, 214; Erman/*Bayer*, 15. Aufl. 2017, § 929 Rn. 4; MüKoBGB/*Oechsler*, 7. Aufl. 2017, § 929 Rn. 42.

37 Vgl. *Brox/Walker*, ErbR, 28. Aufl. 2018, § 43 Rn. 12; *Lange*, ErbR, 2. Aufl. 2017, § 18 Rn. 203; MüKoBGB/*Musielak*, 7. Aufl. 2017, § 2301 Rn. 24 m.w.N.

Diese wahrt allerdings nicht die erbrechtlichen Formen. Es könnte jedoch ein Vollzug i.S.d. § 2301 Abs. 2 erfolgt sein, mit der Folge, dass die §§ 516 ff. Anwendung finden. Dies setzt nach zutr. h.M. voraus, dass der Schenker zu Lebzeiten alles aus seiner Sicht Erforderliche getan hat, um die Schenkung zu vollziehen (→ Rn. 1373). Hier trat der Rechtserwerb nach dem Tod des G aber nicht von selbst ein, sondern N musste das Bild erst an sich nehmen. Somit fehlt es an einem lebzeitigen Vollzug. Die Schenkung ist folglich mangels Wahrung der erbrechtlichen Formen gem. § 125 S. 1 formnichtig.

N hat Eigentum und Besitz an dem Gemälde somit ohne Rechtsgrund erworben. E hat daher gegen N einen Anspruch auf Übergabe und Übereignung des Gemäldes gem. §§ 812 Abs. 1 S. 1 Alt. 1, 818 Abs. 1.

§ 30 Vertrag zugunsten Dritter auf den Todesfall

Fall 65: Großmutter G geht zur B-Bank und legt dort einen größeren Geldbetrag auf einem Sparbuch an. Sie vereinbart mit der B-Bank, dass der Geldbetrag nach ihrem Tod ihrer Enkelin X zustehen soll. In das Sparbuch wird ein entsprechender Vermerk eingetragen. Zudem beauftragt G die B-Bank, die X nach dem Tod der G von der Geldzuwendung in Kenntnis zu setzen. Dies macht die B-Bank nach dem Tod der G. Daraufhin erscheint X bei der B-Bank und hebt den Betrag ab. Kurz darauf meldet sich die Alleinerbin A der G und meint, dass das Geld ihr zustehe. **Lösung: → Rn. 1396** 1384

Fall 66: Wie **Fall 65**, aber noch bevor die B-Bank die X von der Geldzuwendung in Kenntnis setzen kann, meldet sich die Alleinerbin A bei der B-Bank und erklärt, dass sie nicht damit einverstanden ist, dass X den Geldbetrag auf dem Sparbuch erhält. Die B-Bank informiert die X daraufhin per E-Mail über die Zuwendung und den Widerspruch der A und erklärt, dass sie das Geld erst auszahlen werde, wenn sich X und A geeinigt haben.
Lösung: → Rn. 1397

Fall 67: E unterhielt ein Wertpapierdepot bei der B-Bank. 2016 schloss sie mit dieser eine schriftliche Vereinbarung, nach der mit dem Tod der E das Eigentum an den noch im Depot verwahrten Wertpapieren zunächst auf die B-Bank übergehen sollte. Allerdings sollte die Nichte N der E mit dem Tod der E das Recht erwerben, von der B-Bank die Übertragung der auf diese übergegangenen Wertpapiere zu fordern, wobei sie ein von der B-Bank zu übermittelndes Schenkungsangebot stillschweigend annehmen können sollte. E behielt sich jedoch das Recht vor, die Vereinbarung gegenüber der B-Bank einseitig durch schriftliche Erklärung aufheben zu können.

Mit privatschriftlichem, in amtliche Verwahrung gegebenen Testament vom 1.3.2017 setzte E ihre Tochter T und ihren Sohn S als Miterben zu je ½ ein. Zudem heißt es in dem Testament ausdrücklich, dass auch das gesamte bei der B-Bank angelegte Kapitalvermögen der E jeweils zur Hälfte T und S zustehen sollte. N wurde hingegen in dem Testament weder bedacht noch überhaupt erwähnt.

Am 1.5.2018 verstarb E. Am 1.10.2018 wurde das Testament eröffnet, N erlangte hiervon auch Kenntnis. Am 1.11.2018 informierte die B-Bank N über die Vereinbarung aus dem Jahr 2016 und übertrug ihr den Inhalt des Wertpapierdepots. T und S verlangen die Wertpapiere von N heraus. Zu Recht? **Lösung: → Rn. 1398**

Literatur: *Bochmann*, Das Sparbuch als Gegenstand von Rechtsgeschäften auf den Todesfall, JURA 2014, 729; *Bredemeyer*, Das Sparbuch im Erbfall, ZEV 2013, 483; *ders.*, Lebensversicherungen vor und nach dem Todesfall, ZEV 2010, 288; *Damrau*, Sparbücher – vererbt oder für den Todesfall anderweitig verschenkt, ZErb 2008, 221; *Finger*, Der Vertrag zu Gunsten Dritter auf den Todesfall, JuS 1969, 309; *Fuchs*, Bürgerrechtliche Grundlagen der Lebensversicherung, JuS 1989, 179; *Hinz*, Bankverträge zu Gunsten Dritter auf den Todesfall, JuS 1965, 299; *Hoffmann*, Der Vertrag zu Gunsten Dritter von Todes wegen, AcP 158 (1958) 178; *Horn*, Wirksamkeit von Schenkungen nach dem Erbfall, ZErb 2012, 38; *Krause*, Zuwendungen unter Lebenden auf den Todesfall als alternative Gestaltungsmöglichkeit der Vermögensnachfolge, NotBZ 2001, 87; *Muscheler*, Vertrag zu Gunsten Dritter auf den Todesfall und Erbenwiderruf, WM 1994, 921; *ders.*, Widerruf einer Zuwendung an einen Dritten durch testamentarische Verfügung, ZNotP 2018, 137; *Petersen*, Die Drittwirkung von Leistungspflichten, JURA 2013, 1230; *Vollkommer*, Erbrechtliche Gestaltung des Valutaverhältnisses beim Vertrag zu Gunsten Dritter auf den Todesfall? ZEV 2000, 10; *Wendt*, Pflichtteilsergänzung und widerrufliche Bezugsrechtsbestimmung in der Lebensversicherung oder Die maßgebliche „letzte Sekunde", ErbR 2011, 196; *Werkmüller*, Zuwendungen auf den Todesfall: Die Bank im Spannungsfeld kollidierender Interessen nach dem Tod ihres Kunden, ZEV 2001, 97.

I. Grundlagen und Bedeutung

1385 Ein Vertrag zugunsten Dritter (§ 328) kann so ausgestaltet werden, dass der Dritte das Recht auf die Leistung erst mit dem Tod des Versprechensempfängers erlangt (sog. **Vertrag zugunsten Dritter auf den Todesfall**). Nach der Vermutungsregel des § 331 Abs. 1 ist dies im Zweifel anzunehmen, wenn die Leistung an den Dritten erst nach dem Tod des Versprechensempfängers erfolgen soll.

1386 Wichtige **Anwendungsfälle** sind etwa Lebensversicherungen auf den Tod der Gefahrperson[1] (hier gelten allerdings die § 159 Abs. 2 und 3 VVG als *leges speciales* gegenüber § 331 Abs. 1[2]); Bausparverträge mit Drittbegünstigung auf den Todesfall[3]; Vereinbarungen mit einer Bank, dass ein bestimmtes Giro- oder Sparkontoguthaben[4] oder auch ein Wertpapierdepot[5] nach dem Tod einem Dritten zustehen soll; gesellschaftsrechtliche Eintrittsklauseln (→ Rn. 422 ff.).

II. Die Rechtsverhältnisse zwischen den Beteiligten

1. Überblick

1387 Wie bei allen Verträgen zugunsten Dritter sind also **drei Personen** beteiligt: Der **Versprechende** (= der Schuldner, z.B. das Versicherungsunternehmen), der **Versprechensempfänger** (= der Gläubiger, z.B. der Versicherungsnehmer) und der **Dritte** (= derjenige, der die geschuldete Leistung erhalten soll, z.B. der nach dem Tod des Versicherungsnehmers Bezugsberechtigte).

1 Vgl. OLG Hamm v. 16.11.2017 – I-6 U 58/17, NJW-RR 2018, 613.
2 Vgl. MüKoVVG/*Heiss*, 2. Aufl. 2017, § 159 VVG Rn. 1; BeckOGK/*Mäsch* § 331 Rn. 5.
3 Vgl. BGH v. 10.6.1965 – III ZR 71/63, NJW 1965, 1913.
4 Vgl. BGH v. 19.10.1983 – IVa ZR 71/82, NJW 1984, 480; OLG Saarbrücken v. 13.9.2012 – 8 U 581/10, ZEV 2013, 275.
5 Vgl. BGH v. 29.1.1964 – V ZR 209/61, NJW 1964, 1124; BGH v. 30.1.2018 – X ZR 119/15, ZEV 2018, 278; OLG Zweibrücken v. 7.10.1997 – 5 U 27/96, WM 1998, 1776.

Das Rechtsverhältnis zwischen dem Versprechenden und dem Versprechensempfänger nennt man **Deckungsverhältnis**, weil der Versprechende für die Leistung, die er an den Dritten erbringen soll, eine „Deckung" haben muss.[6] Das Rechtsverhältnis zwischen dem Versprechensempfänger und dem Dritten bezeichnet man als **Valutaverhältnis**; aus ihm ergibt sich, warum der Versprechensempfänger dem Dritten mit Hilfe des Deckungsverhältnisses etwas zuwendet.[7] Als **Zuwendungsverhältnis** bezeichnet man das Verhältnis zwischen dem Versprechenden und dem Dritten[8]; zwischen ihnen besteht jedoch kein Vertrag, sondern der Versprechende leistet aufgrund des Deckungsverhältnisses (= Vertrag zugunsten Dritter) an den Dritten.

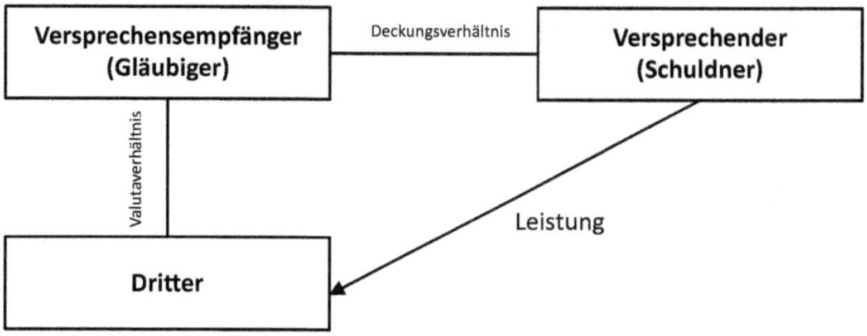

2. Deckungsverhältnis

a) Rechtsnatur; Form

1388 Die Zuwendung eines schuldrechtlichen Anspruchs im Deckungsverhältnis durch Vertrag zugunsten Dritter auf den Todesfall (§§ 328, 331) ist keine Verfügung von Todes wegen, sondern ein **schuldrechtliches Rechtsgeschäft unter Lebenden**.[9] Als solches ist es grundsätzlich **formfrei**; ein Formerfordernis kann sich aber aus den allgemeinen Vorschriften ergeben (z.B. § 311b Abs. 1).[10]

b) Rechtsstellung von Versprechendem und Drittem

1389 Ob der Dritte auch ein **eigenes Forderungsrecht** hat (es sich also um einen sog. echten Vertrag zugunsten Dritter handelt), ist bei einem Vertrag zugunsten Dritter gem. § 328 Abs. 2 grundsätzlich durch Auslegung (§§ 133, 157) zu ermitteln[11]. Ggf. kann auch die Auslegungsregel des § 330 greifen. Da § 331 aber ersichtlich von einem Forderungsrecht des Dritten ausgeht, wird bei einem Vertrag zugunsten Dritter auf den Todesfall im Zweifel ein eigenes Forderungsrecht des Dritten anzunehmen sein.[12]

---

6 Vgl. *Medicus/Lorenz*, Schuldrecht I AT, 21. Aufl. 2015, Rn. 852.
7 Vgl. *Medicus/Lorenz*, Schuldrecht I AT, 21. Aufl. 2015, Rn. 853.
8 Vgl. *Medicus/Lorenz*, Schuldrecht I AT, 21. Aufl. 2015, Rn. 854.
9 Vgl. nur BGH v. 10.4.2013 – IV ZR 38/12, NJW 2013, 2588 Rn. 7; BGH v. 30.1.2018 – X ZR 119/15, ZEV 2018, 278 Rn. 15; Staudinger/*Jagmann*, 2015, § 331 Rn. 11.
10 Vgl. *Brox/Walker*, ErbR, 28. Aufl. 2018, § 43 Rn. 23; MüKoBGB/*Gottwald*, 7. Aufl. 2016, § 331 Rn. 4; Staudinger/*Jagmann*, 2015, § 331 Rn. 11.
11 Vgl. BeckOGK/*Mäsch* § 328 Rn. 54 m.w.N.
12 Vgl. *Brox/Walker*, ErbR, 28. Aufl. 2017, § 43 Rn. 23.

1390 In jedem Fall gehören die Ansprüche aus dem Vertrag im Deckungsverhältnis **bis zum Tod des Versprechensempfängers** zu dessen Vermögen; der Dritte hat bis dahin **kein Recht**, sondern nur die Chance auf einen künftigen Rechtserwerb.[13] Der Versprechensempfänger kann daher frei über den Anspruch aus dem Vertrag verfügen.[14] Sofern der Dritte vor dem Versprechensempfänger verstirbt, steht das Recht auf die Leistung im Zweifel dem Versprechensempfänger zu oder fällt in den Nachlass, soweit kein Ersatzbegünstigter benannt ist.[15]

1391 Sofern dem Dritten (wie im Regelfall, → Rn. 1389) ein **eigenes Forderungsrecht** zustehen soll, entsteht dies gem. § 331 Abs. 1 im Zweifel erst **mit dem Tod des Versprechensempfängers.**[16] Der Dritte erwirbt den Anspruch dann unmittelbar („Vonselbsterwerb")[17] und unwiderruflich[18]. Ob er das ihm zugewandte Rechte auch endgültig behalten kann, hängt allerdings davon ab, ob im Valutaverhältnis ein Rechtsgrund besteht.

3. Valutaverhältnis

1392 **Umstritten** ist, welche Vorschriften auf das Valutaverhältnis Anwendung finden. Teile der Literatur wollen im Valutaverhältnis **§ 2301** anwenden, weil sonst die erbrechtlichen Vorschriften umgangen und die Nachlassgläubiger benachteiligt würden.[19] Andere qualifizieren die Begünstigtenerklärung als eine formlos gültige letztwillige Verfügung, die zu einer **Sondererbfolge** führt.[20] Nach einer dritten Auffassung ist das Valutaverhältnis als ein **Forderungsvermächtnis** i.S.v. § 2169 Abs. 3 Alt. 1 BGB anzusehen (sog. „Vermächtnislösung").[21]

1393 Der **BGH** vertritt indes in st. Rspr.[22] und im Einklang mit der **h.L.**[23] die Auffassung, dass **§ 2301** im Valutaverhältnis **keine Anwendung** findet, selbst wenn es sich um eine unentgeltliche Zuwendung handelt. Vielmehr ist **§ 331** insofern ***lex specialis***.[24] Aus dieser Vorschrift lässt sich der Wille des Gesetzgebers ableiten, solche Zuwendungen insgesamt nicht dem Erbrecht zu unterwerfen.[25] Dafür besteht letztlich auch

13 Vgl. RG v. 3.6.1902 – VII 127/02, RGZ 51, 403, 404; BGH v. 19.2.1982 – V ZR 234/81, NJW 1982, 1807, 1808; OLG Koblenz v. 18.3.2013 – 10 U 938/12, ErbR 2014, 282 Rn. 37; Staudinger/*Jagmann*, 2015, § 331 Rn. 6.

14 Vgl. Staudinger/*Jagmann*, 2015, § 331 Rn. 7; BeckOGK/*Mäsch* § 331 Rn. 10 m.w.N.

15 Vgl. BGH v. 12.5.1993 – IV ZR 227/92, NJW 1993, 2171.

16 Vgl. Staudinger/*Jagmann*, 2015, § 331 Rn. 5; BeckOGK/*Mäsch* § 331 Rn. 12.

17 Vgl. nur BGH v. 28.4.2010 – IV ZR 73/08, ZEV 2010, 305 Rn. 20 m.w.N.

18 Vgl. BGH v. 29.5.1984 – IX ZR 86/82, NJW 1984, 2156; BGH v. 28.4.2010 – IV ZR 73/08, NJW 2010, 3232 Rn. 33; Staudinger/*Jagmann*, 2015, § 331 Rn. 10.

19 Vgl. etwa *Brox/Walker*, ErbR, 28. Aufl. 2018, § 43 Rn. 27, 29; *Olzen* JURA 1987, 22.

20 Vgl. etwa *Finger* JuS 1969, 312 f.; *ders.* WM 1970, 374, 377 f.

21 Vgl. etwa *Wall* ZEV 2012, 3, 4 ff.

22 Vgl. BGH v. 29.1.1964 – V ZR 209/61, NJW 1964, 1124, 1125; BGH v. 26.11.1975 – IV ZR 138/74, NJW 1976, 749, 750; BGH v. 28.4.2010 – IV ZR 73/08, ZEV 2010, 305 Rn. 20; BGH v. 30.1.2018 – X ZR 119/15, ZEV 2018, 278 Rn. 15.

23 Vgl. *Leipold*, ErbR, 21. Aufl. 2016, Rn. 578; Staudinger/*Jagmann*, 2015, § 331 Rn. 17; BeckOGK/*Mäsch* § 331 Rn. 19; *Schlüter/Röthel*, ErbR, 17. Aufl. 2015, § 25 Rn. 23; Jauernig/*Stadler*, 17. Aufl. 2018, § 331 Rn. 3.

24 Vgl. BeckOGK/*Mäsch* § 331 Rn. 19; *Muscheler* WM 1994, 921, 922.

25 Vgl. BGH v. 26.11.1975 – IV ZR 138/74, NJW 1976, 749, 750; *Leipold*, ErbR, 21. Aufl. 2016, Rn. 578.

kein Bedürfnis, denn – wie § 331 klarstellt – erwirbt der Dritte mit dem Tod des Erblassers unmittelbar das Recht, d.h. die Forderung fällt zu keinem Zeitpunkt in den Nachlass.[26]

Bei einer unentgeltlichen Zuwendung im Valutaverhältnis gelten folglich die **§§ 516 ff.** Wenn das Schenkungsversprechen nicht der Form des § 518 Abs. 1 genügt, wird der Formmangel mit dem Tod des Versprechenden und dem damit erfolgenden Rechtserwerb des Dritten gem. § 518 Abs. 2 geheilt.[27] Es ist aber nicht zwingend erforderlich, dass das Schenkungsangebot dem Dritten im Zeitpunkt des Todes des Schenkers bereits zugegangen oder gar von diesem angenommen worden ist. Möglich ist auch, dass der Schenkende (= Versprechensempfänger) eine andere Person oder Institution (z.B. eine Bank oder Versicherung) damit beauftragt, das Schenkungsangebot nach seinem Tod als Bote an den Dritten zu übermitteln und der Dritte dieses Angebot dann gem. § 151 annimmt; dies ergibt sich aus § 130 Abs. 2 (Tod des Erklärenden hat keinen Einfluss auf die Wirksamkeit der Willenserklärung) und § 153 (Zustandekommen des Vertrags wird nicht dadurch gehindert, dass der Antragende vor der Annahme stirbt).[28] **1394**

Allerdings kommt der Schenkungsvertrag nur dann wirksam zustande, wenn nicht gem. § 130 Abs. 1 S. 2 vor oder gleichzeitig mit dem Zugang des Schenkungsangebots ein **Widerruf** erfolgt. Denkbar ist zum einen, dass der Erblasser selbst das Schenkungsangebot (sofern es überhaupt widerruflich ist) noch zu seinen Lebzeiten widerruft, ggf. auch durch ein Testament.[29] Mit dem Tod des Erblassers geht das Recht zum Widerruf auf die Erben über.[30] Faktisch bedeutet dies, dass es zu einem „Wettlauf" zwischen Erben und Dritten kommt[31]: Erklärt der Dritte zuerst die Annahme, so kann er die Zuwendung endgültig behalten; schafft der Erbe es, dass vorher oder gleichzeitig ein Widerruf zugeht, so kann er die Zuwendung beim Dritten gem. § 812 Abs. 1 S. 1 Alt. 1 kondizieren. Wenn das Schenkungsangebot jedoch schon für den Versprechenden selbst unwiderruflich war (unwiderrufliches Bezugsrecht), so ist auch dem Erben der Widerruf versperrt.[32] **1395**

---

26 Vgl. BeckOGK/*Mäsch* § 331 Rn. 19; *Muscheler* WM 1994, 921, 922.

27 Vgl. BGH v. 30.1.2018 – X ZR 119/15, ZEV 2018, 278 Rn. 17; *Lange,* ErbR, 2. Aufl. 2017, § 18 Rn. 211.

28 Vgl. BGH v. 30.1.2018 – X ZR 119/15, ZEV 2018, 278 Rn. 17 m.w.N.

29 Sehr instruktiv: BGH v. 30.1.2018 – X ZR 119/15, ZEV 2018, 278 (dazu *Muscheler* ZNotP 2018, 137 f.; *Wellenhofer* JuS 2018, 809 ff.).

30 Vgl. BGH v. 30.10.1973 – IV ZR 172/73, NJW 1975, 382, 384; BeckOGK/*Mäsch* § 331 Rn. 22.

31 Vgl. *Horn* ErbR 2012, 38, 43; *Lange,* ErbR, 2. Aufl. 2017, § 18 Rn. 215.

32 Vgl. OLG Saarbrücken v. 13.9.2012 – 8 U 581/10, NJW-RR 2013, 74, 76; *Horn* ErbR 2012, 38, 43; *Lange,* ErbR, 2. Aufl. 2017, § 18 Rn. 215.

Lösung der Ausgangsfälle

1396 **Fall 65 (→ Rn. 1384):** G hat mit der B-Bank einen Darlehensvertrag[33] zugunsten Dritter auf den Todesfall (§§ 488, 328, 331) geschlossen. Es handelt sich um ein schuldrechtliches Rechtsgeschäft unter Lebenden; die Vorschriften über Verfügungen von Todes wegen sind nicht anwendbar (→ Rn. 1388). X wurde folglich mit dem Tod der G Inhaberin der Forderung.

A könnte aber gegen X einen Anspruch aus § 812 Abs. 1 S. 1 Alt. 1 BGB haben. X hat durch Leistung der G die Forderung aus dem Darlehensvertrag erlangt. Dies müsste jedoch ohne Rechtsgrund geschehen sein. Ein Rechtsgrund könnte hier in Form eines Schenkungsvertrags bestehen. Indem G gegenüber der B-Bank erklärte, dass das Sparbuch nach ihrem Tod der X zustehen soll und die B-Bank zugleich beauftragte, die X nach ihrem Tod hiervon in Kenntnis zu setzen, hat sie ein Angebot auf Abschluss eines Schenkungsvertrags abgegeben. Nach BGH und h.L. findet § 2301 im Valutaverhältnis keine Anwendung (→ Rn. 1393); es gelten folglich allein die §§ 516 ff. X hat das von der B-Bank als Botin übermittelte Schenkungsangebot jedenfalls spätestens damit konkludent angenommen, dass sie den Betrag abhob; der Zugang der Annahmeerklärung war gem. § 151 entbehrlich. Gem. §§ 130 Abs. 2, 153 war die Annahme zudem auch ungeachtet des Todes der G möglich. Das Schenkungsversprechen war zwar zunächst gem. §§ 518 Abs. 1, 125 S. 1 formnichtig; dieser Formmangel wurde jedoch mit dem Tod der G und dem damit erfolgenden Rechtserwerb der X gem. § 518 Abs. 2 geheilt. Es liegt somit ein formwirksamer Schenkungsvertrag als Rechtsgrund vor. A hat folglich keinen Anspruch gegen X gem. § 812 Abs. 1 S. 1 Alt. 1.

1397 **Fall 66 (→ Rn. 1384):** Die Alleinerbin A hat das Schenkungsangebot wirksam widerrufen, da der Widerruf gleichzeitig mit dem Schenkungsangebot zuging (vgl. § 130 Abs. 1 S. 2). Damit fehlt es an einem Schenkungsvertrag als Rechtsgrund.

1398 **Fall 67[34] (→ Rn. 1384):** T und S könnten gegen N einen Anspruch auf Herausgabe der Wertpapiere gem. §§ 812 Abs. 1 S. 1, 818 Abs. 1 haben.

Dies setzt zunächst voraus, dass N etwas erlangt hat. E hat mit der B-Bank einen Vertrag zugunsten Dritter auf den Todesfall (§§ 328, 331) geschlossen. Es handelt sich um ein schuldrechtliches Rechtsgeschäft unter Lebenden; die Vorschriften über Verfügungen von Todes wegen sind nicht anwendbar (→ Rn. 1388). N hat folglich mit dem Tod der E einen Anspruch gegen die B-Bank auf Übertragung der mit dem Tod der E zunächst in das Eigentum der B-Bank übergegangenen Wertpapiere in dem in der Vereinbarung bezeichneten Depot erhalten. Dies geschah auch durch Leistung der E.

Fraglich ist jedoch, ob hierfür ein Rechtsgrund bestand. Ein solcher könnte hier in einem wirksamen Schenkungsvertrag zwischen E und N bestehen. In der Vereinbarung aus dem Jahr 2016 lag ein Schenkungsangebot der E an N, welches die B-Bank der N am 1.11.2018 übermittelte und welches diese auch konkludent annahm; der Zugang der Annahmeerklärung war gem. § 151 entbehrlich. Gem. §§ 130 Abs. 2, 153 war die Annahme zudem auch ungeachtet des Todes der E möglich. Das Schenkungsversprechen war zwar zunächst gem. §§ 518 Abs. 1, 125 S. 1 formnichtig; dieser Formmangel wurde jedoch mit dem Tod der E und dem damit erfolgenden Rechtserwerb der N gem. § 518 Abs. 2 geheilt.

---

33 Nach h.M. handelt es sich bei einem Sparvertrag um einen Darlehensvertrag, vgl. MüKoBGB/*Habersack*, 7. Aufl. 2017, § 808 Rn. 22; BeckOK/*Gehrlein* § 808 Rn. 4. Es handelt sich nicht um einen Zahlungsdiensterahmenvertrag i.S.d. § 675f Abs. 2, vgl. BGH v. 20.3.2018 – XI ZR 30/16, NJW 2018, 2632 Rn. 30.

34 Vereinfacht nach BGH v. 30.1.2018 – X ZR 119/15, ZEV 2018, 278 (dazu *Muscheler* ZNotP 2018, 137 f.; *Wellenhofer* JuS 2018, 809 ff.).

Allerdings könnte das Schenkungsangebot zu diesem Zeitpunkt bereits wirksam widerrufen worden sein. Dies setzt voraus, dass der N vorher oder gleichzeitig ein Widerruf zuging (§ 130 Abs. 1 S. 2). Ein solcher Widerruf könnte hier durch das Testament v. 1.3.2017 erfolgt sein. Ein Schenkungsangebot kann grundsätzlich auch durch Testament widerrufen werden. Da in dem Testament ausdrücklich vorgesehen war, dass insb. auch das gesamte bei der B-Bank angelegte Kapitalvermögen der E jeweils zur Hälfte T und S zustehen sollte, N im Testament hingegen überhaupt nicht erwähnt wurde, enthält das Testament einen konkludenten Widerruf des Schenkungsangebots.

Fraglich ist jedoch, ob dieser Widerruf der N auch vor oder spätestens gleichzeitig mit der Übermittlung des Schenkungsangebots zuging. N erlangte durch die Testamentseröffnung Kenntnis von dem Widerruf. Für das Wirksamwerden einer empfangsbedürftigen Willenserklärung ist – außer dem Zugang beim Erklärungsempfänger – erforderlich, aber auch ausreichend, dass die Erklärung mit dem Willen des Erklärenden in den Verkehr gelangt ist und der Erklärende damit rechnen konnte, dass sie (sei es auch auf Umwegen) den richtigen Empfänger erreichen werde. E hatte das Testament in amtliche Verwahrung gegeben (§ 2248) und damit eine Verwahrungsart gewählt, die das Auffinden der Verfügung von Todes wegen und die Unterrichtung der Betroffenen hierüber sicherstellte. Eine in einem derartigen Testament abgegebene Erklärung gilt als gegenüber jedem abgegeben, den es angeht; Adressaten sind damit nicht nur die im Testament ausdrücklich erwähnten Personen, sondern auch solche, die aufgrund ihrer Beziehung zum Erblasser als zum Kreis der möglicherweise Betroffenen gehören, selbst wenn sie im Testament nicht bedacht wurden.

Das Schenkungsangebot wurde folglich wirksam widerrufen. Somit ist kein wirksamer Schenkungsvertrag zustande gekommen und es liegt kein Rechtsgrund vor.

T und S haben folglich gegen N einen Anspruch aus § 812 Abs. 1 S. 1 Alt. 1. Die Wertpapiere sind Surrogat i.S.d. § 818 Abs. 1 der von N erlangten Forderung gegen die B-Bank auf Übertragung der Wertpapiere. T und S können folglich von N gem. §§ 812 Abs. 1 S. 1 Alt. 1, 818 Abs. 1 die Herausgabe der Wertpapiere verlangen.

Teil XI

Unternehmensnachfolge

§ 31 Die Erbfolge in ein einzelkaufmännisches Unternehmen

1399 **Fall 68:** Einzelkaufmann K verstirbt am 1.10.2018. Alleinerbin ist seine einzige Tochter T. Diese führt das Handelsgeschäft des K zunächst noch vier Wochen weiter, veräußert es dann aber am 1.11.2018 an einen Investor. Am 15.11.2018 wird auf Antrag der T ein Nachlassinsolvenzverfahren eröffnet. Am 15.2.2019 wendet sich Gläubiger G, der K im September 2018 Waren verkauft hatte und weiß, dass er im Nachlassinsolvenzverfahren wohl nur eine geringe Quote bekommen wird, an T und verlangt von ihr persönlich Bezahlung des Kaufpreises i.H.v. 10.000 Euro. Muss T an G zahlen? **Lösung: → Rn. 1409**

Literatur: *Bredemeyer,* Das kaufmännische Einzelunternehmen im Nachlass, ZErb 2013, 283; *Fußbahn/Abele*, Erbrechtsreform und Unternehmensnachfolge, BB 2010, 481; *Johannsen*, Die Nachfolge in kaufmännische Unternehmen und Beteiligungen an Personengesellschaften beim Tod ihres Inhabers, FamRZ 1980, 1074; *Keller*, Fortführung eines in ungeteilter Erbengemeinschaft betriebenen Handelsgeschäfts durch Erbteilserwerber, ZEV 1999, 174; *Kuchinke*, Die Firma in der Erbfolge, ZIP 1987, 681; *Progl,* Die Haftungsbegrenzungsmöglichkeiten des Unternehmenserben - im Falle der Fortführung des ererbten einzelkaufmännischen Betriebes, ZErb 2006, 181; *Schaub*, Die Rechtsnachfolge von Todes wegen im Handelsregister bei Einzelunternehmen und Personengesellschaften, ZEV 1994, 71; *K. Schmidt,* Die Erbengemeinschaft nach einem Einzelkaufmann. Verfassung, Haftung, Umwandlung und Minderjährigenschutz, NJW 1985, 2785; *Spiegelberger*, Nachfolge von Todes wegen bei Einzelunternehmen und Gesellschaftsanteilen, DStR 1992, 584 und 618.

I. Vererblichkeit

1400 Ein einzelkaufmännisches Unternehmen ist **vererblich**; dies wird von §§ 22 Abs. 1, 27 Abs. 1 HGB vorausgesetzt.[1]

II. Sonderproblematik im Falle einer Erbengemeinschaft

1401 Umstritten ist jedoch, ob eine Erbengemeinschaft dauerhaft Trägerin eines zum Nachlass gehörenden einzelkaufmännischen Unternehmens sein kann. Vor allem im älteren Schrifttum wurde teilweise die Auffassung vertreten, dass die Erbengemeinschaft nur während der in § 27 Abs. 2 HGB vorgesehenen Dreimonatsfrist (→ Rn. 1407) Trägerin eines Handelsgeschäfts sein könne; wenn das Handelsgeschäft darüber hinaus fortgeführt werde, stelle dies eine konkludente oHG-Gründung

1 Vgl. BGH v. 22.1.1951 – IV ZR 172/50, NJW 1951, 229, 230; *Brox/Walker,* ErbR, 28. Aufl. 2018, § 44 Rn. 1; Staudinger/*Kunz,* 2017, § 1922 Rn. 270; *Lange,* ErbR, 2. Aufl. 2017, § 101 Rn. 5.

durch die Miterben dar[2] bzw. es komme zu einer automatischen Umwandlung in eine oHG[3]. Nach st. Rspr.[4] und h.L.[5] kann ein zum Nachlass gehörendes **Handelsgeschäft** jedoch **ohne zeitliche Begrenzung in ungeteilter Erbengemeinschaft fortgeführt** werden, ohne dass dadurch „zwangsweise" eine oHG oder KG entsteht.

Aus § 27 Abs. 2 HGB lässt sich nicht entnehmen, dass das Handelsgeschäft nach Ablauf der dort vorgesehenen Dreimonatsfrist entweder abgewickelt oder in Form einer Handelsgesellschaft fortgeführt werden muss.[6] Zudem besteht ein klares praktisches Bedürfnis dafür, dass die Miterben das Handelsgeschäft in ungeteilter Erbengemeinschaft fortführen können; so kann es z.B. wirtschaftlich sinnvoll sein, einen günstigen Zeitpunkt für eine geplante Veräußerung abzuwarten oder Vorerben können ein legitimes Interesse daran haben, das Handelsgeschäft bis zum Eintritt des Nacherbfalls im ungeteilten Nachlass zu erhalten.[7] Ein Zwang zur Bildung einer oHG und der damit verbundenen (teilweisen) Auseinandersetzung der Erbengemeinschaft wäre daher eine unverhältnismäßige Belastung der Miterben.[8] Die Zulässigkeit einer zeitlich unbeschränkten Fortführung in ungeteilter Erbengemeinschaft steht im Übrigen auch nicht in untragbarem Widerspruch zu den Interessen des Handelsverkehrs.[9]

III. Haftung

1. Erbrechtliche Haftung

Der Erbe haftet gem. **§ 1967** nicht nur mit dem Nachlass, sondern auch mit seinem **1402**
Privatvermögen für die in dem einzelkaufmännischen Handelsgeschäft begründeten Verbindlichkeiten; mehrere Erben haften gem. **§§ 2058 ff.** als Gesamtschuldner. Diese erbrechtliche Haftung kann jedoch ggf. gem. §§ 1975 ff. beschränkt werden (→ Rn. 1138 ff.).

2. Handelsrechtliche Haftung

Daneben tritt die handelsrechtliche Haftung gem. **§ 27 HGB**. Sie greift auch dann, **1403**
wenn der oder die Erbe(n) nach Erbrecht nur noch beschränkt haftet bzw. haften, bedeutet also eine **Verschärfung der allgemeinen Erbenhaftung.**[10] § 27 Abs. 1 HGB ist nach zutr. h.M. eine **Rechtsgrundverweisung auf § 25 Abs. 1 HGB.**[11]

2 Vgl. *Legers* JW 1926, 552; *Fischer* ZHR 144 (1980) 1, 14 ff.

3 Vgl. *Armbruster,* Die Erbengemeinschaft als Rechtsform zum Betriebe eines vollkaufmännischen Handelsgeschäfts, 1965, S. 102 ff.; *Lion* JW 1925, 2105; *ders.* LZ 1925, 841, 846.

4 Vgl. BGH v. 17.1.1951 – II ZR 16/50, BGHZ 1, 65 Rn. 16; BGH v. 8.10.1984 – II ZR 223/83, NJW 1985, 136; KG v. 29.9.1998 – 1 W 4007/97, NJW-RR 1999, 880, 881.

5 Vgl. Erman/*Bayer,* 15. Aufl. 2017, § 2032 Rn. 4; Baumbach/Hopt/*Hopt,* 38. Aufl. 2018, § 1 HGB Rn. 37; *Lange,* ErbR, 2. Aufl. 2017, § 101 Rn. 7 f.; *K. Schmidt* NJW 1985, 2785, 2787; Oetker/*Vossler,* HGB, 5. Aufl. 2017, § 27 HGB Rn. 32.

6 Vgl. BGH v. 8.10.1984 – II ZR 223/83, NJW 1985, 136, 137.

7 Vgl. BGH v. 8.10.1984 – II ZR 223/83, NJW 1985, 136, 137.

8 Vgl. BGH v. 8.10.1984 – II ZR 223/83, NJW 1985, 136, 137.

9 Vgl. BGH v. 8.10.1984 – II ZR 223/83, NJW 1985, 136, 137.

10 Vgl. *Bayer/Lieder,* ExRepHGesR, 2015, Rn. 163; vgl. etwa auch Oetker/*Vossler,* HGB, 5. Aufl. 2017, § 27 HGB Rn. 4.

11 Vgl. *Bayer/Lieder,* ExRepHGesR, 2015, Rn. 167; MüKoHGB/*Thiessen,* 4. Aufl. 2016, § 27 HGB Rn. 24; Oetker/*Vossler,* HGB, 5. Aufl. 2017, § 27 HGB Rn. 5; a.A. *K. Schmidt,* Handelsrecht, 6. Aufl. 2014, § 8 Rn. 131, 137.

a) Voraussetzungen der Haftung

1404 Voraussetzung für die Haftung ist erstens der **Erwerb eines Handelsgeschäfts von Todes wegen**. Ob es sich um eine gesetzliche oder gewillkürte Erbfolge handelt, ist irrelevant.[12] Erben i.S.d. § 27 HGB sind auch Vor- und Nacherbe.[13] Für den Scheinerben gilt § 27 HGB analog.[14]

1405 Zweitens muss eine tatsächliche **Fortführung des Handelsgeschäfts** durch den oder die Erben erfolgt sein; insoweit gilt dasselbe wie im Rahmen des § 25 Abs. 1 HGB.[15] Wenn im Falle einer Erbengemeinschaft nur ein Miterbe das Handelsgeschäft fortführt, haften die anderen nur dann gem. § 27 Abs. 1 HGB, wenn sie der Fortführung des Handelsgeschäfts ausdrücklich oder konkludent zugestimmt haben.[16]

1406 Drittens ist aufgrund des Charakters des § 27 Abs. 1 HGB als Rechtsgrundverweisung auf § 25 Abs. 1 HGB (→ Rn. 1404) auch eine **Fortführung der Firma** erforderlich; insoweit gilt dasselbe wie im Rahmen des § 25 Abs. 1 HGB.

b) Ausschluss der Haftung

1407 Der Erbe kann dieser Haftung natürlich zunächst dadurch entgehen, dass er die Erbschaft **ausschlägt**.[17] Ausgeschlossen wird die Haftung gem. § 27 Abs. 2 S. 1 HGB zudem, wenn die **Fortführung des Geschäfts** vor Ablauf von **drei Monaten** nach Kenntniserlangung vom Anfall der Erbschaft **eingestellt** wird. Nach inzwischen h.M. fällt auch eine Veräußerung unter § 27 Abs. 2 S. 1 HGB.[18] Denn dann tritt der Erbe gerade nicht mehr nach außen hin als Inhaber des Handelsgeschäfts in Erscheinung[19]; zudem fällt der Veräußerungserlös in den Nachlass[20]. Nach zutr. h.L. kann der Erbe seine Haftung ferner gem. § 27 Abs. 1 i.V.m. § 25 Abs. 2 HGB dadurch beschränken, dass er eine **einseitige Haftungsausschlusserklärung** eintragen und bekannt machen lässt bzw. den Gläubigern mitteilt.[21] Dies ergibt sich schon daraus, dass § 27 Abs. 1

---

12 Vgl. *Bayer/Lieder,* ExRepHGesR, 2015, Rn. 167.

13 Vgl. BGH v. 10.2.1960 – V ZR 39/58, NJW 1960, 959; *Bayer/Lieder,* ExRepHGesR, 2015, Rn. 167; MüKoHGB/*Thiessen,* 4. Aufl. 2016, § 27 HGB Rn. 13.

14 Vgl. *Bayer/Lieder,* ExRepHGesR, 2015, Rn. 167; MüKoHGB/*Thiessen,* 4. Aufl. 2016, § 27 HGB Rn. 14.

15 Vgl. MüKoHGB/*Thiessen,* 4. Aufl. 2016, § 27 HGB Rn. 15 m.w.N.

16 Vgl. BGH v. 24.9.1959 – II ZR 46/59, NJW 1959, 2114; BGH v. 10.2.1960 – V ZR 39/58, NJW 1960, 959, 962; BGH v. 10.7.1961 – II ZR 222/59, BB 1961, 1027; Oetker/*Vossler,* HGB, 5. Aufl. 2017, § 27 HGB Rn. 33 m.w.N.

17 Vgl. *Bayer/Lieder,* ExRepHGesR, 2015, Rn. 170; MüKoHGB/*Thiessen,* 4. Aufl. 2016, § 27 HGB Rn. 12 m.w.N.

18 Vgl. *Bayer/Lieder,* ExRepHGesR, 2015, Rn. 170; Baumbach/Hopt/*Hopt,* HGB, 38. Aufl. 2018, § 27 Rn. 5; EBJS/*Reuschle,* 3. Aufl. 2014, § 27 HGB Rn. 30; *K. Schmidt* NJW 1985, 2785, 2790; MüKoHGB/*Thiessen,* 4. Aufl. 2016, § 27 HGB Rn. 50; Oetker/*Vossler,* HGB, 5. Aufl. 2017, § 27 HGB Rn. 21; a.A. RG v. 2.12.1903 – I 293/03, RGZ 56, 196, 199; Henssler/Strohn/*Wamser,* GesR, 4. Aufl. 2019, § 27 HGB Rn. 5.

19 Vgl. Oetker/*Vossler,* HGB, 5. Aufl. 2017, § 27 HGB Rn. 21.

20 Vgl. EBJS/*Reuschle,* 3. Aufl. 2014, § 27 HGB Rn. 30; Oetker/*Vossler,* HGB, 5. Aufl. 2017, § 27 HGB Rn. 21.

21 Vgl. *Bayer/Lieder,* ExRepHGesR, 2015, Rn. 172; Baumbach/Hopt/*Hopt,* HGB, 38. Aufl. 2018, § 27 Rn. 8; MüKoHGB/*Thiessen,* 4. Aufl. 2016, § 27 HGB Rn. 46; Oetker/*Vossler,* HGB, 5. Aufl. 2017, § 27 HGB Rn. 25; a.A. *K. Schmidt,* Handelsrecht, 6. Aufl. 2014, § 8 Rn. 131, 146.

HGB auf den gesamten § 25 HGB verweist[22]; zudem wäre es paradox, den Erben strenger haften zu lassen als den lebzeitigen Erwerber[23].

c) Rechtsfolge

Rechtsfolge der §§ 27 Abs. 1, 25 Abs. 1 HGB ist, dass der **Erbe unbeschränkt persönlich** wie ein lebzeitiger Erwerber **für die Geschäftsverbindlichkeiten des Erblassers haftet**. Der wirkliche Erbe haftet auch für die Verbindlichkeiten aufgrund der Fortführung durch den vorläufigen Erben[24], der Nacherbe für solche des Vorerben[25], der wirkliche Erbe für solche des Scheinerben[26]. 1408

Lösung Ausgangsfall 68 (→ Rn. 1399): Eine erbrechtliche Haftung der T für die Kaufpreisverbindlichkeit gem. §§ 1922 Abs. 1, 1967 Abs. 1 scheidet aufgrund der Eröffnung des Nachlassinsolvenzverfahrens gem. § 1975 aus. 1409

T könnte jedoch gem. §§ 27 Abs. 1, 25 Abs. 1 HGB handelsrechtlich für die Kaufpreisverbindlichkeit haften. Diese hat das Handelsgeschäft des K zwar zunächst noch weitergeführt. Ihre Haftung ist jedoch gem. § 27 Abs. 2 S. 1 HGB ausgeschlossen, weil sie das Handelsgeschäft innerhalb der Dreimonatsfrist veräußert hat; richtiger Ansicht nach fällt auch eine Veräußerung unter § 27 Abs. 2 S. 1 HGB (→ Rn. 1407).

§ 32 Die Erbfolge in Personengesellschaftsanteile

Fall 69: Im Gesellschaftsvertrag der G-GbR ist Folgendes bestimmt: „Im Falle des Todes des Gesellschafters A wird die Gesellschaft nicht aufgelöst, sondern mit dessen Tochter T fortgesetzt." Der verwitwete A verstirbt ohne Testament und hinterlässt neben seiner Tochter T noch einen Sohn S. S meint, dass er doch nicht so einfach ausgeschlossen werden könne. Wie ist die Rechtslage? **Lösung: → Rn. 1447** 1410

Fall 70: Gesellschafter der O-oHG sind die Eheleute V und M sowie der X. Im Gesellschaftsvertrag der O-oHG ist Folgendes bestimmt: „Im Falle des Todes des Gesellschafters V wird die Gesellschaft nicht aufgelöst, sondern mit dessen Sohn S fortgesetzt." Als V am 1.10.2018 stirbt, ist der gemeinsame Sohn S von V und M jedoch erst 17 Jahre alt. M erklärt am 2.10.2018, dass sie mit der Umwandlung seines Anteils in einen Kommanditanteil einverstanden ist und verlangt im Namen des S von X, dass dieser ebenfalls zustimmt, was dieser auch tut. Am 15.1.2019 wird S 18 Jahre alt. Anlässlich seiner Geburtstagsfeier erklärt er gegenüber den hierüber hoch erfreuten M und X, dass er gerne weiterhin als Kommanditist in der O-oHG mitwirken möchte. Wie ist die Rechtslage? **Lösung: → Rn. 1448**

---

22 Vgl. *Bayer/Lieder,* ExRepHGesR, 2015, Rn. 172; Oetker/*Vossler,* HGB, 5. Aufl. 2017, § 27 HGB Rn. 25

23 Vgl. *Bayer/Lieder,* ExRepHGesR, 2015, Rn. 172.

24 Vgl. *Bayer/Lieder,* ExRepHGesR, 2015, Rn. 169; Oetker/*Vossler,* HGB, 5. Aufl. 2017, § 27 HGB Rn. 29.

25 Vgl. BGH v. 10.2.1960 – V ZR 39/58, NJW 1960, 959, 960; Baumbach/Hopt/*Hopt,* HGB, 38. Aufl. 2018, § 27 Rn. 4; Oetker/*Vossler,* HGB, 5. Aufl. 2017, § 27 HGB Rn. 29.

26 Vgl. *Bayer/Lieder,* ExRepHGesR, 2015, Rn. 169; MüKoHGB/*Thiessen,* 4. Aufl. 2016, § 27 HGB Rn. 14.

Literatur: *Bratke*, Gesellschaftsvertragliche Abfindungsklauseln und Pflichtteilsansprüche, ZEV 2000, 16; *Foerster*, Abfindungs- und Nachfolgeregelungen im Laufe der Zeit, ZGR 2014, 394; *Frey/v. Bredow*, Der Wegfall des einzigen Komplementärs nach der HGB-Reform, ZIP 1998, 1621; *Hermanns*, Harmonisierung von Gesellschaftsvertrag und letztwilliger Verfügung, ErbR 2008, 69; *Heydn*, Die erbrechtliche Nachfolge in Anteile an Partnergesellschaften, ZEV 1998, 161; *Keller*, Erbteilsveräußerung beim Tod eines Personengesellschafters, MittBayNot 2007; *Kohl*, Ausschluss und Beschränkung von Abfindungsansprüchen nach dem Tod eines Personengesellschafters gegen Pflichtteilsrecht und Zugewinnausgleich, MDR 1995, 865; *Lange*, Pflichtteil als Gestaltungsgrenze bei der Nachfolge in Personengesellschaften, ZErb 2014, 97 und 121; *Luttermann*, Die Erbenhaftung bei Kommanditanteilen, ZErb 2008, 139; *Pauli*, Unternehmensnachfolge mit Minderjährigen, ZErb 2016, 131; *von Proff zu Irnich*, Die Erbfolge in Beteiligungen an Personengesellschaften – Funktionsweise und Gestaltungsmöglichkeiten, DStR 2017, 2555; *Proppe*, Die Erbfolge in Beteiligungen an Personengesellschaften, JA 1999, 681; *Reimann*, Gesellschaftsvertragliche Abfindung und erbrechtlicher Ausgleich, ZEV 1994, 7; *J. Schmidt/Lebkücher*, Unternehmensnachfolge in Personengesellschaften, Ad Legendum 2014, 347; *Schörnig*, Die Bedeutung des § 139 HGB bei der Gesellschafternachfolge, ZEV 2001, 129; *Seeger*, Einführung in das Recht der Unternehmensnachfolge, JURA 2007, 889; *Siegmann*, Zur Fortbildung des Rechts der Anteilsvererbung, NJW 1995, 481; *Ulmer*, Probleme der Vererbung von Personengesellschaftsanteilen, JuS 1986, 856; *Zöller*, Nachfolge von Todes wegen bei Beteiligung an Personengesellschaften, MittRhNotK 1999, 121.

I. Einführung

1411 Bei Personengesellschaften **kollidieren** im Falle des Todes eines Gesellschafters zwei Rechtsmaterien: Das vom Prinzip der Universalsukzession geprägte **Erbrecht** einerseits und das **Gesellschaftsrecht** mit seinen ganz eigenen Spezifika andererseits.[1] Noch weiter verkompliziert wird diese Gemengelage dadurch, dass in der Praxis regelmäßig insb. auch wirtschaftliche, steuerliche und psychologische Aspekte (Stichwort: familieninterne Konflikte) eine wichtige Rolle spielen. All dies macht die Unternehmensnachfolge in Personengesellschaften zu einem schwierigen Problemkomplex.

II. Die unterschiedliche gesetzliche Ausgangslage bei den verschiedenen Personengesellschaftsformen

1. GbR

1412 Bei der GbR sieht **§ 727 Abs. 1** für den Fall des Todes eines Gesellschafters als Regelfall die **Auflösung** der Gesellschaft vor. Grund ist der das GbR-Recht prägende Leitgedanke eines an die Person der einzelnen Gesellschafter gebundenen Vertragsverhältnisses; wenn die Gesellschaft trotz des Todes eines Gesellschafters fortgeführt werden soll, bedarf es deshalb einer speziellen Regelung im Gesellschaftsvertrag.[2]

1 Vgl. *Lange*, ErbR, 2. Aufl. 2017, § 100 Rn. 1; *J. Schmidt/Lebkücher* Ad Legendum 2014, 347.
2 Vgl. Mot. II, 622; MüKoBGB/*Schäfer*, 7. Aufl. 2017, § 727 Rn. 1.

2. oHG

Ganz anders hingegen bei der oHG[3]: Seit dem HRefG von 1998[4] führt der Tod eines Gesellschafters gem. **§ 131 Abs. 3 S. 1 Nr. 1 HGB** grundsätzlich nur zum **Ausscheiden dieses Gesellschafters**. Hintergrund ist die Erwägung des Gesetzgebers, dass die Auflösung bei Personenhandelsgesellschaften typischerweise nicht den wirtschaftlichen Interessen der Gesellschafter und Gläubiger entspricht, da sie ggf. zur Zerschlagung eines florierenden Unternehmens führen würde; die „Personenkontinuität" tritt hier nach modernem Verständnis klar hinter die „Unternehmenskontinuität" zurück.[5] 1413

3. KG

Bei der KG ist zu differenzieren: Im Falle des Todes eines Komplementärs gilt dasselbe wie beim Tod eines oHG-Gesellschafters (§§ 161 Abs. 2, 131 Abs. 3 S. 1 Nr. 1 HGB). Im Falle des Todes eines Kommanditisten wird die Gesellschaft hingegen gem. **§ 177 HGB** mit seinen Erben fortgesetzt, die **Kommanditistenstellung** ist also **vererblich**.[6] Denn dies entspricht nach Ansicht des Gesetzgebers mit Blick auf den Charakter der Kommanditbeteiligung typischerweise am ehesten den Interessen der Beteiligten.[7] 1414

III. Gestaltungsoptionen und Folgeprobleme

Die gesetzliche Ausgangslage wird den Interessen der Beteiligten allerdings in vielen Fällen nicht wirklich gerecht.[8] Im Falle des Todes eines GbR-Gesellschafters ist häufig gerade keine Auflösung der Gesellschaft gewollt und auch bei Versterben eines oHG-Gesellschafters oder Komplementärs einer KG ist oftmals gerade kein bloßes Ausscheiden des Betreffenden gegen Zahlung einer Abfindung an den oder die Erben gewünscht, sondern vielmehr das Einrücken aller Erben oder zumindest bestimmter Erben in die Gesellschafterstellung des Verstorbenen.[9] Dies hat indes auch der Gesetzgeber berücksichtigt und durch die ausdrücklich **dispositive Ausgestaltung** sowohl des § 727 Abs. 1 als auch der §§ 131 Abs. 3 S. 1 Nr. 1, 177 HGB breiten **Ge-** 1415

3 Der Gesetzgeber hat diese Neukonzeption wegen des breiten Spektrums der Typen der GbR ganz bewusst nicht auch auf diese erstreckt (vgl. BT-Drs. 13/8444, S. 42). Vereinzelten Vorstößen, § 131 Abs. 3 Nr. 1 HGB dennoch analog auf die GbR anzuwenden (so etwa Staudinger/*Habermeier*, 2003, Vor §§ 705-740 Rn. 72) sind Rechtsprechung (vgl. OLG München v. 7.9.2010 – 34 Wx 100/10, NZG 2010, 1138) und h.L. (vgl. Oetker/*Kamanabrou*, HGB, 5. Aufl. 2017, § 131 Rn. 5; MüKoHGB/*K. Schmidt*, 4. Aufl. 2016, § 131 Rn. 61) nicht gefolgt.

4 Gesetz zur Neuregelung des Kaufmanns- und Firmenrechts und zur Änderung anderer handels- und gesellschaftsrechtlicher Vorschriften (Handelsrechtsreformgesetz – HRefG) v. 22.6.1998, BGBl. I, 1474.

5 Vgl. BegrRegE z. HRefG, BT-Drs. 13/8444, S. 41.

6 Vgl. Oetker/*Oetker*, HGB, 5. Aufl. 2017, § 177 HGB Rn. 2; *J. Schmidt/Lebkücher* Ad Legendum 2014, 347, 348.

7 Vgl. Bericht Rechtsausschuss z. HRefG, BT-Drs. 13/10332, S. 30; MüKoHGB/*K. Schmidt*, 3. Aufl. 2012, § 177 HGB Rn. 4; *J. Schmidt/Lebkücher* Ad Legendum 2014, 347, 348.

8 Vgl. *J. Schmidt/Lebkücher* Ad Legendum 2014, 347, 348.

9 Vgl. *J. Schmidt/Lebkücher* Ad Legendum 2014, 347, 348.

staltungsspielraum eröffnet, von dem die Kautelarpraxis auch regen Gebrauch macht.[10] Verbreitet sind insb. Fortsetzungsklauseln (→ Rn. 1416 ff.), Eintrittsklauseln (→ Rn. 1423 ff.) und Nachfolgeklauseln (→ Rn. 1427 ff.).

1. Fortsetzungsklausel

a) Inhalt und Anwendungsbereich

1416 Im Gesellschaftsvertrag kann vorgesehen werden, dass die Gesellschaft im Falle des Todes eines Gesellschafters mit den überlebenden Gesellschaftern fortgesetzt wird (sog. **Fortsetzungsklausel**).

Beispiel: „Beim Tod eines Gesellschafters wird die Gesellschaft unter Ausschluss der Erben zwischen den übrigen Gesellschaftern fortgesetzt."[11]

1417 Bei der **GbR** ist eine solche Fortsetzungsklausel als **abweichende Vereinbarung i.S.d. § 727 Abs. 1** notwendig, um die Auflösung der Gesellschaft im Falle des Todes eines Gesellschafters zu vermeiden.[12] In der Praxis ist sie vor allem bei Erwerbszwecken dienenden Dauergesellschaften weit verbreitet.[13]

1418 Bei der **oHG** und für die **Komplementäre** einer KG ist die Fortsetzung mit den verbleibenden Gesellschaftern hingegen ohnehin der gesetzliche Regelfall (vgl. §§ 131 Abs. 3 S. 1 Nr. 1, 161 Abs. 2 HGB, → Rn. 1413 f); eine Fortsetzungsklausel hat hier daher nur **deklaratorische Bedeutung**.[14] Möglich ist eine „Fortsetzungsklausel" jedoch auch in Bezug auf Kommanditisten; hier hat sie allerdings die Funktion, den Kommanditisten und seine Erben abweichend von der in § 177 HGB für den Regelfall angeordneten Vererblichkeit des Kommanditanteils aus der KG auszuschließen und wird deshalb i.d.R. auch als „Ausschließungsklausel" bezeichnet.[15]

b) Anwachsung und Abfindungsanspruch

1419 Sofern die §§ 131 Abs. 3 S. 1 Nr. 1, 161 Abs. 2 HGB oder eine vereinbarte Fortsetzungsklausel gelten, **wächst** der **Anteil** des Verstorbenen gem. § 738 Abs. 1 S. 1 (ggf. i.V.m. §§ 105 Abs. 3, 161 Abs. 2 HGB) *ipso iure* **den übrigen Gesellschaftern** zu.[16] Der **Abfindungsanspruch**, der dem verstorbenen Gesellschafter gem. § 738 Abs. 1 S. 2 (ggf. i.V.m. §§ 105 Abs. 3, 161 Abs. 2 HGB) zustehen würde, fällt in den **Nachlass** und steht damit dem oder den Erben zu.[17] Der Abfindungsanspruch ist gem. § 738 Abs. 1 S. 2 auf das gerichtet, was der Gesellschafter im Falle der Auseinander-

---

10 Vgl. *J. Schmidt/Lebkücher* Ad Legendum 2014, 347, 348.

11 Vgl. Brambring/*Mutter,* Beck'sches Formularbuch ErbR, 3. Aufl. 2014, G. I. 1.; *J. Schmidt/Lebkücher* Ad Legendum 2014, 347, 348.

12 Vgl. *J. Schmidt/Lebkücher* Ad Legendum 2014, 347, 348.

13 Vgl. Henssler/Strohn/*Kilian,* GesR, 4. Aufl. 2019, § 727 BGB Rn. 10; *J. Schmidt/Lebkücher* Ad Legendum 2014, 347, 348.

14 Vgl. *Schäfer,* GesR, 5. Aufl. 2018, § 9 Rn. 32; *J. Schmidt/Lebkücher* Ad Legendum 2014, 347, 348.

15 Vgl. Oetker/*Oetker,* HGB, 5. Aufl. 2017, § 177 HGB Rn. 4; MüKoHGB/*K. Schmidt,* 3. Aufl. 2012, § 177 Rn. 6; *J. Schmidt/Lebkücher* Ad Legendum 2014, 347, 348.

16 Vgl. *Lange,* ErbR, 2. Aufl. 2017, § 102 Rn. 41; MüKoHGB/*K. Schmidt,* 4. Aufl. 2016, § 131 HGB Rn. 103; *J. Schmidt/Lebkücher* Ad Legendum 2014, 347, 348.

17 Vgl. *Lange,* ErbR, 2. Aufl. 2017, § 102 Rn. 42; *Schäfer,* GesR, 5. Aufl. 2018, § 9 Rn. 32; *J. Schmidt/Lebkücher* Ad Legendum 2014, 347, 348.

setzung erhalten würde. Die Berechnung erfolgt auf der Grundlage des anteiligen Unternehmenswerts; hierzu muss eine Abfindungsbilanz aufgestellt werden.[18]

c) Ausschluss des Abfindungsanspruchs

Es ist jedoch seit Langem anerkannt, dass die **Abfindung im Gesellschaftsvertrag** für den Todesfall **ausgeschlossen werden kann.**[19] Denn da die Leistung der Abfindung an den oder die Erben für die Gesellschaft mit einem erheblichen und ggf. außerdem auch noch sehr plötzlichen Abfluss von Liquidität verbunden sein kann, besteht hier das wirtschaftlich legitime Interesse, das Gesellschaftsvermögen zu erhalten.[20] Es handelt sich auch nicht um einen unzulässigen Vertrag zulasten Dritter (der Erben); vielmehr wird durch eine entsprechende Vereinbarung im Gesellschaftsvertrag dafür gesorgt, dass der Anteil bzw. der Anteilswert von vornherein erst gar nicht in den Nachlass fällt, sondern quasi am Nachlass „vorbeigesteuert" wird und mit dem Tod des betreffenden Gesellschafters den verbleibenden Gesellschafters anwächst.[21] Wird für den Fall des Todes eines Gesellschafters eine derartige Vereinbarung getroffen, so wird dies prägnant auch als eine Art „russisches Roulette" charakterisiert: Wer am Ende überlebt, bekommt alles![22] 1420

Umstritten ist, ob derartige Vereinbarungen als Schenkung zu qualifizieren sind. Ein Teil der Literatur bejaht dies.[23] Nach überzeugender h.M. handelt es sich jedoch jedenfalls dann, wenn die **Abfindung beim Tod jedes Gesellschafters ausgeschlossen** ist, **nicht** um eine **schenkweise Zuwendung.**[24] Die Zuwendung erfolgt dann nämlich gerade nicht unentgeltlich, sondern aus unternehmerischem Kalkül: Jeder Gesellschafter akzeptiert den Abfindungsausschluss nur deshalb, weil auch die anderen ihn akzeptieren, um so den wirtschaftlichen Bestand der Gesellschaft zu sichern.[25] 1421

Eine **Schenkung** ist vielmehr nur dann anzunehmen, wenn der **Abfindungsanspruch nur für den Fall des Todes eines bestimmten Gesellschafters ausgeschlossen** ist.[26] Die Schenkung ist dann allerdings bereits durch die Aufnahme der entsprechenden Klausel in den Gesellschaftsvertrag vollzogen, denn damit erwerben die Mitgesellschafter unmittelbar eine Anwartschaft auf den Anteilswert des verfügenden Gesellschafters (dessen Tod ist nur eine aufschiebende Bedingung); es liegt somit ein Vollzug unter Lebenden vor, sodass gem. § 2301 Abs. 2 die §§ 516 ff. Anwendung fin- 1422

---

18 Vgl. BGH v. 12.7.2016 – II ZR 74/14, NZG 2016, 1025 Rn. 12, 14; Oetker/*Kamanabrou,* 5. Aufl. 2017, § 131 HGB Rn. 57 ff. m.w.N.

19 Vgl. RG v. 23.10.1934 – II 129/34, RGZ 145, 289, 294; BGH v. 14.7.1971 – III ZR 91/70, WM 1971, 1338; BGH v. 29.4.2014 – II ZR 216/13, NZG 2014, 820 Rn. 13.

20 Vgl. BGH v. 14.7.1971 – III ZR 91/70, WM 1971, 1338.

21 Vgl. MüKoHGB/*K. Schmidt,* 4. Aufl. 2016, § 131 Rn. 161; *J. Schmidt/Lebkücher* Ad Legendum 2014, 347, 348.

22 Vgl. *K. Schmidt,* GesR, 4. Aufl. 2002, § 45 V 3 c; *J. Schmidt/Lebkücher* Ad Legendum 2014, 347, 349.

23 Vgl. MüKoBGB/*Schäfer,* 7. Aufl. 2017, § 738 Rn. 61; MüKoHGB/*K. Schmidt,* 4. Aufl. 2016, § 131 HGB Rn. 162.

24 Vgl. BGH v. 22.11.1956 – II ZR 222/55, NJW 1957, 180, 181; *Koch,* GesR, 10. Aufl. 2017, § 11 Rn. 9; Baumbach/Hopt/*Roth,* 38. Aufl. 2018, § 131 Rn. 62; *J. Schmidt/Lebkücher* Ad Legendum 2014, 347, 349; *Windbichler,* GesR, 24. Aufl. 2017, § 15 Rn. 2.

25 Vgl. *Koch,* GesR, 10. Aufl. 2017, § 11 Rn. 9; *J. Schmidt/Lebkücher* Ad Legendum 2014, 347, 349.

26 Vgl. *J. Schmidt/Lebkücher* Ad Legendum 2014, 347, 349.

den.[27] Durch den lebzeitigen Vollzug ist zudem zugleich auch der Mangel der notariellen Beurkundung gem. § 518 Abs. 2 geheilt.[28] Soweit eine Schenkung vorliegt, kommt allerdings ggf. ein Pflichtteilsergänzungsanspruch gem. § 2325 (→ Rn. 679 ff.) in Betracht.[29]

2. Eintrittsklausel

1423 Eine Eintrittsklausel verschafft dem Begünstigten (dieser kann – muss aber nicht – Erbe sein) ein **Recht auf Eintritt in die Gesellschaft zu den in der Klausel genannten Bedingungen**.[30]

Beispiel: „Beim Tod des Gesellschafters A erhält Frau X das Recht, in die Gesellschaft in einem der Beteiligung des verstorbenen Gesellschafters entsprechenden Umfang einzutreten."[31]

1424 Eine solche Vereinbarung ist ein echter **Vertrag zugunsten Dritter auf den Todesfall (§ 328, 331)**.[32] Mit dem Tod des betreffenden Gesellschafters wächst dessen Anteil zunächst den Mitgesellschaftern an (§ 738 Abs. 1 S. 1, ggf. i.V.m. §§ 105 Abs. 3, 161 Abs. 2 HGB), sein Abfindungsanspruch (§ 738 Abs. 1 S. 2, ggf. i.V.m. §§ 105 Abs. 3, 161 Abs. 2 HGB) fällt in den Nachlass (§ 1922).[33]

1425 **Übt der Begünstigte sein Eintrittsrecht aus**, muss er grundsätzlich eine dem Abfindungsbetrag entsprechende Einlage leisten, wenn er in die Vermögensposition des verstorbenen Gesellschafters einrücken will.[34] Der Erblasser kann jedoch ggf. die Voraussetzungen hierfür schaffen, z.B. indem er dem Eintrittsberechtigten letztwillig ein entsprechendes Vermächtnis zuwendet.[35] Es ist aber auch möglich, im Gesellschaftsvertrag selbst Vorsorge dafür zu treffen, dass der Eintrittsberechtigte die Vermögensposition des Verstorbenen erlangt, z.B. in dem vorgesehen wird, dass die übrigen Gesellschafter die Vermögensrechte zunächst treuhänderisch für den Eintrittsberechtigten halten und im Falle der Ausübung des Eintrittsrechts verpflichtet sind, diese auf ihn zu übertragen (sog. Treuhandlösung).[36]

---

27 Vgl. BGH v. 14.7.1971 – III ZR 91/70, WM 1971, 1338, 1340; Oetker/*Kamanabrou*, HGB, 5. Aufl. 2017, § 131 Rn. 75; *J. Schmidt/Lebkücher* Ad Legendum 2014, 347, 349.

28 Vgl. BGH v. 14.7.1971 – III ZR 91/70, WM 1971, 1338, 1340; Oetker/*Kamanabrou*, HGB, 5. Aufl. 2017, § 131 Rn. 75; *J. Schmidt/Lebkücher* Ad Legendum 2014, 347, 349.

29 Vgl. MüKoHGB/*K. Schmidt*, 4. Aufl. 2016, § 131 HGB, Rn. 163; Staudinger/*Olshausen*, 2015, § 2325 Rn. 31; *J. Schmidt/Lebkücher* Ad Legendum 2014, 347, 349.

30 Vgl. MüKoHGB/*K. Schmidt*, 4. Aufl. 2016, § 139 HGB Rn. 25; *J. Schmidt/Lebkücher* Ad Legendum 2014, 347, 349.

31 Vgl. Brambring/*Mutter*, Beck'sches Formularbuch ErbR, 3. Aufl. 2014, G. I. 5.; *J. Schmidt/Lebkücher* Ad Legendum 2014, 347, 349.

32 Vgl. *Lange*, ErbR, 2. Aufl. 2017, § 102 Rn. 72; Baumbach/Hopt/*Roth*, 38. Aufl. 2018, § 139 HGB Rn. 51; MüKoHGB/*K. Schmidt*, 4. Aufl. 2016, § 139 HGB Rn. 27; *J. Schmidt/Lebkücher* Ad Legendum 2014, 347, 349.

33 Vgl. *Lange*, ErbR, 2. Aufl. 2017, § 102 Rn. 75; MüKoHGB/*K. Schmidt*, 4. Aufl. 2016, § 139 HGB Rn. 28; *J. Schmidt/Lebkücher* Ad Legendum 2014, 347, 349.

34 Vgl. *Lange*, ErbR, 2. Aufl. 2017, § 102 Rn. 76; MüKoBGB/*Schäfer*, 7. Aufl. 2017, § 727 Rn. 58; *J. Schmidt/Lebkücher* Ad Legendum 2014, 347, 349.

35 Vgl. MüKoBGB/*Schäfer*, 7. Aufl. 2017, § 727 Rn. 58; *J. Schmidt/Lebkücher* Ad Legendum 2014, 347, 349.

36 Vgl. *Lange*, ErbR, 2. Aufl. 2017, § 102 Rn. 76; MüKoBGB/*Schäfer*, 7. Aufl. 2017, § 727 Rn. 59; *J. Schmidt/Lebkücher* Ad Legendum 2014, 347, 349.

Für den Eintrittsberechtigten haben solche Eintrittsklauseln zwar den evidenten Vorteil, dass er sich frei entscheiden kann, ob er von dem Eintrittsrecht Gebrauch macht.[37] Für die Gesellschaft und die übrigen Gesellschafter bringen sie aber **erhebliche Unsicherheiten** mit sich: Zum einen besteht immer zumindest für einen gewissen Zeitraum ein Schwebezustand; zum anderen besteht das Risiko, dass der Begünstigte das Eintrittsrecht letztlich nicht ausübt, der Abfindungsanspruch dann wiederauflebt und es schließlich doch zu einem unerwünschten Mittelabfluss kommt.[38] **1426**

3. Nachfolgeklausel

Nicht zuletzt um derartige Risiken zu vermeiden, kann im Gesellschaftsvertrag auch vorgesehen werden, dass die Gesellschaft mit allen Erben des Verstorbenen fortgesetzt wird (sog. **einfache Nachfolgeklausel**, → Rn. 1428 f.) oder zumindest mit einem oder mehreren bestimmten seiner Erben (sog. **qualifizierte Nachfolgeklausel**, → Rn. 1430 ff.). **1427**

a) Einfache Nachfolgeklausel

Eine sog. einfache Nachfolgeklausel stellt den Gesellschaftsanteil vererblich, führt also dazu, dass die **Gesellschaft mit allen Erben des Verstorbenen fortgesetzt** wird.[39] **1428**

Beispiel: „Beim Tod des Gesellschafters A wird die Gesellschaft nicht aufgelöst, sondern mit dessen Erben fortgesetzt."[40]

Wenn der Verstorbene mehrere Erben hat, führt eine solche einfache Nachfolgeklausel allerdings zu einer Kollision erb- und gesellschaftsrechtlicher Prinzipien: Nach erbrechtlichen Grundsätzen würde eigentlich die Erbengemeinschaft in die Gesellschafterstellung des Erblassers einrücken. Eine Erbengemeinschaft kann jedoch nach ganz h.M. aufgrund ihrer Haftungs- und Organisationsverfassung nicht Gesellschafterin einer werbend tätigen Personengesellschaft sein:[41] Denn sie ist auf Auseinandersetzung angelegt (vgl. § 2042, → Rn. 1010 ff.) und die Möglichkeit des Miterben zur Haftungsbeschränkung gem. § 2059 Abs. 1 S. 1 (→ Rn. 1207) ist mit dem gesellschaftsrechtlichen Prinzip der unbeschränkten Haftung der Gesellschafter (vgl. § 128 S. 1 HGB) unvereinbar.[42] **1429**

---

37 Vgl. *Koch,* GesR, 10. Aufl. 2017, § 19 Rn. 12.

38 Vgl. *Koch,* GesR, 10. Aufl. 2017, § 19 Rn. 12; *J. Schmidt/Lebkücher* Ad Legendum 2014, 347, 349; s. ferner auch *Lange,* ErbR, 2. Aufl. 2017, § 102 Rn. 75.

39 Vgl. Oetker/*Kamanabrou,* HGB, 5. Aufl. 2017, § 139 HGB Rn. 6; *Lange,* ErbR, 2. Aufl. 2017, § 102 Rn. 83; *J. Schmidt/Lebkücher* Ad Legendum 2014, 347, 349. Vgl. auch BGH v. 10.1.1996 – IV ZB 21/94, NJW 1996, 1284, 1285.

40 Vgl. Brambring/*Mutter,* Beck'sches Formularbuch ErbR, 3. Aufl. 2014, G. I. 2.; *J. Schmidt/Lebkücher* Ad Legendum 2014, 347, 349.

41 Vgl. RG v. 17.3.1886 – I 12/86, RGZ 16, 40, 56; RG v. 13.9.1943 – II 65/43, DR 1943, 1224, 1225 f.; BGH v. 22.11.1956 – II ZR 222/55, NJW 1957, 180; *Lange,* ErbR, 2. Aufl. 2017, § 102 Rn. 83; MüKoBGB/*Schäfer,* 7. Aufl. 2017, § 705 Rn. 81; *J. Schmidt/Lebkücher* Ad Legendum 2014, 347, 350.

42 Vgl. *Lange* ZErb 2014, 97, 98; MüKoBGB/*Schäfer,* 7. Aufl. 2017, § 705 Rn. 81; *J. Schmidt/Lebkücher* Ad Legendum 2014, 347, 350.

Nach Rechtsprechung[43] und h.L.[44] geht der Gesellschaftsanteil deshalb im Wege der **Sondererbfolge entsprechend der Erbquote** auf die einzelnen Miterben über; davon geht im Übrigen auch § 139 HGB aus („jeder Erbe")[45]. Der „Tribut" des Erbrechts an das Gesellschaftsrecht beschränkt sich jedoch ausschließlich auf die „Aufsplittung" der Mitgliedschaft; der Gesellschaftsanteil gehört ungeachtet der Sondererbfolge zum Nachlass und unterliegt damit dem Vollstreckungszugriff der Nachlassgläubiger.[46]

b) Qualifizierte Nachfolgeklausel

1430 Von einer qualifizierten Nachfolgeklausel spricht man, wenn im Gesellschaftsvertrag vorgesehen ist, dass die **Gesellschaft nur mit einem oder mehreren bestimmten Erben des verstorbenen Gesellschafters fortgesetzt** wird. So können die Gesellschafter sicherstellen, dass nur alle „akzeptablen" Erben Gesellschafter werden und zugleich eine Zersplitterung des Gesellschaftsanteils verhindern.[47] Der oder die Nachfolger können entweder namentlich benannt oder durch abstrakte Merkmale konkretisiert werden (z.B. „älteste Tochter", „Kinder", „Erben erster Ordner", „Erben, die Volljuristen sind").[48]

Beispiel: „Beim Tod des Gesellschafters A wird die Gesellschaft nicht aufgelöst, sondern mit dessen Erben X fortgesetzt."[49]

1431 Im Falle einer qualifizierten Nachfolgeklausel geht der Gesellschaftsanteil ebenfalls im Wege der **Sondererbfolge** unmittelbar auf den oder die bezeichneten Erben über; bei mehreren Erben richtet sich ihr quotaler Anteil nach ihrer relativen Erbquote im Verhältnis zueinander.[50]

Beispiel: Gesellschafter G hat drei Erben A, B und C, von denen ihn A zu 10 %, B zu 20 % und C zu 70 % beerben sollen. Der Gesellschaftsvertrag sieht jedoch vor, dass die Gesellschaft nur mit den Erben A und B fortgesetzt wird. – Hier werden nur A und B Gesellschafter; A mit einem Anteil von $1/3$ des Gesellschaftsanteils des G, B mit $2/3$.

1432 Diejenigen Erben, die nicht Nachfolger werden, haben **keinen Anspruch auf Abfindung** gem. §§ 738 Abs. 1 S. 2, 1922 (ggf. i.V.m. §§ 105 Abs. 3, 161 Abs. 2 HGB),

43 Vgl. RG v. 17.3.1886 – I 12/86, RGZ 16, 40, 56; BGH v. 22.11.1956 – II ZR 222/55, NJW 1957, 180; BGH v. 3.7.1989 – II ZB 1/89, NJW 1989, 3152, 3153; BGH v. 14.2.2012 – II ZB 15/11, NZG 2012, 385 Rn. 18; BGH v. 13.7.2017 – V ZB 136/16, NZG 2017, 1257 Rn. 19.

44 Vgl. *Lange*, ErbR, 2. Aufl. 2017, § 102 Rn. 84; *ders.* ZErb 2014, 97, 98; MüKoBGB/*Schäfer*, 7. Aufl. 2017, § 727 Rn. 33; *J. Schmidt/Lebküchermann* Ad Legendum 2014, 347, 350; MüKoHGB/*K. Schmidt*, 4. Aufl. 2016, § 139 HGB Rn. 13, 18.

45 Vgl. *Lange* ZErb 2014, 97, 98.

46 Vgl. BGH v. 14.5.1986 – IVa ZR 155/84, NJW 1986, 2431; BGH v. 13.7.2017 – V ZB 136/16, NZG 2017, 1257 Rn. 19.

47 Vgl. *Koch*, GesR, 10. Aufl. 2017, § 19 Rn. 7; *Lange* ZErb 2014, 97, 98; *J. Schmidt/Lebküchermann* Ad Legendum 2014, 347, 350.

48 Vgl. BeckOGK/*von Proff zu Irnich* § 727 Rn. 68; MüKoBGB/*Schäfer*, 7. Aufl. 2017, § 727 Rn. 29; *J. Schmidt/Lebküchermann* Ad Legendum 2014, 347, 350.

49 Vgl. Brambring/*Mutter*, Beck'sches Formularbuch ErbR, 3. Aufl. 2014, G. I. 4.; *J. Schmidt/Lebküchermann* Ad Legendum 2014, 347, 350.

50 Vgl. BGH v. 10.2.1977 – II ZR 120/75, NJW 1977, 1339; BGH v. 14.2.2012 – II ZB 15/11, NZG 2012, 385 Rn. 18; OLG Stuttgart v. 23.3.2016 – 18 O 227/15, ErbR 2017, 429 Rn. 31; *Grunewald*, GesR, 10. Aufl. 2017, § 1 Rn. 166; Baumbach/Hopt/*Roth*, HGB, 38. Aufl. 2018, § 139 Rn. 14; *J. Schmidt/Lebküchermann* Ad Legendum 2014, 347, 350.

denn der Anteil des Verstorbenen wächst hier ja gerade nicht den Mitgesellschaftern an, sondern wird vererbt – nur eben nicht an alle Erben.[51]

Damit stellt sich zwangsläufig die Frage nach einem etwaigen **Ausgleichsanspruch für die nicht nachfolgenden Erben**. Zumindest im Ergebnis besteht weitgehend Konsens, dass ein solcher besteht. Die **dogmatische Grundlage** ist jedoch äußerst **umstritten**. Der BGH hatte in einer älteren Entscheidung § 242 herangezogen.[52] Im Schrifttum wird die Ausgleichspflicht teils auf eine Analogie zu § 1978[53] oder zu §§ 2050 ff.[54] gestützt; teils wird auch eine bereicherungsrechtliche Lösung favorisiert[55]. Überzeugender erscheint indes folgende Konstruktion: Da die qualifizierte Nachfolgeklausel wie eine mit dem Erbfall automatisch vollzogene **Teilungsanordnung** (→ Rn. 1023 ff.) wirkt, ist der Wert des Gesellschaftsanteils bei der Erbauseinandersetzung in Ansatz zu bringen und die entsprechende Wertdifferenz auszugleichen.[56] Will der Erblasser eine solche Ausgleichspflicht verhindern, so kann er dadurch Vorsorge treffen, dass er den Gesellschaftsanteil dem oder den zur Nachfolge berufenen Erben im Wege eines Vorausvermächtnisses (§ 2150, → Rn. 911) zukommen lässt.[57] **1433**

c) Sonderfall: fehlgeschlagene Nachfolgeklausel

Eine qualifizierte Nachfolgeklausel funktioniert allerdings nur, wenn der/die bezeichnete(n) Nachfolger tatsächlich Erben wird/werden.[58] Gesellschafts- und Erbrecht laufen indes nicht immer kongruent, sondern es kann vielmehr durchaus vorkommen, dass der **im Gesellschaftsvertrag als Nachfolger bezeichnete** letztlich gar **nicht Erbe wird**. Man spricht dann von einer „fehlgeschlagenen Nachfolgeklausel". **1434**

Beispiel: In den Gesellschaftsvertrag wird für den Fall des Todes des Gesellschafters G eine qualifizierte Nachfolgeklausel zugunsten seines Neffen N aufgenommen. G hatte N testamentarisch zu seinem Alleinerben eingesetzt. Ein Jahr später zerstreiten sich G und N. G setzt ein neues Testament auf, in dem er seine Tochter T zur Alleinerbin einsetzt; der Gesellschaftsvertrag wird jedoch nicht geändert.

Im Falle einer solchen „fehlgeschlagenen Nachfolgeklausel" ist jeweils im Einzelfall zu prüfen, ob ihr im Wege einer **ergänzenden Vertragsauslegung** die Bedeutung **1435**

---

51 Vgl. BGH v. 10.2.1977 – II ZR 120/75, NJW 1977, 1339, 1342 f.; BFH v. 26.3.1981 – IV R 130/77, NJW 1982, 407, 408; *Bayer/Lieder*, ExRepHGesR, 2015, Rn. 751; *Grunewald*, GesR, 10. Aufl. 2017, § 1 Rn. 166; *J. Schmidt/Lebkücher* Ad Legendum 2014, 347, 350; MüKoHGB/*K. Schmidt*, 4. Aufl. 2016, § 139 Rn. 19.

52 Vgl. BGH v. 22.11.1956 – II ZR 222/55, NJW 1957, 180, 181; krit. dazu *Marotzke* AcP 184 (1984) 541, 576 f.

53 So etwa Erman/*Westermann*, 15. Aufl. 2017, § 727 Rn. 12; *Rüthers* AcP 168 (1968) 263, 268 f.

54 So etwa *Bayer/Lieder*, ExRepHGesR, 2015, Rn. 751; *Brox/Walker*, ErbR, 28. Aufl. 2018, § 44 Rn. 17; *Flume*, FS Schilling, 1973, S. 23, 42 ff.

55 So etwa *Heckelmann*, FS von Lübtow, 1980, S. 619, 627 f.; Staudinger/*Dobler*, 2016, § 1978 Rn. 39.

56 Vgl. Oetker/*Kamanabrou*, HGB, 5. Aufl. 2017, § 139 Rn. 22; *Lange*, ErbR, 2. Aufl. 2017, § 102 Rn. 94; *J. Schmidt/Lebkücher* Ad Legendum 2014, 347, 350; MüKoHGB/*K. Schmidt*, 4. Aufl. 2016, § 139 Rn. 20.

57 Vgl. Oetker/*Kamanabrou*, HGB, 5. Aufl. 2017, § 139 Rn. 24; MüKoBGB/*Schäfer*, 7. Aufl. 2017, § 727 Rn. 45; *J. Schmidt/Lebkücher* Ad Legendum 2014, 347, 350 f.; MüKoHGB/*K. Schmidt*, 4. Aufl. 2016, § 139 Rn. 20.

58 Vgl. BGH v. 10.2.1977 – II ZR 120/75, NJW 1977, 1339; *Lange*, ErbR, 2. Aufl. 2017, § 102 Rn. 89; MüKoBGB/*Schäfer*, 7. Aufl. 2017, § 727 Rn. 42; *J. Schmidt/Lebkücher* Ad Legendum 2014, 347, 351; MüKoHGB/*K. Schmidt*, 4. Aufl. 2016, § 139 Rn. 17.

einer **Eintrittsklausel** zugunsten des qualifizierten Nichterben zuerkannt werden kann.[59] Entscheidend ist insoweit der mit der Klausel verfolgte Zweck.[60] Aus der Tatsache, dass die Gesellschafter überhaupt eine Nachfolgeregelung getroffen haben, kann zwar im Regelfall geschlossen werden, dass sie sich in einer solchen Lage für die Eintrittsregelung entschieden hätten.[61] Gleichwohl kann ein solches Eintrittsrecht im Wege der ergänzenden Vertragsauslegung nur angenommen werden, wenn und soweit dem Berechtigten auf erbrechtlichem Wege in irgendeiner Weise der Vermögenswert der Beteiligung des ausscheidenden Gesellschafters zur Verfügung gestellt worden ist; denn nur dann macht die Einräumung eines Eintrittsrechts einen praktischen Sinn.[62] Andernfalls wäre der Berechtigte verpflichtet, selbst eine Einlage zu erbringen, was in solchen Fällen typischerweise nicht gewollt sein wird.[63]

4. Rechtsgeschäftliche Nachfolgeklausel

1436 Unter einer rechtsgeschäftlichen Nachfolgeklausel versteht man eine Regelung, wonach der Gesellschaftsanteil des Verstorbenen mit dessen Tod automatisch im Wege einer Verfügung zugunsten Dritter unmittelbar auf eine in der Klausel bestimmte Person übergehen soll.[64] Dogmatisch handelt es sich um eine auf den Tod des Gesellschafters **aufschiebend bedingte Anteilsübertragung** unter Lebenden.[65]

1437 Derartige Klauseln sind jedoch in doppelter Hinsicht problematisch und daher **grundsätzlich unwirksam**: Zum einen handelt es sich um eine **Verfügung zugunsten Dritter**, zum anderen wegen der mit dem Übergang der Gesellschafterstellung verbundenen Pflichten auch um einen **Vertrag zulasten Dritter**.[66] Nach h.M. ist eine rechtsgeschäftliche Nachfolgeklausel daher nur dann ausnahmsweise zulässig, wenn die begünstigte Person selbst an der Vereinbarung beteiligt ist.[67] Ist dies nicht der Fall, so kommt aber ggf. eine Umdeutung in eine Eintrittsklausel in Betracht.[68]

---

59 Vgl. BGH v. 29.9.1977 – II ZR 214/75, NJW 1978, 264, 265; OLG Frankfurt v. 2.7.1987 – 1 U 204/85, NJW-RR 1988, 1251, 1252; Oetker/*Kamanabrou,* HGB, 5. Aufl. 2017, § 139 Rn. 25; *J. Schmidt/Lebkücher* Ad Legendum 2014, 347, 351; MüKoHGB/*K. Schmidt,* 4. Aufl. 2016, § 139 Rn. 21.

60 Vgl. Oetker/*Kamanabrou,* HGB, 5. Aufl. 2017, § 139 Rn. 25; *J. Schmidt/Lebkücher* Ad Legendum 2014, 347, 351.

61 Vgl. BGH v. 29.9.1977 – II ZR 214/75, NJW 1978, 264, 265; *J. Schmidt/Lebkücher* Ad Legendum 2014, 347, 351.

62 Vgl. BGH v. 29.9.1977 – II ZR 214/75, NJW 1978, 264, 265; *J. Schmidt/Lebkücher* Ad Legendum 2014, 347, 351.

63 Vgl. *J. Schmidt/Lebkücher* Ad Legendum 2014, 347, 351.

64 Vgl. *Schäfer,* GesR, 5. Aufl. 2018, § 9 Rn. 33; *J. Schmidt/Lebkücher* Ad Legendum 2014, 347, 351.

65 Vgl. *Bayer/Lieder,* ExRepHGesR, 2015, Rn. 754; *Schäfer,* GesR, 5. Aufl. 2018, § 9 Rn. 33.

66 Vgl. BGH v. 10.2.1977 – II ZR 120/75, NJW 1977, 1339, 1341; *Bayer/Lieder,* ExRepHGesR, 2015, Rn. 754; *Lange,* ErbR, 2. Aufl. 2017, § 102 Rn. 65; MüKoBGB/*Schäfer,* 7. Aufl. 2017, § 727 Rn. 50; *J. Schmidt/Lebkücher* Ad Legendum 2014, 347, 351; ebenso i.E., aber mit anderer rechtskonstruktiver Begründung: MüKoHGB/*K. Schmidt,* 4. Aufl. 2016, § 139 Rn. 24.

67 Vgl. BGH v. 10.2.1977 – II ZR 120/75, NJW 1977, 1339, 1341; OLG München v. 4.7.2017 – 34 Wx 123/17, NZG 2017, 941 Rn. 27; *Bayer/Lieder,* ExRepHGesR, 2015, Rn. 754; *Lange,* ErbR, 2. Aufl. 2017, § 102 Rn. 66; MüKoBGB/*Schäfer,* 7. Aufl. 2017, § 727 Rn. 51; *J. Schmidt/Lebkücher* Ad Legendum 2014, 347, 351.

68 Vgl. BGH v. 10.2.1977 – II ZR 120/75, NJW 1977, 1339, 1341; *Bayer/Lieder,* ExRepHGesR, 2015, Rn. 754; *Lange,* ErbR, 2. Aufl. 2017, § 102 Rn. 65; MüKoBGB/*Schäfer,* 7. Aufl. 2017, § 727 Rn. 62; *J. Schmidt/Lebkücher* Ad Legendum 2014, 347, 351.

IV. Die Haftung der Erben und die Option des § 139 HGB

1. Haftung der Erben

Hinsichtlich der Haftung der Erben ist zwischen der erbrechtlichen und der gesellschaftsrechtlichen Haftung zu differenzieren. 1438

Erbrechtlich haftet der Erbe gem. §§ 1922 Abs. 1, 1967 Abs. 1 für alle Nachlassverbindlichkeiten. Die Haftung ist jedoch ggf. gem. §§ 1975 ff. (→ Rn. 1138 ff.) beschränkbar.

Gesellschaftsrechtlich haftet der Erbe eines GbR-Gesellschafters, oHG-Gesellschafters oder Komplementärs gem. § 128 S. 1 HGB (ggf. analog bzw. i.V.m. § 161 Abs. 2 HGB) für die Neuverbindlichkeiten der Gesellschaft. Zudem haftet er gem. §§ 128 S. 1, 130 Abs. 1 HGB (ggf. analog bzw. i.V.m. § 161 Abs. 2 HGB) auch für sämtliche Altverbindlichkeiten; auch der Erbfall ist „Eintritt" i.S.d. § 130 Abs. 1 HGB (analog).[69] Der Erbe eines Kommanditisten haftet gesellschaftsrechtlich hingegen nur im Rahmen der §§ 171-173 HGB; der Erbfall ist auch ein „Eintritt" i.S.d. § 173 Abs. 1 HGB[70].

2. Die Option des § 139 HGB

§ 139 Abs. 1 HGB (ggf. i.V.m. § 161 Abs. 2 HGB) eröffnet jedem Erben eines oHG-Gesellschafters bzw. Komplementärs, der aufgrund einer einfachen oder qualifizierten Nachfolgeklausel Gesellschafter geworden ist[71], die **Option, in die Stellung eines Kommanditisten zu wechseln**. Auf diesem Weg kann er der unbeschränkten gesellschaftsrechtlichen Haftung (§ 128 S. 1 HGB, ggf. i.V.m. § 161 Abs. 2 HGB) „entkommen", ohne die Erbschaft gänzlich ausschlagen zu müssen.[72] 1439

Dazu muss der Erbe an die übrigen Gesellschafter einen formlosen **Antrag auf Umwandlung** seiner Beteiligung **in eine Kommanditbeteiligung** stellen.[73] Bei mehreren Miterben steht das Optionsrecht aus § 139 Abs. 1 HGB jedem Miterben als individuelles Recht zu, d.h. jeder kann es unabhängig von den anderen ausüben.[74] Das Optionsrecht des § 139 HGB steht zudem auch einem Erben zu, der neben dem (als Komplementär beteiligten) Erblasser bereits als Kommanditist an einer KG beteiligt ist (in diesem Fall vereinigen sich beide Anteile mit dem Tod des Erblassers zunächst 1440

---

69 Vgl. BGH v. 6.7.1981 – II ZR 38/81, NJW 1982, 45; BGH v. 17.12.2013 – II ZR 121/12, NZG 2014, 696 Rn. 7; *J. Schmidt/Lebkücher* Ad Legendum 2014, 347, 351; MüKoHGB/*K. Schmidt,* 4. Aufl. 2016, § 130 Rn. 14.

70 Vgl. BGH v. 21.9.1995 – II ZR 273/93, NJW 1995, 3314, 3315; Oetker/*Oetker,* HGB, 5. Aufl. 2017, § 173 Rn. 7; *J. Schmidt/Lebkücher* Ad Legendum 2014, 347, 351; MüKoHGB/*K. Schmidt,* 3. Aufl. 2012, § 177 Rn. 8; abweichend jedoch *Grunewald,* GesR, 10. Aufl. 2017, § 3 Rn. 66.

71 Vgl. Oetker/*Kamanabrou,* HGB, 5. Aufl. 2017, § 139 Rn. 4; *J. Schmidt/Lebkücher* Ad Legendum 2014, 347, 351.

72 Vgl. Baumbach/Hopt/*Roth,* HGB, 38. Aufl. 2018, § 139 Rn. 6; *Grunewald,* GesR, 10. Aufl. 2017, § 2 Rn. 69; *J. Schmidt/Lebkücher* Ad Legendum 2014, 347, 351 f.

73 Vgl. Baumbach/Hopt/*Roth,* HGB, 38. Aufl. 2018, § 139 Rn. 37; Oetker/*Kamanabrou,* HGB, 5. Aufl. 2017, § 139 Rn. 71; *J. Schmidt/Lebkücher* Ad Legendum 2014, 347, 351 f.

74 Vgl. BGH v. 21.12.1970 – II ZR 258/67, NJW 1971, 1268; MüKoHGB/*K. Schmidt,* 4. Aufl. 2016, § 139 Rn. 68.

zu einem einheitlichen Komplementäranteil, hinsichtlich dessen der Erbe dann das Optionsrecht des § 139 Abs. 1 HGB hat).[75]

1441 Den übrigen Gesellschaftern steht es frei, ob sie diesen Umwandlungsantrag annehmen. Im Falle der **Ablehnung des Umwandlungsantrags** hat der Erbe gem. § 139 Abs. 2 HGB ein **Austrittsrecht**: Er ist dann befugt, ohne Einhaltung einer Kündigungsfrist sein Ausscheiden aus der Gesellschaft zu erklären.

1442 Sowohl Umwandlungsantrag als auch Austrittserklärung können jedoch gem. § 139 Abs. 3 S. 1 HGB nur innerhalb einer **Frist von drei Monaten** geltend gemacht werden. Die Frist beginnt mit Kenntniserlangung des Erben vom Anfall der Erbschaft; ob er zu diesem Zeitpunkt auch Kenntnis davon hat, dass er auch den Gesellschaftsanteil erbt, ist irrelevant[76]. Hat ein minderjähriger Erbe keinen gesetzlichen Vertreter (oder ist dieser rechtlich – z.B. gem. § 181 – von der Vertretung ausgeschlossen[77]), so beginnt die Frist jedoch gem. § 139 Abs. 3 S. 2 HGB i.V.m. § 210 Abs. 1 erst, wenn er unbeschränkt geschäftsfähig geworden ist oder der Mangel der Vertretung behoben wird.

1443 **Scheidet der Erbe aus**, so hat er Anspruch auf Abfindung und haftet gem. § 139 Abs. 4 HGB sowohl für Altschulden als auch für „Zwischenschulden" aus der Schwebezeit nur nach Erbrecht.[78]

1444 Nehmen die übrigen Gesellschafter den Umwandlungsantrag an, so wird der **Erbe Kommanditist** – und aus der oHG wird eine KG.[79] Gem. § 139 Abs. 1 HGB erfolgt dies unter Belassung des Gewinnanteils und Anerkennung des auf ihn entfallenden Teils der Einlage des Erblassers als Kommanditeinlage. Was genau mit „Einlage" gemeint ist, ist allerdings höchst umstritten. Weitgehender Konsens ist zwar, dass damit im Grundsatz der Kapitalanteil des Erblassers gemeint ist; hinsichtlich der Details bestehen indes erhebliche Kontroversen.[80]

3. § 139 HGB analog bei der GbR

1445 Umstritten ist ferner, ob **§ 139 HGB analog** auch für die GbR gilt.[81] Der BGH hat dies in einem Urteil aus dem Jahr 2013 (mangels Entscheidungsrelevanz im konkreten Fall) ausdrücklich offengelassen.[82] Die inzwischen h.L. bejaht jedoch zu Recht eine analoge Anwendung auf die (Außen-)GbR: Denn da das Haftungssystem hier nach heute ganz h.M. demjenigen in der oHG entspricht, besteht auch das gleiche legitime Interesse an der Option eines Wechsels in die Kommanditistenstellung.[83]

75 Vgl. BayObLG v. 29.1.2003 – 3Z BR 5/03, NZG 2003, 476; *Lange,* ErbR, 2. Aufl. 2017, § 102 Rn. 106; MüKoHGB/*K. Schmidt,* 4. Aufl. 2016, § 139 Rn. 65.

76 Vgl. Oetker/*Kamanabrou,* HGB, 5. Aufl. 2017, § 139 Rn. 72; *J. Schmidt/Lebkücher* Ad Legendum 2014, 347, 352; MüKoHGB/*K. Schmidt,* 4. Aufl. 2016, § 139 Rn. 89.

77 Vgl. BGH v. 21.12.1970 – II ZR 258/67, NJW 1971, 1268, 1270.

78 Vgl. *Grunewald,* GesR, 10. Aufl. 2017, § 2 Rn. 73; Oetker/*Kamanabrou,* HGB, 5. Aufl. 2017, § 139 Rn. 83, 90; *J. Schmidt/Lebkücher* Ad Legendum 2014, 347, 352.

79 Vgl. *J. Schmidt/Lebkücher* Ad Legendum 2014, 347, 352.

80 Näher zum Ganzen etwa Henssler/Strohn/*Klöhn,* GesR, 4. Aufl. 2019, § 139 HGB Rn. 53 ff. m.w.N.

81 Dagegen etwa Baumbach/Hopt/*Roth,* HGB, 38. Aufl. 2018, § 139 Rn. 8; *Hoppe* ZEV 2014, 226, 231.

82 BGH v. 17.12.2013 – II ZR 121/12, NZG 2014, 696 Rn. 9 f.

83 Vgl. Oetker/*Kamanabrou,* HGB, 5. Aufl. 2017, § 139 Rn. 63; *Mock* NZG 2004, 118, 120; *Schäfer* NJW 2005, 3665 ff.; *J. Schmidt/Lebkücher* Ad Legendum 2014, 347, 352; MüKoHGB/*K. Schmidt,* 4. Aufl. 2016, § 139 Rn. 60.

4. Grafische Zusammenfassung

1446

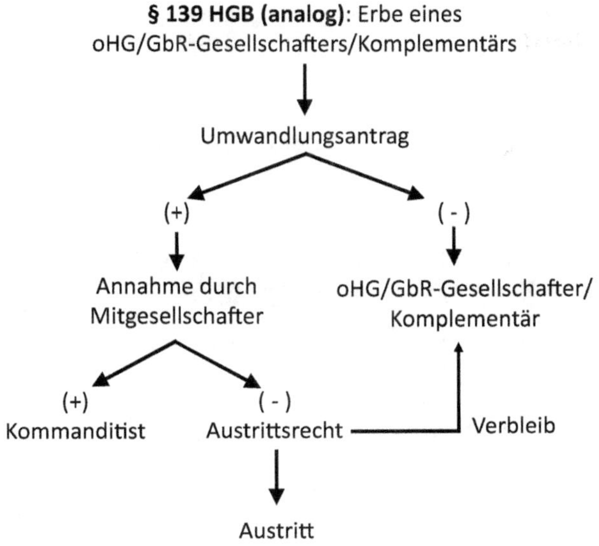

Lösung der Ausgangsfälle

Fall 69 (→ Rn. 1410): Eine GbR wird gem. § 727 Abs. 1 im Falle des Todes eines Gesellschafters aufgelöst; im Gesellschaftsvertrag kann jedoch etwas anderes geregelt werden (→ Rn. 1412). Hier enthielt der Gesellschaftsvertrag eine sog. qualifizierte Nachfolgeklausel (→ Rn. 1430 ff.) zugunsten der T. Eine solche qualifizierte Nachfolgeklausel funktioniert jedoch nur, wenn T tatsächlich Erbin des G wurde (→ Rn. 1434). Da G kein Testament hinterließ, greift die gesetzliche Erbfolge. Danach sind S und T Miterben zu je ½ (§ 1924 Abs. 1, 4). Aufgrund der Klausel erhält T den Gesellschaftsanteil jedoch allein im Wege der Sondererbfolge (→ Rn. 1431). S steht aber ein Ausgleichsanspruch zu; denn richtiger Ansicht nach wirkt die qualifizierte Nachfolgeklausel wie eine mit dem Erbfall automatisch vollzogene Teilungsanordnung, sodass der Wert des Gesellschaftsanteils bei der Erbauseinandersetzung in Ansatz zu bringen und die entsprechende Wertdifferenz auszugleichen ist (→ Rn. 1433). 1447

Fall 70 (→ Rn. 1410): Aufgrund der qualifizierten Nachfolgeklausel (→ Rn. 1430 ff.) wurde S mit dem Tod des V Gesellschafter der O-oHG. 1448

Sein Anteil könnte jedoch gem. § 139 HGB in eine Kommanditbeteiligung umgewandelt und die O-oHG dadurch zur O-KG geworden sein. M hat als gesetzliche Vertreterin des S (§§ 1626 Abs. 1, 1629 Abs. 1 S. 1, 3) in dessen Namen gem. § 139 Abs. 1 HGB einen Antrag auf Umwandlung in eine Kommanditbeteiligung gestellt. Dies geschah auch innerhalb der Frist des § 139 Abs. 3 S. 1 HGB. Allerdings war M zugleich auch selbst Gesellschafterin der O-oHG und daher gem. §§ 1629 Abs. 2 S. 1, 1795 Abs. 2, 181 von der Vertretung ausgeschlossen. Es lag daher zunächst keine wirksame Einigung über die Umwandlung in eine Kommanditbeteiligung vor.

Allerdings ist die Erklärung des S an seinem 18. Geburtstag, dass er gerne weiter als Kommanditist in der O-oHG mitwirken möchte, als (erneuter) Umwandlungsantrag zu qualifizieren. Dieser war gem. § 139 Abs. 3 S. 2 HGB i.V.m. § 210 Abs. 1 auch noch fristgerecht, weil der Ausschluss der M von der Vertretung aufgrund von § 181 BGB dem Fehlen eines gesetzlichen Vertreters gleichsteht (→ Rn. 1442). M und X haben diesen Umwandlungsantrag auch konkludent angenommen. Damit wurde S Kommanditist und die O-oHG zur O-KG.

§ 33 Die Erbfolge in Kapitalgesellschaftsanteile

1449 **Fall 71:** Zum Nachlass des am 15.11.2018 bei einem Unfall verstorbenen E gehört ein Geschäftsanteil an der G-GmbH. Erben des E sind seine Töchter T1 und T2 sowie sein Sohn S zu je ⅓. Die Gesellschafterversammlung der G-GmbH hatte am 14.11.2018 gegen die Stimme des E beschlossen, das Geschäft zu expandieren. Als T1 am 7.12.2018 davon erfährt, möchte sie gegen diesen Gesellschafterbeschluss Anfechtungsklage erheben. T2 lehnt dies jedoch vehement ab und S ist nicht erreichbar, weil er sich aus Trauer über den Tod des E für sechs Wochen in ein Kloster zurückgezogen hat. Kann T1 die Anfechtungsklage alleine erheben? **Lösung: → Rn. 1464**

Literatur: *Bayer/Sarakinis*, Der gemeinschaftliche Vertreter der Erbengemeinschaft im Aktienrecht, NZG 2018, 561; *Habersack*, Die unentgeltliche Einziehung des Geschäftsanteils beim Tode des GmbH-Gesellschafters, ZIP 1990, 625; *Heckschen*, Auswirkungen des MoMiG auf die Übertragung von GmbH-Anteilen von Todes wegen und im Wege der vorweggenommenen Erbfolge, ZErb 2008, 246; *Ivo*, Die Vererbung von GmbH-Geschäftsanteilen, ZEV 2006, 252; *ders.*, Die Vererbung von GmbH-Geschäftsanteilen nach Inkrafttreten des MoMiG, ZEV 2009, 333; *Klein*, Stimmrechtsausübung einer Erbengemeinschaft in der Gesellschafterversammlung einer GmbH, BWNotZ 2018, 84; *Lange*, Erbengemeinschaft an einem GmbH-Geschäftsanteil, GmbHR 2013, 113; *ders.*, Vererbung von GmbH-Anteilen und Gesellschafterliste, GmbHR 2012, 986; *Langner/Heydel*, Vererbung von GmbH-Geschäftsanteilen – Sicherstellung einer familien-internen Nachfolge, GmbHR 2005, 377; *dies.*, Nachfolgeklauseln im GmbH-Gesellschaftsvertrag, GmbHR 2006, 291; *Perzborn*, Gesellschaftsvertragliche Nachfolgeregelungen bei Gesellschaften mit beschränkter Haftung und Aktiengesellschaften, RNotZ 2017, 405; *J. Schmidt*, Die gemeinschaftliche Ausübung von Rechten aus einem GmbH-Anteil, NZG 2015, 1049; *Schürnbrand,* Die Ausübung von Gesellschafterrechten in der GmbH durch Erbengemeinschaften, NZG 2016, 241.

I. Erbfolge in GmbH-Geschäftsanteile

1. Vererblichkeit

1450 GmbH-Geschäftsanteile sind gem. **§ 15 Abs. 1 GmbHG vererblich**. Die Vererblichkeit kann durch die Satzung nicht ausgeschlossen werden.[1] Sofern nur ein Erbe vorhanden ist, wird dieser mit dem Erbfall unmittelbar GmbH-Gesellschafter. Im Verhältnis zur GmbH gilt der Erbe jedoch gem. § 16 Abs. 1 S. 1 GmbHG erst dann als Gesellschafter, wenn er in der im Handelsregister aufgenommenen Gesellschafterliste eingetragen ist (beachte jedoch auch § 16 Abs. 1 S. 2 GmbHG) (→ Rn. 1357).

1 Vgl. Lutter/Hommelhoff/*Bayer,* GmbHG, 19. Aufl. 2016, § 15 Rn. 12; MHLS/*Ebbing,* 3. Aufl. 2017, § 15 Rn. 6; *Perzborn* RNotZ 2017, 405, 406.

2. Erbengemeinschaft

Im Falle einer Erbengemeinschaft unterliegt der Geschäftsanteil als **Bestandteil des Nachlasses** der **gemeinschaftlichen Verwaltung gem. §§ 2038 ff.** (→ Rn. 980 ff.).[2] 1451

Im Verhältnis zur GmbH ist allerdings **§ 18 GmbHG** zu beachten. **Rechtshandlungen**, welche die **GmbH gegenüber der Erbengemeinschaft** vorzunehmen hat, sind zwar (sofern sie später als einen Monat seit Anfall der Erbschaft vorgenommen werden) gem. **§ 18 Abs. 3 S. 2 GmbHG** bereits wirksam, wenn sie nur gegenüber einem Miterben vorgenommen werden. 1452

Gem. **§ 18 Abs. 1 GmbHG** können die Miterben die **Rechte aus dem Geschäftsanteil** jedoch **nur gemeinschaftlich ausüben**. Nach der herrschen Lehre von der mittelbar einheitlichen Rechtsausübung[3] bedeutet dies: Wenn und soweit sich die konkrete Ausübung von Rechten aus dem Geschäftsanteil nach dem Innenrecht der Erbengemeinschaft als eine Maßnahme darstellt, die ein einzelner Miterbe bzw. eine Mehrheit wirksam mit Außenwirkung vornehmen kann, so gilt dies auch gegenüber der GmbH. Anders gewendet: § 18 Abs. 1 GmbHG gebietet, dass die Erbengemeinschaft gegenüber der GmbH „mit einer Stimme spricht" – wie diese zustande kommt, richtet sich nach dem Innenrecht der Erbengemeinschaft, d.h. nach §§ 2038 ff. (→ Rn. 980 ff.). Dies bedeutet: Sofern die konkrete Ausübung von Rechten aus dem Geschäftsanteil eine Notmaßnahme darstellt, darf jeder Miterbe allein handeln; Maßnahmen der ordnungsgemäßen Verwaltung bedürfen einer Mehrheitsentscheidung; Maßnahmen der außerordentlichen Verwaltung bedürfen der Zustimmung aller Miterben.[4] 1453

Zu beachten ist dabei, dass Bezugspunkt für die Frage, ob eine Maßnahme eine „wesentliche Veränderung des Gegenstands" zur Folge hätte und damit nicht mehr zur ordnungsgemäßen Verwaltung gehört, der Gesamtnachlass ist (→ Rn. 988). Dies bedeutet: Die Ausübung von Rechten aus einem GmbH-Geschäftsanteil liegt nicht schon deshalb außerhalb der ordnungsgemäßen Verwaltung, weil die konkrete Maßnahme zu einer „wesentlichen Veränderung" des Geschäftsanteils führen würde (insb. etwa bei Grundlagen- und Strukturentscheidungen).[5] Die Grenze ist vielmehr erst dann erreicht, wenn darin zugleich eine wesentliche Veränderung des Gesamtnachlasses liegt; dies kommt aber nur dann in Betracht, wenn der Geschäftsanteil wesentlicher oder alleiniger Bestandteil des Nachlasses ist.[6] Zur ordnungsgemäßen Verwaltung gehört folglich etwa die Ausübung von Informationsrechten oder die Geltendmachung des Anspruchs auf den Gewinnanteil; bei der Ausübung des Stimmrechts kommt es auf den konkreten Beschlussgegenstand an.[7] Die Erhebung von Beschlussmängelklagen gehört zwar grundsätzlich ebenfalls zur ordnungsgemäßen Verwaltung; wenn die Zeit nicht genügt, um einen Mehrheitsbeschluss herbeizuführen, darf ein Miterbe die Klage als Notverwaltungsmaßnahme aber allein erheben.[8]

---

2 Vgl. *Lange* GmbHR 2013, 113, 115 f.; *J. Schmidt* NZG 2015, 1049, 1052.

3 Vgl. BGH v. 12.6.1989 – II ZR 246/88, NJW 1989, 2694, 2696 f.; OLG Nürnberg v. 16.7.2014 – 12 U 226/12, GmbHR 2014, 1147; OLG Stuttgart v. 9.9.2014 – 14 U 9/14, ZEV 2015, 288; Lutter/Hommelhoff/*Bayer*, GmbHG, 19. Aufl. 2016, § 18 Rn. 3; *Lange* GmbHR 2013, 113, 114; *J. Schmidt* NZG 2015, 1049, 1052 m.w.N.

4 Ausf. zur Kategorisierung der wichtigsten Fälle *J. Schmidt* NZG 2015, 1049, 1053 ff. m.w.N.

5 Vgl. *J. Schmidt* NZG 2015, 1049, 1052.

6 Vgl. OLG Jena v. 18.4.2012 – 2 U 523/11, NZG 2012, 782, 784; OLG Jena v. 25.4.2012 – 2 U 520/11, GmbHR 2013, 149, 152; *J. Schmidt* NZG 2015, 1049, 1052; *Schürnbrand* NZG 2016, 241, 245. S. ferner auch *Klein* BWNotZ 2018, 84, 86 ff.

7 Näher *J. Schmidt* NZG 2015, 1049, 1053 m.w.N.

8 Näher *J. Schmidt* NZG 2015, 1049, 1053 m.w.N.

1454 Dieses Erfordernis der gemeinschaftlichen Ausübung von Rechten aus einem GmbH-Geschäftsanteil führt aufgrund der komplexen Gemengelage zwischen GmbH-Recht und Innenrecht der Erbengemeinschaft zu einer Vielzahl **diffiziler Abgrenzungs- und Folgeprobleme**. In der Praxis ist daher dringend zu empfehlen, insofern **Vorsorge** zu treffen. In Betracht kommt insb. die Bestellung eines **gemeinsamen Vertreters** für die Miterben. Anders als bei der AG (vgl. § 69 Abs. 1 AktG, → Rn. 1462) ist ein solcher bei der GmbH allerdings nicht obligatorisch, sondern das GmbHG stellt es den Miterben grundsätzlich frei, ob sie einen gemeinsamen Vertreter bestellen (vgl. § 18 Abs. 3 S. 1 GmbHG) – was im Einzelfall häufig problematisch sein kann.[9] Statutarisch kann jedoch eine Pflicht zur Bestellung eines gemeinsamen Vertreters begründet werden[10]; dies ist regelmäßig zu empfehlen[11]. Darüber hinaus kann auch der Erblasser in gewissem Maße Vorsorge treffen. In Betracht kommt hier speziell die Einsetzung eines Testamentsvollstreckers (zur Zulässigkeit der Testamentsvollstreckung an GmbH-Geschäftsanteilen → Rn. 889); dieser gilt dann als gemeinsamer Vertreter i.S.d. § 18 GmbHG.[12] Will der Erblasser dies nicht, so kommt ggf. eine Auflage, ein Vermächtnis oder eine postmortale Vollmacht an einen der Miterben in Betracht – diese Lösungen sind allerdings alle mit Problemen behaftet.[13]

3. Statutarische Nachfolgeregelung

1455 Obgleich die Vererblichkeit von GmbH-Geschäftsanteilen gesetzlich zwingend ist und nicht abbedungen werden kann (→ Rn. 1450), besteht in der Praxis häufig ein legitimes Bedürfnis auch im Falle des Todes eines GmbH-Gesellschafters zumindest in gewissem Maße kontrollieren zu können, wer in seine Gesellschafterstellung nachfolgt – insb. bei personalistisch strukturierten GmbHs und bei Familienunternehmen. Zulässig und weit verbreitet sind **statutarische Nachfolgeregelungen**, die regeln, ob und ggf. unter welchen Voraussetzungen der oder die Erben auf Dauer GmbH-Gesellschafter bleiben können.[14] Mit anderen Worten: Der oder die Erben werden zwar kraft Gesetzes zunächst zwingend Inhaber des GmbH-Geschäftsanteils, die Satzung kann aber regeln, ob sie diesen behalten dürfen oder unter bestimmten Voraussetzungen wieder „verlieren“. In Betracht kommen insb. folgende Gestaltungsvarianten:

- auf den Todesfall aufschiebend befristete Abtretung (→ Rn. 1456),
- Abtretungsverpflichtung der Erben (→ Rn. 1457),
- Einziehungs- und Kaduzierungsregelungen (→ Rn. 1458), sowie
- Abfindungsregelungen (→ Rn. 1459).

---

9 Vgl. BGH v. 14.12.1967 – II ZR 30/67, NJW 1968, 743, 745; MüKoGmbHG/*Reichert/Weller,* 3. Aufl. 2018, § 18 GmbHG Rn. 51; *J. Schmidt* NZG 2015, 1049, 1053.

10 Vgl. MüKoGmbHG/*Reichert/Weller,* 3. Aufl. 2018, § 18 GmbHG Rn. 53; *J. Schmidt* NZG 2015, 1049, 1053 m.w.N.

11 Vgl. *Lange,* ErbR, 2. Aufl. 2017, § 103 Rn. 140; *J. Schmidt* NZG 2015, 1049, 1055.

12 Vgl. MüKoGmbHG/*Reichert/Weller,* 3. Aufl. 2018, § 18 GmbHG Rn. 71; *J. Schmidt* NZG 2015, 1049, 1054.

13 Näher *J. Schmidt* NZG 2015, 1049, 1054 m.w.N.

14 Vgl. BGH v. 5.11.1984 – II ZR 147/83, BGHZ 92, 386, 391; *Lange,* ErbR, 2. Aufl. 2017, § 103 Rn. 146; *Perzborn* RNotZ 2017, 405, 413; MüKoGmbHG/*Reichert/Weller,* 3. Aufl. 2018, § 15 GmbHG Rn. 450.

Möglich ist zunächst eine **auf den Todesfall aufschiebend befristete Abtretung** bereits durch den betreffenden Gesellschafter selbst. Diese Lösung entspricht allerdings häufig nicht den Interessen der Beteiligten, da der übertragende Gesellschafter damit aufgrund der §§ 160 ff. schon zu Lebzeiten erheblichen Beschränkungen unterliegt.[15] **1456**

Deutlich praktikabler und interessengerechter sind hingegen statutarische Klauseln, welche eine **Abtretungsverpflichtung der Erben** vorsehen. Der GmbH-Geschäftsanteil fällt dann zwar zunächst in den Nachlass, der oder die Erben sind jedoch verpflichtet, ihn abzutreten. Begünstigter kann einer der verbleibenden Mitgesellschafter, ein anderer Miterbe, ein bestimmter oder von der Gesellschaft zu bestimmender Dritter oder auch die Gesellschaft selbst sein.[16] Das Recht, die Abtretung zu verlangen, steht in Ermangelung einer anderweitigen statutarischen Regelung der Gesellschaft zu.[17] Die Satzung kann jedoch auch dem Begünstigten selbst einen Anspruch auf Abtretung (sog. Eintrittsrecht) einräumen.[18] Zu beachten ist, dass die Abtretung gem. § 15 Abs. 3 GmbHG der notariellen Beurkundung bedarf. **1457**

In der Satzung kann zudem das **Recht oder** auch die **Pflicht zur Einziehung** des Geschäftsanteils (§ 34 GmbHG) im Falle des Todes eines Gesellschafters vorgesehen werden (ggf. auch nur unter bestimmten weiteren Voraussetzungen).[19] Der Anteil geht dann zunächst auf die Erben über und wird erst mit Wirksamkeit des Einziehungsbeschlusses vernichtet. Alternativ kann in der Satzung für den Fall des Todes eines Gesellschafters auch die **Kaduzierung** des Geschäftsanteils vorgesehen werden; dies hat den Vorteil, dass der Geschäftsanteil bestehen bleibt.[20] **1458**

Im Falle all dieser verschiedenen Arten statutarischer Nachfolgeklauseln wird die Problematik der **Abfindung** der Erben virulent. Grundsätzlich haben diese einen sofort fälligen Anspruch auf Abfindung zum Verkehrswert.[21] Heute ist jedoch allgemein anerkannt, dass die Satzung Abfindungsbeschränkungen oder sogar einen vollständigen Abfindungsausschluss vorsehen kann.[22] **1459**

---

15 Vgl. MHLS/*Ebbing,* GmbHG, 3. Aufl. 2017, § 15 Rn. 24; *Lange,* ErbR, 2. Aufl. 2017, § 103 Rn. 147; *Perzborn* RNotZ 2017, 405, 420; MüKoGmbHG/*Reichert/Weller,* 3. Aufl. 2018, § 15 GmbHG Rn. 451.

16 Vgl. MHLS/*Ebbing,* GmbHG, 3. Aufl. 2017, § 15 Rn. 25; *Perzborn* RNotZ 2017, 405, 416.

17 Vgl. MHLS/*Ebbing,* GmbHG, 3. Aufl. 2017, § 15 Rn. 27; *Perzborn* RNotZ 2017, 405, 416; MüKoGmbHG/*Reichert/Weller,* 3. Aufl. 2018, § 15 GmbHG Rn. 452.

18 Vgl. MHLS/*Ebbing,* GmbHG, 3. Aufl. 2017, § 15 Rn. 27; *Lange,* ErbR, 2. Aufl. 2017, § 103 Rn. 148; *Perzborn* RNotZ 2017, 405, 416.

19 Vgl. BGH v. 20.12.1976 – II ZR 115/75, GmbHR 1977, 81; OLG Düsseldorf v. 3.4.2014 – I-6 U 113/13 (juris), Rn. 91; MHLS/*Ebbing,* GmbHG, 3. Aufl. 2017, § 15 Rn. 31; *Lange,* ErbR, 2. Aufl. 2017, § 103 Rn. 153; *Perzborn* RNotZ 2017, 405, 413; MüKoGmbHG/*Reichert/Weller,* 3. Aufl. 2018, § 15 GmbHG Rn. 457.

20 Vgl. MHLS/*Ebbing,* GmbHG, 3. Aufl. 2017, § 15 Rn. 31; *Lange,* ErbR, 2. Aufl. 2017, § 103 Rn. 154; MüKoGmbHG/*Reichert/Weller,* 3. Aufl. 2018, § 15 GmbHG Rn. 457.

21 Vgl. Lutter/Hommelhoff/*Bayer,* GmbHG, 19. Aufl. 2016, § 15 GmbHG Rn. 18; MüKoGmbHG/*Reichert/Weller,* 3. Aufl. 2018, § 15 GmbHG Rn. 460.

22 Vgl. BGH v. 20.12.1976 – II ZR 115/75, GmbHR 1977, 81; Lutter/Hommelhoff/*Bayer,* GmbHG, 19. Aufl. 2016, § 15 GmbHG Rn. 18; *Lange,* ErbR, 2. Aufl. 2017, § 103 Rn. 156; MüKoGmbHG/*Reichert/Weller,* 3. Aufl. 2018, § 15 GmbHG Rn. 461.

II. Erbfolge in Aktien

1. Vererblichkeit

1460 Aktien sind ebenfalls zwingend **vererblich.**[23] Sofern nur ein Erbe vorhanden ist, wird dieser mit dem Erbfall unmittelbar Aktionär. Im Verhältnis zur AG gilt der Erbe im Falle von Namensaktien jedoch gem. § 67 Abs. 2 S. 1 AktG erst als Aktionär, wenn er im Aktienregister eingetragen ist (→ Rn. 1359).[24]

2. Erbengemeinschaft

1461 Im Falle einer Erbengemeinschaft unterliegt die Aktie als **Bestandteil des Nachlasses** der **gemeinschaftlichen Verwaltung gem. §§ 2038 ff.** (→ Rn. 980 ff.).[25]

1462 Gem. **§ 69 Abs. 1 AktG** können die Rechte aus der Aktie jedoch nur durch einen **gemeinsamen**[26] **Vertreter** ausgeübt werden; anders als bei der GmbH (→ Rn. 1454) ist dies hier nicht nur fakultativ. Die Bestellung eines gemeinsamen Vertreters ist allerdings keine Pflicht, sondern nur eine Obliegenheit: Die Miterben sind zwar nicht verpflichtet, einen gemeinsamen Vertreter zu bestellen – aber ohne einen solchen können sie die Rechte aus der Aktie nicht ausüben.[27] Ist Testamentsvollstreckung angeordnet, so ist jedoch der Testamentsvollstrecker automatisch gemeinsamer Vertreter i.S.d. § 69 Abs. 1 AktG (zur Zulässigkeit der Testamentsvollstreckung an Aktien → Rn. 889).[28]

3. Statutarische Nachfolgeregelungen

1463 Im Gegensatz zur GmbH besteht bei der AG nur in sehr eingeschränktem Maße die Möglichkeit zu statutarischen Nachfolgeregelungen. So sind insb. die bei der GmbH weit verbreiteten **Abtretungsklauseln** (→ Rn. 1457) bei der AG **nicht zulässig**, weil §§ 54, 55 AktG eine abschließende und zwingende Regelung der körperschaftlichen Pflichten darstellen.[29] **Möglich** ist es jedoch, in der Satzung für den Fall des Todes eines Gesellschafters die **Zwangseinziehung** gem. § 237 AktG vorzusehen[30]; dann sind allerdings gem. § 237 Abs. 2 S. 1 AktG die strengen Vorschriften über die Kapitalherabsetzung zu befolgen.

---

23 Vgl. *Lange,* ErbR, 2. Aufl. 2017, § 104 Rn. 178; Erman/*Lieder,* 15. Aufl. 2017, § 1922 Rn. 20; *Perzborn* RNotZ 2017, 405, 424.

24 Näher zur umstrittenen Bedeutung des § 67 Abs. 2 AktG im Erbfall: MüKoAktG/*Bayer,* 4. Aufl. 2016, § 67 AktG Rn. 75 ff. m.w.N.

25 Vgl. *Bayer/Sarakinis* NZG 2018, 561 f.; *Lange,* ErbR, 2. Aufl. 2017, § 104 Rn. 187.

26 Ungeachtet der leicht unterschiedlichen Terminologie („gemeinschaftlicher Vertreter“ in § 69 Abs. 1 AktG, „gemeinsamer Vertreter“ in § 18 Abs. 3 GmbHG) besteht in der Sache kein Unterschied.

27 Vgl. *Bayer/Sarakinis* NZG 2018, 561, 562 m.w.N.

28 Vgl. *Bayer/Sarakinis* NZG 2018, 561, 570 m.w.N.

29 Vgl. *Perzborn* RNotZ 2017, 405, 424; Sudhoff/*Froning*, Unternehmensnachfolge, 5. Aufl. 2005, § 48 Rn. 33; *Crezelius*, Unternehmenserbrecht, 2. Aufl. 2009, § 8 Rn. 384. Vgl. allg. zur Unzulässigkeit einer statutarischen Verpflichtung zur Abtretung der Aktie an einen Dritten auch K. Schmidt/Lutter/*Fleischer*, AktG, 3. Aufl. 2015, § 54 AktG Rn. 15; vgl. auch bereits RG v. 25.9.1901 – I 142/01, RGZ 49, 77, 79.

30 Vgl. *Lange,* ErbR, 2. Aufl. 2017, § 104 Rn. 191; *Perzborn* RNotZ 2017, 405, 425; K. Schmidt/Lutter/*Veil*, AktG, 3. Aufl. 2015, § 237 AktG Rn. 12.

Lösung Ausgangsfall 71 (→ Rn. 1449): GmbH-Geschäftsanteile sind gem. § 15 Abs. 1 GmbHG vererblich. Mit dem Tod des E fiel dessen Geschäftsanteil an der G-GmbH in den Nachlass und unterliegt nun der gemeinschaftlichen Verwaltung durch die Miterben T1, T2 und S. Gem. § 18 Abs. 1 GmbHG können Miterben die Rechte aus dem Geschäftsanteil nur gemeinschaftlich ausüben. Nach der herrschen Lehre von der mittelbar einheitlichen Rechtsausübung (→ Rn. 1453) kann ein einzelner Miterbe ein konkretes Recht aus dem Geschäftsanteil jedoch dann alleine wirksam ausüben, wenn er dies auch nach dem Innenrecht der Erbengemeinschaft wirksam mit Außenwirkung kann. Die Erhebung von Beschlussmängelklagen gehört zwar grundsätzlich zur ordnungsgemäßen Verwaltung (→ Rn. 1453). Allerdings ist S hier aufgrund seines Rückzugs in das Kloster längerfristig nicht erreichbar, sodass vor Ablauf der Klagefrist (grundsätzlich 1 Monat, § 246 Abs. 1 AktG analog) keine Mehrheitsentscheidung mehr herbeigeführt werden kann. Bei der Erhebung der Anfechtungsklage handelte es sich somit um eine Notmaßnahme i.S.d. § 2038 Abs. 1 S. 2 Hs. 2, die T1 allein durchführen kann (→ Rn. 1453). 1464

Teil XII

Erbfälle mit Auslandsbezug

§ 34 Internationales Erbrecht

1465 **Fall 72:** Der französische Staatsangehörige François (F) lebte seit 2003 in Erlangen. Neben einer Wohnung in Erlangen gehört ihm auch ein Ferienhaus in der Nähe von Venedig. F stirbt am 30.12.2018 ohne ein Testament oder eine sonstige letztwillige Verfügung hinterlassen zu haben. Das Erbrecht welchen Staates bzw. welcher Staaten findet Anwendung? **Lösung: → Rn. 1519**

Fall 73: Der deutsche Staatsangehörige Dieter (D), der seit 2010 in Paris lebt, schreibt in seinem Testament „Ich setze meinen Sohn S zum Alleinerben ein und entziehe meiner Tochter T gem. § 2333 Abs. 1 Nr. 1 BGB den Pflichtteil". D verstirbt am 2.1.2019. Das Erbrecht welchen Staates bzw. welcher Staaten findet Anwendung? **Lösung: → Rn. 1520**

Fall 74: Der deutsche Staatsangehörige Hubert (H), der seit 2008 in London lebt, ist Eigentümer eines Hauses in Rom. Er stirbt am 31.12.2018 ohne eine letztwillige Verfügung zu hinterlassen. Das Erbrecht welchen Staates bzw. welcher Staaten findet Anwendung? **Lösung: → Rn. 1521**

(Hinweis: Nach englischem IPR richtet sich die Rechtsnachfolge von Todes wegen bei Mobilien nach dem Recht des *domicile*, bei Immobilien nach dem Recht des Lageorts [*lex rei sitae*]).

Fall 75: Der italienische Staatsangehörige Mario (M) und seine Ehefrau Yvonne (Y) (eine französische Staatsangehörige) lebten von 1990 bis 2010 in München. Im Jahr 2008 schlossen sie einen Erbvertrag, wonach Y die Alleinerbin von M sein soll (wer Erbe von Y sein soll, wurde im Erbvertrag hingegen nicht geregelt). 2010 zogen M und Y nach Rom. Am 30.11.2018 stirbt M. Nach welchem Recht richtet sich, ob der Erbvertrag zulässig war? Würde sich etwas ändern, wenn der Erbvertrag eine Rechtswahl zugunsten des italienischen Rechts enthielt? **Lösung: → Rn. 1522**

Fall 76: Der österreichische Staatsangehörige Sepp (S) hat seit 15 Jahren in Lyon gelebt. Während eines Urlaubs auf Sylt verfasst er ein Testament, in dem er seine Ehefrau Franziska (F) als Alleinerbin einsetzt und bestimmt, dass sein Neffe Norbert (N) sein Haus in Rom als Vermächtnis erhalten soll. Das Testament genügt zwar den Formanforderungen des deutschen und des österreichischen Rechts, nicht jedoch denen des französischen und italienischen Rechts. Nachdem S am 29.11.2018 verstorben ist, fragt sich F, ob das auf Sylt errichtete Testament formwirksam war. **Lösung: → Rn. 1523**

Fall 77: Der französische Staatsangehörige Eduard (E), dessen letzter gewöhnlicher Aufenthalt in Frankreich war, verstarb am 28.11.2015 ohne Testament. Nach französischem Recht sind seine beiden Söhne Vincent (V) und Benoît (B) gesetzliche Erben zu je ½. Nachlassvermögen befindet sich in Frankreich und Deutschland. V beantragte beim Amtsgericht Berlin-Schöneberg die Erteilung eines gegenständlich beschränkten Fremdrechts-Erbscheins, wonach er und sein Bruder hinsichtlich des in Deutschland belegenen Nachlassteils E in Anwendung französischen Rechts je zur Hälfte beerbt haben. Ist das Amtsgericht Berlin-Schöneberg dafür zuständig? **Lösung: → Rn. 1524**

Literatur: *Burandt,* Die EuErbVO. Das Europäische Erbrecht im Wandel, FuR 2013, 314, 377 und 443; *Caravaca/Davì/Mansel,* The EU Succession Regulation. A Commentary, 2016; *Döbereiner,* Das Gesetz zum Internationalen Erbrecht und zur Änderung von Vorschriften zum Erbschein, NJW 2015, 2449; *ders.*, Das internationale Erbrecht nach der EU-Erbrechtsverordnung, Teil 1 MittBayNot 2013, 358 und 437; *Dörner*, EuErbVO: Die Verordnung zum Internationalen Erb- und Erbverfahrensrecht ist in Kraft!, ZEV 2012, 505; *Dorsel*, Europäische Erbrechtsverordnung und Europäisches Nachlasszeugnis, ZErb 2014, 212; *Dutta*, Das neue internationale Erbrecht der Europäischen Union – Eine erste Lektüre der Erbrechtsverordnung, FamRZ 2013, 4; *ders.*, Das neue Internationale Erbrechtsverfahrensgesetz, ZEV 2015, 493; *ders.*, Die europäische Erbrechtsverordnung vor ihrem Anwendungsbeginn: Zehn ausgewählte Streitstandsminiaturen, IPRax 2015, 32; *Dutta/Herrler*, Die Europäische Erbrechtsverordnung, 2014; *Dutta/Weber*, Internationales Erbrecht, 2016; *Everts*, Fälle und Fallbeispiele zur EU-Erbrechtsverordnung, NotBZ 2014, 441 und NotBZ 2015, 3; *Frank/Döbereiner*, Nachlassfälle mit Auslandsbezug, 2015; *Gierl/Köhler/Kroiß/Wilsch*, Internationales Erbrecht, 2015; *Hager*, Die neue europäische Erbrechtsverordnung, 2013; *Greeske*, Die Kollisionsnormen der neuen EU-Erbrechtsverordnung, 2014; *Heinig*, Rechtswahlen in Verfügungen von Todes wegen nach der EU-Erbrechtsverordnung, RNotZ 2014, 197; *Heinig*, Rechtswahlen im Erbrecht nach nationalem Kollisionsrecht – Der Countdown läuft!, RNotZ 2014, 281; *Herzog*, Die EU-Erbrechtsverordnung (EU-ErbVO), ErbR 2013, 2; *Janzen*, Die EU-Erbrechtsverordnung, DNotZ 2012, 484; *Kanzleiter*, Deutscher Erbschein für einen Erblasser, der mit gewöhnlichem Aufenthalt in einem anderen Vertragsstaat der Europäischen Erbrechtsverordnung verstorben ist?, DNotZ 2018, 724; *Kunz*, Die neue Europäische Erbrechtsverordnung - ein Überblick, Teil 1 GPR 2012, 208 und 253; *Kurth*, Der gewöhnliche Aufenthalt in Art. 4, 21 Abs. 1 EuErbVO, 2017; *Lange*, Das neue Internationale Erbverfahrensrecht, ErbR 2016, 58; *Lange*, Die Erbausschlagung eines im Ausland lebenden Erben unter Berücksichtigung der EuErbVO, ZErb 2016, 29; *Lechner*, Die Entwicklung der Erbrechtsverordnung – eine rechtspolitische Betrachtung, ZErb 2014, 188; *Lechner*, Die EuErbVO im Spannungsfeld zwischen Erbstatut und Sachenrecht, IPRax 2013, 497; *Lechner*, Die Europäische Erbrechtsverordnung, DNotZ-Sonderheft 2016, 103; *Lechner*, Erbverträge und Testamente in der neuen EU-Erbrechtsverordnung, NJW 2013, 26; *Lehmann*, Der Regierungsentwurf für ein Gesetz zum Internationalen Erbrecht, ZEV 2015, 138; *Lehmann*, Die EU-Erbrechtsverordnung zur Abwicklung grenzüberschreitender Nachlässe, DStR 2012, 2085; *Lehmann*, Die EU-ErbVO: Babylon in Brüssel und Berlin, ZErb 2013, 25; *Lehmann*, EuErbVO: Die Verordnung im Kurzüberblick, ZEV 2012, 533; *Leipold*, Das Europäische Erbrecht (EuErbVO) und das deutsche gemeinschaftliche Testament, ZEV 2014, 139; *Leitzen*, EuErbVO: Praxisfragen an der Schnittstelle zwischen Erb- und Gesellschaftsrecht, ZEV 2012, 520; *Leitzen*, Kubicka und die Folgen: Vindikationslegate in der Rechtspraxis, ZEV 2018, 311; Leitzen, Oberle und die Folgen: Erbscheinsverfahren in grenzüberschreitenden Fällen in der Rechtspraxis, ZEV 2018, 630; *Leipold*, Die internationale Zuständigkeit für die Ausschlagung der Erbschaft nach EuErbVO und IntErbRVG, ZEV 2015, 553; *Lorenz*, Erbrecht in Europa – Auf dem Weg zu kollisionsrechtlicher Rechtseinheit, ErbR 2012, 39; *Lübcke*, EuErbVO: Problemfelder im Rahmen der internationalen Zuständigkeit bei Vorliegen einer Rechtswahl durch den Erblasser, GPR 2015, 111; *Ludwig*, Die Wahl zwischen zwei Rechtsordnungen durch bedingte Rechtswahl nach Art. 22 der EU-Erbrechtsverordnung, DNotZ 2014, 12; *Lutz*, Auswirkungen der EU-ErbVO auf die Praxis des Nachlassgerichts, BWNotZ 2016, 34; *Magnus*, Gerichtsstandsvereinbarungen im Erbrecht?, IPRax 2013, 393; *Mankowski*, Das Verhältnis zwischen der EuErbVO und den neuen Verordnungen zum Internationalen Güterrecht, ZEV 2016, 479; *ders.*, Der gewöhnliche Aufenthalt des Erblassers unter Art. 21 Abs. 1 EuErbVO, IPRax 2015, 39; *ders.*, Europäische Regeln für die internationale Zuständigkeit für deutsche Erbscheine!, ErbR 2018, 482; *ders.*, Europäische Reversion: Das erbrechtliche Viertel ist im europäischen IPR Erbrecht! Kritik, Umschau und Folgen zur EuGH-Entscheidung Mahnkopf, ErbR 2018, 295; *Müller-Lukoschek*, Das Gesetz zum Internationalen Erbrecht und zur Änderung von Vorschriften zum Erbschein, NotBZ 2016, 441; *dies.*, Die neue EU-Erbrechtsverordnung, 2. Aufl. 2015; *dies.*, Neues im Internationalen Erbrecht: Die neue EU-Erbrechtsverordnung – Teil 1, NotBZ 2014, 329 und 361; *Nietner*, Erbrechtliche Nachlassspaltung durch Rechtswahl - Schicksal nach der EuErbVO?, IPRax 2015, 79; Nordmeier, Erbannahme, Erbausschlagung und ihre Anfechtung bei Nachlassspaltung nach EGBGB und EuErbVO, IPRax 2016, 439; *Nordmeier*, Erbverträge in der neuen EU-Erbrechtsverordnung: zur Ermittlung des hypothetischen Erbstatuts nach Art. 25 ErbRVO, ZErb 2013, 112; *ders.*, Erbverträge und nachlassbezogene Rechtsgeschäfte in der EuErbVO – eine Begriffserklärung, ZEV 2013, 117; *ders.*, EuErbVO: Neues Kollisionsrecht für gemeinschaftliche Testamente, ZEV 2012, 513; *ders.*, Grundfragen der Rechtswahl in der neuen EU-Erbrechtsverordnung – eine Untersuchung des Art. 22 ErbRVO, GPR 2013, 148; *Odersky*, Die Anwendung der Erbrechtsverordnung in der notariellen Praxis ab August 2015, notar 2015, 183; *ders.*, Die Europäische Erbrechtsverordnung in der Gestaltungspraxis, notar 2013, 3; *Peter*, Die Anwendung der ErbVO und ihrer Durchführungsvorschriften ab 17.8.2015, MDR 2015, 309; *Pfeiffer*, Ruhestandsmigration und EU-Erbrechtsverordnung, IPRax 2016, 310; *Reymann*, Auswirkungen der EU-Erbrechtsverordnung auf das Fürstentum Liechtenstein, ZVglRWiss 114 (2015), 40; *Rudolf*, EU-Erbrechtsverordnung – Übergangsvorschriften für die Wirksamkeit einer Rechtswahl und letztwilliger Verfügungen, ZfRV 2015, 212; *Schaub*, Die EU-Erbrechtsverordnung, Hereditare 2013, 91; *Schauer/Scheuba*, Europäische Erbrechtsverordnung, 2012; *J. P. Schmidt*, Ausländische Vindikationslegate über im Inland belegene Immobilien – zur Bedeutung des Art. 1 Abs. 2 lit. l EuErbVO, ZEV 2014, 133; *ders.*, Der Erwerb der Erbschaft in grenzüberschreitenden Sachverhalten unter besonderer Berücksichtigung der EuErbVO, ZEV 2014, 455; *ders.*, Die kollisionsrechtliche Behandlung dinglich wirkender Vermächtnisse. Ein Prüfstein für Grundfragen des internationalen und des materiellen Privatrechts, RabelsZ 77 (2013), 1; *Seyfarth*, Wandel der internationalen Zuständigkeit im Erbrecht, 2012; *Simon/Buschbaum*, Die neue EU-Erbrechtsverordnung, NJW 2012, 2393; *Sonnentag*, Das Europäische Internationale Erbrecht im Spannungsfeld zwischen der Anknüpfung an die Staatsangehörigkeit und den gewöhnlichen Aufenthalt, EWS 2012, 457; *Soutier*, Verbindliche Rechtswahlen im Erbrecht, ZEV 2015, 515; *Staudinger/Friesen*, Leben und sterben lassen in der EU – Europäisches Internationales Privatrecht in Erbsachen nach der Verordnung (EU) Nr. 650/2012, JA 2014, 641; *Steiner*, EU-Verordnung in Erbsachen sowie zur Einführung eines europäischen Nachlasszeugnisses, NZ 2012, 104; *Steinmetz*, EuErbVO: Beibehaltung des letzten gewöhnlichen Aufenthalts ohne Unterkunft im Herkunftsstaat? – Überlegungen zur Maßgeblichkeit des Erblasserwillens und zum „Mallorca-Rentner", ZEV 2018, 317; *Stürner*, Die Bedeutung des ordre public in der EuErbVO, GPR 2014, 316; *Süß*, Die Entscheidung des EuGH in der Rechtssache Mahnkopf: Folgen für das gesetzliche Erbrecht des überlebenden Ehegatten in internationalen Ehen und neue Gestaltungsmöglichkeiten, DNotZ 2018, 742; *Vollmer*, Die neue europäische Erbrechtsverordnung – ein Überblick, ZErb 2012, 227; *Volmer*, Definitive Entscheidung von Vorfragen aufgrund der Gerichtszuständigkeit nach der EuErbVO, ZEV 2014, 129; *ders.*, Die EU-Erbrechtsverordnung – erste Fragen an Dogmatik und Forensik, Rpfleger 2013, 421; *Wachter*, Europäische Erbrechtsverordnung in der Gestaltungspraxis, ZNotP 2014, 2; *ders.*, Unternehmensnachfolge im Zeitalter der Europäischen Erbrechtsverordnung, GmbHR 2014, R177; *Wagner*, Anwendung der EU-Erbrechtsverordnung in Deutschland, FamRZ 2015, 1668; *ders.*, Erste Rechtsprechung (des EuGH) zur EuErbVO, NJW 2017, 3755; *ders.*, Internationale und örtliche Zuständigkeit für die Erteilung deutscher Erbscheine, NJW 2018, 3284; *Wall*, Richtet sich die internationale Zuständigkeit zur Erbscheinserteilung künftig ausschließlich nach Artt.

4 ff. EU-ErbVO?, ZErb 2015, 9; *ders.*, Vermeidung negativer Kompetenzkonflikte im Zuständigkeitsrecht der Artt. 4 ff. EU-ErbVO, ZErb 2014, 272; *Weber*, Kubicka und die Folgen: Vindikationslegate aus Sicht des deutschen Immobiliarsachenrechts, DNotZ 2018, 16; *Weber/ Francastel*, Der gewöhnliche Aufenthalt pflegebedürftiger Erblasser im Kontext von EuErbVO und FamFG, DNotZ 2018, 163; *Wilke*, Das internationale Erbrecht nach der neuen EU-Erbrechtsverordnung, RIW 2012, 601; *Zimmermann*, Das neue Internationale Erbrechtsverfahrensgesetz, FGPrax 2015, 145; *Zimmer/Oppermann*, Geschäftsunfähigkeit, „Demenztourismus" und gewöhnlicher Aufenthalt nach der EuErbVO am Beispiel der Schweiz, ZEV 2016, 126; *Zwirlein*, Neues Internationales Erbrecht für Europa. Ein Überblick über die Europäische Erbrechtsverordnung (EU) Nr. 650/2012, JuS 2015, 981.

I. Bedeutung und Grundlagen

Erbfälle haben **zunehmend** einen **internationalen Bezug**. Hintergrund ist zum einen, **1466** dass die Menschen immer mobiler werden. Viele Deutsche leben eine Zeit lang im Ausland, umgekehrt leben immer mehr Ausländer in Deutschland. Binationale Ehen und Verwandte in vielen anderen Ländern sind heute keine Seltenheit mehr. Zum anderen verfügen immer mehr Menschen über Vermögenswerte (Grundbesitz, Unternehmensbeteiligungen, Bankguthaben, Kapitalanlagen) im Ausland.

Aus rechtlicher Sicht stellt sich zunächst die Frage nach dem anwendbaren Erbrecht, **1467** dem sog. **Erbstatut** oder ***lex successionis***. Diese Frage beantwortet das internationale Erbrecht als Teil des Internationalen Privatrechts (IPR). IPR ist Kollisionsrecht: Bei Sachverhalten mit Auslandsberührung regelt es, welche der verschiedenen „kollidierenden" Rechtsordnungen anwendbar ist.

Beispiel: Erblasserin E ist deutsche Staatsangehörige, ihr Ehemann M ist französischer Staatsangehöriger. Beide haben die letzten fünf Jahre seit der Pensionierung von E die Hälfte des Jahres auf Madeira und die andere Hälfte des Jahres in Bayreuth gelebt. Zum Nachlass der E gehört neben einem Haus in Bayreuth auch eine Ferienwohnung auf Madeira sowie Bankguthaben bei einer deutschen und bei einer luxemburgischen Bank. In ihrem Testament hat E ihren Ehemann M und die gemeinsame Tochter T jeweils zur Hälfte als Erben eingesetzt. T lebt bereits seit mehreren Jahren in Dublin. Welches Erbrecht ist anwendbar?

In Betracht kämen hier insb. deutsches (Staatsangehörigkeit und teilweiser Aufenthaltsort der E, Belegenheit des Hauses und eines Bankguthabens), französisches (Staatsangehörigkeit des M), portugiesisches (teilweiser Aufenthaltsort von E und M, Belegenheit der Ferienwohnung), luxemburgisches (Belegenheit eines Bankguthabens) sowie irisches (Wohnort der T) Erbrecht.

Traditionell hat jeder Staat sein eigenes IPR. Konsequenz ist, dass es aufgrund mangelnder Abstimmung der nationalen IPR zu Konflikten kommen kann (z.B. weil mehrere Staaten ihr Erbrecht für anwendbar erklären oder umgekehrt, wenn keiner der in Betracht kommenden Staaten sein Erbrecht für anwendbar erklärt). Für alle seit dem 17.8.2015 eintretenden Erbfälle ist das internationale Erbrecht jedoch durch die **EuErbVO** weitgehend harmonisiert. Daneben gelten aber für Deutschland noch eine Reihe bi- und multilateraler Staatsverträge (→ Rn. 1475).

Darüber hinaus stellt sich aber auch die Frage nach der **internationalen Zuständigkeit** in Erbsachen und dem allgemeinen internationalen Erbverfahrensrecht. **1468**

Beispiel: Im oben geschilderten Sachverhalt stellt sich die Frage, ob die deutschen, französischen, portugiesischen, luxemburgischen und/oder die irischen Gerichte international zuständig sind.

Für alle seit dem 17.8.2015 eintretenden Erbfälle sind diese Fragen ebenfalls durch die **EuErbVO** harmonisiert.

II. Ziel und Anwendungsbereich der EuErbVO

1469 Ziel der EuErbVO ist es ausweislich ErwG 7 S. 1, die bei der Durchsetzung von Rechten **im Zusammenhang mit Erbfällen mit grenzüberschreitendem Bezug bestehenden Hindernisse auszuräumen**. Es soll den EU-Bürgern deshalb ermöglicht werden, ihren Nachlass im Voraus zu regeln (ErwG 7 S. 2); dabei sollen aber freilich die Rechte von Erben, Vermächtnisnehmern, anderen dem Erblasser nahestehenden Personen sowie von Nachlassgläubigern effektiv gewahrt werden (ErwG 7 S. 3).

1470 Um dies zu erreichen, wurde eine Verordnung geschaffen, die folgende **Regelungsmaterien** zum Gegenstand hat:

- Zuständigkeit in Erbsachen (Kap. II, Art. 4–19);
- anzuwendendes Recht in Erbsachen (sog. Erbstatut oder *lex successionis*) (Kap. III, Art. 20–38);
- Anerkennung, Vollstreckbarkeit und Vollstreckung von Entscheidungen in Erbsachen (Kap. IV, Art. 39–61);
- Europäisches Nachlasszeugnis (ENZ) (Kap. VI, Art. 62–73, → Rn. 1334 ff.).

1471 Die EuErbVO gilt gem. Art. 83 Abs. 1 EuErbVO für die Rechtsnachfolge von Todes wegen von Personen, die am **17.8.2015** oder danach verstorben sind.

1472 Der **räumliche Anwendungsbereich** der EuErbVO erstreckt sich grundsätzlich auf alle EU-Mitgliedstaaten; ausgenommen sind jedoch Dänemark, das UK[1] und Irland – sie sind keine Mitgliedstaaten i.S.d. EuErbVO, sondern gelten insoweit als Drittstaaten (vgl. ErwG 82, 83).[2] Sie findet aber auch Anwendung auf Sachverhalte, die keinen Bezug zu einem anderen EU-Mitgliedstaat aufweisen (sog. reine Drittenstaatensachverhalte).[3]

1473 Der **sachliche Anwendungsbereich** der EuErbVO erfasst gem. Art. 1 Abs. 1 EuErbVO grundsätzlich sämtliche zivilrechtliche Aspekte der Rechtsnachfolge von Todes wegen. Art. 1 Abs. 2 EuErbVO enthält jedoch einen Negativkatalog von zwölf Ausnahmetatbeständen.[4] Ausgenommen sind danach u.a. das Güterrecht (lit. d), Rechtsgeschäfte unter Lebenden (lit. g) sowie gesellschaftsrechtliche Fragen (lit. h).

1474 In Deutschland wurde zur Ausführung der EuErbVO das Internationale Erbverfahrensgesetz (**IntErbRVG**) erlassen.

---

1 Insofern würde sich also durch einen Brexit für UK nichts ändern.
2 Näher dazu BeckOGK/*J. Schmidt* Art. 1 EuErbVO Rn. 7 ff. m.w.N.
3 Vgl. *Reymann* ZVglRWiss 114 (2015) 40, 52; *v. Bar/Mankowski,* IPR II, 2. Aufl. 2019, § 5 Rn. 11; BeckOGK/*J. Schmidt* Art. 1 EuErbVO Rn. 7 ff. m.w.N.
4 Näher dazu BeckOGK/*J. Schmidt* Art. 1 EuErbVO Rn. 14 ff. m.w.N.

Allerdings bleiben gem. Art. 75 Abs. 1 EuErbVO bestehende **internationale Übereinkommen mit Drittstaaten** unberührt; diese genießen also **Vorrang** vor der EuErbVO. Wie Art. 75 Abs. 1 UAbs. 2 und ErwG 73 S. 2 EuErbVO explizit klarstellen, gilt dies insb. für das Haager Übereinkommen über das auf die Form letztwilliger Verfügungen anzuwendende Recht v. 5.10.1961 (**HTestformÜ**)[5]. Aus deutscher Sicht existieren eine Reihe weiterer vorrangiger bilateraler internationaler Übereinkommen, von denen speziell die folgenden drei relevant sind: das deutsch-türkische Nachlassabkommen von 1929[6], das deutsch-persische Niederlassungsabkommen von 1929[7] und der deutsch-sowjetische Konsularvertrag von 1958[8].[9] **1475**

III. Erbstatut (lex successionis)

1. Grundlagen und Systematik der Anknüpfungsregeln der EuErbVO im Überblick

a) Systematik der Anknüpfungsregeln

Die **Grundregeln** zur Bestimmung des Erbstatuts (*lex successionis*) finden sich in **Art. 21-23 EuErbVO**: Art. 22 EuErbVO ermöglicht dem Erblasser eine Rechtswahl (→ Rn. 1481 ff.). Hat der Erblasser keine Rechtswahl getroffen, so gilt die Grundregel für die objektive Anknüpfung in Art. 21 EuErbVO, die grundsätzlich auf den letzten gewöhnlichen Aufenthalt des Erblassers abstellt (Abs. 1, → Rn. 1485 ff.), in Abs. 2 aber eine Ausweichklausel enthält (→ Rn. 1490). Art. 23 EuErbVO regelt die Reichweite des Erbstatuts (→ Rn. 1491). **1476**

Art. 24-30 und Art. 32, 33 EuErbVO enthalten eine Reihe von **Sonderanknüpfungen** und sonstigen Sonderregeln (→ Rn. 1492 ff.). Hervorzuheben sind davon insb. die in Art. 24-26 EuErbVO statuierten Sonderanknüpfungen für Verfügungen von Todes wegen (→ Rn. 1492 ff.) sowie die Sonderanknüpfungen für das Formstatut in Art. 27, 28 EuErbVO (→ Rn. 1497 ff.). **1477**

Art. 31, 35 und **36-38 EuErbVO** enthalten Regelungen zu verschiedenen Fragen des Allgemeinen Teils des IPR (→ Rn. 1505 ff.); hervorzuheben ist hier speziell der *ordre public*-Vorbehalt des Art. 35 EuErbVO (→ Rn. 1508). **1478**

b) Universelle Geltung

Art. 20 EuErbVO statuiert den **Grundsatz der universellen Anwendung**, d.h. dass das durch die Kollisionsnormen der EuErbVO bezeichnete Recht nicht nur dann anzuwenden ist, wenn es sich um das Recht eines Mitgliedstaats handelt (z.B. Deutsch- **1479**

5 Haager Übereinkommen über das auf die Form letztwilliger Verfügungen anzuwendende Recht v. 5.10.1961 (HTestformÜ), BGBl. II, 1144.

6 Konsularvertrag zwischen dem Deutschen Reiche und der Türkischen Republik v. 28.5.1929, Anl. zu Art. 20, RGBl. II, 748.

7 Niederlassungsabkommen zwischen dem Deutschen Reich und dem Kaiserreich Persien v. 17.2.1929, RGBl. 1930 II, 1006.

8 Konsularvertrag zwischen der Bundesrepublik Deutschland und der Union der Sozialistischen Sowjetrepubliken v. 25.4.1958, BGBl. 1959 II 233.

9 Näher zum Ganzen BeckOGK/*J. Schmidt* Art. 75 EuErbVO Rn. 17 ff. m.w.N.

land, Frankreich), sondern auch dann, wenn es sich um das Recht eines Drittstaats (z.B. China) handelt.

c) Eingeschränkte Beachtlichkeit des Renvoi

1480 Im Hinblick auf die Beachtlichkeit von Rück- und Weiterverweisungen (Renvoi) differenziert die EuErbVO gem. Art. 34 EuErbVO danach, ob es sich bei dem zur Anwendung berufenen Recht um das Recht eines Mitgliedstaats oder eines Drittstaats handelt.[10] Bezeichnet die EuErbVO das **Recht eines Mitgliedstaats**, so gilt der Grundsatz der **Sachnormverweisung**, d.h. es wird unmittelbar auf das Sachrecht des jeweiligen Mitgliedstaats verwiesen.[11] Bezeichnet die EuErbVO hingegen das **Recht eines Drittstaats**, so ordnet Art. 34 EuErbVO im Interesse des internationalen Entscheidungseinklangs in bestimmten Fällen die Beachtung eines Renvoi an.[12]

Beispiele: Wenn die EuErbVO das deutsche Recht als anwendbar bezeichnet, so gilt das deutsche Sachrecht. Wenn die EuErbVO hingegen auf japanisches Recht verweist und das Kollisionsrecht von Japan auf französisches Recht weiterverweist, so ist dieser Renvoi gem. Art. 34 Abs. 1 lit. a EuErbVO zu beachten, d.h. es gilt letztlich das französische Sachrecht.

2. Grundregeln

a) Rechtswahl (Art. 22 EuErbVO)

1481 Art. 22 EuErbVO gestattet als Ausdruck der Parteiautonomie eine Rechtswahl – allerdings nur in engen Grenzen. Denn zum einen ist ausschließlich der **Erblasser** rechtswahlberechtigt (vgl. Art. 22 Abs. 1 EuErbVO). Zum anderen ist auch der Kreis der wählbaren Rechte eng begrenzt: Gem. Art. 22 Abs. 1 UAbs. 1 EuErbVO kann der Erblasser nur das **Recht seiner Staatsangehörigkeit im Zeitpunkt der Rechtswahl oder im Zeitpunkt seines Todes** wählen. Bei Mehrrechtsstaatlern gestattet Art. 22 Abs. 1 UAbs. 2 EuErbVO jedoch die Wahl des Rechts jedes der mehreren Staaten, dem der Betreffende im Zeitpunkt der Rechtswahl oder im Zeitpunkt seines Todes angehört. Die Wahl eines anderen Rechts (z.B. des gewöhnlichen Aufenthalts, des Ehegüterrechts oder des Rechts der Belegenheit von Nachlassgegenständen) wurde hingegen bewusst nicht zugelassen.[13]

Beispiel: Der französische Staatsangehörige F wohnt seit Jahren in Deutschland. Er könnte französisches Recht wählen. Eine Wahl des deutschen Rechts wäre hingegen nur wirksam, wenn F im Zeitpunkt seines Todes die deutsche Staatsangehörigkeit erworben hat.

1482 Die Rechtswahl kann gem. Art. 22 Abs. 2 EuErbVO nur in einer Erklärung in der **Form einer Verfügung von Todes wegen** erfolgen.[14] Sie braucht aber nicht unbedingt ausdrücklich erfolgen, sondern es genügt auch, wenn sie sich konkludent aus den Bestimmungen einer solchen Verfügung ergibt; maßgeblich sind insoweit sämtliche Umstände des Einzelfalls.[15]

10 Vgl. BeckOGK/*J. Schmidt* Art. 20 EuErbVO Rn. 22.
11 Vgl. *Döbereiner* MittBayNot 2013, 358, 364; BeckOGK/*J. Schmidt* Art. 20 EuErbVO Rn. 22 m.w.N.
12 Näher zum Ganzen BeckOGK/*J. Schmidt* Art. 34 EuErbVO Rn. 1 ff. m.w.N.
13 Vgl. näher *v. Bar/Mankowski*, IPR II, 2. Aufl. 2019, § 5 Rn. 178 ff.; BeckOGK/*J. Schmidt* Art. 22 EuErbVO Rn. 6 ff. m.w.N.
14 Näher dazu BeckOGK/*J. Schmidt* Art. 22 EuErbVO Rn. 13 ff. m.w.N.
15 Näher dazu BeckOGK/*J. Schmidt* Art. 22 EuErbVO Rn. 20 ff. m.w.N.

Beispiel: T schreibt in seinem Testament „Ich entziehe meinem Sohn S gem. § 2333 Abs. 1 Nr. 1 BGB den Pflichtteil“. Eine solche konkrete Bezugnahme auf die Bestimmungen des deutschen Rechts kann als konkludente Wahl des deutschen Rechts interpretiert werden.[16]

Die **materielle Wirksamkeit** der Handlung, mit der die Rechtswahl vorgenommen wird, unterliegt gem. Art. 22 Abs. 3 EuErbVO dem gewählten Recht, d.h. der hypothetischen *lex successionis* (sog. „bootstrap principle“[17]).[18] **1483**

Beispiel: Hat der Erblasser deutsches Recht gewählt, so bestimmt sich die materielle Wirksamkeit der Rechtswahlhandlung nach deutschem Recht. Damit richtet sich z.B. die Frage, ob die Rechtswahlerklärung aufgrund eines Willensmangels anfechtbar oder nichtig ist, nach deutschem Recht.

Wie sich aus Art. 22 Abs. 4 EuErbVO ergibt, kann die Rechtswahl grundsätzlich jederzeit **geändert oder widerrufen** werden; dabei muss allerdings die Form für die Änderung oder den Widerruf einer Verfügung von Todes wegen gewahrt werden.[19] Umstritten ist, was hinsichtlich der materiellen Wirksamkeit der Rechtshandlung gilt; vorzugswürdig ist die Ansicht, dass insoweit das ursprünglich gewählte Recht maßgeblich ist.[20] **1484**

b) Objektive Anknüpfung (Art. 21 EuErbVO)

aa) Grundregel, Art. 21 Abs. 1 EuErbVO: objektive Anknüpfung an den letzten gewöhnlichen Aufenthalt. Art. 21 Abs. 1 EuErbVO statuiert die Grundregel für die objektive Anknüpfung: Soweit die EuErbVO nichts anderes bestimmt, ist für die gesamte Rechtsnachfolge von Todes wegen (Grundsatz der Nachlasseinheit) das Recht des Staates maßgeblich, in dem der **Erblasser im Zeitpunkt seines Todes seinen gewöhnlichen Aufenthalt** hatte. **1485**

Der europäische Gesetzgeber entschied sich bewusst gegen eine Anknüpfung an die Staatsangehörigkeit (wie etwa früher im deutschen Recht gem. Art. 25 Abs. 1 EGBGB a.F.) und für eine Anknüpfung an den letzten gewöhnlichen Aufenthalt. Speziell vor dem Hintergrund der zunehmenden Mobilität der Bürger gewährleistet er am besten, dass eine wirkliche, enge und feste Verbindung zwischen dem Nachlass und dem Mitgliedstaat, in dem die Erbsache abgewickelt wird und dessen Recht Anwendung findet, besteht (vgl. ErwG 23 S. 1, 37 S. 1 EuErbVO).[21] Am Ort des gewöhnlichen Aufenthalts wird sich i.d.R. der Mittelpunkt der Lebensinteressen des Erblassers und häufig auch der größte Teil seines Vermögens befinden.[22] Zudem begünstigt die Anknüpfung an den gewöhnlichen Aufenthalt die Integration und verhindert eine Diskriminierung aufgrund der Staatsangehörigkeit.[23]

16 Vgl. BeckOGK/*J. Schmidt* Art. 22 EuErbVO Rn. 23.
17 Von „bootstrap“ (Stiefelschlaufe); „bootstrapping“ bedeutet, sich – ähnlich wie Baron von Münchhausen – selbst am eigenen Schopf (bzw. den Stiefelschlaufen) aus dem Sumpf zu ziehen. Vgl. *J. Schmidt* JURA 2011, 117, 118 Fn. 38.
18 Näher dazu BeckOGK/*J. Schmidt* Art. 22 EuErbVO Rn. 27 ff. m.w.N.
19 Näher dazu BeckOGK/*J. Schmidt* Art. 22 EuErbVO Rn. 38 f. m.w.N.
20 Näher zum Streitstand BeckOGK/*J. Schmidt* Art. 22 EuErbVO Rn. 40 m.w.N.
21 Vgl. KOM(2009) 154, S. 5 f., 6 f.; BeckOGK/*J. Schmidt* Art. 4 EuErbVO Rn. 16 m.w.N.
22 Vgl. KOM(2009) 154, S. 6; BeckOGK/*J. Schmidt* Art. 4 EuErbVO Rn. 16 m.w.N.
23 Vgl. KOM(2009) 154, S. 6; BeckOGK/*J. Schmidt* Art. 4 EuErbVO Rn. 16 m.w.N.

1486 Der **Begriff des gewöhnlichen Aufenthalts** ist **unionsautonom** auszulegen.[24] Nach ErwG 23 S. 3 EuErbVO sind dabei die spezifischen Ziele der EuErbVO zu beachten. Trotz des Prinzips der internen Harmonie des EU-IPR muss der „gewöhnliche Aufenthalt" im Sinne der EuErbVO somit nicht immer und in allen Fällen identisch sein mit demjenigen im Sinne anderer EU-IPR-Rechtsakte (z.B. Rom I-VO, Rom II-VO); er ist vielmehr richtiger Ansicht nach EuErbVO-spezifisch auszulegen.[25]

1487 Der gewöhnliche Aufenthalt soll unter Berücksichtigung der Ziele der EuErbVO – die schließlich die Rechtsnachfolge von Todes wegen regelt – eine **besonders enge und feste Bindung** zu dem betreffenden Staat erkennen lassen (ErwG 23 S. 3 EuErbVO), er erfordert also eine besondere Stabilität.[26] Bei seiner Bestimmung ist eine **Gesamtbeurteilung der Lebensumstände des Erblassers** in den Jahren vor seinem Tod und im Zeitpunkt seines Todes vorzunehmen und es sind alle relevanten Tatsachen zu berücksichtigen (ErwG 23 S. 2 EuErbVO).[27]

1488 Als im Rahmen der Gesamtbetrachtung maßgebliche Kriterien[28] nennt ErwG 23 S. 2 EuErbVO insb. die **Dauer und Regelmäßigkeit des Aufenthalts** in dem betreffenden Staat. Je länger und regelmäßiger der Aufenthalt ist, desto mehr spricht für einen gewöhnlichen Aufenthalt.[29] Weiterhin nennt ErwG 23 S. 2 EuErbVO explizit die **Umstände und Gründe** für die Präsenz des Erblassers in dem betreffenden Staat. Dazu ist insb. auch der **Wille** des Erblassers zu zählen, sich in dem betreffenden Staat aufzuhalten und auch dort zu bleiben.[30] Weitere Kriterien können sein: **familiäre und soziale Bindungen**, die **Staatsangehörigkeit** des Erblassers, die **Belegenheit** seiner (wesentlichen) **Vermögensgegenstände** sowie ggf. auch seine Sprachkenntnisse.[31]

1489 Obgleich sich der letzte gewöhnliche Aufenthalt bei den meisten Erblassern relativ unkompliziert bestimmen lassen wird, kann dies in bestimmten **Sonderkonstellationen** durchaus **problematisch** sein.

Zwei solche Sonderkonstellationen sind in ErwG 24 EuErbVO speziell angesprochen.[32] Im Falle eines **beruflich oder wirtschaftlich veranlassten Aufenthalts zwecks Arbeit** (z.B. eine in Deutschland arbeitende polnische Pflegekraft) ist nach ErwG 24 S. 2 und 3 EuErbVO im Zweifel anzunehmen, dass der Erblasser seinen gewöhnlichen Aufenthalt weiterhin im Herkunftsstaat hat (also im Beispiel weiterhin in Polen). Im Falle eines **wechselnden Aufenthalts ohne längere Niederlassung** (z.B. Soldaten oder Diplomaten mit wechselnder Stationierung;

24 Vgl. OLG Hamburg v. 16.11.2016 – 2 W 85/16, MittBayNot 2017, 624 Rn. 22; *Mankowski* IPRax 2015, 39, 42; BeckOGK/*J. Schmidt* Art. 4 EuErbVO Rn. 18 m.w.N.

25 Vgl. *Lehmann* DStR 2012, 2085, 2086; *Mankowski* IPRax 2015, 39, 42; BeckOGK/*J. Schmidt* Art. 4 EuErbVO Rn. 18 m.w.N. (auch zur abweichenden Ansicht).

26 Vgl. *Dutta* FamRZ 2013, 4, 5 f.; *Mankowski* IPRax 2015, 39, 42; BeckOGK/*J. Schmidt* Art. 4 EuErbVO Rn. 19 m.w.N.

27 Vgl. KG v. 26.4.2016 – 1 AR 8/16, ZEV 2016, 514 Rn. 7; MüKoBGB/*Dutta,* 7. Aufl. 2018, Art. 4 EuErbVO Rn. 3; BeckOGK/*J. Schmidt* Art. 4 EuErbVO Rn. 19 m.w.N.

28 Näher dazu BeckOGK/*J. Schmidt* Art. 4 EuErbVO Rn. 20 ff. m.w.N.

29 Näher dazu BeckOGK/*J. Schmidt* Art. 4 EuErbVO Rn. 20.

30 Vgl. OLG München v. 22.3.2017 – 31 AR 47/17, ZEV 2017, 333 Rn. 5; OLG Hamm v. 2.1.2018 – I-10 W 35/17, NJW 2018, 2061; MüKoBGB/*Dutta,* 7. Aufl. 2018, Art. 4 EuErbVO Rn. 4; BeckOGK/*J. Schmidt* Art. 4 EuErbVO Rn. 21 m.w.N.

31 Vgl. BeckOGK/*J. Schmidt* Art. 4 EuErbVO Rn. 22 ff. m.w.N.

32 Näher dazu BeckOGK/*J. Schmidt* Art. 4 EuErbVO Rn. 27 ff. m.w.N.

um die Welt reisende Stars oder Profisportler) kann die Staatsangehörigkeit oder Belegenheit der wesentlichen Vermögensgegenstände ein besonderer Faktor sein.

Weitere problematische und kontrovers diskutierte Sonderkonstellationen sind etwa die sog. **„Mallorca-Rentner“** (d.h. Rentner, die ihren Lebensabend zumindest teilweise im Ausland verbringen); ältere Personen, die in einem **Pflegeheim im Ausland** leben; **Berufspendler** sowie sonstige Expatriates und Studierende, die einen Teil oder ihr gesamtes **Studium im Ausland** absolvieren.[33]

bb) Die Ausweichklausel des Art. 21 Abs. 2 EuErbVO. Nach der Ausweichklausel des Art. 21 Abs. 2 EuErbVO ist jedoch ausnahmsweise das Recht eines anderen Staates anzuwenden, wenn sich aus der Gesamtheit der Umstände ergibt, dass der Erblasser im Zeitpunkt seines Todes eine **offensichtlich engere Verbindung** zu diesem Staat als dem seines letzten gewöhnlichen Aufenthalts hatte. Dabei handelt es sich um eine restriktiv zu interpretierende Ausnahmevorschrift.[34] Zur Feststellung, ob im Einzelfall ausnahmsweise eine solche offensichtlich engere Verbindung vorliegt, bedarf es einer Gesamtbetrachtung sämtlicher Umstände des Einzelfalls.[35] Nach ErwG 25 S. 1 soll die Ausweichklausel etwa insb. in Fällen eines kurz vor dem Tod erfolgten Aufenthaltswechsels eingreifen können. 1490

Beispiel: Der deutsche Erblasser E verliebt sich in die Chinesin C, heiratet sie und zieht gemeinsam mit ihr nach Shanghai, wo sie gemeinsam ein Haus kaufen und E eine Stelle bei einem chinesischen Unternehmen annimmt. Einen Monat nach dem Umzug wird E vom Transrapid überfahren.

Hier hat E zwar bereits einen gewöhnlichen Aufenthalt i.S.d. Art. 21 Abs. 1 EuErbVO in China begründet, die Ausweichklausel des Art. 21 Abs. 2 EuErbVO kann aber zur Anwendung des deutschen Rechts führen.[36]

c) Reichweite des Erbstatuts (Art. 23 EuErbVO)

Art. 23 EuErbVO regelt die Reichweite des Erbstatuts. Abs. 1 etabliert das **Prinzip der einheitlichen *lex successionis***: Das Erbstatut gilt grundsätzlich für die gesamte Rechtsnachfolge von Todes wegen.[37] Abs. 2 enthält einen nicht abschließenden („insbesondere“) Katalog der wichtigsten vom Erbstatut umfassten Materien.[38] Dazu gehören etwa die Gründe für den Eintritt des Erbfalls (lit. a), die Berufung und Rechtsstellung der Berechtigten (lit. b), der Übergang der Rechte und Pflichten (lit. e) und die Haftung für Nachlassverbindlichkeiten (lit. g). 1491

33 Näher dazu BeckOGK/*J. Schmidt* Art. 4 EuErbVO Rn. 32 ff. m.w.N.
34 Vgl. MüKoBGB/*Dutta,* 7. Aufl. 2018, Art. 21 EuErbVO Rn. 7; *v. Bar/Mankowski,* IPR II, 2. Aufl. 2019, § 5 Rn. 288; BeckOGK/*J. Schmidt* Art. 21 EuErbVO Rn. 12 m.w.N.
35 Vgl. *Lange* ZErb 2012, 160, 162; BeckOGK/*J. Schmidt* Art. 21 EuErbVO Rn. 12 m.w.N.
36 Vgl. BeckOGK/*J. Schmidt* Art. 21 EuErbVO Rn. 18.1.
37 Vgl. EuGH v. 12.10.2017, *Kubicka,* C-218/16, ECLI:EU:C:2017:755, Rn. 43; BeckOGK/*J. Schmidt* Art. 23 EuErbVO Rn. 4 m.w.N.
38 Ausf. dazu *v. Bar/Mankowski,* IPR II, 2. Aufl. 2019, § 5 Rn. 325 ff.; BeckOGK/*J. Schmidt* Art. 23 EuErbVO Rn. 6 ff. m.w.N.

3. Sonderanknüpfungen und weitere Sonderregeln

a) Sonderanknüpfungen für Verfügungen von Todes wegen (Art. 24-26 EuErbVO)

1492 Art. 24-26 EuErbVO normieren partielle Sonderanknüpfungen betreffend die **Zulässigkeit, materielle Wirksamkeit und Bindungswirkung einer Verfügung von Todes wegen**. Grundnorm ist insoweit Art. 24 EuErbVO. Art. 25 EuErbVO enthält eine *lex specialis* für Erbverträge. Art. 26 Abs. 1 EuErbVO legaldefiniert, was zur materiellen Wirksamkeit i.S.d. Art. 24, 25 EuErbVO gehört, nämlich Testierfähigkeit, Einsetzungs- und Erwerbsbeschränkungen, die Zulässigkeit der Stellvertretung, die Auslegung sowie Fragen betreffend Willensmängel und Testierwillen.

1493 **aa) Zulässigkeit und materielle Wirksamkeit von Verfügungen von Todes wegen (Art. 24 EuErbVO).** Gem. Art. 24 Abs. 1 EuErbVO unterliegen die **Zulässigkeit und materielle Wirksamkeit einer Verfügung von Todes wegen** (mit Ausnahme eines Erbvertrags, → Rn. 1494 ff.) grundsätzlich dem Recht, das anzuwenden wäre, wenn die Person, die die Verfügung errichtet, zu diesem Zeitpunkt verstorben wäre, d.h. der **hypothetischen *lex successionis*** im Zeitpunkt der Verfügung (sog. Errichtungsstatut).[39] Art. 24 Abs. 2 EuErbVO gestattet dem Verfügenden, in der Verfügung eine isolierte Rechtswahl nur bezüglich des für die Zulässigkeit und materielle Wirksamkeit der Verfügung von Todes wegen maßgeblichen Rechts zu treffen.[40] Ratio ist die Schaffung von Rechtssicherheit.[41] Im Hinblick auf das Recht, dem die Zulässigkeit sowie die materielle Wirksamkeit einer Änderung oder eines Widerrufs einer Verfügung von Todes wegen unterliegt, differenziert Art. 24 Abs. 3 EuErbVO danach, ob in Bezug auf die zu ändernde oder zu widerrufende Verfügung eine isolierte Rechtswahl gem. Art. 24 Abs. 2 EuErbVO getroffen wurde; ist dies der Fall, so ist das gewählte Recht maßgeblich; andernfalls gilt Art. 24 Abs. 1 EuErbVO entsprechend.[42]

1494 **bb) Zulässigkeit, materielle Wirksamkeit und Bindungswirkung von Erbverträgen (Art. 25 EuErbVO).** Art. 25 EuErbVO normiert eine partielle Sonderanknüpfung betreffend die **Zulässigkeit, materielle Wirksamkeit und Bindungswirkung von Erbverträgen**, die *lex specialis* zu Art. 24 EuErbVO ist.[43]

1495 Der Begriff des **Erbvertrags** wird in Art. 3 Abs. 1 lit. b EuErbVO legaldefiniert als eine Vereinbarung, einschließlich einer Vereinbarung aufgrund gegenseitiger Testamente, die mit oder ohne Gegenleistung Rechte am künftigen Nachlass oder künftigen Nachlässen einer oder mehrerer an dieser Vereinbarung beteiligter Personen begründet, ändert oder entzieht. Entgegen einer Auffassung in der Literatur[44] kann nach zutr. h.M.[45] **ggf. auch ein gemeinschaftliches Testament** einen Erbvertrag i.S.d.

39 Näher dazu BeckOGK/*J. Schmidt* Art. 24 EuErbVO Rn. 11 ff. m.w.N.

40 Näher dazu BeckOGK/*J. Schmidt* Art. 24 EuErbVO Rn. 14 ff. m.w.N.

41 Vgl. ErwG 48 S. 1 EuErbVO; BeckOGK/*J. Schmidt* Art. 24 EuErbVO Rn. 3 m.w.N.

42 Näher dazu BeckOGK/*J. Schmidt* Art. 24 EuErbVO Rn. 27 ff. m.w.N.

43 Vgl. BeckOGK/*J. Schmidt* Art. 25 EuErbVO Rn. 1.

44 Vgl. etwa *Hilbig-Lugani* IPRax 2014, 480, 482 ff.; *Nordmeier* ZEV 2013, 117, 120.

45 Vgl. *Döbereiner* DNotV 2014, 323, 336 f.; MüKoBGB/*Dutta*, 7. Aufl. 2018, Art. 3 EuErbVO Rn. 11; *Heinig* RNotZ 2014, 197, 200; *Lechner* NJW 2013, 26 f.; *Lehmann* ZErb 2013, 25, 29; BeckOGK/*J. Schmidt* Art. 3 EuErbVO Rn. 10 m.w.N.

EuErbVO darstellen, wenn es diese Anforderungen erfüllt, d.h. eine Vereinbarung über die Begründung, Änderung oder Entziehung von Rechten am künftigen Nachlass von mindestens einem Vertragsteil – im Sinne des deutschen Verständnisses also mindestens eine wechselbezügliche Verfügung (→ Rn. 239 ff.) – enthält.

Hinsichtlich der **objektiven Anknüpfung** differenziert Art. 25 EuErbVO zwischen **1496** einseitigen Erbverträgen (Abs. 1) und mehrseitigen Erbverträgen (Abs. 2). Bei einseitigen Erbverträgen unterliegen Zulässigkeit, materielle Wirksamkeit und Bindungswirkung gem. Art. 25 Abs. 1 EuErbVO der hypothetischen *lex successionis* im Zeitpunkt des Abschlusses des Erbvertrags (sog. Errichtungsstatut).[46] Bei mehrseitigen Erbverträgen differenziert Art. 25 Abs. 2 EuErbVO zwischen der Zulässigkeit einerseits und der materiellen Wirksamkeit sowie der Bindungswirkung andererseits. Hinsichtlich der Zulässigkeit sieht Art. 25 Abs. 2 UAbs. 1 EuErbVO eine kumulative Anknüpfung an die hypothetische *lex successionis* aller Beteiligten im Zeitpunkt des Abschlusses des Erbvertrags vor, d.h. der Erbvertrag ist nur dann zulässig, wenn er nach allen diesen Rechten zulässig ist.[47] Die materielle Wirksamkeit und Bindungswirkungen eines mehrseitigen Erbvertrags unterliegen hingegen gem. Art. 25 Abs. 2 UAbs. 2 EuErbVO derjenigen hypothetischen *lex successionis* eines Beteiligten im Zeitpunkt des Abschlusses, zu dem der Erbvertrag die engste Verbindung hat.

b) Sonderanknüpfungen für das Formstatut (Art. 27, 28 EuErbVO)

aa) Formstatut von Verfügungen von Todes wegen (Art. 27 EuErbVO und HTestformÜ). Im Hinblick auf die Form letztwilliger Verfügungen genießt das **HTestformÜ** **1497** gem. Art. 75 Abs. 1 UAbs. 2 EuErbVO für seine Vertragsstaaten (zu denen auch Deutschland gehört) Vorrang vor der Regelung betreffend die Formgültigkeit schriftlicher Verfügungen von Todes wegen in **Art. 27 EuErbVO**. Dieser Vorrang des HTestformÜ reicht indessen nur soweit, wie sein sachlicher Anwendungsbereich, der sich – anders als derjenige von Art. 27 EuErbVO – auf Testamente und gemeinschaftliche Testamente beschränkt, aber keine Erbverträge erfasst.[48] Die Abgrenzung der Anwendungsbereiche von Art. 27 EuErbVO und HTestformÜ sei (vereinfacht) durch folgende Tabelle veranschaulicht[49]:

	HTestformÜ-Staaten	**übrige Mitgliedstaaten**
schriftliche Testamente und gemeinschaftliche Testamente	HTestformÜ	Art. 27 EuErbVO
schriftliche Erbverträge	Art. 27 EuErbVO	Art. 27 EuErbVO
mündliche Testamente und gemeinschaftliche Testamente	HTestformÜ	autonomes Recht
mündliche Erbverträge	autonomes Recht	autonomes Recht

46 Näher dazu BeckOGK/*J. Schmidt* Art. 25 EuErbVO Rn. 19 ff. m.w.N.
47 Näher dazu BeckOGK/*J. Schmidt* Art. 25 EuErbVO Rn. 23 ff. m.w.N.
48 Näher dazu BeckOGK/*J. Schmidt* Art. 27 EuErbVO Rn. 18 ff. m.w.N.
49 Vgl. BeckOGK/*J. Schmidt* Art. 27 EuErbVO Rn. 17.

1498 Der europäische Gesetzgeber hat **Art. 27 EuErbVO** allerdings bewusst in **weitgehendem Gleichlauf mit dem HTestformÜ** ausgestaltet[50], sodass sich praktisch in den meisten Fällen keine Unterschiede ergeben werden. Ratio beider Regelwerke ist das Prinzip des *favor testamenti*, d.h. eine Ungültigkeit von Verfügungen von Todes wegen allein aus Formgründen soll möglichst vermieden werden.[51]

1499 Art. 27 Abs. 1 EuErbVO und Art. 1 Abs. 1 HTestformÜ normieren daher für das Formstatut für die Errichtung von Verfügungen von Todes wegen **fünf alternative Anknüpfungsmomente**: Verfügungsort, Staatsangehörigkeit, Wohnsitz, gewöhnlicher Aufenthalt sowie Lageort unbeweglichen Vermögens[52]; für die formelle Wirksamkeit genügt es, wenn nur eines davon erfüllt ist.[53] Für Änderung und Widerruf normieren Art. 27 Abs. 2 EuErbVO und Art. 2 HTestformÜ ebenfalls eine Reihe alternativer Anknüpfungsmomente.[54]

bb) Formstatut für Annahme- oder Ausschlagungserklärung (Art. 28 EuErbVO).

1500 Art. 28 EuErbVO normiert – als Pendant zum besonderen Gerichtsstand des Art. 13 EuErbVO (→ Rn. 1515) – eine Sonderanknüpfung für das Formstatut bestimmter erbrechtlicher Erklärungen, insb. Annahme- und Ausschlagungserklärungen. Für ihre Formgültigkeit genügt es gem. Art. 28 Abs. 1 EuErbVO, wenn sie entweder nach der generellen *lex successionis* (lit. a) oder nach dem Recht des Staats des gewöhnlichen Aufenthalts des Erklärenden (lit. b) formwirksam sind.[55]

c) Sonstige Sonderanknüpfungen und Sonderregeln

1501 **Art. 29 EuErbVO** enthält Sonderregeln für den Fall einer nach der *lex fori* oder auf Antrag **verpflichtenden Nachlassverwaltung** (wie z.B. nach finnischem Recht oder in den Fällen des § 1981 Abs. 1 auch im deutschen Recht).[56]

1502 **Art. 30 EuErbVO** räumt nach nationalem Recht existierenden **Sondererbrechtsregimen** betreffend die Rechtsnachfolge von Todes wegen in bestimmte Vermögenswerte, welche den Charakter von Eingriffsnormen haben, Vorrang vor den Anknüpfungsregeln der EuErbVO ein.[57] Darunter fällt z.B. die deutsche HöfeO.[58]

1503 **Art. 32 EuErbVO** enthält eine versteckte Sachnorm betreffend **Kommorienten**, d.h. zwei oder mehrere Personen, die unter Umständen versterben, unter denen die Reihenfolge ihres Todes ungewiss ist (z.B. bei einem Flugzeugabsturz).[59]

50 Vgl. ErwG 52 S. 1 EuErbVO; BeckOGK/*J. Schmidt* Art. 27 EuErbVO Rn. 6 m.w.N.
51 Vgl. ErwG 52 S. 1 EuErbVO; BeckOGK/*J. Schmidt* Art. 27 EuErbVO Rn. 6 m.w.N.
52 Näher dazu BeckOGK/*J. Schmidt* Art. 27 EuErbVO Rn. 36 ff. m.w.N.
53 Vgl. ErwG 52 S. 1 EuErbVO; BeckOGK/*J. Schmidt* Art. 27 EuErbVO Rn. 6 m.w.N.
54 Näher dazu BeckOGK/*J. Schmidt* Art. 27 EuErbVO Rn. 72 ff. m.w.N.
55 Vgl. Caravaca/Davì/Mansel/*Caamiña Domínguez*, EU Succession Regulation, 2016, Art. 27 EuErbVO Rn. 36; Rn. 6; BeckOGK/*J. Schmidt* Art. 27 EuErbVO Rn. 36 m.w.N.
56 Näher dazu BeckOGK/*J. Schmidt* Art. 29 EuErbVO Rn. 1 ff. m.w.N.
57 Näher dazu BeckOGK/*J. Schmidt* Art. 30 EuErbVO Rn. 1 ff. m.w.N.
58 Vgl. BeckOGK/*J. Schmidt* Art. 30 EuErbVO Rn. 15 m.w.N.
59 Näher dazu BeckOGK/*J. Schmidt* Art. 32 EuErbVO Rn. 1 ff. m.w.N.

Gelten für die betreffenden Personen jeweils verschiedene *leges successionis* und regeln diese den Sachverhalt unterschiedlich oder gar nicht, so löst Art. 32 EuErbVO diesen Konflikt, indem er bestimmt, dass dann keine der verstorbenen Personen Anspruch auf den Nachlass des oder der anderen hat.

Art. 33 EuErbVO enthält eine Sonderregel für den Spezialfall eines **erbenlosen Nachlasses.** 1504

Hintergrund ist, dass es einerseits Rechtsordnungen gibt, welche die Problematik erbrechtlich lösen und den Staat zum *ultimus heres* (Letzterben) erklären („Erbenstaaten", wie z.B. traditionell Deutschland, vgl. § 1936, → Rn. 121 ff.); andere Rechtsordnungen sehen hingegen ein hoheitliches Aneignungsrecht des Staates (*bona vacantia*) vor (sog. „Aneignungsstaaten", z.B. Österreich oder England).[60] Art. 33 EuErbVO löst diesen Konflikt zugunsten eines prinzipiellen Vorrangs der „Aneignungsstaaten": Derartige staatliche Aneignungsrechte bleiben unberührt – allerdings nur unter dem Vorbehalt, dass die Nachlassgläubiger sich dennoch aus diesen Gegenständen befriedigen können.[61] Aus Anlass dieser Vorschrift wurde in Deutschland, das bis dato ein reiner „Erbenstaat" war, in § 32 IntErbRVG ein Aneignungsrecht geschaffen.[62]

4. Regeln zu Fragen des allgemeinen Teils des IPR

a) Anpassung dinglicher Rechte (Art. 31 EuErbVO)

Art. 31 EuErbVO regelt die **Anpassung dinglicher Rechte**. Wenn eine Person ein ihr nach der *lex successionis* zustehendes dingliches Recht in einem Mitgliedstaat geltend macht, dessen Rechtsordnung dieses dingliche Recht nicht kennt, so ist es – soweit erforderlich und möglich – an das in der betreffenden Rechtsordnung am ehesten vergleichbare Recht anzupassen; dabei sind die mit dem betreffenden dinglichen Recht verfolgten Ziele und Interessen sowie die mit ihm verbundenen Wirkungen zu berücksichtigen.[63] 1505

Aus deutscher Perspektive wird Art. 31 EuErbVO etwa relevant, wenn nach der *lex successionis* vom Erblasser ein **Trust** errichtet wurde oder ein solcher kraft Gesetzes entsteht; ein solcher Trust kann ggf. in die Einsetzung eines Treuhänders, eines (Dauer-)Testamentsvollstreckers oder in eine Vor- und Nacherbschaft umgedeutet werden.[64] 1506

Heftig umstritten war lange, ob ein ausländisches **Vindikationslegat** (zum Begriff → Rn. 901) aus deutscher Sicht ein Anwendungsfall des Art. 31 EuErbVO ist. Dies wurde von weiten Teilen der Literatur bejaht; ein solches Vindikationslegat sei in ein deutsches Damnationslegat umzuqualifizieren.[65] Andere lehnten dies jedoch dezidiert ab.[66] Teilweise wurde auch vertreten, dass eine Umqualifizierung nur im Falle von Immobilien geboten sei.[67] Der EuGH hat je- 1507

60 Näher dazu BeckOGK/*J. Schmidt* Art. 33 EuErbVO Rn. 3 m.w.N.
61 Näher dazu BeckOGK/*J. Schmidt* Art. 33 EuErbVO Rn. 1 ff. m.w.N.
62 Näher dazu BeckOGK/*J. Schmidt* Art. 33 EuErbVO Rn. 28 ff. m.w.N.
63 Näher dazu BeckOGK/*J. Schmidt* Art. 31 EuErbVO Rn. 1 ff. m.w.N.
64 Näher dazu BeckOGK/*J. Schmidt* Art. 31 EuErbVO Rn. 25 m.w.N.
65 So etwa *Döbereiner* MittBayNot 2013, 358, 360; *Hertel* ZEV 2013, 539, 540; *Simon/Buschbaum* NJW 2012, 2393, 2394; *Reymann* ZVglRWiss 114 (2015) 40, 68 ff.
66 So etwa *Dutta* FamRZ 2013, 4, 12; *Kleinschmidt* RabelsZ 77 (2013) 723, 761 ff.; BeckOGK/*J. Schmidt* Art. 31 EuErbVO Rn. 30; *J.P. Schmidt* RabelsZ 77 (2013) 1, 17 ff.
67 So etwa *Döbereiner* NJW 2015, 2449, 2452 f.; *Hertel* in: Dutta/Herrler (Hrsg.), Die Europäische Erbrechtsverordnung, 2014, S. 85 Rn. 44 ff.

doch inzwischen mit Urteil v. 12.10.2017 in der Rs. *Kubicka*[68] überzeugend entschieden, dass Art. 31 EuErbVO nicht die Modalitäten des Übergangs der dinglichen Rechte (z.B. aufgrund eines Vindikations- oder Damnationslegats) betrifft, sondern nur die Wahrung des Inhalts der dinglichen Rechte, der von der *lex causae* festgelegt wird, und deren Rezeption durch die *lex rei sitae*.[69] Soweit es sich bei einem mittels Vindikationslegat übertragenen dinglichen Recht um das im deutschen Recht anerkannte Eigentumsrecht handelt, besteht folglich **keine Veranlassung für eine Anpassung nach Art. 31 EuErbVO**.[70]

b) Ordre public-Vorbehalt (Art. 35 EuErbVO)

1508 **Art. 35 EuErbVO** normiert einen ***ordre public*-Vorbehalt**: Die Anwendung einer Vorschrift des nach der EuErbVO bezeichneten Rechts darf ausnahmsweise versagt werden, wenn ihre Anwendung mit der öffentlichen Ordnung (*ordre public*) des Staates des angerufenen Gerichts offensichtlich unvereinbar ist.[71]

In Betracht kommt eine Berufung auf den *ordre public* etwa im Falle eines **generellen Ausschlusses der Testierfreiheit oder des Erbrechts naher Verwandter** durch das ausländische Erbrecht sowie in Fällen, in denen das ausländische Erbrecht gegen das **Diskriminierungsverbot** in Art. 21 EUGRCh verstößt (z.B. weil es wegen des Geschlechts, der Rasse oder der Religion diskriminiert).[72] Heftig umstritten ist, ob auch eine **abweichende Pflichtteilsregelung** eine Berufung auf den *ordre public* rechtfertigen kann; dies wird man grundsätzlich bejahen müssen, allerdings nur dann, wenn tatsächlich eine „offensichtliche Unvereinbarkeit" i.S.d. Art. 35 EuErbVO vorliegt.[73]

c) Mehrrechtsstaaten (Art. 36-38 EuErbVO)

1509 Art. 36-38 EuErbVO regeln die Anwendung der EuErbVO auf sog. Mehrrechtsstaaten. **Art. 36 EuErbVO** betrifft dabei die Staaten mit **interlokaler Rechtsspaltung**, d.h. solche in denen für verschiedene Gebietseinheiten jeweils ein spezielles Erbrecht gilt (z.B. Kanada, UK, USA).[74] Art. 37 EuErbVO konkretisiert die Anknüpfungsregeln der EuErbVO in Bezug auf Staaten mit **interpersonaler Rechtsspaltung**, d.h. solche, in denen zwei oder mehr Rechtssysteme für verschiedene Personengruppen (z.B. Stammesgruppen, Religionsangehörige) gelten (z.B. Lesotho, Ägypten, Indien).[75] Art. 38 EuErbVO bestimmt, dass Mitgliedstaaten mit interlokaler Rechtsspaltung nicht verpflichtet sind, die EuErbVO auf interne Kollisionsfälle anzuwenden.

---

68 EuGH v. 12.10.2017, *Kubicka,* C-218/16, ECLI:EU:C:2017:755. Dazu *Bandel* MittBayNot 2018, 99 ff.; *Döbereiner* FamRZ 2017, 2060 f.; *Dorth* ZEV 2018, 11 ff.; *Dressler* Rpfleger 2018, 413 ff.; *Kleinschmidt* LMK 2018, 403371; *Leitzen* ZEV 2018, 311 ff.; *Tereszkiewicz/Wysocka-Bar* GPR 2018, 100 ff.; *Wagner* NJW 2017, NJW 3755, 3757 f.; *Weber* DNotZ 2018, 16 ff.

69 EuGH v. 12.10.2017, *Kubicka,* C-218/16, ECLI:EU:C:2017:755, Rn. 63.

70 EuGH v. 12.10.2017, *Kubicka,* C-218/16, ECLI:EU:C:2017:755, Rn. 64; MüKoBGB/*Dutta,* 7. Aufl. 2018, Art. 31 EuErbVO Rn. 9; BeckOGK/*J. Schmidt* Art. 31 EuErbVO Rn. 31 m.w.N.

71 Näher dazu BeckOGK/*J. Schmidt* Art. 35 EuErbVO Rn. 1 ff. m.w.N.

72 Vgl. BeckOGK/*J. Schmidt* Art. 35 EuErbVO Rn. 23 ff. m.w.N.

73 Näher dazu und m.w.N. zum Streitstand: BeckOGK/*J. Schmidt* Art. 35 EuErbVO Rn. 20 ff.

74 Näher dazu BeckOGK/*J. Schmidt* Art. 36 EuErbVO Rn. 1 ff. m.w.N.

75 Näher dazu BeckOGK/*J. Schmidt* Art. 37 EuErbVO Rn. 1 ff. m.w.N.

IV. Internationales Erbverfahrensrecht

1. Internationale Zuständigkeit in Erbsachen

a) Überblick

Kapitel II EuErbVO (Art. 4-19) regelt die **internationale Zuständigkeit für Entscheidungen in Erbsachen**. Entgegen einer lange verbreiteten Auffassung[76] umfasst dies nach der überzeugenden Entscheidung des EuGH in der Rs. *Oberle* insb. auch die internationale Zuständigkeit für die Ausstellung nationaler Nachlasszeugnisse (also insb. auch eines deutschen Erbscheins).[77] Die Systematik des Kapitel II EuErbVO basiert auf zwei Grundregeln in Art. 4 EuErbVO und Art. 10 EuErbVO (→ Rn. 1512 f.), die jedoch durch die Art. 5-9, 11-13 EuErbVO zahlreiche Durchbrechungen und Ausnahmen erfahren (→ Rn. 1514 f.). Art. 14-19 EuErbVO enthalten eine Reihe ergänzender prozeduraler Regelungen (→ Rn. 1516). 1510

In Deutschland werden die Vorschriften der EuErbVO über die internationale Zuständigkeit in Erbsachen durch die Regelungen über die örtliche Zuständigkeit in **§ 2 IntErbRVG** ergänzt. 1511

b) Grundregeln: Art. 4 und Art. 10 EuErbVO

Die Grundregeln in Art. 4 und Art. 10 EuErbVO differenzieren danach, ob der Erblasser seinen **letzten gewöhnlichen Aufenthalt in einem Mitgliedstaat** i.S.d. EuErbVO hatte. Ist dies der Fall, so besteht gem. **Art. 4 EuErbVO** eine Allzuständigkeit der Gerichte dieses Mitgliedstaats, d.h. diese sind grundsätzlich für alle Entscheidungen in Erbsachen für den gesamten Nachlass zuständig (Grundsatz der Nachlasseinheit).[78] Da auch die *lex successionis* gem. Art. 21 Abs. 1 EuErbVO grundsätzlich an den letzten gewöhnlichen Aufenthalt des Erblassers angeknüpft wird (→ Rn. 1485 ff.), erreicht die EuErbVO so zugleich einen prinzipiellen Gleichlauf von *forum* und *ius* (internationaler Zuständigkeit und anwendbarem Recht).[79] 1512

Hatte der Erblasser seinen letzten gewöhnlichen Aufenthalt hingegen **nicht in einem Mitgliedstaat** i.S.d. EuErbVO, so etabliert **Art. 10 EuErbVO** eine **subsidiäre Zuständigkeit** des/der Mitgliedstaats/en, in dem/denen sich **Nachlassvermögen** befindet. Die Vorschrift enthält drei verschiedene Zuständigkeitstatbestände: Primär besteht eine Allzuständigkeit der Gerichte des Mitgliedstaats, dessen Staatsangehörigkeit der Erblasser im Zeitpunkt seines Todes besaß (Abs. 1 lit. a); ist dieser Tatbestand nicht einschlägig, so besteht sekundär eine Allzuständigkeit der Gerichte des Mitgliedstaats, in dem der Erblasser seinen vorhergehenden gewöhnlichen Aufenthalt hatte, aber nur, wenn die Änderung nicht länger als fünf Jahre zurückliegt (Abs. 1 lit. b); 1513

---

76 So etwa *Dörner* ZEV 2017, 407 ff.; *Hertel* ZEV 2013, 539, 541; *Kanzleiter* ErbR 2017, 264 f.; *Odersky* MittBayNot 2017, 624, 625.

77 EuGH v. 21.6.2018, *Oberle*, C-20/17, ECLI:EU:C:2017:485. Dazu *Dörner* DNotZ 2018, 661 ff.; *Fornasier* FamRZ 2018, 1265 f.; *Kanzleiter* DNotZ 2018, 724 ff.; *Mankowski* ErbR 2018, 482 ff.; *Wagner* NJW 2018, 3284 ff.; *Zimmermann* ZEV 2018, 468. S. zum Ganzen m.w.N. zum Meinungsstand BeckOGK/*J. Schmidt* Art. 3 EuErbVO Rn. 34.

78 Näher dazu BeckOGK/*J. Schmidt* Art. 4 EuErbVO Rn. 36 ff. m.w.N.

79 Vgl. ErwG 27 S. 1 EuErbVO; BeckOGK/*J. Schmidt* Art. 4 EuErbVO Rn. 1 m.w.N.

ist auch dieser Tatbestand nicht einschlägig, so besteht eine auf das Nachlassvermögen in dem betreffenden Mitgliedstaat beschränkte Zuständigkeit der Gerichte des jeweiligen Mitgliedstaats (Abs. 2).[80]

c) Durchbrechungen und Ausnahmen

1514 **aa) Durchbrechungen im Interesse eines Gleichlaufs von forum und ius im Falle einer Rechtswahl.** Art. 5-9 EuErbVO enthalten Durchbrechungen, die auch **im Falle einer Rechtswahl** des Erblassers gem. Art. 22 EuErbVO (→ Rn. 1481 ff.) einen **Gleichlauf von *forum* und *ius***, d.h. von internationaler Zuständigkeit und anwendbarem Recht, ermöglichen sollen.[81]

Art. 5-7 EuErbVO eröffnen drei verschiedene Wege zur Begründung der Zuständigkeit der Gerichte des Mitgliedstaats des gewählten Rechts (vgl. Art. 7 EuErbVO):

- aufgrund einer von einer Verfahrenspartei beantragten Unzuständigkeit des angerufenen Gerichts wegen „besserer" Entscheidungskompetenz der Gerichte des Mitgliedstaats des gewählten Rechts (Art. 7 lit. a i.V.m. Art. 6 lit. b EuErbVO);
- durch eine förmliche Gerichtsstandsvereinbarung (Art. 5 i.V.m. Art. 7 lit. b, Art. 6 lit. b EuErbVO);
- kraft ausdrücklicher Anerkennung der Zuständigkeit durch die Verfahrensparteien (Art. 7 lit. c EuErbVO).

Art. 8 EuErbVO ermöglicht eine Vereinbarung über eine außergerichtliche Regelung im Mitgliedstaat des gewählten Rechts. **Art. 9 EuErbVO** enthält eine Regelung für den Fall, dass nicht alle Verfahrensparteien an der Zuständigkeitsbegründung gem. Art. 7 EuErbVO beteiligt waren und ermöglicht in Bezug auf diese eine Zuständigkeitsbegründung kraft rügeloser Einlassung.

1515 **bb) Sonstige Durchbrechungen und Ausnahmen.** **Art. 11 EuErbVO** begründet eine **Notzuständigkeit** (*forum necessitatis*) der Gerichte eines Mitgliedstaats für den Fall, dass ein Verfahren in einem Drittstaat unzumutbar ist oder sich als unmöglich erweist.

Art. 12 EuErbVO ermöglicht auf Antrag der Parteien eine Beschränkung des Verfahrens im Sinne einer **Ausklammerung von in Drittstaaten belegenen Nachlassgegenständen**, wenn zu erwarten ist, dass die Entscheidung in Bezug auf diese dort nicht anerkannt oder ggf. nicht für vollstreckbar erklärt wird.

Art. 13 EuErbVO begründet einen **besonderen Gerichtsstand** für die Entgegennahme bestimmter erbrechtlicher Erklärungen, insb. Annahme und Ausschlagung.

d) Ergänzende prozedurale Regelungen

1516 **Art. 14-19 EuErbVO** enthalten ergänzende prozedurale Regelungen, die auf dem Vorbild der Art. 25 ff. Brüssel I-VO (≙ Art. 27 ff. Brüssel Ia-VO) beruhen, aber mit

80 Näher dazu BeckOGK/*J. Schmidt* Art. 4 EuErbVO Rn. 4 ff. m.w.N.
81 Vgl. ErwG 27; *Dutta* FamRZ 2013, 4, 6; BeckOGK/*J. Schmidt* Art. 4 EuErbVO Rn. 5.

Blick auf die Spezifika erbrechtlicher Verfahren modifiziert wurden.[82] Art. 14 EuErbVO definiert, wann eine Anrufung eines Gerichts im Sinne der EuErbVO vorliegt. Art. 15 EuErbVO regelt die Prüfung der Zuständigkeit, Art. 16 EuErbVO diejenige der Zulässigkeit, Art. 17 EuErbVO die Problematik der gleichzeitigen Rechtshängigkeit (positiver Kompetenzkonflikt), Art. 18 EuErbVO diejenige im Zusammenhang stehender Verfahren und Art. 19 EuErbVO den Erlass einstweiliger Maßnahmen einschließlich Sicherungsmaßnahmen.

2. Anerkennung, Vollstreckbarkeit und Vollstreckung von Entscheidungen in Erbsachen

Die EuErbVO regelt in ihrem Kapitel IV (Art. 39-58 EuErbVO) auch die Anerkennung, Vollstreckbarkeit und Vollstreckung von Entscheidungen in Erbsachen. Gem. Art. 39 Abs. 1 EuErbVO erfolgt die **Anerkennung** der in einem anderen Mitgliedstaat i.S.d. EuErbVO ergangenen Entscheidungen grundsätzlich **automatisch *ipso iure***[83]; eine Ausnahme gilt nur dann wenn ein Nichtanerkennungsgrund i.S.d. Art. 40 EuErbVO vorliegt. Im Hinblick auf die Vollstreckung von in einem anderen Mitgliedstaat ergangenen Entscheidungen in Erbsachen hält die EuErbVO – anders als die Brüssel Ia-VO – weiterhin am **Exequaturverfahren** fest, d.h. es ist eine Vollstreckbarerkärung in demjenigen Mitgliedstaat, in dem die Vollstreckung erfolgen soll, erforderlich (vgl. Art. 43 EuErbVO). Das Exequaturverfahren ist in **Art. 45-58 EuErbVO** näher geregelt. In Deutschland werden die diesbezüglichen Vorgaben der EuErbVO durch §§ 3 ff. IntErbRVG ausgeführt und ergänzt. 1517

3. Öffentliche Urkunden und gerichtliche Vergleiche in Erbsachen

Kapitel V (Art. 59-61) EuErbVO enthält Vorschriften zur Annahme öffentlicher Urkunden (Art. 59 EuErbVO) sowie zur Vollstreckbarkeit öffentlicher Urkunden (Art. 60 EuErbVO) und zur Vollstreckbarkeit gerichtlicher Vergleiche (Art. 61 EuErbVO) in Erbsachen. 1518

Lösung der Ausgangsfälle

Fall 72 (→ Rn. 1465): Da F seinen letzten gewöhnlichen Aufenthalt in Deutschland hatte und keine Rechtswahl i.S.d. Art. 22 EuErbVO vorliegt, findet gem. Art. 21 Abs. 1 EuErbVO deutsches Erbrecht Anwendung. Gründe für das Eingreifen der Ausweichklausel des Art. 21 Abs. 2 EuErbVO sind nicht ersichtlich. 1519

Fall 73 (→ Rn. 1465): Gem. Art. 22 Abs. 1 EuErbVO findet deutsches Erbrecht Anwendung, denn die konkrete Bezugnahme auf Bestimmungen des deutschen Rechts kann als konkludente Wahl des deutschen Rechts interpretiert werden (→ Rn. 1482). 1520

82 Vgl. ErwG 34 S. 2 EuErbVO; BeckOGK/*J. Schmidt* Art. 4 EuErbVO Rn. 12.
83 Näher dazu BeckOGK/*J. Schmidt* Art. 39 EuErbVO Rn. 6 m.w.N.

1521 **Fall 74 (→ Rn. 1465):** Da keine Rechtswahl i.S.d. Art. 22 EuErbVO vorliegt und H seinen letzten gewöhnlichen Aufenthalt in England hatte, findet gem. Art. 21 Abs. 1, 36 EuErbVO englisches Recht Anwendung. Da England ein Drittstaat i.S.d. EuErbVO ist, ist gem. Art. 34 EuErbVO allerdings ggf. ein Renvoi zu beachten. Nach englischem IPR richtet sich die Rechtsnachfolge von Todes wegen bei Mobilien nach dem Recht des *domicile,* im Falle des H also nach englischem Recht. Im Hinblick auf Immobilien verweist das englische IPR weiter auf die *lex rei sitae,* in Bezug auf das Haus in Rom also auf italienisches Recht. Diese Weiterverweisung ist gem. Art. 34 Abs. 1 lit. a EuErbVO zu beachten, da Italien ein Mitgliedstaat i.S.d. EuErbVO ist. Im Hinblick auf das Haus in Rom richtet sich die Rechtsnachfolge von Todes wegen somit nach italienischem Recht.

1522 **Fall 75 (→ Rn. 1465):** Da der Erbvertrag nur den Nachlass einer einzigen Person (des M) betrifft, richtet sich seine Zulässigkeit gem. Art. 25 Abs. 1 EuErbVO nach der hypothetischen *lex successionis* des M im Zeitpunkt des Abschlusses des Erbvertrags (sog. Errichtungsstatut). Zum Zeitpunkt der Errichtung des Erbvertrags hatte M seinen gewöhnlichen Aufenthalt in München. *Lex successionis* wäre somit gem. Art. 21 Abs. 1 EuErbVO deutsches Recht (eine Rechtswahl i.S.d. Art. 22 EuErbVO lag nicht vor; für ein Eingreifen der Ausweichklausel des Art. 21 Abs. 2 EuErbVO sind keine Gründe ersichtlich). Die Zulässigkeit des Erbvertrags richtet sich folglich gem. Art. 25 Abs. 1 EuErbVO nach deutschem Recht.

Wenn der Erbvertrag jedoch eine Rechtswahl zugunsten des italienischen Rechts enthalten hätte, würde sich seine Zulässigkeit gem. Art. 25 Abs. 3 EuErbVO nach italienischem Recht richten, denn M hätte als italienischer Staatsbürger gem. Art. 22 EuErbVO italienisches Recht wählen können.

1523 **Fall 76 (→ Rn. 1465):** Da Deutschland Vertragsstaat des HTestformÜ ist und es sich um ein Testament handelt, ist gem. Art. 75 Abs. 1 UAbs. 2 EuErbVO die Vorschrift des Art. 1 Abs. 1 HTestformÜ für das Formstatut maßgeblich. Danach ist das Testament formwirksam, wenn es auch nur eines der normierten alternativen Anknüpfungsmomente erfüllt. Hier war der Verfügungsort (lit. a) in Deutschland, S hatte die österreichische Staatsangehörigkeit (lit. b), sein letzter Wohnsitz (lit. c) und sein letzter gewöhnlicher Aufenthalt waren in Frankreich (lit. d) und S verfügt u.a. über unbewegliches Vermögen in Italien (lit. e). Das Testament ist also wirksam, wenn es den Formanforderungen des deutschen, österreichischen, französischen oder italienischen Rechts genügt. Da es hier laut Sachverhalt den Formanforderungen sowohl des deutschen als auch des österreichischen Rechts genügte, ist es somit formwirksam.

1524 **Fall 77 (→ Rn. 1465):** Wie der EuGH in der Rs. *Oberle* überzeugend entschieden hat, richtet sich auch die internationale Zuständigkeit für die Ausstellung nationaler Nachlasszeugnisse nach Art. 4 ff. EuErbVO (→ Rn. 1510). Da sich der letzte gewöhnliche Aufenthalt des E in Frankreich befand, sind gem. Art. 4 EuErbVO die französischen Gerichte international zuständig. Das Amtsgericht Berlin-Schöneberg ist folglich nicht international zuständig.

Sachverzeichnis

Die Zahlen bezeichnen die Randnummern.

Abfindung 553, 557 ff., 567, 628, 1020, 1070, 1415, 1420 ff., 1424, 1426, 1432, 1443, 1459
Abfindungsanspruch 1419
Abschichtung 1020, 1035, 1070
Abschlussfunktion 163, 165
Abschmelzungsmodell 695
Absperrungstestament 178, 180
Abtretungsklausel 1457, 1463
Abwicklungsvollstreckung 817, 843, 848, 888
Adoption 68 f., 72
Aktienregister 1359 f., 1460
Amtstheorie 809, 1157, 1173
Änderungsvertrag 292
Änderungsvorbehalt 252, 291, 307
Andeutungstheorie 213, 327 ff., 338, 381 f.
Aneignungsstaat 133
Anfallprinzip 53
Anfechtung 5, 203, 207, 246, 275, 279, 295, 298, 312, 314, 319, 326, 330 f., 357, 385 ff., 397 f., 400 f., 411 f., 414, 416 ff., 423, 425 f., 428 f., 432 ff., 441 ff., 445 ff., 450, 452, 494, 509, 511, 513 ff., 519 f., 522, 548, 551 ff., 567, 578, 599, 605 ff., 656, 661 f., 841, 850, 928, 961, 969, 1172, 1278, 1312
Anfechtungsberechtigung 298, 385, 410 ff., 418 ff., 425, 430, 450, 510, 512, 514, 610
Anfechtungsfrist 285, 319, 386 f., 390, 418, 437 f., 446, 512, 514, 610
Anpassung 1505 ff.
Anrechnung 99, 319, 468, 619, 663 f., 666 f., 678, 911, 1062, 1263
Anstandsschenkung 284, 680, 697, 764, 855
Anwachsung 368, 481, 517, 522, 725, 731 ff., 738, 744, 907, 928, 1020, 1070, 1419
Anwartschaftsrecht 100, 187, 227, 257, 280, 444, 796 ff., 801, 921, 923, 1372 ff., 1422
Aufgebot 28, 1111 ff., 1162, 1208
Aufgebotseinrede 1101, 1103, 1116, 1204, 1208
Aufgebotsverfahren 124, 1077, 1079, 1103 f., 1111 ff., 1121, 1213, 1217
Aufhebungstestament 299 ff.
Aufhebungsvertrag 296 ff., 300, 312, 316 f., 548 ff., 567
Auflage 156, 278, 284, 301, 362, 370, 538, 635, 637, 640, 725, 896, 909, 933, 937 ff., 941 ff., 945 ff., 950, 980, 1015 f., 1027, 1454
Auflagenbegünstigte 512, 633, 635 ff., 903, 940 f., 1115, 1119
Auseinandersetzung 5, 40, 113, 156, 817, 844 f., 952, 955, 960, 965 f., 970, 972, 990, 1003, 1008 ff., 1024, 1026, 1033 f., 1036, 1040, 1043, 1045, 1058, 1063, 1068, 1070, 1160, 1214, 1401, 1419, 1429
Auseinandersetzungsplan 1036 f., 1039 ff.
Auseinandersetzungsverbot 965, 1014 ff.
Auseinandersetzungsvereinbarung 1021 f.
Auseinandersetzungsvertrag 844, 1034 f., 1037
Ausgleichspflicht 668, 738, 1433
Ausgleichung 668 f., 672, 678, 970, 1042, 1045, 1048, 1050, 1053, 1059 ff., 1064, 1067
Ausgleichungspflicht 1044, 1060
Auskunftsanspruch 642 ff., 646 f., 780, 1006, 1067, 1323
Auslegung 5, 148, 153, 190, 192, 210, 238, 243, 245, 274, 321, 323 ff., 330 ff., 337 ff., 343 ff., 349, 352, 355, 366 f., 374 ff., 380, 383, 388, 392, 401, 462, 475 f., 480, 489, 495, 542, 562, 646, 716, 728, 730, 742, 752, 755, 785, 798 f., 813, 815, 822, 831, 906, 923, 925, 938, 953, 1015, 1027, 1203, 1289, 1389, 1492
Auslegungsregeln 214, 223, 238, 243, 275, 317, 324, 344 f., 349, 359, 369, 371 f., 375 f., 379, 383, 495, 728, 730, 743, 752 f., 785, 799, 802, 923, 1389

Ausschlagung 5, 42, 73, 77, 109 f., 118, 150, 279, 308, 356, 479, 487, 490, 492 f., 519, 529, 546, 575 ff., 581 f., 585 f., 588 ff., 597 ff., 608 ff., 614, 631, 640, 655, 658, 661 f., 724 f., 732, 740, 743, 745, 802, 850, 904, 920, 926 ff., 1097, 1237, 1515
– lenkende Ausschlagung 591
Ausschlagungsfrist 110, 576, 583, 587, 593, 595 f., 610 f., 654, 724, 802, 1132, 1224
Ausschlusseinrede 1079, 1116, 1208
Ausstattung 664, 1053
Ausweichklausel 1476, 1490

Bedingung 149, 151, 230, 234 ff., 322, 357, 359, 369 ff., 470, 473, 475 f., 506, 561, 729, 732, 739 f., 756, 829, 841, 922, 924, 927, 939, 941, 1016, 1364, 1422
Beeinträchtigungsabsicht 283, 286 f., 290
Behindertentestament 468
Berliner Testament 212, 224, 323, 382, 582, 614, 701, 919
Berufungsgrund 67, 586, 594 f., 599, 1097
Beschwerter 54, 156, 411, 416, 419, 481, 606, 662, 900 ff., 904, 906, 910, 915 f., 918 f., 924 ff., 940, 942, 946 f.
Beschwerung 411, 596, 604, 654, 661 f., 910, 933
Bestandsverzeichnis 643, 1270
Beweis- und Vermutungswirkung 1346 f.
bona vacantia 122
Bonifatius-Fall 1379
Bürgermeistertestament 137, 176, 178 ff., 182, 184

Damnationslegat 901, 1507
Dauervollstreckung 808, 818, 832, 867 f., 877, 889 f., 892 f., 895, 1356
Doppelerbschein 1287
Dreimonatseinrede 925, 1077, 1101 f., 1204, 1224
Dreißigster 521, 527, 934, 1088
Dreizeugentestament 176, 180 ff.
Drohung 203, 390 f., 403, 409, 431, 437, 449, 500 f., 552, 603, 605, 610
Dürftigkeitseinrede 5, 1078, 1184 f., 1187, 1222

Ebenbürtigkeitsklausel 472
Ehe für alle 118
Ehegatte 5, 14, 26, 32, 34 ff., 60, 62 f., 65, 68, 78, 82, 89 ff., 118, 121, 123, 144, 155, 212 ff., 217 ff., 221, 224 ff., 231, 233 ff., 239, 241 ff., 246 ff., 250 ff., 255 f., 259, 262 f., 268 f., 274, 284, 299, 346, 349, 352, 373, 375, 378, 380, 391, 405, 445 ff., 486, 488, 491, 534, 538, 540, 542, 554, 570, 616 f., 621, 625, 629, 631, 642, 665, 667, 682, 688, 694 f., 701, 801, 822, 912
Ehegattentestament 752
Einheitslösung 224, 226 f., 229, 235 f., 257, 752
Einheitstheorie 106
Eintrittsklausel 1386, 1415, 1423, 1426, 1435, 1437
Eintrittsprinzip 73
Einziehung
– Einziehung des Erbscheins 1291, 1321
– Einziehung des Geschäftsanteils 1455, 1458
– Zwangseinziehung 1463
Enterbung 73, 106, 108 f., 416, 486 ff., 493 f., 529, 537, 648, 716
Erbeinsetzung 108, 152, 155, 157, 224, 245, 259, 263, 345 f., 361, 371, 381, 411, 416, 486, 488 f., 517, 538, 586, 728 ff., 733, 740, 753, 906, 939, 1016, 1027
Erbengemeinschaft 5, 40, 110, 751, 793, 804, 951 ff., 955 f., 959 f., 963, 965, 971, 975 ff., 980, 983, 992, 997, 1001, 1007 f., 1018 ff., 1033, 1035, 1211 f., 1296, 1401, 1405, 1429, 1451 ff., 1461, 1464
Erbenstaat 133, 1504
Erbeserbe 903, 1069, 1140
Erbfähigkeit 55
Erbfallschulden 629, 843, 1084, 1088, 1093, 1219
Erblasserschulden 629, 843, 1084, 1085
erbrechtliche Lösung 96, 631, 725
Erbschaftsanspruch 518, 1230 ff., 1265, 1268, 1275 ff.
Erbschaftsbesitzer 47, 128, 1231 ff., 1235 ff., 1245 f., 1248 ff., 1253 ff., 1267, 1269 ff., 1275 ff.
Erbschaftserwerber 1239
Erbschaftskauf 1035

Erbschein 126, 169, 261, 320, 585, 772, 812, 881, 969, 1240, 1251, 1255, 1280 ff., 1286 ff., 1293 f., 1297 ff., 1307 f., 1311, 1314 f., 1318, 1320 ff., 1330 f., 1337, 1348, 1351 f., 1355, 1357, 1359, 1361
Erbscheinserbe 1281 f., 1292 ff., 1300 ff., 1311 ff.
Erbstatut 49, 132, 1467, 1470, 1476, 1491
Erbunwürdigkeit 73, 77, 123, 129, 140, 279, 416, 449, 479, 490, 493 ff., 499, 501, 504 ff., 508 f., 511, 515, 517, 520, 569, 571 f., 628, 669, 718, 743, 904
Erbvertrag 5, 62, 107, 140, 145, 186, 223, 232, 248 f., 261 ff., 278 ff., 285, 291, 295 ff., 306 ff., 313 f., 317 ff., 324, 343, 371, 374 f., 378, 386 f., 400, 407, 428, 432, 438, 442, 457, 461, 482 f., 488, 524, 526, 541 ff., 549, 552, 554, 584, 822, 921, 938, 1015, 1022 f., 1366, 1492 ff.
Erbverzicht 73, 77, 123, 279, 318, 350, 479, 523 ff., 531, 533 ff., 540, 542, 549 ff., 554 ff., 573, 620, 628, 669, 720, 722, 732, 740
Erbverzichtsvertrag 293, 540, 542, 546, 549, 565, 573, 664
Ergänzungspflegschaft 45
Erklärungsirrtum 390 f., 393, 431, 600
Ermächtigungstreuhand 816
Ersatzerbe 224, 261, 318, 337, 351 f., 392, 412, 517, 582, 725, 731, 735, 739, 741 ff., 745, 800 ff., 904, 1047 f.
Ersatzerbschaft 740 ff.
Ersatznacherbe 774, 798, 800, 1016
Ersatzvermächtnis 907
Erschöpfungseinrede 1080, 1182, 1187
Ersitzung 781, 1277
Europäisches Nachlasszeugnis (ENZ) 126, 169, 585, 772, 812, 881, 969, 1240, 1251, 1255, 1280, 1286, 1334 ff., 1341 ff., 1357, 1359, 1361, 1470
Exequaturverfahren 1517

falsa demonstratio 327, 329
favor testamenti 1498
Fiskus 124, 126 f., 130, 486, 512, 540, 755, 1237
Fiskuserbrecht 124 f., 128, 540
Forderungsvermächtnis 914, 1392
Formstatut 1477, 1497, 1499 f.
Formzwang 158
Fortsetzungsklausel 1415 ff.
Freigabe 868
Freigabeerklärung 776

Gattungsvermächtnis 917, 929
GbR 22, 55, 818, 955, 965, 982, 1020, 1094, 1410, 1412, 1415, 1417, 1438, 1445, 1447
gegenständlich beschränkter Erbschein 1287
Geliebtentestament 465
gemeinsamer Vertreter 1454, 1462
gemeinschaftlicher Erbschein 1287
Gesamthandsgemeinschaft 5, 955, 971, 995
Gesamthandsklage 1199, 1201 ff., 1214
Gesamtrechtsnachfolge 3 f., 53, 728, 954, 958
Gesamtschuldklage 1199 f., 1202 f., 1205, 1214
Gesamtvollstrecker 833
Geschäftsanteil 48, 889, 989, 996, 1034, 1306, 1357, 1450 f., 1453 ff., 1457 f., 1464
Gesellschafterliste 1306, 1357 f., 1450
gewöhnlicher Aufenthalt 127, 592, 1314, 1476, 1481, 1485 ff., 1500, 1512 f.
Gläubigeraufgebot 1111, 1205
GmbH 48, 889, 896, 989, 996, 1034, 1306, 1357, 1450, 1452 ff., 1457, 1462 ff.
Gradualsystem 71, 86 f.
Grundbuch 126, 169, 693, 770, 772, 1144, 1226, 1240, 1280, 1282, 1288, 1302, 1305, 1308, 1353, 1361 f.
Grundbuchberichtigung 585, 1241, 1361
Gruppenerbschein 1287
Gütergemeinschaft 35, 113 f., 118, 965, 1020
güterrechtliche Lösung 102, 118, 631, 725
Gütertrennung 92 ff., 112, 118, 615, 725
Gutglaubenswirkung 1346, 1348
gutgläubiger Erwerb 126, 768, 770, 773, 778, 780, 857, 880 f., 1144, 1226, 1251, 1293, 1297, 1301, 1303 ff., 1350

Haftungsbeschränkung 130, 808, 874, 984, 1075 ff., 1082 f., 1091, 1093, 1095, 1097 ff., 1101, 1106 f., 1111, 1138, 1140, 1148, 1183 f., 1204 f., 1217, 1222, 1229, 1429

Haftungsverschärfung 1257, 1259, 1265
Handelsgeschäft 40, 46, 816, 896, 981, 1083, 1355, 1401 f., 1404 f., 1407
Handelsregister 891, 1280, 1353, 1355 ff., 1450
Hauptvermächtnis 909, 933
Haushaltsgegenstand 100
HeimG 460, 462
Heiratsklausel 473
höchstpersönliche Rechte 4, 850, 1159
Höchstpersönlichkeit 140, 146 f., 470, 545, 728, 830, 884, 906
Hochzeitsgeschenke 99 f.
HöfeO 3, 1287, 1502
Hoffolgezeugnis 1287
HTestformÜ 1475, 1497 ff., 1523

Ideallokation 1043
Identitätsfunktion 163
Inhaltsirrtum 330, 390 ff., 431, 601, 656
Insolvenzplan 1080, 1178 f., 1182, 1213
Insolvenzverwalter 778, 1167, 1170, 1173 f., 1212
Inventarerrichtung 1090, 1111, 1122 ff., 1134, 1136, 1186, 1205, 1209, 1217
Inventarfrist 1083, 1131 ff., 1136, 1209, 1228
Inventaruntreue 1083, 1124, 1136

Jastrow'sche Klausel 231

Kaduzierung 1455, 1458
KG 46, 55, 154, 781, 818, 896, 1024, 1094, 1355, 1401, 1414 f., 1418, 1440, 1444
Kommanditist 46, 1244, 1410, 1414, 1418, 1438 ff., 1444, 1448
Kommorienten 58, 259, 1503
Komplementär 46, 1414 f., 1438 ff.
Konfessionsklausel 474
Konfusion 709, 793 f., 915, 958, 1068, 1149, 1189
Konsolidation 793 f., 915, 958, 1149, 1189
Konvaleszenz 9, 775, 838
Kraftloserklärung 1291, 1322
Kürzungsrecht 635, 637 f.

Lebenspartner 5, 14, 60, 62 f., 118, 121, 123, 212 ff., 217 f., 221, 299, 375, 405, 488, 491, 534, 538, 540, 621, 625, 694
Lebensversicherung 48, 323, 687, 690, 903, 1386
lebzeitiges Eigeninteresse 283, 286, 290
Legitimationswirkung 1346, 1353
lex successionis 49, 132 f., 1467, 1470, 1476, 1483, 1491, 1493, 1496, 1500, 1505 f., 1512, 1522
Liniensystem 71

Mehrempfang 676, 1063
Miterbenanteil 955, 965 f., 1000, 1199 f., 1207, 1228
Mitwirkungspflicht 991
Motivirrtum 326, 390 f., 394, 397, 399, 431, 601 f.

Nacherbe 129, 151, 224, 227, 257, 261, 320, 356, 358 f., 392, 468, 497, 513 f., 582, 646, 653, 719, 725, 729, 741, 745 ff., 749, 751, 753 ff., 760, 762 ff., 766, 770, 772 ff., 779 ff., 785, 787 ff., 796 ff., 819, 827, 861, 898, 942, 1011, 1016, 1140, 1171, 1215 ff., 1234, 1237, 1286, 1315, 1404, 1408
Nacherbenvermerk 770, 772, 1362
Nacherbenvollstreckung 819, 898
Nacherbfall 224, 234, 236, 358 f., 468, 497, 514, 582, 746, 748 f., 751, 753, 756 ff., 760 f., 764, 779, 782 f., 786 ff., 793, 795 ff., 799, 802, 819, 898, 942, 1140, 1163, 1171, 1215 ff., 1223, 1229, 1234, 1315, 1401
Nacherbfolge 234, 468, 747 f., 752 f., 757, 765, 782 f., 785, 793, 819, 910, 1237, 1282, 1286, 1311
Nacherbschaft 151, 224, 228, 332, 358, 468, 497, 513 f., 582, 646, 653, 741, 747 ff., 752, 755, 758, 772, 788, 808, 860 f., 1234, 1315, 1362, 1506
Nachfolgeklausel 46, 131, 1415, 1427 ff., 1433 ff., 1439, 1447, 1459
- einfache Nachfolgeklausel 1427 ff.
- fehlgeschlagene Nachfolgeklausel 1434 f.
- qualifizierte Nachfolgeklausel 1427, 1430 f., 1433 f., 1447
- rechtsgeschäftliche Nachfolgeklausel 1436
Nachlasserbenschulden 1084, 1092 f., 1220

Nachlassforderung 778, 782, 787, 959, 961, 982, 985, 990, 999, 1001, 1116, 1191, 1225
Nachlassgericht 124, 156, 161, 416, 436, 450, 580, 592, 595, 606, 825 f., 829 ff., 836, 839, 841, 853, 1112, 1123 f., 1127 ff., 1131 ff., 1140, 1142, 1163, 1167, 1186, 1223, 1282, 1287, 1291, 1301, 1314, 1318, 1320 ff., 1330, 1361
Nachlassgläubiger 48, 126, 580, 836, 874, 901, 953, 955, 959 f., 965, 1011, 1029, 1083, 1091, 1096, 1099, 1101, 1103, 1108, 1110 f., 1113 ff., 1121, 1124, 1136 f., 1141, 1147, 1150, 1152, 1154 f., 1157 ff., 1162 f., 1165 ff., 1174, 1176, 1179, 1182, 1186, 1191 f., 1195, 1197, 1199 f., 1202 ff., 1206, 1208, 1210, 1214, 1219, 1222, 1225, 1227, 1277, 1292, 1330, 1392, 1429, 1504
Nachlassinsolvenzverfahren 5, 47, 794, 980, 1038, 1078, 1090, 1096, 1110 f., 1113, 1116, 1124, 1138, 1140, 1156, 1162 f., 1165 ff., 1172 ff., 1178 ff., 1182, 1184 f., 1191 f., 1205, 1210, 1212 f., 1217
Nachlasskostenschulden 1084, 1090
Nachlasspfleger 580, 724, 936, 1104, 1111, 1113, 1140, 1157, 1167 f., 1176, 1234, 1273, 1315
Nachlasssonderung 1148
Nachlassspaltung 1287
Nachlassverbindlichkeit 9, 36, 47, 59, 110, 128, 130, 685, 708, 775, 782, 787, 793, 808, 843, 863, 868, 931, 933, 959, 970, 979, 1008, 1017, 1029, 1072, 1077, 1079, 1084 ff., 1091, 1095 ff., 1102 f., 1109, 1113, 1136, 1139, 1155, 1160, 1162, 1168, 1198, 1218 ff., 1228 f., 1438, 1491
Nachlassverwalter 724, 794, 1104, 1111, 1113, 1139, 1142, 1146 f., 1157 ff., 1161 f., 1164, 1167 f., 1210, 1234, 1273, 1315, 1339
Nachlassverwaltung 5, 980, 995, 1038, 1078, 1090, 1096, 1110 f., 1124, 1135, 1138 ff., 1142 ff., 1150, 1154, 1157, 1160 f., 1163, 1165, 1172 f., 1183 ff., 1205, 1210, 1212, 1217, 1226, 1501
Nachlassverwaltungsschulden 1084, 1089, 1091
Nachvermächtnis 910
nasciturus 56, 405, 582, 623
Nebenvollstreckung 833
nichteheliche Kinder 119
nichteheliche Lebensgemeinschaft 263, 688, 935
Niederstwertprinzip 689
Nießbrauchsvermächtnis 225
Notlagentestament 180
Notmaßnahme 983, 995 f., 1453, 1464
Nottestament 137, 176, 178, 217, 219, 506
Notverwaltung 982 f., 998
Notverwaltungsrecht 997, 1005
Notzuständigkeit 1515

öffentlicher Glauben 768, 880, 1282, 1288, 1293, 1297
oHG 46, 55, 818, 1094, 1355, 1401, 1410, 1413 ff., 1418, 1438 f., 1444 f.
ordnungsgemäße Verwaltung 779, 782, 789 f., 846, 851, 854, 858, 862, 864, 866, 884, 982 f., 986 ff., 992 ff., 1005, 1091, 1093, 1219 f., 1333, 1453, 1464
ordre public 1478, 1508

Parentelsystem 5, 70 f.
Partei kraft Amtes 871, 1173
Pflichtschenkung 697
Pflichtteil 7, 10, 36, 42, 104 ff., 108 f., 118, 211, 228 ff., 285, 356, 468, 487, 491, 535, 619, 625 ff., 629, 631, 633, 636 f., 649 ff., 656 f., 661, 663, 665 f., 668, 671 f., 678, 680, 684, 698 f., 715 f., 725 f., 802, 903
– großer Pflichtteil 105, 108 f., 631, 725
– kleiner Pflichtteil 104 f., 109, 631
Pflichtteilsanspruch 64, 109, 261, 487, 521 f., 536, 542, 547, 617 f., 630 ff., 642, 647 ff., 652, 657, 660, 667, 679, 698 f., 703, 718, 721 ff., 850, 875, 933, 1227
Pflichtteilsberechtigte 63, 230 f., 254, 285, 294, 356, 390, 404 ff., 413, 426, 431 f., 442, 450, 491, 523, 596, 604, 617, 621, 623 ff., 627 f., 633, 639 f., 642 ff., 648 ff., 652 ff., 657 f., 660 f., 663 ff., 670 ff., 677, 679 f., 682, 684, 689, 692, 698 ff., 703, 706, 708 f., 712, 715, 717, 722 ff., 828, 836, 903, 931, 1115, 1119, 1177, 1315
Pflichtteilsbeschränkung in guter Absicht 254, 294, 620, 719

Pflichtteilsentziehung 254, 309, 416, 487, 494, 499, 620, 664, 715 f.
Pflichtteilsergänzungsanspruch 521, 619, 679 f., 682, 695, 698 f., 703, 705 f., 709, 723, 725 f., 1422
Pflichtteilslast 356, 537, 626, 632 ff., 637 ff., 725
Pflichtteilsquote 536 f., 627 f., 630 f., 649, 660, 703, 726
Pflichtteilsrecht 2, 5, 60, 63, 432, 467, 526, 536 ff., 547, 615 ff., 625 f., 631, 637, 652, 682
Pflichtteilsrestanspruch 521, 619, 649 f., 657, 660, 677, 723
Pflichtteilsstrafklausel 230, 258, 475
Pflichtteilsunwürdigkeit 496, 520, 620, 718
Pflichtteilsverzicht 523, 535, 547, 549, 620, 664, 720
Pflichtteilsverzichtsvertrag 547
Postskripta 166
Priesterstandsklausel 474
pro herede gestio 585
pro-rata-Regelung 695, 702, 705, 712

Quotentheorie 649

Rechtsspaltung 1509
Rechtswahl 139, 1476, 1481 ff., 1493, 1514
Renvoi 1480
Repräsentationsprinzip 5, 73 f., 76, 79, 82 f., 86
Rücktritt 140, 248, 261, 279, 295, 303 ff., 313, 322, 961
Rücktrittsrecht 306 f., 310, 313, 322, 548, 560
Rücktrittsvorbehalt 307 f.
Rückvermächtnis 910

Sammelerbschein 1287
Scheidung 37, 90, 102, 106, 216, 260, 471, 625, 694
Scheinerbe 1236, 1282, 1302, 1404, 1408
Schenkung 13, 283 ff., 319, 557, 615, 646, 680, 682, 687 ff., 691 f., 694 f., 697, 712, 724, 726, 766, 903, 974, 1052, 1225, 1364 f., 1367 f., 1370, 1373 f., 1376 f., 1380, 1383, 1421 f.
Schenkung von Todes wegen 521, 1364 ff., 1376, 1380, 1383
Schlusserbe 224, 321, 582, 614, 701
Seetestament 176, 182 f.
separatio bonorum 1148
Sittenwidrigkeit 237, 452, 463 ff., 469 f., 472 ff., 554, 588, 906, 974
Sonderanknüpfung 1477, 1492, 1497, 1501
Sondererbfolge 3, 954, 1287, 1392, 1429, 1431, 1447
Sondervermögen 781, 794, 956, 958 f., 966, 1009, 1139, 1211
Standardformular 1340, 1345
statutarische Nachfolgeregelungen 1455, 1463
Störung der Geschäftsgrundlage 400, 568
Stückvermächtnis 913 f., 929 f.
Stundung 721 f., 1204
Supervermächtnis 919
Surrogation 781, 960, 963 f., 1242, 1249 f., 1299
- Beziehungssurrogation 960 f., 963
- Ersatzsurrogation 781, 960, 962, 1248
- Kettensurrogation 960, 1249
- Mittelsurrogation 781, 1243
- Rechtssurrogation 781, 960 f., 1248

Täuschung 394, 500 f., 552, 569 ff., 603, 605
Teilauseinandersetzung 1018 ff., 1040
Teilerbschein 1287
Teilungsanordnung 3, 152, 381, 653, 728, 762, 911, 948, 954, 1021 ff., 1290, 1433, 1447
Teilungsplan 844, 1026, 1033, 1039
Testament 2, 5, 62, 90, 107, 137 f., 141 ff., 146, 148, 153, 157 ff., 161 f., 167 ff., 173 ff., 181, 184, 186 ff., 200 ff., 205 f., 212 ff., 220 ff., 236, 238, 244 f., 249, 252, 262 f., 267, 269, 273, 299, 301, 305, 308, 315, 317 f., 324 f., 327, 333 ff., 338, 341, 343 f., 351, 370, 381, 385 f., 389, 392 ff., 398, 401, 407, 409 ff., 424, 426, 428, 430 f., 445, 454 f., 457, 462, 477, 482 f., 488 f., 538, 541 f., 584, 590, 601, 822, 938, 1015, 1023, 1280, 1290, 1366, 1395, 1434, 1495
- gemeinschaftliches Testament 2, 35, 68, 144, 186, 211 ff., 222 ff., 236, 238, 244 f., 249, 260, 262 f., 299 f., 317, 323 f., 343, 374, 377, 382, 385 f., 393, 410, 445, 457, 482, 526, 538, 541 f., 614, 822, 938, 1015, 1464, 1495

- Widerrufstestament 189 ff., 204, 210, 249, 301
Testamentsformen 137, 142, 158, 160, 176 ff., 189, 194
Testamentsvollstrecker 156, 273, 278, 416, 585, 653, 807 ff., 817 ff., 829 ff., 836 ff., 866 ff., 873 ff., 881 ff., 896 ff., 903, 942, 980, 1011, 1016, 1033, 1038, 1091, 1104, 1111, 1113, 1130, 1140, 1157, 1167 f., 1176, 1234, 1273, 1280, 1286, 1290, 1315, 1329 ff., 1339, 1454, 1462, 1506
Testamentsvollstreckervermerk 881, 891, 1356, 1358, 1362
Testamentsvollstreckerzeugnis 812, 834, 881, 1280, 1286, 1328 ff., 1337
Testamentsvollstreckung 156, 411, 474, 719, 794, 807 ff., 812, 815 ff., 819, 822 f., 825, 832 ff., 840 f., 846, 860 f., 868, 874, 878, 881, 887, 891, 894, 1011, 1033, 1282, 1286, 1311, 1329, 1356, 1360, 1362, 1454, 1462
Testierfähigkeit 141 ff., 194, 203, 268, 343, 1492
Testierfreiheit 2, 7, 138 ff., 186, 204, 253, 426, 462, 464, 476, 496, 505, 533, 572, 616, 1508
Trennungslösung 224, 226 ff., 234, 238, 257, 752
Treuhandlösung 810, 816, 894, 896, 1425

Überlebensbedingung 1364 ff., 1380, 1383
Überschuldung 575, 602, 719, 1078, 1081, 1138, 1156, 1167 f., 1188
Überschwerungseinrede 5, 931, 1081, 1184, 1188
ultimus heres 122, 1504
Umdeutung 157, 223, 341, 343, 458, 1364, 1437
Umwandlungsantrag 1440 ff., 1444, 1448
Umwandlungsklausel 894, 896
Ungültigkeitsvermerk 197
Universalsukzession 3, 27, 53, 64, 128, 527, 728, 787, 808, 1148, 1411
Untervermächtnis 902, 909 f., 925, 933
Unzulänglichkeitseinrede 1187

Verfügung von Todes wegen 5, 50, 60 f., 63, 78, 102, 107, 123, 138, 146, 152, 203, 229, 249, 262, 269, 285, 291, 326 f., 342 f., 353, 452, 458 f., 470, 476, 478, 480, 486 f., 493, 500 f., 506, 517, 524, 526, 533, 537 f., 553, 555, 558, 569, 595, 617, 622, 629, 639, 641, 650, 652, 742, 748, 752, 785, 808, 822, 824, 841, 886, 900, 903, 937, 1021, 1090, 1177, 1361, 1364, 1388, 1482, 1484, 1492 f.
Verfügungsbeschränkung 226, 332, 758 ff., 860, 878, 882, 1197, 1286, 1311
Verfügungsunterlassungsvertrag 281
Verjährung 289, 418, 647, 723 f., 795, 1012, 1109, 1204, 1276 f.
Verlobte 31, 268, 373, 391, 540
Vermächtnis 3, 10, 42, 47 f., 54, 99, 102, 108 f., 152, 156, 233, 238, 240, 249, 261, 263, 272 ff., 278, 285, 290, 301, 321, 331, 343, 345, 411, 416, 419, 481, 496, 520 f., 526 f., 538, 619, 629, 631, 635, 637, 639 f., 642, 653, 657 f., 660, 662, 724, 728, 738, 762, 825, 843, 856, 868, 900 ff., 915, 918, 920 ff., 925 ff., 934, 938 ff., 950, 974, 1015 f., 1025, 1079, 1081, 1088, 1121, 1172, 1177, 1184, 1188, 1192, 1219, 1236, 1286, 1290, 1425, 1454
Vermächtnisnehmer 53 f., 106 f., 109, 129, 282, 290, 346, 416, 512, 523, 604, 631, 633, 635 ff., 640, 661 f., 728, 820, 828, 836, 855 ff., 883, 885, 900 ff., 905 f., 910, 912, 915 f., 921, 925, 928 f., 931, 933, 937, 939, 1026, 1081, 1115, 1119, 1188, 1227, 1315, 1335, 1469
Vermächtnisunwürdigkeit 521
Vermächtnisvollstreckung 820, 825
Verpfründungsvertrag 310, 322
Verschaffungsvermächtnis 481, 915, 929
Verschweigungseinrede 1079, 1121, 1209
Vertrag zugunsten Dritter 11, 687, 1385, 1387 ff., 1398, 1424
Vertrag zugunsten Dritter auf den Todesfall 687, 1385, 1388 f., 1398, 1424
vertragsmäßige Verfügung 186, 264, 268 f., 271 ff., 277 f., 282, 290 f., 296, 298, 301, 305, 307 ff., 313, 316, 318, 320 f., 374 f., 378, 386, 428, 430, 432, 436, 440, 442, 526, 938, 1015
Vertretertheorie 809
Verwaltungsanordnung 853
Verwaltungsvollstreckung 808, 818, 845
Verwirkungsklausel 149, 230, 357, 475
Vindikationslegat 901, 1025, 1507

Vollmacht
- postmortale Vollmacht 811, 828, 856, 1454
- transmortale Vollmacht 811, 828
Vollmachtslösung 810 f., 894, 896
Vollrechtstreuhand 816
Vollziehungsanspruch 945
Vonselbsterwerb 3, 53, 575, 787, 920, 1098, 1391
Voraus 99 ff., 450, 521, 527, 629, 1088
Vorausvermächtnis 381, 728, 911, 948, 954, 1015, 1024, 1027, 1046, 1088, 1433
Vorempfang 1008, 1046
Vorerbe 151, 224, 226, 235 f., 261, 278, 320, 332, 356, 359, 497, 513, 646, 653, 729, 741, 747, 751, 755 ff., 765, 767 ff., 772 ff., 778 ff., 798, 802, 819, 827, 852, 854, 860 f., 898, 1091, 1130, 1163, 1215 ff., 1229, 1234, 1237, 1286, 1315, 1401, 1408
Vorerbschaft 226, 235, 748, 755, 784, 790, 819, 861, 898, 1220
Vorkaufsrecht 12, 951, 965, 973 ff., 1069
vorläufiger Erbe 576, 579, 583, 585, 1091, 1106, 1152, 1237, 1408
Vormerkung 28, 280, 1195, 1302, 1312

Wahltheorie 105
Wahlvermächtnis 916
wechselbezügliche Verfügung 2, 62, 144, 186, 212 f., 223, 226, 239 ff., 253, 255, 262, 343, 377 ff., 386, 445 ff., 457, 526, 1015, 1495
Weisungsgeberlösung 894, 896
Wertausgleichung 1043
Wertermittlungsanspruch 642, 644, 646
Werttheorie 649
Widerruf 5, 62, 150, 159 f., 168, 185 ff., 193 f., 197, 199, 201 f., 204 ff., 236, 247 ff., 259, 273, 300, 302, 315, 385, 392, 394, 398, 410, 416, 427 f., 445, 452, 506, 526, 538, 814, 822, 1343 f., 1378, 1381, 1395, 1398, 1484, 1499
Wiederheirat 233 ff., 260, 694, 804
Wiederverheiratungsklausel 233, 237, 307, 471

Zahlungsunfähigkeit 708, 712, 1078, 1138, 1156, 1167 f.
Zugewinnausgleich 34, 96 f., 102 f., 105 ff., 115, 534, 629, 631
Zugewinngemeinschaft 34, 92, 95 f., 103, 118, 534, 625, 631, 667
Zusatzpflichtteil 619, 631, 649, 725
Zuwendungsverzicht 355, 523, 526, 538 f., 549, 743
Zwangserbe 129, 575
Zweckvermächtnis 156 f., 918